Collana

L'Europa in movimento

Raccolta di testi e documenti diretta da Bruno Nascimbene

1

In copertina:

Ivo Pannaggi, *Il ratto di Europa* (1965-68), olio su tela
Deposito Eredi Pannaggi, Macerata, Musei Civici di Palazzo Buonaccorsi

BRUNO NASCIMBENE

UNIONE EUROPEA
TRATTATI

Sesta edizione

G. GIAPPICHELLI EDITORE – TORINO

VIA PO, 21 - TEL. 011-81.53.111 - FAX 011-81.25.100

http://www.giappichelli.it

ISBN/EAN 978-88-921-4085-1

I volumi sono sottoposti a referaggio da parte del comitato dei referees *della Collana.*

Il presente lavoro è stato realizzato con la collaborazione del professor Francesco Rossi Dal Pozzo.

Composizione: Voxel Informatica s.a.s. - Chieri (TO)

Stampa: Stampatre s.r.l. - Torino

INDICE

1. Premessa

Premessa alla sesta edizione

1. Al termine del periodo di transizione previsto dall'Accordo sul recesso del Regno Unito dall'Unione europea (art. 126; il periodo di transizione era iniziato il 1 febbraio 2020, data in cui il Regno Unito ha cessato di essere Stato membro, ed ha avuto termine il 31 dicembre 2020), venivano adottate dal Consiglio due decisioni: *a*) la decisione (UE) 2020/2252, del 29 dicembre 2020, relativa alla firma, a nome dell'Unione europea e all'applicazione a titolo provvisorio di due accordi, uno principale sugli scambi e la cooperazione (fra l'Unione europea e la Comunità europea dell'energia atomica – d'ora in poi Euratom – da una parte e Regno Unito di Gran Bretagna e Irlanda del Nord dall'altra parte); uno integrativo sulle procedure di sicurezza per lo scambio e la promozione di informazioni classificate (entrambi gli accordi sono "acclusi" alla decisione); *b*) la decisione (Euratom) 2020/2253, del 29 dicembre 2020, che approva la conclusione da parte della Commissione sia dell'accordo per la cooperazione sugli usi sicuri e pacifici dell'energia nucleare (fra il Regno Unito e l'Euratom), sia dell'accordo sugli scambi e la cooperazione (fra Unione europea e Euratom, da una parte e Regno Unito dall'altra parte), avente ad oggetto le materie che ricadono nel Trattato Euratom. Una terza decisione (Euratom) 2020/2255, della Commissione, del 29 dicembre 2020 è relativa alla conclusione (da parte della Commissione) e all'applicazione provvisoria sia dell'accordo per la cooperazione sugli usi sicuri e pacifici dell'energia nucleare ("allegato" alla predetta decisione), sia dell'accordo sugli scambi e la cooperazione (per le materie che ricadono, appunto, nel Trattato Euratom, "allegato" invece alla decisione 2020/2252) [1].

2. Gli accordi oggi in vigore sono tre e vengono così indicati, brevemente: "accordo sugli scambi e la cooperazione"; "accordo sulla sicurezza delle informazioni"; "accordo sull'energia nucleare". L'applicazione in via provvisoria, durante il periodo di transizione, era motivata dalla necessità di espletare le procedure previste per l'entrata in vigore (si vedano rispettivamente gli artt. 12, 2, 1 delle decisioni 2020/2252, 2020/2253, 2020/2255), in particolare l'approvazione del Parlamento europeo. Venne comunque deciso di procedere a una revisione giuridico-linguistica degli accordi, i negoziati essendo stati portati a termine soltanto sette giorni prima della fine del periodo transitorio: i tre accordi furono sottoscritti il 30 dicembre 2020.

---

[1] Sull'Accordo sul recesso, e le decisioni ricordate, si veda la *Premessa alla quinta edizione* di questo volume.

3. Una volta completata la revisione giuridico-linguistica, e a seguito dell'approvazione del Parlamento europeo il 22 aprile 2021, gli accordi, nei testi definitivi, hanno sostituito *ab initio* le precedenti versioni: l'"accordo sugli scambi e la cooperazione" e l'"accordo sulla sicurezza delle informazioni"[2] sono "acclusi" alla decisione (UE) 2021/689 del Consiglio del 29 aprile 2021, relativa alla conclusione del primo e del secondo accordo (sulla sostituzione *ab initio* si vedano il considerando 14 e l'"Avviso al lettore" pubblicato congiuntamente alla decisione). I due accordi sono pubblicati sul medesimo numero della *Gazzetta ufficiale*, mentre l'"accordo sull'energia nucleare" è pubblicato a parte[3]. Gli accordi sono entrati in vigore il 1° maggio 2021[4].

4. Come nella precedente edizione del volume, i riferimenti al Regno Unito, contenuti nei testi previgenti al recesso, sono contraddistinti da una sottolineatura. Gli atti relativi al recesso sono pubblicati in un'appendice del volume, rinviando per i testi ritenuti meno rilevanti, e considerata anche la dimensione degli stessi, ad una sezione *on-line* (per la consultazione della sezione si veda la pagina finale del volume, contenente le istruzioni per accedere ai materiali *on-line*).

[2] Sulle versioni precedenti e sull'applicazione in via provvisoria si veda l'"Avviso" pubblicato in *G.U.U.E.* L 1 del 1° gennaio 2001, p. 1.

[3] Cfr. la *G.U.U.E.* L 149 del 30 aprile 2021 ove la decisione è pubblicata a p. 2 e gli accordi, rispettivamente, a p. 10 e p. 2540; l'"accordo sull'energia nucleare" è invece in *G.U.U.E.* L 150 del 30 aprile 2021, p. 1 (il testo applicabile in via provvisoria era allegato alla decisione 2020/2255). L'"Avviso al lettore", in *G.U.U.E.* L 149 cit., p. 1, si riferisce ai tre accordi. Alla decisione 2021/689 sono "acclusi", ai sensi dell'art. 12 della stessa, varie "dichiarazioni" (quattordici, precisamente), in *G.U.U.E.* L 149 cit., p. 2549.

[4] Così prevede l'"Avviso relativo all'entrata in vigore", in *G.U.U.E.* L 149 del 30 aprile 2021, p. 2560.

Premessa alla quinta edizione

La quinta edizione del volume si rende necessaria per dare conto degli atti più significativi adottati in conseguenza del recesso del Regno Unito, avvenuto, in applicazione dell'art. 50 del TUE, il 31 gennaio 2020 (a mezzanotte, ora di Bruxelles) e dell'avvio, il 1° febbraio 2020, di un periodo di transizione, concordato nel quadro dell'Accordo sul recesso (in *G.U.U.E.* L 29 del 31.1.2020), che avrà durata fino al 31 dicembre 2020 e durante il quale l'Unione europea e il Regno Unito negozieranno le relazioni future (una Dichiarazione politica che definisce il quadro delle future relazioni è in *G.U.U.E.* C 34 del 31.1.2020).

Insieme all'Accordo di recesso sono state pubblicate (nella medesima *G.U.U.E.*) la Decisione (UE) 2020/135 del Consiglio del 30 gennaio 2020 relativa alla conclusione dell'Accordo; la Dichiarazione dell'Unione europea rilasciata in conformità dell'articolo 185, terzo comma, dell'Accordo e una Nota relativa all'entrata in vigore dell'Accordo.

L'Accordo (congiuntamente agli atti sopra indicati) è stato preceduto dall'adozione di altri atti, resi necessari dalle conseguenze del recesso sugli aspetti istituzionali dell'Unione: sono state apportate, nei testi interessati, le conseguenti modifiche. Queste, insieme ad altre di cui si dà conto nelle note del presente volume, sono contraddistinte dal carattere corsivo-grassetto, i riferimenti al Regno Unito, contenuti nei testi previgenti al recesso, sono invece contraddistinti da una sottolineatura.

Gli atti relativi al recesso vengono pubblicati nell'appendice del volume. I documenti adottati durante il periodo di transizione, ritenuti significativi per l'Unione europea sul piano giuridico, politico ed economico, saranno pubblicati *on-line* in una sezione dedicata agli "Aggiornamenti" (che include, oggi, anche i protocolli dell'Accordo). Per la consultazione di tali atti si rinvia alla pagina finale del volume, contenente le istruzioni per accedere ai materiali *on-line*.

Premessa alla quarta edizione

Le modifiche introdotte in questa quarta edizione riguardano il Protocollo (n. 3) sullo Statuto della Corte di giustizia dell'Unione europea e, in particolare, l'attribuzione al Tribunale dell'Unione europea delle competenze già del Tribunale della funzione pubblica, che ha cessato di esercitare le proprie funzioni.

Altre modifiche riguardano le norme sulla partecipazione del nostro Paese alla formazione e all'attuazione del diritto dell'Unione europea, prevedendo norme di dettaglio e (auspicate) semplificazioni.

Infine, si è ritenuto opportuno riprodurre in una *Appendice*, dedicata alla c.d. Brexit, alcuni documenti ritenuti maggiormente rilevanti. Il procedimento di recesso dall'Unione, avviato dal Regno Unito *ex* art. 50 TUE (norma, cui viene fatto ricorso per la prima volta, introdotta dal Trattato di Lisbona) avrà conseguenze importanti sia sul piano giuridico, politico, economico dell'Unione, sia nel più ampio contesto delle relazioni internazionali dell'Unione e dello Stato non più membro, una volta che il procedimento verrà portato a termine.

Le modifiche più recenti, come di consueto, sono contraddistinte dal carattere corsivo-grassetto.

Premessa alla terza edizione

L'esigenza di disporre di testi aggiornati impone una nuova edizione del presente volume. Il processo di integrazione europea, come già si è ricordato nelle precedenti edizioni, conferma il proprio carattere evolutivo (malgrado gli ostacoli che incontra) nonché il dinamismo: con velocità diverse, a seconda del momento storico, politico ed economico.

Alle modifiche intervenute sul piano nazionale, per quanto riguarda in particolare le norme sulla partecipazione del nostro Paese alla formazione e all'attuazione del diritto dell'Unione europea, è stata riservata speciale attenzione. Una maggiore completezza di informazione, oltre al necessario aggiornamento, è certamente utile a chi deve conoscere ed applicare le norme di adeguamento del diritto nazionale a quelle del diritto UE.

Anche in questa edizione si è ritenuto opportuno mantenere l'evidenziazione, con il carattere corsivo, delle modifiche introdotte dal Trattato di Lisbona ai trattati previgenti; con il carattere corsivo-grassetto le modifiche successive (indicando in nota i necessari riferimenti).

Premessa alla seconda edizione

1. Il volume *Unione europea – Trattati*, pubblicato nel 2010, inaugura una collana denominata *L'Europa in movimento*. Raccolta di testi e documenti. La nuova edizione, imposta dagli sviluppi e modifiche normative, conferma il carattere evolutivo dell'integrazione europea.

Dopo il Trattato di Lisbona (sottoscritto il 13 dicembre 2007, in vigore dal 1° dicembre 2009), molte sono state le modifiche. Esse hanno riguardato, in ordine cronologico: *a*) il Protocollo n. 36 sulle disposizioni transitorie (necessarie per organizzare la transizione dalle disposizioni istituzionali applicabili prima a quelle applicabili dopo l'entrata in vigore del Trattato di Lisbona; un Protocollo contenente le modifiche fu adottato il 23 giugno 2010); *b*) gli artt. 348 e 355 TFUE (nonché l'allegato II sui Paesi e territori d'oltremare; decisione del Consiglio europeo del 29 ottobre 2010, sullo *status* dell'isola di Saint-Barthélemy e decisione del Consiglio europeo dell'11 luglio 2012 sullo *status* di Mayotte); *c*) l'art. 136 TFUE (sull'istituzione di un meccanismo di stabilità per gli Stati membri la cui moneta è l'euro; decisione del Consiglio europeo del 25 marzo 2011); *d*) l'adesione della Croazia all'Unione europea (Trattato del 9 dicembre 2011 e Atto relativo alle condizioni di adesione e agli adattamenti del TUE, del TFUE e del Trattato che istituisce la Comunità europea dell'energia atomica, in vigore dal 1° luglio 2013); *e*) il Protocollo sullo statuto della Corte di giustizia (norme sull'organizzazione, in particolare sui suoi giudici; regolamento del Parlamento europeo e del Consiglio dell'11 agosto 2012); *f*) il numero dei membri della Commissione europea (decisione del Consiglio europeo del 22 maggio 2013); *g*) il numero degli avvocati generali della Corte di giustizia (decisione del Consiglio del 25 giugno 2013); *h*) la composizione del Parlamento europeo (decisione del Consiglio europeo del 28 giugno 2013) [5].

2. Si è anche ritenuto opportuno tenere conto di alcuni recenti, rilevanti atti che incidono sugli aspetti istituzionali. Si tratta di atti che, pur non appartenendo al diritto dell'Unione (in senso stretto), ma alla cooperazione intergovernativa fra Stati membri, sono stati adottati in materia di politica economica e finanziaria, aventi lo scopo di gestire e superare la crisi del debito pubblico degli Stati, di prevedere regole di *governance* economica e di bilancio (imponendo, fra l'altro, la regola del pareggio di bilancio). Le novità introdotte sono contenute nel Trattato che istituisce il meccanismo europeo di stabilità (MES) del 2 febbraio 2012 e nel Trattato sulla stabilità, sul coordinamento e sulla *governance* (c.d. *fiscal compact*) del 2 marzo 2012. Considerata la rilevanza di tali atti, si è ritenuto opportuno riprodurli [6].

3. Nuove, e parimenti rilevanti, sono le norme sulla partecipazione dell'Italia alla formazione e all'attuazione della normativa e delle politiche dell'Unione europea (legge 24 dicembre 2012, n. 234) che, nel disciplinare la c.d. fase ascendente (di partecipazione) e quella discendente (di recepimento) del diritto UE rispetto al diritto nazionale, hanno ampiamente modificato le norme previgenti. Considerata la rilevanza della disciplina nei rapporti fra ordinamento nazionale e dell'Unione, si è ritenuto opportuno riprodurla [7].

4. In questa nuova edizione il TUE e il TFUE sono pubblicati nella versione consolidata predisposta dopo la sottoscrizione del Trattato di Lisbona, evidenziando con il carattere corsivo le modifiche introdotte dal Trattato rispetto ai trattati previgenti (che si è ritenuto non più riprodurre con il metodo del testo a fronte, come nella prima edizione, considerato il tempo trascorso dall'entrata in vigore e la familiarità acquisita con la versione "post Lisbona") [8].

Si sono invece evidenziate con il carattere corsivo-grassetto le modifiche successive, introdotte dagli atti prima indicati (che costituiscono il "post Lisbona"), indicando in nota i necessari riferimenti.

Premessa alla prima edizione

1. Il "Trattato di Lisbona che modifica il trattato sull'Unione europea e il trattato che istituisce la Comunità europea", sottoscritto il 13 dicembre 2007, è in vi-

[5] I riferimenti agli atti ricordati, che hanno comportato una modifica, sono contenuti nelle note relative alle disposizioni modificate. Per i riferimenti al Trattato di Lisbona cfr. oltre, nota 5.

[6] Cfr. oltre, il par. 11.

[7] Cfr. oltre, il par. 12.

[8] Sulle modifiche introdotte dal Trattato di Lisbona e sulla versione consolidata cfr. oltre, note 6-8.

gore dal 1° dicembre 2009[9]. L'art. 1 introduce modifiche al Trattato sull'Unione europea (d'ora in poi TUE); l'art. 2 al Trattato che istituisce la Comunità europea (d'ora in poi TCE), la denominazione di questo trattato venendo sostituita da "Trattato sul funzionamento dell'Unione europea" (d'ora in poi TFUE)[10]. Gli articoli 3-7 contengono le "Disposizioni finali" e sono riprodotti oltre, insieme al "Protocollo n. 2 che modifica il trattato che istituisce la Comunità europea dell'energia atomica" e all'"Atto finale".

L'Unione, in virtù dell'art. 1 TUE, "si fonda" su due trattati, il TUE e il TFUE, che "hanno lo stesso valore giuridico"; l'"Unione sostituisce e succede alla Comunità europea". Il Trattato istitutivo della Comunità europea dell'energia atomica (Euratom) resta in vigore, con alcune modifiche introdotte dal Protocollo n. 2 prima ricordato.

Una "versione consolidata" del TUE e del TFUE è stata predisposta successivamente alla sottoscrizione: essa comprende i testi dei due trattati, di trentasette protocolli, due allegati, sessantacinque dichiarazioni e le tavole di corrispondenza fra "vecchie" e "nuove" norme[11]. Una seconda, più recente "versione consolidata" veniva predisposta per tenere conto delle rettifiche apportate ai testi[12].

---

[9] In *G.U.U.E.* n. C 306 del 17 dicembre 2007; le rettifiche sono in *G.U.U.E.* n. C 54 del 27 febbraio 2008, n. C 111 del 6 maggio 2008, n. C 290 del 30 novembre 2009 (quest'ultima riporta anche una rettifica al "trattato di Amsterdam che modifica il trattato sull'Unione europea, i trattati che istituiscono le Comunità europee e alcuni atti connessi, firmato a Amsterdam il 2 ottobre 1997").

[10] L'art. 1, prima frase, così dispone: "Il trattato sull'Unione europea è modificato in base alle disposizioni del presente articolo"; l'art. 2, prima e seconda frase, così dispone: "Il trattato che istituisce la Comunità europea è modificato in base alle disposizioni del presente articolo. 1) La denominazione del trattato è sostituita da 'Trattato sul funzionamento dell'Unione europea'". Si ritiene utile ricordare, fra le "modifiche orizzontali" introdotte dall'art. 2, la seguente precisazione (terza frase): "2) Nell'intero trattato: a) i termini 'la Comunità' o 'la Comunità europea' sono sostituiti da 'l'Unione', i termini 'delle Comunità europee' o 'della CEÈ sono sostituiti da 'dell'Unione europea' e l'aggettivo 'comunitario', comunque declinato, è sostituito da 'dell'Unione'". La modifica, *ex* art. 2, terza frase, non riguarda l'art. 355 (della versione consolidata), paragrafo 5, lettera c) e l'art. 151 (della versione consolidata), primo comma; cfr. oltre, par. 8.

[11] In *G.U.U.E.* n. C 115 del 9 maggio 2008. Non sono "consolidati" le Disposizioni finali, il Protocollo n. 2, l'Atto finale prima ricordati e riprodotti oltre, par. 8. Il Protocollo n. 1 (poi consolidato) modifica i protocolli al TUE, al TCE e/o al Trattato Euratom (cfr. la nota 2, par. 8.2. della seconda edizione); un allegato a detto Protocollo contiene la tabella di corrispondenza (che non si è ritenuto opportuno riprodurre) fra vecchia e nuova numerazione degli articoli del Protocollo sullo statuto del Sistema europeo di banche centrali e della Banca centrale europea, del Protocollo sullo statuto della Banca europea per gli investimenti, del Protocollo sui privilegi e sulle immunità dell'Unione europea. La "Tabella di corrispondenza di cui all'articolo 5 del Trattato di Lisbona" è un allegato al Trattato di Lisbona, come prevede l'art. 5 riprodotto oltre, par. 8.1. Essa contiene la nuova numerazione degli articoli, sezioni, capi, titoli, parti del TUE e del TFUE, comparando la "vecchia" (TUE e TCE) e la "nuova" (TUE e TFUE) numerazione. La "Tabella" è consolidata nelle "Tavole di corrispondenza" riprodotte oltre, par. 7.

[12] In *G.U.U.E.* n. C 83 del 30 marzo 2010; per le rettifiche cfr. la nota 5. Nella stessa *G.U.U.E.* è pubblicata anche la Carta dei diritti fondamentali dell'Unione europea, di cui si dirà poco oltre e più ampiamente nel par. 10 (cfr. in particolare la nota 1). La Carta non era pubblicata nella

2. Al fine di meglio comprendere le modifiche e novità introdotte dal Trattato di Lisbona si è ritenuto opportuno riprodurre, con testo a fronte, la versione consolidata del TUE e del TFUE (colonna di sinistra per il lettore) e la versione del previgente TUE e del TCE (colonna di destra), evidenziando le modifiche, talora rilevanti e sostanziali, talora minime, variando dall'introduzione di norme nuove, allo spostamento di disposizioni o paragrafi (anche da un trattato all'altro), o alla semplice sostituzione o soppressione di una o più parole. Le modifiche sono contraddistinte dal carattere corsivo-grassetto.

Molte modifiche, peraltro, non rappresentano una novità perché erano già contenute nel "Trattato che adotta una Costituzione per l'Europa" (c.d. Costituzione europea) adottato il 29 ottobre 2004, mai entrato in vigore [13].

Il testo a fronte è stato realizzato seguendo le indicazioni fornite dalle "Tavole di corrispondenza", integrando i riferimenti, ove necessario, con precisazioni o altri riferimenti.

3. Gli altri testi qui riprodotti sono: *a*) i Protocolli; *b*) gli Allegati; *c*) le Dichiarazioni; *d*) le Tavole di corrispondenza nel testo di cui alla "versione consolidata"; *e*) il Trattato di Lisbona nelle parti non consolidate, precisamente le Disposizioni finali, il Protocollo n. 2 che modifica il Trattato che istituisce la Comunità europea dell'energia atomica, l'Atto finale; *f*) le Conclusioni della Presidenza del Consiglio europeo di Bruxelles (18-19 giugno 2009) [Disposizioni relative all'Irlanda] e quelle del Consiglio europeo di Bruxelles (29-30 ottobre 2009) [Disposizioni relative alla Repubblica ceca]; *g*) la Carta dei diritti fondamentali dell'Unione europea, nel testo proclamato da Parlamento europeo, Consiglio e Commissione il 12 dicembre 2007 a Strasburgo, in vigore dal 1 dicembre 2009 (sul testo proclamato a Nizza il 7 dicembre 2000, gli adattamenti subiti, il valore giuridico, che è "lo stesso [...] dei trattati" ai sensi dell'art. 6, par. 1 TUE, nonché l'entrata in vigore, si veda oltre) [14].

4. Per quanto riguarda le Conclusioni ricordate che, per così dire, completano

---

G.U.U.E. n. C 115 cit. contenente la (prima) "versione consolidata", bensì nella *G.U.U.E.* n. C 303 del 14 dicembre 2007, poiché la sua proclamazione aveva preceduto la sottoscrizione, e pubblicazione in *G.U.U.E.* n. C 306 cit., del Trattato di Lisbona.

[13] In *G.U.U.E.* n. C 310 del 16 dicembre 2004. Mancando la ratifica del Trattato da parte di tutti gli Stati membri (vi avevano provveduto solo diciotto Stati), dopo un "periodo di riflessione" e di dibattito, ma anche di incertezza sul futuro stesso dell'Unione, il Consiglio europeo di Bruxelles (21-22 giugno 2007) decise di convocare una Conferenza intergovernativa ai sensi dell'art. 48 Trattato UE, conferendole il mandato ("mandato della CIG del 2007") di elaborare un trattato, denominato "Trattato di riforma", che integrasse "nei trattati esistenti, che restano in vigore, le innovazioni risultanti dalla CIG del 2004", contenute, cioè, nel testo della c.d. Costituzione europea, secondo quanto stabilito nel mandato stesso (punti 1-4, ove espressamente si afferma, punto 1, che il "progetto costituzionale, che consisteva nell'abrogazione di tutti i trattati esistenti e nella loro sostituzione con un unico testo denominato «Costituzione»" veniva "abbandonato"; per il testo del mandato e sui precedenti cfr. il nostro *Comunità e Unione europea. Codice delle istituzioni*, 6ª ed., Torino, 2008, pp. 907 e XV ss.

[14] Cfr. il par. 10; sulla sua pubblicazione in *G.U.U.E.* cfr. i riferimenti alla nota 8.

il quadro normativo introdotto dal Trattato di Lisbona, si tratta di decisioni adottate dal Consiglio europeo in considerazione delle perplessità (e obiezioni) manifestate in Irlanda e nella Repubblica ceca (in particolare da parte del suo Presidente) che pregiudicavano il completamento del processo di ratifica del Trattato di Lisbona da parte degli Stati membri, e quindi la sua entrata in vigore. Il Consiglio europeo adottava dunque, con riferimento all'Irlanda, una decisione e una dichiarazione (l'Irlanda adottava una propria dichiarazione), precisando che *a*) la decisione ("concernente le preoccupazioni del popolo irlandese relative al trattato di Lisbona"), giuridicamente vincolante, avrebbe preso effetto alla data di entrata in vigore del Trattato di Lisbona, e *b*) all'atto della conclusione del prossimo trattato di adesione le disposizioni della decisione sarebbero state introdotte in un protocollo da allegare al TUE e al TFUE (sul contenuto della decisione e degli impegni assunti si veda oltre) [15].

Quanto alla Repubblica ceca, i Capi di Stato o di Governo "tenuto conto della posizione assunta dalla" stessa, decidevano che all'atto della conclusione del prossimo trattato di adesione sarebbe stato allegato al TUE e al TFUE un protocollo "sull'applicazione della Carta dei diritti fondamentali dell'Unione europea alla Repubblica ceca", che modifica il vigente Protocollo n. 30 applicabile al Regno Unito e alla Polonia, in modo che esso faccia riferimento, negli stessi termini, alla Repubblica ceca (per il testo del Protocollo si veda oltre) [16].

Superate le perplessità (e "preoccupazioni") il processo di ratifica veniva così completato e il Trattato di Lisbona entrava in vigore.

[15] Cfr. oltre, il par. 9.1. (in particolare il par. 9.1.*b* della seconda edizione).

[16] Cfr. la nota 1, par. 9.2. della seconda edizione.

2. Trattato sull'Unione europea

PREAMBOLO

SUA MAESTÀ IL RE DEI BELGI, SUA MAESTÀ LA REGINA DI DANIMARCA, IL PRESIDENTE DELLA REPUBBLICA FEDERALE DI GERMANIA, IL PRESIDENTE DELL'IRLANDA, IL PRESIDENTE DELLA REPUBBLICA ELLENICA, SUA MAESTÀ IL RE DI SPAGNA, IL PRESIDENTE DELLA REPUBBLICA FRANCESE, IL PRESIDENTE DELLA REPUBBLICA ITALIANA, SUA ALTEZZA REALE IL GRANDUCA DEL LUSSEMBURGO, SUA MAESTÀ LA REGINA DEI PAESI BASSI, IL PRESIDENTE DELLA REPUBBLICA PORTOGHESE, <u>SUA MAESTÀ LA REGINA DEL REGNO UNITO DI GRAN BRETAGNA E IRLANDA DEL NORD</u> [1],

DECISI a segnare una nuova tappa nel processo di integrazione europea intrapreso con l'istituzione delle Comunità europee,

ISPIRANDOSI alle eredità culturali, religiose e umanistiche dell'Europa, da cui si sono sviluppati i valori universali dei diritti inviolabili e inalienabili della persona, della libertà, della democrazia, dell'uguaglianza e dello Stato di diritto,

RAMMENTANDO l'importanza storica della fine della divisione del continente europeo e la necessità di creare solide basi per l'edificazione dell'Europa futura,

CONFERMANDO il proprio attaccamento ai principi della libertà, della democrazia e del rispetto dei diritti dell'uomo e delle libertà fondamentali nonché dello Stato di diritto,

CONFERMANDO il proprio attaccamento ai diritti sociali fondamentali quali definiti nella Carta sociale europea firmata a Torino il 18 ottobre 1961 e nella Carta comunitaria dei diritti sociali fondamentali dei lavoratori del 1989,

DESIDERANDO intensificare la solidarietà tra i loro popoli rispettandone la storia, la cultura e le tradizioni,

DESIDERANDO rafforzare ulteriormente il funzionamento democratico ed efficiente delle istituzioni in modo da consentire loro di adempiere in modo più efficace, in un contesto istituzionale unico, i compiti loro affidati,

DECISI a conseguire il rafforzamento e la convergenza delle proprie economie e ad istituire un'Unione economica e monetaria che comporti, in conformità delle disposizioni del presente trattato *e del trattato sul funzionamento dell'Unione europea*, una moneta unica e stabile,

DETERMINATI a promuovere il progresso economico e sociale dei loro popoli, tenendo conto del principio dello sviluppo sostenibile nel contesto della realizzazione del mercato

---

[1] I Paesi indicati sono quelli che sottoscrissero, il 7 febbraio 1992 a Maastricht, il "Trattato sull'Unione europea". Successivamente sono divenuti membri dell'Unione europea la Repubblica di Bulgaria, la Repubblica ceca, la Repubblica di Estonia, la Repubblica di Croazia, la Repubblica di Cipro, la Repubblica di Lettonia, la Repubblica di Lituania, la Repubblica di Ungheria, la Repubblica di Malta, la Repubblica d'Austria, la Repubblica di Polonia, la Romania, la Repubblica di Slovenia, la Repubblica slovacca, la Repubblica di Finlandia e il Regno di Svezia. Sull'adesione della Croazia, ricordata in *Premessa*, cfr. il Trattato «relativo all'adesione della Repubblica di Croazia all'Unione europea» del 9 dicembre 2011 e l'«Atto relativo alle condizioni di adesione della Repubblica di Croazia e agli adattamenti del Trattato sull'Unione europea, del Trattato sul funzionamento dell'Unione europea e del Trattato che istituisce la Comunità europea dell'energia atomica», in *G.U.U.E.* L 112 del 24 aprile 2012, in vigore dal 1° luglio 2013. Sul recesso del Regno Unito cfr. la *Premessa alla quinta edizione* (nonché la *Premessa* alla presente edizione).

interno e del rafforzamento della coesione e della protezione dell'ambiente, nonché ad attuare politiche volte a garantire che i progressi compiuti sulla via dell'integrazione economica si accompagnino a paralleli progressi in altri settori,

DECISI ad istituire una cittadinanza comune ai cittadini dei loro paesi,

DECISI ad attuare una politica estera e di sicurezza comune che preveda la definizione progressiva di una politica di difesa comune, che potrebbe condurre ad una difesa comune a norma delle disposizioni dell'articolo 42, rafforzando così l'identità dell'Europa e la sua indipendenza al fine di promuovere la pace, la sicurezza e il progresso in Europa e nel mondo,

DECISI ad agevolare la libera circolazione delle persone, garantendo nel contempo la sicurezza dei loro popoli, con l'istituzione di uno spazio di libertà, sicurezza e giustizia, in conformità alle disposizioni del presente trattato *e del trattato sul funzionamento dell'Unione europea*,

DECISI a portare avanti il processo di creazione di un'unione sempre più stretta fra i popoli dell'Europa, in cui le decisioni siano prese il più vicino possibile ai cittadini, conformemente al principio della sussidiarietà,

IN PREVISIONE degli ulteriori passi da compiere ai fini dello sviluppo dell'integrazione europea,

HANNO DECISO di istituire un'Unione europea e a tal fine hanno designato come plenipotenziari:

(*elenco dei plenipotenziari non riprodotto*)

I QUALI, dopo aver scambiato i loro pieni poteri, riconosciuti in buona e debita forma, hanno convenuto le disposizioni che seguono:

TITOLO I – DISPOSIZIONI COMUNI

Articolo 1 (*ex* articolo 1 del TUE). – Con il presente trattato, le alte parti contraenti istituiscono tra loro un'Unione europea, in appresso denominata «Unione», *alla quale gli Stati membri attribuiscono competenze per conseguire i loro obiettivi comuni.*

Il presente trattato segna una nuova tappa nel processo di creazione di un'unione sempre più stretta tra i popoli dell'Europa, in cui le decisioni siano prese nel modo più trasparente possibile e il più vicino possibile ai cittadini.

L'Unione *si fonda sul presente trattato e sul trattato sul funzionamento dell'Unione europea (in appresso denominati «i trattati»). I due trattati hanno lo stesso valore giuridico. L'Unione sostituisce e succede alla Comunità europea.*

Articolo 2. – L'Unione si fonda sui valori del rispetto della dignità umana, della libertà, della democrazia, dell'uguaglianza, dello Stato di diritto e del rispetto dei diritti umani, compresi i diritti delle persone appartenenti a minoranze. Questi valori sono comuni agli Stati membri in una società caratterizzata dal pluralismo, dalla non discriminazione, dalla tolleranza, dalla giustizia, dalla solidarietà e dalla parità tra donne e uomini.

Articolo 3 (*ex* articolo 2 del TUE). – *1.* L'Unione si prefigge *di promuovere la pace, i suoi valori e il benessere dei suoi popoli.*

2. L'Unione offre ai suoi cittadini uno spazio di libertà, sicurezza e giustizia *senza frontiere interne*, in cui sia assicurata la libera circolazione delle persone insieme a misure appropriate per quanto concerne i controlli alle frontiere esterne, l'asilo, l'immigrazione, la prevenzione della criminalità e la lotta contro quest'ultima.

3. L'Unione instaura un mercato interno. Si adopera per lo sviluppo sostenibile dell'Europa, basato su una crescita economica equilibrata e sulla stabilità dei prezzi, su un'economia sociale di mercato fortemente competitiva, che mira alla piena occupazione e al progresso sociale, e su un elevato livello di tutela e di miglioramento della qualità dell'ambiente. Essa promuove il progresso scientifico e tecnologico.

L'Unione combatte l'esclusione sociale e le discriminazioni e promuove la giustizia e la protezione sociali, la parità tra donne e uomini, la solidarietà tra le generazioni e la tutela dei diritti del minore.

Essa promuove la coesione economica, sociale e territoriale, e la solidarietà tra gli Stati membri.

Essa rispetta la ricchezza della sua diversità culturale e linguistica e vigila sulla salvaguardia e sullo sviluppo del patrimonio culturale europeo.

4. L'Unione istituisce un'unione economica e monetaria la cui moneta è l'euro.

5. Nelle relazioni con il resto del mondo l'Unione afferma e promuove i suoi valori e interessi, contribuendo alla protezione dei suoi cittadini. Contribuisce alla pace, alla sicurezza, allo sviluppo sostenibile della Terra, alla solidarietà e al rispetto reciproco tra i popoli, al commercio libero ed equo, all'eliminazione della povertà e alla tutela dei diritti umani, in particolare dei diritti del minore, e alla rigorosa osservanza e allo sviluppo del diritto internazionale, in particolare al rispetto dei principi della Carta delle Nazioni Unite.

6. L'Unione persegue i suoi obiettivi con i mezzi appropriati, in ragione delle competenze che le sono attribuite nei trattati.

Articolo 4. – 1. In conformità dell'articolo 5, qualsiasi competenza non attribuita all'Unione nei trattati appartiene agli Stati membri.

2. L'Unione rispetta l'uguaglianza degli Stati membri davanti ai trattati e la loro identità nazionale insita nella loro struttura fondamentale, politica e costituzionale, compreso il sistema delle autonomie locali e regionali. Rispetta le funzioni essenziali dello Stato, in particolare le funzioni di salvaguardia dell'integrità territoriale, di mantenimento dell'ordine pubblico e di tutela della sicurezza nazionale. In particolare, la sicurezza nazionale resta di esclusiva competenza di ciascuno Stato membro.

3. In virtù del principio di leale cooperazione, l'Unione e gli Stati membri si rispettano e si assistono reciprocamente nell'adempimento dei compiti derivanti dai trattati.

Gli Stati membri adottano *ogni misura* di carattere generale o particolare *atta* ad assicurare l'esecuzione degli obblighi derivanti *dai trattati o conseguenti agli* atti delle istituzioni *dell'Unione.*

Gli Stati membri facilitano all'Unione l'adempimento dei suoi compiti e si astengono da qualsiasi misura che rischi di *mettere in pericolo* la realizzazione degli *obiettivi dell'Unione.*

Articolo 5 (ex articolo 5 del TCE). – *1. La delimitazione delle competenze dell'Unione si fonda sul principio di attribuzione. L'esercizio delle competenze dell'Unione si fonda sui principi di sussidiarietà e proporzionalità.*

2. In virtù del principio di attribuzione, l'Unione agisce esclusivamente nei limiti delle competenze che le sono attribuite dagli Stati membri nei trattati per realizzare gli obiettivi da questi stabiliti. Qualsiasi competenza non attribuita all'Unione nei trattati appartiene agli Stati membri.

3. In virtù del principio di sussidiarietà, nei settori che non sono di sua competenza esclusiva l'Unione interviene soltanto se e in quanto gli obiettivi dell'azione prevista non possono essere conseguiti in misura sufficiente dagli Stati membri, né a livello centrale né a livello regionale e locale, ma possono, a motivo della portata o degli effetti dell'azione in questione, essere conseguiti meglio a livello di Unione.

Le istituzioni dell'Unione applicano il principio di sussidiarietà conformemente al protocollo sull'applicazione dei principi di sussidiarietà e di proporzionalità. I parlamenti nazionali vigilano sul rispetto del principio di sussidiarietà secondo la procedura prevista in detto protocollo.

4. In virtù del principio di proporzionalità, il contenuto e la forma dell'azione del-

l'Unione si limitano a quanto necessario per il conseguimento degli obiettivi dei trattati.

Le istituzioni dell'Unione applicano il principio di proporzionalità conformemente al protocollo sull'applicazione dei principi di sussidiarietà e di proporzionalità.

Articolo 6 (*ex* articolo 6 del TUE). – *1.* L'Unione *riconosce i diritti, le libertà e i principi sanciti nella Carta dei diritti fondamentali dell'Unione europea del 7 dicembre 2000, adattata il 12 dicembre 2007 a Strasburgo, che ha lo stesso valore giuridico dei trattati.*

Le disposizioni della Carta non estendono in alcun modo le competenze dell'Unione definite nei trattati.

I diritti, le libertà e i principi della Carta sono interpretati in conformità delle disposizioni generali del titolo VII della Carta che disciplinano la sua interpretazione e applicazione e tenendo in debito conto le spiegazioni cui si fa riferimento nella Carta, che indicano le fonti di tali disposizioni.

2. L'Unione aderisce alla Convenzione europea per la salvaguardia dei diritti dell'uomo e delle libertà fondamentali. Tale adesione non modifica le competenze dell'Unione definite nei trattati.

3. I diritti *fondamentali, garantiti* dalla Convenzione europea per la salvaguardia dei diritti dell'uomo e delle libertà *fondamentali e risultanti* dalle tradizioni costituzionali *comuni agli* Stati membri, *fanno parte del diritto dell'Unione* in quanto principi *generali.*

Articolo 7 (*ex* articolo 7 del TUE). – *1.* Su proposta motivata di un terzo degli Stati membri, del Parlamento europeo o della Commissione *europea*, il Consiglio, deliberando alla maggioranza dei quattro quinti dei suoi membri *previa approvazione* del Parlamento europeo, può constatare che esiste un evidente rischio di violazione grave da parte di uno Stato membro *dei valori* di cui all'articolo *2. Prima* di procedere a tale constatazione il Consiglio ascolta lo Stato membro in questione *e può rivolgergli delle raccomandazioni*, deliberando secondo la *stessa* procedura.

Il Consiglio verifica regolarmente se i motivi che hanno condotto a tale constatazione permangono validi.

2. Il Consiglio *europeo, deliberando* all'unanimità su proposta di un terzo degli Stati membri o della Commissione *europea* e *previa approvazione* del Parlamento europeo, può constatare l'esistenza di una violazione grave e persistente da parte di uno Stato membro *dei valori di cui all'articolo 2*, dopo aver invitato *tale* Stato *membro a* presentare osservazioni.

3. Qualora sia stata effettuata la constatazione di cui al paragrafo 2, il Consiglio, deliberando a maggioranza qualificata, può decidere di sospendere alcuni dei diritti derivanti allo Stato membro in questione dall'applicazione *dei trattati*, compresi i diritti di voto del rappresentante del governo di tale Stato membro in seno al Consiglio. Nell'agire in tal senso, il Consiglio tiene conto delle possibili conseguenze di una siffatta sospensione sui diritti e sugli obblighi delle persone fisiche e giuridiche.

Lo Stato membro in questione continua in ogni caso ad essere vincolato dagli obblighi che gli derivano *dai trattati*.

4. Il Consiglio, deliberando a maggioranza qualificata, può successivamente decidere di modificare o revocare le misure adottate a norma del paragrafo 3, per rispondere ai cambiamenti nella situazione che ha portato alla loro imposizione.

5. Le modalità di voto che, ai fini del presente articolo, si applicano al Parlamento europeo, al Consiglio europeo e al Consiglio sono stabilite nell'articolo 354 del trattato sul funzionamento dell'Unione europea.

Articolo 8. – 1. L'Unione sviluppa con i paesi limitrofi relazioni privilegiate al fine di creare uno spazio di prosperità e buon vicinato fondato sui valori dell'Unione e caratterizzato da relazioni strette e pacifiche basate sulla cooperazione.

2. Ai fini del paragrafo 1, l'Unione può concludere accordi specifici con i paesi inte-

ressati. Detti accordi possono comportare diritti e obblighi reciproci, e la possibilità di condurre azioni in comune. La loro attuazione è oggetto di una concertazione periodica.

TITOLO II – DISPOSIZIONI *RELATIVE AI PRINCIPI DEMOCRATICI*

Articolo 9. – L'Unione rispetta, in tutte le sue attività, il principio dell'uguaglianza dei cittadini, che beneficiano di uguale attenzione da parte delle sue istituzioni, organi e organismi. È cittadino dell'Unione chiunque abbia la cittadinanza di uno Stato membro. La cittadinanza dell'Unione si aggiunge alla cittadinanza nazionale e non la sostituisce.

Articolo 10. – 1. Il funzionamento dell'Unione si fonda sulla democrazia rappresentativa.

2. I cittadini sono direttamente rappresentati, a livello dell'Unione, nel Parlamento europeo.

Gli Stati membri sono rappresentati nel Consiglio europeo dai rispettivi capi di Stato o di governo e nel Consiglio dai rispettivi governi, a loro volta democraticamente responsabili dinanzi ai loro parlamenti nazionali o dinanzi ai loro cittadini.

3. Ogni cittadino ha il diritto di partecipare alla vita democratica dell'Unione. Le decisioni sono prese nella maniera il più possibile aperta e vicina ai cittadini.

4. I partiti politici a livello *europeo contribuiscono* a formare una coscienza politica europea e ad esprimere la volontà dei cittadini dell'Unione.

Articolo 11. – 1. Le istituzioni danno ai cittadini e alle associazioni rappresentative, attraverso gli opportuni canali, la possibilità di far conoscere e di scambiare pubblicamente le loro opinioni in tutti i settori di azione dell'Unione.

2. Le istituzioni mantengono un dialogo aperto, trasparente e regolare con le associazioni rappresentative e la società civile.

3. Al fine di assicurare la coerenza e la trasparenza delle azioni dell'Unione, la Commissione europea procede ad ampie consultazioni delle parti interessate.

4. Cittadini dell'Unione, in numero di almeno un milione, che abbiano la cittadinanza di un numero significativo di Stati membri, possono prendere l'iniziativa d'invitare la Commissione europea, nell'ambito delle sue attribuzioni, a presentare una proposta appropriata su materie in merito alle quali tali cittadini ritengono necessario un atto giuridico dell'Unione ai fini dell'attuazione dei trattati.

Le procedure e le condizioni necessarie per la presentazione di una iniziativa dei cittadini sono stabilite conformemente all'articolo 24, primo comma del trattato sul funzionamento dell'Unione europea.

Articolo 12. – I parlamenti nazionali contribuiscono attivamente al buon funzionamento dell'Unione:

a) venendo informati dalle istituzioni dell'Unione e ricevendo i progetti di atti legislativi dell'Unione in conformità del protocollo sul ruolo dei parlamenti nazionali nell'Unione europea;

b) vigilando sul rispetto del principio di sussidiarietà secondo le procedure previste dal protocollo sull'applicazione dei principi di sussidiarietà e di proporzionalità;

c) partecipando, nell'ambito dello spazio di libertà, sicurezza e giustizia, ai meccanismi di valutazione ai fini dell'attuazione delle politiche dell'Unione in tale settore, in conformità dell'articolo 70 del trattato sul funzionamento dell'Unione europea, ed essendo associati al controllo politico di Europol e alla valutazione delle attività di Eurojust, in conformità degli articoli 88 e 85 di detto trattato;

d) partecipando alle procedure di revisione dei trattati in conformità dell'articolo 48 del presente trattato;

e) venendo informati delle domande di adesione all'Unione in conformità dell'articolo 49 del presente trattato;

f) partecipando alla cooperazione interparlamentare tra parlamenti nazionali e con il Parlamento europeo in conformità del protocollo sul ruolo dei parlamenti nazionali nell'Unione europea.

TITOLO III – DISPOSIZIONI *RELATIVE ALLE ISTITUZIONI*

Articolo 13. – 1. L'Unione dispone di un quadro istituzionale che mira a promuoverne i valori, perseguirne gli obiettivi, servire i suoi interessi, quelli dei suoi cittadini e quelli degli Stati membri, garantire la coerenza, l'efficacia e la continuità delle sue politiche e delle sue azioni.

Le istituzioni dell'Unione sono:
– il Parlamento europeo,
– il Consiglio europeo,
– il Consiglio,
– la Commissione europea (in appresso «Commissione»),
– la Corte di giustizia dell'Unione europea,
– la Banca centrale europea,
– la Corte dei conti.

2. Ciascuna istituzione agisce nei limiti delle attribuzioni che le sono conferite dai trattati, secondo le procedure, condizioni e finalità da essi previste. Le istituzioni attuano tra loro una leale cooperazione.

3. Le disposizioni relative alla Banca centrale europea e alla Corte dei conti figurano, insieme a disposizioni dettagliate sulle altre istituzioni, nel trattato sul funzionamento dell'Unione europea.

4. Il Parlamento europeo, il Consiglio e la Commissione sono assistiti da un Comitato economico e sociale e da un Comitato delle regioni, che esercitano funzioni consultive.

Articolo 14. – 1. Il Parlamento europeo *esercita, congiuntamente al Consiglio, la funzione legislativa e la funzione di bilancio. Esercita funzioni di controllo politico e consultive alle condizioni stabilite dai trattati. Elegge il presidente della Commissione.*

2. Il Parlamento europeo è composto di rappresentanti *dei cittadini dell'Unione. Il loro numero non* può essere superiore *a settecentocinquanta, più il presidente. La rappresentanza dei cittadini è garantita in modo degressivamente proporzionale, con una soglia minima di sei membri per Stato membro. A nessuno Stato membro sono assegnati più di novantasei seggi.*

Il Consiglio europeo adotta all'unanimità, su iniziativa del Parlamento europeo e con l'approvazione di quest'ultimo, una decisione che stabilisce la composizione del Parlamento europeo, nel rispetto dei principi di cui al primo comma[2].

---

[2] La decisione del Consiglio europeo del 28 giugno 2018, che stabilisce la composizione del Parlamento europeo, in *G.U.U.E.* L 165 del 2 luglio 2018, p. 1, adottata in base all'art. 14, par. 2 TUE e all'art. 10 TUE, tiene conto della modifica conseguente al recesso del Regno Unito, modificando la decisione del Consiglio europeo del 28 giugno 2013, in *G.U.U.E.* L 181 del 29 giugno 2013, p. 57, adottata in base all'art. 14, par. 2 TUE, all'art. 10 TUE e all'art. 2, par. 3 del Protocollo (n. 36) sulle disposizioni transitorie (su cui oltre, par. 4, nota 19). Il numero complessivo dei membri del Parlamento europeo, dal 1° febbraio 2020, è 705 (704 più il presidente; in precedenza era 751, 750 più il presidente). Il testo della decisione è il seguente:

(*omissis*) «*Articolo 1* – In applicazione dell'articolo 14, paragrafo 2, TUE, si applicano i seguenti principi: – l'assegnazione dei seggi del Parlamento europeo utilizza pienamente le soglie minime e massime fissate per ogni Stato membro dal TUE onde rispecchiare il più possibile le dimensioni delle rispettive popolazioni degli Stati membri, – la proporzionalità degressiva è definita come segue: il rapporto tra la popolazione e il numero dei seggi di ciascuno Stato membro, prima dell'arrotondamento ai numeri interi, varia in funzione della rispettiva popolazione, di modo che ciascun deputato al Parlamento europeo di uno Stato membro più popolato rappresenti più cittadini di ciascun deputato al Parlamento europeo di

3. *I membri del Parlamento europeo sono eletti* a suffragio universale diretto, *libero e segreto, per un mandato* di cinque anni.

4. Il Parlamento europeo *elegge* tra i suoi membri il presidente e l'ufficio di presidenza.

Articolo 15. – 1. Il Consiglio europeo dà all'Unione gli impulsi necessari al suo sviluppo e ne definisce gli orientamenti e le priorità politiche generali. Non esercita funzioni legislative.

2. Il Consiglio europeo è composto dai capi di Stato o di governo degli Stati membri, dal suo presidente e dal presidente della Commissione. L'alto rappresentante dell'Unione per gli affari esteri e la politica di sicurezza partecipa ai lavori.

3. Il Consiglio europeo si riunisce due volte a semestre su convocazione del presidente. Se l'ordine del giorno lo richiede, i membri del Consiglio europeo possono decidere di farsi assistere ciascuno da un ministro e, per quanto riguarda il presidente della Commissione, da un membro della Commissione. Se la situazione lo richiede, il presidente convoca una riunione straordinaria del Consiglio europeo.

4. Il Consiglio europeo si pronuncia per consenso, salvo nei casi in cui i trattati dispongano diversamente.

5. Il Consiglio europeo elegge il presidente a maggioranza qualificata per un mandato di due anni e mezzo, rinnovabile una volta. In caso di impedimento o colpa grave, il Consiglio europeo può porre fine al mandato secondo la medesima procedura.

6. Il presidente del Consiglio europeo:

a) presiede e anima i lavori del Consiglio europeo;

b) assicura la preparazione e la continuità dei lavori del Consiglio europeo, in cooperazione con il presidente della Commissione e in base ai lavori del Consiglio «Affari generali»;

c) si adopera per facilitare la coesione e il consenso in seno al Consiglio europeo;

---

uno Stato membro meno popolato e che, al contempo, più uno Stato membro è popolato, più abbia diritto a un numero di seggi elevato nel Parlamento europeo, – l'assegnazione dei seggi nel Parlamento europeo tiene conto degli sviluppi demografici negli Stati membri.
Articolo 2 – La popolazione complessiva degli Stati membri è calcolata dalla Commissione (Eurostat) sulla base degli ultimi dati forniti dagli Stati membri stessi, in conformità di un metodo istituito dal regolamento (UE) n. 1260/2013 del Parlamento europeo e del Consiglio ([1]).
Articolo 3 – 1. Il numero dei rappresentanti al Parlamento europeo eletti in ciascuno Stato membro è fissato come segue per la legislatura 2019-2024: Belgio 21, Bulgaria 17, Repubblica ceca 21, Danimarca 14, Germania 96, Estonia 7, Irlanda 13, Grecia 21, Spagna 59, Francia 79, Croazia 12, Italia 76, Cipro 6, Lettonia 8, Lituania 11, Lussemburgo 6, Ungheria 21, Malta 6, Paesi Bassi 29, Austria 19, Polonia 52, Portogallo 21, Romania 33, Slovenia 8, Slovacchia 14, Finlandia 14, Svezia 21. 2. Tuttavia, nel caso in cui il Regno Unito sia ancora uno Stato membro dell'Unione all'inizio della legislatura 2019-2024, il numero dei rappresentanti al Parlamento europeo eletti per ciascuno Stato membro che si insedieranno sarà quello previsto all'articolo 3 della decisione 2013/312/UE del Consiglio europeo ([2]), fino a quando il recesso del Regno Unito dall'Unione non sarà divenuto giuridicamente efficace. Una volta che il recesso del Regno Unito dall'Unione sarà divenuto giuridicamente efficace, il numero dei rappresentanti al Parlamento europeo eletti in ciascuno Stato membro sarà quello stabilito al paragrafo 1 del presente articolo. Tutti i rappresentanti al Parlamento europeo che occupano i seggi supplementari risultanti dalla differenza tra il numero dei seggi assegnati in base al primo comma e quelli assegnati in base al secondo comma si insediano al Parlamento europeo contemporaneamente.
Articolo 4 – Con sufficiente anticipo prima dell'inizio della legislatura 2024-2029, il Parlamento europeo presenta al Consiglio europeo, a norma dell'articolo 14, paragrafo 2, TUE, una proposta di ripartizione aggiornata dei seggi nel Parlamento europeo.
Articolo 5 – La presente decisione entra in vigore il giorno successivo alla pubblicazione nella Gazzetta ufficiale dell'Unione europea. (*omissis*)
([1]) Regolamento (CE) n. 1260/2013 del Parlamento europeo e del Consiglio, del 20 novembre 2013, relativo alle statistiche demografiche europee (GU L 330 del 10.12.2013, pag. 39).
([2]) Decisione del Consiglio europeo 2013/312/UE, del 28 giugno 2013, che stabilisce la composizione del Parlamento europeo (GU L 181 del 29.6.2013, pag. 57)» [decisione riprodotta a p. 6 della quarta edizione di questo volume].

d) presenta al Parlamento europeo una relazione dopo ciascuna delle riunioni del Consiglio europeo.

Il presidente del Consiglio europeo assicura, al suo livello e in tale veste, la rappresentanza esterna dell'Unione per le materie relative alla politica estera e di sicurezza comune, fatte salve le attribuzioni dell'alto rappresentante dell'Unione per gli affari esteri e la politica di sicurezza.

Il presidente del Consiglio europeo non può esercitare un mandato nazionale.

Articolo 16. – 1. Il Consiglio esercita, congiuntamente al Parlamento europeo, la funzione legislativa e la funzione di bilancio. Esercita funzioni di definizione delle politiche e di coordinamento alle condizioni stabilite nei trattati.

2. Il Consiglio è *composto* da un rappresentante di ciascuno Stato membro a livello ministeriale, abilitato *a* impegnare il governo *dello* Stato membro *che rappresenta e ad esercitare il diritto di voto.*

3. Il Consiglio delibera a maggioranza qualificata, salvo nei casi in cui i trattati dispongano diversamente.

4. A decorrere dal 1° novembre 2014, per maggioranza qualificata si intende almeno il 55% dei membri del Consiglio, con un minimo di quindici, rappresentanti Stati membri che totalizzino almeno il 65% della popolazione dell'Unione.

La minoranza di blocco deve comprendere almeno quattro membri del Consiglio; in caso contrario la maggioranza qualificata si considera raggiunta.

Le altre modalità che disciplinano il voto a maggioranza qualificata sono stabilite all'articolo 238, paragrafo 2 del trattato sul funzionamento dell'Unione europea[3].

5. Le disposizioni transitorie relative alla definizione della maggioranza qualificata applicabili fino al 31 ottobre 2014 e quelle applicabili tra il 1° novembre 2014 e il 31 marzo 2017 sono stabilite dal protocollo sulle disposizioni transitorie.

6. Il Consiglio si riunisce in varie formazioni, il cui elenco è adottato conformemente all'articolo 236 del trattato sul funzionamento dell'Unione europea.

Il Consiglio «Affari generali» assicura la coerenza dei lavori delle varie formazioni del Consiglio. Esso prepara le riunioni del Consiglio europeo e ne assicura il seguito in collegamento con il presidente del Consiglio europeo e la Commissione.

Il Consiglio «Affari esteri» elabora l'azione esterna dell'Unione secondo le linee strategiche definite dal Consiglio europeo e assicura la coerenza dell'azione dell'Unione.

7. Un comitato dei rappresentanti permanenti dei governi degli Stati membri è responsabile della preparazione dei lavori del Consiglio.

8. Il Consiglio si riunisce in seduta pubblica quando delibera e vota su un progetto di atto legislativo. A tal fine, ciascuna sessione del Consiglio è suddivisa in due parti dedicate, rispettivamente, alle deliberazioni su atti legislativi dell'Unione e alle attività non legislative.

9. La presidenza delle formazioni del Consiglio, ad eccezione della formazione «Affari esteri», è esercitata dai rappresentanti degli Stati membri nel Consiglio secondo un sistema di rotazione paritaria, alle condizioni stabilite conformemente all'articolo 236 del trattato sul funzionamento dell'Unione europea.

Articolo 17. – 1. La Commissione promuove l'interesse generale dell'Unione e adotta le iniziative appropriate a tal fine. Vigila sull'applicazione *dei trattati e delle misure* adottate dalle istituzioni in virtù *dei trattati. Vigila sull'applicazione del diritto dell'Unione sotto il controllo della Corte di giustizia dell'Unione europea. Dà esecuzione al bilancio e*

---

[3] La decisione del Consiglio 2019/2209 del 16 dicembre 2019 recante modifica del suo regolamento interno, in *G.U.U.E.* del 23 dicembre 2019, L 332, p. 152, sostituisce, all'art. 1, l'allegato III del regolamento interno, indicando la popolazione dell'Unione e la percentuale della popolazione di ciascuno Stato membro rispetto a detta popolazione «per il periodo dal giorno successivo a quello in cui i trattati cessano di applicarsi al Regno Unito [quindi il 1° febbraio 2020] al 31 dicembre 2020».

gestisce i programmi. Esercita funzioni di coordinamento, di esecuzione e di gestione, alle condizioni stabilite dai trattati. Assicura la rappresentanza esterna dell'Unione, fatta eccezione per la politica estera e di sicurezza comune e per gli altri casi previsti dai trattati. Avvia il processo di programmazione annuale e pluriennale dell'Unione per giungere ad accordi interistituzionali.

2. Un atto legislativo dell'Unione può essere adottato solo su proposta della Commissione, salvo che i trattati non dispongano diversamente. Gli altri atti sono adottati su proposta della Commissione se i trattati lo prevedono.

3. Il mandato della Commissione è di cinque anni.

I membri della Commissione sono scelti in base alla loro competenza generale e al loro impegno europeo e tra personalità che offrono tutte le garanzie di indipendenza.

La Commissione esercita le sue responsabilità in piena indipendenza. Fatto salvo l'articolo 18, paragrafo 2, i membri della Commissione non sollecitano né accettano istruzioni da alcun governo, istituzione, organo o organismo. Essi si astengono da ogni atto incompatibile con le loro funzioni o con l'esecuzione dei loro compiti.

4. La Commissione nominata tra la data di entrata in vigore del trattato di Lisbona e il 31 ottobre 2014 è composta da un cittadino di ciascuno Stato membro, compreso il presidente e l'alto rappresentante dell'Unione per gli affari esteri e la politica di sicurezza, che è uno dei vicepresidenti.

5. A decorrere dal 1° novembre 2014, la Commissione è composta da un numero di membri, compreso il presidente e l'alto rappresentante dell'Unione per gli affari esteri e la politica di sicurezza, corrispondente ai due terzi del numero degli Stati membri, a meno che il Consiglio europeo, deliberando all'unanimità, non decida di modificare tale numero[4].

I membri della Commissione sono scelti tra i cittadini degli Stati membri in base ad un sistema di rotazione assolutamente paritaria tra gli Stati membri che consenta di riflettere la molteplicità demografica e geografica degli Stati membri. Tale sistema è stabilito all'unanimità dal Consiglio europeo conformemente all'articolo 244 del trattato sul funzionamento dell'Unione europea.

6. Il presidente della Commissione:

a) definisce gli orientamenti nel cui quadro la Commissione esercita i suoi compiti;

b) decide l'organizzazione interna *della Commissione per assicurare* la coerenza, l'efficacia e la collegialità della sua azione;

c) nomina i vicepresidenti, fatta eccezione per l'alto rappresentante dell'Unione per gli affari esteri e la politica di sicurezza, tra i membri della Commissione.

Un membro della Commissione rassegna le dimissioni se il *presidente glielo* chiede. *L'alto rappresentante dell'Unione per gli affari esteri e la politica di sicurezza rassegna le dimissioni conformemente alla procedura di cui all'articolo 18, paragrafo 1, se il presidente glielo chiede.*

---

[4] La decisione del Consiglio europeo del 22 maggio 2013, relativa al numero dei membri della Commissione europea, in *G.U.U.E.* L 165 del 18 giugno 2013, p. 98, precisa, considerato l'art. 17, par. 5 TUE e quanto stabilito nelle conclusioni della Presidenza del Consiglio europeo di Bruxelles (18-19 giugno 2009) circa le preoccupazioni del popolo irlandese sulla composizione della Commissione, affinché continuasse a comprendere un cittadino di ciascun Stato membro (cfr. le Conclusioni, oltre, par. 9, a], punto I.2.), quanto segue:

«*Articolo 1* – La Commissione è composta da un numero di membri, compreso il presidente e l'alto rappresentante dell'Unione per gli Affari esteri e la politica di sicurezza, pari al numero degli Stati membri.

Articolo 2 – Il Consiglio europeo riesamina la presente decisione, tenuto conto dei suoi effetti sul funzionamento della Commissione, con congruo anticipo rispetto alla nomina della prima Commissione successiva alla data di adesione del trentesimo Stato membro o alla nomina della Commissione successiva a quella che assumerà le sue funzioni il 1° novembre 2014, se precedente.

Articolo 3 – La presente decisione entra in vigore il giorno successivo alla pubblicazione nella Gazzetta ufficiale dell'Unione europea.

Essa si applica a decorrere dal 1° novembre 2014». (*omissis*)

7. Tenuto conto delle elezioni del Parlamento europeo e dopo aver effettuato le consultazioni appropriate, il Consiglio europeo, deliberando a maggioranza qualificata, propone al Parlamento europeo un candidato alla carica di presidente della Commissione. Tale candidato è eletto dal Parlamento europeo a maggioranza dei membri che lo compongono. Se il candidato non ottiene la maggioranza, il Consiglio europeo, deliberando a maggioranza qualificata, propone entro un mese un nuovo candidato, che è eletto dal Parlamento europeo secondo la stessa procedura.

Il *Consiglio, di* comune accordo con il presidente eletto, adotta l'elenco delle altre *personalità che propone di* nominare membri della Commissione. *Dette personalità sono selezionate in base* alle proposte presentate *dagli Stati membri, conformemente ai criteri di cui al paragrafo 3, secondo comma e al paragrafo 5, secondo comma.*

Il presidente, *l'alto rappresentante dell'Unione per gli affari esteri e la politica di sicurezza* e gli altri membri della *Commissione sono* soggetti, collettivamente, ad un voto di approvazione *del* Parlamento europeo. *In seguito a tale approvazione la Commissione è nominata* dal Consiglio *europeo*, che delibera a maggioranza qualificata.

8. La Commissione è responsabile collettivamente dinanzi al Parlamento europeo. Il Parlamento europeo può votare una mozione di censura della Commissione secondo le modalità di cui all'articolo 234 del trattato sul funzionamento dell'Unione europea. Se tale mozione è adottata, i membri della Commissione si dimettono collettivamente dalle loro funzioni e l'alto rappresentante dell'Unione per gli affari esteri e la politica di sicurezza si dimette dalle funzioni che esercita in seno alla Commissione.

Articolo 18. – 1. Il Consiglio europeo, deliberando a maggioranza qualificata con l'accordo del presidente della Commissione, nomina l'alto rappresentante dell'Unione per gli affari esteri e la politica di sicurezza. Il Consiglio europeo può porre fine al suo mandato mediante la medesima procedura.

2. L'alto rappresentante guida la politica estera e di sicurezza comune dell'Unione. Contribuisce con le sue proposte all'elaborazione di detta politica e la attua in qualità di mandatario del Consiglio. Egli agisce allo stesso modo per quanto riguarda la politica di sicurezza e di difesa comune.

3. L'alto rappresentante presiede il Consiglio «Affari esteri».

4. L'alto rappresentante è uno dei vicepresidenti della Commissione. Vigila sulla coerenza dell'azione esterna dell'Unione. In seno alla Commissione, è incaricato delle responsabilità che incombono a tale istituzione nel settore delle relazioni esterne e del coordinamento degli altri aspetti dell'azione esterna dell'Unione. Nell'esercizio di queste responsabilità in seno alla Commissione e limitatamente alle stesse, l'alto rappresentante è soggetto alle procedure che regolano il funzionamento della Commissione, per quanto compatibile con i paragrafi 2 e 3.

Articolo 19. – 1. La Corte di giustizia dell'Unione europea comprende la Corte di giustizia, il Tribunale e i tribunali specializzati. Assicura il rispetto del diritto nell'interpretazione e nell'applicazione *dei trattati.*

Gli Stati membri stabiliscono i rimedi giurisdizionali necessari per assicurare una tutela giurisdizionale effettiva nei settori disciplinati dal diritto dell'Unione.

2. La Corte di giustizia è composta da un giudice per Stato membro. *È assistita da avvocati generali.*

Il Tribunale è composto da almeno un giudice per Stato membro.

I giudici e gli avvocati generali della Corte di giustizia e i giudici del Tribunale sono scelti tra personalità che offrano tutte le garanzie di indipendenza e che soddisfino le condizioni richieste agli articoli 253 e 254 del trattato sul funzionamento dell'Unione europea. Sono nominati di comune accordo dai governi degli Stati membri per sei anni. I giudici e gli avvocati generali uscenti possono essere nuovamente nominati.

3. La Corte di giustizia dell'Unione europea si pronuncia conformemente ai trattati:

a) sui ricorsi presentati da uno Stato membro, da un'istituzione o da una persona fisica o giuridica;

b) in via pregiudiziale, su richiesta delle giurisdizioni nazionali, sull'interpretazione del diritto dell'Unione o sulla validità degli atti adottati dalle istituzioni;

c) negli altri casi previsti dai trattati.

TITOLO IV – DISPOSIZIONI *SULLE COOPERAZIONI RAFFORZATE*

Articolo 20 (*ex* articoli da 27 A a 27 E, da 40 a 40 B e da 43 a 45 del TUE ed *ex* articoli da 11 a 11 A del TCE). – *1. Gli Stati membri che intendono instaurare tra loro una cooperazione rafforzata nel quadro delle competenze non esclusive dell'Unione possono far ricorso alle sue istituzioni ed esercitare tali competenze applicando le pertinenti disposizioni dei trattati, nei limiti e con le modalità previsti nel presente articolo e negli articoli da 326 a 334 del trattato sul funzionamento dell'Unione europea.*

Le cooperazioni rafforzate sono intese a promuovere la realizzazione degli obiettivi dell'Unione, a proteggere i suoi interessi e a rafforzare il suo processo di integrazione. Sono aperte in qualsiasi momento a tutti gli Stati membri ai sensi dell'articolo 328 del trattato sul funzionamento dell'Unione europea.

2. La decisione che autorizza una cooperazione rafforzata è adottata dal Consiglio in ultima istanza, qualora esso stabilisca che gli obiettivi ricercati da detta cooperazione non possono essere conseguiti entro un termine ragionevole dall'Unione nel suo insieme, e a condizione che vi partecipino almeno nove Stati membri. Il Consiglio delibera secondo la procedura di cui all'articolo 329 del trattato sul funzionamento dell'Unione europea.

3. Tutti i membri del Consiglio possono partecipare alle sue deliberazioni, ma solo i membri del Consiglio che rappresentano gli Stati membri partecipanti ad una cooperazione rafforzata prendono parte al voto. Le modalità di voto sono previste all'articolo 330 del trattato sul funzionamento dell'Unione europea.

4. Gli atti adottati nel quadro di una cooperazione rafforzata vincolano solo gli Stati membri partecipanti. Non sono considerati un acquis che deve essere accettato dagli Stati candidati all'adesione all'Unione.

TITOLO V – DISPOSIZIONI *GENERALI SULL'AZIONE ESTERNA DELL'UNIONE E DISPOSIZIONI SPECIFICHE* SULLA POLITICA ESTERA E DI SICUREZZA COMUNE

CAPO 1 – DISPOSIZIONI GENERALI SULL'AZIONE ESTERNA DELL'UNIONE

Articolo 21. – 1. L'azione dell'Unione sulla scena internazionale si fonda sui principi che ne hanno informato la creazione, lo sviluppo e l'allargamento e che essa si prefigge di promuovere nel resto del mondo: democrazia, Stato di diritto, universalità e indivisibilità dei diritti dell'uomo e delle libertà fondamentali, rispetto della dignità umana, principi di uguaglianza e di solidarietà e rispetto dei principi della Carta delle Nazioni Unite e del diritto internazionale.

L'Unione si adopera per sviluppare relazioni e istituire partenariati con i paesi terzi e con le organizzazioni internazionali, regionali o mondiali, che condividono i principi di cui al primo comma. Essa promuove soluzioni multilaterali ai problemi comuni, in particolare nell'ambito delle Nazioni Unite.

2. L'Unione definisce e attua politiche comuni e azioni e opera per assicurare un elevato livello di cooperazione in tutti i settori delle relazioni internazionali al fine di:

a) salvaguardare i suoi valori, i suoi interessi fondamentali, la sua sicurezza, la sua indipendenza e la sua integrità;

b) consolidare e sostenere la democrazia, lo Stato di diritto, i diritti dell'uomo e i principi del diritto internazionale;

c) preservare la pace, prevenire i conflitti e rafforzare la sicurezza internazionale, conformemente agli obiettivi e ai principi della Carta delle Nazioni Unite, nonché ai principi dell'Atto finale di Helsinki e agli obiettivi della Carta di Parigi, compresi quelli relativi alle frontiere esterne;

d) favorire lo sviluppo sostenibile dei paesi in via di sviluppo sul piano economico, sociale e ambientale, con l'obiettivo primo di eliminare la povertà;

e) incoraggiare l'integrazione di tutti i paesi nell'economia mondiale, anche attraverso la progressiva abolizione delle restrizioni agli scambi internazionali;

f) contribuire all'elaborazione di misure internazionali volte a preservare e migliorare la qualità dell'ambiente e la gestione sostenibile delle risorse naturali mondiali, al fine di assicurare lo sviluppo sostenibile;

g) aiutare le popolazioni, i paesi e le regioni colpiti da calamità naturali o provocate dall'uomo;

h) promuovere un sistema internazionale basato su una cooperazione multilaterale rafforzata e il buon governo mondiale.

3. Nell'elaborazione e attuazione dell'azione esterna nei vari settori compresi nel presente titolo e nella parte quinta del trattato sul funzionamento dell'Unione europea e delle altre politiche nei loro aspetti esterni, l'Unione rispetta i principi e persegue gli obiettivi di cui ai paragrafi 1 e 2.

L'Unione assicura la coerenza tra i vari settori dell'azione esterna e tra questi e le altre politiche. Il Consiglio e la Commissione, assistiti dall'alto rappresentante dell'Unione per gli affari esteri e la politica di sicurezza, garantiscono tale coerenza e cooperano a questo fine.

Articolo 22. – 1. Il Consiglio europeo individua gli interessi e obiettivi strategici dell'Unione sulla base dei principi e degli obiettivi enunciati all'articolo 21.

Le decisioni del Consiglio europeo sugli interessi e gli obiettivi strategici dell'Unione riguardano la politica estera e di sicurezza comune e altri settori dell'azione esterna dell'Unione. Possono riferirsi alle relazioni dell'Unione con un paese o una regione o essere improntate ad un approccio tematico. Esse fissano la rispettiva durata e i mezzi che l'Unione e gli Stati membri devono mettere a disposizione.

Il Consiglio europeo delibera all'unanimità su raccomandazione del Consiglio adottata da quest'ultimo secondo le modalità previste per ciascun settore. Le decisioni del Consiglio europeo sono attuate secondo le procedure previste dai trattati.

2. L'alto rappresentante dell'Unione per gli affari esteri e la politica di sicurezza, per il settore della politica estera e di sicurezza comune, e la Commissione, per gli altri settori dell'azione esterna, possono presentare proposte congiunte al Consiglio.

CAPO 2 – DISPOSIZIONI SPECIFICHE SULLA POLITICA ESTERA E DI SICUREZZA COMUNE

SEZIONE 1 – Disposizioni comuni

Articolo 23. – L'azione dell'Unione sulla scena internazionale, ai sensi del presente capo, si fonda sui principi, persegue gli obiettivi ed è condotta in conformità delle disposizioni generali di cui al capo 1.

Articolo 24 (ex articolo 11 del TUE). *– 1. La competenza dell'Unione in materia di politica estera e di sicurezza comune riguarda tutti i settori della politica estera e tutte le questioni relative alla sicurezza dell'Unione, compresa la definizione progressiva di una politica di difesa comune che può condurre a una difesa comune.*

La politica estera e di sicurezza comune è soggetta a norme e procedure specifiche. Essa è definita e attuata dal Consiglio europeo e dal Consiglio che deliberano all'unanimità, salvo nei casi in cui i trattati dispongano diversamente. È esclusa l'adozione di atti legislativi. La politica estera e di sicurezza comune è messa in atto dall'alto rappresentante dell'Unione per gli affari esteri e la politica di sicurezza e dagli Stati membri in conformità dei trattati. Il ruolo specifico del Parlamento europeo e della Commissione in questo settore è definito dai trattati. La Corte di giustizia dell'Unione europea non è competente riguardo a tali disposizioni, ad eccezione della competenza a controllare il rispetto dell'articolo 40 del presente trattato e la legittimità di talune decisioni, come previsto dall'articolo 275, secondo comma del trattato sul funzionamento dell'Unione europea.

2. Nel quadro dei principi e degli obiettivi dell'azione esterna, l'Unione conduce, stabilisce e attua una politica estera e di sicurezza comune fondata sullo sviluppo della reciproca solidarietà politica degli Stati membri, sull'individuazione delle questioni di interesse generale e sulla realizzazione di un livello sempre maggiore di convergenza delle azioni degli Stati membri.

3. Gli Stati membri sostengono attivamente e senza riserve la politica estera e di sicurezza dell'Unione in uno spirito di lealtà e di solidarietà reciproca *e rispettano l'azione dell'Unione in questo settore.*

Gli Stati membri operano congiuntamente per rafforzare e sviluppare la loro reciproca solidarietà politica. Essi si astengono da qualsiasi azione contraria agli interessi dell'Unione o tale da nuocere alla sua efficacia come elemento di coesione nelle relazioni internazionali.

Il Consiglio *e l'alto rappresentante provvedono* affinché detti principi siano rispettati.

Articolo 25 (*ex* articolo 12 del TUE). – L'Unione *conduce la politica estera e di sicurezza comune:*

a) definendo gli orientamenti generali,
b) adottando decisioni che definiscono:
i) le azioni che l'Unione deve intraprendere,
ii) le posizioni che l'Unione deve assumere,
iii) le modalità di attuazione delle decisioni di cui ai punti i) e ii),
e
c) rafforzando la cooperazione sistematica tra gli Stati membri per la conduzione della loro politica.

Articolo 26 (*ex* articolo 13 del TUE). – *1.* Il Consiglio europeo *individua gli interessi strategici dell'Unione, fissa gli obiettivi e definisce gli orientamenti generali della politica estera e di sicurezza comune,* ivi comprese le questioni che hanno implicazioni in materia di difesa. *Adotta le decisioni necessarie.*

Qualora lo esigano sviluppi internazionali, il presidente del Consiglio europeo convoca una riunione straordinaria dello stesso per definire le linee strategiche della politica dell'Unione dinanzi a tali sviluppi.

2. Il Consiglio *elabora la politica estera e di sicurezza comune e* prende le decisioni necessarie per la definizione e l'attuazione *di tale politica* in base agli orientamenti generali *e alle linee strategiche* definiti dal Consiglio europeo.

Il Consiglio e l'alto rappresentante dell'Unione per gli affari esteri e la politica di sicurezza assicurano l'unità, la coerenza e l'efficacia dell'azione dell'Unione.

3. La politica estera e di sicurezza comune è attuata dall'alto rappresentante e dagli Stati membri, ricorrendo ai mezzi nazionali e a quelli dell'Unione.

Articolo 27. – 1. L'alto rappresentante dell'Unione per gli affari esteri e la politica di sicurezza, che presiede il Consiglio «Affari esteri», contribuisce con proposte all'elaborazione della politica estera e di sicurezza comune e assicura l'attuazione delle decisioni adottate dal Consiglio europeo e dal Consiglio.

2. L'alto rappresentante rappresenta l'Unione per le materie che rientrano nella politica estera e di sicurezza comune. Conduce, a nome dell'Unione, il dialogo politico con i terzi ed esprime la posizione dell'Unione nelle organizzazioni internazionali e in seno alle conferenze internazionali.

3. Nell'esecuzione delle sue funzioni, l'alto rappresentante si avvale di un servizio europeo per l'azione esterna. Il servizio lavora in collaborazione con i servizi diplomatici degli Stati membri ed è composto da funzionari dei servizi competenti del segretariato generale del Consiglio e della Commissione e da personale distaccato dai servizi diplomatici nazionali. L'organizzazione e il funzionamento del servizio europeo per l'azione esterna sono fissati da una decisione del Consiglio. Il Consiglio delibera su proposta dell'alto rappresentante, previa consultazione del Parlamento europeo e previa approvazione della Commissione.

Articolo 28 (*ex* articolo 14 del TUE). – *1. Quando una situazione internazionale richiede un intervento operativo dell'Unione,* il Consiglio adotta *le decisioni necessarie.* Esse definiscono gli obiettivi, la portata e i mezzi di cui l'Unione deve disporre, le condizioni di attuazione e, se necessario, la durata.

Se si produce un cambiamento di circostanze che ha una netta incidenza su una questione oggetto *di una tale decisione*, il Consiglio rivede i principi e gli obiettivi di detta *decisione* e adotta le decisioni necessarie.

2. Le decisioni di cui al paragrafo 1 vincolano gli Stati membri nelle loro prese di posizione e nella conduzione della loro *azione*.

3. Qualsiasi presa di posizione o azione nazionale prevista in applicazione *di una decisione di cui al paragrafo 1 forma oggetto di informazione da parte dello Stato membro interessato* entro termini che permettano, se necessario, una concertazione preliminare in sede di Consiglio. L'obbligo dell'informazione preliminare non è applicabile per le misure di semplice recepimento sul piano nazionale delle decisioni del Consiglio.

4. In caso di assoluta necessità connessa con l'evoluzione della situazione e in mancanza di una *revisione della* decisione del Consiglio *di cui al paragrafo 1*, gli Stati membri possono prendere d'urgenza le misure necessarie, tenuto conto degli obiettivi generali *di detta decisione*. Lo Stato membro che prende tali misure ne informa immediatamente il Consiglio.

5. In caso di difficoltà rilevanti nell'applicazione di *una decisione di cui al presente articolo*, uno Stato membro ne investe il Consiglio che delibera al riguardo e ricerca le soluzioni appropriate. Queste ultime non possono essere in contrasto con gli obiettivi della *decisione di cui al paragrafo 1* né nuocere alla sua efficacia.

Articolo 29 (*ex* articolo 15 del TUE). – Il Consiglio adotta *decisioni che definiscono la posizione* dell'Unione su una questione particolare di natura geografica o tematica. Gli Stati membri provvedono affinché le loro politiche nazionali siano conformi alle posizioni *dell'Unione.*

Articolo 30 (*ex* articolo 22 del TUE). – *1.* Ogni Stato membro, *l'alto rappresentante dell'Unione per gli affari esteri e la politica di sicurezza, o l'alto rappresentante con l'appoggio della Commissione, possono* sottoporre al Consiglio questioni relative alla politica estera e di sicurezza comune e *possono* presentare *rispettivamente iniziative o* proposte al Consiglio.

2. Nei casi che richiedono una decisione rapida, *l'alto rappresentante* convoca, d'ufficio o a *richiesta di* uno Stato membro, una riunione straordinaria del Consiglio, entro un termine di quarantotto ore o, in caso di emergenza, entro un termine più breve.

Articolo 31 (*ex* articolo 23 del TUE). – *1.* Le decisioni a norma del presente *capo* sono adottate dal Consiglio *europeo e* dal Consiglio *che deliberano* all'unanimità, *salvo nei casi in cui il presente capo dispone diversamente. È esclusa l'adozione di atti legislativi.*

In caso di astensione dal voto, ciascun membro del Consiglio può motivare la propria astensione con una dichiarazione formale a norma del presente comma. In tal caso esso non è obbligato ad applicare la decisione, ma accetta che essa impegni l'Unione. In uno spirito di mutua solidarietà, lo Stato membro interessato si astiene da azioni che possano contrastare o impedire l'azione dell'Unione basata su tale decisione, e gli altri Stati membri rispettano la sua posizione. Qualora i membri del Consiglio che motivano in tal modo l'astensione rappresentino *almeno* un terzo *degli Stati membri che totalizzano almeno un terzo della popolazione dell'Unione, la decisione non è adottata.*

2. In deroga alle disposizioni di cui al paragrafo 1, il Consiglio delibera a maggioranza qualificata:

– quando adotta *una decisione che definisce un'azione o una posizione dell'Unione,* sulla base di *una decisione del Consiglio europeo relativa agli interessi e obiettivi strategici dell'Unione di cui all'articolo 22, paragrafo 1;*

– quando adotta una decisione che definisce un'azione o una posizione dell'Unione in base a una proposta dell'alto rappresentante dell'Unione per gli affari esteri e la politica di sicurezza presentata in seguito a una richiesta specifica rivolta a quest'ultimo dal Consiglio europeo di sua iniziativa o su iniziativa dell'alto rappresentante;

– quando adotta decisioni relative all'attuazione di *una decisione che definisce un'azione o una posizione dell'Unione;*

– quando nomina un rappresentante speciale ai sensi dell'articolo *33.*

Se un membro del Consiglio dichiara che, per specificati e *vitali* motivi di politica nazionale, intende opporsi all'adozione di una decisione che richiede la maggioranza qualificata, non si procede alla votazione. *L'alto rappresentante cerca, in stretta consultazione con lo Stato membro interessato, una soluzione accettabile per quest'ultimo. In mancanza di un risultato il Consiglio,* deliberando a maggioranza qualificata, può chiedere che della questione sia investito il Consiglio europeo, *in vista di una decisione* all'unanimità.

3. Il Consiglio europeo può adottare all'unanimità una decisione che preveda che il Consiglio delibera a maggioranza qualificata in casi diversi da quelli contemplati al paragrafo 2.

4. I paragrafi 2 e 3 non si *applicano* alle decisioni che hanno implicazioni nel settore militare o della difesa.

5. Per le questioni procedurali il Consiglio delibera alla maggioranza dei suoi membri.

Articolo 32 (*ex* articolo 16 del TUE). – Gli Stati membri *si* consultano in sede di *Consiglio europeo e* di Consiglio in merito a qualsiasi questione di politica estera e di sicurezza di interesse generale *per definire un approccio comune. Prima di intraprendere qualsiasi azione sulla scena internazionale o di assumere qualsiasi impegno che possa ledere gli interessi dell'Unione, ciascuno Stato membro consulta gli altri in sede di Consiglio europeo o di Consiglio. Gli Stati membri assicurano, mediante la convergenza delle loro azioni, che l'Unione possa affermare i suoi interessi e i suoi valori sulla scena internazionale. Gli Stati membri sono solidali tra loro.*

Quando il Consiglio europeo o il Consiglio hanno definito un approccio comune dell'Unione ai sensi del primo comma, l'alto rappresentante dell'Unione per gli affari esteri e la politica di sicurezza e i ministri degli affari esteri degli Stati membri coordinano le loro attività nell'ambito del Consiglio.

Le missioni diplomatiche degli Stati membri e le delegazioni dell'Unione nei paesi terzi e presso le organizzazioni internazionali cooperano tra di loro e contribuiscono alla formulazione e all'attuazione dell'approccio comune.

Articolo 33 (*ex* articolo 18 del TUE). – Il Consiglio, *su proposta dell'alto rappresentante dell'Unione per gli affari esteri e la politica di sicurezza,* può nominare un rappresentante speciale con un mandato per problemi politici specifici. *Il rappresentante speciale esercita il mandato sotto l'autorità dell'alto rappresentante.*

Articolo 34 (*ex* articolo 19 del TUE). – *1.* Gli Stati membri coordinano la propria azione nelle organizzazioni internazionali e in occasione di conferenze internazionali. In queste sedi essi difendono le posizioni *dell'Unione. L'alto rappresentante dell'Unione per gli affari esteri e la politica di sicurezza assicura l'organizzazione di tale coordinamento.*

Nelle organizzazioni internazionali e in occasione di conferenze internazionali alle quali non tutti gli Stati membri partecipano, quelli che vi partecipano difendono le posizioni *dell'Unione.*

2. Conformemente all'articolo 24, paragrafo 3, gli Stati membri rappresentati nelle organizzazioni internazionali o nelle conferenze internazionali alle quali non tutti gli Stati membri partecipano, tengono informati questi ultimi *e l'alto rappresentante* in merito ad ogni questione di interesse comune.

Gli Stati membri che sono anche membri del Consiglio di sicurezza delle Nazioni Unite si concerteranno e terranno pienamente informati gli altri Stati membri e *l'alto rappresentante.* Gli Stati membri che sono *membri del* Consiglio di sicurezza *difenderanno*, nell'esercizio delle loro funzioni, *le posizioni e l'interesse* dell'Unione, fatte salve le responsabilità che loro incombono in forza delle disposizioni della Carta delle Nazioni Unite.

Allorché l'Unione ha definito una posizione su un tema all'ordine del giorno del Consiglio di sicurezza delle Nazioni Unite, gli Stati membri che vi partecipano chiedono che l'alto rappresentante sia invitato a presentare la posizione dell'Unione.

Articolo 35 (*ex* articolo 20 del TUE). – Le missioni diplomatiche e consolari degli Stati membri e le delegazioni *dell'Unione* nei paesi terzi e nelle conferenze internazionali, nonché le loro rappresentanze presso le organizzazioni internazionali, cooperano al fine di garantire il rispetto e l'attuazione *delle decisioni che definiscono posizioni e azioni* dell'Unione adottate *in virtù del presente capo.*

Esse intensificano la loro cooperazione procedendo a scambi di informazioni e a valutazioni *comuni*.

Esse contribuiscono all'attuazione del diritto di tutela dei cittadini dell'Unione nel territorio dei paesi terzi di cui all'articolo 20, paragrafo 2, lettera c) del trattato sul funzionamento dell'Unione europea e delle misure adottate in applicazione dell'articolo 23 di detto trattato.

Articolo 36 (*ex* articolo 21 del TUE). – *L'alto rappresentante dell'Unione per gli affari esteri e la politica di sicurezza* consulta *regolarmente* il Parlamento europeo sui principali aspetti e sulle scelte fondamentali della politica estera e di sicurezza comune *e della politica di sicurezza e di difesa comune e lo informa dell'evoluzione di tali politiche. Egli* provvede affinché le opinioni del Parlamento europeo siano debitamente prese in considerazione. *I rappresentanti speciali possono essere associati all'informazione del Parlamento europeo.*

Il Parlamento europeo può rivolgere interrogazioni o formulare raccomandazioni al Consiglio *e all'alto rappresentante.* Esso procede *due volte all'anno* ad un dibattito sui progressi compiuti nell'attuazione della politica estera e di sicurezza comune, *compresa la politica di sicurezza e di difesa comune.*

Articolo 37 (*ex* articolo 24 del TUE). – *L'Unione può* concludere *accordi* con uno o più Stati o organizzazioni internazionali *nei settori di pertinenza del presente capo.*

Articolo 38 (*ex* articolo 25 del TUE). – Fatto salvo l'articolo *240 del trattato sul funzionamento dell'Unione europea*, un comitato politico e di sicurezza controlla la situazione internazionale nei settori che rientrano nella politica estera e di sicurezza comune e contribuisce a definire le politiche formulando pareri per il Consiglio, a richiesta di questo, *dell'alto rappresentante dell'Unione per gli affari esteri e la politica di sicurezza* o di propria iniziativa. Esso controlla altresì l'attuazione delle politiche concordate, fatte salve le competenze *dell'alto rappresentante*.

Nel quadro del presente *capo, il comitato politico e di sicurezza esercita,* sotto la responsabilità del Consiglio e *dell'alto rappresentante*, il controllo politico e la direzione strategica delle operazioni di gestione delle crisi *previste all'articolo 43*.

Ai fini di un'operazione di gestione delle crisi e per la durata della stessa, quali sono determinate dal Consiglio, quest'ultimo può autorizzare il comitato a prendere le decisioni appropriate in merito al controllo politico e alla direzione strategica dell'*operazione*.

Articolo 39. – Conformemente all'articolo 16 del trattato sul funzionamento dell'Unione europea e in deroga al paragrafo 2 di detto articolo, il Consiglio adotta una decisione che stabilisce le norme relative alla protezione delle persone fisiche con riguardo al trattamento dei dati di carattere personale da parte degli Stati membri nell'esercizio di attività che rientrano nel campo di applicazione del presente capo, e le norme relative alla libera circolazione di tali dati. Il rispetto di tali norme è soggetto al controllo di autorità indipendenti.

Articolo 40 (*ex* articolo 47 del TUE). – *L'attuazione della politica estera e di sicurezza comune lascia impregiudicata l'applicazione delle procedure e la rispettiva portata delle attribuzioni delle istituzioni previste dai trattati per l'esercizio delle competenze dell'Unione di cui agli articoli da 3 a 6 del trattato sul funzionamento dell'Unione europea.*

L'attuazione delle politiche previste in tali articoli lascia parimenti impregiudicata l'applicazione delle procedure e la rispettiva portata delle attribuzioni delle istituzioni previste dai trattati per l'esercizio delle competenze dell'Unione a titolo del presente capo.

Articolo 41 (*ex* articolo 28 del TUE). – *1.* Le spese amministrative che le istituzioni sostengono *per l'attuazione del* presente *capo* sono a carico del bilancio *dell'Unione*.

2. Le spese operative cui dà luogo l'attuazione *del presente capo* sono anch'esse a carico del bilancio *dell'Unione*, eccetto le spese derivanti da operazioni che hanno implicazioni nel settore militare o della difesa, e a meno che il Consiglio, deliberando all'unanimità, decida altrimenti.

Nei casi in cui non sono a carico del bilancio *dell'Unione*, le spese sono a carico degli Stati membri secondo un criterio di ripartizione basato sul prodotto nazionale lordo, a meno che il Consiglio, deliberando all'unanimità, non stabilisca altrimenti. Per quanto riguarda le spese derivanti da operazioni che hanno implicazioni nel settore militare o della difesa, gli Stati membri i cui rappresentanti in Consiglio hanno fatto una dichiarazione formale a norma dell'articolo *31*, paragrafo 1, secondo comma, non sono obbligati a contribuire al loro finanziamento.

3. Il Consiglio adotta una decisione che stabilisce le procedure specifiche per garantire il rapido accesso agli stanziamenti del bilancio dell'Unione destinati al finanziamento urgente di iniziative nel quadro della politica estera e di sicurezza comune, in particolare ai preparativi di una missione di cui all'articolo 42, paragrafo 1 e all'articolo 43. Esso delibera previa consultazione del Parlamento europeo.

I preparativi delle missioni di cui all'articolo 42, paragrafo 1 e all'articolo 43 che non sono a carico del bilancio dell'Unione sono finanziati mediante un fondo iniziale costituito da contributi degli Stati membri.

Il Consiglio adotta a maggioranza qualificata, su proposta dell'alto rappresentante dell'Unione per gli affari esteri e la politica di sicurezza, le decisioni che fissano:

a) le modalità di costituzione e finanziamento del fondo iniziale, in particolare le dotazioni finanziarie assegnategli;

b) le modalità di gestione del fondo iniziale;

c) le modalità di controllo finanziario.

Quando la missione prevista conformemente all'articolo 42, paragrafo 1 e all'articolo 43 non può essere a carico del bilancio dell'Unione, il Consiglio autorizza l'alto rappre-

sentante a ricorrere a detto fondo. L'alto rappresentante riferisce al Consiglio sull'esecuzione di tale mandato.

SEZIONE 2 – *Disposizioni sulla politica di sicurezza e di difesa comune*

Articolo 42 (*ex* articolo 17 del TUE). – *1. La politica di sicurezza e di difesa comune costituisce parte integrante della politica estera e di sicurezza comune. Essa assicura che l'Unione disponga di una capacità operativa ricorrendo a mezzi civili e militari. L'Unione può avvalersi di tali mezzi in missioni al suo esterno per garantire il mantenimento della pace, la prevenzione dei conflitti e il rafforzamento della sicurezza internazionale, conformemente ai principi della Carta delle Nazioni Unite. L'esecuzione di tali compiti si basa sulle capacità fornite dagli Stati membri.*

2. La politica *di sicurezza e di difesa comune* comprende *la graduale definizione* di una politica di difesa comune dell'Unione. *Questa condurrà* a una difesa comune *quando* il Consiglio europeo, *deliberando all'unanimità, avrà così deciso*. In *questo* caso, il Consiglio europeo raccomanda agli Stati membri di adottare una decisione in tal senso conformemente alle rispettive norme costituzionali.

La politica dell'Unione a norma *della* presente *sezione* non pregiudica il carattere specifico della politica di sicurezza e di difesa di taluni Stati membri, rispetta gli obblighi di alcuni Stati membri, i quali ritengono che la loro difesa comune si realizzi tramite l'Organizzazione del trattato del Nord-Atlantico (NATO), nell'ambito del trattato dell'Atlantico del Nord, ed è compatibile con la politica di sicurezza e di difesa comune adottata in tale contesto.

3. Gli Stati membri mettono a disposizione dell'Unione, per l'attuazione della politica di sicurezza e di difesa comune, capacità civili e militari per contribuire al conseguimento degli obiettivi definiti dal Consiglio. Gli Stati membri che costituiscono tra loro forze multinazionali possono mettere anche tali forze a disposizione della politica di sicurezza e di difesa comune.

Gli Stati membri s'impegnano a migliorare progressivamente le loro capacità militari. L'Agenzia nel settore dello sviluppo delle capacità di difesa, della ricerca, dell'acquisizione e degli armamenti (in appresso denominata «Agenzia europea per la difesa») individua le esigenze operative, promuove misure per rispondere a queste, contribuisce a individuare e, se del caso, mettere in atto qualsiasi misura utile a rafforzare la base industriale e tecnologica del settore della difesa, partecipa alla definizione di una politica europea delle capacità e degli armamenti, e assiste il Consiglio nella valutazione del miglioramento delle capacità militari.

4. Le decisioni relative alla politica di sicurezza e di difesa comune, comprese quelle inerenti all'avvio di una missione di cui al presente articolo, sono adottate dal Consiglio che delibera all'unanimità su proposta dell'alto rappresentante dell'Unione per gli affari esteri e la politica di sicurezza o su iniziativa di uno Stato membro. L'alto rappresentante può proporre il ricorso sia ai mezzi nazionali sia agli strumenti dell'Unione, se del caso congiuntamente alla Commissione.

5. Il Consiglio può affidare lo svolgimento di una missione, nell'ambito dell'Unione, a un gruppo di Stati membri allo scopo di preservare i valori dell'Unione e di servirne gli interessi. Lo svolgimento di detta missione è disciplinato dall'articolo 44.

6. Gli Stati membri che rispondono a criteri più elevati in termini di capacità militari e che hanno sottoscritto impegni più vincolanti in materia ai fini delle missioni più impegnative instaurano una cooperazione strutturata permanente nell'ambito dell'Unione. Detta cooperazione è disciplinata dall'articolo 46. Essa lascia impregiudicato l'articolo 43.

7. Qualora uno Stato membro subisca un'aggressione armata nel suo territorio, gli altri Stati membri sono tenuti a prestargli aiuto e assistenza con tutti i mezzi in loro possesso, in conformità dell'articolo 51 della Carta delle Nazioni Unite. Ciò non pregiudica il carattere specifico della politica di sicurezza e di difesa di taluni Stati membri.

Gli impegni e la cooperazione in questo settore rimangono conformi agli impegni assunti nell'ambito dell'Organizzazione del trattato del Nord-Atlantico che resta, per gli Stati che ne sono membri, il fondamento della loro difesa collettiva e l'istanza di attuazione della stessa.

Articolo 43. – 1. Le missioni di cui all'articolo 42, paragrafo 1, nelle quali l'Unione può ricorrere a mezzi civili e militari, comprendono le azioni congiunte in materia di disarmo, le missioni umanitarie e di soccorso, le missioni di consulenza e assistenza in materia militare, le missioni di prevenzione dei conflitti e di mantenimento della pace e le missioni di unità di combattimento per la gestione delle crisi, comprese le missioni tese al ristabilimento della pace e le operazioni di stabilizzazione al termine dei conflitti. Tutte queste missioni possono contribuire alla lotta contro il terrorismo, anche tramite il sostegno a paesi terzi per combattere il terrorismo sul loro territorio.
2. Il Consiglio adotta decisioni relative alle missioni di cui al paragrafo 1 stabilendone l'obiettivo, la portata e le modalità generali di realizzazione. L'alto rappresentante dell'Unione per gli affari esteri e la politica di sicurezza, sotto l'autorità del Consiglio e in stretto e costante contatto con il comitato politico e di sicurezza, provvede a coordinare gli aspetti civili e militari di tali missioni.

Articolo 44. – 1. Nel quadro delle decisioni adottate in conformità dell'articolo 43, il Consiglio può affidare la realizzazione di una missione a un gruppo di Stati membri che lo desiderano e dispongono delle capacità necessarie per tale missione. Tali Stati membri, in associazione con l'alto rappresentante dell'Unione per gli affari esteri e la politica di sicurezza, si accordano sulla gestione della missione.
2. Gli Stati membri che partecipano alla realizzazione della missione informano periodicamente il Consiglio dell'andamento della missione, di propria iniziativa o a richiesta di un altro Stato membro. Gli Stati membri partecipanti investono immediatamente il Consiglio della questione se la realizzazione di tale missione genera conseguenze di ampia portata o se impone una modifica dell'obiettivo, della portata o delle modalità della missione stabiliti nelle decisioni di cui al paragrafo 1. In tal caso il Consiglio adotta le decisioni necessarie.

Articolo 45. – 1. L'Agenzia europea per la difesa, di cui all'articolo 42, paragrafo 3 e posta sotto l'autorità del Consiglio, ha il compito di:
a) contribuire a individuare gli obiettivi di capacità militari degli Stati membri e a valutare il rispetto degli impegni in materia di capacità assunti dagli Stati membri;
b) promuovere l'armonizzazione delle esigenze operative e l'adozione di metodi di acquisizione efficienti e compatibili;
c) proporre progetti multilaterali per il conseguimento degli obiettivi in termini di capacità militari e assicurare il coordinamento dei programmi attuati dagli Stati membri e la gestione di programmi di cooperazione specifici;
d) sostenere la ricerca nel settore della tecnologia della difesa, coordinare e pianificare attività di ricerca congiunte e studi per delineare le soluzioni tecniche che rispondono alle esigenze operative future;
e) contribuire a individuare e, se del caso, attuare qualsiasi misura utile per potenziare la base industriale e tecnologica del settore della difesa e per migliorare l'efficacia delle spese militari.
2. L'Agenzia europea per la difesa è aperta a tutti gli Stati membri che desiderano parteciparvi. Il Consiglio, deliberando a maggioranza qualificata, adotta una decisione che fissa lo statuto, la sede e le modalità di funzionamento dell'Agenzia. Detta decisione tiene conto del grado di partecipazione effettiva alle attività dell'Agenzia. Nell'ambito dell'Agenzia sono costituiti gruppi specifici che riuniscono gli Stati membri impegnati in pro-

getti congiunti. L'Agenzia svolge i suoi compiti in collegamento con la Commissione, se necessario.

Articolo 46. – 1. Gli Stati membri che desiderano partecipare alla cooperazione strutturata permanente di cui all'articolo 42, paragrafo 6 e che rispondono ai criteri e sottoscrivono gli impegni in materia di capacità militari specificati nel protocollo sulla cooperazione strutturata permanente notificano la loro intenzione al Consiglio e all'alto rappresentante dell'Unione per gli affari esteri e la politica di sicurezza.

2. Entro tre mesi dalla notifica di cui al paragrafo 1, il Consiglio adotta una decisione che istituisce la cooperazione strutturata permanente e fissa l'elenco degli Stati membri partecipanti. Il Consiglio delibera a maggioranza qualificata previa consultazione dell'alto rappresentante.

3. Ogni Stato membro che, in una fase successiva, desideri partecipare alla cooperazione strutturata permanente notifica la sua intenzione al Consiglio e all'alto rappresentante.

Il Consiglio adotta una decisione che conferma la partecipazione dello Stato membro interessato che risponde ai criteri e sottoscrive gli impegni di cui agli articoli 1 e 2 del protocollo sulla cooperazione strutturata permanente. Il Consiglio delibera a maggioranza qualificata previa consultazione dell'alto rappresentante. Solo i membri del Consiglio che rappresentano gli Stati membri partecipanti prendono parte al voto.

Per maggioranza qualificata s'intende quella definita conformemente all'articolo 238, paragrafo 3, lettera a) del trattato sul funzionamento dell'Unione europea.

4. Se uno Stato membro partecipante non soddisfa più i criteri o non può più assolvere gli impegni di cui agli articoli 1 e 2 del protocollo sulla cooperazione strutturata permanente, il Consiglio può adottare una decisione che sospende la partecipazione di questo Stato.

Il Consiglio delibera a maggioranza qualificata. Solo i membri del Consiglio che rappresentano gli Stati membri partecipanti, ad eccezione dello Stato membro in questione, prendono parte al voto.

Per maggioranza qualificata s'intende quella definita conformemente all'articolo 238, paragrafo 3, lettera a) del trattato sul funzionamento dell'Unione europea.

5. Se uno Stato membro partecipante desidera ritirarsi dalla cooperazione strutturata permanente notifica la sua decisione al Consiglio, che prende atto del fatto che la partecipazione dello Stato membro in questione termina.

6. Le decisioni e le raccomandazioni del Consiglio prese nel quadro della cooperazione strutturata permanente, diverse da quelle previste ai paragrafi da 2 a 5, sono adottate all'unanimità. Ai fini del presente paragrafo l'unanimità è costituita dai voti dei soli rappresentanti degli Stati membri partecipanti.

TITOLO *VI* – DISPOSIZIONI FINALI

Articolo 47. – L'Unione ha personalità giuridica.

Articolo 48 (ex articolo 48 del TUE). – *1. I trattati possono essere modificati conformemente a una procedura di revisione ordinaria. Possono inoltre essere modificati conformemente a procedure di revisione semplificate.*

Procedura di revisione ordinaria

2. Il governo di qualsiasi Stato membro, *il Parlamento europeo* o la Commissione possono sottoporre al Consiglio progetti intesi a modificare i trattati. *Tali progetti possono, tra l'altro, essere intesi ad accrescere o a ridurre le competenze attribuite all'Unione nei trattati. Tali progetti sono trasmessi dal Consiglio al Consiglio europeo e notificati ai parlamenti nazionali.*

3. Qualora il Consiglio *europeo, previa consultazione del* Parlamento europeo *e della*

Commissione, *adotti a maggioranza semplice una decisione* favorevole *all'esame delle modifiche proposte,* il presidente del Consiglio *europeo convoca una convenzione composta da* rappresentanti dei *parlamenti nazionali, dei capi di Stato o di governo degli Stati membri, del Parlamento europeo e della Commissione.* In caso di modifiche istituzionali nel settore monetario, è consultata anche la Banca centrale europea. *La convenzione esamina i progetti di modifica e adotta per consenso una raccomandazione a una conferenza dei rappresentanti dei governi degli Stati membri quale prevista al paragrafo 4.*

Il Consiglio europeo può decidere a maggioranza semplice, previa approvazione del Parlamento europeo, di non convocare una convenzione qualora l'entità delle modifiche non lo giustifichi. In questo caso, il Consiglio europeo definisce il mandato per una conferenza dei rappresentanti dei governi degli Stati membri.

4. Una conferenza dei rappresentanti dei governi degli Stati membri è convocata dal presidente del Consiglio allo scopo di stabilire di comune accordo le modifiche da apportare ai trattati.

Le modifiche entrano in vigore dopo essere state ratificate da tutti gli Stati membri conformemente alle rispettive norme costituzionali.

5. Qualora, al termine di un periodo di due anni a decorrere dalla firma di un trattato che modifica i trattati, i quattro quinti degli Stati membri abbiano ratificato detto trattato e uno o più Stati membri abbiano incontrato difficoltà nelle procedure di ratifica, la questione è deferita al Consiglio europeo.

Procedure di revisione semplificate

6. Il governo di qualsiasi Stato membro, il Parlamento europeo o la Commissione possono sottoporre al Consiglio europeo progetti intesi a modificare in tutto o in parte le disposizioni della parte terza del trattato sul funzionamento dell'Unione europea relative alle politiche e azioni interne dell'Unione.

Il Consiglio europeo può adottare una decisione che modifica in tutto o in parte le disposizioni della parte terza del trattato sul funzionamento dell'Unione europea. Il Consiglio europeo delibera all'unanimità previa consultazione del Parlamento europeo, della Commissione e, in caso di modifiche istituzionali nel settore monetario, della Banca centrale europea. Tale decisione entra in vigore solo previa approvazione degli Stati membri conformemente alle rispettive norme costituzionali.

La decisione di cui al secondo comma non può estendere le competenze attribuite all'Unione nei trattati.

7. Quando il trattato sul funzionamento dell'Unione europea o il titolo V del presente trattato prevedono che il Consiglio deliberi all'unanimità in un settore o in un caso determinato, il Consiglio europeo può adottare una decisione che consenta al Consiglio di deliberare a maggioranza qualificata in detto settore o caso. Il presente comma non si applica alle decisioni che hanno implicazioni militari o che rientrano nel settore della difesa.

Quando il trattato sul funzionamento dell'Unione europea prevede che il Consiglio adotti atti legislativi secondo una procedura legislativa speciale, il Consiglio europeo può adottare una decisione che consenta l'adozione di tali atti secondo la procedura legislativa ordinaria.

Ogni iniziativa presa dal Consiglio europeo in base al primo o al secondo comma è trasmessa ai parlamenti nazionali. In caso di opposizione di un parlamento nazionale notificata entro sei mesi dalla data di tale trasmissione, la decisione di cui al primo o al secondo comma non è adottata. In assenza di opposizione, il Consiglio europeo può adottare detta decisione.

Per l'adozione delle decisioni di cui al primo o al secondo comma, il Consiglio europeo delibera all'unanimità previa approvazione del Parlamento europeo, che si pronuncia a maggioranza dei membri che lo compongono.

Articolo 49 (ex articolo 49 del TUE). – Ogni Stato europeo che rispetti *i valori di cui all'articolo 2 e si impegni a promuoverli* può domandare di diventare membro dell'Unione. *Il Parlamento europeo e i parlamenti nazionali sono informati di tale domanda. Lo Stato richiedente* trasmette la sua domanda al Consiglio, che si pronuncia all'unanimità, previa consultazione della Commissione e *previa approvazione* del Parlamento europeo, che si pronuncia *a maggioranza* dei membri che lo compongono. *Si tiene conto dei criteri di ammissibilità convenuti dal Consiglio europeo.*

Le condizioni per l'ammissione e gli adattamenti dei trattati su cui è fondata l'Unione, da essa determinati, formano l'oggetto di un accordo tra gli Stati membri e lo Stato richiedente. Tale accordo è sottoposto a ratifica da tutti gli Stati contraenti conformemente alle loro rispettive norme costituzionali.

Articolo 50. – 1. Ogni Stato membro può decidere, conformemente alle proprie norme costituzionali, di recedere dall'Unione.

2. Lo Stato membro che decide di recedere notifica tale intenzione al Consiglio europeo. Alla luce degli orientamenti formulati dal Consiglio europeo, l'Unione negozia e conclude con tale Stato un accordo volto a definire le modalità del recesso, tenendo conto del quadro delle future relazioni con l'Unione. L'accordo è negoziato conformemente all'articolo 218, paragrafo 3 del trattato sul funzionamento dell'Unione europea. Esso è concluso a nome dell'Unione dal Consiglio, che delibera a maggioranza qualificata previa approvazione del Parlamento europeo.

3. I trattati cessano di essere applicabili allo Stato interessato a decorrere dalla data di entrata in vigore dell'accordo di recesso o, in mancanza di tale accordo, due anni dopo la notifica di cui al paragrafo 2, salvo che il Consiglio europeo, d'intesa con lo Stato membro interessato, decida all'unanimità di prorogare tale termine.

4. Ai fini dei paragrafi 2 e 3, il membro del Consiglio europeo e del Consiglio che rappresenta lo Stato membro che recede non partecipa né alle deliberazioni né alle decisioni del Consiglio europeo e del Consiglio che lo riguardano.

Per maggioranza qualificata s'intende quella definita conformemente all'articolo 238, paragrafo 3, lettera b) del trattato sul funzionamento dell'Unione europea.

5. Se lo Stato che ha receduto dall'Unione chiede di aderirvi nuovamente, tale richiesta è oggetto della procedura di cui all'articolo 49.

Articolo 51. – I protocolli e gli allegati ai trattati ne costituiscono parte integrante.

Articolo 52. – ***1. I trattati si applicano al Regno del Belgio, alla Repubblica di Bulgaria, alla Repubblica ceca, al Regno di Danimarca, alla Repubblica federale di Germania, alla Repubblica di Estonia, all'Irlanda, alla Repubblica ellenica, al Regno di Spagna, alla Repubblica francese, alla Repubblica di Croazia, alla Repubblica italiana, alla Repubblica di Cipro, alla Repubblica di Lettonia, alla Repubblica di Lituania, al Granducato del Lussemburgo, alla Repubblica di Ungheria, alla Repubblica di Malta, al Regno dei Paesi Bassi, alla Repubblica d'Austria, alla Repubblica di Polonia, alla Repubblica portoghese, alla Romania, alla Repubblica di Slovenia, alla Repubblica slovacca, alla Repubblica di Finlandia, al Regno di Svezia e al Regno Unito di Gran Bretagna e Irlanda del Nord*** [5]**.**

2. Il campo di applicazione territoriale dei trattati è precisato all'articolo 355 del trattato sul funzionamento dell'Unione europea.

Articolo 53 (*ex* articolo 51 del TUE). – Il presente trattato è concluso per una durata illimitata.

---

[5] Paragrafo sostituito dall'Atto di adesione della Croazia, art. 13. Sul recesso del Regno Unito cfr. la *Premessa alla quinta edizione* (nonché la Premessa alla presente edizione)..

Articolo 54 (*ex* articolo 52 del TUE). – 1. Il presente trattato sarà ratificato dalle Alte parti contraenti conformemente alle loro rispettive norme costituzionali. Gli strumenti di ratifica saranno depositati presso il governo della Repubblica italiana.

2. Il presente trattato entrerà in vigore il 1° gennaio 1993, se tutti gli strumenti di ratifica saranno stati depositati; altrimenti, il primo giorno del mese successivo all'avvenuto deposito dello strumento di ratifica da parte dello Stato firmatario che procederà per ultimo a tale formalità.

Articolo 55 (*ex* articolo 53 del TUE). – ***1. Il presente trattato, redatto in unico esemplare in lingua bulgara, ceca, croata, danese, estone, finlandese, francese, greca, inglese, irlandese, italiana, lettone, lituana, maltese, olandese, polacca, portoghese, rumena, slovacca, slovena, spagnola, svedese, tedesca e ungherese, i testi in ciascuna di queste lingue facenti ugualmente fede, sarà depositato negli archivi del governo della Repubblica italiana, che provvederà a trasmetterne copia certificata conforme a ciascuno dei governi degli altri Stati firmatari*** [6]**.**

2. Il presente trattato può essere parimenti tradotto in qualsiasi altra lingua determinata da uno Stato membro che, in base all'ordinamento costituzionale dello Stato in questione, sia lingua ufficiale in tutto il suo territorio o in parte di esso. Lo Stato membro interessato fornisce copia certificata conforme di tale traduzione affinché sia depositata negli archivi del Consiglio.

(*omissis*)

[6] Paragrafo sostituito dall'Atto di adesione della Croazia, art. 14.

3. Trattato sul funzionamento dell'Unione europea

PREAMBOLO

SUA MAESTÀ IL RE DEI BELGI, IL PRESIDENTE DELLA REPUBBLICA FEDERALE DI GERMANIA, IL PRESIDENTE DELLA REPUBBLICA FRANCESE, IL PRESIDENTE DELLA REPUBBLICA ITALIANA, SUA ALTEZZA REALE LA GRANDUCHESSA DEL LUSSEMBURGO, SUA MAESTÀ LA REGINA DEI PAESI BASSI [1],

DETERMINATI a porre le fondamenta di un'unione sempre più stretta fra i popoli europei,

DECISI ad assicurare mediante un'azione comune il progresso economico e sociale dei loro Stati, eliminando le barriere che dividono l'Europa,

ASSEGNANDO ai loro sforzi per scopo essenziale il miglioramento costante delle condizioni di vita e di occupazione dei loro popoli,

RICONOSCENDO che l'eliminazione degli ostacoli esistenti impone un'azione concertata intesa a garantire la stabilità nell'espansione, l'equilibrio negli scambi e la lealtà nella concorrenza,

SOLLECITI di rafforzare l'unità delle loro economie e di assicurarne lo sviluppo armonioso riducendo le disparità fra le differenti regioni e il ritardo di quelle meno favorite,

DESIDEROSI di contribuire, grazie a una politica commerciale comune, alla soppressione progressiva delle restrizioni agli scambi internazionali,

NELL'INTENTO di confermare la solidarietà che lega l'Europa ai paesi d'oltremare e desiderando assicurare lo sviluppo della loro prosperità conformemente ai principi dello statuto delle Nazioni Unite,

RISOLUTI a rafforzare, mediante la costituzione di questo complesso di risorse, le difese della pace e della libertà e facendo appello agli altri popoli d'Europa, animati dallo stesso ideale, perché si associno al loro sforzo,

DETERMINATI a promuovere lo sviluppo del massimo livello possibile di conoscenza nelle popolazioni attraverso un ampio accesso all'istruzione e attraverso l'aggiornamento costante,

HANNO DESIGNATO a questo effetto come plenipotenziari:
(*elenco dei plenipotenziari non riprodotto*)

I QUALI, dopo avere scambiato i loro pieni poteri, riconosciuti in buona e debita forma, hanno convenuto le disposizioni che seguono.

---

[1] I Paesi indicati sono quelli che sottoscrissero, il 25 marzo 1957 a Roma, il «Trattato che istituisce la Comunità economica europea». Successivamente [la precisazione è contenuta nella versione consolidata in *G.U.U.E.* n. C 115 del 9 maggio 2008, p. 49] sono divenuti membri dell'Unione europea la Repubblica di Bulgaria, la Repubblica ceca, il Regno di Danimarca, la Repubblica di Estonia, la Repubblica ellenica, il Regno di Spagna, l'Irlanda, la Repubblica di Cipro, la Repubblica di Lettonia, la Repubblica di Lituania, la Repubblica di Ungheria, la Repubblica di Malta, la Repubblica d'Austria, la Repubblica di Polonia, la Repubblica portoghese, la Romania, la Repubblica di Slovenia, la Repubblica slovacca, la Repubblica di Finlandia, il Regno di Svezia e il Regno Unito di Gran Bretagna e d'Irlanda del Nord. A questi Stati deve essere aggiunta la Repubblica di Croazia, membro dell'Unione europea dal 1° luglio 2013. Sul recesso del Regno Unito cfr. la *Premessa alla quinta edizione* (nonché la *Premessa* alla presente edizione).

PARTE PRIMA – PRINCIPI

Articolo 1. – 1. Il presente trattato organizza il funzionamento dell'Unione e determina i settori, la delimitazione e le modalità d'esercizio delle sue competenze.

2. Il presente trattato e il trattato sull'Unione europea costituiscono i trattati su cui è fondata l'Unione. I due trattati, che hanno lo stesso valore giuridico, sono denominati «i trattati».

TITOLO I – CATEGORIE E SETTORI DI COMPETENZA DELL'UNIONE

Articolo 2. – 1. Quando i trattati attribuiscono all'Unione una competenza esclusiva in un determinato settore, solo l'Unione può legiferare e adottare atti giuridicamente vincolanti. Gli Stati membri possono farlo autonomamente solo se autorizzati dall'Unione oppure per dare attuazione agli atti dell'Unione.

2. Quando i trattati attribuiscono all'Unione una competenza concorrente con quella degli Stati membri in un determinato settore, l'Unione e gli Stati membri possono legiferare e adottare atti giuridicamente vincolanti in tale settore. Gli Stati membri esercitano la loro competenza nella misura in cui l'Unione non ha esercitato la propria. Gli Stati membri esercitano nuovamente la loro competenza nella misura in cui l'Unione ha deciso di cessare di esercitare la propria.

3. Gli Stati membri coordinano le loro politiche economiche e occupazionali secondo le modalità previste dal presente trattato, la definizione delle quali è di competenza dell'Unione.

4. L'Unione ha competenza, conformemente alle disposizioni del trattato sull'Unione europea, per definire e attuare una politica estera e di sicurezza comune, compresa la definizione progressiva di una politica di difesa comune.

5. In taluni settori e alle condizioni previste dai trattati, l'Unione ha competenza per svolgere azioni intese a sostenere, coordinare o completare l'azione degli Stati membri, senza tuttavia sostituirsi alla loro competenza in tali settori.

Gli atti giuridicamente vincolanti dell'Unione adottati in base a disposizioni dei trattati relative a tali settori non possono comportare un'armonizzazione delle disposizioni legislative e regolamentari degli Stati membri.

6. La portata e le modalità d'esercizio delle competenze dell'Unione sono determinate dalle disposizioni dei trattati relative a ciascun settore.

Articolo 3. – 1. L'Unione ha competenza esclusiva nei seguenti settori:

a) unione doganale;

b) definizione delle regole di concorrenza necessarie al funzionamento del mercato interno;

c) politica monetaria per gli Stati membri la cui moneta è l'euro;

d) conservazione delle risorse biologiche del mare nel quadro della politica comune della pesca;

e) politica commerciale comune.

2. L'Unione ha inoltre competenza esclusiva per la conclusione di accordi internazionali allorché tale conclusione è prevista in un atto legislativo dell'Unione o è necessaria per consentirle di esercitare le sue competenze a livello interno o nella misura in cui può incidere su norme comuni o modificarne la portata.

Articolo 4. – 1. L'Unione ha competenza concorrente con quella degli Stati membri quando i trattati le attribuiscono una competenza che non rientra nei settori di cui agli articoli 3 e 6.

2. L'Unione ha una competenza concorrente con quella degli Stati membri nei principali seguenti settori:

a) mercato interno;
b) politica sociale, per quanto riguarda gli aspetti definiti nel presente trattato;
c) coesione economica, sociale e territoriale;
d) agricoltura e pesca, tranne la conservazione delle risorse biologiche del mare;
e) ambiente;
f) protezione dei consumatori;
g) trasporti;
h) reti transeuropee;
i) energia;
j) spazio di libertà, sicurezza e giustizia;
k) problemi comuni di sicurezza in materia di sanità pubblica, per quanto riguarda gli aspetti definiti nel presente trattato.

3. Nei settori della ricerca, dello sviluppo tecnologico e dello spazio, l'Unione ha competenza per condurre azioni, in particolare la definizione e l'attuazione di programmi, senza che l'esercizio di tale competenza possa avere per effetto di impedire agli Stati membri di esercitare la loro.

4. Nei settori della cooperazione allo sviluppo e dell'aiuto umanitario, l'Unione ha competenza per condurre azioni e una politica comune, senza che l'esercizio di tale competenza possa avere per effetto di impedire agli Stati membri di esercitare la loro.

Articolo 5. – 1. Gli Stati membri coordinano le loro politiche economiche nell'ambito dell'Unione. A tal fine il Consiglio adotta delle misure, in particolare gli indirizzi di massima per dette politiche.

Agli Stati membri la cui moneta è l'euro si applicano disposizioni specifiche.

2. L'Unione prende misure per assicurare il coordinamento delle politiche occupazionali degli Stati membri, in particolare definendo gli orientamenti per dette politiche.

3. L'Unione può prendere iniziative per assicurare il coordinamento delle politiche sociali degli Stati membri.

Articolo 6. – L'Unione ha competenza per svolgere azioni intese a sostenere, coordinare o completare l'azione degli Stati membri. I settori di tali azioni, nella loro finalità europea, sono i seguenti:
a) tutela e miglioramento della salute umana;
b) industria;
c) cultura;
d) turismo;
e) istruzione, formazione professionale, gioventù e sport;
f) protezione civile;
g) cooperazione amministrativa.

TITOLO II – DISPOSIZIONI DI APPLICAZIONE GENERALE

Articolo 7. – L'Unione assicura la coerenza tra le sue varie politiche e azioni, tenendo conto dell'insieme dei suoi obiettivi e conformandosi al principio di attribuzione delle competenze.

Articolo 8 (*ex* articolo 3, paragrafo 2, del TCE)[2]. – *Nelle sue azioni l'Unione* mira ad eliminare le ineguaglianze, nonché a promuovere la parità, tra uomini e donne.

---

[2] Tale rinvio [la precisazione è contenuta nella versione consolidata in *G.U.U.E.* C 115 del 9 maggio 2008, p. 53; il rinvio si intende alle precedenti disposizioni del trattato CE] è meramente indicativo. Per più ampi ragguagli si vedano le tabelle di corrispondenza tra la vecchia e la nuova numerazione dei trattati. Cfr. oltre, il par. 7.

Articolo 9. – Nella definizione e nell'attuazione delle sue politiche e azioni, l'Unione tiene conto delle esigenze connesse con la promozione di un elevato livello di occupazione, la garanzia di un'adeguata protezione sociale, la lotta contro l'esclusione sociale e un elevato livello di istruzione, formazione e tutela della salute umana.

Articolo 10. – Nella definizione e nell'attuazione delle sue politiche e azioni, l'Unione mira a combattere le discriminazioni fondate sul sesso, la razza o l'origine etnica, la religione o le convinzioni personali, la disabilità, l'età o l'orientamento sessuale.

Articolo 11 (*ex* articolo 6 del TCE). – Le esigenze connesse con la tutela dell'ambiente devono essere integrate nella definizione e nell'attuazione delle politiche e azioni *dell'Unione*, in particolare nella prospettiva di promuovere lo sviluppo sostenibile.

Articolo 12 (*ex* articolo 153, paragrafo 2, del TCE). – Nella definizione e nell'attuazione di altre politiche o attività *dell'Unione* sono prese in considerazione le esigenze inerenti alla protezione dei consumatori.

Articolo 13. – Nella formulazione e nell'attuazione delle politiche *dell'Unione* nei settori dell'agricoltura, *della pesca*, dei trasporti, del mercato interno, della ricerca *e sviluppo tecnologico e dello spazio, l'Unione* e gli Stati membri tengono pienamente conto delle esigenze in materia di benessere degli animali *in quanto esseri senzienti*, rispettando nel contempo le disposizioni legislative o amministrative e le consuetudini degli Stati membri per quanto riguarda, in particolare, i riti religiosi, le tradizioni culturali e il patrimonio regionale.

Articolo 14 (*ex* articolo 16 del TCE). – Fatti salvi *l'articolo 4 del trattato sull'Unione europea e gli articoli 93, 106 e 107 del presente trattato*, in considerazione dell'importanza dei servizi di interesse economico generale nell'ambito dei valori comuni dell'Unione, nonché del loro ruolo nella promozione della coesione sociale e territoriale, *l'Unione* e gli Stati membri, secondo le rispettive competenze e nell'ambito del campo di applicazione *dei trattati*, provvedono affinché tali servizi funzionino in base a principi e condizioni, *in particolare economiche e finanziarie,* che consentano loro di assolvere i *propri* compiti. *Il Parlamento europeo e il Consiglio, deliberando mediante regolamenti secondo la procedura legislativa ordinaria, stabiliscono tali principi e fissano tali condizioni, fatta salva la competenza degli Stati membri, nel rispetto dei trattati, di fornire, fare eseguire e finanziare tali servizi.*

Articolo 15 (*ex* articolo 255 del TCE). – *1. Al fine di promuovere il buon governo e garantire la partecipazione della società civile, le istituzioni, gli organi e gli organismi dell'Unione operano nel modo più trasparente possibile.*

2. Il Parlamento europeo si riunisce in seduta pubblica, così come il Consiglio allorché delibera e vota in relazione ad un progetto di atto legislativo.

3. Qualsiasi cittadino dell'Unione e qualsiasi persona fisica o giuridica che risieda o abbia la sede sociale in uno Stato membro ha il diritto di accedere ai documenti *delle istituzioni, organi e organismi dell'Unione, a prescindere dal loro supporto,* secondo i principi e alle condizioni da definire a norma *del presente paragrafo.*

I principi generali e le limitazioni a tutela di interessi pubblici o privati applicabili al diritto di accesso ai documenti sono stabiliti *mediante regolamenti dal Parlamento europeo e dal Consiglio, che deliberano secondo la procedura legislativa ordinaria.*

Ciascuna istituzione, organo od organismo garantisce la trasparenza dei suoi lavori e definisce nel proprio regolamento interno disposizioni specifiche riguardanti l'accesso ai propri documenti, *in conformità dei regolamenti di cui al secondo comma.*

La Corte di giustizia dell'Unione europea, la Banca centrale europea e la Banca eu-

ropea per gli investimenti sono soggette al presente paragrafo soltanto allorché esercitano funzioni amministrative.

Il Parlamento europeo e il Consiglio assicurano la pubblicità dei documenti relativi alle procedure legislative nel rispetto delle condizioni previste dai regolamenti di cui al secondo comma.

Articolo 16 (*ex* articolo 286 del TCE). – *1. Ogni persona ha diritto alla protezione dei dati di carattere personale che la riguardano.*

2. *Il Parlamento europeo e il Consiglio, deliberando secondo la procedura legislativa ordinaria, stabiliscono le norme relative* alla protezione delle persone fisiche con riguardo al trattamento dei dati *di carattere personale da parte delle istituzioni, degli organi e degli organismi dell'Unione, nonché da parte degli Stati membri nell'esercizio di attività che rientrano nel campo di applicazione del diritto dell'Unione, e le norme relative* alla libera circolazione di tali dati. *Il rispetto di tali norme è soggetto al controllo di autorità indipendenti.*

Le norme adottate sulla base del presente articolo fanno salve le norme specifiche di cui all'articolo 39 del trattato sull'Unione europea.

Articolo 17. – 1. L'Unione rispetta e non pregiudica lo status di cui le chiese e le associazioni o comunità religiose godono negli Stati membri in virtù del diritto nazionale.

2. L'Unione rispetta ugualmente lo status di cui godono, in virtù del diritto nazionale, le organizzazioni filosofiche e non confessionali.

3. Riconoscendone l'identità e il contributo specifico, l'Unione mantiene un dialogo aperto, trasparente e regolare con tali chiese e organizzazioni.

PARTE SECONDA – *NON DISCRIMINAZIONE* *E* CITTADINANZA DELL'UNIONE

Articolo 18 (*ex* articolo 12 del TCE). – Nel campo di applicazione *dei trattati*, e senza pregiudizio delle disposizioni particolari *dagli stessi* previste, è vietata ogni discriminazione effettuata in base alla nazionalità.

Il Parlamento europeo e il Consiglio, deliberando secondo la procedura *legislativa ordinaria, possono* stabilire regole volte a vietare tali discriminazioni.

Articolo 19 (*ex* articolo 13 del TCE). – *1.* Fatte salve le altre disposizioni *dei trattati* e nell'ambito delle competenze da *essi* conferite *all'Unione*, il Consiglio, deliberando all'unanimità *secondo una procedura legislativa speciale* e previa *approvazione* del Parlamento europeo, può prendere i provvedimenti opportuni per combattere le discriminazioni fondate sul sesso, la razza o l'origine etnica, la religione o le convinzioni personali, *la disabilità*, l'età o *l'orientamento sessuale*.

2. In deroga al paragrafo 1, *il Parlamento europeo e* il Consiglio, *deliberando secondo la procedura legislativa ordinaria, possono adottare i principi di base delle* misure di incentivazione *dell'Unione*, ad esclusione di qualsiasi armonizzazione delle disposizioni legislative e regolamentari degli Stati membri, destinate ad appoggiare le azioni degli Stati membri volte a contribuire alla realizzazione degli obiettivi di cui al paragrafo 1.

Articolo 20 (*ex* articolo 17 del TCE). – *1.* È istituita una cittadinanza dell'Unione. È cittadino dell'Unione chiunque abbia la cittadinanza di uno Stato membro. La cittadinanza dell'Unione *si aggiunge alla* cittadinanza nazionale e non *la sostituisce*.

2. I cittadini dell'Unione godono dei diritti e sono soggetti ai doveri previsti *nei trattati. Essi hanno, tra l'altro:*

a) il diritto di circolare e di soggiornare liberamente nel territorio degli Stati membri;

b) il diritto di voto e di eleggibilità alle elezioni del Parlamento europeo e alle elezioni comunali nello Stato membro in cui risiedono, alle stesse condizioni dei cittadini di detto Stato;

c) il diritto di godere, nel territorio di un paese terzo nel quale lo Stato membro di cui hanno la cittadinanza non è rappresentato, della tutela delle autorità diplomatiche e consolari di qualsiasi Stato membro, alle stesse condizioni dei cittadini di detto Stato;

d) il diritto di presentare petizioni al Parlamento europeo, di ricorrere al Mediatore europeo, di rivolgersi alle istituzioni e agli organi consultivi dell'Unione in una delle lingue dei trattati e di ricevere una risposta nella stessa lingua.

Tali diritti sono esercitati secondo le condizioni e i limiti definiti dai trattati e dalle misure adottate in applicazione degli stessi.

Articolo 21 (*ex* articolo 18 del TCE). – *1.* Ogni cittadino dell'Unione ha il diritto di circolare e di soggiornare liberamente nel territorio degli Stati membri, fatte salve le limitazioni e le condizioni previste *dai trattati* e dalle disposizioni adottate in applicazione *degli stessi.*

2. Quando un'azione *dell'Unione* risulti necessaria per raggiungere questo obiettivo e salvo che *i trattati* non *abbiano* previsto poteri di azione a tal fine, *il Parlamento europeo e* il Consiglio, *deliberando secondo la procedura legislativa ordinaria, possono adottare* disposizioni intese a facilitare l'esercizio dei diritti di cui al paragrafo *1.*

3. Agli stessi fini enunciati al paragrafo 1 e salvo che i trattati non abbiano previsto poteri di azione a tale scopo, il Consiglio, deliberando secondo una procedura legislativa speciale, può adottare misure relative alla sicurezza sociale o alla protezione sociale. *Il Consiglio delibera all'unanimità previa consultazione del Parlamento europeo.*

Articolo 22 (*ex* articolo 19 del TCE). – *1.* Ogni cittadino dell'Unione residente in uno Stato membro di cui non è cittadino ha il diritto di voto e di eleggibilità alle elezioni comunali nello Stato membro in cui risiede, alle stesse condizioni dei cittadini di detto Stato. Tale diritto sarà esercitato con riserva delle modalità che il Consiglio adotta, deliberando all'unanimità *secondo una procedura legislativa speciale* e previa consultazione del Parlamento europeo; tali modalità possono comportare disposizioni derogatorie ove problemi specifici di uno Stato membro lo giustifichino.

2. Fatte salve le disposizioni dell'articolo *223,* paragrafo *1*, e le disposizioni adottate in applicazione di quest'ultimo, ogni cittadino dell'Unione residente in uno Stato membro di cui non è cittadino ha il diritto di voto e di eleggibilità alle elezioni del Parlamento europeo nello Stato membro in cui risiede, alle stesse condizioni dei cittadini di detto Stato. Tale diritto sarà esercitato con riserva delle modalità che il Consiglio adotta, deliberando all'unanimità *secondo una procedura legislativa speciale* e previa consultazione del Parlamento europeo; tali modalità possono comportare disposizioni derogatorie ove problemi specifici di uno Stato membro lo giustifichino.

Articolo 23 (*ex* articolo 20 del TCE). – Ogni cittadino dell'Unione gode, nel territorio di un paese terzo nel quale lo Stato membro di cui ha la cittadinanza non è rappresentato, della tutela da parte delle autorità diplomatiche e consolari di qualsiasi Stato membro, alle stesse condizioni dei cittadini di detto Stato. Gli Stati membri *adottano* le disposizioni necessarie e avviano i negoziati internazionali richiesti per garantire detta tutela.

Il Consiglio, deliberando secondo una procedura legislativa speciale e previa consultazione del Parlamento europeo, può adottare direttive che stabiliscono le misure di coordinamento e cooperazione necessarie per facilitare tale tutela.

Articolo 24 (*ex* articolo 21 del TCE). – *Il Parlamento europeo e il Consiglio, deliberando mediante regolamenti secondo la procedura legislativa ordinaria, adottano le di-*

sposizioni relative alle procedure e alle condizioni necessarie per la presentazione di un'iniziativa dei cittadini ai sensi dell'articolo 11 del trattato sull'Unione europea, incluso il numero minimo di Stati membri da cui i cittadini che la presentano devono provenire.

Ogni cittadino dell'Unione ha il diritto di petizione dinanzi al Parlamento europeo conformemente all'articolo *227*.

Ogni cittadino dell'Unione può rivolgersi al Mediatore istituito conformemente all'articolo *228*.

Ogni cittadino dell'Unione può scrivere alle istituzioni o agli organi di cui al presente articolo o all'articolo *13 del trattato sull'Unione europea* in una delle lingue menzionate all'articolo *55, paragrafo 1, di tale trattato* e ricevere una risposta nella stessa lingua.

Articolo 25 (*ex* articolo 22 del TCE). – La Commissione presenta una relazione al Parlamento europeo, al Consiglio e al Comitato economico e sociale, ogni tre anni, in merito all'applicazione delle disposizioni della presente parte. Tale relazione tiene conto dello sviluppo dell'Unione.

Su questa base, lasciando impregiudicate le altre disposizioni *dei trattati*, il Consiglio, deliberando all'unanimità *secondo una procedura legislativa speciale* e previa *approvazione* del Parlamento europeo, può adottare disposizioni intese a completare i diritti *elencati all'articolo 20, paragrafo 2. Tali disposizioni entrano in vigore previa approvazione* degli Stati membri, conformemente *alle rispettive* norme costituzionali.

PARTE TERZA – POLITICHE *E AZIONI INTERNE DELL'UNIONE*

TITOLO I – MERCATO INTERNO

Articolo 26 (*ex* articolo 14 del TCE). – *1. L'Unione* adotta le misure destinate all'instaurazione *o al funzionamento* del mercato interno, conformemente alle disposizioni *pertinenti dei trattati.*

2. Il mercato interno comporta uno spazio senza frontiere interne, nel quale è assicurata la libera circolazione delle merci, delle persone, dei servizi e dei capitali secondo le disposizioni *dei trattati.*

3. Il *Consiglio, su* proposta della Commissione, definisce gli orientamenti e le condizioni necessari per garantire un progresso equilibrato nell'insieme dei settori considerati.

Articolo 27 (*ex* articolo 15 del TCE). – Nella formulazione delle proprie proposte intese a realizzare gli obiettivi dell'articolo *26*, la Commissione tiene conto dell'ampiezza dello sforzo che dovrà essere sopportato, *per l'*instaurazione del mercato interno, da talune economie che presentano differenze di sviluppo e può proporre le disposizioni appropriate.

Se queste disposizioni assumono la forma di deroghe, esse debbono avere un carattere temporaneo ed arrecare meno perturbazioni possibili al funzionamento del mercato *interno.*

TITOLO *II* – LIBERA CIRCOLAZIONE DELLE MERCI

Articolo 28 (*ex* articolo 23 del TCE). – *1. L'Unione comprende* un'unione doganale che si estende al complesso degli scambi di merci e comporta il divieto, fra gli Stati membri, dei dazi doganali all'importazione e all'esportazione e di qualsiasi tassa di effetto equivalente, come pure l'adozione di una tariffa doganale comune nei loro rapporti con i paesi terzi.

2. Le disposizioni dell'articolo *30* e del capo *32* del presente titolo si applicano ai prodotti originari degli Stati membri e ai prodotti provenienti da paesi terzi che si trovano in libera pratica negli Stati membri.

Articolo 29 (*ex* articolo 24 del TCE). – Sono considerati in libera pratica in uno Stato membro i prodotti provenienti da paesi terzi per i quali siano state adempiute in tale Stato le formalità di importazione e riscossi i dazi doganali e le tasse di effetto equivalente esigibili e che non abbiano beneficiato di un ristorno totale o parziale di tali dazi e tasse.

CAPO 1 – UNIONE DOGANALE

Articolo 30 (*ex* articolo 25 del TCE). – I dazi doganali all'importazione o all'esportazione o le tasse di effetto equivalente sono vietati tra gli Stati membri. Tale divieto si applica anche ai dazi doganali di carattere fiscale.

Articolo 31 (*ex* articolo 26 del TCE). – I dazi della tariffa doganale comune sono stabiliti dal *Consiglio su* proposta della Commissione.

Articolo 32 (*ex* articolo 27 del TCE). – Nell'adempimento dei compiti che le sono affidati ai sensi del presente capo, la Commissione s'ispira:

a) alla necessità di promuovere gli scambi commerciali fra gli Stati membri e i paesi terzi;

b) all'evoluzione delle condizioni di concorrenza all'interno *dell'Unione*, nella misura in cui tale evoluzione avrà per effetto di accrescere la capacità di concorrenza delle imprese;

c) alla necessità di approvvigionamento *dell'Unione* in materie prime e *prodotti semilavorati,* pur vigilando a che non vengano falsate fra gli Stati membri le condizioni di concorrenza sui prodotti finiti;

d) alla necessità di evitare gravi turbamenti nella vita economica degli Stati membri e di assicurare uno sviluppo razionale della produzione e una espansione del consumo *nell'Unione*.

CAPO 2 – COOPERAZIONE DOGANALE

Articolo 33 (*ex* articolo 135 del TCE). – Nel quadro del campo di applicazione *dei trattati*, *il Parlamento europeo e* il Consiglio, deliberando secondo la *procedura legislativa ordinaria, adottano* misure per rafforzare la cooperazione doganale tra gli Stati membri e tra questi ultimi e la *Commissione*.

CAPO *3* – DIVIETO DELLE RESTRIZIONI QUANTITATIVE TRA GLI STATI MEMBRI

Articolo 34 (*ex* articolo 28 del TCE). – Sono vietate fra gli Stati membri le restrizioni quantitative all'importazione nonché qualsiasi misura di effetto equivalente.

Articolo 35 (*ex* articolo 29 del TCE). – Sono vietate fra gli Stati membri le restrizioni quantitative all'esportazione e qualsiasi misura di effetto equivalente.

Articolo 36 (*ex* articolo 30 del TCE). – Le disposizioni degli articoli *34* e *35* lasciano impregiudicati i divieti o restrizioni all'importazione, all'esportazione e al transito giustificati da motivi di moralità pubblica, di ordine pubblico, di pubblica sicurezza, di tutela della salute e della vita delle persone e degli animali o di preservazione dei vegetali, di protezione del patrimonio artistico, storico o archeologico nazionale, o di tutela della proprietà industriale e commerciale. Tuttavia, tali divieti o restrizioni non devono costituire un mezzo di discriminazione arbitraria, né una restrizione dissimulata al commercio tra gli Stati membri.

Articolo 37 (*ex* articolo 31 del TCE). – 1. Gli Stati membri procedono a un riordinamento dei monopoli nazionali che presentano un carattere commerciale, in modo che venga esclusa qualsiasi discriminazione fra i cittadini degli Stati membri per quanto riguarda le condizioni relative all'approvvigionamento e agli sbocchi.

Le disposizioni del presente articolo si applicano a qualsiasi organismo per mezzo del quale uno Stato membro, de jure o de facto, controlla, dirige o influenza sensibilmente, direttamente o indirettamente, le importazioni o le esportazioni fra gli Stati membri. Tali disposizioni si applicano altresì ai monopoli di Stato delegati.

2. Gli Stati membri si astengono da qualsiasi nuova misura contraria ai principi enunciati nel paragrafo 1 o tale da limitare la portata degli articoli relativi al divieto dei dazi doganali e delle restrizioni quantitative fra gli Stati membri.

3. Nel caso di un monopolio a carattere commerciale che comporti una regolamentazione destinata ad agevolare lo smercio o la valorizzazione di prodotti agricoli, è opportuno assicurare, nell'applicazione delle norme del presente articolo, garanzie equivalenti per l'occupazione e il tenore di vita dei produttori interessati.

TITOLO *III* – AGRICOLTURA *E PESCA*

Articolo 38 (*ex* articolo 32 del TCE). – *1. L'Unione definisce e attua una politica comune dell'agricoltura e della pesca.*

Il mercato *interno* comprende l'agricoltura, *la pesca* e il commercio dei prodotti agricoli. Per prodotti agricoli si intendono i prodotti del suolo, dell'allevamento e della pesca, come pure i prodotti di prima trasformazione che sono in diretta connessione con tali prodotti. *I riferimenti alla politica agricola comune o all'agricoltura e l'uso del termine «agricolo» si intendono applicabili anche alla pesca, tenendo conto delle caratteristiche specifiche di questo settore.*

2. Salvo contrarie disposizioni degli articoli da *39* a *44* inclusi, le norme previste per l'instaurazione *o il funzionamento* del mercato *interno* sono applicabili ai prodotti agricoli.

3. I prodotti cui si applicano le disposizioni degli articoli da *39* a *44* inclusi sono enumerati nell'elenco che costituisce l'allegato *I*.

4. Il funzionamento e lo sviluppo del mercato *interno* per i prodotti agricoli devono essere accompagnati dall'instaurazione di una politica agricola comune.

Articolo 39 (*ex* articolo 33 del TCE). – 1. Le finalità della politica agricola comune sono:

a) incrementare la produttività dell'agricoltura, sviluppando il progresso tecnico, assicurando lo sviluppo razionale della produzione agricola come pure un impiego migliore dei fattori di produzione, in particolare della manodopera;

b) assicurare così un tenore di vita equo alla popolazione agricola, grazie in particolare al miglioramento del reddito individuale di coloro che lavorano nell'agricoltura;

c) stabilizzare i mercati;

d) garantire la sicurezza degli approvvigionamenti;

e) assicurare prezzi ragionevoli nelle consegne ai consumatori.

2. Nell'elaborazione della politica agricola comune e dei metodi speciali che questa può implicare, si dovrà considerare:

a) il carattere particolare dell'attività agricola che deriva dalla struttura sociale dell'agricoltura e dalle disparità strutturali e naturali fra le diverse regioni agricole;

b) la necessità di operare gradatamente gli opportuni adattamenti;

c) il fatto che, negli Stati membri, l'agricoltura costituisce un settore intimamente connesso all'insieme dell'economia.

Articolo 40 (*ex* articolo 34 del TCE). – *1.* Per raggiungere gli obiettivi previsti dall'articolo *39* è creata un'organizzazione comune dei mercati agricoli.

A seconda dei prodotti, tale organizzazione assume una delle forme qui sotto specificate:

a) regole comuni in materia di concorrenza;

b) un coordinamento obbligatorio delle diverse organizzazioni nazionali del mercato;

c) un'organizzazione europea del mercato.

2. L'organizzazione comune in una delle forme indicate al paragrafo 1 può comprendere tutte le misure necessarie al raggiungimento degli obiettivi definiti all'articolo *39*, e in particolare regolamentazioni dei prezzi, sovvenzioni sia alla produzione che alla distribuzione dei diversi prodotti, sistemi per la costituzione di scorte e per il riporto, meccanismi comuni di stabilizzazione all'importazione o all'esportazione.
Essa deve limitarsi a perseguire gli obiettivi enunciati nell'articolo *39* e deve escludere qualsiasi discriminazione fra produttori o consumatori *dell'Unione*.
Un'eventuale politica comune dei prezzi deve essere basata su criteri comuni e su metodi di calcolo uniformi.
3. Per consentire all'organizzazione comune di cui al paragrafo 1 di raggiungere i suoi obiettivi, potranno essere creati uno o più fondi agricoli di orientamento e di garanzia.

Articolo 41 (*ex* articolo 35 del TCE). – Per consentire il raggiungimento degli obiettivi definiti dall'articolo *39* può essere in particolare previsto nell'ambito della politica agricola comune:

a) un coordinamento efficace degli sforzi intrapresi nei settori della formazione professionale, della ricerca e della divulgazione dell'agronomia, che possono comportare progetti o istituzioni finanziate in comune;

b) azioni comuni per lo sviluppo del consumo di determinati prodotti.

Articolo 42 (*ex* articolo 36 del TCE). – Le disposizioni del capo relativo alle regole di concorrenza sono applicabili alla produzione e al commercio dei prodotti agricoli soltanto nella misura determinata *dal Parlamento europeo e* dal Consiglio, nel quadro delle disposizioni e conformemente alla procedura di cui all'articolo *43, paragrafo 2*, avuto riguardo agli obiettivi enunciati nell'articolo *39*.

Il Consiglio, *su proposta della Commissione, può* autorizzare la concessione di aiuti:

a) per la protezione delle aziende sfavorite da condizioni strutturali o naturali;

b) nel quadro di programmi di sviluppo economico.

Articolo 43 (*ex* articolo 37 del TCE). – *1. La Commissione presenta delle* proposte in merito all'elaborazione e all'attuazione della politica agricola comune, ivi compresa la sostituzione alle organizzazioni nazionali di una delle forme di organizzazione comune previste dall'articolo *40*, paragrafo 1, come pure l'attuazione delle misure specificate nel presente titolo.

Tali proposte devono tener conto dell'interdipendenza delle questioni agricole menzionate nel presente titolo.

2. Il Parlamento europeo e il Consiglio, deliberando secondo la procedura legislativa ordinaria e previa consultazione del Comitato economico e sociale, stabiliscono l'organizzazione comune dei mercati agricoli prevista all'articolo 40, paragrafo 1, e le altre disposizioni necessarie al perseguimento degli obiettivi della politica comune dell'agricoltura e della pesca.

3. Il Consiglio, su proposta della Commissione, adotta le misure relative alla fissazione dei prezzi, dei prelievi, degli aiuti e delle limitazioni quantitative, nonché alla fissazione e ripartizione delle possibilità di pesca.

4. L'organizzazione comune prevista dall'articolo *40*, paragrafo 1, può essere sostituita alle organizzazioni nazionali del mercato, alle condizioni previste dal paragrafo *2*:

a) quando l'organizzazione comune offra agli Stati membri che si oppongono alla decisione e dispongono essi stessi di un'organizzazione nazionale per la produzione di cui trattasi garanzie equivalenti per l'occupazione ed il tenore di vita dei produttori interessati, avuto riguardo al ritmo degli adattamenti possibili e delle specializzazioni necessarie; e

b) quando tale organizzazione assicuri agli scambi all'interno *dell'Unione* condizioni analoghe a quelle esistenti in un mercato nazionale.

5. Qualora un'organizzazione comune venga creata per talune materie prime senza che ancora esista un'organizzazione comune per i prodotti di trasformazione corrispondenti, le materie prime di cui trattasi, utilizzate per i prodotti di trasformazione destinati all'esportazione verso i paesi terzi, possono essere importate dall'esterno *dell'Unione*.

Articolo 44 (*ex* articolo 38 del TCE). – Quando in uno Stato membro un prodotto è disciplinato da un'organizzazione nazionale del mercato o da qualsiasi regolamentazione interna di effetto equivalente che sia pregiudizievole alla concorrenza di una produzione similare in un altro Stato membro, gli Stati membri applicano al prodotto in questione in provenienza dallo Stato membro ove sussista l'organizzazione ovvero la regolamentazione suddetta una tassa di compensazione all'entrata, salvo che tale Stato non applichi una tassa di compensazione all'esportazione.

La Commissione fissa l'ammontare di tali tasse nella misura necessaria a ristabilire l'equilibrio; essa può ugualmente autorizzare il ricorso ad altre misure di cui determina le condizioni e modalità.

TITOLO *IV* – LIBERA CIRCOLAZIONE DELLE PERSONE, DEI SERVIZI E DEI CAPITALI

CAPO 1 – I LAVORATORI

Articolo 45 (*ex* articolo 39 del TCE). – *1.* La libera circolazione dei lavoratori all'interno *dell'Unione* è assicurata.

2. Essa implica l'abolizione di qualsiasi discriminazione, fondata sulla nazionalità, tra i lavoratori degli Stati membri, per quanto riguarda l'impiego, la retribuzione e le altre condizioni di lavoro.

3. Fatte salve le limitazioni giustificate da motivi di ordine pubblico, pubblica sicurezza e sanità pubblica, essa importa il diritto:

a) di rispondere a offerte di lavoro effettive;

b) di spostarsi liberamente a tal fine nel territorio degli Stati membri;

c) di prendere dimora in uno degli Stati membri al fine di svolgervi un'attività di lavoro, conformemente alle disposizioni legislative, regolamentari e amministrative che disciplinano l'occupazione dei lavoratori nazionali;

d) di rimanere, a condizioni che costituiranno l'oggetto di *regolamenti stabiliti* dalla Commissione, sul territorio di uno Stato membro, dopo aver occupato un impiego.

4. Le disposizioni del presente articolo non sono applicabili agli impieghi nella pubblica amministrazione.

Articolo 46 (*ex* articolo 40 del TCE). – *Il Parlamento europeo e* il Consiglio, deliberando *secondo la procedura legislativa ordinaria* e previa consultazione del Comitato economico e sociale *stabiliscono*, mediante direttive o regolamenti, le misure necessarie per attuare la libera circolazione dei lavoratori, quale è definita dall'articolo *45*, in particolare:

a) assicurando una stretta collaborazione tra le amministrazioni nazionali del lavoro;

b) eliminando quelle procedure e pratiche amministrative, come anche i termini per l'accesso agli impieghi disponibili, contemplati dalla legislazione interna ovvero da accordi conclusi in precedenza tra gli Stati membri, il cui mantenimento sarebbe di ostacolo alla liberalizzazione dei movimenti dei lavoratori;

c) abolendo tutti i termini e le altre restrizioni previste dalle legislazioni interne ovvero da accordi conclusi in precedenza tra gli Stati membri, che impongano ai lavoratori degli altri Stati membri, in ordine alla libera scelta di un lavoro, condizioni diverse da quelle stabilite per i lavoratori nazionali;

d) istituendo meccanismi idonei a mettere in contatto le offerte e le domande di lavoro e a facilitarne l'equilibrio a condizioni che evitino di compromettere gravemente il tenore di vita e il livello dell'occupazione nelle diverse regioni e industrie.

Articolo 47 (*ex* articolo 41 del TCE). – Gli Stati membri favoriscono, nel quadro di un programma comune, gli scambi di giovani lavoratori.

Articolo 48 (*ex* articolo 42 del TCE). – *Il Parlamento europeo* e il Consiglio, deliberando secondo la *procedura legislativa ordinaria, adottano* in materia di sicurezza sociale le misure necessarie per l'instaurazione della libera circolazione dei lavoratori, attuando in particolare un sistema che consenta di assicurare ai lavoratori migranti *dipendenti e autonomi* e ai loro aventi diritto:

a) il cumulo di tutti i periodi presi in considerazione dalle varie legislazioni nazionali, sia per il sorgere e la conservazione del diritto alle prestazioni sia per il calcolo di queste;

b) il pagamento delle prestazioni alle persone residenti nei territori degli Stati membri.

Qualora un membro del Consiglio dichiari che un progetto di atto legislativo di cui al primo comma lede aspetti importanti del suo sistema di sicurezza sociale, in particolare per quanto riguarda il campo di applicazione, i costi o la struttura finanziaria, oppure ne altera l'equilibrio finanziario, può chiedere che il Consiglio europeo sia investito della questione. In tal caso la procedura legislativa ordinaria è sospesa. Previa discussione ed entro quattro mesi da tale sospensione, il Consiglio europeo:

a) rinvia il progetto al Consiglio, il che pone fine alla sospensione della procedura legislativa ordinaria, oppure

b) non agisce o chiede alla Commissione di presentare una nuova proposta; in tal caso l'atto inizialmente proposto si considera non adottato.

CAPO 2 – IL DIRITTO DI STABILIMENTO

Articolo 49 (*ex* articolo 43 del TCE). – Nel quadro delle disposizioni che seguono, le restrizioni alla libertà di stabilimento dei cittadini di uno Stato membro nel territorio di un altro Stato membro vengono vietate. Tale divieto si estende altresì alle restrizioni relative all'apertura di agenzie, succursali o filiali, da parte dei cittadini di uno Stato membro stabiliti sul territorio di un altro Stato membro.

La libertà di stabilimento importa l'accesso alle attività autonome e al loro esercizio, nonché la costituzione e la gestione di imprese e in particolare di società ai sensi dell'articolo *54*, secondo comma, alle condizioni definite dalla legislazione del paese di stabilimento nei confronti dei propri cittadini, fatte salve le disposizioni del capo relativo ai capitali.

Articolo 50 (*ex* articolo 44 del TCE). – *1.* Per realizzare la libertà di stabilimento in una determinata attività, *il Parlamento europeo* e il Consiglio *deliberano mediante direttive secondo la procedura legislativa ordinaria,* previa consultazione del Comitato economico e *sociale.*

2. Il Parlamento europeo, il Consiglio e la Commissione esercitano le funzioni loro attribuite in virtù delle disposizioni che precedono, in particolare:

a) trattando, in generale, con precedenza le attività per le quali la libertà di stabilimento costituisce un contributo particolarmente utile all'incremento della produzione e degli scambi*;*

b) assicurando una stretta collaborazione tra le amministrazioni nazionali competenti al fine di conoscere le situazioni particolari all'interno *dell'Unione* delle diverse attività interessate*;*

c) sopprimendo quelle procedure e pratiche amministrative contemplate dalla legislazione interna ovvero da accordi precedentemente conclusi tra gli Stati membri, il cui mantenimento sarebbe di ostacolo alla libertà di stabilimento;

d) vigilando a che i lavoratori *dipendenti* di uno degli Stati membri, occupati nel territorio di un altro Stato membro, possano quivi rimanere per intraprendere un'attività *autonoma*, quando soddisfino alle condizioni che sarebbero loro richieste se entrassero in quello Stato nel momento in cui desiderano accedere all'attività di cui trattasi;

e) rendendo possibile l'acquisto e lo sfruttamento di proprietà fondiarie situate nel territorio di uno Stato membro da parte di un cittadino di un altro Stato membro, sempre che non siano lesi i principi stabiliti dall'articolo *39*, paragrafo 2;

f) applicando la graduale soppressione delle restrizioni relative alla libertà di stabilimento in ogni ramo di attività considerato, da una parte alle condizioni per l'apertura di agenzie, succursali o filiali sul territorio di uno Stato membro e dall'altra alle condizioni di ammissione del personale della sede principale negli organi di gestione o di controllo di queste ultime;

g) coordinando, nella necessaria misura e al fine di renderle equivalenti, le garanzie che sono richieste, negli Stati membri, alle società a mente dell'articolo *54*, secondo comma per proteggere gli interessi tanto dei soci come dei terzi;

h) accertandosi che le condizioni di stabilimento non vengano alterate mediante aiuti concessi dagli Stati membri.

Articolo 51 (*ex* articolo 45 del TCE). – Sono escluse dall'applicazione delle disposizioni del presente capo, per quanto riguarda lo Stato membro interessato, le attività che in tale Stato partecipino, sia pure occasionalmente, all'esercizio dei pubblici poteri.

Il Parlamento europeo e il Consiglio, deliberando *secondo la procedura legislativa ordinaria, possono* escludere talune attività dall'applicazione delle disposizioni del presente capo.

Articolo 52 (*ex* articolo 46 del TCE). – *1.* Le prescrizioni del presente capo e le misure adottate in virtù di queste ultime lasciano impregiudicata l'applicabilità delle disposizioni legislative, regolamentari e amministrative che prevedano un regime particolare per i cittadini stranieri e che siano giustificate da motivi di ordine pubblico, di pubblica sicurezza e di sanità pubblica.

2. Il Parlamento europeo e il Consiglio, deliberando secondo la *procedura legislativa ordinaria*, *stabiliscono* direttive per il coordinamento delle suddette disposizioni.

Articolo 53 (*ex* articolo 47 del TCE). – *1.* Al fine di agevolare l'accesso alle attività *autonome* e l'esercizio di queste, *il Parlamento europeo e* il Consiglio, deliberando *secondo la procedura legislativa ordinaria, stabiliscono* direttive intese al reciproco riconoscimento dei diplomi, certificati ed altri titoli *e al coordinamento delle disposizioni legislative, regolamentari e amministrative degli Stati membri relative all'accesso alle attività autonome e all'esercizio di queste.*

2. Per quanto riguarda le professioni mediche, paramediche e farmaceutiche, la graduale soppressione delle restrizioni *è* subordinata al coordinamento delle condizioni richieste per il loro esercizio nei singoli Stati membri.

Articolo 54 (*ex* articolo 48 del TCE). – Le società costituite conformemente alla legislazione di uno Stato membro e aventi la sede sociale, l'amministrazione centrale o il centro di attività principale all'interno *dell'Unione*, sono equiparate, ai fini dell'applicazione delle disposizioni del presente capo, alle persone fisiche aventi la cittadinanza degli Stati membri.

Per società si intendono le società di diritto civile o di diritto commerciale, ivi comprese le società cooperative, e le altre persone giuridiche contemplate dal diritto pubblico o privato, ad eccezione delle società che non si prefiggono scopi di lucro.

Articolo 55 (*ex* articolo 294 del TCE). – Fatta salva l'applicazione delle altre disposizioni *dei trattati*, gli Stati membri applicano la disciplina nazionale nei confronti della partecipazione finanziaria dei cittadini degli altri Stati membri al capitale delle società a mente dell'articolo *54*.

CAPO 3 – I SERVIZI

Articolo 56 (*ex* articolo 49 del TCE). – Nel quadro delle disposizioni seguenti, le restrizioni alla libera prestazione dei servizi all'interno *dell'Unione* sono vietate nei confronti dei cittadini degli Stati membri stabiliti in *uno Stato membro* che non sia quello del destinatario della prestazione.

Il Parlamento europeo e il Consiglio, deliberando *secondo la procedura legislativa ordinaria, possono* estendere il beneficio delle disposizioni del presente capo ai prestatori di servizi, cittadini di un paese terzo e stabiliti all'interno *dell'Unione*.

Articolo 57 (*ex* articolo 50 del TCE). – Ai sensi *dei trattati*, sono considerate come servizi le prestazioni fornite normalmente dietro retribuzione, in quanto non siano regolate dalle disposizioni relative alla libera circolazione delle merci, dei capitali e delle persone.

I servizi comprendono in particolare:

a) attività di carattere industriale;

b) attività di carattere commerciale;

c) attività artigiane;

d) attività delle libere professioni.

Senza pregiudizio delle disposizioni del capo relativo al diritto di stabilimento, il prestatore può, per l'esecuzione della sua prestazione, esercitare, a titolo temporaneo, la sua attività *nello Stato membro* ove la prestazione è fornita, alle stesse condizioni imposte *da tale Stato* ai propri cittadini.

Articolo 58 (*ex* articolo 51 del TCE). – 1. La libera circolazione dei servizi, in materia di trasporti, è regolata dalle disposizioni del titolo relativo ai trasporti.

2. La liberalizzazione dei servizi delle banche e delle assicurazioni che sono vincolati a movimenti di capitale deve essere attuata in armonia con la liberalizzazione della circolazione dei capitali.

Articolo 59 (*ex* articolo 52 del TCE). – *1.* Per realizzare la liberalizzazione di un determinato servizio, *il Parlamento europeo e* il Consiglio, *deliberando secondo la procedura legislativa ordinaria* e previa consultazione del Comitato economico e sociale, *stabiliscono direttive*.

2. Nelle direttive *di cui al* paragrafo 1 sono in generale considerati con priorità i servizi che intervengono in modo diretto nei costi di produzione, ovvero la cui liberalizzazione contribuisce a facilitare gli scambi di merci.

Articolo 60 (*ex* articolo 53 del TCE). – Gli Stati membri *si sforzano di* procedere alla liberalizzazione dei servizi in misura superiore a quella obbligatoria in virtù delle direttive stabilite in applicazione dell'articolo *59*, paragrafo 1, quando ciò sia loro consentito dalla situazione economica generale e dalla situazione del settore interessato.

La Commissione rivolge a tal fine raccomandazioni agli Stati membri interessati.

Articolo 61 (*ex* articolo 54 del TCE). – Fino a quando non saranno soppresse le restrizioni alla libera prestazione dei servizi, ciascuno degli Stati membri le applica senza distinzione di nazionalità o di residenza a tutti i prestatori di servizi contemplati dall'articolo *56*, primo comma.

Articolo 62 (*ex* articolo 55 del TCE). – Le disposizioni degli articoli da *51* a *54* inclusi sono applicabili alla materia regolata dal presente capo.

CAPO 4 – CAPITALI E PAGAMENTI

Articolo 63 (*ex* articolo 56 del TCE). – 1. Nell'ambito delle disposizioni previste dal presente capo sono vietate tutte le restrizioni ai movimenti di capitali tra Stati membri, nonché tra Stati membri e paesi terzi.

2. Nell'ambito delle disposizioni previste dal presente capo sono vietate tutte le restrizioni sui pagamenti tra Stati membri, nonché tra Stati membri e paesi terzi.

Articolo 64 (*ex* articolo 57 del TCE). – *1.* Le disposizioni di cui all'articolo *63* lasciano impregiudicata l'applicazione ai paesi terzi di qualunque restrizione in vigore alla data del 31 dicembre 1993 in virtù delle legislazioni nazionali o della legislazione *dell'Unione* per quanto concerne i movimenti di capitali provenienti da paesi terzi o ad essi diretti, che implichino investimenti diretti, inclusi gli investimenti in proprietà immobiliari, lo stabilimento, la prestazione di servizi finanziari o l'ammissione di valori mobiliari nei mercati finanziari. In conformità con le restrizioni esistenti in base alla normativa nazionale in Bulgaria, Estonia ed Ungheria, la pertinente data è il 31 dicembre 1999. ***In conformità con le restrizioni esistenti in base al diritto nazionale in Croazia, la pertinente data è il 31 dicembre 2002***[3].

2. Nell'ambito degli sforzi volti a conseguire, nella maggior misura possibile e senza pregiudicare gli altri capi *dei trattati*, l'obiettivo della libera circolazione di capitali tra Stati membri e paesi terzi, *il Parlamento europeo e* il Consiglio, *deliberando secondo la procedura legislativa ordinaria, adottano le* misure concernenti i movimenti di capitali provenienti da paesi terzi o ad essi diretti, in relazione a investimenti diretti, inclusi gli investimenti in proprietà immobiliari, lo stabilimento, la prestazione di servizi finanziari o l'ammissione di valori mobiliari nei mercati finanziari.

3. In deroga al paragrafo 2, solo il Consiglio, deliberando secondo una procedura legislativa speciale, all'unanimità e previa consultazione del Parlamento europeo, può adottare misure che comportino un regresso *del diritto dell'Unione* per quanto riguarda la liberalizzazione dei movimenti di capitali *diretti in* paesi terzi *o provenienti da essi*.

Articolo 65 (*ex* articolo 58 del TCE). – *1.* Le disposizioni dell'articolo *63* non pregiudicano il diritto degli Stati membri:

a) di applicare le pertinenti disposizioni della loro legislazione tributaria in cui si opera una distinzione tra i contribuenti che non si trovano nella medesima situazione per quanto riguarda il loro luogo di residenza o il luogo di collocamento del loro capitale;

b) di prendere tutte le misure necessarie per impedire le violazioni della legislazione e delle regolamentazioni nazionali, in particolare nel settore fiscale e in quello della vigilanza prudenziale sulle istituzioni finanziarie, o di stabilire procedure per la dichiarazione dei movimenti di capitali a scopo di informazione amministrativa o statistica, o di adottare misure giustificate da motivi di ordine pubblico o di pubblica sicurezza.

2. Le disposizioni del presente capo non pregiudicano l'applicabilità di restrizioni in materia di diritto di stabilimento compatibili con *i trattati*.

3. Le misure e le procedure di cui ai paragrafi 1 e 2 non devono costituire un mezzo di discriminazione arbitraria, né una restrizione dissimulata al libero movimento dei capitali e dei pagamenti di cui all'articolo *63*.

4. In assenza di misure in applicazione dell'articolo 64, paragrafo 3, la Commissione o, in mancanza di una decisione della Commissione entro un periodo di tre mesi dalla ri-

---

[3] Frase aggiunta dall'Atto di adesione della Croazia, art. 12.

chiesta dello Stato membro interessato, il Consiglio può adottare una decisione che conferma che le misure fiscali restrittive adottate da uno Stato membro riguardo ad uno o più paesi terzi devono essere considerate compatibili con i trattati nella misura in cui sono giustificate da uno degli obiettivi dell'Unione e compatibili con il buon funzionamento del mercato interno. Il Consiglio delibera all'unanimità su richiesta di uno Stato membro.

Articolo 66 (*ex* articolo 59 del TCE). – Qualora, in circostanze eccezionali, i movimenti di capitali provenienti da paesi terzi o ad essi diretti causino o minaccino di causare difficoltà gravi per il funzionamento dell'Unione economica e monetaria, il *Consiglio, su* proposta della Commissione e previa consultazione della Banca centrale europea, può prendere nei confronti di paesi terzi, e se strettamente necessarie, misure di salvaguardia di durata limitata, per un periodo non superiore a sei mesi.

TITOLO *V – SPAZIO DI LIBERTÀ, SICUREZZA E GIUSTIZIA*

CAPO 1 – DISPOSIZIONI GENERALI

Articolo 67 (*ex* articolo 61 del TCE ed *ex* articolo 29 del TUE). – *1. L'Unione realizza* uno spazio di libertà, sicurezza e giustizia *nel rispetto dei diritti fondamentali nonché dei diversi ordinamenti giuridici e delle diverse tradizioni giuridiche degli Stati membri.*

2. Essa garantisce che non vi siano controlli sulle persone alle frontiere interne e sviluppa una politica comune in materia di asilo, immigrazione e controllo delle frontiere esterne, fondata sulla solidarietà tra Stati membri ed equa nei confronti dei cittadini dei paesi terzi. Ai fini del presente titolo gli apolidi sono equiparati ai cittadini dei paesi terzi.

3. L'Unione si adopera per garantire un livello elevato di sicurezza attraverso misure di prevenzione e di lotta contro la criminalità, il razzismo e la xenofobia, attraverso misure di coordinamento e cooperazione tra forze di polizia e autorità giudiziarie e altre autorità competenti, nonché tramite il riconoscimento reciproco delle decisioni giudiziarie penali e, se necessario, il ravvicinamento delle legislazioni penali.

4. L'Unione facilita l'accesso alla giustizia, in particolare attraverso il principio di riconoscimento reciproco delle decisioni giudiziarie ed extragiudiziali in materia civile.

Articolo 68. – Il Consiglio europeo definisce gli orientamenti strategici della programmazione legislativa e operativa nello spazio di libertà, sicurezza e giustizia.

Articolo 69. – Per quanto riguarda le proposte e le iniziative legislative presentate nel quadro dei capi 4 e 5, i parlamenti nazionali vigilano sul rispetto del principio di sussidiarietà conformemente al protocollo sull'applicazione dei principi di sussidiarietà e di proporzionalità.

Articolo 70. – Fatti salvi gli articoli 258, 259 e 260, il Consiglio, su proposta della Commissione, può adottare misure che definiscono le modalità secondo le quali gli Stati membri, in collaborazione con la Commissione, procedono a una valutazione oggettiva e imparziale dell'attuazione, da parte delle autorità degli Stati membri, delle politiche dell'Unione di cui al presente titolo, in particolare al fine di favorire la piena applicazione del principio di riconoscimento reciproco. Il Parlamento europeo e i parlamenti nazionali sono informati dei contenuti e dei risultati di tale valutazione.

Articolo 71 (*ex* articolo 36 del TUE). – È istituito *in seno al Consiglio* un comitato *permanente al fine di assicurare all'interno dell'Unione la promozione e il rafforzamento della cooperazione operativa in materia di sicurezza interna. Fatto salvo l'articolo 240, esso favorisce il coordinamento dell'azione delle autorità competenti degli Stati membri. I rappresentanti degli organi e organismi interessati dell'Unione possono essere associati ai lavori del comitato. Il Parlamento europeo e i parlamenti nazionali sono tenuti informati dei lavori.*

Articolo 72 (*ex* articolo 64, paragrafo 1, del TCE ed *ex* articolo 33 del TUE). – Il presente titolo non osta all'esercizio delle responsabilità incombenti agli Stati membri per il mantenimento dell'ordine pubblico e la salvaguardia della sicurezza interna.

Articolo 73. – Gli Stati membri hanno la facoltà di organizzare tra di loro e sotto la loro responsabilità forme di cooperazione e di coordinamento nel modo che ritengono appropriato tra i dipartimenti competenti delle rispettive amministrazioni responsabili per la salvaguardia della sicurezza nazionale.

Articolo 74 (*ex* articolo 66 del TCE). – Il Consiglio *adotta* misure *al fine di assicurare* la cooperazione *amministrativa* tra *i servizi competenti degli Stati membri nei settori di cui al* presente titolo *e fra* tali servizi e la Commissione. *Esso delibera su proposta della Commissione, fatto salvo l'articolo 76, e previa consultazione del Parlamento europeo.*

Articolo 75 (*ex* articolo 60 del TCE). – *Qualora sia necessario per conseguire gli obiettivi di cui all'articolo 67, per quanto riguarda la prevenzione e la lotta contro il terrorismo e le attività connesse, il Parlamento europeo e il Consiglio, deliberando mediante regolamenti secondo la procedura legislativa ordinaria, definiscono un insieme di misure amministrative concernenti i movimenti di capitali e i pagamenti, quali il congelamento dei capitali, dei beni finanziari o dei proventi economici appartenenti, posseduti o detenuti da persone fisiche o giuridiche, da gruppi o da entità non statali.*

Il Consiglio, su proposta della Commissione, adotta misure per attuare l'insieme di misure di cui al primo comma.

Gli atti di cui al presente articolo contengono le necessarie disposizioni sulle garanzie giuridiche.

Articolo 76. – Gli atti di cui ai capi 4 e 5 e le misure di cui all'articolo 74 che assicurano la cooperazione amministrativa nei settori di cui a tali capi sono adottati:

a) su proposta della Commissione, oppure

b) su iniziativa di un quarto degli Stati membri.

CAPO 2 – POLITICHE RELATIVE AI CONTROLLI ALLE FRONTIERE, ALL'ASILO E ALL'IMMIGRAZIONE

Articolo 77 (*ex* articolo 62 del TCE). – *1. L'Unione sviluppa una politica volta a:*

a) garantire l'assenza di qualsiasi controllo sulle persone, a prescindere dalla nazionalità, all'atto dell'attraversamento delle frontiere interne;

b) garantire il controllo delle persone e la sorveglianza efficace dell'attraversamento delle frontiere esterne;

c) instaurare progressivamente un sistema integrato di gestione delle frontiere esterne.

2. Ai fini del paragrafo 1, il Parlamento europeo e il Consiglio, deliberando secondo la procedura legislativa ordinaria, adottano le misure riguardanti:

a) la politica comune dei visti e di altri titoli di soggiorno di breve durata;

b) i controlli ai quali sono sottoposte le persone che attraversano le frontiere esterne;

c) le condizioni alle quali i cittadini dei paesi terzi possono circolare liberamente nell'Unione per un breve periodo;

d) qualsiasi misura necessaria per l'istituzione progressiva di un sistema integrato di gestione delle frontiere esterne;

e) l'assenza di qualsiasi controllo sulle persone, a prescindere dalla nazionalità, all'atto dell'attraversamento delle frontiere interne.

3. Se un'azione dell'Unione risulta necessaria per facilitare l'esercizio del diritto, di cui all'articolo 20, paragrafo 2, lettera a), e salvo che i trattati non abbiano previsto poteri di azione a tale scopo, il Consiglio, deliberando secondo una procedura legislativa speciale, può adottare disposizioni relative ai passaporti, alle carte d'identità, ai titoli di soggiorno o altro documento assimilato. Il Consiglio delibera all'unanimità previa consultazione del Parlamento europeo.

4. Il presente articolo lascia impregiudicata la competenza degli Stati membri riguardo alla delimitazione geografica delle rispettive frontiere, conformemente al diritto internazionale.

Articolo 78 (*ex* articolo 63, punti 1 e 2, e articolo 64, paragrafo 2, del TCE). – *1. L'Unione sviluppa una politica comune in materia di asilo, di protezione sussidiaria e di protezione temporanea, volta a offrire uno status appropriato a qualsiasi cittadino di un paese terzo che necessita di protezione internazionale e a garantire il rispetto del principio di non respingimento. Detta politica deve essere conforme alla convenzione di Ginevra del 28 luglio 1951 e al protocollo del 31 gennaio 1967 relativi allo status dei rifugiati, e agli altri trattati pertinenti.*

2. Ai fini del paragrafo 1, il Parlamento europeo e il Consiglio, deliberando secondo la procedura legislativa ordinaria, adottano le misure relative a un sistema europeo comune di asilo che includa:

a) uno status uniforme in materia di asilo a favore di cittadini di paesi terzi, valido in tutta l'Unione;

b) uno status uniforme in materia di protezione sussidiaria per i cittadini di paesi terzi che, pur senza il beneficio dell'asilo europeo, necessitano di protezione internazionale;

c) un sistema comune volto alla protezione temporanea degli sfollati in caso di afflusso massiccio;

d) procedure comuni per l'ottenimento e la perdita dello status uniforme in materia di asilo o di protezione sussidiaria;

e) criteri e meccanismi di determinazione dello Stato membro competente per l'esame di una domanda d'asilo o di protezione sussidiaria;

f) norme concernenti le condizioni di accoglienza dei richiedenti asilo o protezione sussidiaria;

g) il partenariato e la cooperazione con paesi terzi per gestire i flussi di richiedenti asilo o protezione sussidiaria o temporanea.

3. Qualora uno o più Stati membri debbano affrontare una situazione di emergenza caratterizzata da un afflusso improvviso di cittadini di paesi terzi, *il Consiglio, su proposta della Commissione, può* adottare misure temporanee *a beneficio dello Stato membro o* degli Stati membri interessati. *Esso delibera previa consultazione del Parlamento europeo.*

Articolo 79 (*ex* articolo 63, punti 3 e 4, del TCE). – *1. L'Unione sviluppa una politica comune dell'immigrazione intesa ad assicurare, in ogni fase, la gestione efficace dei flussi migratori, l'equo trattamento dei cittadini dei paesi terzi regolarmente soggiornanti negli Stati membri e la prevenzione e il contrasto rafforzato dell'immigrazione illegale e della tratta degli esseri umani.*

2. Ai fini del paragrafo 1, il Parlamento europeo e il Consiglio, deliberando secondo la procedura legislativa ordinaria, adottano le misure nei seguenti settori:

a) condizioni di ingresso e soggiorno e norme *sul* rilascio da parte degli Stati membri di *visti e di titoli* di soggiorno *di lunga durata,* compresi quelli rilasciati a scopo di ricongiungimento familiare*;*

b) definizione dei diritti dei cittadini di paesi terzi regolarmente soggiornanti in uno Stato membro, comprese le condizioni che disciplinano la libertà di circolazione e di soggiorno negli altri Stati membri;

c) immigrazione *clandestina e* soggiorno *irregolare, compresi l'allontanamento e* il rimpatrio delle persone in soggiorno irregolare;

d) lotta contro la tratta degli esseri umani, in particolare donne e minori.

3. L'Unione può concludere con i paesi terzi accordi ai fini della riammissione, nei paesi di origine o di provenienza, di cittadini di paesi terzi che non soddisfano o non soddisfano più le condizioni per l'ingresso, la presenza o il soggiorno nel territorio di uno degli Stati membri.

4. Il Parlamento europeo e il Consiglio, deliberando secondo la procedura legislativa ordinaria, possono stabilire misure volte a incentivare e sostenere l'azione degli Stati membri al fine di favorire l'integrazione dei cittadini di paesi terzi regolarmente soggiornanti nel loro territorio, ad esclusione di qualsiasi armonizzazione delle disposizioni legislative e regolamentari degli Stati membri.

5. Il presente articolo non incide sul diritto degli Stati membri di determinare il volume di ingresso nel loro territorio dei cittadini di paesi terzi, provenienti da paesi terzi, allo scopo di cercarvi un lavoro dipendente o autonomo.

Articolo 80. – Le politiche dell'Unione di cui al presente capo e la loro attuazione sono governate dal principio di solidarietà e di equa ripartizione della responsabilità tra gli Stati membri, anche sul piano finanziario. Ogniqualvolta necessario, gli atti dell'Unione adottati in virtù del presente capo contengono misure appropriate ai fini dell'applicazione di tale principio.

CAPO 3 – COOPERAZIONE GIUDIZIARIA IN MATERIA CIVILE

Articolo 81 (ex articolo 65 del TCE). – *1. L'Unione sviluppa una cooperazione giudiziaria nelle materie civili con implicazioni transnazionali, fondata sul principio di riconoscimento reciproco delle decisioni giudiziarie ed extragiudiziali. Tale cooperazione può includere l'adozione di misure intese a ravvicinare le disposizioni legislative e regolamentari degli Stati membri.*

2. Ai fini del paragrafo 1, il Parlamento europeo e il Consiglio, deliberando secondo la procedura legislativa ordinaria, adottano, in particolare se necessario al buon funzionamento del mercato interno, misure volte a garantire:

a) il riconoscimento reciproco tra gli Stati membri delle decisioni giudiziarie ed extragiudiziali e la loro esecuzione;

b) la notificazione e la comunicazione transnazionali degli atti giudiziari ed extragiudiziali;

c) la compatibilità delle regole applicabili negli Stati membri ai conflitti di leggi e di giurisdizione;

d) la cooperazione nell'assunzione dei mezzi di prova;

e) un accesso effettivo alla giustizia;

f) l'eliminazione degli ostacoli al corretto svolgimento dei procedimenti civili, se necessario promuovendo la compatibilità delle norme di procedura civile applicabili negli Stati membri;

g) lo sviluppo di metodi alternativi per la risoluzione delle controversie;

h) un sostegno alla formazione dei magistrati e degli operatori giudiziari.

3. In deroga al paragrafo 2, le misure relative al diritto di famiglia aventi implicazioni transnazionali sono stabilite dal Consiglio, che delibera secondo una procedura legislativa speciale. Il Consiglio delibera all'unanimità previa consultazione del Parlamento europeo.

Il Consiglio, su proposta della Commissione, può adottare una decisione che determina gli aspetti del diritto di famiglia aventi implicazioni transnazionali e che potrebbero formare oggetto di atti adottati secondo la procedura legislativa ordinaria. Il Consiglio delibera all'unanimità previa consultazione del Parlamento europeo.

I parlamenti nazionali sono informati della proposta di cui al secondo comma. Se un parlamento nazionale comunica la sua opposizione entro sei mesi dalla data di tale informazione, la decisione non è adottata. In mancanza di opposizione, il Consiglio può adottare la decisione.

CAPO 4 – COOPERAZIONE GIUDIZIARIA IN MATERIA PENALE

Articolo 82 (ex articolo 31 del TUE). – *1. La cooperazione giudiziaria in materia penale nell'Unione è fondata sul principio di riconoscimento reciproco delle sentenze e delle decisioni giudiziarie e include il ravvicinamento delle disposizioni legislative e regolamentari degli Stati membri nei settori di cui al paragrafo 2 e all'articolo 83.*

Il Parlamento europeo e il Consiglio, deliberando secondo la procedura legislativa ordinaria, adottano le misure intese a:

a) definire norme e procedure per assicurare il riconoscimento in tutta l'Unione di qualsiasi tipo di sentenza e di decisione giudiziaria;

b) prevenire e risolvere i conflitti di giurisdizione tra *gli* Stati membri*;*

c) sostenere la formazione dei magistrati e degli operatori giudiziari;

d) facilitare la cooperazione tra le autorità giudiziarie o autorità omologhe degli Stati membri in relazione all'azione penale e all'esecuzione delle decisioni.

2. Laddove necessario per facilitare il riconoscimento reciproco delle sentenze e delle decisioni giudiziarie e la cooperazione di polizia e giudiziaria nelle materie penali aventi dimensione transnazionale, il Parlamento europeo e il Consiglio possono stabilire norme minime deliberando mediante direttive secondo la procedura legislativa ordinaria. Queste tengono conto delle differenze tra le tradizioni giuridiche e gli ordinamenti giuridici degli Stati membri.

Esse riguardano:

a) l'ammissibilità reciproca delle prove tra gli Stati membri;

b) i diritti della persona nella procedura penale;

c) i diritti delle vittime della criminalità;

d) altri elementi specifici della procedura penale, individuati dal Consiglio in via preliminare mediante una decisione; per adottare tale decisione il Consiglio delibera all'unanimità previa approvazione del Parlamento europeo.

L'adozione delle norme minime di cui al presente paragrafo non impedisce agli Stati membri di mantenere o introdurre un livello più elevato di tutela delle persone.

3. Qualora un membro del Consiglio ritenga che un progetto di direttiva di cui al paragrafo 2 incida su aspetti fondamentali del proprio ordinamento giuridico penale, può chiedere che il Consiglio europeo sia investito della questione. In tal caso la procedura legislativa ordinaria è sospesa. Previa discussione e in caso di consenso, il Consiglio europeo, entro quattro mesi da tale sospensione, rinvia il progetto al Consiglio, ponendo fine alla sospensione della procedura legislativa ordinaria.

Entro il medesimo termine, in caso di disaccordo, e se almeno nove Stati membri desiderano instaurare una cooperazione rafforzata sulla base del progetto di direttiva in questione, essi ne informano il Parlamento europeo, il Consiglio e la Commissione. In tal caso l'autorizzazione a procedere alla cooperazione rafforzata di cui all'articolo 20, paragrafo 2 del trattato sull'Unione europea e all'articolo 329, paragrafo 1 del presente trattato si considera concessa e si applicano le disposizioni sulla cooperazione rafforzata.

Articolo 83 (ex articolo 31 del TUE). – *1. Il Parlamento europeo e il Consiglio, deliberando mediante direttive secondo la procedura legislativa ordinaria, possono stabilire norme minime relative alla definizione dei reati e delle sanzioni in sfere di criminalità particolarmente grave che presentano una dimensione transnazionale derivante dal carattere o dalle implicazioni di tali reati o da una particolare necessità di combatterli su basi comuni.*

Dette sfere di criminalità sono le seguenti: terrorismo, tratta degli esseri umani e sfruttamento sessuale delle donne e dei minori, traffico illecito di stupefacenti, traffico illecito di armi, riciclaggio di denaro, corruzione, contraffazione di mezzi di pagamento, criminalità informatica e criminalità organizzata.

In funzione dell'evoluzione della criminalità, il Consiglio può adottare una decisione che individua altre sfere di criminalità che rispondono ai criteri di cui al presente paragrafo. Esso delibera all'unanimità previa approvazione del Parlamento europeo.

2. Allorché il ravvicinamento delle disposizioni legislative e regolamentari degli Stati membri in materia penale si rivela indispensabile per garantire l'attuazione efficace di una politica dell'Unione in un settore che è stato oggetto di misure di armonizzazione, norme minime relative alla definizione dei reati e delle sanzioni nel settore in questione possono essere stabilite tramite direttive. Tali direttive sono adottate secondo la stessa procedura legislativa ordinaria o speciale utilizzata per l'adozione delle misure di armonizzazione in questione, fatto salvo l'articolo 76.

3. Qualora un membro del Consiglio ritenga che un progetto di direttiva di cui al paragrafo 1 o 2 incida su aspetti fondamentali del proprio ordinamento giuridico penale, può chiedere che il Consiglio europeo sia investito della questione. In tal caso la procedura legislativa ordinaria è sospesa. Previa discussione e in caso di consenso, il Consiglio europeo, entro quattro mesi da tale sospensione, rinvia il progetto al Consiglio, ponendo fine alla sospensione della procedura legislativa ordinaria.

Entro il medesimo termine, in caso di disaccordo, e se almeno nove Stati membri desiderano instaurare una cooperazione rafforzata sulla base del progetto di direttiva in questione, essi ne informano il Parlamento europeo, il Consiglio e la Commissione. In tal caso l'autorizzazione a procedere alla cooperazione rafforzata di cui all'articolo 20, paragrafo 2 del trattato sull'Unione europea e all'articolo 329, paragrafo 1 del presente trattato si considera concessa e si applicano le disposizioni sulla cooperazione rafforzata.

Articolo 84. – Il Parlamento europeo e il Consiglio, deliberando secondo la procedura legislativa ordinaria, possono stabilire misure per incentivare e sostenere l'azione degli Stati membri nel campo della prevenzione della criminalità, ad esclusione di qualsiasi armonizzazione delle disposizioni legislative e regolamentari degli Stati membri.

Articolo 85 (ex articolo 31 del TUE). *– 1. Eurojust ha il compito di sostenere e potenziare il coordinamento e la cooperazione tra le autorità nazionali responsabili delle indagini e dell'azione penale contro la criminalità grave che interessa due o più Stati membri o che richiede un'azione penale su basi comuni, sulla scorta delle operazioni effettuate e delle informazioni fornite dalle autorità degli Stati membri e da Europol.*

In questo contesto il Parlamento europeo e il Consiglio, deliberando mediante regolamenti secondo la procedura legislativa ordinaria, determinano la struttura, il funzionamento, la sfera d'azione e i compiti di Eurojust. Tali compiti possono comprendere:

a) l'avvio di indagini penali, nonché la proposta di avvio di azioni penali esercitate dalle autorità nazionali competenti, in particolare quelle relative a reati che ledono gli interessi finanziari dell'Unione;

b) il coordinamento di indagini ed azioni penali di cui alla lettera a);

c) il potenziamento della cooperazione giudiziaria, anche attraverso la composizione dei conflitti di competenza e tramite una stretta cooperazione con la Rete giudiziaria europea.

Tali regolamenti fissano inoltre le modalità per associare il Parlamento europeo e i parlamenti nazionali alla valutazione delle attività di Eurojust.

2. Nel contesto delle azioni penali di cui al paragrafo 1, e fatto salvo l'articolo 86, gli atti ufficiali di procedura giudiziaria sono eseguiti dai funzionari nazionali competenti.

Articolo 86. – 1. Per combattere i reati che ledono gli interessi finanziari dell'Unione, il Consiglio, deliberando mediante regolamenti secondo una procedura legislativa specia-

le, può istituire una Procura europea a partire da Eurojust. Il Consiglio delibera all'unanimità, previa approvazione del Parlamento europeo.

In mancanza di unanimità, un gruppo di almeno nove Stati membri può chiedere che il Consiglio europeo sia investito del progetto di regolamento. In tal caso la procedura in sede di Consiglio è sospesa. Previa discussione e in caso di consenso, il Consiglio europeo, entro quattro mesi da tale sospensione, rinvia il progetto al Consiglio per adozione.

Entro il medesimo termine, in caso di disaccordo, e se almeno nove Stati membri desiderano instaurare una cooperazione rafforzata sulla base del progetto di regolamento in questione, essi ne informano il Parlamento europeo, il Consiglio e la Commissione. In tal caso l'autorizzazione a procedere alla cooperazione rafforzata di cui all'articolo 20, paragrafo 2 del trattato sull'Unione europea e all'articolo 329, paragrafo 1 del presente trattato si considera concessa e si applicano le disposizioni sulla cooperazione rafforzata.

2. La Procura europea è competente per individuare, perseguire e rinviare a giudizio, eventualmente in collegamento con Europol, gli autori di reati che ledono gli interessi finanziari dell'Unione, quali definiti dal regolamento previsto nel paragrafo 1, e i loro complici. Essa esercita l'azione penale per tali reati dinanzi agli organi giurisdizionali competenti degli Stati membri.

3. I regolamenti di cui al paragrafo 1 stabiliscono lo statuto della Procura europea, le condizioni di esercizio delle sue funzioni, le regole procedurali applicabili alle sue attività e all'ammissibilità delle prove e le regole applicabili al controllo giurisdizionale degli atti procedurali che adotta nell'esercizio delle sue funzioni.

4. Il Consiglio europeo può adottare, contemporaneamente o successivamente, una decisione che modifica il paragrafo 1 allo scopo di estendere le attribuzioni della Procura europea alla lotta contro la criminalità grave che presenta una dimensione transnazionale, e che modifica di conseguenza il paragrafo 2 per quanto riguarda gli autori di reati gravi con ripercussioni in più Stati membri e i loro complici. Il Consiglio europeo delibera all'unanimità previa approvazione del Parlamento europeo e previa consultazione della Commissione.

CAPO 5 – COOPERAZIONE DI POLIZIA

Articolo 87 (*ex* articolo 30 del TUE). – *1. L'Unione sviluppa una* cooperazione di polizia *che associa tutte le* autorità competenti degli Stati membri, compresi *i servizi* di polizia, *i servizi delle* dogane e altri *servizi incaricati* dell'applicazione della legge *specializzati nel settore della* prevenzione *o dell'*individuazione dei reati e delle relative indagini.

2. Ai fini del paragrafo 1, il Parlamento europeo e il Consiglio, deliberando secondo la procedura legislativa ordinaria, possono stabilire misure riguardanti:

a) la raccolta, l'archiviazione, il trattamento, l'analisi e lo *scambio* delle pertinenti informazioni;

b) un sostegno alla formazione del personale e la cooperazione relativa allo scambio di personale, alle attrezzature e alla ricerca in campo criminologico;

c) le tecniche investigative comuni ai fini dell'individuazione di forme gravi di criminalità organizzata.

3. Il Consiglio, deliberando secondo una procedura legislativa speciale, può stabilire misure riguardanti la cooperazione operativa tra le autorità di cui al presente articolo. Il Consiglio delibera all'unanimità previa consultazione del Parlamento europeo.

In mancanza di unanimità, un gruppo di almeno nove Stati membri può chiedere che il Consiglio europeo sia investito del progetto di misure. In tal caso la procedura in sede di Consiglio è sospesa. Previa discussione e in caso di consenso, il Consiglio europeo, entro quattro mesi da tale sospensione, rinvia il progetto al Consiglio per adozione.

Entro il medesimo termine, in caso di disaccordo, e se almeno nove Stati membri desiderano instaurare una cooperazione rafforzata sulla base del progetto di misure in que-

stione, essi ne informano il Parlamento europeo, il Consiglio e la Commissione. In tal caso l'autorizzazione a procedere alla cooperazione rafforzata di cui all'articolo 20, paragrafo 2 del trattato sull'Unione europea e all'articolo 329, paragrafo 1 del presente trattato si considera concessa e si applicano le disposizioni sulla cooperazione rafforzata.

La procedura specifica di cui al secondo e al terzo comma non si applica agli atti che costituiscono uno sviluppo dell'acquis di Schengen.

Articolo 88 (*ex* articolo 30 del TUE). – *1. Europol ha il compito di sostenere e potenziare l'azione delle autorità di polizia e degli altri servizi incaricati dell'applicazione della legge degli Stati membri e la reciproca collaborazione nella prevenzione e lotta contro la criminalità grave che interessa due o più Stati membri, il terrorismo e le forme di criminalità che ledono un interesse comune oggetto di una politica dell'Unione.*

2. Il Parlamento europeo e il Consiglio, deliberando mediante regolamenti secondo la procedura legislativa ordinaria, determinano la struttura, il funzionamento, la sfera d'azione e i compiti di Europol. Tali compiti possono comprendere:

a) la raccolta, l'archiviazione, il trattamento, l'analisi e lo scambio delle informazioni trasmesse, in particolare dalle autorità degli Stati membri o di paesi o organismi terzi;

b) il coordinamento, l'organizzazione e lo svolgimento di indagini e di azioni operative, condotte congiuntamente con le autorità competenti degli Stati membri o nel quadro di squadre investigative comuni, eventualmente in collegamento con Eurojust.

Tali regolamenti fissano inoltre le modalità di controllo delle attività di Europol da parte del Parlamento europeo, controllo cui sono associati i parlamenti nazionali.

3. Qualsiasi azione operativa di Europol deve essere condotta in collegamento e d'intesa con le autorità dello Stato membro o degli Stati membri di cui interessa il territorio. L'applicazione di misure coercitive è di competenza esclusiva delle pertinenti autorità nazionali.

Articolo 89 (*ex* articolo 32 del TUE). – Il Consiglio, *deliberando secondo una procedura legislativa speciale*, stabilisce le condizioni e i limiti entro i quali le autorità competenti *degli Stati membri* di cui agli articoli *82* e *87* possono operare nel territorio di un altro Stato membro in collegamento e d'intesa con le autorità di quest'ultimo. *Il Consiglio delibera all'unanimità previa consultazione del Parlamento europeo.*

TITOLO *VI* – TRASPORTI

Articolo 90 (*ex* articolo 70 del TCE). – *Gli obiettivi dei trattati sono perseguiti*, per quanto riguarda la materia disciplinata dal presente titolo, nel quadro di una politica comune dei trasporti.

Articolo 91 (*ex* articolo 71 del TCE). – *1.* Ai fini dell'applicazione dell'articolo *90* e tenuto conto degli aspetti peculiari dei trasporti, *il Parlamento europeo e* il Consiglio, deliberando secondo la *procedura legislativa ordinaria* e previa consultazione del Comitato economico e sociale e del Comitato delle regioni, *stabiliscono*:

a) norme comuni applicabili ai trasporti internazionali in partenza dal territorio di uno Stato membro o a destinazione di questo, o in transito sul territorio di uno o più Stati membri;

b) le condizioni per l'ammissione di vettori non residenti ai trasporti nazionali in uno Stato membro;

c) le misure atte a migliorare la sicurezza dei trasporti;

d) ogni altra utile disposizione.

2. All'atto dell'adozione delle misure di cui al paragrafo 1, si tiene conto dei casi in cui la loro applicazione rischi di pregiudicare gravemente il tenore di vita e l'occupazione in talune regioni, come pure l'uso delle attrezzature relative ai *trasporti*.

Articolo 92 (*ex* articolo 72 del TCE). – Fino a che non siano emanate le disposizioni di cui all'articolo *91*, paragrafo 1, e salvo *che il Consiglio adotti all'unanimità una misura che conceda una deroga*, nessuno degli Stati membri può rendere meno favorevoli, nei loro effetti diretti o indiretti nei confronti dei vettori degli altri Stati membri rispetto ai vettori nazionali, le varie disposizioni che disciplinano la materia al 1° gennaio 1958 o, per gli Stati aderenti, alla data della loro adesione.

Articolo 93 (*ex* articolo 73 del TCE). – Sono compatibili con *i trattati* gli aiuti richiesti dalle necessità del coordinamento dei trasporti ovvero corrispondenti al rimborso di talune servitù inerenti alla nozione di pubblico servizio.

Articolo 94 (*ex* articolo 74 del TCE). – Qualsiasi misura in materia di prezzi e condizioni di trasporto, adottata nell'ambito *dei trattati*, deve tener conto della situazione economica dei vettori.

Articolo 95 (*ex* articolo 75 del TCE). – *1. Nel* traffico interno *dell'Unione sono vietate* le discriminazioni consistenti nell'applicazione, da parte di un vettore, di prezzi e condizioni di trasporto differenti per le stesse merci e per le stesse relazioni di traffico e fondate sul paese di origine o di destinazione dei prodotti trasportati.

2. Il paragrafo 1 non esclude che *il Parlamento europeo e* il Consiglio *possano* adottare altre misure in applicazione dell'articolo *91*, paragrafo 1.

3. Il *Consiglio stabilisce*, su proposta della Commissione e previa consultazione *del Parlamento europeo* e del Comitato economico e sociale, una regolamentazione intesa a garantire l'attuazione delle disposizioni del paragrafo 1.

Esso può prendere in particolare le disposizioni necessarie a permettere alle istituzioni *dell'Unione* di controllare l'osservanza della norma enunciata dal paragrafo 1 e ad assicurarne l'intero beneficio agli utenti.

4. La Commissione, di sua iniziativa o a richiesta di uno Stato membro, esamina i casi di discriminazioni contemplati dal paragrafo 1 e, dopo aver consultato ogni Stato membro interessato, prende le necessarie decisioni, nel quadro della regolamentazione stabilita conformemente alle disposizioni del paragrafo 3.

Articolo 96 (*ex* articolo 76 del TCE). – *1.* È fatto divieto a uno Stato membro di imporre ai trasporti effettuati all'interno *dell'Unione* l'applicazione di prezzi e condizioni che importino qualsiasi elemento di sostegno o di protezione nell'interesse di una o più imprese o industrie particolari, salvo quando tale applicazione sia autorizzata dalla Commissione.

2. La Commissione, di propria iniziativa o a richiesta di uno Stato membro, esamina i prezzi e le condizioni di cui al paragrafo 1, avendo particolare riguardo, da una parte, alle esigenze di una politica economica regionale adeguata, alle necessità delle regioni sottosviluppate e ai problemi delle regioni che abbiano gravemente risentito di circostanze politiche e d'altra parte all'incidenza di tali prezzi e condizioni sulla concorrenza tra i modi di trasporto.

Dopo aver consultato tutti gli Stati membri interessati, la Commissione prende le necessarie decisioni.

3. Il divieto di cui al paragrafo 1 non colpisce le tariffe concorrenziali.

Articolo 97 (*ex* articolo 77 del TCE). – Le tasse o canoni che, a prescindere dai prezzi di trasporto, sono percepiti da un vettore al passaggio delle frontiere non debbono superare un livello ragionevole, avuto riguardo alle spese reali effettivamente determinate dal passaggio stesso.

Gli Stati membri procurano di ridurre progressivamente le spese in questione.

La Commissione può rivolgere raccomandazioni agli Stati membri ai fini dell'applicazione del presente articolo.

Articolo 98 (*ex* articolo 78 del TCE). – Le disposizioni del presente titolo non ostano alle misure adottate nella Repubblica federale di Germania, sempre che tali misure siano necessarie a compensare gli svantaggi economici cagionati dalla divisione della Germania all'economia di talune regioni della Repubblica federale che risentono di tale divisione. *Cinque anni dopo l'entrata in vigore del trattato di Lisbona, il Consiglio, su proposta della Commissione, può adottare una decisione che abroga il presente articolo.*

Articolo 99 (*ex* articolo 79 del TCE). – Presso la Commissione è istituito un comitato a carattere consultivo, composto di esperti designati dai governi degli Stati membri. La Commissione lo consulta in materia di trasporti, ogni qualvolta lo ritenga *utile*.

Articolo 100 (*ex* articolo 80 del TCE). – 1. Le disposizioni del presente titolo si applicano ai trasporti ferroviari, su strada e per vie navigabili.

2. Il Parlamento europeo e il Consiglio, deliberando secondo la procedura legislativa ordinaria, possono stabilire le opportune disposizioni per la navigazione marittima e aerea. *Essi deliberano previa consultazione del Comitato economico e sociale e del Comitato delle regioni.*

TITOLO *VII – NORME COMUNI SULLA CONCORRENZA, SULLA FISCALITÀ E SUL RAVVICINAMENTO DELLE LEGISLAZIONI*

CAPO 1 – REGOLE DI CONCORRENZA

SEZIONE 1 – *Regole applicabili alle imprese*

Articolo 101 (*ex* articolo 81 del TCE). – *1.* Sono incompatibili con il mercato *interno* e vietati tutti gli accordi tra imprese, tutte le decisioni di associazioni di imprese e tutte le pratiche concordate che possano pregiudicare il commercio tra Stati membri e che abbiano per oggetto o per effetto di impedire, restringere o falsare il gioco della concorrenza all'interno del mercato *interno* ed in particolare quelli consistenti nel:

a) fissare direttamente o indirettamente i prezzi d'acquisto o di vendita ovvero altre condizioni di transazione;

b) limitare o controllare la produzione, gli sbocchi, lo sviluppo tecnico o gli investimenti;

c) ripartire i mercati o le fonti di approvvigionamento;

d) applicare, nei rapporti commerciali con gli altri contraenti, condizioni dissimili per prestazioni equivalenti, così da determinare per questi ultimi uno svantaggio nella concorrenza;

e) subordinare la conclusione di contratti all'accettazione da parte degli altri contraenti di prestazioni supplementari, che, per loro natura o secondo gli usi commerciali, non abbiano alcun nesso con l'oggetto dei contratti stessi.

2. Gli accordi o decisioni, vietati in virtù del presente articolo, sono nulli di pieno diritto.

3. Tuttavia, le disposizioni del paragrafo 1 possono essere dichiarate inapplicabili:

– a qualsiasi accordo o categoria di accordi fra imprese,

– a qualsiasi decisione o categoria di decisioni di associazioni di imprese, e

– a qualsiasi pratica concordata o categoria di pratiche concordate,

che contribuiscano a migliorare la produzione o la distribuzione dei prodotti o a promuovere il progresso tecnico o economico, pur riservando agli utilizzatori una congrua parte dell'utile che ne deriva, ed evitando di*:*

a) imporre alle imprese interessate restrizioni che non siano indispensabili per raggiungere tali obiettivi;

b) dare a tali imprese la possibilità di eliminare la concorrenza per una parte sostanziale dei prodotti di cui trattasi.

Articolo 102 (*ex* articolo 82 del TCE). – È incompatibile con il mercato *interno* e vietato, nella misura in cui possa essere pregiudizievole al commercio tra Stati membri, lo sfruttamento abusivo da parte di una o più imprese di una posizione dominante sul mercato *interno* o su una parte sostanziale di questo.

Tali pratiche abusive possono consistere in particolare:

a) nell'imporre direttamente od indirettamente prezzi d'acquisto, di vendita od altre condizioni di transazione non eque;

b) nel limitare la produzione, gli sbocchi o lo sviluppo tecnico, a danno dei consumatori;

c) nell'applicare nei rapporti commerciali con gli altri contraenti condizioni dissimili per prestazioni equivalenti, determinando così per questi ultimi uno svantaggio per la concorrenza;

d) nel subordinare la conclusione di contratti all'accettazione da parte degli altri contraenti di prestazioni supplementari, che, per loro natura o secondo gli usi commerciali, non abbiano alcun nesso con l'oggetto dei contratti stessi.

Articolo 103 (*ex* articolo 83 del TCE). – *1.* I regolamenti e le direttive utili ai fini dell'applicazione dei principi contemplati dagli articoli *101* e *102* sono stabiliti dal *Consiglio, su* proposta della Commissione e previa consultazione del Parlamento europeo.

2. Le disposizioni di cui al paragrafo 1 hanno, in particolare, lo scopo di:

a) garantire l'osservanza dei divieti di cui all'articolo *101*, paragrafo 1, e all'articolo *102*, comminando ammende e penalità di mora;

b) determinare le modalità di applicazione dell'articolo *101*, paragrafo 3, avendo riguardo alla necessità di esercitare una sorveglianza efficace e, nel contempo, semplificare, per quanto possibile, il controllo amministrativo;

c) precisare, eventualmente, per i vari settori economici, il campo di applicazione delle disposizioni degli articoli *101* e *102*;

d) definire i rispettivi compiti della Commissione e della Corte di giustizia *dell'Unione europea* nell'applicazione delle disposizioni contemplate dal presente paragrafo;

e) definire i rapporti fra le legislazioni nazionali da una parte e le disposizioni della presente sezione nonché quelle adottate in applicazione del presente articolo, dall'altra.

Articolo 104 (*ex* articolo 84 del TCE). – Fino al momento dell'entrata in vigore delle disposizioni adottate in applicazione dell'articolo *103*, le autorità degli Stati membri decidono in merito all'ammissibilità di intese e allo sfruttamento abusivo di una posizione dominante nel mercato *interno*, in conformità del diritto nazionale interno e delle disposizioni dell'articolo *101*, in particolare del paragrafo 3, e dell'articolo *102*.

Articolo 105 (*ex* articolo 85 del TCE). – *1.* Senza pregiudizio dell'articolo *104*, la Commissione vigila perché siano applicati i principi fissati dagli articoli *101* e *102*. Essa istruisce, a richiesta di uno Stato membro o d'ufficio e in collegamento con le autorità competenti degli Stati membri che le prestano la loro assistenza, i casi di presunta infrazione ai principi suddetti. Qualora essa constati l'esistenza di un'infrazione, propone i mezzi atti a porvi termine.

2. Qualora non sia posto termine alle infrazioni, la Commissione constata l'infrazione ai principi con una decisione motivata. Essa può pubblicare tale decisione e autorizzare gli Stati membri ad adottare le necessarie misure, di cui definisce le condizioni e modalità, per rimediare alla situazione.

3. La Commissione può adottare regolamenti concernenti le categorie di accordi per le quali il Consiglio ha adottato un regolamento o una direttiva conformemente all'articolo 103, paragrafo 2, lettera b).

Articolo 106 (*ex* articolo 86 del TCE). – *1.* Gli Stati membri non emanano né mantengono, nei confronti delle imprese pubbliche e delle imprese cui riconoscono diritti speciali o esclusivi, alcuna misura contraria alle norme *dei trattati*, specialmente a quelle contemplate dagli articoli *18* e da *101* a *109* inclusi.

2. Le imprese incaricate della gestione di servizi di interesse economico generale o aventi carattere di monopolio fiscale sono sottoposte alle norme *dei trattati*, e in particolare alle regole di concorrenza, nei limiti in cui l'applicazione di tali norme non osti all'adempimento, in linea di diritto e di fatto, della specifica missione loro affidata. Lo sviluppo degli scambi non deve essere compromesso in misura contraria agli interessi *dell'Unione*.

3. La Commissione vigila sull'applicazione delle disposizioni del presente articolo rivolgendo, ove occorra, agli Stati membri, opportune direttive o decisioni.

SEZIONE 2 – *Aiuti concessi dagli Stati*

Articolo 107 (*ex* articolo 87 del TCE). – *1.* Salvo deroghe contemplate *dai trattati*, sono incompatibili con il mercato *interno*, nella misura in cui incidano sugli scambi tra Stati membri, gli aiuti concessi dagli Stati, ovvero mediante risorse statali, sotto qualsiasi forma che, favorendo talune imprese o talune produzioni, falsino o minaccino di falsare la concorrenza.

2. Sono compatibili con il mercato *interno*:

a) gli aiuti a carattere sociale concessi ai singoli consumatori, a condizione che siano accordati senza discriminazioni determinate dall'origine dei prodotti;

b) gli aiuti destinati a ovviare ai danni arrecati dalle calamità naturali oppure da altri eventi eccezionali;

c) gli aiuti concessi all'economia di determinate regioni della Repubblica federale di Germania che risentono della divisione della Germania, nella misura in cui sono necessari a compensare gli svantaggi economici provocati da tale divisione. *Cinque anni dopo l'entrata in vigore del trattato di Lisbona, il Consiglio, su proposta della Commissione, può adottare una decisione che abroga la presente lettera.*

3. Possono considerarsi compatibili con il mercato *interno*:

a) gli aiuti destinati a favorire lo sviluppo economico delle regioni ove il tenore di vita sia anormalmente basso, oppure si abbia una grave forma di sottoccupazione, *nonché quello delle regioni di cui all'articolo 349, tenuto conto della loro situazione strutturale, economica e sociale;*

b) gli aiuti destinati a promuovere la realizzazione di un importante progetto di comune interesse europeo oppure a porre rimedio a un grave turbamento dell'economia di uno Stato membro;

c) gli aiuti destinati ad agevolare lo sviluppo di talune attività o di talune regioni economiche, sempre che non alterino le condizioni degli scambi in misura contraria al comune interesse;

d) gli aiuti destinati a promuovere la cultura e la conservazione del patrimonio, quando non alterino le condizioni degli scambi e della concorrenza *nell'Unione* in misura contraria all'interesse comune;

e) le altre categorie di aiuti, determinate con decisione del Consiglio, su proposta della Commissione.

Articolo 108 (*ex* articolo 88 del TCE). – *1.* La Commissione procede con gli Stati membri all'esame permanente dei regimi di aiuti esistenti in questi Stati. Essa propone a questi ultimi le opportune misure richieste dal graduale sviluppo o dal funzionamento del mercato *interno*.

2. Qualora la Commissione, dopo aver intimato agli interessati di presentare le loro osservazioni, constati che un aiuto concesso da uno Stato, o mediante fondi statali, non è compatibile con il mercato *interno* a norma dell'articolo *107*, oppure che tale aiuto è attuato in modo abusivo, decide che lo Stato interessato deve sopprimerlo o modificarlo nel termine da essa fissato.

Qualora lo Stato in causa non si conformi a tale decisione entro il termine stabilito, la Commissione o qualsiasi altro Stato interessato può adire direttamente la Corte di giustizia *dell'Unione europea*, in deroga agli articoli *258* e *259*.

A richiesta di uno Stato membro, il Consiglio, deliberando all'unanimità, può decidere che un aiuto, istituito o da istituirsi da parte di questo Stato, deve considerarsi compatibile con il mercato *interno*, in deroga alle disposizioni dell'articolo *107* o ai regolamenti di cui all'articolo *109*, quando circostanze eccezionali giustifichino tale decisione. Qualora la Commissione abbia iniziato, nei riguardi di tale aiuto, la procedura prevista dal presente paragrafo, primo comma, la richiesta dello Stato interessato rivolta al Consiglio avrà per effetto di sospendere tale procedura fino a quando il Consiglio non si sia pronunciato al riguardo.

Tuttavia, se il Consiglio non si è pronunciato entro tre mesi dalla data della richiesta, la Commissione delibera.

3. Alla Commissione sono comunicati, in tempo utile perché presenti le sue osservazioni, i progetti diretti a istituire o modificare aiuti. Se ritiene che un progetto non sia compatibile con il mercato *interno* a norma dell'articolo *107*, la Commissione inizia senza indugio la procedura prevista dal paragrafo precedente. Lo Stato membro interessato non può dare esecuzione alle misure progettate prima che tale procedura abbia condotto a una decisione finale.

4. La Commissione può adottare regolamenti concernenti le categorie di aiuti di Stato per le quali il Consiglio ha stabilito, conformemente all'articolo 109, che possono essere dispensate dalla procedura di cui al paragrafo 3 del presente articolo.

Articolo 109 (*ex* articolo 89 del TCE). – Il *Consiglio, su* proposta della Commissione e previa consultazione del Parlamento europeo, può stabilire tutti i regolamenti utili ai fini dell'applicazione degli articoli *107* e *108* e fissare in particolare le condizioni per l'applicazione dell'articolo *108*, paragrafo 3, nonché le categorie di aiuti che sono dispensate da tale procedura.

CAPO 2 – DISPOSIZIONI FISCALI

Articolo 110 (*ex* articolo 90 del TCE). – Nessuno Stato membro applica direttamente o indirettamente ai prodotti degli altri Stati membri imposizioni interne, di qualsivoglia natura, superiori a quelle applicate direttamente o indirettamente ai prodotti nazionali similari.

Inoltre, nessuno Stato membro applica ai prodotti degli altri Stati membri imposizioni interne intese a proteggere indirettamente altre produzioni.

Articolo 111 (*ex* articolo 91 del TCE). – I prodotti esportati nel territorio di uno degli Stati membri non possono beneficiare di alcun ristorno di imposizioni interne che sia superiore alle imposizioni ad essi applicate direttamente o indirettamente.

Articolo 112 (*ex* articolo 92 del TCE). – Per quanto riguarda le imposizioni diverse dalle imposte sulla cifra d'affari, dalle imposte di consumo e dalle altre imposte indirette, si possono operare esoneri e rimborsi all'esportazione negli altri Stati membri e introdurre tasse di compensazione applicabili alle importazioni provenienti dagli Stati membri, soltanto qualora le misure progettate siano state preventivamente approvate per un periodo limitato dal *Consiglio, su* proposta della Commissione.

Articolo 113 (*ex* articolo 93 del TCE). – Il Consiglio, deliberando all'unanimità *secondo una procedura legislativa speciale* e previa consultazione del Parlamento europeo e del Comitato economico e sociale, adotta le disposizioni che riguardano l'armonizzazione delle legislazioni relative alle imposte sulla cifra d'affari, alle imposte di consumo ed altre imposte indirette, nella misura in cui detta armonizzazione sia necessaria per assicurare l'instaurazione ed il funzionamento del mercato interno *ed evitare le distorsioni di concorrenza*.

CAPO 3 – RAVVICINAMENTO DELLE LEGISLAZIONI

Articolo 114 (*ex* articolo 95 del TCE). – *1.* Salvo che *i trattati* non *dispongano* diversamente, si applicano le disposizioni seguenti per la realizzazione degli obiettivi dell'articolo *26*. Il *Parlamento europeo e* il Consiglio, deliberando *secondo la procedura legislativa ordinaria* e previa consultazione del Comitato economico e sociale, *adottano* le misure relative al ravvicinamento delle disposizioni legislative, regolamentari ed amministrative degli Stati membri che hanno per oggetto l'instaurazione ed il funzionamento del mercato interno.

2. Il paragrafo 1 non si applica alle disposizioni fiscali, a quelle relative alla libera circolazione delle persone e a quelle relative ai diritti ed interessi dei lavoratori dipendenti.

3. La Commissione, nelle sue proposte di cui al paragrafo 1 in materia di sanità, sicurezza, protezione dell'ambiente e protezione dei consumatori, si basa su un livello di protezione elevato, tenuto conto, in particolare, degli eventuali nuovi sviluppi fondati su riscontri scientifici. Anche il Parlamento europeo ed il Consiglio, nell'ambito delle rispettive competenze, cercheranno di conseguire tale obiettivo.

4. Allorché, dopo l'adozione di una misura di armonizzazione *da parte del Parlamento europeo e del Consiglio, da parte del Consiglio o da parte* della Commissione, uno Stato membro ritenga necessario mantenere disposizioni nazionali giustificate da esigenze importanti di cui all'articolo *36* o relative alla protezione dell'ambiente o dell'ambiente di lavoro, esso notifica tali disposizioni alla Commissione precisando i motivi del mantenimento delle stesse.

5. Inoltre, fatto salvo il paragrafo 4, allorché, dopo l'adozione *di* una misura di armonizzazione *da parte del Parlamento europeo e del Consiglio, da parte del Consiglio o da parte* della Commissione, uno Stato membro ritenga necessario introdurre disposizioni nazionali fondate su nuove prove scientifiche inerenti alla protezione dell'ambiente o dell'ambiente di lavoro, giustificate da un problema specifico a detto Stato membro insorto dopo l'adozione della misura di armonizzazione, esso notifica le disposizioni previste alla Commissione precisando i motivi dell'introduzione delle stesse.

6. La Commissione, entro sei mesi dalle notifiche di cui ai paragrafi 4 e 5, approva o respinge le disposizioni nazionali in questione dopo aver verificato se esse costituiscano o no uno strumento di discriminazione arbitraria o una restrizione dissimulata nel commercio tra gli Stati membri e se rappresentino o no un ostacolo al funzionamento del mercato interno.

In mancanza di decisione della Commissione entro detto periodo, le disposizioni nazionali di cui ai paragrafi 4 e 5 sono considerate approvate.

Se giustificato dalla complessità della questione e in assenza di pericolo per la salute umana, la Commissione può notificare allo Stato membro interessato che il periodo di cui al presente paragrafo può essere prolungato per un ulteriore periodo di massimo sei mesi.

7. Quando uno Stato membro è autorizzato, a norma del paragrafo 6, a mantenere o a introdurre disposizioni nazionali che derogano a una misura di armonizzazione, la Commissione esamina immediatamente l'opportunità di proporre un adeguamento di detta misura.

8. Quando uno Stato membro solleva un problema specifico di pubblica sanità in un settore che è stato precedentemente oggetto di misure di armonizzazione, esso lo sottopone alla Commissione che esamina immediatamente l'opportunità di proporre misure appropriate al Consiglio.

9. In deroga alla procedura di cui agli articoli *258* e *259*, la Commissione o qualsiasi Stato membro può adire direttamente la Corte di giustizia *dell'Unione europea* ove ritenga che un altro Stato membro faccia un uso abusivo dei poteri contemplati dal presente articolo.

10. Le misure di armonizzazione di cui sopra comportano, nei casi opportuni, una clausola di salvaguardia che autorizza gli Stati membri ad adottare, per uno o più dei motivi di carattere non economico di cui all'articolo *36*, misure provvisorie soggette ad una procedura di controllo *dell'Unione*.

Articolo 115 (*ex* articolo 94 del TCE). – *Fatto salvo l'articolo 114,* il Consiglio, deliberando all'unanimità *secondo una procedura legislativa speciale* e previa consultazione del Parlamento europeo e del Comitato economico e sociale, stabilisce direttive volte al ravvicinamento delle disposizioni legislative, regolamentari ed amministrative degli Stati membri che abbiano un'incidenza diretta sull'instaurazione o sul funzionamento del mercato *interno*.

Articolo 116 (*ex* articolo 96 del TCE). – Qualora la Commissione constati che una disparità esistente nelle disposizioni legislative, regolamentari o amministrative degli Stati membri falsa le condizioni di concorrenza sul mercato *interno* e provoca, per tal motivo, una distorsione che deve essere eliminata, essa provvede a consultarsi con gli Stati membri interessati.

Se attraverso tale consultazione non si raggiunge un accordo che elimini la distorsione in questione, *il Parlamento europeo e* il Consiglio, *deliberando secondo la procedura legislativa ordinaria, stabiliscono* le direttive all'uopo necessarie. *Può essere adottata* ogni altra opportuna misura prevista *dai trattati*.

Articolo 117 (*ex* articolo 97 del TCE). – 1. Quando vi sia motivo di temere che l'emanazione o la modifica di disposizioni legislative, regolamentari o amministrative provochi una distorsione ai sensi dell'articolo precedente, lo Stato membro che vuole procedervi consulta la Commissione. La Commissione, dopo aver consultato gli Stati membri, raccomanda agli Stati interessati le misure idonee ad evitare la distorsione in questione.

2. Se lo Stato che vuole emanare o modificare disposizioni nazionali non si conforma alla raccomandazione rivoltagli dalla Commissione, non si potrà richiedere agli altri Stati membri, nell'applicazione dell'articolo *116*, di modificare le loro disposizioni nazionali per eliminare tale distorsione. Se lo Stato membro che ha trascurato la raccomandazione della Commissione provoca una distorsione unicamente a suo detrimento, non sono applicabili le disposizioni dell'articolo *116*.

Articolo 118. – Nell'ambito dell'instaurazione o del funzionamento del mercato interno, il Parlamento europeo e il Consiglio, deliberando secondo la procedura legislativa ordinaria, stabiliscono le misure per la creazione di titoli europei al fine di garantire una protezione uniforme dei diritti di proprietà intellettuale nell'Unione e per l'istituzione di regimi di autorizzazione, di coordinamento e di controllo centralizzati a livello di Unione.

Il Consiglio, deliberando mediante regolamenti secondo una procedura legislativa speciale, stabilisce i regimi linguistici dei titoli europei. Il Consiglio delibera all'unanimità previa consultazione del Parlamento europeo.

TITOLO *VIII* – POLITICA ECONOMICA E MONETARIA

Articolo 119 (*ex* articolo 4 del TCE). – *1.* Ai fini enunciati all'articolo *3 del trattato sull'Unione europea*, l'azione degli Stati membri e *dell'Unione* comprende, alle condizioni *previste dai trattati*, l'adozione di una politica economica che è fondata sullo stretto coordinamento delle politiche economiche degli Stati membri, sul mercato interno e sulla definizione di obiettivi comuni, condotta conformemente al principio di un'economia di mercato aperta e in libera concorrenza.

2. Parallelamente, alle condizioni *e secondo le* procedure *previste dai trattati*, questa azione *comprende una moneta unica, l'euro*, nonché la definizione e la conduzione di una politica monetaria e di una politica del cambio uniche, che abbiano l'obiettivo principale di mantenere la stabilità dei prezzi e, fatto salvo questo obiettivo, di sostenere le politiche economiche generali *nell'Unione* conformemente al principio di un'economia di mercato aperta e in libera concorrenza.

3. Queste azioni degli Stati membri e *dell'Unione* implicano il rispetto dei seguenti principi direttivi: prezzi stabili, finanze pubbliche e condizioni monetarie sane nonché bilancia dei pagamenti sostenibile.

CAPO 1 – POLITICA ECONOMICA

Articolo 120 (*ex* articolo 98 del TCE). – Gli Stati membri attuano la loro politica economica allo scopo di contribuire alla realizzazione degli obiettivi *dell'Unione* definiti all'articolo *3 del trattato sull'Unione europea* e nel contesto degli indirizzi di massima di cui all'articolo *121*, paragrafo 2. Gli Stati membri e *l'Unione* agiscono nel rispetto dei principi di un'economia di mercato aperta e in libera concorrenza, favorendo un'efficace allocazione delle risorse, conformemente ai principi di cui all'articolo *119*.

Articolo 121 (*ex* articolo 99 del TCE). – *1.* Gli Stati membri considerano le loro politiche economiche una questione di interesse comune e le coordinano nell'ambito del Consiglio, conformemente alle disposizioni dell'articolo *120*.

2. Il *Consiglio, su* raccomandazione della Commissione, elabora un progetto di indirizzi di massima per le politiche economiche degli Stati membri *e dell'Unione*, e ne riferisce le risultanze al Consiglio europeo.

Il Consiglio europeo, deliberando sulla base di detta relazione del Consiglio, dibatte delle conclusioni in merito agli indirizzi di massima per le politiche economiche degli Stati membri e *dell'Unione*.

Sulla base di dette conclusioni, il *Consiglio adotta* una raccomandazione che definisce i suddetti indirizzi di massima. Il Consiglio informa il Parlamento europeo in merito a tale raccomandazione.

3. Al fine di garantire un più stretto coordinamento delle politiche economiche e una convergenza duratura dei risultati economici degli Stati membri, il Consiglio, sulla base di relazioni presentate dalla Commissione, sorveglia l'evoluzione economica in ciascuno degli Stati membri e *nell'Unione*, nonché la coerenza delle politiche economiche con gli indirizzi di massima di cui al paragrafo 2 e procede regolarmente ad una valutazione globale.

Ai fini di detta sorveglianza multilaterale, gli Stati membri trasmettono alla Commissione le informazioni concernenti le misure di rilievo da essi adottate nell'ambito della loro politica economica, nonché tutte le altre informazioni da essi ritenute necessarie.

4. Qualora si accerti, secondo la procedura prevista al paragrafo 3, che le politiche economiche di uno Stato membro non sono coerenti con gli indirizzi di massima di cui al paragrafo 2 o rischiano di compromettere il *buon* funzionamento dell'Unione economica e monetaria, *la Commissione può rivolgere un avvertimento allo Stato membro in questione*. Il *Consiglio, su* raccomandazione della Commissione, può rivolgere allo Stato membro in questione le necessarie raccomandazioni. Il *Consiglio, su* proposta della Commissione, può decidere di rendere pubbliche le proprie raccomandazioni.

Nel contesto del presente paragrafo, il Consiglio delibera senza tener conto del voto del membro del Consiglio che rappresenta lo Stato membro in questione.

Per maggioranza qualificata degli altri membri del Consiglio s'intende quella definita conformemente all'articolo 238, paragrafo 3, lettera a).

5. Il presidente del Consiglio e la Commissione riferiscono al Parlamento europeo i risultati della sorveglianza multilaterale. Se il Consiglio ha reso pubbliche le proprie raccomandazioni, il presidente del Consiglio può essere invitato a comparire dinanzi alla commissione competente del Parlamento europeo.

6. Il Parlamento europeo e il Consiglio, deliberando *mediante regolamenti secondo la procedura legislativa ordinaria, possono* adottare le modalità della procedura di sorveglianza multilaterale di cui ai paragrafi 3 e 4.

Articolo 122 (*ex* articolo 100 del TCE). – *1.* Fatta salva ogni altra procedura prevista *dai trattati*, il *Consiglio, su* proposta della Commissione, può decidere, *in uno spirito di solidarietà tra Stati membri, le* misure adeguate alla situazione economica, in particolare qualora sorgano gravi difficoltà nell'approvvigionamento di determinati prodotti, *in particolare nel settore dell'energia*.

2. Qualora uno Stato membro si trovi in difficoltà o sia seriamente minacciato da gravi difficoltà a causa di calamità naturali o di circostanze eccezionali che sfuggono al suo controllo, il *Consiglio, su* proposta della Commissione, può concedere a determinate condizioni un'assistenza finanziaria *dell'Unione* allo Stato membro interessato. Il presidente del Consiglio informa il Parlamento europeo in merito alla decisione presa.

Articolo 123 (*ex* articolo 101 del TCE). – *1. Sono vietati* la concessione di scoperti di conto o qualsiasi altra forma di facilitazione creditizia, da parte della Banca centrale europea o da parte delle banche centrali degli Stati membri (in appresso denominate «banche centrali nazionali»), a istituzioni, *organi od organismi dell'Unione*, alle amministrazioni statali, agli enti regionali, locali o altri enti pubblici, ad altri organismi di diritto pubblico o a imprese pubbliche degli Stati membri, così come l'acquisto diretto presso di essi di titoli di debito da parte della Banca centrale europea o delle banche centrali nazionali.

2. Le disposizioni del paragrafo 1 non si applicano agli enti creditizi di proprietà pubblica che, nel contesto dell'offerta di liquidità da parte delle banche centrali, devono ricevere dalle banche centrali nazionali e dalla Banca centrale europea lo stesso trattamento degli enti creditizi privati.

Articolo 124 (*ex* articolo 102 del TCE). – È vietata qualsiasi misura, non basata su considerazioni prudenziali, che offra alle istituzioni, *agli organi o agli organismi dell'Unione*, alle amministrazioni statali, agli enti regionali, locali o altri enti pubblici, ad altri organismi di diritto pubblico o a imprese pubbliche degli Stati membri un accesso privilegiato alle istituzioni *finanziarie*.

Articolo 125 (*ex* articolo 103 del TCE). – *1. L'Unione* non risponde né si fa carico degli impegni assunti dalle amministrazioni statali, dagli enti regionali, locali, o altri enti pubblici, da altri organismi di diritto pubblico o da imprese pubbliche di qualsiasi Stato membro, fatte salve le garanzie finanziarie reciproche per la realizzazione in comune di un progetto economico specifico. Gli Stati membri non sono responsabili né subentrano agli impegni dell'amministrazione statale, degli enti regionali, locali o degli altri enti pubblici, di altri organismi di diritto pubblico o di imprese pubbliche di un altro Stato membro, fatte salve le garanzie finanziarie reciproche per la realizzazione in comune di un progetto specifico.

2. Se necessario, il Consiglio, *su proposta della Commissione e previa consultazione del Parlamento europeo*, può precisare *le* definizioni per l'applicazione dei divieti *previsti dagli articoli 123* e *124* e *dal* presente articolo.

Articolo 126 (*ex* articolo 104 del TCE). – 1. Gli Stati membri devono evitare disavanzi pubblici eccessivi.

2. La Commissione sorveglia l'evoluzione della situazione di bilancio e dell'entità del debito pubblico negli Stati membri, al fine di individuare errori rilevanti. In particolare esamina la conformità alla disciplina di bilancio sulla base dei due criteri seguenti:

a) se il rapporto tra il disavanzo pubblico, previsto o effettivo, e il prodotto interno lordo superi un valore di riferimento, a meno che:

– il rapporto non sia diminuito in modo sostanziale e continuo e abbia raggiunto un livello che si avvicina al valore di riferimento,

– oppure, in alternativa, il superamento del valore di riferimento sia solo eccezionale e temporaneo e il rapporto resti vicino al valore di riferimento;

b) se il rapporto tra debito pubblico e prodotto interno lordo superi un valore di riferimento, a meno che detto rapporto non si stia riducendo in misura sufficiente e non si avvicini al valore di riferimento con ritmo adeguato.

I valori di riferimento sono specificati nel protocollo sulla procedura per i disavanzi eccessivi allegato *ai trattati*.

3. Se uno Stato membro non rispetta i requisiti previsti da uno o entrambi i criteri menzionati, la Commissione prepara una relazione. La relazione della Commissione tiene conto anche dell'eventuale differenza tra il disavanzo pubblico e la spesa pubblica per gli investimenti e tiene conto di tutti gli altri fattori significativi, compresa la posizione economica e di bilancio a medio termine dello Stato membro.

La Commissione può inoltre preparare una relazione se ritiene che in un determinato Stato membro, malgrado i criteri siano rispettati, sussista il rischio di un disavanzo eccessivo.

4. Il comitato *economico e finanziario* formula un parere in merito alla relazione della Commissione.

5. La Commissione, se ritiene che in uno Stato membro esista o possa determinarsi in futuro un disavanzo eccessivo, trasmette un parere *allo Stato membro interessato e ne informa il Consiglio*.

6. Il *Consiglio, su* proposta della Commissione e considerate le osservazioni che lo Stato membro interessato ritenga di formulare, decide, dopo una valutazione globale, se esiste un disavanzo eccessivo.

7. Se, ai sensi del paragrafo 6, *decide* che esiste un disavanzo eccessivo, il Consiglio *adotta senza indebito ritardo, su raccomandazione della Commissione, le* raccomandazioni allo Stato membro in questione al fine di far cessare tale situazione entro un determinato periodo. Fatto salvo il disposto del paragrafo 8, dette raccomandazioni non sono rese pubbliche.

8. Il Consiglio, qualora determini che nel periodo prestabilito non sia stato dato seguito effettivo alle sue raccomandazioni, può rendere pubbliche dette raccomandazioni.

9. Qualora uno Stato membro persista nel disattendere le raccomandazioni del Consiglio, quest'ultimo può decidere di intimare allo Stato membro di prendere, entro un termine stabilito, le misure volte alla riduzione del disavanzo che il Consiglio ritiene necessaria per correggere la situazione.

In tal caso il Consiglio può chiedere allo Stato membro in questione di presentare relazioni secondo un calendario preciso, al fine di esaminare gli sforzi compiuti da detto Stato membro per rimediare alla situazione.

10. I diritti di esperire le azioni di cui agli articoli *258* e *259* non possono essere esercitati nel quadro dei paragrafi da 1 a 9 del presente articolo.

11. Fintantoché uno Stato membro non ottempera ad una decisione presa in conformità del paragrafo 9, il Consiglio può decidere di applicare o, a seconda dei casi, di *rafforzare* una o più delle seguenti misure:

– chiedere che lo Stato membro interessato pubblichi informazioni supplementari, che saranno specificate dal Consiglio, prima dell'emissione di obbligazioni o altri titoli,

– invitare la Banca europea per gli investimenti a riconsiderare la sua politica di prestiti verso lo Stato membro in questione,

– richiedere che lo Stato membro in questione costituisca un deposito infruttifero di importo adeguato presso *l'Unione*, fino a quando, a parere del Consiglio, il disavanzo eccessivo non sia stato corretto,

– infliggere ammende di entità adeguata.

Il presidente del Consiglio informa il Parlamento europeo delle decisioni adottate.

12. Il Consiglio abroga alcune o tutte le decisioni *o raccomandazioni* di cui ai paragrafi da 6 a 9 e 11 nella misura in cui ritiene che il disavanzo eccessivo nello Stato membro in questione sia stato corretto. Se precedentemente aveva reso pubbliche le sue raccomandazioni, il Consiglio dichiara pubblicamente, non appena sia stata abrogata la decisione di cui al paragrafo 8, che non esiste più un disavanzo eccessivo nello Stato membro in questione.

13. Nell'adottare le decisioni *o raccomandazioni di cui ai paragrafi 8*, 9, 11 e 12, il Consiglio delibera su raccomandazione della *Commissione.*

Nell'adottare le misure di cui ai paragrafi da 6 a 9, 11 e 12, il Consiglio delibera senza tener conto del voto del membro del Consiglio che rappresenta lo Stato membro in questione.

Per maggioranza qualificata degli altri membri del Consiglio s'intende quella definita conformemente all'articolo 238, paragrafo 3, lettera a).

14. Ulteriori disposizioni concernenti l'attuazione della procedura descritta nel presente articolo sono precisate nel protocollo sulla procedura per i disavanzi eccessivi allegato *ai trattati.*

Il Consiglio, deliberando all'unanimità *secondo una procedura legislativa speciale* e previa consultazione del Parlamento europeo e della Banca centrale europea, adotta le opportune disposizioni che sostituiscono detto protocollo.

Fatte salve le altre disposizioni del presente *paragrafo, il Consiglio, su* proposta della Commissione e previa consultazione del Parlamento europeo, precisa le modalità e le definizioni per l'applicazione delle disposizioni di detto protocollo.

CAPO 2 – POLITICA MONETARIA

Articolo 127 (*ex* articolo 105 del TCE). – *1.* L'obiettivo principale del Sistema europeo di banche centrali, *in appresso denominato «SEBC»*, è il mantenimento della stabilità dei prezzi. Fatto salvo l'obiettivo della stabilità dei prezzi, il SEBC sostiene le politiche economiche generali *nell'Unione* al fine di contribuire alla realizzazione degli obiettivi *dell'Unione* definiti nell'articolo *3 del trattato sull'Unione europea.* Il SEBC agisce in conformità del principio di un'economia di mercato aperta e in libera concorrenza, favorendo una efficace allocazione delle risorse e rispettando i principi di cui all'articolo *119.*

2. I compiti fondamentali da assolvere tramite il SEBC sono i seguenti:
– definire e attuare la politica monetaria *dell'Unione*,
– svolgere le operazioni sui cambi in linea con le disposizioni dell'articolo *219*,
– detenere e gestire le riserve ufficiali in valuta estera degli Stati membri,
– promuovere il regolare funzionamento dei sistemi di pagamento.

3. Il paragrafo 2, terzo trattino, non pregiudica la detenzione e la gestione da parte dei governi degli Stati membri di saldi operativi in valuta estera.

4. La Banca centrale europea viene consultata:
– in merito a qualsiasi proposta di atto *dell'Unione* che rientri nelle sue competenze,
– dalle autorità nazionali, sui progetti di disposizioni legislative che rientrino nelle sue competenze, ma entro i limiti e alle condizioni stabiliti dal Consiglio, secondo la procedura di cui all'articolo *129*, paragrafo *4.*

La Banca centrale europea può formulare pareri da sottoporre alle istituzioni, *agli organi o agli organismi dell'Unione* competenti o alle autorità nazionali su questioni che rientrano nelle sue competenze.

5. Il SEBC contribuisce ad una buona conduzione delle politiche perseguite dalle competenti autorità per quanto riguarda la vigilanza prudenziale degli enti creditizi e la stabilità del sistema finanziario.

6. Il Consiglio, deliberando all'unanimità *mediante regolamenti secondo una procedura legislativa speciale, previa consultazione del Parlamento europeo e* della Banca centrale europea, *può* affidare alla Banca centrale europea compiti specifici in merito alle politiche che riguardano la vigilanza prudenziale degli enti creditizi e delle altre istituzioni finanziarie, escluse le imprese di assicurazione.

Articolo 128 (*ex* articolo 106 del TCE). – *1.* La Banca centrale europea ha il diritto esclusivo di autorizzare l'emissione di banconote *in euro* all'interno *dell'Unione*. La Banca centrale europea e le banche centrali nazionali possono emettere banconote. Le banconote emesse dalla Banca centrale europea e dalle banche centrali nazionali costituiscono le uniche banconote aventi corso legale *nell'Unione*.

2. Gli Stati membri possono coniare monete metalliche *in euro* con l'approvazione della Banca centrale europea per quanto riguarda il volume del conio. Il *Consiglio, su proposta della Commissione e* previa consultazione *del Parlamento europeo e* della Banca centrale europea, può adottare misure per armonizzare le denominazioni e le specificazioni tecniche di tutte le monete metalliche destinate alla circolazione, nella misura necessaria per agevolare la loro circolazione *nell'Unione*.

Articolo 129 (*ex* articolo 107 del TCE). – *1.* Il SEBC è retto dagli organi decisionali della Banca centrale europea che sono il consiglio direttivo e il comitato esecutivo.

2. Lo statuto del Sistema europeo di banche centrali *e della Banca centrale europea, in appresso denominato «statuto del SEBC e della BCE», è definito* nel protocollo allegato *ai trattati*.

3. L'articolo 5, paragrafi 1, 2 e 3, gli articoli 17 e 18, l'articolo 19, paragrafo 1, gli articoli 22, 23, 24 e 26, l'articolo 32, paragrafi 2, 3, 4 e 6, l'articolo 33, paragrafo 1, lettera a) e l'articolo 36 dello statuto del SEBC *e della BCE* possono essere emendati *dal Parlamento europeo e* dal Consiglio, *che deliberano secondo la procedura legislativa ordinaria. Essi deliberano o* su raccomandazione della Banca centrale europea *e* previa consultazione della Commissione *o su proposta della Commissione e* previa consultazione della *Banca centrale europea.*

4. Il *Consiglio, su* proposta della Commissione e previa consultazione del Parlamento europeo e della Banca centrale europea o deliberando su una raccomandazione della Banca centrale europea e previa consultazione del Parlamento europeo e della Commissione, adotta le disposizioni di cui agli articoli 4, 5, paragrafo 4, 19, paragrafo 2, 20, 28, paragrafo 1, 29, paragrafo 2, 30, paragrafo 4 e 34, paragrafo 3, dello statuto del SEBC *e della BCE.*

Articolo 130 (*ex* articolo 108 del TCE). – Nell'esercizio dei poteri e nell'assolvimento dei compiti e dei doveri loro attribuiti *dai trattati* e dallo statuto del SEBC *e della BCE*, né la Banca centrale europea né una banca centrale nazionale né un membro dei rispettivi organi decisionali possono sollecitare o accettare istruzioni dalle istituzioni, dagli organi *o dagli organismi dell'Unione*, dai governi degli Stati membri né da qualsiasi altro organismo. Le istituzioni, gli organi *e gli organismi dell'Unione* nonché i governi degli Stati membri si impegnano a rispettare questo principio e a non cercare di influenzare i membri degli organi decisionali della Banca centrale europea o delle banche centrali nazionali nell'assolvimento dei loro compiti.

Articolo 131 (*ex* articolo 109 del TCE). – Ciascuno Stato membro assicura *che la* propria legislazione nazionale, incluso lo statuto della banca centrale nazionale, sarà compatibile con *i trattati* e con lo statuto del SEBC *e della BCE.*

Articolo 132 (*ex* articolo 110 del TCE). – *1.* Per l'assolvimento dei compiti attribuiti al SEBC, la Banca centrale europea, in conformità delle disposizioni *dei trattati* e alle condizioni stabilite nello statuto del SEBC *e della BCE*:

– stabilisce regolamenti nella misura necessaria per assolvere i compiti definiti nell'articolo 3, paragrafo 1, primo trattino, negli articoli 19, paragrafo 1, 22 o 25, paragrafo 2 dello statuto del SEBC *e della BCE* e nei casi che sono previsti negli atti del Consiglio di cui all'articolo *129*, paragrafo *4*,

– prende le decisioni necessarie per assolvere compiti attribuiti al SEBC in virtù *dei trattati* e dello statuto del SEBC *e della BCE*,

– formula raccomandazioni o *pareri*.

2. La Banca centrale europea può decidere di pubblicare le sue decisioni, le sue raccomandazioni ed i suoi pareri.

3. Entro i limiti e alle condizioni stabiliti dal Consiglio in conformità della procedura di cui all'articolo *129*, paragrafo *4*, la Banca centrale europea ha il potere di infliggere alle imprese ammende o penalità di mora in caso di inosservanza degli obblighi imposti dai regolamenti e dalle decisioni da essa adottati.

Articolo 133. – Fatte salve le attribuzioni della Banca centrale europea, il Parlamento europeo e il Consiglio, deliberando secondo la procedura legislativa ordinaria, stabiliscono le misure necessarie per l'utilizzo dell'euro come moneta unica. Tali misure sono adottate previa consultazione della Banca centrale europea.

CAPO 3 – DISPOSIZIONI ISTITUZIONALI

Articolo 134 (*ex* articolo 114 del TCE). – *1.* Per promuovere il coordinamento delle politiche degli Stati membri in tutta la misura necessaria al funzionamento del mercato interno, è istituito un comitato *economico e finanziario*.

2. Il comitato economico e finanziario svolge i seguenti compiti:

– formulare pareri, sia a richiesta del Consiglio o della Commissione, sia di propria iniziativa, destinati a tali istituzioni,

– seguire la situazione economica e finanziaria degli Stati membri e *dell'Unione* e riferire regolarmente in merito al Consiglio e alla Commissione, in particolare sulle relazioni finanziarie con i paesi terzi e le istituzioni internazionali,

– fatto salvo l'articolo *240*, contribuire alla preparazione dei lavori del Consiglio di cui agli articoli *66, 75, 121, paragrafi 2, 3, 4 e 6, 122, 124, 125, 126, 127, paragrafo 6, 128, paragrafo 2, 129, paragrafi 3 e 4, 138, 140, paragrafi 2 e 3, 143, 144, paragrafi 2 e 3, e 219*, nonché svolgere gli altri compiti consultivi e preparatori ad esso affidati dal Consiglio,

– esaminare, almeno una volta all'anno, la situazione riguardante i movimenti di capitali e la libertà dei pagamenti, quali risultano dall'applicazione *dei trattati* e dei provvedimenti presi dal Consiglio; l'esame riguarda tutti i provvedimenti riguardanti i movimenti di capitali e i pagamenti; il comitato riferisce alla Commissione e al Consiglio in merito al risultato di tale esame.

Gli Stati membri, la Commissione e la Banca centrale europea nominano ciascuno non più di due membri del comitato.

3. Il *Consiglio, su* proposta della Commissione e previa consultazione della Banca centrale europea e del comitato di cui al presente articolo, stabilisce disposizioni specifiche relative alla composizione del comitato economico e finanziario. Il presidente del Consiglio informa il Parlamento europeo in merito a tale decisione.

4. Oltre ai compiti di cui al paragrafo 2, se e fintantoché sussistono Stati membri con deroga di cui all'*articolo 139*, il comitato tiene sotto controllo la situazione monetaria e finanziaria nonché il sistema generale dei pagamenti di tali Stati membri e riferisce periodicamente in merito al Consiglio e alla Commissione.

Articolo 135 (*ex* articolo 115 del TCE). – Per questioni che rientrano nel campo di applicazione degli articoli *121*, paragrafo 4, *126*, eccettuato il paragrafo 14, *138, 140, paragrafo 1, 140, paragrafo 2, primo comma, 140, paragrafo 3, e 219*, il Consiglio o uno Stato membro possono chiedere alla Commissione di fare, secondo i casi, una raccomandazione o una proposta. La Commissione esamina la richiesta e presenta senza indugio le proprie conclusioni al Consiglio.

CAPO 4 – DISPOSIZIONI SPECIFICHE AGLI STATI MEMBRI LA CUI MONETA È L'EURO

Articolo 136. – 1. Per contribuire al buon funzionamento dell'unione economica e monetaria e in conformità delle pertinenti disposizioni dei trattati, il Consiglio adotta, secondo la procedura pertinente tra quelle di cui agli articoli 121 e 126, con l'eccezione della procedura di cui all'articolo 126, paragrafo 14, misure concernenti gli Stati membri la cui moneta è l'euro, al fine di:

a) rafforzare il coordinamento e la sorveglianza della disciplina di bilancio;

b) elaborare, per quanto li riguarda, gli orientamenti di politica economica vigilando affinché siano compatibili con quelli adottati per l'insieme dell'Unione, e garantirne la sorveglianza.

2. Solo i membri del Consiglio che rappresentano gli Stati membri la cui moneta è l'euro prendono parte al voto sulle misure di cui al paragrafo 1.

Per maggioranza qualificata di detti membri s'intende quella definita conformemente all'articolo 238, paragrafo 3, lettera a).

3. Gli Stati membri la cui moneta è l'euro possono istituire un meccanismo di stabilità da attivare ove indispensabile per salvaguardare la stabilità della zona euro nel suo insieme. La concessione di qualsiasi assistenza finanziaria necessaria nell'ambito del meccanismo sarà soggetta a una rigorosa condizionalità[4].

Articolo 137. – Le modalità per le riunioni tra i ministri degli Stati membri la cui moneta è l'euro sono stabilite dal protocollo sull'Eurogruppo.

Articolo 138. – (*ex* articolo 111, paragrafo 4, del TCE)

1. Per garantire la posizione dell'euro nel sistema monetario internazionale, il Consiglio, su proposta della Commissione, adotta una decisione che definisce le posizioni comuni sulle questioni che rivestono un interesse particolare per l'unione economica e monetaria nell'ambito delle competenti istituzioni e conferenze finanziarie internazionali. Il Consiglio delibera previa consultazione della Banca centrale europea.

2. Il Consiglio, su proposta della Commissione, può adottare le misure opportune per garantire una rappresentanza unificata nell'ambito delle istituzioni e conferenze finanziarie internazionali. Il Consiglio delibera previa consultazione della Banca centrale europea.

3. Solo i membri del Consiglio che rappresentano gli Stati membri la cui moneta è l'euro prendono parte al voto sulle misure di cui ai paragrafi 1 e 2.

Per maggioranza qualificata di detti membri s'intende quella definita conformemente all'articolo 238, paragrafo 3, lettera a).

CAPO 5 – DISPOSIZIONI TRANSITORIE

Articolo 139. – 1. Gli Stati membri riguardo ai quali il Consiglio non ha deciso che soddisfano alle condizioni necessarie per l'adozione dell'euro sono in appresso denominati «Stati membri con deroga».

---

[4] Paragrafo aggiunto dall'art. 1 della decisione del Consiglio europeo del 25 marzo 2011, che modifica l'articolo 136 del Trattato sul funzionamento dell'Unione europea relativamente a un meccanismo di stabilità per gli Stati membri la cui moneta è l'euro, in *G.U.U.E.* L 91 del 6 aprile 2011, p. 1 (la decisione è stata adottata con la procedura di revisione semplificata, prevista dall'art. 48, par. 6 TUE; la modifica, ai sensi dell'art. 2, è entrata in vigore il 1° gennaio 2013; per il nostro Paese cfr. la legge di ratifica ed esecuzione del 23 luglio 2012, n. 115, in suppl. ord. n. 160 alla *G.U.R.I.*, 28 luglio 2012, n. 115). Sull'istituzione di un meccanismo europeo di stabilità si veda oltre, par. 11.1.

2. Le disposizioni seguenti dei trattati non si applicano agli Stati membri con deroga:

a) adozione delle parti degli indirizzi di massima per le politiche economiche che riguardano la zona euro in generale (articolo 121, paragrafo 2),

b) mezzi vincolanti per correggere i disavanzi eccessivi (articolo 126, paragrafi 9 e 11),

c) obiettivi e compiti del SEBC (articolo 127, paragrafi 1, 2, 3 e 5),

d) emissione dell'euro (articolo 128),

e) atti della Banca centrale europea (articolo 132),

f) misure relative all'utilizzo dell'euro (articolo 133),

g) accordi monetari e altre misure relative alla politica del cambio (articolo 219),

h) designazione dei membri del comitato esecutivo della Banca centrale europea (articolo 283, paragrafo 2),

i) decisioni che definiscono le posizioni comuni sulle questioni che rivestono un interesse particolare per l'unione economica e monetaria nell'ambito delle competenti istituzioni e conferenze finanziarie internazionali (articolo 138, paragrafo 1),

j) misure per garantire una rappresentanza unificata nell'ambito delle istituzioni e conferenze finanziarie internazionali (articolo 138, paragrafo 2).

Pertanto, negli articoli di cui alle lettere da a) a j), per «Stati membri» si intendono gli Stati membri la cui moneta è l'euro.

3. Gli Stati membri con deroga e le loro banche centrali nazionali sono esclusi dai diritti e dagli obblighi previsti nel quadro del SEBC conformemente al capo IX dello statuto del SEBC e della BCE.

4. I diritti di voto dei membri del Consiglio che rappresentano gli Stati membri con deroga sono sospesi al momento dell'adozione da parte del Consiglio delle misure di cui agli articoli elencati al paragrafo 2, come pure nei casi seguenti:

a) raccomandazioni rivolte agli Stati membri la cui moneta è l'euro nel quadro della sorveglianza multilaterale, per quanto riguarda anche i programmi di stabilità e gli avvertimenti (articolo 121, paragrafo 4);

b) misure relative ai disavanzi eccessivi riguardanti gli Stati membri la cui moneta è l'euro (articolo 126, paragrafi 6, 7, 8, 12 e 13).

Per maggioranza qualificata degli altri membri del Consiglio s'intende quella definita conformemente all'articolo 238, paragrafo 3, lettera a).

Articolo 140 (*ex* articoli 121, paragrafo 1, 122, paragrafo 2, seconda frase, e 123, paragrafo 5, del TCE). – *1. Almeno una volta ogni due anni o a richiesta di uno Stato membro con deroga, la Commissione e la Banca centrale europea* riferiscono al Consiglio sui progressi compiuti dagli Stati membri *con deroga* nell'adempimento degli obblighi relativi alla realizzazione dell'Unione economica e monetaria. Dette relazioni comprendono un esame della compatibilità tra la legislazione nazionale di *ciascuno di tali Stati membri,* incluso lo statuto della sua banca centrale, da un lato, e gli articoli *130* e *131* nonché lo statuto del SEBC *e della BCE,* dall'altro. Le relazioni devono anche esaminare la realizzazione di un alto grado di sostenibile convergenza con riferimento al rispetto dei seguenti criteri da parte di ciascuno Stato membro:

– il raggiungimento di un alto grado di stabilità dei prezzi; questo risulterà da un tasso d'inflazione prossimo a quello dei tre Stati membri, al massimo, che hanno conseguito i migliori risultati in termini di stabilità dei prezzi,

– la sostenibilità della situazione della finanza pubblica; questa risulterà dal conseguimento di una situazione di bilancio pubblico non caratterizzata da un disavanzo eccessivo secondo la definizione di cui all'articolo *126*, paragrafo 6,

– il rispetto dei margini normali di fluttuazione previsti dal meccanismo di cambio del Sistema monetario europeo per almeno due anni, senza svalutazioni nei confronti *dell'euro*,

– i livelli dei tassi di interesse a lungo termine che riflettano la stabilità della convergenza raggiunta dallo Stato membro *con deroga* e della sua partecipazione al meccanismo di *cambio*.

I quattro criteri esposti nel presente paragrafo e i periodi pertinenti durante i quali devono essere rispettati sono definiti ulteriormente in un protocollo allegato *ai trattati*. Le relazioni della Commissione e *della Banca centrale europea* tengono inoltre *conto dei* risultati dell'integrazione dei mercati, della situazione e dell'evoluzione delle partite correnti delle bilance dei pagamenti, di un esame dell'evoluzione dei costi unitari del lavoro e di altri indici di prezzo.

2. Previa consultazione del Parlamento europeo e dopo dibattito in seno al Consiglio *europeo, il Consiglio, su* proposta della Commissione, decide quali Stati membri con deroga soddisfano alle condizioni necessarie sulla base dei criteri di *cui al* paragrafo 1, e abolisce le deroghe degli Stati membri in questione.

Il Consiglio delibera sulla base di una raccomandazione presentata dalla maggioranza qualificata dei membri che, in seno al Consiglio, rappresentano gli Stati membri la cui moneta è l'euro. Questi membri deliberano entro sei mesi dal ricevimento della proposta della Commissione da parte del Consiglio.

Per maggioranza qualificata di detti membri, prevista al secondo comma, s'intende quella definita conformemente all'articolo 238, paragrafo 3, lettera a).

3. Se si decide, conformemente alla procedura di *cui al* paragrafo 2, di abolire una deroga, il Consiglio, deliberando all'unanimità degli Stati membri *la cui moneta è l'euro* e dello Stato membro in questione, su proposta della Commissione e previa consultazione della Banca centrale europea, *fissa irrevocabilmente* il tasso al quale *l'euro* subentra alla moneta dello Stato membro in questione e prende le altre misure necessarie per l'introduzione *dell'euro* come moneta unica nello Stato membro interessato.

Articolo 141 (*ex* articoli 123, paragrafo 3, e 117, paragrafo 2, primi cinque trattini, del TCE). – *1.* Se e fintantoché vi sono Stati membri con deroga e fatto salvo l'articolo *129*, paragrafo *1*, il consiglio generale della Banca centrale europea di cui all'articolo *44* dello statuto del SEBC *e della BCE* sarà costituito in quanto terzo organo decisionale della Banca centrale europea.

2. Se e fintantoché vi sono Stati membri con deroga, la Banca centrale europea, per quanto concerne detti Stati membri:

– rafforza la cooperazione tra le banche centrali nazionali degli Stati membri,

– rafforza il coordinamento delle politiche monetarie degli Stati membri allo scopo di garantire la stabilità dei prezzi,

– sorveglia il funzionamento del *meccanismo di cambio*,

– procede a consultazioni su questioni che rientrano nelle competenze delle banche centrali nazionali e riguardano la stabilità degli istituti e dei mercati finanziari,

– esercita i compiti svolti un tempo dal Fondo europeo di cooperazione monetaria, precedentemente assunti dall'Istituto monetario europeo.

Articolo 142 (*ex* articolo 124, paragrafo 1, del TCE). – *Ogni* Stato membro *con deroga* considera la propria politica del cambio come un problema di interesse comune. A tal *fine gli* Stati membri tengono conto delle esperienze acquisite grazie alla cooperazione nell'ambito del *meccanismo di cambio*.

Articolo 143 (*ex* articolo 119 del TCE). – *1.* In caso di difficoltà o di grave minaccia di difficoltà nella bilancia dei pagamenti di uno Stato membro *con deroga*, provocate sia da uno squilibrio globale della sua bilancia dei pagamenti, sia dal tipo di valuta di cui esso dispone, e capaci in particolare di compromettere il funzionamento del mercato *interno o l'attuazione* della politica commerciale comune, la Commissione procede senza indugio a un esame della situazione dello Stato in questione e dell'azione che questo ha intrapreso o può intraprendere conformemente alle disposizioni *dei trattati*, facendo appello a tutti i mezzi di cui esso dispone. La Commissione indica le misure di cui raccomanda l'adozione da parte dello Stato interessato.

Se l'azione intrapresa da uno Stato membro *con deroga* e le misure consigliate dalla Commissione non appaiono sufficienti ad appianare le difficoltà o minacce di difficoltà incontrate, la Commissione raccomanda al Consiglio, previa consultazione del comitato *economico e finanziario*, il concorso reciproco e i metodi del caso.

La Commissione tiene informato regolarmente il Consiglio della situazione e della sua evoluzione.

2. Il Consiglio accorda il concorso reciproco; stabilisce le direttive o decisioni fissandone le condizioni e modalità. Il concorso reciproco può assumere in particolare la forma di:

a) un'azione concordata presso altre organizzazioni internazionali, alle quali gli Stati membri *con deroga* possono ricorrere;

b) misure necessarie ad evitare deviazioni di traffico quando *lo Stato membro con deroga che si trova* in difficoltà mantenga o ristabilisca restrizioni quantitative nei confronti dei paesi terzi;

c) concessione di crediti limitati da parte di altri Stati membri, con riserva del consenso di questi.

3. Quando il concorso reciproco raccomandato dalla Commissione non sia stato accordato dal Consiglio ovvero il concorso reciproco accordato e le misure adottate risultino insufficienti, la Commissione autorizza lo Stato membro *con deroga* che si trova in difficoltà ad adottare delle misure di salvaguardia di cui essa definisce le condizioni e le modalità.

Tale autorizzazione può essere revocata e le condizioni e modalità modificate dal *Consiglio*.

Articolo 144 (*ex* articolo 120 del TCE). – *1.* In caso di improvvisa crisi nella bilancia dei pagamenti e qualora non intervenga immediatamente una decisione ai sensi dell'articolo *143*, paragrafo 2, *uno* Stato membro *con deroga* può adottare, a titolo conservativo, le misure di salvaguardia necessarie. Tali misure devono provocare il minor turbamento possibile nel funzionamento del mercato *interno* e non andare oltre la portata strettamente indispensabile a ovviare alle difficoltà improvvise manifestatesi.

2. La Commissione e gli Stati membri devono essere informati in merito a tali misure di salvaguardia al più tardi al momento della loro entrata in vigore. La Commissione può proporre al Consiglio il concorso reciproco ai termini dell'articolo *143*.

3. Su *raccomandazione* della Commissione e previa consultazione del comitato *economico e finanziario*, il Consiglio *può decidere* che lo Stato *membro* interessato debba modificare, sospendere o abolire le suddette misure di *salvaguardia*.

TITOLO *IX* – OCCUPAZIONE

Articolo 145 (*ex* articolo 125 del TCE). – Gli Stati membri e *l'Unione*, in base al presente titolo, si adoperano per sviluppare una strategia coordinata a favore dell'occupazione, e in particolare a favore della promozione di una forza lavoro competente, qualificata, adattabile e di mercati del lavoro in grado di rispondere ai mutamenti economici, al fine di realizzare gli obiettivi di cui all'articolo *3* del trattato sull'*Unione europea*.

Articolo 146 (*ex* articolo 126 del TCE). – *1.* Gli Stati membri, attraverso le loro politiche in materia di occupazione, contribuiscono al raggiungimento degli obiettivi di cui all'articolo *145* in modo coerente con gli indirizzi di massima per le politiche economiche degli Stati membri e *dell'Unione* adottati a norma dell'articolo *121*, paragrafo 2.

2. Gli Stati membri, tenuto conto delle prassi nazionali in materia di responsabilità delle parti sociali, considerano la promozione dell'occupazione una questione di interesse comune e coordinano in sede di Consiglio le loro azioni al riguardo, in base alle disposizioni dell'articolo *148*.

Articolo 147 (*ex* articolo 127 del TCE). – *1. L'Unione* contribuisce ad un elevato livello di occupazione promuovendo la cooperazione tra gli Stati membri nonché sostenendone e, se necessario, integrandone l'azione. Sono in questo contesto rispettate le competenze degli Stati membri.

2. Nella definizione e nell'attuazione delle politiche e delle attività *dell'Unione* si tiene conto dell'obiettivo di un livello di occupazione elevato.

Articolo 148 (*ex* articolo 128 del TCE). – *1.* In base a una relazione annuale comune del Consiglio e della Commissione, il Consiglio europeo esamina annualmente la situazione dell'occupazione *nell'Unione* e adotta le conclusioni del caso.

2. Sulla base delle conclusioni del Consiglio europeo, il Consiglio, *su proposta della Commissione*, previa consultazione del Parlamento europeo, del Comitato economico e sociale, del Comitato delle regioni e del comitato per l'occupazione di cui all'articolo *150*, elabora annualmente degli orientamenti di cui devono tener conto gli Stati membri nelle rispettive politiche in materia di occupazione. Tali orientamenti sono coerenti con gli indirizzi di massima adottati a norma dell'articolo *121*, paragrafo 2.

3. Ciascuno Stato membro trasmette al Consiglio e alla Commissione una relazione annuale sulle principali misure adottate per l'attuazione della propria politica in materia di occupazione, alla luce degli orientamenti in materia di occupazione di cui al paragrafo 2.

4. Il Consiglio, sulla base delle relazioni di cui al paragrafo 3 e dei pareri del comitato per l'occupazione, procede annualmente ad un esame dell'attuazione delle politiche degli Stati membri in materia di occupazione alla luce degli orientamenti in materia di occupazione. Il Consiglio, *su raccomandazione della Commissione*, può, se lo considera opportuno sulla base di detto esame, rivolgere raccomandazioni agli Stati membri.

5. Sulla base dei risultati di detto esame, il Consiglio e la Commissione trasmettono al Consiglio europeo una relazione annuale comune in merito alla situazione dell'occupazione *nell'Unione* e all'attuazione degli orientamenti in materia di occupazione.

Articolo 149 (*ex* articolo 129 del TCE). – *Il Parlamento europeo e* il Consiglio, deliberando secondo la *procedura legislativa ordinaria* e previa consultazione del Comitato economico e sociale e del Comitato delle regioni, *possono* adottare misure di incentivazione dirette a promuovere la cooperazione tra Stati membri e a sostenere i loro interventi nel settore dell'occupazione, mediante iniziative volte a sviluppare gli scambi di informazioni e delle migliori prassi, a fornire analisi comparative e indicazioni, nonché a promuovere approcci innovativi e a valutare le esperienze realizzate, in particolare mediante il ricorso a progetti pilota.

Tali misure non comportano l'armonizzazione delle disposizioni legislative e regolamentari degli Stati membri.

Articolo 150 (*ex* articolo 130 del TCE). – Il Consiglio, *deliberando a maggioranza semplice*, previa consultazione del Parlamento europeo, istituisce un comitato per l'occupazione a carattere consultivo, al fine di promuovere il coordinamento tra gli Stati membri per quanto riguarda le politiche in materia di occupazione e di mercato del lavoro. Il comitato è incaricato di:

– seguire la situazione dell'occupazione e le politiche in materia di occupazione negli Stati membri e *nell'Unione*,

– fatto salvo l'articolo *240*, formulare pareri su richiesta del Consiglio o della Commissione o di propria iniziativa, e contribuire alla preparazione dei lavori del Consiglio di cui all'articolo *148*.

Nell'esercizio delle sue funzioni, il comitato consulta le parti sociali.
Ogni Stato membro e la Commissione nominano due membri del comitato.

TITOLO *X* – POLITICA *SOCIALE*

Articolo 151 (*ex* articolo 136 del TCE). – *L'Unione* e gli Stati membri, tenuti presenti i diritti sociali fondamentali, quali quelli definiti nella Carta sociale europea firmata a Torino il 18 ottobre 1961 e nella Carta comunitaria dei diritti sociali fondamentali dei lavoratori del 1989, hanno come obiettivi la promozione dell'occupazione, il miglioramento delle condizioni di vita e di lavoro, che consenta la loro parificazione nel progresso, una protezione sociale adeguata, il dialogo sociale, lo sviluppo delle risorse umane atto a consentire un livello occupazionale elevato e duraturo e la lotta contro l'emarginazione.
A tal fine, *l'Unione* e gli Stati membri mettono in atto misure che tengono conto della diversità delle prassi nazionali, in particolare nelle relazioni contrattuali, e della necessità di mantenere la competitività dell'economia *dell'Unione.*
Essi ritengono che una tale evoluzione risulterà sia dal funzionamento del mercato *interno*, che favorirà l'armonizzarsi dei sistemi sociali, sia dalle procedure previste *dai trattati* e dal ravvicinamento delle disposizioni legislative, regolamentari e amministrative.

Articolo 152. – L'Unione riconosce e promuove il ruolo delle parti sociali al suo livello, tenendo conto della diversità dei sistemi nazionali. Essa facilita il dialogo tra tali parti, nel rispetto della loro autonomia.
Il vertice sociale trilaterale per la crescita e l'occupazione contribuisce al dialogo sociale.

Articolo 153 (*ex* articolo 137 del TCE). – *1.* Per conseguire gli obiettivi previsti all'articolo *151, l'Unione* sostiene e completa l'azione degli Stati membri nei seguenti settori:
a) miglioramento, in particolare, dell'ambiente di lavoro, per proteggere la sicurezza e la salute dei lavoratori;
b) condizioni di lavoro;
c) sicurezza sociale e protezione sociale dei lavoratori;
d) protezione dei lavoratori in caso di risoluzione del contratto di lavoro;
e) informazione e consultazione dei lavoratori;
f) rappresentanza e difesa collettiva degli interessi dei lavoratori e dei datori di lavoro, compresa la cogestione, fatto salvo il paragrafo 5;
g) condizioni di impiego dei cittadini dei paesi terzi che soggiornano legalmente nel territorio *dell'Unione*;
h) integrazione delle persone escluse dal mercato del lavoro, fatto salvo l'articolo *166*;
i) parità tra uomini e donne per quanto riguarda le opportunità sul mercato del lavoro ed il trattamento sul lavoro;
j) lotta contro l'esclusione sociale;
k) modernizzazione dei regimi di protezione sociale, fatto salvo il disposto della lettera c).
2. A tal fine il *Parlamento europeo e* il Consiglio:
a) possono adottare misure destinate a incoraggiare la cooperazione tra Stati membri attraverso iniziative volte a migliorare la conoscenza, a sviluppare gli scambi di informazioni e di migliori prassi, a promuovere approcci innovativi e a valutare le esperienze fatte, ad esclusione di qualsiasi armonizzazione delle disposizioni legislative e regolamentari degli Stati membri;
b) possono adottare nei settori di cui al paragrafo 1, lettere da a) a i), mediante direttive, le prescrizioni minime applicabili progressivamente, tenendo conto delle condizioni e delle normative tecniche esistenti in ciascuno Stato membro. Tali direttive evitano di imporre vincoli amministrativi, finanziari e giuridici di natura tale da ostacolare la creazione e lo sviluppo di piccole e medie imprese.

Il Parlamento europeo e il Consiglio *deliberano* secondo la *procedura legislativa ordinaria* previa consultazione del Comitato economico e sociale e del Comitato delle *regioni*.

Nei settori di cui al paragrafo 1, lettere c), d), f) e *g), il* Consiglio delibera *secondo una procedura legislativa speciale, all'unanimità, previa* consultazione del Parlamento europeo e di detti Comitati.

Il Consiglio, deliberando all'unanimità, su proposta della Commissione e previa consultazione del Parlamento europeo, può decidere di rendere applicabile al paragrafo 1, lettere d), f) e *g) la procedura legislativa ordinaria.*

3. Uno Stato membro può affidare alle parti sociali, a loro richiesta congiunta, il compito di mettere in atto le direttive prese a norma del paragrafo 2 *o, se del caso, una decisione del Consiglio adottata conformemente all'articolo 155.*

In tal caso esso si assicura che, al più tardi alla data in cui una direttiva *o una decisione devono essere attuate*, le parti sociali abbiano stabilito mediante accordo le necessarie disposizioni, fermo restando che lo Stato membro interessato deve adottare le misure necessarie che gli permettano di garantire in qualsiasi momento i risultati imposti da detta direttiva *o detta decisione.*

4. Le disposizioni adottate a norma del presente articolo:

– non compromettono la facoltà riconosciuta agli Stati membri di definire i principi fondamentali del loro sistema di sicurezza sociale e non devono incidere sensibilmente sull'equilibrio finanziario dello stesso,

– non ostano a che uno Stato membro mantenga o stabilisca misure, compatibili con *i trattati*, che prevedano una maggiore protezione.

5. Le disposizioni del presente articolo non si applicano alle retribuzioni, al diritto di associazione, al diritto di sciopero né al diritto di serrata.

Articolo 154 (*ex* articolo 138 del TCE). – *1.* La Commissione ha il compito di promuovere la consultazione delle parti sociali a livello *dell'Unione* e prende ogni misura utile per facilitarne il dialogo provvedendo ad un sostegno equilibrato delle parti.

2. A tal fine la Commissione, prima di presentare proposte nel settore della politica sociale, consulta le parti sociali sul possibile orientamento di un'azione *dell'Unione*.

3. Se, dopo tale consultazione, ritiene opportuna un'azione *dell'Unione*, la Commissione consulta le parti sociali sul contenuto della proposta prevista. Le parti sociali trasmettono alla Commissione un parere o, se opportuno, una raccomandazione.

4. In occasione *delle consultazioni di cui ai paragrafi 2 e 3* le parti sociali possono informare la Commissione della loro volontà di avviare il processo previsto dall'articolo *155*. La durata *di tale processo* non supera nove mesi, salvo proroga decisa in comune dalle parti sociali interessate e dalla Commissione.

Articolo 155 (*ex* articolo 139 del TCE). – *1.* Il dialogo fra le parti sociali a livello *dell'Unione* può condurre, se queste lo desiderano, a relazioni contrattuali, ivi compresi accordi.

2. Gli accordi conclusi a livello dell'Unione sono attuati secondo le procedure e le prassi proprie delle parti sociali e degli Stati membri o, nell'ambito dei settori contemplati dall'articolo 153, e a richiesta congiunta delle parti firmatarie, in base ad una decisione del Consiglio su proposta della Commissione. Il Parlamento europeo è informato.

Il Consiglio delibera *all'unanimità allorché* l'accordo in questione contiene una o più disposizioni relative ad uno dei settori per i quali è richiesta l'unanimità a norma dell'articolo *153*, paragrafo *2*.

Articolo 156 (*ex* articolo 140 del TCE). – Per conseguire gli obiettivi dell'articolo *151* e fatte salve le altre disposizioni *dei trattati*, la Commissione incoraggia la cooperazione tra gli Stati membri e facilita il coordinamento della loro azione in tutti i settori della politica sociale contemplati dal presente capo, in particolare per le materie riguardanti:

– l'occupazione,
– il diritto del lavoro e le condizioni di lavoro,
– la formazione e il perfezionamento professionale,
– la sicurezza sociale,
– la protezione contro gli infortuni e le malattie professionali,
– l'igiene del lavoro;
– il diritto di associazione e la contrattazione collettiva tra datori di lavoro e lavoratori.

A tal fine la Commissione opera a stretto contatto con gli Stati membri mediante studi e pareri e organizzando consultazioni, sia per i problemi che si presentano sul piano nazionale, che per quelli che interessano le organizzazioni internazionali, *in particolare mediante iniziative finalizzate alla definizione di orientamenti e indicatori, all'organizzazione di scambi di migliori pratiche e alla preparazione di elementi necessari per il controllo e la valutazione periodici. Il Parlamento europeo è pienamente informato.*

Prima di formulare i pareri previsti dal presente articolo, la Commissione consulta il Comitato economico e sociale.

Articolo 157 (*ex* articolo 141 del TCE). – 1. Ciascuno Stato membro assicura l'applicazione del principio della parità di retribuzione tra lavoratori di sesso maschile e quelli di sesso femminile per uno stesso lavoro o per un lavoro di pari valore.

2. Per retribuzione si intende, a norma del presente articolo, il salario o trattamento normale di base o minimo e tutti gli altri vantaggi pagati direttamente o indirettamente, in contanti o in natura, dal datore di lavoro al lavoratore in ragione dell'impiego di quest'ultimo.

La parità di retribuzione, senza discriminazione fondata sul sesso, implica:

a) che la retribuzione corrisposta per uno stesso lavoro pagato a cottimo sia fissata in base a una stessa unità di misura;

b) che la retribuzione corrisposta per un lavoro pagato a tempo sia uguale per uno stesso posto di lavoro.

3. Il Parlamento europeo e il Consiglio, deliberando secondo la *procedura legislativa ordinaria* e previa consultazione del Comitato economico e sociale, *adottano* misure che assicurino l'applicazione del principio delle pari opportunità e della parità di trattamento tra uomini e donne in materia di occupazione e impiego, ivi compreso il principio della parità delle retribuzioni per uno stesso lavoro o per un lavoro di pari valore.

4. Allo scopo di assicurare l'effettiva e completa parità tra uomini e donne nella vita lavorativa, il principio della parità di trattamento non osta a che uno Stato membro mantenga o adotti misure che prevedano vantaggi specifici diretti a facilitare l'esercizio di un'attività professionale da parte del sesso sottorappresentato ovvero a evitare o compensare svantaggi nelle carriere professionali.

Articolo 158 (*ex* articolo 142 del TCE). – Gli Stati membri si adoperano a mantenere l'equivalenza esistente nei regimi di congedo retribuito.

Articolo 159 (*ex* articolo 143 del TCE). – La Commissione elabora una relazione annuale sugli sviluppi nella realizzazione degli obiettivi dell'articolo *151*, compresa la situazione demografica *nell'Unione*. Essa trasmette la relazione al Parlamento europeo, al Consiglio e al Comitato economico e *sociale*.

Articolo 160 (*ex* articolo 144 del TCE). – Il Consiglio, *deliberando a maggioranza semplice*, previa consultazione del Parlamento europeo, istituisce un comitato per la protezione sociale a carattere consultivo, al fine di promuovere la cooperazione in materia di protezione sociale tra gli Stati membri e con la Commissione. Il comitato è incaricato:

– di seguire la situazione sociale e lo sviluppo delle politiche di protezione sociale negli Stati membri e *nell'Unione*,

– di agevolare gli scambi di informazioni, esperienze e buone prassi tra gli Stati membri e con la Commissione,

– fatto salvo l'articolo *240*, di elaborare relazioni, formulare pareri o intraprendere altre attività nei settori di sua competenza, su richiesta del Consiglio o della Commissione o di propria iniziativa.

Nell'esercizio delle sue funzioni, il comitato stabilisce contatti appropriati con le parti sociali.

Ogni Stato membro e la Commissione nominano due membri del comitato.

Articolo 161 (*ex* articolo 145 del TCE). – La Commissione dedica, nella sua relazione annuale al Parlamento europeo, un capitolo speciale all'evoluzione della situazione sociale *nell'Unione*.

Il Parlamento europeo può invitare la Commissione a elaborare delle relazioni su problemi particolari concernenti la situazione sociale.

TITOLO XI – IL FONDO SOCIALE EUROPEO

Articolo 162 (*ex* articolo 146 del TCE). – Per migliorare le possibilità di occupazione dei lavoratori nell'ambito del mercato interno e contribuire così al miglioramento del tenore di vita, è istituito, nel quadro delle disposizioni seguenti, un Fondo sociale europeo che ha l'obiettivo di promuovere all'interno *dell'Unione* le possibilità di occupazione e la mobilità geografica e professionale dei lavoratori, nonché di facilitare l'adeguamento alle trasformazioni industriali e ai cambiamenti dei sistemi di produzione, in particolare attraverso la formazione e la riconversione professionale.

Articolo 163 (*ex* articolo 147 del TCE). – L'amministrazione del Fondo spetta alla Commissione.

In tale compito la Commissione è assistita da un comitato, presieduto da un membro della Commissione e composto di rappresentanti dei governi e delle organizzazioni sindacali dei lavoratori e dei datori di lavoro.

Articolo 164 (*ex* articolo 148 del TCE). – *Il Parlamento europeo e* il Consiglio, deliberando secondo la *procedura legislativa ordinaria* e previa consultazione del Comitato economico e sociale e del Comitato delle regioni, *adottano i regolamenti* di applicazione *relativi* al Fondo sociale europeo.

TITOLO XII – ISTRUZIONE, FORMAZIONE PROFESSIONALE, *GIOVENTÙ E SPORT*

Articolo 165 (*ex* articolo 149 del TCE). – *1. L'Unione* contribuisce allo sviluppo di un'istruzione di qualità incentivando la cooperazione tra Stati membri e, se necessario, sostenendo ed integrando la loro azione nel pieno rispetto della responsabilità degli Stati membri per quanto riguarda il contenuto dell'insegnamento e l'organizzazione del sistema di istruzione, nonché delle loro diversità culturali e linguistiche.

L'Unione contribuisce alla promozione dei profili europei dello sport, tenendo conto delle sue specificità, delle sue strutture fondate sul volontariato e della sua funzione sociale ed educativa.

2. L'azione *dell'Unione* è intesa:

– a sviluppare la dimensione europea dell'istruzione, segnatamente con l'apprendimento e la diffusione delle lingue degli Stati membri;

– a favorire la mobilità degli studenti e degli insegnanti, promuovendo tra l'altro il riconoscimento accademico dei diplomi e dei periodi di studio;

– a promuovere la cooperazione tra gli istituti di insegnamento;

– a sviluppare lo scambio di informazioni e di esperienze sui problemi comuni dei sistemi di istruzione degli Stati membri;

– a favorire lo sviluppo degli scambi di giovani e di animatori di attività socioeducative *e a incoraggiare la partecipazione dei giovani alla vita democratica dell'Europa;*

– a incoraggiare lo sviluppo dell'istruzione a distanza;

– a sviluppare la dimensione europea dello sport, promuovendo l'equità e l'apertura nelle competizioni sportive e la cooperazione tra gli organismi responsabili dello sport e proteggendo l'integrità fisica e morale degli sportivi, in particolare dei più giovani tra di essi.

3. L'Unione e gli Stati membri favoriscono la cooperazione con i paesi terzi e le organizzazioni internazionali competenti in materia di istruzione *e di sport*, in particolare con il Consiglio d'Europa.

4. Per contribuire alla realizzazione degli obiettivi previsti dal presente articolo:

– *il Parlamento europeo e* il Consiglio, deliberando in conformità della *procedura legislativa ordinaria* e previa consultazione del Comitato economico e sociale e del Comitato delle regioni, *adottano* azioni di incentivazione, ad esclusione di qualsiasi armonizzazione delle disposizioni legislative e regolamentari degli Stati membri;

– *il Consiglio,* su proposta della Commissione, *adotta* raccomandazioni.

Articolo 166 (*ex* articolo 150 del TCE). – *1. L'Unione* attua una politica di formazione professionale che rafforza ed integra le azioni degli Stati membri, nel pieno rispetto della responsabilità di questi ultimi per quanto riguarda il contenuto e l'organizzazione della formazione professionale.

2. L'azione *dell'Unione* è intesa:

– a facilitare l'adeguamento alle trasformazioni industriali, in particolare attraverso la formazione e la riconversione professionale,

– a migliorare la formazione professionale iniziale e la formazione permanente, per agevolare l'inserimento e il reinserimento professionale sul mercato del lavoro,

– a facilitare l'accesso alla formazione professionale ed a favorire la mobilità degli istruttori e delle persone in formazione, in particolare dei giovani,

– a stimolare la cooperazione in materia di formazione tra istituti di insegnamento o di formazione professionale e imprese,

– a sviluppare lo scambio di informazioni e di esperienze sui problemi comuni dei sistemi di formazione degli Stati membri.

3. L'Unione e gli Stati membri favoriscono la cooperazione con i paesi terzi e le organizzazioni internazionali competenti in materia di formazione professionale.

4. Il Parlamento europeo e il Consiglio, deliberando secondo la *procedura legislativa ordinaria* e previa consultazione del Comitato economico e sociale e del Comitato delle Regioni, *adottano* le misure atte a contribuire alla realizzazione degli obiettivi di cui al presente articolo, ad esclusione di qualsiasi armonizzazione delle disposizioni legislative e regolamentari degli Stati membri *e il Consiglio, su proposta della Commissione, adotta raccomandazioni.*

TITOLO *XIII* – CULTURA

Articolo 167 – (*ex* articolo 151 del TCE). – *1. L'Unione* contribuisce al pieno sviluppo delle culture degli Stati membri nel rispetto delle loro diversità nazionali e regionali, evidenziando nel contempo il retaggio culturale comune.

2. L'azione *dell'Unione* è intesa ad incoraggiare la cooperazione tra Stati membri e, se necessario, ad appoggiare e ad integrare l'azione di questi ultimi nei seguenti settori:

– miglioramento della conoscenza e della diffusione della cultura e della storia dei popoli europei,

– conservazione e salvaguardia del patrimonio culturale di importanza europea,

– scambi culturali non commerciali,

– creazione artistica e letteraria, compreso il settore audiovisivo.

3. L'Unione e gli Stati membri favoriscono la cooperazione con i paesi terzi e le organizzazioni internazionali competenti in materia di cultura, in particolare con il Consiglio d'Europa.

4. L'Unione tiene conto degli aspetti culturali nell'azione che svolge a norma di altre disposizioni *dei trattati*, in particolare ai fini di rispettare e promuovere la diversità delle sue culture.

5. Per contribuire alla realizzazione degli obiettivi previsti dal presente articolo:

– *il Parlamento europeo e* il Consiglio, deliberando *secondo la procedura legislativa ordinaria* e previa consultazione del Comitato delle regioni, *adottano* azioni di incentivazione, ad esclusione di qualsiasi armonizzazione delle disposizioni legislative e regolamentari *degli Stati membri*;

– *il Consiglio, su proposta della Commissione, adotta* raccomandazioni.

TITOLO *XIV* – SANITÀ PUBBLICA

Articolo 168 (*ex* articolo 152 del TCE). – *1.* Nella definizione e nell'attuazione di tutte le politiche ed attività *dell'Unione* è garantito un livello elevato di protezione della salute umana.

L'azione *dell'Unione*, che completa le politiche nazionali, si indirizza al miglioramento della sanità pubblica, alla prevenzione delle malattie e affezioni e all'eliminazione delle fonti di pericolo per la salute *fisica e mentale*. Tale azione comprende la lotta contro i grandi flagelli, favorendo la ricerca sulle loro cause, la loro propagazione e la loro prevenzione, nonché l'informazione e l'educazione in materia sanitaria, *nonché la sorveglianza, l'allarme e la lotta contro gravi minacce per la salute a carattere transfrontaliero.*

L'Unione completa l'azione degli Stati membri volta a ridurre gli effetti nocivi per la salute umana derivanti dall'uso di stupefacenti, comprese l'informazione e la prevenzione.

2. L'Unione incoraggia la cooperazione tra gli Stati membri nei settori di cui al presente articolo e, ove necessario, appoggia la loro azione. *In particolare incoraggia la cooperazione tra gli Stati membri per migliorare la complementarietà dei loro servizi sanitari nelle regioni di frontiera.*

Gli Stati membri coordinano tra loro, in collegamento con la Commissione, le rispettive politiche ed i rispettivi programmi nei settori di cui al paragrafo 1. La Commissione può prendere, in stretto contatto con gli Stati membri, ogni iniziativa utile a promuovere detto coordinamento, *in particolare iniziative finalizzate alla definizione di orientamenti e indicatori, all'organizzazione di scambi delle migliori pratiche e alla preparazione di elementi necessari per il controllo e la valutazione periodici. Il Parlamento europeo è pienamente informato.*

3. L'Unione e gli Stati membri favoriscono la cooperazione con i paesi terzi e con le organizzazioni internazionali competenti in materia di sanità pubblica.

4. In deroga all'articolo 2, paragrafo 5, e all'articolo 6, lettera a), e in conformità dell'articolo 4, paragrafo 2, lettera k), il Parlamento europeo e il Consiglio, deliberando secondo la *procedura legislativa ordinaria* e previa consultazione del Comitato economico e sociale e del Comitato delle regioni, *contribuiscono* alla realizzazione degli obiettivi previsti dal presente articolo, adottando, *per affrontare i problemi comuni di sicurezza:*

a) misure che fissino parametri elevati di qualità e sicurezza degli organi e sostanze di origine umana, del sangue e degli emoderivati; tali misure non ostano a che gli Stati membri mantengano o introducano misure protettive più rigorose;

b) misure nei settori veterinario e fitosanitario il cui obiettivo primario sia la protezione della sanità pubblica;

c) misure che fissino parametri elevati di qualità e sicurezza dei medicinali e dei dispositivi di impiego medico.

5. Il Parlamento europeo e il Consiglio, deliberando secondo la procedura legislativa ordinaria e previa consultazione del Comitato economico e sociale e del Comitato delle regioni, possono anche adottare misure di incentivazione *per proteggere e migliorare* la salute umana, *in particolare per lottare contro i grandi flagelli che si propagano oltre frontiera, misure concernenti la sorveglianza, l'allarme e la lotta contro gravi minacce per la salute a carattere transfrontaliero, e misure il cui obiettivo diretto sia la protezione della sanità pubblica in relazione al tabacco e all'abuso di alcol*, ad esclusione di qualsiasi armonizzazione delle disposizioni legislative e regolamentari degli Stati membri.

6. Il *Consiglio, su* proposta della Commissione, può altresì adottare raccomandazioni per i fini stabiliti dal presente articolo.

7. L'azione *dell'Unione rispetta le responsabilità* degli Stati membri *per la definizione della loro politica sanitaria e per l'*organizzazione e *la* fornitura di servizi sanitari e di assistenza medica. *Le responsabilità degli Stati membri includono la gestione dei servizi sanitari e dell'assistenza medica e l'assegnazione delle risorse loro destinate. Le* misure di cui al paragrafo 4, lettera a) non pregiudicano le disposizioni nazionali sulla donazione e l'impiego medico di organi e sangue.

TITOLO *XV* – PROTEZIONE DEI CONSUMATORI

Articolo 169 (*ex* articolo 153 del TCE). – *1.* Al fine di promuovere gli interessi dei consumatori ed assicurare un livello elevato di protezione dei consumatori, *l'Unione* contribuisce a tutelare la salute, la sicurezza e gli interessi economici dei consumatori nonché a promuovere il loro diritto all'informazione, all'educazione e all'organizzazione per la salvaguardia dei propri interessi.

2. L'Unione contribuisce al conseguimento degli obiettivi di cui al paragrafo 1 mediante:

a) misure adottate a norma dell'articolo *114* nel quadro della realizzazione del mercato interno;

b) misure di sostegno, di integrazione e di controllo della politica svolta dagli Stati membri.

3. Il Parlamento europeo e il Consiglio, deliberando secondo la *procedura legislativa ordinaria* e previa consultazione del Comitato economico e sociale, *adottano* le misure di cui al paragrafo *2*, lettera b).

4. Le misure adottate a norma del paragrafo *3* non impediscono ai singoli Stati membri di mantenere o di introdurre misure di protezione più rigorose. Tali misure devono essere compatibili con *i trattati*. Esse sono notificate alla Commissione.

TITOLO *XVI* – RETI TRANSEUROPEE

Articolo 170 (*ex* articolo 154 del TCE). – *1.* Per contribuire al raggiungimento degli obiettivi di cui agli articoli *26* e *174* e per consentire ai cittadini dell'Unione, agli operatori economici e alle collettività regionali e locali di beneficiare pienamente dei vantaggi derivanti dall'instaurazione di uno spazio senza frontiere interne, *l'Unione* concorre alla costituzione e allo sviluppo di reti transeuropee nei settori delle infrastrutture dei trasporti, delle telecomunicazioni e dell'energia.

2. Nel quadro di un sistema di mercati aperti e concorrenziali, l'azione *dell'Unione* mira a favorire l'interconnessione e l'interoperabilità delle reti nazionali, nonché l'accesso a tali reti. Essa tiene conto in particolare della necessità di collegare alle regioni centrali *dell'Unione* le regioni insulari, prive di sbocchi al mare e periferiche.

Articolo 171 (*ex* articolo 155 del TCE). – *1.* Per conseguire gli obiettivi di cui all'articolo *170, l'Unione*:

– stabilisce un insieme di orientamenti che contemplino gli obiettivi, le priorità e le linee principali delle azioni previste nel settore delle reti transeuropee; in detti orientamenti sono individuati progetti di interesse comune,

– intraprende ogni azione che si riveli necessaria per garantire l'interoperabilità delle reti, in particolare nel campo dell'armonizzazione delle norme tecniche,

– può appoggiare progetti di interesse comune sostenuti dagli Stati membri, individuati nell'ambito degli orientamenti di cui al primo trattino, in particolare mediante studi di fattibilità, garanzie di prestito o abbuoni di interesse; *l'Unione* può altresì contribuire al finanziamento negli Stati membri, mediante il Fondo di coesione istituito conformemente all'articolo *177*, di progetti specifici nel settore delle infrastrutture dei trasporti.

L'azione *dell'Unione* tiene conto della potenziale validità economica dei progetti.

2. Gli Stati membri coordinano tra loro, in collegamento con la Commissione, le politiche svolte a livello nazionale che possono avere un impatto rilevante sulla realizzazione degli obiettivi di cui all'articolo *170*. La Commissione può prendere, in stretta collaborazione con gli Stati membri, qualsiasi iniziativa utile per favorire detto coordinamento.

3. L'Unione può decidere di cooperare con i paesi terzi per promuovere progetti di interesse comune e garantire l'interoperabilità delle reti.

Articolo 172 (*ex* articolo 156 del TCE). – Gli orientamenti e le altre misure di cui all'articolo *171*, paragrafo 1, sono adottati *dal Parlamento europeo e* dal Consiglio, che *deliberano secondo la procedura legislativa ordinaria* e previa consultazione del Comitato economico e sociale e del Comitato delle regioni.

Gli orientamenti ed i progetti di interesse comune che riguardano il territorio di uno Stato membro esigono l'approvazione dello Stato membro interessato.

TITOLO *XVII* – INDUSTRIA

Articolo 173 (*ex* articolo 157 del TCE). – *1. L'Unione* e gli Stati membri provvedono affinché siano assicurate le condizioni necessarie alla competitività *dell'Unione*.

A tal fine, nell'ambito di un sistema di mercati aperti e concorrenziali, la loro azione è intesa:

– ad accelerare l'adattamento dell'industria alle trasformazioni strutturali,

– a promuovere un ambiente favorevole all'iniziativa ed allo sviluppo delle imprese di tutta *l'Unione*, segnatamente delle piccole e medie imprese,

– a promuovere un ambiente favorevole alla cooperazione tra imprese,

– a favorire un migliore sfruttamento del potenziale industriale delle politiche d'innovazione, di ricerca e di sviluppo tecnologico.

2. Gli Stati membri si consultano reciprocamente in collegamento con la Commissione e, per quanto è necessario, coordinano le loro azioni. La Commissione può prendere ogni iniziativa utile a promuovere detto coordinamento*, in particolare iniziative finalizzate alla definizione di orientamenti e indicatori, all'organizzazione di scambi di migliori pratiche e alla preparazione di elementi necessari per il controllo e la valutazione periodici. Il Parlamento europeo è pienamente informato.*

3. L'Unione contribuisce alla realizzazione degli obiettivi di cui al paragrafo 1 attraverso politiche ed azioni da essa attuate ai sensi di altre disposizioni *dei trattati*. Il *Parlamento europeo e* il Consiglio, deliberando secondo la *procedura legislativa ordinaria* e previa consultazione del Comitato economico e sociale, *possono* decidere misure specifiche, destinate a sostenere le azioni svolte negli Stati membri al fine di realizzare gli obiettivi di cui al paragrafo 1*, ad esclusione di qualsiasi armonizzazione delle disposizioni legislative e regolamentari degli Stati membri.*

Il presente titolo non costituisce una base per l'introduzione da parte *dell'Unione* di qualsivoglia misura che possa generare distorsioni di concorrenza o che comporti disposizioni fiscali o disposizioni relative ai diritti ed interessi dei lavoratori dipendenti.

TITOLO *XVIII* – COESIONE ECONOMICA, SOCIALE *E TERRITORIALE*

Articolo 174 (*ex* articolo 158 del TCE). – Per promuovere uno sviluppo armonioso dell'insieme *dell'Unione*, questa sviluppa e prosegue la propria azione intesa a realizzare il rafforzamento della sua coesione economica, sociale *e territoriale*.

In particolare *l'Unione* mira a ridurre il divario tra i livelli di sviluppo delle varie regioni ed il ritardo delle regioni meno *favorite*.

Tra le regioni interessate, un'attenzione particolare è rivolta alle zone rurali, alle zone interessate da transizione industriale e alle regioni che presentano gravi e permanenti svantaggi naturali o demografici, quali le regioni più settentrionali con bassissima densità demografica e le regioni insulari, transfrontaliere e di montagna.

Articolo 175 (*ex* articolo 159 del TCE). – Gli Stati membri conducono la loro politica economica e la coordinano anche al fine di raggiungere gli obiettivi dell'articolo *174*. L'elaborazione e l'attuazione delle politiche e azioni *dell'Unione*, nonché l'attuazione del mercato interno tengono conto degli obiettivi dell'articolo *174* e concorrono alla loro realizzazione. *L'Unione* appoggia questa realizzazione anche con l'azione che essa svolge attraverso fondi a finalità strutturale (Fondo europeo agricolo di orientamento e di garanzia, sezione «orientamento», Fondo sociale europeo, Fondo europeo di sviluppo regionale), la Banca europea per gli investimenti e gli altri strumenti finanziari esistenti.

La Commissione presenta ogni tre anni al Parlamento europeo, al Consiglio, al Comitato economico e sociale e al Comitato delle regioni una relazione sui progressi compiuti nella realizzazione della coesione economica, sociale *e territoriale* e sul modo in cui i vari strumenti previsti dal presente articolo vi hanno contribuito. Tale relazione è corredata, se del caso, di appropriate proposte.

Le azioni specifiche che si rivelassero necessarie al di fuori dei Fondi, fatte salve le misure decise nell'ambito delle altre politiche *dell'Unione*, possono essere adottate dal *Parlamento europeo e* dal Consiglio, che *deliberano* secondo la *procedura legislativa ordinaria* e previa consultazione del Comitato economico e sociale e del Comitato delle regioni.

Articolo 176 (*ex* articolo 160 del TCE). – Il Fondo europeo di sviluppo regionale è destinato a contribuire alla correzione dei principali squilibri regionali esistenti *nell'Unione*, partecipando allo sviluppo e all'adeguamento strutturale delle regioni in ritardo di sviluppo nonché alla riconversione delle regioni industriali in declino.

Articolo 177 (*ex* articolo 161 del TCE). – Fatto salvo l'articolo *178, il Parlamento europeo e* il Consiglio, deliberando *mediante regolamenti secondo la procedura legislativa ordinaria* e previa consultazione del Comitato economico e sociale e del Comitato delle regioni, *definiscono* i compiti, gli obiettivi prioritari e l'organizzazione dei fondi a finalità strutturale, elemento quest'ultimo che può comportare il raggruppamento dei Fondi. *Sono inoltre definite*, secondo la stessa procedura, le norme generali applicabili ai Fondi, nonché le disposizioni necessarie per garantire l'efficacia e il coordinamento dei Fondi tra loro e con gli altri strumenti finanziari esistenti.

Un Fondo di coesione è *istituito secondo* la stessa procedura per l'erogazione di contributi finanziari a progetti in materia di ambiente e di reti transeuropee nel settore delle infrastrutture dei *trasporti*.

Articolo 178 (*ex* articolo 162 del TCE). – *I regolamenti di* applicazione *relativi* al Fondo europeo di sviluppo regionale sono *adottati* dal *Parlamento europeo e* dal Consiglio, che *deliberano* secondo la *procedura legislativa ordinaria* e previa consultazione del Comitato economico e sociale e del Comitato delle regioni.

Per quanto riguarda il Fondo europeo agricolo di orientamento e di garanzia, sezione «orientamento», ed il Fondo sociale europeo restano applicabili rispettivamente gli articoli *43* e *164*.

TITOLO *XIX* – RICERCA E SVILUPPO TECNOLOGICO *E SPAZIO*

Articolo 179 (*ex* articolo 163 del TCE). – *1. L'Unione* si propone l'obiettivo di rafforzare le sue basi scientifiche e tecnologiche *con la realizzazione di uno spazio europeo della ricerca nel quale i ricercatori, le conoscenze scientifiche e le tecnologie circolino liberamente, di favorire* lo sviluppo della sua *competitività, inclusa quella della sua industria*, e di promuovere le azioni di ricerca ritenute necessarie ai sensi di altri capi *dei trattati*.

2. A tal fine essa incoraggia nell'insieme *dell'Unione* le imprese, comprese le piccole e le medie imprese, i centri di ricerca e le università nei loro sforzi di ricerca e di sviluppo tecnologico di alta qualità; essa sostiene i loro sforzi di cooperazione, mirando soprattutto a permettere *ai ricercatori di cooperare liberamente oltre le frontiere e* alle imprese di sfruttare appieno le potenzialità del mercato interno grazie, in particolare, all'apertura degli appalti pubblici nazionali, alla definizione di norme comuni ed all'eliminazione degli ostacoli giuridici e fiscali a detta cooperazione.

3. Tutte le azioni *dell'Unione* ai sensi *dei trattati*, comprese le azioni dimostrative, nel settore della ricerca e dello sviluppo tecnologico sono decise e realizzate conformemente alle disposizioni del presente titolo.

Articolo 180 (*ex* articolo 164 del TCE). – Nel perseguire tali obiettivi, *l'Unione* svolge le azioni seguenti, che integrano quelle intraprese dagli Stati membri:

a) attuazione di programmi di ricerca, sviluppo tecnologico e dimostrazione, promuovendo la cooperazione con e tra le imprese, i centri di ricerca e le università;

b) promozione della cooperazione in materia di ricerca, sviluppo tecnologico e dimostrazione *dell'Unione* con i paesi terzi e le organizzazioni internazionali;

c) diffusione e valorizzazione dei risultati delle attività in materia di ricerca, sviluppo tecnologico e dimostrazione *dell'Unione;*

d) impulso alla formazione e alla mobilità dei ricercatori *dell'Unione*.

Articolo 181 (*ex* articolo 165 del TCE). – *1. L'Unione* e gli Stati membri coordinano la loro azione in materia di ricerca e sviluppo tecnologico per garantire la coerenza reciproca delle politiche nazionali e della politica *dell'Unione*.

2. La Commissione, in stretta collaborazione con gli Stati membri, può prendere ogni iniziativa utile a promuovere il coordinamento di cui al paragrafo 1, *in particolare iniziative finalizzate alla definizione di orientamenti e indicatori, all'organizzazione di scambi di migliori pratiche e alla preparazione di elementi necessari per il controllo e la valutazione periodici. Il Parlamento europeo è pienamente informato.*

Articolo 182 (*ex* articolo 166 del TCE). – *1. Il Parlamento europeo e* il Consiglio, deliberando secondo la *procedura legislativa ordinaria* e previa consultazione del Comitato economico e sociale, *adottano* un programma quadro pluriennale che comprende l'insieme delle azioni *dell'Unione*.

Il programma quadro:

– fissa gli obiettivi scientifici e tecnologici da realizzare mediante le azioni previste dall'articolo *180* e le relative priorità,

– indica le grandi linee di dette azioni,

– stabilisce l'importo globale massimo e le modalità della partecipazione finanziaria *dell'Unione* al programma quadro, nonché le quote rispettive di ciascuna delle azioni previste.

2. Il programma quadro viene adattato o completato in funzione dell'evoluzione della situazione.

3. Il programma quadro è attuato mediante programmi specifici sviluppati nell'ambito di ciascuna azione. Ogni programma specifico precisa le modalità di realizzazione del medesimo, ne fissa la durata e prevede i mezzi ritenuti necessari. La somma degli importi ritenuti necessari, fissati dai programmi specifici, non può superare l'importo globale massimo fissato per il programma quadro e per ciascuna azione.

4. Il Consiglio, deliberando *secondo una procedura legislativa speciale* e previa consultazione del Parlamento europeo e del Comitato economico e sociale, adotta i programmi specifici.

5. A integrazione delle azioni previste dal programma quadro pluriennale, il Parlamento europeo e il Consiglio, deliberando secondo la procedura legislativa ordinaria e previa consultazione del Comitato economico e sociale, stabiliscono le misure necessarie all'attuazione dello spazio europeo della ricerca.

Articolo 183 (*ex* articolo 167 del TCE). – Per l'attuazione del programma quadro pluriennale, *l'Unione*:

– fissa le norme per la partecipazione delle imprese, dei centri di ricerca e delle università,

– fissa le norme applicabili alla divulgazione dei risultati della ricerca.

Articolo 184 (*ex* articolo 168 del TCE). – Nell'attuazione del programma quadro pluriennale possono essere decisi programmi complementari cui partecipano soltanto alcuni Stati membri che ne assicurano il finanziamento, fatta salva un'eventuale partecipazione *dell'Unione*.

L'Unione adotta le norme applicabili ai programmi complementari, in particolare in materia di divulgazione delle conoscenze e di accesso di altri Stati membri.

Articolo 185 (*ex* articolo 169 del TCE). – Nell'attuazione del programma quadro pluriennale *l'Unione* può prevedere, d'intesa con gli Stati membri interessati, la partecipazione a programmi di ricerca e sviluppo avviati da più Stati membri, compresa la partecipazione alle strutture instaurate per l'esecuzione di detti programmi.

Articolo 186 (*ex* articolo 170 del TCE). – Nell'attuazione del programma quadro pluriennale *l'Unione* può prevedere una cooperazione in materia di ricerca, sviluppo tecnologico e dimostrazione *dell'Unione* con paesi terzi o organizzazioni internazionali.

Le modalità di questa cooperazione possono formare oggetto di *accordi tra l'Unione* e i terzi interessati.

Articolo 187 (*ex* articolo 171 del TCE). – *L'Unione* può creare imprese comuni o qualsiasi altra struttura necessaria alla migliore esecuzione dei programmi di ricerca, sviluppo tecnologico e dimostrazione *dell'Unione*.

Articolo 188 (*ex* articolo 172 del TCE). – Il *Consiglio, su* proposta della Commissione e previa consultazione del Parlamento europeo e del Comitato economico e sociale, adotta le disposizioni di cui all'articolo *187*.

Il Parlamento europeo e il Consiglio, deliberando secondo la *procedura legislativa ordinaria* e previa consultazione del Comitato economico e sociale, *adottano* le disposizioni di cui agli articoli *183*, *184* e *185*. L'adozione dei programmi complementari richiede l'accordo degli Stati membri interessati.

Articolo 189. – 1. Per favorire il progresso tecnico e scientifico, la competitività industriale e l'attuazione delle sue politiche, l'Unione elabora una politica spaziale europea. A tal fine può promuovere iniziative comuni, sostenere la ricerca e lo sviluppo tecnologico e coordinare gli sforzi necessari per l'esplorazione e l'utilizzo dello spazio.

2. Per contribuire alla realizzazione degli obiettivi di cui al paragrafo 1 il Parlamento europeo e il Consiglio, deliberando secondo la procedura legislativa ordinaria, stabiliscono le misure necessarie, che possono assumere la forma di un programma spaziale europeo, ad esclusione di qualsiasi armonizzazione delle disposizioni legislative e regolamentari degli Stati membri.

3. L'Unione instaura tutti i collegamenti utili con l'Agenzia spaziale europea.

4. Il presente articolo lascia impregiudicate le altre disposizioni del presente titolo.

Articolo 190 (*ex* articolo 173 del TCE). – All'inizio di ogni anno la Commissione presenta una relazione al Parlamento europeo e al Consiglio. Detta relazione verte in particolare sulle attività svolte in materia di ricerca e di sviluppo tecnologico e di divulgazione dei risultati durante l'anno precedente nonché sul programma di lavoro dell'anno in corso.

TITOLO *XX* – AMBIENTE

Articolo 191 (*ex* articolo 174 del TCE). – *1.* La politica *dell'Unione* in materia ambientale contribuisce a perseguire i seguenti obiettivi:

– salvaguardia, tutela e miglioramento della qualità dell'ambiente,

– protezione della salute umana,

– utilizzazione accorta e razionale delle risorse naturali,

– promozione sul piano internazionale di misure destinate a risolvere i problemi dell'ambiente a livello regionale o mondiale *e, in particolare, a combattere i cambiamenti climatici.*

2. La politica *dell'Unione* in materia ambientale mira a un elevato livello di tutela, tenendo conto della diversità delle situazioni nelle varie regioni *dell'Unione*. Essa è fondata sui principi della precauzione e dell'azione preventiva, sul principio della correzione, in via prioritaria alla fonte, dei danni causati all'ambiente, nonché sul principio «chi inquina paga».

In tale contesto, le misure di armonizzazione rispondenti ad esigenze di protezione dell'ambiente comportano, nei casi opportuni, una clausola di salvaguardia che autorizza gli Stati membri a prendere, per motivi ambientali di natura non economica, misure provvisorie soggette ad una procedura di controllo *dell'Unione*.

3. Nel predisporre la sua politica in materia ambientale *l'Unione* tiene conto:

– dei dati scientifici e tecnici disponibili,

– delle condizioni dell'ambiente nelle varie regioni *dell'Unione*,

– dei vantaggi e degli oneri che possono derivare dall'azione o dall'assenza di azione,

– dello sviluppo socioeconomico *dell'Unione* nel suo insieme e dello sviluppo equilibrato delle sue singole regioni.

4. Nell'ambito delle rispettive competenze, *l'Unione* e gli Stati membri *collaborano* con i paesi terzi e *con* le *competenti* organizzazioni internazionali. Le modalità della cooperazione *dell'Unione* possono formare oggetto di *accordi tra* questa ed i terzi interessati.

Il comma precedente non pregiudica la competenza degli Stati membri a negoziare nelle sedi internazionali e a concludere accordi internazionali.

Articolo 192 (*ex* articolo 175 del TCE). – *1. Il Parlamento europeo e* il Consiglio, deliberando secondo la *procedura legislativa ordinaria* e previa consultazione del Comitato economico e sociale e del Comitato delle regioni, *decidono* in merito alle azioni che devono essere intraprese *dall'Unione* per realizzare gli obiettivi dell'articolo *191*.

2. In deroga alla procedura decisionale di cui al paragrafo 1 e fatto salvo l'articolo *114*, il Consiglio, deliberando all'unanimità *secondo una procedura legislativa speciale* e previa consultazione del Parlamento europeo, del Comitato economico e sociale e del Comitato delle regioni, adotta:

a) disposizioni aventi principalmente natura fiscale;

b) misure aventi incidenza:

– sull'assetto territoriale,

– sulla gestione quantitativa delle risorse idriche o aventi rapporto diretto o indiretto con la disponibilità delle stesse,

– sulla destinazione dei suoli, ad eccezione della gestione dei residui;

c) misure aventi una sensibile incidenza sulla scelta di uno Stato membro tra diverse fonti di energia e sulla struttura generale dell'approvvigionamento energetico del medesimo.

Il Consiglio, deliberando *all'unanimità su proposta della Commissione e previa consultazione del Parlamento europeo, del Comitato economico e sociale e del Comitato delle regioni, può rendere applicabile la procedura legislativa ordinaria alle materie di cui al primo comma.*

3. Il Parlamento europeo e il Consiglio, deliberando secondo la *procedura legislativa ordinaria* e previa consultazione del Comitato economico e sociale e del Comitato delle regioni, *adottano* programmi generali d'azione che fissano gli obiettivi prioritari da raggiungere.

Le misure necessarie all'attuazione di tali programmi sono adottate conformemente alle condizioni previste al paragrafo 1 *o al paragrafo 2, a seconda dei casi.*

4. Fatte salve talune misure *adottate dall'Unione*, gli Stati membri provvedono al finanziamento e all'esecuzione della politica in materia ambientale.

5. Fatto salvo il principio «chi inquina paga», qualora una misura basata sul paragrafo 1 implichi costi ritenuti sproporzionati per le pubbliche autorità di uno Stato membro, *tale misura prevede* disposizioni appropriate in forma di

– deroghe temporanee e/o

– sostegno finanziario del Fondo di coesione istituito in conformità dell'articolo *177*.

Articolo 193 (*ex* articolo 176 del TCE). – I provvedimenti di protezione adottati in virtù dell'articolo *192* non impediscono ai singoli Stati membri di mantenere e di prendere provvedimenti per una protezione ancora maggiore. Tali provvedimenti devono essere compatibili con *i trattati*. Essi sono notificati alla Commissione.

TITOLO XXI – ENERGIA

Articolo 194. – 1. Nel quadro dell'instaurazione o del funzionamento del mercato interno e tenendo conto dell'esigenza di preservare e migliorare l'ambiente, la politica dell'Unione nel settore dell'energia è intesa, in uno spirito di solidarietà tra Stati membri, a:

a) garantire il funzionamento del mercato dell'energia,

b) garantire la sicurezza dell'approvvigionamento energetico nell'Unione,

c) promuovere il risparmio energetico, l'efficienza energetica e lo sviluppo di energie nuove e rinnovabili,

d) promuovere l'interconnessione delle reti energetiche.

2. Fatte salve le altre disposizioni dei trattati, il Parlamento europeo e il Consiglio, deliberando secondo la procedura legislativa ordinaria, stabiliscono le misure necessarie per conseguire gli obiettivi di cui al paragrafo 1. Tali misure sono adottate previa consultazione del Comitato economico e sociale e del Comitato delle regioni.

Esse non incidono sul diritto di uno Stato membro di determinare le condizioni di utilizzo delle sue fonti energetiche, la scelta tra varie fonti energetiche e la struttura generale del suo approvvigionamento energetico, fatto salvo l'articolo 192, paragrafo 2, lettera c).

3. In deroga al paragrafo 2, il Consiglio, deliberando secondo una procedura legislativa speciale, all'unanimità e previa consultazione del Parlamento europeo, stabilisce le misure ivi contemplate se sono principalmente di natura fiscale.

TITOLO XXII – TURISMO

Articolo 195. – 1. L'Unione completa l'azione degli Stati membri nel settore del turismo, in particolare promuovendo la competitività delle imprese dell'Unione in tale settore.

A tal fine l'azione dell'Unione è intesa a:

a) incoraggiare la creazione di un ambiente propizio allo sviluppo delle imprese in detto settore;

b) favorire la cooperazione tra Stati membri, in particolare attraverso lo scambio delle buone pratiche.

2. Il Parlamento europeo e il Consiglio, deliberando secondo la procedura legislativa ordinaria, stabiliscono le misure specifiche destinate a completare le azioni svolte negli Stati membri al fine di realizzare gli obiettivi di cui al presente articolo, ad esclusione di qualsiasi armonizzazione delle disposizioni legislative e regolamentari degli Stati membri.

TITOLO XXIII – PROTEZIONE CIVILE

Articolo 196. – 1. L'Unione incoraggia la cooperazione tra gli Stati membri al fine di rafforzare l'efficacia dei sistemi di prevenzione e di protezione dalle calamità naturali o provocate dall'uomo.

L'azione dell'Unione è intesa a:

a) sostenere e completare l'azione degli Stati membri a livello nazionale, regionale e locale concernente la prevenzione dei rischi, la preparazione degli attori della protezione civile negli Stati membri e l'intervento in caso di calamità naturali o provocate dall'uomo all'interno dell'Unione;

b) promuovere una cooperazione operativa rapida ed efficace all'interno dell'Unione tra i servizi di protezione civile nazionali;

c) favorire la coerenza delle azioni intraprese a livello internazionale in materia di protezione civile.

2. Il Parlamento europeo e il Consiglio, deliberando secondo la procedura legislativa ordinaria, stabiliscono le misure necessarie per contribuire alla realizzazione degli obiettivi di cui al paragrafo 1, ad esclusione di qualsiasi armonizzazione delle disposizioni legislative e regolamentari degli Stati membri.

TITOLO XXIV – COOPERAZIONE AMMINISTRATIVA

Articolo 197. – 1. L'attuazione effettiva del diritto dell'Unione da parte degli Stati membri, essenziale per il buon funzionamento dell'Unione, è considerata una questione di interesse comune.

2. L'Unione può sostenere gli sforzi degli Stati membri volti a migliorare la loro capacità amministrativa di attuare il diritto dell'Unione. Tale azione può consistere in particolare nel facilitare lo scambio di informazioni e di funzionari pubblici e nel sostenere programmi di formazione. Nessuno Stato membro è tenuto ad avvalersi di tale sostegno. Il Parlamento europeo e il Consiglio, deliberando mediante regolamenti secondo la procedura legislativa ordinaria, stabiliscono le misure necessarie a tal fine, ad esclusione di qualsiasi armonizzazione delle disposizioni legislative e regolamentari degli Stati membri.

3. Il presente articolo non pregiudica l'obbligo degli Stati membri di attuare il diritto dell'Unione né le prerogative e i doveri della Commissione. Esso non pregiudica le altre disposizioni dei trattati che prevedono la cooperazione amministrativa fra gli Stati membri e fra questi ultimi e l'Unione.

PARTE QUARTA – ASSOCIAZIONE DEI PAESI E TERRITORI D'OLTREMARE

Articolo 198 (*ex* articolo 182 del TCE). – Gli Stati membri convengono di associare *all'Unione* i paesi e i territori non europei che mantengono con la Danimarca, la Francia, i

Paesi Bassi e il Regno Unito delle relazioni particolari. Questi paesi e territori, qui di seguito chiamati paesi e territori, sono enumerati nell'elenco che costituisce l'*allegato II*.

Scopo dell'associazione è di promuovere lo sviluppo economico e sociale dei paesi e territori e l'instaurazione di strette relazioni economiche tra essi e *l'Unione* nel suo insieme.

Conformemente ai principi enunciati nel preambolo del presente trattato, l'associazione deve in primo luogo permettere di favorire gli interessi degli abitanti di questi paesi e territori e la loro prosperità, in modo da condurli allo sviluppo economico, sociale e culturale che essi attendono.

Articolo 199 (*ex* articolo 183 del TCE). – L'associazione persegue gli obiettivi seguenti:

1) Gli Stati membri applicano ai loro scambi commerciali con i paesi e territori il regime che si accordano tra di loro, in virtù *dei trattati*.

2) Ciascun paese o territorio applica ai suoi scambi commerciali con gli Stati membri e gli altri paesi e territori il regime che applica allo Stato europeo con il quale mantiene relazioni particolari.

3) Gli Stati membri contribuiscono agli investimenti richiesti dallo sviluppo progressivo di questi paesi e territori.

4) Per gli investimenti finanziati *dall'Unione*, la partecipazione alle aggiudicazioni e alle forniture è aperta, a parità di condizioni, a tutte le persone fisiche e giuridiche appartenenti agli Stati membri e ai paesi e territori.

5) Nelle relazioni fra gli Stati membri e i paesi e territori, il diritto di stabilimento dei cittadini e delle società è regolato conformemente alle disposizioni e mediante applicazione delle procedure previste al capo relativo al diritto di stabilimento e su una base non discriminatoria, fatte salve le disposizioni particolari prese in virtù dell'articolo *203*.

Articolo 200 (*ex* articolo 184 del TCE). – *1.* Le importazioni originarie dei paesi e territori beneficiano, al loro ingresso negli Stati membri, del divieto dei dazi doganali che interviene fra gli Stati membri conformemente alle disposizioni *dei trattati*.

2. All'entrata in ciascun paese e territorio i dazi doganali gravanti sulle importazioni dagli Stati membri e dagli altri paesi e territori sono vietati conformemente alle disposizioni dell'articolo *30*.

3. Tuttavia, i paesi e territori possono riscuotere dei dazi doganali che rispondano alle necessità del loro sviluppo e ai bisogni della loro industrializzazione o dazi di carattere fiscale che abbiano per scopo di alimentare il loro bilancio.

I dazi di cui al comma precedente non possono eccedere quelli gravanti sulle importazioni dei prodotti in provenienza dallo Stato membro con il quale ciascun paese o territorio mantiene relazioni particolari.

4. Il paragrafo 2 non è applicabile ai paesi e territori i quali, a causa degli obblighi internazionali particolari cui sono soggetti, applicano già una tariffa doganale non discriminatoria.

5. L'introduzione o la modifica di dazi che colpiscano le merci importate nei paesi e territori non deve provocare, in linea di diritto o in linea di fatto, una discriminazione diretta o indiretta tra le importazioni in provenienza dai diversi Stati membri.

Articolo 201 (*ex* articolo 185 del TCE). – Se il livello dei dazi applicabili alle merci in provenienza da un paese terzo alla loro entrata in un paese o territorio, avuto riguardo alle disposizioni dell'articolo *200*, paragrafo 1, è tale da provocare deviazioni di traffico a detrimento di uno degli Stati membri, questo può domandare alla Commissione di proporre agli altri Stati membri le misure necessarie per porre rimedio a questa situazione.

Articolo 202 (*ex* articolo 186 del TCE). – Fatte salve le disposizioni che regolano la pubblica sanità, la pubblica sicurezza e l'ordine pubblico, la libertà di circolazione dei lavoratori dei paesi e territori negli Stati membri e dei lavoratori degli Stati membri nei paesi e territori è regolata *da atti adottati a norma dell'articolo 203.*

Articolo 203 (*ex* articolo 187 del TCE). – Il Consiglio, deliberando all'unanimità *su proposta della Commissione*, stabilisce, muovendo dalle realizzazioni acquisite nell'ambito dell'associazione tra i paesi e territori e *l'Unione*, e basandosi sui principi inscritti *nei trattati*, le disposizioni relative alle modalità e alla procedura dell'associazione tra i paesi e territori e *l'Unione. Allorché adotta le disposizioni in questione secondo una procedura legislativa speciale, il Consiglio delibera all'unanimità su proposta della Commissione e previa consultazione del Parlamento europeo.*

Articolo 204 (*ex* articolo 188 del TCE). – Gli articoli da *198* a *203* si applicano alla Groenlandia fatte salve le disposizioni specifiche per la Groenlandia che figurano nel protocollo concernente il regime particolare applicabile alla Groenlandia, allegato *ai trattati*.

PARTE QUINTA – AZIONE ESTERNA DELL'UNIONE

TITOLO I – DISPOSIZIONI GENERALI SULL'AZIONE ESTERNA DELL'UNIONE

Articolo 205. – L'azione dell'Unione sulla scena internazionale, ai sensi della presente parte, si fonda sui principi, persegue gli obiettivi ed è condotta in conformità delle disposizioni generali di cui al capo 1 del titolo V del trattato sull'Unione europea.

TITOLO *II* – POLITICA COMMERCIALE COMUNE

Articolo 206 (*ex* articolo 131 del TCE). – *L'Unione, tramite l'istituzione di un'unione doganale in conformità degli articoli da 28 a 32, contribuisce nell'interesse comune allo sviluppo armonioso del commercio mondiale, alla graduale soppressione delle restrizioni agli scambi internazionali e agli investimenti esteri diretti, e alla riduzione delle barriere doganali e di altro tipo.*

Articolo 207 (*ex* articolo 133 del TCE). – *1.* La politica commerciale comune è fondata su principi uniformi, *in particolare* per quanto concerne le modificazioni tariffarie, la conclusione di accordi tariffari e commerciali *relativi agli scambi di merci e servizi, e gli aspetti commerciali della proprietà intellettuale, gli investimenti esteri diretti*, l'uniformazione delle misure di liberalizzazione, la politica di esportazione *e le misure di protezione* commerciale, tra cui quelle da adottarsi nei casi di dumping e di sovvenzioni. *La politica commerciale comune è condotta nel quadro dei principi e obiettivi dell'azione esterna dell'Unione.*

2. Il Parlamento europeo e il Consiglio, deliberando mediante regolamenti secondo la procedura legislativa ordinaria, adottano le misure che definiscono il quadro di attuazione della politica commerciale comune.

3. Qualora si debbano negoziare *e concludere* accordi con uno o più paesi terzi o organizzazioni internazionali, *si applica l'articolo 218, fatte salve le disposizioni particolari del presente articolo.*

La Commissione presenta raccomandazioni al Consiglio, che l'autorizza ad *avviare* i negoziati necessari. Spetta al Consiglio e alla Commissione adoperarsi affinché gli accordi negoziati siano compatibili con le politiche e norme interne *dell'Unione*.

Tali negoziati sono condotti dalla Commissione, in consultazione con un comitato speciale designato dal Consiglio per assisterla in questo compito e nel quadro delle direttive che il Consiglio può impartirle. La Commissione riferisce periodicamente al comitato speciale *e al Parlamento europeo* sui progressi dei *negoziati*.

4. Per la negoziazione e la conclusione degli accordi di cui al paragrafo 3, il Consiglio delibera a maggioranza qualificata.

Per la negoziazione e la conclusione di accordi nei settori degli scambi di servizi, *degli* aspetti commerciali della proprietà intellettuale *e degli investimenti esteri diretti, il Consiglio delibera all'unanimità qualora tali accordi contengano disposizioni per le quali è richiesta l'unanimità per l'adozione di norme interne.*

Il Consiglio delibera all'unanimità *anche* per la negoziazione e la conclusione di *accordi:*

a) nel settore degli scambi di servizi culturali e audiovisivi, qualora tali accordi rischino di arrecare pregiudizio alla diversità culturale e linguistica dell'Unione;

b) nel settore degli scambi di servizi nell'ambito sociale, dell'istruzione e della sanità, qualora tali accordi rischino di perturbare seriamente l'organizzazione nazionale di tali servizi e di arrecare pregiudizio alla competenza degli Stati membri riguardo alla loro prestazione.

5. La negoziazione e la conclusione di accordi internazionali nel settore dei trasporti *sono* soggette *al titolo VI della parte terza e all'articolo 218.*

6. L'esercizio delle competenze attribuite dal presente articolo nel settore della politica commerciale comune non pregiudica la ripartizione delle competenze tra l'Unione e gli Stati membri e non comporta un'armonizzazione delle disposizioni legislative o regolamentari degli Stati membri, se i trattati escludono tale armonizzazione.

TITOLO III – COOPERAZIONE CON I PAESI TERZI E AIUTO UMANITARIO

CAPO 1 – COOPERAZIONE ALLO SVILUPPO

Articolo 208 (*ex* articolo 177 del TCE). – *1.* La politica *dell'Unione* nel settore della cooperazione allo sviluppo *è condotta nel quadro dei principi e obiettivi dell'azione esterna dell'Unione. La politica di cooperazione allo sviluppo dell'Unione e quella degli Stati membri si completano e si rafforzano reciprocamente.*

L'obiettivo principale della politica dell'Unione in questo settore è la riduzione e, a termine, l'eliminazione della povertà. L'Unione tiene conto degli obiettivi della cooperazione allo sviluppo nell'attuazione delle politiche che possono avere incidenze sui paesi in via di sviluppo.

2. L'Unione e gli Stati membri rispettano gli impegni e tengono conto degli obiettivi riconosciuti nel quadro delle Nazioni Unite e delle altre organizzazioni internazionali competenti.

Articolo 209 (*ex* articolo 179 del TCE). – *1. Il Parlamento europeo e il Consiglio, deliberando secondo la procedura legislativa ordinaria, adottano le misure necessarie per l'attuazione della politica di cooperazione allo sviluppo, che possono riguardare programmi pluriennali di cooperazione con paesi in via di sviluppo o programmi tematici.*

2. L'Unione può concludere con i paesi terzi e le organizzazioni internazionali competenti qualsiasi accordo utile alla realizzazione degli obiettivi di cui all'articolo 21 del trattato sull'Unione europea e all'articolo 208 del presente trattato.

Il primo comma non pregiudica la competenza degli Stati membri a negoziare nelle sedi internazionali e a concludere accordi.

3. La Banca europea per gli investimenti contribuisce, alle condizioni previste dal suo statuto, all'attuazione delle misure di cui al paragrafo *1.*

Articolo 210 (*ex* articolo 180 del TCE). – *1. Per favorire la complementarità e l'efficacia delle azioni, l'Unione* e gli Stati membri coordinano le rispettive politiche in materia di cooperazione allo sviluppo e si concertano sui rispettivi programmi di aiuto, anche nelle organizzazioni internazionali e in occasione di conferenze internazionali. Essi possono intraprendere azioni congiunte. Gli Stati membri contribuiscono, se necessario, all'attuazione dei programmi di aiuto *dell'Unione*.

2. La Commissione può prendere qualsiasi iniziativa utile a promuovere il coordinamento di cui al paragrafo 1.

Articolo 211 (*ex* articolo 181 del TCE). – Nell'ambito delle rispettive competenze, *l'Unione* e gli Stati membri collaborano con i paesi terzi e con le competenti organizzazioni *internazionali*.

CAPO 2 – COOPERAZIONE ECONOMICA, FINANZIARIA E TECNICA CON I PAESI TERZI

Articolo 212 (*ex* articolo 181 A del TCE). – *1.* Fatte salve le altre disposizioni *dei trattati, in particolare quelle degli articoli da 208 a 211, l'Unione conduce azioni di cooperazione economica, finanziaria e tecnica, comprese azioni di assistenza specialmente in campo finanziario, con paesi terzi diversi dai paesi in via di sviluppo. Tali azioni sono coerenti con la politica di sviluppo dell'Unione e sono condotte nel quadro dei principi e obiettivi dell'azione esterna. Le azioni dell'Unione e degli Stati membri si completano e si rafforzano reciprocamente.*

2. Il Parlamento europeo e il Consiglio, deliberando secondo la *procedura legislativa ordinaria, adottano* le misure necessarie per l'attuazione del paragrafo *1.*

3. Nell'ambito delle rispettive competenze, *l'Unione* e gli Stati membri *collaborano* con i paesi terzi e con le competenti organizzazioni internazionali. Le modalità della cooperazione *dell'Unione* possono formare oggetto di accordi tra questa e i terzi *interessati*.

Il primo comma non pregiudica la competenza degli Stati membri a negoziare nelle sedi internazionali e a concludere accordi internazionali.

Articolo 213. – Allorché la situazione in un paese terzo esige un'assistenza finanziaria urgente da parte dell'Unione, il Consiglio, su proposta della Commissione, adotta le decisioni necessarie.

CAPO 3 – AIUTO UMANITARIO

Articolo 214. – 1. Le azioni dell'Unione nel settore dell'aiuto umanitario sono condotte nel quadro dei principi e obiettivi dell'azione esterna dell'Unione. Esse mirano a fornire, in modo puntuale, assistenza, soccorso e protezione alle popolazioni dei paesi terzi vittime di calamità naturali o provocate dall'uomo, per far fronte alle necessità umanitarie risultanti da queste diverse situazioni. Le azioni dell'Unione e degli Stati membri si completano e si rafforzano reciprocamente.

2. Le azioni di aiuto umanitario sono condotte conformemente ai principi del diritto internazionale e ai principi di imparzialità, neutralità e non discriminazione.

3. Il Parlamento europeo e il Consiglio, deliberando secondo la procedura legislativa ordinaria, stabiliscono le misure che definiscono il quadro di attuazione delle azioni di aiuto umanitario dell'Unione.

4. L'Unione può concludere con i paesi terzi e le organizzazioni internazionali competenti qualsiasi accordo utile alla realizzazione degli obiettivi di cui al paragrafo 1 e all'articolo 21 del trattato sull'Unione europea.

Il primo comma non pregiudica la competenza degli Stati membri a negoziare nelle sedi internazionali e a concludere accordi.

5. È istituito un corpo volontario europeo di aiuto umanitario per inquadrare contributi comuni dei giovani europei alle azioni di aiuto umanitario dell'Unione. Il Parlamento europeo e il Consiglio, deliberando mediante regolamenti secondo la procedura legislativa ordinaria, ne fissano lo statuto e le modalità di funzionamento.

6. La Commissione può prendere qualsiasi iniziativa utile a promuovere il coordinamento tra le azioni dell'Unione e quelle degli Stati membri, allo scopo di rafforzare l'effi-

cacia e la complementarità dei dispositivi dell'Unione e dei dispositivi nazionali di aiuto umanitario.

7. L'Unione provvede affinché le sue azioni di aiuto umanitario siano coordinate e coerenti con quelle svolte da organizzazioni e organismi internazionali, specie nell'ambito del sistema delle Nazioni Unite.

TITOLO IV – MISURE RESTRITTIVE

Articolo 215 (*ex* articolo 301 del TCE). – *1.* Quando una *decisione* adottata *conformemente al capo 2 del titolo V* del trattato sull'Unione europea *prevede l'interruzione o la riduzione, totale o parziale, delle relazioni economiche e finanziarie* con uno o più paesi terzi, il Consiglio, deliberando a maggioranza qualificata su proposta *congiunta dell'alto rappresentante dell'Unione per gli affari esteri e la politica di sicurezza e della Commissione, adotta le misure necessarie. Esso ne informa il Parlamento europeo.*

2. Quando una decisione adottata conformemente al capo 2 del titolo V del trattato sull'Unione europea lo prevede, il Consiglio può adottare, secondo la procedura di cui al paragrafo 1, misure restrittive nei confronti di persone fisiche o giuridiche, di gruppi o di entità non statali.

3. Gli atti di cui al presente articolo contengono le necessarie disposizioni sulle garanzie giuridiche.

TITOLO V – ACCORDI INTERNAZIONALI

Articolo 216. – 1. L'Unione può concludere un accordo con uno o più paesi terzi o organizzazioni internazionali qualora i trattati lo prevedano o qualora la conclusione di un accordo sia necessaria per realizzare, nell'ambito delle politiche dell'Unione, uno degli obiettivi fissati dai trattati, o sia prevista in un atto giuridico vincolante dell'Unione, oppure possa incidere su norme comuni o alterarne la portata.

2. Gli accordi conclusi dall'Unione vincolano le istituzioni dell'Unione e gli Stati membri.

Articolo 217 (*ex* articolo 310 del TCE). – *L'Unione* può concludere con uno o più *paesi terzi* o organizzazioni internazionali accordi che istituiscono un'associazione caratterizzata da diritti ed obblighi reciproci, da azioni in comune e da procedure particolari.

Articolo 218 (*ex* articolo 300 del TCE). – *1. Fatte salve le disposizioni particolari dell'articolo 207, gli accordi tra l'Unione e i paesi terzi o le organizzazioni internazionali sono negoziati e conclusi secondo la procedura seguente.*

2. Il Consiglio autorizza l'avvio dei negoziati, definisce le direttive di negoziato, autorizza la firma e conclude gli accordi.

3. La Commissione, o l'alto rappresentante dell'Unione per gli affari esteri e la politica di sicurezza quando l'accordo previsto riguarda esclusivamente o principalmente la politica estera e di sicurezza comune, presenta raccomandazioni al Consiglio, il quale adotta una decisione che autorizza l'avvio dei negoziati e designa, in funzione della materia dell'accordo previsto, il negoziatore o il capo della squadra di negoziato dell'Unione.

4. Il Consiglio può impartire direttive al negoziatore e designare un comitato speciale che deve essere consultato nella conduzione dei negoziati.

5. Il Consiglio, su proposta del negoziatore, adotta una decisione che autorizza la firma dell'accordo e, se del caso, la sua applicazione provvisoria prima dell'entrata in vigore.

6. Il Consiglio, su proposta del negoziatore, adotta una decisione relativa alla conclusione dell'accordo.

Tranne quando l'accordo riguarda esclusivamente la politica estera e di sicurezza comune, il Consiglio adotta la decisione di conclusione dell'accordo:

a) previa approvazione del Parlamento europeo nei casi seguenti:

i) accordi di associazione;

ii) accordo sull'adesione dell'Unione alla Convenzione europea per la salvaguardia dei diritti dell'uomo e delle libertà fondamentali;

iii) accordi che creano un quadro istituzionale specifico organizzando procedure di cooperazione;

iv) accordi che hanno ripercussioni finanziarie considerevoli per l'Unione;

v) accordi che riguardano settori ai quali si applica la procedura legislativa ordinaria oppure la procedura legislativa speciale qualora sia necessaria l'approvazione del Parlamento europeo.

In caso d'*urgenza, il* Parlamento europeo e il Consiglio possono concordare un termine per *l'approvazione;*

b) previa consultazione del Parlamento europeo, negli altri casi. Il Parlamento europeo formula il parere nel termine che il Consiglio può fissare in funzione dell'urgenza. In mancanza di parere entro detto termine, il Consiglio può deliberare.

7. All'atto della conclusione di un accordo, il Consiglio, in deroga *ai paragrafi 5, 6 e 9*, può abilitare *il negoziatore* ad approvare a nome *dell'Unione le modifiche dell'accordo se quest'ultimo ne* prevede l'adozione con una procedura semplificata o da parte di un organo istituito dall'accordo stesso. *Il Consiglio correda eventualmente* questa abilitazione di condizioni specifiche.

8. Nel corso dell'intera procedura, il Consiglio delibera a maggioranza qualificata. Tuttavia esso delibera all'unanimità quando l'accordo riguarda un settore per il quale è richiesta l'unanimità per l'adozione di un atto dell'Unione e per gli accordi di associazione e gli accordi di cui all'articolo 212 con gli Stati candidati all'adesione. Il Consiglio delibera all'unanimità anche per l'accordo sull'adesione dell'Unione alla Convenzione europea per la salvaguardia dei diritti dell'uomo e delle libertà fondamentali; la decisione sulla conclusione di tale accordo entra in vigore previa approvazione degli Stati membri, conformemente alle rispettive norme costituzionali.

9. Il Consiglio, su proposta della Commissione o dell'alto rappresentante dell'Unione per gli affari esteri e la politica di sicurezza, adotta una decisione sulla sospensione dell'applicazione di un accordo e che stabilisce le posizioni da adottare a nome dell'Unione in un organo istituito da un accordo, se tale organo deve adottare atti che hanno effetti giuridici, fatta eccezione per gli atti che integrano o modificano il quadro istituzionale dell'accordo.

10. Il Parlamento europeo è immediatamente e pienamente informato in tutte le fasi della procedura.

11. Uno Stato membro, il Parlamento europeo, il *Consiglio o la Commissione possono* domandare il parere della Corte di giustizia circa la compatibilità di un accordo previsto con *i trattati. In caso di parere negativo della Corte,* l'accordo *previsto non* può entrare in vigore, *salvo modifiche dello stesso o revisione dei trattati.*

Articolo 219 (*ex* articolo 111, paragrafi da 1 a 3 e 5, del TCE). – *1.* In deroga all'articolo *218 il Consiglio*, *su* raccomandazione della Banca centrale europea o *su raccomandazione* della Commissione e previa consultazione della Banca centrale europea, nell'intento di pervenire a un consenso *compatibile* con l'obiettivo della stabilità dei prezzi, *può concludere* accordi formali su un sistema di tassi di cambio *dell'euro* nei confronti delle valute *di Stati terzi.* Il Consiglio *delibera all'unanimità* previa consultazione *del Parlamento europeo e secondo la procedura di cui al paragrafo 3.*

Il *Consiglio*, *su raccomandazione* della Banca centrale europea o *su raccomandazione* della Commissione e previa consultazione della Banca centrale europea, nell'intento di pervenire ad un consenso coerente con l'obiettivo della stabilità dei prezzi, può adottare, adeguare o abbandonare i tassi centrali dell'*euro* all'interno del sistema dei tassi di cambio.

Il presidente del Consiglio informa il Parlamento europeo dell'adozione, dell'adeguamento o dell'abbandono dei tassi centrali *dell'euro*.

2. In mancanza di un sistema di tassi di cambio rispetto ad una o più valute *di Stati terzi*, come indicato al paragrafo 1, il *Consiglio, su* raccomandazione della Commissione e previa consultazione della Banca centrale europea, o su raccomandazione della Banca centrale europea, può formulare gli orientamenti generali di politica del cambio nei confronti di dette valute. Questi orientamenti generali non pregiudicano l'obiettivo prioritario del SEBC di mantenere la stabilità dei prezzi.

3. In deroga all'articolo *218*, qualora accordi in materia di regime monetario o valutario debbano essere negoziati *dall'Unione* con uno o più Stati *terzi* o organizzazioni internazionali, il *Consiglio, su* raccomandazione della Commissione e previa consultazione della Banca centrale europea, decide le modalità per la negoziazione e la conclusione di detti accordi. Tali modalità devono assicurare che *l'Unione* esprima una posizione unica. La Commissione è associata a pieno titolo ai *negoziati*.

4. Senza pregiudizio della competenza *dell'Unione* e degli accordi *dell'Unione* relativi all'Unione economica e monetaria, gli Stati membri possono condurre negoziati nelle istanze internazionali e concludere accordi internazionali.

TITOLO VI – RELAZIONI DELL'UNIONE CON LE ORGANIZZAZIONI INTERNAZIONALI E I PAESI TERZI E DELEGAZIONI DELL'UNIONE

Articolo 220 (*ex* articoli da 302 a 304 del TCE). – *1. L'Unione attua ogni utile forma di cooperazione* con gli organi delle Nazioni Unite e degli istituti specializzati delle Nazioni Unite, *il Consiglio d'Europa, l'Organizzazione per la sicurezza e la cooperazione in Europa e l'Organizzazione per la cooperazione e lo sviluppo economico.*

L'Unione assicura inoltre i collegamenti che ritiene opportuni *con altre organizzazioni internazionali.*

2. L'alto rappresentante dell'Unione per gli affari esteri e la politica di sicurezza e la Commissione sono incaricati dell'attuazione del presente articolo.

Articolo 221. – 1. Le delegazioni dell'Unione nei paesi terzi e presso le organizzazioni internazionali assicurano la rappresentanza dell'Unione.

2. Le delegazioni dell'Unione sono poste sotto l'autorità dell'alto rappresentante dell'Unione per gli affari esteri e la politica di sicurezza. Esse agiscono in stretta cooperazione con le missioni diplomatiche e consolari degli Stati membri.

TITOLO VII – CLAUSOLA DI SOLIDARIETÀ

Articolo 222. – 1. L'Unione e gli Stati membri agiscono congiuntamente in uno spirito di solidarietà qualora uno Stato membro sia oggetto di un attacco terroristico o sia vittima di una calamità naturale o provocata dall'uomo. L'Unione mobilita tutti gli strumenti di cui dispone, inclusi i mezzi militari messi a sua disposizione dagli Stati membri, per:

a) – prevenire la minaccia terroristica sul territorio degli Stati membri;

– proteggere le istituzioni democratiche e la popolazione civile da un eventuale attacco terroristico;

– prestare assistenza a uno Stato membro sul suo territorio, su richiesta delle sue autorità politiche, in caso di attacco terroristico;

b) prestare assistenza a uno Stato membro sul suo territorio, su richiesta delle sue autorità politiche, in caso di calamità naturale o provocata dall'uomo.

2. Se uno Stato membro subisce un attacco terroristico o è vittima di una calamità naturale o provocata dall'uomo, gli altri Stati membri, su richiesta delle sue autorità politiche, gli prestano assistenza. A tal fine gli Stati membri si coordinano in sede di Consiglio.

3. Le modalità di attuazione della presente clausola di solidarietà da parte dell'Unio-

ne sono definite da una decisione adottata dal Consiglio, su proposta congiunta della Commissione e dell'alto rappresentante dell'Unione per gli affari esteri e la politica di sicurezza. Quando tale decisione ha implicazioni nel settore della difesa, il Consiglio delibera conformemente all'articolo 31, paragrafo 1 del trattato sull'Unione europea. Il Parlamento europeo è informato.

Ai fini del presente paragrafo e fatto salvo l'articolo 240, il Consiglio è assistito dal comitato politico e di sicurezza, con il sostegno delle strutture sviluppate nell'ambito della politica di sicurezza e di difesa comune, e dal comitato di cui all'articolo 71, i quali gli presentano, se del caso, pareri congiunti.

4. Per consentire all'Unione e agli Stati membri di agire in modo efficace, il Consiglio europeo valuta regolarmente le minacce cui è confrontata l'Unione.

PARTE *SESTA – DISPOSIZIONI ISTITUZIONALI E FINANZIARIE*

TITOLO I – DISPOSIZIONI ISTITUZIONALI

CAPO 1 – LE ISTITUZIONI

SEZIONE 1 – *Il Parlamento europeo*

Articolo 223 (*ex* articolo 190, paragrafi 4 e 5, del TCE). – *1.* Il Parlamento europeo elabora un progetto volto a *stabilire le disposizioni necessarie per* permettere l'elezione *dei suoi membri a* suffragio universale diretto, secondo una procedura uniforme in tutti gli Stati membri o secondo principi comuni a tutti gli Stati membri.

Il Consiglio, *deliberando all'unanimità secondo una procedura legislativa speciale e previa approvazione* del Parlamento europeo che si pronuncia alla maggioranza dei membri che lo compongono, *stabilisce* le disposizioni *necessarie. Tali disposizioni entrano in vigore previa approvazione degli* Stati membri conformemente alle rispettive norme costituzionali.

2. Previo parere della Commissione e con l'approvazione del *Consiglio,* il Parlamento europeo, *di sua iniziativa, deliberando mediante regolamenti secondo una procedura legislativa speciale,* stabilisce lo statuto e le condizioni generali per l'esercizio delle funzioni dei suoi membri. Per le norme o le condizioni relative al regime fiscale dei membri o ex membri è richiesta l'unanimità in sede di Consiglio.

Articolo 224 (*ex* articolo 191, secondo comma, del TCE). – *Il Parlamento europeo e* il Consiglio, deliberando *mediante regolamenti secondo la procedura legislativa ordinaria, determinano* lo statuto dei partiti politici a livello europeo *di cui all'articolo 10, paragrafo 4 del trattato sull'Unione europea, in particolare le norme relative al loro finanziamento.*

Articolo 225 (*ex* articolo 192, secondo comma, del TCE). – A maggioranza dei membri *che lo compongono*, il Parlamento europeo può chiedere alla Commissione di presentare adeguate proposte sulle questioni per le quali reputa necessaria l'elaborazione di un atto *dell'Unione* ai fini dell'attuazione *dei trattati. Se la Commissione non presenta una proposta, essa ne comunica le motivazioni al Parlamento europeo.*

Articolo 226 (*ex* articolo 193 del TCE). – Nell'ambito delle sue funzioni, il Parlamento europeo, su richiesta di un quarto dei membri *che lo compongono*, può costituire una commissione temporanea d'inchiesta incaricata di esaminare, fatti salvi i poteri conferiti *dai trattati* ad altre istituzioni o ad altri organi, le denunce di infrazione o di cattiva amministrazione nell'applicazione del diritto *dell'Unione*, salvo quando i fatti di cui trattasi siano pendenti dinanzi ad una giurisdizione e fino all'espletamento della procedura giudiziaria.

La commissione temporanea d'inchiesta cessa di esistere con il deposito della sua relazione.

Previa approvazione del Consiglio e della Commissione, il Parlamento europeo, di sua iniziativa, deliberando mediante regolamenti secondo una procedura legislativa speciale, fissa le modalità per l'esercizio del diritto d'inchiesta.

Articolo 227 (*ex* articolo 194 del TCE). – Qualsiasi cittadino dell'Unione, nonché ogni persona fisica o giuridica che risieda o abbia la sede sociale in uno Stato membro, ha il diritto di presentare, individualmente o in associazione con altri cittadini o persone, una petizione al Parlamento europeo su una materia che rientra nel campo di attività *dell'Unione* e che lo (la) concerne direttamente.

Articolo 228 (*ex* articolo 195 del TCE). – *1. Un mediatore europeo, eletto dal Parlamento europeo, è* abilitato a ricevere le denunce di qualsiasi cittadino dell'Unione o di qualsiasi persona fisica o giuridica che risieda o abbia la sede sociale in uno Stato membro, e riguardanti casi di cattiva amministrazione nell'azione delle istituzioni, *degli organi o degli organismi dell'Unione*, salvo la Corte di giustizia *dell'Unione europea* nell'esercizio delle *sue* funzioni giurisdizionali. *Egli istruisce tali denunce e riferisce al riguardo.*

Conformemente alla sua missione, il Mediatore, di propria iniziativa o in base alle denunce che gli sono state presentate direttamente o tramite un membro del Parlamento europeo, procede alle indagini che ritiene giustificate, tranne quando i fatti in questione formino o abbiano formato oggetto di una procedura giudiziaria. Qualora il Mediatore constati un caso di cattiva amministrazione, egli ne investe l'istituzione interessata, che dispone di tre mesi per comunicargli il suo parere. Il Mediatore trasmette poi una relazione al Parlamento europeo e all'istituzione, *all'organo o all'organismo interessati*. La persona che ha sporto denuncia viene informata del risultato dell'indagine.

Ogni anno il Mediatore presenta una relazione al Parlamento europeo sui risultati delle sue indagini.

2. Il Mediatore è *eletto* dopo ogni elezione del Parlamento europeo per la durata della legislatura. Il suo mandato è rinnovabile.

Il Mediatore può essere dichiarato dimissionario dalla Corte di giustizia, su richiesta del Parlamento europeo, qualora non risponda più alle condizioni necessarie all'esercizio delle sue funzioni o abbia commesso una colpa grave.

3. Il Mediatore esercita le sue funzioni in piena indipendenza. Nell'adempimento dei suoi doveri, egli non sollecita né accetta istruzioni da alcun *governo, istituzione, organo o* organismo. Per tutta la durata del suo mandato, il Mediatore non può esercitare alcuna altra attività professionale, remunerata o meno.

4. Previo parere della Commissione e con l'approvazione del Consiglio, *il Parlamento europeo, di sua iniziativa, deliberando mediante regolamenti secondo una procedura legislativa speciale*, fissa lo statuto e le condizioni generali per l'esercizio delle funzioni del Mediatore.

Articolo 229 (*ex* articolo 196 del TCE). – Il Parlamento europeo tiene una sessione annuale. Esso si riunisce di diritto il secondo martedì del mese di marzo.

Il Parlamento europeo può riunirsi in *tornata* a richiesta della maggioranza dei membri *che lo compongono*, del Consiglio o della Commissione.

Articolo 230 (*ex* articolo 197, secondo, terzo e quarto comma, del TCE). – *La Commissione può assistere a tutte le sedute ed essere ascoltata a sua richiesta.*

La Commissione risponde oralmente o per iscritto alle interrogazioni che le sono presentate dal Parlamento europeo o dai membri di questo.

Il Consiglio europeo e il Consiglio *sono ascoltati* dal Parlamento europeo, secondo le modalità *previste dal* regolamento interno *del Consiglio europeo e da quello del Consiglio.*

Articolo 231 (*ex* articolo 198 del TCE). – Salvo contrarie disposizioni *dei trattati*, il Parlamento europeo delibera a *maggioranza dei* suffragi espressi.

Il regolamento interno fissa il numero legale.

Articolo 232 (*ex* articolo 199 del TCE). – Il Parlamento europeo stabilisce il proprio regolamento interno a maggioranza dei membri che lo compongono.

Gli atti del Parlamento europeo sono pubblicati conformemente alle condizioni previste *dai trattati* e da detto regolamento.

Articolo 233 (*ex* articolo 200 del TCE). – Il Parlamento europeo, in seduta pubblica, procede all'esame della relazione generale annuale, che gli è sottoposta dalla Commissione.

Articolo 234 (*ex* articolo 201 del TCE). – Il Parlamento europeo, cui sia presentata una mozione di censura sull'operato della Commissione, non può pronunciarsi su tale mozione prima che siano trascorsi almeno tre giorni dal suo deposito e con scrutinio pubblico.

Se la mozione di censura è approvata a maggioranza di due terzi dei voti espressi e a maggioranza dei membri che compongono il Parlamento europeo, i membri della Commissione *si dimettono* collettivamente *dalle* loro funzioni *e l'alto rappresentante dell'Unione per gli affari esteri e la politica di sicurezza si dimette dalle funzioni che esercita in seno alla Commissione.* Essi *rimangono in carica e* continuano a curare gli affari di ordinaria amministrazione fino alla loro sostituzione conformemente all'articolo *17 del trattato sull'Unione europea.* In questo caso, il mandato dei membri della Commissione nominati per sostituirli scade alla data in cui sarebbe scaduto il mandato dei membri della Commissione costretti a dimettersi collettivamente *dalle loro funzioni.*

SEZIONE 2 – *Il Consiglio europeo*

Articolo 235. – 1. In caso di votazione, ciascun membro del Consiglio europeo può ricevere delega da uno solo degli altri membri.

L'articolo 16, paragrafo 4 del trattato sull'Unione europea e l'articolo 238, paragrafo 2 del presente trattato si applicano al Consiglio europeo allorché delibera a maggioranza qualificata. Allorché il Consiglio europeo delibera mediante votazione, il presidente e il presidente della Commissione non partecipano al voto.

L'astensione di membri presenti o rappresentati non osta all'adozione delle deliberazioni del Consiglio europeo per le quali è richiesta l'unanimità.

2. Il presidente del Parlamento europeo può essere invitato per essere ascoltato dal Consiglio europeo.

3. Il Consiglio europeo delibera a maggioranza semplice in merito alle questioni procedurali e per l'adozione del suo regolamento interno.

4. Il Consiglio europeo è assistito dal segretariato generale del Consiglio.

Articolo 236. – Il Consiglio europeo adotta a maggioranza qualificata:

a) una decisione che stabilisce l'elenco delle formazioni del Consiglio, eccettuate quella «Affari generali» e quella «Affari esteri», conformemente all'articolo 16, paragrafo 6 del trattato sull'Unione europea;

b) una decisione sulla presidenza delle formazioni del Consiglio, eccettuata quella «Affari esteri», conformemente all'articolo 16, paragrafo 9 del trattato sull'Unione europea.

SEZIONE 3 – *Il Consiglio*

Articolo 237 (*ex* articolo 204 del TCE). – Il Consiglio si riunisce su convocazione del suo presidente, per iniziativa di questi, di uno dei suoi membri o della Commissione.

Articolo 238 (*ex* articolo 205, paragrafi 1 e 2, del TCE). – *1. Per* le deliberazioni *che richiedono la maggioranza semplice, il Consiglio delibera alla* maggioranza dei membri che lo compongono.

2. In deroga all'articolo 16, paragrafo 4 del trattato sull'Unione europea, a decorrere dal 1° novembre 2014 e fatte salve le disposizioni stabilite dal protocollo sulle disposizioni transitorie, quando il Consiglio non delibera su proposta della Commissione o dell'alto rappresentante dell'Unione per gli affari esteri e la politica di sicurezza, per maggioranza qualificata si intende almeno il 72% dei membri del Consiglio rappresentanti Stati membri che totalizzino almeno il 65% della popolazione dell'Unione.

3. A decorrere dal 1° novembre 2014 e fatte salve le disposizioni stabilite dal protocollo sulle disposizioni transitorie, nei casi in cui, a norma dei trattati, non tutti i membri del Consiglio partecipano alla votazione, per maggioranza qualificata si intende quanto segue:

a) per maggioranza qualificata si intende almeno il 55% dei membri del Consiglio rappresentanti gli Stati membri partecipanti che totalizzino almeno il 65% della popolazione di tali Stati.

La minoranza di blocco deve comprendere almeno il numero minimo di membri del Consiglio che rappresentano oltre il 35% della popolazione degli Stati membri partecipanti, più un altro membro; in caso contrario la maggioranza qualificata si considera raggiunta.

b) In deroga alla lettera a), quando il Consiglio non delibera su proposta della Commissione o dell'alto rappresentante dell'Unione per gli affari esteri e la politica di sicurezza, per maggioranza qualificata si intende almeno il 72% dei membri del Consiglio rappresentanti gli Stati membri partecipanti, che totalizzino almeno il 65% della popolazione di tali Stati[5].

4. Le astensioni dei membri presenti o rappresentati non ostano all'adozione delle deliberazioni del Consiglio per le quali è richiesta l'unanimità.

Articolo 239 (*ex* articolo 206 del TCE). – In caso di votazione, ciascun membro del Consiglio può ricevere delega da uno solo degli altri membri.

Articolo 240 (*ex* articolo 207 del TCE). – *1.* Un comitato costituito dai rappresentanti permanenti *dei governi* degli Stati membri è responsabile della preparazione *dei lavori* del Consiglio e dell'esecuzione dei compiti che *quest'ultimo* gli assegna. Il comitato può adottare decisioni di procedura nei casi previsti dal regolamento interno del Consiglio.

2. Il Consiglio è assistito dal segretariato generale, sotto la responsabilità di un segretario generale *nominato dal Consiglio*.

Il Consiglio decide *a maggioranza semplice* in merito all'organizzazione del segretariato generale.

3. Il Consiglio *delibera a maggioranza semplice in merito alle questioni procedurali e per l'adozione del suo* regolamento interno.

Articolo 241 (*ex* articolo 208 del TCE). – Il Consiglio, *deliberando a maggioranza semplice*, può chiedere alla Commissione di procedere a tutti gli studi che esso ritiene opportuni ai fini del raggiungimento degli obiettivi comuni e di sottoporgli tutte le proposte del caso. *Se la Commissione non presenta una proposta, ne comunica le motivazioni al Consiglio.*

Articolo 242 (*ex* articolo 209 del TCE). – Il Consiglio *deliberando a maggioranza semplice*, stabilisce, *previa consultazione* della Commissione, lo statuto dei comitati previsti *dai trattati*.

---

[5] Cfr. sulle cifre relative alla popolazione dell'Unione e alla popolazione di ciascuno Stato membro, la decisione del Consiglio 2019/2209 cit., retro, par. 2, nota 3.

Articolo 243 (*ex* articolo 210 del TCE). – Il *Consiglio fissa* gli stipendi, indennità e pensioni del presidente *del Consiglio europeo, del presidente della Commissione, dell'alto rappresentante dell'Unione per gli affari esteri e la politica di sicurezza, dei membri della Commissione, dei presidenti, dei membri e dei cancellieri della Corte di giustizia dell'Unione europea, nonché del segretario generale del Consiglio*. Esso fissa *altresì tutte* le indennità sostitutive di retribuzione.

SEZIONE *4 – La Commissione*

Articolo 244. – A norma dell'articolo 17, paragrafo 5 del trattato sull'Unione europea i membri della Commissione sono scelti in base ad un sistema di rotazione stabilito all'unanimità dal Consiglio europeo secondo i principi seguenti:

a) gli Stati membri sono trattati su un piano di assoluta parità per quanto concerne la determinazione dell'avvicendamento e del periodo di permanenza dei loro cittadini in seno alla Commissione; pertanto lo scarto tra il numero totale dei mandati detenuti da cittadini di due Stati membri non può mai essere superiore a uno;

b) fatta salva la lettera a), ciascuna delle Commissioni successive è costituita in modo da riflettere in maniera soddisfacente la molteplicità demografica e geografica degli Stati membri.

Articolo 245 (*ex* articolo 213 del TCE). – I membri della Commissione *si astengono da ogni atto incompatibile con il carattere delle loro funzioni. Gli Stati membri rispettano la loro indipendenza e non cercano di influenzarli nell'adempimento dei loro compiti.*

I membri della Commissione non possono, per la durata delle loro funzioni, esercitare alcun'altra attività professionale, rimunerata o meno. Fin dal loro insediamento, essi assumono l'impegno solenne di rispettare, per la durata delle loro funzioni e dopo la cessazione di queste, gli obblighi derivanti dalla loro carica, ed in particolare i doveri di onestà e delicatezza per quanto riguarda l'accettare, dopo tale cessazione, determinate funzioni o vantaggi. In caso di violazione degli obblighi stessi, la Corte di giustizia, su istanza del Consiglio, *che delibera a maggioranza semplice*, o della Commissione, può, a seconda dei casi, pronunciare le dimissioni d'ufficio alle condizioni previste dall'articolo *247* ovvero la decadenza dal diritto a pensione dell'interessato o da altri vantaggi sostitutivi.

Articolo 246 (*ex* articolo 215 del TCE). – A parte i rinnovi regolari e i decessi, le funzioni dei membri della Commissione cessano individualmente per dimissioni volontarie o d'ufficio.

Il posto divenuto vacante a seguito di dimissioni volontarie o d'ufficio o di decesso è coperto, per la restante durata del mandato del membro, da un nuovo membro della stessa nazionalità, nominato dal Consiglio di comune accordo col presidente della Commissione, previa consultazione del Parlamento europeo e in conformità dei criteri di cui all'articolo 17, paragrafo 3, secondo comma del trattato sull'Unione europea.

Il Consiglio, deliberando all'unanimità su proposta del presidente della Commissione, può decidere che tale posto divenuto vacante non deve essere coperto, in particolare se la restante durata del mandato è breve.

In caso di dimissioni volontarie, di dimissioni d'ufficio o di decesso, il presidente è sostituito per la restante durata del suo mandato. Per la sua sostituzione si applica la procedura prevista dall'articolo *17*, paragrafo *7, primo comma del trattato sull'Unione europea.*

In caso di dimissioni volontarie o d'ufficio o di decesso, l'alto rappresentante dell'Unione per gli affari esteri e la politica di sicurezza è sostituito per la restante durata del suo mandato, in conformità dell'articolo 18, paragrafo 1 del trattato sull'Unione europea.

In caso di dimissioni volontarie di tutti i membri della Commissione, questi rimangono in carica e continuano a curare gli affari di ordinaria amministrazione fino alla loro sosti-

tuzione, per la restante durata del mandato, in conformità dell'articolo 17 del trattato sull'Unione europea.

Articolo 247 (*ex* articolo 216 del TCE). – Qualsiasi membro della Commissione che non risponda più alle condizioni necessarie all'esercizio delle sue funzioni o che abbia commesso una colpa grave può essere dichiarato dimissionario dalla Corte di giustizia, su istanza del Consiglio*, che delibera a maggioranza semplice, o della Commissione.*

Articolo 248 (*ex* articolo 217, paragrafo 2, del TCE). – *Fatto salvo l'articolo 18, paragrafo 4 del trattato sull'Unione europea,* le competenze che spettano alla Commissione sono strutturate e ripartite fra i membri dal presidente, *in conformità dell'articolo 17, paragrafo 6 di detto trattato*. Il presidente può modificare la ripartizione delle competenze nel corso del mandato. I membri della Commissione esercitano le funzioni loro attribuite dal presidente, sotto la sua autorità.

Articolo 249 (*ex* articoli 218, paragrafo 2, e 212 del TCE). – *1.* La Commissione stabilisce il proprio regolamento interno allo scopo di assicurare il proprio funzionamento e quello dei propri *servizi*. *Essa* provvede alla pubblicazione del regolamento.

2. La Commissione pubblica ogni anno, almeno un mese prima dell'apertura della sessione del Parlamento europeo, una relazione generale sull'attività *dell'Unione*.

Articolo 250 (*ex* articolo 219 del TCE). – Le deliberazioni della Commissione sono prese a *maggioranza dei* suoi *membri*.

Il regolamento interno fissa il numero legale.

SEZIONE 5 – *La Corte di giustizia* dell'Unione europea

Articolo 251 (*ex* articolo 221 del TCE). – La Corte di giustizia si riunisce in sezioni o in grande sezione, conformemente alle regole previste a tal fine dallo statuto della Corte di giustizia *dell'Unione europea*.

Ove ciò sia previsto dallo statuto, la Corte di giustizia può riunirsi anche in seduta plenaria.

Articolo 252 (*ex* articolo 222 del TCE). – La Corte di giustizia è assistita da otto avvocati generali. Ove ciò sia richiesto dalla Corte di giustizia, il Consiglio, deliberando all'unanimità, può aumentare il numero degli avvocati generali [6].

---

[6] La decisione 2013/336 del Consiglio del 25 giugno 2013, recante aumento del numero degli avvocati generali della Corte di giustizia dell'Unione europea, in *G.U.U.E.* L 179 del 29 giugno 2013, p. 92, considerato quanto previsto dalla dichiarazione n. 38 allegata all'atto finale della conferenza intergovernativa che ha adottato il Trattato di Lisbona (cfr. oltre, par. 6, Dichiarazione n. 38), ha previsto l'assunzione delle funzioni di un avvocato generale alla data del 1° luglio 2013 (data dell'adesione della Croazia) e di due avvocati generali alla data del 7 ottobre 2015 (data del rinnovo parziale dei membri della Corte). La decisione così dispone:

«*Articolo 1* – Il numero degli avvocati generali della Corte di giustizia dell'Unione europea è elevato a: – nove, a decorrere dal 1° luglio 2013, – undici, a decorrere dal 7 ottobre 2015.

Articolo 2 – La presente decisione entra in vigore il giorno successivo alla pubblicazione nella Gazzetta ufficiale dell'Unione europea». (*omissis*). La decisione, a seguito del recesso del Regno Unito, non viene modificata, il numero degli avvocati generali restando undici. In questi termini è la "Dichiarazione della Conferenza dei rappresentanti dei governi degli Stati membri del 29 gennaio 2020 relativa alle conseguenze del recesso del Regno Unito dall'Unione europea sugli avvocati generali della Corte di giustizia dell'Unione europea", doc. XT21018/20 del 29 gennaio 2020. Il testo è il seguente: «(*omissis*) La Conferenza dei rappresentanti dei governi degli Stati membri ("Conferenza") ricorda che, con la decisione 2013/336/UE, il Consiglio ha fissato a undici il numero di avvocati generali della Corte di giustizia

L'avvocato generale ha l'ufficio di presentare pubblicamente, con assoluta imparzialità e in piena indipendenza, conclusioni motivate sulle cause che, conformemente allo statuto della Corte di giustizia *dell'Unione europea*, richiedono il suo intervento.

Articolo 253 (*ex* articolo 223 del TCE). – I giudici e gli avvocati generali della Corte di giustizia, scelti tra personalità che offrano tutte le garanzie di indipendenza e che riuniscano le condizioni richieste per l'esercizio, nei rispettivi paesi, delle più alte funzioni giurisdizionali, ovvero che siano giureconsulti di notoria competenza, sono nominati di comune accordo per sei anni dai governi degli Stati membri, *previa consultazione del comitato di cui all'articolo 255*.

Ogni tre anni si procede a un rinnovo parziale dei giudici e degli avvocati generali, alle condizioni previste dallo statuto della Corte di giustizia *dell'Unione europea*.

I giudici designano tra loro, per tre anni, il presidente della Corte di giustizia. Il suo mandato è rinnovabile.

I giudici e gli avvocati generali uscenti possono essere nuovamente nominati.

La Corte di giustizia nomina il proprio cancelliere, di cui fissa lo statuto.

La Corte di giustizia stabilisce il proprio regolamento di procedura. Tale regolamento è sottoposto all'approvazione del *Consiglio*.

Articolo 254 (*ex* articolo 224 del TCE). – *Il numero* dei giudici *del Tribunale* è stabilito dallo statuto della Corte di giustizia *dell'Unione europea*. Lo statuto può prevedere che il Tribunale sia assistito da avvocati generali.

I membri del *Tribunale* sono scelti tra persone che offrano tutte le garanzie di indipendenza e possiedano la capacità per l'esercizio di alte funzioni giurisdizionali. Essi sono nominati di comune accordo per sei anni dai governi degli Stati membri, *previa consultazione del comitato di cui all'articolo 255*. Ogni tre anni si procede a un rinnovo parziale. I membri uscenti possono essere nuovamente nominati.

I giudici designano tra loro, per tre anni, il presidente del *Tribunale*. Il suo mandato è rinnovabile.

Il *Tribunale* nomina il proprio cancelliere, di cui fissa lo statuto.

Il *Tribunale* stabilisce il proprio regolamento di procedura di concerto con la Corte di giustizia. Tale regolamento è sottoposto all'approvazione del *Consiglio*.

Salvo quanto diversamente disposto dallo statuto della Corte di giustizia *dell'Unione europea*, le disposizioni *dei trattati* relative alla Corte di giustizia sono applicabili al *Tribunale*.

Articolo 255. – È istituito un comitato con l'incarico di fornire un parere sull'adeguatezza dei candidati all'esercizio delle funzioni di giudice e di avvocato generale della Corte di giustizia e del Tribunale, prima che i governi degli Stati membri procedano alle nomine in conformità degli articoli 253 e 254.

Il comitato è composto da sette personalità scelte tra ex membri della Corte di giustizia e del Tribunale, membri dei massimi organi giurisdizionali nazionali e giuristi di notoria competenza, uno dei quali è proposto dal Parlamento europeo. Il Consiglio adotta una decisione che stabilisce le regole di funzionamento di detto comitato e una decisione che ne designa i membri. Esso delibera su iniziativa del presidente della Corte di giustizia.

---

dell'Unione europea. La Conferenza ricorda inoltre che il 29 marzo 2017 il Regno Unito ha notificato al Consiglio europeo l'intenzione di recedere dall'Unione europea. Conformemente all'articolo 50, paragrafo 3, del trattato sull'Unione europea, i trattati cessano di essere applicabili allo Stato membro che recede a decorrere dalla data di entrata in vigore dell'accordo di recesso. Gli attuali mandati dei membri delle istituzioni, degli organi e degli organismi dell'Unione che sono stati nominati, designati o eletti in virtù dell'adesione del Regno Unito all'Unione scadranno pertanto non appena i trattati cesseranno di essere applicabili al Regno Unito, vale a dire alla data del recesso».

Articolo 256 (*ex* articolo 225 del TCE). – *1.* Il *Tribunale* è competente a conoscere in primo grado dei ricorsi di cui agli articoli *263, 265, 268, 270 e 272*, ad eccezione di quelli attribuiti a *un tribunale specializzato istituito in applicazione dell'articolo 257* e di quelli che lo statuto riserva alla Corte di giustizia. Lo statuto può prevedere che il *Tribunale* sia competente per altre categorie di ricorsi.

Le decisioni emesse dal *Tribunale* ai sensi del presente paragrafo possono essere oggetto di impugnazione dinanzi alla Corte di giustizia per i soli motivi di diritto e alle condizioni ed entro i limiti previsti dallo statuto.

2. Il *Tribunale* è competente a conoscere dei ricorsi proposti contro le decisioni *dei tribunali specializzati*.

Le decisioni emesse dal *Tribunale* ai sensi del presente paragrafo possono eccezionalmente essere oggetto di riesame da parte della Corte di giustizia, alle condizioni ed entro i limiti previsti dallo statuto, ove sussistano gravi rischi che l'unità o la coerenza del diritto *dell'Unione* siano compromesse.

3. Il *Tribunale* è competente a conoscere delle questioni pregiudiziali, sottoposte ai sensi dell'articolo *267*, in materie specifiche determinate dallo statuto.

Il *Tribunale*, ove ritenga che la causa richieda una decisione di principio che potrebbe compromettere l'unità o la coerenza del diritto *dell'Unione*, può rinviare la causa dinanzi alla Corte di giustizia affinché si pronunci.

Le decisioni emesse dal *Tribunale* su questioni pregiudiziali possono eccezionalmente essere oggetto di riesame da parte della Corte di giustizia, alle condizioni ed entro i limiti previsti dallo statuto, ove sussistano gravi rischi che l'unità o la coerenza del diritto *dell'Unione* siano compromesse.

Articolo 257 (*ex* articolo 225 A del TCE). – *Il Parlamento europeo e* il Consiglio, deliberando *secondo la procedura legislativa ordinaria, possono istituire tribunali specializzati affiancati al Tribunale, e incaricati* di conoscere in primo grado di talune categorie di ricorsi proposti in materie specifiche. *Il Parlamento europeo e il Consiglio deliberano mediante regolamenti su proposta della Commissione e previa consultazione della Corte di giustizia o su richiesta della Corte di giustizia e previa consultazione della Commissione.*

Il regolamento sull'istituzione di *un tribunale specializzato* stabilisce le regole relative alla composizione di tale *tribunale* e precisa la portata delle competenze ad *esso* conferite.

Le decisioni *dei tribunali specializzati* possono essere oggetto di impugnazione per i soli motivi di diritto o, qualora *il regolamento* sull'istituzione *del tribunale specializzato* lo preveda, anche per motivi di fatto, dinanzi al *Tribunale*.

I membri *dei tribunali specializzati* sono scelti tra persone che offrano tutte le garanzie di indipendenza e possiedano la capacità per l'esercizio di funzioni giurisdizionali. Essi sono nominati dal Consiglio, che delibera all'unanimità.

I tribunali specializzati stabiliscono il proprio regolamento di procedura di concerto con la Corte di giustizia. Tale regolamento è sottoposto all'approvazione del *Consiglio*.

Salvo ove diversamente disposto *dal regolamento* sull'istituzione *del tribunale specializzato*, le disposizioni *dei trattati* relative alla Corte di giustizia *dell'Unione europea* e le disposizioni dello statuto della Corte di giustizia *dell'Unione europea* si applicano *ai tribunali specializzati. Il titolo I dello statuto e l'articolo 64 del medesimo si applicano in ogni caso ai tribunali specializzati.*

Articolo 258 (*ex* articolo 226 del TCE). – La Commissione, quando reputi che uno Stato membro abbia mancato a uno degli obblighi a lui incombenti in virtù *dei trattati*, emette un parere motivato al riguardo, dopo aver posto lo Stato in condizioni di presentare le sue osservazioni.

Qualora lo Stato in causa non si conformi a tale parere nel termine fissato dalla Commissione, questa può adire la Corte di giustizia *dell'Unione europea*.

Articolo 259 (*ex* articolo 227 del TCE). – Ciascuno degli Stati membri può adire la Corte di giustizia *dell'Unione europea* quando reputi che un altro Stato membro ha mancato a uno degli obblighi a lui incombenti in virtù *dei trattati*.

Uno Stato membro, prima di proporre contro un altro Stato membro un ricorso fondato su una pretesa violazione degli obblighi che a quest'ultimo incombono in virtù *dei trattati*, deve rivolgersi alla Commissione.

La Commissione emette un parere motivato dopo che gli Stati interessati siano posti in condizione di presentare in contraddittorio le loro osservazioni scritte e orali.

Qualora la Commissione non abbia formulato il parere nel termine di tre mesi dalla domanda, la mancanza del parere non osta alla facoltà di ricorso alla *Corte*.

Articolo 260 (*ex* articolo 228 del TCE). – *1.* Quando la Corte di giustizia *dell'Unione europea* riconosca che uno Stato membro ha mancato ad uno degli obblighi ad esso incombenti in virtù *dei trattati*, tale Stato è tenuto a prendere i provvedimenti che l'esecuzione della sentenza della *Corte* comporta.

2. Se ritiene che lo Stato membro in questione non abbia preso *le misure che l'esecuzione della sentenza della Corte comporta*, la Commissione, *dopo aver posto tale Stato in condizione di presentare osservazioni, può adire la Corte. Essa precisa l'importo della somma forfettaria o della penalità, da versare da parte dello Stato membro in questione, che essa consideri adeguato alle circostanze.*

La *Corte*, qualora riconosca che lo Stato membro in questione non si è conformato alla sentenza da essa pronunciata, può comminargli il pagamento di una somma forfettaria o di una penalità.

Questa procedura lascia impregiudicate le disposizioni dell'articolo *259*.

3. La Commissione, quando propone ricorso dinanzi alla Corte in virtù dell'articolo 258 reputando che lo Stato membro interessato non abbia adempiuto all'obbligo di comunicare le misure di attuazione di una direttiva adottata secondo una procedura legislativa, può, se lo ritiene opportuno, indicare l'importo della somma forfettaria o della penalità da versare da parte di tale Stato che essa consideri adeguato alle circostanze.

Se la Corte constata l'inadempimento, può comminare allo Stato membro in questione il pagamento di una somma forfettaria o di una penalità entro i limiti dell'importo indicato dalla Commissione. Il pagamento è esigibile alla data fissata dalla Corte nella sentenza.

Articolo 261 (*ex* articolo 229 del TCE). – I regolamenti adottati congiuntamente dal Parlamento europeo e dal Consiglio e dal Consiglio in virtù delle disposizioni *dei trattati* possono attribuire alla Corte di giustizia *dell'Unione europea* una competenza giurisdizionale anche di merito per quanto riguarda le sanzioni previste nei regolamenti stessi.

Articolo 262 (*ex* articolo 229 A del TCE). – Fatte salve le altre disposizioni *dei trattati*, il Consiglio, deliberando all'unanimità *secondo una procedura legislativa speciale* e previa consultazione del Parlamento europeo, può adottare disposizioni intese ad attribuire alla Corte di giustizia *dell'Unione europea*, nella misura da esso stabilita, la competenza a pronunciarsi su controversie connesse con l'applicazione degli atti adottati in base *ai trattati* che creano titoli *europei* di proprietà *intellettuale. Tali disposizioni entrano in vigore previa approvazione* degli Stati membri, conformemente *alle rispettive* norme costituzionali.

Articolo 263 (*ex* articolo 230 del TCE). – La Corte di giustizia *dell'Unione europea* esercita un controllo di legittimità sugli atti *legislativi, sugli* atti del Consiglio, della Commissione e della Banca centrale europea che non siano raccomandazioni o pareri, nonché sugli atti del Parlamento europeo *e del Consiglio europeo* destinati a produrre effetti giuridici nei confronti *di* terzi. *Esercita inoltre un controllo di legittimità sugli atti degli organi o organismi dell'Unione destinati a produrre effetti giuridici nei confronti di terzi.*

A tal fine, la Corte è competente a pronunciarsi sui ricorsi per incompetenza, violazione delle forme sostanziali, violazione *dei trattati* o di qualsiasi regola di diritto relativa alla loro applicazione, ovvero per sviamento di potere, proposti da uno Stato membro, dal Parlamento europeo, dal Consiglio o dalla Commissione.

La *Corte* è competente, alle stesse condizioni, a pronunciarsi sui ricorsi che la Corte dei *conti, la* Banca centrale europea *ed il Comitato delle regioni* propongono per salvaguardare le proprie prerogative.

Qualsiasi persona fisica o giuridica può proporre, *alle condizioni previste al primo e secondo comma*, un ricorso contro *gli atti adottati* nei suoi confronti *o che* la riguardano direttamente e individualmente*, e contro gli atti regolamentari che la riguardano direttamente e che non comportano alcuna misura d'esecuzione.*

Gli atti che istituiscono gli organi e organismi dell'Unione possono prevedere condizioni e modalità specifiche relative ai ricorsi proposti da persone fisiche o giuridiche contro atti di detti organi o organismi destinati a produrre effetti giuridici nei loro confronti.

I ricorsi previsti dal presente articolo devono essere proposti nel termine di due mesi a decorrere, secondo i casi, dalla pubblicazione dell'atto, dalla sua notificazione al ricorrente ovvero, in mancanza, dal giorno in cui il ricorrente ne ha avuto conoscenza.

Articolo 264 (*ex* articolo 231 del TCE). – Se il ricorso è fondato, la Corte di giustizia *dell'Unione europea* dichiara nullo e non avvenuto l'atto impugnato.

Tuttavia *la Corte*, ove lo reputi necessario, precisa gli effetti dell'atto annullato che devono essere considerati definitivi.

Articolo 265 (*ex* articolo 232 del TCE). – Qualora, in violazione *dei trattati*, il Parlamento europeo, il *Consiglio europeo,* il *Consiglio, la* Commissione *o la Banca centrale europea* si astengano dal pronunciarsi, gli Stati membri e le altre istituzioni *dell'Unione* possono adire la Corte di giustizia *dell'Unione europea* per far constatare tale violazione. *Il presente articolo si applica, alle stesse condizioni, agli organi e organismi dell'Unione che si astengano dal pronunciarsi.*

Il ricorso è ricevibile soltanto quando l'istituzione, *l'organo o l'organismo* in causa *siano stati* preventivamente *richiesti* di agire. Se, allo scadere di un termine di due mesi da tale richiesta, l'istituzione, *l'organo o l'organismo non hanno* preso posizione, il ricorso può essere proposto entro un nuovo termine di due mesi.

Ogni persona fisica o giuridica può adire la *Corte* alle condizioni stabilite dai commi precedenti per contestare ad *una istituzione, organo o organismo dell'Unione* di avere omesso di emanare nei suoi confronti un atto che non sia una raccomandazione o un *parere.*

Articolo 266 (*ex* articolo 233 del TCE). – L'istituzione*, l'organo o l'organismo* da cui emana l'atto annullato o la cui astensione sia stata dichiarata contraria *ai trattati sono tenuti* a prendere i provvedimenti che l'esecuzione della sentenza della Corte di giustizia *dell'Unione europea* comporta.

Tale obbligo non pregiudica quello eventualmente risultante dall'applicazione dell'articolo *340, secondo comma.*

Articolo 267 (*ex* articolo 234 del TCE). – La Corte di giustizia *dell'Unione europea* è competente a pronunciarsi, in via pregiudiziale:

a) sull'interpretazione *dei trattati;*

b) sulla validità e l'interpretazione degli atti compiuti dalle istituzioni, *dagli organi o dagli organismi dell'Unione.*

Quando una questione del genere è sollevata dinanzi ad *un organo giurisdizionale* di uno degli Stati membri, tale *organo giurisdizionale* può, qualora reputi necessaria per emanare la sua sentenza una decisione su questo punto, domandare alla Corte di pronunciarsi sulla questione.

Quando una questione del genere è sollevata in un giudizio pendente davanti *a un organo giurisdizionale* nazionale, avverso le cui decisioni non possa proporsi un ricorso giurisdizionale di diritto interno, *tale organo giurisdizionale* è *tenuto* a rivolgersi alla *Corte*.

Quando una questione del genere è sollevata in un giudizio pendente davanti a un organo giurisdizionale nazionale e riguardante una persona in stato di detenzione, la Corte statuisce il più rapidamente possibile.

Articolo 268 (*ex* articolo 235 del TCE). – La Corte di giustizia *dell'Unione europea* è competente a conoscere delle controversie relative al risarcimento dei danni di cui all'articolo *340*, secondo *e terzo* comma.

Articolo 269. – La Corte di giustizia è competente a pronunciarsi sulla legittimità di un atto adottato dal Consiglio europeo o dal Consiglio a norma dell'articolo 7 del trattato sull'Unione europea unicamente su domanda dello Stato membro oggetto di una constatazione del Consiglio europeo o del Consiglio e per quanto concerne il rispetto delle sole prescrizioni di carattere procedurale previste dal suddetto articolo.

La domanda deve essere formulata entro il termine di un mese a decorrere da detta constatazione. La Corte statuisce entro il termine di un mese a decorrere dalla data della domanda.

Articolo 270 (*ex* articolo 236 del TCE) – La Corte di giustizia *dell'Unione europea* è competente a pronunciarsi su qualsiasi controversia tra *l'Unione* e gli agenti di questa, nei limiti e alle condizioni determinati dallo statuto *dei funzionari dell'Unione e dal regime applicabile agli altri agenti dell'Unione.*

Articolo 271 (*ex* articolo 237 del TCE). – La Corte di giustizia *dell'Unione europea* è competente, nei limiti sotto specificati, a conoscere delle controversie in materia di:

a) esecuzione degli obblighi degli Stati membri derivanti dallo statuto della Banca europea per gli investimenti. Il consiglio di amministrazione della Banca dispone a tale riguardo dei poteri riconosciuti alla Commissione dall'articolo *258;*

b) deliberazioni del consiglio dei governatori della Banca europea per gli investimenti. Ciascuno Stato membro, la Commissione e il consiglio di amministrazione della Banca possono proporre un ricorso in materia, alle condizioni previste dall'articolo *263;*

c) deliberazioni del consiglio di amministrazione della Banca europea per gli investimenti. I ricorsi avverso tali deliberazioni possono essere proposti, alle condizioni fissate dall'articolo *263*, soltanto dagli Stati membri o dalla Commissione e unicamente per violazione delle norme di cui all'articolo *19*, paragrafo 2 e paragrafi da 5 a 7 inclusi, dello statuto della Banca*;*

d) esecuzione, da parte delle banche centrali nazionali, degli obblighi derivanti *dai trattati* e dallo statuto del SEBC *e della BCE*. Il consiglio *direttivo* della Banca centrale europea dispone al riguardo, nei confronti delle banche centrali nazionali, dei poteri riconosciuti alla Commissione dall'articolo *258* nei confronti degli Stati membri. Quando la *Corte* riconosca che una banca centrale nazionale ha mancato ad uno degli obblighi ad essa incombenti in virtù *dei trattati*, essa è tenuta a prendere i provvedimenti che l'esecuzione della sentenza della *Corte* comporta.

Articolo 272 (*ex* articolo 238 del TCE). La Corte di giustizia *dell'Unione europea* è competente a giudicare in virtù di una clausola compromissoria contenuta in un contratto di diritto pubblico o di diritto privato stipulato *dall'Unione* o per conto di questa.

Articolo 273 (*ex* articolo 239 del TCE). – La Corte di giustizia è competente a conoscere di qualsiasi controversia tra Stati membri in connessione con l'oggetto *dei trattati*, quando tale controversia le venga sottoposta in virtù di un compromesso.

Articolo 274 (*ex* articolo 240 del TCE). – Fatte salve le competenze attribuite alla Corte di giustizia *dell'Unione europea dai trattati*, le controversie nelle quali *l'Unione* sia parte non sono, per tale motivo, sottratte alla competenza delle giurisdizioni nazionali.

Articolo 275. – La Corte di giustizia dell'Unione europea non è competente per quanto riguarda le disposizioni relative alla politica estera e di sicurezza comune, né per quanto riguarda gli atti adottati in base a dette disposizioni.

Tuttavia, la Corte è competente a controllare il rispetto dell'articolo 40 del trattato sull'Unione europea e a pronunciarsi sui ricorsi, proposti secondo le condizioni di cui all'articolo 263, quarto comma del presente trattato, riguardanti il controllo della legittimità delle decisioni che prevedono misure restrittive nei confronti di persone fisiche o giuridiche adottate dal Consiglio in base al titolo V, capo 2 del trattato sull'Unione europea.

Articolo 276. – Nell'esercizio delle attribuzioni relative alle disposizioni dei capi 4 e 5 della parte terza, titolo V concernenti lo spazio di libertà, sicurezza e giustizia, la Corte di giustizia dell'Unione europea non è competente a esaminare la validità o la proporzionalità di operazioni condotte dalla polizia o da altri servizi incaricati dell'applicazione della legge di uno Stato membro o l'esercizio delle responsabilità incombenti agli Stati membri per il mantenimento dell'ordine pubblico e la salvaguardia della sicurezza interna.

Articolo 277 (*ex* articolo 241 del TCE). – Nell'eventualità di una controversia che metta in causa un *atto di portata generale adottato da un'istituzione, organo o organismo dell'Unione*, ciascuna parte può, anche dopo lo spirare del termine previsto all'articolo *263*, *sesto* comma, valersi dei motivi previsti all'articolo *263*, secondo comma, per invocare dinanzi alla Corte di giustizia *dell'Unione europea* l'inapplicabilità *dell'atto* stesso.

Articolo 278 (*ex* articolo 242 del TCE). – I ricorsi proposti alla Corte di giustizia *dell'Unione europea* non hanno effetto sospensivo. Tuttavia, la Corte può, quando reputi che le circostanze lo richiedano, ordinare la sospensione dell'esecuzione dell'atto impugnato.

Articolo 279 (*ex* articolo 243 del TCE). – La Corte di giustizia *dell'Unione europea*, negli affari che le sono proposti, può ordinare i provvedimenti provvisori necessari.

Articolo 280 (*ex* articolo 244 del TCE). – Le sentenze della Corte di giustizia *dell'Unione europea* hanno forza esecutiva alle condizioni fissate dall'articolo *299*.

Articolo 281 (*ex* articolo 245 del TCE). – Lo statuto della Corte di giustizia *dell'Unione europea* è stabilito con un protocollo separato.

Il Parlamento europeo e il Consiglio, deliberando *secondo la procedura legislativa ordinaria, possono* modificare le disposizioni dello statuto, ad eccezione del titolo I e *dell'articolo 64. Il Parlamento europeo e il Consiglio deliberano su richiesta della Corte di giustizia e previa consultazione della Commissione o su proposta della Commissione e previa consultazione della Corte di giustizia.*

SEZIONE 6 – *La Banca centrale europea*

Articolo 282. – 1. La Banca centrale europea e le banche centrali nazionali costituiscono il Sistema europeo di banche centrali (SEBC). La Banca centrale europea e le banche centrali nazionali degli Stati membri la cui moneta è l'euro, che costituiscono l'Eurosistema, conducono la politica monetaria dell'Unione.

2. Il SEBC è diretto dagli organi decisionali della Banca centrale europea. L'obiettivo principale del SEBC è il mantenimento della stabilità dei prezzi. Fatto salvo tale obiettivo, esso sostiene le politiche economiche generali nell'Unione per contribuire alla realizzazione degli obiettivi di quest'ultima.

3. La Banca centrale europea ha personalità giuridica. Ha il diritto esclusivo di autorizzare l'emissione dell'euro. È indipendente nell'esercizio dei suoi poteri e nella gestione delle sue finanze. Le istituzioni, organi e organismi dell'Unione e i governi degli Stati membri rispettano tale indipendenza.

4. La Banca centrale europea adotta le misure necessarie all'assolvimento dei suoi compiti in conformità degli articoli da 127 a 133, dell'articolo 138 e delle condizioni stabilite dallo statuto del SEBC e della BCE. In conformità di questi stessi articoli, gli Stati membri la cui moneta non è l'euro e le rispettive banche centrali conservano le loro competenze nel settore monetario.

5. Nei settori che rientrano nelle sue attribuzioni, la Banca centrale europea è consultata su ogni progetto di atto dell'Unione e su ogni progetto di atto normativo a livello nazionale, e può formulare pareri.

Articolo 283 (*ex* articolo 112 del TCE). – *1.* Il consiglio direttivo della Banca centrale europea comprende i membri del comitato esecutivo della Banca centrale europea nonché i governatori delle banche centrali nazionali *degli Stati membri la cui moneta è l'euro.*

2. Il comitato esecutivo comprende il presidente, il vicepresidente e quattro altri membri.

Il presidente, il vicepresidente e gli altri membri del comitato esecutivo sono nominati, tra persone di riconosciuta levatura ed esperienza professionale nel settore monetario o bancario, *dal Consiglio europeo che delibera a maggioranza qualificata*, su raccomandazione del Consiglio e previa consultazione del Parlamento europeo e del consiglio direttivo della Banca centrale europea.

Il loro mandato ha una durata di otto anni e non è rinnovabile.

Soltanto cittadini degli Stati membri possono essere membri del comitato esecutivo

Articolo 284 (*ex* articolo 113 del TCE). – 1. Il presidente del Consiglio e un membro della Commissione possono partecipare, senza diritto di voto, alle riunioni del consiglio direttivo della Banca centrale europea.

Il presidente del Consiglio può sottoporre una mozione alla delibera del consiglio direttivo della Banca centrale europea.

2. Il presidente della Banca centrale europea è invitato a partecipare alle riunioni del Consiglio quando quest'ultimo discute su argomenti relativi agli obiettivi e ai compiti del SEBC.

3. La Banca centrale europea trasmette al Parlamento europeo, al Consiglio e alla Commissione nonché al Consiglio europeo, una relazione annuale sull'attività del SEBC e sulla politica monetaria dell'anno precedente e dell'anno in corso. Il presidente della Banca centrale europea presenta tale relazione al Consiglio e al Parlamento europeo, che può procedere su questa base ad un dibattito generale.

Il presidente della Banca centrale europea e gli altri membri del comitato esecutivo possono, a richiesta del Parlamento europeo o di propria iniziativa, essere ascoltati dalle commissioni competenti del Parlamento europeo.

SEZIONE 7 – *La Corte dei conti*

Articolo 285 (*ex* articolo 246 del TCE). – La Corte dei conti assicura il controllo dei conti *dell'Unione.*

Essa è composta da un cittadino di ciascuno Stato membro. I suoi membri esercitano le loro funzioni in piena indipendenza, nell'interesse generale dell'Unione.

Articolo 286 (*ex* articolo 247 del TCE). – *1.* I membri della Corte dei conti sono scelti tra personalità che fanno o hanno fatto parte, nei rispettivi *Stati*, delle istituzioni di controllo esterno o che posseggono una qualifica specifica per tale funzione. Essi devono offrire tutte le garanzie d'indipendenza.

2. I membri della Corte dei conti sono nominati per un periodo di sei anni. Il *Consiglio, previa* consultazione del Parlamento europeo, adotta l'elenco dei membri, redatto conformemente alle proposte presentate da ciascuno Stato membro. Il mandato dei membri della Corte dei conti è rinnovabile.

I membri designano tra loro, per tre anni, il presidente della Corte dei conti. Il suo mandato è rinnovabile.

3. Nell'adempimento dei loro doveri, *i membri della Corte dei conti* non sollecitano né accettano istruzioni da alcun governo né da alcun organismo. Essi si astengono da ogni atto incompatibile con il carattere delle loro funzioni.

4. I membri della Corte dei conti non possono, per la durata delle loro funzioni, esercitare alcun'altra attività professionale, remunerata o meno. Fin dal loro insediamento, *i membri della Corte dei conti* assumono l'impegno solenne di rispettare, per la durata delle loro funzioni e dopo la cessazione di queste, gli obblighi derivanti dalla loro carica ed in particolare i doveri di onestà e delicatezza per quanto riguarda l'accettare, dopo tale cessazione, determinate funzioni o vantaggi.

5. A parte rinnovamenti regolari e i decessi, le funzioni dei membri della Corte dei conti cessano individualmente per dimissioni volontarie o per dimissioni d'ufficio dichiarate dalla Corte di giustizia conformemente alle disposizioni del paragrafo *6*.

L'interessato è sostituito per la restante durata del mandato.

Salvo il caso di dimissioni d'ufficio, i membri della Corte dei conti restano in carica fino a quando non si sia provveduto alla loro sostituzione.

6. I membri della Corte dei conti possono essere destituiti dalle loro funzioni oppure essere dichiarati decaduti dal loro diritto alla pensione o da altri vantaggi sostitutivi soltanto se la Corte di giustizia constata, su richiesta della Corte dei conti, che essi non sono più in possesso dei requisiti necessari o non soddisfano più agli obblighi derivanti dalla loro carica.

7. Il *Consiglio fissa* le condizioni di impiego, in particolare stipendi, indennità e pensioni, del presidente e dei membri della Corte dei conti. Esso fissa *altresì tutte* le indennità sostitutive di retribuzione.

8. Le disposizioni del protocollo sui privilegi e sulle immunità *dell'Unione europea* applicabili ai giudici della Corte di giustizia *dell'Unione europea* sono applicabili anche ai membri della Corte dei conti.

Articolo 287 (*ex* articolo 248 del TCE). – *1.* La Corte dei conti esamina i conti di tutte le entrate e le spese *dell'Unione*. Esamina del pari i conti di tutte le entrate e le spese di ogni *organo o* organismo creato *dall'Unione*, nella misura in cui l'atto costitutivo non escluda tale esame.

La Corte dei conti presenta al Parlamento europeo e al Consiglio una dichiarazione in cui attesta l'affidabilità dei conti e la legittimità e la regolarità delle relative operazioni, che è pubblicata nella Gazzetta ufficiale dell'Unione europea. Detta dichiarazione può essere completata da valutazioni specifiche per ciascuno dei settori principali dell'attività *dell'Unione*.

2. La Corte dei conti controlla la legittimità e la regolarità delle entrate e delle spese ed accerta la sana gestione finanziaria. Nell'esercitare tale controllo, essa riferisce in particolare su ogni caso di irregolarità.

Il controllo delle entrate si effettua in base agli accertamenti ed ai versamenti delle entrate *all'Unione*.

Il controllo delle spese si effettua in base agli impegni ed ai pagamenti.

Tali controlli possono essere effettuati prima della chiusura dei conti dell'esercizio di bilancio considerato.

3. Il controllo ha luogo tanto sui documenti quanto, in caso di necessità, sul posto, presso le altre istituzioni *dell'Unione*, nei locali di qualsiasi *organo o* organismo che gestisca le entrate o le spese per conto *dell'Unione* e negli Stati membri, compresi i locali di persone fisiche o giuridiche che ricevano contributi a carico del bilancio. Il controllo negli Stati membri si effettua in collaborazione con le istituzioni nazionali di controllo o, se queste non hanno la necessaria competenza, con i servizi nazionali competenti. La Corte dei conti e le istituzioni nazionali di controllo degli Stati membri cooperano in uno spirito di reciproca fiducia, pur mantenendo la loro indipendenza. Tali istituzioni o servizi comunicano alla Corte dei conti se intendono partecipare al controllo.

Le altre istituzioni *dell'Unione, gli organi o* organismi che gestiscono le entrate o le spese per conto *dell'Unione*, le persone fisiche o giuridiche che ricevono contributi a carico del bilancio e le istituzioni nazionali di controllo o, se queste non hanno la necessaria competenza, i servizi nazionali competenti trasmettono alla Corte dei conti, a sua richiesta, i documenti e le informazioni necessari all'espletamento delle sue funzioni.

Per quanto riguarda l'attività della Banca europea per gli investimenti in merito alla gestione delle entrate e delle spese *dell'Unione*, il diritto della Corte di accedere alle informazioni in possesso della Banca è disciplinato da un accordo tra la Corte, la Banca e la Commissione. In mancanza di un accordo, la Corte ha tuttavia accesso alle informazioni necessarie al controllo delle entrate e delle spese *dell'Unione* gestite dalla Banca.

4. Dopo la chiusura di ciascun esercizio, la Corte dei conti stende una relazione *annuale*. Questa è trasmessa alle altre istituzioni *dell'Unione* ed è pubblicata nella Gazzetta ufficiale dell'Unione europea, accompagnata dalle risposte delle istituzioni alle osservazioni della Corte dei conti.

La Corte dei conti può inoltre presentare in ogni momento le sue osservazioni su problemi particolari sotto forma, tra l'altro, di relazioni speciali e dare pareri su richiesta di una delle altre istituzioni *dell'Unione*.

Essa adotta le relazioni *annuali*, le relazioni speciali o i pareri a maggioranza dei membri che la compongono. Ha tuttavia la possibilità di istituire nel suo ambito delle sezioni per adottare talune categorie di relazioni o di pareri, alle condizioni previste nel suo regolamento interno.

Essa assiste il Parlamento europeo e il Consiglio nell'esercizio della loro funzione di controllo dell'esecuzione del bilancio.

La Corte dei conti stabilisce il proprio regolamento interno. Tale regolamento è sottoposto all'approvazione del *Consiglio*.

CAPO 2 – *ATTI GIURIDICI DELL'UNIONE, PROCEDURE DI AZIONE E ALTRE DISPOSIZIONI*

SEZIONE 1 – *Atti giuridici dell'Unione*

Articolo 288 (*ex* articolo 249 del TCE). – *Per esercitare le competenze dell'Unione, le istituzioni adottano regolamenti, direttive, decisioni, raccomandazioni e pareri.*

Il regolamento ha portata generale. Esso è obbligatorio in tutti i suoi elementi e direttamente applicabile in ciascuno degli Stati membri.

La direttiva vincola lo Stato membro cui è rivolta per quanto riguarda il risultato da raggiungere, salva restando la competenza degli organi nazionali in merito alla forma e ai mezzi.

La decisione è obbligatoria in tutti i suoi *elementi. Se designa i destinatari è obbligatoria soltanto nei confronti di questi.*

Le raccomandazioni e i pareri non sono vincolanti.

Articolo 289. – 1. La procedura legislativa ordinaria consiste nell'adozione congiunta di un regolamento, di una direttiva o di una decisione da parte del Parlamento europeo e del Consiglio su proposta della Commissione. Tale procedura è definita all'articolo 294.

2. Nei casi specifici previsti dai trattati, l'adozione di un regolamento, di una direttiva o di una decisione da parte del Parlamento europeo con la partecipazione del Consiglio o da parte di quest'ultimo con la partecipazione del Parlamento europeo costituisce una procedura legislativa speciale.

3. Gli atti giuridici adottati mediante procedura legislativa sono atti legislativi.

4. Nei casi specifici previsti dai trattati, gli atti legislativi possono essere adottati su iniziativa di un gruppo di Stati membri o del Parlamento europeo, su raccomandazione della Banca centrale europea o su richiesta della Corte di giustizia o della Banca europea per gli investimenti.

Articolo 290. – 1. Un atto legislativo può delegare alla Commissione il potere di adottare atti non legislativi di portata generale che integrano o modificano determinati elementi non essenziali dell'atto legislativo.

Gli atti legislativi delimitano esplicitamente gli obiettivi, il contenuto, la portata e la durata della delega di potere. Gli elementi essenziali di un settore sono riservati all'atto legislativo e non possono pertanto essere oggetto di delega di potere.

2. Gli atti legislativi fissano esplicitamente le condizioni cui è soggetta la delega, che possono essere le seguenti:

a) il Parlamento europeo o il Consiglio possono decidere di revocare la delega;

b) l'atto delegato può entrare in vigore soltanto se, entro il termine fissato dall'atto legislativo, il Parlamento europeo o il Consiglio non sollevano obiezioni.

Ai fini delle lettere a) e b), il Parlamento europeo delibera a maggioranza dei membri che lo compongono e il Consiglio delibera a maggioranza qualificata.

3. L'aggettivo «delegato» o «delegata» è inserito nel titolo degli atti delegati.

Articolo 291. – 1. Gli Stati membri adottano tutte le misure di diritto interno necessarie per l'attuazione degli atti giuridicamente vincolanti dell'Unione.

2. Allorché sono necessarie condizioni uniformi di esecuzione degli atti giuridicamente vincolanti dell'Unione, questi conferiscono competenze di esecuzione alla Commissione o, in casi specifici debitamente motivati e nelle circostanze previste agli articoli 24 e 26 del trattato sull'Unione europea, al Consiglio.

3. Ai fini del paragrafo 2, il Parlamento europeo e il Consiglio, deliberando mediante regolamenti secondo la procedura legislativa ordinaria, stabiliscono preventivamente le regole e i principi generali relativi alle modalità di controllo da parte degli Stati membri dell'esercizio delle competenze di esecuzione attribuite alla Commissione.

4. I termini «di esecuzione» sono inseriti nel titolo degli atti di esecuzione.

Articolo 292. – Il Consiglio adotta raccomandazioni. Delibera su proposta della Commissione in tutti i casi in cui i trattati prevedono che adotti atti su proposta della Commissione. Delibera all'unanimità nei settori nei quali è richiesta l'unanimità per l'adozione di un atto dell'Unione. La Commissione, e la Banca centrale europea nei casi specifici previsti dai trattati, adottano raccomandazioni.

SEZIONE 2 – Procedure di adozione degli atti e altre disposizioni

Articolo 293 (ex articolo 250 del TCE). – *1.* Quando, in virtù *dei trattati, delibera* su proposta della Commissione, il Consiglio può *emendare la proposta* solo deliberando all'unanimità, *salvo nei casi di cui all'articolo 294, paragrafi 10 e 13, agli articoli 310, 312, 314 e all'articolo 315, secondo comma.*

2. Fintantoché il Consiglio non ha deliberato, la Commissione può modificare la propria proposta in ogni fase delle procedure che portano all'adozione di un atto *dell'Unione*.

Articolo 294 (*ex* articolo 251 del TCE). – *1.* Quando *nei trattati* si fa riferimento *alla procedura legislativa ordinaria* per l'adozione di un atto, si applica la procedura che segue.

2. La Commissione presenta una proposta al Parlamento europeo e al Consiglio.

Prima lettura

3. Il Parlamento europeo adotta la sua posizione in prima lettura e la trasmette al Consiglio.

4. Se il Consiglio approva la posizione del Parlamento europeo, l'atto in questione è adottato nella formulazione che corrisponde alla posizione del Parlamento europeo.

5. Se il Consiglio non approva la posizione del Parlamento europeo, esso adotta la sua posizione in prima lettura e la trasmette al Parlamento europeo.

6. Il Consiglio informa esaurientemente il Parlamento europeo dei motivi che l'hanno indotto ad adottare la *sua posizione in prima lettura*. La Commissione informa esaurientemente il Parlamento europeo della sua posizione.

Seconda lettura

7. Se, entro un termine di tre mesi da tale comunicazione, il Parlamento europeo:

a) approva la *posizione del Consiglio in prima lettura* o non si è pronunciato, l'atto in questione si considera adottato *nella formulazione che corrisponde alla posizione del Consiglio;*

b) respinge la *posizione del Consiglio in prima lettura a maggioranza dei* membri che lo compongono, l'atto proposto si considera non adottato;

c) propone emendamenti alla *posizione del Consiglio in prima lettura a maggioranza dei* membri che lo compongono, il testo così emendato *è* comunicato al Consiglio e alla Commissione che formula un parere su tali emendamenti.

8. Se, entro un termine di tre mesi dal ricevimento degli emendamenti del Parlamento europeo, il Consiglio, deliberando a maggioranza qualificata:

a) approva tutti gli emendamenti, l'atto in questione si considera *adottato;*

b) non approva tutti gli emendamenti, il presidente del Consiglio, d'intesa con il presidente del Parlamento europeo, convoca entro sei settimane il comitato di conciliazione.

9. Il Consiglio delibera all'unanimità sugli emendamenti rispetto ai quali la Commissione ha dato parere negativo.

Conciliazione

10. Il comitato di conciliazione, che riunisce i membri del Consiglio o i loro rappresentanti ed altrettanti *membri* rappresentanti *il* Parlamento europeo, ha il compito di giungere ad un accordo su un progetto comune a maggioranza qualificata dei membri del Consiglio o dei loro rappresentanti e a maggioranza dei *membri* rappresentanti *il* Parlamento europeo *entro un termine di sei settimane dalla convocazione, basandosi sulle posizioni del Parlamento europeo e del Consiglio in seconda lettura.*

11. La Commissione partecipa ai lavori del comitato di conciliazione e prende *ogni iniziativa necessaria* per favorire un ravvicinamento fra *la posizione* del Parlamento europeo *e quella* del *Consiglio*.

12. Se, entro un termine di sei settimane dalla convocazione, il comitato di conciliazione non approva un progetto comune, l'atto *in questione* si considera non adottato.

Terza lettura

13. Se, entro *tale termine*, *il* comitato di conciliazione approva un progetto comune, il Parlamento europeo e il Consiglio dispongono *ciascuno* di un termine di sei settimane a decorrere dall'approvazione per adottare l'atto in questione in base al progetto comune*; il Parlamento europeo delibera a maggioranza dei voti espressi e il Consiglio a maggioranza qualificata.* In mancanza *di una decisione*, l'atto in questione si considera non adottato.

14. I termini di tre mesi e di sei settimane di cui al presente articolo sono prorogati rispettivamente di un mese e di due settimane, al massimo, su iniziativa del Parlamento europeo o del Consiglio.

Disposizioni particolari

15. Quando, nei casi previsti dai trattati, un atto legislativo è soggetto alla procedura legislativa ordinaria su iniziativa di un gruppo di Stati membri, su raccomandazione della Banca centrale europea o su richiesta della Corte di giustizia, il paragrafo 2, il paragrafo 6, seconda frase e il paragrafo 9 non si applicano.

In tali casi, il Parlamento europeo e il Consiglio trasmettono alla Commissione il progetto di atto insieme alle loro posizioni in prima e seconda lettura. Il Parlamento europeo o il Consiglio possono chiedere il parere della Commissione durante tutta la procedura, parere che la Commissione può altresì formulare di sua iniziativa. Se lo reputa necessario, essa può anche partecipare al comitato di conciliazione conformemente al paragrafo 11.

Articolo 295. – Il Parlamento europeo, il Consiglio e la Commissione procedono a reciproche consultazioni e definiscono di comune accordo le modalità della cooperazione. A tale scopo, nel rispetto dei trattati, possono concludere accordi interistituzionali che possono assumere carattere vincolante.

Articolo 296 (ex articolo 253 del TCE). – *Qualora i trattati non prevedano il tipo di atto da adottare, le istituzioni lo decidono di volta in volta, nel rispetto delle procedure applicabili e del principio di proporzionalità.*

Gli atti giuridici sono motivati e fanno riferimento alle proposte, iniziative, raccomandazioni, richieste o pareri previsti dai trattati.

In presenza di un progetto di atto legislativo, il Parlamento europeo e il Consiglio si astengono dall'adottare atti non previsti dalla procedura legislativa applicabile al settore interessato.

Articolo 297 (ex articolo 254 del TCE). – *1. Gli atti legislativi adottati secondo la procedura legislativa ordinaria* sono firmati dal presidente del Parlamento europeo e dal presidente del *Consiglio*.

Gli atti legislativi adottati secondo una procedura legislativa speciale sono firmati dal presidente dell'istituzione che li ha adottati.

Gli atti legislativi sono pubblicati nella Gazzetta ufficiale dell'Unione europea. Essi entrano in vigore alla data da essi stabilita *oppure*, in mancanza di data, *il* ventesimo giorno successivo *alla pubblicazione*.

2. Gli atti non legislativi adottati sotto forma di regolamenti, di direttive e di decisioni, quando queste ultime non designano i destinatari, sono firmati dal presidente dell'istituzione che li ha adottati.

I regolamenti, le direttive che sono rivolte a tutti gli Stati membri *e le decisioni che non designano i destinatari* sono pubblicati nella Gazzetta ufficiale dell'Unione europea. Essi entrano in vigore alla data da essi stabilita *oppure*, in mancanza di data, *il* ventesimo giorno successivo *alla pubblicazione*.

Le altre direttive e le decisioni *che designano i destinatari* sono notificate *ai destinatari* e hanno efficacia in virtù di tale notificazione.

Articolo 298. – 1. Nell'assolvere i loro compiti le istituzioni, organi e organismi dell'Unione si basano su un'amministrazione europea aperta, efficace ed indipendente.

2. Il Parlamento europeo e il Consiglio, deliberando mediante regolamenti secondo la procedura legislativa ordinaria, fissano disposizioni a tal fine, nel rispetto dello statuto e del regime adottati sulla base dell'articolo 336.

Articolo 299 (ex articolo 256 del TCE). – *Gli atti* del Consiglio, *della* Commissione *o della Banca centrale europea che comportano*, a carico di persone che non siano gli Stati, un obbligo pecuniario costituiscono titolo esecutivo.

L'esecuzione forzata è regolata dalle norme di procedura civile vigenti nello Stato sul cui territorio essa viene effettuata. La formula esecutiva è apposta, con la sola verificazione dell'autenticità del titolo, dall'autorità nazionale che il governo di ciascuno degli Stati membri designerà a tal fine, informandone la Commissione e la Corte di giustizia *dell'Unione europea*.

Assolte tali formalità a richiesta dell'interessato, quest'ultimo può ottenere l'esecuzione forzata richiedendola direttamente all'organo competente, secondo la legislazione nazionale.

L'esecuzione forzata può essere sospesa soltanto in virtù di una decisione della *Corte*. Tuttavia, il controllo della regolarità dei provvedimenti esecutivi è di competenza delle giurisdizioni nazionali.

CAPO 3 – GLI ORGANI CONSULTIVI DELL'UNIONE

Articolo 300. – 1. Il Parlamento europeo, il Consiglio e la Commissione sono assistiti da un Comitato economico e sociale e da un Comitato delle regioni, che esercitano funzioni consultive.

2. Il Comitato economico e sociale è composto da rappresentanti delle organizzazioni di datori di lavoro, di lavoratori dipendenti e di altri attori rappresentativi della società civile, in particolare nei settori socioeconomico, civico, professionale e culturale.

3. Il Comitato delle regioni è composto da rappresentanti delle collettività regionali e locali che sono titolari di un mandato elettorale nell'ambito di una collettività regionale o locale, o politicamente responsabili dinanzi ad un'assemblea eletta.

4. I membri del Comitato economico e sociale e del Comitato delle regioni non sono vincolati da alcun mandato imperativo. Essi esercitano le loro funzioni in piena indipendenza, nell'interesse generale dell'Unione.

5. Le regole di cui ai paragrafi 2 e 3 relative alla natura della composizione di tali comitati sono riesaminate a intervalli regolari dal Consiglio, per tener conto dell'evoluzione economica, sociale e demografica nell'Unione. Il Consiglio, su proposta della Commissione, adotta delle decisioni a tal fine.

SEZIONE 1 – *Il Comitato economico e sociale*

Articolo 301 (*ex* articolo 258 del TCE). – Il numero dei membri del Comitato economico e sociale non può essere superiore a trecentocinquanta[7].

Il Consiglio, deliberando all'unanimità su proposta della Commissione, adotta una decisione che determina la composizione del Comitato.

Il *Consiglio fissa* le indennità dei membri del Comitato.

Articolo 302 (*ex* articolo 259 del TCE). – *1.* I membri del Comitato sono *nominati per cinque anni*. Il *Consiglio adotta* l'elenco dei membri redatto conformemente alle proposte presentate da ciascuno Stato membro. Il mandato dei membri del Comitato è rinnovabile.

2. Il Consiglio *delibera previa consultazione della* Commissione. Esso può chiedere il parere delle organizzazioni europee rappresentative dei diversi settori economici e sociali *e della società civile interessati dall'attività dell'Unione*.

---

[7] Cfr. la decisione (UE) 2015/1157 del Consiglio del 14 luglio 2015 che determina la composizione del Comitato economico e sociale, in *G.U.U.E.* L 186 del 15 luglio 2015, p. 28 (sulla disciplina transitoria a seguito dell'adesione della Croazia cfr. oltre, par. 4, nota 32). A seguito del recesso del Regno Unito, la decisione (UE) 2019/853 del Consiglio del 21 maggio 2019 che determina la composizione del Comitato economico e sociale europeo, in *G.U.U.E.* L 139 del 27 maggio 2019, p. 139, ha modificato la decisione (UE) 2015/1157 (il numero dei membri era 350, ora 309).

Articolo 303 (*ex* articolo 260 del TCE). – Il Comitato designa tra i suoi membri il presidente e l'ufficio di presidenza per una durata di due *anni e mezzo*.

Esso stabilisce il proprio regolamento interno.

Il Comitato è convocato dal presidente su richiesta del *Parlamento europeo,* del Consiglio o della Commissione. Esso può altresì riunirsi di propria iniziativa.

Articolo 304 (*ex* articolo 262 del TCE). – *Il Parlamento europeo,* il Consiglio o la Commissione *consultano* il Comitato nei casi previsti *dai trattati*. Tali istituzioni possono consultarlo in tutti i casi in cui lo ritengano opportuno. Il Comitato, qualora lo ritenga opportuno, può formulare un parere di propria iniziativa.

Qualora lo reputino necessario, *il Parlamento europeo,* il Consiglio o la Commissione fissano al Comitato, per la presentazione del suo parere, un termine che non può essere inferiore ad un mese a decorrere dalla data della comunicazione inviata a tal fine al presidente. Allo spirare del termine fissato, si può non tener conto dell'assenza di parere.

Il parere del Comitato *è trasmesso al Parlamento europeo,* al Consiglio e alla Commissione, unitamente a un resoconto delle *deliberazioni*.

SEZIONE 2 – Il Comitato delle regioni

Articolo 305 (*ex* articolo 263, secondo, terzo e quarto comma, del TCE). – Il numero dei membri del Comitato delle regioni non può essere superiore a trecentocinquanta [8].

Il Consiglio, deliberando all'unanimità su proposta della Commissione, adotta una decisione che determina la composizione del Comitato.

I membri del Comitato nonché un numero uguale di supplenti sono *nominati per cinque* anni. Il loro mandato è rinnovabile. Il *Consiglio adotta* l'elenco dei membri e dei supplenti redatto conformemente alle proposte presentate da ciascuno Stato membro. Alla scadenza del mandato di cui *all'articolo 300, paragrafo 3* in virtù del quale sono stati proposti, il mandato dei membri del Comitato termina automaticamente e essi sono sostituiti per la restante durata di detto mandato secondo la medesima procedura. I membri del Comitato non possono essere nel contempo membri del Parlamento *europeo*.

Articolo 306 (*ex* articolo 264 del TCE). – Il Comitato delle regioni designa tra i suoi membri il presidente e l'ufficio di presidenza per la durata di due *anni e mezzo*.

Esso stabilisce il proprio regolamento interno.

Il Comitato è convocato dal presidente su richiesta *del Parlamento europeo,* del Consiglio o della Commissione. Esso può altresì riunirsi di propria iniziativa.

Articolo 307 (*ex* articolo 265 del TCE). – *Il Parlamento europeo,* il Consiglio o la Commissione consultano il Comitato delle regioni nei casi previsti *dai trattati* e in tutti gli altri casi in cui una di *tali istituzioni* lo ritenga opportuno, in particolare nei casi concernenti la cooperazione transfrontaliera.

Qualora lo reputino necessario, *il Parlamento europeo,* il Consiglio o la Commissione fissano al Comitato, per la presentazione del suo parere, un termine che non può essere inferiore a un mese a decorrere dalla data della comunicazione inviata a tal fine al presidente. Allo spirare del termine fissato, si può non tener conto dell'assenza di parere.

---

[8] Cfr. la decisione (UE) 2014/930 del Consiglio del 16 dicembre 2014 che determina la composizione del Comitato delle regioni, in *G.U.U.E.* L 365 del 19 dicembre 2014, p. 143 (sulla disciplina transitoria a seguito dell'adesione della Croazia cfr. oltre, par. 4, nota 33). A seguito del recesso del Regno Unito, la decisione (UE) 2019/852 del Consiglio del 21 maggio 2019 che determina la composizione del Comitato delle regioni, in *G.U.U.E.* L 139 del 21 maggio 2019, p. 13, ha modificato la decisione (UE) 2014/930 (il numero dei membri era 350, ora 309).

Quando il Comitato economico e sociale è consultato in applicazione dell'articolo *304, il Parlamento europeo,* il Consiglio o la Commissione informano il Comitato delle regioni di tale domanda di parere. Il Comitato delle regioni, qualora ritenga che sono in causa interessi regionali specifici, può formulare un parere in *materia.*

Il Comitato delle regioni, qualora lo ritenga utile, può formulare un parere di propria iniziativa.

Il parere del Comitato è trasmesso al *Parlamento europeo,* al Consiglio e alla Commissione, unitamente a un resoconto delle deliberazioni.

CAPO *4* – LA BANCA EUROPEA PER GLI INVESTIMENTI

Articolo 308 (*ex* articolo 266 del TCE). – La Banca europea per gli investimenti è dotata di personalità giuridica.

Sono membri della Banca europea per gli investimenti gli Stati membri.

Lo statuto della Banca europea per gli investimenti costituisce l'oggetto di un protocollo allegato *ai trattati.* Il Consiglio, deliberando all'unanimità *secondo una procedura legislativa speciale* su richiesta della Banca europea per gli investimenti e previa consultazione del Parlamento europeo e della Commissione, o su *proposta* della Commissione e previa consultazione del Parlamento europeo e della Banca europea per gli investimenti, può *modificare detto* statuto.

Articolo 309 (*ex* articolo 267 del TCE). – La Banca europea per gli investimenti ha il compito di contribuire, facendo appello al mercato dei capitali ed alle proprie risorse, allo sviluppo equilibrato e senza scosse del mercato *interno* nell'interesse *dell'Unione.* A tal fine facilita, mediante la concessione di prestiti e garanzie, senza perseguire scopi di lucro, il finanziamento dei seguenti progetti in tutti i settori dell'economia:

a) progetti contemplanti la valorizzazione delle regioni meno sviluppate;

b) progetti contemplanti l'ammodernamento o la riconversione di imprese oppure la creazione di nuove attività *indotte dall'instaurazione o dal funzionamento* del mercato *interno* che, per la loro ampiezza o natura, non possono essere interamente assicurati dai vari mezzi di finanziamento esistenti nei singoli Stati membri;

c) progetti di interesse comune per più Stati membri che, per la loro ampiezza o natura, non possono essere completamente assicurati dai vari mezzi di finanziamento esistenti nei singoli Stati membri.

Nello svolgimento dei suoi compiti la Banca facilita il finanziamento di programmi di investimento congiuntamente con gli interventi dei fondi strutturali e degli altri strumenti finanziari *dell'Unione.*

TITOLO II – DISPOSIZIONI FINANZIARIE

Articolo 310 (*ex* articolo 268 del TCE). – *1.* Tutte le entrate e le spese *dell'Unione devono* costituire oggetto di previsioni per ciascun esercizio finanziario ed essere iscritte nel bilancio.

Il bilancio annuale dell'Unione è stabilito dal Parlamento europeo e dal Consiglio conformemente all'articolo 314.

Nel bilancio, entrate e spese devono risultare in pareggio.

2. Le spese iscritte nel bilancio sono autorizzate per la durata dell'esercizio finanziario annuale in conformità del regolamento di cui all'articolo 322.

3. L'esecuzione di spese iscritte nel bilancio richiede l'adozione preliminare di un atto giuridicamente vincolante dell'Unione che dà fondamento giuridico alla sua azione e all'esecuzione della spesa corrispondente in conformità del regolamento di cui all'articolo 322, fatte salve le eccezioni previste da quest'ultimo.

4. Per mantenere la disciplina di bilancio, *l'Unione,* prima di *adottare atti che* possono avere incidenze rilevanti sul bilancio, deve assicurare che *le spese derivanti da tali atti possano* essere finanziate entro i limiti delle risorse proprie *dell'Unione e nel rispetto del quadro finanziario pluriennale di cui all'articolo 312.*

5. Il bilancio è eseguito in conformità del principio di sana gestione finanziaria. Gli Stati membri e l'Unione cooperano affinché gli stanziamenti iscritti in bilancio siano utilizzati secondo tale principio.

6. L'Unione e gli Stati membri, conformemente all'articolo 325, combattono la frode e le altre attività illegali che ledono gli interessi finanziari dell'Unione.

CAPO 1 – RISORSE PROPRIE DELL'UNIONE

Articolo 311 (*ex* articolo 269 del TCE). – *L'Unione si dota dei mezzi necessari per conseguire i suoi obiettivi e per portare a compimento le sue politiche.*

Il bilancio, fatte salve le altre entrate, è finanziato integralmente tramite risorse proprie.

Il Consiglio, deliberando *secondo una procedura legislativa speciale, all'unanimità e previa* consultazione del Parlamento europeo, *adotta una decisione che* stabilisce le disposizioni relative al sistema delle risorse proprie *dell'Unione. In tale contesto è possibile istituire nuove categorie di risorse proprie o sopprimere una categoria esistente. Tale decisione entra in vigore solo previa approvazione degli Stati membri conformemente alle* rispettive norme costituzionali.

Il Consiglio, deliberando mediante regolamenti secondo una procedura legislativa speciale, stabilisce le misure di esecuzione del sistema delle risorse proprie dell'Unione nella misura in cui ciò è previsto nella decisione adottata sulla base del terzo comma. Il Consiglio delibera previa approvazione del Parlamento europeo.

CAPO 2 – QUADRO FINANZIARIO PLURIENNALE

Articolo 312. – 1. Il quadro finanziario pluriennale mira ad assicurare l'ordinato andamento delle spese dell'Unione entro i limiti delle sue risorse proprie.

È stabilito per un periodo di almeno cinque anni.

Il bilancio annuale dell'Unione è stabilito nel rispetto del quadro finanziario pluriennale.

2. Il Consiglio, deliberando secondo una procedura legislativa speciale, adotta un regolamento che fissa il quadro finanziario pluriennale. Delibera all'unanimità previa approvazione del Parlamento europeo, che si pronuncia a maggioranza dei membri che lo compongono.

Il Consiglio europeo può adottare all'unanimità una decisione che consente al Consiglio di deliberare a maggioranza qualificata quando adotta il regolamento di cui al primo comma.

3. Il quadro finanziario fissa gli importi dei massimali annui degli stanziamenti per impegni per categoria di spesa e del massimale annuo degli stanziamenti per pagamenti. Le categorie di spesa, in numero limitato, corrispondono ai grandi settori di attività dell'Unione.

Il quadro finanziario prevede ogni altra disposizione utile per il corretto svolgimento della procedura annuale di bilancio.

4. Qualora il regolamento del Consiglio che fissa un nuovo quadro finanziario non sia stato adottato alla scadenza del quadro finanziario precedente, i massimali e le altre disposizioni vigenti nell'ultimo anno coperto sono prorogati fino all'adozione di detto atto.

5. Nel corso della procedura di adozione del quadro finanziario, il Parlamento europeo, il Consiglio e la Commissione adottano ogni misura necessaria a facilitare l'adozione stessa.

CAPO 3 – BILANCIO ANNUALE DELL'UNIONE

Articolo 313 (*ex* articolo 272, paragrafo 1, del TCE). – *L'*esercizio finanziario ha inizio il 1° gennaio e si chiude al 31 dicembre.

Articolo 314 (*ex* articolo 272, paragrafi da 2 a 10, del TCE). – *Il Parlamento europeo e il Consiglio, deliberando secondo una procedura legislativa speciale, stabiliscono il bilancio annuale dell'Unione in conformità delle disposizioni in appresso.*

1. Ciascuna *istituzione, ad eccezione della Banca centrale europea*, elabora, anteriormente al 1° luglio, uno stato di previsione *delle spese per l'esercizio finanziario successivo*. La Commissione raggruppa tali stati di previsione in un *progetto di bilancio, che* può comportare previsioni divergenti.

Tale *progetto comprende* una previsione delle entrate e una previsione delle spese.

2. La Commissione *sottopone una proposta contenente il progetto di bilancio al Parlamento europeo e al Consiglio* non oltre il 1° settembre dell'anno che precede quello dell'esecuzione del bilancio.

La Commissione può modificare il progetto di bilancio nel corso della procedura, fino alla convocazione del comitato di conciliazione di cui al paragrafo 5.

3. Il Consiglio adotta la sua posizione sul progetto di bilancio e la comunica al Parlamento europeo non oltre il 1° ottobre dell'anno che precede quello dell'esecuzione del bilancio. *Esso informa esaurientemente il Parlamento europeo dei motivi che l'hanno indotto a adottare tale posizione.*

4. Se, entro un termine di quarantadue giorni dalla comunicazione, il Parlamento europeo:

a) approva la posizione del Consiglio, il bilancio è adottato;

b) non ha deliberato, il bilancio si considera adottato;

c) adotta, alla maggioranza dei membri che lo compongono, degli emendamenti, il progetto emendato è trasmesso al Consiglio e alla Commissione. Il presidente del Parlamento europeo, d'intesa con il presidente del Consiglio, convoca senza indugio il comitato di conciliazione. Tuttavia, il comitato di conciliazione non si riunisce se, entro un termine di dieci giorni da detta trasmissione, il Consiglio comunica al Parlamento europeo che approva tutti gli emendamenti.

5. Il comitato di conciliazione, che riunisce i membri del Consiglio o i loro rappresentanti ed altrettanti rappresentanti del Parlamento europeo, ha il compito di giungere, basandosi sulle posizioni del Parlamento europeo e del Consiglio, a un accordo su un progetto comune, a maggioranza qualificata dei membri del Consiglio o dei loro rappresentanti e a maggioranza dei rappresentanti del Parlamento europeo, entro un termine di ventuno giorni dalla convocazione.

La Commissione partecipa ai lavori del comitato di conciliazione e prende ogni iniziativa necessaria per favorire un ravvicinamento fra la posizione del Parlamento europeo e quella del Consiglio.

6. Se, entro il termine di ventuno giorni di cui al paragrafo 5, il comitato di conciliazione giunge a un accordo su un progetto comune, il Parlamento europeo e il Consiglio dispongono ciascuno di un termine di quattordici giorni a decorrere dalla data di tale accordo per approvare il progetto comune.

7. Se, entro il termine di quattordici giorni di cui al paragrafo 6:

a) sia il Parlamento europeo sia il Consiglio approvano il progetto comune o non riescono a deliberare, o se una delle due istituzioni approva il progetto comune mentre l'altra non riesce a deliberare, il bilancio si considera definitivamente adottato in conformità del progetto comune, o

b) sia il Parlamento europeo, deliberando alla maggioranza dei membri che lo compongono, sia il Consiglio respingono il progetto comune, o se una delle due istituzioni re-

spinge il progetto comune mentre l'altra non riesce a deliberare, la Commissione sottopone un nuovo progetto di bilancio, o

c) il Parlamento europeo, deliberando alla maggioranza dei membri che lo compongono, respinge il progetto comune mentre il Consiglio lo approva, la Commissione sottopone un nuovo progetto di bilancio, o

d) il Parlamento europeo approva il progetto comune, mentre il Consiglio lo respinge, il Parlamento europeo può, entro quattordici giorni dalla data in cui il Consiglio lo ha respinto e deliberando a maggioranza dei membri che lo compongono e dei tre quinti dei voti espressi, decidere di confermare tutti gli emendamenti di cui al paragrafo 4, lettera c) o parte di essi. Se un emendamento del Parlamento europeo non è confermato, è mantenuta la posizione concordata in seno al comitato di conciliazione sulla linea di bilancio oggetto di tale emendamento. Il bilancio si considera definitivamente adottato su questa base.

8. Se, entro il termine di ventuno giorni di cui al paragrafo 5, il comitato di conciliazione non giunge a un accordo su un progetto comune, la Commissione sottopone un nuovo progetto di bilancio.

9. Quando la procedura di cui al presente articolo è espletata, il presidente del Parlamento europeo constata che il bilancio è definitivamente *adottato*.

10. Ciascuna istituzione esercita i poteri ad essa attribuiti dal presente articolo nel rispetto *dei trattati* e degli atti adottati *a norma degli stessi*, in particolare in materia di risorse proprie *dell'Unione* e di equilibrio delle entrate e delle spese.

Articolo 315 (*ex* articolo 273 del TCE). – Se, all'inizio dell'esercizio finanziario, il bilancio non è stato ancora *definitivamente adottato*, le spese possono essere effettuate mensilmente per capitolo, in base alle disposizioni del regolamento stabilito in esecuzione dell'articolo *322*, nel limite di un dodicesimo *degli stanziamenti aperti nel capitolo in questione del* bilancio dell'esercizio precedente, senza *poter superare il dodicesimo degli stanziamenti previsti nello stesso capitolo del progetto di bilancio.*

Il *Consiglio, su proposta della Commissione*, può autorizzare spese superiori al limite del dodicesimo, sempre che siano osservate le altre condizioni di cui al primo comma, *conformemente al regolamento stabilito in esecuzione dell'articolo 322. Esso trasmette immediatamente la decisione al Parlamento europeo.*

La decisione di cui *al secondo comma prevede* le misure necessarie in materia di risorse *ai fini dell'*applicazione del presente articolo, *conformemente agli atti di cui all'articolo 311.*

Essa entra in vigore trenta giorni dopo l'adozione se, entro tale termine, il Parlamento europeo, deliberando a maggioranza dei membri che lo compongono, non decide di ridurre dette spese.

Articolo 316 (*ex* articolo 271 del TCE). – Alle condizioni che saranno determinate in applicazione dell'articolo *322*, i crediti, che non siano quelli relativi alle spese di personale e che alla fine dell'esercizio finanziario siano rimasti inutilizzati, potranno essere riportati all'esercizio successivo e limitatamente a questo.

I crediti sono specificatamente registrati in capitoli che raggruppano le spese a seconda della loro natura o della loro destinazione e *ripartiti in* conformità del regolamento stabilito in esecuzione dell'articolo *322*.

Le spese del Parlamento europeo, *del Consiglio europeo e* del Consiglio, della Commissione e della Corte di giustizia *dell'Unione europea* sono iscritte in parti separate del bilancio, senza pregiudizio di un regime speciale per determinate spese comuni.

CAPO 4 – ESECUZIONE DEL BILANCIO E SCARICO

Articolo 317 (*ex* articolo 274 del TCE) – La Commissione *dà* esecuzione *al* bilancio, *in cooperazione con gli Stati membri*, in base alle disposizioni del regolamento stabilito in esecuzione dell'articolo *322*, sotto la propria responsabilità e nei limiti dei crediti stanziati, in conformità del principio della buona gestione finanziaria. Gli Stati membri cooperano con la Commissione per garantire che gli stanziamenti siano utilizzati secondo i principi della buona gestione finanziaria.

Il regolamento prevede gli obblighi di controllo e di revisione contabile degli Stati membri nell'esecuzione del bilancio e le responsabilità che ne derivano. Esso prevede *inoltre le responsabilità e* le modalità particolari secondo le quali ogni istituzione partecipa all'esecuzione delle proprie spese.

All'interno del bilancio, la Commissione può procedere, nei limiti e alle condizioni fissate dal regolamento stabilito in esecuzione dell'articolo *322*, a trasferimenti di crediti, sia da capitolo a capitolo, sia da suddivisione a suddivisione.

Articolo 318 (*ex* articolo 275 del TCE). – Ogni anno la Commissione sottopone *al Parlamento europeo e* al Consiglio i conti dell'esercizio trascorso concernenti le operazioni del bilancio. Inoltre, essa comunica loro un bilancio finanziario che espone l'attivo e il passivo *dell'Unione*.

La Commissione presenta inoltre al Parlamento europeo e al Consiglio una relazione di valutazione delle finanze dell'Unione basata sui risultati conseguiti, in particolare rispetto alle indicazioni impartite dal Parlamento europeo e dal Consiglio a norma dell'articolo 319.

Articolo 319 (*ex* articolo 276 del TCE). – *1.* Il Parlamento europeo, su raccomandazione del *Consiglio, dà* atto alla Commissione dell'esecuzione del bilancio. A tale scopo esso esamina, successivamente al Consiglio, i conti, il bilancio finanziario *e la relazione di valutazione* di cui all'articolo *318*, la relazione annua della Corte dei conti, accompagnata dalle risposte delle istituzioni controllate alle osservazioni della Corte stessa, la dichiarazione di affidabilità di cui all'articolo *287*, paragrafo 1, secondo comma, nonché le pertinenti relazioni speciali della Corte.

2. Prima di dare atto alla Commissione, o per qualsiasi altro fine nel quadro dell'esercizio delle attribuzioni di quest'ultima in materia di esecuzione del bilancio, il Parlamento europeo può chiedere di ascoltare la Commissione sull'esecuzione delle spese o sul funzionamento dei sistemi di controllo finanziario. La Commissione fornisce al Parlamento europeo, su richiesta di quest'ultimo, tutte le informazioni necessarie.

3. La Commissione compie tutti i passi necessari per dar seguito alle osservazioni che accompagnano le decisioni di scarico ed alle altre osservazioni del Parlamento europeo concernenti l'esecuzione delle spese, nonché alle osservazioni annesse alle raccomandazioni di scarico adottate dal Consiglio.

La Commissione, su richiesta del Parlamento europeo o del Consiglio, sottopone relazioni in merito alle misure adottate sulla scorta di tali osservazioni e in particolare alle istruzioni impartite ai servizi incaricati dell'esecuzione del bilancio. Dette relazioni sono trasmesse altresì alla Corte dei conti.

CAPO 5 – DISPOSIZIONI COMUNI

Articolo 320 (*ex* articolo 277 del TCE). – *Il quadro finanziario pluriennale e il bilancio annuale sono stabiliti in euro.*

Articolo 321 (*ex* articolo 278 del TCE). – La Commissione, con riserva di informare le autorità competenti degli Stati membri interessati, può trasferire nella moneta di uno di questi Stati gli averi che essa detiene nella moneta di un altro Stato membro, nella misura necessaria alla loro utilizzazione per gli scopi cui sono destinati *dai trattati*. La Commissione evita, per quanto possibile, di procedere a tali trasferimenti quando detenga averi disponibili o realizzabili nelle monete di cui ha bisogno.

La Commissione comunica con i singoli Stati membri per il tramite dell'autorità da essi designata. Nell'esecuzione delle operazioni finanziarie essa ricorre alla banca di emissione dello Stato membro interessato oppure ad altri istituti finanziari da questo ultimo autorizzati.

Articolo 322 (ex articolo 279 del TCE). – *1. Il Parlamento europeo e* il Consiglio, deliberando *secondo la procedura legislativa ordinaria* e previa *consultazione della Corte dei conti, adottano mediante regolamenti:*

a) le regole finanziarie che stabiliscono in particolare le modalità relative *alla formazione e all'*esecuzione del bilancio, *al rendiconto* e alla verifica dei conti;

b) le regole che organizzano il controllo della responsabilità *degli agenti* finanziari, *in particolare degli* ordinatori e *dei contabili*.

2. Il Consiglio, *deliberando su* proposta della Commissione e previa consultazione del Parlamento europeo *e della* Corte dei conti, fissa le modalità e la procedura secondo le quali le entrate di bilancio previste dal regime delle risorse proprie *dell'Unione* sono messe a disposizione della Commissione e determina le misure da applicare per far fronte eventualmente alle esigenze di tesoreria.

Articolo 323. – Il Parlamento europeo, il Consiglio e la Commissione vigilano sulla disponibilità dei mezzi finanziari necessari a consentire all'Unione di rispettare gli obblighi giuridici nei confronti dei terzi.

Articolo 324. – Sono convocati regolarmente, su iniziativa della Commissione, incontri tra i presidenti del Parlamento europeo, del Consiglio e della Commissione nell'ambito delle procedure di bilancio di cui al presente titolo. I presidenti prendono tutte le misure necessarie per favorire la concertazione e il ravvicinamento fra le posizioni delle istituzioni che presiedono, al fine di agevolare l'attuazione del presente titolo.

CAPO 6 – LOTTA CONTRO LA FRODE

Articolo 325 (ex articolo 280 del TCE). – *1. L'Unione* e gli Stati membri combattono contro la frode e le altre attività illegali che ledono gli interessi finanziari *dell'Unione* stessa mediante misure adottate a norma del presente articolo, che siano dissuasive e tali da permettere una protezione efficace negli Stati membri *e nelle istituzioni, organi e organismi dell'Unione*.

2. Gli Stati membri adottano, per combattere contro la frode che lede gli interessi finanziari *dell'Unione*, le stesse misure che adottano per combattere contro la frode che lede i loro interessi finanziari.

3. Fatte salve altre disposizioni *dei trattati,* gli Stati membri coordinano l'azione diretta a tutelare gli interessi finanziari *dell'Unione* contro la frode. A tale fine essi organizzano, assieme alla Commissione, una stretta e regolare cooperazione tra le autorità competenti.

4. Il Parlamento europeo e il Consiglio, deliberando secondo la *procedura legislativa ordinaria*, previa consultazione della Corte dei conti, *adottano* le misure necessarie nei settori della prevenzione e lotta contro la frode che lede gli interessi finanziari *dell'Unione*, al fine di pervenire a una protezione efficace ed equivalente in tutti gli Stati membri *e nelle istituzioni, organi e organismi dell'Unione*.

5. La Commissione, in cooperazione con gli Stati membri, presenta ogni anno al Parlamento europeo e al Consiglio una relazione sulle misure adottate ai fini dell'attuazione del presente articolo.

TITOLO III – COOPERAZIONI RAFFORZATE

Articolo 326 (ex articoli da 27 A a 27 E, da 40 a 40 B e da 43 a 45 del TUE ed ex articoli 11 e 11 A del TCE). – Le cooperazioni rafforzate rispettano i trattati e il diritto dell'Unione.

Esse non possono recare pregiudizio né al mercato interno né alla coesione economica, sociale e territoriale. Non possono costituire un ostacolo né una discriminazione per gli scambi tra gli Stati membri, né possono provocare distorsioni di concorrenza tra questi ultimi.

Articolo 327 (*ex* articoli da 27 A a 27 E, da 40 a 40 B e da 43 a 45 del TUE ed *ex* articoli 11 e 11 A del TCE). – *Le cooperazioni rafforzate rispettano le competenze, i diritti e gli obblighi degli Stati membri che non vi partecipano. Questi non ne ostacolano l'attuazione da parte degli Stati membri che vi partecipano.*

Articolo 328 (ex *articoli da 27 A a 27 E, da 40 a 40 B e da 43 a 45 del TUE ed* ex *articoli 11 e 11 A del TCE). – 1. Al momento della loro instaurazione le cooperazioni rafforzate sono aperte a tutti gli Stati membri, fatto salvo il rispetto delle eventuali condizioni di partecipazione stabilite dalla decisione di autorizzazione. La partecipazione alle cooperazioni rafforzate resta inoltre possibile in qualsiasi altro momento, fatto salvo il rispetto, oltre che delle condizioni summenzionate, degli atti già adottati in tale ambito.*

La Commissione e gli Stati membri che partecipano a una cooperazione rafforzata si adoperano per promuovere la partecipazione del maggior numero possibile di Stati membri.

2. La Commissione e, all'occorrenza, l'alto rappresentante dell'Unione per gli affari esteri e la politica di sicurezza informano periodicamente il Parlamento europeo e il Consiglio in merito allo sviluppo delle cooperazioni rafforzate.

Articolo 329 (ex *articoli da 27 A a 27 E, da 40 a 40 B e da 43 a 45 del TUE ed* ex *articoli 11 e 11 A del TCE). – 1. Gli Stati membri che desiderano instaurare tra loro una cooperazione rafforzata in uno dei settori di cui ai trattati, eccetto i settori di competenza esclusiva e la politica estera e di sicurezza comune, trasmettono una richiesta alla Commissione precisando il campo d'applicazione e gli obiettivi perseguiti dalla cooperazione rafforzata prevista. La Commissione può presentare al Consiglio una proposta al riguardo. Qualora non presenti una proposta, la Commissione informa gli Stati membri interessati delle ragioni di tale decisione.*

L'autorizzazione a procedere a una cooperazione rafforzata di cui al primo comma è concessa dal Consiglio, su proposta della Commissione e previa approvazione del Parlamento europeo.

2. La richiesta degli Stati membri che desiderano instaurare tra loro una cooperazione rafforzata nel quadro della politica estera e di sicurezza comune è presentata al Consiglio. Essa è trasmessa all'alto rappresentante dell'Unione per gli affari esteri e la politica di sicurezza, che esprime un parere sulla coerenza della cooperazione rafforzata prevista con la politica estera e di sicurezza comune dell'Unione, e alla Commissione, che esprime un parere, in particolare, sulla coerenza della cooperazione rafforzata prevista con le altre politiche dell'Unione. Essa è inoltre trasmessa per conoscenza al Parlamento europeo.

L'autorizzazione a procedere a una cooperazione rafforzata è concessa con una decisione del Consiglio, che delibera all'unanimità.

Articolo 330 (ex *articoli da 27 A a 27 E, da 40 a 40 B e da 43 a 45 del TUE ed* ex *articoli 11 e 11 A del TCE). – Tutti i membri del Consiglio possono partecipare alle sue deliberazioni, ma solo i membri del Consiglio che rappresentano gli Stati membri partecipanti ad una cooperazione rafforzata prendono parte al voto.*

L'unanimità è costituita unicamente dai voti dei rappresentanti degli Stati membri partecipanti.

Per maggioranza qualificata s'intende quella definita conformemente all'articolo 238, paragrafo 3.

Articolo 331 (ex *articoli da 27 A a 27 E, da 40 a 40 B e da 43 a 45 del TUE ed* ex *articoli 11 e 11 A del TCE). – 1. Ogni Stato membro che desideri partecipare a una cooperazione*

zione rafforzata in corso in uno dei settori di cui all'articolo 329, paragrafo 1 notifica tale intenzione al Consiglio e alla Commissione.

La Commissione, entro un termine di quattro mesi dalla data di ricezione della notifica, conferma la partecipazione dello Stato membro in questione. Essa constata, se del caso, che le condizioni di partecipazione sono soddisfatte e adotta le misure transitorie necessarie per l'applicazione degli atti già adottati nel quadro della cooperazione rafforzata.

Tuttavia, se la Commissione ritiene che le condizioni di partecipazione non siano soddisfatte, indica le disposizioni da adottare per soddisfarle e fissa un termine per il riesame della richiesta. Alla scadenza di tale termine, essa riesamina la richiesta in conformità della procedura di cui al secondo comma. Se la Commissione ritiene che le condizioni di partecipazione continuino a non essere soddisfatte, lo Stato membro in questione può sottoporre la questione al Consiglio, che si pronuncia sulla richiesta. Il Consiglio delibera conformemente all'articolo 330. Può inoltre adottare, su proposta della Commissione, le misure transitorie di cui al secondo comma.

2. Ogni Stato membro che desideri partecipare a una cooperazione rafforzata in corso nel quadro della politica estera e di sicurezza comune notifica tale intenzione al Consiglio, all'alto rappresentante dell'Unione per gli affari esteri e la politica di sicurezza e alla Commissione.

Il Consiglio conferma la partecipazione dello Stato membro in causa previa consultazione dell'alto rappresentante dell'Unione per gli affari esteri e la politica di sicurezza e dopo aver constatato, se del caso, che le condizioni di partecipazione sono soddisfatte. Il Consiglio, su proposta dell'alto rappresentante, può inoltre adottare le misure transitorie necessarie per l'applicazione degli atti già adottati nel quadro della cooperazione rafforzata. Tuttavia, se il Consiglio ritiene che le condizioni di partecipazione non siano soddisfatte, indica le disposizioni da adottare per soddisfarle e fissa un termine per il riesame della richiesta di partecipazione.

Ai fini del presente paragrafo, il Consiglio delibera all'unanimità e conformemente all'articolo 330.

Articolo 332 (ex *articoli da 27 A a 27 E, da 40 a 40 B e da 43 a 45 del TUE ed* ex *articoli 11 e 11 A del TCE). – Le spese derivanti dall'attuazione di una cooperazione rafforzata, diverse dalle spese amministrative che devono sostenere le istituzioni, sono a carico degli Stati membri partecipanti, salvo che il Consiglio, deliberando all'unanimità dei membri previa consultazione del Parlamento europeo, non disponga altrimenti.*

Articolo 333 (ex *articoli da 27 A a 27 E, da 40 a 40 B e da 43 a 45 del TUE ed* ex *articoli 11 e 11 A del TCE). – 1. Qualora una disposizione dei trattati che può essere applicata nel quadro di una cooperazione rafforzata preveda che il Consiglio deliberi all'unanimità, il Consiglio, deliberando all'unanimità conformemente alle modalità di cui all'articolo 330, può adottare una decisione che prevede che delibererà a maggioranza qualificata.*

2. Qualora una disposizione dei trattati che può essere applicata nel quadro di una cooperazione rafforzata preveda che il Consiglio adotti atti secondo una procedura legislativa speciale, il Consiglio, deliberando all'unanimità conformemente alle modalità di cui all'articolo 330, può adottare una decisione che prevede che delibererà secondo la procedura legislativa ordinaria. Il Consiglio delibera previa consultazione del Parlamento europeo.

3. I paragrafi 1 e 2 non si applicano alle decisioni che hanno implicazioni militari o che rientrano nel settore della difesa.

Articolo 334 (ex *articoli da 27 A a 27 E, da 40 a 40 B e da 43 a 45 del TUE ed* ex *articoli 11 e 11 A del TCE). – Il Consiglio e la Commissione assicurano la coerenza delle azioni intraprese nel quadro di una cooperazione rafforzata e la coerenza di dette azioni con le politiche dell'Unione, e cooperano a tale scopo.*

PARTE *SETTIMA* – DISPOSIZIONI GENERALI E FINALI

Articolo 335 (*ex* articolo 282 del TCE). – In ciascuno degli Stati membri, *l'Unione* ha la più ampia capacità giuridica riconosciuta alle persone giuridiche dalle legislazioni nazionali; essa può in particolare acquistare o alienare beni immobili e mobili e stare in giudizio. A tale fine, essa è rappresentata dalla Commissione. *Tuttavia, l'Unione è rappresentata da ciascuna delle istituzioni, in base alla loro autonomia amministrativa, per le questioni connesse al funzionamento della rispettiva istituzione.*

Articolo 336 (*ex* articolo 283 del TCE). – *Il Parlamento europeo e* il Consiglio, deliberando *mediante regolamenti secondo la procedura legislativa ordinaria* e previa consultazione delle altre istituzioni interessate, *stabiliscono* lo statuto dei funzionari *dell'Unione europea* e il regime applicabile agli altri agenti *dell'Unione*.

Articolo 337 (*ex* articolo 284 del TCE). – Per l'esecuzione dei compiti affidatile, la Commissione può raccogliere tutte le informazioni e procedere a tutte le necessarie verifiche, nei limiti e alle condizioni fissate dal Consiglio, *che delibera a maggioranza semplice*, conformemente alle disposizioni *dei trattati*.

Articolo 338 (*ex* articolo 285 del TCE). – *1.* Fatto salvo l'articolo 5 del protocollo dello statuto del Sistema europeo di banche centrali e della Banca centrale europea, il *Parlamento europeo e* il Consiglio, deliberando secondo la *procedura legislativa ordinaria, adottano* misure per l'elaborazione di statistiche laddove necessario per lo svolgimento delle attività *dell'Unione*.

2. L'elaborazione delle statistiche *dell'Unione* presenta i caratteri dell'imparzialità, dell'affidabilità, dell'obiettività, dell'indipendenza scientifica, dell'efficienza economica e della riservatezza statistica; essa non comporta oneri eccessivi per gli operatori economici.

Articolo 339 (*ex* articolo 287 del TCE). – I membri delle istituzioni *dell'Unione*, i membri dei comitati e parimenti i funzionari e agenti *dell'Unione* sono tenuti, anche dopo la cessazione dalle loro funzioni, a non divulgare le informazioni che per loro natura siano protette dal segreto professionale e in particolare quelle relative alle imprese e riguardanti i loro rapporti commerciali ovvero gli elementi dei loro costi.

Articolo 340 (*ex* articolo 288 del TCE). – La responsabilità contrattuale *dell'Unione* è regolata dalla legge applicabile al contratto in causa.

In materia di responsabilità extracontrattuale, *l'Unione* deve risarcire, conformemente ai principi generali comuni ai diritti degli Stati membri, i danni cagionati dalle sue istituzioni o dai suoi agenti nell'esercizio delle loro funzioni.

In deroga al secondo comma, la Banca centrale europea deve risarcire, conformemente ai principi generali comuni al diritto degli Stati membri, i danni cagionati da essa stessa o dai suoi agenti nell'esercizio delle loro funzioni.

La responsabilità personale degli agenti nei confronti *dell'Unione* è regolata dalle disposizioni che stabiliscono il loro statuto o il regime loro applicabile.

Articolo 341 (*ex* articolo 289 del TCE). – La sede delle istituzioni *dell'Unione* è fissata d'intesa comune dai governi degli Stati membri.

Articolo 342 (*ex* articolo 290 del TCE). – Il regime linguistico delle istituzioni *dell'Unione* è fissato, senza pregiudizio delle disposizioni previste dallo statuto della Corte di giustizia *dell'Unione europea*, dal Consiglio, che delibera all'unanimità *mediante regolamenti*.

Articolo 343 (*ex* articolo 291 del TCE). – *L'Unione* gode, sul territorio degli Stati membri, delle immunità e dei privilegi necessari all'assolvimento dei suoi compiti, alle condizioni definite dal protocollo dell'8 aprile 1965 sui privilegi e sulle immunità *dell'Unione europea*. Lo stesso vale per la Banca centrale *europea e* per la Banca europea per gli investimenti.

Articolo 344 (*ex* articolo 292 del TCE). – Gli Stati membri si impegnano a non sottoporre una controversia relativa all'interpretazione o all'applicazione *dei trattati* a un modo di composizione diverso da quelli previsti *dai trattati stessi*.

Articolo 345 (*ex* articolo 295 del TCE). – *I trattati* lasciano del tutto impregiudicato il regime di proprietà esistente negli Stati membri.

Articolo 346 (*ex* articolo 296 del TCE). – *1.* Le disposizioni *dei trattati* non ostano alle norme seguenti:

a) nessuno Stato membro è tenuto a fornire informazioni la cui divulgazione sia dallo stesso considerata contraria agli interessi essenziali della propria sicurezza;

b) ogni Stato membro può adottare le misure che ritenga necessarie alla tutela degli interessi essenziali della propria sicurezza e che si riferiscano alla produzione o al commercio di armi, munizioni e materiale bellico; tali misure non devono alterare le condizioni di concorrenza nel mercato *interno* per quanto riguarda i prodotti che non siano destinati a fini specificamente militari.

2. Il Consiglio, deliberando all'unanimità su proposta della Commissione, può apportare modificazioni all'elenco, stabilito il 15 aprile 1958, dei prodotti cui si applicano le disposizioni del paragrafo 1, lettera b).

Articolo 347 (*ex* articolo 297 del TCE). – Gli Stati membri si consultano al fine di prendere di comune accordo le disposizioni necessarie ad evitare che il funzionamento del mercato *interno* abbia a risentire delle misure che uno Stato membro può essere indotto a prendere nell'eventualità di gravi agitazioni interne che turbino l'ordine pubblico, in caso di guerra o di grave tensione internazionale che costituisca una minaccia di guerra ovvero per far fronte agli impegni da esso assunti ai fini del mantenimento della pace e della sicurezza internazionale.

Articolo 348 (*ex* articolo 298 del TCE). – Quando delle misure adottate nei casi contemplati dagli articoli *346* e *347* abbiano per effetto di alterare le condizioni di concorrenza nel mercato *interno*, la Commissione esamina con lo Stato interessato le condizioni alle quali tali misure possono essere rese conformi alle norme sancite *dai trattati*.

In deroga alla procedura di cui agli articoli *258* e *259*, la Commissione o qualsiasi Stato membro può ricorrere direttamente alla Corte di giustizia, ove ritenga che un altro Stato membro faccia un uso abusivo dei poteri contemplati dagli articoli *346* e *347*. La Corte di giustizia giudica a porte chiuse.

Articolo 349 (*ex* articolo 299, paragrafo 2, secondo, terzo e quarto comma, del TCE). – *Tenuto* conto della situazione socioeconomica strutturale *della Guadalupa, della Guyana francese, della Martinica,* ***di Mayotte***[9]***,*** *della Riunione,*[10] *di Saint Martin,* delle Azzor-

---

[9] I termini «di Mayotte» sono stati inseriti con decisione del Consiglio europeo dell'11 luglio 2012, che modifica lo *status*, nei confronti dell'Unione europea, di Mayotte (da Paese e territorio d'oltremare è divenuto regione ultraperiferica), in *G.U.U.E.* L 204 del 31 luglio 2012, p. 131.

[10] I termini «di Saint Barthélemy» (posti dopo «della Riunione») sono stati soppressi con decisione del Consiglio europeo del 29 ottobre 2010, che modifica lo *status*, nei confronti dell'Unione euro-

re, di Madera e delle isole Canarie, aggravata dalla loro grande distanza, dall'insularità, dalla superficie ridotta, dalla topografia e dal clima difficili, dalla dipendenza economica da alcuni prodotti, fattori la cui persistenza e il cui cumulo recano grave danno al loro sviluppo, il *Consiglio, su* proposta della Commissione e previa consultazione del Parlamento europeo, adotta misure specifiche volte, in particolare, a stabilire le condizioni di applicazione *dei trattati* a tali regioni, ivi comprese politiche comuni. *Allorché adotta le misure specifiche in questione secondo una procedura legislativa speciale, il Consiglio delibera altresì su proposta della Commissione e previa consultazione del Parlamento europeo.*

Le misure di cui al primo comma riguardano in particolare politiche doganali e commerciali, politica fiscale, zone franche, politiche in materia di agricoltura e di pesca, condizioni di fornitura delle materie prime e di beni di consumo primari, aiuti di Stato e condizioni di accesso ai fondi strutturali e ai programmi orizzontali *dell'Unione*.

Il Consiglio adotta le misure di cui al *primo* comma tenendo conto delle caratteristiche e dei vincoli specifici delle regioni ultraperiferiche senza compromettere l'integrità e la coerenza dell'ordinamento giuridico *dell'Unione*, ivi compresi il mercato interno e le politiche comuni.

Articolo 350 (*ex* articolo 306 del TCE). – Le disposizioni *dei trattati* non ostano all'esistenza e al perfezionamento delle unioni regionali tra il Belgio e il Lussemburgo, come pure tra il Belgio, il Lussemburgo e i Paesi Bassi, nella misura in cui gli obiettivi di tali unioni regionali non sono raggiunti in applicazione *dei trattati*.

Articolo 351 (*ex* articolo 307 del TCE). – Le disposizioni *dei trattati* non pregiudicano i diritti e gli obblighi derivanti da convenzioni concluse, anteriormente al 1° gennaio 1958 o, per gli Stati aderenti, anteriormente alla data della loro adesione, tra uno o più Stati membri da una parte e uno o più Stati terzi dall'altra.

Nella misura in cui tali convenzioni sono incompatibili *coi trattati*, lo Stato o gli Stati membri interessati ricorrono a tutti i mezzi atti ad eliminare le incompatibilità constatate. Ove occorra, gli Stati membri si forniranno reciproca assistenza per raggiungere tale scopo, assumendo eventualmente una comune linea di condotta.

Nell'applicazione delle convenzioni di cui al primo comma, gli Stati membri tengono conto del fatto che i vantaggi consentiti *nei trattati* da ciascuno degli Stati membri costituiscono parte integrante dell'instaurazione *dell'Unione* e sono, per ciò stesso, indissolubilmente connessi alla creazione di istituzioni comuni, all'attribuzione di competenze a favore di queste ultime e alla concessione degli stessi vantaggi da parte di tutti gli altri Stati membri.

Articolo 352 (*ex* articolo 308 del TCE). – *1. Se* un'azione *dell'Unione appare* necessaria, *nel quadro delle politiche definite dai trattati, per realizzare uno degli obiettivi di cui ai trattati senza che questi ultimi abbiano* previsto i poteri *di azione richiesti a tal fine*, il Consiglio, deliberando all'unanimità su proposta della Commissione *e previa approvazione del Parlamento europeo, adotta le disposizioni appropriate. Allorché adotta le disposizioni in questione secondo una procedura legislativa speciale, il Consiglio delibera altresì all'unanimità su proposta della Commissione e previa approvazione del Parlamento europeo.*

2. La Commissione, nel quadro della procedura di controllo del principio di sussidiarietà di cui all'articolo 5, paragrafo 3 del trattato sull'Unione europea, richiama l'attenzione dei parlamenti nazionali sulle proposte fondate sul presente articolo.

3. Le misure fondate sul presente articolo non possono comportare un'armonizzazione

---

pea, dell'isola di Saint Barthélemy (da regione ultraperiferica è divenuto Paese e territorio d'oltremare), in *G.U.U.E.* L 325 del 9 dicembre 2010, p. 4.

delle disposizioni legislative e regolamentari degli Stati membri nei casi in cui i trattati la escludono.

4. Il presente articolo non può servire di base per il conseguimento di obiettivi riguardanti la politica estera e di sicurezza comune e qualsiasi atto adottato a norma del presente articolo rispetta i limiti previsti nell'articolo 40, secondo comma, del trattato sull'Unione europea.

Articolo 353. – L'articolo 48, paragrafo 7, del trattato sull'Unione europea non si applica agli articoli seguenti:
– articolo 311, terzo e quarto comma,
– articolo 312, paragrafo 2, primo comma,
– articolo 352 e
– articolo 354.

Articolo 354 (*ex* articolo 309 del TCE). – *Ai fini dell'articolo 7 del trattato sull'Unione europea relativo alla sospensione di taluni diritti derivanti dall'appartenenza all'Unione, il membro del Consiglio europeo o del Consiglio che rappresenta lo Stato membro in questione non partecipa al voto e nel calcolo del terzo o dei quattro quinti degli Stati membri di cui ai paragrafi 1 e 2 di detto articolo non si tiene conto dello Stato membro in questione. L'astensione di membri presenti o rappresentati non osta all'adozione delle decisioni di cui al paragrafo 2 di detto articolo.*

Per l'adozione delle decisioni di cui all'articolo 7, paragrafi 3 e 4 del trattato sull'Unione europea, per maggioranza qualificata s'intende quella definita conformemente all'articolo 238, paragrafo 3, lettera b) del presente trattato.

Qualora, a seguito di una decisione di sospensione dei diritti di voto adottata a norma dell'articolo 7, paragrafo 3 del trattato sull'Unione europea, il Consiglio deliberi a maggioranza qualificata sulla base di una delle disposizioni dei trattati, per maggioranza qualificata s'intende quella definita conformemente all'articolo 238, paragrafo 3, lettera b) del presente trattato o, qualora il Consiglio agisca su proposta della Commissione o dell'alto rappresentante dell'Unione per gli affari esteri e la politica di sicurezza, quella definita conformemente all'articolo 238, paragrafo 3, lettera a).

Ai fini dell'articolo 7 del trattato sull'Unione europea, il Parlamento europeo delibera alla maggioranza dei due terzi dei voti espressi, che rappresenta la maggioranza dei membri che lo compongono.

Articolo 355 (*ex* articolo 299, paragrafo 2, primo comma, e paragrafi da 3 a 6, del TCE). – *Oltre alle disposizioni dell'articolo 52 del trattato sull'Unione europea relativo al campo di applicazione territoriale dei trattati, si applicano le disposizioni seguenti:*

1. Le disposizioni *dei trattati* si applicano *alla Guadalupa, alla Guyana francese, alla Martinica,* ***a Mayotte*** [11], *alla Riunione,* [12] *a Saint Martin*, alle Azzorre, a Madera e alle isole Canarie, *conformemente all'articolo 349.*

2. I paesi e i territori d'oltremare, il cui elenco figura nell'allegato *II, costituiscono* l'oggetto dello speciale regime di associazione definito nella quarta *parte.*

<u>*I trattati* non si *applicano* ai paesi e territori d'oltremare che mantengono relazioni particolari con il Regno Unito di Gran Bretagna e Irlanda del Nord non menzionati nell'elenco precitato.</u>

---

[11] I termini «a Mayotte» sono stati inseriti con decisione del Consiglio europeo dell'11 luglio 2012 cit.: cfr. la nota 8 all'art. 349 TFUE.

[12] I termini «a Saint Barthélemy» (posti dopo «alla Riunione») sono stati soppressi con decisione del Consiglio europeo del 29 ottobre 2010 cit.: cfr. la nota 9 all'art. 349 TFUE.

3. Le disposizioni dei trattati si applicano ai territori europei di cui uno Stato membro assume la rappresentanza nei rapporti con l'estero.

4. Le disposizioni *dei trattati* si applicano alle isole Åland conformemente alle disposizioni contenute nel protocollo n. 2 dell'atto relativo alle condizioni di adesione della Repubblica d'Austria, della Repubblica di Finlandia e del Regno di Svezia.

5. In deroga *all'articolo 52 del trattato sull'Unione europea e ai paragrafi da 1 a 4 del presente articolo:*

a) i trattati non si *applicano* alle Faeröer;

b) i trattati non si *applicano* alle zone di sovranità del *Regno Unito di Akrotiri e Dhekelia a Cipro, tranne per quanto necessario ad assicurare l'attuazione del regime definito nel protocollo relativo alle zone di sovranità del Regno Unito di Gran Bretagna e Irlanda del Nord a Cipro, allegato all'atto relativo alle condizioni di adesione all'Unione europea della Repubblica ceca, della Repubblica di Estonia, della Repubblica di Cipro, della Repubblica di Lettonia, della Repubblica di Lituania, della Repubblica di Ungheria, della Repubblica di Malta, della Repubblica di Polonia, della Repubblica di Slovenia e della Repubblica slovacca e secondo i termini di detto protocollo;*

c) le disposizioni *dei trattati* sono applicabili alle isole Normanne ed all'isola di Man soltanto nella misura necessaria per assicurare l'applicazione del regime previsto per tali isole dal trattato relativo all'adesione di nuovi Stati membri alla Comunità economica europea e alla Comunità europea dell'energia atomica, firmato il 22 gennaio 1972.

6. Il Consiglio europeo, su iniziativa dello Stato membro interessato, può adottare una decisione che modifica lo status, nei confronti dell'Unione, di un paese o territorio danese, francese o olandese di cui ai paragrafi 1 e 2. Il Consiglio europeo delibera all'unanimità previa consultazione della Commissione.

Articolo 356 (*ex* articolo 312 del TCE). – Il presente trattato è concluso per una durata illimitata.

Articolo 357 (*ex* articolo 313 del TCE). – Il presente trattato sarà ratificato dalle Alte parti contraenti conformemente alle loro norme costituzionali rispettive. Gli strumenti di ratifica saranno depositati presso il governo della Repubblica italiana.

Il presente trattato entrerà in vigore il primo giorno del mese successivo all'avvenuto deposito dello strumento di ratifica da parte dello Stato firmatario che procederà per ultimo a tale formalità. Tuttavia, qualora tale deposito avvenisse meno di quindici giorni prima dell'inizio del mese seguente, l'entrata in vigore del trattato sarà rinviata al primo giorno del secondo mese successivo alla data del deposito stesso.

Articolo 358. – Le disposizioni dell'articolo 55 del trattato sull'Unione europea si applicano al presente trattato.

4. Protocolli

Protocollo (n. 1) sul ruolo dei Parlamenti nazionali nell'Unione europea

LE ALTE PARTI CONTRAENTI,

RICORDANDO che il modo in cui i parlamenti nazionali effettuano il controllo sui rispettivi governi relativamente alle attività dell'Unione europea è una questione disciplinata dall'ordinamento e dalla prassi costituzionali propri di ciascuno Stato membro,

DESIDEROSE di incoraggiare una maggiore partecipazione dei parlamenti nazionali alle attività dell'Unione europea e di potenziarne la capacità di esprimere i loro pareri su progetti di atti legislativi dell'Unione europea e su altri problemi che rivestano per loro un particolare interesse,

HANNO CONVENUTO le disposizioni seguenti, che sono allegate al trattato sull'Unione europea, al trattato sul funzionamento dell'Unione europea e al trattato che istituisce la Comunità europea dell'energia atomica:

TITOLO I – **COMUNICAZIONE DI INFORMAZIONI AI PARLAMENTI NAZIONALI**

Articolo 1. – I documenti di consultazione redatti dalla Commissione (libri verdi, libri bianchi e comunicazioni) sono inviati direttamente dalla Commissione ai parlamenti nazionali all'atto della pubblicazione. La Commissione trasmette inoltre ai parlamenti nazionali il programma legislativo annuale e gli altri strumenti di programmazione legislativa o di strategia politica nello stesso momento in cui li trasmette al Parlamento europeo e al Consiglio.

Articolo 2. – I progetti di atti legislativi indirizzati al Parlamento europeo e al Consiglio sono trasmessi ai parlamenti nazionali.

Ai fini del presente protocollo, per "progetto di atto legislativo" si intende la proposta della Commissione, l'iniziativa di un gruppo di Stati membri, l'iniziativa del Parlamento europeo, la richiesta della Corte di giustizia, la raccomandazione della Banca centrale europea e la richiesta della Banca europea per gli investimenti, intese all'adozione di un atto legislativo.

I progetti di atti legislativi presentati dalla Commissione sono trasmessi ai parlamenti nazionali direttamente dalla Commissione, nello stesso momento in cui sono trasmessi al Parlamento europeo e al Consiglio.

I progetti di atti legislativi presentati dal Parlamento europeo sono trasmessi ai parlamenti nazionali direttamente dal Parlamento europeo.

I progetti di atti legislativi presentati da un gruppo di Stati membri, dalla Corte di giustizia, dalla Banca centrale europea o dalla Banca europea per gli investimenti sono trasmessi ai parlamenti nazionali dal Consiglio.

Articolo 3. – I parlamenti nazionali possono inviare ai presidenti del Parlamento europeo, del Consiglio e della Commissione un parere motivato in merito alla conformità di un progetto di atto legislativo al principio di sussidiarietà, secondo la procedura prevista dal protocollo sull'applicazione dei principi di sussidiarietà e di proporzionalità.

Se il progetto di atto legislativo è stato presentato da un gruppo di Stati membri, il presidente del Consiglio trasmette il parere o i pareri motivati ai governi di tali Stati membri.

Se il progetto di atto legislativo è stato presentato dalla Corte di giustizia, dalla Banca centrale europea o dalla Banca europea per gli investimenti, il presidente del Consiglio trasmette il parere o i pareri motivati all'istituzione o organo interessato.

Articolo 4. – Un periodo di otto settimane intercorre tra la data in cui si mette a disposizione dei parlamenti nazionali, nelle lingue ufficiali dell'Unione, un progetto di atto legislativo e la data in cui questo è iscritto all'ordine del giorno provvisorio del Consiglio ai fini della sua adozione o dell'adozione di una posizione nel quadro di una procedura legislativa. In caso di urgenza sono ammesse eccezioni le cui motivazioni sono riportate nell'atto o nella posizione del Consiglio. Salvo in casi urgenti debitamente motivati, nel corso di queste otto settimane non può essere constatato alcun accordo riguardante il progetto di atto legislativo. Salvo nei casi urgenti debitamente motivati, tra l'iscrizione di un progetto di atto legislativo all'ordine del giorno provvisorio del Consiglio e l'adozione di una posizione devono trascorrere dieci giorni.

Articolo 5. – Gli ordini del giorno e i risultati delle sessioni del Consiglio, compresi i processi verbali delle sessioni nelle quali il Consiglio delibera su progetti di atti legislativi, sono trasmessi direttamente ai parlamenti nazionali nello stesso momento in cui sono comunicati ai governi degli Stati membri.

Articolo 6. – Qualora il Consiglio europeo intenda ricorrere all'articolo 48, paragrafo 7, primo o secondo comma, del trattato sull'Unione europea, i parlamenti nazionali sono informati dell'iniziativa del Consiglio europeo almeno sei mesi prima che sia adottata una decisione.

Articolo 7. – La Corte dei conti trasmette a titolo informativo la relazione annuale ai parlamenti nazionali nello stesso momento in cui la trasmette al Parlamento europeo e al Consiglio.

Articolo 8. – Quando il sistema parlamentare nazionale non è monocamerale, gli articoli da 1 a 7 si applicano alle camere che lo compongono.

TITOLO II – **COOPERAZIONE INTERPARLAMENTARE**

Articolo 9. – Il Parlamento europeo e i parlamenti nazionali definiscono insieme l'organizzazione e la promozione di una cooperazione interparlamentare efficace e regolare in seno all'Unione.

Articolo 10. – Una conferenza degli organi parlamentari specializzati per gli affari dell'Unione può sottoporre all'attenzione del Parlamento europeo, del Consiglio e della Commissione i contributi che ritiene utili. La conferenza promuove inoltre lo scambio di informazioni e buone prassi tra i parlamenti nazionali e il Parlamento europeo, e tra le loro commissioni specializzate. Può altresì organizzare conferenze interparlamentari su temi specifici, in particolare per discutere su argomenti che rientrano nella politica estera e di sicurezza comune, compresa la politica di sicurezza e di difesa comune. I contributi della conferenza non vincolano i parlamenti nazionali e non pregiudicano la loro posizione.

Protocollo (n. 2) sull'applicazione dei principi di sussidiarietà e di proporzionalità

LE ALTE PARTI CONTRAENTI,

DESIDEROSE di garantire che le decisioni siano prese il più possibile vicino ai cittadini dell'Unione,

DETERMINATE a fissare le condizioni dell'applicazione dei principi di sussidiarietà e proporzionalità sanciti nell'articolo 5 del trattato sull'Unione europea e ad istituire un sistema di controllo dell'applicazione di detti principi,

HANNO CONVENUTO le disposizioni seguenti, che sono allegate al trattato sull'Unione europea e al trattato sul funzionamento dell'Unione europea:

Articolo 1. – Ciascuna istituzione vigila in modo continuo sul rispetto dei principi di sussidiarietà e di proporzionalità definiti nell'articolo 5 del trattato sull'Unione europea.

Articolo 2. – Prima di proporre un atto legislativo, la Commissione effettua ampie consultazioni. Tali consultazioni devono tener conto, se del caso, della dimensione regionale e locale delle azioni previste. Nei casi di straordinaria urgenza, la Commissione non procede a dette consultazioni. Essa motiva la decisione nella proposta.

Articolo 3. – Ai fini del presente protocollo, per "progetto di atto legislativo" si intende la proposta della Commissione, l'iniziativa di un gruppo di Stati membri, l'iniziativa del Parlamento europeo, la richiesta della Corte di giustizia, la raccomandazione della Banca centrale europea e la richiesta della Banca europea per gli investimenti, intese all'adozione di un atto legislativo.

Articolo 4. – La Commissione trasmette i progetti di atti legislativi e i progetti modificati ai parlamenti nazionali nello stesso momento in cui li trasmette al legislatore dell'Unione.

Il Parlamento europeo trasmette i suoi progetti di atti legislativi e i progetti modificati ai parlamenti nazionali.

Il Consiglio trasmette i progetti di atti legislativi presentati da un gruppo di Stati membri, dalla Corte di giustizia, dalla Banca centrale europea o dalla Banca europea per gli investimenti, e i progetti modificati, ai parlamenti nazionali.

Non appena adottate, le risoluzioni legislative del Parlamento europeo e le posizioni del Consiglio sono da loro trasmesse ai parlamenti nazionali.

Articolo 5. – I progetti di atti legislativi sono motivati con riguardo ai principi di sussidiarietà e di proporzionalità. Ogni progetto di atto legislativo dovrebbe essere accompagnato da una scheda contenente elementi circostanziati che consentano di valutare il rispetto dei principi di sussidiarietà e di proporzionalità. Tale scheda dovrebbe fornire elementi che consentano di valutarne l'impatto finanziario e le conseguenze, quando si tratta di una direttiva, sulla regolamentazione che sarà attuata dagli Stati membri, ivi compresa, se del caso, la legislazione regionale. Le ragioni che hanno portato a concludere che un obiettivo dell'Unione può essere conseguito meglio a livello di quest'ultima sono confortate da indicatori qualitativi e, ove possibile, quantitativi. I progetti di atti legislativi tengono conto della necessità che gli oneri, siano essi finanziari o amministrativi, che ricadono sull'Unione, sui governi nazionali, sugli enti regionali o locali, sugli operatori economici e sui cittadini siano il meno gravosi possibile e commisurati all'obiettivo da conseguire.

Articolo 6. – Ciascuno dei parlamenti nazionali o ciascuna camera di uno di questi parlamenti può, entro un termine di otto settimane a decorrere dalla data di trasmissione di un progetto di atto legislativo nelle lingue ufficiali dell'Unione, inviare ai presidenti del Parlamento europeo, del Consiglio e della Commissione un parere motivato che espone le ragioni per le quali ritiene che il progetto in causa non sia conforme al principio di sussidiarietà. Spetta a ciascun parlamento nazionale o a ciascuna camera dei parlamenti nazionali consultare all'occorrenza i parlamenti regionali con poteri legislativi.

Se il progetto di atto legislativo è stato presentato da un gruppo di Stati membri, il presidente del Consiglio trasmette il parere ai governi di tali Stati membri.

Se il progetto di atto legislativo è stato presentato dalla Corte di giustizia, dalla Banca centrale europea o dalla Banca europea per gli investimenti, il presidente del Consiglio trasmette il parere all'istituzione o organo interessato.

Articolo 7. – 1. Il Parlamento europeo, il Consiglio e la Commissione e, se del caso, il gruppo di Stati membri, la Corte di giustizia, la Banca centrale europea o la Banca europea per gli investimenti, ove il progetto di atto legislativo sia stato presentato da essi, tengono conto dei pareri motivati trasmessi dai parlamenti nazionali o da ciascuna camera di uno di tali parlamenti.

Ciascun parlamento nazionale dispone di due voti, ripartiti in funzione del sistema parlamentare nazionale. In un sistema parlamentare nazionale bicamerale, ciascuna delle due camere dispone di un voto.

2. Qualora i pareri motivati sul mancato rispetto del principio di sussidiarietà da parte di un progetto di atto legislativo rappresentino almeno un terzo dell'insieme dei voti attribuiti ai parlamenti nazionali conformemente al paragrafo 1, secondo comma, il progetto deve essere riesaminato. Tale soglia è pari a un quarto qualora si tratti di un progetto di atto legislativo presentato sulla base dell'articolo 76 del trattato sul funzionamento dell'Unione europea riguardante lo spazio di libertà, sicurezza e giustizia.

Al termine di tale riesame, la Commissione o, se del caso, il gruppo di Stati membri, il Parlamento europeo, la Corte di giustizia, la Banca centrale europea o la Banca europea per gli investimenti, se il progetto di atto legislativo è stato presentato da essi, può decidere di mantenere il progetto, di modificarlo o di ritirarlo. Tale decisione deve essere motivata.

3. Inoltre, secondo la procedura legislativa ordinaria, qualora i pareri motivati sul mancato rispetto del principio di sussidiarietà da parte di una proposta di atto legislativo rappresentino almeno la maggioranza semplice dei voti attribuiti ai parlamenti nazionali conformemente al paragrafo 1, secondo comma, la proposta è riesaminata. Al termine di tale riesame, la Commissione può decidere di mantenere la proposta, di modificarla o di ritirarla.

Qualora scelga di mantenerla, la Commissione spiega, in un parere motivato, perché ritiene la proposta conforme al principio di sussidiarietà. Tale parere motivato e i pareri motivati dei parlamenti nazionali sono sottoposti al legislatore dell'Unione affinché ne tenga conto nella procedura:

a) prima della conclusione della prima lettura, il legislatore (Parlamento europeo e Consiglio) esamina la compatibilità della proposta legislativa con il principio di sussidiarietà, tenendo particolarmente conto delle ragioni espresse e condivise dalla maggioranza dei parlamenti nazionali, nonché del parere motivato della Commissione;

b) se, a maggioranza del 55% dei membri del Consiglio o a maggioranza dei voti espressi in sede di Parlamento europeo, il legislatore ritiene che la proposta non sia compatibile con il principio di sussidiarietà, la proposta legislativa non forma oggetto di ulteriore esame.

Articolo 8. – La Corte di giustizia dell'Unione europea è competente a pronunciarsi sui ricorsi per violazione, mediante un atto legislativo, del principio di sussidiarietà proposti secondo le modalità previste all'articolo 263 del trattato sul funzionamento dell'Unione europea da uno Stato membro, o trasmessi da quest'ultimo in conformità con il rispettivo ordinamento giuridico interno a nome del suo parlamento nazionale o di una camera di detto parlamento nazionale.

In conformità alle modalità previste dallo stesso articolo, tali ricorsi possono essere proposti anche dal Comitato delle regioni avverso atti legislativi per l'adozione dei quali il trattato sul funzionamento dell'Unione europea richiede la sua consultazione.

Articolo 9. – La Commissione presenta al Consiglio europeo, al Parlamento europeo, al Consiglio e ai parlamenti nazionali una relazione annuale circa l'applicazione dell'articolo 5 del trattato sull'Unione europea. La relazione annuale deve anche essere inviata al Comitato economico e sociale e al Comitato delle regioni.

Protocollo (n. 3) sullo Statuto della Corte di giustizia dell'Unione europea

LE ALTE PARTI CONTRAENTI,

DESIDERANDO definire lo statuto della Corte di giustizia dell'Unione europea previsto all'articolo 281 del trattato sul funzionamento dell'Unione europea,

HANNO CONVENUTO le disposizioni seguenti, che sono allegate al trattato sull'Unione europea, al trattato sul funzionamento dell'Unione europea e al trattato che istituisce la Comunità europea dell'energia atomica:

Articolo 1. – La Corte di giustizia dell'Unione europea è costituita ed esercita le proprie funzioni conformemente alle disposizioni dei trattati, del trattato che istituisce la Comunità europea dell'energia atomica (trattato CEEA) e del presente statuto.

TITOLO I – STATUTO DEI GIUDICI E DEGLI AVVOCATI GENERALI

Articolo 2. – Ogni giudice, prima di assumere le proprie funzioni, deve, davanti alla Corte di giustizia riunita in seduta pubblica, prestare giuramento di esercitare tali funzioni in piena imparzialità e secondo coscienza e di nulla divulgare del segreto delle deliberazioni.

Articolo 3. – I giudici godono dell'immunità di giurisdizione. Per quanto concerne gli atti da loro compiuti in veste ufficiale, comprese le loro parole e i loro scritti, essi continuano a godere dell'immunità dopo la cessazione dalle funzioni.

La Corte di giustizia, riunita in seduta plenaria, può togliere l'immunità. Quando la decisione riguarda un membro del Tribunale o di un tribunale specializzato, la Corte decide previa consultazione del tribunale di cui trattasi.

Qualora, tolta l'immunità, venga promossa un'azione penale contro un giudice, questi può essere giudicato, in ciascuno degli Stati membri, soltanto dall'organo competente a giudicare i magistrati appartenenti alla più alta giurisdizione nazionale.

Gli articoli da 11 a 14 e l'articolo 17 del protocollo sui privilegi e sulle immunità dell'Unione europea sono applicabili ai giudici, agli avvocati generali, al cancelliere e ai relatori aggiunti della Corte di giustizia dell'Unione europea, senza pregiudizio delle disposizioni relative all'immunità di giurisdizione dei giudici che figurano nei commi precedenti.

Articolo 4. – I giudici non possono esercitare alcuna funzione politica o amministrativa.

Essi non possono, salvo deroga concessa a titolo eccezionale dal Consiglio, che delibera a maggioranza semplice, esercitare alcuna attività professionale rimunerata o meno.

Al momento del loro insediamento, essi assumono l'impegno solenne di rispettare, per la durata delle loro funzioni e dopo la cessazione da queste, gli obblighi derivanti dalla loro carica, in particolare i doveri di onestà e di discrezione per quanto riguarda l'accettare, dopo tale cessazione, determinate funzioni o vantaggi.

In caso di dubbio, la Corte di giustizia decide. Quando la decisione riguarda un membro del Tribunale o di un tribunale specializzato, la Corte decide previa consultazione del tribunale di cui trattasi.

Articolo 5. – A parte i rinnovi regolari e i decessi, le funzioni di giudice cessano individualmente per dimissioni.

In caso di dimissioni di un giudice, la lettera di dimissioni è indirizzata al presidente della Corte di giustizia per essere trasmessa al presidente del Consiglio. Quest'ultima notificazione importa vacanza di seggio.

Salvo i casi in cui si applica l'articolo 6, ogni giudice rimane in carica fino a quando il suo successore non assuma le proprie funzioni.

Articolo 6. – I giudici possono essere rimossi dalle loro funzioni oppure essere dichiarati decaduti dal loro diritto a pensione o da altri vantaggi sostitutivi soltanto qualora, a giudizio unanime dei giudici e degli avvocati generali della Corte di giustizia, non siano più in possesso dei requisiti previsti ovvero non soddisfino più agli obblighi derivanti dalla loro carica. L'interessato non prende parte a tali deliberazioni. Quando l'interessato è un membro del Tribunale o di un tribunale specializzato, la Corte decide previa consultazione del tribunale di cui trattasi.

Il cancelliere comunica la decisione della Corte ai presidenti del Parlamento europeo e della Commissione e la notifica al presidente del Consiglio.

Quest'ultima notificazione, in caso di decisione che rimuove un giudice dalle sue funzioni, importa vacanza di seggio.

Articolo 7. – I giudici le cui funzioni cessano prima dello scadere del loro mandato sono sostituiti per la restante durata del mandato stesso.

Articolo 8. – Le disposizioni degli articoli da 2 a 7 sono applicabili agli avvocati generali.

TITOLO II – ORGANIZZAZIONE DELLA CORTE DI GIUSTIZIA

Articolo 9. – ***Il rinnovo parziale dei giudici, che ha luogo ogni tre anni, riguarda la metà del numero dei giudici. Se il numero dei giudici è dispari, il numero dei giudici da sostituire è il numero dei giudici immediatamente superiore alla metà e alternativamente il numero immediatamente inferiore alla metà del numero dei giudici.***

Il primo comma si applica anche al rinnovo parziale degli avvocati generali, che ha luogo ogni tre anni [1]**.**

---

[1] Articolo sostituito dall'art. 1 del regolamento (UE, Euratom) n. 2015/2422 del Parlamento europeo e del Consiglio del 16 dicembre 2015 recante modifica del Protocollo n. 3 sullo statuto della Corte di giustizia dell'Unione europea, in *G.U.U.E.* L 341 del 24 dicembre 2015, p. 14. Il regolamento ha la motivazione («considerando») che segue: «(1) A causa del progressivo ampliamento delle sue competenze dal momento della sua istituzione, il numero di cause dinanzi al Tribunale è ora in costante aumento. (2) Attualmente, la durata dei procedimenti non sembra accettabile per le parti coinvolte, in particolare alla luce dei principi enunciati sia dall'articolo 47 della Carta dei diritti fondamentali dell'Unione europea sia dall'articolo 6 della Convenzione europea per la salvaguardia dei diritti dell'uomo e delle libertà fondamentali. (3) La situazione in cui si trova il Tribunale dipende da cause connesse, tra l'altro, all'intensificazione e alla diversificazione degli atti giuridici delle istituzioni, degli organi e degli organismi dell'Unione, nonché al volume e alla complessità delle cause di cui il Tribunale è investito, soprattutto in maniera di concorrenza, aiuti di Stato e proprietà intellettuale. (4) Non è stato fatto uso della possibilità, prevista dall'articolo 257 del trattato sul funzionamento dell'Unione europea (TFUE), di istituire tribunali specializzati. (5) Si dovrebbero pertanto adottare adeguate misure di natura organizzativa, strutturale e procedurale, incluso, in particolare, un aumento del numero dei giudici, per far fronte a tale situazione. Fare uso della possibilità, prevista dai trattati, di aumentare il numero dei giudici del

Articolo 9 bis. – I giudici eleggono nel loro ambito il presidente e il vicepresidente della Corte di giustizia, per una durata di tre anni. Il loro mandato è rinnovabile.

Il vicepresidente assiste il presidente in conformità delle condizioni determinate dal regolamento di procedura. Egli sostituisce il presidente in caso di impedimento di quest'ultimo o di vacanza della presidenza [2]***.***

Articolo 10. – Il cancelliere presta giuramento davanti alla Corte di giustizia di esercitare le proprie funzioni in piena imparzialità e secondo coscienza e di nulla divulgare del segreto delle deliberazioni.

Articolo 11. – La Corte di giustizia predispone la sostituzione del cancelliere in caso di impedimento di questi.

Articolo 12. – Funzionari e altri agenti sono addetti alla Corte di giustizia allo scopo di assicurarne il funzionamento. Essi dipendono dal cancelliere sotto l'autorità del presidente.

Articolo 13. – Su richiesta della Corte di giustizia, il Parlamento europeo e il Consiglio, deliberando secondo la procedura legislativa ordinaria, possono prevedere la nomina di relatori aggiunti e definirne lo statuto. I relatori aggiunti possono essere chiamati, alle condizioni che saranno definite dal regolamento di procedura, a partecipare all'istruzione delle cause sottoposte all'esame della Corte e a collaborare con il giudice relatore.

I relatori aggiunti, scelti tra persone che offrano ogni garanzia di indipendenza e ab-

---

Tribunale consentirebbe di ridurre in breve tempo sia il volume di cause pendenti sia l'eccessiva durata dei procedimenti dinanzi ad esso. (6) Tenendo conto dell'evoluzione del carico di lavoro del Tribunale, è opportuno che il numero dei giudici sia fissato a 56 al termine di una procedura articolata in tre fasi in cui ciascuno Stato membro propone la nomina di due giudici, fermo restando che nel Tribunale non possono mai sedere più di due giudici nominati su proposta di uno stesso Stato membro. (7) Il comitato di cui all'articolo 255 TFUE tiene conto in particolare dell'indipendenza, dell'imparzialità, delle competenze e dell'idoneità professionalità e personale dei candidati. (8) Al fine di ridurre rapidamente l'arretrato di cause pendenti, dodici giudici supplementari dovrebbero entrare in carica alla data di entrata in vigore del presente regolamento. (9) Nel settembre 2016 la competenza a decidere in primo grado in materia di funzione pubblica dell'Unione europea e i sette posti dei giudici presso il Tribunale della funzione pubblica dell'Unione europea ("Tribunale della funzione pubblica") dovrebbero essere trasferiti al Tribunale sulla base della richiesta legislativa già annunciata dalla Corte di giustizia. Tale richiesta esaminerà le modalità di trasferimento dei sette posti di giudice del Tribunale della funzione pubblica, compresi il suo personale e le sue risorse. (10) Nel settembre 2019 dovrebbero entrare in carica i rimanenti nove giudici. Per garantire l'efficacia in termini di costi, tale circostanza non dovrebbe comportare l'assunzione di referendari supplementari né di altro personale di sostegno. Le misure di riorganizzazione interna in seno all'istituzione dovrebbero assicurare un uso efficiente delle risorse umane esistenti, che dovrebbero essere uguali per tutti i giudici, fatte salve le decisioni del Tribunale in merito alla sua organizzazione interna. (11) È di fondamentale importanza garantire l'equilibrio di genere in seno al Tribunale. Per conseguire tale obiettivo, è opportuno organizzare i rinnovi parziali del Tribunale in modo tale da portare progressivamente i governi degli Stati membri a proporre due giudici in occasione del medesimo rinnovo parziale, allo scopo di privilegiare pertanto, nel rispetto delle condizioni e delle procedure previste dai trattati, la scelta di una donna e di un uomo. (12) È necessario adattare di conseguenza le disposizioni dello statuto della Corte di giustizia dell'Unione europea sul rinnovo parziale dei giudici e degli avvocati generali che ha luogo ogni tre anni. (13) Come già annunciato dalla Corte di giustizia dell'Unione europea, essa presenterà, quale seguito della riforma del Tribunale, dati annuali sulla sua attività giurisdizionale e, se del caso, proporrà misure appropriate. Nella seconda e terza fase dell'ampliamento del Tribunale, si procederà a una valutazione della situazione del Tribunale stesso la quale, se necessario, potrebbe portare a determinati adeguamenti, soprattutto sotto il profilo delle spese amministrative della Corte. (14) È opportuno pertanto modificare di conseguenza il protocollo n. 3 sullo statuto della Corte di giustizia dell'Unione europea».

[2] Articolo inserito dall'art. 1, punto 1 del regolamento (UE, Euratom) n. 741/2012 del Parlamento europeo e del Consiglio dell'11 agosto 2012, che modifica il Protocollo sullo statuto della Corte di giustizia dell'Unione europea e il relativo allegato I, in *G.U.U.E.* L 228 del 23 agosto 2012, p. 1.

biano le qualificazioni giuridiche necessarie, sono nominati dal Consiglio, che delibera a maggioranza semplice. Essi prestano giuramento davanti alla Corte di esercitare le loro funzioni in piena imparzialità e secondo coscienza e di nulla divulgare del segreto delle deliberazioni.

Articolo 14. – I giudici, gli avvocati generali e il cancelliere devono risiedere dove la Corte di giustizia ha la propria sede.

Articolo 15. – La Corte di giustizia funziona in modo permanente. La durata delle vacanze giudiziarie è fissata dalla Corte, tenuto conto delle necessità del servizio.

Articolo 16. – La Corte di giustizia istituisce nel proprio ambito sezioni composte di tre e di cinque giudici. I giudici eleggono nel loro ambito i presidenti delle sezioni. I presidenti delle sezioni di cinque giudici sono eletti per una durata di tre anni. Il loro mandato è rinnovabile una volta.

La grande sezione comprende quindici giudici. Essa è presieduta dal presidente della Corte. Fanno parte della grande sezione anche il vicepresidente della Corte e, in conformità delle condizioni determinate dal regolamento di procedura, tre presidenti delle sezioni di cinque giudici nonché altri giudici[3].

La Corte si riunisce in grande sezione quando lo richieda uno Stato membro o un'istituzione dell'Unione che è parte in causa.

La Corte si riunisce in seduta plenaria quando è adita ai sensi dell'articolo 228, paragrafo 2, dell'articolo 245, paragrafo 2, dell'articolo 247 o dell'articolo 286, paragrafo 6, del trattato sul funzionamento dell'Unione europea.

Inoltre, ove reputi che un giudizio pendente dinanzi ad essa rivesta un'importanza eccezionale, la Corte può decidere, sentito l'avvocato generale, di rinviare la causa alla seduta plenaria.

Articolo 17. – La Corte di giustizia può deliberare validamente soltanto in numero dispari.

Le deliberazioni delle sezioni composte di tre o cinque giudici sono valide soltanto se prese da tre giudici.

Le deliberazioni della grande sezione sono valide soltanto se sono presenti undici giudici.

Le deliberazioni della Corte riunita in seduta plenaria sono valide soltanto se sono presenti diciassette giudici[4].

In caso di impedimento di uno dei giudici componenti una sezione, si può ricorrere a un giudice che faccia parte di un'altra sezione, alle condizioni definite dal regolamento di procedura.

Articolo 18. – I giudici e gli avvocati generali non possono partecipare alla trattazione di alcuna causa nella quale essi siano in precedenza intervenuti come agenti, consulenti o avvocati di una delle parti, o sulla quale essi siano stati chiamati a pronunciarsi come membri di un tribunale, di una commissione d'inchiesta o a qualunque altro titolo.

Qualora, per un motivo particolare, un giudice o un avvocato generale reputi di non poter partecipare al giudizio o all'esame di una causa determinata, ne informa il presidente. Qualora il presidente reputi che un giudice o un avvocato generale non debba, per un motivo particolare, giudicare o concludere in una causa determinata, ne avverte l'interessato.

In caso di difficoltà nell'applicazione del presente articolo, la Corte di giustizia decide.

Una parte non può invocare la nazionalità di un giudice, né l'assenza in seno alla Corte

[3] Comma sostituito dall'art. 1, punto 2 del regolamento n. 741/2012 cit.

[4] Commi tre e quattro sostituiti dall'art. 1, punto 3 del regolamento n. 741/2012 cit.

o ad una sua sezione di un giudice della propria nazionalità, per richiedere la modificazione della composizione della Corte o di una delle sue sezioni.

TITOLO III – **PROCEDURA DINANZI ALLA CORTE DI GIUSTIZIA**

Articolo 19. – Tanto gli Stati membri quanto le istituzioni dell'Unione sono rappresentati davanti alla Corte di giustizia da un agente nominato per ciascuna causa; l'agente può essere assistito da un consulente o da un avvocato.

Allo stesso modo sono rappresentati gli Stati parti contraenti dell'accordo sullo Spazio economico europeo diversi dagli Stati membri e l'Autorità di vigilanza AELS (EFTA) prevista da detto accordo.

Le altre parti devono essere rappresentate da un avvocato.

Solo un avvocato abilitato al patrocinio dinanzi ad un organo giurisdizionale di uno Stato membro o di un altro Stato parte contraente dell'accordo sullo Spazio economico europeo può rappresentare o assistere una parte dinanzi alla Corte.

Gli agenti, i consulenti e gli avvocati che compaiano davanti alla Corte godono dei diritti e delle garanzie necessarie per l'esercizio indipendente delle loro funzioni, alle condizioni che saranno determinate dal regolamento di procedura.

La Corte gode, nei confronti dei consulenti e degli avvocati che si presentano davanti ad essa, dei poteri normalmente riconosciuti in materia alle corti e ai tribunali, alle condizioni che saranno determinate dallo stesso regolamento.

I professori cittadini degli Stati membri la cui legislazione riconosce loro il diritto di patrocinare godono davanti alla Corte dei diritti riconosciuti agli avvocati dal presente articolo.

Articolo 20. – La procedura davanti alla Corte di giustizia comprende due fasi: l'una scritta, l'altra orale.

La procedura scritta comprende la comunicazione alle parti, nonché alle istituzioni dell'Unione le cui decisioni sono in causa, delle istanze, memorie, difese e osservazioni e, eventualmente, delle repliche, nonché di ogni atto e documento a sostegno, ovvero delle loro copie certificate conformi.

Le comunicazioni sono fatte a cura del cancelliere secondo l'ordine e nei termini fissati dal regolamento di procedura.

La procedura orale comprende l'audizione da parte della Corte degli agenti, dei consulenti e degli avvocati e delle conclusioni dell'avvocato generale e, ove occorra, l'audizione dei testimoni e dei periti[5]**.**

Ove ritenga che la causa non sollevi nuove questioni di diritto, la Corte può decidere, sentito l'avvocato generale, che la causa sia giudicata senza conclusioni dell'avvocato generale.

Articolo 21. – La Corte di giustizia è adita mediante istanza trasmessa al cancelliere. L'istanza deve contenere l'indicazione del nome e del domicilio dell'istante e della qualità del firmatario, l'indicazione della parte o delle parti avverso le quali è proposta, l'oggetto della controversia, le conclusioni ed un'esposizione sommaria dei motivi invocati.

All'istanza deve essere allegato, ove occorra, l'atto di cui è richiesto l'annullamento ovvero, nell'ipotesi contemplata dall'articolo 265 del trattato sul funzionamento dell'Unione europea, un documento che certifichi la data della richiesta prevista da tale articolo. Se questi documenti non sono stati allegati all'istanza, il cancelliere invita l'interessato a produrli entro un termine ragionevole, senza che si possa eccepire decadenza qualora la regolarizzazione intervenga dopo la scadenza del termine per ricorrere.

---

[5] Comma sostituito dall'art. 1, punto 4 del regolamento n. 741/2012 cit.

Articolo 22. – Nei casi contemplati dall'articolo 18 del trattato CEEA, la Corte di giustizia è adita mediante ricorso trasmesso al cancelliere. Il ricorso deve contenere l'indicazione del nome e del domicilio del ricorrente e della qualità del firmatario, l'indicazione della decisione avverso la quale è proposto ricorso, l'indicazione delle parti avverse, l'oggetto della causa, le conclusioni e un'esposizione sommaria dei motivi invocati.

Al ricorso deve essere allegata una copia conforme della decisione del collegio arbitrale che viene impugnata.

Se la Corte rigetta il ricorso, la decisione del collegio arbitrale diventa definitiva.

Se la Corte annulla la decisione del collegio arbitrale la procedura può essere ripresa, eventualmente, a cura di una delle parti in causa, dinanzi al collegio arbitrale. Quest'ultimo deve uniformarsi ai principi di diritto enunciati dalla Corte.

Articolo 23. – Nei casi contemplati dall'articolo 267 del trattato sul funzionamento dell'Unione europea la decisione del giudice nazionale che sospende la procedura e si rivolge alla Corte di giustizia è notificata a quest'ultima a cura di tale giudice nazionale. Tale decisione è quindi notificata a cura del cancelliere della Corte alle parti in causa, agli Stati membri e alla Commissione, nonché all'istituzione, all'organo o all'organismo dell'Unione che ha adottato l'atto di cui si contesta la validità o l'interpretazione.

Nel termine di due mesi da tale ultima notificazione, le parti, gli Stati membri, la Commissione e, quando ne sia il caso, l'istituzione, l'organo o l'organismo dell'Unione che ha adottato l'atto di cui si contesta la validità o l'interpretazione ha il diritto di presentare alla Corte memorie ovvero osservazioni scritte.

Nei casi contemplati dall'articolo 267 del trattato sul funzionamento dell'Unione europea, la decisione del giudice nazionale è inoltre notificata, a cura del cancelliere della Corte, agli Stati parti contraenti dell'accordo sullo Spazio economico europeo diversi dagli Stati membri nonché all'Autorità di vigilanza AELS (EFTA) prevista da detto accordo, i quali, entro due mesi dalla notifica, laddove si tratti di uno dei settori di applicazione dell'accordo, possono presentare alla Corte memorie ovvero osservazioni scritte.

Quando un accordo relativo ad un determinato settore, concluso dal Consiglio e da uno o più Stati terzi, prevede che questi ultimi hanno la facoltà di presentare memorie od osservazioni scritte nel caso in cui la Corte sia stata adita da un organo giurisdizionale di uno Stato membro perché si pronunci in via pregiudiziale su una questione rientrante nell'ambito di applicazione dell'accordo, anche la decisione del giudice nazionale contenente tale questione è notificata agli Stati terzi interessati che, entro due mesi dalla notifica, possono depositare dinanzi alla Corte memorie od osservazioni scritte.

Articolo 23 bis[6]. – Nel regolamento di procedura possono essere previsti un procedimento accelerato e, per i rinvii pregiudiziali relativi allo spazio di libertà, sicurezza e giustizia, un procedimento d'urgenza.

Tali procedimenti possono prevedere, per il deposito delle memorie o delle osservazioni scritte, un termine più breve di quello previsto all'articolo 23 e, in deroga all'articolo 20, quarto comma, la mancanza di conclusioni dell'avvocato generale.

Il procedimento d'urgenza può prevedere, inoltre, la limitazione delle parti e degli altri interessati di cui all'articolo 23 autorizzati a depositare memorie ovvero osservazioni scritte e, in casi di estrema urgenza, l'omissione della fase scritta del procedimento.

Articolo 24. – La Corte di giustizia può richiedere alle parti di produrre tutti i documenti e di dare tutte le informazioni che essa reputi desiderabili. In caso di rifiuto, ne prende atto.

La Corte può parimenti richiedere agli Stati membri e alle istituzioni, agli organi o agli

---

[6] Articolo inserito con decisione 2008/79/CE, Euratom (*G.U.* L 24 del 29 gennaio 2008, p. 42).

organismi che non siano parti in causa tutte le informazioni che ritenga necessarie ai fini del processo.

Articolo 25. – In ogni momento, la Corte di giustizia può affidare una perizia a qualunque persona, ente, ufficio, commissione od organo di sua scelta.

Articolo 26. – Alle condizioni che saranno determinate dal regolamento di procedura si può procedere all'audizione di testimoni.

Articolo 27. – La Corte di giustizia gode, nei confronti dei testimoni non comparsi, dei poteri generalmente riconosciuti in materia alle corti e ai tribunali e può infliggere sanzioni pecuniarie, alle condizioni che saranno determinate dal regolamento di procedura.

Articolo 28. – I testimoni e i periti possono essere uditi sotto il vincolo del giuramento, secondo la formula stabilita dal regolamento di procedura ovvero secondo le modalità previste dalla legislazione nazionale del testimone o del perito.

Articolo 29. – La Corte di giustizia può ordinare che un testimone o un perito sia udito dall'autorità giudiziaria del suo domicilio.

Tale ordinanza è diretta, per la sua esecuzione, all'autorità giudiziaria competente, alle condizioni stabilite dal regolamento di procedura. Gli atti derivanti dall'esecuzione della rogatoria sono rimessi alla Corte alle stesse condizioni.

La Corte sostiene le spese, con riserva di porle, quando ne sia il caso, a carico delle parti.

Articolo 30. – Ogni Stato membro considera qualsiasi violazione dei giuramenti dei testimoni e dei periti alla stregua del corrispondente reato commesso davanti a un tribunale nazionale giudicante in materia civile. Su denuncia della Corte di giustizia esso procede contro gli autori di tale reato davanti al giudice nazionale competente.

Articolo 31. – L'udienza è pubblica, salvo decisione contraria presa dalla Corte di giustizia, d'ufficio o su richiesta delle parti, per motivi gravi.

Articolo 32. – Nel corso del dibattimento la Corte di giustizia può interrogare i periti, i testimoni e le parti stesse. Tuttavia queste ultime possono provvedere alla propria difesa orale soltanto tramite il proprio rappresentante.

Articolo 33. – Di ogni udienza è redatto un verbale firmato dal presidente e dal cancelliere.

Articolo 34. – Il ruolo delle udienze è fissato dal presidente.

Articolo 35. – Le deliberazioni della Corte di giustizia sono e restano segrete.

Articolo 36. – Le sentenze sono motivate. Esse menzionano i nomi dei giudici che hanno partecipato alla deliberazione.

Articolo 37. – Le sentenze sono firmate dal presidente e dal cancelliere. Esse sono lette in pubblica udienza.

Articolo 38. – La Corte di giustizia delibera sulle spese.

Articolo 39. – Il presidente della Corte di giustizia può decidere secondo una procedura sommaria che deroghi, per quanto necessario, ad alcune norme contenute nel presente statuto e che sarà fissata dal regolamento di procedura, in merito alle conclusioni intese sia ad ottenere la sospensione prevista dall'articolo 278 del trattato sul funzionamento dell'Unione europea e dall'articolo 157 del trattato CEEA, sia all'applicazione dei provvedimenti provvisori a norma dell'articolo 279 del trattato sul funzionamento dell'Unione europea, sia alla sospensione dell'esecuzione forzata conformemente all'articolo 299, quarto comma, del trattato sul funzionamento dell'Unione europea o all'articolo 164, terzo comma, del trattato CEEA.

I poteri di cui al primo comma possono, alle condizioni determinate dal regolamento di procedura, essere esercitati dal vicepresidente della Corte di giustizia[7]**.**

Il presidente e il vicepresidente, in caso d'impedimento, sono sostituiti da un altro giudice alle condizioni determinate dal regolamento di procedura[8]**.**

L'ordinanza pronunciata dal presidente o dal suo sostituto ha soltanto carattere provvisorio e non pregiudica in nulla la decisione della Corte sul merito.

Articolo 40. – Gli Stati membri e le istituzioni dell'Unione possono intervenire nelle controversie proposte alla Corte di giustizia.

Uguale diritto spetta agli organi e agli organismi dell'Unione e ad ogni altra persona se possono dimostrare di avere un interesse alla soluzione della controversia sottoposta alla Corte. Le persone fisiche o giuridiche non possono intervenire nelle cause fra Stati membri, fra istituzioni dell'Unione, o fra Stati membri da una parte e istituzioni dell'Unione dall'altra.

Salvo quanto dispone il secondo comma, gli Stati parti contraenti dell'accordo sullo Spazio economico europeo diversi dagli Stati membri nonché l'Autorità di vigilanza AELS (EFTA) prevista da detto accordo possono intervenire nelle controversie proposte alla Corte quando queste riguardano uno dei settori di applicazione dello stesso accordo.

Le conclusioni dell'istanza d'intervento possono avere come oggetto soltanto l'adesione alle conclusioni di una delle parti.

Articolo 41. – Quando la parte convenuta, regolarmente chiamata in causa, si astiene dal depositare conclusioni scritte, la sentenza viene pronunziata in sua contumacia. La sentenza può essere impugnata entro il termine di un mese a decorrere dalla sua notificazione. Salvo decisione contraria della Corte di giustizia, l'opposizione non sospende l'esecuzione della sentenza pronunziata in contumacia.

Articolo 42. – Gli Stati membri, le istituzioni, organi e organismi dell'Unione e ogni altra persona fisica o giuridica possono, nei casi e alle condizioni che saranno determinati dal regolamento di procedura, proporre opposizione di terzo contro le sentenze pronunziate senza che essi siano stati chiamati in causa, qualora tali sentenze siano pregiudizievoli ai loro diritti.

Articolo 43. – In caso di difficoltà sul senso e la portata di una sentenza, spetta alla Corte di giustizia d'interpretarla, a richiesta di una parte o di un'istituzione dell'Unione che dimostri di avere a ciò interesse.

Articolo 44. – La revocazione delle sentenze può essere richiesta alla Corte di giustizia solo in seguito alla scoperta di un fatto di natura tale da avere un'influenza decisiva e che, prima della pronunzia della sentenza, era ignoto alla Corte e alla parte che domanda la revocazione.

La procedura di revocazione si apre con una sentenza della Corte che constata espres-

---

[7] Il presente comma ha sostituito, insieme al comma che segue, il secondo comma del Protocollo, ai sensi dall'art. 1, punto 5 del regolamento n. 741/2012 cit.

[8] **Comma sostituito, insieme al precedente, dall'art. 1, punto 5 del regolamento n. 741/2012 cit.**

samente l'esistenza di un fatto nuovo, ne riconosce i caratteri che consentono l'adito alla revocazione e dichiara per questo motivo ricevibile l'istanza.

Nessuna istanza di revocazione può essere proposta dopo la scadenza di un termine di dieci anni dalla data della sentenza.

Articolo 45. – Il regolamento di procedura stabilirà termini in ragione della distanza.

Nessuna decadenza risultante dallo spirare dei termini può essere eccepita quando l'interessato provi l'esistenza di un caso fortuito o di forza maggiore.

Articolo 46. – Le azioni contro l'Unione in materia di responsabilità extracontrattuale si prescrivono in cinque anni a decorrere dal momento in cui avviene il fatto che dà loro origine. La prescrizione è interrotta sia dall'istanza presentata alla Corte di giustizia, sia dalla preventiva richiesta che il danneggiato può rivolgere all'istituzione competente dell'Unione. In quest'ultimo caso l'istanza deve essere proposta nel termine di due mesi previsto dall'articolo 263 del trattato sul funzionamento dell'Unione europea; sono applicabili, quando ne sia il caso, le disposizioni di cui all'articolo 265, secondo comma, del trattato sul funzionamento dell'Unione europea.

Il presente articolo si applica anche alle azioni contro la Banca centrale europea in materia di responsabilità extracontrattuale.

TITOLO IV – **IL TRIBUNALE**

Articolo 47. – ***L'articolo 9, primo comma, gli articoli 9 bis, 14 e 15, l'articolo 17, primo, secondo, quarto e quinto comma e l'articolo 18 si applicano al Tribunale e ai suoi membri***[9].

L'articolo 3, quarto comma, e gli articoli 10, 11 e 14 si applicano, coi necessari adattamenti, al cancelliere del Tribunale.

Articolo 48. – Il Tribunale è composto di:
a) 40 giudici a decorrere dal 25 dicembre 2015;
b) 47 giudici a decorrere dal 1° settembre 2016;
c) due giudici per Stato membro a decorrere dal 1° settembre 2019[10].

[9] Comma sostituito dall'art. 1, punto 6 del regolamento n. 741/2012 cit.

[10] Articolo sostituito dall'art. 1 del regolamento n. 2015/2422 cit. Precisa l'art. 2 che «Il mandato dei giudici supplementari del Tribunale da nominare ai sensi dell'art. 48 del Protocollo n. 3 sullo statuto della Corte di giustizia dell'Unione europea è articolato come segue: a) il mandato di sei dei dodici giudici supplementari, da nominare a decorrere dal 25 dicembre 2015, termina il 31 agosto 2016. Detti sei giudici sono scelti in modo tale che i governi di sei Stati membri propongano due giudici per il rinnovo parziale del Tribunale nel 2016. Il mandato degli altri sei giudici termina il 31 agosto 2019; b) il mandato di tre dei sette giudici supplementari, da nominare a decorrere dal 1° settembre 2016, termina il 31 agosto 2019. Detti tre giudici sono scelti in modo tale che i governi di tre Stati membri propongono due giudici per il rinnovo parziale del Tribunale nel 2019. Il mandato degli altri quattro giudici termina il 31 agosto 2022; c) il mandato di quattro dei nove giudici supplementari, da nominare a decorrere dal 1° settembre 2019, termina il 31 agosto 2022. Detti quattro giudici sono scelti in modo tale che i governi di quattro Stati membri propongano due giudici per il rinnovo parziale del Tribunale nel 2022. Il mandato degli altri cinque giudici scade il 31 agosto 2025. La dichiarazione del Parlamento europeo e del Consiglio, relativa al regolamento n. 2015/2422 cit., in *G.U.U.E.* C 436 del 24 dicembre 2015, p. 1, premesso che al termine del processo di riforma il Tribunale sarà composto di due giudici per Stato membro, afferma che «Pertanto, per conseguire la parità tra donne e uomini, che è un obiettivo dell'Unione europea a norma dell'art. 3 TEU [*rectius* TUE], i governi degli Stati membri dovrebbero, per quanto possibile, durante il processo di nomina dei candidati ai posti di giudice presso il Tribunale in conformità dell'articolo 254 TFUE, assicurare un'uguale presenza di donne e uomini». Prevede, fra l'altro, l'articolo 3 del regolamento n. 2015/2422 cit., che in una relazione da elaborare entro il 26 dicembre 2020, la Corte di giustizia si soffermerà «in particolare sull'efficienza

Articolo 49. – I membri del Tribunale possono essere chiamati ad esercitare le funzioni di avvocato generale.

L'avvocato generale ha l'ufficio di presentare pubblicamente, con assoluta imparzialità e piena indipendenza, conclusioni motivate su determinate cause sottoposte al Tribunale, per assistere quest'ultimo nell'adempimento della sua missione.

I criteri per la determinazione di dette cause, nonché le modalità di designazione degli avvocati generali sono stabiliti dal regolamento di procedura del Tribunale.

Un membro del Tribunale chiamato ad esercitare le funzioni di avvocato generale in una causa non può prendere parte alla decisione di detta causa.

Articolo 50. – Il Tribunale si riunisce in sezioni, composte di tre o cinque giudici. I giudici eleggono nel loro ambito i presidenti delle sezioni. I presidenti delle sezioni di cinque giudici sono eletti per una durata di tre anni. Il loro mandato è rinnovabile una volta.

La composizione delle sezioni e l'assegnazione ad esse delle cause sono disciplinate dal regolamento di procedura. In determinati casi disciplinati dal regolamento di procedura il Tribunale può riunirsi in seduta plenaria o statuire nella persona di un giudice unico.

Il regolamento di procedura può inoltre prevedere che il Tribunale si riunisca in grande sezione nei casi e alle condizioni da esso definite.

Articolo 50* bis. – *1. Il Tribunale esercita in primo grado la competenza a decidere sulle controversie tra l'Unione e i suoi agenti ai sensi dell'articolo 270 del trattato sul funzionamento dell'Unione europea, comprese le controversie tra qualunque istituzione, organo o organismo, da un lato, e i loro agenti, dall'altro, per le quali la competenza è attribuita alla Corte di giustizia dell'Unione europea.

2. In qualunque fase del procedimento, sin dal deposito dell'atto introduttivo, il Tribunale può esaminare le possibilità di composizione amichevole della controversia e può cercare di agevolare una siffatta composizione [11].

Articolo 51. – In deroga alla norma di cui all'articolo 256, paragrafo 1, del trattato sul funzionamento dell'Unione europea, sono di competenza della Corte di giustizia:

a) i ricorsi previsti agli articoli 263 e 265 del trattato sul funzionamento dell'Unione europea, proposti da uno Stato membro:

i) contro un atto legislativo, un atto del Parlamento europeo, del Consiglio europeo o del Consiglio o contro un'astensione dal pronunciarsi di una o più di dette istituzioni, salvo che si tratti:

– di decisioni adottate dal Consiglio ai sensi dell'articolo 108, paragrafo 2, terzo comma, del trattato sul funzionamento dell'Unione europea;

---

del Tribunale, la necessità e l'efficacia dell'aumento del numero dei giudici a 56, l'utilizzo e l'efficacia delle risorse e l'istituzione di ulteriori sezioni specializzate e/o altre modifiche strutturali», presentando, se del caso «richieste legislative volte a modificare di conseguenza il suo statuto», e che entro il 26 dicembre 2017 la Corte elaborerà una relazione «su eventuali modifiche della ripartizione delle competenze in materia di pronunce pregiudiziali a norma dell'articolo 267 TFUE. La relazione è corredata, se del caso, di richieste legislative». A seguito dell'aumento dei giudici, il Tribunale ha adottato una decisione, del 10 aprile 2019, sulla "Composizione della grande sezione", in *G.U.U.E.* C 172 del 20 maggio 2019, p. 2; una decisione, del 3 luglio 2019, sui "Criteri di attribuzione delle cause alle sezioni", in *G.U.U.E.* C 246 del 22 luglio 2019, p. 2; una decisione, del 10 luglio 2019, sui "Criteri di designazione del giudice che sostituisce un giudice colpito da impedimenti", in *G.U.U.E.* C 263 del 5 agosto 2019, p. 2.

[11] Articolo inserito dall'art. 2 del regolamento (UE, Euratom) n. 2016/1192 del Parlamento europeo e del Consiglio del 6 luglio 2016 relativo al trasferimento al Tribunale della competenza a decidere, in primo grado, sulle controversie tra l'Unione europea e i suoi agenti, in *G.U.U.E.* L 200 del 26 luglio 2016, p. 137.

– di atti del Consiglio in forza di un suo regolamento concernente misure di difesa commerciale ai sensi dell'articolo 207 del trattato sul funzionamento dell'Unione europea;

– di atti del Consiglio con cui quest'ultimo esercita competenze di esecuzione ai sensi dell'articolo 291, paragrafo 2, del trattato sul funzionamento dell'Unione europea;

ii) contro un atto o un'astensione dal pronunciarsi della Commissione ai sensi dell'articolo 331, paragrafo 1, del trattato sul funzionamento dell'Unione europea.

b) i ricorsi previsti agli articoli 263 e 265 del trattato sul funzionamento dell'Unione europea, proposti da un'istituzione dell'Unione contro un atto legislativo, un atto del Parlamento europeo, del Consiglio europeo, del Consiglio, della Commissione o della Banca centrale europea, o contro un'astensione dal pronunciarsi di una o più di dette istituzioni;

c) i ricorsi previsti all'articolo 263 del trattato sul funzionamento dell'Unione europea, proposti da uno Stato membro contro un atto della Commissione relativo alla mancata esecuzione di una sentenza pronunciata dalla Corte ai sensi dell'art. 260, paragrafo 2, secondo comma, o paragrafo 3, secondo comma, del trattato sul funzionamento dell'Unione europea[12]**.**

Articolo 52. – Il presidente della Corte di giustizia e il presidente del Tribunale stabiliscono di comune accordo le condizioni alle quali funzionari e altri agenti addetti alla Corte di giustizia possono prestare servizio presso il Tribunale onde assicurarne il funzionamento. Taluni funzionari o altri agenti dipendono dal cancelliere del Tribunale sotto l'autorità del presidente del Tribunale.

Articolo 53. – La procedura dinanzi al Tribunale è disciplinata dal titolo III.

La procedura dinanzi al Tribunale è precisata e completata, per quanto necessario, dal suo regolamento di procedura. Il regolamento di procedura può derogare all'articolo 40, quarto comma e all'articolo 41 per tener conto delle peculiarità del contenzioso nel settore della proprietà intellettuale.

In deroga all'articolo 20, quarto comma, l'avvocato generale può presentare per iscritto le sue conclusioni motivate.

Articolo 54. – Se un'istanza o un altro atto processuale destinati al Tribunale sono depositati per errore presso il cancelliere della Corte di giustizia, questo li trasmette immediatamente al cancelliere del Tribunale; allo stesso modo, se un'istanza o un altro atto processuale destinati alla Corte sono depositati per errore presso il cancelliere del Tribunale, questo li trasmette immediatamente al cancelliere della Corte.

Quando il Tribunale constata d'essere incompetente a conoscere di un ricorso che rientri nella competenza della Corte, rinvia la causa alla Corte; allo stesso modo, la Corte, quando constata che un determinato ricorso rientra nella competenza del Tribunale, rinvia la causa a quest'ultimo, che non può in tal caso declinare la propria competenza.

Quando la Corte e il Tribunale sono investiti di cause che abbiano lo stesso oggetto, sollevino lo stesso problema d'interpretazione o mettano in questione la validità dello stesso atto, il Tribunale, dopo aver ascoltato le parti, può sospendere il procedimento sino alla pronunzia della sentenza della Corte o, laddove si tratti di ricorsi presentati a norma dell'articolo 263 del trattato sul funzionamento dell'Unione europea, declinare la propria competenza affinché la Corte possa statuire sui ricorsi medesimi. In presenza degli stessi presupposti, la Corte può parimenti decidere di sospendere il procedimento dinanzi ad essa proposto; in tal caso prosegue il procedimento dinanzi al Tribunale.

---

[12] L'art. 51 è stato modificato dal regolamento 2019/629 del Parlamento europeo e del Consiglio recante modifica del protocollo n. 3 sullo statuto della Corte di giustizia dell'Unione europea (art. 1; sulle disposizioni transitorie art. 2), del 17 aprile 2019, in *G.U.U.E.* L 111 del 25 aprile 2019, p. 1.

Quando uno Stato membro e un'istituzione dell'Unione impugnano lo stesso atto, il Tribunale declina la propria competenza affinché la Corte possa statuire su tali ricorsi.

Articolo 55. – Le decisioni del Tribunale che concludono il procedimento, le pronunzie che decidono parzialmente la controversia nel merito o che pongono termine ad un incidente di procedura relativo ad un'eccezione di incompetenza o di irricevibilità vengono notificate dal cancelliere del Tribunale a tutte le parti come pure a tutti gli Stati membri e alle istituzioni dell'Unione anche qualora non siano parti intervenienti nella controversia dinanzi al Tribunale.

Articolo 56. – Può essere proposta impugnazione dinanzi alla Corte di giustizia, entro un termine di due mesi a decorrere dalla notifica della decisione impugnata, contro le decisioni del Tribunale che concludono il procedimento nonché contro le pronunzie che decidono parzialmente la controversia nel merito o che pongono termine ad un incidente di procedura relativo ad un'eccezione di incompetenza o di irricevibilità.

L'impugnazione può essere proposta da qualsiasi parte che sia rimasta parzialmente o totalmente soccombente nelle sue conclusioni. Tuttavia le parti intervenienti diverse dagli Stati membri e dalle istituzioni dell'Unione possono proporre impugnazione soltanto qualora la decisione del Tribunale le concerna direttamente.

Ad eccezione delle cause relative a controversie tra l'Unione e i loro agenti, l'impugnazione può essere proposta anche dagli Stati membri o dalle istituzioni dell'Unione che non siano intervenuti nella controversia dinanzi al Tribunale. In tal caso, gli Stati membri e le istituzioni si trovano in una posizione identica a quella di Stati membri o istituzioni che siano intervenuti in primo grado.

Articolo 57. – Può essere proposta impugnazione dinanzi alla Corte di giustizia contro le decisioni del Tribunale che respingono un'istanza d'intervento, entro un termine di due settimane a decorrere dalla notifica della decisione di rigetto, da qualsiasi soggetto la cui istanza sia stata respinta.

Contro le decisioni adottate dal Tribunale ai sensi dell'articolo 278 o 279 o dell'articolo 299, quarto comma del trattato sul funzionamento dell'Unione europea, oppure ai sensi dell'articolo 157 o dell'articolo 164, terzo comma, del trattato CEEA, può essere proposta impugnazione dinanzi alla Corte dalle parti del procedimento entro un termine di due mesi a decorrere dalla notifica delle decisioni.

La Corte provvede conformemente alla procedura di cui all'articolo 39 sull'impugnazione proposta ai sensi del primo e secondo comma del presente articolo.

Articolo 58. – L'impugnazione proposta dinanzi alla Corte di giustizia deve limitarsi ai motivi di diritto. Essa può essere fondata su motivi relativi all'incompetenza del Tribunale, a vizi della procedura dinanzi al Tribunale recanti pregiudizio agli interessi della parte ricorrente, nonché alla violazione del diritto dell'Unione da parte del Tribunale.

L'impugnazione non può avere ad oggetto unicamente l'onere e l'importo delle spese.

Articolo 58* bis *– L'esame delle impugnazioni proposte contro le decisioni del Tribunale aventi a oggetto una decisione di una commissione di ricorso indipendente di uno dei seguenti uffici e agenzie dell'Unione è subordinato alla loro ammissione preventiva da parte della Corte di giustizia:

a) Ufficio dell'Unione europea per la proprietà intellettuale;

b) Ufficio comunitario delle varietà vegetali;

c) Agenzia europea per le sostanze chimiche;

d) Agenzia dell'Unione europea per la sicurezza aerea.

La procedura di cui al primo comma si applica altresì alle impugnazioni proposte

contro le decisioni del Tribunale aventi a oggetto una decisione di una commissione di ricorso indipendente, istituita dopo il 1° maggio 2019 nell'ambito di ogni altro ufficio o agenzia dell'Unione, che deve essere adita prima di poter proporre un ricorso dinanzi al Tribunale.

L'impugnazione è ammessa, in tutto o in parte, in osservanza delle modalità precisate nel regolamento di procedura, quando essa solleva una questione importante per l'unità, la coerenza o lo sviluppo del diritto dell'Unione.

La decisione relativa all'ammissione o meno dell'impugnazione deve essere motivata ed è pubblicata[13]**.**

Articolo 59. – In caso d'impugnazione proposta contro una decisione del Tribunale, il procedimento dinanzi alla Corte di giustizia consta di una fase scritta e di una fase orale. La Corte può, sentiti l'avvocato generale e le parti, statuire senza trattazione orale, alle condizioni stabilite dal regolamento di procedura.

Articolo 60. – L'impugnazione non ha effetto sospensivo, salvi gli articoli 278 e 279 del trattato sul funzionamento dell'Unione europea o l'articolo 157 del trattato CEEA.

In deroga all'articolo 280 del trattato sul funzionamento dell'Unione europea, le decisioni del Tribunale che annullano un regolamento hanno effetto soltanto a decorrere dalla scadenza del termine contemplato nell'articolo 56, primo comma, del presente statuto, oppure, se entro tale termine è stata proposta impugnazione, a decorrere dal relativo rigetto, salva la facoltà delle parti di presentare alla Corte di giustizia, in forza degli articoli 278 e 279 del trattato sul funzionamento dell'Unione europea o dell'articolo 157 del trattato CEEA, un'istanza volta alla sospensione dell'efficacia del regolamento annullato o all'adozione di un qualsiasi altro provvedimento provvisorio.

Articolo 61. – Quando l'impugnazione è accolta, la Corte di giustizia annulla la decisione del Tribunale. In tal caso, essa può statuire definitivamente sulla controversia qualora lo stato degli atti lo consenta, oppure rinviare la causa al Tribunale affinché sia decisa da quest'ultimo.

In caso di rinvio, il Tribunale è vincolato dalla decisione emessa dalla Corte sui punti di diritto.

Quando un'impugnazione proposta da uno Stato membro o da un'istituzione dell'Unione che non sono intervenuti nel procedimento dinanzi al Tribunale è accolta, la Corte può, ove lo reputi necessario, precisare gli effetti della decisione annullata del Tribunale che debbono essere considerati definitivi nei confronti delle parti della controversia.

Articolo 62. – Nei casi di cui all'articolo 256, paragrafi 2 e 3, del trattato sul funzionamento dell'Unione europea, il primo avvocato generale, allorché ritiene che esista un grave rischio per l'unità o la coerenza del diritto dell'Unione, può proporre alla Corte di giustizia di riesaminare la decisione del Tribunale.

La proposta deve essere presentata entro un mese a decorrere dalla pronuncia della decisione del Tribunale. La Corte decide, entro un mese a decorrere dalla proposta presentatale dal primo avvocato generale, sull'opportunità o meno di riesaminare la decisione.

Articolo 62 bis. – La Corte di giustizia decide sulle questioni oggetto di riesame secondo una procedura di urgenza in base al fascicolo trasmessole dal Tribunale.

Gli interessati di cui all'articolo 23 del presente statuto e, nei casi previsti dall'articolo 256, paragrafo 2, del trattato sul funzionamento dell'Unione europea, le parti nel procedi-

[13] Articolo inserito dal regolamento (UE, Euratom) 2019/629 cit. (art. 1; sulle disposizioni transitorie art. 3).

mento dinanzi al Tribunale hanno il diritto di depositare dinanzi alla Corte memorie od osservazioni scritte sulle questioni oggetto di riesame entro un termine stabilito a tal fine.

La Corte può decidere di aprire la fase orale prima di statuire.

Articolo 62 ter. – Nei casi previsti dall'articolo 256, paragrafo 2, del trattato sul funzionamento dell'Unione europea, fatti salvi gli articoli 278 e 279 del trattato sul funzionamento dell'Unione europea, la proposta di riesame e la decisione di apertura del procedimento di riesame non hanno effetto sospensivo. Qualora la Corte di giustizia constati che la decisione del Tribunale pregiudichi l'unità o la coerenza del diritto dell'Unione, essa rinvia la causa dinanzi al Tribunale che è vincolato ai punti di diritto decisi dalla Corte; la Corte può indicare gli effetti della decisione del Tribunale che devono essere considerati definitivi nei riguardi delle parti in causa. Tuttavia, se la soluzione della controversia emerge, in considerazione dell'esito del riesame, dagli accertamenti in fatto sui quali è basata la decisione del Tribunale, la Corte statuisce in via definitiva.

Nei casi previsti dall'articolo 256, paragrafo 3, del trattato sul funzionamento dell'Unione europea, in mancanza di proposta di riesame o di decisione di apertura del procedimento di riesame, la o le soluzioni formulate dal Tribunale alle questioni sottopostegli hanno effetto alla scadenza dei termini previsti a tal fine nell'articolo 62, secondo comma. In caso di apertura di un procedimento di riesame, la o le soluzioni oggetto di riesame hanno effetto al termine di tale procedimento, a meno che la Corte decida diversamente. Se la Corte constata che la decisione del Tribunale pregiudica l'unità o la coerenza del diritto dell'Unione, la soluzione formulata dalla Corte in merito alle questioni oggetto di riesame si sostituisce a quella del Tribunale.

TITOLO IV *BIS* – **I TRIBUNALI SPECIALIZZATI**

Articolo 62 quater. – ***Le disposizioni relative alle competenze, alla composizione, all'organizzazione e alla procedura di qualunque tribunale specializzato istituito ai sensi dell'articolo 257 del trattato sul funzionamento dell'Unione europea figurano in un allegato del presente statuto*** [14].

TITOLO V – **DISPOSIZIONI FINALI**

Articolo 63. – I regolamenti di procedura della Corte di giustizia e del Tribunale contengono tutte le disposizioni necessarie per applicare e, per quanto necessario, completare il presente statuto.

Articolo 64. – Le norme relative al regime linguistico applicabile alla Corte di giustizia dell'Unione europea sono fissate da un regolamento del Consiglio che delibera all'unanimità. Tale regolamento è adottato su richiesta della Corte di giustizia previa consultazione della Commissione e del Parlamento europeo o su proposta della Commissione previa consultazione della Corte di giustizia e del Parlamento europeo.

Fino all'adozione di tali norme, le disposizioni del regolamento di procedura della Corte e del regolamento di procedura del Tribunale relative al regime linguistico restano applicabili. In deroga agli articoli 253 e 254 del trattato sul funzionamento dell'Unione europea, ogni modifica o abrogazione di tali disposizioni richiede l'approvazione unanime del Consiglio.

ALLEGATO I – Il Tribunale della funzione pubblica dell'Unione europea [15].

---

[14] Articolo sostituito dall'art. 2 del regolamento (UE, Euratom) 2016/1192 cit. alla nota 11.

[15] L'allegato 1 è stato soppresso dall'art. 2, par. 3 del regolamento (UE, Euratom) 2016/1192 cit. alla nota 11. La competenza già del Tribunale della funzione pubblica è stata attribuita al Tribunale *ex* art. 50 *bis*. Sulla disciplina transitoria relativa alle cause pendenti avanti al Tribunale della funzione

Protocollo (n. 4) sullo Statuto del sistema europeo di Banche centrali e della Banca centrale europea

LE ALTE PARTI CONTRAENTI,

DESIDERANDO definire lo statuto del Sistema europeo di banche centrali e della Banca centrale europea di cui all'articolo 129, paragrafo 2, del trattato sul funzionamento dell'Unione europea,

HANNO CONVENUTO le disposizioni seguenti, che sono allegate al trattato sull'Unione europea e al trattato sul funzionamento dell'Unione europea:

CAPO I – SISTEMA EUROPEO DI BANCHE CENTRALI

Articolo 1. Sistema europeo di banche centrali. – Conformemente all'articolo 282, paragrafo 1 del trattato sul funzionamento dell'Unione europea, la Banca centrale europea (BCE) e le banche centrali nazionali costituiscono il Sistema europeo di banche centrali (SEBC). La BCE e le banche centrali nazionali degli Stati membri la cui moneta è l'euro costituiscono l'Eurosistema.

Il SEBC e la BCE assolvono i loro compiti ed espletano le loro attività conformemente alle disposizioni dei trattati e del presente statuto.

CAPO II – OBIETTIVI E COMPITI DEL SEBC

Articolo 2. Obiettivi. – Conformemente agli articoli 127, paragrafo 1 e 282, paragrafo 2, del trattato sul funzionamento dell'Unione europea, l'obiettivo principale del SEBC è il mantenimento della stabilità dei prezzi. Fatto salvo l'obiettivo della stabilità dei prezzi, esso sostiene le politiche economiche generali dell'Unione al fine di contribuire alla realizzazione degli obiettivi dell'Unione definiti nell'articolo 3 del trattato sull'Unione europea. Il SEBC agisce in conformità del principio di un'economia di mercato aperta e in libera concorrenza, favorendo un'efficace allocazione delle risorse, e rispettando i principi di cui all'articolo 119 del trattato sul funzionamento dell'Unione europea.

Articolo 3. Compiti. – 3.1. Conformemente all'articolo 127, paragrafo 2, del trattato sul funzionamento dell'Unione europea, i compiti fondamentali assolti tramite il SEBC sono:

– definire e attuare la politica monetaria dell'Unione;
– svolgere le operazioni sui cambi in linea con le disposizioni dell'articolo 219 di detto trattato;
– detenere e gestire le riserve ufficiali in valuta estera degli Stati membri;
– promuovere il regolare funzionamento dei sistemi di pagamento.

3.2. Conformemente all'articolo 127, paragrafo 3, di detto trattato, il terzo trattino dell'articolo 3.1 non pregiudica la detenzione e la gestione, da parte dei governi degli Stati membri, dei saldi operativi in valuta estera.

3.3. Conformemente all'articolo 127, paragrafo 5, di detto trattato, il SEBC contribuisce ad una buona conduzione delle politiche perseguite dalle competenti autorità per quanto riguarda la vigilanza prudenziale degli enti creditizi e la stabilità del sistema finanziario.

Articolo 4. Funzioni consultive. – Conformemente all'articolo 127, paragrafo 4, del trattato sul funzionamento dell'Unione europea:

---

pubblica alla data del 31 agosto 2016 cfr. art. 3 del regolamento (UE, Euratom) 2016/1192 cit. alla nota 11; per quanto riguarda le impugnazioni di cui il Tribunale è investito alla data del 31 agosto 2016 o proposte dopo tale data avverso le decisioni del Tribunale della funzione pubblica cfr. art. 4 del regolamento (UE, Euratom) 2016/1192 cit. alla nota 11.

a) la BCE viene consultata:

– in merito a qualsiasi proposta di atto dell'Unione che rientra nelle sue competenze;

– dalle autorità nazionali, sui progetti di disposizioni legislative che rientrano nelle sue competenze, ma entro i limiti e alle condizioni stabiliti dal Consiglio, secondo la procedura di cui all'articolo 41;

b) la BCE può formulare pareri da sottoporre alle istituzioni, agli organi o agli organismi dell'Unione o alle autorità nazionali su questioni che rientrano nelle sue competenze.

Articolo 5. Raccolta di informazioni statistiche. – 5.1. Al fine di assolvere i compiti del SEBC, la BCE, assistita dalle banche centrali nazionali, raccoglie le necessarie informazioni statistiche dalle competenti autorità nazionali o direttamente dagli operatori economici. A questo fine essa coopera con le istituzioni, gli organi o gli organismi dell'Unione e con le competenti autorità degli Stati membri o dei paesi terzi e con le organizzazioni internazionali.

5.2. Le banche centrali nazionali svolgono, per quanto possibile, i compiti di cui all'articolo 5.1.

5.3. La BCE contribuisce all'armonizzazione, ove necessario, delle norme e delle modalità relative alla raccolta, compilazione e distribuzione delle statistiche nelle aree di sua competenza.

5.4. Il Consiglio, conformemente alla procedura di cui all'articolo 41, determina le persone fisiche e giuridiche soggette agli obblighi di riferimento, il regime di riservatezza e le opportune disposizioni per assicurarne l'applicazione.

Articolo 6. Cooperazione internazionale. – 6.1. Nel campo della cooperazione internazionale concernente i compiti affidati al SEBC, la BCE decide come il SEBC debba essere rappresentato.

6.2. La BCE e, con l'autorizzazione di questa, le banche centrali nazionali possono partecipare ad istituzioni monetarie internazionali.

6.3. Gli articoli 6.1 e 6.2 lasciano impregiudicate le disposizioni dell'articolo 138, del trattato sul funzionamento dell'Unione europea.

CAPO III – ORGANIZZAZIONE DEL SEBC

Articolo 7. Indipendenza. – Conformemente all'articolo 130 del trattato sul funzionamento dell'Unione europea, nell'esercizio dei poteri e nell'assolvimento dei compiti e dei doveri loro attribuiti dai trattati e dal presente statuto, né la BCE, né una banca centrale nazionale, né un membro dei rispettivi organi decisionali possono sollecitare o accettare istruzioni dalle istituzioni, dagli organi o dagli organismi dell'Unione, dai governi degli Stati membri né da qualsiasi altro organismo. Le istituzioni, gli organi e gli organismi dell'Unione nonché i governi degli Stati membri si impegnano a rispettare questo principio e a non cercare di influenzare i membri degli organi decisionali della BCE o delle banche centrali nazionali nell'assolvimento dei loro compiti.

Articolo 8. Principio generale. – Il SEBC è governato dagli organi decisionali della BCE.

Articolo 9. La Banca centrale europea. – 9.1. La BCE che, conformemente all'articolo 282, paragrafo 3, del trattato sul funzionamento dell'Unione europea, ha personalità giuridica, ha in ciascuno degli Stati membri la più ampia capacità giuridica riconosciuta alle persone giuridiche dai rispettivi ordinamenti; essa può in particolare acquisire o alienare beni mobili e immobili e stare in giudizio.

9.2. La funzione della BCE è quella di assicurare che i compiti attribuiti al SEBC ai sensi dell'articolo 127, paragrafi 2, 3 e 5, di detto trattato siano assolti o mediante le attività proprie secondo quanto disposto dal presente statuto, o attraverso le banche centrali nazionali ai sensi degli articoli 12.1 e 14.

9.3. Conformemente all'articolo 129, paragrafo 1, di detto trattato, gli organi decisionali della BCE sono il consiglio direttivo e il comitato esecutivo.

Articolo 10. Il consiglio direttivo. – 10.1. Conformemente all'articolo 283, paragrafo 1, del trattato sul funzionamento dell'Unione europea, il consiglio direttivo comprende i membri del comitato esecutivo della BCE nonché i governatori delle banche centrali nazionali degli Stati membri la cui moneta è l'euro.

10.2. Ogni membro del consiglio direttivo ha diritto a un voto. A decorrere dalla data in cui il numero dei membri del consiglio direttivo ecceda 21, ciascun membro del comitato esecutivo ha diritto a un voto e il numero dei governatori con diritto di voto è pari a 15. Questi ultimi diritti di voto sono attribuiti e ruotano come di seguito indicato:

– a decorrere dalla data in cui il numero dei governatori sia superiore a 15 e fino a che non sia pari a 22, i governatori stessi sono assegnati a due gruppi, secondo una graduatoria stilata sulla base della quota dello Stato membro della rispettiva banca centrale nazionale nel prodotto interno lordo aggregato ai prezzi di mercato e nel bilancio totale aggregato delle istituzioni finanziarie monetarie degli Stati membri la cui moneta è l'euro. Alle quote nel prodotto interno lordo aggregato ai prezzi di mercato e nel bilancio totale aggregato delle istituzioni finanziarie monetarie sono assegnati i pesi, rispettivamente, di 5/6 e 1/6. Il primo gruppo è composto da cinque governatori e il secondo da tutti gli altri. La frequenza del diritto di voto dei governatori del primo gruppo non può essere inferiore a quella dei governatori del secondo gruppo. Fatto salvo quanto disposto nella frase precedente, al primo gruppo sono attribuiti quattro diritti di voto e al secondo undici,

– a decorrere dalla data in cui i governatori siano in numero pari a 22, essi sono assegnati a tre gruppi secondo una graduatoria stilata in base ai criteri di cui sopra. Al primo gruppo, costituito da cinque governatori, spettano quattro diritti di voto. Al secondo, costituito dalla metà del numero totale dei governatori, con un arrotondamento di eventuali numeri frazionari fino all'intero successivo, spettano otto diritti di voto. Al terzo gruppo, costituito dai rimanenti governatori, spettano tre diritti di voto,

– all'interno di ciascun gruppo, i governatori esercitano il diritto di voto per uguali periodi di tempo,

– al calcolo delle quote nel prodotto interno lordo aggregato ai prezzi di mercato si applica l'articolo 29.2. Il bilancio totale aggregato delle istituzioni finanziarie monetarie è determinato in conformità con il quadro statistico applicabile nell'Unione al momento del calcolo,

– ogniqualvolta il prodotto interno lordo ai prezzi di mercato sia modificato ai sensi dell'articolo 29.3 ovvero ogniqualvolta aumenti il numero dei governatori, la dimensione e/o la composizione dei gruppi sono modificate sulla base dei principi di cui sopra,

– deliberando a maggioranza dei due terzi di tutti i suoi membri, con o senza diritto di voto, il consiglio direttivo adotta tutte le misure necessarie per l'attuazione dei principi di cui sopra e può decidere di differire l'avvio del sistema di rotazione fino al momento in cui il numero dei governatori non sia superiore a 18.

Il diritto di voto deve essere esercitato personalmente. In deroga a tale norma, il regolamento interno di cui all'articolo 12.3 può prevedere che i membri del consiglio direttivo votino mediante teleconferenza. Tale regolamento prevede inoltre che un membro del consiglio direttivo impossibilitato a partecipare alle riunioni per un periodo prolungato possa designare un supplente quale membro del consiglio direttivo.

Le disposizioni dei precedenti paragrafi non hanno effetto sul diritto di voto di ciascun membro del consiglio direttivo, avente o meno diritto di voto, ai sensi degli articoli 10.3, 40.2 e 40.3.

Salvo quanto diversamente disposto dal presente statuto, il consiglio direttivo decide a maggioranza semplice dei membri aventi diritto di voto. In caso di parità, prevale il voto del presidente.

Perché il consiglio direttivo possa votare, deve essere raggiunto un quorum pari ai due terzi dei membri aventi diritto di voto. Qualora il quorum non venga raggiunto, il presidente può convocare una riunione straordinaria nella quale possono essere prese decisioni senza tener conto del quorum.

10.3. Per qualsiasi decisione da prendere ai sensi degli articoli 28, 29, 30, 32 e 33, alle votazioni in sede di consiglio direttivo si applica una ponderazione in base alle quote del capitale sottoscritto della BCE detenute dalle banche centrali nazionali. La ponderazione dei voti dei membri del comitato esecutivo è zero. Una decisione che richiede la maggioranza qualificata si considera adottata se i voti favorevoli rappresentano almeno due terzi del capitale sottoscritto della BCE e rappresentano almeno la metà dei partecipanti al capitale. Se un governatore non può essere presente, può nominare un supplente che eserciti il suo voto ponderato.

10.4. Le riunioni hanno carattere di riservatezza. Il consiglio direttivo può decidere di rendere pubblico il risultato delle proprie deliberazioni.

10.5. Il consiglio direttivo si riunisce almeno dieci volte l'anno.

Articolo 11. Il comitato esecutivo. – 11.1. Conformemente all'articolo 283, paragrafo 2, primo comma, del trattato sul funzionamento dell'Unione europea, il comitato esecutivo comprende il presidente, il vicepresidente e quattro altri membri.

I membri assolvono i loro compiti a tempo pieno. Nessun membro può avere altre occupazioni, retribuite o non, a meno che il consiglio direttivo non conceda eccezionalmente una deroga.

11.2. Conformemente all'articolo 283, paragrafo 2, secondo comma, di detto trattato, il presidente, il vicepresidente e gli altri membri del comitato esecutivo sono nominati tra persone di riconosciuta levatura ed esperienza professionale nel settore monetario o bancario dal Consiglio europeo che delibera a maggioranza qualificata su raccomandazione del Consiglio previa consultazione del Parlamento europeo e del consiglio direttivo.

Il loro mandato ha una durata di otto anni e non è rinnovabile.

Possono essere membri del comitato esecutivo soltanto cittadini degli Stati membri.

11.3. Le condizioni e le modalità di impiego dei membri del comitato esecutivo, in particolare il loro trattamento economico, pensionistico e previdenziale sono oggetto di contratti posti in essere con la BCE e sono fissati dal consiglio direttivo su proposta di un comitato comprendente tre membri nominati dal consiglio direttivo e tre membri nominati dal Consiglio. I membri del comitato esecutivo non hanno diritto di voto sulle materie di cui al presente paragrafo.

11.4. Qualora un membro del comitato esecutivo non risponda più alle condizioni necessarie all'esercizio delle sue funzioni o abbia commesso una colpa grave, può essere dichiarato dimissionario dalla Corte di giustizia su istanza del consiglio direttivo o del comitato esecutivo.

11.5. Ogni membro del comitato esecutivo presente ha diritto di voto e dispone a tal fine di un voto. Salvo diverse disposizioni, il comitato esecutivo delibera a maggioranza semplice dei votanti. In caso di parità, prevale il voto del presidente. Le disposizioni per le votazioni sono specificate nelle norme procedurali di cui all'articolo 12.3.

11.6. Il comitato esecutivo è responsabile della gestione degli affari correnti della BCE.

11.7. Qualsiasi vacanza in seno al comitato esecutivo sarà coperta con la nomina di un nuovo membro in conformità dell'articolo 11.2.

Articolo 12. Responsabilità degli organi decisionali. – 12.1. Il consiglio direttivo adotta gli indirizzi e prende le decisioni necessarie ad assicurare l'assolvimento dei compiti affidati al SEBC ai sensi dei trattati e del presente statuto. Il consiglio direttivo formula la politica monetaria dell'Unione ivi comprese, a seconda dei casi, le decisioni relative agli obiettivi monetari intermedi, ai tassi di interesse guida e all'offerta di riserve nel SEBC e stabilisce i necessari indirizzi per la loro attuazione.

Il comitato esecutivo attua la politica monetaria secondo le decisioni e gli indirizzi stabiliti dal consiglio direttivo, impartendo le necessarie istruzioni alle banche centrali nazionali. Al comitato esecutivo possono inoltre essere delegati taluni poteri quando lo decide il consiglio direttivo.

Per quanto possibile ed opportuno, fatto salvo il disposto del presente articolo, la BCE si avvale delle banche centrali nazionali per eseguire operazioni che rientrano nei compiti del SEBC.

12.2. Il comitato esecutivo ha il compito di preparare le riunioni del consiglio direttivo.

12.3. Il consiglio direttivo adotta il regolamento interno che determina l'organizzazione interna della BCE e dei suoi organi decisionali.

12.4. Le funzioni consultive di cui all'articolo 4 sono esercitate dal consiglio direttivo.

12.5. Il consiglio direttivo adotta le decisioni di cui all'articolo 6.

Articolo 13. Il presidente. – 13.1. Il presidente o, in sua assenza, il vicepresidente presiede il consiglio direttivo e il comitato esecutivo della BCE.

13.2. Fatto salvo l'articolo 38, il presidente, o un suo delegato, rappresenta la BCE all'esterno.

Articolo 14. Banche centrali nazionali. – 14.1. Conformemente all'articolo 131 del trattato sul funzionamento dell'Unione europea, ciascuno Stato membro assicura che la propria legislazione nazionale, incluso lo statuto della banca centrale nazionale, sarà compatibile con i trattati e con il presente statuto.

14.2. Gli statuti delle banche centrali nazionali devono prevedere in particolare che la durata del mandato del governatore della banca centrale nazionale non sia inferiore a cinque anni.

Un governatore può essere sollevato dall'incarico solo se non soddisfa più alle condizioni richieste per l'espletamento delle sue funzioni o si è reso colpevole di gravi mancanze. Una decisione in questo senso può essere portata dinanzi alla Corte di giustizia dal governatore interessato o dal consiglio direttivo, per violazione dei trattati o di qualsiasi regola di diritto relativa all'applicazione dei medesimi. Tali ricorsi devono essere proposti nel termine di due mesi, secondo i casi, dalla pubblicazione della decisione, dalla sua notificazione al ricorrente ovvero, in mancanza, dal giorno in cui il ricorrente ne ha avuto conoscenza.

14.3. Le banche centrali nazionali costituiscono parte integrante del SEBC e agiscono secondo gli indirizzi e le istruzioni della BCE. Il consiglio direttivo adotta le misure necessarie per assicurare l'osservanza degli indirizzi e delle istruzioni della BCE, richiedendo che gli venga fornita ogni necessaria informazione.

14.4. Le banche centrali nazionali possono svolgere funzioni diverse da quelle specificate nel presente statuto a meno che il consiglio direttivo decida, a maggioranza dei due terzi dei votanti, che tali funzioni interferiscono con gli obiettivi e i compiti del SEBC. Tali funzioni sono svolte sotto la piena responsabilità delle banche centrali nazionali e non sono considerate come facenti parte delle funzioni del SEBC.

Articolo 15. Obblighi di rendiconto. – 15.1. La BCE compila e pubblica rapporti sulle attività del SEBC almeno ogni tre mesi.

15.2. Un rendiconto finanziario consolidato del SEBC viene pubblicato ogni settimana.

15.3. Conformemente all'articolo 284, paragrafo 3, del trattato sul funzionamento dell'Unione europea, la BCE trasmette al Parlamento europeo, al Consiglio e alla Commissione, nonché al Consiglio europeo, una relazione annuale sulle attività del SEBC e sulla politica monetaria dell'anno precedente e dell'anno in corso.

15.4. Le relazioni e i rendiconti di cui al presente articolo sono messi a disposizione dei soggetti interessati gratuitamente.

Articolo 16. Banconote. – Conformemente all'articolo 128, paragrafo 1, del trattato sul funzionamento dell'Unione europea, il consiglio direttivo ha il diritto esclusivo di autorizzare l'emissione di banconote in euro all'interno dell'Unione. La BCE e le banche centrali nazionali possono emettere banconote. Le banconote emesse dalla BCE e dalle banche centrali nazionali costituiscono le uniche banconote aventi corso legale nell'Unione.

La BCE rispetta per quanto possibile la prassi esistente in materia di emissione e di progettazione di banconote [16].

CAPO IV – FUNZIONI MONETARIE E OPERAZIONI DEL SEBC

Articolo 17. Conti presso la BCE e le banche centrali nazionali. – Al fine di svolgere le loro operazioni, la BCE e le banche centrali nazionali possono aprire conti intestati a enti creditizi, organismi pubblici e altri operatori del mercato e accettare come garanzia attività, ivi compresi i titoli scritturali.

Articolo 18. Operazioni di credito e di mercato aperto. – 18.1. Al fine di perseguire gli obiettivi del SEBC e di assolvere i propri compiti, la BCE e le banche centrali nazionali hanno la facoltà di:

– operare sui mercati finanziari comprando e vendendo a titolo definitivo (a pronti e a termine), ovvero con operazioni di pronti contro termine, prestando o ricevendo in prestito crediti e strumenti negoziabili, in euro o in altre valute, nonché metalli preziosi,

– effettuare operazioni di credito con istituti creditizi ed altri operatori di mercato, erogando i prestiti sulla base di adeguate garanzie.

18.2. La BCE stabilisce principi generali per le operazioni di credito e di mercato aperto effettuate da essa stessa o dalle banche centrali nazionali, compresi quelli per la comunicazione delle condizioni alle quali esse sono disponibili a partecipare a tali operazioni.

Articolo 19. Riserve minime. – 19.1. Fatto salvo l'articolo 2, la BCE, nel perseguimento degli obiettivi della politica monetaria, ha il potere di obbligare gli enti creditizi insediati negli Stati membri a detenere riserve minime in conti presso la BCE e le banche centrali nazionali. Regolamenti relativi al calcolo e alla determinazione delle riserve obbligatorie minime possono essere emanati dal consiglio direttivo. In caso di inosservanza, la BCE ha la facoltà di imporre interessi a titolo di penalità e altre sanzioni di analogo effetto.

19.2. Ai fini dell'applicazione del presente articolo il Consiglio, in conformità della procedura stabilita nell'articolo 41, definisce la base per le riserve minime e i rapporti massimi ammissibili tra dette riserve e la relativa base, nonché le sanzioni appropriate nei casi di inosservanza.

Articolo 20. Altri strumenti di controllo monetario. – Il consiglio direttivo può decidere, a maggioranza dei due terzi dei votanti, sull'utilizzo di altri metodi operativi di controllo monetario che esso ritenga appropriato, nel rispetto di quanto disposto dall'articolo 2.

Se tali strumenti impongono obblighi a terzi il Consiglio ne definisce la portata secondo la procedura prevista all'articolo 41.

Articolo 21. Operazioni con enti pubblici. – 21.1. Conformemente all'articolo 123 del trattato sul funzionamento dell'Unione europea, è vietata la concessione di scoperti di conto o qualsiasi altra forma di facilitazione creditizia da parte della BCE o da parte delle ban-

[16] Con riferimento all'art. 28, e a seguito del recesso del Regno Unito, la BCE ha adottato la decisione (UE) 2020/141 del 22 gennaio 2020, in *G.U.U.E.* L 27I del 1° febbraio 2020, p. 21.

che centrali nazionali, a istituzioni, organi o organismi dell'Unione, alle amministrazioni statali, agli enti regionali, locali o altri enti pubblici, ad altri organismi di settore pubblico o ad imprese pubbliche degli Stati membri, così come l'acquisto diretto presso di essi di titoli di debito da parte della BCE o delle banche centrali nazionali.

21.2. La BCE e le banche centrali nazionali possono operare come agenti finanziari per gli organismi di cui all'articolo 21.1.

21.3. Le disposizioni del presente articolo non si applicano agli enti creditizi di proprietà pubblica che, nel contesto dell'offerta di riserve da parte delle banche centrali, devono ricevere dalle banche centrali nazionali e dalla BCE lo stesso trattamento degli enti creditizi privati.

Articolo 22. Sistemi di pagamento e di compensazione. – La BCE e le banche centrali nazionali possono accordare facilitazioni, e la BCE può stabilire regolamenti, al fine di assicurare sistemi di compensazione e di pagamento efficienti e affidabili all'interno dell'Unione e nei rapporti con i paesi terzi.

Articolo 23. Operazioni esterne. – La BCE e le banche centrali nazionali possono:

– stabilire relazioni con banche centrali e istituzioni finanziarie di paesi terzi e, se del caso, con organizzazioni internazionali;

– acquistare o vendere a pronti e a termine tutti i tipi di attività in valuta estera e metalli preziosi. Il termine attività in valuta estera include i titoli e ogni altra attività nella valuta di qualsiasi paese o in unità di conto e in qualsiasi forma essi siano detenuti;

– detenere e gestire le attività di cui al presente articolo;

– effettuare tutti i tipi di operazioni bancarie con i paesi terzi e le organizzazioni internazionali, ivi incluse le operazioni di credito attive e passive.

Articolo 24. Altre operazioni. – In aggiunta alle operazioni derivanti dall'assolvimento dei propri compiti la BCE e le banche centrali nazionali possono effettuare operazioni per i loro scopi amministrativi e per il proprio personale.

CAPO V – VIGILANZA PRUDENZIALE

Articolo 25. Vigilanza prudenziale. – 25.1. La BCE può fornire pareri e essere consultata dal Consiglio, dalla Commissione e dalle autorità competenti degli Stati membri sul campo d'applicazione e sull'attuazione della legislazione dell'Unione relativa alla vigilanza prudenziale sugli enti creditizi e concernente la stabilità del sistema finanziario.

25.2. Conformemente ai regolamenti del Consiglio ai sensi dell'articolo 127, paragrafo 6, del trattato sul funzionamento dell'Unione europea, la BCE può svolgere compiti specifici in merito alle politiche che riguardano la vigilanza prudenziale degli enti creditizi e delle altre istituzioni finanziarie, eccettuate le imprese di assicurazione.

CAPO VI – DISPOSIZIONI FINANZIARIE DEL SEBC

Articolo 26. Conti finanziari. – 26.1. L'esercizio finanziario della BCE e delle banche centrali nazionali ha inizio il 1° gennaio e finisce il 31 dicembre.

26.2. I conti annuali della BCE sono redatti dal comitato esecutivo secondo i principi stabiliti dal consiglio direttivo. I conti annuali sono approvati dal consiglio direttivo e sono in seguito pubblicati.

26.3. Per fini operativi e di analisi, il comitato esecutivo redige un bilancio consolidato del SEBC, comprendente le attività e le passività delle banche centrali nazionali che rientrano nell'ambito del SEBC.

26.4. Per l'applicazione del presente articolo, il consiglio direttivo stabilisce le disposizioni necessarie per uniformare le procedure contabili e di rendiconto riguardanti le operazioni compiute dalle banche centrali nazionali.

Articolo 27. Revisione dei conti. – 27.1. La contabilità della BCE e delle banche centrali nazionali viene verificata da revisori esterni indipendenti proposti dal consiglio direttivo ed accettati dal Consiglio. I revisori hanno pieni poteri per esaminare tutti i libri e documenti contabili della BCE e delle banche centrali nazionali e per essere pienamente informati sulle loro operazioni.

27.2. Le disposizioni dell'articolo 287 del trattato sul funzionamento dell'Unione europea si applicano soltanto ad un esame dell'efficienza operativa della gestione della BCE.

Articolo 28. Capitale della BCE. – 28.1. Il capitale della BCE è di 5000 milioni di euro. Il capitale può essere aumentato per ammontari eventualmente determinati dal consiglio direttivo, che delibera alla maggioranza qualificata di cui all'articolo 10.3, entro i limiti e alle condizioni stabiliti dal Consiglio in base alla procedura di cui all'articolo 41.

28.2. Le banche centrali nazionali sono le sole sottoscrittrici e detentrici del capitale della BCE. La sottoscrizione del capitale avviene secondo lo schema stabilito conformemente all'articolo 29.

28.3. Il consiglio direttivo, deliberando alla maggioranza qualificata prevista nell'articolo 10.3, determina la misura e la forma nelle quali il capitale è versato.

28.4. Fatto salvo l'articolo 28.5, le quote del capitale sottoscritto della BCE appartenenti alle banche centrali nazionali non possono essere trasferite, vincolate o poste sotto sequestro.

28.5. Qualora lo schema di cui all'articolo 29 venga modificato, le banche centrali nazionali trasferiscono fra di loro quote di capitale nella misura necessaria ad assicurare che la distribuzione delle quote corrisponda allo schema modificato. Il consiglio direttivo determina le modalità e le condizioni di tali trasferimenti[17].

Articolo 29. Schema di sottoscrizione di capitale. – 29.1. Lo schema per la sottoscrizione del capitale della BCE, fissato per la prima volta nel 1998 al momento dell'istituzione del SEBC, è determinato assegnando a ciascuna banca centrale nazionale, nell'ambito di questo schema, una ponderazione uguale alla somma del:

– 50% della quota, relativa allo Stato membro di appartenenza, della popolazione dell'Unione nel penultimo anno che precede l'istituzione del SEBC,

– 50% della quota, relativa allo Stato membro di appartenenza, del prodotto interno lordo ai prezzi di mercato dell'Unione, registrati negli ultimi cinque anni che precedono il penultimo anno prima dell'istituzione del SEBC.

Le percentuali sono arrotondate per difetto o per eccesso al più vicino multiplo di 0,0001%.

29.2. I dati statistici da usare per l'applicazione del presente articolo sono predisposti dalla Commissione in conformità delle norme adottate dal Consiglio secondo la procedura di cui all'articolo 41.

29.3. Le ponderazioni assegnate alle banche centrali nazionali saranno adattate ogni cinque anni dopo l'istituzione del SEBC in modo analogo alle disposizioni di cui all'articolo 29.1. Lo schema modificato si applica a decorrere dal primo giorno dell'anno successivo.

29.4. Il consiglio direttivo prende tutte le altre misure necessarie per l'applicazione del presente articolo [18].

---

[17] Con riferimento all'art. 28.3 e all'art. 28.5, e a seguito del recesso del Regno Unito, la BCE ha adottato, rispettivamente, la decisione (UE) 2020/138 e la decisione (UE) 2020/139 del 22 gennaio 2020, in *G.U.U.E.* L 271 del 1° febbraio 2020, pp. 6, 9. Sugli aumenti di capitale della BCE nel corso del tempo (attualmente di euro 10.825.007.069,61; resta invariato dopo l'uscita della Bank of England dal SEBC: cfr. anche la nota 20) cfr. il sito *ecb.europa.eu/ecb/orga/capital/html/index.it.html.*

[18] Con riferimento all'art. 29.3 e all'art. 29.4, a seguito del recesso del Regno Unito, la BCE ha adottato la decisione 2020/137, in *G.U.U.E.* L 27I del 1° febbraio 2020, p. 4.

Articolo 30. Trasferimento alla BCE di attività di riserva in valuta. – 30.1. Fatto salvo il disposto dell'articolo 28, alla BCE vengono conferite da parte delle banche centrali nazionali attività di riserva in valute diverse da valute dell'Unione, euro, posizioni di riserva sul FMI e DSP, fino ad un ammontare equivalente a 50000 milioni di euro. Il consiglio direttivo decide sulla quota che può essere richiesta dalla BCE dopo che è stata istituita e sugli ammontari che possono essere richiesti in epoche successive. La BCE ha il pieno diritto di detenere e gestire le riserve in valuta che le vengono trasferite e di utilizzarle per gli scopi indicati nel presente statuto.

30.2. I contributi di ogni banca centrale nazionale sono fissati in proporzione alla quota del capitale sottoscritto della BCE.

30.3. Ogni banca centrale nazionale ha nei confronti della BCE un credito pari al proprio contributo. Il consiglio direttivo determina la denominazione e la remunerazione di tali crediti.

30.4. Ulteriori richieste di attività di riserva in valuta oltre il limite previsto dall'articolo 30.1 possono essere effettuate dalla BCE conformemente all'articolo 30.2, entro i limiti e alle condizioni stabiliti dal Consiglio secondo la procedura di cui all'articolo 41.

30.5. La BCE può detenere e gestire posizioni di riserva sul FMI e DSP e provvedere alla messa in comune di tali attività.

30.6. Il consiglio direttivo prende tutte le altre misure necessarie per l'applicazione del presente articolo [19].

Articolo 31. Attività di riserva in valuta estera detenute dalle banche centrali nazionali. – 31.1. Le banche centrali nazionali possono compiere operazioni in adempimento dei loro obblighi verso organismi internazionali, conformemente all'articolo 23.

31.2. Tutte le altre operazioni aventi per oggetto attività di riserva in valuta che restano alle banche centrali nazionali dopo i trasferimenti di cui all'articolo 30, nonché le operazioni degli Stati membri aventi per oggetto le loro attività di riserva in valuta estera dei saldi operativi, eccedenti un limite da stabilire nel quadro dell'articolo 31.3, sono soggette all'approvazione della BCE al fine di assicurarne la coerenza con le politiche monetaria e del cambio dell'Unione.

31.3. Il consiglio direttivo definisce indirizzi al fine di facilitare tali operazioni.

Articolo 32. Distribuzione del reddito monetario delle banche centrali nazionali. – 32.1. Il reddito ottenuto dalle banche centrali nazionali nell'esercizio delle funzioni di politica monetaria del SEBC (qui di seguito denominato reddito monetario) viene distribuito alla fine di ciascun esercizio in conformità delle disposizioni del presente articolo.

32.2. L'importo del reddito monetario di ciascuna banca centrale nazionale è pari al reddito annuo che essa ottiene dagli attivi detenuti in contropartita delle banconote in circolazione e dei depositi costituiti dagli enti creditizi. Questi attivi sono accantonati dalle banche centrali nazionali in conformità degli indirizzi determinati dal consiglio direttivo.

32.3. Se, dopo l'introduzione dell'euro, il consiglio direttivo ritiene che le strutture del bilancio delle banche centrali nazionali non consentano l'applicazione dell'articolo 32.2, il consiglio direttivo, deliberando a maggioranza qualificata, può decidere che, in deroga all'articolo 32.2, il reddito monetario sia calcolato secondo un metodo alternativo per un periodo che non superi i cinque anni.

32.4. L'ammontare del reddito monetario di ciascuna banca centrale nazionale viene decurtato di un importo pari a tutti gli interessi pagati da detta banca centrale sui depositi costituiti dagli enti creditizi in conformità dell'articolo 19.

Il consiglio direttivo può decidere di indennizzare le banche centrali nazionali per le spese sostenute in occasione dell'emissione di banconote, o in casi eccezionali, per perdite

[19] Con riferimento all'art. 30, a seguito del recesso del Regno Unito, la BCE ha adottato la decisione 2020/140, in *G.U.U.E.* L 27I del 1° febbraio 2020, p. 15.

specifiche relative alle operazioni di politica monetaria realizzate per conto del SEBC. L'indennizzo assume la forma che il consiglio direttivo ritiene appropriata; questi importi possono essere compensati con il reddito monetario delle banche centrali nazionali.

32.5. La somma dei redditi monetari delle banche centrali nazionali viene ripartita tra le stesse in proporzione alle quote versate di capitale della BCE, fatta salva qualsiasi decisione presa dal consiglio direttivo in conformità dell'articolo 33.2.

32.6. La compensazione e il regolamento dei saldi provenienti dalla ripartizione del reddito monetario sono effettuati dalla BCE conformemente agli indirizzi fissati dal consiglio direttivo.

32.7. Il consiglio direttivo adotta tutte le altre misure necessarie per l'applicazione del presente articolo.

Articolo 33. Ripartizione dei profitti e delle perdite netti della BCE. – 33.1. Il profitto netto della BCE deve essere trasferito nell'ordine seguente:

a) un importo stabilito dal consiglio direttivo, che non può superare il 20% del profitto netto, viene trasferito al fondo di riserva generale entro un limite pari al 100% del capitale;

b) il rimanente profitto netto viene distribuito ai detentori di quote della BCE in proporzione alle quote sottoscritte.

33.2. Qualora la BCE subisca una perdita, essa viene coperta dal fondo di riserva generale della BCE, e se necessario, previa decisione del consiglio direttivo, dal reddito monetario dell'esercizio finanziario pertinente in proporzione e nei limiti degli importi ripartiti tra le banche centrali nazionali conformemente all'articolo 32.5.

CAPO VII – DISPOSIZIONI GENERALI

Articolo 34. Atti giuridici. – 34.1. Conformemente all'articolo 132 del trattato sul funzionamento dell'Unione europea, la BCE:

– stabilisce i regolamenti nella misura necessaria per assolvere i compiti definiti nell'articolo 3.1, primo trattino, negli articoli 19.1, 22 o 25.2 e nei casi che sono previsti negli atti del Consiglio di cui all'articolo 41;

– prende le decisioni necessarie per assolvere i compiti attribuiti al SEBC in virtù dei trattati e del presente statuto;

– formula raccomandazioni o pareri.

34.2. La BCE può decidere di pubblicare le sue decisioni, le sue raccomandazioni ed i suoi pareri.

34.3. Entro i limiti e alle condizioni stabiliti dal Consiglio in conformità della procedura di cui all'articolo 41, la BCE ha il potere di infliggere alle imprese ammende o penalità di mora in caso di inosservanza degli obblighi imposti dai regolamenti e dalle decisioni da essa adottati.

Articolo 35. Controllo giudiziario e materie connesse. – 35.1. Gli atti o le omissioni della BCE sono soggetti ad esame o interpretazione da parte della Corte di giustizia dell'Unione europea nei casi ed alle condizioni stabiliti dai trattati. La BCE può avviare un'azione giudiziaria nei casi ed alle condizioni stabiliti dai trattati.

35.2. Controversie tra, da un lato, la BCE e, dall'altro, i suoi creditori, debitori o qualsiasi altra persona sono decise dai tribunali nazionali competenti, salvo nei casi in cui la giurisdizione sia attribuita alla Corte di giustizia dell'Unione europea.

35.3. La BCE è soggetta al regime di responsabilità previsto dall'articolo 340 del trattato sul funzionamento dell'Unione europea. Le banche centrali nazionali sono responsabili conformemente alle rispettive legislazioni nazionali.

35.4. La Corte di giustizia dell'Unione europea è competente a giudicare in virtù di una clausola compromissoria contenuta in un contratto di diritto privato o di diritto pubblico stipulato dalla BCE o per suo conto.

35.5. La decisione della BCE di portare una controversia dinanzi alla Corte di giustizia dell'Unione europea è presa dal consiglio direttivo.

35.6. La Corte di giustizia dell'Unione europea ha giurisdizione nei casi di controversia relativi all'adempimento da parte di una banca centrale nazionale di obblighi derivanti dai trattati e dal presente statuto. La BCE, se ritiene che una banca centrale nazionale non abbia adempiuto agli obblighi derivanti dai trattati e dal presente statuto, può formulare un parere motivato sulla questione dopo aver dato alla banca centrale nazionale di cui trattasi l'opportunità di presentare osservazioni. Se la banca centrale nazionale in questione non si conforma al parere entro il termine fissato dalla BCE, quest'ultima può portare la questione dinanzi alla Corte di giustizia dell'Unione europea.

Articolo 36. Personale. – 36.1. Il consiglio direttivo, su proposta del comitato esecutivo, stabilisce le condizioni di impiego dei dipendenti della BCE.

36.2. La Corte di giustizia dell'Unione europea ha giurisdizione su tutte le controversie fra la BCE e i propri dipendenti nei limiti e alle condizioni stabiliti nelle condizioni di impiego.

Articolo 37 (*ex* articolo 38). *Segreto professionale.* – 37.1. I membri degli organi decisionali e il personale della BCE e delle banche centrali nazionali hanno il dovere, anche dopo aver cessato le proprie funzioni, di non rivelare le informazioni coperte dall'obbligo del segreto professionale.

37.2. Le persone che hanno accesso ai dati coperti da una normativa dell'Unione che imponga uno specifico obbligo di riservatezza sono soggette all'applicazione di tali norme.

Articolo 38 (*ex* articolo 39). *Poteri di firma.* – La BCE è giuridicamente vincolata nei confronti di terzi dal suo presidente o due membri del comitato esecutivo ovvero dalla firma di due membri del personale della BCE che siano stati debitamente autorizzati dal presidente a firmare per conto della BCE.

Articolo 39 (*ex* articolo 40). *Privilegi e immunità.* – La BCE beneficia sul territorio degli Stati membri dei privilegi e delle immunità necessari per l'assolvimento dei propri compiti, alle condizioni previste dal protocollo sui privilegi e sulle immunità dell'Unione europea.

CAPO VIII – MODIFICAZIONE DELLO STATUTO E LEGISLAZIONE COMPLEMENTARE

Articolo 40 (*ex* articolo 41). *Procedura di modificazione semplificata.* – 40.1. Conformemente all'articolo 129, paragrafo 3, del trattato sul funzionamento dell'Unione europea, gli articoli 5.1, 5.2, 5.3, 17, 18, 19.1, 22, 23, 24, 26, 32.2, 32.3, 32.4, 32.6, 33.1, lettera a), e 36 del presente statuto possono essere modificati dal Parlamento europeo e dal Consiglio, che deliberano secondo la procedura legislativa ordinaria su raccomandazione della BCE, previa consultazione della Commissione, ovvero su proposta della Commissione, previa consultazione della BCE.

40.2. L'articolo 10.2 può essere modificato da una decisione del Consiglio europeo, che delibera all'unanimità, su raccomandazione della Banca centrale europea e previa consultazione del Parlamento europeo e della Commissione, oppure su raccomandazione della Commissione e previa consultazione del Parlamento europeo e della Banca centrale europea. Le modifiche entrano in vigore solo dopo essere state approvate dagli Stati membri conformemente alle loro rispettive norme costituzionali.

40.3. Una raccomandazione presentata dalla BCE ai sensi del presente articolo richiede una decisione unanime da parte del consiglio direttivo.

Articolo 41 (*ex* articolo 42). *Legislazione complementare.* – Conformemente all'articolo 129, paragrafo 4, del trattato sul funzionamento dell'Unione europea il Consiglio, deliberando su proposta della Commissione e previa consultazione del Parlamento europeo e della BCE, o su raccomandazione della BCE e previa consultazione del Parlamento europeo e della Commissione, adotta le disposizioni di cui agli articoli 4, 5.4, 19.2, 20, 28.1, 29.2, 30.4 e 34.3 del presente statuto.

CAPO IX – DISPOSIZIONI TRANSITORIE E DISPOSIZIONI VARIE PER IL SEBC

Articolo 42 (*ex* articolo 43). *Disposizioni generali.* – 42.1. Una deroga di cui all'articolo 139 del trattato sul funzionamento dell'Unione europea comporta che i seguenti articoli del presente statuto non conferiscono nessun diritto o non impongono alcun obbligo agli Stati membri interessati: 3, 6, 9.2, 12.1, 14.3, 16, 18, 19, 20, 22, 23, 26.2, 27, 30, 31, 32, 33, 34 e 49.

42.2. Le banche centrali degli Stati membri con deroga, come specificato nell'articolo 139 di detto trattato, mantengono i loro poteri nel settore della politica monetaria in base ai rispettivi diritti nazionali.

42.3. Conformemente all'articolo 139 di detto trattato l'espressione "Stati membri" equivale a "Stati membri la cui moneta è l'euro" nei seguenti articoli del presente statuto: 3, 11.2 e 19.

42.4. L'espressione "banche centrali nazionali" equivale a "banche centrali degli Stati membri la cui moneta è l'euro" nei seguenti articoli del presente statuto: 9.2, 10.2, 10.3, 12.1, 16, 17, 18, 22, 23, 27, 30, 31, 32, 33.2 e 49.

42.5. Negli articoli 10.3 e 33.1 per "partecipanti al capitale" si intendono le banche centrali degli Stati membri la cui moneta è l'euro.

42.6. Negli articoli 10.3 e 30.2 per "capitale sottoscritto" si intende capitale della BCE sottoscritto dalle banche centrali degli Stati membri la cui moneta è l'euro.

Articolo 43 (*ex* articolo 44). *Compiti transitori della BCE.* – La BCE assume i compiti svolti un tempo dall'IME di cui all'articolo 141, paragrafo 2 del trattato sul funzionamento dell'Unione europea che, a causa delle deroghe di uno o più Stati membri, devono essere ancora adempiuti dopo l'introduzione dell'euro.

La BCE fornisce pareri nella fase di preparazione dell'abrogazione delle deroghe di cui all'articolo 140 di detto trattato.

Articolo 44 (*ex* articolo 45). *Consiglio generale della BCE.* – 44.1. Fatto salvo l'articolo 129, paragrafo 3, del trattato sul funzionamento dell'Unione europea, il consiglio generale è costituito come terzo organo decisionale della BCE.

44.2. Il consiglio generale comprende il presidente e il vicepresidente della BCE e i governatori delle banche centrali nazionali. Gli altri membri del comitato esecutivo possono partecipare, senza diritto di voto, alle riunioni del consiglio generale.

44.3. Le responsabilità del consiglio generale sono elencate per esteso nell'articolo 46 del presente statuto.

Articolo 45 (*ex* articolo 46). *Regolamento interno del consiglio generale.* – 45.1. Il consiglio generale è presieduto dal presidente o, in sua assenza, dal vicepresidente della BCE.

45.2. Il presidente del Consiglio e un membro della Commissione possono partecipare, senza diritto di voto, alle riunioni del consiglio generale.

45.3. Il presidente prepara le riunioni del consiglio generale.

45.4. In deroga all'articolo 12.3, il consiglio generale adotta il proprio regolamento interno.

45.5. Le funzioni del segretariato del consiglio generale sono svolte dalla BCE.

Articolo 46 (*ex* articolo 47). *Responsabilità del consiglio generale.* – 46.1. Il consiglio generale:
– svolge i compiti previsti all'articolo 43,
– partecipa alle funzioni consultive di cui agli articoli 4 e 25.1.

46.2. Il consiglio generale concorre:
– alla raccolta di informazioni statistiche come previsto all'articolo 5;
– alla compilazione dei rapporti e rendiconti della BCE di cui all'articolo 15;
– alla fissazione delle norme necessarie per l'applicazione dell'articolo 26 come previsto all'articolo 26.4;
– all'adozione di tutte le ulteriori misure necessarie all'applicazione dell'articolo 29 come previsto all'articolo 29.4;
– alla fissazione delle condizioni di impiego dei dipendenti della BCE di cui all'articolo 36.

46.3. Il consiglio generale contribuisce ai necessari preparativi per fissare irrevocabilmente i tassi di cambio delle monete degli Stati membri con deroga rispetto all'euro, come previsto dall'articolo 140, paragrafo 3, del trattato sul funzionamento dell'Unione europea.

46.4. Il consiglio generale è informato dal presidente della BCE in merito alle decisioni del consiglio direttivo.

Articolo 47 (*ex* articolo 48). *Disposizioni transitorie per il capitale della BCE.* – Conformemente all'articolo 29.1, a ciascuna banca centrale nazionale viene assegnata una ponderazione nell'ambito dello schema per la sottoscrizione del capitale della BCE. In deroga all'articolo 28.3, le banche centrali degli Stati membri con deroga non versano il capitale da loro sottoscritto a meno che il consiglio generale decida, ad una maggioranza che rappresenta almeno due terzi del capitale sottoscritto della BCE ed almeno la metà dei partecipanti al capitale, che una percentuale minima deve essere versata come contributo ai costi operativi della BCE [20].

Articolo 48 (*ex* articolo 49). *Versamento differito del capitale, delle riserve e degli accantonamenti della BCE.* – 48.1. La banca centrale di uno Stato membro la cui deroga sia stata abrogata, versa la quota del capitale della BCE da essa sottoscritta nella stessa misura delle altre banche centrali degli Stati membri la cui moneta è l'euro e trasferisce alla BCE attività di riserva in valuta estera conformemente all'articolo 30.1. La somma da trasferire è determinata moltiplicando il valore in euro, ai tassi di cambio correnti delle attività di riserva in valuta estera già trasferite alla BCE conformemente all'articolo 30.1, per il rapporto tra il numero di quote sottoscritte dalla banca centrale nazionale in questione e il numero di quote già versate dalle altre banche centrali nazionali.

48.2. Oltre al versamento da effettuare conformemente all'articolo 48.1, la banca centrale interessata contribuisce alle riserve della BCE, agli accantonamenti equiparabili a riserve e all'importo ancora da assegnare alle riserve e agli accantonamenti corrispondente al saldo del conto profitti e perdite quale risulta al 31 dicembre dell'anno che precede l'abrogazione della deroga. La somma da versare come contributo viene fissata moltiplicando l'importo delle riserve, come sopra definito e dichiarato nel bilancio approvato della BCE, per il rapporto tra il numero di quote sottoscritte dalla banca centrale interessata e il numero di quote già versate dalle altre banche centrali.

48.3. Al momento in cui uno o più paesi diventano Stati membri e le rispettive banche centrali diventano parte del SEBC, il capitale sottoscritto della BCE e il limite dell'importo delle attività di riserva in valuta estera che possono essere trasferite alla BCE sono aumentati automaticamente. L'aumento è determinato moltiplicando i rispettivi importi esistenti in tale momento per il rapporto, nell'ambito dello schema esteso di sottoscrizione di capitale, tra la ponderazione assegnata alle banche centrali nazionali interessate che accedono e la ponderazione assegnata alle banche centrali nazionali già membri del SEBC. La ponderazione assegnata a ciascuna banca centrale nazionale nello schema di sottoscrizione del capitale è calco-

[20] Con riferimento all'art. 47, a seguito del recesso del Regno Unito, la BCE ha adottato la decisione 2020/136 in *G.U.U.E.* L 27I del 1° febbraio 2020, p. 1. Sugli aumenti di capitale nel corso del tempo cfr. la nota 17.

lata per analogia con quanto previsto dall'articolo 29.1 e conformemente alle disposizioni dell'articolo 29.2. I periodi di riferimento da utilizzare per i dati statistici sono identici a quelli applicati per l'ultimo adeguamento quinquennale delle ponderazioni di cui all'articolo 29.3.

Articolo 49 (*ex* articolo 52). *Scambio di banconote in valute degli Stati membri*. – In seguito alla fissazione irrevocabile dei tassi di cambio, conformemente all'articolo 140, paragrafo 3 del trattato sul funzionamento dell'Unione europea, il consiglio direttivo adotta le misure necessarie per assicurare che le banconote in valute con tassi di cambio irrevocabilmente fissati vengano cambiate dalle banche centrali nazionali al loro rispettivo valore di parità.

Articolo 50 (*ex* articolo 53). *Applicabilità delle disposizioni transitorie*. – Gli articoli da 42 a 47 si applicano se e fintantoché esistono Stati membri con deroga.

Protocollo (n. 5) sullo Statuto della Banca europea per gli investimenti

LE ALTRE PARTI CONTRAENTI,

DESIDERANDO stabilire lo statuto della Banca europea per gli investimenti, contemplato dall'articolo 308 del trattato sul funzionamento dell'Unione europea,

HANNO CONVENUTO le disposizioni seguenti, che sono allegate al trattato sull'Unione europea e al trattato sul funzionamento dell'Unione europea:

Articolo 1. – La Banca europea per gli investimenti istituita dall'articolo 308 del trattato sul funzionamento dell'Unione europea, in seguito denominata la "Banca", è costituita ed esercita le proprie funzioni e la sua attività conformemente alle disposizioni dei trattati e del presente statuto.

Articolo 2. – I compiti della Banca sono definiti dall'articolo 309 del trattato sul funzionamento dell'Unione europea.

Articolo 3. – Conformemente all'articolo 308 del trattato sul funzionamento dell'Unione europea, i membri della Banca sono gli Stati membri.

Articolo 4. – ***1. Il capitale della Banca è di 248 795 606 881 EUR; le quote sottoscritte rispettivamente dagli Stati membri sono le seguenti***[21]***:***

Germania	37 578 019 000
Francia	37 578 019 000
Italia	37 578 019 000
Spagna	22 546 811 500
Belgio	10 416 365 500
Paesi Bassi	10 416 365 500
Svezia	6 910 226 000
Danimarca	5 274 105 000
Austria	5 170 732 500
Polonia	***11 366 679 827***[22]

[21] Articolo modificato dalla decisione (UE) 2019/1255 del Consiglio del 18 luglio 2019 che modifica il protocollo n. 5 sullo statuto della Banca europea per gli investimenti, in *G.U.U.E.* L 196 del 24 luglio 2019, p. 1. Il riferimento al Regno Unito è stato soppresso, con decisione (UE) 2019/654 del Consiglio del 15 aprile 2019 che modifica il protocollo n. 5 sullo statuto della Banca europea per gli investimenti, in *G.U.U.E.* L 110 del 25 aprile 2019, p. 36.

[22] Per la modifica introdotta cfr. la nota 16.

Finlandia	2 970 783 000
Grecia	2 825 416 500
Portogallo	1 820 820 000
Repubblica ceca	1 774 990 500
Ungheria	1 679 222 000
Irlanda	1 318 525 000
Romania	***1 639 379 073***[23]
Croazia	854 400 000
Slovacchia	604 206 500
Slovenia	560 951 500
Bulgaria	410 217 500
Lituania	351 981 000
Lussemburgo	263 707 000
Cipro	258 583 500
Lettonia	214 805 000
Estonia	165 882 000
Malta	98 429 500

Gli Stati membri sono responsabili soltanto fino a concorrenza dell'ammontare della loro quota di capitale sottoscritto e non versato.

2. L'ammissione di un nuovo membro determina un aumento del capitale sottoscritto pari al conferimento del nuovo membro.

3. Il consiglio dei governatori, deliberando all'unanimità, può decidere un aumento del capitale sottoscritto.

4. La quota di capitale sottoscritta non è cedibile, non può essere costituita in garanzia né è sequestrabile.

Articolo 5. – 1. Il capitale sottoscritto è versato dagli Stati membri nella misura del 5% in media degli importi fissati all'articolo 4, paragrafo 1.

2. In caso di aumento del capitale sottoscritto il consiglio dei governatori, deliberando all'unanimità, fissa la percentuale che deve essere versata e le modalità del versamento. I versamenti in numerario sono fatti esclusivamente in euro.

3. Il consiglio di amministrazione può esigere il versamento del saldo del capitale sottoscritto, sempreché tale versamento sia necessario per far fronte alle obbligazioni della Banca.

Il versamento è effettuato da ciascuno Stato membro proporzionalmente alla sua quota di capitale sottoscritto.

Articolo 6 (*ex* articolo 8). – La Banca è amministrata e gestita da un consiglio dei governatori, un consiglio di amministrazione e un comitato direttivo.

Articolo 7 (*ex* articolo 9). – 1. Il consiglio dei governatori è composto dei ministri designati dagli Stati membri.

2. Il consiglio dei governatori fissa le direttive generali relative alla politica creditizia della Banca conformemente agli obiettivi dell'Unione.

Il consiglio dei governatori vigila sull'esecuzione di tali direttive.

3. Inoltre, il consiglio dei governatori:

a) decide dell'aumento del capitale sottoscritto, conformemente all'articolo 4, paragrafo 3, e all'articolo 5, paragrafo 2,

b) ai fini dell'articolo 9, paragrafo 1, determina i principi applicabili alle operazioni di finanziamento nell'ambito dei compiti della Banca,

c) esercita i poteri previsti dagli articoli 9 e 11 per la nomina e le dimissioni d'ufficio

[23] Per la modifica introdotta cfr. la nota 16.

dei membri del consiglio di amministrazione e del comitato direttivo, come pure quelli previsti dall'articolo 11, paragrafo 1, secondo comma,

d) decide in merito alla concessione dei finanziamenti per operazioni di investimento da realizzare in tutto o in parte fuori dal territorio degli Stati membri, conformemente all'articolo 16, paragrafo 1,

e) approva la relazione annuale redatta dal consiglio di amministrazione,

f) approva il bilancio annuo nonché il conto profitti e perdite,

g) esercita gli altri poteri e attribuzioni conferiti dal presente statuto,

h) approva, ***a maggioranza qualificata***, il regolamento interno della Banca[24].

4. Il consiglio dei governatori è competente a prendere, all'unanimità, nell'ambito del trattato e del presente statuto tutte le decisioni relative alla sospensione dell'attività della Banca e alla sua eventuale liquidazione.

Articolo 8 (*ex* articolo 10). – Salvo contraria disposizione del presente statuto, le decisioni del consiglio dei governatori sono prese a maggioranza dei membri che lo compongono. Tale maggioranza dovrà rappresentare almeno il 50% del capitale sottoscritto.

La maggioranza qualificata richiede diciotto voti e il 68% del capitale sottoscritto.

Le astensioni di membri presenti o rappresentati non ostano all'adozione delle deliberazioni che richiedono l'unanimità.

Articolo 9 (*ex* articolo 11). – 1. Il consiglio di amministrazione decide in merito alla concessione di finanziamenti, in particolare sotto forma di crediti e di garanzie, e alla conclusione di prestiti; fissa il saggio d'interesse per i prestiti nonché le commissioni e gli altri oneri. Sulla base di una decisione adottata a maggioranza qualificata, può delegare alcune delle sue attribuzioni al comitato direttivo. Determina le condizioni e modalità di tale delega e soprintende alla sua esecuzione. ***Decide, a maggioranza qualificata, in merito al piano di attività della Banca***[25].

Il consiglio di amministrazione controlla la sana amministrazione della Banca; assicura la conformità della gestione della Banca con le disposizioni dei trattati e dello statuto e con le direttive generali stabilite dal consiglio dei governatori.

Alla chiusura dell'esercizio, il consiglio di amministrazione è tenuto a sottoporre al consiglio dei governatori una relazione ed a pubblicarla dopo l'approvazione.

2. Il consiglio di amministrazione è composto di ventotto amministratori e di trentuno sostituti, designati ai sensi del presente paragrafo[26].

Gli amministratori sono nominati per un periodo di cinque anni dal consiglio dei governatori; un amministratore è designato da ciascuno Stato membro e un amministratore è designato dalla Commissione.

I sostituti sono nominati per un periodo di cinque anni dal consiglio dei governatori in ragione di:

– due sostituti designati dalla Repubblica federale di Germania,

– due sostituti designati dalla Repubblica francese,

– due sostituti designati dalla Repubblica italiana,

– due sostituti designati di comune accordo dal Regno di Spagna e dalla Repubblica portoghese,

– tre sostituti designati di comune accordo dal Regno del Belgio, dal Granducato di Lussemburgo e dal Regno dei Paesi Bassi,

– tre sostituti designati di comune accordo dalla Repubblica di Croazia, dall'Ungheria e dalla Repubblica di Polonia,

---

[24] Modifica introdotta dalla decisione (UE) 2019/654 del Consiglio cit.

[25] Modifica introdotta dalla decisione (UE) 2019/654 del Consiglio cit.

[26] Modifica introdotta dalla decisione (UE) 2019/654 del Consiglio cit.; cfr. pure l'art. 25 dell'Atto di adesione della Croazia.

– quattro sostituti designati di comune accordo dal Regno di Danimarca, dalla Repubblica ellenica, dall'Irlanda e dalla Romania,
– sei sostituti designati di comune accordo dalla Repubblica di Estonia, dalla Repubblica di Lettonia, dalla Repubblica di Lituania, dalla Repubblica d'Austria, dalla Repubblica di Finlandia e dal Regno di Svezia,
– sei sostituti designati di comune accordo dalla Repubblica di Bulgaria, dalla Repubblica ceca, dalla Repubblica di Cipro, dalla Repubblica di Malta, dalla Repubblica di Slovenia e dalla Repubblica slovacca,
– un sostituto designato dalla Commissione[27]***.***

Il consiglio di amministrazione coopta sei (6) esperti senza diritto di voto: tre (3) in qualità di membri e tre (3) in qualità di sostituti.

Il mandato degli amministratori e dei sostituti è rinnovabile.

Il regolamento interno fissa le modalità di partecipazione alle sedute del consiglio di amministrazione e le disposizioni applicabili ai sostituti e agli esperti cooptati.

Il presidente, o in sua assenza uno dei vicepresidenti del comitato direttivo, presiede le sedute del consiglio d'amministrazione senza partecipare alle votazioni.

I membri del consiglio d'amministrazione sono scelti tra personalità che offrano ogni garanzia di indipendenza e di competenza; essi sono responsabili soltanto nei confronti della Banca.

3. Soltanto nel caso che un amministratore non risponda più ai requisiti necessari all'esercizio delle sue funzioni, il consiglio dei governatori, deliberando a maggioranza qualificata, potrà dichiararlo dimissionario d'ufficio.

La mancata approvazione della relazione annuale provoca le dimissioni del consiglio d'amministrazione.

4. In caso di vacanza, a seguito di decesso oppure di dimissioni volontarie, d'ufficio o collettive, si provvede alla sostituzione secondo le norme di cui al paragrafo 2. Salvo nei casi di rinnovamento generale, i membri sono sostituiti per la restante durata del mandato.

5. Il consiglio dei governatori stabilisce la retribuzione dei membri del consiglio d'amministrazione. Esso definisce le eventuali incompatibilità con le funzioni di amministratore e di sostituto.

Articolo 10 (*ex* articolo 12). – 1. Ogni amministratore dispone di un voto nel consiglio di amministrazione. Egli può delegare il suo voto in tutti i casi, secondo modalità che saranno stabilite dal regolamento interno della Banca.

2. Salvo disposizione contraria del presente statuto, le decisioni del consiglio di amministrazione sono prese a maggioranza di almeno un terzo (1/3) dei membri del consiglio aventi voto deliberativo che rappresentino almeno il cinquanta per cento (50%) del capitale sottoscritto. La maggioranza qualificata richiede diciotto (18) voti e il sessantotto per cento (68%) del capitale sottoscritto. Il regolamento interno della Banca fissa il numero legale necessario per la validità delle deliberazioni del consiglio di amministrazione.

Articolo 11 (*ex* articolo 13). – ***1. Il comitato direttivo è composto di un presidente e di otto vicepresidenti nominati per un periodo di sei anni dal consiglio dei governatori, che delibera a maggioranza qualificata, su proposta del consiglio di amministrazione, che delibera a maggioranza qualificata***[28]***.***

Il consiglio dei governatori, deliberando all'unanimità, può modificare il numero dei membri del comitato direttivo.

2. Su proposta del consiglio d'amministrazione, che abbia deliberato a maggioranza

[27] Modifica, al terzo comma, introdotta dalla decisione (UE) 2019/1255 del Consiglio cit.

[28] Modifica introdotta dalla decisione (UE) 2019/654 del Consiglio cit.

qualificata, il consiglio dei governatori, deliberando a sua volta a maggioranza qualificata, può dichiarare dimissionari d'ufficio i membri del comitato direttivo.

3. Il comitato direttivo provvede alla gestione degli affari d'ordinaria amministrazione della Banca, sotto l'autorità del presidente e sotto il controllo del consiglio d'amministrazione.

Esso prepara le decisioni del consiglio d'amministrazione, in particolare per la conclusione di prestiti e la concessione di finanziamenti, in particolare sotto forma di crediti e garanzie; assicura l'esecuzione di tali decisioni.

4. Il comitato direttivo formula a maggioranza i suoi pareri sulle proposte di conclusione di prestiti e di concessione di finanziamenti, in particolare sotto forma di crediti e garanzie.

5. Il consiglio dei governatori fissa la retribuzione dei membri del comitato direttivo e definisce le incompatibilità con le loro funzioni.

6. Il presidente o, in caso di impedimento, uno dei vicepresidenti, rappresenta la Banca in sede giudiziaria o extra giudiziaria.

7. I membri del personale della Banca sono posti sotto l'autorità del presidente. Essi sono da lui assunti e licenziati. Nella scelta del personale, si deve tener conto non solo delle attitudini personali e delle qualificazioni professionali, ma anche di una equa partecipazione dei cittadini degli Stati membri. Il regolamento interno determina l'organo competente per adottare le disposizioni applicabili al personale.

8. Il comitato direttivo e il personale della Banca sono responsabili soltanto nei confronti di quest'ultima ed esercitano le loro funzioni in piena indipendenza.

Articolo 12 (*ex* articolo 14). – 1. Un comitato, composto di sei membri nominati dal consiglio dei governatori in ragione della loro competenza, verifica che le attività della Banca siano conformi alle migliori pratiche bancarie ed è responsabile della revisione dei conti della Banca.

2. Il comitato di cui al paragrafo 1 esamina ogni anno la regolarità delle operazioni e dei libri della Banca. A tale scopo, esso verifica che le operazioni della Banca siano state effettuate nel rispetto delle formalità e delle procedure previste dal presente statuto e dal regolamento interno.

3. Il comitato di cui al paragrafo 1 conferma che gli stati finanziari, così come qualsiasi informazione finanziaria contenuta nei conti annuali elaborati dal consiglio di amministrazione, danno un'immagine fedele della situazione della Banca, all'attivo come al passivo, come pure dei risultati delle sue operazioni e dei flussi di tesoreria per l'esercizio finanziario considerato.

4. Il regolamento interno precisa le qualifiche che devono possedere i membri del comitato di cui al paragrafo 1 e determina le condizioni e le modalità per l'esercizio delle attività del comitato stesso.

Articolo 13 (*ex* articolo 15). – La Banca comunica con i singoli Stati membri per il tramite dell'autorità da essi designata. Nell'esecuzione delle operazioni finanziarie essa ricorre alla banca centrale nazionale dello Stato membro interessato oppure ad altri istituti finanziari da quest'ultimo autorizzati.

Articolo 14 (*ex* articolo 16). – 1. La Banca coopera con tutte le organizzazioni internazionali, il cui campo di attività copra settori analoghi ai suoi.

2. La Banca ricerca ogni utile contatto per cooperare con gli istituti bancari e finanziari dei paesi ai quali estende le proprie operazioni.

Articolo 15 (*ex* articolo 17). – A richiesta di uno Stato membro o della Commissione, ovvero d'ufficio, il consiglio dei governatori interpreta o perfeziona, alle condizioni nelle quali sono state stabilite, le direttive da esso fissate ai sensi dell'articolo 7 del presente statuto.

Articolo 16 (*ex* articolo 18). – 1. Nell'ambito del mandato definito dall'articolo 309 del trattato sul funzionamento dell'Unione europea, la Banca concede finanziamenti, in particolare sotto forma di crediti e di garanzie, ai suoi membri oppure a imprese private o pubbliche per investimenti da attuare nei territori degli Stati membri, sempreché non siano disponibili, a condizioni ragionevoli, mezzi provenienti da altre fonti.

Tuttavia, con decisione a maggioranza qualificata del consiglio dei governatori, su proposta del consiglio d'amministrazione, la Banca può concedere finanziamenti per investimenti da attuarsi in tutto o in parte al di fuori dei territori degli Stati membri.

2. La concessione di crediti è subordinata, per quanto possibile, al ricorso ad altri mezzi di finanziamento.

3. Quando un prestito è accordato a una impresa o ad una collettività che non sia uno Stato membro, la Banca subordina la concessione di tale credito ad una garanzia dello Stato membro sul territorio del quale sarà attuato l'investimento, oppure ad altre garanzie sufficienti o alla solidità finanziaria del debitore.

Inoltre, nell'ambito dei principi stabiliti dal consiglio dei governatori ai sensi dell'articolo 7, paragrafo 3, lettera b) e se la realizzazione delle operazioni previste nell'articolo 309 del trattato sul funzionamento dell'Unione europea lo richiede, il consiglio di amministrazione adotta a maggioranza qualificata le condizioni e le modalità di qualsiasi finanziamento che presenti un profilo di rischio specifico e che sia pertanto considerato un'attività speciale.

4. La Banca può garantire prestiti contratti da imprese pubbliche o private ovvero da collettività per l'attuazione di operazioni previste dall'articolo 309 del trattato sul funzionamento dell'Unione europea.

5. Il totale degli impegni derivanti dai prestiti e dalle garanzie accordati dalla Banca non deve essere superiore al 250% del capitale sottoscritto, delle riserve, degli accantonamenti non assegnati e dell'eccedenza del conto profitti e perdite. L'importo cumulativo delle voci in questione è calcolato previa deduzione di una somma pari all'importo sottoscritto, versato o no, per qualsiasi partecipazione assunta dalla Banca.

L'importo versato per partecipazioni assunte dalla Banca non deve mai essere superiore al totale della parte versata del capitale, delle riserve, degli accantonamenti non assegnati e dell'eccedenza del conto profitti e perdite.

A titolo di eccezione, le attività speciali della Banca, decise dal consiglio dei governatori e dal consiglio di amministrazione conformemente al paragrafo 3, sono oggetto di una dotazione specifica in riserve.

Il presente paragrafo si applica anche ai conti consolidati della Banca.

6. La Banca si cautela contro il rischio di cambio inserendo le clausole che riterrà idonee nei contratti relativi ai prestiti e alle garanzie.

Articolo 17 (*ex* articolo 19). – 1. I saggi d'interesse per i prestiti accordati dalla Banca nonché le commissioni e gli altri oneri devono essere adattati alle condizioni che prevalgono sul mercato dei capitali e devono essere calcolati in modo che gli introiti che ne derivano consentano alla Banca di far fronte alle proprie obbligazioni, di coprire le proprie spese e i propri rischi e di costituire un fondo di riserva, conformemente all'articolo 22.

2. La Banca non accorda riduzioni sui saggi d'interesse. Qualora, avuto riguardo al carattere specifico dell'investimento da finanziare, risulti opportuna una riduzione del saggio di interesse, lo Stato membro interessato ovvero un'autorità terza può concedere bonifici d'interesse, nella misura in cui tale concessione sia compatibile con le norme fissate dall'articolo 107 del trattato sul funzionamento dell'Unione europea.

Articolo 18 (*ex* articolo 20). – Nelle operazioni di finanziamento la Banca deve osservare i seguenti principi:

1. Vigila che i suoi fondi siano impiegati nel modo più razionale nell'interesse dell'Unione.

Può accordare o garantire prestiti soltanto:

a) quando il servizio degli interessi e dell'ammortamento sia assicurato dagli utili di gestione, nel caso di investimenti attuati da imprese appartenenti ai settori produttivi, oppure, nel caso di altri investimenti, da un impegno sottoscritto dallo Stato in cui si realizza l'investimento, o in qualsiasi altra maniera, e

b) quando l'esecuzione dell'investimento contribuisca all'incremento della produttività economica in generale e favorisca l'attuazione del mercato interno.

2. Non deve acquistare partecipazioni in imprese né assumere responsabilità di sorta nella loro gestione, salvo che non lo richieda la tutela dei propri diritti per garantire la riscossione dei propri crediti.

Tuttavia, nell'ambito dei principi stabiliti dal consiglio dei governatori ai sensi dell'articolo 7, paragrafo 3, lettera b), se la realizzazione delle operazioni previste nell'articolo 309 del trattato sul funzionamento dell'Unione europea lo richiede, il consiglio di amministrazione adotta a maggioranza qualificata le condizioni e le modalità per assumere una partecipazione al capitale di un'impresa commerciale, purché ciò sia necessario per finanziare un investimento o un programma, in generale a complemento di un prestito o di una garanzia.

3. Può cedere i propri crediti sul mercato dei capitali ed esigere a tal fine dai suoi debitori l'emissione di obbligazioni o di altri titoli.

4. La Banca e gli Stati membri non debbono imporre condizioni per le quali le somme prestate debbano essere spese all'interno di un determinato Stato membro.

5. La Banca può subordinare la concessione di crediti alla organizzazione di aggiudicazioni internazionali.

6. La Banca non finanzia, né interamente né in parte, alcun investimento al quale si opponga lo Stato membro sul cui territorio l'investimento stesso deve essere messo in esecuzione.

7. In via complementare alle sue attività di credito, la Banca può assicurare servizi di assistenza tecnica, alle condizioni e secondo le modalità definite dal consiglio dei governatori, che delibera a maggioranza qualificata, e nel rispetto del presente statuto.

Articolo 19 (*ex* articolo 21). – 1. La Banca può ricevere una domanda di finanziamento direttamente da qualsiasi impresa o entità pubblica o privata. Ad essa ci si può rivolgere anche per il tramite della Commissione o dello Stato membro sul territorio del quale sarà attuato l'investimento.

2. Quando le domande siano inoltrate per il tramite della Commissione, vengono sottoposte al parere dello Stato membro sul territorio del quale sarà attuato l'investimento. Quando siano inoltrate per il tramite dello Stato stesso, sono sottoposte al parere della Commissione. Qualora siano presentate direttamente da un'impresa, sono sottoposte allo Stato membro interessato e alla Commissione.

Gli Stati membri interessati e la Commissione devono esprimere il loro parere nel termine massimo di due mesi. In caso di mancata risposta entro tale termine, la Banca può ritenere che l'investimento di cui trattasi non sollevi obiezioni.

3. Il consiglio d'amministrazione delibera in merito alle operazioni di finanziamento a lui sottoposte dal comitato direttivo.

4. Il comitato direttivo esamina se le operazioni di finanziamento che gli sono presentate sono conformi alle disposizioni del presente statuto, in particolare a quelle degli articoli 16 e 18. Se il comitato direttivo si pronuncia a favore del finanziamento, deve sottoporre la corrispondente proposta al consiglio d'amministrazione; può subordinare il proprio parere favorevole alle condizioni che ritenga essenziali. Qualora il comitato direttivo si pronunci contro la concessione del finanziamento, deve sottoporre al consiglio d'amministrazione i documenti pertinenti, unitamente al proprio parere.

5. In caso di parere negativo del comitato direttivo, il consiglio d'amministrazione può accordare il finanziamento in questione soltanto all'unanimità.

6. In caso di parere negativo della Commissione, il consiglio d'amministrazione può accordare il finanziamento in questione soltanto all'unanimità e l'amministratore nominato su designazione della Commissione si astiene dal partecipare alla votazione.

7. In caso di parere negativo del comitato direttivo e della Commissione, il consiglio d'amministrazione non può accordare il prestito o la garanzia in questione.

8. Qualora, ai fini della tutela dei diritti e degli interessi della Banca, sia giustificata una ristrutturazione di un'operazione di finanziamento attinente a investimenti approvati, il comitato direttivo adotta senza indugio le misure d'urgenza che ritiene necessarie, con riserva di renderne conto immediatamente al consiglio di amministrazione.

Articolo 20 (*ex* articolo 22). – 1. La Banca contrae sui mercati dei capitali i prestiti necessari per l'adempimento dei suoi compiti.

2. La Banca può contrarre prestiti sul mercato dei capitali degli Stati membri, nel quadro delle disposizioni legali applicabili a tali mercati.

Gli organi competenti di uno Stato membro con deroga, ai sensi dell'articolo 139, paragrafo 1 del trattato sul funzionamento dell'Unione europea, possono opporvisi soltanto quando vi sia motivo di temere gravi perturbazioni sul mercato dei capitali di detto Stato.

Articolo 21 (*ex* articolo 23). – 1. La Banca può impiegare, alle seguenti condizioni, le disponibilità di cui non abbia immediata necessità per far fronte alle sue obbligazioni:

a) può effettuare collocamenti sui mercati monetari;

b) fatte salve le disposizioni dell'articolo 18, paragrafo 2, può acquistare o vendere titoli;

c) la Banca può effettuare qualsiasi altra operazione finanziaria in connessione con le sue finalità.

2. Senza pregiudizio delle disposizioni dell'articolo 23, la Banca non effettua, nella gestione dei suoi collocamenti, alcun arbitraggio di divise che non sia strettamente indispensabile per realizzare i suoi prestiti o per adempiere agli impegni assunti in seguito ai prestiti emessi o alle garanzie concesse dalla Banca stessa.

3. Nei settori contemplati dal presente articolo, la Banca agirà di concerto con le autorità competenti degli Stati membri o con le banche centrali nazionali.

Articolo 22 (*ex* articolo 24). – 1. Sarà costituito progressivamente un fondo di riserva fino a concorrenza del 10% del capitale sottoscritto. Qualora la situazione degli impegni della Banca lo giustifichi, il consiglio d'amministrazione può decidere la costituzione di riserve supplementari. Fino a che tale fondo di riserva non sia stato interamente costituito, si dovrà alimentarlo mediante:

a) gli introiti provenienti dagli interessi maturati dei prestiti concordati dalla Banca sulle somme che gli Stati membri debbono versare ai sensi dell'articolo 5,

b) gli introiti provenienti dagli interessi maturati dei prestiti concordati dalla Banca sulle somme costituite dal rimborso dei prestiti di cui alla lettera a),

sempreché tali introiti per interessi maturati non siano necessari a soddisfare obbligazioni e a coprire le spese della Banca.

2. Le risorse del fondo di riserva devono essere collocate in modo da essere in grado ad ogni momento di rispondere allo scopo di tali fondi.

Articolo 23 (*ex* articolo 25). – 1. La Banca sarà sempre autorizzata a convertire in una delle monete degli Stati membri la cui moneta non sia l'euro gli averi che essa detiene per effettuare operazioni finanziarie rispondenti ai suoi scopi, così come definiti dall'articolo 309 del trattato sul funzionamento dell'Unione europea, e avuto riguardo delle disposizioni dell'articolo 21 del presente statuto. La Banca eviterà per quanto possibile di procedere a tali conversioni qualora detenga averi disponibili o realizzabili nella moneta di cui necessita.

2. La Banca non può convertire in valute di paesi terzi gli averi che detiene nella moneta di uno degli Stati membri la cui moneta non sia l'euro, senza il consenso di quest'ultimo.

3. La Banca può disporre liberamente della parte del suo capitale versato, nonché delle valute ottenute mediante prestiti emessi su mercati terzi.

4. Gli Stati membri si impegnano a mettere a disposizione dei debitori della Banca le valute necessarie al rimborso del capitale e interessi dei prestiti accordati o garantiti da questa per investimenti da attuare sul loro territorio.

Articolo 24 (*ex* articolo 26). – Qualora uno Stato membro disconosca i suoi obblighi di membro derivanti dal presente statuto, e in particolare l'obbligo di versare la propria quota o di assicurare il servizio dei prestiti da lui contratti, il consiglio dei governatori, deliberante a maggioranza qualificata, può decidere di sospendere la concessione di crediti e di garanzie a tale Stato membro o ai suoi cittadini.

Tale decisione non libera lo Stato né i suoi cittadini dalle loro obbligazioni nei confronti della Banca.

Articolo 25 (*ex* articolo 27). – 1. Qualora il consiglio dei governatori decida di sospendere l'attività della Banca, tutte le attività dovranno essere sospese senza indugio, eccezion fatta per le operazioni necessarie a garantire debitamente l'utilizzazione, la tutela e la conservazione dei beni nonché la liquidazione degli impegni.

2. In caso di liquidazione, il consiglio dei governatori nomina i liquidatori e impartisce loro istruzioni per effettuare la liquidazione. Vigila alla salvaguardia dei diritti dei membri del personale.

Articolo 26 (*ex* articolo 28). – 1. In ognuno degli Stati membri la Banca ha la più ampia capacità giuridica riconosciuta dalle legislazioni nazionali alle persone giuridiche; essa può in particolare acquistare e alienare beni mobili o immobili e stare in giudizio.

2. I beni della Banca sono esenti da tutte le requisizioni o espropri in qualsiasi forma.

Articolo 27 (*ex* articolo 29). – Le controversie tra la Banca, da una parte, e i suoi creditori, i suoi debitori o terzi, dall'altra, sono decise dagli organi giurisdizionali nazionali competenti, fatte salve le competenze attribuite alla Corte di giustizia dell'Unione europea. La Banca può prevedere, in un contratto, una procedura arbitrale.

La Banca deve eleggere domicilio in ognuno degli Stati membri. Tuttavia, essa può, in un contratto, procedere ad una elezione speciale di domicilio.

I beni e gli averi della Banca potranno essere sequestrati o sottoposti a esecuzione forzata soltanto con decisione giudiziaria.

Articolo 28 (*ex* articolo 30). – 1. Il consiglio dei governatori può decidere, deliberando all'unanimità, di istituire filiali o altre entità, dotate di personalità giuridica e autonomia finanziaria.

2. Il consiglio dei governatori stabilisce con decisione unanime lo statuto degli organismi di cui al paragrafo 1. Lo statuto ne definisce in particolare obiettivi, struttura, assetto patrimoniale, assetto societario, sede, risorse finanziarie, mezzi d'intervento e modalità di controllo, nonché la relazione con gli organi della Banca.

3. La Banca ha la facoltà di partecipare alla gestione dei suddetti organismi e contribuire al loro capitale sottoscritto fino all'importo fissato dal consiglio dei governatori mediante delibera unanime.

4. Il protocollo sui privilegi e sulle immunità dell'Unione europea si applica agli organismi di cui al paragrafo 1 nella misura in cui sono soggetti al diritto dell'Unione, ai membri dei loro organi per quanto attiene all'esecuzione dei loro compiti, e al loro personale,

secondo gli stessi termini e le stesse condizioni applicabili alla Banca.

Tuttavia i dividendi, i redditi del capitale e altre forme di entrate provenienti dai suddetti organismi e dovuti ai membri che non siano l'Unione europea e la Banca restano assoggettati alle disposizioni della legislazione fiscale applicabile.

5. La Corte di giustizia dell'Unione europea è competente a dirimere, entro i limiti stabiliti qui di seguito, le vertenze relative a misure adottate dagli organi di un organismo soggetto al diritto dell'Unione. I ricorsi avverso tali misure possono essere intentati da un membro dell'organismo in quanto tale o dagli Stati membri, alle condizioni previste all'articolo 263 del trattato sul funzionamento dell'Unione europea.

6. Il consiglio dei governatori può decidere, deliberando all'unanimità, di ammettere il personale degli organismi soggetti al diritto dell'Unione a regimi comuni con la Banca, secondo le rispettive procedure interne.

Protocollo (n. 6) sulle sedi delle istituzioni e di determinati organi, organismi e servizi dell'Unione europea

I RAPPRESENTANTI DEI GOVERNI DEGLI STATI MEMBRI,

VISTO l'articolo 341 del trattato sul funzionamento dell'Unione europea e l'articolo 189 del trattato che istituisce la Comunità europea dell'energia atomica,

RICORDANDO E CONFERMANDO la decisione dell'8 aprile 1965 e fatte salve le decisioni concernenti la sede di future istituzioni, organi, organismi e servizi,

HANNO CONVENUTO le disposizioni seguenti, che sono allegate al trattato sull'Unione europea, al trattato sul funzionamento dell'Unione europea e al trattato che istituisce la Comunità europea dell'energia atomica:

Articolo unico. – a) Il Parlamento europeo ha sede a Strasburgo, ove si tengono 12 tornate plenarie mensili, compresa la tornata del bilancio. Le tornate plenarie aggiuntive si tengono a Bruxelles. Le commissioni del Parlamento europeo si riuniscono a Bruxelles. Il segretariato generale del Parlamento europeo e i suoi servizi restano a Lussemburgo.

b) Il Consiglio ha sede a Bruxelles. In aprile, giugno e ottobre il Consiglio tiene le sessioni a Lussemburgo.

c) La Commissione ha sede a Bruxelles. I servizi elencati negli articoli 7, 8 e 9 della decisione dell'8 aprile 1965 sono stabiliti a Lussemburgo.

d) La Corte di giustizia dell'Unione europea ha sede a Lussemburgo.

e) La Corte dei conti ha sede a Lussemburgo.

f) Il Comitato economico e sociale ha sede a Bruxelles.

g) Il Comitato delle regioni ha sede a Bruxelles.

h) La Banca europea per gli investimenti ha sede a Lussemburgo.

i) La Banca centrale europea ha sede a Francoforte.

j) L'Ufficio europeo di polizia (Europol) ha sede all'Aia.

Protocollo (n. 7) sui privilegi e sulle immunità dell'Unione europea

LE ALTE PARTI CONTRAENTI,

CONSIDERANDO che, ai termini dell'articolo 343 del trattato sul funzionamento dell'Unione europea e dell'articolo 191 del trattato che istituisce la Comunità europea dell'energia atomica (CEEA), l'Unione europea e la CEEA godono sul territorio degli Stati membri delle immunità e dei privilegi necessari all'assolvimento della loro missione,

HANNO CONVENUTO le disposizioni seguenti, che sono allegate al trattato sull'Unione europea, al trattato sul funzionamento dell'Unione europea e al trattato che istituisce la Comunità europea dell'energia atomica:

CAPO I – BENI, FONDI, AVERI E OPERAZIONI DELL'UNIONE EUROPEA

Articolo 1. – I locali e gli edifici dell'Unione sono inviolabili. Essi sono esenti da perquisizioni, requisizioni, confisca o espropriazione. I beni e gli averi dell'Unione non possono essere oggetto di alcun provvedimento di coercizione amministrativa o giudiziaria senza autorizzazione della Corte di giustizia.

Articolo 2. – Gli archivi dell'Unione sono inviolabili.

Articolo 3. – L'Unione, i suoi averi, entrate ed altri beni sono esenti da qualsiasi imposta diretta.

I governi degli Stati membri adottano, ogni qualvolta sia loro possibile, le opportune disposizioni per l'abbuono o il rimborso dell'importo dei diritti indiretti e delle tasse sulla vendita compresi nei prezzi dei beni immobili o mobili, quando l'Unione effettui, per proprio uso ufficiale, acquisti considerevoli il cui prezzo comprenda diritti e tasse di tale natura. Tuttavia l'applicazione di tali disposizioni non deve avere per effetto di falsare la concorrenza all'interno dell'Unione.

Nessuna esenzione è concessa per quanto riguarda le imposte, tasse e diritti che costituiscono mera rimunerazione di servizi di utilità generale.

Articolo 4. – L'Unione è esente da ogni dazio doganale, divieto e restrizione all'importazione e all'esportazione, in ordine agli oggetti destinati al proprio uso ufficiale; gli oggetti così importati non saranno ceduti a titolo oneroso o gratuito sul territorio del paese nel quale sono stati importati, salvo che ciò non avvenga a condizioni accette al governo di tale paese.

Essa è del pari esente da ogni dazio doganale e da ogni divieto e restrizione all'importazione e all'esportazione in ordine alle proprie pubblicazioni.

CAPO II – COMUNICAZIONI E LASCIAPASSARE

Articolo 5 (*ex* articolo 6). – Le istituzioni dell'Unione beneficiano, nel territorio di ciascuno Stato membro, per le loro comunicazioni ufficiali e la trasmissione di tutti i loro documenti, del trattamento concesso da questo Stato alle missioni diplomatiche.

La corrispondenza ufficiale e le altre comunicazioni ufficiali delle istituzioni dell'Unione non possono essere censurate.

Articolo 6 (*ex* articolo 7). – I presidenti delle istituzioni dell'Unione possono rilasciare ai membri ed agli agenti di dette istituzioni lasciapassare la cui forma è stabilita dal Consiglio, che delibera a maggioranza semplice, e che sono riconosciuti dalle autorità degli Stati membri come titoli di viaggio validi. Tali lasciapassare sono rilasciati ai funzionari e agli altri agenti secondo le condizioni stabilite dallo statuto dei funzionari e dal regime applicabile agli altri agenti dell'Unione.

La Commissione può concludere accordi per far riconoscere tali lasciapassare come titoli di viaggio validi sul territorio di Stati terzi.

CAPO III – MEMBRI DEL PARLAMENTO EUROPEO

Articolo 7 (*ex* articolo 8). – Nessuna restrizione di ordine amministrativo o di altro genere è apportata alla libertà di movimento dei membri del Parlamento europeo che si recano al luogo di riunione del Parlamento europeo o ne ritornano.

Ai membri del Parlamento europeo sono concessi in materia di dogana e di controllo dei cambi:

a) dal proprio governo, le stesse agevolazioni concesse agli alti funzionari che si recano all'estero in missione ufficiale temporanea,

b) dai governi degli altri Stati membri, le stesse agevolazioni concesse ai rappresentanti di governi esteri in missione ufficiale temporanea.

Articolo 8 (*ex* articolo 9). – I membri del Parlamento europeo non possono essere ricercati, detenuti o perseguiti a motivo delle opinioni o dei voti espressi nell'esercizio delle loro funzioni.

Articolo 9 (*ex* articolo 10). – Per la durata delle sessioni del Parlamento europeo, i membri di esso beneficiano:

a) sul territorio nazionale, delle immunità riconosciute ai membri del parlamento del loro paese,

b) sul territorio di ogni altro Stato membro, dell'esenzione da ogni provvedimento di detenzione e da ogni procedimento giudiziario.

L'immunità li copre anche quando essi si recano al luogo di riunione del Parlamento europeo o ne ritornano.

L'immunità non può essere invocata nel caso di flagrante delitto e non può inoltre pregiudicare il diritto del Parlamento europeo di togliere l'immunità ad uno dei suoi membri.

CAPO IV – RAPPRESENTANTI DEGLI STATI MEMBRI CHE PARTECIPANO AI LAVORI DELLE ISTITUZIONI DELL'UNIONE EUROPEA

Articolo 10 (*ex* articolo 11). – I rappresentanti degli Stati membri che partecipano ai lavori delle istituzioni dell'Unione, nonché i loro consiglieri e periti tecnici, godono, durante l'esercizio delle loro funzioni e durante i loro viaggi a destinazione o in provenienza dal luogo della riunione, dei privilegi, delle immunità e delle agevolazioni d'uso.

Il presente articolo si applica ugualmente ai membri degli organi consultivi dell'Unione.

CAPO V – FUNZIONARI E AGENTI DELL'UNIONE EUROPEA

Articolo 11 (*ex* articolo 12). – Sul territorio di ciascuno Stato membro e qualunque sia la loro cittadinanza, i funzionari ed altri agenti dell'Unione:

a) godono dell'immunità di giurisdizione per gli atti da loro compiuti in veste ufficiale, comprese le loro parole e i loro scritti, con riserva dell'applicazione delle disposizioni dei trattati relative, da un lato, alle regole delle responsabilità dei funzionari ed agenti nei confronti dell'Unione e, dall'altro, alla competenza della Corte di giustizia dell'Unione europea per deliberare in merito ai litigi tra l'Unione ed i propri funzionari ed altri agenti. Continueranno a beneficiare di questa immunità dopo la cessazione delle loro funzioni;

b) né essi né i loro coniugi e i familiari a loro carico, sono sottoposti alle disposizioni che limitano l'immigrazione e alle formalità di registrazione degli stranieri;

c) godono, per quanto riguarda la disciplina vigente in materia valutaria o di cambio, delle agevolazioni usualmente riconosciute ai funzionari delle organizzazioni internazionali;

d) godono del diritto di importare in franchigia la propria mobilia ed i propri effetti personali, in occasione della loro prima immissione in funzione nel paese interessato, e del diritto di riesportare in franchigia la propria mobilia e i propri effetti personali alla cessazione delle loro funzioni nel suddetto paese, fatte salve, nell'uno e nell'altro caso, le condizioni ritenute necessarie dal governo del paese in cui il diritto è esercitato;

e) godono del diritto di importare in franchigia la propria autovettura destinata al loro uso personale, acquistata nel paese della loro ultima residenza o nel paese di cui sono cittadini alle condizioni del mercato interno di tale paese, e di riesportarla in franchigia, fatte salve, nell'uno e nell'altro caso, le condizioni ritenute necessarie dal governo del paese interessato.

Articolo 12 (*ex* articolo 13). – Alle condizioni e secondo la procedura stabilite dal Parlamento europeo e dal Consiglio, che deliberano mediante regolamenti secondo la procedura legislativa ordinaria e previa consultazione delle istituzioni interessate, i funzionari e gli altri agenti dell'Unione saranno soggetti, a profitto di quest' ultima, ad una imposta sugli stipendi, salari ed emolumenti dalla stessa versati.

Essi sono esenti da imposte nazionali sugli stipendi, salari ed emolumenti versati dall'Unione.

Articolo 13 (*ex* articolo 14). – Ai fini dell'applicazione delle imposte sul reddito e sul patrimonio, dei diritti di successione, nonché delle convenzioni concluse fra i paesi membri dell'Unione al fine di evitare le doppie imposizioni, i funzionari e altri agenti dell'Unione, i quali, in ragione esclusivamente dell'esercizio delle loro funzioni al servizio dell'Unione, stabiliscono la loro residenza sul territorio di un paese membro diverso dal paese ove avevano il domicilio fiscale al momento dell'entrata in servizio presso l'Unione, sono considerati, sia nel paese di residenza che nel paese del domicilio fiscale, come tutt'ora domiciliati in quest'ultimo paese qualora esso sia membro dell'Unione. Tale disposizione si applica ugualmente al coniuge, sempreché non eserciti una propria attività professionale, nonché ai figli ed ai minori a carico delle persone indicate nel presente articolo e in loro custodia.

I beni mobili appartenenti alle persone di cui al comma precedente e che si trovino nel territorio dello Stato di residenza sono esenti dall'imposta di successione in tale Stato; ai fini dell'applicazione di tale imposta essi sono considerati come se fossero situati nello Stato del domicilio fiscale, fatti salvi i diritti degli Stati terzi e l'eventuale applicazione delle norme delle convenzioni internazionali sulle doppie imposizioni.

Ai fini dell'applicazione delle disposizioni del presente articolo non si prendono in considerazione i domicili acquisiti soltanto a motivo dell'esercizio di funzioni al servizio di altre organizzazioni internazionali.

Articolo 14 (*ex* articolo 15). – Il Parlamento europeo e il Consiglio, deliberando mediante regolamenti secondo la procedura legislativa ordinaria e previa consultazione delle istituzioni interessate, stabiliscono il regime di previdenza sociale applicabile ai funzionari e agli altri agenti dell'Unione.

Articolo 15 (*ex* articolo 16). – Il Parlamento europeo e il Consiglio, deliberando mediante regolamenti secondo la procedura legislativa ordinaria e previa consultazione delle altre istituzioni interessate, determinano le categorie di funzionari ed altri agenti dell'Unione cui si applicano, in tutto o in parte, le disposizioni degli articoli 11, 12, secondo comma, e 13.

I nomi, le qualifiche e gli indirizzi dei funzionari e altri agenti compresi in tali categorie sono comunicati periodicamente ai governi degli Stati membri.

CAPO VI – PRIVILEGI E IMMUNITÀ DELLE MISSIONI DI STATI TERZI ACCREDITATE PRESSO L'UNIONE EUROPEA

Articolo 16 (*ex* articolo 17). – Lo Stato membro, sul cui territorio è situata la sede dell'Unione, riconosce alle missioni dei paesi terzi accreditate presso l'Unione le immunità e i privilegi diplomatici d'uso.

CAPO VII – DISPOSIZIONI GENERALI

Articolo 17 (*ex* articolo 18). – I privilegi, le immunità e le agevolazioni sono concesse ai funzionari e agli altri agenti dell'Unione esclusivamente nell'interesse di quest'ultima.

Ciascuna istituzione dell'Unione ha l'obbligo di togliere l'immunità concessa a un funzionario o ad un altro agente ogniqualvolta essa reputi che ciò non sia contrario agli interessi dell'Unione.

Articolo 18 (*ex* articolo 19). – Ai fini dell'applicazione del presente protocollo, le istituzioni dell'Unione agiranno d'intesa con le autorità responsabili degli Stati membri interessati.

Articolo 19 (*ex* articolo 20). – Gli articoli da 11 a 14 inclusi e l'articolo 17 sono applicabili al presidente del Consiglio europeo.

Essi sono altresì applicabili ai membri della Commissione.

Articolo 20 (*ex* articolo 21). – Gli articoli da 11 a 14 e l'articolo 17 sono applicabili ai giudici, agli avvocati generali, ai cancellieri e ai relatori aggiunti della Corte di giustizia dell'Unione europea, senza pregiudizio delle disposizioni dell'articolo 3 del protocollo sullo statuto della Corte di giustizia dell'Unione europea, relative all'immunità di giurisdizione dei giudici e degli avvocati generali.

Articolo 21 (*ex* articolo 22). – Il presente protocollo si applica anche alla Banca europea per gli investimenti, ai membri dei suoi organi, al suo personale e ai rappresentanti degli Stati membri che partecipano ai suoi lavori, senza pregiudizio delle disposizioni del protocollo sullo statuto della Banca.

La Banca europea per gli investimenti sarà, inoltre, esente da qualsiasi imposizione fiscale e parafiscale al momento degli aumenti del suo capitale, nonché dalle varie formalità che tali operazioni potranno comportare nello Stato in cui ha la propria sede. Parimenti, il suo scioglimento e la sua liquidazione non comporteranno alcuna imposizione fiscale. Infine, l'attività della Banca e dei suoi organi, svolgentesi secondo le condizioni statutarie, non darà luogo all'applicazione di tasse sulla cifra di affari.

Articolo 22 (*ex* articolo 23). – Il presente protocollo si applica anche alla Banca centrale europea, ai membri dei suoi organi e al suo personale, senza pregiudizio delle disposizioni del protocollo sullo statuto del sistema europeo di banche centrali e della Banca centrale europea.

La Banca centrale europea sarà, inoltre, esente da qualsiasi forma fiscale e parafiscale al momento degli aumenti del suo capitale, nonché dalle varie formalità che tali operazioni potranno comportare nello Stato in cui ha la propria sede. L'attività della Banca e dei suoi organi, svolgentesi secondo le condizioni dello statuto del Sistema europeo di banche centrali e della Banca centrale europea, non darà luogo all'applicazione di tasse sulla cifra d'affari.

Protocollo (n. 8) relativo all'articolo 6, paragrafo 2 del trattato sull'Unione europea sull'adesione dell'Unione alla Convenzione europea per la salvaguardia dei diritti dell'uomo e delle libertà fondamentali

LE ALTE PARTI CONTRAENTI,

HANNO CONVENUTO le disposizioni seguenti, che sono allegate al trattato sull'Unione europea e al trattato sul funzionamento dell'Unione europea:

Articolo 1. – L'accordo relativo all'adesione dell'Unione alla Convenzione europea per la salvaguardia dei diritti dell'uomo e delle libertà fondamentali (in appresso denominata "convenzione europea"), previsto dall'articolo 6, paragrafo 2 del trattato sull'Unione europea deve garantire che siano preservate le caratteristiche specifiche dell'Unione e del diritto dell'Unione, in particolare per quanto riguarda:

a) le modalità specifiche dell'eventuale partecipazione dell'Unione agli organi di controllo della convenzione europea,

b) i meccanismi necessari per garantire che i procedimenti avviati da Stati non membri e le singole domande siano indirizzate correttamente, a seconda dei casi, agli Stati membri e/o all'Unione.

Articolo 2. – L'accordo di cui all'articolo 1 deve garantire che l'adesione non incida né sulle competenze dell'Unione né sulle attribuzioni delle sue istituzioni. Deve inoltre garantire che nessuna disposizione dello stesso incida sulla situazione particolare degli Stati membri nei confronti della convenzione europea e, in particolare, riguardo ai suoi protocolli, alle misure prese dagli Stati membri in deroga alla convenzione europea ai sensi del suo articolo 15 e a riserve formulate dagli Stati membri nei confronti della convenzione europea ai sensi del suo articolo 57.

Articolo 3. – Nessuna disposizione dell'accordo di cui all'articolo 1 deve avere effetti sull'articolo 344 del trattato sul funzionamento dell'Unione europea.

Protocollo (n. 9) sulla decisione del Consiglio relativa all'attuazione degli articoli 16, paragrafo 4, del trattato sull'Unione europea e 238, paragrafo 2 del trattato sul funzionamento dell'Unione europea tra il 1° novembre 2014 e il 31 marzo 2017, da un lato, e dal 1° aprile 2017, dall'altro

LE ALTE PARTI CONTRAENTI,

TENENDO CONTO che l'accordo sulla decisione del Consiglio relativa all'attuazione degli articoli 16, paragrafo 4 del trattato sull'Unione europea e 238, paragrafo 2 del trattato sul funzionamento dell'Unione europea tra il 1° novembre 2014 e il 31 marzo 2017, da un lato, e dal 1° aprile 2017, dall'altro (in appresso denominata "la decisione"), ha rivestito un'importanza fondamentale all'atto dell'approvazione del trattato di Lisbona,

HANNO CONVENUTO le disposizioni seguenti, che sono allegate al trattato sull'Unione europea e al trattato sul funzionamento dell'Unione europea:

Articolo unico. – Prima che il Consiglio esamini qualsiasi progetto che miri alla modifica o all'abrogazione della decisione o di una delle sue disposizioni, ovvero alla modifica indiretta della sua portata o del suo senso mediante la modifica di un altro atto giuridico dell'Unione, il Consiglio europeo delibera preliminarmente su detto progetto per consenso in conformità dell'articolo 15, paragrafo 4 del trattato sull'Unione europea.

Protocollo (n. 10) sulla cooperazione strutturata permanente istituita dall'articolo 42 del trattato sull'Unione europea

LE ALTE PARTI CONTRAENTI,

VISTO l'articolo 42, paragrafo 6 e l'articolo 46 del trattato sull'Unione europea,

RAMMENTANDO che l'Unione conduce una politica estera e di sicurezza comune fondata sulla realizzazione di un livello sempre crescente di convergenza d'azione degli Stati membri;

RAMMENTANDO che la politica di sicurezza e di difesa comune costituisce parte integrante della politica estera e di sicurezza comune; che essa assicura all'Unione una capacità operativa fondata su mezzi civili e militari; che l'Unione può avvalersi di tali mezzi per le missioni di cui all'articolo 43 del trattato sull'Unione europea che si svolgono al suo esterno per garantire il mantenimento della pace, la prevenzione dei conflitti e il rafforzamento della sicurezza internazionale conformemente ai principi della Carta delle Nazioni Unite; che l'esecuzione di tali compiti si basa sulle capacità militari fornite dagli Stati membri, conformemente al principio della "riserva unica di forze";

RAMMENTANDO che la politica di sicurezza e di difesa comune dell'Unione non pregiudica il carattere specifico della politica di sicurezza e di difesa di taluni Stati membri;

RAMMENTANDO che la politica di sicurezza e di difesa comune dell'Unione rispetta gli obblighi derivanti dal trattato del Nord-Atlantico per gli Stati membri che ritengono che la loro difesa comune si realizzi tramite l'Organizzazione del trattato del Nord-Atlantico, che resta il fondamento della difesa collettiva dei suoi membri, ed è compatibile con la politica di sicurezza e di difesa comune adottata in tale contesto;

CONVINTE che un ruolo più forte dell'Unione in materia di sicurezza e di difesa contribuirà alla vitalità di un'Alleanza atlantica rinnovata, conformemente agli accordi "Berlin plus";

DETERMINATE ad assicurare che l'Unione sia in grado di assumere pienamente le responsabilità che le incombono nella comunità internazionale;

RICONOSCENDO che l'Organizzazione delle Nazioni Unite può chiedere l'assistenza dell'Unione per attuare d'urgenza missioni avviate ai sensi dei capi VI e VII della Carta delle Nazioni Unite;

RICONOSCENDO che il rafforzamento della politica di sicurezza e di difesa richiederà sforzi da parte degli Stati membri nel settore delle capacità;

CONSAPEVOLI che il raggiungimento di una nuova fase nello sviluppo della politica europea di sicurezza e di difesa presuppone sforzi risoluti da parte degli Stati membri che ne hanno espresso la disponibilità;

RICORDANDO che è importante che l'alto rappresentante dell'Unione per gli affari esteri e la politica di sicurezza sia pienamente associato ai lavori nel quadro della cooperazione strutturata permanente,

HANNO CONVENUTO le disposizioni seguenti, che sono allegate al trattato sull'Unione europea e al trattato sul funzionamento dell'Unione europea:

Articolo 1. – La cooperazione strutturata permanente di cui all'articolo 42, paragrafo 6 del trattato sull'Unione europea è aperta a ogni Stato membro che s'impegni, dalla data dell'entrata in vigore del trattato di Lisbona:

a) a procedere più intensamente allo sviluppo delle sue capacità di difesa, attraverso lo sviluppo dei suoi contributi nazionali e la partecipazione, se del caso, a forze multinazionali, ai principali programmi europei di equipaggiamento e all'attività dell'Agenzia nel settore dello sviluppo delle capacità di difesa, della ricerca, dell'acquisizione e degli armamenti (l'Agenzia europea per la difesa), e

b) ad essere in grado di fornire, al più tardi nel 2010, a titolo nazionale o come componente di gruppi di forze multinazionali, unità di combattimento mirate alle missioni previste, configurate sul piano tattico come gruppi tattici, con gli elementi di supporto, compresi trasporto e logistica, capaci di intraprendere missioni menzionate all'articolo 43 del trattato sull'Unione europea, entro un termine da 5 a 30 giorni, in particolare per rispondere a richieste dell'Organizzazione delle Nazioni Unite, e sostenibili per un periodo iniziale di 30 giorni prorogabili fino ad almeno 120 giorni.

Articolo 2. – Gli Stati membri partecipanti alla cooperazione strutturata permanente si impegnano, per conseguire gli obiettivi di cui all'articolo 1:

a) a cooperare, dall'entrata in vigore del trattato di Lisbona, al fine di conseguire obiettivi concordati riguardanti il livello delle spese per gli investimenti in materia di equipaggiamenti per la difesa, e a riesaminare regolarmente tali obiettivi alla luce dell'ambiente di sicurezza e delle responsabilità internazionali dell'Unione;

b) a ravvicinare, per quanto possibile, i loro strumenti di difesa, in particolare armonizzando l'identificazione dei bisogni militari, mettendo in comune e, se del caso, specializzando i loro mezzi e capacità di difesa, nonché promuovendo la cooperazione nei settori della formazione e della logistica;

c) a prendere misure concrete per rafforzare la disponibilità, l'interoperabilità, la flessibilità e la schierabilità delle loro forze, in particolare identificando obiettivi comuni in materia di proiezione delle forze, anche eventualmente riesaminando le loro procedure decisionali nazionali;

d) a cooperare per assicurare che essi prendano le misure necessarie per colmare, anche attraverso approcci multinazionali e senza pregiudizio degli impegni che li riguardano in seno all'Organizzazione del trattato del Nord-Atlantico, le lacune constatate nel quadro del "meccanismo di sviluppo delle capacità";

e) a partecipare, se del caso, allo sviluppo di programmi comuni o europei di equipaggiamenti di vasta portata nel quadro dell'Agenzia europea per la difesa.

Articolo 3. – L'Agenzia europea per la difesa contribuisce alla valutazione regolare dei contributi degli Stati membri partecipanti in materia di capacità, in particolare dei contributi forniti seguendo i criteri che saranno stabiliti, tra l'altro, sulla base dell'articolo 2, e riferisce in materia almeno una volta l'anno. La valutazione potrà servire di base alle raccomandazioni e alle decisioni del Consiglio adottate conformemente all'articolo 46 del trattato sull'Unione europea.

Protocollo (n. 11) sull'articolo 42 del trattato sull'Unione europea

LE ALTE PARTI CONTRAENTI,

TENENDO PRESENTE la necessità di una piena applicazione delle disposizioni dell'articolo 42, paragrafo 2, del trattato sull'Unione europea,

TENENDO PRESENTE che la politica dell'Unione a norma dell'articolo 42 non pregiudica il carattere specifico della politica di sicurezza e di difesa di taluni Stati membri e rispetta gli obblighi di alcuni Stati membri i quali ritengono che la loro difesa si realizzi tramite la NATO, nell'ambito del trattato dell'Atlantico del Nord, e sia compatibile con la politica di sicurezza e di difesa comune adottata in tale contesto,

HANNO CONVENUTO le disposizioni seguenti, che sono allegate al trattato sull'Unione europea e al trattato sul funzionamento dell'Unione europea:

L'Unione europea elabora, insieme con l'Unione dell'Europa occidentale, disposizioni per il miglioramento della cooperazione reciproca.

Protocollo (n. 12) sulla procedura per i disavanzi eccessivi

LE ALTE PARTI CONTRAENTI,

DESIDERANDO precisare le modalità della procedura per i disavanzi eccessivi di cui all'articolo 126 del trattato sul funzionamento dell'Unione europea,

HANNO CONVENUTO le disposizioni seguenti, che sono allegate al trattato sull'Unione europea e al trattato sul funzionamento dell'Unione europea:

Articolo 1. – I valori di riferimento di cui all'articolo 126, paragrafo 2, del trattato sul funzionamento dell'Unione europea sono:

– il 3% per il rapporto fra il disavanzo pubblico, previsto o effettivo, e il prodotto interno lordo ai prezzi di mercato,

– il 60% per il rapporto fra il debito pubblico e il prodotto interno lordo ai prezzi di mercato.

Articolo 2. – Nell'articolo 126 di detto trattato e nel presente protocollo:
– per pubblico, si intende la pubblica amministrazione, vale a dire l'amministrazione statale, regionale o locale e i fondi di previdenza sociale, ad esclusione delle operazioni commerciali, quali definiti nel Sistema europeo di conti economici integrati,
– per disavanzo, si intende l'indebitamento netto quale definito nel Sistema europeo di conti economici integrati,
– per investimento, si intende la formazione lorda di capitale fisso, quale definita nel Sistema europeo di conti economici integrati,
– per debito, si intende il debito lordo al valore nominale in essere alla fine dell'esercizio e consolidato tra e nei settori della pubblica amministrazione quale definita nel primo trattino.

Articolo 3. – Al fine di garantire l'efficacia della procedura per i disavanzi eccessivi, i governi degli Stati membri, ai sensi della stessa, sono responsabili dei disavanzi della pubblica amministrazione come definita all'articolo 2, primo trattino, del presente protocollo. Gli Stati membri assicurano che le procedure nazionali in materia di bilancio consentano loro di rispettare gli obblighi derivanti dai trattati in questo settore. Gli Stati membri riferiscono alla Commissione, tempestivamente e regolarmente, in merito al loro disavanzo, previsto ed effettivo, nonché al livello del loro debito.

Articolo 4. – I dati statistici da usare per l'applicazione del presente protocollo sono forniti dalla Commissione.

Protocollo (n. 13) sui criteri di convergenza

LE ALTE PARTI CONTRAENTI,

DESIDERANDO precisare i dettagli dei criteri di convergenza che devono ispirare l'Unione nel processo decisionale volto a porre termine alle deroghe degli Stati membri con deroga di cui all'articolo 140 del trattato sul funzionamento dell'Unione europea,

HANNO CONVENUTO le disposizioni seguenti, che sono allegate al trattato sull'Unione europea e al trattato sul funzionamento dell'Unione europea:

Articolo 1. – Il criterio relativo alla stabilità dei prezzi di cui all'articolo 140, paragrafo 1, primo trattino, del trattato sul funzionamento dell'Unione europea, significa che gli Stati membri hanno un andamento dei prezzi che è sostenibile ed un tasso medio d'inflazione che, osservato per un periodo di un anno anteriormente all'esame, non supera di oltre 1,5 punti percentuali quello dei tre Stati membri, al massimo, che hanno conseguito i migliori risultati in termini di stabilità dei prezzi. L'inflazione si misura mediante l'indice dei prezzi al consumo (IPC) calcolato su base comparabile, tenendo conto delle differenze delle definizioni nazionali.

Articolo 2. – Il criterio relativo alla situazione di bilancio pubblico di cui all'articolo 140, paragrafo 1, secondo trattino, di detto trattato, significa che, al momento dell'esame, lo Stato membro non è oggetto di una decisione del Consiglio di cui all'articolo 126, paragrafo 6, di detto trattato, circa l'esistenza di un disavanzo eccessivo.

Articolo 3. – Il criterio relativo alla partecipazione al meccanismo di cambio del Sistema monetario europeo di cui all'articolo 140, paragrafo 1, terzo trattino, di detto trattato, significa che lo Stato membro ha rispettato i normali margini di fluttuazione stabiliti dal meccanismo di cambio del Sistema monetario europeo senza gravi tensioni per almeno due anni prima dell'esame. In particolare, e, per lo stesso periodo, non deve aver svalutato di propria iniziativa il tasso di cambio centrale bilaterale della sua moneta nei confronti dell'euro.

Articolo 4. – Il criterio relativo alla convergenza dei tassi d'interesse di cui all'articolo 140, paragrafo 1, quarto trattino, di detto trattato, significa che il tasso d'interesse nominale a lungo termine di uno Stato membro osservato in media nell'arco di un anno prima dell'esame non ha ecceduto di oltre 2 punti percentuali quello dei tre Stati membri, al massimo, che hanno conseguito i migliori risultati in termini di stabilità dei prezzi. I tassi di interesse si misurano sulla base delle obbligazioni a lungo termine emesse dallo Stato o sulla base di titoli analoghi, tenendo conto delle differenze nelle definizioni nazionali.

Articolo 5. – I dati statistici da usare per l'applicazione del presente protocollo sono forniti dalla Commissione.

Articolo 6. – Il Consiglio, deliberando all'unanimità su proposta della Commissione e previa consultazione del Parlamento europeo, della BCE, nonché del comitato economico e finanziario, adotta le disposizioni atte a precisare i dettagli dei criteri di convergenza di cui all'articolo 140 di detto trattato, che pertanto sono destinate a sostituire il presente protocollo.

Protocollo (n. 14) sull'eurogruppo

LE ALTE PARTI CONTRAENTI,

DESIDEROSE di favorire le condizioni di una maggiore crescita economica nell'Unione europea e, a tale scopo, di sviluppare un coordinamento sempre più stretto delle politiche economiche della zona euro,

CONSAPEVOLI della necessità di prevedere disposizioni particolari per un dialogo rafforzato tra gli Stati membri la cui moneta è l'euro, in attesa che l'euro diventi la moneta di tutti gli Stati membri dell'Unione,

HANNO CONVENUTO le disposizioni seguenti, che sono allegate al trattato sull'Unione europea e al trattato sul funzionamento dell'Unione europea:

Articolo 1. – I ministri degli Stati membri la cui moneta è l'euro si riuniscono a titolo informale. Tali riunioni hanno luogo, a seconda delle necessità, per discutere questioni attinenti alle responsabilità specifiche da essi condivise in materia di moneta unica. La Commissione partecipa alle riunioni. La Banca centrale europea è invitata a prendere parte a tali riunioni, preparate dai rappresentanti dei ministri responsabili delle finanze degli Stati membri la cui moneta è l'euro e dai rappresentanti della Commissione.

Articolo 2. – I ministri degli Stati membri la cui moneta è l'euro eleggono un presidente per un periodo di due anni e mezzo, a maggioranza di tali Stati membri.

Protocollo (n. 15) su talune disposizioni relative al Regno Unito di Gran Bretagna e Irlanda del Nord

LE ALTE PARTI CONTRAENTI,

RICONOSCENDO che il Regno Unito non deve essere obbligato né deve impegnarsi ad adottare l'euro senza che il suo governo e il suo parlamento abbiano preso una decisione autonoma in questo senso,

TENENDO CONTO che il 16 ottobre 1996 e il 30 ottobre 1997 il governo del Regno Unito ha notificato al Consiglio la sua intenzione di non partecipare alla terza fase dell'unione economica e monetaria,

PRENDENDO ATTO della prassi del governo del Regno Unito di finanziare il suo fabbisogno di prestiti mediante la vendita del debito al settore privato,

HANNO CONVENUTO le disposizioni seguenti, che sono allegate al trattato sull'Unione europea e al trattato sul funzionamento dell'Unione europea:

1. A meno che il Regno Unito notifichi al Consiglio che intende adottare l'euro, esso non ha nessun obbligo di farlo.

2. I punti da 3 a 8 e 10 si applicano al Regno Unito, tenuto conto della notifica trasmessa al Consiglio dal governo del Regno Unito il 16 ottobre 1996 e il 30 ottobre 1997.

3. Il Regno Unito mantiene i suoi poteri nel settore della politica monetaria conformemente alla legislazione nazionale.

4. L'articolo 119, secondo comma, l'articolo 126, paragrafi 1, 9 e 11, l'articolo 127, paragrafi da 1 a 5, l'articolo 128, gli articoli 130, 131, 132, 133, 138, l'articolo 140, paragrafo 3, l'articolo 219, l'articolo 282, paragrafo 2, tranne la prima e l'ultima frase, l'articolo 282, paragrafo 5, e l'articolo 283 del trattato sul funzionamento dell'Unione europea non si applicano al Regno Unito. Lo stesso vale per l'articolo 121, paragrafo 2 del presente trattato per quanto riguarda l'adozione delle parti degli indirizzi di massima per le politiche economiche che riguardano la zona euro in generale. In queste disposizioni i riferimenti all'Unione o agli Stati membri non riguardano il Regno Unito e i riferimenti alle banche centrali nazionali non riguardano la Banca d'Inghilterra.

5. Il Regno Unito si sforza di evitare un disavanzo pubblico eccessivo.

Gli articoli 143 e 144 del trattato sul funzionamento dell'Unione europea continuano ad essere applicabili al Regno Unito. Gli articoli 134, paragrafo 4, e 142 si applicano al Regno Unito come se quest'ultimo usufruisse di una deroga.

6. Il diritto di voto del Regno Unito è sospeso per quanto riguarda gli atti del Consiglio di cui agli articoli elencati al punto 4 e nei casi menzionati all'articolo 139, paragrafo 4, primo comma del trattato sul funzionamento dell'Unione europea. A tal fine si applica l'articolo 139, paragrafo 4, secondo comma di detto trattato.

Il Regno Unito non ha inoltre il diritto di partecipare alla nomina del presidente, del vicepresidente e degli altri membri del comitato esecutivo della BCE, conformemente all'articolo 283, paragrafo 2, secondo comma di detto trattato.

7. Gli articoli 3, 4, 6, 7, 9.2, 10.1, 10.3, 11.2, 12.1, 14, 16, 18, 19, 20, 22, 23, 26, 27, 30, 31, 32, 33, 34 e 49 del protocollo sullo statuto del Sistema europeo delle banche centrali e della Banca centrale europea ("statuto") non si applicano al Regno Unito.

In tali articoli i riferimenti all'Unione o agli Stati membri non riguardano il Regno Unito e i riferimenti alle banche centrali nazionali o ai partecipanti al capitale non riguardano la Banca d'Inghilterra.

I riferimenti negli articoli 10.3 e 30.2 dello statuto al capitale sottoscritto della BCE non includono il capitale sottoscritto dalla Banca d'Inghilterra.

8. L'articolo 141, paragrafo 1, del trattato sul funzionamento dell'Unione europea e gli articoli da 43 a 47 dello statuto producono effetto, indipendentemente dal fatto che uno Stato membro usufruisca o meno di una deroga, con i seguenti emendamenti:

a) all'articolo 43, i riferimenti ai compiti della BCE e dell'IME includono i compiti che devono ancora essere assolti dopo l'introduzione dell'euro a motivo dell'eventuale decisione del Regno Unito di non adottare l'euro;

b) oltre ai compiti previsti dall'articolo 46, la BCE svolge anche funzioni di consulenza in merito alle decisioni del Consiglio concernenti il Regno Unito, adottate ai sensi del punto 9, lettere a) e c), del presente protocollo, e contribuisce alla preparazione delle medesime;

c) la Banca d'Inghilterra versa la propria sottoscrizione al capitale della BCE per coprire i costi operativi sulla stessa base delle banche centrali nazionali degli Stati membri con deroga.

9. Il Regno Unito può notificare in qualsiasi momento la sua intenzione di adottare l'euro. In tal caso:

a) il Regno Unito ha il diritto di adottare l'euro, purché soddisfi le necessarie condizioni. Il Consiglio, su richiesta del Regno Unito, decide, alle condizioni e in conformità della procedura di cui all'articolo 140, paragrafi 1 e 2, del trattato sul funzionamento dell'Unione europea, se tale paese soddisfa le condizioni necessarie;

b) la Banca d'Inghilterra versa il capitale sottoscritto, trasferisce alla BCE attività di riserva in valuta e contribuisce alle riserve della BCE sulla stessa base della banca centrale nazionale dello Stato membro la cui deroga sia stata abolita;

c) il Consiglio, alle condizioni e in conformità della procedura di cui all'articolo 140, paragrafo 3, di detto trattato, adotta ogni altra decisione necessaria per permettere al Regno Unito di adottare l'euro.

Se il Regno Unito adotta l'euro conformemente alle disposizioni del presente punto, i punti da 3 a 8 del presente protocollo cessano di produrre effetto.

10. In deroga alle disposizioni dell'articolo 123 del trattato sul funzionamento dell'Unione europea e dell'articolo 21.1 dello statuto, il governo del Regno Unito può mantenere la linea di credito ("Ways and Means") presso la Banca d'Inghilterra fintantoché il Regno Unito non adotti l'euro.

Protocollo (n. 16) su talune disposizioni relative alla Danimarca

LE ALTE PARTI CONTRAENTI,

TENENDO CONTO che la costituzione danese prevede disposizioni che possono implicare il ricorso al referendum in Danimarca preliminarmente alla rinuncia danese all'esenzione,

TENENDO CONTO che il 3 novembre 1993 il governo danese ha notificato al Consiglio la sua intenzione di non partecipare alla terza fase dell'Unione economica e monetaria,

HANNO CONVENUTO le disposizioni seguenti, che sono allegate al trattato sull'Unione europea e al trattato sul funzionamento dell'Unione europea:

1. La Danimarca usufruisce di un'esenzione, tenuto conto della notifica trasmessa al Consiglio dal governo danese il 3 novembre 1993. L'esenzione comporta l'applicabilità alla Danimarca di tutti gli articoli e le disposizioni dei trattati e dello statuto del SEBC e della BCE relativi ad una deroga.

2. Quanto all'abrogazione dell'esenzione, la procedura di cui all'articolo 140 del trattato sul funzionamento dell'Unione europea è avviata soltanto a richiesta della Danimarca.

3. In caso di abrogazione dell'esenzione non si applicano più le disposizioni del presente protocollo.

Protocollo (n. 17) sulla Danimarca

LE ALTE PARTI CONTRAENTI,

DESIDERANDO risolvere taluni problemi particolari che interessano la Danimarca,

HANNO CONVENUTO le disposizioni seguenti, che sono allegate al trattato sull'Unione europea e al trattato sul funzionamento dell'Unione europea:

Le disposizioni dell'articolo 14 del protocollo sullo statuto del Sistema europeo di banche centrali e della Banca centrale europea lasciano impregiudicato il diritto della Banca nazionale di Danimarca di svolgere le sue attuali attività nei territori del Regno di Danimarca che non fanno parte dell'Unione.

Protocollo (n. 18) sulla Francia

LE ALTE PARTI CONTRAENTI,

DESIDERANDO tener conto di un aspetto specifico concernente la Francia,

HANNO CONVENUTO le disposizioni seguenti, che sono allegate al trattato sull'Unione europea e al trattato sul funzionamento dell'Unione europea:

La Francia manterrà il privilegio dell'emissione monetaria nella Nuova Caledonia, nella Polinesia francese e a Wallis e Futuna alle condizioni fissate dalla sua legislazione nazionale e avrà il diritto esclusivo di fissare la parità del franco CFP.

Protocollo (n. 19) sull'acquis di Schengen integrato nell'ambito dell'Unione europea

LE ALTE PARTI CONTRAENTI,

RIVELANDO che gli accordi relativi all'eliminazione graduale dei controlli alle frontiere comuni firmati da alcuni Stati membri dell'Unione europea a Schengen il 14 giugno 1985 e il 19 giugno 1990, nonché gli accordi connessi e le norme adottate sulla base dei suddetti accordi, sono stati integrati nell'ambito dell'Unione europea dal trattato di Amsterdam del 2 ottobre 1997,

DESIDEROSE di preservare l'acquis di Schengen, sviluppato dall'entrata in vigore del trattato di Amsterdam, e di sviluppare tale acquis per contribuire alla realizzazione dell'obiettivo di offrire ai cittadini dell'Unione uno spazio di libertà, sicurezza e giustizia, senza frontiere interne,

TENENDO CONTO della particolare posizione della Danimarca,

TENENDO CONTO del fatto che l'Irlanda e il Regno Unito di Gran Bretagna e Irlanda del Nord non partecipano a tutte le disposizioni dell'acquis di Schengen; che dovrebbero tuttavia essere previste disposizioni per consentire a tali Stati di accettare, in tutto o in parte, altre disposizioni di detto acquis,

RICONOSCENDO che, pertanto, è necessario avvalersi delle disposizioni dei trattati relative ad una cooperazione rafforzata tra alcuni Stati membri,

TENENDO CONTO della necessità di mantenere un rapporto speciale con la Repubblica d'Islanda e il Regno di Norvegia, Stati entrambi vincolati dall'Unione nordica dei passaporti, unitamente agli Stati nordici membri dell'Unione europea,

HANNO CONVENUTO le disposizioni seguenti, che sono allegate al trattato sull'Unione europea e al trattato sul funzionamento dell'Unione europea:

Articolo 1. – Il Regno del Belgio, la Repubblica di Bulgaria, la Repubblica ceca, il Regno di Danimarca, la Repubblica federale di Germania, la Repubblica di Estonia, la Repubblica ellenica, il Regno di Spagna, la Repubblica francese, la Repubblica italiana, la Repubblica di Cipro, la Repubblica di Lettonia, la Repubblica di Lituania, il Granducato di Lussemburgo, la Repubblica di Ungheria, la Repubblica di Malta, il Regno dei Paesi Bassi, la Repubblica d'Austria, la Repubblica di Polonia, la Repubblica portoghese, la Romania, la Repubblica di Slovenia, la Repubblica slovacca, la Repubblica di Finlandia e il Regno di Svezia sono autorizzati ad attuare tra loro una cooperazione rafforzata nei settori riguardanti le disposizioni definite dal Consiglio che costituiscono l'acquis di Schengen. Tale cooperazione è realizzata nell'ambito istituzionale e giuridico dell'Unione europea e nel rispetto delle pertinenti disposizioni dei trattati.

Articolo 2. – L'acquis di Schengen si applica agli Stati membri di cui all'articolo 1, fatte salve le disposizioni dell'articolo 3 dell'atto di adesione del 16 aprile 2003 e dell'articolo 4 dell'atto di adesione del 25 aprile 2005. Il Consiglio si sostituisce al comitato esecutivo istituito dagli accordi di Schengen.

Articolo 3. – La partecipazione della Danimarca all'adozione delle misure che costituiscono uno sviluppo dell'acquis di Schengen, come pure l'attuazione e l'applicazione di tali misure in Danimarca, sono disciplinate dalle pertinenti disposizioni del protocollo sulla posizione della Danimarca.

Articolo 4. – L'Irlanda e il Regno Unito di Gran Bretagna e Irlanda del Nord possono, in qualsiasi momento, chiedere di partecipare, in tutto o in parte, alle disposizioni dell'acquis di Schengen.

Il Consiglio decide in merito a tale richiesta all'unanimità dei suoi membri di cui all'articolo 1 e del rappresentante del governo dello Stato interessato.

Articolo 5. – 1. Le proposte e le iniziative basate sull'acquis di Schengen sono soggette alle pertinenti disposizioni dei trattati.

In tale contesto, laddove l'Irlanda o il Regno Unito non abbiano notificato per iscritto al Consiglio, entro un congruo periodo di tempo, che desiderano partecipare, l'autorizzazione di cui all'articolo 329 del trattato sul funzionamento dell'Unione europea si considera concessa agli Stati membri di cui all'articolo 1 nonché all'Irlanda o al Regno Unito, laddove uno di essi desideri partecipare ai settori di cooperazione in questione.

2. Laddove si ritenga che l'Irlanda o il Regno Unito, a norma di una decisione di cui all'articolo 4, abbiano effettuato la notifica, tanto l'una che l'altro possono nondimeno notificare al Consiglio per iscritto, entro tre mesi, che non desiderano partecipare a detta proposta o iniziativa. In tal caso l'Irlanda o il Regno Unito non partecipano all'adozione di detta proposta o iniziativa. Da quest'ultima notifica, la procedura per l'adozione della misura basata sull'acquis di Schengen è sospesa fino alla conclusione della procedura di cui ai paragrafi 3 o 4 o fino al ritiro di tale notifica in qualunque momento durante tale procedura.

3. Allo Stato membro che ha effettuato la notifica di cui al paragrafo 2, le decisioni adottate dal Consiglio a norma dell'articolo 4 cessano di applicarsi dalla data di entrata in vigore della misura proposta, per quanto ritenuto necessario dal Consiglio e alle condizioni da stabilirsi in una decisione del Consiglio che delibera a maggioranza qualificata su proposta della Commissione. Tale decisione è adottata in conformità dei seguenti criteri: il Consiglio si adopera per mantenere la più ampia partecipazione possibile dello Stato membro interessato senza incidere profondamente sul funzionamento pratico delle varie parti dell'acquis di Schengen e rispettandone la coerenza. La Commissione presenta la proposta quanto prima dopo la notifica di cui al paragrafo 2. Il Consiglio, se necessario dopo la convocazione di due sessioni successive, delibera entro quattro mesi dalla proposta della Commissione.

4. Se, entro la fine del periodo di quattro mesi, il Consiglio non ha adottato la decisione, uno Stato membro può, senza indugio, chiedere che la questione sia sottoposta al Consiglio europeo. In tal caso il Consiglio europeo, nella riunione successiva, deliberando a maggioranza qualificata su proposta della Commissione, adotta una decisione in conformità dei criteri di cui al paragrafo 3.

5. Se, prima della conclusione della procedura di cui ai paragrafi 3 o 4, il Consiglio o, secondo i casi, il Consiglio europeo non ha adottato la decisione, è revocata la sospensione della procedura per l'adozione della misura basata sull'acquis di Schengen. Se detta misura è successivamente adottata, la decisione presa dal Consiglio a norma dell'articolo 4 cessa di applicarsi, dalla data di entrata in vigore di detta misura, allo Stato membro interessato nei limiti e alle condizioni decise dalla Commissione, a meno che detto Stato membro non abbia ritirato la notifica di cui al paragrafo 2 prima dell'adozione della misura. La Commissione delibera entro la data di tale adozione. Nell'adottare la decisione, la Commissione rispetta i criteri di cui al paragrafo 3.

Articolo 6. – La Repubblica d'Islanda e il Regno di Norvegia sono associati all'attuazione dell'acquis di Schengen e al suo ulteriore sviluppo. A tal fine vengono concordate procedure appropriate in un accordo che sarà concluso con tali Stati dal Consiglio, che delibera all'unanimità dei suoi membri di cui all'articolo 1. Tale accordo include disposizioni relative al contributo dell'Islanda e della Norvegia ad ogni conseguenza finanziaria derivante dall'attuazione del presente protocollo.

Il Consiglio, deliberando all'unanimità, conclude con l'Islanda e la Norvegia un accordo separato, al fine di stabilire i diritti e gli obblighi fra l'Irlanda e il Regno Unito di Gran Bretagna e Irlanda del Nord, da un lato, e l'Islanda e la Norvegia, dall'altro, nei settori dell'acquis di Schengen che riguardano tali Stati.

Articolo 7. – Ai fini dei negoziati relativi all'adesione di nuovi Stati membri all'Unione europea, l'acquis di Schengen e le ulteriori misure adottate dalle istituzioni nell'ambito del suo campo d'applicazione sono considerati un acquis che deve essere accettato integralmente da tutti gli Stati candidati all'adesione.

Protocollo (n. 20) sull'applicazione di alcuni aspetti dell'articolo 26 del trattato sul funzionamento dell'Unione europea al Regno Unito e all'Irlanda

LE ALTE PARTI CONTRAENTI,

DESIDEROSE di risolvere talune questioni relative al Regno Unito e all'Irlanda,

CONSIDERANDO che da molti anni esistono tra il Regno Unito e l'Irlanda intese speciali in materia di libero spostamento,

HANNO CONVENUTO le disposizioni seguenti, che sono allegate al trattato sull'Unione europea e al trattato sul funzionamento dell'Unione europea:

Articolo 1. – Nonostante gli articoli 26 e 77 del trattato sul funzionamento dell'Unione europea, qualsiasi altra disposizione di tale trattato o del trattato sull'Unione europea, qualsiasi misura adottata a norma di questi trattati o qualsiasi accordo internazionale concluso dall'Unione o dall'Unione e dai suoi Stati membri con uno o più Stati terzi, il Regno Unito è autorizzato ad esercitare, alle sue frontiere con altri Stati membri, sulle persone che intendono entrare nel Regno Unito, quei controlli che ritenga necessari al fine di:

a) verificare il diritto di accesso al Regno Unito per i cittadini di Stati membri e per le persone a loro carico, che esercitano diritti conferiti loro dal diritto dell'Unione, nonché per cittadini di altri Stati cui tali diritti sono stati conferiti mediante un accordo vincolante per il Regno Unito; e

b) stabilire se concedere o meno ad altre persone il permesso di entrare nel Regno Unito.

Nessuna disposizione degli articoli 26 e 77 del trattato sul funzionamento dell'Unione europea né qualsiasi altra disposizione di tale trattato o del trattato sull'Unione europea o qualsiasi misura adottata a norma degli stessi pregiudica il diritto del Regno Unito di adottare o esercitare siffatti controlli. I riferimenti al Regno Unito contenuti nel presente articolo includono i territori delle cui relazioni esterne è responsabile il Regno Unito.

Articolo 2. – Il Regno Unito e l'Irlanda possono continuare a concludere intese reciproche in materia di circolazione di persone tra i loro territori ("zona di libero spostamento"), nel pieno rispetto dei diritti delle persone di cui all'articolo 1, primo comma, lettera a) del presente protocollo. In questo contesto, finché essi manterranno dette intese, le disposizioni dell'articolo 1 del presente protocollo si applicano all'Irlanda negli stessi termini e condizioni con cui saranno applicate al Regno Unito. Nessuna disposizione degli articoli 26 e 77 del trattato sul funzionamento dell'Unione europea, né qualsiasi altra disposizione di tale trattato o del trattato sull'Unione europea o qualsiasi misura adottata a norma degli stessi pregiudica tali intese.

Articolo 3. – Gli altri Stati membri hanno la facoltà di esercitare, alle loro frontiere o in ogni punto di entrata nel loro territorio, controlli analoghi sulle persone che intendono entrare nel loro territorio dal Regno Unito o da altri territori le cui relazioni esterne ricadono sotto la responsabilità di quest'ultimo, per gli stessi scopi indicati all'articolo 1 del presente protocollo, oppure dall'Irlanda nella misura in cui l'articolo 1 del presente protocollo si applica all'Irlanda.

Nessuna disposizione degli articoli 26 e 77 del trattato sul funzionamento dell'Unione europea né qualsiasi altra disposizione di tale trattato o del trattato sull'Unione europea o qualsiasi misura adottata a norma degli stessi pregiudica il diritto degli altri Stati membri di adottare o esercitare siffatti controlli.

Protocollo (n. 21) sulla posizione del Regno Unito e dell'Irlanda rispetto allo spazio di libertà, sicurezza e giustizia

LE ALTE PARTI CONTRAENTI,

DESIDEROSE di risolvere talune questioni relative al Regno Unito e all'Irlanda,

CONSIDERANDO il protocollo sull'applicazione di alcuni aspetti dell'articolo 26 del trattato sul funzionamento dell'Unione europea al Regno Unito e all'Irlanda,

HANNO CONVENUTO le disposizioni seguenti, che sono allegate al trattato sull'Unione europea e al trattato sul funzionamento dell'Unione europea:

Articolo 1. – Fatto salvo l'articolo 3, il Regno Unito e l'Irlanda non partecipano all'adozione da parte del Consiglio delle misure proposte a norma della parte terza, titolo V del trattato sul funzionamento dell'Unione europea. Per le decisioni del Consiglio che devono essere adottate all'unanimità si richiede l'unanimità dei membri del Consiglio, ad eccezione dei rappresentanti dei governi del Regno Unito e dell'Irlanda.

Ai fini del presente articolo, per maggioranza qualificata s'intende quella definita conformemente all'articolo 238, paragrafo 3 del trattato sul funzionamento dell'Unione europea.

Articolo 2. – In conseguenza dell'articolo 1 e fatti salvi gli articoli 3, 4 e 6, nessuna disposizione della parte terza, titolo V del trattato sul funzionamento dell'Unione europea, nessuna misura adottata a norma di detto titolo, nessuna disposizione di accordi internazionali conclusi dall'Unione a norma di detto titolo e nessuna decisione della Corte di giustizia dell'Unione europea sull'interpretazione di tali disposizioni o misure è vincolante o applicabile nel Regno Unito o in Irlanda; nessuna di tali disposizioni, misure o decisioni pregiudica in alcun modo le competenze, i diritti e gli obblighi di tali Stati; e nessuna di tali disposizioni, misure o decisioni pregiudica in alcun modo l'acquis comunitario e dell'Unione né costituisce parte del diritto dell'Unione, quali applicabili al Regno Unito o all'Irlanda.

Articolo 3. – 1. Il Regno Unito o l'Irlanda possono notificare per iscritto al presidente del Consiglio, entro tre mesi dalla presentazione di una proposta o un'iniziativa al Consiglio, a norma della parte terza, titolo V del trattato sul funzionamento dell'Unione europea, che desiderano partecipare all'adozione ed applicazione di una delle misure proposte; una volta effettuata detta notifica tali Stati sono abilitati a partecipare.

Per le decisioni del Consiglio che devono essere adottate all'unanimità si richiede l'unanimità dei membri del Consiglio, ad eccezione del membro che non ha proceduto a tale notifica. Una misura adottata a norma del presente paragrafo è vincolante per tutti gli Stati membri che hanno preso parte alla sua adozione.

Le misure adottate in applicazione dell'articolo 70 del trattato sul funzionamento dell'Unione europea prevedono le modalità di partecipazione del Regno Unito e dell'Irlanda alle valutazioni concernenti i settori contemplati dalla parte terza, titolo V di detto trattato.

Ai fini del presente articolo, per maggioranza qualificata s'intende quella definita conformemente all'articolo 238, paragrafo 3 del trattato sul funzionamento dell'Unione europea.

2. Se una misura di cui al paragrafo 1 non può essere adottata entro un congruo periodo di tempo con la partecipazione del Regno Unito o dell'Irlanda, essa può essere adottata dal Consiglio a norma dell'articolo 1 senza la partecipazione del Regno Unito o dell'Irlanda. In tal caso si applica l'articolo 2.

Articolo 4. – Il Regno Unito o l'Irlanda, in qualsiasi momento dopo l'adozione di una misura da parte del Consiglio a norma della parte terza, titolo V del trattato sul funzionamento dell'Unione europea, possono notificare al Consiglio e alla Commissione la loro intenzione di accettarla. In tal caso si applica, con gli opportuni adattamenti, la procedura di cui all'articolo 331, paragrafo 1 del trattato sul funzionamento dell'Unione europea.

Articolo 4 bis. – 1. Le disposizioni del presente protocollo si applicano, per il Regno Unito e l'Irlanda, anche alle misure proposte o adottate a norma della parte terza, titolo V del trattato sul funzionamento dell'Unione europea per modificare una misura in vigore vincolante per tali paesi.

2. Il Consiglio tuttavia, se deliberando su proposta della Commissione decide che la non partecipazione del Regno Unito o dell'Irlanda alla versione modificata di una misura in vigore rende l'applicazione della misura stessa impraticabile per altri Stati membri o per l'Unione, può esortare il Regno Unito o l'Irlanda a effettuare una notifica a norma dell'articolo 3 o dell'articolo 4. Ai fini dell'articolo 3, dalla data della suddetta decisione del Consiglio inizia a decorrere un ulteriore periodo di due mesi.

Se, alla scadenza del termine di due mesi dalla decisione del Consiglio, il Regno Unito o l'Irlanda non hanno effettuato la notifica a norma dell'articolo 3 o dell'articolo 4, la misura in vigore non è più vincolante per essi né loro applicabile, a meno che lo Stato membro interessato non abbia effettuato una notifica a norma dell'articolo 4 prima dell'entrata in vigore della misura di modifica. Quanto precede ha effetto dalla data di entrata in vigore della misura di modifica o dalla scadenza del termine di due mesi, se posteriore.

Ai fini del presente paragrafo, il Consiglio, dopo una discussione approfondita della questione, delibera a maggioranza qualificata dei membri che rappresentano gli Stati membri che partecipano o hanno partecipato all'adozione della misura di modifica. Per maggioranza qualificata del Consiglio si intende quella definita conformemente all'articolo 238, paragrafo 3, lettera a) del trattato sul funzionamento dell'Unione europea.

3. Il Consiglio, deliberando a maggioranza qualificata su proposta della Commissione, può altresì decidere che il Regno Unito o l'Irlanda si facciano carico delle eventuali conseguenze finanziarie dirette, derivanti necessariamente e inevitabilmente dalla cessazione della loro partecipazione alla misura in vigore.

4. Il presente articolo fa salvo l'articolo 4.

Articolo 5. – Uno Stato membro che non sia vincolato da una misura adottata a norma della parte terza, titolo V del trattato sul funzionamento dell'Unione europea non subisce alcuna conseguenza finanziaria di tale misura diversa dai costi amministrativi che ne derivano per le istituzioni, salvo che il Consiglio, deliberando all'unanimità dei membri previa consultazione del Parlamento europeo, non disponga altrimenti.

Articolo 6. – Qualora, nei casi previsti nel presente protocollo, il Regno Unito o l'Irlanda siano vincolati da una misura adottata dal Consiglio a norma della parte terza, titolo V del trattato sul funzionamento dell'Unione europea, a tale Stato si applicano, in relazione a detta misura, le pertinenti disposizioni dei trattati.

Articolo 6 bis. – Il Regno Unito o l'Irlanda non saranno vincolati da norme stabilite in base all'articolo 16 del trattato sul funzionamento dell'Unione europea che riguardano il trattamento dei dati personali da parte degli Stati membri nell'esercizio di attività che rientrano nel campo di applicazione dei capi 4 o 5 della parte terza, titolo V di detto trattato laddove il Regno Unito o l'Irlanda non siano vincolati da norme dell'Unione che disciplinano forme di cooperazione giudiziaria in materia penale o di cooperazione di polizia nell'ambito delle quali devono essere rispettate le disposizioni stabilite in base all'articolo 16.

Articolo 7. – Gli articoli 3, 4 e 4 *bis* non pregiudicano il protocollo sull'acquis di Schengen integrato nell'ambito dell'Unione europea.

Articolo 8. – L'Irlanda può notificare per iscritto al Consiglio che non desidera più essere vincolata dai termini del presente protocollo. In tal caso si applicano all'Irlanda le normali disposizioni del trattato.

Articolo 9. – Per quanto riguarda l'Irlanda, il presente protocollo non si applica all'articolo 75 del trattato sul funzionamento dell'Unione europea.

Protocollo (n. 22) sulla posizione della Danimarca

LE ALTE PARTI CONTRAENTI,

NEL RAMMENTARE la decisione dei capi di Stato o di governo, riuniti in sede di Consiglio europeo a Edimburgo il 12 dicembre 1992, concernente taluni problemi sollevati dalla Danimarca in merito al trattato sull'Unione europea,

PRESO ATTO della posizione della Danimarca per quanto concerne la cittadinanza, l'unione economica e monetaria, la politica di difesa e il settore della giustizia e degli affari interni, quale stabilita nella decisione di Edimburgo,

CONSAPEVOLI del fatto che la continuazione ai sensi dei trattati del regime giuridico derivante dalla decisione di Edimburgo limiterà in maniera significativa la partecipazione della Danimarca in importanti settori di cooperazione dell'Unione e che per quest'ultima sarebbe del massimo interesse garantire l'integrità dell'acquis nel settore della libertà, sicurezza e giustizia,

DESIDEROSE pertanto di stabilire un quadro giuridico che preveda la possibilità per la Danimarca di partecipare all'adozione delle misure proposte sulla base della parte terza, titolo V del trattato sul funzionamento dell'Unione europea e accogliendo favorevolmente l'intenzione della Danimarca di avvalersi di tale possibilità qualora possibile secondo le proprie norme costituzionali,

PRENDENDO ATTO che la Danimarca non impedirà agli altri Stati membri di sviluppare ulteriormente la loro cooperazione per quanto concerne misure non vincolanti per la Danimarca,

TENENDO PRESENTE l'articolo 3 del protocollo sull'acquis di Schengen integrato nell'ambito dell'Unione europea,

HANNO CONVENUTO le disposizioni seguenti, che sono allegate al trattato sull'Unione europea e al trattato sul funzionamento dell'Unione europea:

PARTE I

Articolo 1. – La Danimarca non partecipa all'adozione da parte del Consiglio delle misure proposte a norma della parte terza, titolo V del trattato sul funzionamento dell'Unione europea. Per le decisioni del Consiglio che devono essere adottate all'unanimità si richiede l'unanimità dei membri del Consiglio, ad eccezione del rappresentante del governo della Danimarca.

Ai fini del presente articolo, per maggioranza qualificata s'intende quella definita conformemente all'articolo 238, paragrafo 3 del trattato sul funzionamento dell'Unione europea.

Articolo 2. – Nessuna disposizione della parte terza, titolo V del trattato sul funzionamento dell'Unione europea, nessuna misura adottata a norma di tale titolo, nessuna disposizione di alcun accordo internazionale concluso dall'Unione a norma di tale titolo e nessuna decisione della Corte di giustizia dell'Unione europea sull'interpretazione di tali disposizioni o misure o di misure modificate o modificabili a norma di tale titolo è vincolante o applicabile in Danimarca; nessuna di tali disposizioni, misure o decisioni pregiudica in alcun modo le competenze, i diritti e gli obblighi della Danimarca; nessuna di tali disposizioni, misure o decisioni pregiudica in alcun modo l'acquis comunitario e dell'Unione né costituisce parte del diritto dell'Unione, quali applicabili alla Danimarca. In particolare, gli atti dell'Unione nel settore della cooperazione di polizia e della cooperazione giudiziaria in materia penale, adottati prima dell'entrata in vigore del trattato di Lisbona, che sono modificati, continuano ad essere vincolanti e applicabili alla Danimarca senza modifiche.

Articolo 2 bis. – L'articolo 2 del presente protocollo si applica anche alle norme stabilite in base all'articolo 16 del trattato sul funzionamento dell'Unione europea che riguardano il trattamento dei dati personali da parte degli Stati membri nell'esercizio di attività che rientrano nel campo di applicazione dei capi 4 o 5 della parte terza, titolo V di detto trattato.

Articolo 3. – La Danimarca non sostiene le conseguenze finanziarie delle misure di cui all'articolo 1 diverse dalle spese amministrative connesse con le istituzioni.

Articolo 4. – 1. La Danimarca decide, entro un periodo di sei mesi dalla misura del Consiglio su una proposta o iniziativa volta a sviluppare l'acquis di Schengen e prevista nella presente parte, se intende recepire tale misura nel proprio diritto interno. Se decide in tal senso, questa misura creerà un obbligo a norma del diritto internazionale tra la Danimarca e gli altri Stati membri vincolati da detta misura.

2. Se la Danimarca decidesse di non applicare una misura del Consiglio di cui al paragrafo 1, gli Stati membri vincolati da quest'ultima e la Danimarca esamineranno le misure appropriate da adottare.

PARTE II

Articolo 5. – Per quanto attiene alle misure adottate dal Consiglio nell'ambito dell'articolo 26, paragrafo 1, dell'articolo 42 e degli articoli da 43 a 46 del trattato sull'Unione europea, la Danimarca non partecipa all'elaborazione e all'attuazione di decisioni e azioni dell'Unione che hanno implicazioni di difesa. Pertanto la Danimarca non prende parte alla loro adozione. La Danimarca non impedirà agli altri Stati membri di sviluppare ulteriormente la loro cooperazione in questo settore. La Danimarca non ha l'obbligo di contribuire al finanziamento di spese operative connesse con tali misure, né quello di mettere a disposizione dell'Unione capacità militari.

Per gli atti del Consiglio che devono essere adottati all'unanimità si richiede l'unanimità dei membri del Consiglio, ad eccezione del rappresentante del governo danese.

Ai fini del presente articolo, per maggioranza qualificata s'intende quella definita conformemente all'articolo 238, paragrafo 3 del trattato sul funzionamento dell'Unione europea.

PARTE III

Articolo 6. – Gli articoli 1, 2 e 3 non si applicano alle misure che determinano quali siano i paesi terzi i cui cittadini devono essere in possesso di un visto all'atto dell'attraversamento delle frontiere esterne degli Stati membri, né a misure relative all'instaurazione di un modello uniforme per i visti.

PARTE IV

Articolo 7. – La Danimarca può in qualunque momento, secondo le proprie norme costituzionali, informare gli altri Stati membri che non intende più avvalersi, in tutto o in parte, del presente protocollo. In tal caso la Danimarca applicherà pienamente tutte le misure pertinenti in vigore a quel momento nell'ambito dell'Unione europea.

Articolo 8. – 1. In qualsiasi momento e fatto salvo l'articolo 7, la Danimarca può, secondo le proprie norme costituzionali, notificare agli altri Stati membri che, con effetto dal primo giorno del mese successivo alla notifica, la parte I è costituita dalle disposizioni di cui all'allegato. In tal caso gli articoli da 5 a 8 sono rinumerati di conseguenza.

2. Sei mesi dopo la data in cui prende effetto la notifica di cui al paragrafo 1, tutto l'acquis di Schengen e le misure adottate per sviluppare tale acquis, che erano fino ad allora vincolanti per la Danimarca quali obblighi di diritto internazionale, sono vincolanti per la Danimarca in quanto diritto dell'Unione.

ALLEGATO

Articolo 1. – Fatto salvo l'articolo 3, la Danimarca non partecipa all'adozione da parte del Consiglio delle misure proposte a norma della parte terza, titolo V del trattato sul funzionamento dell'Unione europea. Per gli atti del Consiglio che devono essere adottati all'unanimità si richiede l'unanimità dei membri del Consiglio, ad eccezione del rappresentante del governo danese.

Ai fini del presente articolo, la maggioranza qualificata è definita conformemente all'articolo 238, paragrafo 3 del trattato sul funzionamento dell'Unione europea.

Articolo 2. – In forza dell'articolo 1 e fatti salvi gli articoli 3, 4 e 8, nessuna disposizione della parte terza, titolo V del trattato sul funzionamento dell'Unione europea, nessuna misura adottata a norma di detto titolo, nessuna disposizione di accordi internazionali conclusi dall'Unione a norma di detto titolo, nessuna decisione della Corte di giustizia dell'Unione europea sull'interpretazione di tali disposizioni o misure è vincolante o applicabile in Danimarca; nessuna di tali disposizioni, misure o decisioni pregiudica in alcun modo le competenze, i diritti e gli obblighi della Danimarca; nessuna di tali disposizioni, misure o decisioni pregiudica in alcun modo l'acquis comunitario e dell'Unione né costituisce parte del diritto dell'Unione, quali applicabili alla Danimarca.

Articolo 3. – 1. La Danimarca può notificare per iscritto al presidente del Consiglio, entro tre mesi dalla presentazione di una proposta o iniziativa al Consiglio, a norma della parte terza, titolo V del trattato sul funzionamento dell'Unione europea, che desidera partecipare all'adozione ed applicazione della misura proposta; una volta effettuata detta notifica la Danimarca è abilitata a partecipare.

2. Se una misura di cui al paragrafo 1 non può essere adottata con la partecipazione della Danimarca, essa può essere adottata dal Consiglio a norma dell'articolo 1 senza la partecipazione della Danimarca. In tal caso si applica l'articolo 2.

Articolo 4. – La Danimarca, in qualsiasi momento dopo l'adozione di una misura a norma della parte terza, titolo V del trattato sul funzionamento dell'Unione europea, può notificare al Consiglio e alla Commissione la sua intenzione di accettarla. In tal caso si applica, con gli opportuni adattamenti la procedura di cui all'articolo 331, paragrafo 1 di detto trattato.

Articolo 5. – 1. Le disposizioni del presente protocollo si applicano, per la Danimarca, anche alle misure proposte o adottate a norma della parte terza, titolo V del trattato sul funzionamento dell'Unione europea per modificare una misura in vigore vincolante per tale paese.

2. Il Consiglio tuttavia, se deliberando su proposta della Commissione decide che la non partecipazione della Danimarca alla versione modificata di una misura in vigore rende l'applicazione della misura stessa impraticabile per altri Stati membri o per l'Unione, può esortarla a effettuare una notifica a norma dell'articolo 3 o dell'articolo 4. Ai fini dell'articolo 3, dalla data della suddetta decisione del Consiglio inizia a decorrere un ulteriore periodo di due mesi.

Se, alla scadenza del termine di due mesi dalla decisione del Consiglio, la Danimarca non ha effettuato la notifica a norma dell'articolo 3 o dell'articolo 4, la misura in vigore non è più vincolante né ad essa applicabile, a meno che essa non abbia effettuato una notifica a norma dell'articolo 4 prima dell'entrata in vigore della misura di modifica. Quanto precede ha effetto dalla data di entrata in vigore della misura di modifica o dalla scadenza del termine di due mesi, se posteriore.

Ai fini del presente paragrafo, il Consiglio, dopo una discussione approfondita della questione, delibera a maggioranza qualificata dei membri che rappresentano gli Stati membri che partecipano o hanno partecipato all'adozione della misura di modifica. Per maggioranza qualificata del Consiglio si intende quella definita conformemente all'articolo 238, paragrafo 3, lettera a) del trattato sul funzionamento dell'Unione europea.

3. Il Consiglio, deliberando a maggioranza qualificata su proposta della Commissione, può altresì decidere che la Danimarca si faccia carico delle eventuali conseguenze finanziarie dirette, derivanti necessariamente e inevitabilmente dalla cessazione della sua partecipazione alla misura in vigore.

4. Il presente articolo fa salvo l'articolo 4.

Articolo 6. – 1. La notifica di cui all'articolo 4 è presentata entro sei mesi dall'adozione finale di una misura che sviluppa l'acquis di Schengen.

Qualora la Danimarca non presenti una notifica conformemente all'articolo 3 o 4 in relazione a una misura che sviluppa l'acquis di Schengen, gli Stati membri vincolati da tale misura e la Danimarca esamineranno le iniziative appropriate da intraprendere.

2. Una notifica a norma dell'articolo 3 relativa a una misura che sviluppa l'acquis di Schengen è irrevocabilmente considerata una notifica a norma dell'articolo 3 ai fini di qualsiasi altra proposta o iniziativa volta a sviluppare tale misura, purché tale proposta o iniziativa sviluppi l'acquis di Schengen.

Articolo 7. – La Danimarca non sarà vincolata da norme stabilite in base all'articolo 16 del trattato sul funzionamento dell'Unione europea che riguardano il trattamento dei dati personali da parte degli Stati membri nell'esercizio di attività che rientrano nel campo di applicazione dei capi 4 o 5 della parte terza, titolo V di detto trattato laddove non sia vincolata da norme dell'Unione che disciplinano forme di cooperazione giudiziaria in materia penale o di cooperazione di polizia nell'ambito delle quali devono essere rispettate le disposizioni stabilite in base all'articolo 16.

Articolo 8. – Qualora, nei casi previsti nella presente parte, la Danimarca sia vincolata da una misura adottata dal Consiglio a norma della parte terza, titolo V, del trattato sul funzionamento dell'Unione europea, si applicano alla Danimarca, in relazione a detta misura, le pertinenti disposizioni dei trattati.

Articolo 9. – Qualora la Danimarca non sia vincolata da una misura adottata a norma della parte terza, titolo V del trattato sul funzionamento dell'Unione europea, essa non subisce alcuna conseguenza finanziaria di tale misura diversa dai costi amministrativi che ne derivano per le istituzioni, a meno che il Consiglio, deliberando all'unanimità di tutti i suoi membri, previa consultazione del Parlamento europeo, decida altrimenti.

Protocollo (n. 23) sulle relazioni esterne degli Stati membri in materia di attraversamento delle frontiere esterne

LE ALTE PARTI CONTRAENTI,

TENENDO CONTO dell'esigenza degli Stati membri di garantire controlli efficaci alle loro frontiere esterne, se opportuno in cooperazione con i paesi terzi,

HANNO CONVENUTO le disposizioni seguenti, che sono allegate al trattato sull'Unione europea e al trattato sul funzionamento dell'Unione europea:

Le disposizioni sulle misure relative all'attraversamento delle frontiere esterne di cui all'articolo 77, paragrafo 2, lettera b), del trattato sul funzionamento dell'Unione europea non pregiudicano la competenza degli Stati membri a negoziare o concludere accordi con i paesi terzi, a condizione che tali accordi rispettino il diritto dell'Unione e gli altri accordi internazionali pertinenti.

Protocollo (n. 24) sull'asilo per i cittadini degli Stati membri dell'Unione europea

LE ALTE PARTI CONTRAENTI,

CONSIDERANDO che, in base all'articolo 6, paragrafo 1 del trattato sull'Unione europea, l'Unione riconosce i diritti, le libertà e i principi sanciti nella Carta dei diritti fondamentali;

CONSIDERANDO che, in base all'articolo 6, paragrafo 3 del trattato sull'Unione europea, i diritti fondamentali garantiti dalla Convenzione europea per la salvaguardia dei diritti dell'uomo e delle libertà fondamentali fanno parte del diritto dell'Unione in quanto principi generali;

CONSIDERANDO che la Corte di giustizia dell'Unione europea è competente ad assicurare il rispetto del diritto nell'interpretazione e nell'applicazione dell'articolo 6, paragrafi 1 e 3, del trattato sull'Unione europea da parte dell'Unione;

CONSIDERANDO che, a norma dell'articolo 49 del trattato sull'Unione europea, per domandare di diventare membri dell'Unione tutti gli Stati europei devono rispettare i valori sanciti nell'articolo 2 del trattato sull'Unione europea;

TENENDO PRESENTE che l'articolo 7 del trattato sull'Unione europea instaura un meccanismo per la sospensione di taluni diritti in caso di una violazione grave e persistente di tali valori da parte di uno Stato membro;

RAMMENTANDO che ogni cittadino di uno Stato membro, quale cittadino dell'Unione, gode di uno status e di una tutela speciali che sono garantiti dagli Stati membri a norma delle disposizioni della parte seconda del trattato sul funzionamento dell'Unione europea;

TENENDO PRESENTE che i trattati istituiscono uno spazio senza frontiere interne e conferiscono ad ogni cittadino dell'Unione il diritto di circolare e di soggiornare liberamente nel territorio degli Stati membri;

INTENZIONATE ad evitare che l'istituto dell'asilo sia travisato per conseguire finalità diverse da quelle cui tende;

CONSIDERANDO che il presente protocollo rispetta la finalità e gli obiettivi della Convenzione di Ginevra del 28 luglio 1951 relativa allo status dei rifugiati,

HANNO CONVENUTO le disposizioni seguenti, che sono allegate al trattato sull'Unione europea e al trattato sul funzionamento dell'Unione europea:

Articolo unico. – Gli Stati membri dell'Unione europea, dato il livello di tutela dei diritti e delle libertà fondamentali da essi garantito, si considerano reciprocamente paesi d'origine sicuri a tutti i fini giuridici e pratici connessi a questioni inerenti l'asilo. Pertanto, la domanda d'asilo presentata da un cittadino di uno Stato membro può essere presa in esame o dichiarata ammissibile all'esame in un altro Stato membro unicamente nei seguenti casi:

a) se lo Stato membro di cui il richiedente è cittadino procede, dopo l'entrata in vigore del trattato di Amsterdam, avvalendosi dell'articolo 15 della Convenzione per la salvaguardia dei diritti dell'uomo e delle libertà fondamentali, all'adozione di misure che derogano, nel suo territorio, agli obblighi previsti da detta Convenzione;

b) se è stata avviata la procedura di cui all'articolo 7, paragrafo 1, del trattato sull'Unione europea e finché il Consiglio o, se del caso, il Consiglio europeo non prende una decisione al riguardo, nei confronti dello Stato membro di cui il richiedente è cittadino;

c) se il Consiglio ha adottato una decisione conformemente all'articolo 7, paragrafo 1 del trattato sull'Unione europea nei riguardi dello Stato membro di cui il richiedente è cittadino ovvero se il Consiglio europeo ha adottato una decisione conformemente all'articolo 7, paragrafo 2 di detto trattato riguardo allo Stato membro di cui il richiedente è cittadino;

d) se uno Stato membro così decide unilateralmente per la domanda di un cittadino di un altro Stato membro; in tal caso il Consiglio ne è immediatamente informato; la domanda è esaminata partendo dal presupposto che sia manifestamente infondata senza che ciò pregiudichi, in alcun caso, il potere decisionale dello Stato membro.

Protocollo (n. 25) sull'esercizio della competenza concorrente

LE ALTE PARTI CONTRAENTI,

HANNO CONVENUTO le disposizioni seguenti, che sono allegate al trattato sull'Unione europea e al trattato sul funzionamento dell'Unione europea:

Articolo unico. – Con riferimento all'articolo 2, paragrafo 2 del trattato sul funzionamento dell'Unione europea relativo alla competenza concorrente, quando l'Unione agisce in un determinato settore, il campo di applicazione di questo esercizio di competenza copre unicamente gli elementi disciplinati dall'atto dell'Unione in questione e non copre pertanto l'intero settore.

Protocollo (n. 26) sui servizi di interesse generale

LE ALTE PARTI CONTRAENTI,

DESIDERANDO sottolineare l'importanza dei servizi di interesse generale,

HANNO CONVENUTO le disposizioni interpretative seguenti, che sono allegate al trattato sull'Unione europea e al trattato sul funzionamento dell'Unione europea:

Articolo 1. – I valori comuni dell'Unione con riguardo al settore dei servizi di interesse economico generale ai sensi dell'articolo 14 del trattato sul funzionamento dell'Unione europea comprendono in particolare:

– il ruolo essenziale e l'ampio potere discrezionale delle autorità nazionali, regionali e locali di fornire, commissionare e organizzare servizi di interesse economico generale il più vicini possibile alle esigenze degli utenti;

– la diversità tra i vari servizi di interesse economico generale e le differenze delle esigenze e preferenze degli utenti che possono discendere da situazioni geografiche, sociali e culturali diverse;

– un alto livello di qualità, sicurezza e accessibilità economica, la parità di trattamento e la promozione dell'accesso universale e dei diritti dell'utente.

Articolo 2. – Le disposizioni dei trattati lasciano impregiudicata la competenza degli Stati membri a fornire, a commissionare e ad organizzare servizi di interesse generale non economico.

Protocollo (n. 27) sul mercato interno e sulla concorrenza

LE ALTE PARTI CONTRAENTI,

CONSIDERANDO che il mercato interno ai sensi dell'articolo 3 del trattato sull'Unione europea comprende un sistema che assicura che la concorrenza non sia falsata,

HANNO CONVENUTO che

a tal fine l'Unione adotta, se necessario, misure in base alle disposizioni dei trattati, ivi compreso l'articolo 352 del trattato sul funzionamento dell'Unione europea.

Il presente protocollo è allegato al trattato sull'Unione europea e al trattato sul funzionamento dell'Unione europea.

Protocollo (n. 28) sulla coesione economica, sociale e territoriale

LE ALTE PARTI CONTRAENTI,

RICORDANDO che l'articolo 3 del trattato sull'Unione europea prevede tra gli altri obiettivi quello di promuovere la coesione economica, sociale e territoriale e la solidarietà tra gli Stati membri e che tale coesione figura tra i settori di competenza concorrente dell'Unione enunciati all'articolo 4, paragrafo 2, lettera c) del trattato sul funzionamento dell'Unione europea,

RICORDANDO che le disposizioni della parte terza, titolo XVIII, sulla coesione economica, sociale e territoriale, forniscono, nel loro insieme, la base giuridica per il consolidamento e l'ulteriore sviluppo dell'azione dell'Unione nel settore della coesione economica, sociale e territoriale, compresa la possibilità di creare un nuovo fondo,

RICORDANDO che l'articolo 177 del trattato sul funzionamento dell'Unione europea prevede l'istituzione di un Fondo di coesione,

CONSTATANDO che la BEI sta erogando prestiti considerevoli e sempre maggiori a favore delle regioni più povere,

CONSIDERANDO il desiderio di una maggiore flessibilità nelle modalità di assegnazione delle risorse provenienti dai fondi strutturali,

PRENDENDO ATTO del desiderio di modulare i livelli della partecipazione dell'Unione ai programmi e ai progetti in alcuni paesi,

PRENDENDO ATTO della proposta di prendere maggiormente in considerazione la prosperità relativa degli Stati membri nel sistema delle risorse proprie,

RIBADISCONO che la promozione della coesione economica, sociale e territoriale è di vitale importanza per il pieno sviluppo e il durevole successo dell'Unione,

RIBADISCONO la convinzione che i fondi strutturali debbano continuare a svolgere un ruolo considerevole nel conseguimento degli obiettivi dell'Unione nel settore della coesione,

RIBADISCONO la convinzione che la BEI debba continuare a dedicare la maggior parte delle sue risorse alla promozione della coesione economica, sociale e territoriale e si dichiarano disposte a riesaminare le esigenze di capitale della BEI non appena ciò sia a tal fine necessario,

CONVENGONO che il Fondo di coesione erogherà contributi finanziari dell'Unione a favore di progetti nei settori dell'ambiente e delle reti transeuropee negli Stati membri con un PNL pro capite inferiore al 90% della media dell'Unione i quali abbiano un programma volto a soddisfare le condizioni di convergenza economica di cui all'articolo 126 del trattato sul funzionamento dell'Unione europea,

DICHIARANO l'intenzione di permettere un maggior margine di flessibilità nella concessione dei finanziamenti dei fondi strutturali per tener conto delle necessità specifiche che non siano contemplate dall'attuale regolamentazione dei fondi strutturali,

DICHIARANO di essere disposte a modulare i livelli della partecipazione dell'Unione nel contesto di programmi e progetti dei fondi strutturali, per evitare eccessivi aumenti delle spese di bilancio negli Stati membri meno prosperi,

RICONOSCONO la necessità di un regolare controllo dei progressi compiuti nella realizzazione della coesione economica, sociale e territoriale e si dichiarano disposte ad esaminare tutte le misure all'uopo necessarie,

DICHIARANO l'intenzione di tener maggiormente conto della capacità contributiva dei singoli Stati membri nel sistema delle risorse proprie e di esaminare, per gli Stati membri meno prosperi, i mezzi di correzione degli elementi di regressività esistenti nell'attuale sistema di risorse proprie,

CONVENGONO di allegare il presente protocollo al trattato sull'Unione europea e al trattato sul funzionamento dell'Unione europea.

Protocollo (n. 29) sul sistema di radiodiffusione negli Stati membri

LE ALTE PARTI CONTRAENTI,

CONSIDERANDO che il sistema di radiodiffusione pubblica negli Stati membri è direttamente collegato alle esigenze democratiche, sociali e culturali di ogni società, nonché all'esigenza di preservare il pluralismo dei mezzi di comunicazione,

HANNO CONVENUTO le seguenti disposizioni interpretative, che sono allegate al trattato sull'Unione europea e al trattato sul funzionamento dell'Unione europea:

Le disposizioni dei trattati non pregiudicano la competenza degli Stati membri a provvedere al finanziamento del servizio pubblico di radiodiffusione, nella misura in cui tale finanziamento sia accordato agli organismi di radiodiffusione ai fini dell'adempimento della missione di servizio pubblico conferita, definita e organizzata da ciascuno Stato membro e nella misura in cui tale finanziamento non perturbi le condizioni degli scambi e della concorrenza nell'Unione in misura contraria all'interesse comune, tenendo conto nel contempo dell'adempimento della missione di servizio pubblico.

Protocollo (n. 30) sull'applicazione della Carta dei diritti fondamentali dell'Unione europea alla Polonia e al Regno Unito

LE ALTE PARTI CONTRAENTI,

CONSIDERANDO che all'articolo 6 del trattato sull'Unione europea l'Unione riconosce i diritti, le libertà e i principi sanciti nella Carta dei diritti fondamentali dell'Unione europea;

CONSIDERANDO che l'applicazione della Carta deve essere rigorosamente conforme alle disposizioni del predetto articolo 6 e del titolo VII della Carta medesima;

CONSIDERANDO che il predetto articolo 6 esige che la Carta sia applicata e interpretata dagli organi giurisdizionali della Polonia e del Regno Unito rigorosamente in conformità con le spiegazioni di cui a detto articolo;

CONSIDERANDO che la Carta contiene sia diritti che principi;

CONSIDERANDO che la Carta contiene sia disposizioni di carattere civile e politico che disposizioni di carattere economico e sociale;

CONSIDERANDO che la Carta ribadisce i diritti, le libertà e i principi riconosciuti nell'Unione e rende detti diritti più visibili ma non crea nuovi diritti o principi;

RAMMENTANDO gli obblighi imposti alla Polonia e al Regno Unito dal trattato sull'Unione europea, dal trattato sul funzionamento dell'Unione europea e dal diritto dell'Unione in generale;

PRENDENDO ATTO dell'auspicio della Polonia e del Regno Unito di chiarire determinati aspetti dell'applicazione della Carta;

DESIDEROSE pertanto di chiarire l'applicazione della Carta in relazione alle leggi e all'azione amministrativa della Polonia e del Regno Unito e la sua azionabilità dinanzi a un organo giurisdizionale in Polonia e nel Regno Unito;

RIAFFERMANDO che i riferimenti nel presente protocollo all'applicazione di disposizioni specifiche della Carta non pregiudicano in alcun modo l'applicazione di altre disposizioni della Carta;

RIAFFERMANDO che il presente protocollo non pregiudica l'applicazione della Carta agli altri Stati membri;

RIAFFERMANDO che il presente protocollo non pregiudica gli altri obblighi imposti alla Polonia e al Regno Unito dal trattato sull'Unione europea, dal trattato sul funzionamento dell'Unione europea e dal diritto dell'Unione in generale,

HANNO CONVENUTO le disposizioni seguenti, che sono allegate al trattato sull'Unione europea e al trattato sul funzionamento dell'Unione europea:

Articolo 1. – 1. La Carta non estende la competenza della Corte di giustizia dell'Unione europea o di qualunque altro organo giurisdizionale della Polonia o del Regno Unito a ritenere che le leggi, i regolamenti o le disposizioni, le pratiche o l'azione amministrativa della Polonia o del Regno Unito non siano conformi ai diritti, alle libertà e ai principi fondamentali che essa riafferma.

2. In particolare e per evitare dubbi, nulla nel titolo IV della Carta crea diritti azionabili dinanzi a un organo giurisdizionale applicabili alla Polonia o al Regno Unito, salvo nella misura in cui la Polonia o il Regno Unito abbiano previsto tali diritti nel rispettivo diritto interno.

Articolo 2. – Ove una disposizione della Carta faccia riferimento a leggi e pratiche nazionali, detta disposizione si applica alla Polonia o al Regno Unito soltanto nella misura in cui i diritti o i principi ivi contenuti sono riconosciuti nel diritto o nelle pratiche della Polonia o del Regno Unito.

Protocollo (n. 31) sulle importazioni nell'Unione europea di prodotti del petrolio raffinati nelle Antille olandesi

LE ALTE PARTI CONTRAENTI,

DESIDERANDO apportare precisazioni sul regime degli scambi applicabile alle importazioni nell'Unione europea di prodotti del petrolio raffinati nelle Antille olandesi,

HANNO CONVENUTO le disposizioni seguenti, che sono allegate al trattato sull'Unione europea e al trattato sul funzionamento dell'Unione europea:

Articolo 1. – Il presente protocollo è applicabile ai prodotti del petrolio delle voci 27.10, 27.11, 27.12, ex 27.13 (paraffina, cere di petrolio o di scisti e residui paraffinosi) e 27.14 della nomenclatura di Bruxelles importati per il consumo negli Stati membri.

Articolo 2. – Gli Stati membri si impegnano ad accordare ai prodotti del petrolio raffinati nelle Antille olandesi i vantaggi tariffari derivanti dall'associazione di queste ultime all'Unione, alle condizioni previste dal presente protocollo. Queste disposizioni sono valide, qualunque siano le norme d'origine applicate dagli Stati membri.

Articolo 3. – 1. Qualora la Commissione, su domanda di uno Stato membro o di iniziativa propria, costati che le importazioni nell'Unione di prodotti del petrolio raffinati nelle Antille olandesi, sotto il regime previsto al precedente articolo 2, provocano effettive difficoltà sul mercato di uno o più Stati membri, essa decide che i dazi doganali applicabili a dette importazioni saranno introdotti, aumentati o reintrodotti dagli Stati membri interessati, nella misura e per il periodo necessario per far fronte a questa situazione. Le aliquote dei dazi doganali così introdotti, aumentati o reintrodotti non possono superare quelle dei dazi doganali applicabili ai paesi terzi per gli stessi prodotti.

2. Le disposizioni previste nel precedente paragrafo potranno essere applicate quando le importazioni nell'Unione di prodotti del petrolio raffinati nelle Antille olandesi raggiungono due milioni di tonnellate l'anno.

3. Le decisioni prese dalla Commissione a norma dei precedenti paragrafi, ivi comprese quelle intese a respingere la domanda di uno Stato membro, sono comunicate al Consiglio. Questo può occuparsene su richiesta di qualsiasi Stato membro e può, in qualunque momento, modificarle o annullarle.

Articolo 4. – 1. Se uno Stato membro ritiene che le importazioni di prodotti del petrolio raffinati nelle Antille olandesi, effettuate direttamente o attraverso un altro Stato membro, sotto il regime previsto al precedente articolo 2, provochino effettive difficoltà sul suo mercato e che è necessaria un'azione immediata per farvi fronte, può decidere, di propria iniziativa, di applicare a queste importazioni dazi doganali le cui aliquote non possono superare quelle dei dazi doganali applicabili ai paesi terzi per gli stessi prodotti. Esso notifica questa decisione alla Commissione, che decide, entro un mese, se le misure adottate dallo Stato possano essere mantenute o se debbano essere modificate o soppresse. Le disposizioni dell'articolo 3, paragrafo 3, sono applicabili a questa decisione della Commissione.

2. Qualora le importazioni di prodotti del petrolio raffinati nelle Antille olandesi vengano effettuate, direttamente o attraverso un altro Stato membro, in uno o più Stati membri dell'Unione europea e superino in un anno civile i quantitativi indicati nell'allegato al presente protocollo, le misure eventualmente adottate a norma del paragrafo 1 da questo o da questi Stati membri per l'anno in corso saranno considerate legittime: la Commissione, dopo essersi assicurata che i quantitativi fissati sono stati raggiunti, prenderà atto delle misure adottate. In tal caso, gli altri Stati membri si asterranno dal ricorrere al Consiglio.

Articolo 5. – Se l'Unione decide di applicare restrizioni quantitative alle importazioni di prodotti del petrolio di qualsiasi provenienza, queste potranno essere applicate anche alle importazioni di tali prodotti provenienti dalle Antille olandesi. In questo caso, sarà assicurato alle Antille olandesi un trattamento preferenziale rispetto ai paesi terzi.

Articolo 6. – 1. Le disposizioni previste agli articoli da 2 a 5 saranno riesaminate dal Consiglio, che delibera all'unanimità, previa consultazione del Parlamento europeo e della Commissione, in occasione dell'adozione di una definizione comune dell'origine per i prodotti del petrolio provenienti dai paesi terzi o dai paesi associati, o in occasione di decisioni prese nell'ambito di una politica commerciale comune per i prodotti in questione, o dell'instaurazione di una politica energetica comune.

2. Tuttavia, al momento di questa revisione dovranno comunque essere mantenuti per le Antille olandesi vantaggi equivalenti in forma appropriata e per un quantitativo di almeno due milioni e mezzo di tonnellate di prodotti del petrolio.

3. Gli impegni dell'Unione relativi ai vantaggi di portata equivalente di cui al paragrafo 2 del presente articolo potranno essere oggetto, in caso di bisogno, di una ripartizione per paese, tenendo conto dei quantitativi indicati nell'allegato al presente protocollo.

Articolo 7. – Per l'esecuzione del presente protocollo, la Commissione è incaricata di seguire lo sviluppo delle importazioni negli Stati membri di prodotti del petrolio raffinati nelle Antille olandesi. Gli Stati membri comunicano alla Commissione, che ne assicura la diffusione, tutte le informazioni utili a questo scopo, secondo le modalità amministrative che essa raccomanda.

ALLEGATO AL PROTOCOLLO

Per l'applicazione del paragrafo 2 dell'articolo 4 del protocollo sulle importazioni nell'Unione europea di prodotti del petrolio raffinati nelle Antille olandesi, le Alte Parti Contraenti hanno deciso che i 2 milioni di tonnellate di prodotti del petrolio delle Antille siano ripartiti come segue tra gli Stati membri:

Germania	625000 tonnellate
Unione economica belgo-lussemburghese	200000 tonnellate
Francia	75000 tonnellate
Italia	100000 tonnellate
Paesi Bassi	1000000 tonnellate

Protocollo (n. 32) sull'acquisto di beni immobili in Danimarca

LE ALTE PARTI CONTRAENTI,

DESIDERANDO risolvere taluni problemi specifici che rivestono interesse per la Danimarca,

HANNO CONVENUTO le disposizioni seguenti, che sono allegate al trattato sull'Unione europea e al trattato sul funzionamento dell'Unione europea:

In deroga alle disposizioni dei trattati, la Danimarca può mantenere la sua legislazione vigente in materia di acquisto di residenze secondarie.

Protocollo (n. 33) sull'articolo 157 del trattato sul funzionamento dell'Unione europea

LE ALTE PARTI CONTRAENTI,

HANNO CONVENUTO le disposizioni seguenti, che sono allegate al trattato sull'Unione europea e al trattato sul funzionamento dell'Unione europea:

Ai fini dell'applicazione dell'articolo 157 del trattato sul funzionamento dell'Unione europea, le prestazioni in virtù di un regime professionale di sicurezza sociale non saranno considerate come retribuzione se e nella misura in cui esse possono essere attribuite ai periodi di occupazione precedenti il 17 maggio 1990, eccezion fatta per i lavoratori o i loro aventi diritto che, prima di detta data, abbiano intentato un'azione giudiziaria o introdotto un reclamo equivalente secondo il diritto nazionale applicabile.

Protocollo (n. 34) concernente il regime particolare applicabile alla Groenlandia

Articolo unico. – 1. Il trattamento all'importazione nell'Unione dei prodotti soggetti all'organizzazione comune dei mercati della pesca, originari della Groenlandia, si effettua, nell'osservanza dei meccanismi dell'organizzazione comune dei mercati, in esenzione da dazi doganali e tasse di effetto equivalente e senza restrizioni quantitative né misure di effetto equivalente se le possibilità di accesso alle zone di pesca della Groenlandia accordate all'Unione sulla base di un accordo tra l'Unione e l'autorità competente per la Groenlandia sono soddisfacenti per l'Unione.

2. Sono adottate secondo la procedura di cui all'articolo 43 del trattato sul funzionamento dell'Unione europea tutte le misure relative al regime d'importazione dei suddetti prodotti, comprese quelle relative alla loro adozione.

Protocollo (n. 35) sull'articolo 40.3.3 della Costituzione irlandese

LE ALTE PARTI CONTRAENTI,

HANNO CONVENUTO le disposizioni seguenti, che sono allegate al trattato sull'Unione europea, al trattato sul funzionamento dell'Unione europea e al trattato che istituisce la Comunità europea dell'energia atomica:

Nessuna disposizione dei trattati, del trattato che istituisce la Comunità europea dell'energia atomica e dei trattati o degli atti che li modificano o li integrano pregiudica l'applicazione in Irlanda dell'articolo 40.3.3 della Costituzione irlandese.

Protocollo (n. 36) sulle disposizioni transitorie

LE ALTE PARTI CONTRAENTI,

CONSIDERANDO che, per organizzare la transizione dalle disposizioni istituzionali dei trattati applicabili prima dell'entrata in vigore del trattato di Lisbona a quelle previste da detto trattato, è necessario prevedere disposizioni transitorie,

HANNO CONVENUTO le disposizioni seguenti, che sono allegate al trattato sull'Unione europea, al trattato sul funzionamento dell'Unione europea e al trattato che istituisce la Comunità europea dell'energia atomica:

Articolo 1. – Nel presente protocollo i termini "trattati" designano il trattato sull'Unione europea, il trattato sul funzionamento dell'Unione europea e il trattato che istituisce la Comunità europea dell'energia atomica.

TITOLO I – DISPOSIZIONI CONCERNENTI IL PARLAMENTO EUROPEO

Articolo 2. – 1. Per il periodo della legislatura 2009-2014 restante alla data di entrata in vigore del presente articolo, e in deroga all'articolo 189, secondo comma, e all'articolo 190, paragrafo 2, del trattato che istituisce la Comunità europea e all'articolo 107, secondo comma, e all'articolo 108, paragrafo 2, del trattato che istituisce la Comunità europea dell'energia atomica, che erano in vigore al momento delle elezioni del Parlamento europeo del giugno 2009, e in deroga al numero di seggi previsti all'articolo 14, paragrafo 2, primo comma, del trattato sull'Unione europea, ai 736 seggi esistenti sono aggiunti i diciotto seggi seguenti, con conseguente aumento provvisorio del numero totale dei membri del Parlamento europeo a 754 fino alla scadenza della legislatura 2009-2014:

Bulgaria	***1***
Spagna	***4***
Francia	***2***
Italia	***1***
Lettonia	***1***
Malta	***1***
Paesi Bassi	***1***
Austria	***2***
Polonia	***1***

Slovenia	***1***
Svezia	***2***
Regno Unito	***1***

In deroga all'articolo 14, paragrafo 3, del trattato sull'Unione europea, gli Stati membri interessati designano le persone che occuperanno i seggi supplementari previsti al paragrafo 1 secondo le rispettive legislazioni nazionali a condizione che tali persone siano state elette a suffragio universale diretto:

a) con elezione a suffragio universale diretto* ad hoc *nello Stato membro interessato, secondo le disposizioni applicabili per le elezioni del Parlamento europeo;

b) con riferimento ai risultati delle elezioni del Parlamento europeo del 4-7 giugno 2009, oppure

c) attraverso la nomina del numero richiesto di membri da parte del parlamento nazionale dello Stato membro interessato, al proprio interno, secondo la procedura fissata da ciascuno degli Stati membri interessati.

3. In tempo utile prima delle elezioni del Parlamento europeo del 2014, il Consiglio europeo adotta, conformemente all'articolo 14, paragrafo 2, secondo comma del trattato sull'Unione europea, una decisione che stabilisce la composizione del Parlamento europeo[29].

TITOLO II – **DISPOSIZIONI CONCERNENTI LA MAGGIORANZA QUALIFICATA**

Articolo 3. – 1. Conformemente all'articolo 16, paragrafo 4 del trattato sull'Unione europea, le disposizioni di tale paragrafo e le disposizioni dell'articolo 238, paragrafo 2 del trattato sul funzionamento dell'Unione europea, relative alla definizione della maggioranza qualificata in seno al Consiglio europeo e al Consiglio, prendono effetto il 1° novembre 2014.

2. Nel periodo dal 1° novembre 2014 al 31 marzo 2017, quando una deliberazione deve essere adottata a maggioranza qualificata, un membro del Consiglio può chiedere che la deliberazione sia adottata in base alla maggioranza qualificata ai sensi del paragrafo 3. In tal caso si applicano i paragrafi 3 e 4.

3. Fino al 31 ottobre 2014 sono in vigore le disposizioni seguenti fatto salvo l'articolo 235, paragrafo 1, secondo comma del trattato sul funzionamento dell'Unione europea.

Per le deliberazioni del Consiglio europeo e del Consiglio che richiedono una maggioranza qualificata, ai voti dei membri è attribuita la seguente ponderazione:

Belgio	***12***
Bulgaria	***10***
Repubblica ceca	***12***
Danimarca	***7***
Germania	***29***
Estonia	***4***
Irlanda	***7***
Grecia	***12***
Spagna	***27***
Francia	***29***

[29] L'art. 2 del Protocollo è stato sostituito, a seguito, e in conformità all'art. 1 del Protocollo che modifica il Protocollo sulle disposizioni transitorie, adottato a Bruxelles il 23 giugno 2010, in *G.U.U.E.* C 263 del 29 settembre 2010, p. 1 (l'art. 19, par. 1 dell'Atto di adesione della Croazia aveva previsto che «In deroga all'articolo 2 del protocollo sulle disposizioni transitorie, allegato al TUE, al TFUE e al trattato CEEA, e in deroga al numero massimo di seggi previsto all'articolo 14, paragrafo 2, primo comma, TUE, il numero dei membri del Parlamento europeo è aumentato di dodici membri per la Croazia, per tener conto dell'adesione della Croazia, nel periodo compreso tra la data di adesione e la fine del mandato 2009-2014 del Parlamento europeo»); i membri erano dunque divenuti 766 [dodici in aggiunta ai 754], ma il numero fu ripristinato in 751 dall'art. 3 decisione del 28 giugno 2013 cit. alla nota 2, par. 2). Sulle conseguenze del recesso del Regno Unito e la modifica del numero dei membri del Parlamento cfr. retro, par. 2, nota 2.

Croazia	*7*
Italia	*29*
Cipro	*4*
Lettonia	*4*
Lituania	*7*
Lussemburgo	*4*
Ungheria	*12*
Malta	*3*
Paesi Bassi	*13*
Austria	*10*
Polonia	*27*
Portogallo	*12*
Romania	*14*
Slovenia	*4*
Slovacchia	*7*
Finlandia	*7*
Svezia	*10*
Regno Unito	*29*

Le deliberazioni sono valide se hanno ottenuto almeno 260 voti che esprimano il voto favorevole della maggioranza dei membri quando, in virtù dei trattati, debbono essere adottate su proposta della Commissione. Negli altri casi le deliberazioni sono valide se hanno ottenuto almeno 260 voti che esprimano il voto favorevole di almeno due terzi dei membri.

Un membro del Consiglio europeo o del Consiglio può chiedere che, allorché il Consiglio europeo o il Consiglio adotta un atto a maggioranza qualificata, si verifichi che gli Stati membri che compongono tale maggioranza qualificata rappresentino almeno il 62% della popolazione totale dell'Unione. Qualora tale condizione non sia soddisfatta, l'atto non è adottato[30].

4. Fino al 31 ottobre 2014, qualora, a norma dei trattati, non tutti i membri del Consiglio prendano parte alle votazioni, ossia nei casi in cui si fa riferimento alla maggioranza qualificata ai sensi dell'articolo 238, paragrafo 3 del trattato sul funzionamento dell'Unione europea, per maggioranza qualificata si intende una proporzione dei voti ponderati, una proporzione del numero dei membri del Consiglio ed eventualmente una percentuale della popolazione degli Stati membri interessati pari a quelle previste al paragrafo 3 del presente articolo.

TITOLO III – **DISPOSIZIONI RELATIVE ALLE FORMAZIONI DEL CONSIGLIO**

Articolo 4. – Fino all'entrata in vigore della decisione di cui all'articolo 16, paragrafo 6, primo comma del trattato sull'Unione europea, il Consiglio può riunirsi nelle formazioni previste al secondo e terzo comma di detto paragrafo, nonché nelle altre formazioni il cui elenco è stabilito con decisione del Consiglio "Affari generali" deliberante a maggioranza semplice.

TITOLO IV – **DISPOSIZIONI RELATIVE ALLA COMMISSIONE, INCLUSO L'ALTO RAPPRESENTANTE DELL'UNIONE PER GLI AFFARI ESTERI E LA POLITICA DI SICUREZZA**

Articolo 5. – I membri della Commissione in carica alla data di entrata in vigore del trattato di Lisbona rimangono in carica fino alla scadenza del loro mandato. Tuttavia, il

---

[30] Paragrafo sostituito dall'Atto di adesione della Croazia, art. 20. Sulle conseguenze del recesso del Regno Unito, con riferimento al calcolo della popolazione, cfr. retro, par. 2, nota 3.

giorno della nomina dell'alto rappresentante dell'Unione per gli affari esteri e la politica di sicurezza, giunge a termine il mandato del membro avente la stessa nazionalità dell'alto rappresentante [31].

TITOLO V – **DISPOSIZIONI RELATIVE AL SEGRETARIO GENERALE DEL CONSIGLIO, ALTO RAPPRESENTANTE PER LA POLITICA ESTERA E DI SICUREZZA COMUNE, E AL SEGRETARIO GENERALE AGGIUNTO DEL CONSIGLIO**

Articolo 6. – Il mandato del segretario generale del Consiglio, alto rappresentante per la politica estera e di sicurezza comune, e del segretario generale aggiunto del Consiglio giunge a termine alla data di entrata in vigore del trattato di Lisbona. Il Consiglio nomina il segretario generale in conformità dell'articolo 240, paragrafo 2 del trattato sul funzionamento dell'Unione europea.

TITOLO VI – **DISPOSIZIONI CONCERNENTI GLI ORGANI CONSULTIVI**

Articolo 7. – Fino all'entrata in vigore della decisione di cui all'articolo 301 del trattato sul funzionamento dell'Unione europea, la ripartizione dei membri del Comitato economico e sociale è la seguente:

Belgio	***12***
Bulgaria	***12***
Repubblica ceca	***12***
Danimarca	***9***
Germania	***24***
Estonia	***7***
Irlanda	***9***
Grecia	***12***
Spagna	***21***
Francia	***24***
Croazia	***9***
Italia	***24***
Cipro	***6***
Lettonia	***7***
Lituania	***9***
Lussemburgo	***6***
Ungheria	***12***
Malta	***5***
Paesi Bassi	***12***
Austria	***12***
Polonia	***21***
Portogallo	***12***
Romania	***15***
Slovenia	***7***
Slovacchia	***9***
Finlandia	***9***

[31] Dispone l'art. 21 dell'Atto di adesione della Croazia che «1. Un cittadino della Croazia è nominato membro della Commissione a decorrere dalla data dell'adesione fino al 31 ottobre 2014. Il nuovo membro della Commissione è nominato dal Consiglio, che delibera a maggioranza qualificata e di comune accordo con il presidente della Commissione, previa consultazione del Parlamento europeo e secondo i criteri enunciati all'articolo 17, paragrafo 3, secondo comma, TUE.

2. Il mandato del membro nominato conformemente al paragrafo 1 scade contemporaneamente a quello dei membri che sono in carica al momento dell'adesione».

Svezia	*12*
Regno Unito	*24*[32]

Articolo 8. – Fino all'entrata in vigore della decisione di cui all'articolo 305 del trattato sul funzionamento dell'Unione europea, la ripartizione dei membri del Comitato delle regioni è la seguente:

Belgio	*12*
Bulgaria	*12*
Repubblica ceca	*12*
Danimarca	*9*
Germania	*24*
Estonia	*7*
Irlanda	*9*
Grecia	*12*
Spagna	*21*
Francia	*24*
Croazia	*9*
Italia	*24*
Cipro	*6*
Lettonia	*7*
Lituania	*9*
Lussemburgo	*6*
Ungheria	*12*
Malta	*5*
Paesi Bassi	*12*
Austria	*12*
Polonia	*21*
Portogallo	*12*
Romania	*15*
Slovenia	*7*
Slovacchia	*9*
Finlandia	*9*
Svezia	*12*
Regno Unito	*24*[33]

[32] Articolo sostituito dall'Atto di adesione della Croazia, art. 23, par. 1. Dispone inoltre l'art. 23: «2. Il numero dei membri del Comitato economico e sociale è temporaneamente aumentato a 353 per tenere conto dell'adesione della Croazia per il periodo compreso tra la data di adesione e la fine del mandato durante il quale la Croazia aderisce all'Unione o, se precedente, fino all'entrata in vigore della decisione di cui all'articolo 301, secondo comma, TFUE.

3. Se la decisione di cui all'articolo 301, secondo comma, TFUE è già stata adottata alla data di adesione, in deroga all'articolo 301, primo comma, TFUE, che stabilisce il numero massimo di membri del Comitato economico e sociale, alla Croazia è temporaneamente attribuito un numero adeguato di membri fino alla fine del mandato durante il quale essa aderisce all'Unione». Sulla decisione (UE) 2015/1157del Consiglio, modificata dalla decisione (UE) 2019/853 a seguito del recesso del Regno Unito, cfr. retro, par. 3, nota 7.

[33] Articolo sostituito dall'Atto di adesione della Croazia, art. 24, par. 1. Dispone inoltre l'art. 24: «2. Il numero dei membri del Comitato delle regioni è temporaneamente aumentato a 353 per tenere conto dell'adesione della Croazia per il periodo compreso tra la data di adesione e la fine del mandato durante il quale la Croazia aderisce all'Unione o, se precedente, fino all'entrata in vigore della decisione di cui all'articolo 305, secondo comma, TFUE.

3. Se la decisione di cui all'articolo 305, secondo comma, TFUE è già stata adottata alla data di adesione, in deroga all'articolo 305, primo comma, TFUE, che stabilisce il numero massimo di membri del Comitato delle regioni, alla Croazia è temporaneamente attribuito un numero adeguato di membri fino alla

TITOLO VII – DISPOSIZIONI TRANSITORIE RELATIVE AGLI ATTI ADOTTATI IN BASE AI TITOLI V E VI DEL TRATTATO SULL'UNIONE EUROPEA PRIMA DELL'ENTRATA IN VIGORE DEL TRATTATO DI LISBONA

Articolo 9. – Gli effetti giuridici degli atti delle istituzioni, degli organi e degli organismi dell'Unione adottati in base al trattato sull'Unione europea prima dell'entrata in vigore del trattato di Lisbona sono mantenuti finché tali atti non saranno stati abrogati, annullati o modificati in applicazione dei trattati. Ciò vale anche per le convenzioni concluse tra Stati membri in base al trattato sull'Unione europea.

Articolo 10. – 1. A titolo di misura transitoria e in ordine agli atti dell'Unione nel settore della cooperazione di polizia e della cooperazione giudiziaria in materia penale adottati prima dell'entrata in vigore del trattato di Lisbona, le attribuzioni delle istituzioni alla data di entrata in vigore di detto trattato sono le seguenti: le attribuzioni della Commissione ai sensi dell'articolo 258 del trattato sul funzionamento dell'Unione europea non sono applicabili e le attribuzioni della Corte di giustizia dell'Unione europea ai sensi del titolo VI del trattato sull'Unione europea, nella versione vigente prima dell'entrata in vigore del trattato di Lisbona, restano invariate, anche nel caso in cui siano state accettate in forza dell'articolo 35, paragrafo 2 di detto trattato sull'Unione europea.

2. La modifica di un atto di cui al paragrafo 1 comporta che, con riguardo all'atto modificato e nei confronti degli Stati membri ai quali esso si applica, le attribuzioni delle istituzioni menzionate in detto paragrafo si applichino quali previste dai trattati.

3. In ogni caso la misura transitoria di cui al paragrafo 1 cessa di avere effetto cinque anni dopo l'entrata in vigore del trattato di Lisbona.

4. Al più tardi sei mesi prima della fine del periodo transitorio di cui al paragrafo 3 il Regno Unito può notificare al Consiglio che, riguardo agli atti di cui al paragrafo 1, non accetta le attribuzioni delle istituzioni menzionate al paragrafo 1 quali previste dai trattati. Se il Regno Unito ha effettuato la notifica, cessano di applicarsi a detto Stato tutti gli atti di cui al paragrafo 1 dalla data di fine del periodo transitorio di cui al paragrafo 3. Il presente comma non si applica nel caso degli atti modificati applicabili al Regno Unito secondo quanto indicato al paragrafo 2.

Il Consiglio, deliberando a maggioranza qualificata su proposta della Commissione, determina gli adattamenti necessari che ne conseguono e il necessario regime transitorio. Il Regno Unito non partecipa all'adozione della decisione. Per maggioranza qualificata del Consiglio si intende quella definita conformemente all'articolo 238, paragrafo 3, lettera a) del trattato sul funzionamento dell'Unione europea.

Il Consiglio, deliberando a maggioranza qualificata su proposta della Commissione, può altresì adottare una decisione che stabilisce che il Regno Unito si fa carico delle eventuali conseguenze finanziarie dirette, derivanti necessariamente e inevitabilmente dalla cessazione della sua partecipazione agli atti suddetti.

5. Successivamente il Regno Unito può in qualsiasi momento notificare al Consiglio che desidera partecipare ad atti che, in forza del paragrafo 4, primo comma, hanno cessato di applicarsi a detto Stato. In tale occorrenza si applicano, secondo i casi, le disposizioni pertinenti del protocollo sull'acquis di Schengen integrato nell'ambito dell'Unione europea o del protocollo sulla posizione del Regno Unito e dell'Irlanda rispetto allo spazio di libertà, sicurezza e giustizia. Le attribuzioni delle istituzioni riguardo a tali atti sono quelle previste dai trattati. Quando agiscono nell'ambito dei protocolli in questione, le istituzioni dell'Unione e il Regno Unito si adoperano per ristabilire la più ampia partecipazione possibile del Regno Unito all'acquis dell'Unione riguardo allo spazio di libertà, sicurezza e giustizia senza incidere profondamente sul funzionamento pratico delle varie parti dell'acquis e rispettandone la coerenza.

---

fine del mandato durante il quale essa aderisce all'Unione». Sulla decisione (UE) 2014/930 del Consiglio, modificata dalla decisione (UE) 2019/852 a seguito del recesso del Regno Unito, cfr. retro, par. 3, nota 8.

Protocollo (n. 37) relativo alle conseguenze finanziarie della scadenza del trattato Ceca e al fondo di ricerca carbone e acciaio

LE ALTE PARTI CONTRAENTI,

RAMMENTANDO che tutte le attività e passività della Comunità europea del carbone e dell'acciaio, esistenti al 23 luglio 2002, sono state trasferite alla Comunità europea a partire dal 24 luglio 2002;

TENENDO CONTO del desiderio di utilizzare tali fondi a fini di ricerca in settori correlati all'industria del carbone e dell'acciaio e della conseguente necessità di prevedere talune norme specifiche al riguardo,

HANNO CONVENUTO le disposizioni seguenti, che sono allegate al trattato sull'Unione europea e al trattato sul funzionamento dell'Unione europea:

Articolo 1. – 1. Il valore netto di dette attività e passività, quali iscritte nel bilancio della CECA al 23 luglio 2002, corretto in base alle eventuali maggiorazioni o decurtamenti, conseguenti alle operazioni di liquidazione, è considerato patrimonio destinato alla ricerca in settori correlati all'industria del carbone e dell'acciaio e denominato "CECA in liquidazione". A liquidazione conclusa il patrimonio assume la denominazione di "Patrimonio del Fondo di ricerca carbone e acciaio".

2. Le entrate derivanti da detto patrimonio, denominate "Fondo di ricerca carbone e acciaio", sono utilizzate esclusivamente a fini di ricerca in settori correlati all'industria del carbone e dell'acciaio al di fuori del programma quadro di ricerca, conformemente alle disposizioni del presente protocollo e degli atti in virtù di esso adottati.

Articolo 2. – Il Consiglio, deliberando secondo una procedura legislativa speciale e previa approvazione del Parlamento europeo, adotta tutte le disposizioni necessarie all'attuazione del presente protocollo, ivi compresi i principi essenziali.

Il Consiglio, su proposta della Commissione e previa consultazione del Parlamento europeo, adotta le misure che stabiliscono gli orientamenti finanziari pluriennali per la gestione del patrimonio del Fondo di ricerca carbone e acciaio e degli orientamenti tecnici per il programma di ricerca di detto Fondo.

Articolo 3. – Salvo se altrimenti previsto dal presente protocollo e dagli atti in virtù di esso adottati, si applicano le disposizioni dei trattati.

5. Allegati

ALLEGATO I – ELENCO PREVISTO DALL'ARTICOLO 38 DEL TRATTATO SUL FUNZIONAMENTO DELL'UNIONE EUROPEA

1 Numeri della nomenclatura di Bruxelles	2 Denominazione dei prodotti
Capitolo 1	Animali vivi
Capitolo 2	Carni e frattaglie commestibili
Capitolo 3	Pesci, crostacei e molluschi
Capitolo 4	Latte e derivati del latte; uova di volatili; miele naturale
Capitolo 5	
05.04	Budella, vesciche e stomachi di animali, interi o in pezzi, esclusi quelli di pesci
05.15	Prodotti di origine animale, non nominati né compresi altrove; animali morti dei capitoli 1 o 3, non atti all'alimentazione umana
Capitolo 6	Piante vive e prodotti della floricoltura
Capitolo 7	Legumi, ortaggi, piante, radici e tuberi, mangerecci
Capitolo 8	Frutta commestibile; scorze di agrumi e di meloni
Capitolo 9	Caffè, tè e spezie, escluso il matè (voce n. 0903)
Capitolo 10	Cereali
Capitolo 11	Prodotti della macinazione; malto; amidi e fecole; glutine; inulina
Capitolo 12	Semi e frutti oleosi; semi, sementi e frutti diversi; piante industriali e medicinali; paglie e foraggi
Capitolo 13	
ex 13.03	Pectina
Capitolo 15	
15.01	Strutto ed altri grassi di maiale pressati o fusi; grasso di volatili pressato o fuso
15.02	Sevi (della specie bovina, ovina e caprina) greggi o fusi, compresi i sevi detti "primo sugo"
15.03	Stearina solare; oleo-stearina; olio di strutto e oleomargarina non emulsionata, non mescolati né altrimenti preparati
15.04	Grassi e oli di pesci e di mammiferi marini, anche raffinati
15.07	Oli vegetali fissi, fluidi o concreti, greggi, depurati o raffinati
15.12	Grassi e oli animali o vegetali idrogenati anche raffinati, ma non preparati
15.13	Margarina, imitazioni dello strutto e altri grassi alimentari preparati
15.17	Residui provenienti dalla lavorazione delle sostanze grasse, o delle cere animali o vegetali

Capitolo 16	Preparazioni di carni, di pesci, di crostacei e di molluschi
Capitolo 17	
17.01	Zucchero di barbabietola e di canna, allo stato solido
17.02	Altri zuccheri; sciroppi; succedanei del miele, anche misti con miele naturale; zuccheri e melassi, caramellati
17.03	Melassi, anche decolorati
17.05 [*]	Zuccheri, sciroppi e melassi aromatizzati o coloriti (compreso lo zucchero vanigliato, alla vaniglia o alla vaniglina), esclusi i succhi di frutta addizionati di zucchero in qualsiasi proporzione
Capitolo 18	
18.01	Cacao in grani anche infranto, greggio o torrefatto
18.02	Gusci, bucce, pellicole e cascami di cacao
Capitolo 20	Preparazioni di ortaggi, di piante mangerecce, di frutti e di altre piante o parti di piante
Capitolo 22	
22.04	Mosti di uva parzialmente fermentati anche mutizzati con metodi diversi dall'aggiunta di alcole
22.05	Vini di uve fresche; mosti di uve fresche mutizzati con l'alcole (mistelle)
22.07	Sidro, sidro di pere, idromele ed altre bevande fermentate
ex 22.08 [*]	Alcole etilico, denaturato o no, di qualsiasi gradazione, ottenuto a partire da prodotti agricoli compresi nell'allegato I, ad esclusione di acquaviti, liquori ed altre bevande alcoliche, preparazioni alcoliche composte (dette estratti concentrati) per la fabbricazione di bevande
ex 22.09 [*]	
22.10 [*]	Aceti commestibili e loro succedanei commestibili
Capitolo 23	Residui e cascami delle industrie alimentari; alimenti preparati per gli animali
Capitolo 24	
24.01	Tabacchi greggi o non lavorati; cascami di tabacco
Capitolo 45	
45.01	Sughero naturale greggio e cascami di sughero; sughero frantumato, granulato o polverizzato
Capitolo 54	
54.01	Lino greggio, macerato, stigliato, pettinato o altrimenti preparato, ma non filato; stoppa e cascami (compresi gli sfilacciati)
Capitolo 57	
57.01	Canapa (Cannabis sativa) greggia, macerata, stigliata, pettinata o altrimenti preparata, ma non filata; stoppa e cascami (compresi gli sfilacciati)

[*] Posizione inserita dall'articolo 1 del regolamento n. 7 *bis* del Regolamento della Comunità economica europea, del 18 dicembre 1959 (*G.U.* n. 7 del 30 gennaio 1961, pp. 61-71).

ALLEGATO II – PAESI E TERRITORI D'OLTREMARE CUI SI APPLICANO LE DISPOSIZIONI DELLA PARTE QUARTA DEL TRATTATO SUL FUNZIONAMENTO DELL'UNIONE EUROPEA

- Groenlandia
- Nuova Caledonia e dipendenze
- Polinesia francese
- Terre australi ed antartiche francesi
- Isole Wallis e Futuna [1]
- Saint Pierre e Miquelon
- ***Saint-Barthélemy*** [2]
- Aruba
- Antille Olandesi:
  - Bonaire
  - Curaçao
  - Saba
  - Sint Eustatius
  - Sint Maarten
- Anguilla
- Isole Cayman
- Isole Falkland
- Georgia del Sud e isole Sandwich del Sud
- Montserrat
- Pitcairn
- Sant'Elena e dipendenze
- Territori dell'Antartico britannico
- Territori britannici dell'Oceano indiano
- Isole Turks e Caicos
- Isole Vergini britanniche
- Le Bermude

[1] Dopo il quinto trattino «– Isole Wallis e Futuna» il sesto trattino «Mayotte» è stato abrogato con decisione del Consiglio europeo dell'11 luglio 2012: cfr. la nota 8 all'art. 349 TFUE.

[2] Il trattino è stato inserito con decisione del Consiglio europeo del 29 ottobre 2010: cfr. la nota 9 all'art. 349 TFUE.

6. Dichiarazioni allegate all'atto finale della Conferenza intergovernativa che ha adottato il trattato di Lisbona firmato il 13 dicembre 2007

A. DICHIARAZIONI RELATIVE A DISPOSIZIONI DEI TRATTATI

1. Dichiarazione relativa alla Carta dei diritti fondamentali dell'Unione europea

La Carta dei diritti fondamentali, che ha forza giuridicamente vincolante, conferma i diritti fondamentali garantiti dalla convenzione europea per la salvaguardia dei diritti dell'uomo e delle libertà fondamentali e quali risultano dalle tradizioni costituzionali comuni degli Stati membri.

La Carta non estende l'ambito di applicazione del diritto dell'Unione al di là delle competenze dell'Unione, né introduce competenze nuove o compiti nuovi per l'Unione, né modifica le competenze e i compiti definiti dai trattati.

2. Dichiarazione relativa all'articolo 6, paragrafo 2 del trattato sull'Unione europea

La conferenza conviene che l'adesione dell'Unione alla convenzione europea per la salvaguardia dei diritti dell'uomo e delle libertà fondamentali debba realizzarsi con modalità atte a preservare le specificità dell'ordinamento giuridico dell'Unione. A tale riguardo, la conferenza prende atto dell'esistenza di un dialogo regolare fra la Corte di giustizia dell'Unione europea e la Corte europea dei diritti dell'uomo; tale dialogo potrà essere rafforzato non appena l'Unione europea avrà aderito a tale convenzione.

3. Dichiarazione relativa all'articolo 8 del trattato sull'Unione europea

L'Unione terrà conto della situazione particolare dei paesi di piccole dimensioni territoriali che intrattengono con l'Unione specifiche relazioni di prossimità.

4. Dichiarazione sulla composizione del Parlamento europeo

Il seggio supplementare al Parlamento europeo sarà attribuito all'Italia.

5. Dichiarazione sull'accordo politico del Consiglio europeo relativo al progetto di decisione sulla composizione del Parlamento europeo

Il Consiglio europeo darà il suo accordo politico in merito al progetto riveduto di decisione sulla composizione del Parlamento europeo per la legislatura 2009-2014, in base alla proposta del Parlamento europeo.

6. Dichiarazione relativa agli articoli 15, paragrafi 5 e 6, 17, paragrafi 6 e 7, e 18 del trattato sull'Unione europea

La scelta delle persone chiamate ad occupare la carica di presidente del Consiglio europeo, di presidente della Commissione e di alto rappresentante dell'Unione per gli affari esteri e la politica di sicurezza dovrà tenere debitamente conto della necessità di rispettare la diversità geografica e demografica dell'Unione e dei suoi Stati membri.

7. Dichiarazione relativa all'articolo 16, paragrafo 4, del trattato sull'Unione europea e all'articolo 238, paragrafo 2, del trattato sul funzionamento dell'Unione europea

La conferenza dichiara che la decisione relativa all'attuazione dell'articolo 16, paragrafo 4, del trattato sull'Unione europea e dell'articolo 238, paragrafo 2, del trattato sul funzionamento dell'Unione europea sarà adottata dal Consiglio alla data della firma del trattato di Lisbona ed entrerà in vigore il giorno dell'entrata in vigore di detto trattato. Il progetto di decisione figura qui di seguito.

Progetto di decisione del Consiglio
relativa all'attuazione degli articoli 16, paragrafo 4 del trattato sull'Unione europea e 238, paragrafo 2 del trattato sul funzionamento dell'Unione europea tra il 1° novembre 2014 e il 31 marzo 2017, da un lato, e a decorrere dal 1° aprile 2017, dall'altro

IL CONSIGLIO DELL'UNIONE EUROPEA,

considerando quanto segue:

(1) È opportuno adottare disposizioni tali da consentire una transizione fluida dal sistema decisionale del Consiglio a maggioranza qualificata – quale definito all'articolo 3, paragrafo 3 del protocollo sulle disposizioni transitorie, che continuerà ad applicarsi fino al 31 ottobre 2014 – al sistema di voto previsto agli articoli 16, paragrafo 4 del trattato sull'Unione europea e 238, paragrafo 2 del trattato sul funzionamento dell'Unione europea, che si applicherà a decorrere dal 1° novembre 2014, comprese, durante un periodo transitorio fino al 31 marzo 2017, le disposizioni specifiche di cui all'articolo 3, paragrafo 2 di detto protocollo.

(2) Si rammenta che è pratica del Consiglio compiere ogni sforzo per rafforzare la legittimità democratica delle deliberazioni prese a maggioranza qualificata,

DECIDE:

SEZIONE 1 – *Disposizioni applicabili tra il 1° novembre 2014 e il 31 marzo 2017*

Articolo 1. – Tra il 1° novembre 2014 e il 31 marzo 2017, se un numero di membri del Consiglio che rappresenta:

a) almeno i tre quarti della popolazione, o

b) almeno i tre quarti del numero degli Stati membri,

necessari per costituire una minoranza di blocco risultante dall'applicazione degli articoli 16, paragrafo 4 del trattato sull'Unione europea o 238, paragrafo 2 del trattato sul funzionamento dell'Unione europea, manifesta l'intenzione di opporsi all'adozione da parte del Consiglio di un atto a maggioranza qualificata, il Consiglio discute la questione.

Articolo 2. – Durante le discussioni, il Consiglio fa tutto il possibile per raggiungere, entro un tempo ragionevole e senza pregiudicare i limiti di tempo obbligatori stabiliti dal diritto dell'Unione, una soluzione soddisfacente che tenga conto delle preoccupazioni manifestate dai membri del Consiglio di cui all'articolo 1.

Articolo 3. – A tal fine, il presidente del Consiglio mette in atto, con l'assistenza della Commissione e nel rispetto del regolamento interno del Consiglio, qualsiasi iniziativa necessaria per facilitare la realizzazione di una più ampia base di accordo nel Consiglio. I membri del Consiglio gli prestano la loro assistenza.

SEZIONE 2 – *Disposizioni applicabili a decorrere dal 1° aprile 2017*

Articolo 4. – A decorrere dal 1° aprile 2017, se un numero di membri del Consiglio che rappresenta:

a) almeno il 55% della popolazione, o

b) almeno il 55% del numero degli Stati membri,

necessari per costituire una minoranza di blocco risultante dall'applicazione degli articoli 16, paragrafo 4, primo comma del trattato sull'Unione europea o 238, paragrafo 2 del trattato sul funzionamento dell'Unione europea, manifesta l'intenzione di opporsi all'adozione da parte del Consiglio di un atto a maggioranza qualificata, il Consiglio discute la questione.

Articolo 5. – Durante le discussioni, il Consiglio fa tutto il possibile per raggiungere, entro un tempo ragionevole e senza pregiudicare i limiti di tempo obbligatori stabiliti dal diritto dell'Unione, una soluzione soddisfacente che tenga conto delle preoccupazioni manifestate dai membri del Consiglio di cui all'articolo 4.

Articolo 6. – A tal fine, il presidente del Consiglio mette in atto, con l'assistenza della Commissione e nel rispetto del regolamento interno del Consiglio, qualsiasi iniziativa necessaria per facilitare la realizzazione di una più ampia base di accordo nel Consiglio. I membri del Consiglio gli prestano la loro assistenza.

SEZIONE 3 – *Entrata in vigore*

Articolo 7. – La presente decisione entra in vigore il giorno dell'entrata in vigore del trattato di Lisbona.

8. Dichiarazione relativa alle misure pratiche da adottare al momento dell'entrata in vigore del trattato di Lisbona per quanto concerne la presidenza del Consiglio europeo e del Consiglio "Affari esteri"

Qualora il trattato di Lisbona entrasse in vigore dopo il 1° gennaio 2009, la conferenza invita le autorità competenti dello Stato membro che esercita in detto periodo la presidenza semestrale del Consiglio, da un lato, e la personalità che sarà eletta presidente del Consiglio europeo e quella che sarà nominata alto rappresentante dell'Unione per gli affari esteri e la politica di sicurezza, dall'altro, ad adottare, di concerto con la presidenza semestrale successiva, le misure concrete necessarie a consentire una transizione efficace degli aspetti materiali e organizzativi dell'esercizio della presidenza del Consiglio europeo e del Consiglio "Affari esteri".

9. Dichiarazione relativa all'articolo 16, paragrafo 9 del trattato sull'Unione europea, concernente la decisione del Consiglio europeo sull'esercizio della presidenza del Consiglio

La conferenza dichiara che il Consiglio dovrebbe avviare la preparazione della decisione che stabilisce le modalità di attuazione della decisione sull'esercizio della presidenza del Consiglio a partire dalla firma del trattato di Lisbona e dare la sua approvazione politica entro sei mesi. Un progetto di decisione del Consiglio europeo, che sarà adottata il giorno dell'entrata in vigore di tale trattato, figura qui di seguito.

Progetto di decisione del Consiglio europeo sull'esercizio della presidenza del Consiglio

Articolo 1. – 1. La presidenza del Consiglio, ad eccezione della formazione "Affari esteri", è esercitata da gruppi predeterminati di tre Stati membri per un periodo di 18 mesi. Tali gruppi sono composti secondo un sistema di rotazione paritaria degli Stati membri, tenendo conto della loro diversità e degli equilibri geografici nell'Unione.

2. Ciascun membro del gruppo esercita a turno la presidenza di tutte le formazioni del Consiglio, ad eccezione della formazione "Affari esteri", per un periodo di sei mesi. Gli altri membri del gruppo assistono la presidenza in tutti i suoi compiti sulla base di un programma comune. I membri del gruppo possono decidere tra loro modalità alternative.

Articolo 2. – La presidenza del comitato dei rappresentanti permanenti dei governi degli Stati membri è esercitata da un rappresentante dello Stato membro che esercita la presidenza del Consiglio "Affari generali".

La presidenza del comitato politico e di sicurezza è esercitata da un rappresentante dell'alto rappresentante dell'Unione per gli affari esteri e la politica di sicurezza.

La presidenza degli organi preparatori delle varie formazioni del Consiglio, ad eccezione della formazione "Affari esteri", spetta al membro del gruppo che esercita la presidenza della relativa formazione, salvo decisione contraria conformemente all'articolo 4.

Articolo 3. – Il Consiglio "Affari generali" assicura, in collaborazione con la Commissione, la coerenza e la continuità dei lavori delle varie formazioni del Consiglio nell'ambito di una programmazione pluriennale. Gli Stati membri che esercitano la presidenza adottano, con l'assistenza del segretariato generale del Consiglio, tutte le disposizioni utili all'organizzazione e al buon andamento dei lavori del Consiglio.

Articolo 4. – Il Consiglio adotta una decisione che stabilisce le misure di applicazione della presente decisione.

10. Dichiarazione relativa all'articolo 17 del trattato sull'Unione europea

La conferenza considera che la Commissione, quando non includerà più cittadini di tutti gli Stati membri, dovrebbe dedicare particolare attenzione alla necessità di assicurare piena trasparenza nelle relazioni con tutti gli Stati membri. Di conseguenza, la Commissione dovrebbe mantenere stretti contatti con tutti gli Stati membri, indipendentemente dal fatto che essi abbiano un loro cittadino tra i membri della Commissione e, in questo contesto, dovrebbe dedicare particolare attenzione alla necessità di scambiare informazioni e di consultarsi con tutti gli Stati membri.

La conferenza considera altresì che la Commissione dovrebbe prendere tutte le misure necessarie per assicurare che le realtà politiche, sociali ed economiche di tutti gli Stati membri, inclusi quelli che non hanno loro cittadini tra i membri della Commissione, siano pienamente prese in considerazione. Tali misure dovrebbero assicurare anche che la posizione di tali Stati membri sia tenuta in considerazione mediante l'adozione delle appropriate disposizioni organizzative.

11. Dichiarazione relativa all'articolo 17, paragrafi 6 e 7 del trattato sull'Unione europea

La conferenza ritiene che, conformemente alle disposizioni dei trattati, il Parlamento europeo e il Consiglio europeo siano congiuntamente responsabili del buono svolgimento del processo che porta all'elezione del presidente della Commissione europea. Pertanto, rappresentanti del Parlamento europeo e del Consiglio europeo procederanno, preliminarmente alla decisione del Consiglio europeo, alle consultazioni necessarie nel quadro ritenuto più appropriato. Conformemente all'articolo 17, paragrafo 7, primo comma tali consultazioni riguarderanno il profilo dei candidati alla carica di presidente della Commissione, tenendo conto delle elezioni del Parlamento europeo. Le modalità di tali consultazioni potranno essere precisate, a tempo debito, di comune accordo tra il Parlamento europeo e il Consiglio europeo.

12. Dichiarazione relativa all'articolo 18 del trattato sull'Unione europea

1. La conferenza dichiara che, durante i lavori preparatori della nomina dell'alto rappresentante dell'Unione per gli affari esteri e la politica di sicurezza prevista alla data di entrata in vigore del trattato di Lisbona, conformemente all'articolo 18 del trattato sull'Unione europea e all'articolo 5 del protocollo sulle disposizioni transitorie, saranno presi gli opportuni contatti con il Parlamento europeo; il mandato dell'alto rappresentante decorrerà da tale data fino alla scadenza del mandato della Commissione in carica a tale data.

2. Inoltre, la conferenza ricorda che, per quanto riguarda l'alto rappresentante dell'Unione per gli affari esteri e la politica di sicurezza, il cui mandato decorrerà dal novembre 2009 nello stesso momento e per la stessa durata della prossima Commissione, sarà nominato in conformità delle disposizioni degli articoli 17 e 18 del trattato sull'Unione europea.

13. Dichiarazione relativa alla politica estera e di sicurezza comune

La conferenza sottolinea che le disposizioni del trattato sull'Unione europea riguardanti la politica estera e di sicurezza comune, compresa la creazione della carica di alto rappresentante dell'Unione per gli affari esteri e la politica di sicurezza e l'istituzione di un servizio per l'azione esterna, lasciano impregiudicate sia le competenze degli Stati membri, quali esistono attualmente, per la formulazione e la conduzione della loro politica estera sia la loro rappresentanza nazionale nei paesi terzi e nelle organizzazioni internazionali.

La conferenza ricorda altresì che le disposizioni riguardanti la politica comune in materia di sicurezza e di difesa non pregiudicano il carattere specifico della politica di sicurezza e di difesa degli Stati membri.

La conferenza sottolinea che l'Unione europea e i suoi Stati membri resteranno vincolati dalle disposizioni della Carta delle Nazioni Unite e, in particolare, dalla responsabilità primaria del Consiglio di sicurezza e dei suoi membri per il mantenimento della pace e della sicurezza internazionali.

14. Dichiarazione relativa alla politica estera e di sicurezza comune

Oltre alle norme e procedure specifiche di cui all'articolo 24, paragrafo 1 del trattato sull'Unione europea, la conferenza sottolinea che le disposizioni riguardanti la politica estera e di sicurezza comune, comprese quelle relative all'alto rappresentante dell'Unione per gli affari esteri e la politica di sicurezza e al servizio per l'azione esterna, non incidono sulla base giuridica, sulle responsabilità e sui poteri esistenti di ciascuno Stato membro per quanto riguarda la formulazione e la conduzione della sua politica estera, il suo servizio diplomatico nazionale, le relazioni con i paesi terzi e la partecipazione alle organizzazioni internazionali compresa l'appartenenza di uno Stato membro al Consiglio di sicurezza delle Nazioni Unite.

La conferenza rileva altresì che le disposizioni relative alla politica estera e di sicurezza comune non conferiscono alla Commissione nuovi poteri di iniziativa per le decisioni né accrescono il ruolo del Parlamento europeo.

La conferenza ricorda altresì che le disposizioni riguardanti la politica comune in materia di sicurezza e di difesa non pregiudicano il carattere specifico della politica di sicurezza e di difesa degli Stati membri.

15. Dichiarazione relativa all'articolo 27 del trattato sull'Unione europea

La conferenza dichiara che, non appena sarà stato firmato il trattato di Lisbona, il segretario generale del Consiglio, alto rappresentante per la politica estera e di sicurezza comune, la Commissione e gli Stati membri dovrebbero iniziare i lavori preparatori del servizio europeo per l'azione esterna.

16. Dichiarazione relativa all'articolo 55, paragrafo 2 del trattato sull'Unione europea

La conferenza ritiene che la possibilità di tradurre i trattati nelle lingue di cui all'articolo 55, paragrafo 2 contribuisca a realizzare l'obiettivo di rispettare la ricchezza della diversità culturale e linguistica dell'Unione di cui all'articolo 3, paragrafo 3, quarto comma. In questo contesto la conferenza conferma l'importanza che l'Unione annette alla diversità culturale dell'Europa e la particolare attenzione che essa continuerà a prestare a queste e alle altre lingue.

La conferenza raccomanda agli Stati membri che intendono valersi della possibilità offerta dall'articolo 55, paragrafo 2 di comunicare al Consiglio, entro sei mesi dalla data della firma del trattato di Lisbona, la lingua o le lingue in cui essi saranno tradotti.

17. Dichiarazione relativa al primato

La conferenza ricorda che, per giurisprudenza costante della Corte di giustizia dell'Unione europea, i trattati e il diritto adottato dall'Unione sulla base dei trattati prevalgono sul diritto degli Stati membri alle condizioni stabilite dalla summenzionata giurisprudenza.

Inoltre, la conferenza ha deciso di allegare al presente atto finale il parere del Servizio giuridico del Consiglio sul primato, riportato nel documento 11197/07 (JUR 260):

«*Parere del Servizio giuridico del Consiglio del 22 giugno 2007*

Dalla giurisprudenza della Corte di giustizia si evince che la preminenza del diritto comunitario è un principio fondamentale del diritto comunitario stesso. Secondo la Corte, tale principio è insito nella natura specifica della Comunità europea. All'epoca della prima sentenza di questa giurisprudenza consolidata [Costa contro ENEL, 15 luglio 1964, causa 6/64 (1)*] non esisteva alcuna menzione di preminenza nel trattato. La situazione è a tutt'oggi immutata. Il fatto che il principio della preminenza non sarà incluso nel futuro trattato non altera in alcun modo l'esistenza del principio stesso e la giurisprudenza esistente della Corte di giustizia*».

(1) *"(...) discende che, scaturito da una fonte autonoma, il diritto nato dal trattato non potrebbe, in ragione appunto della sua specifica natura, trovare un limite in qualsiasi provvedimento interno senza perdere il proprio carattere comunitario e senza che ne risultasse scosso il fondamento giuridico della stessa comunità."*.

18. Dichiarazione relativa alla delimitazione delle competenze

La conferenza sottolinea che, conformemente al sistema di ripartizione delle competenze tra l'Unione e gli Stati membri previsto dal trattato sull'Unione europea e dal trattato sul funzionamento dell'Unione europea, qualsiasi competenza non attribuita all'Unione nei trattati appartiene agli Stati membri.

Quando i trattati attribuiscono all'Unione una competenza concorrente con quella degli Stati membri in un determinato settore, gli Stati membri esercitano la loro competenza nella misura in cui l'Unione non ha esercitato la propria o ha deciso di cessare di esercitarla. Quest'ultimo caso si verifica quando le competenti istituzioni dell'Unione decidono di abrogare un atto legislativo, in particolare per assicurare meglio il rispetto costante dei principi di sussidiarietà e proporzionalità. Il Consiglio può chiedere, su iniziativa di uno o più dei suoi membri (rappresentanti degli Stati membri) e in conformità dell'articolo 241 del trattato sul funzionamento dell'Unione europea, alla Commissione di presentare proposte per abrogare un atto legislativo. La conferenza si compiace che la Commissione dichiari che presterà particolare attenzione a queste richieste.

Parimenti, i rappresentanti dei governi degli Stati membri, riuniti in sede di conferenza intergovernativa, conformemente alla procedura di revisione ordinaria di cui all'articolo 48, paragrafi da 2 a 5 del trattato sull'Unione europea possono decidere di modificare i trattati su cui l'Unione si fonda, anche per accrescere o ridurre le competenze attribuite all'Unione in detti trattati.

19. Dichiarazione relativa all'articolo 8 del trattato sul funzionamento dell'Unione europea

La conferenza conviene che, nell'ambito degli sforzi generali per eliminare le ineguaglianze tra donne e uomini, l'Unione mirerà, nelle sue varie politiche, a lottare contro tutte le forme di violenza domestica. Gli Stati membri dovrebbero adottare tutte le misure necessarie per prevenire e punire questi atti criminali e per sostenere e proteggere le vittime.

20. Dichiarazione relativa all'articolo 16 del trattato sul funzionamento dell'Unione europea

La conferenza dichiara che, ogniqualvolta le norme in materia di protezione dei dati personali da adottare in base all'articolo 16 possano avere implicazioni dirette per la sicurezza nazionale, si dovrà tenere debito conto delle caratteristiche specifiche della questione. Rammenta che la legislazione attualmente applicabile (vedasi in particolare la direttiva 95/46/CE) prevede deroghe specifiche al riguardo.

21. Dichiarazione relativa alla protezione dei dati personali nel settore della cooperazione giudiziaria in materia penale e della cooperazione di polizia

La conferenza riconosce che potrebbero rivelarsi necessarie, in considerazione della specificità dei settori in questione, norme specifiche sulla protezione dei dati personali e sulla libera circolazione di tali dati nei settori della cooperazione giudiziaria in materia penale e della cooperazione di polizia, in base all'articolo 16 del trattato sul funzionamento dell'Unione europea.

22. Dichiarazione relativa agli articoli 48 e 79 del trattato sul funzionamento dell'Unione europea

La conferenza considera che, qualora un progetto di atto legislativo fondato sull'articolo 79, paragrafo 2 leda aspetti importanti del sistema di sicurezza sociale di uno Stato membro, in particolare per quanto riguarda il campo d'applicazione, i costi o la struttura finanziaria, oppure ne alteri l'equilibrio finanziario ai sensi dell'articolo 48, secondo comma, gli interessi di tale Stato membro debbano essere tenuti nella debita considerazione.

23. Dichiarazione relativa all'articolo 48, secondo comma, del trattato sul funzionamento dell'Unione europea

La conferenza ricorda che in tal caso, in conformità dell'articolo 15, paragrafo 4, del trattato sull'Unione europea il Consiglio europeo delibera per consenso.

24. Dichiarazione relativa alla personalità giuridica dell'Unione europea

La conferenza conferma che il fatto che l'Unione europea abbia personalità giuridica non autorizzerà in alcun modo l'Unione a legiferare o ad agire al di là delle competenze che le sono attribuite dagli Stati membri nei trattati.

25. Dichiarazione relativa agli articoli 75 e 215 del trattato sul funzionamento dell'Unione europea

La conferenza ricorda che il rispetto dei diritti e delle libertà fondamentali implica, in particolare, che sia prestata la dovuta attenzione alla protezione e al rispetto del diritto al giusto processo delle persone o entità interessate. A tal fine, e per garantire una revisione giudiziaria esauriente delle decisioni che sottopongono una persona o entità a misure restrittive, tali decisioni devono essere basate su criteri chiari e distinti. I criteri dovrebbero essere adeguati alle caratteristiche specifiche di ciascuna misura restrittiva.

26. Dichiarazione relativa alla non partecipazione di uno Stato membro a una misura fondata sul titolo V della parte terza del trattato sul funzionamento dell'Unione europea

La conferenza dichiara che, qualora uno Stato membro scelga di non partecipare a una misura fondata sul titolo V della parte terza del trattato sul funzionamento dell'Unione europea, il Consiglio avrà una discussione approfondita sulle conseguenze e gli effetti possibili della non partecipazione di detto Stato membro alla misura in questione.

Inoltre, ogni Stato membro può invitare la Commissione a esaminare la situazione in base all'articolo 116 del trattato sul funzionamento dell'Unione europea.

I capoversi precedenti lasciano impregiudicata la possibilità che uno Stato membro sottoponga la questione al Consiglio europeo.

27. Dichiarazione relativa all'articolo 85, paragrafo 1, secondo comma del trattato sul funzionamento dell'Unione europea

La conferenza ritiene che i regolamenti di cui all'articolo 85, paragrafo 1, secondo comma del trattato sul funzionamento dell'Unione europea debbano tener conto delle norme e pratiche nazionali relative all'avvio di indagini penali.

28. Dichiarazione relativa all'articolo 98 del trattato sul funzionamento dell'Unione europea

La conferenza constata che le disposizioni dell'articolo 98 si applicano conformemente all'attuale prassi. I termini "misure (…) necessarie a compensare gli svantaggi economici cagionati dalla divisione della Germania all'economia di talune regioni della Repubblica federale che risentono di tale divisione" sono interpretati conformemente alla giurisprudenza esistente della Corte di giustizia dell'Unione europea.

29. Dichiarazione relativa all'articolo 107, paragrafo 2, lettera c) del trattato sul funzionamento dell'Unione europea

La conferenza constata che l'articolo 107, paragrafo 2, lettera c) dev'essere interpretato conformemente alla giurisprudenza esistente della Corte di giustizia dell'Unione europea riguardo all'applicabilità delle disposizioni agli aiuti concessi a talune regioni della Repubblica federale di Germania che risentono della passata divisione della Germania.

30. Dichiarazione relativa all'articolo 126 del trattato sul funzionamento dell'Unione europea

Riguardo all'articolo 126 la conferenza conferma che l'aumento del potenziale di crescita e la garanzia di posizioni di bilancio sane costituiscono i due pilastri della politica economica e di bilancio dell'Unione e degli Stati membri. Il patto di stabilità e crescita è uno strumento importante per realizzare tali obiettivi.

La conferenza ribadisce il suo impegno nei confronti delle disposizioni relative al patto di stabilità e crescita, che costituiscono il quadro entro cui si realizza il coordinamento delle politiche di bilancio degli Stati membri.

La conferenza conferma che un sistema fondato sulle regole è la migliore garanzia affinché gli impegni siano rispettati e tutti gli Stati membri ricevano pari trattamento.

In tale contesto, la conferenza ribadisce inoltre il suo impegno nei confronti degli obiettivi della strategia di Lisbona: creazione di posti di lavoro, riforme strutturali e coesione sociale.

L'Unione mira a raggiungere una crescita economica equilibrata e la stabilità dei prezzi. Le politiche economiche e di bilancio devono pertanto stabilire le corrette priorità in materia di riforme economiche, innovazione, competitività e rafforzamento degli investimenti privati e dei consumi nelle fasi di crescita economica debole. Ciò dovrebbe riflettersi negli orientamenti delle decisioni in materia di bilancio a livello nazionale e dell'Unione, in particolare mediante la ristrutturazione delle entrate e delle spese pubbliche, nel rispetto della disciplina di bilancio conformemente ai trattati e al patto di stabilità e crescita.

Le sfide economiche e finanziarie cui gli Stati membri sono confrontati sottolineano l'importanza di una politica di bilancio sana nell'arco dell'intero ciclo economico.

La conferenza conviene che gli Stati membri dovrebbero utilizzare i periodi di ripresa economica attivamente per consolidare le finanze pubbliche e migliorare le posizioni di bilancio. L'obiettivo è raggiungere gradualmente un avanzo di bilancio nei periodi di congiuntura favorevole, in modo da disporre del margine di manovra necessario per far fronte alle fasi di congiuntura negativa e contribuire così alla sostenibilità a lungo termine delle finanze pubbliche.

Gli Stati membri attendono con interesse eventuali proposte della Commissione e ulteriori contributi degli Stati membri riguardo al rafforzamento e al chiarimento dell'attuazione del patto di stabilità e crescita. Gli Stati membri adotteranno tutte le misure necessarie al fine di aumentare il potenziale di crescita delle loro economie. Un miglior coordinamento delle politiche economiche potrebbe contribuire alla realizzazione di tale obiettivo. La presente dichiarazione non pregiudica il futuro dibattito sul patto di stabilità e crescita.

31. Dichiarazione relativa all'articolo 156 del trattato sul funzionamento dell'Unione europea

La conferenza conferma che le politiche descritte nell'articolo 156 sono essenzialmente di competenza degli Stati membri. Le misure di incoraggiamento e di coordinamento da adottare a livello d'Unione conformemente alle disposizioni di tale articolo hanno carattere complementare. Esse mirano a rafforzare la cooperazione tra gli Stati membri e non ad armonizzare sistemi nazionali. Tali misure non incidono sulle garanzie e gli usi esistenti in ciascuno Stato membro in materia di responsabilità delle parti sociali.

La presente dichiarazione lascia impregiudicate le disposizioni dei trattati che attribuiscono competenze all'Unione, anche in materia sociale.

32. Dichiarazione relativa all'articolo 168, paragrafo 4, lettera c) del trattato sul funzionamento dell'Unione europea

La conferenza dichiara che le misure che saranno adottate in applicazione dell'articolo 168, paragrafo 4, lettera c) devono tener conto dei problemi comuni di sicurezza e avere come obiettivo la fissazione di norme elevate di qualità e di sicurezza, quando norme nazionali aventi un impatto sul mercato interno impedirebbero altrimenti la realizzazione di un elevato livello di protezione della salute umana.

33. Dichiarazione relativa all'articolo 174 del trattato sul funzionamento dell'Unione europea

La conferenza ritiene che il riferimento alle "regioni insulari" contenuto nell'articolo 174 possa includere gli Stati insulari nella loro interezza, a condizione che siano rispettati i criteri necessari.

34. Dichiarazione relativa all'articolo 179 del trattato sul funzionamento dell'Unione europea

La conferenza conviene che l'azione dell'Unione nel settore della ricerca e dello sviluppo tecnologico terrà debito conto degli orientamenti e delle scelte fondamentali delle politiche in materia di ricerca degli Stati membri.

35. Dichiarazione relativa all'articolo 194 del trattato sul funzionamento dell'Unione europea

La conferenza ritiene che l'articolo 194 non pregiudichi il diritto degli Stati membri di adottare le disposizioni necessarie per garantire il loro approvvigionamento energetico alle condizioni previste dall'articolo 347.

36. Dichiarazione relativa all'articolo 218 del trattato sul funzionamento dell'Unione europea sulla negoziazione e conclusione da parte degli Stati membri di accordi internazionali relativi allo spazio di libertà, sicurezza e giustizia

La conferenza conferma che gli Stati membri possono negoziare e concludere accordi con paesi terzi o organizzazioni internazionali nei settori contemplati dalla parte terza, titolo V, capi 3, 4 e 5, purché detti accordi siano conformi al diritto dell'Unione.

37. Dichiarazione relativa all'articolo 222 del trattato sul funzionamento dell'Unione europea

Fatte salve le misure adottate dall'Unione per assolvere agli obblighi di solidarietà nei confronti di uno Stato membro che sia oggetto di un attacco terroristico o sia vittima di una calamità naturale o provocata dall'uomo, si intende che nessuna delle disposizioni dell'articolo 222 pregiudica il diritto di un altro Stato membro di scegliere i mezzi più appropriati per assolvere ai suoi obblighi di solidarietà nei confronti dello Stato membro in questione.

38. Dichiarazione relativa all'articolo 252 del trattato sul funzionamento dell'Unione europea concernente il numero di avvocati generali presso la Corte di giustizia

La conferenza dichiara che se, in conformità dell'articolo 252, primo comma del trattato sul funzionamento dell'Unione europea, la Corte di giustizia chiederà che il numero degli avvocati generali sia aumentato di tre (ossia undici anziché otto), il Consiglio, deliberando all'unanimità, approverà tale aumento.

In tal caso, la conferenza conviene che la Polonia disporrà, come già avviene per Germania, Francia, Italia, Spagna e Regno Unito, di un avvocato generale permanente e non parteciperà più al sistema di rotazione, mentre l'attuale sistema di rotazione riguarderà cinque avvocati generali anziché tre [1].

39. Dichiarazione relativa all'articolo 290 del trattato sul funzionamento dell'Unione europea

La conferenza prende atto dell'intenzione della Commissione di continuare a consultare gli esperti nominati dagli Stati membri nell'elaborazione dei progetti di atti delegati nel settore dei servizi finanziari, secondo la sua prassi costante.

40. Dichiarazione relativa all'articolo 329 del trattato sul funzionamento dell'Unione europea

La conferenza dichiara che gli Stati membri, quando formulano una richiesta per instaurare una cooperazione rafforzata, possono indicare se già in quella fase intendono valersi dell'articolo 333, che prevede l'estensione del voto a maggioranza qualificata, o della procedura legislativa ordinaria.

41. Dichiarazione relativa all'articolo 352 del trattato sul funzionamento dell'Unione europea

La conferenza dichiara che il riferimento, nell'articolo 352, paragrafo 1 del trattato sul funzionamento dell'Unione europea, agli obiettivi dell'Unione è un riferimento agli obiettivi di cui all'articolo 3, paragrafi 2 e 3 del trattato sull'Unione europea e a quelli di cui all'articolo 3, paragrafo 5 di detto trattato per quanto concerne l'azione esterna ai sensi della quinta parte del trattato sul funzionamento dell'Unione europea. È pertanto escluso che un'azione basata sull'articolo 352 del trattato sul funzionamento dell'Unione europea persegua soltanto gli obiettivi di cui all'articolo 3, paragrafo 1 del trattato sull'Unione europea. A questo proposito, la conferenza rileva che conformemente all'articolo 31, paragrafo 1 del trattato sull'Unione europea, non si possono adottare atti legislativi nel settore della politica estera e di sicurezza comune.

42. Dichiarazione relativa all'articolo 352 del trattato sul funzionamento dell'Unione europea

La conferenza sottolinea che, per giurisprudenza costante della Corte di giustizia dell'Unione europea, l'articolo 352 del trattato sul funzionamento dell'Unione europea, costituendo parte integrante di un ordinamento istituzionale basato sul principio dei poteri attribuiti, non può costituire il fondamento per ampliare la sfera delle competenze dell'Unione al di là dell'ambito generale risultante dal complesso delle disposizioni dei trattati, ed in particolare da quelle che definiscono i compiti e le azioni dell'Unione. Detto articolo non può essere in ogni caso utilizzato quale base per l'adozione di disposizioni che condurrebbero sostanzialmente, con riguardo alle loro conseguenze, a una modifica dei trattati che sfugga alla procedura all'uopo prevista nei trattati medesimi.

---

[1] Sull'aumento del numero degli avvocati generali da otto a undici cfr. la decisione del Consiglio del 25 giugno 2013 cit. alla nota 6 all'art. 252 TFUE.

43. Dichiarazione relativa all'articolo 355, paragrafo 6 del trattato sul funzionamento dell'Unione europea

Le Alte Parti Contraenti convengono che il Consiglio europeo, in applicazione dell'articolo 355, paragrafo 6 adotterà una decisione riguardante la modifica dello status di Mayotte rispetto all'Unione, al fine di rendere tale territorio una regione ultraperiferica ai sensi dell'articolo 355, paragrafo 1 e dell'articolo 349, quando le autorità francesi notificheranno al Consiglio europeo e alla Commissione che l'evoluzione attualmente in corso dello status interno dell'isola lo consente.

B. DICHIARAZIONI RELATIVE A PROTOCOLLI ALLEGATI AI TRATTATI

44. Dichiarazione relativa all'articolo 5 del protocollo sull'acquis di Schengen integrato nell'ambito dell'Unione europea

La conferenza constata che laddove uno Stato membro abbia notificato, a norma dell'articolo 5, paragrafo 2 del protocollo sull'acquis di Schengen integrato nell'ambito dell'Unione europea, che non desidera partecipare ad una proposta o iniziativa, tale notifica può essere ritirata in qualsiasi momento, prima dell'adozione della misura basata sull'acquis di Schengen.

45. Dichiarazione relativa all'articolo 5, paragrafo 2 del protocollo sull'acquis di Schengen integrato nell'ambito dell'Unione europea

La conferenza dichiara che ogniqualvolta il Regno Unito o l'Irlanda comunichi al Consiglio l'intenzione di non partecipare ad una misura basata su una parte dell'acquis di Schengen cui l'uno o l'altra partecipa, il Consiglio procederà ad una discussione approfondita sulle possibili implicazioni della non partecipazione dello Stato membro in questione a tale misura. La discussione in sede di Consiglio dovrà essere condotta alla luce delle indicazioni fornite dalla Commissione in merito alla relazione tra la proposta e l'acquis di Schengen.

46. Dichiarazione relativa all'articolo 5, paragrafo 3 del protocollo sull'acquis di Schengen integrato nell'ambito dell'Unione europea

La conferenza ricorda che se il Consiglio non adotta una decisione dopo una prima discussione sul merito della questione, la Commissione può presentare una proposta modificata per un ulteriore riesame di merito da parte del Consiglio entro il termine di 4 mesi.

47. Dichiarazione relativa all'articolo 5, paragrafi 3, 4 e 5 del protocollo sull'acquis di Schengen integrato nell'ambito dell'Unione europea

La conferenza rileva che le condizioni da determinare nella decisione di cui all'articolo 5, paragrafi 3, 4, o 5 del protocollo sull'acquis di Schengen integrato nell'ambito dell'Unione europea possono stabilire che lo Stato membro interessato si fa carico delle eventuali conseguenze finanziarie dirette derivanti necessariamente e inevitabilmente dalla cessazione della sua partecipazione, in tutto o in parte, all'acquis di cui alle decisioni adottate dal Consiglio a norma dell'articolo 4 di detto protocollo.

48. Dichiarazione relativa al protocollo sulla posizione della Danimarca

La conferenza constata che, per quanto riguarda gli atti giuridici che devono essere adottati dal Consiglio che agisce in quanto tale o congiuntamente con il Parlamento europeo e che contengono disposizioni applicabili alla Danimarca al pari di disposizioni non applicabili alla Danimarca in quanto aventi una base giuridica cui si applica la parte I del protocollo sulla posizione della Danimarca, la Danimarca dichiara che non si avvarrà del suo diritto di voto per impedire l'adozione delle disposizioni che non le sono applicabili.

La conferenza constata inoltre che, in base alla dichiarazione della conferenza relativa all'articolo 222, la Danimarca dichiara che la partecipazione danese alle azioni o agli atti giuridici a norma dell'articolo 222 avverrà conformemente alle parti I e II del protocollo sulla posizione della Danimarca.

49. Dichiarazione concernente l'Italia

La conferenza prende atto del fatto che il protocollo concernente l'Italia, allegato nel 1957 al trattato che istituisce la Comunità economica europea, quale modificato in occasione dell'adozione del trattato sull'Unione europea, precisava quanto segue:

"LE ALTRE PARTI CONTRAENTI,

DESIDERANDO risolvere taluni problemi particolari che interessano l'Italia,

HANNO CONVENUTO le disposizioni seguenti, che sono allegate al trattato:

GLI STATI MEMBRI DELLA COMUNITÀ

PRENDONO ATTO del fatto che il governo italiano è impegnato nell'esecuzione di un programma decennale di espansione economica che mira a sanare gli squilibri strutturali dell'economia italiana, in particolare grazie all'attrezzatura delle zone meno sviluppate nel Mezzogiorno e nelle isole e alla creazione di nuovi posti di lavoro per eliminare la disoccupazione;

RICORDANO che tale programma del governo italiano è stato preso in considerazione e approvato nei suoi principi e nei suoi obiettivi da organizzazioni di cooperazione internazionale di cui essi sono membri;

RICONOSCONO che il raggiungimento degli obiettivi del programma italiano risponde al loro interesse comune;

CONVENGONO, onde agevolare il governo italiano nell'adempimento di tale compito, di raccomandare alle istituzioni della Comunità di attuare tutti i mezzi e tutte le procedure previsti dal trattato, ricorrendo in particolare a un adeguato impiego delle risorse della Banca europea per gli investimenti e del Fondo sociale europeo;

RITENGONO che le istituzioni della Comunità debbano considerare, ai fini dell'applicazione del trattato, lo sforzo che l'economia italiana dovrà sostenere nei prossimi anni, e l'opportunità di evitare che insorgano pericolose tensioni, in particolare per quanto riguarda la bilancia dei pagamenti o il livello dell'occupazione, tensioni che potrebbero compromettere l'applicazione del trattato in Italia;

RICONOSCONO in particolare che, in caso di applicazione degli articoli 109 H e 109 I, si dovrà aver cura che le misure richieste al governo italiano salvaguardino il compimento del suo programma di espansione economica e di miglioramento del tenore di vita della popolazione.".

50. Dichiarazione relativa all'articolo 10 del protocollo sulle disposizioni transitorie

La conferenza invita il Parlamento europeo, il Consiglio e la Commissione, nell'ambito delle rispettive attribuzioni, ad adoperarsi per adottare, nei casi opportuni e per quanto possibile entro il termine di cinque anni di cui all'articolo 10, paragrafo 3 del protocollo sulle disposizioni transitorie, atti giuridici che modifichino o sostituiscano gli atti di cui all'articolo 10, paragrafo 1 di detto protocollo.

C. DICHIARAZIONI DEGLI STATI MEMBRI

51. Dichiarazione del Regno del Belgio relativa ai parlamenti nazionali

Il Belgio precisa che, in virtù del suo diritto costituzionale, sia la Camera dei rappresentanti e il Senato del Parlamento federale sia le assemblee parlamentari delle Comunità e delle Regioni agiscono, relativamente alle competenze esercitate dall'Unione, come componenti del sistema parlamentare nazionale o camere del Parlamento nazionale.

52. Dichiarazione del Regno del Belgio, della Repubblica di Bulgaria, della Repubblica federale di Germania, della Repubblica ellenica, del Regno di Spagna, della Repubblica italiana, della Repubblica di Cipro, della Repubblica di Lituania, del Granducato di Lussemburgo, della Repubblica di Ungheria, della Repubblica di Malta, della Repubblica d'Austria, della Repubblica portoghese, della Romania, della Repubblica di Slovenia e della Repubblica slovacca relativa ai simboli dell'Unione europea

Il Belgio, la Bulgaria, la Germania, la Grecia, la Spagna, l'Italia, Cipro, la Lituania, il Lussemburgo, l'Ungheria, Malta, l'Austria, il Portogallo, la Romania, la Slovenia e la Repubblica slovacca dichiarano che, per essi, la bandiera rappresentante un cerchio di dodici stelle dorate su sfondo blu, l'inno tratto dall'"Inno alla gioia" della Nona sinfonia di Ludwig van Beethoven, il motto dell'Unione "Unita nella diversità", l'euro quale moneta dell'Unione europea e la giornata dell'Europa del 9 maggio continueranno ad essere i simboli della comune appartenenza dei cittadini all'Unione europea e del loro legame con la stessa.

53. Dichiarazione della Repubblica ceca sulla Carta dei diritti fondamentali dell'Unione europea

1. La Repubblica ceca rammenta che le disposizioni della Carta dei diritti fondamentali dell'Unione europea si applicano alle istituzioni e agli organi dell'Unione nel rispetto del principio di sussidiarietà e della ripartizione delle competenze tra l'Unione e gli Stati membri, come ribadito nella dichiarazione (n. 18) relativa alla delimitazione delle competenze. La Repubblica ceca sottolinea che tali disposizioni si applicano agli Stati membri esclusivamente nell'attuazione del diritto dell'Unione e non quando adottano o attuano disposizioni del diritto nazionale indipendentemente dal diritto dell'Unione.

2. La Repubblica ceca pone altresì l'accento sul fatto che la Carta non estende l'ambito di applicazione del diritto dell'Unione né introduce competenze nuove per l'Unione, non riduce il campo di applicazione del diritto nazionale e non limita nessuna delle attuali competenze delle autorità nazionali in questo campo.

3. La Repubblica ceca sottolinea che, laddove la Carta riconosca i principi e i diritti fondamentali quali risultano dalle tradizioni costituzionali comuni agli Stati membri, tali principi e diritti sono interpretati in armonia con dette tradizioni.

4. La Repubblica ceca sottolinea inoltre che nessuna disposizione della Carta può essere interpretata come limitativa o lesiva dei diritti dell'uomo e delle libertà fondamentali riconosciuti, nel rispettivo ambito di applicazione, dal diritto dell'Unione e dalle convenzioni internazionali delle quali l'Unione o tutti gli Stati membri sono parti, in particolare dalla Convenzione europea per la salvaguardia dei Diritti dell'Uomo e delle Libertà fondamentali, e dalle costituzioni degli Stati membri.

54. Dichiarazione della Repubblica federale di Germania, dell'Irlanda, della Repubblica di Ungheria, della Repubblica d'Austria e del Regno di Svezia

La Germania, l'Irlanda, l'Ungheria, l'Austria e la Svezia prendono atto che le disposizioni essenziali del trattato che istituisce la Comunità europea dell'energia atomica non hanno subito modifiche sostanziali dall'entrata in vigore di tale trattato e devono essere aggiornate. Appoggiano pertanto l'idea di una conferenza dei rappresentanti dei governi degli Stati membri, che dovrebbe essere convocata al più presto.

55. Dichiarazione del Regno di Spagna e del Regno Unito di Gran Bretagna e Irlanda del Nord

I trattati si applicano a Gibilterra come territorio europeo di cui uno Stato membro assume la rappresentanza nei rapporti con l'estero. Ciò non implica modifiche delle posizioni degli Stati membri interessati.

56. Dichiarazione dell'Irlanda relativa all'articolo 3 del protocollo sulla posizione del Regno Unito e dell'Irlanda rispetto allo spazio di libertà, sicurezza e giustizia

L'Irlanda afferma il proprio impegno nei confronti dell'Unione in quanto spazio di libertà, sicurezza e giustizia rispettoso dei diritti fondamentali e dei diversi ordinamenti e tradizioni giuridici degli Stati membri, all'interno del quale è assicurato ai cittadini un livello elevato di sicurezza.

Pertanto, l'Irlanda esprime la ferma intenzione di esercitare il diritto, conferitole dall'articolo 3 del protocollo sulla posizione del Regno Unito e dell'Irlanda rispetto allo spazio di libertà, sicurezza e giustizia, di partecipare, per quanto possibile, all'adozione di misure a norma del titolo V della parte terza del trattato sul funzionamento dell'Unione europea.

In particolare, l'Irlanda parteciperà per quanto possibile alle misure nel settore della cooperazione di polizia.

L'Irlanda ricorda inoltre che, in conformità dell'articolo 8 del protocollo, essa può notificare per iscritto al Consiglio che non desidera più essere vincolata dai termini del protocollo. È intenzione dell'Irlanda riesaminare il funzionamento di queste disposizioni entro tre anni dall'entrata in vigore del trattato di Lisbona.

57. Dichiarazione della Repubblica italiana sulla composizione del Parlamento europeo

L'Italia constata che, conformemente agli articoli 10 e 14 del trattato sull'Unione europea, il Parlamento europeo è composto di rappresentanti dei cittadini dell'Unione, la cui rappresentanza è garantita in modo degressivamente proporzionale.

L'Italia constata parimenti che in base all'articolo 9 del trattato sull'Unione europea e all'articolo 20 del trattato sul funzionamento dell'Unione europea, è cittadino dell'Unione chiunque abbia la cittadinanza di uno Stato membro.

A questo proposito l'Italia ritiene che, senza pregiudizio per la decisione relativa alla legislatura 2009-2014, qualsiasi decisione adottata dal Consiglio europeo su iniziativa del Parlamento europeo e su approvazione di quest'ultimo per stabilire la composizione del Parlamento europeo deve rispettare i principi di cui all'articolo 14, secondo paragrafo, primo comma.

58. Dichiarazione della Repubblica di Lettonia, della Repubblica di Ungheria e della Repubblica di Malta sull'ortografia della denominazione della moneta unica nei trattati

Senza pregiudizio dell'ortografia unificata della denominazione della moneta unica dell'Unione europea cui si fa riferimento nei trattati e che figura sulle banconote e sulle monete, la Lettonia, l'Ungheria e Malta dichiarano che l'ortografia della denominazione della moneta unica, ivi compreso nelle forme declinate, figurante nelle versioni linguistiche lettone, maltese e ungherese del testo dei trattati non ha alcun effetto sulle vigenti regole delle lingue lettone, maltese e ungherese.

59. Dichiarazione del Regno dei Paesi Bassi relativa all'articolo 312 del trattato sul funzionamento dell'Unione europea

Il Regno dei Paesi Bassi approverà la decisione di cui all'articolo 312, paragrafo 2, secondo comma del trattato sul funzionamento dell'Unione europea dopo che una revisione della decisione di cui all'articolo 311, terzo comma di detto trattato avrà fornito ai Paesi Bassi una soluzione soddisfacente per la loro posizione di contribuente netto eccessivamente negativa rispetto al bilancio dell'Unione.

60. Dichiarazione del Regno dei Paesi Bassi relativa all'articolo 355 del trattato sul funzionamento dell'Unione europea

Il Regno dei Paesi Bassi dichiara che un'iniziativa per una decisione ai sensi dell'articolo 355, paragrafo 6, volta a modificare lo status delle Antille olandesi e/o di Aruba nei confronti dell'Unione, sarà presentata unicamente in virtù di una decisione adottata in conformità dello Statuto del Regno dei Paesi Bassi.

61. Dichiarazione della Repubblica di Polonia relativa alla Carta dei diritti fondamentali dell'Unione europea

La Carta lascia impregiudicato il diritto degli Stati membri di legiferare nel settore della moralità pubblica, del diritto di famiglia nonché della protezione della dignità umana e del rispetto dell'integrità fisica e morale dell'uomo.

62. Dichiarazione della Repubblica di Polonia relativa al protocollo sull'applicazione della Carta dei diritti fondamentali dell'Unione europea alla Polonia e al Regno Unito

La Repubblica di Polonia dichiara che, tenuto conto della tradizione di movimento sociale di "Solidarność" e del suo importante contributo alla lotta per i diritti sociali e del lavoro, rispetta pienamente i diritti sociali e del lavoro stabiliti dal diritto dell'Unione europea e, in particolare, quelli ribaditi nel titolo IV della Carta dei diritti fondamentali dell'Unione europea.

63. Dichiarazione del Regno Unito di Gran Bretagna e Irlanda del Nord relativa alla definizione del termine "cittadini"

Per quanto riguarda i trattati e il trattato che istituisce la Comunità europea dell'energia atomica, e qualsiasi atto derivante da questi trattati o da essi mantenuto in vigore, il Regno Unito reitera la dichiarazione, fatta il 31 dicembre 1982, relativa alla definizione del termine "cittadini", ad esclusione del riferimento ai "cittadini dei territori britannici dipendenti", che deve intendersi fatto ai "cittadini dei territori britannici d'oltremare".

64. Dichiarazione del Regno Unito di Gran Bretagna e Irlanda del Nord relativa al diritto di voto per le elezioni del Parlamento europeo

Il Regno Unito rileva che l'articolo 14 del trattato sull'Unione europea e altre disposizioni dei trattati non sono intesi a modificare i criteri per l'accesso al diritto di voto alle elezioni del Parlamento europeo.

65. Dichiarazione del Regno Unito di Gran Bretagna e Irlanda del Nord relativa all'articolo 75 del trattato sul funzionamento dell'Unione europea

Il Regno Unito sostiene appieno un'azione risoluta per quanto riguarda l'adozione di sanzioni finanziarie intese a prevenire e combattere il terrorismo e le attività connesse. Pertanto, il Regno Unito dichiara che intende esercitare il diritto, previsto dall'articolo 3 del protocollo sulla posizione del Regno Unito e dell'Irlanda rispetto allo spazio di libertà, sicurezza e giustizia, di partecipare all'adozione di tutte le proposte avanzate a norma dell'articolo 75 del trattato sul funzionamento dell'Unione europea.

7. Tavole di corrispondenza *

Trattato sull'Unione europea

Vecchia numerazione del trattato sull'Unione europea	Rinumerazione del trattato sull'Unione europea
TITOLO I – DISPOSIZIONI COMUNI	TITOLO I – DISPOSIZIONI COMUNI
Articolo 1	Articolo 1
	Articolo 2
Articolo 2	Articolo 3
Articolo 3 (abrogato) [1]	
	Articolo 4
	Articolo 5 [2]
Articolo 4 (abrogato) [3]	
Articolo 5 (abrogato) [4]	
Articolo 6	Articolo 6
Articolo 7	Articolo 7
Articolo 8	
TITOLO II – DISPOSIZIONI CHE MODIFICANO IL TRATTATO CHE ISTITUISCE LA COMUNITÀ ECONOMICA EUROPEA PER CREARE LA COMUNITÀ EUROPEA	TITOLO II – DISPOSIZIONI RELATIVE AI PRINCIPI DEMOCRATICI
Articolo 8 (abrogato) [5]	Articolo 9
	Articolo 10 [6]
	Articolo 11
	Articolo 12
TITOLO III – DISPOSIZIONI CHE MODIFICANO IL TRATTATO CHE ISTITUISCE LA COMUNITÀ EUROPEA DEL CARBONE E DELL'ACCIAIO	TITOLO III – DISPOSIZIONI RELATIVE ALLE ISTITUZIONI

* Le due presenti tavole sono tratte dalle tavole di cui all'articolo 5 del trattato di Lisbona, da cui è stata tolta la colonna centrale che riportava la numerazione interinale che compariva nel trattato di Lisbona. [La precisazione è contenuta nella versione consolidata, pubblicata in *G.U.U.E.* C 115 del 9 maggio 2008; per l'art. 5 del Trattato di Lisbona si veda il par. 8.1.].

[1] Sostituito, nella sostanza, dall'articolo 7 del trattato sul funzionamento dell'Unione europea (in appresso TFUE) e dagli articoli 13, paragrafo 1, e 21, paragrafo 3, secondo comma, del trattato sull'Unione europea (in appresso trattato UE).

[2] Sostituisce l'articolo 5 del trattato che istituisce la Comunità europea (in appresso trattato CE).

[3] Sostituito, nella sostanza, dall'articolo 15.

[4] Sostituito, nella sostanza, dall'articolo 13, paragrafo 2.

[5] L'articolo 8 del trattato UE vigente prima dell'entrata in vigore del trattato di Lisbona (in appresso "l'attuale trattato UE") modificava il trattato CE. Tali modifiche sono incorporate in quest'ultimo trattato e l'articolo 8 è abrogato. Il suo numero è utilizzato per inserirvi una nuova disposizione.

[6] Il paragrafo 4 sostituisce nella sostanza l'articolo 191, primo comma, del trattato CE.

Vecchia numerazione del trattato sull'Unione europea	**Rinumerazione del trattato sull'Unione europea**
Articolo 9 (abrogato) [7]	Articolo 13
	Articolo 14 [8]
	Articolo 15 [9]
	Articolo 16 [10]
	Articolo 17 [11]
	Articolo18
	Articolo 19 [12]
TITOLO IV – DISPOSIZIONI CHE MODIFICANO IL TRATTATO CHE ISTITUISCE LA COMUNITÀ EUROPEA DELL'ENERGIA ATOMICA	TITOLO IV – DISPOSIZIONI SULLE COOPERAZIONI RAFFORZATE
Articolo 10 (abrogato) [13]	Articolo 20 [14]
Articoli da 27 A a 27 E (sostituiti)	
Articoli da 40 a 40 B (sostituiti)	
Articoli da 43 a 45 (sostituiti)	
TITOLO V – DISPOSIZIONI RELATIVE ALLA POLITICA ESTERA E DI SICUREZZA COMUNE	TITOLO V – DISPOSIZIONI GENERALI SULL'AZIONE ESTERNA DELL'UNIONE E DISPOSIZIONI SPECIFICHE SULLA POLITICA ESTERA E DI SICUREZZA COMUNE
	Capo 1 – Disposizioni generali sull'azione esterna dell'Unione
	Articolo 21
	Articolo 22
	Capo 2 – Disposizioni specifiche sulla politica estera e di sicurezza comune
	Sezione 1 – Disposizioni comuni
	Articolo 23
Articolo 11	Articolo 24

[7] L'articolo 9 dell'attuale trattato UE modificava il trattato che istituisce la Comunità europea del carbone e dell'acciaio. Quest'ultimo trattato è giunto a scadenza il 23 luglio 2002. L'articolo 9 è abrogato e il suo numero è utilizzato per inserirvi un'altra disposizione.

[8] – I paragrafi 1 e 2 sostituiscono, nella sostanza, l'articolo 189 del trattato CE;
– i paragrafi da 1 a 3 sostituiscono, nella sostanza, l'articolo 190, paragrafi da 1 a 3, del trattato CE;
– il paragrafo 1 sostituisce, nella sostanza, l'articolo 192, primo comma, del trattato CE;
– il paragrafo 4 sostituisce, nella sostanza, l'articolo 197, primo comma, del trattato CE.

[9] Sostituisce, nella sostanza, l'articolo 4.

[10] – Il paragrafo 1 sostituisce, nella sostanza, l'articolo 202, primo e secondo trattino, del trattato CE;
– i paragrafi 2 e 9 sostituiscono, nella sostanza, l'articolo 203 del trattato CE;
– i paragrafi 4 e 5 sostituiscono, nella sostanza, l'articolo 205, paragrafi 2 e 4, del trattato CE.

[11] – Il paragrafo 1 sostituisce, nella sostanza, l'articolo 211 del trattato CE;
– i paragrafi 3 e 7 sostituiscono, nella sostanza, l'articolo 214 del trattato CE;
– il paragrafo 6 sostituisce, nella sostanza, l'articolo 217, paragrafi 1, 3 e 4, del trattato CE.

[12] – Sostituisce, nella sostanza, l'articolo 220 del trattato CE;
– il paragrafo 2, primo comma, sostituisce, nella sostanza, l'articolo 221, primo comma, del trattato CE.

[13] L'articolo 10 dell'attuale trattato UE modificava il trattato che istituisce la Comunità europea dell'energia atomica. Tali modifiche sono incorporate in quest'ultimo trattato e l'articolo 10 è abrogato. Il suo numero è utilizzato per inserirvi un'altra disposizione.

[14] Sostituisce anche gli articoli 11 e 11 A del trattato CE.

Vecchia numerazione del trattato sull'Unione europea	Rinumerazione del trattato sull'Unione europea
Articolo 12	Articolo 25
Articolo 13	Articolo 26
	Articolo 27
Articolo 14	Articolo 28
Articolo 15	Articolo 29
Articolo 22 (spostato)	Articolo 30
Articolo 23 (spostato)	Articolo 31
Articolo 16	Articolo 32
Articolo 17 (spostato)	*Articolo 42*
Articolo 18	Articolo 33
Articolo 19	Articolo 34
Articolo 20	Articolo 35
Articolo 21	Articolo 36
Articolo 22 (spostato)	*Articolo 30*
Articolo 23 (spostato)	*Articolo 31*
Articolo 24	Articolo 37
Articolo 25	Articolo 38
	Articolo 39
Articolo 47 (spostato)	Articolo 40
Articolo 26 (abrogato)	
Articolo 27 (abrogato)	
Articolo 27 A (sostituito) [15]	*Articolo 20*
Articolo 27 B (sostituito) [15]	*Articolo 20*
Articolo 27 C (sostituito) [15]	*Articolo 20*
Articolo 27 D (sostituito) [15]	*Articolo 20*
Articolo 27 E (sostituito) [15]	*Articolo 20*
Articolo 28	Articolo 41
	Sezione 2 – Disposizioni sulla politica di sicurezza e di difesa comune
Articolo 17 (spostato)	Articolo 42
	Articolo 43
	Articolo 44
	Articolo 45
	Articolo 46
TITOLO VI – DISPOSIZIONI SULLA COOPERAZIONE DI POLIZIA E GIUDIZIARIA IN MATERIA PENALE (abrogato) [16]	
Articolo 29 (sostituito) [17]	
Articolo 30 (sostituito) [18]	

[15] Gli articoli da 27 A a 27 E dell'attuale trattato UE, relativi alla cooperazione rafforzata sono sostituiti anche dagli articoli da 326 a 334 del TFUE.

[16] Le disposizioni del titolo VI dell'attuale trattato UE, relative alla cooperazione di polizia e giudiziaria in materia penale, sono sostituite dalle disposizioni dei capi 1, 4 e 5 del titolo IV (che diventa V) della parte terza del TFUE.

[17] Sostituito dall'articolo 67 del TFUE.

[18] Sostituito dagli articoli 87 e 88 del TFUE.

Vecchia numerazione del trattato sull'Unione europea	**Rinumerazione del trattato sull'Unione europea**
Articolo 31 (sostituito)[19]	
Articolo 32 (sostituito)[20]	
Articolo 33 (sostituito)[21]	
Articolo 34 (abrogato)	
Articolo 35 (abrogato)	
Articolo 36 (sostituito)[22]	
Articolo 37 (abrogato)	
Articolo 38 (abrogato)	
Articolo 39 (abrogato)	
Articolo 40 (sostituito)[23]	*Articolo 20*
Articolo 40 A (sostituito)[23]	*Articolo 20*
Articolo 40 B (sostituito)[23]	*Articolo 20*
Articolo 41 (abrogato)	
Articolo 42 (abrogato)	
TITOLO VII – DISPOSIZIONI SU UNA COOPERAZIONE RAFFORZATA (sostituito)[24]	TITOLO IV – DISPOSIZIONI SULLE COOPERAZIONI RAFFORZATE
Articolo 43 (sostituito)[24]	*Articolo 20*
Articolo 43 A (sostituito)[24]	*Articolo 20*
Articolo 43 B (sostituito)[24]	*Articolo 20*
Articolo 44 (sostituito)[24]	*Articolo 20*
Articolo 44 A (sostituito)[24]	*Articolo 20*
Articolo 45 (sostituito)[24]	*Articolo 20*
TITOLO VIII – DISPOSIZIONI FINALI	TITOLO VI – DISPOSIZIONI FINALI
Articolo 46 (abrogato)	
	Articolo 47
Articolo 47 (sostituito)	*Articolo 40*
Articolo 48	Articolo 48
Articolo 49	Articolo 49
	Articolo 50
	Articolo 51
	Articolo 52
Articolo 50 (abrogato)	
Articolo 51	Articolo 53
Articolo 52	Articolo 54
Articolo 53	Articolo 55

[19] Sostituito dagli articoli 82, 83 e 85 del TFUE.

[20] Sostituito dall'articolo 89 del TFUE.

[21] Sostituito dall'articolo 72 del TFUE.

[22] Sostituito dall'articolo 71 del TFUE.

[23] Gli articoli da 40 a 40 B dell'attuale trattato UE, relativi a una cooperazione rafforzata, sono anche sostituiti dagli articoli da 326 a 334 del TFUE.

[24] Gli articoli da 43 a 45 e il titolo VII dell'attuale trattato UE, relativi a una cooperazione rafforzata, sono anche sostituiti dagli articoli da 326 a 334 del TFUE.

Trattato sul funzionamento dell'Unione europea

Vecchia numerazione del trattato che istituisce la Comunità europea	**Rinumerazione del trattato sul funzionamento dell'Unione europea**
PARTE PRIMA – PRINCIPI	PARTE PRIMA – PRINCIPI
Articolo 1 (abrogato)	
	Articolo 1
Articolo 2 (abrogato) [25]	
	Titolo I – Categorie e settori di competenza dell'Unione
	Articolo 2
	Articolo 3
	Articolo 4
	Articolo 5
	Articolo 6
	Titolo II – Disposizioni di applicazione generale
	Articolo 7
Articolo 3, paragrafo 1 (abrogato) [26]	
Articolo 3, paragrafo 2	Articolo 8
Articolo 4 (spostato)	*Articolo 119*
Articolo 5 (sostituito) [27]	
	Articolo 9
	Articolo 10
Articolo 6	Articolo 11
Articolo 153, paragrafo 2 (spostato)	Articolo 12
	Articolo 13 [28]
Articolo 7 (abrogato) [29]	
Articolo 8 (abrogato) [30]	
Articolo 9 (abrogato)	
Articolo 10 (abrogato) [31]	
Articolo 11 (sostituito) [32]	*articoli da 326 a 334*
Articolo 11 A (sostituito) [32]	*articoli da 326 a 334*
Articolo 12 (spostato)	*Articolo 18*
Articolo 13 (spostato)	*Articolo 19*
Articolo 14 (spostato)	*Articolo 26*
Articolo 15 (spostato)	*Articolo 27*
Articolo 16	Articolo 14
Articolo 255 (spostato)	Articolo 15
Articolo 286 (sostituito)	Articolo 16
	Articolo 17

[25] Sostituito, nella sostanza, dall'articolo 3 del trattato UE.

[26] Sostituito, nella sostanza, dagli articoli da 3 a 6 del TFUE.

[27] Sostituito dall'articolo 5 del trattato UE.

[28] Inserimento del dispositivo del protocollo sulla protezione e il benessere degli animali.

[29] Sostituito, nella sostanza, dall'articolo 13 del trattato UE.

[30] Sostituito, nella sostanza, dall'articolo 13 del trattato UE e dall'articolo 282, paragrafo 1, del TFUE.

[31] Sostituito, nella sostanza, dall'articolo 4, paragrafo 3, del trattato UE.

[32] Sostituito anche dall'articolo 20 del trattato UE.

Vecchia numerazione del trattato che istituisce la Comunità europea	**Rinumerazione del trattato sul funzionamento dell'Unione europea**
PARTE SECONDA – CITTADINANZA DELL'UNIONE	PARTE SECONDA – NON DISCRIMINAZIONE E CITTADINANZA DELL'UNIONE
Articolo 12 (spostato)	Articolo 18
Articolo 13 (spostato)	Articolo 19
Articolo 17	Articolo 20
Articolo 18	Articolo 21
Articolo 19	Articolo 22
Articolo 20	Articolo 23
Articolo 21	Articolo 24
Articolo 22	Articolo 25
PARTE TERZA – POLITICHE DELLA COMUNITÀ	PARTE TERZA – POLITICHE E AZIONI INTERNE DELL'UNIONE
	Titolo I – Mercato interno
Articolo 14 (spostato)	Articolo 26
Articolo 15 (spostato)	Articolo 27
Titolo I – Libera circolazione delle merci	Titolo II – Libera circolazione delle merci
Articolo 23	Articolo 28
Articolo 24	Articolo 29
Capo 1 – Unione doganale	Capo 1 – Unione doganale
Articolo 25	Articolo 30
Articolo 26	Articolo 31
Articolo 27	Articolo 32
Terza parte, Titolo X, Cooperazione doganale (spostato)	Capo 2 – Cooperazione doganale
Articolo 135 (spostato)	Articolo 33
Capo 2 – Divieto delle restrizioni quantitative fra gli Stati membri	Capo 3 – Divieto delle restrizioni quantitative fra gli Stati membri
Articolo 28	Articolo 34
Articolo 29	Articolo 35
Articolo 30	Articolo 36
Articolo 31	Articolo 37
Titolo II – Agricoltura	Titolo III – Agricoltura e pesca
Articolo 32	Articolo 38
Articolo 33	Articolo 39
Articolo 34	Articolo 40
Articolo 35	Articolo 41
Articolo 36	Articolo 42
Articolo 37	Articolo 43
Articolo 38	Articolo 44
Titolo III – Libera circolazione delle persone, dei servizi e dei capitali	Titolo IV – Libera circolazione delle persone, dei servizi e dei capitali
Capo 1 – I lavoratori	Capo 1 – I lavoratori
Articolo 39	Articolo 45
Articolo 40	Articolo 46
Articolo 41	Articolo 47
Articolo 42	Articolo 48

Vecchia numerazione del trattato che istituisce la Comunità europea	Rinumerazione del trattato sul funzionamento dell'Unione europea
Capo 2 – Il diritto di stabilimento	Capo 2 – Il diritto di stabilimento
Articolo 43	Articolo 49
Articolo 44	Articolo 50
Articolo 45	Articolo 51
Articolo 46	Articolo 52
Articolo 47	Articolo 53
Articolo 48	Articolo 54
Articolo 294 (spostato)	Articolo 55
Capo 3 – I servizi	Capo 3 – I servizi
Articolo 49	Articolo 56
Articolo 50	Articolo 57
Articolo 51	Articolo 58
Articolo 52	Articolo 59
Articolo 53	Articolo 60
Articolo 54	Articolo 61
Articolo 55	Articolo 62
Capo 4 – Capitali e pagamenti	Capo 4 – Capitali e pagamenti
Articolo 56	Articolo 63
Articolo 57	Articolo 64
Articolo 58	Articolo 65
Articolo 59	Articolo 66
Articolo 60 (spostato)	Articolo 75
Titolo IV – Visti, asilo, immigrazione e altre politiche connesse con la libera circolazione delle persone	Titolo V – Spazio di libertà, sicurezza e giustizia
	Capo 1 – Disposizioni generali
Articolo 61	Articolo 67 [33]
	Articolo 68
	Articolo 69
	Articolo 70
	Articolo 71 [34]
Articolo 64, paragrafo 1 (sostituito)	Articolo 72 [35]
	Articolo 73
Articolo 66 (sostituito)	Articolo 74
Articolo 60 (spostato)	Articolo 75
	Articolo 76
	Capo 2 – Politiche relative ai controlli alle frontiere, all'asilo e all'immigrazione
Articolo 62	Articolo 77
Articolo 63, punti 1 e 2 e Articolo 64, paragrafo 2 [36]	Articolo 78
Articolo 63, punti 3 e 4	Articolo 79
	Articolo 80

[33] Sostituisce anche l'articolo 29 dell'attuale trattato UE.

[34] Sostituisce l'articolo 36 dell'attuale trattato UE.

[35] Sostituisce anche l'articolo 33 dell'attuale trattato UE.

[36] L'articolo 63, punti 1 e 2, del trattato CE è sostituito dall'articolo 78, paragrafi 1 e 2, del TFUE e l'articolo 64, paragrafo 2, è sostituito dall'articolo 78, paragrafo 3, del TFUE.

Vecchia numerazione del trattato che istituisce la Comunità europea	**Rinumerazione del trattato sul funzionamento dell'Unione europea**
Articolo 64, paragrafo 1 (sostituito)	*Articolo 72*
	Capo 3 – Cooperazione giudiziaria in materia civile
Articolo 65	Articolo 81
Articolo 66 (sostituito)	*Articolo 74*
Articolo 67 (abrogato)	
Articolo 68 (abrogato)	
Articolo 69 (abrogato)	
	Capo 4 – Cooperazione giudiziaria in materia penale
	Articolo 82 [37]
	Articolo 83 [37]
	Articolo 84
	Articolo 85 [37]
	Articolo 86
	Capo 5 – Cooperazione di polizia
	Articolo 87 [38]
	Articolo 88 [38]
	Articolo 89 [39]
Titolo V – Trasporti	Titolo VI – Trasporti
Articolo 70	Articolo 90
Articolo 71	Articolo 91
Articolo 72	Articolo 92
Articolo 73	Articolo 93
Articolo 74	Articolo 94
Articolo 75	Articolo 95
Articolo 76	Articolo 96
Articolo 77	Articolo 97
Articolo 78	Articolo 98
Articolo 79	Articolo 99
Articolo 80	Articolo 100
Titolo VI – Norme comuni sulla concorrenza, sulla fiscalità e sul ravvicinamento delle legislazioni	Titolo VII – Norme comuni sulla concorrenza, sulla fiscalità e sul ravvicinamento delle legislazioni
Capo 1 – Regole di concorrenza	Capo 1 – Regole di concorrenza
Sezione 1 – Regole applicabili alle imprese	Sezione 1 – Regole applicabili alle imprese
Articolo 81	Articolo 101
Articolo 82	Articolo 102
Articolo 83	Articolo 103
Articolo 84	Articolo 104
Articolo 85	Articolo 105
Articolo 86	Articolo 106
Sezione 2 – Aiuti concessi dagli Stati	Sezione 2 – Aiuti concessi dagli Stati
Articolo 87	Articolo 107
Articolo 88	Articolo 108

[37] Sostituisce l'articolo 31 dell'attuale trattato UE.

[38] Sostituisce l'articolo 30 dell'attuale trattato UE.

[39] Sostituisce l'articolo 32 dell'attuale trattato UE.

Vecchia numerazione del trattato che istituisce la Comunità europea	**Rinumerazione del trattato sul funzionamento dell'Unione europea**
Articolo 89	Articolo 109
Capo 2 – Disposizioni fiscali	Capo 2 – Disposizioni fiscali
Articolo 90	Articolo 110
Articolo 91	Articolo 111
Articolo 92	Articolo 112
Articolo 93	Articolo 113
Capo 3 – Ravvicinamento delle legislazioni	Capo 3 – Ravvicinamento delle legislazioni
Articolo 95 (spostato)	Articolo 114
Articolo 94 (spostato)	Articolo 115
Articolo 96	Articolo 116
Articolo 97	Articolo 117
	Articolo 118
Titolo VII – Politica economica e monetaria	Titolo VIII – Politica economica e monetaria
Articolo 4 (spostato)	Articolo 119
Capo 1 – Politica economica	Capo 1 – Politica economica
Articolo 98	Articolo 120
Articolo 99	Articolo 121
Articolo 100	Articolo 122
Articolo 101	Articolo 123
Articolo 102	Articolo 124
Articolo 103	Articolo 125
Articolo 104	Articolo 126
Capo 2 – Politica monetaria	Capo 2 – Politica monetaria
Articolo 105	Articolo 127
Articolo 106	Articolo 128
Articolo 107	Articolo 129
Articolo 108	Articolo 130
Articolo 109	Articolo 131
Articolo 110	Articolo 132
Articolo 111, paragrafi da 1 a 3 e 5 (spostati)	*Articolo 219*
Articolo 111, paragrafo 4 (spostato)	*Articolo 138*
	Articolo 133
Capo 3 – Disposizioni istituzionali	Capo 3 – Disposizioni istituzionali
Articolo 112 (spostato)	*Articolo 283*
Articolo 113 (spostato)	*Articolo 284*
Articolo 114	Articolo 134
Articolo 115	Articolo 135
	Capo 4 – Disposizioni specifiche agli Stati membri la cui moneta è l'euro
	Articolo 136
	Articolo 137
Articolo 111, paragrafo 4 (spostato)	Articolo 138
Capo 4 – Disposizioni transitorie	Capo 5 – Disposizioni transitorie
Articolo 116 (abrogato)	
	Articolo 139
Articolo 117, paragrafi 1, 2, sesto trattino, e da 3 a 9 (abrogati)	

Vecchia numerazione del trattato che istituisce la Comunità europea	**Rinumerazione del trattato sul funzionamento dell'Unione europea**
Articolo 117, paragrafo 2, primi cinque trattini (spostati)	*Articolo 141, paragrafo 2*
Articolo 121, paragrafo 1 (spostato)	Articolo 140 [40]
Articolo 122, paragrafo 2, seconda frase (spostato)	
Articolo 123, paragrafo 5 (spostato)	
Articolo 118 (abrogato)	
Articolo 123, paragrafo 3 (spostato)	Articolo 141 [41]
Articolo 117, paragrafo 2, primi cinque trattini (spostato)	
Articolo 124, paragrafo 1 (spostato)	Articolo 142
Articolo 119	Articolo 143
Articolo 120	Articolo 144
Articolo 121, paragrafo 1 (spostato)	*Articolo 140, paragrafo 1*
Articolo 121, paragrafi da 2 a 4 (abrogati)	
Articolo 122, paragrafi 1, 2, prima frase, 3, 4, 5 e 6 (abrogati)	
Articolo 122, paragrafo 2, seconda frase (spostato)	*Articolo 140, paragrafo 2, primo comma*
Articolo 123, paragrafi 1, 2 e 4 (abrogati)	
Articolo 123, paragrafo 3 (spostato)	*Articolo 141, paragrafo 1*
Articolo 123, paragrafo 5 (spostato)	*Articolo 140, paragrafo 3*
Articolo 124, paragrafo 1 (spostato)	*Articolo 142*
Articolo 124, paragrafo 2 (abrogato)	
Titolo VIII – Occupazione	Titolo IX – Occupazione
Articolo 125	Articolo 145
Articolo 126	Articolo 146
Articolo 127	Articolo 147
Articolo 128	Articolo 148
Articolo 129	Articolo 149
Articolo 130	Articolo 150
Titolo IX – Politica commerciale comune (spostato)	*Parte quinta, Titolo II, politica commerciale comune*
Articolo 131 (spostato)	*Articolo 206*
Articolo 132 (abrogato)	
Articolo 133 (spostato)	*Articolo 207*
Articolo 134 (abrogato)	
Titolo X – Cooperazione doganale (spostato)	*Parte terza, Titolo II, Capo 2, Cooperazione doganale*
Articolo 135 (spostato)	*Articolo 33*
Titolo XI – Politica sociale, istruzione, formazione professionale e gioventù	Titolo X – Politica sociale
Capo 1 – Disposizioni sociali (abrogato)	

[40] – L'articolo 140, paragrafo 1, riprende il paragrafo 1 dell'articolo 121.
– L'articolo 140, paragrafo 2, riprende la seconda frase del paragrafo 2 dell'articolo 122.
– L'articolo 140, paragrafo 3, riprende il paragrafo 5 dell'articolo 123.

[41] – L'articolo 141, paragrafo 1, riprende il paragrafo 3 dell'articolo 123.
– L'articolo 141, paragrafo 2, riprende i primi cinque trattini del paragrafo 2 dell'articolo 117.

Vecchia numerazione del trattato che istituisce la Comunità europea	Rinumerazione del trattato sul funzionamento dell'Unione europea
Articolo 136	Articolo 151
	Articolo 152
Articolo 137	Articolo 153
Articolo 138	Articolo 154
Articolo 139	Articolo 155
Articolo 140	Articolo 156
Articolo 141	Articolo 157
Articolo 142	Articolo 158
Articolo 143	Articolo 159
Articolo 144	Articolo 160
Articolo 145	Articolo 161
Capo 2 – Il Fondo sociale europeo	Titolo XI – Il Fondo sociale europeo
Articolo 146	Articolo 162
Articolo 147	Articolo 163
Articolo 148	Articolo 164
Capo 3 – Istruzione, formazione professionale e gioventù	Titolo XII – Istruzione, formazione professionale, gioventù e sport
Articolo 149	Articolo 165
Articolo 150	Articolo 166
Titolo XII – Cultura	Titolo XIII – Cultura
Articolo 151	Articolo 167
Titolo XIII – Sanità pubblica	Titolo XIV – Sanità pubblica
Articolo 152	Articolo 168
Titolo XIV – Protezione dei consumatori	Titolo XV – Protezione dei consumatori
Articolo 153, paragrafi 1, 3, 4 e 5	Articolo 169
Articolo 153, paragrafo 2 (spostato)	*Articolo 12*
Titolo XV – Reti transeuropee	Titolo XVI – Reti transeuropee
Articolo 154	Articolo 170
Articolo 155	Articolo 171
Articolo 156	Articolo 172
Titolo XVI – Industria	Titolo XVII – Industria
Articolo 157	Articolo 173
Titolo XVII – Coesione economica e sociale	Titolo XVIII – Coesione economica, sociale e territoriale
Articolo 158	Articolo 174
Articolo 159	Articolo 175
Articolo 160	Articolo 176
Articolo 161	Articolo 177
Articolo 162	Articolo 178
Titolo XVIII – Ricerca e sviluppo tecnologico	Titolo XIX – Ricerca e sviluppo tecnologico e spazio
Articolo 163	Articolo 179
Articolo 164	Articolo 180
Articolo 165	Articolo 181
Articolo 166	Articolo 182
Articolo 167	Articolo 183
Articolo 168	Articolo 184
Articolo 169	Articolo 185

Vecchia numerazione del trattato che istituisce la Comunità europea	**Rinumerazione del trattato sul funzionamento dell'Unione europea**
Articolo 170	Articolo 186
Articolo 171	Articolo 187
Articolo 172	Articolo 188
	Articolo 189
Articolo 173	Articolo 190
Titolo XIX – Ambiente	Titolo XX – Ambiente
Articolo 174	Articolo 191
Articolo 175	Articolo 192
Articolo 176	Articolo 193
	Titolo XXI – Energia
	Articolo 194
	Titolo XXII – Turismo
	Articolo 195
	Titolo XXIII – Protezione civile
	Articolo 196
	Titolo XXIV – Cooperazione amministrativa
	Articolo 197
Titolo XX – Cooperazione allo sviluppo (spostato)	*Parte quinta, Titolo III, Capo 1, Cooperazione allo sviluppo*
Articolo 177 (spostato)	*Articolo 208*
Articolo 178 (abrogato)[42]	
Articolo 179 (spostato)	*Articolo 209*
Articolo 180 (spostato)	*Articolo 210*
Articolo 181 (spostato)	*Articolo 211*
Titolo XXI – Cooperazione economica, finanziaria e tecnica con i paesi terzi (spostato)	*Parte quinta, Titolo III, Capo 2, Cooperazione economica, finanziaria e tecnica con i paesi terzi*
Articolo 181 A (spostato)	*Articolo 212*
PARTE QUARTA – ASSOCIAZIONE DEI PAESI E TERRITORI D'OLTRE MARE	PARTE QUARTA – ASSOCIAZIONE DEI PAESI E TERRITORI D'OLTRE MARE
Articolo 182	Articolo 198
Articolo 183	Articolo 199
Articolo 184	Articolo 200
Articolo 185	Articolo 201
Articolo 186	Articolo 202
Articolo 187	Articolo 203
Articolo 188	Articolo 204
	PARTE QUINTA – AZIONE ESTERNA DELL'UNIONE
	Titolo I – Disposizioni generali sull'azione esterna dell'Unione
	Articolo 205
Parte terza, Titolo IX, Politica commerciale comune (spostato)	Titolo II – Politica commerciale comune
Articolo 131 (spostato)	Articolo 206
Articolo 133 (spostato)	Articolo 207

[42] Sostituito, nella sostanza, dall'articolo 208 paragrafo 1, secondo comma, seconda frase, del TFUE.

Vecchia numerazione del trattato che istituisce la Comunità europea	**Rinumerazione del trattato sul funzionamento dell'Unione europea**
	Titolo III – Cooperazione con i paesi terzi e aiuto umanitario
Parte terza, Titolo XX, Cooperazione allo sviluppo (spostato)	Capo 1 – Cooperazione allo sviluppo
Articolo 177 (spostato)	Articolo 208 [43]
Articolo 179 (spostato)	Articolo 209
Articolo 180 (spostato)	Articolo 210
Articolo 181 (spostato)	Articolo 211
Parte terza, Titolo XXI, Cooperazione economica, finanziaria e tecnica con i paesi terzi (spostato)	Capo 2 – Cooperazione economica, finanziaria e tecnica con i paesi terzi
Articolo 181 A (spostato)	Articolo 212
	Articolo 213
	Capo 3 – Aiuto umanitario
	Articolo 214
	Titolo IV – Misure restrittive
Articolo 301 (spostato)	Articolo 215
	Titolo V – Accordi internazionali
	Articolo 216
Articolo 310 (spostato)	Articolo 217
Articolo 300 (sostituito)	Articolo 218
Articolo 111, paragrafi da 1 a 3 e 5 (spostati)	Articolo 219
	Titolo VI – Relazioni dell'Unione con le organizzazioni internazionali e i paesi terzi e delegazioni dell'Unione
Articoli da 302 a 304 (sostituiti)	Articolo 220
	Articolo 221
	Titolo VII – Clausola di solidarietà
	Articolo 222
PARTE QUINTA – LE ISTITUZIONI DELLA COMUNITÀ	PARTE SESTA – DISPOSIZIONI ISTITUZIONALI E FINANZIARIE
Titolo I – Disposizioni istituzionali	Titolo I – Disposizioni istituzionali
Capo 1 – Le istituzioni	Capo 1 – Le istituzioni
Sezione 1 – Il Parlamento europeo	Sezione 1 – Il Parlamento europeo
Articolo 189 (abrogato) [44]	
Articolo 190, paragrafi da 1 a 3 (abrogati) [45]	
Articolo 190, paragrafi 4 e 5	Articolo 223
Articolo 191, primo comma (abrogato) [46]	
Articolo 191, secondo comma	Articolo 224
Articolo 192, primo comma (abrogato) [47]	
Articolo 192, secondo comma	Articolo 225

[43] Il paragrafo 1, secondo comma, seconda frase, sostituisce nella sostanza l'articolo 178 del trattato CE.

[44] Sostituito, nella sostanza, dall'articolo 14, paragrafi 1 e 2, del trattato UE.

[45] Sostituito, nella sostanza, dall'articolo 14, paragrafi da 1 a 3, del trattato UE.

[46] Sostituito, nella sostanza, dall'articolo 11, paragrafo 4, del trattato UE.

[47] Sostituito, nella sostanza, dall'articolo 14, paragrafo 1, del trattato UE.

Vecchia numerazione del trattato che istituisce la Comunità europea	Rinumerazione del trattato sul funzionamento dell'Unione europea
Articolo 193	Articolo 226
Articolo 194	Articolo 227
Articolo 195	Articolo 228
Articolo 196	Articolo 229
Articolo 197, primo comma (abrogato) [48]	
Articolo 197, secondo, terzo e quarto comma	Articolo 230
Articolo 198	Articolo 231
Articolo 199	Articolo 232
Articolo 200	Articolo 233
Articolo 201	Articolo 234
	Sezione 2 – Il Consiglio europeo
	Articolo 235
	Articolo 236
Sezione 2 – Il Consiglio	Sezione 3 – Il Consiglio
Articolo 202 (abrogato) [49]	
Articolo 203 (abrogato) [50]	
Articolo 204	Articolo 237
Articolo 205, paragrafi 2 e 4 (abrogati) [51]	
Articolo 205, paragrafi 1 e 3	Articolo 238
Articolo 206	Articolo 239
Articolo 207	Articolo 240
Articolo 208	Articolo 241
Articolo 209	Articolo 242
Articolo 210	Articolo 243
Sezione 3 – La Commissione	Sezione 4 – La Commissione
Articolo 211 (abrogato) [52]	
	Articolo 244
Articolo 212 (spostato)	Articolo 249, paragrafo 2
Articolo 213	Articolo 245
Articolo 214 (abrogato) [53]	
Articolo 215	Articolo 246
Articolo 216	Articolo 247
Articolo 217, paragrafi 1, 3 e 4 (abrogati) [54]	
Articolo 217, paragrafo 2	Articolo 248
Articolo 218, paragrafo 1 (abrogato) [55]	
Articolo 218, paragrafo 2	Articolo 249
Articolo 219	Articolo 250

[48] Sostituito, nella sostanza, dall'articolo 14, paragrafo 4, del trattato UE.

[49] Sostituito, nella sostanza, dall'articolo 16, paragrafo 1, del trattato UE e dagli articoli 290 e 291 del TFUE.

[50] Sostituito, nella sostanza, dall'articolo 16, paragrafi 2 e 9, del trattato UE.

[51] Sostituito, nella sostanza, dall'articolo 16, paragrafi 4 e 5, del trattato UE.

[52] Sostituito, nella sostanza, dall'articolo 17, paragrafo 1, del trattato UE.

[53] Sostituito, nella sostanza, dall'articolo 17, paragrafi 3 e 7 del trattato UE.

[54] Sostituito, nella sostanza, dall'articolo 17, paragrafo 6, del trattato UE.

[55] Sostituito, nella sostanza, dall'articolo 295 del TFUE.

Vecchia numerazione del trattato che istituisce la Comunità europea	**Rinumerazione del trattato sul funzionamento dell'Unione europea**
Sezione 4 – La Corte di giustizia	Sezione 5 – La Corte di giustizia dell'Unione europea
Articolo 220 (abrogato)[56]	
Articolo 221, primo comma (abrogato)[57]	
Articolo 221, secondo e terzo comma	Articolo 251
Articolo 222	Articolo 252
Articolo 223	Articolo 253
Articolo 224[58]	Articolo 254
	Articolo 255
Articolo 225	Articolo 256
Articolo 225 A	Articolo 257
Articolo 226	Articolo 258
Articolo 227	Articolo 259
Articolo 228	Articolo 260
Articolo 229	Articolo 261
Articolo 229 A	Articolo 262
Articolo 230	Articolo 263
Articolo 231	Articolo 264
Articolo 232	Articolo 265
Articolo 233	Articolo 266
Articolo 234	Articolo 267
Articolo 235	Articolo 268
	Articolo 269
Articolo 236	Articolo 270
Articolo 237	Articolo 271
Articolo 238	Articolo 272
Articolo 239	Articolo 273
Articolo 240	Articolo 274
	Articolo 275
	Articolo 276
Articolo 241	Articolo 277
Articolo 242	Articolo 278
Articolo 243	Articolo 279
Articolo 244	Articolo 280
Articolo 245	Articolo 281
	Sezione 6 – La Banca centrale europea
	Articolo 282
Articolo 112 (spostato)	Articolo 283
Articolo 113 (spostato)	Articolo 284
Sezione 5 – La Corte dei conti	Sezione 7 – La Corte dei conti
Articolo 246	Articolo 285
Articolo 247	Articolo 286
Articolo 248	Articolo 287

[56] Sostituito, nella sostanza, dall'articolo 19 del trattato UE.

[57] Sostituito, nella sostanza, dall'articolo 19, paragrafo 2, primo comma, del trattato UE.

[58] La prima frase del primo comma è sostituita, nella sostanza, dall'articolo 19, paragrafo 2, secondo comma, del trattato UE.

Vecchia numerazione del trattato che istituisce la Comunità europea	Rinumerazione del trattato sul funzionamento dell'Unione europea
Capo 2 – Disposizioni comuni a più istituzioni	Capo 2 – Atti giuridici dell'Unione, procedure di adozione e altre disposizioni
	Sezione 1 – Atti giuridici dell'Unione
Articolo 249	Articolo 288
	Articolo 289
	Articolo 290 [59]
	Articolo 291 [59]
	Articolo 292
	Sezione 2 – Procedure di adozione degli atti e altre disposizioni
Articolo 250	Articolo 293
Articolo 251	Articolo 294
Articolo 252 (abrogato)	
	Articolo 295
Articolo 253	Articolo 296
Articolo 254	Articolo 297
	Articolo 298
Articolo 255 (spostato)	*Articolo 15*
Articolo 256	Articolo 299
	Capo 3 – Gli organi consultivi dell'Unione
	Articolo 300
Capo 3 – Il Comitato economico e sociale	Sezione 1 – Il Comitato economico e sociale
Articolo 257 (abrogato) [60]	
Articolo 258, primo, secondo e quarto comma	Articolo 301
Articolo 258, terzo comma (abrogato) [61]	
Articolo 259	Articolo 302
Articolo 260	Articolo 303
Articolo 261 (abrogato)	
Articolo 262	Articolo 304
Capo 4 – Il Comitato delle regioni	Sezione 2 – Il Comitato delle regioni
Articolo 263, primo e quinto comma (abrogato) [62]	
Articolo 263, dal secondo al quarto comma	Articolo 305
Articolo 264	Articolo 306
Articolo 265	Articolo 307
Capo 5 – La Banca europea per gli investimenti	Capo 4 – La Banca europea per gli investimenti
Articolo 266	Articolo 308
Articolo 267	Articolo 309
Titolo II – Disposizioni finanziarie	Titolo II – Disposizioni finanziarie
Articolo 268	Articolo 310
	Capo 1 – Risorse proprie dell'Unione
Articolo 269	Articolo 311

[59] Sostituisce, nella sostanza, l'articolo 202, terzo trattino, del trattato CE.

[60] Sostituito, nella sostanza, dall'articolo 300, paragrafo 2, del TFUE.

[61] Sostituito, nella sostanza, dall'articolo 300, paragrafo 4, del TFUE.

[62] Sostituito, nella sostanza, dall'articolo 300, paragrafi 3 e 4, del TFUE.

Vecchia numerazione del trattato che istituisce la Comunità europea	**Rinumerazione del trattato sul funzionamento dell'Unione europea**
Articolo 270 (abrogato) [63]	
	Capo 2 – Quadro finanziario pluriennale
	Articolo 312
	Capo 3 – Bilancio annuale dell'Unione
Articolo 272, paragrafo 1 (spostato)	Articolo 313
Articolo 271 (spostato)	*Articolo 316*
Articolo 272, paragrafo 1 (spostato)	*Articolo 313*
Articolo 272, paragrafi da 2 a 10 1	Articolo 314
Articolo 273	Articolo 315
Articolo 271 (spostato)	Articolo 316
	Capo 4 – Esecuzione del bilancio e scarico
Articolo 274	Articolo 317
Articolo 275	Articolo 318
Articolo 276	Articolo 319
	Capo 5 – Disposizioni comuni
Articolo 277	Articolo 320
Articolo 278	Articolo 321
Articolo 279	Articolo 322
	Articolo 323
	Articolo 32[illegible]
	Capo 6 – Lotta contro la frode
Articolo 280	Articolo 325
	Titolo III – Cooperazioni rafforzate
Articoli 11 e 11 A (sostituiti)	Articolo 326 [64]
Articoli 11 e 11 A (sostituiti)	Articolo 327 [64]
Articoli 11 e 11 A (sostituiti)	Articolo 328 [64]
Articoli 11 e 11 A (sostituiti)	Articolo 329 [64]
Articoli 11 e 11 A (sostituiti)	Articolo 330 [64]
Articoli 11 e 11 A (sostituiti)	Articolo 331 [64]
Articoli 11 e 11 A (sostituiti)	Articolo 332 [64]
Articoli 11 e 11 A (sostituiti)	Articolo 333 [64]
Articoli 11 e 11 A (sostituiti)	Articolo 334 [64]
PARTE SESTA – DISPOSIZIONI GENERALI E FINALI	PARTE SETTIMA – DISPOSIZIONI GENERALI E FINALI
Articolo 281 (abrogato) [65]	
Articolo 282	Articolo 335
Articolo 283	Articolo 336
Articolo 284	Articolo 337
Articolo 285	Articolo 338
Articolo 286 (sostituito)	*Articolo 16*
Articolo 287	Articolo 339
Articolo 288	Articolo 340
Articolo 289	Articolo 341
Articolo 290	Articolo 342
Articolo 291	Articolo 343

[63] Sostituito, nella sostanza, dall'articolo 310, paragrafo 4, del TFUE.

[64] Sostituisce anche gli articoli da 27 A a 27 E, da 40 a 40 B e da 43 a 45 dell'attuale trattato UE.

[65] Sostituito, nella sostanza, dall'articolo 47 del trattato UE.

Vecchia numerazione del trattato che istituisce la Comunità europea	**Rinumerazione del trattato sul funzionamento dell'Unione europea**
Articolo 292	Articolo 344
Articolo 293 (abrogato)	
Articolo 294 (spostato)	*Articolo 55*
Articolo 295	Articolo 345
Articolo 296	Articolo 346
Articolo 297	Articolo 347
Articolo 298	Articolo 348
Articolo 299, paragrafo 1 (abrogato) [66]	
Articolo 299, paragrafo 2, secondo, terzo e quarto comma	Articolo 349
Articolo 299, paragrafo 2, primo comma, e paragrafi da 3 a 6 (spostato)	*Articolo 355*
Articolo 300 (sostituito)	*Articolo 218*
Articolo 301 (sostituito)	*Articolo 215*
Articolo 302 (sostituito)	*Articolo 220*
Articolo 303 (sostituito)	*Articolo 220*
Articolo 304 (sostituito)	*Articolo 220*
Articolo 305 (abrogato)	
Articolo 306	Articolo 350
Articolo 307	Articolo 351
Articolo 308	Articolo 352
	Articolo 353
Articolo 309	Articolo 354
Articolo 310 (spostato)	*Articolo 217*
Articolo 311 (abrogato) [67]	
Articolo 299, paragrafo 2, primo comma, e paragrafi da 3 a 6 (spostato)	Articolo 355
Articolo 312	Articolo 356
Disposizioni finali	
Articolo 313	Articolo 357
	Articolo 358
Articolo 314 (abrogato) [68]	

[66] Sostituito, nella sostanza, dall'articolo 52 del trattato UE.

[67] Sostituito, nella sostanza, dall'articolo 51 del trattato UE.

[68] Sostituito, nella sostanza, dall'articolo 55 del trattato UE.

8. Trattato di Lisbona che modifica il trattato sull'Unione europea e il trattato che istituisce la Comunità europea [1]

8.1. Disposizioni finali

PREAMBOLO (*omissis*)

Articolo 1. – Il trattato sull'Unione europea è modificato in base alle disposizioni del presente articolo. (*omissis*)

Articolo 2. – Il trattato che istituisce la Comunità europea è modificato in base alle disposizioni del presente articolo. (*omissis*)

Nell'intero trattato:

a) i termini «la Comunità» o «la Comunità europea» sono sostituiti da «l'Unione», i termini «delle Comunità europee» o «della CEE» sono sostituiti da «dell'Unione europea» e l'aggettivo «comunitario», comunque declinato, è sostituito da «dell'Unione», salvo che all'articolo 299, paragrafo 6, lettera c), diventato articolo 311 *bis*, paragrafo 5, lettera c). Per quanto riguarda l'articolo 136, primo comma, la modifica si applica solo al termine «La Comunità» [2].

DISPOSIZIONI FINALI

Articolo 3. – Il presente trattato è concluso per una durata illimitata.

Articolo 4. – 1. Il protocollo n. 1 allegato al presente trattato contiene le modifiche dei protocolli allegati al trattato sull'Unione europea, al trattato che istituisce la Comunità europea e/o al trattato che istituisce la Comunità europea dell'energia atomica.

2. Il protocollo n. 2 allegato al presente trattato contiene le modifiche del trattato che istituisce la Comunità europea dell'energia atomica.

Articolo 5. – 1. Agli articoli, alle sezioni, ai capi, ai titoli e alle parti del trattato sull'Unione europea e del trattato che istituisce la Comunità europea, come modificati dal presente trattato, si applica la nuova numerazione indicata nelle tabelle di corrispondenza contenute nell'allegato del presente trattato e che ne costituisce parte integrante.

2. I rinvii ad articoli, sezioni, capi, titoli e parti nel trattato sull'Unione europea e nel trattato sul funzionamento dell'Unione europea, nonché i rinvii tra gli stessi, sono adattati conformemente al paragrafo 1 e i riferimenti ai paragrafi o ai commi di detti articoli come rinumerati o riordinati da talune disposizioni del presente trattato sono adattati conformemente a dette disposizioni.

I riferimenti ad articoli, sezioni, capi, titoli e parti del trattato sull'Unione europea e del trattato che istituisce la Comunità europea contenuti in altri trattati e atti di diritto primario che fondano l'Unione sono adattati conformemente al paragrafo 1. I riferimenti ai capover-

---

[1] In *G.U.U.E.* C 306 del 17 dicembre 2007; rettifiche in *G.U.U.E.* C 54 del 27 febbraio 2008 e n. C 290 del 30 novembre 2009 (nella stessa *G.U.U.E.* è riprodotta una rettifica all'articolo 104, 2° comma del trattato che istituisce la Comunità europea dell'energia atomica). Per le modifiche introdotte dagli articoli 1 e 2 cfr. la *Premessa alla prima edizione*, nota 6.

[2] L'art. 311 *bis* è divenuto, nella versione consolidata, l'art. 355; l'art. 136 è divenuto, nella versione consolidata, l'art. 151.

si del trattato sull'Unione europea o ai paragrafi e ai commi degli articoli del trattato sull'Unione europea e del trattato che istituisce la Comunità europea come rinumerati o riordinati dal presente trattato sono adattati conformemente allo stesso.

Tali adeguamenti riguardano anche eventuali casi in cui la disposizione in questione sia abrogata

3. I riferimenti ai capoversi, agli articoli, alle sezioni, ai capi, ai titoli e alle parti del trattato sull'Unione europea e del trattato che istituisce la Comunità europea, come modificati dal presente trattato, contenuti in altri strumenti o atti si intendono fatti ai capoversi, agli articoli, alle sezioni, ai capi, ai titoli e alle parti di detti trattati secondo la nuova numerazione di cui al paragrafo 1 e, rispettivamente, ai paragrafi o ai commi di detti articoli come rinumerati o riordinati da alcune disposizioni del presente trattato.

Articolo 6. – 1. Il presente trattato è ratificato dalle Alte Parti Contraenti conformemente alle rispettive norme costituzionali. Gli strumenti di ratifica sono depositati presso il governo della Repubblica italiana.

2. Il presente trattato entra in vigore il 1° gennaio 2009, se tutti gli strumenti di ratifica sono stati depositati, altrimenti, il primo giorno del mese successivo all'avvenuto deposito dello strumento di ratifica da parte dello Stato firmatario che procede per ultimo a tale formalità.

Articolo 7. – Il presente trattato, denominato trattato di Lisbona, redatto in unico esemplare in lingua bulgara, ceca, danese, estone, finlandese, francese, greca, inglese, irlandese, italiana, lettone, lituana, maltese, olandese, polacca, portoghese, rumena, slovacca, slovena, spagnola, svedese, tedesca e ungherese, il testo in ciascuna di queste lingue facente ugualmente fede, sarà depositato negli archivi del governo della Repubblica italiana, che provvederà a trasmetterne copia certificata conforme a ciascuno dei governi degli altri Stati firmatari.

IN FEDE DI CHE, i plenipotenziari sottoscritti hanno apposto la loro firma in calce al presente trattato.

(*omissis*)

8.2. Protocollo n. 2 che modifica il trattato che istituisce la Comunità europea dell'energia atomica

[PROTOCOLLI

A. PROTOCOLLI DA ALLEGARE AL TRATTATO SULL'UNIONE EUROPEA, AL TRATTATO SUL FUNZIONAMENTO DELL'UNIONE EUROPEA E, SE DEL CASO, AL TRATTATO CHE ISTITUISCE LA COMUNITÀ EUROPEA DELL'ENERGIA ATOMICA (*omissis*)

B. PROTOCOLLI DA ALLEGARE AL TRATTATO DI LISBONA

Protocollo n. 1 che modifica i protocolli allegati al trattato sull'Unione europea, al trattato che istituisce la Comunità europea e/o al trattato che istituisce la Comunità europea dell'energia atomica (*omissis*)] [3].

Protocollo n. 2 che modifica il trattato che istituisce la Comunità europea dell'energia atomica

LE ALTE PARTI CONTRAENTI,

RAMMENTANDO l'importanza del fatto che le disposizioni del trattato che istituisce la Comunità europea dell'energia atomica continuino a produrre pienamente effetti giuridici,

[3] Le modifiche ai Protocolli sono contenute nella versione riprodotta retro, par. 4. Cfr. anche retro, *Premessa alla prima edizione*, nota 7.

DESIDEROSE di adattare tale trattato alle nuove regole definite dal trattato sull'Unione europea e dal trattato sul funzionamento dell'Unione europea, in particolare nei settori istituzionale e finanziario,

HANNO CONVENUTO le disposizioni seguenti, che sono allegate al trattato di Lisbona e che modificano il trattato che istituisce la Comunità europea dell'energia atomica come segue:

Articolo 1. – Il presente protocollo modifica il trattato che istituisce la Comunità europea dell'energia atomica (trattato CEEA) nella versione in vigore al momento dell'entrata in vigore del trattato di Lisbona.

(Il secondo comma non riguarda la versione italiana).

Articolo 2. – La denominazione del titolo III del trattato CEEA "Disposizioni istituzionali" è sostituita da "Disposizioni istituzionali e finanziarie".

Articolo 3. – All'inizio del titolo III del trattato CEEA è inserito il nuovo capo seguente:

"CAPO I – APPLICAZIONE DI TALUNE DISPOSIZIONI DEL TRATTATO SULL'UNIONE EUROPEA E DEL TRATTATO SUL FUNZIONAMENTO DELL'UNIONE EUROPEA

Articolo 106 bis. – 1. L'articolo 7, gli articoli da 9 a 9 F, l'articolo 48, paragrafi da 2 a 5, e gli articoli 49 e 49 A, del trattato sull'Unione europea, l'articolo 16 A, gli articoli da 190 a 201 *ter*, gli articoli da 204 a 211 *bis*, l'articolo 213, gli articoli da 215 a 236, gli articoli 238, 239 e 240, gli articoli da 241 a 245, gli articoli da 246 a 262, gli articoli da 268 a 277, gli articoli da 279 a 280 e gli articoli 283, 290 e 292, del trattato sul funzionamento dell'Unione europea, nonché il protocollo sulle disposizioni transitorie si applicano al presente trattato.

2. Nel quadro del presente trattato, i riferimenti all'Unione, al 'trattato sull'Unione europea', al 'trattato sul funzionamento dell'Unione europea' o ai 'trattati' fatti nelle disposizioni di cui al paragrafo 1 e in quelle dei protocolli allegati sia ai suddetti trattati sia al presente trattato si intendono, rispettivamente, come riferimenti alla Comunità europea dell'energia atomica e al presente trattato.

3. Le disposizioni del trattato sull'Unione europea e del trattato sul funzionamento dell'Unione europea non derogano a quanto stipulato dal presente trattato.".

Articolo 4. – Al titolo III del trattato CEEA, i capi I, II e III diventano rispettivamente II, III, IV.

Articolo 5. – L'articolo 3, gli articoli da 107 a 132, gli articoli da 136 a 143, gli articoli da 146 a 156, gli articoli da 158 a 163, gli articoli da 165 a 170, gli articoli 173, 173 A e 175, gli articoli da 177 a 179 *bis*, gli articoli 180 *ter* e 181, gli articoli 183, 183 A, 190 e 204 del trattato CEEA sono abrogati.

Articolo 6. – La denominazione del titolo IV del trattato CEEA "Disposizioni finanziarie" è sostituita dalla denominazione "Disposizioni finanziarie particolari".

Articolo 7. – 1. All'articolo 38, terzo comma e all'articolo 82, quarto comma del trattato CEEA, i riferimenti agli articoli 141 e 142 sono sostituiti rispettivamente dai riferimenti agli articoli 226 e 227 del trattato sul funzionamento dell'Unione europea.

2. All'articolo 171, paragrafo 2 e all'articolo 176, paragrafo 3 del trattato CEEA, il riferimento all'articolo 183 è sostituito dal riferimento all'articolo 279 del trattato sul funzionamento dell'Unione europea.

3. All'articolo 172, paragrafo 4 del trattato CEEA, il riferimento all'articolo 177, paragrafo 5 è sostituito dal riferimento all'articolo 272 del trattato sul funzionamento dell'Unione europea.

4. All'articolo 198, quarto comma, lettera c) del trattato CEEA, il riferimento all'allegato

II del trattato che istituisce la Comunità europea è sostituito dal riferimento all'allegato II del trattato sull'Unione europea e del trattato sul funzionamento dell'Unione europea.

5. Nel trattato CEEA i termini "Corte di giustizia" sono sostituiti da "Corte di giustizia dell'Unione europea".

Articolo 8. – L'articolo 191 del trattato CEEA è sostituito dal seguente:

"*Articolo 191.* – La Comunità gode, sul territorio degli Stati membri, dei privilegi e delle immunità necessari all'assolvimento dei suoi compiti, alle condizioni definite dal protocollo sui privilegi e sulle immunità dell'Unione europea.".

Articolo 9. – L'articolo 206 del trattato CEEA è sostituito dal seguente:

"*Articolo 206.* – La Comunità può concludere con uno o più Stati o organizzazioni internazionali accordi che istituiscano un'associazione caratterizzata da diritti ed obblighi reciproci, da azioni in comune e da procedure particolari.

Tali accordi sono conclusi dal Consiglio che delibera all'unanimità, previa consultazione del Parlamento europeo.

Qualora tali accordi comportino emendamenti del presente trattato, questi ultimi devono essere precedentemente adottati secondo la procedura di cui all'articolo 48, paragrafi da 2 a 5, del trattato sull'Unione europea.".

Articolo 10. – Le entrate e le spese della Comunità europea dell'energia atomica, ad eccezione di quelle dell'agenzia di approvvigionamento e delle imprese comuni, sono iscritte nel bilancio dell'Unione.

ALLEGATO – *Tabella di corrispondenza di cui all'articolo 5 del trattato di Lisbona*[4].

(*omissis*)

8.3. Atto finale

LA CONFERENZA DEI RAPPRESENTANTI DEI GOVERNI DEGLI STATI MEMBRI, convocata a Bruxelles, il 23 luglio 2007, per adottare di comune accordo le modifiche da apportare al trattato sull'Unione europea, al trattato che istituisce la Comunità europea e al trattato che istituisce la Comunità europea dell'energia atomica, ha adottato i testi seguenti:

I. Trattato di Lisbona che modifica il trattato sull'Unione europea e il trattato che istituisce la Comunità europea

II. Protocolli

A. Protocolli allegati al trattato sull'Unione europea, al trattato sul funzionamento dell'Unione europea e, se del caso, al trattato che istituisce la Comunità europea dell'energia atomica:

– Protocollo sul ruolo dei parlamenti nazionali nell'Unione europea
– Protocollo sull'applicazione dei principi di sussidiarietà e di proporzionalità
– Protocollo sull'Eurogruppo
– Protocollo sulla cooperazione strutturata permanente istituita dall'articolo 28 A del trattato sull'Unione europea
– Protocollo relativo all'articolo 6, paragrafo 2, del trattato sull'Unione europea sull'adesione dell'Unione alla Convenzione europea per la salvaguardia dei diritti dell'uomo e delle libertà fondamentali

[4] La tabella o "tavole di corrispondenza" (con le modifiche apportate) sono riprodotte retro, par. 7.

– Protocollo sul mercato interno e la concorrenza

– Protocollo sull'applicazione della Carta dei diritti fondamentali dell'Unione europea alla Polonia e al Regno Unito

– Protocollo sull'esercizio delle competenze condivise

– Protocollo sui servizi di interesse generale

– Protocollo sulla decisione del Consiglio relativa all'attuazione degli articoli 9 C, paragrafo 4, del trattato sull'Unione europea e 205, paragrafo 2, del trattato sul funzionamento dell'Unione europea tra il 1o novembre 2014 e il 31 marzo 2017, da una parte, e a decorrere dal 1o aprile 2017, dall'altra

– Protocollo sulle disposizioni transitorie

B. Protocolli allegati al trattato di Lisbona

– Protocollo n. 1 che modifica i protocolli allegati al trattato sull'Unione europea, al trattato che istituisce la Comunità europea e/o al trattato che istituisce la Comunità europea dell'energia atomica

– Tabella di corrispondenza di cui all'articolo 2 del protocollo n. 1 che modifica i protocolli allegati al trattato sull'Unione europea, al trattato che istituisce la Comunità europea e/o al trattato che istituisce la Comunità europea dell'energia atomica

– Protocollo n. 2 che modifica il trattato che istituisce la Comunità europea dell'energia atomica

III. Allegato al trattato di Lisbona:

– Tabelle di corrispondenza di cui all'articolo 5 del trattato di Lisbona

La Conferenza ha adottato le dichiarazioni elencate in appresso e allegate al presente atto finale:

A. Dichiarazioni relative a disposizioni dei trattati

1. Dichiarazione relativa alla Carta dei diritti fondamentali dell'Unione europea

2. Dichiarazione relativa all'articolo 6, paragrafo 2, del trattato sull'Unione europea

3. Dichiarazione relativa all'articolo 7 *bis* del trattato sull'Unione europea

4. Dichiarazione sulla composizione del Parlamento europeo

5. Dichiarazione sull'accordo politico del Consiglio europeo relativo al progetto di decisione sulla composizione del Parlamento europeo

6. Dichiarazione relativa agli articoli 9 B, paragrafi 5 e 6, 9 D, paragrafi 6 e 7, e 9 E del trattato sull'Unione europea

7. Dichiarazione relativa all'articolo 9 C, paragrafo 4, del trattato sull'Unione europea e all'articolo 205, paragrafo 2, del trattato sul funzionamento dell'Unione europea

8. Dichiarazione relativa alle misure pratiche da adottare al momento dell'entrata in vigore del trattato di Lisbona per quanto concerne la presidenza del Consiglio europeo e del Consiglio "Affari esteri"

9. Dichiarazione relativa all'articolo 9 C, paragrafo 9, del trattato sull'Unione europea concernente la decisione del Consiglio europeo sull'esercizio della presidenza del Consiglio

10. Dichiarazione relativa all'articolo 9 D del trattato sull'Unione europea

11. Dichiarazione relativa all'articolo 9 D, paragrafi 6 e 7, del trattato sull'Unione europea

12. Dichiarazione relativa all'articolo 9 E del trattato sull'Unione europea

13. Dichiarazione relativa alla politica estera e di sicurezza comune

14. Dichiarazione relativa alla politica estera e di sicurezza comune

15. Dichiarazione relativa all'articolo 13 *bis* del trattato sull'Unione europea

16. Dichiarazione relativa all'articolo 53, paragrafo 2, del trattato sull'Unione europea

17. Dichiarazione relativa al primato

18. Dichiarazione relativa alla delimitazione delle competenze

19. Dichiarazione relativa all'articolo 3 del trattato sul funzionamento dell'Unione europea

20. Dichiarazione relativa all'articolo 16 B del trattato sul funzionamento dell'Unione europea

21. Dichiarazione relativa alla protezione dei dati personali nel settore della cooperazione giudiziaria in maniera penale e della cooperazione di polizia

22. Dichiarazione relativa agli articoli 42 e 63 *bis* del trattato sul funzionamento dell'Unione europea

23. Dichiarazione relativa all'articolo 42, secondo comma, del trattato sul funzionamento dell'Unione europea

24. Dichiarazione relativa alla personalità giuridica dell'Unione europea

25. Dichiarazione relativa agli articoli 61 H e 188 K del trattato sul funzionamento dell'Unione europea

26. Dichiarazione relativa alla non partecipazione di uno Stato membro a una misura fondata sul titolo IV della terza parte del trattato sul funzionamento dell'Unione europea

27. Dichiarazione relativa all'articolo 69 D, paragrafo 1, secondo comma, del trattato sul funzionamento dell'Unione europea

28. Dichiarazione relativa all'articolo 78 del trattato sul funzionamento dell'Unione europea

29. Dichiarazione relativa all'articolo 87, paragrafo 2, lettera c), del trattato sul funzionamento dell'Unione europea

30. Dichiarazione relativa all'articolo 104 del trattato sul funzionamento dell'Unione europea

31. Dichiarazione relativa all'articolo 140 del trattato sul funzionamento dell'Unione europea

32. Dichiarazione relativa all'articolo 152, paragrafo 4, lettera c), del trattato sul funzionamento dell'Unione europea

33. Dichiarazione relativa all'articolo 158 del trattato sul funzionamento dell'Unione europea

34. Dichiarazione relativa all'articolo 163 del trattato sul funzionamento dell'Unione europea

35. Dichiarazione relativa all'articolo 176 A del trattato sul funzionamento dell'Unione europea

36. Dichiarazione relativa all'articolo 188 N del trattato sul funzionamento dell'Unione europea sulla negoziazione e conclusione da parte degli Stati membri di accordi internazionali relativi allo spazio di libertà, sicurezza e giustizia

37. Dichiarazione relativa all'articolo 188 R del trattato sul funzionamento dell'Unione europea

38. Dichiarazione relativa all'articolo 222 del trattato sul funzionamento dell'Unione europea concernente il numero di avvocati generali presso la Corte di giustizia

39. Dichiarazione relativa all'articolo 249 B del trattato sul funzionamento dell'Unione europea

40. Dichiarazione relativa all'articolo 280 D del trattato sul funzionamento dell'Unione europea

41. Dichiarazione relativa all'articolo 308 del trattato sul funzionamento dell'Unione europea

42. Dichiarazione relativa all'articolo 308 del trattato sul funzionamento dell'Unione europea

43. Dichiarazione relativa all'articolo 311 *bis*, paragrafo 6, del trattato sul funzionamento dell'Unione europea

B. Dichiarazioni relative a protocolli allegati ai trattati

44. Dichiarazione relativa all'articolo 5 del protocollo sull'acquis di Schengen integrato nell'ambito dell'Unione europea

45. Dichiarazione relativa all'articolo 5, paragrafo 2, del protocollo sull'acquis di Schengen integrato nell'ambito dell'Unione europea

46. Dichiarazione relativa all'articolo 5, paragrafo 3, del protocollo sull'acquis di Schengen integrato nell'ambito dell'Unione europea

47. Dichiarazione relativa all'articolo 5, paragrafi 3, 4 e 5, del protocollo sull'acquis di Schengen integrato nell'ambito dell'Unione europea

48. Dichiarazione relativa al protocollo sulla posizione della Danimarca

49. Dichiarazione concernente l'Italia

50. Dichiarazione relativa all'articolo 10 del protocollo sulle disposizioni transitorie

Inoltre, la Conferenza ha preso atto delle dichiarazioni in appresso elencate e allegate al presente atto finale:

51. Dichiarazione del Regno del Belgio relativa ai parlamenti nazionali

52. Dichiarazione del Regno del Belgio, della Repubblica di Bulgaria, della Repubblica federale di Germania, della Repubblica ellenica, del Regno di Spagna, della Repubblica italiana, della Repubblica di Cipro, della Repubblica di Lituania, del Granducato di Lussemburgo, della Repubblica di Ungheria, della Repubblica di Malta, della Repubblica d'Austria, della Repubblica portoghese, della Romania, della Repubblica di Slovenia e della Repubblica slovacca relativa ai simboli dell'Unione europea

53. Dichiarazione della Repubblica ceca sulla Carta dei diritti fondamentali dell'Unione europea

54. Dichiarazione della Repubblica federale di Germania, dell'Irlanda, della Repubblica di Ungheria, della Repubblica d'Austria e del Regno di Svezia

55. Dichiarazione del Regno di Spagna e del Regno Unito di Gran Bretagna e Irlanda del Nord

56. Dichiarazione dell'Irlanda relativa all'articolo 3 del protocollo sulla posizione del Regno Unito e dell'Irlanda rispetto allo spazio di libertà, sicurezza e giustizia

57. Dichiarazione della Repubblica italiana sulla composizione del Parlamento europeo

58. Dichiarazione della Repubblica di Lettonia, della Repubblica di Ungheria e della Repubblica di Malta sull'ortografia della denominazione della moneta unica nei trattati

59. Dichiarazione del Regno dei Paesi Bassi relativa all'articolo 270 *bis* del trattato sul funzionamento dell'Unione europea

60. Dichiarazione del Regno dei Paesi Bassi relativa all'articolo 311 *bis* del trattato sul funzionamento dell'Unione europea

61. Dichiarazione della Repubblica di Polonia relativa alla Carta dei diritti fondamentali dell'Unione europea

62. Dichiarazione della Repubblica di Polonia relativa al Protocollo sull'applicazione della Carta dei diritti fondamentali alla Polonia e al Regno Unito

63. Dichiarazione del Regno Unito di Gran Bretagna e Irlanda del Nord relativa alla definizione del termine "cittadini"

64. Dichiarazione del Regno Unito di Gran Bretagna e Irlanda del Nord relativa al diritto di voto per le elezioni del Parlamento europeo

65. Dichiarazione del Regno Unito di Gran Bretagna e Irlanda del Nord relativa all'articolo 61 H del trattato sul funzionamento dell'Unione europea

(*omissis*)

A. DICHIARAZIONI RELATIVE A DISPOSIZIONI DEI TRATTATI [5].

(*omissis*)

---

[5] Le dichiarazioni sono contenute nella versione riprodotta retro, par. 6.

Le dichiarazioni sono riportate nella versione consolidata cit., par. 5.

9. Disposizioni relative all'Irlanda [1]

9.1. Conclusioni della Presidenza del Consiglio europeo di Bruxelles (18-19 giugno 2009) [Disposizioni relative all'Irlanda]

I. Questioni istituzionali

L'Irlanda e il trattato di Lisbona

1. Il Consiglio europeo rammenta che l'entrata in vigore del trattato di Lisbona richiede la ratifica di ciascuno dei 27 Stati membri conformemente alle rispettive norme costituzionali.

Ribadisce il proprio auspicio che il trattato entri in vigore entro la fine del 2009.

2. Dopo aver preso debito atto delle preoccupazioni del popolo irlandese presentate dal Taoiseach (primo ministro), il Consiglio europeo, nella riunione dell'11 e 12 dicembre 2008, ha convenuto che, a condizione che il trattato di Lisbona entri in vigore, sia adottata una decisione conformemente alle necessarie procedure giuridiche, affinché la Commissione continui a comprendere un cittadino di ciascuno Stato membro.

3. Il Consiglio europeo ha altresì convenuto che le altre preoccupazioni del popolo irlandese presentate dal Taoiseach relative alla politica fiscale, al diritto alla vita, all'istruzione e alla famiglia, nonché la politica tradizionale di neutralità militare dell'Irlanda siano affrontate con reciproca soddisfazione dell'Irlanda e degli altri Stati membri mediante ricorso alle necessarie garanzie giuridiche. È stato altresì convenuto che sia ribadita la grande importanza attribuita ad una serie di questioni sociali, ivi compresi i diritti dei lavoratori.

4. In tale contesto, il Consiglio europeo ha concordato il seguente insieme di disposizioni, che sono pienamente compatibili con il trattato, al fine di rassicurare il popolo irlandese e rispondere alle sue preoccupazioni:

a) decisione dei capi di Stato o di governo dei 27 Stati membri dell'Unione europea, riuniti in sede di Consiglio europeo, concernente le preoccupazioni del popolo irlandese relative al trattato di Lisbona (allegato 1);

b) dichiarazione solenne sui diritti dei lavoratori, la politica sociale e altre questioni (allegato 2).

Il Consiglio europeo ha inoltre preso conoscenza della dichiarazione unilaterale dell'Irlanda (allegato 3), che sarà associata allo strumento di ratifica dell'Irlanda del trattato di Lisbona.

5. Riguardo alla decisione di cui all'allegato 1, i capi di Stato o di governo hanno dichiarato che:

i) tale decisione offre la garanzia giuridica che talune questioni che preoccupano il popolo irlandese non saranno pregiudicate dall'entrata in vigore del trattato di Lisbona;

ii) il suo contenuto è pienamente compatibile con il trattato di Lisbona e non richiederà una nuova ratifica di tale trattato;

iii) la decisione è giuridicamente vincolante e prenderà effetto alla data di entrata in vigore del trattato di Lisbona;

iv) all'atto della conclusione del prossimo trattato di adesione, essi introdurranno le di-

---

[1] Sul riferimento anche alla Repubblica Ceca, che ritirò il 7 marzo 2014 la proposta di revisione *ex* art. 48, par. 2 TUE, cfr. la terza edizione di questo volume, p. 245.

sposizioni dell'acclusa decisione in un protocollo che sarà allegato, conformemente alle rispettive norme costituzionali, al trattato sull'Unione europea e al trattato sul funzionamento dell'Unione europea [2];

v) il protocollo non modificherà in alcun modo i rapporti tra l'UE e i suoi Stati membri.

L'unico obiettivo del protocollo consisterà nel conferire pieno status di trattato alle precisazioni riportate nella decisione, al fine di rispondere alle preoccupazioni del popolo irlandese. Il suo status non sarà diverso da quello di analoghe precisazioni che figurano nei protocolli ottenuti da altri Stati membri. Il protocollo chiarirà ma non modificherà il contenuto né l'applicazione del trattato di Lisbona.

ALLEGATO 1 – DECISIONE DEI CAPI DI STATO O DI GOVERNO DEI 27 STATI MEMBRI DELL'UE, RIUNITI IN SEDE DI CONSIGLIO EUROPEO, CONCERNENTE LE PREOCCUPAZIONI DEL POPOLO IRLANDESE RELATIVE AL TRATTATO DI LISBONA

I capi di Stato o di governo dei 27 Stati membri dell'Unione europea i cui governi sono firmatari del trattato di Lisbona, prendendo atto dell'esito del referendum irlandese del 12 giugno 2008 sul trattato di Lisbona e delle preoccupazioni del popolo irlandese esposte dal Taoiseach (primo ministro), desiderando rispondere a tali preoccupazioni in conformità di tale trattato, viste le conclusioni del Consiglio europeo dell'11 e 12 dicembre 2008, hanno convenuto la seguente decisione:

SEZIONE A – *Diritto alla vita, alla famiglia e all'istruzione*

Nessuna disposizione del trattato di Lisbona che attribuisce uno statuto giuridico alla Carta dei diritti fondamentali dell'Unione europea o disposizione di tale trattato riguardante lo spazio di libertà, sicurezza e giustizia pregiudica in alcun modo l'ambito e l'applicabilità della tutela del diritto alla vita di cui all'articolo 40.3.1, 40.3.2 e 40.3.3, della protezione della famiglia di cui all'articolo 41 e della tutela dei diritti in materia di istruzione di cui agli articoli 42, 44.2.4 e 44.2.5 della Costituzione irlandese.

SEZIONE B – *Fiscalità*

Nessuna disposizione del trattato di Lisbona modifica in alcun modo, per alcuno Stato membro, la portata o l'esercizio della competenza dell'Unione europea in materia di fiscalità.

SEZIONE C – *Sicurezza e difesa*

L'azione dell'Unione sulla scena internazionale si fonda sui principi della democrazia, dello Stato di diritto, dell'universalità e indivisibilità dei diritti dell'uomo e delle libertà fondamentali, sul rispetto della dignità umana, sui principi di uguaglianza e di solidarietà e sul rispetto dei principi della Carta delle Nazioni Unite e del diritto internazionale.

La politica di sicurezza e di difesa comune dell'Unione costituisce parte integrante della politica estera e di sicurezza comune e assicura che l'Unione disponga di una capacità operativa per effettuare missioni al suo esterno per garantire il mantenimento della pace, la prevenzione dei conflitti e il rafforzamento della sicurezza internazionale, conformemente ai principi della Carta delle Nazioni Unite.

Essa non pregiudica la politica di sicurezza e di difesa di ciascuno Stato membro, ivi compresa l'Irlanda, né gli obblighi di alcuno Stato membro.

---

[2] Si veda oltre, par. 9.2.

Il trattato di Lisbona non condiziona né pregiudica la politica tradizionale di neutralità militare dell'Irlanda.

Spetterà agli Stati membri – ivi compresa l'Irlanda che agirà in uno spirito di solidarietà e senza pregiudicare la sua tradizionale politica di neutralità militare – determinare la natura dell'aiuto o dell'assistenza da prestare ad uno Stato membro che sia oggetto di un attacco terroristico o subisca un'aggressione armata nel suo territorio.

SEZIONE D – *Disposizioni finali*

La presente decisione ha effetto alla stessa data del trattato di Lisbona.

ALLEGATO 2 – DICHIARAZIONE SOLENNE SUI DIRITTI DEI LAVORATORI, LA POLITICA SOCIALE E ALTRE QUESTIONI

Il Consiglio europeo conferma che l'Unione annette grande importanza:
– al progresso sociale e alla protezione dei diritti dei lavoratori;
– ai servizi pubblici;
– alla responsabilità degli Stati membri in materia di fornitura di servizi per l'istruzione e servizi sanitari;
– al ruolo essenziale e all'ampio potere discrezionale delle autorità nazionali, regionali e locali di fornire, commissionare e organizzare servizi di interesse economico generale.

In questo contesto, il Consiglio sottolinea l'importanza di rispettare il quadro generale e le disposizioni dei trattati UE.

Per sottolineare quanto precede, esso ricorda che i trattati modificati dal trattato di Lisbona:
– instaurano un mercato interno e mirano a promuovere lo sviluppo sostenibile dell'Europa, basato su una crescita economica equilibrata e sulla stabilità dei prezzi, su un'economia sociale di mercato fortemente competitiva, che mira alla piena occupazione e al progresso sociale, e su un elevato livello di tutela e di miglioramento della qualità dell'ambiente;
– esprimono i valori dell'Unione;
– riconoscono i diritti, le libertà e i principi sanciti nella Carta dei diritti fondamentali dell'Unione europea in conformità dell'articolo 6 del trattato sull'Unione europea;
– mirano a combattere l'esclusione sociale e le discriminazioni e a promuovere la giustizia e la protezione sociali, la parità tra donne e uomini, la solidarietà tra le generazioni e la tutela dei diritti del minore;
– fanno obbligo all'Unione, nella definizione e nell'attuazione delle sue politiche e azioni, di tener conto delle esigenze connesse con la promozione di un elevato livello di occupazione, la garanzia di un'adeguata protezione sociale, la lotta contro l'esclusione sociale e un elevato livello di istruzione, formazione e tutela della salute umana;
– comprendono, fra i valori comuni dell'Unione, il ruolo essenziale e l'ampio potere discrezionale delle autorità nazionali, regionali e locali di fornire, commissionare e organizzare servizi di interesse economico generale il più vicini possibile alle esigenze degli utenti;
– lasciano impregiudicata la competenza degli Stati membri a fornire, a commissionare e ad organizzare servizi di interesse generale non economico;
– prevedono che il Consiglio, quando agisce nel settore della politica commerciale comune, debba deliberare all'unanimità per la negoziazione e la conclusione di accordi internazionali nel settore degli scambi di servizi nell'ambito sociale, dell'istruzione e della sanità, qualora tali accordi rischino di perturbare seriamente l'organizzazione nazionale di tali servizi e di arrecare pregiudizio alla competenza degli Stati membri riguardo alla loro prestazione; e

– dispongono che l'Unione riconosca e promuova il ruolo delle parti sociali al livello dell'Unione europea e faciliti il dialogo tra di esse, tenendo conto della diversità dei sistemi nazionali e nel rispetto dell'autonomia delle parti sociali.

ALLEGATO 3 – DICHIARAZIONE NAZIONALE DELL'IRLANDA

L'Irlanda ribadisce l'importanza che annette agli obiettivi e ai principi della Carta delle Nazioni Unite, che conferisce al Consiglio di sicurezza delle Nazioni Unite la responsabilità primaria per il mantenimento della pace e della sicurezza internazionali.

L'Irlanda rammenta il suo impegno per la politica estera e di sicurezza comune dell'Unione europea, quale approvato in varie occasioni dal popolo irlandese tramite referendum.

L'Irlanda conferma che la sua partecipazione alla politica estera e di sicurezza comune dell'Unione europea non pregiudica la sua politica tradizionale di neutralità militare. Il trattato sull'Unione europea specifica che la politica dell'Unione in materia di sicurezza e di difesa non pregiudica il carattere specifico della politica di sicurezza e di difesa di taluni Stati membri.

Conformemente alla sua politica tradizionale di neutralità militare, l'Irlanda non è vincolata da alcun impegno di difesa reciproca. Nel trattato sull'Unione europea si specifica che qualsiasi decisione dell'Unione per giungere ad una difesa comune è adottata dagli Stati membri all'unanimità e secondo le rispettive norme costituzionali. La Costituzione irlandese prescrive che si tenga un referendum riguardo all'adozione di una siffatta decisione applicabile all'Irlanda e tale prescrizione resterà impregiudicata nel caso che l'Irlanda ratifichi il trattato di Lisbona.

L'Irlanda ribadisce il suo impegno a favore dell'ideale di pace e di cooperazione amichevole tra le nazioni nonché del principio della risoluzione pacifica delle controversie internazionali. Essa ribadisce la sua ferma adesione a favore della prevenzione e risoluzione dei conflitti e del mantenimento della pace e ricorda i risultati conseguiti dal suo personale, militare e civile, a tal riguardo.

9.2. Protocollo concernente le preoccupazioni del popolo irlandese relative al trattato di Lisbona

IL REGNO DEL BELGIO, LA REPUBBLICA DI BULGARIA, LA REPUBBLICA CECA, IL REGNO DI DANIMARCA, LA REPUBBLICA FEDERALE DI GERMANIA, LA REPUBBLICA DI ESTONIA, L'IRLANDA, LA REPUBBLICA ELLENICA, IL REGNO DI SPAGNA, LA REPUBBLICA FRANCESE, LA REPUBBLICA ITALIANA, LA REPUBBLICA DI CIPRO, LA REPUBBLICA DI LETTONIA, LA REPUBBLICA DI LITUANIA, IL GRANDUCATO DEL LUSSEMBURGO, UNGHERIA, MALTA, IL REGNO DEI PAESI BASSI, LA REPUBBLICA D'AUSTRIA, LA REPUBBLICA DI POLONIA, LA REPUBBLICA PORTOGHESE, LA ROMANIA, LA REPUBBLICA DI SLOVENIA, LA REPUBBLICA SLOVACCA, LA REPUBBLICA DI FINLANDIA, IL REGNO DI SVEZIA, IL REGNO UNITO DI GRAN BRETAGNA E IRLANDA DEL NORD,

denominati «LE ALTE PARTI CONTRAENTI»,

RICORDANDO la decisione dei capi di Stato o di governo dei 27 Stati membri dell'Unione europea, riuniti in sede di Consiglio europeo il 18 e 19 giugno 2009, concernente le preoccupazioni del popolo irlandese relative al trattato di Lisbona,

RICORDANDO la dichiarazione dei capi di Stato o di governo, riuniti in sede di Consiglio europeo il 18 e 19 giugno 2009, secondo la quale, all'atto della conclusione del successivo trattato di adesione, avrebbero introdotto le disposizioni di detta decisione in un protocollo da accludere, conformemente alle loro rispettive norme costituzionali, al trattato sull'Unione europea e al trattato sul funzionamento dell'Unione europea,

CONSTATANDO la firma da parte delle Alte parti contraenti del trattato tra le Alte parti contraenti e la Repubblica di Croazia relativo all'adesione della Repubblica di Croazia all'Unione europea,

HANNO CONVENUTO le disposizioni seguenti, che sono allegate al trattato sull'Unione europea e al trattato sul funzionamento dell'Unione europea[3]:

TITOLO I – **DIRITTO ALLA VITA, ALLA FAMIGLIA E ALL'ISTRUZIONE**

Articolo 1. – Nessuna disposizione del trattato di Lisbona che attribuisce uno status giuridico alla Carta dei diritti fondamentali dell'Unione europea o disposizione di tale trattato riguardante lo spazio di libertà, sicurezza e giustizia pregiudica in alcun modo l'ambito e l'applicabilità della tutela del diritto alla vita di cui all'articolo 40.3.1, 40.3.2 e 40.3.3, della protezione della famiglia di cui all'articolo 41 e della tutela dei diritti in materia di istruzione di cui agli articoli 42, 44.2.4 e 44.2.5 della Costituzione irlandese.

TITOLO II – **FISCALITÀ**

Articolo 2. – Nessuna disposizione del trattato di Lisbona modifica in alcun modo, per alcuno Stato membro, la portata o l'esercizio della competenza dell'Unione europea in materia di fiscalità.

TITOLO III – **SICUREZZA E DIFESA**

Articolo 3. – L'azione dell'Unione sulla scena internazionale si fonda sui principi della democrazia, dello stato di diritto, dell'universalità e indivisibilità dei diritti dell'uomo e delle libertà fondamentali, sul rispetto della dignità umana, sui principi di uguaglianza e di solidarietà e sul rispetto dei principi della Carta delle Nazioni Unite e del diritto internazionale.

La politica di sicurezza e di difesa comune dell'Unione costituisce parte integrante della politica estera e di sicurezza comune e assicura che l'Unione disponga di una capacità operativa per effettuare missioni al suo esterno per garantire il mantenimento della pace, la prevenzione dei conflitti e il rafforzamento della sicurezza internazionale, conformemente ai principi della Carta delle Nazioni Unite.

Essa non pregiudica la politica di sicurezza e di difesa di ciascuno Stato membro, compresa l'Irlanda, né gli obblighi di alcuno Stato membro.

Il trattato di Lisbona non condiziona né pregiudica la politica tradizionale di neutralità militare dell'Irlanda.

Spetterà agli Stati membri – compresa l'Irlanda che agirà in uno spirito di solidarietà e senza pregiudicare la sua tradizionale politica di neutralità militare – determinare la natura dell'aiuto o dell'assistenza da prestare ad uno Stato membro che sia oggetto di un attacco terroristico o subisca un'aggressione armata nel suo territorio.

Qualsiasi decisione per giungere ad una difesa comune richiederà una decisione unanime del Consiglio europeo. Spetterebbe agli Stati membri, compresa l'Irlanda, decidere, conformemente alle disposizioni del trattato di Lisbona e alle loro rispettive norme costituzionali, se adottare o meno una difesa comune.

Nessuna disposizione del presente titolo condiziona o pregiudica la posizione o la politica di qualsiasi altro Stato membro in materia di sicurezza e di difesa.

Spetta altresì a ciascuno Stato membro decidere, conformemente alle disposizioni del trattato di Lisbona e ad eventuali norme giuridiche nazionali, se partecipare alla cooperazione strutturata permanente o all'Agenzia europea per la difesa.

Il trattato di Lisbona non prevede la creazione di un esercito europeo né la coscrizione per una qualsiasi formazione militare.

---

[3] Il Protocollo è pubblicato in *G.U.U.E.* L 60 del 2 marzo 2013, p. 132.

Esso non pregiudica il diritto dell'Irlanda o di qualsiasi altro Stato membro di determinare la natura e il volume delle proprie spese di difesa e sicurezza e la natura delle proprie capacità di difesa.

Spetterà all'Irlanda o a qualsiasi altro Stato membro decidere, conformemente alle eventuali norme giuridiche nazionali, se partecipare o meno ad un'operazione militare.

TITOLO IV – **DISPOSIZIONI FINALI**

Articolo 4. – Il presente protocollo rimarrà aperto alla firma delle Alti parti contraenti fino al 30 giugno 2012.

Il presente protocollo sarà ratificato dalle Alte parti contraenti e dalla Repubblica di Croazia nel caso in cui il presente protocollo non sia entrato in vigore entro la data di adesione della Repubblica di Croazia all'Unione europea, conformemente alle loro rispettive norme costituzionali. Gli strumenti di ratifica saranno depositati presso il governo della Repubblica italiana.

Il presente protocollo entrerà in vigore, se possibile, il 30 giugno 2013, se tutti gli strumenti di ratifica saranno stati depositati; altrimenti, il primo giorno del mese successivo all'avvenuto deposito dello strumento di ratifica da parte dello Stato membro che procederà per ultimo a tale formalità.

Articolo 5. – Il presente protocollo, redatto in unico esemplare in lingua bulgara, ceca, danese, estone, finlandese, francese, greca, inglese, irlandese, italiana, lettone, lituana, maltese, neerlandese, polacca, portoghese, rumena, slovacca, slovena, spagnola, svedese, tedesca e ungherese, i testi in ciascuna di queste lingue facenti ugualmente fede, sarà depositato negli archivi del governo della Repubblica italiana, che provvederà a trasmetterne copia certificata conforme a ciascuno dei governi degli altri Stati membri.

Non appena la Repubblica di Croazia sarà vincolata dal presente protocollo a norma dell'articolo 2 dell'atto relativo alle condizioni di adesione della Repubblica di Croazia, il testo croato del presente protocollo, che fa ugualmente fede come i testi di cui al primo comma, sarà del pari depositato negli archivi del governo della Repubblica italiana, che provvederà a trasmetterne copia certificata conforme a ciascuno dei governi degli altri Stati membri.

IN FEDE DI CHE, i plenipotenziari sottoscritti hanno apposto le loro firme in calce al presente protocollo. (*omissis*)

10. Carta dei diritti fondamentali dell'Unione europea [1]

PROCLAMAZIONE SOLENNE

Il Parlamento europeo, il Consiglio e la Commissione proclamano solennemente quale Carta dei diritti fondamentali dell'Unione europea il testo riportato in appresso.

(*omissis*)

---

[1] La Carta fu proclamata a Nizza da Parlamento europeo, Consiglio e Commissione il 7 dicembre 2000, in *G.U.C.E.* C 364 del 18 dicembre 2000 (c.d. Carta di Nizza); un testo modificato venne proclamato, dalle stesse istituzioni, il 12 dicembre 2007 a Strasburgo, in *G.U.U.E.* C 303 del 14 dicembre 2007 (c.d. Carta di Strasburgo). Prima delle sottoscrizioni dei presidenti delle tre istituzioni, è riprodotta (*G.U.U.E.* cit., p. 14) la seguente precisazione: "Il testo [della Carta] di cui sopra riprende, adattandolo, la Carta proclamata il 7 dicembre 2000 e la sostituirà a decorrere dall'entrata in vigore del trattato di Lisbona". L'art. 6, par. 1 TUE vigente afferma: "L'Unione riconosce i diritti, le libertà e i principi sanciti nella Carta dei diritti fondamentali dell'Unione europea del 7 dicembre 2000, adattata il 12 dicembre 2007 a Strasburgo, che ha lo stesso valore giuridico dei trattati". Cfr. anche la Dichiarazione n. 1 "relativa alla Carta dei diritti fondamentali dell'Unione europea", nonché le Dichiarazioni n. 53, n. 61 e n. 62, allegate all'"Atto finale della Conferenza intergovernativa che ha adottato il trattato di Lisbona": si vedano per le Dichiarazioni il par. 6 e per l'Atto finale il par. 8.3. Altri atti rilevanti sono il Protocollo n. 8 (sull'art. 6, par. 2 TUE) e il Protocollo n. 30 (sull'applicazione della Carta alla Polonia e al Regno Unito), nonché le Dichiarazioni n. 2 (sull'art. 6, par. 2 TUE), n. 53 cit. (della Repubblica ceca), n. 61 e n. 62 citt. (della Repubblica di Polonia). Si vedano per i Protocolli il par. 4; per le Dichiarazioni il par. 6. Per quanto riguarda le disposizioni relative all'Irlanda e quelle relative alla Repubblica ceca, adottate in occasione del Consiglio europeo di Bruxelles, rispettivamente del 18-19 giugno 2009 e del 29-30 ottobre 2009, si vedano le conclusioni del Consiglio europeo, riprodotte nei parr. 9.1. e 9.2. Le modifiche o adattamenti apportati dalla Carta di Strasburgo alla Carta di Nizza sono evidenziati, nel testo, con il carattere corsivo-grassetto. In tutto il testo della versione "adattata" la parola "Capo" è sostituita da "Titolo"; "individuo" da "persona"; "comunitario" da "dell'Unione"; la parola "Comunità" è soppressa o sostituita con "Unione"; "bambino" è sostituita da "minore"; "qualsiasi" da "ogni"; "trattato che istituisce la Comunità europea" da "trattati". Le "Spiegazioni" relative alla Carta, richiamate nel Preambolo, ove si afferma (quinta frase) che hanno valore interpretativo delle disposizioni della Carta, sono pubblicate nella stessa *G.U.U.E.* in cui è pubblicata la Carta di Strasburgo, e vengono riprodotte poco oltre. Come si è ricordato nella *Premessa*, nota 8, la Carta è pubblicata anche nella *G.U.U.E.* C 83 cit., insieme alla (seconda) "versione consolidata" del TUE e del TFUE (le "Spiegazioni", invece, non sono state ripubblicate). Nell'"Avviso al lettore" pubblicato nella seconda pagina di copertina di detta *G.U.U.E.* si precisa che il testo della Carta "riprende, con i dovuti adattamenti, la Carta proclamata il 7 dicembre 2000 e la sostituisce dal 1° dicembre 2009, data di entrata in vigore del trattato di Lisbona. In virtù dell'articolo 6, paragrafo 1, primo comma, del trattato sull'Unione europea, la Carta proclamata nel 2007 ha lo stesso valore giuridico dei trattati".

Sembra opportuno ricordare che la decisione di adottare la Carta fu presa in occasione del Consiglio europeo di Colonia (3 e 4 giugno 1999). Nelle conclusioni della Presidenza del Consiglio si afferma (punti 44 e 45) che "Il Consiglio europeo ritiene che, allo stato attuale dello sviluppo dell'Unione europea, i diritti fondamentali vigenti a livello dell'Unione debbano essere raccolti in una Carta e in tal modo resi più manifesti", formulando "a tale scopo" una decisione contenuta nell'allegato IV delle "conclusioni". Nella "Decisione del Consiglio europeo relativa all'elaborazione di una Carta dei diritti fondamentali dell'Unione europea" (che costituisce, appunto, tale allegato), si afferma quanto segue: "La tutela dei diritti fondamentali costituisce un principio fondatore dell'Unione europea e il presupposto indispensabile della sua legittimità. L'obbligo dell'Unione di rispettare i diritti fondamentali è confermato e definito dalla Corte di giustizia europea nella sua giurisprudenza. Allo stato attuale dello sviluppo dell'Unione è necessario elaborare una Carta di tali diritti al fine di sancirne in modo visibile l'importanza capitale e la portata per i cittadini dell'Unione.

Il Consiglio europeo ritiene che la Carta debba contenere i diritti di libertà e uguaglianza, nonché i diritti processuali fondamentali garantiti dalla convenzione europea di salvaguardia dei diritti del-

PREAMBOLO

I popoli ***d'Europa***, nel creare tra loro un'unione sempre più stretta, hanno deciso di condividere un futuro di pace fondato su valori comuni.

Consapevole del suo patrimonio spirituale e morale, l'Unione si fonda sui valori indivisibili e universali ***della*** dignità umana, ***della*** libertà, ***dell'***uguaglianza e ***della*** solidarietà; ***essa*** si basa ***sul principio della*** democrazia e ***sul principio*** dello stato di diritto. ***Pone*** la persona al centro della sua azione istituendo la cittadinanza dell'Unione e creando uno spazio di libertà, sicurezza e giustizia.

L'Unione contribuisce ***alla salvaguardia*** e allo sviluppo di questi valori ***comuni nel*** rispetto della diversità delle culture e delle tradizioni dei popoli ***d'Europa***, ***nonché*** dell'identità nazionale degli Stati membri e dell'ordinamento dei loro pubblici poteri a livello nazionale, regionale e locale; essa ***si sforza*** di promuovere uno sviluppo equilibrato e sostenibile e assicura la libera circolazione delle ***persone***, ***dei*** servizi, ***delle merci*** e dei capitali, nonché la libertà di stabilimento.

A tal fine è ***necessario rafforzare*** la tutela dei diritti fondamentali, alla luce dell'evoluzione della società, del progresso sociale e degli sviluppi scientifici e tecnologici, ***rendendo tali diritti più visibili in una Carta.***

La presente Carta riafferma, nel rispetto delle competenze e dei ***compiti dell'***Unione e del principio di sussidiarietà, i diritti derivanti in particolare dalle tradizioni costituzionali e dagli obblighi internazionali comuni agli Stati ***membri***, ***dalla Convenzione*** europea per la salvaguardia dei diritti dell'uomo e delle libertà fondamentali, dalle carte sociali adottate ***dall'Unione*** e dal Consiglio d'Europa, ***nonché*** dalla giurisprudenza della Corte di giustizia ***dell'Unione europea*** e da quella della Corte europea dei diritti dell'uomo. ***In tale contesto, la Carta sarà interpretata dai giudici dell'Unione e degli Stati membri tenendo in debito conto le spiegazioni elaborate sotto l'autorità del praesidium della Convenzione che ha redatto la Carta e aggiornate sotto la responsabilità del praesidium della Convenzione europea.***

Il godimento di questi diritti fa sorgere responsabilità e doveri nei confronti degli altri come pure della comunità umana e delle generazioni future.

Pertanto, l'Unione riconosce i diritti, le libertà ed i principi enunciati ***in appresso***.

---

l'uomo e delle libertà fondamentali e risultanti dalle tradizioni costituzionali comuni degli Stati membri, in quanto principi generali del diritto comunitario. La Carta deve inoltre contenere i diritti fondamentali riservati ai cittadini dell'Unione. Nell'elaborazione della Carta occorrerà inoltre prendere in considerazione diritti economici e sociali quali sono enunciati dalla Carta sociale europea e nella Carta comunitaria dei diritti sociali fondamentali dei lavoratori (art. 136 TCE), nella misura in cui essi non sono unicamente a fondamento di obiettivi per l'azione dell'Unione.

Il Consiglio europeo è del parere che un progetto di siffatta Carta dei diritti fondamentali dell'Unione europea dovrebbe essere elaborato da un organo composto di delegati dei capi di Stato o di governo e del Presidente della Commissione europea, nonché di membri del Parlamento europeo e dei parlamenti nazionali. Rappresentanti della Corte di giustizia europea dovrebbero partecipare in qualità di osservatori. Rappresentanti del Comitato economico e sociale, del Comitato delle regioni e di gruppi sociali ed esperti dovrebbero essere invitati a esprimere il proprio parere. Il segretario dovrebbe essere assicurato dal Segretario generale del Consiglio.

Questo organo dovrà presentare un progetto in tempo utile prima del Consiglio europeo del dicembre 2000. Il Consiglio europeo proporrà al Parlamento europeo e alla Commissione di proclamare solennemente, insieme con il Consiglio, una Carta dei diritti fondamentali dell'Unione europea, sulla base di detto progetto. Successivamente occorrerà esaminare l'eventualità e le modalità necessarie per integrare la Carta nei trattati. Il Consiglio europeo incarica il Consiglio 'Affari generali' di prendere le iniziative necessarie prima del Consiglio europeo di Tampere". Al Consiglio europeo di Tampere (15 e 16 ottobre 1999) furono decise, come risulta da un allegato alle "conclusioni", la "Composizione, metodo di lavoro e modalità pratiche concernenti l'organo preposto all'elaborazione di un progetto di Carta dei diritti fondamentali, quale stabilita nelle conclusioni di Colonia".

TITOLO I – DIGNITÀ

Articolo 1. Dignità umana. – La dignità umana è inviolabile. Essa deve essere rispettata e tutelata.

Articolo 2. Diritto alla vita. – 1. Ogni ***persona*** ha diritto alla vita.
2. Nessuno può essere condannato alla pena di morte, né giustiziato.

Articolo 3. Diritto all'integrità della persona. – 1. Ogni ***persona*** ha diritto alla propria integrità fisica e psichica.
2. Nell'ambito della medicina e della biologia devono essere in particolare rispettati:
a) il consenso libero e informato della persona interessata, secondo le modalità definite dalla legge,
b) il divieto delle pratiche eugenetiche, in particolare di quelle aventi come scopo la selezione delle persone,
c) il divieto di fare del corpo umano e delle sue parti in quanto tali una fonte di lucro,
d) il divieto della clonazione riproduttiva degli esseri umani.

Articolo 4. Proibizione della tortura e delle pene o trattamenti inumani o degradanti. – Nessuno può essere sottoposto a tortura, né a pene o trattamenti inumani o degradanti.

Articolo 5. Proibizione della schiavitù e del lavoro forzato. – 1. Nessuno può essere tenuto in condizioni di schiavitù o di servitù.
2. Nessuno può essere costretto a compiere un lavoro forzato o obbligatorio.
3. È proibita la tratta degli esseri umani.

TITOLO II – LIBERTÀ

Articolo 6. Diritto alla libertà e alla sicurezza. – Ogni ***persona*** ha diritto alla libertà e alla sicurezza.

Articolo 7. Rispetto della vita privata e della vita familiare. – Ogni ***persona*** ha diritto al rispetto della propria vita privata e familiare, del proprio domicilio e delle ***proprie*** comunicazioni.

Articolo 8. Protezione dei dati di carattere personale. – 1. Ogni ***persona*** ha diritto alla protezione dei dati di carattere personale che ***la*** riguardano.
2. Tali dati devono essere trattati secondo il principio di lealtà, per finalità determinate e in base al consenso della persona interessata o a un altro fondamento legittimo previsto dalla legge. Ogni ***persona*** ha il diritto di accedere ai dati raccolti che ***la*** riguardano e di ottenerne la rettifica.
3. Il rispetto di tali regole è soggetto al controllo di un'autorità indipendente.

Articolo 9. Diritto di sposarsi e di costituire una famiglia. – Il diritto di sposarsi e il diritto di costituire una famiglia sono garantiti secondo le leggi nazionali che ne disciplinano l'esercizio.

Articolo 10. Libertà di pensiero, di coscienza e di religione. – 1. Ogni ***persona*** ha diritto alla libertà di pensiero, di coscienza e di religione. Tale diritto include la libertà di cambiare religione o convinzione, così come la libertà di manifestare la propria religione o la propria convinzione individualmente o collettivamente, in pubblico o in privato, mediante il culto, l'insegnamento, le pratiche e l'osservanza dei riti.

2. Il diritto all'obiezione di coscienza è riconosciuto secondo le leggi nazionali che ne disciplinano l'esercizio.

Articolo 11. Libertà di espressione e d'informazione. – 1. Ogni ***persona*** ha diritto alla libertà di espressione. Tale diritto include la libertà di opinione e la libertà di ricevere o di comunicare informazioni o idee senza che vi possa essere ingerenza da parte delle autorità pubbliche e senza limiti di frontiera.

2. La libertà dei media e il loro pluralismo sono rispettati.

Articolo 12. Libertà di riunione e di associazione. – 1. Ogni ***persona*** ha diritto alla libertà di riunione pacifica e alla libertà di associazione a tutti i livelli, segnatamente in campo politico, sindacale e civico, il che implica il diritto di ogni ***persona*** di fondare sindacati insieme con altri e di aderirvi per la difesa dei propri interessi.

2. I partiti politici a livello dell'Unione contribuiscono a esprimere la volontà politica dei cittadini dell'Unione.

Articolo 13. Libertà delle arti e delle scienze. – Le arti e la ricerca scientifica sono libere. La libertà accademica è rispettata.

Articolo 14. Diritto all'istruzione. – 1. Ogni ***persona*** ha diritto all'istruzione e all'accesso alla formazione professionale e continua.

2. Questo diritto comporta la facoltà di accedere gratuitamente all'istruzione obbligatoria.

3. La libertà di creare istituti di insegnamento nel rispetto dei principi democratici, così come il diritto dei genitori di provvedere all'educazione e all'istruzione dei loro figli secondo le loro convinzioni religiose, filosofiche e pedagogiche, sono rispettati secondo le leggi nazionali che ne disciplinano l'esercizio.

Articolo 15. Libertà professionale e diritto di lavorare. – 1. Ogni ***persona*** ha il diritto di lavorare e di esercitare una professione liberamente scelta o accettata.

2. Ogni cittadino dell'Unione ha la libertà di cercare un lavoro, di lavorare, di stabilirsi o di prestare servizi in qualunque Stato membro.

3. I cittadini dei paesi terzi che sono autorizzati a lavorare nel territorio degli Stati membri hanno diritto a condizioni di lavoro equivalenti a quelle di cui godono i cittadini dell'Unione.

Articolo 16. Libertà d'impresa. – È riconosciuta la libertà d'impresa, conformemente al diritto ***dell'Unione*** e alle legislazioni e prassi nazionali.

Articolo 17. Diritto di proprietà. – 1. Ogni ***persona*** ha il diritto di godere della proprietà dei beni che ha ***acquisito*** legalmente, di usarli, di disporne e di lasciarli in eredità. ***Nessuna persona*** può essere ***privata*** della proprietà se non per causa di pubblico interesse, nei casi e nei modi previsti dalla legge e contro il pagamento in tempo utile di una giusta indennità per la perdita della stessa. L'uso dei beni può essere regolato dalla legge nei limiti imposti dall'interesse generale.

2. La proprietà intellettuale è protetta.

Articolo 18. Diritto di asilo. – Il diritto di asilo è garantito nel rispetto delle norme stabilite dalla convenzione di Ginevra del 28 luglio 1951 e dal protocollo del 31 gennaio 1967, relativi allo status dei rifugiati, e ***a norma del trattato sull'Unione europea e del trattato sul funzionamento dell'Unione europea (in appresso denominati "i trattati")***.

Articolo 19. Protezione in caso di allontanamento, di espulsione e di estradizione. – 1. Le espulsioni collettive sono vietate.

2. Nessuno può essere allontanato, espulso o estradato verso uno Stato in cui esiste un rischio serio di essere sottoposto alla pena di morte, alla tortura o ad altre pene o trattamenti inumani o degradanti.

TITOLO III – UGUAGLIANZA

Articolo 20. Uguaglianza davanti alla legge. – Tutte le persone sono uguali davanti alla legge.

Articolo 21. Non discriminazione. – 1. È vietata qualsiasi forma di discriminazione fondata, in particolare, sul sesso, la razza, il colore della pelle o l'origine etnica o sociale, le caratteristiche genetiche, la lingua, la religione o le convinzioni personali, le opinioni politiche o di qualsiasi altra natura, l'appartenenza ad una minoranza nazionale, il patrimonio, la nascita, ***la disabilità***, l'età o ***l'orientamento sessuale***.
2. Nell'ambito d'applicazione ***dei trattati e fatte salve disposizioni specifiche in essi contenute*** è vietata qualsiasi ***discriminazione in base alla nazionalità***.

Articolo 22. Diversità culturale, religiosa e linguistica. – L'Unione rispetta la diversità culturale, religiosa e linguistica.

Articolo 23. Parità tra donne e uomini. – La parità tra ***donne e uomini*** deve essere assicurata in tutti i campi, compreso in materia di occupazione, di lavoro e di retribuzione.
Il principio della parità non osta al mantenimento o all'adozione di misure che prevedano vantaggi specifici a favore del sesso sottorappresentato.

Articolo 24. Diritti del minore. – 1. ***I minori*** hanno diritto alla protezione e alle cure necessarie per il loro benessere. Essi possono esprimere liberamente la propria opinione. ***Questa*** viene presa in considerazione sulle questioni che li riguardano in funzione della loro età e della loro maturità.
2. In tutti gli atti relativi ***ai minori***, siano essi compiuti da autorità pubbliche o da istituzioni private, l'interesse superiore del ***minore*** deve essere considerato preminente.
3. ***Il minore*** ha diritto di intrattenere regolarmente relazioni personali e contatti diretti con i due genitori, salvo qualora ciò sia contrario al suo interesse.

Articolo 25. Diritti degli anziani. – L'Unione riconosce e rispetta il diritto degli anziani di condurre una vita dignitosa e indipendente e di partecipare alla vita sociale e culturale.

Articolo 26. Inserimento delle persone con disabilità. – L'Unione riconosce e rispetta il diritto ***delle persone con disabilità*** di beneficiare di misure intese a garantirne l'autonomia, l'inserimento sociale e professionale e la partecipazione alla vita della comunità.

TITOLO IV – SOLIDARIETÀ

Articolo 27. Diritto dei lavoratori all'informazione e alla consultazione nell'ambito dell'impresa. – Ai lavoratori o ai loro rappresentanti devono essere garantite, ai livelli appropriati, l'informazione e la consultazione in tempo utile nei casi e alle condizioni previsti dal diritto ***dell'Unione*** e dalle legislazioni e prassi nazionali.

Articolo 28. Diritto di negoziazione e di azioni collettive. – I lavoratori e i datori di lavoro, o le rispettive organizzazioni, hanno, conformemente al diritto ***dell'Unione*** e alle legislazioni e prassi nazionali, il diritto di negoziare e di concludere contratti collettivi, ai livelli appropriati, e di ricorrere, in caso di conflitti di interessi, ad azioni collettive per la difesa dei loro interessi, compreso lo sciopero.

Articolo 29. Diritto di accesso ai servizi di collocamento. – Ogni ***persona*** ha il diritto di accedere a un servizio di collocamento gratuito.

Articolo 30. Tutela in caso di licenziamento ingiustificato. – Ogni lavoratore ha il diritto alla tutela contro ogni licenziamento ingiustificato, conformemente al diritto ***dell'Unione*** e alle legislazioni e prassi nazionali.

Articolo 31. Condizioni di lavoro giuste ed eque. – 1. Ogni lavoratore ha diritto a condizioni di lavoro sane, sicure e dignitose.

2. Ogni lavoratore ha diritto a una limitazione della durata massima del lavoro, ***a*** periodi di riposo giornalieri e settimanali e a ferie annuali retribuite.

Articolo 32. Divieto del lavoro minorile e protezione dei giovani sul luogo di lavoro. – Il lavoro minorile è vietato. L'età minima per l'ammissione al lavoro non può essere inferiore all'età in cui termina la scuola dell'obbligo, fatte salve le norme più favorevoli ai giovani ed eccettuate deroghe limitate.

I giovani ammessi al lavoro devono beneficiare di condizioni di lavoro appropriate alla loro età ed essere protetti contro lo sfruttamento economico o contro ogni lavoro che possa minarne la sicurezza, la salute, lo sviluppo fisico, ***psichico***, morale o sociale o che possa mettere a rischio la loro istruzione.

Articolo 33. Vita familiare e vita professionale. – 1. È garantita la protezione della famiglia sul piano giuridico, economico e sociale.

2. Al fine di poter conciliare vita familiare e vita professionale, ogni ***persona*** ha il diritto di essere ***tutelata*** contro il licenziamento per un motivo legato alla maternità e il diritto a un congedo di maternità retribuito e a un congedo parentale dopo la nascita o l'adozione di un figlio.

Articolo 34. Sicurezza sociale e assistenza sociale. – 1. L'Unione riconosce e rispetta il diritto di accesso alle prestazioni di sicurezza sociale e ai servizi sociali che assicurano protezione in casi quali la maternità, la malattia, gli infortuni sul lavoro, la dipendenza o la vecchiaia, oltre che in caso di perdita del posto di lavoro, secondo le modalità stabilite dal diritto ***dell'Unione*** e le legislazioni e prassi nazionali.

2. Ogni ***persona*** che risieda o si sposti legalmente all'interno dell'Unione ha diritto alle prestazioni di sicurezza sociale e ai benefici sociali conformemente al diritto ***dell'Unione*** e alle legislazioni e prassi nazionali.

3. Al fine di lottare contro l'esclusione sociale e la povertà, l'Unione riconosce e rispetta il diritto all'assistenza sociale e all'assistenza abitativa volte a garantire un'esistenza dignitosa a tutti coloro che non dispongano di risorse sufficienti, secondo le modalità stabilite dal diritto ***dell'Unione*** e le legislazioni e prassi nazionali.

Articolo 35. Protezione della salute. – Ogni ***persona*** ha il diritto di accedere alla prevenzione sanitaria e di ottenere cure mediche alle condizioni stabilite dalle legislazioni e prassi nazionali. Nella definizione e nell'attuazione di tutte le politiche ed attività dell'Unione è garantito un livello elevato di protezione della salute umana.

Articolo 36. Accesso ai servizi d'interesse economico generale. – Al fine di promuovere la coesione sociale e territoriale dell'Unione, questa riconosce e rispetta l'accesso ai servizi d'interesse economico generale quale previsto dalle legislazioni e prassi nazionali, ***conformemente ai trattati***.

Articolo 37. Tutela dell'ambiente. – Un livello elevato di tutela dell'ambiente e il miglioramento della sua qualità devono essere integrati nelle politiche dell'Unione e garantiti conformemente al principio dello sviluppo sostenibile.

Articolo 38. Protezione dei consumatori. – Nelle politiche dell'Unione è garantito un livello elevato di protezione dei consumatori.

TITOLO V – CITTADINANZA

Articolo 39. Diritto di voto e di eleggibilità alle elezioni del Parlamento europeo. – 1. Ogni cittadino dell'Unione ha il diritto di voto e di eleggibilità alle elezioni del Parlamento europeo nello Stato membro in cui risiede, alle stesse condizioni dei cittadini di detto Stato.

2. I membri del Parlamento europeo sono eletti a suffragio universale diretto, libero e segreto.

Articolo 40. Diritto di voto e di eleggibilità alle elezioni comunali. – Ogni cittadino dell'Unione ha il diritto di voto e di eleggibilità alle elezioni comunali nello Stato membro in cui risiede, alle stesse condizioni dei cittadini di detto Stato.

Articolo 41. Diritto ad una buona amministrazione. – 1. Ogni ***persona*** ha diritto a che le questioni che lo riguardano siano trattate in modo imparziale ***ed*** equo ed entro un termine ragionevole dalle istituzioni***, organi e organismi*** dell'Unione.

2. Tale diritto comprende in particolare:

a) il diritto di ogni ***persona*** di essere ***ascoltata*** prima che nei suoi confronti venga adottato un provvedimento individuale che ***le*** rechi pregiudizio;

b) il diritto di ogni ***persona*** di accedere al fascicolo che ***la*** riguarda, nel rispetto dei legittimi interessi della riservatezza e del segreto ***professionale e commerciale;***

c) l'obbligo per l'amministrazione di motivare le proprie decisioni.

3. Ogni ***persona*** ha diritto al risarcimento da parte ***dell'Unione*** dei danni cagionati dalle sue istituzioni o dai suoi agenti nell'esercizio delle loro funzioni***,*** conformemente ai principi generali comuni agli ordinamenti degli Stati membri.

4. Ogni ***persona*** può rivolgersi alle istituzioni dell'Unione in una delle lingue ***dei trattati*** e deve ricevere una risposta nella stessa lingua.

Articolo 42. Diritto d'accesso ai documenti. – ***Ogni*** cittadino dell'Unione ***nonché ogni*** persona fisica o giuridica che risieda o abbia la sede sociale in uno Stato membro ha il diritto di accedere ai ***documenti delle istituzioni, organi e organismi dell'Unione, a prescindere dal loro supporto***.

Articolo 43. Mediatore europeo – ***Ogni*** cittadino dell'Unione ***nonché ogni*** persona fisica o giuridica che risieda o abbia la sede sociale in uno Stato membro ha il diritto di sottoporre al mediatore ***europeo*** casi di cattiva amministrazione nell'azione delle istituzioni, ***organi o organismi dell'Unione***, salvo la Corte di giustizia ***dell'Unione europea*** nell'esercizio delle ***sue*** funzioni giurisdizionali.

Articolo 44. Diritto di petizione. – ***Ogni*** cittadino dell'Unione ***nonché ogni*** persona fisica o giuridica che risieda o abbia la sede sociale in uno Stato membro ha il diritto di presentare una petizione al Parlamento europeo.

Articolo 45. Libertà di circolazione e di soggiorno. – 1. Ogni cittadino dell'Unione ha il diritto di circolare e di soggiornare liberamente nel territorio degli Stati membri.

2. La libertà di circolazione e di soggiorno può essere accordata, ***conformemente ai trattati***, ai cittadini dei paesi terzi che risiedono legalmente nel territorio di uno Stato membro.

Articolo 46. Tutela diplomatica e consolare. – Ogni cittadino dell'Unione gode, nel territorio di un paese terzo nel quale lo Stato membro di cui ha la cittadinanza non è rappresentato, della tutela delle autorità diplomatiche e consolari di qualsiasi Stato membro, alle stesse condizioni dei cittadini di detto Stato.

TITOLO VI – GIUSTIZIA

Articolo 47. Diritto a un ricorso effettivo e a un giudice imparziale. – Ogni ***persona*** i cui diritti e le cui libertà garantiti dal diritto dell'Unione siano stati violati ha diritto a un ricorso effettivo dinanzi a un giudice, nel rispetto delle condizioni previste nel presente articolo.

Ogni ***persona*** ha diritto a che la sua causa sia esaminata equamente, pubblicamente ed entro un termine ragionevole da un giudice indipendente e imparziale, precostituito per legge. Ogni ***persona*** ha la facoltà di farsi consigliare, difendere e rappresentare.

A coloro che non dispongono di mezzi sufficienti è concesso il patrocinio a spese dello Stato, qualora ciò sia necessario per assicurare un accesso effettivo alla giustizia.

Articolo 48. Presunzione di innocenza e diritti della difesa. – 1. Ogni imputato è considerato innocente fino a quando la sua colpevolezza non sia stata legalmente provata.

2. Il rispetto dei diritti della difesa è garantito ad ogni imputato.

Articolo 49. Principi della legalità e della proporzionalità dei reati e delle pene. – 1. Nessuno può essere condannato per un'azione o un'omissione che, al momento in cui è stata commessa, non costituiva reato secondo il diritto interno o il diritto internazionale. Parimenti, non può essere inflitta una pena più grave di quella applicabile al momento in cui il reato è stato commesso. Se, successivamente alla commissione del reato, la legge prevede l'applicazione di una pena più lieve, occorre applicare quest'ultima.

2. Il presente articolo non osta al giudizio e alla condanna di una persona colpevole di un'azione o di un'omissione che, al momento in cui è stata commessa, costituiva un crimine secondo i principi generali riconosciuti da tutte le nazioni.

3. Le pene inflitte non devono essere sproporzionate rispetto al reato.

Articolo 50. Diritto di non essere giudicato o punito due volte per lo stesso reato. – Nessuno può essere perseguito o condannato per un reato per il quale è già stato assolto o condannato nell'Unione a seguito di una sentenza penale definitiva conformemente alla legge.

TITOLO VII – DISPOSIZIONI GENERALI CHE DISCIPLINANO L'INTERPRETAZIONE E L'APPLICAZIONE DELLA CARTA

Articolo 51. Ambito di applicazione. – 1. Le disposizioni della presente Carta si applicano alle istituzioni, ***organi e organismi*** dell'Unione nel rispetto del principio di sussidiarietà, come pure agli Stati membri esclusivamente nell'attuazione del diritto dell'Unione. Pertanto, i suddetti soggetti rispettano i diritti, osservano i principi e ne promuovono l'applicazione secondo le rispettive competenze ***e nel rispetto dei limiti delle competenze conferite all'Unione nei trattati***.

2. La presente Carta ***non estende l'ambito di applicazione del diritto dell'Unione al di là delle competenze dell'Unione, né introduce competenze nuove o compiti nuovi per l'Unione, né modifica le competenze e i compiti definiti nei trattati.***

Articolo 52. Portata e interpretazione dei diritti e dei principi. – 1. Eventuali limitazioni all'esercizio dei diritti e delle libertà riconosciuti dalla presente Carta devono essere previste dalla legge e rispettare il contenuto essenziale di detti diritti e libertà. Nel rispetto del principio di proporzionalità, possono essere apportate limitazioni solo laddove siano necessarie e rispondano effettivamente a finalità di interesse generale riconosciute dall'Unione o all'esigenza di proteggere i diritti e le libertà altrui.

2. I diritti riconosciuti dalla presente Carta ***per i quali i trattati prevedono disposizioni si esercitano alle condizioni e nei limiti dagli stessi definiti.***

3. Laddove la presente Carta contenga diritti corrispondenti a quelli garantiti dalla ***Convenzione*** europea per la salvaguardia dei diritti dell'uomo e delle libertà fondamentali, il significato e la portata degli stessi sono uguali a quelli conferiti dalla suddetta ***Convenzione***. La presente disposizione non preclude che il diritto dell'Unione conceda una protezione più estesa.

4. Laddove la presente Carta riconosca i diritti fondamentali quali risultano dalle tradizioni costituzionali comuni agli Stati membri, tali diritti sono interpretati in armonia con dette tradizioni.

5. Le disposizioni della presente Carta che contengono dei principi possono essere attuate da atti legislativi e esecutivi adottati da istituzioni, organi e organismi dell'Unione e da atti di Stati membri allorché essi danno attuazione al diritto dell'Unione, nell'esercizio delle loro rispettive competenze. Esse possono essere invocate dinanzi a un giudice solo ai fini dell'interpretazione e del controllo della legalità di detti atti.

6. Si tiene pienamente conto delle legislazioni e prassi nazionali, come specificato nella presente Carta.

7. I giudici dell'Unione e degli Stati membri tengono nel debito conto le spiegazioni elaborate al fine di fornire orientamenti per l'interpretazione della presente Carta.

Articolo 53. Livello di protezione. – Nessuna disposizione della presente Carta deve essere interpretata come limitativa o lesiva dei diritti dell'uomo e delle libertà fondamentali riconosciuti, nel rispettivo ambito di applicazione, dal diritto dell'Unione, dal diritto internazionale, dalle convenzioni internazionali delle quali ***l'Unione o tutti gli Stati membri*** sono ***parti, in*** particolare ***dalla Convenzione*** europea per la salvaguardia dei diritti dell'uomo e delle libertà fondamentali, e dalle costituzioni degli Stati membri.

Articolo 54. Divieto dell'abuso di diritto. – Nessuna disposizione della presente Carta deve essere interpretata nel senso di comportare il diritto di esercitare un'attività o compiere un atto che miri ***a distruggere diritti o libertà*** riconosciuti nella presente Carta o *a* imporre a tali diritti e libertà limitazioni più ampie di quelle previste dalla presente Carta.

Spiegazioni relative alla Carta dei diritti fondamentali[2]

Le presenti spiegazioni erano state elaborate, nella versione iniziale, sotto l'autorità del praesidium della Convenzione che aveva redatto la Carta dei diritti fondamentali dell'Unione europea e sono ora state aggiornate sotto la responsabilità del praesidium della Convenzione europea, sulla scorta degli adeguamenti redazionali che quest'ultima Convenzione ha apportato al testo della Carta (in particolare agli articoli 51 e 52) e dell'evoluzione del diritto dell'Unione. Benché non abbiano di per sé status di legge, esse rappresentano un prezioso strumento d'interpretazione destinato a chiarire le disposizioni della Carta.

[2] Nota dell'editore [della *G.U.U.E.* 303 del 14 dicembre 2007, p. 17]: i riferimenti ai numeri degli articoli dei trattati sono stati aggiornati. Sono inoltre stati corretti alcuni errori materiali.

TITOLO I – DIGNITÀ

Spiegazione relativa all'articolo 1 – Dignità umana

La dignità della persona umana non è soltanto un diritto fondamentale in sé, ma costituisce la base stessa dei diritti fondamentali. La Dichiarazione universale dei diritti dell'uomo del 1948 consacra la dignità umana nel preambolo: "Considerato che il riconoscimento della dignità inerente a tutti i membri della famiglia umana, e dei loro diritti, uguali ed inalienabili, costituisce il fondamento della libertà, della giustizia e della pace nel mondo". Nella sentenza del 9 ottobre 2001, causa C-377/98, Regno dei Paesi Bassi/Parlamento europeo e Consiglio dell'Unione europea (Racc. 2001, pag. I-7079), ai punti 70-77 della motivazione la Corte di giustizia ha confermato che il diritto fondamentale alla dignità umana è parte integrante del diritto dell'Unione.

Ne consegue, in particolare, che nessuno dei diritti sanciti nella presente Carta può essere usato per recare pregiudizio alla dignità altrui e che la dignità della persona umana fa parte della sostanza stessa dei diritti sanciti nella Carta. Essa non può pertanto subire pregiudizio, neanche in caso di limitazione di un diritto.

Spiegazione relativa all'articolo 2 – Diritto alla vita

1. Il paragrafo 1 di questo articolo è basato sulla prima frase dell'articolo 2, paragrafo 1, della CEDU, che recita:

"1. Il diritto alla vita di ogni persona è protetto dalla legge ..."

2. La seconda frase di detta disposizione, che ha per oggetto la pena capitale, risulta superata in conseguenza dell'entrata in vigore del protocollo n. 6 della CEDU, il cui articolo 1 è così formulato:

"La pena di morte è abolita. Nessuno può essere condannato a tale pena né giustiziato."

A tale disposizione si ispira l'articolo 2, paragrafo 2, della Carta.

3. Le disposizioni dell'articolo 2 della Carta corrispondono a quelle degli articoli summenzionati della CEDU e del protocollo addizionale e, ai sensi dell'articolo 52, paragrafo 3 della Carta, hanno significato e portata identici. Pertanto le definizioni "negative" che figurano nella CEDU devono essere considerate come presenti anche nella Carta:

a) articolo 2, paragrafo 2 della CEDU:

"La morte non si considera cagionata in violazione del presente articolo se è il risultato di un ricorso alla forza resosi assolutamente necessario:

a) per garantire la difesa di ogni persona contro la violenza illegale;

b) per eseguire un arresto regolare o per impedire l'evasione di una persona regolarmente detenuta;

c) per reprimere, in modo conforme alla legge, una sommossa o un'insurrezione.";

b) articolo 2 del protocollo n. 6 della CEDU:

"Uno Stato può prevedere nella propria legislazione la pena di morte per atti commessi in tempo di guerra o in caso di pericolo imminente di guerra; tale pena sarà applicata solo nei casi previsti da tale legislazione e conformemente alle sue disposizioni ...".

Spiegazione relativa all'articolo 3 – Diritto all'integrità della persona

1. Nella sentenza del 9 ottobre 2001, causa C-377/98, Regno dei Paesi Bassi/Parlamento europeo e Consiglio dell'Unione europea (Racc. 2001, pag. I-7079), ai punti 70, 78, 79 e 80 della motivazione la Corte di giustizia ha confermato che il diritto fondamentale all'integrità della persona è parte integrante del diritto dell'Unione e comprende, nell'ambito della medicina e della biologia, il libero e consapevole consenso del donatore e del ricevente.

2. I principi enunciati nell'articolo 3 della Carta figurano già nella convenzione sui diritti dell'uomo e la biomedicina adottata nell'ambito del Consiglio d'Europa (serie dei

trattati europei n. 164 e protocollo addizionale n. 168). La Carta non intende derogare a tali disposizioni e proibisce solo la clonazione riproduttiva. Essa non autorizza né proibisce le altre forme di clonazione e non impedisce quindi in alcun modo al legislatore di vietarle.

3. Il riferimento alle pratiche eugeniche, segnatamente quelle che hanno come scopo la selezione delle persone, riguarda le ipotesi in cui siano organizzati e attuati programmi di selezione che comportino, per esempio, campagne di sterilizzazione, gravidanze forzate, matrimoni etnici obbligatori, ecc., atti considerati tutti crimini internazionali dallo statuto della Corte penale internazionale adottato a Roma il 17 luglio 1998 (cfr. articolo 7, paragrafo 1, lettera g)).

Spiegazione relativa all'articolo 4 – Proibizione della tortura e delle pene o trattamenti inumani o degradanti

Il diritto di cui all'articolo 4 corrisponde a quello garantito dall'articolo 3 della CEDU, la cui formulazione è identica: "Nessuno può essere sottoposto a tortura, né a pene o trattamenti inumani o degradanti.". Ai sensi dell'articolo 52, paragrafo 3 della Carta, esso ha pertanto significato e portata identici a quelli del suddetto articolo.

Spiegazione relativa all'articolo 5 – Proibizione della schiavitù e del lavoro forzato

1. Il diritto di cui all'articolo 5, paragrafi 1 e 2, corrisponde a quello dell'articolo 4, paragrafi 1 e 2 della CEDU, dello stesso tenore. Il significato e la portata di questo diritto sono pertanto identici a quelli conferiti da detto articolo, ai sensi dell'articolo 52, paragrafo 3 della Carta. Ne consegue che:

– nessuna restrizione può essere imposta legittimamente al diritto previsto dal paragrafo 1;

– nel paragrafo 2, le nozioni di "lavoro forzato o obbligatorio" devono essere interpretate alla luce delle definizioni "negative" contenute nell'articolo 4, paragrafo 3 della CEDU, che recita:

"Non è considerato "lavoro forzato o obbligatorio" ai sensi del presente articolo:

a) il lavoro normalmente richiesto ad una persona detenuta alle condizioni previste dall'articolo 5 della presente Convenzione o durante il periodo di libertà condizionale;

b) il servizio militare o, nel caso degli obiettori di coscienza nei paesi dove l'obiezione di coscienza è considerata legittima, qualunque altro servizio sostitutivo di quello militare obbligatorio;

c) qualunque servizio richiesto in caso di crisi o di calamità che minacciano la vita o il benessere della comunità;

d) qualunque lavoro o servizio facente parte dei normali doveri civici.".

2. Il paragrafo 3 trae direttamente origine dalla dignità della persona umana e tiene conto degli ultimi sviluppi della criminalità organizzata, quali le organizzazioni che favoriscono, a scopo di lucro, l'immigrazione illegale o lo sfruttamento sessuale. L'allegato della convenzione Europol riporta la seguente definizione applicabile alla tratta a scopo di sfruttamento sessuale: "Tratta degli esseri umani: il fatto di sottoporre una persona al potere reale e illegale di altre persone ricorrendo a violenze o a minacce o abusando di un rapporto di autorità o mediante manovre, in particolare per dedicarsi allo sfruttamento della prostituzione altrui, a forme di sfruttamento e di violenza sessuale nei confronti di minorenni o al commercio connesso con l'abbandono dei figli". Il capitolo VI della convenzione di applicazione dell'accordo di Schengen, che è stato integrato nell'acquis dell'Unione e al quale il Regno Unito e l'Irlanda partecipano, contiene, nell'articolo 27, paragrafo 1, la seguente disposizione in materia di organizzazioni di immigrazione clandestina: "Le Parti contraenti si impegnano a stabilire sanzioni appropriate nei confronti di chiunque aiuti o tenti di aiutare, a scopo di lucro, uno straniero ad entrare o a soggiornare nel territorio di una Parte contraente in violazione della legislazione di detta Parte contraente relativa al-

l'ingresso ed al soggiorno degli stranieri.". Il 19 luglio 2002 il Consiglio ha adottato la decisione quadro sulla lotta alla tratta degli esseri umani (GU L 203 del 1.8.2002, pag. 1) il cui articolo 1 definisce in dettaglio i reati relativi alla tratta degli esseri umani a fini di sfruttamento di manodopera o di sfruttamento sessuale che la decisione quadro impone agli Stati membri di punire.

TITOLO II – LIBERTÀ

Spiegazione relativa all'articolo 6 – Diritto alla libertà e alla sicurezza

I diritti di cui all'articolo 6 corrispondono a quelli garantiti dall'articolo 5 della CEDU, del quale, ai sensi dell'articolo 52, paragrafo 3 della Carta, hanno pari significato e portata. Ne consegue che le limitazioni che possono legittimamente essere apportate non possono andare oltre i limiti consentiti dall'articolo 5 della CEDU, che recita:

"1. Ogni individuo ha diritto alla libertà e alla sicurezza. Nessuno può essere privato della libertà, se non nei casi seguenti e nei modi previsti dalla legge:

a) se è detenuto regolarmente in seguito a condanna da parte di un tribunale competente;

b) se si trova in regolare stato di arresto o di detenzione per violazione di un provvedimento emesso, conformemente alla legge, da un tribunale o allo scopo di garantire l'esecuzione di un obbligo prescritto dalla legge;

c) se è stato arrestato o detenuto per essere tradotto dinanzi all'autorità giudiziaria competente, quando vi sono motivi plausibili di sospettare che egli abbia commesso un reato o vi sono motivi fondati di ritenere che sia necessario impedirgli di commettere un reato o di darsi alla fuga dopo averlo commesso;

d) se si tratta della detenzione regolare di un minore, decisa per il suo inserimento in una struttura rieducativa, o della sua detenzione regolare in attesa di comparire dinanzi all'autorità competente;

e) se si tratta della detenzione regolare di una persona suscettibile di propagare una malattia contagiosa, di un alienato, di un alcolizzato, di un tossicomane o di un vagabondo;

f) se si tratta dell'arresto o della detenzione regolari di una persona per impedirle di entrare illegalmente nel territorio, oppure di una persona contro la quale è in corso un procedimento d'espulsione o d'estradizione.

2. Ogni persona arrestata deve essere informata, al più presto e in una lingua a lei comprensibile, dei motivi dell'arresto e di ogni accusa formulata a suo carico.

3. Ogni persona arrestata o detenuta, conformemente alle condizioni previste dal paragrafo 1.c) del presente articolo, deve essere tradotta al più presto dinanzi ad un giudice o ad un altro magistrato autorizzato dalla legge ad esercitare funzioni giudiziarie e ha diritto di essere giudicata entro un termine ragionevole o di essere messa in libertà durante la procedura. La scarcerazione può essere subordinata a garanzie che assicurino la comparizione dell'interessato all'udienza.

4. Ogni persona privata della libertà mediante arresto o detenzione ha il diritto di presentare un ricorso ad un tribunale, affinché decida entro breve termine sulla legittimità della sua detenzione e ne ordini la scarcerazione se la detenzione è illegittima.

5. Ogni persona vittima di arresto o di detenzione in violazione di una delle disposizioni del presente articolo ha diritto ad una riparazione."

I diritti di cui all'articolo 6 devono essere in particolare rispettati quando il Parlamento europeo e il Consiglio adottano atti legislativi nel settore della cooperazione giudiziaria in materia penale in base agli articoli 82, 83 e 85 del trattato sul funzionamento dell'Unione europea, segnatamente per la definizione di disposizioni minime comuni in materia di qualificazione delle infrazioni e delle sanzioni e di taluni aspetti del diritto processuale.

Spiegazione relativa all'articolo 7 – Rispetto della vita privata e della vita familiare

I diritti di cui all'articolo 7 corrispondono a quelli garantiti dall'articolo 8 della CEDU.

Per tener conto dell'evoluzione tecnica, il termine "comunicazioni" è stato sostituito a "corrispondenza".

Conformemente all'articolo 52, paragrafo 3, il significato e la portata di questi diritti sono identici a quelli del corrispondente articolo della CEDU. Le limitazioni che vi possono legittimamente essere apportate sono pertanto quelle autorizzate ai sensi del suddetto articolo 8, che recita:

"1. Ogni persona ha diritto al rispetto della propria vita privata e familiare, del proprio domicilio e della propria corrispondenza.

2. Non può esservi ingerenza di una autorità pubblica nell'esercizio di tale diritto a meno che tale ingerenza sia prevista dalla legge e costituisca una misura che, in una società democratica, è necessaria alla sicurezza nazionale, alla pubblica sicurezza, al benessere economico del paese, alla difesa dell'ordine e alla prevenzione dei reati, alla protezione della salute o della morale, o alla protezione dei diritti e delle libertà altrui.".

Spiegazione relativa all'articolo 8 – Protezione dei dati di carattere personale

Questo articolo è stato fondato sull'articolo 286 del trattato che istituisce la Comunità europea, sulla direttiva 95/46/CE del Parlamento europeo e del Consiglio relativa alla tutela delle persone fisiche con riguardo al trattamento dei dati personali nonché alla libera circolazione di tali dati (GU L 281 del 23.11.1995, pag. 31), nonché sull'articolo 8 della CEDU e sulla convenzione del Consiglio d'Europa sulla protezione delle persone rispetto al trattamento automatizzato di dati di carattere personale del 28 gennaio 1981, ratificata da tutti gli Stati membri. L'articolo 286 del trattato CE è ora sostituito dall'articolo 16 del trattato sul funzionamento dell'Unione europea e dall'articolo 39 del trattato sull'Unione europea. Ci si riferisce inoltre al regolamento (CE) n. 45/2001 del Parlamento europeo e del Consiglio concernente la tutela delle persone fisiche in relazione al trattamento dei dati personali da parte delle istituzioni e degli organismi comunitari, nonché la libera circolazione di tali dati (GU L 8 del 12.1.2001, pag. 1). La direttiva e il regolamento succitati definiscono le condizioni e i limiti applicabili all'esercizio del diritto alla protezione dei dati personali.

Spiegazione relativa all'articolo 9 – Diritto di sposarsi e di costituire una famiglia

Questo articolo si basa sull'articolo 12 della CEDU, che recita: "A partire dall'età minima per contrarre matrimonio, l'uomo e la donna hanno il diritto di sposarsi e di fondare una famiglia secondo le leggi nazionali che regolano l'esercizio di tale diritto.". La formulazione di questo diritto è stata aggiornata al fine di disciplinare i casi in cui le legislazioni nazionali riconoscono modi diversi dal matrimonio per costituire una famiglia. L'articolo non vieta né impone la concessione dello status matrimoniale a unioni tra persone dello stesso sesso. Questo diritto è pertanto simile a quello previsto dalla CEDU, ma la sua portata può essere più estesa qualora la legislazione nazionale lo preveda.

Spiegazione relativa all'articolo 10 – Libertà di pensiero, di coscienza e di religione

Il diritto garantito al paragrafo 1 corrisponde a quello garantito dall'articolo 9 della CEDU e, ai sensi dell'articolo 52, paragrafo 3 della Carta, ha significato e portata identici a detto articolo. Le limitazioni devono pertanto rispettare l'articolo 9, paragrafo 2, che recita: "La libertà di professare la propria religione o il proprio credo non può essere oggetto di restrizioni diverse da quelle che, stabilite dalla legge, costituiscono misure necessarie, in una società democratica, alla pubblica sicurezza, alla protezione dell'ordine, della salute o della morale pubblica, o alla protezione dei diritti e della libertà altrui.".

Il diritto garantito al paragrafo 2 rispecchia le tradizioni costituzionali nazionali e l'evoluzione delle legislazioni nazionali a questo proposito.

Spiegazione relativa all'articolo 11 – Libertà di espressione e d'informazione

1. L'articolo 11 corrisponde all'articolo 10 della CEDU, che recita:

"1. Ogni individuo ha diritto alla libertà di espressione. Tale diritto include la libertà d'opinione e la libertà di ricevere o di comunicare informazioni o idee senza che vi possa essere ingerenza da parte delle autorità pubbliche e senza limiti di frontiera. Il presente articolo non impedisce agli Stati di sottoporre a un regime di autorizzazione le imprese di radiodiffusione, cinematografiche o televisive.

2. L'esercizio di queste libertà, poiché comporta doveri e responsabilità, può essere sottoposto alle formalità, condizioni, restrizioni o sanzioni che sono previste dalla legge e che costituiscono misure necessarie, in una società democratica, alla sicurezza nazionale, all'integrità territoriale o alla pubblica sicurezza, alla difesa dell'ordine e alla prevenzione dei reati, alla protezione della salute o della morale, alla protezione della reputazione o dei diritti altrui, per impedire la divulgazione di informazioni riservate o per garantire l'autorità e l'imparzialità del potere giudiziario.".

In applicazione dell'articolo 52, paragrafo 3 della Carta, questo diritto ha lo stesso significato e la stessa portata di quello garantito dalla CEDU. Le limitazioni che possono essere apportate non possono pertanto andare oltre quelle previste all'articolo 10, paragrafo 2, salve restando le restrizioni che il diritto dell'Unione in materia di concorrenza può apportare alla facoltà degli Stati membri di instaurare i regimi di autorizzazione di cui all'articolo 10, paragrafo 1, terza frase della CEDU.

2. Il paragrafo 2 di questo articolo esplicita le conseguenze del paragrafo 1 in relazione alla libertà dei media. Si basa segnatamente sulla giurisprudenza della Corte in materia di televisione, in particolare nella sentenza del 25 luglio 1991, causa C-288/89, Stichting Collectieve Antennevoorziening Gouda e a. (Racc. pag. I-4007) e sul Protocollo sui sistemi di radiodiffusione pubblica negli Stati membri, allegato al trattato CE, ed ora ai trattati, nonché sulla direttiva 89/552/CEE del Consiglio (cfr. in particolare il diciassettesimo considerando).

Spiegazione relativa all'articolo 12 – Libertà di riunione e di associazione

1. Le disposizioni del paragrafo 1 di questo articolo corrispondono alle disposizioni dell'articolo 11 della CEDU, che recita:

"1. Ogni persona ha diritto alla libertà di riunione pacifica e alla libertà d'associazione, ivi compreso il diritto di partecipare alla costituzione di sindacati e di aderire ad essi per la difesa dei propri interessi.

2. L'esercizio di questi diritti non può essere oggetto di restrizioni diverse da quelle che sono stabilite dalla legge e che costituiscono misure necessarie, in una società democratica, alla sicurezza nazionale, alla pubblica sicurezza, alla difesa dell'ordine e alla prevenzione dei reati, alla protezione della salute o della morale e alla protezione dei diritti e delle libertà altrui. Il presente articolo non osta a che restrizioni legittime siano imposte all'esercizio di tali diritti da parte dei membri delle forze armate, della polizia o dell'amministrazione dello Stato.".

Le disposizioni dell'articolo 12, paragrafo 1, hanno lo stesso significato di quelle della CEDU, ma la loro portata è più estesa, dato che possono essere applicate a tutti i livelli, incluso quindi il livello europeo. Ai sensi dell'articolo 52, paragrafo 3 della Carta, le limitazioni di questo diritto non possono pertanto andare oltre quelle considerate come legittime ai sensi dell'articolo 11, paragrafo 2, della CEDU.

2. Tale diritto si fonda parimenti sul punto 11 della Carta comunitaria dei diritti sociali fondamentali dei lavoratori.

3. Il paragrafo 2 di questo articolo corrisponde all'articolo 10, paragrafo 4 del trattato sull'Unione europea.

Spiegazione relativa all'articolo 13 – Libertà delle arti e delle scienze

Questo diritto è dedotto in primo luogo dalle libertà di pensiero e di espressione. Si esercita nel rispetto dell'articolo 1 e può essere soggetto alle limitazioni autorizzate dall'articolo 10 della CEDU.

Spiegazione relativa all'articolo 14 – Diritto all'istruzione

1. Questo articolo si ispira sia alle tradizioni costituzionali comuni agli Stati membri sia all'articolo 2 del protocollo addizionale alla CEDU, che recita:

"Il diritto all'istruzione non può essere rifiutato a nessuno. Lo Stato, nell'esercizio delle funzioni che assume nel campo dell'educazione e dell'insegnamento, deve rispettare il diritto dei genitori di provvedere a tale educazione e a tale insegnamento secondo le loro convinzioni religiose e filosofiche.".

È stato giudicato utile estendere questo articolo all'accesso alla formazione professionale e continua (cfr. punto 15 della Carta comunitaria dei diritti sociali fondamentali dei lavoratori e articolo 10 della Carta sociale) e aggiungere il principio della gratuità dell'istruzione obbligatoria. In base alla sua formulazione, quest'ultimo principio implica soltanto che per l'istruzione obbligatoria ogni bambino abbia la possibilità di accedere a un istituto che pratica la gratuità. Esso non impone che tutti gli istituti che dispensano tale istruzione, o una formazione professionale e continua, in particolare quelli privati, siano gratuiti. Non vieta nemmeno che alcune forme specifiche di istruzione possano essere a pagamento, a condizione che lo Stato prenda misure destinate a concedere una compensazione finanziaria. Poiché la Carta si applica all'Unione, ciò significa che, nel quadro delle sue politiche in materia di formazione, l'Unione deve rispettare la gratuità dell'istruzione obbligatoria, ma ciò non crea beninteso nuove competenze. Per quanto attiene al diritto dei genitori, lo si deve interpretare in relazione alle disposizioni dell'articolo 24.

2. La libertà di creare istituti di istruzione, pubblici o privati, è garantita come uno degli aspetti della libertà d'impresa, ma è limitata dal rispetto dei principi democratici e si esercita secondo le modalità stabilite dalle legislazioni nazionali.

Spiegazione relativa all'articolo 15 – Libertà professionale e diritto di lavorare

La libertà professionale, sancita nel paragrafo 1 dell'articolo 15, è riconosciuta nella giurisprudenza della Corte di giustizia (cfr., tra l'altro, le sentenze del 14 maggio 1974, causa 4-73, Nold, Racc. 1974, pag. 491, punti 12, 13 e 14; del 13 dicembre 1979, causa 44/79, Hauer, Racc. 1979 pag. 3727, e dell'8 ottobre 1986, causa 234/85, Keller, Racc. 1986, pag. 2897, punto 8).

Questo paragrafo si ispira inoltre all'articolo 1, paragrafo 2 della Carta sociale europea firmata il 18 ottobre 1961 e ratificata da tutti gli Stati membri, e al punto 4 della Carta comunitaria dei diritti sociali fondamentali dei lavoratori del 9 dicembre 1989. L'espressione "condizioni di lavoro" deve essere intesa nel senso dell'articolo 156 del trattato sul funzionamento dell'Unione europea.

Il paragrafo 2 riprende le tre libertà garantite dagli articoli 26, 45, 49 e 56 del trattato sul funzionamento dell'Unione europea, ossia libera circolazione dei lavoratori, libertà di stabilimento e libera prestazione dei servizi.

Il paragrafo 3 è stato basato sull'articolo 153, paragrafo 1, lettera g) del trattato sul funzionamento dell'Unione europea, e sull'articolo 19, punto 4 della Carta sociale europea, firmata il 18 ottobre 1961 e ratificata da tutti gli Stati membri. Si applica pertanto l'articolo 52, paragrafo 2 della Carta. La questione dell'ingaggio di marittimi aventi la cittadinanza di Stati terzi negli equipaggi di navi battenti bandiera di uno Stato membro dell'Unione è disciplinata dal diritto dell'Unione e dalle legislazioni e prassi nazionali.

Spiegazione relativa all'articolo 16 – Libertà d'impresa

Questo articolo si basa sulla giurisprudenza della Corte di giustizia che ha riconosciuto la libertà di esercitare un'attività economica o commerciale (cfr. sentenze del 14 maggio

1974, causa 4-73, Nold, Racc. 1974, pag. 491, punto 14, e del 27 settembre 1979, causa 230/78, SpA Eridania e a., Racc. 1979, pag. 2749, punti 20 e 31) e la libertà contrattuale (cfr., tra l'altro, sentenze Sukkerfabriken Nykøbing, causa 151/78, Racc. 1979, pag. 1, punto 19; del 5 ottobre 1999, causa C-240/97, Spagna/Commissione, Racc. 1999, pag. I-6571, punto 99) e sull'articolo 119, paragrafi 1 e 3 del trattato sul funzionamento dell'Unione europea che riconosce la libera concorrenza. Beninteso, questo diritto si esercita nel rispetto del diritto dell'Unione e delle legislazioni nazionali. Esso può essere sottoposto alle limitazioni previste all'articolo 52, paragrafo 1 della Carta.

Spiegazione relativa all'articolo 17 – Diritto di proprietà

Questo articolo corrisponde all'articolo 1 del protocollo addizionale alla CEDU, che recita:

"Ogni persona fisica o giuridica ha diritto al rispetto dei suoi beni. Nessuno può essere privato della sua proprietà se non per causa di pubblica utilità e nelle condizioni previste dalla legge e dai principi generali del diritto internazionale.

Le disposizioni precedenti non portano pregiudizio al diritto degli Stati di porre in vigore le leggi da essi ritenute necessarie per disciplinare l'uso dei beni in modo conforme all'interesse generale o per assicurare il pagamento delle imposte o di altri contributi o delle ammende.".

Si tratta di un diritto fondamentale comune a tutte le costituzioni nazionali. È stato sancito a più riprese dalla giurisprudenza della Corte di giustizia e in primo luogo nella sentenza Hauer (13 dicembre 1979, Racc. 1979, pag. 3727). La stesura è stata attualizzata ma, ai sensi dell'articolo 52, paragrafo 3, questo diritto ha significato e portata identici al diritto garantito dalla CEDU e le limitazioni non possono andare oltre quelle previste da quest'ultima.

La protezione della proprietà intellettuale, che costituisce uno degli aspetti del diritto di proprietà, è esplicitamente menzionata al paragrafo 2, in virtù della sua crescente importanza e del diritto comunitario derivato. Oltre alla proprietà letteraria e artistica la proprietà intellettuale copre, tra l'altro, il diritto dei brevetti e dei marchi e i diritti analoghi. Le garanzie previste nel paragrafo 1 si applicano opportunamente alla proprietà intellettuale.

Spiegazione relativa all'articolo 18 – Diritto di asilo

Il testo dell'articolo è stato basato sull'articolo 63 del trattato CE, ora sostituito dall'articolo 78 del trattato sul funzionamento dell'Unione europea, che impone all'Unione di rispettare la convenzione di Ginevra sui rifugiati. Occorre far riferimento alle disposizioni dei protocolli relativi al Regno Unito e all'Irlanda, allegati ai trattati, nonché di quello sulla Danimarca, per determinare in quale misura tali Stati membri applichino il diritto dell'Unione in materia e in quale misura il presente articolo sia loro applicabile. Tale articolo rispetta il protocollo sull'asilo allegato ai trattati.

Spiegazione relativa all'articolo 19 – Protezione in caso di allontanamento, di espulsione e di estradizione

Il paragrafo 1 di questo articolo ha significato e portata identici a quelli dell'articolo 4 del protocollo n. 4 della CEDU per quanto attiene alle espulsioni collettive. Esso è volto a garantire che ogni decisione formi oggetto di un esame specifico e che non si possa decidere con un'unica misura l'espulsione di tutte le persone aventi la nazionalità di un determinato Stato (cfr. anche articolo 13 del Patto relativo ai diritti civili e politici).

Il paragrafo 2 incorpora la pertinente giurisprudenza della Corte europea dei diritti dell'uomo relativa all'articolo 3 della CEDU (cfr. sentenza del 17 dicembre 1996, Ahmed/Austria, Racc. 1996-VI, pag. 2206, e sentenza del 7 luglio 1989, Soering).

TITOLO III – UGUAGLIANZA

Spiegazione relativa all'articolo 20 – Uguaglianza davanti alla legge

Questo articolo corrisponde al principio generale di diritto che figura in tutte le costituzioni europee ed è stato sancito dalla Corte come uno dei principi fondamentali del diritto comunitario (sentenza del 13 novembre 1984, Racke, causa 283/83, Racc. 1984, pag. 3791, sentenza del 17 aprile 1997, causa C-15/95, EARL, Racc. 1997, pag. I-1961 e sentenza del 13 aprile 2000, causa C-292/97, Karlsson, Racc. 2000, pag. 2737).

Spiegazione relativa all'articolo 21 – Non discriminazione

Il paragrafo 1 si ispira all'articolo 13 del trattato CE, ora sostituito dall'articolo 19 del trattato sul funzionamento dell'Unione europea, e all'articolo 14 della CEDU, nonché all'articolo 11 della convenzione sui diritti dell'uomo e la biomedicina per quanto riguarda il patrimonio genetico. Nella misura in cui coincide con l'articolo 14 della CEDU, si applica in conformità dello stesso.

Non v'è contraddizione né incompatibilità fra il paragrafo 1 e l'articolo 19 del trattato sul funzionamento dell'Unione europea, che ha campo d'applicazione e finalità diversi: l'articolo 19 conferisce all'Unione la facoltà di adottare atti legislativi, compresa l'armonizzazione delle disposizioni legislative e regolamentari degli Stati membri, per combattere alcune forme di discriminazione di cui l'articolo stesso riporta un elenco completo. La normativa in questione può regolamentare gli interventi delle autorità degli Stati membri (come pure i rapporti fra i privati) in qualsiasi settore entro i limiti delle competenze dell'Unione. La disposizione dell'articolo 21, paragrafo 1, invece, non conferisce nessuna facoltà di emanare norme contro la discriminazione in questi settori d'intervento degli Stati membri o nei rapporti fra privati né sancisce nessun divieto assoluto di discriminazione in settori così ampi. Essa infatti tratta soltanto delle discriminazioni ad opera delle istituzioni e degli organi dell'Unione stessi nell'esercizio delle competenze conferite ai sensi dei trattati e ad opera degli Stati membri soltanto quando danno attuazione al diritto dell'Unione. Il paragrafo 1 non altera quindi l'ampiezza delle facoltà conferite a norma dell'articolo 19 né l'interpretazione data a tale articolo.

Il paragrafo 2 corrisponde all'articolo 18, primo comma, del trattato sul funzionamento dell'Unione europea e va applicato in conformità di tale articolo.

Spiegazione relativa all'articolo 22 – Diversità culturale, religiosa e linguistica

Questo articolo è stato fondato sull'articolo 6 del trattato sull'Unione europea e sull'articolo 151, paragrafi 1 e 4 del trattato CE, ora sostituiti dall'articolo 167, paragrafi 1 e 4 del trattato sul funzionamento dell'Unione europea, relativi alla cultura. Il rispetto della diversità culturale e linguistica è ora sancito anche all'articolo 3, paragrafo 3 del trattato sull'Unione europea. L'articolo si ispira alla dichiarazione n. 11 allegata all'Atto finale del trattato di Amsterdam sullo status delle chiese e delle organizzazioni non confessionali, ripreso ora nell'articolo 17 del trattato sul funzionamento dell'Unione europea.

Spiegazione relativa all'articolo 23 – Parità tra donne e uomini

Il primo comma di questo articolo è stato basato sull'articolo 2 e sull'articolo 3, paragrafo 2 del trattato CE, ora sostituiti dall'articolo 3 del trattato sull'Unione europea e dall'articolo 8 del trattato sul funzionamento dell'Unione europea, che impongono all'Unione di mirare a promuovere la parità tra uomini e donne, e sull'articolo 157, paragrafo 1 del trattato sul funzionamento dell'Unione europea. Esso si ispira all'articolo 20 della Carta sociale europea riveduta del 3 maggio 1996 e al punto 16 della Carta comunitaria dei diritti sociali fondamentali dei lavoratori.

Si basa anche sull'articolo 157, paragrafo 3 del trattato sul funzionamento dell'Unione europea e sull'articolo 2, paragrafo 4 della direttiva 76/207/CEE del Consiglio relativa all'attuazione del principio della parità di trattamento fra gli uomini e le donne per quanto riguarda l'accesso al lavoro, alla formazione e alla promozione professionali e le condizioni di lavoro.

Il secondo comma riprende, in una formula più breve, l'articolo 157, paragrafo 4 del trattato sul funzionamento dell'Unione europea, secondo cui il principio della parità di trattamento non osta al mantenimento o all'adozione di misure che prevedano vantaggi specifici diretti a facilitare l'esercizio di un'attività professionale da parte del sesso sottorappresentato o a prevenire o compensare determinati svantaggi nella carriera professionale. Conformemente all'articolo 52, paragrafo 2, questo secondo comma non modifica l'articolo 157, paragrafo 4.

Spiegazione relativa all'articolo 24 – Diritti del minore

Questo articolo si basa sulla convenzione di New York sui diritti del fanciullo, firmata il 20 novembre 1989 e ratificata da tutti gli Stati membri, e in particolare, sugli articoli 3, 9, 12 e 13 di detta convenzione.

Il paragrafo 3 tiene conto del fatto che, nell'ambito della creazione di uno spazio di libertà, sicurezza e giustizia, la normativa dell'Unione nelle materie civili che presentano implicazioni transnazionali, per cui la competenza è conferita dall'articolo 81 del trattato sul funzionamento dell'Unione europea, può comprendere tra l'altro i diritti di visita che consentono ai figli di intrattenere regolarmente relazioni personali e contatti diretti con entrambi i genitori.

Spiegazione relativa all'articolo 25 – Diritti degli anziani

Questo articolo è ispirato all'articolo 23 della Carta sociale europea riveduta e ai punti 24 e 25 della Carta comunitaria dei diritti sociali fondamentali dei lavoratori. La partecipazione alla vita sociale e culturale comprende ovviamente la partecipazione alla vita politica.

Spiegazione relativa all'articolo 26 – Inserimento delle persone con disabilità

Il principio contenuto in questo articolo si basa sull'articolo 15 della Carta sociale europea e si ispira inoltre al punto 26 della Carta comunitaria dei diritti sociali fondamentali dei lavoratori.

TITOLO IV – SOLIDARIETÀ

Spiegazione relativa all'articolo 27 – Diritto dei lavoratori all'informazione e alla consultazione nell'ambito dell'impresa

Questo articolo figura nella Carta sociale europea riveduta (articolo 21) e nella Carta comunitaria dei diritti sociali fondamentali dei lavoratori (punti 17 e 18). Si applica alle condizioni previste dal diritto dell'Unione e dalle legislazioni nazionali. Il riferimento ai livelli appropriati riguarda i livelli previsti dal diritto dell'Unione o dalle legislazioni e dalle prassi nazionali, il che può includere il livello europeo qualora la normativa dell'Unione lo preveda. L'acquis dell'Unione in questo campo è consistente: articoli 154 e 155 del trattato sul funzionamento dell'Unione europea e direttive 2002/14/CE (quadro generale relativo all'informazione e alla consultazione dei lavoratori, nella Comunità europea), 98/59/CE (licenziamenti collettivi), 2001/23/CE (trasferimenti di imprese) e 94/45/CE (comitato aziendale europeo).

Spiegazione relativa all'articolo 28 – Diritto di negoziazione e di azioni collettive

Questo articolo si basa sull'articolo 6 della Carta sociale europea nonché sulla Carta comunitaria dei diritti sociali fondamentali dei lavoratori (punti da 12 a 14). Il diritto di azione collettiva è stato riconosciuto dalla Corte europea dei diritti dell'uomo come uno degli elementi del diritto sindacale sancito dall'articolo 11 della CEDU. Per quanto riguarda i livelli appropriati ai quali può essere effettuata la negoziazione collettiva, si vedano le spiegazioni fornite per l'articolo precedente. Le modalità e i limiti per l'esercizio delle azioni collettive, ad esempio lo sciopero, sono disciplinate dalle legislazioni e dalle prassi nazionali, come pure il problema di stabilire se possano essere condotte parallelamente in vari Stati membri.

Spiegazione relativa all'articolo 29 – Diritto di accesso ai servizi di collocamento

Questo articolo si basa sull'articolo 1, paragrafo 3 della Carta sociale europea e sul punto 13 della Carta comunitaria dei diritti sociali fondamentali dei lavoratori.

Spiegazione relativa all'articolo 30 – Tutela in caso di licenziamento ingiustificato

Questo articolo si ispira all'articolo 24 della Carta sociale riveduta. Cfr. anche la direttiva 2001/23/CE sul mantenimento dei diritti dei lavoratori in caso di trasferimenti di imprese e la direttiva 80/987/CEE sulla tutela dei lavoratori subordinati in caso di insolvenza del datore di lavoro, modificata dalla direttiva 2002/74/CE.

Spiegazione relativa all'articolo 31 – Condizioni di lavoro giuste ed eque

1. Il paragrafo 1 di questo articolo si basa sulla direttiva 89/391/CEE concernente l'attuazione di misure volte a promuovere il miglioramento della sicurezza e della salute dei lavoratori durante il lavoro. Si ispira anche all'articolo 3 della Carta sociale e al punto 19 della Carta comunitaria dei diritti sociali fondamentali dei lavoratori, nonché, per quanto riguarda il diritto alla dignità sul lavoro, all'articolo 26 della Carta sociale riveduta. L'espressione "condizioni di lavoro" deve essere intesa nel senso dell'articolo 156 del trattato sul funzionamento dell'Unione europea.

2. Il paragrafo 2 si basa sulla direttiva 93/104/CE concernente taluni aspetti dell'organizzazione dell'orario di lavoro, nonché sull'articolo 2 della Carta sociale europea e sul punto 8 della Carta comunitaria dei diritti sociali fondamentali dei lavoratori.

Spiegazione relativa all'articolo 32 – Divieto del lavoro minorile e protezione dei giovani sul luogo di lavoro

Questo articolo si basa sulla direttiva 94/33/CE relativa alla protezione dei giovani sul lavoro, nonché sull'articolo 7 della Carta sociale europea e sui punti da 20 a 23 della Carta comunitaria dei diritti sociali fondamentali dei lavoratori.

Spiegazione relativa all'articolo 33 – Vita familiare e vita professionale

Il paragrafo 1 dell'articolo 33 si basa sull'articolo 16 della Carta sociale europea.

Il paragrafo 2 è ispirato alla direttiva 92/85/CEE del Consiglio concernente l'attuazione di misure volte a promuovere il miglioramento della sicurezza e della salute sul lavoro delle lavoratrici gestanti, puerpere o in periodo di allattamento e alla direttiva 96/34/CE concernente l'accordo quadro sul congedo parentale concluso dall'UNICE, dal CEEP e dalla CES. È basato altresì sull'articolo 8 (protezione della maternità) della Carta sociale europea ed è ispirato all'articolo 27 (diritto dei lavoratori aventi responsabilità familiari alla parità di opportunità e di trattamento) della Carta sociale riveduta. Il termine "maternità" copre il periodo che va dal concepimento all'allattamento.

Spiegazione relativa all'articolo 34 – Sicurezza sociale e assistenza sociale

Il principio enunciato nel paragrafo 1 dell'articolo 34 è basato sugli articoli 153 e 156 del trattato sul funzionamento dell'Unione europea, nonché sull'articolo 12 della Carta sociale europea e sul punto 10 della Carta comunitaria dei diritti sociali fondamentali dei lavoratori. Esso deve essere rispettato dall'Unione quando questa si avvale dei poteri ad essa conferiti dagli articoli 153 e 156 del trattato sul funzionamento dell'Unione europea. Il riferimento ai servizi sociali riguarda i casi in cui siffatti servizi sono stati istituiti per garantire determinate prestazioni, ma non implica in alcun modo che essi debbano essere creati laddove non esistono. Il termine "maternità" deve essere inteso come nell'articolo precedente.

Il paragrafo 2 è basato sull'articolo 12, paragrafo 4 e sull'articolo 13, paragrafo 4 della Carta sociale europea nonché sul punto 2 della Carta comunitaria dei diritti sociali fondamentali dei lavoratori e rispecchia le norme derivanti dal regolamento (CEE) n. 1408/71 e dal regolamento (CEE) n. 1612/68.

Il paragrafo 3 è ispirato all'articolo 13 della Carta sociale europea e agli articoli 30 e 31 della Carta sociale riveduta nonché al punto 10 della Carta comunitaria dei diritti sociali fondamentali dei lavoratori. Esso deve essere rispettato dall'Unione nel quadro delle politiche fondate sull'articolo 153 del trattato sul funzionamento dell'Unione europea.

Spiegazione relativa all'articolo 35 – Protezione della salute

I principi enunciati in questo articolo si basano sull'articolo 152 del trattato CE, ora sostituito dall'articolo 168 del trattato sul funzionamento dell'Unione europea, nonché sugli articoli 11 e 13 della Carta sociale europea. La seconda frase dell'articolo riproduce l'articolo 168, paragrafo 1.

Spiegazione relativa all'articolo 36 – Accesso ai servizi d'interesse economico generale

Questo articolo è perfettamente in linea con l'articolo 14 del trattato sul funzionamento dell'Unione europea e non crea nessun nuovo diritto. Esso si limita a sancire il principio del rispetto da parte dell'Unione dell'accesso ai servizi d'interesse economico generale previsto dalle disposizioni nazionali, a condizione che ciò sia compatibile con il diritto dell'Unione.

Spiegazione relativa all'articolo 37 – Tutela dell'ambiente

I principi contenuti in questo articolo sono stati basati sugli articoli 2, 6 e 174 del trattato CE, che sono stati ora sostituiti dall'articolo 3, paragrafo 3 del trattato sull'Unione europea e dagli articoli 11 e 191 del trattato sul funzionamento dell'Unione europea.

Esso si ispira inoltre alle disposizioni di alcune costituzioni nazionali.

Spiegazione relativa all'articolo 38 – Protezione dei consumatori

Il principio contenuto in questo articolo è stato basato sull'articolo 169 del trattato sul funzionamento dell'Unione europea.

TITOLO V – CITTADINANZA

Spiegazione relativa all'articolo 39 – Diritto di voto e di eleggibilità alle elezioni del Parlamento europeo

L'articolo 39 si applica alle condizioni previste nei trattati, ai sensi dell'articolo 52, paragrafo 2 della Carta. In effetti, il paragrafo 1 dell'articolo 39 corrisponde al diritto garantito all'articolo 20, paragrafo 2 del trattato sul funzionamento dell'Unione europea (cfr. anche la base giuridica all'articolo 22 del trattato sul funzionamento dell'Unione europea per l'adozione delle modalità di esercizio di tale diritto) e il paragrafo 2 di questo articolo all'articolo 14, paragrafo 3 del trattato sull'Unione europea. L'articolo 39, paragrafo 2, riprende i principi di base del sistema elettorale in uno Stato democratico.

Spiegazione relativa all'articolo 40 – Diritto di voto e di eleggibilità alle elezioni comunali

Questo articolo corrisponde al diritto garantito all'articolo 20, paragrafo 2 del trattato sul funzionamento dell'Unione europea (cfr. anche la base giuridica all'articolo 22 del trattato sul funzionamento dell'Unione europea per l'adozione delle modalità di esercizio di tale diritto). Ai sensi dell'articolo 52, paragrafo 2, esso si esercita alle condizioni previste nei trattati.

Spiegazione relativa all'articolo 41 – Diritto ad una buona amministrazione

L'articolo 41 è basato sull'esistenza dell'Unione in quanto comunità di diritto, le cui caratteristiche sono state sviluppate dalla giurisprudenza che ha consacrato segnatamente la buona amministrazione come principio generale di diritto (cfr. tra l'altro, la sentenza della Corte del 31 marzo 1992, causa C-255/90 P, Burban, Racc. 1992, pag. I-2253, e le sentenze del Tribunale di primo grado del 18 settembre 1995, causa T-167/94, Nölle, Racc. 1995, pag. II-2589; del 9 luglio 1999, causa T-231/97, New Europe Consulting e altri, Racc. 1999, pag. II-2403). Le espressioni di questo diritto enunciate nei primi due paragrafi derivano dalla giurisprudenza (cfr. le sentenze della Corte del 15 ottobre 1987, causa 222/86, Heylens, Racc. 1987, pag. 4097, punto 15; del 18 ottobre 1989, causa 374/87, Orkem, Racc. 1989, pag. 3283; del 21 novembre 1991, causa C-269/90, TU München, Racc. 1991, pag. I-5469, e le sentenze del Tribunale di primo grado del 6 dicembre 1994, causa T-450/93, Lisrestal, Racc. 1994, pag. II-1177; del 18 settembre 1995, causa T-167/94, Nölle, Racc. 1995, pag. II-2589) e, per quanto attiene all'obbligo di motivare, dall'articolo 296 del trattato sul funzionamento dell'Unione europea (cfr. anche la base giuridica all'articolo 298 del trattato sul funzionamento dell'Unione europea per l'adozione di norme volte a garantire un'amministrazione europea aperta, efficace ed indipendente).

Il paragrafo 3 riprende il diritto ora garantito all'articolo 340 del trattato sul funzionamento dell'Unione europea. Il paragrafo 4 riprende il diritto ora garantito all'articolo 20, paragrafo 2, lettera d) e all'articolo 25 del trattato sul funzionamento dell'Unione europea. Ai sensi dell'articolo 52, paragrafo 2, questi diritti si applicano alle condizioni e nei limiti definiti dai trattati.

Il diritto a un ricorso effettivo, che costituisce un aspetto importante della questione, è garantito all'articolo 47 della presente Carta.

Spiegazione relativa all'articolo 42 – Diritto d'accesso ai documenti

Il diritto sancito da questo articolo è stato ripreso dall'articolo 255 del trattato CE, in applicazione del quale è stato adottato il regolamento (CE) n. 1049/2001. La Convenzione europea ha esteso tale diritto ai documenti delle istituzioni, degli organi e delle agenzie in generale, indipendentemente dalla forma in cui sono prodotti (v. articolo 15, paragrafo 3 del trattato sul funzionamento dell'Unione europea). Ai sensi dell'articolo 52, paragrafo 2 della Carta, il diritto di accesso ai documenti si esercita alle condizioni e nei limiti definiti all'articolo 15, paragrafo 3 del trattato sul funzionamento dell'Unione europea.

Spiegazione relativa all'articolo 43 – Mediatore europeo

Il diritto sancito da questo articolo è quello garantito agli articoli 20 e 228 del trattato sul funzionamento dell'Unione europea. Ai sensi dell'articolo 52, paragrafo 2 della Carta, esso si esercita alle condizioni previste nei due articoli menzionati.

Spiegazione relativa all'articolo 44 – Diritto di petizione

Il diritto sancito da questo articolo è quello garantito agli articoli 20 e 227 del trattato sul funzionamento dell'Unione europea. Ai sensi dell'articolo 52, paragrafo 2, esso si esercita alle condizioni stabilite nei due articoli menzionati.

Spiegazione relativa all'articolo 45 – Libertà di circolazione e di soggiorno

Il diritto sancito dal paragrafo 1 è quello garantito all'articolo 20, paragrafo 2, lettera a) del trattato sul funzionamento dell'Unione europea (cfr. anche la base giuridica all'articolo 21 e la sentenza della Corte di giustizia, del 17 settembre 2002, causa C-413/99 Baumbast – Racc. 2002, pag. 709). Ai sensi dell'articolo 52, paragrafo 2, esso si esercita alle condizioni e nei limiti definiti nei trattati.

Il paragrafo 2 richiama la competenza attribuita all'Unione dagli articoli 77, 78 e 79 del trattato sul funzionamento dell'Unione europea. Ne consegue che la concessione di questo diritto dipende dall'esercizio di detta competenza da parte delle istituzioni.

Spiegazione relativa all'articolo 46 – Tutela diplomatica e consolare

Il diritto sancito da questo articolo è quello garantito dall'articolo 20 del trattato sul funzionamento dell'Unione europea (cfr. anche la base giuridica all'articolo 23). Conformemente all'articolo 52, paragrafo 2, esso si esercita alle condizioni stabilite in detti articoli.

TITOLO VI – GIUSTIZIA

Spiegazione relativa all'articolo 47 – Diritto a un ricorso effettivo e a un giudice imparziale

Il primo comma si basa sull'articolo 13 della CEDU:

"Ogni persona i cui diritti e le cui libertà riconosciuti nella presente Convenzione siano stati violati, ha diritto ad un ricorso effettivo davanti ad un'istanza nazionale, anche quando la violazione sia stata commessa da persone che agiscono nell'esercizio delle loro funzioni ufficiali.".

Tuttavia, nel diritto dell'Unione, la tutela è più estesa in quanto essa garantisce il diritto a un ricorso effettivo dinanzi a un giudice. La Corte di giustizia ha sancito questo diritto, nella sentenza del 15 maggio 1986, quale principio generale del diritto dell'Unione (causa 222/84, Johnston, Racc. 1986, pag. 1651; cfr. inoltre le sentenze del 15 ottobre 1987, causa 222/86, Heylens, Racc. 1987, pag. 4097 e del 3 dicembre 1992, causa C-97/91, Borelli, Racc. 1992, pag. I-6313). Secondo la Corte, tale principio generale del diritto dell'Unione si applica anche agli Stati membri quando essi applicano il diritto dell'Unione. L'inserimento di questa giurisprudenza nella Carta non era inteso a modificare il sistema di controllo giurisdizionale previsto dai trattati e, in particolare, le norme in materia di ricevibilità per i ricorsi diretti dinanzi alla Corte di giustizia dell'Unione europea. La Convenzione europea ha esaminato il sistema di controllo giurisdizionale dell'Unione, comprese le norme in materia di ricevibilità che ha confermato pur modificandole sotto taluni aspetti (cfr. articoli da 251 a 281 del trattato sul funzionamento dell'Unione europea, in particolare articolo 263, quarto comma). L'articolo 47 si applica nei confronti delle istituzioni dell'Unione e degli Stati membri allorché questi attuano il diritto dell'Unione e ciò vale per tutti i diritti garantiti dal diritto dell'Unione.

Il secondo comma corrisponde all'articolo 6, paragrafo 1 della CEDU che recita:

"Ogni persona ha diritto a che la sua causa sia esaminata equamente, pubblicamente ed entro un termine ragionevole da un tribunale indipendente e imparziale, costituito per legge, il quale sia chiamato a pronunciarsi sulle controversie sui suoi diritti e doveri di carattere civile o sulla fondatezza di ogni accusa penale formulata nei suoi confronti. La sentenza deve essere resa pubblicamente, ma l'accesso alla sala d'udienza può essere vietato alla stampa e al pubblico durante tutto o parte del processo nell'interesse della morale, dell'ordine pubblico o della sicurezza nazionale in una società democratica, quando lo esigono gli interessi dei minori o la protezione della vita privata delle parti in causa, o, nella misura giudicata strettamente necessaria dal tribunale, quando in circostanze speciali la pubblicità possa portare pregiudizio agli interessi della giustizia.".

Nel diritto dell'Unione il diritto a un giudice non si applica solo a controversie relative a diritti e obblighi di carattere civile. È una delle conseguenze del fatto che l'Unione è una comunità di diritto come la Corte ha constatato nella causa 294/83, Parti ecologiste "Les Verts" contro Parlamento europeo (sentenza del 23 aprile 1986, Racc. 1986, pag. 1339). Tuttavia, fatta eccezione per l'ambito di applicazione, le garanzie offerte dalla CEDU si applicano in modo analogo nell'Unione.

Riguardo al terzo comma va rilevato che, in base alla giurisprudenza della Corte europea dei diritti dell'uomo, deve essere accordata un'assistenza legale allorché la mancanza di tale assistenza renderebbe inefficace la garanzia di ricorso effettivo (sentenza CEDH del 9.10.1979, Airey, Serie A, Volume 32, pag. 11). Esiste inoltre un sistema di assistenza legale dinanzi alla Corte di giustizia dell'Unione europea.

Spiegazione relativa all'articolo 48 – Presunzione di innocenza e diritti della difesa

L'articolo 48 corrisponde all'articolo 6, paragrafi 2 e 3 della CEDU che recita:

"2. Ogni persona accusata di un reato è presunta innocente fino a quando la sua colpevolezza non sia stata legalmente accertata.

3. In particolare, ogni accusato ha diritto di:

a) essere informato, nel più breve tempo possibile, in una lingua a lui comprensibile e in modo dettagliato, della natura e dei motivi dell'accusa formulata a suo carico;

b) disporre del tempo e delle facilitazioni necessarie a preparare la sua difesa;

c) difendersi personalmente o avere l'assistenza di un difensore di sua scelta e, se non ha i mezzi per retribuire un difensore, poter essere assistito gratuitamente da un avvocato d'ufficio, quando lo esigono gli interessi della giustizia;

d) esaminare o far esaminare i testimoni a carico ed ottenere la convocazione e l'esame dei testimoni a discarico nelle stesse condizioni dei testimoni a carico;

e) farsi assistere gratuitamente da un interprete se non comprende o non parla la lingua usata in udienza.".

Conformemente all'articolo 52, paragrafo 3, questo diritto ha significato e portata identici al diritto garantito dalla CEDU.

Spiegazione relativa all'articolo 49 – Principi della legalità e della proporzionalità dei reati e delle pene

Questo articolo riprende la regola classica della irretroattività delle leggi e delle pene in materia penale. Vi è stata aggiunta la regola della retroattività della legge penale più mite, esistente in vari Stati membri e che figura nell'articolo 15 del Patto relativo ai diritti civili e politici.

L'articolo 7 della CEDU è redatto come segue:

"1. Nessuno può essere condannato per una azione o una omissione che, al momento in cui è stata commessa, non costituiva reato secondo il diritto interno o internazionale. Parimenti, non può essere inflitta una pena più grave di quella applicabile al momento in cui il reato è stato commesso.

2. Il presente articolo non ostacolerà il giudizio e la condanna di una persona colpevole di una azione o di una omissione che, al momento in cui è stata commessa, costituiva un crimine secondo i principi generali di diritto riconosciuti dalle nazioni civili.".

Si è semplicemente soppresso al paragrafo 2 il termine "civili"; la soppressione non implica nessun cambiamento del senso del paragrafo, che contempla in particolare i crimini contro l'umanità. Conformemente all'articolo 52, paragrafo 3, questo diritto ha significato e portata identici al diritto garantito dalla CEDU.

Il paragrafo 3 riprende il principio generale della proporzionalità dei reati e delle pene sancito dalle tradizioni costituzionali comuni agli Stati membri e dalla giurisprudenza della Corte di giustizia delle Comunità.

Spiegazione relativa all'articolo 50 – Diritto di non essere giudicato o punito due volte per lo stesso reato

L'articolo 4 del protocollo n. 7 della CEDU recita:

"1. Nessuno può essere perseguito o condannato penalmente dalla giurisdizione dello stesso Stato per un reato per il quale è già stato assolto o condannato a seguito di una sentenza definitiva conformemente alla legge ed alla procedura penale di tale Stato.

2. Le disposizioni del paragrafo precedente non impediscono la riapertura del processo, conformemente alla legge ed alla procedura penale dello Stato interessato, se fatti sopravvenuti o nuove rivelazioni o un vizio fondamentale nella procedura antecedente sono in grado di inficiare la sentenza intervenuta.

3. Non è autorizzata alcuna deroga al presente articolo ai sensi dell'articolo 15 della convenzione.".

La regola "ne bis in idem" si applica nel diritto dell'Unione (cfr., in una vasta giurisprudenza, la sentenza del 5 maggio 1966, Gutmann/Commissione, cause 18/65 e 35/65, Racc. 1966, pag. 150 e, per una causa recente, la sentenza del Tribunale di primo grado del 20 aprile 1999, cause riunite T-305/94 e altre, Limburgse Vinyl Maatschappij NV e a./Commissione, Racc. 1999, pag. II-931). Va precisato che la regola che vieta il cumulo si riferisce al cumulo di due sanzioni della stessa natura, nella fattispecie penali.

Ai sensi dell'articolo 50, la regola "ne bis in idem" non si applica solo all'interno della giurisdizione di uno stesso Stato, ma anche tra giurisdizioni di più Stati membri. Ciò corrisponde all'acquis del diritto dell'Unione; cfr. articoli da 54 a 58 della convenzione di applicazione dell'accordo di Schengen, sentenza della Corte di giustizia, dell'11 febbraio 2003, causa C-187/01 Gözütok (Racc. 2003, pag. I-1345), articolo 7 della convenzione relativa alla tutela degli interessi finanziari delle Comunità europee e articolo 10 della convenzione relativa alla lotta contro la corruzione. Le eccezioni, molto limitate, per le quali dette convenzioni consentono agli Stati membri di derogare alla regola "ne bis in idem" sono disciplinate dalla clausola orizzontale dell'articolo 52, paragrafo 1, sulle limitazioni. Per quanto riguarda le situazioni contemplate dall'articolo 4 del protocollo 7, vale a dire l'applicazione del principio all'interno di uno Stato membro, il diritto garantito ha lo stesso significato e la stessa portata del corrispondente diritto sancito dalla CEDU.

TITOLO VII – DISPOSIZIONI GENERALI CHE DISCIPLINANO L'INTERPRETAZIONE E L'APPLICAZIONE DELLA CARTA

Spiegazione relativa all'articolo 51 – Ambito di applicazione

L'articolo 51 è inteso a determinare il campo di applicazione della Carta. Esso mira a stabilire chiaramente che la Carta si applica innanzitutto alle istituzioni e agli organi dell'Unione nel rispetto del principio di sussidiarietà. Questa disposizione è stata formulata fedelmente all'articolo 6, paragrafo 2 del trattato sull'Unione europea, che impone all'Unione di rispettare i diritti fondamentali, nonché al mandato impartito dal Consiglio europeo di Colonia. Il termine "istituzioni" è consacrato nei trattati. L'espressione "organi e agenzie" è abitualmente utilizzata nei trattati per designare tutte le istanze istituite dai trattati o da atti di diritto derivato (cfr., ad es., l'articolo 15 o 16 del trattato sul funzionamento dell'Unione europea).

Per quanto riguarda gli Stati membri, la giurisprudenza della Corte sancisce senza ambiguità che l'obbligo di rispettare i diritti fondamentali definiti nell'ambito dell'Unione vale per gli Stati membri soltanto quando agiscono nell'ambito di applicazione del diritto dell'Unione (sentenza del 13 luglio 1989, Wachauf, causa 5/88, Racc. 1989, pag. 2609; sentenza del 18 giugno 1991, ERT, Racc. 1991, pag. 1-2925; sentenza del 18 dicembre 1997, Annibaldi, causa C-309/96, Racc. 1997, pag. I-7493). La Corte di giustizia ha confermato questa giurisprudenza nei termini seguenti: "Per giunta, occorre ricordare che le esigenze inerenti alla tutela dei diritti fondamentali nell'ordinamento giuridico comunitario vincolano parimenti gli Stati membri quando essi danno esecuzione alle discipline comunitarie…" (sentenza del 13 aprile 2000, causa C-292/97, Racc. 2000, pag. I-2737, punto 37). Ovviamente questa regola, quale sancita nella presente Carta, si applica sia alle autorità centrali sia alle autorità regionali e locali nonché agli enti pubblici quando attuano il diritto dell'Unione.

Il paragrafo 2, assieme alla seconda frase del paragrafo 1, ribadiscono che la Carta non può avere l'effetto di ampliare le competenze e i compiti assegnati all'Unione dai trattati. Lo scopo è quello di citare in modo esplicito quanto deriva logicamente dal principio di sussidiarietà e dal fatto che l'Unione dispone solo di competenze di attribuzione. I diritti fondamentali garantiti nell'Unione producono effetti solo nell'ambito delle competenze determinate dai trattati. Di conseguenza, alle istituzioni dell'Unione può essere imposto l'obbligo, a norma della seconda frase del paragrafo 1, di promuovere i principi sanciti nella Carta soltanto nei limiti di queste stesse competenze.

Anche il paragrafo 2 conferma che la Carta non può avere l'effetto di estendere l'ambito di applicazione del diritto dell'Unione al di là delle competenze dell'Unione stabilite nei trattati. Si tratta di un principio già affermato dalla Corte di giustizia relativamente ai diritti fondamentali riconosciuti come parte integrante del diritto dell'Unione (sentenza del 17 febbraio 1998, C-249/96 Grant, Racc. 1998, pag. I-621, punto 45 della motivazione). Secondo tale principio va da sé che il rinvio alla Carta nell'articolo 6 del trattato sull'Unione europea non può essere inteso come un'estensione automatica della gamma degli interventi degli Stati membri che vanno considerati "attuazione del diritto dell'Unione" (ai sensi del paragrafo 1 e della giurisprudenza citata).

Spiegazione relativa all'articolo 52 – Portata e interpretazione dei diritti e dei principi
L'articolo 52 mira a fissare la portata dei diritti e dei principi della Carta e a definire norme per la loro interpretazione. Il paragrafo 1 tratta del sistema delle limitazioni. La formula usata si ispira alla giurisprudenza della Corte di giustizia: "... secondo una giurisprudenza costante, restrizioni all'esercizio dei diritti fondamentali possono essere operate, in particolare nell'ambito di un'organizzazione comune di mercato, purché tali restrizioni rispondano effettivamente a finalità di interesse generale perseguite dalla Comunità e non si risolvano, considerato lo scopo perseguito, in un intervento sproporzionato ed inammissibile che pregiudicherebbe la stessa sostanza di tali diritti" (sentenza del 13 aprile 2000, causa C-292/97, punto 45 della motivazione). Il riferimento agli interessi generali riconosciuti dall'Unione comprende sia gli obiettivi citati nell'articolo 3 del trattato sull'Unione europea sia altri interessi tutelati da disposizioni specifiche dei trattati come l'articolo 4, paragrafo 1 del trattato sull'Unione europea e gli articoli 35, paragrafo 3, 36 e 346 del trattato sul funzionamento dell'Unione europea.

Il paragrafo 2 fa riferimento a diritti che erano già espressamente garantiti nel trattato che istituisce la Comunità europea e sono stati riconosciuti nella Carta, e che ora figurano nei trattati (segnatamente, i diritti derivanti dalla cittadinanza dell'Unione). Esso chiarisce che tali diritti restano soggetti alle condizioni e ai limiti applicabili al diritto dell'Unione su cui si fondano e che sono fissati nei trattati. La Carta non modifica il sistema dei diritti accordati dal trattato CE e ripresi nei trattati.

Il paragrafo 3 intende assicurare la necessaria coerenza tra la Carta e la CEDU affermando la regola secondo cui, qualora i diritti della presente Carta corrispondano ai diritti garantiti anche dalla CEDU, il loro significato e la loro portata, comprese le limitazioni ammesse, sono identici a quelli della CEDU. Ne consegue in particolare che il legislatore, nel fissare le suddette limitazioni, deve rispettare gli standard stabiliti dal regime particolareggiato delle limitazioni previsto nella CEDU, che è quindi applicabile anche ai diritti contemplati in questo paragrafo, senza che ciò pregiudichi l'autonomia del diritto dell'Unione e della Corte di giustizia dell'Unione europea.

Il riferimento alla CEDU riguarda sia la convenzione che i relativi protocolli. Il significato e la portata dei diritti garantiti sono determinati non solo dal testo di questi strumenti, ma anche dalla giurisprudenza della Corte europea dei diritti dell'uomo e dalla Corte di giustizia dell'Unione europea. L'ultima frase del paragrafo è intesa a consentire all'Unione di garantire una protezione più ampia. La protezione accordata dalla Carta non può comunque in nessun caso situarsi ad un livello inferiore a quello garantito dalla CEDU.

La Carta lascia impregiudicata la possibilità degli Stati membri di ricorrere all'articolo 15 della CEDU, che permette di derogare ai diritti sanciti dalla convenzione in caso di guerra o in caso di altro pericolo pubblico che minacci la vita della nazione, quando agiscono nell'ambito della difesa in caso di guerra o nell'ambito del mantenimento dell'ordine pubblico, conformemente alle responsabilità loro riconosciute all'articolo 4, paragrafo 1 del trattato sull'Unione europea e agli articoli 72 e 347 del trattato sul funzionamento dell'Unione europea.

In appresso è riportato l'elenco dei diritti che, in questa fase e senza che ciò escluda l'evoluzione del diritto, della legislazione e dei trattati, possono essere considerati corrispondenti a quelli della CEDU ai sensi del presente paragrafo. Non sono riportati i diritti che si aggiungono a quelli della CEDU.

1. Articoli della Carta che hanno significato e portata identici agli articoli corrispondenti della CEDU:

– l'articolo 2 corrisponde all'articolo 2 della CEDU
– l'articolo 4 corrisponde all'articolo 3 della CEDU
– l'articolo 5 , paragrafi 1 e 2, corrisponde all'articolo 4 della CEDU
– l'articolo 6 corrisponde all'articolo 5 della CEDU
– l'articolo 7 corrisponde all'articolo 8 della CEDU
– l'articolo 10, paragrafo 1, corrisponde all'articolo 9 della CEDU
– l'articolo 11 corrisponde all'articolo 10 della CEDU, fatte salve le restrizioni che il diritto dell'Unione può apportare alla facoltà degli Stati membri di instaurare i regimi di autorizzazione di cui all'articolo 10, paragrafo 1, terza frase della CEDU
– l'articolo 17 corrisponde all'articolo 1 del protocollo addizionale alla CEDU
– l'articolo 19, paragrafo 1, corrisponde all'articolo 4 del protocollo n. 4
– l'articolo 19, paragrafo 2, corrisponde all'articolo 3 della CEDU nell'interpretazione datagli dalla Corte europea dei diritti dell'uomo
– l'articolo 48 corrisponde all'articolo 6, paragrafi 2 e 3 della CEDU
– l'articolo 49, paragrafi 1 (eccettuata l'ultima frase) e 2 corrisponde all'articolo 7 della CEDU.

2. Articoli della Carta che hanno significato identico agli articoli corrispondenti della CEDU ma la cui portata è più ampia:

– l'articolo 9 copre la sfera dell'articolo 12 della CEDU, ma il suo campo d'applicazione può essere esteso ad altre forme di matrimonio eventualmente istituite dalla legislazione nazionale
– l'articolo 12, paragrafo 1 corrisponde all'articolo 11 della CEDU, ma il suo campo d'applicazione è esteso al livello dell'Unione europea
– l'articolo 14, paragrafo 1, corrisponde all'articolo 2 del protocollo addizionale alla CEDU, ma il suo campo d'applicazione è esteso all'accesso alla formazione professionale e continua
– l'articolo 14, paragrafo 3, corrisponde all'articolo 2 del protocollo addizionale alla CEDU relativamente ai diritti dei genitori
– l'articolo 47, paragrafi 2 e 3, corrisponde all'articolo 6, paragrafo 1, della CEDU, ma la limitazione alle controversie su diritti e obblighi di carattere civile o su accuse in materia penale non si applica al diritto dell'Unione e alla sua attuazione
– l'articolo 50 corrisponde all'articolo 4 del protocollo n. 7 della CEDU, ma la sua portata è estesa al livello dell'Unione europea tra le giurisdizioni degli Stati membri
– infine, nell'ambito di applicazione del diritto dell'Unione, i cittadini dell'Unione europea non possono essere considerati stranieri in forza del divieto di qualsiasi discriminazione basata sulla nazionalità. Pertanto, le limitazioni previste dall'articolo 16 della CEDU riguardo al diritto degli stranieri non sono loro applicabili in questo contesto.

La regola d'interpretazione contenuta nel paragrafo 4 è stata basata sulla formulazione dell'articolo 6, paragrafo 3 del trattato sull'Unione europea e tiene nel debito conto l'approccio alle tradizioni costituzionali comuni seguito dalla Corte di giustizia (ad es., sentenza del 13 dicembre 1979, causa 44/79 Hauer, Racc. 1979, pag. 3727; sentenza del 18 maggio 1982, causa 155/79, AM&S, Racc. 1982, pag. 1575). Secondo tale regola, piuttosto che in un'impostazione rigida basata sul "minimo comun denominatore", i diritti in questione sanciti dalla Carta dovrebbero essere interpretati in modo da offrire un elevato livello di tutela che sia consono al diritto dell'Unione e in armonia con le tradizioni costituzionali comuni.

Il paragrafo 5 chiarisce la distinzione fra "diritti" e "principi" sancita nella Carta. In base a tale distinzione, i diritti soggettivi sono rispettati, mentre i principi sono osservati (articolo 51, paragrafo 1). Ai principi può essere data attuazione tramite atti legislativi o esecutivi (adottati dall'Unione conformemente alle sue competenze e dagli Stati membri unicamente nell'ambito dell'attuazione del diritto dell'Unione); di conseguenza, essi assumono rilevanza per il giudice solo quando tali atti sono interpretati o sottoposti a controllo. Essi non danno tuttavia adito a pretese dirette per azioni positive da parte delle istituzioni dell'Unione o delle autorità degli Stati membri. Ciò è in linea sia con la giurisprudenza della Corte di giustizia (cfr. in particolare la giurisprudenza sul "principio di precauzione" di cui all'articolo 191, paragrafo 2 del trattato sul funzionamento dell'Unione europea: sentenza del TPG dell' 11 settembre 2002, causa T-13/99 Pfizer c. Consiglio, con numerosi rinvii ai precedenti giurisprudenziali e una serie di sentenze sull'articolo 33 (già 39) in merito ai principi della normativa agricola, ad es. sentenza della Corte di giustizia, causa 265/85 Van den Berg, Racc. 1987, pag. 1155: analisi del principio della stabilizzazione del mercato e delle aspettative ragionevoli), sia con l'approccio ai "principi" negli ordinamenti costituzionali degli Stati membri, specialmente nella normativa sociale. A titolo illustrativo si citano come esempi di principi riconosciuti nella Carta gli articoli 25, 26 e 37. In alcuni casi è possibile che un articolo della Carta contenga elementi sia di un diritto sia di un principio, ad es. gli articoli 23, 33 e 34.

Il paragrafo 6 fa riferimento ai diversi articoli della Carta che, nell'ottica della sussidiarietà, rimandano alle legislazioni e prassi nazionali.

Spiegazione relativa all'articolo 53 – Livello di protezione

Questa disposizione mira a salvaguardare il livello di protezione attualmente offerto, nei rispettivi campi d'applicazione, dal diritto dell'Unione, dal diritto degli Stati membri e dal diritto internazionale. Data la sua importanza, viene citata la CEDU.

Spiegazione relativa all'articolo 54 – Divieto dell'abuso di diritto

Questo articolo ricalca l'articolo 17 della CEDU, che recita:

"Nessuna disposizione della presente Convenzione può essere interpretata nel senso di comportare il diritto di uno Stato, un gruppo o un individuo di esercitare un'attività o compiere un atto che miri alla distruzione dei diritti o delle libertà riconosciuti nella presente Convenzione o di imporre a tali diritti e libertà limitazioni più ampie di quelle previste dalla stessa Convenzione.".

11. Trattati sulla stabilità e sul coordinamento delle politiche economiche

11.1. Trattato che istituisce il meccanismo europeo di stabilità (MES) [1]

TRATTATO

CHE ISTITUISCE IL MECCANISMO EUROPEO DI STABILITÀ TRA IL REGNO DEL BELGIO, LA REPUBBLICA FEDERALE DI GERMANIA, LA REPUBBLICA DI ESTONIA, L'IRLANDA, LA REPUBBLICA ELLENICA, IL REGNO DI SPAGNA, LA REPUBBLICA FRANCESE, LA REPUBBLICA ITALIANA, LA REPUBBLICA DI CIPRO, LA REPUBBLICA DI LETTONIA, LA REPUBBLICA DI LITUANIA, IL GRANDUCATO DI LUSSEMBURGO, MALTA, IL REGNO DEI PAESI BASSI, LA REPUBBLICA D'AUSTRIA, LA REPUBBLICA PORTOGHESE, LA REPUBBLICA DI SLOVENIA, LA REPUBBLICA SLOVACCA E LA REPUBBLICA DI FINLANDIA

LE PARTI CONTRAENTI, il Regno del Belgio, la Repubblica federale di Germania, la Repubblica di Estonia, l'Irlanda, la Repubblica ellenica, il Regno di Spagna, la Repubblica francese, la Repubblica italiana, la Repubblica di Cipro, la Repubblica di Lettonia, la Repubblica di Lituania, il Granducato di Lussemburgo, la Repubblica di Malta, il Regno dei Paesi Bassi, la Repubblica d'Austria, la Repubblica portoghese, la Repubblica di Slovenia, la Repubblica slovacca e la Repubblica di Finlandia (nel prosieguo, «gli Stati membri della zona euro» o «i membri del MES»),

DETERMINATE a garantire la stabilità finanziaria della zona euro,

RAMMENTANDO le conclusioni del Consiglio europeo del 25 marzo 2011 relative all'istituzione di un meccanismo europeo di stabilità,

CONSIDERANDO QUANTO SEGUE:

(1) Il 17 dicembre 2010 il Consiglio europeo ha concordato sulla necessità per gli Stati membri della zona euro di istituire un meccanismo permanente di stabilità. Il presente meccanismo europeo di stabilità (MES) assumerà il compito attualmente svolto dal Fondo europeo di stabilità finanziaria (FESF) e dal meccanismo europeo di stabilizzazione finanziaria (EFSM) di fornire, laddove necessario, l'assistenza finanziaria agli Stati membri della zona euro.

(2) Il 25 marzo 2011 il Consiglio europeo ha adottato la decisione 2011/199/UE che modifica l'articolo 136 del trattato sul funzionamento dell'Unione europea relativamente a un meccanismo di stabilità per gli Stati membri la cui moneta è l'euro [2]; a tal fine è stato aggiunto il seguente paragrafo all'articolo 136: «Gli Stati membri la cui moneta è l'euro possono istituire un meccanismo di stabilità da attivare ove indispensabile per salvaguardare la stabilità dell'intera zona euro. La concessione di qualsiasi assistenza finanziaria ne-

---

[1] Il Trattato (definito anche "Trattato MES"), sottoscritto a Bruxelles il 2 febbraio 2012 da diciassette Paesi membri (si tratta dei diciassette Stati membri della zona euro, cui si sono aggiunti la Lettonia e la Lituania, rispettivamente dal 1° gennaio 2014 e dal 1° gennaio 2015), è in vigore dal 27 settembre 2012. Per il nostro Paese cfr. la legge di ratifica ed esecuzione del 23 luglio 2012, n. 116, in suppl. ord. n. 160 alla *G.U.R.I.*, 28 luglio 2012, n. 175. La versione qui riprodotta è quella consolidata, leggibile in *http://www.esm.europa.eu/legal-documents/esm-treaty*.

[2] *G.U.* L 91 del 6 aprile 2011, p. 1.

cessaria nell'ambito del meccanismo sarà soggetta a una rigorosa condizionalità.»[3].

(3) Nell'ottica di migliorare l'efficacia dell'assistenza finanziaria e di prevenire il rischio di contagio finanziario, in data 21 luglio 2011 i capi di Stato o di governo degli Stati membri la cui moneta è l'euro hanno convenuto di «accrescere la flessibilità (del MES) legata a un'adeguata condizionalità».

(4) Il rigoroso rispetto del quadro dell'Unione europea, della sorveglianza macroeconomica integrata, con particolare riguardo al patto di stabilità e crescita, del quadro per gli squilibri macroeconomici e delle regole di governance economica dell'Unione europea, dovrebbe costituire la prima linea di difesa alle crisi di fiducia che possano compromettere la stabilità della zona euro.

(5) Il 9 dicembre 2011 i capi di Stato o di governo degli Stati Membri la cui moneta è l'euro hanno deciso di procedere verso un'unione economica più forte, compresi un nuovo patto di bilancio e un rafforzamento del coordinamento delle politiche economiche da attuare attraverso un accordo internazionale, il trattato sulla stabilità, sul coordinamento e sulla governance nell'unione economica e monetaria («TSCG»)[4]. Il TSCG aiuterà a sviluppare un coordinamento più stretto all'interno della zona euro al fine di garantire una duratura, sana e robusta gestione delle finanze pubbliche affrontando quindi una delle principali fonti di instabilità finanziaria. Il presente trattato e il TSCG sono complementari nel promuovere la responsabilità e la solidarietà di bilancio all'interno dell'Unione economica e monetaria. Viene riconosciuto e accettato che la concessione dell'assistenza finanziaria nell'ambito dei nuovi programmi previsti dal MES sarà subordinata, a decorrere dal 1° marzo 2013, alla ratifica del TSCG da parte del membro MES interessato e, previa scadenza del periodo di recepimento di cui all'articolo 3, paragrafo 2, del TSCG, al rispetto dei requisiti di cui al suddetto articolo.

(6) Considerate le forti interrelazioni all'interno della zona euro, gravi minacce alla stabilità finanziaria degli Stati membri la cui moneta è l'euro possono mettere a rischio la stabilità finanziaria della zona euro nel suo complesso. Il MES può pertanto fornire un sostegno alla stabilità sulla base di condizioni rigorose commisurate allo strumento di assistenza finanziaria scelto, se indispensabile per salvaguardare la stabilità finanziaria della zona euro nel suo complesso e dei suoi Stati membri. Il volume della capacità massima iniziale di finanziamento erogabile dal MES è fissato a 500 000 milioni di EUR, incluso il sostegno in essere alla stabilità del FESF. L'adeguatezza del volume della capacità massima consolidata di finanziamento erogabile dal MES e dal FESF sarà, tuttavia, oggetto di nuova valutazione prima dell'entrata in vigore del presente trattato. Se del caso, esso sarà aumentato dal consiglio dei governatori del MES, a norma dell'articolo 10, previa entrata in vigore del presente trattato.

(7) Tutti gli Stati membri della zona euro diventeranno membri del MES. Per effetto dell'adesione alla zona euro, lo Stato membro dell'Unione europea dovrebbe diventare membro del MES con gli stessi diritti e obblighi delle parti contraenti.

(8) Il MES coopererà strettamente con il Fondo monetario internazionale (FMI) nel fornire un sostegno alla stabilità. La partecipazione attiva del FMI sarà prevista sia a livello tecnico che finanziario. Lo Stato membro della zona euro che richiederà l'assistenza finanziaria dal MES rivolgerà, ove possibile, richiesta analoga al FMI.

(9) Gli Stati membri dell'Unione europea la cui moneta non è l'euro («Stati membri non facenti parte della zona euro») che partecipano su base ad hoc, a fianco del MES, a un'operazione di sostegno alla stabilità prevista a favore di Stati membri della zona euro, saranno invitati a partecipare, in qualità di osservatori, alle riunioni del MES in cui saranno discussi tale sostegno alla stabilità e la relativa sorveglianza. Essi avranno accesso a tutte le informazioni in tempo utile e saranno opportunamente consultati.

---

[3] Per la modifica dell'art. 136 TFUE cfr. retro, par. 2, nota 4 all'art. 136.

[4] Per il testo del Trattato cfr. oltre, par. 11.2.

(10) Il 20 giugno 2011 i rappresentanti dei governi degli Stati membri dell'Unione europea hanno autorizzato le parti contraenti del presente trattato a chiedere alla Commissione europea e alla Banca centrale europea (BCE) di svolgere i compiti previsti dal presente trattato.

(11) Nella dichiarazione del 28 novembre 2010 l'Eurogruppo ha affermato che, al fine di tutelare la liquidità dei mercati, saranno inserite nelle modalità e nelle condizioni di emissione di tutte le nuove obbligazioni emesse dagli Stati della zona euro clausole d'azione collettiva («CACs») identiche e in formato standard. Come richiesto dal Consiglio europeo del 25 marzo 2011, il regime giuridico che disciplina l'inserimento delle CACs nei titoli di Stato della zona euro è stato definito dal comitato economico e finanziario.

(12) In linea con la prassi del FMI, in casi eccezionali si prende in considerazione una forma adeguata e proporzionata di partecipazione del settore privato nei casi in cui il sostegno alla stabilità sia fornito in base a condizioni sotto forma di un programma di aggiustamento macroeconomico.

(13) Parimenti al FMI, il MES fornirà un sostegno alla stabilità ai membri del MES il cui regolare accesso al finanziamento sul mercato risulti o rischi di essere compromesso. Su queste basi i capi di Stato o di governo hanno concordato che i prestiti del MES fruiranno dello status di creditore privilegiato in modo analogo a quelli del FMI, pur accettando che lo status di creditore privilegiato del FMI prevalga su quello del MES. Tale status produrrà i suoi effetti a decorrere dall'entrata in vigore del presente trattato. Nel caso di un'assistenza finanziaria del MES sotto forma di prestiti del MES derivante da un programma europeo di assistenza finanziaria in essere al momento della firma del presente trattato, il MES fruirà della stessa priorità di tutti gli altri prestiti e di tutte le altre obbligazioni del membro del MES beneficiario dell'assistenza, ad eccezione dei prestiti FMI.

(14) Gli Stati membri della zona euro sosterranno l'equivalenza tra lo status di creditore del MES e quello di altri Stati concedenti credito su base bilaterale di concerto con il MES.

(15) Le condizioni per la concessione dei prestiti MES imposte agli Stati membri soggetti ad un programma di aggiustamento macroeconomico, incluse quelle di cui all'articolo 40 del presente trattato, comprendono i costi operativi e di finanziamento del MES e dovrebbero essere conformi alle condizioni per la concessione di cui agli accordi in materia di assistenza finanziaria firmati fra il FESF, l'Irlanda e la Banca centrale d'Irlanda, da un lato, e il FESF, la Repubblica portoghese e la Banca del Portogallo, dall'altro.

(16) Conformemente all'articolo 273 del trattato sul funzionamento dell'Unione europea (TFUE), la Corte di giustizia dell'Unione europea è competente a conoscere di qualsiasi controversia tra le parti contraenti o tra queste e il MES in connessione con l'interpretazione e l'applicazione del presente trattato.

(17) La sorveglianza post-programma sarà effettuata dalla Commissione europea e dal Consiglio dell'Unione europea nel quadro stabilito dagli articoli 121 e 136 del TFUE,

HANNO CONVENUTO QUANTO SEGUE:

CAPO 1 – MEMBRI E FINALITÀ

Articolo 1. Istituzione e membri. – 1. Con il presente trattato le parti contraenti istituiscono tra loro un'istituzione finanziaria internazionale denominata il «meccanismo europeo di stabilità» («MES»).

2. Le parti contraenti sono i membri del MES.

Articolo 2. Nuovi membri. – 1. L'adesione al MES è aperta agli altri Stati membri dell'Unione europea a decorrere dall'entrata in vigore della decisione del Consiglio dell'Unione europea, adottata ai sensi dell'articolo 140, paragrafo 2, del TFUE, che abolisce la loro deroga di adottare l'euro.

2. Ai sensi dell'articolo 44, l'ammissione al MES di nuovi membri avviene con le stesse modalità e condizioni applicate ai membri già effettivi.

3. Il nuovo membro che aderisce al MES dopo la sua istituzione riceverà quote del MES in cambio del proprio apporto di capitale, calcolato conformemente al modello di contribuzione di cui all'articolo 11.

Articolo 3. Obiettivo. – L'obiettivo del MES è quello di mobilizzare risorse finanziarie e fornire un sostegno alla stabilità, secondo condizioni rigorose commisurate allo strumento di assistenza finanziaria scelto, a beneficio dei membri del MES che già si trovino o rischino di trovarsi in gravi problemi finanziari, se indispensabile per salvaguardare la stabilità finanziaria della zona euro nel suo complesso e quella dei suoi Stati membri. A questo scopo è conferito al MES il potere di raccogliere fondi con l'emissione di strumenti finanziari o la conclusione di intese o accordi finanziari o di altro tipo con i propri membri, istituzioni finanziarie o terzi.

CAPO 2 – GOVERNANCE

Articolo 4. Struttura e regole di voto. – 1. Il MES è dotato di un consiglio dei governatori e di un consiglio di amministrazione, nonché di un direttore generale e dell'altro personale ritenuto necessario.

2. Le decisioni del consiglio dei governatori e del consiglio di amministrazione sono adottate di comune accordo, a maggioranza qualificata o a maggioranza semplice, conformemente alle disposizioni del presente trattato. Per tutte le decisioni è necessaria la presenza di un quorum di due terzi dei membri aventi diritto di voto che rappresentino almeno i due terzi dei diritti di voto.

3. L'adozione di una decisione di comune accordo richiede l'unanimità dei membri partecipanti alla votazione. Le astensioni non ostano all'adozione di una decisione di comune accordo.

4. In deroga al paragrafo 3, una procedura di votazione d'urgenza è utilizzata nei casi in cui la Commissione e la BCE concludono che la mancata adozione di una decisione urgente circa la concessione o l'attuazione di un'assistenza finanziaria di cui agli articoli da 13 a 18 minaccerebbe la sostenibilità economica e finanziaria della zona euro. L'adozione di una decisione di comune accordo tra il consiglio dei governatori di cui all'articolo 5, paragrafo 6, lettere e) e f), e il consiglio di amministrazione nel quadro di detta procedura d'urgenza richiede una maggioranza qualificata dell'85% dei voti espressi.

Nei casi in cui si fa ricorso alla procedura d'urgenza di cui al primo comma, viene effettuato un trasferimento dal fondo di riserva e/o dal capitale versato ad un fondo per la riserva di emergenza, al fine di costituire una riserva destinata a coprire i rischi derivanti dal sostegno finanziario concesso secondo detta procedura d'urgenza. Il consiglio dei governatori può decidere di cancellare il fondo per la riserva di emergenza e ritrasferire il suo contenuto al fondo di riserva e/o al capitale versato.

5. L'adozione di una decisione a maggioranza qualificata richiede l'80% dei voti espressi.

6. L'adozione di una decisione a maggioranza semplice richiede la maggioranza dei voti espressi.

7. Il numero dei diritti di voto di ciascun membro del MES, esercitati dalla persona da esso designata o dal rappresentante di quest'ultimo in seno al consiglio dei governatori o al consiglio di amministrazione, è pari al numero di quote assegnate a tale membro a valere sul totale di capitale versato del MES conformemente all'allegato II.

8. In caso di mancato pagamento, da parte di un membro del MES, di una qualsiasi parte dell'importo da esso dovuto a titolo degli obblighi contratti in relazione a quote da versare o a richiami di capitale ai sensi degli articoli 8, 9 e 10, o in relazione al rimborso dell'assistenza finanziaria concessa ai sensi dell'articolo 16 o 17, detto membro del MES non potrà esercitare i propri diritti di voto per l'intera durata di tale inadempienza. Le soglie di voto sono ricalcolate di conseguenza.

Articolo 5. Consiglio dei governatori. – 1. Ogni membro del MES nomina un governatore e un governatore supplente. Tali nomine sono revocabili in qualsiasi momento. Il governatore è un membro del governo di detto membro del MES responsabile delle finanze. Il governatore supplente è pienamente abilitato ad agire a nome del governatore in caso di assenza di quest'ultimo.

2. Il consiglio dei governatori decide o di essere presieduto dal presidente dell'Eurogruppo di cui al protocollo (n. 14) sull'Eurogruppo allegato al trattato sull'Unione europea e al TFUE oppure elegge fra i suoi membri un presidente e un vicepresidente per una durata di due anni. Il presidente e il vicepresidente possono essere rieletti. Una nuova elezione è organizzata senza ritardo se il titolare non esercita più la funzione necessaria per la nomina a governatore.

3. Il membro della Commissione europea responsabile degli affari economici e monetari e il presidente della BCE, nonché il presidente dell'Eurogruppo (se non è il presidente o un governatore), possono partecipare alle riunioni del consiglio dei governatori in qualità di osservatori.

4. Anche i rappresentanti di Stati membri non facenti parte della zona euro che partecipano su base ad hoc, a fianco del MES, a un'operazione di sostegno alla stabilità prestata a Stati membri della zona euro sono invitati a partecipare, in qualità di osservatori, alle riunioni del consiglio dei governatori in cui saranno discusse tale sostegno alla stabilità e la relativa sorveglianza.

5. Il consiglio dei governatori può invitare altre persone a partecipare a determinate riunioni in qualità di osservatori, compresi i rappresentanti di istituzioni o organizzazioni quali il FMI.

6. Il consiglio dei governatori adotta decisioni di comune accordo in merito a quanto segue:

a) la cancellazione del fondo per la riserva di emergenza e il reintegro del suo contenuto al fondo di riserva e/o al capitale versato, a norma dell'articolo 4, paragrafo 4;

b) l'emissione di nuove quote a condizioni diverse da quelle emesse alla pari ai sensi dell'articolo 8, paragrafo 2;

c) la richiesta di capitale ai sensi dell'articolo 9, paragrafo 1;

d) le modifiche dello stock del capitale versato al fine di adeguare il volume della capacità massima di finanziamento del MES ai sensi dell'articolo 10, paragrafo 1;

e) la valutazione dell'opportunità di possibili incrementi del modello di sottoscrizione del capitale della BCE ai sensi dell'articolo 11, paragrafo 3, e le modifiche da apportare all'allegato I ai sensi dell'articolo 11, paragrafo 6;

f) la concessione del sostegno alla stabilità da parte del MES, incluse la politica economica, le condizioni enunciate nel protocollo d'intesa di cui all'articolo 13, paragrafo 3, e la definizione della scelta degli strumenti nonché delle modalità finanziarie e delle condizioni, ai sensi degli articoli da 12 a 18;

g) il mandato alla Commissione europea per negoziare, di concerto con la BCE, le condizioni di politica economica cui è subordinata ogni operazione di assistenza finanziaria, ai sensi dell'articolo 13, paragrafo 3;

h) la modifica della politica e delle linee direttrici per la fissazione dei tassi di interesse dovuti per l'assistenza finanziaria ai sensi dell'articolo 20;

i) la modifica dell'elenco degli strumenti di assistenza finanziaria utilizzabili da parte del MES ai sensi dell'articolo 19;

j) la determinazione delle modalità per il trasferimento dei sostegni concessi dal FESF al MES ai sensi dell'articolo 40;

k) l'approvazione delle domande di adesione al MES presentate da nuovi membri ai sensi dell'articolo 44;

l) gli adeguamenti del presente trattato quale conseguenza derivante dall'adesione di nuovi membri, comprese le modifiche alla ripartizione del capitale tra i membri del MES ed il calcolo di detta ripartizione quale conseguenza derivante dall'adesione di un nuovo membro al MES, ai sensi dell'articolo 44; e

m) la delega al consiglio di amministrazione di compiti elencati nel presente articolo.

7. Il consiglio dei governatori adotta a maggioranza qualificata le decisioni che seguono:

a) fissa le modalità tecniche dettagliate per l'adesione di un nuovo membro al MES ai sensi dell'articolo 44;

b) decide di essere presieduto dal presidente dell'Eurogruppo o elegge, a maggioranza qualificata, il presidente e il vicepresidente del consiglio dei governatori ai sensi del paragrafo 2;

c) redige lo statuto del MES e il regolamento interno del consiglio dei governatori e del consiglio di amministrazione (ivi incluso il diritto di istituire comitati e organi ausiliari) ai sensi del paragrafo 9;

d) compila l'elenco delle attività incompatibili con le funzioni di amministratore o amministratore supplente ai sensi dell'articolo 6, paragrafo 8;

e) nomina il direttore generale e fissa la data di cessazione del suo mandato ai sensi dell'articolo 7;

f) determina altri fondi ai sensi dell'articolo 24;

g) assume decisioni sulle azioni da adottarsi per recuperare l'importo dovuto da un membro del MES ai sensi dell'articolo 25, paragrafi 2 e 3;

h) approva il rendiconto annuale del MES ai sensi dell'articolo 27, paragrafo 1;

i) nomina i membri del collegio dei revisori ai sensi dell'articolo 30, paragrafo 1;

j) approva la nomina dei revisori esterni ai sensi dell'articolo 29;

k) revoca l'immunità del presidente del consiglio dei governatori, di un governatore, di un governatore supplente, di un amministratore, di un amministratore supplente o del direttore generale ai sensi dell'articolo 35, paragrafo 2;

l) stabilisce il regime fiscale applicabile al personale del MES ai sensi dell'articolo 36, paragrafo 5;

m) decide su eventuali controversie ai sensi dell'articolo 37, paragrafo 2; e

n) qualsiasi altra decisione necessaria non espressamente contemplata dal presente trattato.

8. Il presidente convoca e presiede le riunioni del consiglio dei governatori. Il vicepresidente presiede tali riunioni nei casi in cui il presidente non può parteciparvi.

9. Il consiglio dei governatori adotta il proprio regolamento interno e lo statuto del MES,

Articolo 6. Consiglio di amministrazione. – 1. Ogni governatore nomina un amministratore e un amministratore supplente tra persone dotate di elevata competenza in campo economico e finanziario. Tali nomine sono revocabili in qualsiasi momento. L'amministratore supplente è pienamente abilitato ad agire a nome dell'amministratore in caso di assenza di quest'ultimo.

2. Il membro della Commissione europea responsabile degli affari economici e monetari ed il presidente della BCE possono nominare ciascuno un osservatore.

3. I rappresentanti degli Stati membri non facenti parte della zona euro che partecipano su base ad hoc, a fianco del MES, a un'operazione di assistenza finanziaria prestata a Stati membri della zona euro sono altresì invitati a partecipare, in qualità di osservatori, alle riunioni del consiglio di amministrazione in cui saranno discusse tale assistenza finanziaria e la relativa sorveglianza.

4. Il consiglio dei governatori può invitare altre persone, compresi i rappresentanti di istituzioni o organizzazioni, a partecipare a determinate riunioni in qualità di osservatori.

5. Il consiglio di amministrazione adotta le proprie decisioni a maggioranza qualificata, salvo altrimenti disposto nel presente trattato. Le decisioni da assumere sulla base delle com-

petenze delegate dal consiglio dei governatori sono adottate secondo le relative regole di voto di cui all'articolo 5, paragrafi 6 e 7.

6. Fatte salve le competenze del consiglio dei governatori definite all'articolo 5, il consiglio di amministrazione assicura che il MES sia gestito in conformità al presente trattato ed allo statuto del MES adottato dal consiglio dei governatori. Esso adotta le decisioni disposte dal presente trattato o ad esso delegate dal consiglio dei governatori.

7. Qualsiasi vacanza in seno al consiglio di amministrazione è immediatamente coperta ai sensi del paragrafo 1.

8. Il consiglio dei governatori stabilisce quali attività sono incompatibili con le funzioni di amministratore o di amministratore supplente, lo statuto del MES e il regolamento interno del consiglio di amministrazione.

Articolo 7. Direttore generale. – 1. Il direttore generale è nominato dal consiglio dei governatori fra i candidati aventi la nazionalità di un membro del MES, dotati di esperienza internazionale pertinente e di elevato livello di competenza in campo economico e finanziario. Nel corso del suo mandato il direttore generale non può esercitare la funzione di governatore o amministratore, né di governatore supplente o amministratore supplente.

2. Il mandato del direttore generale è di cinque anni ed è rinnovabile una volta. Il direttore generale decade comunque dalle sue funzioni qualora lo decida il consiglio dei governatori.

3. Il direttore generale presiede le riunioni del consiglio di amministrazione e partecipa alle riunioni del consiglio dei governatori.

4. Il direttore generale è il capo del personale del MES. Egli è responsabile dell'organizzazione, della nomina e del licenziamento del personale in conformità allo statuto del personale adottato dal consiglio di amministrazione.

5. Il direttore generale è il rappresentante legale del MES e ne gestisce gli affari correnti sotto la direzione del consiglio di amministrazione.

CAPO 3 – CAPITALE

Articolo 8. Stock di capitale autorizzato. – 1. Lo stock di capitale autorizzato del MES ammonta a 704 798,7 milioni di EUR. Esso è suddiviso in settemilioniquarantasettemilanovecentoottantasette di quote, ciascuna del valore nominale pari a 100 000 EUR, sottoscrivibili in conformità al modello di contribuzione iniziale di cui all'articolo 11 e calcolato nell'allegato I.

2. Lo stock di capitale autorizzato è composto da quote versate e quote richiamabili. Il valore nominale aggregato totale iniziale delle quote versate ammonta a 80 000 milioni di EUR. Le quote di capitale autorizzato inizialmente sottoscritte sono emesse alla pari. Le altre quote sono emesse alla pari, salvo se in particolari circostanze il consiglio dei governatori decida di emetterle a differenti condizioni.

3. Le quote di capitale autorizzato non sono in alcun modo gravate da oneri, pegni ed ipoteche e non sono trasferibili, fatta eccezione per i trasferimenti conseguenti alla rimodulazione del modello di contribuzione di cui all'articolo 11 in misura necessaria a garantire che la ripartizione delle quote corrisponda al modello modificato.

4. I membri del MES si impegnano irrevocabilmente e incondizionatamente a versare la propria quota di capitale autorizzato in conformità al modello di contribuzione di cui all'allegato I. Essi provvedono in tempo utile al versamento delle quote di capitale richiamato secondo le modalità stabilite nel presente trattato.

5. La responsabilità di ciascun membro del MES è in ogni caso limitata alla sua quota di capitale autorizzato al prezzo di emissione determinato. Nessun membro del MES può essere considerato responsabile, in virtù della sua appartenenza al MES, degli obblighi da questi contratti. L'obbligo di un membro del MES di contribuire al capitale autorizzato in conformità al presente trattato non decade allorquando detto membro divenga beneficiario oppure riceva assistenza finanziaria dal MES.

Articolo 9. Richiesta di capitale. – 1. Il consiglio dei governatori può richiedere il versamento in qualsiasi momento del capitale autorizzato non versato e fissare un congruo termine per il relativo pagamento da parte dei membri del MES.

2. Il consiglio di amministrazione può richiedere il versamento del capitale autorizzato non versato mediante una decisione adottata a maggioranza semplice volta a ripristinare il livello del capitale versato ove quest'ultimo, per effetto dell'assorbimento di perdite, sia sceso al di sotto del livello stabilito all'articolo 8, paragrafo 2, da modificarsi da parte del consiglio dei governatori secondo la procedura di cui all'articolo 10, che determina un congruo termine per il relativo pagamento da parte dei membri del MES.

3. Il direttore generale richiede in tempo utile il capitale autorizzato non versato se questo è necessario ad evitare che il MES risulti inadempiente rispetto ai previsti obblighi di pagamento, o di altro tipo, nei confronti dei propri creditori. Il direttore generale informa il consiglio di amministrazione e il consiglio dei governatori di tali richieste. Allorquando sia rilevata un'eventuale carenza di fondi nelle disponibilità del MES, il direttore generale effettua tale(i) richieste(i) [5] di capitale quanto prima possibile al fine di garantire che il MES disponga di fondi sufficienti per onorare la totalità dei pagamenti dovuti ai creditori alla scadenza prevista. I membri del MES si impegnano incondizionatamente e irrevocabilmente a versare il capitale richiesto dal direttore generale ai sensi del presente paragrafo entro sette giorni dal ricevimento della richiesta.

4. Il consiglio di amministrazione adotta le condizioni e le modalità particolareggiate applicabili alle richieste di capitale ai sensi del presente articolo.

Articolo 10. Adeguamenti del capitale autorizzato. – 1. Il consiglio dei governatori riesamina periodicamente e, almeno ogni cinque anni, la capacità massima erogabile e l'adeguatezza del capitale autorizzato del MES. Esso può decidere di adeguare il capitale autorizzato e di modificare di conseguenza l'articolo 8 e l'allegato II. Tale decisione entra in vigore dopo che i membri del MES hanno notificato al depositario l'avvenuto completamento delle procedure nazionali applicabili. Le nuove quote sono assegnate ai membri del MES in conformità al modello di contribuzione di cui all'articolo 11 e all'allegato I.

2. Il consiglio di amministrazione adotta le condizioni e le modalità particolareggiate applicabili agli adeguamenti del capitale effettuati ai sensi del paragrafo 1.

3. Nel caso in cui uno Stato membro dell'Unione europea diventi un nuovo membro del MES, il capitale autorizzato del MES è automaticamente aumentato moltiplicando gli importi pro quota vigenti in detto momento per il rapporto, nell'ambito del modello di contribuzione aggiornato di cui all'articolo 11, e la ponderazione assegnata al nuovo membro del MES e quella assegnata ai membri del MES esistenti.

Articolo 11. Modello di contribuzione. – 1. Per effetto di quanto previsto dai paragrafi 2 e 3, il modello di contribuzione per la sottoscrizione del capitale autorizzato del MES è basato sul modello di sottoscrizione del capitale della BCE da parte delle banche centrali nazionali dei membri del MES ai sensi dell'articolo 29 del protocollo (n. 4) sullo statuto del Sistema europeo di banche centrali e della Banca centrale europea (lo «statuto del SEBC») allegato al trattato sull'Unione europea e al TFUE.

2. Il modello di contribuzione per la sottoscrizione del capitale autorizzato del MES è specificato nell'allegato I.

3. Il modello di contribuzione iniziale per la sottoscrizione del capitale autorizzato del MES è adeguato:

a) quando uno Stato membro dell'Unione europea aderisce come nuovo membro del MES, con conseguente aumento automatico del capitale autorizzato secondo il disposto dell'articolo 10, paragrafo 3, o

---

[5] Anziché "richieste(i)", la versione corretta dovrebbe essere "richiesta(e)".

b) alla scadenza del dodicesimo anno quale termine per la correzione temporanea applicabile a un membro del MES ai sensi dell'articolo 42.

4. Il consiglio dei governatori può decidere di tener conto di eventuali aggiornamenti del modello di sottoscrizione del capitale della BCE di cui al paragrafo 1 quando il modello di contribuzione è aggiornato ai sensi del paragrafo 3 o quando interviene una modifica del capitale autorizzato secondo il disposto dell'articolo 10, paragrafo 1.

5. In caso di modifica del modello di contribuzione per la sottoscrizione del capitale autorizzato del MES, i membri del MES trasferiscono fra di loro il capitale autorizzato nella misura necessaria ad assicurare che la sua distribuzione corrisponda al modello modificato.

6. L'allegato I è modificato su decisione del consiglio dei governatori a seguito di ogni modifica di cui al presente articolo.

7. Il consiglio di amministrazione adotta tutte le altre misure necessarie per l'applicazione del presente articolo.

CAPO 4 – OPERAZIONI

Articolo 12. Principi. – 1. Ove indispensabile per salvaguardare la stabilità finanziaria della zona euro nel suo complesso e dei suoi Stati membri, il MES può fornire a un proprio membro un sostegno alla stabilità, sulla base di condizioni rigorose commisurate allo strumento di assistenza finanziaria scelto. Tali condizioni possono spaziare da un programma di correzioni macroeconomiche al rispetto costante di condizioni di ammissibilità predefinite.

2. Fatto salvo l'articolo 19, il sostegno alla stabilità del MES può essere concesso per mezzo degli strumenti di cui agli articoli da 14 a 18.

3. A partire dal 1 ° gennaio 2013 sono incluse in tutti i titoli di Stato della zona euro di nuova emissione e con scadenza superiore ad un anno clausole d'azione collettiva in un modo che garantisca che il loro impatto giuridico sia identico.

Articolo 13. Procedura per la concessione del sostegno alla stabilità. – 1. Un membro del MES può presentare domanda di sostegno alla stabilità al presidente del consiglio dei governatori. Tale domanda menziona lo strumento finanziario o gli strumenti finanziari da considerare. Una volta ricevuta la domanda, il presidente del consiglio dei governatori assegna alla Commissione europea, di concerto con la BCE, i seguenti compiti:

a) valutare l'esistenza di un rischio per la stabilità finanziaria della zona euro nel suo complesso o dei suoi Stati membri, a meno che la BCE non abbia già presentato un'analisi a norma dell'articolo 18, paragrafo 2;

b) valutare la sostenibilità del debito pubblico. Se opportuno e possibile, tale valutazione dovrà essere effettuata insieme al FMI;

c) valutare le esigenze finanziarie effettive o potenziali del membro del MES interessato.

2. Sulla base della domanda del membro del MES e della valutazione di cui al paragrafo 1, il consiglio dei governatori può decidere di concedere, in linea di principio, il sostegno alla stabilità al membro del MES interessato sotto forma di un dispositivo di assistenza finanziaria.

3. Se è adottata una decisione ai sensi del paragrafo 2, il consiglio dei governatori affida alla Commissione europea – di concerto con la BCE e, laddove possibile, insieme all'FMI – il compito di negoziare con il membro del MES interessato, un protocollo d'intesa che precisi le condizioni contenute nel dispositivo di assistenza finanziaria. Il contenuto del protocollo d'intesa riflette la gravità delle carenze da affrontare e lo strumento di assistenza finanziaria scelto. Il direttore generale del MES prepara nel contempo una proposta di accordo su un dispositivo di assistenza finanziaria contenente le modalità finanziarie e le condizioni e la scelta degli strumenti, che dovrà essere adottata dal consiglio dei governatori.

Il protocollo d'intesa è pienamente conforme alle misure di coordinamento delle politiche economiche previste dal TFUE, in particolare a qualsiasi atto legislativo dell'Unione europea, compresi pareri, avvertimenti, raccomandazioni o decisioni indirizzate al membro del MES interessato.

4. La Commissione europea firma il protocollo d'intesa in nome e per conto del MES, previa verifica del rispetto delle condizioni di cui al paragrafo 3 e approvazione del consiglio dei governatori.

5. Il consiglio di amministrazione approva l'accordo sul dispositivo di assistenza finanziaria che definisce gli aspetti finanziari del sostegno alla stabilità da fornire e, se del caso, le modalità di corresponsione della prima rata dell'assistenza stessa.

6. Il MES istituisce un idoneo sistema di avviso per garantire il tempestivo rimborso degli eventuali importi dovuti dal membro del MES nell'ambito del sostegno alla stabilità.

7. La Commissione europea – di concerto con la BCE e, laddove possibile, insieme al FMI – ha il compito di monitorare il rispetto delle condizioni cui è subordinato il dispositivo di assistenza finanziaria.

Articolo 14. Assistenza finanziaria precauzionale del MES. – 1. Il consiglio dei governatori può decidere di concedere l'assistenza finanziaria precauzionale sotto forma di linea di credito condizionale precauzionale o sotto forma di una linea di credito soggetto a condizioni rafforzate ai sensi dell'articolo 12, paragrafo 1.

2. Le condizioni associate all'assistenza finanziaria precauzionale del MES sono precisate in dettaglio nel protocollo d'intesa, conformemente all'articolo 13, paragrafo 3.

3. Le modalità e le condizioni finanziarie dell'assistenza finanziaria precauzionale del MES sono specificate in un accordo sul dispositivo di assistenza finanziaria precauzionale che deve essere firmato dal direttore generale.

4. Il consiglio di amministrazione adotta direttive particolareggiate inerenti alle modalità di applicazione dell'assistenza finanziaria precauzionale del MES.

5. Il consiglio di amministrazione, su proposta del direttore generale e dopo aver ricevuto una relazione della Commissione europea a norma dell'articolo 13, paragrafo 7, decide di comune accordo in merito al mantenimento della linea di credito.

6. Dopo che un membro del MES abbia già ottenuto fondi una prima volta (per mezzo di un prestito o di un acquisto sul mercato primario), il consiglio di amministrazione decide di comune accordo su proposta del direttore generale e sulla base di una valutazione condotta dalla Commissione europea, di concerto con la BCE, se la linea di credito è ancora adeguata o se sia necessaria un'altra forma di assistenza finanziaria.

Articolo 15. Assistenza finanziaria per la ricapitalizzazione delle istituzioni finanziarie di un membro del MES. – 1. Il consiglio dei governatori può decidere di concedere assistenza finanziaria a un membro del MES ricorrendo a prestiti con l'obiettivo specifico di ricapitalizzare le istituzioni finanziarie dello stesso membro del MES.

2. Le condizioni associate all'assistenza finanziaria per la ricapitalizzazione delle istituzioni finanziarie di un membro del MES sono precisate in dettaglio nel protocollo d'intesa, conformemente all'articolo 13, paragrafo 3.

3. Fatti salvi gli articoli 107 e 108 del TFUE, le modalità e le condizioni finanziarie dell'assistenza finanziaria finalizzata alla ricapitalizzazione delle istituzioni finanziarie di un membro del MES sono specificate in un accordo sul dispositivo di assistenza finanziaria che deve essere firmato dal direttore generale.

4. Il consiglio di amministrazione adotta direttive particolareggiate inerenti alle modalità di applicazione dell'assistenza finanziaria finalizzata alla ricapitalizzazione delle istituzioni finanziarie di un membro del MES.

5. Se del caso, il consiglio di amministrazione, su proposta del direttore generale e dopo aver ricevuto una relazione della Commissione europea conformemente all'articolo 13,

paragrafo 7, decide di comune accordo sul versamento delle rate dell'assistenza finanziaria successive alla prima.

Articolo 16. Prestiti del MES. – 1. Il consiglio dei governatori può decidere di concedere assistenza finanziaria a un membro del MES sotto forma di prestito a norma dell'articolo 12.

2. Le condizioni associate ai prestiti del MES sono contenute in un programma di aggiustamento macroeconomico precisato in dettaglio nel protocollo d'intesa, conformemente all'articolo 13, paragrafo 3.

3. Le modalità e le condizioni finanziarie di ogni prestito del MES sono specificate in un accordo sul dispositivo di assistenza finanziaria che deve essere firmato dal direttore generale.

4. Il consiglio di amministrazione adotta direttive particolareggiate inerenti alle modalità di applicazione dei prestiti del MES.

5. Il consiglio di amministrazione, su proposta del direttore generale e dopo aver ricevuto una relazione dalla Commissione europea conformemente all'articolo 13, paragrafo 7, decide di comune accordo sul versamento delle rate dell'assistenza finanziaria successive alla prima.

Articolo 17. Meccanismo di sostegno al mercato primario. – 1. Al fine di ottimizzare l'efficienza in termini di costi dell'assistenza finanziaria, il consiglio dei governatori può decidere di adottare disposizioni per l'acquisto dei titoli emessi sul mercato primario da un membro del MES ai sensi dell'articolo 12.

2. La condizioni associate al meccanismo di sostegno al mercato primario sono precisate in dettaglio nel protocollo d'intesa, conformemente all'articolo 13, paragrafo 3.

3. Le modalità e le condizioni finanziarie per l'acquisto dei titoli sono specificate in un accordo sul dispositivo di assistenza finanziaria che deve essere firmato dal direttore generale.

4. Il consiglio di amministrazione adotta direttive particolareggiate inerenti alle modalità di applicazione del meccanismo di sostegno nel mercato primario.

5. Il consiglio di amministrazione, su proposta del direttore generale e dopo aver ricevuto una relazione dalla Commissione europea conformemente all'articolo 13, paragrafo 7, decide di comune accordo sul versamento dell'assistenza finanziaria ad uno Stato membro beneficiario per mezzo di operazioni sul mercato primario.

Articolo 18. Meccanismo di sostegno al mercato secondario. – 1. Il consiglio dei governatori può decidere di adottare disposizioni per effettuare operazioni sui mercati secondari in relazione alle obbligazioni di un membro del MES conformemente all'articolo 12, paragrafo 1.

2. Le decisioni relative agli interventi sul mercato secondario finalizzati a contrastare il contagio finanziario sono prese in base a un'analisi della BCE che riconosca l'esistenza di circostanze eccezionali sui mercati finanziari e di rischi che minacciano la stabilità finanziaria.

3. Le condizioni associate al meccanismo di sostegno al mercato secondario sono precisate in dettaglio nel protocollo d'intesa, conformemente all'articolo 13, paragrafo 3.

4. Le modalità e le condizioni finanziarie relative alle operazioni sul mercato secondario sono specificate in un accordo sul dispositivo di assistenza finanziaria che deve essere firmato dal direttore generale.

5. Il consiglio di amministrazione adotta direttive particolareggiate inerenti alle modalità di applicazione del meccanismo di sostegno nel mercato secondario.

6. Il consiglio di amministrazione, su proposta del direttore generale, decide l'avvio di operazioni sul mercato secondario di comune accordo.

Articolo 19. Revisione dell'elenco degli strumenti di assistenza finanziaria. – Il consiglio dei governatori può rivedere l'elenco degli strumenti di assistenza finanziaria di cui agli articoli da 14 a 18 e decidere di modificarlo.

Articolo 20. Politica di fissazione dei tassi di interesse. – 1. Nel concedere un sostegno alla stabilità, il MES persegue la completa copertura dei costi operativi e di finanziamento e vi include un margine adeguato.

2. Per ogni tipo di strumento di assistenza finanziaria, i costi sono specificati nelle linee direttrici sui tassi di interesse, che sono adottate dal consiglio dei governatori.

3. La politica di fissazione dei tassi di interesse può essere rivista dal consiglio dei governatori.

Articolo 21. Operazioni di assunzione di prestiti. – 1. Nella realizzazione del suo obiettivo il MES è autorizzato ad indebitarsi sui mercati dei capitali con banche, istituzioni finanziarie o altri soggetti o istituzioni.

2. Le modalità delle operazioni di indebitamento sono definite dal direttore generale sulla base delle direttive particolareggiate adottate dal consiglio di amministrazione.

3. Il MES si avvale di strumenti idonei alla gestione del rischio, che sono periodicamente riesaminati dal consiglio di amministrazione.

CAPO 5 – GESTIONE FINANZIARIA

Articolo 22. Politica di investimento. – 1. Il direttore generale attua una politica di investimento del MES improntata al principio di prudenza atta a garantire la sua massima affidabilità creditizia, conformemente alle direttive adottate dal consiglio di amministrazione e da questo periodicamente riesaminate. Il MES è autorizzato ad utilizzare parte dei profitti rivenienti dai suoi investimenti per la copertura dei propri costi operativi ed amministrativi.

2. La gestione del MES deve essere conforme ai principi della buona gestione delle finanze e dei rischi.

Articolo 23. Politica in materia di dividendi. – 1. Il consiglio di amministrazione può decidere, a maggioranza semplice, di distribuire un dividendo ai membri del MES ove l'ammontare del capitale versato e del fondo di riserva superino il livello determinato per garantire la capacità di erogazione dei prestiti del MES e allorquando i profitti dell'investimento non siano necessari per sopperire alla carenza di fondi per rimborsare i creditori. I dividendi sono distribuiti in proporzione agli apporti di capitale, tenendo in considerazione l'eventualità di pagamento accelerato di cui all'articolo 41, paragrafo 3.

2. Fintanto che il MES non abbia prestato assistenza finanziaria a uno dei suoi membri, i profitti rivenienti dall'investimento del capitale versato del MES sono restituiti ai suoi membri in proporzione ai rispettivi apporti di capitale, previa detrazione dei costi operativi, a condizione che la capacità di erogare prestiti determinata sia effettivamente pienamente disponibile.

3. Il direttore generale attua la politica in materia di dividendi per il MES conformemente alle direttive adottate dal consiglio di amministrazione.

Articolo 24. Riserva e altri fondi. – 1. Il consiglio dei governatori istituisce un fondo di riserva e, se del caso, altri fondi.

2. Fatto salvo l'articolo 23, i ricavi netti generati dalle operazioni del MES ed i proventi rivenienti dalle sanzioni finanziarie irrogate ai membri del MES nell'ambito della procedura di sorveglianza multilaterale, della procedura per i disavanzi eccessivi e della procedura per gli squilibri macroeconomici istituite dal TFUE sono accantonati in un fondo di riserva.

3. Le risorse del fondo di riserva sono investite conformemente alle direttive adottate dal consiglio di amministrazione.

4. Il consiglio di amministrazione adotta le disposizioni eventualmente necessarie per l'istituzione, l'amministrazione e l'utilizzo di altri fondi.

Articolo 25. Copertura delle perdite. – 1. Le perdite derivanti dalle operazioni del MES sono imputate:

a) in primo luogo, in conto al fondo di riserva,

b) in secondo luogo, in conto al capitale versato e

c) infine, in conto ad un adeguato importo di capitale autorizzato non versato, richiesto ai sensi dell'articolo 9, paragrafo 3.

2. Se un membro del MES non procede al pagamento da esso dovuto nell'ambito di una richiesta di capitale effettuato ai sensi dell'articolo 9, paragrafi 2 e 3, una nuova richiesta di capitale, incrementato, è indirizzata a tutti i membri del MES al fine di garantire che il MES riceva l'importo totale del capitale versato necessario. Il consiglio dei governatori assume opportuni provvedimenti tesi a garantire che il membro del MES interessato saldi il proprio debito nei confronti del MES entro un termine ragionevole. Il consiglio dei governatori è autorizzato a richiedere il pagamento di interessi di mora sull'importo dovuto.

3. Quando un membro del MES salda il proprio debito al MES ai sensi del paragrafo 2, il capitale eccedente è rimborsato agli altri membri del MES secondo le regole adottate dal consiglio dei governatori.

Articolo 26. Bilancio di previsione. – Il consiglio di amministrazione approva ogni anno il bilancio di previsione del MES.

Articolo 27. Conti annuali. – 1. Il consiglio dei governatori approva i conti annuali del MES.

2. Il MES pubblica una relazione annuale contenente i conti annuali sottoposti a revisione e distribuisce ai suoi membri un rendiconto trimestrale della sua posizione finanziaria e un conto profitti e perdite che illustri i risultati delle proprie operazioni.

Articolo 28. Revisione interna. – È istituita una funzione di revisione interna conforme agli standard internazionali.

Articolo 29. Revisione esterna. – I conti del MES sono oggetto di revisione da parte di revisori esterni indipendenti approvati dal consiglio dei governatori e responsabili della certificazione dei bilanci annuali. I revisori esterni hanno pieno diritto di prendere in esame tutti i libri contabili e i conti del MES e ottengono informazioni complete sulle sue transazioni.

Articolo 30. Collegio dei revisori. – 1. Il collegio dei revisori è composto da cinque membri nominati dal consiglio dei governatori sulla base della loro competenza in materia di revisione e gestione finanziaria e comprende due membri delle istituzioni supreme di controllo dei conti dei membri del MES a rotazione, nonché un membro della Corte dei conti europea.

2. I membri del collegio dei revisori sono indipendenti. Essi non chiedono né accettano istruzioni dagli organi direttivi del MES, dai membri del MES o da altri organismi pubblici o privati.

3. Il collegio dei revisori redige revisioni indipendenti. Lo stesso controlla i conti del MES e verifica la regolarità dei conti operativi e del bilancio di esercizio. Esso ha pieno accesso a tutti i documenti del MES necessari per l'espletamento delle sue funzioni.

4. Il collegio dei revisori può in ogni momento informare il consiglio d'amministrazio-

ne degli esiti della sua revisione. Su base annuale, trasmette una relazione al consiglio dei governatori.

5. Il consiglio dei governatori mette la relazione annuale a disposizione dei parlamenti nazionali e delle istituzioni supreme in materia di controllo dei membri del MES e della Corte dei conti europea.

6. Le materie relative al presente articolo sono precisate nello statuto del MES.

CAPO 6 – DISPOSIZIONI GENERALI

Articolo 31. Sede. – 1. Il MES ha la propria sede e i propri uffici principali a Lussemburgo.

2. Il MES può istituire un ufficio di collegamento a Bruxelles.

Articolo 32. Status giuridico, privilegi e immunità. – 1. Al fine di consentire al MES di realizzare il suo obiettivo, allo stesso sono conferiti nel territorio di ogni suo membro lo status giuridico ed i privilegi e le immunità definiti nel presente articolo. Il MES si adopera per ottenere il riconoscimento del proprio status giuridico e dei propri privilegi e delle proprie immunità negli altri territori in cui opera o detiene attività.

2. Il MES è dotato di piena personalità giuridica e ha piena capacità giuridica per:

a) acquisire e alienare beni mobili e immobili;

b) stipulare contratti;

c) convenire in giudizio; e

d) concludere un accordo e/o i protocolli eventualmente necessari per garantire che il suo status giuridico e i suoi privilegi e le sue immunità siano riconosciuti e che siano efficaci.

3. I beni, le disponibilità e le proprietà del MES, ovunque si trovino e da chiunque siano detenute, godono dell'immunità da ogni forma di giurisdizione, salvo qualora il MES rinunci espressamente alla propria immunità in pendenza di determinati procedimenti o in forza dei termini contrattuali, compresa la documentazione inerente gli strumenti di debito.

4. I beni, le disponibilità e le proprietà del MES, ovunque si trovino e da chiunque siano detenute, non possono essere oggetto di perquisizione, sequestro, confisca, esproprio e di qualsiasi altra forma di sequestro o pignoramento derivanti da azioni esecutive, giudiziarie, amministrative o normative.

5. Gli archivi del MES e tutti i documenti appartenenti al MES o da esso detenuti sono inviolabili.

6. I locali del MES sono inviolabili.

7. I membri del MES e gli Stati che ne hanno riconosciuto lo status giuridico e i privilegi e le immunità riservano alle comunicazioni ufficiali del MES lo stesso trattamento riservato alle comunicazioni ufficiali di un membro del MES.

8. Nella misura necessaria allo svolgimento delle attività previste dal presente trattato, tutti i beni, le disponibilità e le proprietà del MES sono esenti da restrizioni, regolamentazioni, controlli e moratorie di ogni genere.

9. Il MES è esente da obblighi di autorizzazione o di licenza applicabili agli enti creditizi, ai prestatori di servizi di investimento o ad altre entità soggette ad autorizzazione o licenza o regolamentate secondo la legislazione applicabile in ciascuno dei suoi membri.

Articolo 33. Personale del MES. – Il consiglio di amministrazione definisce il regime applicabile al direttore generale e al personale del MES.

Articolo 34. Segreto professionale. – I membri o gli ex membri del consiglio dei governatori e del consiglio di amministrazione e il personale che lavora, o ha lavorato, per o in rapporto con il MES sono tenuti a non rivelare le informazioni protette dal segreto professionale. Essi sono tenuti, anche dopo la cessazione delle loro funzioni, a non divulgare informazioni che per loro natura sono protette dal segreto professionale.

Articolo 35. Immunità delle persone. – 1. Nell'interesse del MES, il presidente del consiglio dei governatori, i governatori e i governatori supplenti, gli amministratori, gli amministratori supplenti, nonché il direttore generale e gli altri membri del personale godono dell'immunità di giurisdizione per gli atti da loro compiuti nell'esercizio ufficiale delle loro funzioni e godono dell'inviolabilità per tutti gli atti scritti e documenti ufficiali redatti.

2. Il consiglio dei governatori può rinunciare, nella misura e alle condizioni da esso stabilite, alle immunità conferite ai sensi del presente articolo riguardo al presidente del consiglio dei governatori, a un governatore, a un governatore supplente, a un amministratore, a un amministratore supplente o al direttore generale.

3. Il direttore generale può revocare l'immunità di qualsiasi membro del personale del MES, eccetto se stesso.

4. Ogni membro del MES senza indugio traspone nella propria legislazione le disposizioni necessarie per dare effetto al presente articolo dandone informativa al MES.

Articolo 36. Esenzione fiscale. – 1. Nell'ambito delle sue attività istituzionali, il MES, i suoi attivi, le sue entrate, i suoi beni nonché le operazioni e transazioni autorizzate dal presente trattato sono esenti da qualsiasi imposta diretta.

2. I membri del MES adottano, se del caso, le opportune disposizioni per condonare o rimborsare l'importo delle imposte indirette o delle imposte sulle vendite applicate a valere sui prezzi dei beni immobili o mobili, allorquando il MES, ai propri fini istituzionali, abbia effettuato acquisti considerevoli, il cui prezzo sia comprensivo di dette imposte.

3. Nessuna esenzione è concessa per quanto riguarda tasse e diritti dovuti per mera remunerazione di servizi di pubblica utilità.

4. I beni importati dal MES necessari all'assolvimento delle sue funzioni istituzionali sono esenti da ogni dazio e imposta all'importazione e da ogni divieto e restrizione all'importazione.

5. Il personale del MES è soggetto, a beneficio di quest'ultimo, all'applicazione di un'imposta interna a valere sugli stipendi e sugli emolumenti corrisposti dal MES, conformemente alle regole adottate dal consiglio dei governatori. A decorrere dalla data in cui tale imposta è applicata, detti salari e emolumenti sono esenti dall'imposta nazionale sul reddito.

6. Nessuna imposta di qualsivoglia natura è applicata a chiunque li detenga sulle obbligazioni o sui titoli emessi dal MES, compresi i relativi interessi o dividendi:

a) se discrimina tali obbligazioni o titoli unicamente a motivo della loro origine, oppure

b) se l'unico fondamento giuridico di tale imposta è il luogo o la valuta in cui è stata emessa, resa esigibile o pagata, o l'ubicazione di un ufficio o di un luogo di attività del MES.

Articolo 37. Interpretazione e composizione delle controversie. – 1. Qualsiasi questione connessa all'interpretazione o all'applicazione delle disposizioni del presente trattato e dello statuto del MES che insorga tra il MES e uno dei suoi membri, o tra i membri del MES, è sottoposta alla decisione del consiglio di amministrazione.

2. Il consiglio dei governatori decide su qualsiasi controversia tra il MES e i suoi membri, o tra i membri del MES, in relazione all'interpretazione e all'applicazione del presente trattato, compresa qualsiasi controversia sulla compatibilità delle decisioni adottate dal MES con il presente trattato. Il voto del membro o dei membri del consiglio dei governatori appartenente o appartenenti al membro o ai membri del MES coinvolti è sospeso quando il consiglio dei governatori vota su tale decisione e la soglia di voto per l'adozione della decisione è ricalcolata di conseguenza.

3. Se un membro del MES contesta la decisione di cui al paragrafo 2, la controversia è sottoposta alla Corte di giustizia dell'Unione europea. La sentenza della Corte di giustizia dell'Unione europea è vincolante per le parti in causa, che adottano le necessarie misure per conformarvisi entro il periodo stabilito dalla Corte.

Articolo 38. Cooperazione internazionale. – Ai fini del perseguimento dei suoi obiettivi il MES è autorizzato a cooperare, nell'ambito del presente trattato, con il FMI, con qualsiasi paese che fornisca assistenza finanziaria a un membro del MES su base ad hoc e con qualsiasi organizzazione o entità internazionale dotata di competenze specialistiche in settori correlati.

CAPO 7 – DISPOSIZIONI TRANSITORIE

Articolo 39. Attinenza con i finanziamenti del FESF. – Nella fase transitoria compresa tra l'entrata in vigore del presente trattato e la definitiva estinzione del FESF, la capacità di concedere prestiti consolidata tra il FESF e il MES non supera i 500 000 milioni di EUR, fatta salva al revisione periodica dell'adeguata capacità dell'ammontare massimo di cui all'articolo 10. Il consiglio di amministrazione adotta direttive particolareggiate per calcolare la capacità d'impegno futura, al fine di garantire che non venga eluso il massimale di prestito consolidato.

Articolo 40. Trasferimento dei sostegni concessi dal FESF. – 1. In deroga all'articolo 13, il consiglio dei governatori può decidere che gli impegni del FESF a fornire assistenza finanziaria ad un membro del MES in forza di un accordo stipulato con tale membro siano assunti dal MES, posto che detti impegni riguardino quote di crediti non erogate e non finanziate.

2. Il MES può, se autorizzato dal consiglio dei governatori, acquisire i diritti e assumere gli obblighi del FESF, derivanti, in tutto o in parte, dai diritti o dagli obblighi esistenti o nell'ambito di crediti esistenti.

3. Il consiglio dei governatori adotta le regole di dettaglio necessarie a dare efficacia al trasferimento degli obblighi dal FESF al MES come disciplinato dal paragrafo 1 ed a ciascun trasferimento di diritti ed obblighi come previsto al paragrafo 2.

Articolo 41. Versamento del capitale iniziale. – 1. Fatto salvo quanto previsto dal paragrafo 2, il versamento delle quote da corrispondere in conto del capitale inizialmente sottoscritto da ciascun membro del MES è effettuato in cinque rate annuali, ciascuna pari al 20% dell'importo totale. La prima rata è versata da ciascun membro del MES entro quindici giorni dalla data di entrata in vigore del presente trattato. Le restanti quattro rate sono corrisposte rispettivamente alla prima, seconda, terza e quarta data coincidenti con la data di pagamento della prima rata.

2. Nel corso del quinquennio durante il quale è effettuato il versamento delle rate di capitale, i membri del MES accelerano il versamento delle quote, in congruo anticipo rispetto alla data di emissione, allo scopo di conservare il rapporto minimo pari al 15% tra il capitale versato e l'importo in essere delle emissioni del MES e garantiscono una capacità minima di erogazione congiunta del MES e del FESF di 500 000 milioni di EUR.

3. Un membro del MES può decidere di accelerare il versamento della sua quota di capitale.

Articolo 42. Correzione temporanea del modello di contribuzione. – 1. In fase di avvio i membri del MES sottoscrivono il capitale autorizzato sulla base del modello di contribuzione descritto nell'allegato I. La correzione temporanea prevista nel modello iniziale di contribuzione si applica per un periodo di dodici anni successivo alla data di adozione dell'euro da parte del membro considerato del MES.

2. Se, nell'anno immediatamente precedente l'adesione, il prodotto interno lordo (PIL) pro capite, a prezzi di mercato in euro, nell'anno immediatamente precedente l'adesione di un nuovo membro del MES è inferiore al 75% della media del PIL dell'Unione europea, a prezzi di mercato, il contributo per la sottoscrizione del capitale autorizzato del MES, stabilito ai sensi dell'articolo 10, beneficia di una correzione temporanea e corrisponde alla somma:

a) del 25% della quota percentuale detenuta dalla banca centrale nazionale di tale membro del MES investita nel capitale della BCE, determinata ai sensi dell'articolo 29 dello statuto del SEBC; e

b) del 75% della quota percentuale del reddito nazionale lordo (RNL) della zona euro, a prezzi di mercato in euro, di detto membro del MES riferita all'anno immediatamente precedente la sua adesione al MES.

Le percentuali di cui alle lettere a) e b) sono arrotondate per eccesso o per difetto al più vicino multiplo di 0,0001%. I dati statistici sono quelli pubblicati da Eurostat.

3. La correzione temporanea di cui al paragrafo 2 si applica per un periodo di dodici anni dalla data di adozione dell'euro da parte del membro del MES in questione.

4. A seguito della correzione temporanea del modello di contribuzione, la corretta allocazione delle quote assegnate al suddetto membro del MES ai sensi del paragrafo 2 è ridistribuita tra i membri del MES che non beneficiano di una correzione temporanea sulla base della loro partecipazione alla BCE, determinata ai sensi dell'articolo 29 dello statuto del SEBC, in vigore immediatamente prima del conferimento delle quote al nuovo membro aderente al MES.

Articolo 43. Prime nomine. – 1. Ciascun membro del MES nomina i rispettivi governatori e governatori supplenti entro due settimane dall'entrata in vigore del presente trattato.

2. Il consiglio dei governatori nomina il direttore generale e ciascun governatore nomina un amministratore e un amministratore supplente entro due mesi dall'entrata in vigore del presente trattato.

CAPO 8 – DISPOSIZIONI FINALI

Articolo 44. Adesione. – Il presente trattato è aperto all'adesione di altri Stati membri dell'Unione europea ai sensi dell'articolo 2, previa domanda di adesione presentata al MES da ciascun Stato membro dell'Unione europea successivamente all'adozione, da parte del Consiglio dell'Unione europea, della decisione che sussume l'abrogazione della deroga all'adesione all'euro come previsto dall'articolo 140, paragrafo 2, del TFUE. Il consiglio dei governatori approva la domanda di adesione del nuovo membro del MES ed i relativi termini tecnici di dettaglio, nonché le modifiche da apportare al presente trattato quale immediata conseguenza dell'adesione. Una volta approvata la domanda di adesione da parte del consiglio dei governatori, l'adesione di nuovi membri del MES è effettiva a seguito dell'avvenuto deposito degli strumenti di adesione presso il depositario, che ne dà notifica agli altri membri del MES.

Articolo 45. Allegati. – I seguenti allegati formano parte integrante del presente trattato:

1) Allegato I: Modello di contribuzione del MES; e

2) Allegato II: Quote di sottoscrizione del capitale autorizzato.

Articolo 46. Deposito. – Il presente trattato è depositato presso il segretariato generale del Consiglio dell'Unione europea («il depositario»), il quale trasmette copie certificate a tutti i firmatari.

Articolo 47. Ratifica, approvazione o accettazione. – 1. Il presente trattato è soggetto a ratifica, approvazione o accettazione da parte dei firmatari. Gli strumenti di ratifica, approvazione o accettazione sono depositati presso il depositario.

2. Il depositario notifica agli altri firmatari ogni deposito e la relativa data.

Articolo 48. Entrata in vigore. – 1. Il presente trattato entra in vigore alla data di deposito degli strumenti di ratifica, approvazione o accettazione da parte di firmatari le cui sottoscrizioni iniziali rappresentino non meno del 90% delle sottoscrizioni totali di cui all'allegato II. Se del caso, l'elenco dei membri del MES è opportunamente adeguato; in questo caso il modello definito di cui all'allegato I viene ricalcolato; sono ridotti di conseguenza il capitale autorizzato totale di cui all'articolo 8, paragrafo 1, e di cui all'allegato II, nonché il valore nominale aggregato totale iniziale delle quote versate di cui all'articolo 8, paragrafo 2.

2. Per ciascuno dei firmatari che depositeranno successivamente il loro strumento di ratifica, approvazione o accettazione, il presente trattato entra in vigore il giorno successivo al deposito.

3. Per ciascuno Stato che aderisce al presente trattato ai sensi dell'articolo 44, il presente trattato entra in vigore il ventesimo giorno successivo al deposito dei propri strumenti di adesione.

Fatto a Bruxelles, addì due febbraio duemiladodici in un unico esemplare, i cui testi in lingua estone, finlandese, francese, greca, inglese, irlandese, italiana, maltese, neerlandese, portoghese, slovacca, slovena, spagnola, svedese e tedesca fanno ugualmente fede, e che sarà depositato negli archivi del depositario, il quale ne trasmetterà copie debitamente certificate a ciascuna delle parti contraenti.

All'atto dell'adesione della Repubblica di Lettonia, il testo in lingua lettone fa ugualmente fede e sarà depositato negli archivi del depositario, il quale ne trasmetterà una copia debitamente certificata a ciascuna delle parti contraenti.

All'atto dell'adesione della Repubblica di Lituania, il testo in lingua lituana fa ugualmente fede e sarà depositato negli archivi del depositario, il quale ne trasmetterà una copia debitamente certificata a ciascuna delle parti contraenti.

ALLEGATO I. *Modello di contribuzione del MES*[6]

Membro MES	*Contributo al MES (%)*
Regno del Belgio	3,4513
Repubblica federale di Germania	26,9449
Repubblica di Estonia	0,1847
Irlanda	1,5804
Repubblica ellenica	2,7957
Regno di Spagna	11,8153
Repubblica francese	20,2346
Repubblica italiana	17,7807
Repubblica di Cipro	0,1948
Repubblica di Lettonia	0,2746
Repubblica di Lituania	0,4063
Granducato di Lussemburgo	0,2486
Malta	0,0899
Regno dei Paesi Bassi	5,6746
Repubblica d'Austria	2,7627
Repubblica portoghese	2,4906
Repubblica di Slovenia	0,4678
Repubblica slovacca	0,8184
Repubblica di Finlandia	1,7841
Totale	100,0

[6] Testo emendato, in vigore dal 15 gennaio 2020, come risulta dalla versione inglese del Trattato (non risulta dalle versioni in lingue diverse) leggibile nel sito cit. alla nota 1.

ALLEGATO II. *Sottoscrizioni del capitale autorizzato*[7]

Membro MES	*Numero di quote*	*Sottoscrizione di capitale(EUR)*
Regno del Belgio	243 244	24 324 400 000
Repubblica federale di Germania	1 899 071	189 907 100
Repubblica di Estonia	13 020	1 302 000 000
Irlanda	111 383	11 138 300 000
Repubblica ellenica	197 044	19 704 400 000
Regno di Spagna	832 743	83 274 300 000
Repubblica francese	1 426 131	142 613 100 000
Repubblica italiana	1 253 184	125 318 400 000
Repubblica di Cipro	13 734	1 373 400 000
Repubblica di Lettonia	19 353	1 935 300 000
Repubblica di Lituania	28 634	2 863 400 000
Granducato di Lussemburgo	17 519	1 751 900 000
Malta	6 338	633 800 000
Regno dei Paesi Bassi	399 945	39 994 500 000
Repubblica d'Austria	194 718	19 471 800 000
Repubblica portoghese	175 534	17 553 400 000
Repubblica di Slovenia	32 973	3 297 300 000
Repubblica slovacca	57 680	5 768 000 000
Repubblica di Finlandia	125 744	12 574 400 000
Totale	7 047 987	704 798 700 000

11.2. Trattato sulla stabilità, sul coordinamento e sulla *governance* (c.d. *fiscal compact*)[8]

TRATTATO TRA

IL REGNO DEL BELGIO, LA REPUBBLICA DI BULGARIA, IL REGNO DI DANIMARCA, LA REPUBBLICA FEDERALE DI GERMANIA, LA REPUBBLICA DI ESTONIA, L'IRLANDA, LA REPUBBLICA ELLENICA, IL REGNO DI SPAGNA, LA REPUBBLICA FRANCESE, LA REPUBBLICA ITALIANA, LA REPUBBLICA DI CIPRO, LA REPUBBLICA DI LETTONIA, LA REPUBBLICA DI LITUANIA, IL GRANDUCATO DI LUSSEMBURGO, L'UNGHERIA, MALTA, IL REGNO DEI PAESI BASSI, LA REPUBBLICA D'AUSTRIA, LA REPUBBLICA DI POLONIA, LA REPUBBLICA PORTOGHESE, LA ROMANIA, LA REPUBBLICA DI SLOVENIA, LA REPUBBLICA SLOVACCA, LA REPUBBLICA DI FINLANDIA E IL REGNO DI SVEZIA.

in prosieguo denominati «parti contraenti»,

CONSAPEVOLI del loro obbligo, in qualità di Stati membri dell'Unione europea, di considerare le loro politiche economiche una questione di interesse comune,

DESIDEROSI di favorire le condizioni per una maggiore crescita economica nell'Unione europea e, a tale scopo, di sviluppare un coordinamento sempre più stretto delle politiche economiche della zona euro,

---

[7] Testo emendato, in vigore dal 15 gennaio 2020, come risulta dalla versione inglese del Trattato (non risulta dalle versioni in lingue diverse) leggibile nel sito cit. alla nota 1.

[8] Il Trattato, sottoscritto a Bruxelles il 2 marzo 2012 da venticinque Paesi membri (non lo sottoscrissero la Repubblica ceca e il Regno Unito di Gran Bretagna e d'Irlanda del Nord, né la Croazia, che all'epoca non era membro dell'Unione, e che comunque non ha successivamente aderito), è in vigore dal 1° gennaio 2013. Per il nostro Paese cfr. la legge di ratifica ed esecuzione del 23 luglio 2012, n. 114, in suppl. ord. n. 160 alla *G.U.R.I.*, 28 luglio 2012, n. 175.

TENENDO PRESENTE che la necessità di mantenere finanze pubbliche sane e sostenibili e di evitare disavanzi pubblici eccessivi è per i governi di fondamentale importanza al fine di salvaguardare la stabilità di tutta la zona euro e richiede quindi l'introduzione di regole specifiche, tra cui una «regola del pareggio di bilancio» e un meccanismo automatico per l'adozione di misure correttive,

CONSAPEVOLI della necessità di garantire che il loro disavanzo pubblico non superi il 3% del prodotto interno lordo ai prezzi di mercato e che il loro debito pubblico non superi il 60% del prodotto interno lordo ai prezzi di mercato o si riduca in misura sufficiente avvicinandosi a tale percentuale,

RAMMENTANDO che le parti contraenti, in qualità di Stati membri dell'Unione europea, devono astenersi da qualsiasi misura che rischi di mettere in pericolo la realizzazione degli obiettivi dell'Unione nel quadro dell'unione economica, in particolare la pratica di accumulare debito al di fuori dei conti della pubblica amministrazione,

TENENDO PRESENTE che il 9 dicembre 2011 i capi di Stato o di governo degli Stati membri della zona euro hanno convenuto di rafforzare l'architettura dell'unione economica e monetaria, partendo dai trattati su cui si fonda l'Unione europea e agevolando l'attuazione delle misure adottate a norma degli articoli 121, 126 *e* 136 del trattato sul funzionamento dell'Unione europea,

TENENDO PRESENTE che l'obiettivo dei capi di Stato o di governo degli Stati membri della zona euro e di altri Stati membri dell'Unione europea è integrare quanto prima le disposizioni del presente trattato nei trattati su cui si fonda l'Unione europea,

ACCOGLIENDO favorevolmente le proposte legislative per la zona euro avanzate il 23 novembre 2011 dalla Commissione europea nell'ambito dei trattati su cui si fonda l'Unione europea, relative al rafforzamento della sorveglianza economica e di bilancio degli Stati membri che si trovano o rischiano di trovarsi in gravi difficoltà per quanto riguarda la loro stabilità finanziaria e a disposizioni comuni per il monitoraggio e la valutazione dei documenti programmatici di bilancio e per la correzione dei disavanzi eccessivi negli Stati membri, e RILEVANDO l'intenzione della Commissione europea di presentare ulteriori proposte legislative per la zona euro riguardanti, in particolare, la comunicazione ex ante dei piani di emissione del debito, programmi di partenariato economico che illustrino nel dettaglio le riforme strutturali degli Stati membri soggetti a procedura per i disavanzi eccessivi e il coordinamento delle grandi riforme di politica economica previste dagli Stati membri,

MANIFESTANDO la propria disponibilità a sostenere le proposte che la Commissione europea presenti per rafforzare ulteriormente il patto di stabilità e crescita introducendo, per gli Stati membri la cui moneta è l'euro, un nuovo intervallo per gli obiettivi di medio termine in linea con i limiti stabiliti nel presente trattato,

RILEVANDO che, nel riesaminare e monitorare gli impegni di bilancio a norma del presente trattato, la Commissione europea agirà nell'ambito delle sue competenze, secondo il disposto del trattato sul funzionamento dell'Unione europea, in particolare degli articoli 121, 126 e 136,

OSSERVANDO in particolare che, in relazione all'applicazione della «regola del pareggio di bilancio» enunciata all'articolo 3 del presente trattato, tale monitoraggio sarà eseguito fissando, per ciascuna parte contraente, obiettivi di medio termine specifici per paese e calendari di convergenza, a seconda del caso,

OSSERVANDO che gli obiettivi di medio termine dovrebbero essere periodicamente aggiornati sulla base di un metodo concordato, i cui principali parametri devono a loro volta essere periodicamente rivisti, in modo da rispecchiare adeguatamente i rischi delle passività esplicite ed implicite per le finanze pubbliche, in linea con le finalità del patto di stabilità e crescita,

OSSERVANDO che progressi sufficienti verso gli obiettivi di medio termine dovrebbero essere valutati globalmente, facendo riferimento al saldo strutturale e analizzando la spesa al netto delle misure discrezionali in materia di entrate, in linea con le disposizioni specificate nel diritto dell'Unione europea, in particolare dal regolamento (CE) n. 1466/97 del Consiglio, del 7 luglio 1997, per il rafforzamento della sorveglianza delle posizioni di bilancio nonché della sorveglianza e del coordinamento delle politiche economiche, come modificato dal regolamento (UE) n. 1175/2011 del Parlamento europeo e del Consiglio, del 16 novembre 2011 («patto di stabilità e crescita rivisto»),

OSSERVANDO che il meccanismo di correzione da istituirsi a cura delle parti contraenti dovrebbe mirare a correggere le deviazioni dall'obiettivo di medio termine o dal percorso di avvicinamento, ivi compreso il loro impatto cumulato sulla dinamica del debito pubblico,

RILEVANDO che l'osservanza dell'obbligo delle parti contraenti di recepire la «regola del pareggio di bilancio» nei loro ordinamenti giuridici nazionali, tramite disposizioni vincolanti, permanenti e preferibilmente di natura costituzionale, dovrebbe essere soggetta alla giurisdizione della Corte di giustizia dell'Unione europea a norma dell'articolo 273 del trattato sul funzionamento dell'Unione europea,

RAMMENTANDO che l'articolo 260 del trattato sul funzionamento dell'Unione europea conferisce alla Corte di giustizia dell'Unione europea il potere di comminare il pagamento di una somma forfettaria o di una penalità allo Stato membro dell'Unione europea che non si sia conformato a una sentenza da essa pronunciata e RAMMENTANDO che la Commissione europea ha stabilito criteri per determinare il pagamento della somma forfettaria o della penalità da comminare nel quadro di tale articolo,

RAMMENTANDO che è necessario agevolare l'adozione di misure nel quadro della procedura per i disavanzi eccessivi dell'Unione europea in relazione agli Stati membri la cui moneta è l'euro e il cui rapporto previsto o effettivo tra il disavanzo pubblico e il prodotto interno lordo supera il 3%, rafforzando nel contempo vigorosamente l'obiettivo della procedura stessa, ossia sollecitare e, all'occorrenza, costringere uno Stato membro a ridurre l'eventuale disavanzo constatato,

RAMMENTANDO l'obbligo delle parti contraenti il cui debito pubblico supera il valore di riferimento del 60% di ridurlo a un ritmo medio di un ventesimo all'anno come parametro di riferimento,

TENENDO PRESENTE la necessità di rispettare, nell'attuazione del presente trattato, il ruolo specifico delle parti sociali, quale riconosciuto nella legislazione o nei regimi nazionali di ciascuna delle parti contraenti,

SOTTOLINEANDO che nessuna disposizione del presente trattato deve essere interpretata in modo da alterare in alcuna maniera le condizioni di politica economica alle quali è stata concessa assistenza finanziaria a una parte contraente nell'ambito di un programma di stabilizzazione cui partecipano l'Unione europea, i suoi Stati membri o il Fondo monetario internazionale,

OSSERVANDO che il buon funzionamento dell'unione economica e monetaria impone che le parti contraenti si adoperino congiuntamente per una politica economica in cui, basandosi sui meccanismi di coordinamento delle politiche economiche, quali definiti nei trattati su cui si fonda l'Unione europea, intraprendono le azioni e adottano le misure necessarie in tutti i settori essenziali al buon funzionamento della zona euro,

OSSERVANDO, in particolare, il desiderio delle parti contraenti di avvalersi più attivamente della cooperazione rafforzata di cui all'articolo 20 del trattato sull'Unione europea e agli articoli da 326 a 334 del trattato sul funzionamento dell'Unione europea, senza recare pregiudizio al mercato interno, e il loro desiderio di ricorrere pienamente alle misure specifiche agli Stati membri la cui moneta è l'euro ai sensi dell'articolo 136 del trattato sul funzionamento dell'Unione europea, e a una procedura per la discussione e il coordinamento *ex ante* tra le parti contraenti la cui moneta è l'euro di tutte le grandi riforme di politica economica da loro previste, ai fini di una valutazione comparativa delle migliori prassi,

RAMMENTANDO che il 26 ottobre 2011 i capi di Stato o di governo degli Stati membri della zona euro hanno convenuto di migliorare la *governance* della zona euro, anche mediante l'organizzazione di almeno due riunioni del Vertice euro all'anno, da convocarsi, salvo in presenza di circostanze eccezionali, immediatamente dopo le riunioni del Consiglio europeo o le riunioni a cui partecipino tutte le parti contraenti che hanno ratificato il presente trattato,

RAMMENTANDO altresì che il 25 marzo 2011 i capi di Stato o di governo degli Stati membri della zona euro e di altri Stati membri dell'Unione europea hanno approvato il patto euro plus, che individua i punti essenziali per promuovere la competitività della zona euro,

SOTTOLINEANDO l'importanza del trattato che istituisce il meccanismo europeo di stabilità in quanto elemento della strategia globale per rafforzare l'unione economica e monetaria e

OSSERVANDO che la concessione dell'assistenza finanziaria nell'ambito di nuovi programmi a titolo del meccanismo europeo di stabilità sarà subordinata, a decorrere dal 1° marzo 2013, alla ratifica del presente trattato dalla parte contraente interessata e, previa scadenza del periodo di recepimento di cui all'articolo 3, paragrafo 2, del presente trattato, al rispetto dei requisiti di tale articolo,

OSSERVANDO che il Regno del Belgio, la Repubblica federale di Germania, la Repubblica di Estonia, l'Irlanda, la Repubblica ellenica, il Regno di Spagna, la Repubblica francese, la Repubblica italiana, la Repubblica di Cipro, il Granducato di Lussemburgo, Malta, il Regno dei Paesi Bassi, la Repubblica d'Austria, la Repubblica portoghese, la Repubblica di Slovenia, la Repubblica slovacca e la Repubblica di Finlandia sono parti contraenti la cui moneta è l'euro e che, in quanto tali, saranno vincolati dal presente trattato dal primo giorno del mese successivo al deposito del loro strumento di ratifica qualora il trattato sia in vigore a tale data;

OSSERVANDO ALTRESÌ che la Repubblica di Bulgaria, il Regno di Danimarca, la Repubblica di Lettonia, la Repubblica di Lituania, l'Ungheria, la Repubblica di Polonia, la Romania e il Regno di Svezia sono parti contraenti che, in quanto Stati membri dell'Unione europea, alla data della firma del presente trattato hanno una deroga o un'esenzione dalla partecipazione alla moneta unica e possono essere vincolate, finché tale deroga o esenzione non sia abrogata, solo dalle disposizioni dei titoli III e IV del presente trattato dalle quali dichiarino, al momento del deposito del loro strumento di ratifica o a una data successiva, di voler essere vincolate,

HANNO CONVENUTO LE DISPOSIZIONI SEGUENTI:

TITOLO I – OGGETTO E AMBITO DI APPLICAZIONE

Articolo 1. – 1. Con il presente trattato le parti contraenti, in qualità di Stati membri dell'Unione europea, convengono di rafforzare il pilastro economico dell'unione economica e monetaria adottando una serie di regole intese a rinsaldare la disciplina di bilancio attraverso un patto di bilancio, a potenziare il coordinamento delle loro politiche economiche e a migliorare la *governance* della zona euro, sostenendo in tal modo il conseguimento degli obiettivi dell'Unione europea in materia di crescita sostenibile, occupazione, competitività e coesione sociale.

2. Il presente trattato si applica integralmente alle parti contraenti la cui moneta è l'euro.

Esso si applica anche alle altre parti contraenti nella misura e alle condizioni previste all'articolo 14.

TITOLO II – COERENZA E RAPPORTO CON IL DIRITTO DELL'UNIONE

Articolo 2. – 1. Le parti contraenti applicano e interpretano il presente trattato conformemente ai trattati su cui si fonda l'Unione europea, in particolare all'articolo 4, paragrafo 3, del trattato sull'Unione europea, e al diritto dell'Unione europea, compreso il diritto procedurale ogniqualvolta sia richiesta l'adozione di atti di diritto derivato.

2. Il presente trattato si applica nella misura in cui è compatibile con i trattati su cui si fonda l'Unione europea e con il diritto dell'Unione europea. Esso non pregiudica la competenza dell'Unione in materia di unione economica.

TITOLO III – PATTO DI BILANCIO

Articolo 3. – 1. Le parti contraenti applicano le regole enunciate nel presente paragrafo in aggiunta e fatti salvi i loro obblighi ai sensi del diritto dell'Unione europea:

a) la posizione di bilancio della pubblica amministrazione di una parte contraente è in pareggio o in avanzo;

b) la regola di cui alla lettera a) si considera rispettata se il saldo strutturale annuo della pubblica amministrazione è pari all'obiettivo di medio termine specifico per il paese, quale definito nel patto di stabilità e crescita rivisto, con il limite inferiore di un disavanzo strutturale dello 0,5% del prodotto interno lordo ai prezzi di mercato. Le parti contraenti assicurano la rapida convergenza verso il loro rispettivo obiettivo di medio termine. Il quadro temporale per tale convergenza sarà proposto dalla Commissione europea tenendo conto dei rischi specifici del paese sul piano della sostenibilità. I progressi verso l'obiettivo di medio termine e il rispetto di tale obiettivo sono valutati globalmente, facendo riferimento al saldo strutturale e analizzando la spesa al netto delle misure discrezionali in materia di entrate, in linea con il patto di stabilità e crescita rivisto;

c) le parti contraenti possono deviare temporaneamente dal loro rispettivo obiettivo di medio termine o dal percorso di avvicinamento a tale obiettivo solo in circostanze eccezionali, come definito al paragrafo 3, lettera b);

d) quando il rapporto tra il debito pubblico e il prodotto interno lordo ai prezzi di mercato è significativamente inferiore al 60% e i rischi sul piano della sostenibilità a lungo termine delle finanze pubbliche sono bassi, il limite inferiore per l'obiettivo di medio termine di cui alla lettera b) può arrivare fino a un disavanzo strutturale massimo dell'1,0% del prodotto interno lordo ai prezzi di mercato;

e) e) qualora si constatino deviazioni significative dall'obiettivo di medio termine o dal percorso di avvicinamento a tale obiettivo, è attivato automaticamente un meccanismo di correzione. Tale meccanismo include l'obbligo della parte contraente interessata di attuare misure per correggere le deviazioni in un periodo di tempo definito.

2. Le regole enunciate al paragrafo 1 producono effetti nel diritto nazionale delle parti contraenti al più tardi un anno dopo l'entrata in vigore del presente trattato tramite disposizioni vincolanti e di natura permanente – preferibilmente costituzionale – o il cui rispetto fedele è in altro modo rigorosamente garantito lungo tutto il processo nazionale di bilancio[9]. Le parti contraenti istituiscono a livello nazionale il meccanismo di correzione di cui al paragrafo 1, lettera e), sulla base di principi comuni proposti dalla Commissione europea, riguardanti in particolare la natura, la portata e il quadro temporale dell'azione correttiva da intraprendere, anche in presenza di circostanze eccezionali, e il ruolo e l'indipen-

[9] Per le modifiche introdotte nel nostro Paese agli artt. 91, 97, 117, 119 Costituzione, cfr. la legge costituzionale 20 aprile 2012, n. 1, in *G.U.R.I.*, 23 aprile 2012, n. 95.

denza delle istituzioni responsabili sul piano nazionale per il controllo dell'osservanza delle regole enunciate al paragrafo 1. Tale meccanismo di correzione deve rispettare appieno le prerogative dei parlamenti nazionali.

3. Ai fini del presente articolo si applicano le definizioni di cui all'articolo 2 del protocollo (n. 12) sulla procedura per i disavanzi eccessivi, allegato ai trattati dell'Unione europea.

Ai fini del presente articolo si applicano altresì le definizioni seguenti:

a) per «saldo strutturale annuo della pubblica amministrazione» si intende il saldo annuo corretto per il ciclo al netto di misure una tantum e temporanee;

b) per «circostanze eccezionali» si intendono eventi inconsueti non soggetti al controllo della parte contraente interessata che abbiano rilevanti ripercussioni sulla situazione finanziaria della pubblica amministrazione oppure periodi di grave recessione economica ai sensi del patto di stabilità e crescita rivisto, purché la deviazione temporanea della parte contraente interessata non comprometta la sostenibilità del bilancio a medio termine.

Articolo 4. – Quando il rapporto tra il debito pubblico e il prodotto interno lordo di una parte contraente supera il valore di riferimento del 60% di cui all'articolo 1 del protocollo (n. 12) sulla procedura per i disavanzi eccessivi, allegato ai trattati dell'Unione europea, tale parte contraente opera una riduzione a un ritmo medio di un ventesimo all'anno come parametro di riferimento secondo il disposto dell'articolo 2 del regolamento (CE) n. 1467/97 del Consiglio, del 7 luglio 1997, per l'accelerazione e il chiarimento delle modalità di attuazione della procedura per i disavanzi eccessivi, come modificato dal regolamento (UE) n. 1177/2011 del Consiglio, dell'8 novembre 2011. L'esistenza di un disavanzo eccessivo dovuto all'inosservanza del criterio del debito sarà decisa in conformità della procedura di cui all'articolo 126 del trattato sul funzionamento dell'Unione europea.

Articolo 5. – 1. La parte contraente che sia soggetta a procedura per i disavanzi eccessivi ai sensi dei trattati su cui si fonda l'Unione europea predispone un programma di partenariato economico e di bilancio che comprenda una descrizione dettagliata delle riforme strutturali da definire e attuare per una correzione effettiva e duratura del suo disavanzo eccessivo. Il contenuto e il formato di tali programmi sono definiti nel diritto dell'Unione europea. La loro presentazione al Consiglio dell'Unione europea e alla Commissione europea per approvazione e il loro monitoraggio avranno luogo nel contesto delle procedure di sorveglianza attualmente previste dal patto di stabilità e crescita.

2. Spetterà al Consiglio dell'Unione europea e alla Commissione europea monitorare l'attuazione del programma di partenariato economico e di bilancio e dei piani di bilancio annuali ad esso conformi.

Articolo 6. – Al fine di coordinare meglio le emissioni di debito nazionale previste, le parti contraenti comunicano *ex ante* al Consiglio dell'Unione europea e alla Commissione europea i rispettivi piani di emissione del debito pubblico.

Articolo 7. – Nel pieno rispetto dei requisiti procedurali dei trattati su cui si fonda l'Unione europea, le parti contraenti la cui moneta è l'euro si impegnano a sostenere le proposte o le raccomandazioni presentate dalla Commissione europea, ove questa ritenga che uno Stato membro dell'Unione europea la cui moneta è l'euro abbia violato il criterio del disavanzo nel quadro di una procedura per i disavanzi eccessivi. Tale obbligo non si applica quando si constati tra le parti contraenti la cui moneta è l'euro che la maggioranza qualificata di esse, calcolata per analogia con le pertinenti disposizioni dei trattati su cui si fonda l'Unione europea, senza tenere conto della posizione della parte contraente interessata, si oppone alla decisione proposta o raccomandata.

Articolo 8. – 1. La Commissione europea è invitata a presentare tempestivamente alle parti contraenti una relazione sulle disposizioni adottate da ciascuna di loro in ottemperanza all'articolo 3, paragrafo 2. Se la Commissione europea, dopo aver posto la parte contraente interessata in condizione di presentare osservazioni, conclude nella sua relazione che tale parte contraente non ha rispettato l'articolo 3, paragrafo 2, una o più parti contraenti adiranno la Corte di giustizia dell'Unione europea. Una parte contraente può adire la Corte di giustizia anche qualora ritenga, indipendentemente dalla relazione della Commissione, che un'altra parte contraente non abbia rispettato l'articolo 3, paragrafo 2. In entrambi i casi, la sentenza della Corte di giustizia è vincolante per le parti del procedimento, le quali prendono i provvedimenti che l'esecuzione della sentenza comporta entro il termine stabilito dalla Corte di giustizia.

2. La parte contraente che, sulla base della propria valutazione o della valutazione della Commissione europea, ritenga che un'altra parte contraente non abbia preso i provvedimenti che l'esecuzione della sentenza della Corte di giustizia di cui al paragrafo 1 comporta può adire la Corte di giustizia e chiedere l'imposizione di sanzioni finanziarie secondo i criteri stabiliti dalla Commissione europea nel quadro dell'articolo 260 del trattato sul funzionamento dell'Unione europea. La Corte di giustizia, qualora constati che la parte contraente interessata non si è conformata alla sua sentenza, può comminarle il pagamento di una somma forfettaria o di una penalità adeguata alle circostanze e non superiore allo 0,1% del suo prodotto interno lordo. Le somme imposte a una parte contraente la cui moneta è l'euro sono versate al meccanismo europeo di stabilità. In altri casi, i pagamenti sono versati al bilancio generale dell'Unione europea.

3. Il presente articolo costituisce un compromesso tra le parti contraenti ai sensi dell'articolo 273 del trattato sul funzionamento dell'Unione europea.

TITOLO IV – COORDINAMENTO DELLE POLITICHE ECONOMICHE E CONVERGENZA

Articolo 9. – Basandosi sul coordinamento delle politiche economiche, quale definito dal trattato sul funzionamento dell'Unione europea, le parti contraenti si impegnano ad adoperarsi congiuntamente per una politica economica che favorisca il buon funzionamento dell'unione economica e monetaria e la crescita economica mediante una convergenza e una competitività rafforzate. A tal fine le parti contraenti intraprendono le azioni e adottano le misure necessarie in tutti i settori essenziali al buon funzionamento della zona euro, perseguendo gli obiettivi di stimolare la competitività, promuovere l'occupazione, contribuire ulteriormente alla sostenibilità delle finanze pubbliche e rafforzare la stabilità finanziaria.

Articolo 10. – Conformemente alle disposizioni dei trattati su cui si fonda l'Unione europea, le parti contraenti sono pronte ad avvalersi attivamente, se opportuno e necessario, di misure specifiche agli Stati membri la cui moneta è l'euro, come previsto all'articolo 136 del trattato sul funzionamento dell'Unione europea, e della cooperazione rafforzata, come previsto all'articolo 20 del trattato sull'Unione europea e agli articoli da 326 a 334 del trattato sul funzionamento dell'Unione europea, nelle materie essenziali al buon funzionamento della zona euro, senza recare pregiudizio al mercato interno.

Articolo 11. – Ai fini di una valutazione comparativa delle migliori prassi e adoperandosi per una politica economica più strettamente coordinata, le parti contraenti assicurano di discutere *ex ante* e, ove appropriato, coordinare tra loro tutte le grandi riforme di politica economica che intendono intraprendere. A tale coordinamento partecipano le istituzioni dell'Unione europea in conformità del diritto dell'Unione europea.

TITOLO V – *GOVERNANCE* DELLA ZONA EURO

Articolo 12. – 1. I capi di Stato o di governo delle parti contraenti la cui moneta è l'euro si incontrano informalmente nelle riunioni del Vertice euro, insieme con il presidente della Commissione europea. Il presidente della Banca centrale europea è invitato a partecipare a tali riunioni.

Il presidente del Vertice euro è nominato a maggioranza semplice dai capi di Stato o di governo delle parti contraenti la cui moneta è l'euro nello stesso momento in cui il Consiglio europeo elegge il proprio presidente e con un mandato di pari durata.

2. Le riunioni del Vertice euro sono convocate quando necessario, almeno due volte all'anno, per discutere questioni connesse alle competenze specifiche che le parti contraenti la cui moneta è l'euro condividono in relazione alla moneta unica, altre questioni concernenti la *governance* della zona euro e le relative regole, e orientamenti strategici per la condotta delle politiche economiche per aumentare la convergenza nella zona euro.

3. I capi di Stato o di governo delle parti contraenti che hanno ratificato il presente trattato diverse da quelle la cui moneta è l'euro partecipano alle discussioni delle riunioni del Vertice euro relative alla competitività per le parti contraenti, alla modifica dell'architettura complessiva della zona euro e alle regole fondamentali che ad essa si applicheranno in futuro, nonché, ove opportuno e almeno una volta all'anno, a discussioni su questioni specifiche di attuazione del presente trattato sulla stabilità, sul coordinamento e sulla *governance* nell'unione economica e monetaria.

4. Il presidente del Vertice euro assicura la preparazione e la continuità delle riunioni del Vertice euro, in stretta cooperazione con il presidente della Commissione europea. L'organismo incaricato di preparare e dar seguito alle riunioni del Vertice euro è l'Eurogruppo e a questo fine il suo presidente può essere invitato a partecipare a tali riunioni.

5. Il presidente del Parlamento europeo può essere invitato per essere ascoltato. Il presidente del Vertice euro riferisce al Parlamento europeo dopo ogni riunione del Vertice euro.

6. Il presidente del Vertice euro tiene strettamente informate le parti contraenti diverse da quelle la cui moneta è l'euro e gli altri Stati membri dell'Unione europea dei preparativi e degli esiti delle riunioni del Vertice euro.

Articolo 13. – Come previsto al titolo II del protocollo (n. 1) sul ruolo dei parlamenti nazionali nell'Unione europea [10] allegato ai trattati dell'Unione europea, il Parlamento europeo e i parlamenti nazionali delle parti contraenti definiranno insieme l'organizzazione e la promozione di una conferenza dei rappresentanti delle pertinenti commissioni del Parlamento europeo e dei rappresentanti delle pertinenti commissioni dei parlamenti nazionali ai fini della discussione delle politiche di bilancio e di altre questioni rientranti nell'ambito di applicazione del presente trattato.

TITOLO VI – DISPOSIZIONI GENERALI E FINALI

Articolo 14. – 1. Il presente trattato è ratificato dalle parti contraenti conformemente alle rispettive norme costituzionali. Gli strumenti di ratifica sono depositati presso il segretariato generale del Consiglio dell'Unione europea («depositario»).

2. Il presente trattato entra in vigore il 1° gennaio 2013, a condizione che dodici parti contraenti la cui moneta è l'euro abbiano depositato il loro strumento di ratifica, o, se pre-

[10] Si veda il testo del Protocollo, retro, par. 4.

cedente, il primo giorno del mese successivo al deposito del dodicesimo strumento di ratifica di una parte contraente la cui moneta è l'euro.

3. Il presente trattato si applica dalla data di entrata in vigore alle parti contraenti la cui moneta è l'euro che l'hanno ratificato. Esso si applica alle altre parti contraenti la cui moneta è l'euro dal primo giorno del mese successivo al deposito del loro rispettivo strumento di ratifica.

4. In deroga ai paragrafi 3 e 5, il titolo V si applica dalla data di entrata in vigore del presente trattato a tutte le parti contraenti interessate.

5. Il presente trattato si applica alle parti contraenti con deroga, quali definite all'articolo 139, paragrafo 1, del trattato sul funzionamento dell'Unione europea, o con esenzione, di cui al protocollo (n. 16) su talune disposizioni relative alla Danimarca [11] allegato ai trattati dell'Unione europea, che hanno ratificato il presente trattato, dalla data di decorrenza degli effetti della decisione di abrogazione di tale deroga o esenzione, a meno che la parte contraente interessata dichiari che intende essere vincolata, in tutto o in parte, dalle disposizioni dei titoli III e IV del presente trattato prima di tale data.

Articolo 15. – Gli Stati membri dell'Unione europea che non siano parti contraenti possono aderire al presente trattato. Gli effetti dell'adesione decorrono dal deposito dello strumento di adesione presso il depositario, il quale informa le altre parti contraenti. Previa autenticazione delle parti contraenti, il testo del presente trattato nella lingua ufficiale dello Stato membro aderente che sia altresì lingua ufficiale e lingua di lavoro delle istituzioni dell'Unione è depositato negli archivi del depositario quale testo autentico del presente trattato.

Articolo 16. – Al più tardi entro cinque anni dalla data di entrata in vigore del presente trattato, sulla base di una valutazione dell'esperienza maturata in sede di attuazione, sono adottate in conformità del trattato sull'Unione europea e del trattato sul funzionamento dell'Unione europea le misure necessarie per incorporare il contenuto del presente trattato nell'ordinamento giuridico dell'Unione europea

Fatto a Bruxelles, addì due marzo duemiladodici.

Il presente trattato, redatto in un unico esemplare in lingua bulgara, danese, estone, finlandese, francese, greca, inglese, irlandese, italiana, lettone, lituana, maltese, neerlandese, polacca, portoghese, romena, slovacca, slovena, spagnola, svedese, tedesca e ungherese, tutti i testi facenti ugualmente fede, è depositato negli archivi del depositario, il quale ne rimette una copia certificata conforme a ciascuna delle parti contraenti.

ALLEGATO – *Processo verbale di firma del trattato sulla stabilità, sul coordinamento e sulla* governance *nell'unione economica e monetaria*

I plenipotenziari del Regno del Belgio, della Repubblica di Bulgaria, del Regno di Danimarca, della Repubblica federale di Germania, della Repubblica di Estonia, dell'Irlanda, della Repubblica ellenica, del Regno di Spagna, della Repubblica francese, della Repubblica italiana, della Repubblica di Cipro, della Repubblica di Lettonia, della Repubblica di Lituania, del Granducato di Lussemburgo, dell'Ungheria, di Malta, del Regno dei Paesi Bassi, della Repubblica d'Austria, della Repubblica di Polonia, della Repubblica portoghese, della Romania, della Repubblica di Slovenia, della Repubblica slovacca, della Repubblica di Finlandia e del Regno di Svezia hanno firmato in data odierna il trattato sulla stabilità, sul coordinamento e sulla *governance* nell'unione economica e monetaria.

---

[11] Si veda il testo del Protocollo, retro, par. 4.

In tale occasione, i firmatari hanno convenuto di allegare al presente processo verbale le disposizioni seguenti.

Fatto a Bruxelles, il 2 marzo 2012.

ALLEGATO – *Trattato sulla stabilità, sul coordinamento e sulla* governance *nell'unione economica e monetaria. Disposizioni convenute dalle parti contraenti al momento della firma riguardo all'articolo 8 del trattato*

Le disposizioni seguenti si applicheranno per adire la Corte dì giustizia dell'Unione europea a norma dell'articolo 8, paragrafo 1, seconda frase, del trattato sulla stabilità, sul coordinamento e sulla governance *nell'unione economica e monetaria (in prosieguo «il trattato») e sulla base dell'articolo 273 del trattato sul funzionamento dell'Unione europea, qualora la Commissione stabilisca in una relazione diretta alle parti contraenti che una di esse non ha rispettato* l'articolo 3, *paragrafo 2 del trattato*:

1) Qualora si chieda alla Corte di giustizia di dichiarare che una parte contraente non ha rispettato l'articolo 3, paragrafo 2, del trattato, come stabilito nella relazione della Commissione, il ricorso sarà depositato presso la Cancelleria della Corte di giustizia dai ricorrenti di cui al punto 2) entro il termine di tre mesi dalla data di ricevimento delle parti contraenti della relazione della Commissione in cui si stabilisce che una parte contraente non ha rispettato l'articolo 3, paragrafo 2, del trattato. I ricorrenti agiranno nell'interesse di, e in stretta cooperazione con, tutte le parti contraenti vincolate dall'articolo 3 e dall'articolo 8 del trattato, ad eccezione della parte contraente contro cui è diretto il ricorso, nonché in conformità dello statuto e del regolamento di procedura della Corte di giustizia.

2) I ricorrenti saranno le parti contraenti vincolate dall'articolo 3 e dall'articolo 8 del trattato in quanto Stati membri che formano il gruppo predeterminato di tre Stati membri che esercitano la presidenza del Consiglio dell'Unione europea, a norma dell'articolo 1, paragrafo 4, del regolamento interno del Consiglio (trio di presidenza) [12] alla data di pubblicazione della relazione della Commissione, nella misura in cui a quella data i) non siano stati ritenuti essere in violazione dei loro obblighi ai sensi dell'articolo 3, paragrafo 2, del trattato da una relazione della Commissione, ii) non siano altrimenti oggetto di procedimenti dinnanzi alla Corte di giustizia ai sensi dell'articolo 8, paragrafi 1 o 2, del trattato, e iii) non siano nell'impossibilità di agire per altri giustificati motivi, di natura primaria, in conformità ai principi generali di diritto internazionale. Se nessuno dei tre Stati membri interessati soddisfa tali criteri, l'obbligo di adire la Corte di giustizia sarà sostenuto dai membri del precedente trio di presidenza, alle medesime condizioni.

3) Su richiesta dei ricorrenti, nel corso del procedimento dinnanzi alla Corte di giustizia le parti contraenti, nel cui interesse il ricorso è stato presentato, forniranno il necessario supporto tecnico o logistico.

4) Le eventuali spese a carico dei ricorrenti derivanti dalla sentenza della Corte di giustizia saranno sostenute congiuntamente da tutte le parti contraenti nel cui interesse l'azione è stata istruita.

5) Se una nuova relazione della Commissione stabilisce che è cessato l'inadempimento dell'articolo 3, paragrafo 2, del trattato della parte contraente interessata, i ricorrenti informeranno immediatamente per iscritto la Corte di giustizia che intendono rinunciare agli

---

[12] L'elenco dei successivi trio di presidenza figura nell'allegato I della decisione 2009/908/UE del Consiglio, del 1° dicembre 2009, che stabilisce le modalità di applicazione della decisione del Consiglio europeo sull'esercizio della presidenza del Consiglio e sulla presidenza degli organi preparatori del Consiglio (*G.U.* L 322 del 9 dicembre 2009, p. 28, rettificata nella *G.U.* L 344 del 23 dicembre 2009, p. 56).

atti, in conformità alle pertinenti disposizioni del regolamento di procedura della Corte di giustizia.

6) Sulla scorta di una valutazione della Commissione europea secondo cui una parte contraente non ha adottato le misure necessarie per conformarsi alla sentenza della Corte di giustizia a norma dell'articolo 8, paragrafo 1, del trattato, le parti contraenti vincolate dall'articolo 3 e dall'articolo 8 del trattato dichiarano che intendono avvalersi pienamente della procedura di cui all'articolo 8, paragrafo 2, per adire la Corte di giustizia, sulla base delle disposizioni convenute per l'attuazione dell'articolo 8, paragrafo 1, del trattato.

12. Norme sulla partecipazione dell'Italia alla formazione e all'attuazione del diritto UE

12.1. Legge 24 dicembre 2012, n. 234. – Norme generali sulla partecipazione dell'Italia alla formazione e all'attuazione della normativa e delle politiche dell'Unione europea (*omissis*) [1]

CAPO I – DISPOSIZIONI GENERALI

Articolo 1. Finalità. – 1. La presente legge disciplina il processo di partecipazione dell'Italia alla formazione delle decisioni e alla predisposizione degli atti dell'Unione europea e garantisce l'adempimento degli obblighi e l'esercizio dei poteri derivanti dall'appartenenza dell'Italia all'Unione europea, in coerenza con gli articoli 11 e 117 della Costituzione, sulla base dei principi di attribuzione, di sussidiarietà, di proporzionalità, di leale collaborazione, di efficienza, di trasparenza e di partecipazione democratica.

Articolo 2. Comitato interministeriale per gli affari europei – 1. Al fine di concordare le linee politiche del Governo nel processo di formazione della posizione italiana nella fase di predisposizione degli atti dell'Unione europea e di consentire il puntuale adempimento dei compiti di cui alla presente legge, tenendo conto degli indirizzi espressi dalle Camere, opera presso la Presidenza del Consiglio dei Ministri il Comitato interministeriale per gli affari europei (CIAE). Il CIAE è convocato e presieduto dal Presidente del Consiglio dei Ministri o, per sua delega, dal Ministro per gli affari europei. Ad esso partecipano il Ministro degli affari esteri, il Ministro dell'economia e delle finanze, il Ministro per gli affari regionali, il turismo e lo sport, il Ministro per la coesione territoriale e gli altri Ministri aventi competenza nelle materie oggetto dei provvedimenti e delle tematiche all'ordine del giorno.

2. Alle riunioni del CIAE, quando si trattano materie che interessano le regioni e le province autonome, partecipano il presidente della Conferenza delle regioni e delle province autonome o un presidente di regione o di provincia autonoma da lui delegato e, per i rispettivi ambiti di competenza, il presidente dell'Associazione nazionale dei comuni italiani (ANCI), il presidente dell'Unione delle province d'Italia (UPI) e il presidente dell'Unione nazionale comuni, comunità, enti montani (UNCEM).

3. Il CIAE svolge i propri compiti nel rispetto delle competenze attribuite dalla Costituzione e dalla legge al Parlamento, al Consiglio dei Ministri e alla Conferenza permanente per i rapporti tra lo Stato, le regioni e le province autonome di Trento e di Bolzano.

4. Il CIAE garantisce adeguata pubblicità ai propri lavori.

5. Le linee generali, le direttive e gli indirizzi deliberati dal CIAE sono comunicati alla Presidenza del Consiglio dei Ministri – Dipartimento per le politiche europee, di cui all'articolo 18, ai fini della definizione unitaria della posizione italiana da rappresentare successivamente, d'intesa con il Ministero degli affari esteri, in sede di Unione europea.

---

[1] La legge, in *G.U.R.I.* 4 gennaio 2013, n. 3, è in vigore dal 19 gennaio 2013. Sull'attuazione della legge cfr. i provvedimenti oltre, parr. 12.2. e 12.3. Si vedano inoltre i seguenti provvedimenti: decreto 25 maggio 2016 - Organizzazione del Dipartimento per le Politiche Europee, in *politicheeuropee.gov.it/normativa/19291/decreto-di-organizzazione-25-maggio-2016*, gli artt. 18 e 28 del D.P.C.M. 1 ottobre 2012 - Ordinamento delle strutture generali della Presidenza del Consiglio dei Ministri, in *G.U.R.I.* 11 dicembre 2012, n. 288.

6. Il funzionamento del CIAE è disciplinato con decreto del Presidente della Repubblica, adottato ai sensi dell'articolo 17, comma 1, lettera b), della legge 23 agosto 1988, n. 400, su proposta del Ministro per gli affari europei, di concerto con il Ministro degli affari esteri, sentiti il Ministro per gli affari regionali, il turismo e lo sport, il Ministro per la coesione territoriale e la Conferenza unificata di cui all'articolo 8 del decreto legislativo 28 agosto 1997, n. 281, e successive modificazioni. Fino alla data di entrata in vigore del decreto del Presidente della Repubblica, di cui al primo periodo, restano efficaci gli atti adottati in attuazione dell'articolo 2, comma 4, ultimo periodo, della legge 4 febbraio 2005, n. 11 [2].

7. Al fine del funzionamento del CIAE, la Presidenza del Consiglio dei Ministri – Dipartimento per le politiche europee può avvalersi, entro un contingente massimo di venti unità, di personale appartenente alla terza area o qualifiche equiparate, in posizione di comando, proveniente da altre amministrazioni, al quale si applica la disposizione di cui all'articolo 17, comma 14, della legge 15 maggio 1997, n. 127. Nell'ambito del predetto contingente, il numero delle unità di personale è stabilito entro il 31 gennaio di ogni anno nel limite massimo delle risorse finanziarie disponibili presso la Presidenza del Consiglio dei Ministri.

8. Nei limiti di un contingente massimo di sei unità, la Presidenza del Consiglio dei Ministri – Dipartimento per le politiche europee può avvalersi di personale delle regioni o delle province autonome appartenente alla terza area o qualifiche equiparate, designato dalla Conferenza delle regioni e delle province autonome, secondo criteri da definire d'intesa con il Presidente del Consiglio dei Ministri o con il Ministro per gli affari europei. Il personale assegnato conserva lo stato giuridico e il trattamento economico dell'amministrazione di appartenenza e rimane a carico della stessa.

9. Per lo svolgimento delle attività istruttorie e di sostegno al funzionamento del CIAE e del Comitato tecnico di valutazione, di cui all'articolo 19, nell'ambito del Dipartimento per le politiche europee è ***individuata la*** Segreteria del CIAE [3].

9-bis. Il Segretario del CIAE è nominato con decreto del Presidente del Consiglio dei ministri, su proposta del Ministro per gli affari europei, ai sensi dell'articolo 19 del decreto legislativo 30 marzo 2001, n. 165, e successive modificazioni, e dell'articolo 9 del decreto legislativo 30 luglio 1999, n. 303, e successive modificazioni, tra persone di elevata professionalità e di comprovata esperienza [4].

CAPO II – PARTECIPAZIONE DEL PARLAMENTO ALLA DEFINIZIONE DELLA POLITICA EUROPEA DELL'ITALIA E AL PROCESSO DI FORMAZIONE DEGLI ATTI DELL'UNIONE EUROPEA

Articolo 3. Principi generali. – 1. Il Parlamento partecipa al processo decisionale dell'Unione europea.

2. Le Camere, in coordinamento con il Governo, intervengono nella fase di formazione delle normative e delle politiche europee, secondo quanto previsto dal Trattato sull'Unione europea e dal Trattato sul funzionamento dell'Unione europea.

3. Il Governo assicura, senza nuovi o maggiori oneri a carico della finanza pubblica, l'assistenza documentale e informativa della Rappresentanza permanente d'Italia presso l'Unione europea agli uffici della Camera dei deputati e del Senato della Repubblica presso le istituzioni europee, secondo modalità stabilite d'intesa tra il Presidente del Consiglio dei Ministri e i Presidenti delle Camere.

---

[2] Si veda oltre, par. 12.2., il decreto del Presidente della Repubblica.

[3] Comma modificato dall'art. 22, 1° comma, lett. a), legge 20 novembre 2017, n. 167 – Disposizioni per l'adempimento degli obblighi derivanti dall'appartenenza dell'Italia all'Unione europea. Legge europea 2017, in *G.U.R.I.* 27 novembre 2017, n. 277, in vigore dal 12 dicembre 2017.

[4] Comma aggiunto dall'art. 29, 1° comma, lett. a), legge 29 luglio 2015, n. 115 – Disposizioni per l'adempimento degli obblighi derivanti dall'appartenenza dell'Italia all'Unione europea – Legge europea 2014, in *G.U.R.I.* 3 agosto 2015, n. 178, in vigore dal 18 agosto 2015.

Articolo 4. Consultazione e informazione del Parlamento. – 1. Prima dello svolgimento delle riunioni del Consiglio europeo, il Governo illustra alle Camere la posizione che intende assumere, la quale tiene conto degli eventuali indirizzi dalle stesse formulati.

Su loro richiesta, esso riferisce altresì ai competenti organi parlamentari prima delle riunioni del Consiglio dell'Unione europea.

Il Governo informa i competenti organi parlamentari sulle risultanze delle riunioni del Consiglio europeo e del Consiglio dell'Unione europea, entro quindici giorni dallo svolgimento delle stesse.

2. Il Governo informa tempestivamente i competenti organi parlamentari su iniziative o su questioni relative alla politica estera e di difesa comune presentate al Consiglio dell'Unione europea o in corso di esame da parte dello stesso, dando specifico rilievo a quelle aventi implicazioni in materia di difesa.

3. Il Presidente del Consiglio dei Ministri, ovvero il Ministro per gli affari europei, trasmette tempestivamente alle Camere le relazioni e le note informative predisposte dalla Rappresentanza permanente d'Italia presso l'Unione europea con riferimento a:

a) riunioni del Consiglio dei Ministri dell'Unione europea, riunioni informali a livello ministeriale, riunioni del Comitato dei rappresentanti permanenti di cui all'articolo 240 del Trattato sul funzionamento dell'Unione europea, riunioni di comitati e gruppi di lavoro del Consiglio;

b) riunioni dei triloghi tra Parlamento europeo, Consiglio e Commissione nell'ambito di procedure legislative;

c) atti o progetti di atti adottati dalle istituzioni o organi dell'Unione europea;

d) altre iniziative o questioni relative alle istituzioni o alle politiche dell'Unione europea;

e) procedure di precontenzioso e contenzioso avviate nei confronti dell'Italia.

4. Il Governo informa e consulta periodicamente le Camere, nell'ambito delle procedure individuate dalla legge di cui all'articolo 81, sesto comma, della Costituzione, come sostituito ai sensi della legge costituzionale 20 aprile 2012, n. 1, e con le modalità previste dai rispettivi Regolamenti, in merito al coordinamento delle politiche economiche e di bilancio e al funzionamento dei meccanismi di stabilizzazione finanziaria, come disposti o perseguiti attraverso:

a) gli atti, i progetti di atti e i documenti adottati dalle istituzioni dell'Unione europea;

b) gli obiettivi individuati in sede di cooperazione rafforzata ai sensi dell'articolo 20 del Trattato sull'Unione europea;

c) gli accordi e le ipotesi di accordi intergovernativi tra Stati membri dell'Unione europea.

5. Il Presidente del Consiglio dei Ministri o il Ministro per gli affari europei assicura il raccordo del Governo con il Parlamento e, in particolare, con le Commissioni parlamentari competenti per ciascuna materia, ai fini del tempestivo ed efficace adempimento degli obblighi di cui all'articolo 1.

6. Il Governo può raccomandare l'uso riservato delle informazioni e dei documenti trasmessi.

7. Gli obblighi di segreto professionale, i vincoli di inviolabilità degli archivi e i regimi di immunità delle persone non possono in ogni caso pregiudicare le prerogative di informazione e partecipazione del Parlamento, come riconosciute ai sensi del titolo II del Protocollo n. 1 sul ruolo dei parlamenti nazionali nell'Unione europea, allegato al Trattato sull'Unione europea, al Trattato sul funzionamento dell'Unione europea e al Trattato che istituisce la Comunità europea dell'energia atomica, e dell'articolo 13 del Trattato sulla stabilità, sul coordinamento e sulla governance nell'Unione economica e monetaria, ratificato ai sensi della legge 23 luglio 2012, n. 114.

Articolo 5. Consultazione delle Camere su accordi in materia finanziaria o monetaria. – 1. Il Governo informa tempestivamente le Camere di ogni iniziativa volta alla conclusione di accordi tra gli Stati membri dell'Unione europea che prevedano l'introduzione o il rafforzamento di regole in materia finanziaria o monetaria o comunque producano conseguenze rilevanti sulla finanza pubblica.

2. Il Governo assicura che la posizione rappresentata dall'Italia nella fase di negoziazione degli accordi di cui al comma 1 tenga conto degli atti di indirizzo adottati dalle Camere. Nel caso in cui il Governo non abbia potuto conformarsi agli atti di indirizzo, il Presidente del Consiglio dei Ministri o un Ministro da lui delegato riferisce tempestivamente alle Camere, fornendo le appropriate motivazioni della posizione assunta.

3. Le disposizioni di cui al presente articolo si applicano anche nel caso di accordi conclusi al di fuori delle disposizioni del Trattato sull'Unione europea e del Trattato sul funzionamento dell'Unione europea nonché in caso di modifica di precedenti accordi.

Articolo 6. Partecipazione del Parlamento al processo di formazione degli atti dell'Unione europea. – 1. I progetti di atti dell'Unione europea, gli atti preordinati alla formulazione degli stessi e le loro modificazioni sono trasmessi alle Camere dal Presidente del Consiglio dei Ministri o dal Ministro per gli affari europei, contestualmente alla loro ricezione, accompagnati, nei casi di particolare rilevanza, da una nota illustrativa della valutazione del Governo e dall'indicazione della data presunta per la loro discussione o adozione, con segnalazione degli eventuali profili di urgenza ovvero, in caso di più atti, del grado di priorità indicato per la loro trattazione.

2. Il Presidente del Consiglio dei Ministri o il Ministro per gli affari europei trasmette alle Camere i documenti di consultazione, quali libri verdi, libri bianchi e comunicazioni, predisposti dalla Commissione europea, con le modalità di cui al comma 1. Qualora il Governo partecipi ad una procedura di consultazione avviata dalle istituzioni dell'Unione europea, ne dà conto alle Camere trasmettendo tempestivamente i commenti inviati alle istituzioni stesse.

3. Ciascuna Camera può chiedere al Governo, per il tramite del Presidente del Consiglio dei Ministri o del Ministro per gli affari europei, la nota illustrativa di cui al comma 1, in relazione ad altri atti o progetti di atti, anche di natura non normativa, trasmessi ai sensi del presente articolo.

4. Il Presidente del Consiglio dei Ministri o il Ministro per gli affari europei assicura alle Camere un'informazione qualificata e tempestiva sui progetti di atti legislativi dell'Unione europea, curandone il costante e tempestivo aggiornamento, anche in relazione agli sviluppi del processo decisionale. A tal fine, entro venti giorni dalla trasmissione di un progetto di atto legislativo ai sensi del comma 1, l'amministrazione con competenza prevalente nella materia elabora una relazione che dà conto dei seguenti elementi:

a) il rispetto da parte del progetto del principio di attribuzione, con particolare riguardo alla correttezza della base giuridica, e la conformità dello stesso ai principi di sussidiarietà e di proporzionalità;

b) una valutazione complessiva del progetto e delle sue prospettive negoziali, con l'evidenziazione dei punti ritenuti conformi all'interesse nazionale e dei punti per i quali si ritengono necessarie od opportune modifiche;

c) l'impatto del progetto, dal punto di vista sia finanziario, sia degli effetti sull'ordinamento nazionale, sulle competenze regionali e delle autonomie locali, sull'organizzazione delle pubbliche amministrazioni e sulle attività dei cittadini e delle imprese.

5. La relazione di cui al comma 4 del presente articolo è trasmessa tempestivamente alla Presidenza del Consiglio dei Ministri – Dipartimento per le politiche europee, di cui all'articolo 18, per il successivo inoltro alle Camere, accompagnata da una tabella di corrispondenza tra le disposizioni del progetto e le norme nazionali vigenti, predisposta sulla base di quanto previsto con successivo decreto del Presidente del Consiglio dei Ministri[5].

---

[5] Cfr. il Comunicato (emesso dalla Presidenza del Consiglio dei ministri) del decreto del Presidente del Consiglio dei ministri del 17 marzo 2015 recante modalità di redazione della tabella di corrispondenza relativa ai progetti di atti legislativi dell'Unione europea, in *G.U.R.I.* 2 aprile 2015, n. 77.

Articolo 7. Atti di indirizzo delle Camere. – 1. Sui progetti e sugli atti di cui all'articolo 6, nonché su ogni altra questione portata alla loro attenzione ai sensi della presente legge, i competenti organi parlamentari possono adottare ogni opportuno atto di indirizzo al Governo, secondo le disposizioni dei Regolamenti delle Camere. Il Governo assicura che la posizione rappresentata dall'Italia in sede di Consiglio dell'Unione europea ovvero di altre istituzioni od organi dell'Unione sia coerente con gli indirizzi definiti dalle Camere in relazione all'oggetto di tale posizione.

2. Nel caso in cui il Governo non abbia potuto attenersi agli indirizzi delle Camere, il Presidente del Consiglio dei Ministri o il Ministro competente riferisce tempestivamente ai competenti organi parlamentari, fornendo le adeguate motivazioni della posizione assunta.

Articolo 8. Partecipazione delle Camere alla verifica del rispetto del principio di sussidiarietà. – 1. Ciascuna Camera può esprimere, secondo le modalità previste nel rispettivo Regolamento, un parere motivato sulla conformità al principio di sussidiarietà dei progetti di atti legislativi dell'Unione europea ovvero delle proposte di atti basate sull'articolo 352 del Trattato sul funzionamento dell'Unione europea, ai sensi del Protocollo n. 2 sull'applicazione dei principi di sussidiarietà e di proporzionalità, allegato al Trattato sull'Unione europea e al Trattato sul funzionamento dell'Unione europea.

2. Il parere motivato che ciascuna Camera invia ai Presidenti del Parlamento europeo, del Consiglio dell'Unione europea e della Commissione europea ai sensi del Protocollo n. 2 sull'applicazione dei principi di sussidiarietà e di proporzionalità, allegato al Trattato sull'Unione europea c al Trattato sul funzionamento dell'Unione europea, è trasmesso contestualmente anche al Governo.

3. Ai fini dell'esercizio dei poteri di cui al comma 1, le Camere possono consultare, secondo le modalità previste nei rispettivi Regolamenti, i consigli e le assemblee delle regioni e delle province autonome, in conformità all'articolo 6, primo paragrafo, del Protocollo n. 2 sull'applicazione dei principi di sussidiarietà e di proporzionalità, allegato al Trattato sull'Unione europea e al Trattato sul funzionamento dell'Unione europea.

Articolo 9. Partecipazione delle Camere al dialogo politico con le istituzioni dell'Unione europea. – 1. Fatto salvo quanto previsto dagli articoli 7 e 8, sui progetti di atti legislativi e sugli altri atti trasmessi alle Camere in base al Protocollo n. 1 sul ruolo dei parlamenti nazionali nell'Unione europea, allegato al Trattato sull'Unione europea, al Trattato sul funzionamento dell'Unione europea e al Trattato che istituisce la Comunità europea dell'energia atomica, e in base al Protocollo n. 2 sull'applicazione dei principi di sussidiarietà e di proporzionalità, allegato al Trattato sull'Unione europea e al Trattato sul funzionamento dell'Unione europea, le Camere possono far pervenire alle istituzioni dell'Unione europea e contestualmente al Governo ogni documento utile alla definizione delle politiche europee.

2. I documenti tengono conto di eventuali osservazioni e proposte formulate dalle regioni e dalle province autonome di Trento e di Bolzano ai sensi dell'articolo 24, comma 3, e dalle assemblee e dai consigli regionali e delle province autonome ai sensi dell'articolo 25.

Articolo 10. Riserva di esame parlamentare. – 1. Ciascuna Camera, qualora abbia iniziato l'esame di progetti o di atti di cui all'articolo 6, comma 1, può chiedere al Governo, informandone contestualmente l'altra Camera, di apporre in sede di Consiglio dell'Unione europea la riserva di esame parlamentare sul progetto o atto in corso di esame. In tal caso il Governo può procedere alle attività di propria competenza per la formazione dei relativi atti dell'Unione europea soltanto a conclusione di tale esame, e comunque decorso il termine di cui al comma 3 del presente articolo.

2. In casi di particolare importanza politica, economica e sociale di progetti o di atti di cui all'articolo 6, comma 1, il Governo può apporre, in sede di Consiglio dell'Unione eu-

ropea, una riserva di esame parlamentare sul testo o su una o più parti di esso. In tal caso il Governo invia alle Camere il testo sottoposto alla decisione, affinché su di esso si esprimano i competenti organi parlamentari.

3. Nei casi di cui ai commi 1 e 2, il Presidente del Consiglio dei Ministri o il Ministro per gli affari europei comunica alle Camere di aver apposto una riserva di esame parlamentare in sede di Consiglio dell'Unione europea. Decorso il termine di trenta giorni dalla predetta comunicazione, il Governo può procedere alle attività dirette alla formazione dei relativi atti dell'Unione europea anche in mancanza della pronuncia parlamentare.

Articolo 11. Procedure semplificate di modifica di norme dei Trattati. – 1. Il Governo informa tempestivamente le Camere sulle iniziative assunte dalle competenti istituzioni dell'Unione europea nell'ambito della procedura di revisione semplificata di cui all'articolo 48, paragrafi 6 e 7, e all'articolo 42, paragrafo 2, del Trattato sull'Unione europea, nonché delle altre procedure di modifica semplificata di norme dei Trattati previste dal medesimo Trattato o dal Trattato sul funzionamento dell'Unione europea. Il Governo fornisce contestualmente alle Camere gli elementi utili ai fini dell'esercizio dei poteri di cui al presente articolo.

2. Nel caso di cui all'articolo 42, paragrafo 2, del Trattato sull'Unione europea, l'adozione da parte dell'Italia della decisione prevista dal medesimo articolo è fatta con legge. Entro trenta giorni dalla trasmissione da parte del Consiglio europeo della raccomandazione di cui al citato articolo 42, paragrafo 2, del Trattato sull'Unione europea, il Governo sottopone alle Camere un disegno di legge recante l'adozione della decisione, accompagnandolo con una relazione illustrativa che dà indicazione della portata e delle finalità della decisione di cui si propone l'adozione, nonché del suo impatto sull'ordinamento italiano.

3. Nei casi in cui l'entrata in vigore di una decisione del Consiglio europeo o del Consiglio dell'Unione europea è subordinata dal Trattato sull'Unione europea e dal Trattato sul funzionamento dell'Unione europea alla previa approvazione degli Stati membri conformemente alle rispettive norme costituzionali, il Governo trasmette la decisione alle Camere ai fini delle opportune deliberazioni. La decisione si considera approvata in caso di deliberazione positiva di entrambe le Camere. Il Governo ne informa immediatamente il Consiglio europeo o il Consiglio dell'Unione europea.

4. Nel caso di cui all'articolo 48, paragrafo 6, del Trattato sull'Unione europea, l'approvazione di cui al comma 3 del presente articolo è data con legge. A questo fine, quando il Consiglio europeo adotta una decisione ai sensi del citato articolo 48, paragrafo 6, del Trattato sull'Unione europea, il Governo sottopone alle Camere, entro trenta giorni dall'adozione di tale decisione, un disegno di legge recante l'approvazione della stessa.

5. Nei casi di cui all'articolo 48, paragrafo 7, del Trattato sull'Unione europea e all'articolo 81, paragrafo 3, del Trattato sul funzionamento dell'Unione europea, la deliberazione delle Camere è resa entro il termine di sei mesi dalla trasmissione dell'atto dell'Unione europea alle Camere da parte delle competenti istituzioni dell'Unione stessa. In caso di deliberazione negativa di entrambe le Camere, esse ne danno immediata comunicazione a tali istituzioni, informando contestualmente il Governo.

6. La decisione sulle risorse proprie, di cui all'articolo 311, terzo comma, del Trattato sul funzionamento dell'Unione europea, è approvata con legge.

7. Il Governo informa tempestivamente le Camere sullo stato di approvazione delle decisioni di cui al presente articolo da parte degli altri Stati membri dell'Unione europea.

Articolo 12. Meccanismo del freno d'emergenza. – 1. In relazione alle proposte legislative presentate ai sensi degli articoli 48, secondo comma, 82, paragrafo 3, e 83, paragrafo 3, del Trattato sul funzionamento dell'Unione europea, colui che rappresenta l'Italia nel Consiglio dell'Unione europea è tenuto a chiedere che la proposta stessa sia sottoposta al Consiglio europeo, ove entrambe le Camere adottino un atto di indirizzo in tal senso.

2. Nei casi previsti dall'articolo 31, paragrafo 2, del Trattato sull'Unione europea, colui che rappresenta l'Italia nel Consiglio dell'Unione europea è tenuto ad opporsi ad una

decisione per specificati e vitali motivi di politica nazionale ove entrambe le Camere adottino un atto di indirizzo motivato in tal senso.

3. Per le finalità di cui ai commi 1 e 2 il Governo trasmette tempestivamente alle Camere le proposte presentate ai sensi dell'articolo 31, paragrafo 2, del Trattato sull'Unione europea e degli articoli 48, secondo comma, 82, paragrafo 3, e 83, paragrafo 3, del Trattato sul funzionamento dell'Unione europea. Decorso il termine di trenta giorni dalla predetta trasmissione, il Governo può esprimere un voto favorevole sulle proposte anche in mancanza della pronuncia parlamentare.

Articolo 13. – Relazioni annuali al Parlamento. – 1. Entro il 31 dicembre di ogni anno il Governo presenta alle Camere una relazione che indica:

a) gli orientamenti e le priorità che il Governo intende perseguire nell'anno successivo con riferimento agli sviluppi del processo di integrazione europea, ai profili istituzionali e a ciascuna politica dell'Unione europea, tenendo anche conto delle indicazioni contenute nel programma legislativo e di lavoro annuale della Commissione europea e negli altri strumenti di programmazione legislativa e politica delle istituzioni dell'Unione stessa. Nell'ambito degli orientamenti e delle priorità, particolare e specifico rilievo è attribuito alle prospettive e alle iniziative relative alla politica estera e di sicurezza comune e alle relazioni esterne dell'Unione europea;

b) gli orientamenti che il Governo ha assunto o intende assumere in merito a specifici progetti di atti normativi dell'Unione europea, a documenti di consultazione ovvero ad atti preordinati alla loro formazione, già presentati o la cui presentazione sia prevista per l'anno successivo nel programma legislativo e di lavoro della Commissione europea;

c) le strategie di comunicazione e di formazione del Governo in merito all'attività dell'Unione europea e alla partecipazione italiana all'Unione europea.

2. Al fine di fornire al Parlamento tutti gli elementi conoscitivi necessari per valutare la partecipazione dell'Italia all'Unione europea, entro il 28 febbraio di ogni anno il Governo presenta alle Camere una relazione sui seguenti temi:

a) gli sviluppi del processo di integrazione europea registrati nell'anno di riferimento, con particolare riguardo alle attività del Consiglio europeo e del Consiglio dell'Unione europea, alle questioni istituzionali, alla politica estera e di sicurezza comune dell'Unione europea nonché alle relazioni esterne dell'Unione europea, alla cooperazione nei settori della giustizia e degli affari interni e agli orientamenti generali delle politiche dell'Unione. La relazione reca altresì l'elenco delle riunioni del Consiglio europeo e del Consiglio dell'Unione europea tenutesi nell'anno di riferimento, con l'indicazione delle rispettive date, dei partecipanti per l'Italia e dei temi trattati;

b) la partecipazione dell'Italia al processo normativo dell'Unione europea e in generale alle attività delle istituzioni dell'Unione europea per la realizzazione delle principali politiche settoriali, quali: mercato interno e concorrenza; politica agricola e della pesca; politica dei trasporti e reti transeuropee; politica della società dell'informazione e delle nuove tecnologie; politica di ricerca e dell'innovazione; politica dello spazio; politica energetica; politica dell'ambiente; politica fiscale; politiche per l'inclusione sociale, le pari opportunità e la gioventù; politica del lavoro; politica della salute; politica per l'istruzione, la formazione e la cultura; politiche per la libertà, sicurezza e giustizia. Nella relazione sono riportate le linee negoziali che hanno caratterizzato la partecipazione italiana, insieme ai dati consuntivi c a una valutazione di merito della predetta partecipazione, anche in termini di efficienza ed efficacia dell'attività svolta in relazione ai risultati conseguiti. La relazione reca altresì l'elenco dei principali atti legislativi in corso di elaborazione nell'anno di riferimento e non definiti entro l'anno medesimo;

c) l'attuazione in Italia delle politiche di coesione economica, sociale e territoriale, l'andamento dei flussi finanziari verso l'Italia e la loro utilizzazione, con riferimento anche alle relazioni della Corte dei conti dell'Unione europea per ciò che concerne l'Italia. La relazione reca altresì una valutazione di merito sui principali risultati annualmente conseguiti nonché sui progressi e sui temi rilevanti, anche relativamente al concorso delle politiche per il raggiungimento degli obiettivi del periodo di programmazione vigente;

d) il seguito dato e le iniziative assunte in relazione ai pareri, alle osservazioni e agli atti di indirizzo delle Camere, nonché alle osservazioni della Conferenza delle regioni e delle province autonome, della Conferenza permanente per i rapporti tra lo Stato, le regioni e le province autonome di Trento e di Bolzano e della Conferenza dei presidenti delle assemblee legislative delle regioni e delle province autonome.

3. Il Presidente del Consiglio dei Ministri o il Ministro per gli affari europei trasmette le relazioni di cui ai commi 1 e 2 anche alla Conferenza delle regioni e delle province autonome, alla Conferenza permanente per i rapporti tra lo Stato, le regioni e le province autonome di Trento e di Bolzano, alla Conferenza dei presidenti delle assemblee legislative delle regioni e delle province autonome e alla Conferenza Stato-città ed autonomie locali.

Articolo 14. Informazione al Parlamento su procedure giurisdizionali e di pre-contenzioso riguardanti l'Italia. – 1. Il Presidente del Consiglio dei Ministri o il Ministro per gli affari europei, sulla base delle informazioni ricevute dalle amministrazioni competenti, trasmette ogni tre mesi alle Camere, alla Corte dei conti, alle regioni e alle province autonome un elenco, articolato per settore e materia:

a) delle sentenze della Corte di giustizia dell'Unione europea relative a giudizi di cui l'Italia sia stata parte o che abbiano rilevanti conseguenze per l'ordinamento italiano;

b) dei rinvii pregiudiziali disposti ai sensi dell'articolo 267 del Trattato sul funzionamento dell'Unione europea da organi giurisdizionali italiani;

c) delle procedure d'infrazione avviate nei confronti dell'Italia ai sensi degli articoli 258 e 260 del Trattato sul funzionamento dell'Unione europea, con informazioni sintetiche sull'oggetto e sullo stato del procedimento nonché sulla natura delle eventuali violazioni contestate all'Italia;

d) dei procedimenti di indagine formale avviati dalla Commissione europea nei confronti dell'Italia ai sensi dell'articolo 108, paragrafo 2, del Trattato sul funzionamento dell'Unione europea.

2. Il Ministro dell'economia e delle finanze, di concerto con il Ministro per gli affari europei, trasmette ogni sei mesi alle Camere e alla Corte dei conti informazioni sulle eventuali conseguenze di carattere finanziario degli atti e delle procedure di cui al comma 1.

3. Quando uno degli atti dell'Unione europea di cui al comma 1 è posto alla base di un disegno di legge d'iniziativa governativa, di un decreto-legge o di uno schema di decreto legislativo sottoposto al parere parlamentare, nonché, in ogni altro caso, su richiesta di una delle due Camere, il Presidente del Consiglio dei Ministri o il Ministro per gli affari europei comunica alle Camere le informazioni o i documenti relativi a tali atti.

4. Le informazioni e i documenti di cui al presente articolo sono trasmessi avvalendosi di modalità informatiche.

5. Il Governo può raccomandare l'uso riservato delle informazioni e dei documenti trasmessi.

Articolo 15. Controllo parlamentare sulle procedure d'infrazione riguardanti l'Italia. – 1. Il Presidente del Consiglio dei Ministri o il Ministro per gli affari europei comunica alle Camere, contestualmente alla ricezione della relativa notifica da parte della Commissione europea, le decisioni assunte dalla stessa Commissione concernenti l'avvio di una procedura d'infrazione di cui agli articoli 258 e 260 del Trattato sul funzionamento dell'Unione europea. Della comunicazione viene informato il Ministro con competenza prevalente, nonché ogni altro soggetto pubblico il cui comportamento sia messo in causa dal ricorso o dalla procedura d'infrazione di cui al primo periodo.

2. Entro venti giorni dalla comunicazione di cui al comma 1, il Ministro con competenza

prevalente è tenuto a trasmettere alle Camere una relazione che illustra le ragioni che hanno determinato l'inadempimento o la violazione contestati con la procedura d'infrazione, indicando altresì le attività svolte e le azioni che si intende assumere ai fini della positiva soluzione della procedura stessa. La relazione è trasmessa contestualmente al Presidente del Consiglio dei Ministri o al Ministro per gli affari europei. Le Camere possono assumere al riguardo tutte le opportune deliberazioni in conformità ai rispettivi Regolamenti.

3. Il Presidente del Consiglio dei Ministri o il Ministro per gli affari europei informa senza ritardo le Camere e la Corte dei conti di ogni sviluppo significativo relativo a procedure d'infrazione basate sull'articolo 260 del Trattato sul funzionamento dell'Unione europea.

4. Alle comunicazioni di cui al presente articolo si applica il comma 5 dell'articolo 14.

Articolo 16. Relazione trimestrale al Parlamento sui flussi finanziari con l'Unione europea. – 1. Il Governo presenta ogni tre mesi alle Camere, alle regioni e alle province autonome, per il tramite della Conferenza delle regioni e delle province autonome e della Conferenza dei presidenti delle assemblee legislative delle regioni e delle province autonome, una relazione sull'andamento dei flussi finanziari tra l'Italia e l'Unione europea. La relazione contiene un'indicazione dei flussi finanziari ripartiti per ciascuna rubrica e sottorubrica contemplata dal quadro finanziario pluriennale di riferimento dell'Unione europea. Per ciascuna rubrica e sottorubrica sono riportati la distribuzione e lo stato di utilizzazione delle risorse erogate a carico del bilancio dell'Unione europea in relazione agli enti competenti e alle aree geografiche rilevanti.

Articolo 17. Nomina di membri italiani di istituzioni dell'Unione europea. – 1. All'atto della proposta o della designazione da parte del Governo dei membri italiani della Commissione europea, della Corte di giustizia dell'Unione europea, della Corte dei conti europea, del Comitato economico e sociale europeo, del Comitato delle regioni, del Consiglio di amministrazione della Banca europea per gli investimenti e delle agenzie dell'Unione europea, il Presidente del Consiglio dei Ministri o il Ministro per gli affari europei ne informa le Camere.

2. L'informativa di cui al comma 1 dà conto in particolare della procedura seguita per addivenire alla proposta o alla designazione, delle motivazioni della scelta, nonché del curriculum vitae delle persone proposte o designate, con l'indicazione degli eventuali incarichi dalle stesse svolti o in corso di svolgimento.

3. Dopo l'effettiva assunzione delle funzioni da parte delle persone di cui al comma 1, le competenti Commissioni parlamentari possono chiederne l'audizione.

4. Le disposizioni di cui al presente articolo si applicano anche alle proposte e alle designazioni volte alla conferma di persone in carica.

CAPO III – COORDINAMENTO DELLA PARTECIPAZIONE DELL'ITALIA AL PROCESSO NORMATIVO DELL'UNIONE EUROPEA

Articolo 18. Dipartimento per le politiche europee. – 1. Le attività di coordinamento delle politiche derivanti dall'appartenenza dell'Italia all'Unione europea e di adeguamento della normativa nazionale agli obblighi di cui all'articolo 1 sono svolte dal Dipartimento della Presidenza del Consiglio dei Ministri di cui all'articolo 3 del decreto legislativo 30 luglio 1999, n. 303, che assume la denominazione di «Dipartimento per le politiche europee».

Articolo 19. Comitato tecnico di valutazione degli atti dell'Unione europea. – 1. Per la preparazione delle proprie riunioni il CIAE si avvale di un Comitato tecnico di valutazione degli atti dell'Unione europea, di seguito denominato «Comitato tecnico di valutazione», istituito presso la Presidenza del Consiglio dei Ministri – Dipartimento per le politiche europee, coordinato e presieduto dal ***Segretario*** del CIAE di cui all'articolo 2, comma 9-**bis** [6].

---

[6] Comma modificato dall'art. 34, 1° comma, lett. a), legge 7 luglio 2016, n. 122 – Disposizioni per

2. Il Comitato tecnico di valutazione coordina, nel quadro degli indirizzi del Governo, la predisposizione della posizione italiana nella fase di formazione degli atti normativi dell'Unione europea. A tal fine, il Comitato tecnico di valutazione svolge le seguenti funzioni:

a) raccoglie le istanze provenienti dalle diverse amministrazioni sulle questioni in discussione presso l'Unione europea e istruisce e definisce le posizioni che saranno espresse dall'Italia in sede di Unione europea, previa, quando necessario, deliberazione del CIAE;

b) trasmette le proprie deliberazioni ai competenti rappresentanti italiani incaricati di presentarle in tutte le diverse istanze dell'Unione europea;

c) verifica l'esecuzione delle decisioni prese nel CIAE.

3. Ogni Ministro designa un proprio rappresentante quale membro del Comitato tecnico di valutazione abilitato a esprimere la posizione dell'amministrazione.

4. Nell'ambito del Comitato tecnico di valutazione sono istituiti singoli gruppi di lavoro incaricati di preparare i lavori del medesimo Comitato con riguardo a specifiche tematiche. I gruppi di lavoro sono presieduti dal ***Segretario*** del CIAE di cui all'articolo 2, comma 9-**bis**, o da un suo delegato. La composizione dei gruppi di lavoro riflette quella del Comitato tecnico di valutazione [7].

5. Qualora siano trattate materie che interessano le regioni e le province autonome, il Comitato tecnico di valutazione è integrato da un rappresentante di ciascuna regione e provincia autonoma indicato dal rispettivo presidente e, per gli ambiti di competenza degli enti locali, da rappresentanti indicati dall'ANCI, dall'UPI e dall'UNCEM.

Le riunioni del Comitato tecnico di valutazione integrato sono convocate dal Segretario del CIAE di cui all'articolo 2, comma 9-*bis*, d'intesa con il direttore dell'ufficio di segreteria della Conferenza permanente per i rapporti tra lo Stato, le regioni e le province autonome di Trento e di Bolzano e con il direttore dell'ufficio di segreteria della Conferenza Stato-città ed autonomie locali, che vi partecipano, e si svolgono presso la Conferenza permanente per i rapporti tra lo Stato, le regioni e le province autonome di Trento e di Bolzano [8].

6. Alle riunioni del Comitato tecnico di valutazione partecipano, in qualità di osservatori, funzionari del Senato della Repubblica e della Camera dei deputati designati dalle rispettive amministrazioni.

Qualora siano trattate materie che interessano le regioni e le province autonome di Trento e di Bolzano, al Comitato tecnico di valutazione partecipano, in qualità di osservatori, rappresentanti della Conferenza dei presidenti delle assemblee legislative delle regioni e delle province autonome.

7. Alle riunioni del Comitato tecnico di valutazione possono essere invitati, quando si trattano questioni che rientrano nelle rispettive competenze, rappresentanti delle autorità di regolamentazione o vigilanza.

8. L'organizzazione e il funzionamento del Comitato tecnico di valutazione sono disciplinati con decreto del Presidente della Repubblica, adottato ai sensi dell'articolo 17, comma 1, lettera b), della legge 23 agosto 1988, n. 400, su proposta del Ministro per gli affari europei, di concerto con il Ministro degli affari esteri, sentita la Conferenza unificata di cui all'articolo 8 del decreto legislativo 28 agosto 1997, n. 281, e successive modificazioni. Fino alla data di entrata in vigore del decreto del Presidente della Repubblica, di cui al primo periodo, restano efficaci gli atti adottati in attuazione dell'articolo 2, comma 4, ultimo periodo, della legge 4 febbraio 2005, n. 11 [9].

9. Non si applica l'articolo 29, comma 2, lettera e-bis), del decreto-legge 4 luglio 2006, n. 223, convertito, con modificazioni, dalla legge 4 agosto 2006, n. 248.

---

l'adempimento degli obblighi derivanti dall'appartenenza dell'Italia all'Unione europea. Legge europea 2015-2016, in *G.U.R.I.* 8 luglio 2016, n. 158, in vigore dal 23 luglio 2016.

[7] Comma modificato dall'art. 34, 1° comma, lett. a), legge 7 luglio 2016, n. 122 cit. alla nota 6.

[8] Comma modificato dall'art. 34, 1° comma, lett. b), legge 7 luglio 2016, n. 122 cit. alla nota 6.

[9] Si veda oltre, par. 12.3., il decreto del Presidente della Repubblica.

Articolo 20. Nuclei di valutazione degli atti dell'Unione europea. – 1. Al fine di assicurare una più efficace partecipazione dell'Italia alla formazione del diritto dell'Unione europea e la puntuale attuazione dello stesso nell'ordinamento interno, le amministrazioni statali individuano al loro interno, nei limiti delle risorse finanziarie, umane e strumentali disponibili a legislazione vigente e senza prevedere l'istituzione di nuove strutture organizzative, uno o più nuclei di valutazione degli atti dell'Unione europea.

2. I nuclei di cui al comma 1 sono composti da personale delle diverse articolazioni delle singole amministrazioni e operano in collegamento con la Presidenza del Consiglio dei Ministri – Dipartimento per le politiche europee e, ove necessario, con altre amministrazioni. Essi assicurano il monitoraggio delle attività di rilevanza europea di competenza delle rispettive amministrazioni e contribuiscono alla predisposizione da parte di queste dei rispettivi contributi alle informazioni e alle relazioni da trasmettere alle Camere o ad altri soggetti istituzionali ai sensi della presente legge.

3. I responsabili dei nuclei di cui al comma 1 assistono i rappresentanti delle rispettive amministrazioni presso il Comitato tecnico di valutazione, salvo che non siano essi stessi designati quali rappresentanti delle proprie amministrazioni in seno a detto Comitato.

Articolo 21. Esperti nazionali distaccati. – 1. Le amministrazioni pubbliche favoriscono e incentivano le esperienze del proprio personale presso le istituzioni e gli organi dell'Unione europea, gli Stati membri dell'Unione e gli Stati candidati all'adesione all'Unione. In particolare, i dipendenti delle amministrazioni pubbliche possono essere destinati a prestare temporaneamente servizio presso il Parlamento europeo, il Consiglio dell'Unione europea, la Commissione europea, le altre istituzioni e gli altri organi dell'Unione, incluse le agenzie, in qualità di esperti nazionali distaccati, ai sensi dell'articolo 32 del decreto legislativo 30 marzo 2001, n. 165, come sostituito dal comma 2 del presente articolo [10].

2. L'articolo 32 del decreto legislativo 30 marzo 2001, n. 165, è sostituito dal seguente: «Art. 32 (Collegamento con le istituzioni internazionali, dell'Unione europea e di altri Stati. Esperti nazionali distaccati). – 1. Le amministrazioni pubbliche favoriscono e incentivano le esperienze del proprio personale presso le istituzioni europee, le organizzazioni internazionali nonché gli Stati membri dell'Unione europea, gli Stati candidati all'adesione all'Unione e gli altri Stati con i quali l'Italia intrattiene rapporti di collaborazione, ai sensi della lettera c), al fine di favorire lo scambio internazionale di esperienze amministrative e di rafforzare il collegamento tra le amministrazioni di provenienza e quelle di destinazione. I dipendenti delle amministrazioni pubbliche possono essere destinati a prestare temporaneamente servizio presso:

a) il Parlamento europeo, il Consiglio dell'Unione europea, la Commissione europea, le altre istituzioni e gli altri organi dell'Unione europea, incluse le agenzie, prioritariamente in qualità di esperti nazionali distaccati;

b) le organizzazioni e gli enti internazionali ai quali l'Italia aderisce;

c) le amministrazioni pubbliche degli Stati membri dell'Unione europea, degli Stati candidati all'adesione all'Unione e di altri Stati con i quali l'Italia intrattiene rapporti di collaborazione, a seguito di appositi accordi di reciprocità stipulati tra le amministrazioni interessate, d'intesa con il Ministero degli affari esteri e con la Presidenza del Consiglio dei Ministri – Dipartimento della funzione pubblica.

2. Ai fini di cui al comma 1, la Presidenza del Consiglio dei Ministri – Dipartimenti della funzione pubblica e per le politiche europee e il Ministero degli affari esteri, d'intesa tra loro:

a) coordinano la costituzione di una banca dati di potenziali candidati qualificati dal punto di vista delle competenze in materia europea o internazionale e delle conoscenze linguistiche;

---

[10] Cfr. anche il D.P.C.M. 30 ottobre 2014, n. 184 – Regolamento di attuazione relativo ai distacchi di personale della pubblica amministrazione presso l'Unione europea, le organizzazioni internazionali e Stati esteri, in *G.U.R.I.* 15 dicembre 2014, n. 290.

b) definiscono, d'intesa con le amministrazioni interessate, le aree di impiego prioritarie del personale da distaccare, con specifico riguardo agli esperti nazionali presso le istituzioni dell'Unione europea;

c) promuovono la sensibilizzazione dei centri decisionali, le informazioni relative ai posti vacanti nelle istituzioni internazionali e dell'Unione europea e la formazione del personale, con specifico riguardo agli esperti nazionali presso le istituzioni dell'Unione.

3. Il trattamento economico degli esperti nazionali distaccati può essere a carico delle amministrazioni di provenienza, di quelle di destinazione o essere suddiviso tra esse, ovvero essere rimborsato in tutto o in parte allo Stato italiano dall'Unione europea o da un'organizzazione o ente internazionale.

4. Il personale che presta servizio temporaneo all'estero resta a tutti gli effetti dipendente dell'amministrazione di appartenenza.

L'esperienza maturata all'estero costituisce titolo preferenziale per l'accesso a posizioni economiche superiori o a progressioni orizzontali e verticali di carriera all'interno dell'amministrazione pubblica».

3. Con decreto del Ministro per gli affari europei e del Ministro degli affari esteri, di concerto con i Ministri dell'economia e delle finanze e per la pubblica amministrazione e la semplificazione, emanato ai sensi dell'articolo 17, comma 3, della legge 23 agosto 1988, n. 400, sono definite le modalità di attuazione del presente articolo ed è determinato il contingente massimo di esperti nazionali distaccati.

CAPO IV – PARTECIPAZIONE DELLE REGIONI, DELLE PROVINCE AUTONOME E DELLE AUTONOMIE LOCALI AL PROCESSO DI FORMAZIONE DEGLI ATTI DELL'UNIONE EUROPEA

Articolo 22. Sessione europea della Conferenza permanente per i rapporti tra lo Stato, le regioni e le province autonome di Trento e di Bolzano. – 1. Il Presidente del Consiglio dei Ministri convoca almeno ogni quattro mesi, o su richiesta delle regioni e delle province autonome, una sessione speciale della Conferenza permanente per i rapporti tra lo Stato, le regioni e le province autonome di Trento e di Bolzano, dedicata alla trattazione degli aspetti delle politiche dell'Unione europea di interesse regionale e provinciale, al fine di raccordare le linee della politica nazionale, relativa all'elaborazione degli atti dell'Unione europea, con le esigenze rappresentate dalle regioni e dalle province autonome, nelle materie di competenza di queste ultime. Il Governo informa tempestivamente le Camere sui risultati emersi da tale sessione.

2. La Conferenza permanente per i rapporti tra lo Stato, le regioni e le province autonome di Trento e di Bolzano, convocata ai sensi del comma 1, in particolare, esprime parere:

a) sugli indirizzi generali relativi all'elaborazione e all'attuazione degli atti dell'Unione europea che riguardano le competenze delle regioni e delle province autonome;

b) sui criteri e sulle modalità per conformare l'esercizio delle funzioni delle regioni e delle province autonome all'osservanza e all'adempimento degli obblighi di cui all'articolo 1;

c) sugli schemi dei disegni di legge di cui all'articolo 29 della presente legge, sulla base di quanto previsto dall'articolo 5, comma 1, lettera b), del decreto legislativo 28 agosto 1997, n. 281, e successive modificazioni.

3. Il Presidente del Consiglio dei Ministri o il Ministro per gli affari europei riferisce al Comitato interministeriale per la programmazione economica per gli aspetti di competenza di cui all'articolo 2 della legge 16 aprile 1987, n. 183.

Articolo 23. Sessione europea della Conferenza Stato-città ed autonomie locali. – 1. Il Presidente del Consiglio dei Ministri o il Ministro per gli affari europei convoca, d'intesa con il Ministro dell'interno, almeno due volte l'anno, o su richiesta del presidente dell'ANCI, del presidente dell'UPI o del presidente dell'UNCEM, una sessione speciale della Conferenza Stato-città ed autonomie locali, dedicata alla trattazione degli aspetti delle politiche dell'Unione europea di interesse degli enti locali. Il Governo informa tempestivamente le Camere e la Conferenza delle regioni e delle province autonome sui risultati emersi durante tale sessione. La Conferenza Stato-città ed autonomie locali, in particolare, esprime parere sui criteri e sulle modalità per conformare l'esercizio delle funzioni di interesse degli enti locali all'osservanza e all'adempimento degli obblighi di cui all'articolo 1.

Articolo 24. Partecipazione delle regioni e delle province autonome alle decisioni relative alla formazione di atti normativi dell'Unione europea. – 1. I progetti e gli atti di cui all'articolo 6, comma 1, sono trasmessi dal Presidente del Consiglio dei Ministri o dal Ministro per gli affari europei, contestualmente alla loro ricezione, alla Conferenza delle regioni e delle province autonome e alla Conferenza dei presidenti delle assemblee legislative delle regioni e delle province autonome, ai fini dell'inoltro alle giunte e ai consigli regionali e delle province autonome.

2. In relazione a progetti di atti legislativi dell'Unione europea che rientrano nelle materie di competenza delle regioni e delle province autonome, la Presidenza del Consiglio dei Ministri – Dipartimento per le politiche europee assicura ai soggetti di cui al comma 1 del presente articolo un'informazione qualificata e tempestiva con le modalità di cui all'articolo 6, comma 4.

3. Ai fini della formazione della posizione italiana sui progetti di atti di cui al comma 1 del presente articolo, le regioni e le province autonome, nelle materie di loro competenza, possono trasmettere osservazioni, entro trenta giorni dalla data del ricevimento degli atti di cui all'articolo 6, comma 1, al Presidente del Consiglio dei Ministri o al Ministro per gli affari europei dandone contestuale comunicazione alle Camere, alla Conferenza delle regioni e delle province autonome e alla Conferenza dei presidenti delle assemblee legislative delle regioni e delle province autonome.

4. Qualora un progetto di atto normativo dell'Unione europea riguardi una materia attribuita alla competenza legislativa delle regioni o delle province autonome e una o più regioni o province autonome ne facciano richiesta, il Presidente del Consiglio dei Ministri o il Ministro da lui delegato convoca la Conferenza permanente per i rapporti tra lo Stato, le regioni e le province autonome di Trento e di Bolzano, ai fini del raggiungimento dell'intesa di cui all'articolo 3 del decreto legislativo 28 agosto 1997, n. 281, entro il termine di trenta giorni. Decorso tale termine, ovvero nei casi di urgenza motivata sopravvenuta, il Governo può procedere anche in mancanza dell'intesa.

5. Nei casi di cui al comma 4, qualora lo richieda la Conferenza permanente per i rapporti tra lo Stato, le regioni e le province autonome di Trento e di Bolzano, il Governo appone una riserva di esame in sede di Consiglio dell'Unione europea. In tale caso il Presidente del Consiglio dei Ministri o il Ministro per gli affari europei comunica alla Conferenza permanente per i rapporti tra lo Stato, le regioni e le province autonome di Trento e di Bolzano di aver apposto una riserva di esame in sede di Consiglio dell'Unione europea. Decorso il termine di trenta giorni dalla predetta comunicazione, il Governo può procedere anche in mancanza della pronuncia della predetta Conferenza alle attività dirette alla formazione dei relativi atti dell'Unione europea.

6. Salvo il caso di cui al comma 4, qualora le osservazioni delle regioni e delle province autonome non siano pervenute al Governo entro la data indicata all'atto della trasmissione dei progetti o, in mancanza, entro il giorno precedente quello della discussione in sede di Unione europea, il Governo può comunque procedere alle attività dirette alla formazione dei relativi atti dell'Unione europea.

7. Nelle materie di competenza delle regioni e delle province autonome, la Presidenza del Consiglio dei Ministri – Dipartimento per le politiche europee, nell'esercizio delle competenze di cui all'articolo 3, comma 2, del decreto legislativo 30 luglio 1999, n. 303, convoca ai singoli gruppi di lavoro di cui all'articolo 19, comma 4, della presente legge, i rappresentanti delle regioni e delle province autonome, ai fini della successiva definizione della posizione italiana da sostenere, d'intesa con il Ministero degli affari esteri e con i Ministeri competenti per materia, in sede di Unione europea.

8. Il Presidente del Consiglio dei Ministri o il Ministro per gli affari europei informa tempestivamente le regioni e le province autonome, per il tramite della Conferenza delle regioni e delle province autonome, sulle proposte e sulle materie di competenza delle regioni e delle province autonome che risultano inserite all'ordine del giorno delle riunioni del Consiglio dell'Unione europea.

9. Il Presidente del Consiglio dei Ministri o il Ministro per gli affari europei, prima dello svolgimento delle riunioni del Consiglio europeo, riferisce alla Conferenza permanente per i rapporti tra lo Stato, le regioni e le province autonome di Trento e di Bolzano, in sessione europea, sulle proposte e sulle materie di competenza delle regioni e delle province autonome che risultano inserite all'ordine del giorno, illustrando la posizione che il Governo intende assumere.

Il Governo riferisce altresì, su richiesta della predetta Conferenza, prima delle riunioni del Consiglio dell'Unione europea, alla Conferenza stessa, in sessione europea, sulle proposte e sulle materie di competenza delle regioni e delle province autonome che risultano inserite all'ordine del giorno, illustrando la posizione che il Governo intende assumere.

10. Il Presidente del Consiglio dei Ministri o il Ministro per gli affari europei informa le regioni e le province autonome, per il tramite della Conferenza delle regioni e delle province autonome, delle risultanze delle riunioni del Consiglio europeo e del Consiglio dell'Unione europea e con riferimento alle materie di loro competenza, entro quindici giorni dallo svolgimento delle stesse.

11. Resta fermo quanto previsto dall'articolo 5, comma 1, della legge 5 giugno 2003, n. 131.

Articolo 25. Partecipazione alla verifica del rispetto del principio di sussidiarietà da parte delle assemblee, dei consigli regionali e delle province autonome di Trento e di Bolzano. – 1. Ai fini della verifica del rispetto del principio di sussidiarietà di cui all'articolo 8, le assemblee e i consigli regionali e delle province autonome di Trento e di Bolzano possono far pervenire alle Camere le loro osservazioni in tempo utile per l'esame parlamentare dandone contestuale comunicazione alla Conferenza dei presidenti delle assemblee legislative delle regioni e delle province autonome.

Articolo 26. Partecipazione degli enti locali alle decisioni relative alla formazione di atti normativi dell'Unione europea. – 1. Il Presidente del Consiglio dei Ministri o il Ministro per gli affari europei assicura, per il tramite della Conferenza Stato-città ed autonomie locali, un'adeguata consultazione dei comuni, delle province e delle città metropolitane ai fini della formazione della posizione dell'Italia in relazione ad attività dell'Unione europea che presentino specifica rilevanza negli ambiti di competenza degli enti locali.

2. Qualora i progetti e gli atti di cui all'articolo 6, comma 1, riguardino questioni di particolare rilevanza negli ambiti di competenza degli enti locali, il Presidente del Consiglio dei Ministri o il Ministro per gli affari europei li trasmette alla Conferenza Stato-città ed autonomie locali. Tali progetti e atti sono altresì trasmessi per il tramite della Conferenza Stato-città ed autonomie locali, in relazione ai rispettivi ambiti di competenza, all'ANCI, all'UPI e all'UNCEM. Su tutti i progetti e gli atti di loro interesse le associazioni rappresentative degli enti locali, per il tramite della Conferenza Stato-città ed autonomie locali, possono trasmettere osservazioni al Presidente del Consiglio dei Ministri o al Ministro per gli affari europei e alle Camere e possono richiedere che gli stessi siano sottoposti all'esame della Conferenza stessa.

3. Nelle materie che investono le competenze degli enti locali, la Presidenza del Consiglio dei Ministri – Dipartimento per le politiche europee convoca ai gruppi di lavoro di cui all'articolo 19, comma 4, esperti designati dagli enti locali secondo modalità da stabilire in sede di Conferenza Stato-città ed autonomie locali. Dall'attuazione del presente comma non devono derivare nuovi o maggiori oneri a carico della finanza pubblica.

4. Qualora le osservazioni degli enti locali non siano pervenute al Governo entro la data indicata all'atto della trasmissione dei progetti o degli atti o, in mancanza, entro il giorno precedente quello della discussione in sede di Unione europea, il Governo può comunque procedere alle attività dirette alla formazione dei relativi atti.

Articolo 27. Modalità di nomina dei membri italiani presso il Comitato delle regioni. – 1. Il Presidente del Consiglio dei Ministri propone al Consiglio dell'Unione europea i membri titolari e i membri supplenti del Comitato delle regioni, spettanti all'Italia in base all'articolo 305 del Trattato sul funzionamento dell'Unione europea.

2. Ai fini della proposta di cui al comma 1, i membri titolari e supplenti del Comitato delle regioni sono indicati, per le regioni e le province autonome di Trento e di Bolzano, dalla Conferenza delle regioni e delle province autonome, per la rappresentanza delle assemblee legislative regionali, dalla Conferenza dei presidenti delle assemblee legislative delle regioni e delle province autonome e, per le province e per i comuni, rispettivamente, dall'UPI, dall'ANCI e dall'UNCEM, secondo i criteri definiti con decreto del Presidente del Consiglio dei Ministri, adottato d'intesa con la Conferenza unificata di cui all'articolo 8 del decreto legislativo 28 agosto 1997, n. 281, e successive modificazioni.

3. Il decreto di cui al comma 2 assicura la rappresentanza delle assemblee legislative regionali, nonché la corrispondenza tra ciascun membro titolare e il rispettivo supplente.

4. In caso di decadenza in corso di mandato di uno dei membri di cui al comma 1, l'indicazione del sostituto è comunicata dall'organismo competente alla Presidenza del Consiglio dei Ministri – Dipartimento per gli affari regionali ai fini della proposta al Consiglio dell'Unione europea.

CAPO V – PARTECIPAZIONE DELLE PARTI SOCIALI E DELLE CATEGORIE PRODUTTIVE AL PROCESSO DI FORMAZIONE DEGLI ATTI DELL'UNIONE EUROPEA

Articolo 28. Partecipazione delle parti sociali e delle categorie produttive alle decisioni relative alla formazione di atti dell'Unione europea. – 1. Il Presidente del Consiglio dei Ministri o il Ministro per gli affari europei assicura il più ampio coinvolgimento delle parti sociali e delle categorie produttive nella fase di formazione della posizione italiana su iniziative dell'Unione europea. A questo scopo il Comitato tecnico di valutazione nonché le amministrazioni interessate possono svolgere, anche mediante il ricorso a strumenti telematici, consultazioni delle parti sociali e delle categorie produttive.

2. Il Presidente del Consiglio dei Ministri o il Ministro per gli affari europei trasmette al Consiglio nazionale dell'economia e del lavoro (CNEL) i progetti e gli atti di cui all'articolo 6, riguardanti materie di particolare interesse economico e sociale. Il CNEL può far pervenire alle Camere e al Governo le valutazioni e i contributi che ritiene opportuni, ai sensi degli articoli 10 e 12 della legge 30 dicembre 1986, n. 936. A tale fine il CNEL può istituire, secondo le norme del proprio ordinamento, uno o più comitati per l'esame degli atti dell'Unione europea.

3. Al fine di assicurare un più ampio coinvolgimento delle parti sociali e delle categorie produttive il Presidente del Consiglio dei Ministri o il Ministro per gli affari europei organizza, in collaborazione con il CNEL, apposite sessioni di studio ai cui lavori possono essere invitati anche le associazioni nazionali dei comuni, delle province e delle comunità montane e ogni altro soggetto interessato.

CAPO VI – ADEMPIMENTO DEGLI OBBLIGHI DERIVANTI DALL'APPARTENENZA DELL'ITALIA ALL'UNIONE EUROPEA

Articolo 29. Legge di delegazione europea e legge europea. – 1. Lo Stato, le regioni e le province autonome di Trento e di Bolzano, nelle materie di propria competenza legislativa, danno tempestiva attuazione alle direttive e agli altri obblighi derivanti dal diritto dell'Unione europea.

2. Il Presidente del Consiglio dei Ministri o il Ministro per gli affari europei informa con tempestività le Camere e, per il tramite della Conferenza delle regioni e delle province autonome e della Conferenza dei presidenti delle assemblee legislative delle regioni e delle province autonome, le regioni e le province autonome, degli atti normativi e di indirizzo emanati dagli organi dell'Unione europea.

3. Il Presidente del Consiglio dei Ministri o il Ministro per gli affari europei verifica, con la collaborazione delle amministrazioni interessate, lo stato di conformità dell'ordinamento interno e degli indirizzi di politica del Governo in relazione agli atti di cui al comma 2 e ne trasmette le risultanze tempestivamente, e comunque ogni quattro mesi, anche con riguardo alle misure da intraprendere per assicurare tale conformità, agli organi parlamentari competenti, alla Conferenza permanente per i rapporti tra lo Stato, le regioni e le province autonome di Trento e di Bolzano e alla Conferenza dei presidenti delle assemblee legislative delle regioni e delle province autonome, per la formulazione di ogni opportuna osservazione. Nelle materie di loro competenza le regioni e le province autonome verificano lo stato di conformità dei propri ordinamenti in relazione ai suddetti atti e trasmettono, entro il 15 gennaio di ogni anno, le risultanze della verifica alla Presidenza del Consiglio dei Ministri – Dipartimento per le politiche europee con riguardo alle misure da intraprendere.

4. All'esito della verifica e tenuto conto delle osservazioni di cui al comma 3, il Presidente del Consiglio dei Ministri o il Ministro per gli affari europei, di concerto con il Ministro degli affari esteri e con gli altri Ministri interessati, entro il 28 febbraio di ogni anno presenta alle Camere, previo parere della Conferenza permanente per i rapporti tra lo Stato, le regioni e le province autonome di Trento e di Bolzano, un disegno di legge recante il titolo: «Delega al Governo per il recepimento delle direttive europee e l'attuazione di altri atti dell'Unione europea», completato dall'indicazione: «Legge di delegazione europea» seguita dall'anno di riferimento, e recante i contenuti di cui all'articolo 30, comma 2.

5. Con riferimento ai contenuti di cui all'articolo 30, comma 3, il Presidente del Consiglio dei Ministri o il Ministro per gli affari europei, di concerto con il Ministro degli affari esteri e con gli altri Ministri interessati, presenta al Parlamento un disegno di legge recante il titolo: «Disposizioni per l'adempimento degli obblighi derivanti dall'appartenenza dell'Italia all'Unione europea», completato dall'indicazione: «Legge europea» seguita dall'anno di riferimento.

6. All'articolo 5, comma 1, del decreto legislativo 28 agosto 1997, n. 281, la lettera b) è sostituita dalla seguente:

«b) esprimere parere sullo schema dei disegni di legge recanti la legge europea e la legge di delegazione europea. Decorso il termine di venti giorni dalla richiesta del parere, i disegni di legge sono presentati al Parlamento anche in mancanza di tale parere».

7. Il disegno di legge di delegazione europea è corredato di una relazione illustrativa, aggiornata al 31 dicembre dell'anno precedente, in cui il Governo:

a) dà conto delle motivazioni che lo hanno indotto all'inclusione delle direttive dell'Unione europea in uno degli allegati, con specifico riguardo all'opportunità di sottoporre i relativi schemi di atti normativi di recepimento al parere delle competenti Commissioni parlamentari;

b) riferisce sullo stato di conformità dell'ordinamento interno al diritto dell'Unione europea e sullo stato delle eventuali procedure d'infrazione, dando conto, in particolare, della giurisprudenza della Corte di giustizia dell'Unione europea relativa alle eventuali inadempienze e violazioni da parte della Repubblica italiana di obblighi derivanti dal diritto dell'Unione europea;

c) fornisce l'elenco delle direttive dell'Unione europea recepite o da recepire in via amministrativa;

d) dà partitamente conto delle ragioni dell'eventuale omesso inserimento delle direttive dell'Unione europea il cui termine di recepimento è già scaduto e di quelle il cui termine di recepimento scade nel periodo di riferimento, in relazione ai tempi previsti per l'esercizio della delega legislativa;

e) fornisce l'elenco delle direttive dell'Unione europea recepite con regolamento ai sensi dell'articolo 35, nonché l'indicazione degli estremi degli eventuali regolamenti di recepimento già adottati;

e-bis) fornisce l'elenco delle direttive dell'Unione europea che delegano alla Commissione europea il potere di adottare gli atti di cui all'articolo 290 del Trattato sul funzionamento dell'Unione europea [11].

f) fornisce l'elenco dei provvedimenti con i quali nelle singole regioni e province autonome si è provveduto a recepire le direttive dell'Unione europea nelle materie di loro competenza, anche con riferimento a leggi annuali di recepimento eventualmente approvate dalle regioni e dalle province autonome. L'elenco è predisposto dalla Conferenza delle regioni e delle province autonome e trasmesso alla Presidenza del Consiglio dei Ministri – Dipartimento per le politiche europee in tempo utile e, comunque, non oltre il 15 gennaio di ogni anno.

8. Nel caso di ulteriori esigenze di adempimento di obblighi di cui all'articolo 1, il Presidente del Consiglio dei Ministri o il Ministro per gli affari europei, di concerto con il Ministro degli affari esteri e con gli altri Ministri interessati, può presentare alle Camere, entro il 31 luglio di ogni anno, previo parere della Conferenza permanente per i rapporti tra lo Stato, le regioni e le province autonome di Trento e di Bolzano, un ulteriore disegno di legge recante il titolo: «Delega al Governo per il recepimento delle direttive europee e l'attuazione di altri atti dell'Unione europea», completato dall'indicazione: «Legge di delegazione europea» seguita dall'anno di riferimento e dalla dicitura: «secondo semestre», e recante i contenuti di cui all'articolo 30, comma 2. Per il disegno di legge di cui al presente comma non è prescritta la relazione illustrativa di cui al comma 7.

Articolo 30. Contenuti della legge di delegazione europea e della legge europea. – 1. La legge di delegazione europea e la legge europea, di cui all'articolo 29, assicurano il periodico adeguamento dell'ordinamento nazionale all'ordinamento dell'Unione europea.

2. La legge di delegazione europea, al fine dell'adempimento degli obblighi di cui all'articolo 1, reca:

a) disposizioni per il conferimento al Governo di delega legislativa volta esclusivamente all'attuazione delle direttive europee e delle decisioni quadro da recepire nell'ordinamento nazionale, esclusa ogni altra disposizione di delegazione legislativa non direttamente riconducibile al recepimento degli atti legislativi europei;

b) disposizioni per il conferimento al Governo di delega legislativa, diretta a modificare o abrogare disposizioni statali vigenti, limitatamente a quanto indispensabile per garantire la conformità dell'ordinamento nazionale ai pareri motivati indirizzati all'Italia dalla Commissione europea ai sensi dell'articolo 258 del Trattato sul funzionamento dell'Unione europea o al dispositivo di sentenze di condanna per inadempimento emesse della Corte di giustizia dell'Unione europea;

c) disposizioni che autorizzano il Governo a recepire in via regolamentare le direttive, sulla base di quanto previsto dall'articolo 35;

d) delega legislativa al Governo per la disciplina sanzionatoria di violazioni di atti normativi dell'Unione europea, secondo quanto disposto dall'articolo 33;

e) delega legislativa al Governo limitata a quanto necessario per dare attuazione a eventuali disposizioni non direttamente applicabili contenute in regolamenti europei;

f) disposizioni che, nelle materie di competenza legislativa delle regioni e delle province autonome, conferiscono delega al Governo per l'emanazione di decreti legislativi recanti sanzioni penali per la violazione delle disposizioni dell'Unione europea recepite dalle regioni e dalle province autonome;

g) disposizioni che individuano i principi fondamentali nel rispetto dei quali le regioni

[11] Comma modificato dall'art. 22, lett. b), legge 20 novembre 2017, n. 167 cit. alla nota 3.

e le province autonome esercitano la propria competenza normativa per recepire o per assicurare l'applicazione di atti dell'Unione europea nelle materie di cui all'articolo 117, terzo comma, della Costituzione;

h) disposizioni che, nell'ambito del conferimento della delega legislativa per il recepimento o l'attuazione degli atti di cui alle lettere a), b) ed e), autorizzano il Governo a emanare testi unici per il riordino e per l'armonizzazione di normative di settore, nel rispetto delle competenze delle regioni e delle province autonome;

i) delega legislativa al Governo per l'adozione di disposizioni integrative e correttive dei decreti legislativi emanati ai sensi dell'articolo 31, commi 5 e 6.

3. La legge europea reca:

a) disposizioni modificative o abrogative di disposizioni statali vigenti in contrasto con gli obblighi indicati all'articolo 1;

b) disposizioni modificative o abrogative di disposizioni statali vigenti oggetto di procedure d'infrazione avviate dalla Commissione europea nei confronti della Repubblica italiana o di sentenze della Corte di giustizia dell'Unione europea;

c) disposizioni necessarie per dare attuazione o per assicurare l'applicazione di atti dell'Unione europea;

d) disposizioni occorrenti per dare esecuzione ai trattati internazionali conclusi nel quadro delle relazioni esterne dell'Unione europea;

e) disposizioni emanate nell'esercizio del potere sostitutivo di cui all'articolo 117, quinto comma, della Costituzione, in conformità ai principi e nel rispetto dei limiti di cui all'articolo 41, comma 1, della presente legge.

4. Gli oneri relativi a prestazioni e a controlli da eseguire da parte di uffici pubblici, ai fini dell'attuazione delle disposizioni dell'Unione europea di cui alla legge di delegazione europea per l'anno di riferimento e alla legge europea per l'anno di riferimento, sono posti a carico dei soggetti interessati, ove ciò non risulti in contrasto con la disciplina dell'Unione europea, secondo tariffe determinate sulla base del costo effettivo del servizio reso. Le tariffe di cui al primo periodo sono predeterminate e pubbliche.

5. Le entrate derivanti dalle tariffe determinate ai sensi del comma 4 sono attribuite, nei limiti previsti dalla legislazione vigente, alle amministrazioni che effettuano le prestazioni e i controlli, mediante riassegnazione ai sensi del regolamento di cui al decreto del Presidente della Repubblica 10 novembre 1999, n. 469.

Articolo 31. Procedure per l'esercizio delle deleghe legislative conferite al Governo con la legge di delegazione europea. – 1. In relazione alle deleghe legislative conferite con la legge di delegazione europea per il recepimento delle direttive, il Governo adotta i decreti legislativi entro il termine di quattro mesi antecedenti a quello di recepimento indicato in ciascuna delle direttive; per le direttive il cui termine così determinato sia già scaduto alla data di entrata in vigore della legge di delegazione europea, ovvero scada nei tre mesi successivi, il Governo adotta i decreti legislativi di recepimento entro tre mesi dalla data di entrata in vigore della medesima legge; per le direttive che non prevedono un termine di recepimento, il Governo adotta i relativi decreti legislativi entro dodici mesi dalla data di entrata in vigore della legge di delegazione europea [12].

2. I decreti legislativi sono adottati, nel rispetto dell'articolo 14 della legge 23 agosto 1988, n. 400, su proposta del Presidente del Consiglio dei Ministri o del Ministro per gli affari europei e del Ministro con competenza prevalente nella materia, di concerto con i Ministri degli affari esteri, della giustizia, dell'economia e delle finanze e con gli altri Ministri interessati in relazione all'oggetto della direttiva. I decreti legislativi sono accompagnati da una tabella di concordanza tra le disposizioni in essi previste e quelle della direttiva da recepire, predisposta dall'amministrazione con competenza istituzionale prevalente nella materia.

---

[12] Comma modificato dall'art. 29, 1° comma, lett. b), legge 29 luglio 2015, n. 115 cit. alla nota 4.

3. La legge di delegazione europea indica le direttive in relazione alle quali sugli schemi dei decreti legislativi di recepimento è acquisito il parere delle competenti Commissioni parlamentari della Camera dei deputati e del Senato della Repubblica. In tal caso gli schemi dei decreti legislativi sono trasmessi, dopo l'acquisizione degli altri pareri previsti dalla legge, alla Camera dei deputati e al Senato della Repubblica affinché su di essi sia espresso il parere delle competenti Commissioni parlamentari. Decorsi quaranta giorni dalla data di trasmissione, i decreti sono emanati anche in mancanza del parere. Qualora il termine per l'espressione del parere parlamentare di cui al presente comma ovvero i diversi termini previsti dai commi 4 e 9 scadano nei trenta giorni che precedono la scadenza dei termini di delega previsti ai commi 1 o 5 o successivamente, questi ultimi sono prorogati di tre mesi.

4. Gli schemi dei decreti legislativi recanti recepimento delle direttive che comportino conseguenze finanziarie sono corredati della relazione tecnica di cui all'articolo 17, comma 3, della legge 31 dicembre 2009, n. 196. Su di essi è richiesto anche il parere delle Commissioni parlamentari competenti per i profili finanziari. Il Governo, ove non intenda conformarsi alle condizioni formulate con riferimento all'esigenza di garantire il rispetto dell'articolo 81, quarto comma, della Costituzione, ritrasmette alle Camere i testi, corredati dei necessari elementi integrativi d'informazione, per i pareri definitivi delle Commissioni parlamentari competenti per i profili finanziari, che devono essere espressi entro venti giorni.

5. Entro ventiquattro mesi dalla data di entrata in vigore di ciascuno dei decreti legislativi di cui al comma 1, nel rispetto dei principi e criteri direttivi fissati dalla legge di delegazione europea, il Governo può adottare, con la procedura indicata nei commi 2, 3 e 4, disposizioni integrative e correttive dei decreti legislativi emanati ai sensi del citato comma 1, fatto salvo il diverso termine previsto dal comma 6.

6. Con la procedura di cui ai commi 2, 3 e 4 il Governo può adottare disposizioni integrative e correttive di decreti legislativi emanati ai sensi del comma 1, al fine di recepire atti delegati dell'Unione europea di cui all'articolo 290 del Trattato sul funzionamento dell'Unione europea, che modificano o integrano direttive recepite con tali decreti legislativi. Le disposizioni integrative e correttive di cui al primo periodo sono adottate nel termine di cui al comma 5 o nel diverso termine fissato dalla legge di delegazione europea. ***Resta ferma la disciplina di cui all'articolo 36 per il recepimento degli atti delegati dell'Unione europea che recano meri adempimenti tecnici*** [13].

7. I decreti legislativi di recepimento delle direttive previste dalla legge di delegazione europea, adottati, ai sensi dell'articolo 117, quinto comma, della Costituzione, nelle materie di competenza legislativa delle regioni e delle province autonome, si applicano alle condizioni e secondo le procedure di cui all'articolo 41, comma 1.

8. I decreti legislativi adottati ai sensi dell'articolo 33 e attinenti a materie di competenza legislativa delle regioni e delle province autonome sono emanati alle condizioni e secondo le procedure di cui all'articolo 41, comma 1.

9. Il Governo, quando non intende conformarsi ai pareri parlamentari di cui al comma 3, relativi a sanzioni penali contenute negli schemi di decreti legislativi recanti attuazione delle direttive, ritrasmette i testi, con le sue osservazioni e con eventuali modificazioni, alla Camera dei deputati e al Senato della Repubblica. Decorsi venti giorni dalla data di ritrasmissione, i decreti sono emanati anche in mancanza di nuovo parere.

Articolo 32. Principi e criteri direttivi generali di delega per l'attuazione del diritto dell'Unione europea. – 1. Salvi gli specifici principi e criteri direttivi stabiliti dalla legge di delegazione europea e in aggiunta a quelli contenuti nelle direttive da attuare, i decreti legislativi di cui all'articolo 31 sono informati ai seguenti principi e criteri direttivi generali:

a) le amministrazioni direttamente interessate provvedono all'attuazione dei decreti legislativi con le ordinarie strutture amministrative, secondo il principio della massima sem-

[13] Comma modificato dall'art. 22, lett. c), legge 20 novembre 2017, n. 167 cit. alla nota 3.

plificazione dei procedimenti e delle modalità di organizzazione e di esercizio delle funzioni e dei servizi;

b) ai fini di un migliore coordinamento con le discipline vigenti per i singoli settori interessati dalla normativa da attuare, sono introdotte le occorrenti modificazioni alle discipline stesse, anche attraverso il riassetto e la semplificazione normativi con l'indicazione esplicita delle norme abrogate, fatti salvi i procedimenti oggetto di semplificazione amministrativa ovvero le materie oggetto di delegificazione;

c) gli atti di recepimento di direttive dell'Unione europea non possono prevedere l'introduzione o il mantenimento di livelli di regolazione superiori a quelli minimi richiesti dalle direttive stesse, ai sensi dell'articolo 14, commi 24-bis, 24-ter e 24-quater, della legge 28 novembre 2005, n. 246;

d) al di fuori dei casi previsti dalle norme penali vigenti, ove necessario per assicurare l'osservanza delle disposizioni contenute nei decreti legislativi, sono previste sanzioni amministrative e penali per le infrazioni alle disposizioni dei decreti stessi. Le sanzioni penali, nei limiti, rispettivamente, dell'ammenda fino a 150.000 euro e dell'arresto fino a tre anni, sono previste, in via alternativa o congiunta, solo nei casi in cui le infrazioni ledano o espongano a pericolo interessi costituzionalmente protetti. In tali casi sono previste: la pena dell'ammenda alternativa all'arresto per le infrazioni che espongano a pericolo o danneggino l'interesse protetto; la pena dell'arresto congiunta a quella dell'ammenda per le infrazioni che rechino un danno di particolare gravità. Nelle predette ipotesi, in luogo dell'arresto e dell'ammenda, possono essere previste anche le sanzioni alternative di cui agli articoli 53 e seguenti del decreto legislativo 28 agosto 2000, n. 274, e la relativa competenza del giudice di pace. La sanzione amministrativa del pagamento di una somma non inferiore a 150 euro e non superiore a 150.000 euro è prevista per le infrazioni che ledono o espongono a pericolo interessi diversi da quelli indicati dalla presente lettera.

Nell'ambito dei limiti minimi e massimi previsti, le sanzioni indicate dalla presente lettera sono determinate nella loro entità, tenendo conto della diversa potenzialità lesiva dell'interesse protetto che ciascuna infrazione presenta in astratto, di specifiche qualità personali del colpevole, comprese quelle che impongono particolari doveri di prevenzione, controllo o vigilanza, nonché del vantaggio patrimoniale che l'infrazione può recare al colpevole ovvero alla persona o all'ente nel cui interesse egli agisce. Ove necessario per assicurare l'osservanza delle disposizioni contenute nei decreti legislativi, sono previste inoltre le sanzioni amministrative accessorie della sospensione fino a sei mesi e, nei casi più gravi, della privazione definitiva di facoltà e diritti derivanti da provvedimenti dell'amministrazione, nonché sanzioni penali accessorie nei limiti stabiliti dal codice penale. Al medesimo fine è prevista la confisca obbligatoria delle cose che servirono o furono destinate a commettere l'illecito amministrativo o il reato previsti dai medesimi decreti legislativi, nel rispetto dei limiti stabiliti dall'articolo 240, terzo e quarto comma, del codice penale e dall'articolo 20 della legge 24 novembre 1981, n. 689, e successive modificazioni. Entro i limiti di pena indicati nella presente lettera sono previste sanzioni anche accessorie identiche a quelle eventualmente già comminate dalle leggi vigenti per violazioni omogenee e di pari offensività rispetto alle infrazioni alle disposizioni dei decreti legislativi. Nelle materie di cui all'articolo 117, quarto comma, della Costituzione, le sanzioni amministrative sono determinate dalle regioni;

e) al recepimento di direttive o all'attuazione di altri atti dell'Unione europea che modificano precedenti direttive o atti già attuati con legge o con decreto legislativo si procede, se la modificazione non comporta ampliamento della materia regolata, apportando le corrispondenti modificazioni alla legge o al decreto legislativo di attuazione della direttiva o di altro atto modificato;

f) nella redazione dei decreti legislativi di cui all'articolo 31 si tiene conto delle eventuali modificazioni delle direttive dell'Unione europea comunque intervenute fino al momento dell'esercizio della delega;

g) quando si verifichino sovrapposizioni di competenze tra amministrazioni diverse o comunque siano coinvolte le competenze di più amministrazioni statali, i decreti legislativi individuano, attraverso le più opportune forme di coordinamento, rispettando i principi di sussidiarietà, differenziazione, adeguatezza e leale collaborazione e le competenze delle regioni e degli altri enti territoriali, le procedure per salvaguardare l'unitarietà dei processi decisionali, la trasparenza, la celerità, l'efficacia e l'economicità nell'azione amministrativa e la chiara individuazione dei soggetti responsabili;

h) qualora non siano di ostacolo i diversi termini di recepimento, vengono attuate con un unico decreto legislativo le direttive che riguardano le stesse materie o che comunque comportano modifiche degli stessi atti normativi;

i) è assicurata la parità di trattamento dei cittadini italiani rispetto ai cittadini degli altri Stati membri dell'Unione europea e non può essere previsto in ogni caso un trattamento sfavorevole dei cittadini italiani.

Articolo 33. Delega al Governo per la disciplina sanzionatoria di violazioni di atti normativi dell'Unione europea. – 1. Al fine di assicurare la piena integrazione delle norme dell'Unione europea nell'ordinamento nazionale, fatte salve le norme penali vigenti, la legge di delegazione europea delega il Governo ad adottare, entro la data dalla stessa fissata, disposizioni recanti sanzioni penali o amministrative per le violazioni di obblighi contenuti in direttive europee attuate in via regolamentare o amministrativa, ai sensi delle leggi di delegazione europee vigenti, o in regolamenti dell'Unione europea pubblicati alla data dell'entrata in vigore della stessa legge di delegazione europea, per i quali non sono già previste sanzioni penali o amministrative.

2. La delega di cui al comma 1 del presente articolo è esercitata con decreti legislativi adottati ai sensi dell'articolo 14 della legge 23 agosto 1988, n. 400, su proposta del Presidente del Consiglio dei Ministri o del Ministro per gli affari europei e del Ministro della giustizia, di concerto con i Ministri competenti per materia. I decreti legislativi si informano, oltre che ai principi e criteri direttivi di cui all'articolo 32, comma 1, lettera d), della presente legge, a quelli specifici contenuti nella legge di delegazione europea, qualora indicati.

3. Gli schemi di decreto legislativo di cui al presente articolo sono trasmessi alla Camera dei deputati e al Senato della Repubblica per l'espressione del parere da parte delle competenti Commissioni parlamentari con le modalità e nei termini previsti dai commi 3 e 9 dell'articolo 31.

Articolo 34. Deleghe per il recepimento di atti dell'Unione europea contenute in leggi diverse dalla legge di delegazione europea annuale. – 1. I decreti legislativi di recepimento o di attuazione di atti dell'Unione europea ovvero di modifica di disposizioni attuative dei medesimi, la cui delega è contenuta in leggi diverse dalla legge di delegazione europea annuale, sono adottati, nel rispetto degli altri principi e criteri direttivi generali previsti dalla stessa legge di delegazione europea per l'anno di riferimento, su proposta del Presidente del Consiglio dei Ministri o del Ministro per gli affari europei e del Ministro con competenza prevalente nella materia, di concerto con i Ministri degli affari esteri, della giustizia, dell'economia e delle finanze e con gli altri Ministri interessati in relazione all'oggetto della normativa.

2. La disposizione di cui al comma 1 si applica, altresì, all'emanazione di testi unici per il riordino e l'armonizzazione di normative di settore interessate dai decreti legislativi di recepimento di direttive europee, nel rispetto delle competenze delle regioni e delle province autonome.

Articolo 35. Recepimento di direttive europee in via regolamentare e amministrativa. – 1. Nelle materie di cui all'articolo 117, secondo comma, della Costituzione, già disciplinate con legge, ma non coperte da riserva assoluta di legge, le direttive dell'Unione europea possono essere recepite mediante regolamento se così dispone la legge di delegazione europea. Il Governo presenta alle Camere, in allegato al disegno di legge di delegazione europea, un elenco delle direttive per il recepimento delle quali chiede l'autorizzazione di cui all'articolo 30, comma 2, lettera c), della presente legge.

2. I regolamenti di cui al comma 1 del presente articolo sono emanati ai sensi dell'articolo 17, comma 2, della legge 23 agosto 1988, n. 400, e successive modificazioni, su proposta del Presidente del Consiglio dei Ministri o del Ministro per gli affari europei e del Ministro con competenza prevalente nella materia, di concerto con gli altri Ministri interessati. Con le medesime modalità sono attuate le successive modificazioni delle direttive europee.

3. Nelle materie di cui all'articolo 117, secondo comma, della Costituzione, non disciplinate dalla legge o da regolamento emanato ai sensi dell'articolo 17, commi 1 e 2, della legge 23 agosto 1988, n. 400, e successive modificazioni, e non coperte da riserva di legge, le direttive dell'Unione europea possono essere recepite con regolamento ministeriale o interministeriale, ai sensi dell'articolo 17, comma 3, della citata legge n. 400 del 1988, o, ove di contenuto non normativo, con atto amministrativo generale da parte del Ministro con competenza prevalente nella materia, di concerto con gli altri Ministri interessati. Con le medesime modalità sono attuate le successive modificazioni delle direttive europee.

4. I regolamenti di cui ai commi da 1 a 3 tengono conto anche delle eventuali modificazioni della disciplina europea intervenute fino al momento della loro adozione e si conformano alle seguenti norme generali, nel rispetto dei principi e delle disposizioni contenuti nelle direttive o negli altri atti dell'Unione europea da attuare:

a) individuazione della responsabilità e delle funzioni attuative delle amministrazioni, nel rispetto del principio di sussidiarietà;

b) esercizio dei controlli da parte degli organismi già operanti nel settore e secondo modalità che assicurino efficacia, efficienza, sicurezza e celerità;

c) esercizio delle opzioni previste dalle direttive in conformità alle peculiarità socioeconomiche nazionali e locali e alla normativa di settore.

5. Ai fini dell'adozione dei regolamenti di cui al comma 2, le norme generali regolatrici della materia:

a) sono desunte dalle direttive europee da recepire, quando queste non consentono scelte in ordine alle modalità della loro attuazione;

b) sono dettate dalla legge di delegazione europea, quando le direttive europee da recepire consentono scelte in ordine alle modalità della loro attuazione.

6. La legge di delegazione europea individua in ogni caso, ai sensi dell'articolo 17, comma 2, della legge 23 agosto 1988, n. 400, e successive modificazioni, le norme vigenti da abrogare, con effetto dalla data di entrata in vigore delle norme regolamentari. Con la medesima legge sono dettate, inoltre, le disposizioni necessarie per introdurre sanzioni penali o amministrative o per individuare le autorità pubbliche competenti per l'esercizio delle funzioni amministrative inerenti all'applicazione della nuova disciplina. La legge provvede in ogni caso ove l'attuazione delle direttive comporti:

a) l'istituzione di nuovi organi o strutture amministrative;

b) la previsione di nuove spese o di minori entrate.

Articolo 36. Adeguamenti tecnici e atti di esecuzione dell'Unione europea[14]. – 1. Alle norme dell'Unione europea non autonomamente applicabili, che modificano modalità esecutive e caratteristiche di ordine tecnico di direttive già recepite nell'ordinamento nazionale, e agli atti di esecuzione non autonomamente applicabili, adottati dal Consiglio dell'Unione europea o dalla Commissione europea in esecuzione di atti dell'Unione europea già recepiti o già efficaci nell'ordinamento nazionale, è data attuazione, nelle materie di cui all'articolo 117, secondo comma, della Costituzione, con decreto adottato ai sensi dell'articolo 17, comma 3, della legge 23 agosto 1988, n. 400, dal Ministro competente per materia,

---

[14] Rubrica sostituita dall'art. 29, 1° comma, lett. c), n. 3, legge 29 luglio 2015, n. 115 cit. alla nota 4.

che ne dà tempestiva comunicazione al Presidente del Consiglio dei Ministri o al Ministro per gli affari europei [15].

1-*bis*. In relazione a quanto disposto dall'articolo 117, quinto comma, della Costituzione, i provvedimenti di cui al presente articolo possono essere adottati nelle materie di competenza legislativa delle regioni e delle province autonome di Trento e di Bolzano al fine di porre rimedio all'eventuale inerzia dei suddetti enti nel dare attuazione a norme dell'Unione europea. In tale caso, i provvedimenti statali adottati si applicano, per le regioni e per le province autonome nelle quali non sia ancora in vigore la rispettiva normativa di attuazione, a decorrere dalla scadenza del termine stabilito per l'attuazione della pertinente normativa europea e perdono comunque efficacia dalla data di entrata in vigore della normativa di attuazione di ciascuna regione o provincia autonoma. I provvedimenti recano l'esplicita indicazione della natura sostitutiva del potere esercitato e del carattere cedevole delle disposizioni in essi contenute [16].

Articolo 37. Misure urgenti per l'adeguamento agli obblighi derivanti dall'ordinamento dell'Unione europea. – 1. Il Presidente del Consiglio dei Ministri o il Ministro per gli affari europei può proporre al Consiglio dei Ministri l'adozione dei provvedimenti, anche urgenti, diversi dalla legge di delegazione europea e dalla legge europea, necessari a fronte di atti normativi dell'Unione europea o di sentenze della Corte di giustizia dell'Unione europea ovvero dell'avvio di procedure d'infrazione nei confronti dell'Italia che comportano obblighi statali di adeguamento, qualora il termine per provvedervi risulti anteriore alla data di presunta entrata in vigore della legge di delegazione europea o della legge europea relativa all'anno di riferimento.

2. Il Presidente del Consiglio dei Ministri o il Ministro per i rapporti con il Parlamento assume le iniziative necessarie per favorire un tempestivo esame parlamentare dei provvedimenti di cui al comma 1.

Articolo 38. Attuazione di singoli atti normativi dell'Unione europea. – 1. In casi di particolare importanza politica, economica e sociale, tenuto conto anche di eventuali atti parlamentari di indirizzo, il Presidente del Consiglio dei Ministri o il Ministro per gli affari europei, di concerto con il Ministro degli affari esteri e con gli altri Ministri interessati, presenta alle Camere un apposito disegno di legge recante le disposizioni occorrenti per dare attuazione o assicurare l'applicazione di un atto normativo emanato dagli organi dell'Unione europea riguardante le materie di competenza legislativa statale.

2. I disegni di legge di cui al presente articolo non possono contenere disposizioni di delegazione legislativa, né altre disposizioni, anche omogenee per materia, che non siano in diretta correlazione con l'attuazione o l'applicazione dell'atto normativo in recepimento, salvo che la natura o la complessità della normativa le rendano indispensabili.

Articolo 39. Relazioni sul mancato o ritardato recepimento di direttive europee. – 1. Nel caso in cui il provvedimento di recepimento di una direttiva dell'Unione europea non sia stato adottato alla scadenza del termine da essa previsto, il Presidente del Consiglio dei Ministri o il Ministro per gli affari europei, al fine di evitare l'apertura di una procedura d'infrazione, chiede ai Ministri con competenza prevalente nella materia le motivazioni del mancato esercizio della delega ovvero della mancata o ritardata adozione dei decreti ministeriali o dei regolamenti di recepimento e trasmette alla Camera dei deputati e al Senato della Repubblica una relazione che dà conto dei motivi addotti dalle

---

[15] Comma modificato dall'art. 29, 1° comma, lett. c), n. 1, legge 29 luglio 2015, n. 115 cit. alla nota 4.

[16] Comma aggiunto dall'art. 29, 1° comma, lett. c), n. 2, legge 29 luglio 2015, n. 115 cit. alla nota 4.

rispettive amministrazioni a giustificazione del ritardo nel recepimento. Il Presidente del Consiglio dei Ministri o il Ministro per gli affari europei ogni sei mesi informa altresì la Camera dei deputati e il Senato della Repubblica sullo stato di recepimento delle direttive da parte delle regioni e delle province autonome nelle materie di loro competenza, individuate ai sensi dell'articolo 40, comma 5.

2. Il Presidente del Consiglio dei Ministri o il Ministro per gli affari europei riferisce al Consiglio dei Ministri almeno ogni tre mesi sullo stato del recepimento delle direttive dell'Unione europea che risultano in scadenza nei sei mesi successivi e sulle ragioni del mancato o ritardato recepimento delle direttive, sulla base di quanto riferito dai Ministri interessati ai sensi del comma 1.

Articolo 40. Recepimento delle direttive europee da parte delle regioni e delle province autonome. – 1. Le regioni e le province autonome, nelle materie di propria competenza, provvedono al recepimento delle direttive europee.

2. I provvedimenti adottati dalle regioni e dalle province autonome per recepire le direttive europee nelle materie di loro competenza legislativa recano nel titolo il numero identificativo della direttiva recepita e sono immediatamente trasmessi per posta certificata alla Presidenza del Consiglio dei Ministri – Dipartimento per le politiche europee, fermo restando quanto previsto all'articolo 29, comma 7, lettera f).

3. Ai fini di cui all'articolo 117, quinto comma, della Costituzione, le disposizioni legislative adottate dallo Stato per l'adempimento degli obblighi derivanti dal diritto dell'Unione europea, nelle materie di competenza legislativa delle regioni e delle province autonome, si applicano, per le regioni e per le province autonome, alle condizioni e secondo la procedura di cui all'articolo 41 della presente legge.

4. Per le direttive europee, nelle materie di cui all'articolo 117, secondo comma, della Costituzione, il Governo indica i criteri e formula le direttive ai quali si devono attenere le regioni e le province autonome ai fini del soddisfacimento di esigenze di carattere unitario, del perseguimento degli obiettivi della programmazione economica e del rispetto degli impegni derivanti dagli obblighi internazionali. Tale funzione, fuori dei casi in cui sia esercitata con legge o con atto avente forza di legge o, sulla base della legge europea, con i regolamenti previsti dall'articolo 35 della presente legge, è esercitata mediante deliberazione del Consiglio dei Ministri, su proposta del Presidente del Consiglio dei Ministri o del Ministro per gli affari europei, d'intesa con i Ministri competenti secondo le modalità di cui all'articolo 8 della legge 15 marzo 1997, n. 59.

5. Il Presidente del Consiglio dei Ministri o il Ministro per gli affari europei ogni sei mesi informa le Camere sullo stato di recepimento delle direttive europee da parte delle regioni e delle province autonome nelle materie di loro competenza, secondo modalità di individuazione di tali direttive da definire con accordo in sede di Conferenza permanente per i rapporti tra lo Stato, le regioni e le province autonome di Trento e di Bolzano. A tal fine la Presidenza del Consiglio dei Ministri – Dipartimento per le politiche europee convoca annualmente le regioni e le province autonome nell'ambito della Conferenza permanente per i rapporti tra lo Stato, le regioni e le province autonome di Trento e di Bolzano, nella sessione europea dedicata alla predisposizione del disegno di legge di delegazione europea e del disegno di legge europea di cui all'articolo 29.

Articolo 41. Poteri sostitutivi dello Stato. – 1. In relazione a quanto disposto dagli articoli 117, quinto comma, e 120, secondo comma, della Costituzione, fermo restando quanto previsto dal decreto legislativo 28 agosto 1997, n. 281, i provvedimenti di attuazione degli atti dell'Unione europea possono essere adottati dallo Stato nelle materie di competenza legislativa delle regioni e delle province autonome al fine di porre rimedio all'eventuale inerzia dei suddetti enti nel dare attuazione ad atti dell'Unione europea. In tale caso, i provvedimenti statali adottati si applicano, per le regioni e per le province autonome nelle quali non sia ancora in vigore la relativa normativa di attuazione, a decorrere dalla scadenza del termine stabilito per l'attuazione della rispettiva normativa dell'Unione europea e perdono comunque efficacia dalla data di entrata in vigore dei provvedimenti di attuazione di ciascuna regione e provincia autonoma. I provvedimenti statali recano l'esplicita indicazione della natura sostitutiva del potere esercitato e del carattere cedevole delle disposizioni in essi contenute. I predetti atti normativi sono sottoposti al preventivo esame della Conferenza permanente per i rapporti tra lo Stato, le regioni e le province autonome di Trento e di Bolzano.

2. Nei casi di cui all'articolo 37, qualora gli obblighi di adeguamento ai vincoli derivanti dall'ordinamento dell'Unione europea riguardino materie di competenza legislativa o amministrativa delle regioni e delle province autonome, il Presidente del Consiglio dei Ministri o il Ministro per gli affari europei informa gli enti interessati assegnando un termine per provvedere e, ove necessario, chiede che la questione sia sottoposta all'esame della Conferenza permanente per i rapporti tra lo Stato, le regioni e le province autonome di Trento e di Bolzano per concordare le iniziative da assumere. In caso di mancato tempestivo adeguamento da parte dei suddetti enti, il Presidente del Consiglio dei Ministri o il Ministro per gli affari europei propone al Consiglio dei Ministri le opportune iniziative ai fini dell'esercizio dei poteri sostitutivi di cui agli articoli 117, quinto comma, e 120, secondo comma, della Costituzione, ai sensi del comma 1 del presente articolo e delle altre disposizioni vigenti in materia.

Articolo 41 bis. *Fondo per il recepimento della normativa europea*[17]. – 1. Al fine di consentire il tempestivo adeguamento dell'ordinamento interno agli obblighi imposti dalla normativa europea, nei soli limiti occorrenti per l'adempimento degli obblighi medesimi e in quanto non sia possibile farvi fronte con i fondi già assegnati alle competenti amministrazioni, è autorizzata la spesa di 10 milioni di euro per l'anno 2015 e di 50 milioni di euro annui a decorrere dall'anno 2016.

2. Per le finalità di cui al comma 1 è istituito nello stato di previsione del Ministero dell'economia e delle finanze un fondo, con una dotazione di 10 milioni di euro per l'anno 2015 e di 50 milioni di euro annui a decorrere dall'anno 2016, destinato alle sole spese derivanti dagli adempimenti di cui al medesimo comma 1.

3. All'onere derivante dall'attuazione del presente articolo, pari a 10 milioni di euro per l'anno 2015 e a 50 milioni di euro annui a decorrere dall'anno 2016, si provvede, quanto a 10 milioni di euro per l'anno 2015, mediante versamento all'entrata del bilancio dello Stato, per un corrispondente importo, delle somme del fondo di cui all'articolo 5, comma 1, della legge 16 aprile 1987, n. 183, e, quanto a 50 milioni di euro annui a decorrere dall'anno 2016, mediante corrispondente riduzione delle proiezioni dello stanziamento del fondo speciale di parte corrente iscritto, ai fini del bilancio triennale 2015-2017, nell'ambito del programma "Fondi di riserva e speciali" della missione "Fondi da ripartire" dello stato di previsione del Ministero dell'economia e delle finanze per l'anno 2015, allo scopo parzialmente utilizzando l'accantonamento relativo al medesimo Ministero.

4. Il Ministro dell'economia e delle finanze è autorizzato ad apportare, con propri decreti, le occorrenti variazioni di bilancio.

CAPO VII – CONTENZIOSO

Articolo 42. Ricorsi alla Corte di giustizia dell'Unione europea. – 1. Le decisioni riguardanti i ricorsi alla Corte di giustizia dell'Unione europea o gli interventi in procedimenti in corso davanti alla stessa Corte, a tutela di situazioni di rilevante interesse nazionale, sono adottate dal Presidente del Consiglio dei Ministri o dal Ministro per gli affari europei, in raccordo con il Ministro degli affari esteri e d'intesa con i Ministri interessati.

[17] Articolo aggiunto dall'art. 28, 1° comma, legge 29 luglio 2015, n. 115 cit. alla nota 4.

Ove necessario, il Presidente del Consiglio dei Ministri o il Ministro per gli affari europei ne riferisce preventivamente al Consiglio dei Ministri.

2. Ai fini del comma 1, le richieste di ricorso o di intervento davanti alla Corte di giustizia dell'Unione europea sono trasmesse dalle amministrazioni proponenti alla Presidenza del Consiglio dei Ministri – Dipartimento per le politiche europee e al Ministero degli affari esteri.

3. Il Presidente del Consiglio dei Ministri o il Ministro per gli affari europei e il Ministro degli affari esteri nominano, quale agente del Governo italiano previsto dall'articolo 19 dello Statuto della Corte di giustizia dell'Unione europea, un avvocato dello Stato, sentito l'Avvocato generale dello Stato.

4. Il Governo presenta senza ritardo alla Corte di giustizia dell'Unione europea i ricorsi deliberati dal Senato della Repubblica o dalla Camera dei deputati avverso un atto legislativo dell'Unione europea per violazione del principio di sussidiarietà, conformemente all'articolo 8 del Protocollo n. 2 sull'applicazione dei principi di sussidiarietà e di proporzionalità, allegato al Trattato sul funzionamento dell'Unione europea. La Camera che ha deliberato il ricorso sta in giudizio per mezzo di chi ne ha la rappresentanza.

5. Resta fermo quanto previsto dall'articolo 5, comma 2, della legge 5 giugno 2003, n. 131.

Articolo 43. Diritto di rivalsa dello Stato nei confronti di regioni o di altri enti pubblici responsabili di violazioni del diritto dell'Unione europea. – 1. Al fine di prevenire l'instaurazione delle procedure d'infrazione di cui agli articoli 258 e seguenti del Trattato sul funzionamento dell'Unione europea o per porre termine alle stesse, le regioni, le province autonome, gli enti territoriali, gli altri enti pubblici e i soggetti equiparati adottano ogni misura necessaria a porre tempestivamente rimedio alle violazioni, loro imputabili, degli obblighi degli Stati nazionali derivanti dalla normativa dell'Unione europea. Essi sono in ogni caso tenuti a dare pronta esecuzione agli obblighi derivanti dalle sentenze rese dalla Corte di giustizia dell'Unione europea, ai sensi dell'articolo 260, paragrafo 1, del Trattato sul funzionamento dell'Unione europea.

2. Lo Stato esercita nei confronti dei soggetti di cui al comma 1, che si rendano responsabili della violazione degli obblighi derivanti dalla normativa dell'Unione europea o che non diano tempestiva esecuzione alle sentenze della Corte di giustizia dell'Unione europea, i poteri sostitutivi necessari, secondo i principi e le procedure stabiliti dall'articolo 8 della legge 5 giugno 2003, n. 131, e dall'articolo 41 della presente legge.

3. Lo Stato ha diritto di rivalersi nei confronti dei soggetti di cui al comma 1 indicati dalla Commissione europea nelle regolazioni finanziarie operate a carico dell'Italia a valere sulle risorse del Fondo europeo agricolo di garanzia (FEAGA), del Fondo europeo agricolo per lo sviluppo rurale (FEASR) e degli altri fondi aventi finalità strutturali.

4. Lo Stato ha diritto di rivalersi sui soggetti responsabili delle violazioni degli obblighi di cui al comma 1 degli oneri finanziari derivanti dalle sentenze di condanna rese dalla Corte di giustizia dell'Unione europea ai sensi dell'articolo 260, paragrafi 2 e 3, del Trattato sul funzionamento dell'Unione europea.

5. Lo Stato esercita il diritto di rivalsa di cui ai commi 3, 4 e 10:

a) nei modi indicati al comma 7, qualora l'obbligato sia un ente territoriale;

b) mediante prelevamento diretto sulle contabilità speciali obbligatorie istituite presso le sezioni di tesoreria provinciale dello Stato, ai sensi della legge 29 ottobre 1984, n. 720, per tutti gli enti e gli organismi pubblici, diversi da quelli indicati nella lettera a), assoggettati al sistema di tesoreria unica;

c) nelle vie ordinarie, qualora l'obbligato sia un soggetto equiparato e in ogni altro caso non rientrante nelle previsioni di cui alle lettere a) e b).

6. La misura degli importi dovuti allo Stato a titolo di rivalsa, comunque non superiore complessivamente agli oneri finanziari di cui ai commi 3 e 4, è stabilita con decreto del Ministro dell'economia e delle finanze da adottare entro tre mesi dalla notifica, nei con-

fronti degli obbligati, della sentenza esecutiva di condanna della Repubblica italiana. Il decreto del Ministro dell'economia e delle finanze costituisce titolo esecutivo nei confronti degli obbligati e reca la determinazione dell'entità del credito dello Stato nonché l'indicazione delle modalità e dei termini del pagamento, anche rateizzato. In caso di oneri finanziari a carattere pluriennale o non ancora liquidi, possono essere adottati più decreti del Ministro dell'economia e delle finanze in ragione del progressivo maturare del credito dello Stato.

7. I decreti ministeriali di cui al comma 6, qualora l'obbligato sia un ente territoriale, sono emanati previa intesa sulle modalità di recupero con gli enti obbligati. Il termine per il perfezionamento dell'intesa è di quattro mesi decorrenti dalla data della notifica, nei confronti dell'ente territoriale obbligato, della sentenza esecutiva di condanna della Repubblica italiana. L'intesa ha ad oggetto la determinazione dell'entità del credito dello Stato e l'indicazione delle modalità e dei termini del pagamento, anche rateizzato. Il contenuto dell'intesa è recepito, entro un mese dal perfezionamento, con provvedimento del Ministero dell'economia e delle finanze, che costituisce titolo esecutivo nei confronti degli obbligati. In caso di oneri finanziari a carattere pluriennale o non ancora liquidi, possono essere adottati più provvedimenti del Ministero dell'economia e delle finanze in ragione del progressivo maturare del credito dello Stato, seguendo il procedimento disciplinato nel presente comma.

8. In caso di mancato raggiungimento dell'intesa, all'adozione del provvedimento esecutivo indicato nel comma 7 provvede il Presidente del Consiglio dei Ministri, nei successivi quattro mesi, sentita la Conferenza unificata di cui all'articolo 8 del decreto legislativo 28 agosto 1997, n. 281, e successive modificazioni. In caso di oneri finanziari a carattere pluriennale o non ancora liquidi, possono essere adottati più provvedimenti del Presidente del Consiglio dei Ministri in ragione del progressivo maturare del credito dello Stato, seguendo il procedimento disciplinato nel presente comma.

9. Le notifiche indicate nei commi 6 e 7 sono effettuate a cura e a spese del Ministero dell'economia e delle finanze.

9-bis. Ai fini della tempestiva esecuzione delle sentenze di condanna rese dalla Corte di giustizia dell'Unione europea ai sensi dell'articolo 260, paragrafi 2 e 3, del Trattato sul funzionamento dell'Unione europea, il fondo di rotazione per l'attuazione delle politiche comunitarie di cui all'articolo 5 della legge 16 aprile 1987, n. 183, è autorizzato ad anticipare, nei limiti delle proprie disponibilità, gli oneri finanziari derivanti dalle predette sentenze, entro i termini di scadenza fissati dalle Istituzioni europee. Il fondo di rotazione provvede al reintegro delle somme anticipate mediante rivalsa a carico delle amministrazioni responsabili delle violazioni che hanno determinato le sentenze di condanna, d'intesa con le stesse, anche con compensazione con le risorse accreditate dall'Unione europea per il finanziamento di interventi comunitari riguardanti iniziative a titolarità delle stesse amministrazioni e corrispondenti cofinanziamenti nazionali [18].

10. Lo Stato ha altresì diritto, con le modalità e secondo le procedure stabilite nel presente articolo, di rivalersi sulle regioni, sulle province autonome, sugli enti territoriali, sugli altri enti pubblici e sui soggetti equiparati, i quali si siano resi responsabili di violazioni delle disposizioni della Convenzione per la salvaguardia dei diritti dell'uomo e delle libertà

---

[18] Comma aggiunto dall'art. 4-*bis*, 1° comma, d.l. 5 gennaio 2015, n. 1 (Disposizioni urgenti per l'esercizio di imprese di interesse strategico nazionale in crisi e per lo sviluppo della città e dell'area di Taranto), convertito con modificazioni dalla legge 4 marzo 2015, n. 20, in *G.U.R.I.* 5 gennaio 2015, n. 3 e in *G.U.R.I.* 5 marzo 2015, n. 53 e, successivamente, modificato dall'art. 9, 8° comma, d.l. 19 giugno 2015, n. 78, convertito con modificazioni dalla legge 6 agosto 2015, n. 125 (che ha modificato il titolo del d.l., Disposizioni urgenti in materia di enti territoriali. Disposizioni per garantire la comunità dei dispositivi di sicurezza e di controllo del territorio. Razionalizzazione delle spese del Servizio sanitario nazionale nonché norme in materia di rifiuti e di emissioni industriali), in *G.U.R.I.* 19 giugno 2015, n. 140, sup. ord. n. 32 e in *G.U.R.I.* 14 agosto 2015, n. 188, sup. ord. n. 49.

fondamentali, firmata a Roma il 4 novembre 1950, resa esecutiva dalla legge 4 agosto 1955, n. 848, e dei relativi Protocolli addizionali, degli oneri finanziari sostenuti per dare esecuzione alle sentenze di condanna rese dalla Corte europea dei diritti dell'uomo nei confronti dello Stato in conseguenza delle suddette violazioni [19].

CAPO VIII – AIUTI DI STATO

Articolo 44. Aiuti di Stato. – 1. Il Presidente del Consiglio dei Ministri o il Ministro per gli affari europei, d'intesa con il Ministro degli affari esteri, cura il coordinamento con i Ministeri interessati e i rapporti con le regioni per definire la posizione italiana nei confronti dell'Unione europea nel settore degli aiuti pubblici sottoposti al controllo della Commissione europea ai sensi degli articoli 107 e 108 del Trattato sul funzionamento dell'Unione europea, anche in applicazione dell'articolo 43, comma 1, della presente legge.

Articolo 45. Comunicazioni in ordine agli aiuti di Stato. – ***1. Le amministrazioni centrali e territoriali che intendono concedere aiuti di Stato soggetti a previa notifica, ai sensi dell'articolo 108, paragrafo 3, del Trattato sul funzionamento dell'Unione europea, predispongono la notifica secondo le modalità prescritte dalla normativa europea e la trasmettono alla Presidenza del Consiglio dei ministri – Dipartimento per le politiche europee attraverso il sistema di notificazione elettronica. Il Dipartimento per le politiche europee effettua un esame della completezza della documentazione contenuta nella notifica, entro i termini stabiliti dal decreto di cui al comma 3. Il successivo inoltro alla Commissione europea è effettuato conformemente alla normativa europea.***

1-bis. Per gli aiuti nei settori agricolo, forestale, della pesca e delle zone rurali, la completezza della documentazione contenuta nella notifica è verificata direttamente dall'amministrazione competente [20].

2. A prescindere dalla forma dell'aiuto, le informazioni richieste dalla Commissione europea in merito a presunti aiuti di Stato non notificati ai sensi dell'articolo 108, paragrafo 3, del Trattato sul funzionamento dell'Unione europea sono fornite dalle amministrazioni competenti per materia, per il tramite della Presidenza del Consiglio dei Ministri – Dipartimento per le politiche europee.

3. ***Con decreto del Presidente del Consiglio dei ministri, da adottare di concerto con il Ministro degli affari esteri e della cooperazione internazionale e con il Ministro dello sviluppo economico, sentita la Conferenza permanente per i rapporti tra lo Stato, le regioni e le province autonome di Trento e di Bolzano, sono disciplinate, entro sessanta giorni dalla data di entrata in vigore della presente disposizione, le modalità di attuazione del presente articolo*** [21].

---

[19] Cfr. per l'interpretazione autentica del presente comma l'art. 1, comma 421, legge 27 dicembre 2013, n. 147, Disposizioni per la formazione del bilancio annuale e pluriennale dello Stato (Legge di stabilità 2014), in *G.U.R.I.* 27 dicembre 2013, n. 302, sup. ord. n. 87, ove si dispone che «l'articolo 43, decimo comma, della legge 24 dicembre 2012, n. 234, si interpreta nel senso che il diritto di rivalsa si esercita anche per gli oneri finanziari sostenuti dallo Stato per la definizione delle controversie dinanzi alla Corte europea dei diritti dell'uomo che si siano concluse con decisione di radiazione o cancellazione della causa dal ruolo ai sensi degli articoli 37e 39 della Convenzione per la salvaguardia dei diritti dell'uomo e delle libertà fondamentali, di cui alla legge 4 agosto 1955, n. 848».

[20] Commi 1 e 1-*bis* sostituiti dall'art. 35, 1° comma, lett. a), legge 7 luglio 2016, n. 122 cit. alla nota 6.

[21] Comma sostituito dall'art. 35, lett. b), legge 7 luglio 2016, n. 122 cit. alla nota 6. In attuazione dell'art. 45 cfr. il D.P.C.M. 24 gennaio 2017 – Termini e modalità di svolgimento della verifica della completezza della documentazione contenuta nelle notifiche di aiuti di Stato da parte del Dipartimento per le politiche europee, in attuazione dell'art. 45 della legge 24 dicembre 2012, n. 234, in *G.U.R.I.* 9 marzo 2017, n. 57.

Articolo 45 bis. *Obblighi di monitoraggio e relazione concernenti i servizi di interesse economico generale*[22]. – 1. Il Presidente del Consiglio dei Ministri assicura l'adempimento degli obblighi di monitoraggio e informazione alla Commissione europea derivanti da disposizioni dell'Unione europea in materia di servizi di interesse economico generale, ivi compresa la predisposizione di relazioni periodiche riguardanti gli aiuti di Stato sotto forma di compensazione degli obblighi di servizio pubblico. Le relazioni sono trasmesse alla Camera dei deputati e al Senato della Repubblica.

2. Le regioni, le province autonome di Trento e di Bolzano, le province e i comuni sono tenuti a fornire i dati relativi alle compensazioni connesse alle imprese incaricate della gestione dei servizi di interesse economico generale alle amministrazioni centrali di settore, che redigono le relazioni di rispettiva competenza sulla base dei predetti dati. Le relazioni sono trasmesse al Dipartimento delle politiche europee della Presidenza del Consiglio dei Ministri entro i termini fissati dal decreto del Presidente del Consiglio dei Ministri di cui al comma 3, ai fini della predisposizione della relazione di cui al comma 1 da presentare alla Commissione europea.

3. Con uno o più decreti del Presidente del Consiglio dei Ministri, da adottare entro sessanta giorni dalla data di entrata in vigore del presente articolo, sono stabilite le modalità per l'attuazione dei commi 1 e 2[23].

Articolo 46. Divieto di concessione di aiuti di Stato a imprese beneficiarie di aiuti di Stato illegali non rimborsati. – 1. Nessuno può beneficiare di aiuti di Stato se rientra tra coloro che hanno ricevuto e, successivamente, non rimborsato o depositato in un conto bloccato gli aiuti che lo Stato è tenuto a recuperare in esecuzione di una decisione di recupero di cui all'articolo ***16*** del regolamento (***UE***) n. ***2015/1589*** del Consiglio, del ***13 luglio 2015***[24].

2. Le amministrazioni che concedono aiuti di Stato verificano che i beneficiari non rientrino tra coloro che hanno ricevuto e, successivamente, non rimborsato o depositato in un conto bloccato aiuti che lo Stato è tenuto a recuperare in esecuzione di una decisione di recupero di cui all'articolo ***16*** del regolamento (***UE***) n. ***2015/1589*** del Consiglio, del ***13 luglio 2015***. A decorrere dal 1° ***luglio*** 2017, la predetta verifica è effettuata

---

[22] Articolo inserito dall'art. 15, 1° comma, legge 29 luglio 2015, n. 115 cit. alla nota 4.

[23] In attuazione dell'art. 45 *bis* cfr. il D.P.C.M. 5 novembre 2015 – Modalità operative per la redazione delle relazioni periodiche in materia di Servizi di interesse economico generale (SIEG), in *G.U.R.I.* 18 gennaio 2016, n. 13.

[24] Comma modificato dall'art. 35, 3° comma, legge 7 luglio 2016, n. 122 cit. alla nota 6. Una deroga è stata introdotta dal d.l. 19 maggio 2020, n. 34 "Misure urgenti in materia di salute, sostegno al lavoro e all'economia, nonché di politiche sociali connesse all'emergenza epidemiologica da COVID-19", in *G.U.R.I.* 19 maggio 2020, n. 128, sup. ord. n. 21, convertito con modificazioni dalla l. 17 luglio 2020, n. 77, in *G.U.R.I.* 18 luglio 2020, Serie generale n. 180, sup. ord. n. 25: "Art. 53- *Deroga al divieto di concessione di aiuti di Stato a imprese beneficiarie di aiuti di Stato illegali non rimborsati*. 1. In deroga all'articolo 46, comma 1, della legge 24 dicembre 2012, n. 234, che vieta ai soggetti beneficiari di aiuti non rimborsati, di cui è obbligatorio il recupero in esecuzione di una decisione della Commissione europea, di ricevere nuovi aiuti, i suddetti soggetti, in ragione delle straordinarie condizioni determinate dall'epidemia di COVID-19, accedono agli aiuti previsti da atti legislativi o amministrativi adottati, a livello nazionale, regionale o territoriale, ai sensi e nella vigenza della comunicazione della Commissione europea del 19 marzo 2020, C (2020)1863, "Quadro temporaneo per le misure di aiuto di Stato a sostegno dell'economia nell'attuale emergenza del COVID-19", e successive modificazioni, al netto dell'importo dovuto e non rimborsato, comprensivo degli interessi maturati fino alla data dell'erogazione. – 1-*bis*.Fino alla cessazione dello stato di emergenza nazionale, in ragione delle straordinarie condizioni determinate dall'epidemia di COVID-19, l'importo degli aiuti non rimborsati può essere rateizzato fino ad un massimo di ventiquattro rate mensili, comprensive degli interessi. – 1-*ter*. L'efficacia della disposizione di cui al comma 1-*bis* è subordinata all'autorizzazione della Commissione europea ai sensi dell'articolo 108, paragrafo 3, del Trattato sul funzionamento dell'Unione europea". I commi 1-*bis* e 1-*ter* sono stati aggiunti dall'art. 28, comma 1, lett. 0a), d.l. 22 marzo 2021, n. 41, in *G.U.R.I.* 22 marzo 2021, n. 70, convertito con modificazioni dalla l. 21 maggio 2021, n. 69, in *G.U.R.I.* Serie generale 21 maggio 2021, n. 170.

attraverso l'accesso al Registro nazionale degli aiuti di Stato di cui all'articolo 52 [25].

3. Le amministrazioni centrali e locali che ne sono in possesso forniscono, ove richieste, le informazioni e i dati necessari alle verifiche e ai controlli di cui al presente articolo alle amministrazioni che intendono concedere aiuti.

[4. Qualora la verifica di cui al comma 2 sia effettuata mediante l'acquisizione di dichiarazioni effettuate ai sensi dell'articolo 47 del testo unico delle disposizioni legislative e regolamentari in materia di documentazione amministrativa, di cui al decreto del Presidente della Repubblica 28 dicembre 2000, n. 445, le amministrazioni concedenti svolgono i prescritti controlli a campione sulla veridicità delle dichiarazioni medesime] [26].

Articolo 47. Aiuti pubblici per calamità naturali. – 1. Gli aiuti pubblici concessi, anche sotto forma di agevolazione fiscale, in ragione dei danni arrecati da calamità naturali o da altri eventi eccezionali, di cui all'articolo 107, paragrafo 2, lettera b), del Trattato sul funzionamento dell'Unione europea, possono essere concessi a soggetti che esercitano un'attività economica, nei limiti del 100 per cento del danno subito, ivi comprese le somme dei versamenti a titolo di tributi, contributi previdenziali e premi assicurativi dovuti nel periodo di vigenza dello stato di emergenza, a condizione che:

a) l'area geografica nella quale il beneficiario esercita la propria attività economica rientri fra quelle per le quali è stato dichiarato lo stato di emergenza ai sensi degli articoli 2, comma 1 [27], e 5 della legge 24 febbraio 1992, n. 225;

b) vi sia prova che il danno, nelle sue componenti di danno emergente e di lucro cessante, è conseguenza diretta dell'evento calamitoso;

c) l'aiuto pubblico, anche se concesso da diverse autorità, di livello statale, regionale o locale, non superi complessivamente l'ammontare del danno subito;

d) l'aiuto pubblico, cumulato con eventuali altri risarcimenti del medesimo danno, provenienti da altre fonti, non superi complessivamente l'ammontare del danno, maggiorato dell'importo dell'eventuale premio assicurativo pagato per l'anno in corso.

2. Le modalità di attuazione delle disposizioni di cui al comma 1, per la concessione di aiuti pubblici, sono disciplinate con decreto del Presidente della Repubblica, adottato ai sensi dell'articolo 17, comma 1, lettera a), della legge 23 agosto 1988, n. 400, su proposta del Presidente del Consiglio dei Ministri o del Ministro per gli affari europei, di concerto con il Ministro per gli affari regionali, il turismo e lo sport e con il Ministro dell'economia e delle finanze. L'efficacia del decreto è subordinata all'autorizzazione da parte della Commissione europea ai sensi dell'articolo 108, paragrafo 3, del Trattato sul funzionamento dell'Unione europea.

3. Nelle more dell'adozione del decreto di cui al comma 2, la concessione di aiuti pubblici di cui al comma 1 è soggetta a previa autorizzazione della Commissione europea ai sensi dell'articolo 108, paragrafo 3, del Trattato sul funzionamento dell'Unione europea.

4. La concessione di aiuti pubblici ai sensi dell'articolo 107, paragrafo 2, lettera b), del Trattato sul funzionamento dell'Unione europea, al di fuori del regime previsto dal presen-

---

[25] Comma modificato dall'art. 14, 1° comma, lett. a), n. 1, legge 29 luglio 2015, n. 115 cit. alla nota 3 e dall'art. 35, lett. b), legge 7 luglio 2016, n. 122 cit. alla nota 6. Successivamente, la data di decorrenza indicata è stata modificata dall'art. 6, 6° comma, lett. a), d.l. 30 dicembre 2016, n. 244, convertito con modificazioni dalla legge 27 febbraio 2017, n. 19, in *G.U.R.I.* 28 febbraio 2017, n. 49, sup. ord. n. 14, in vigore dal 1° marzo 2017.

[26] Comma abrogato a decorrere dal 1° luglio 2017, secondo quanto dispone l'art. 14, 1° comma, lett. a), n. 2, legge 29 luglio 2015, n. 115 cit. alla nota 4, come modificato dall'art. 6, 7° comma, d.l. 30 dicembre 2016, n. 244, convertito, con modificazioni, dalla legge 27 febbraio 2017, n. 19 cit. alla nota 25.

[27] L'art. 2 deve intendersi riferito all'art. 7 del d.lgs. 2 gennaio 2018, n. 1, in *G.U.R.I.* 22 gennaio 2018, n. 17, in vigore dall'8 febbraio 2018 (così dispone l'art. 47 del d.lgs. cit.).

te articolo, è soggetta alla preventiva autorizzazione da parte della Commissione europea ai sensi dell'articolo 108, paragrafo 3, del medesimo Trattato.

5. Il presente articolo non si applica al settore dell'agricoltura.

Articolo 48. Procedure di recupero. – 1. La società Equitalia Spa effettua la riscossione degli importi dovuti per effetto delle decisioni di recupero di cui all'articolo 16 del regolamento (***UE***) n. ***2015/1589*** del Consiglio, del ***13 luglio 2015***, a prescindere dalla forma dell'aiuto e dal soggetto che l'ha concesso [28].

2. ***A seguito della notifica di una decisione di recupero di cui al comma l, entro quarantacinque giorni dalla data di notifica, il Ministro competente per materia, con proprio decreto, individua, ove necessario, i soggetti tenuti alla restituzione dell'aiuto, accerta gli importi dovuti e determina le modalità e i termini del pagamento. Nel caso di più competenti, il Presidente del Consiglio dei ministri nomina, con proprio decreto, entro quindici giorni dalla data di notifica della decisione di recupero, un commissario straordinario, da individuare all'interno delle amministrazioni che hanno concesso gli aiuti oggetto della decisione di recupero o di quelle territorialmente interessate dalle misure di aiuto, e definisce le modalità di attuazione della decisione di recupero di cui al comma 1. Il commissario straordinario, con proprio provvedimento, individua, entro quarantacinque giorni dal decreto di nomina, i soggetti tenuti alla restituzione dell'aiuto, accerta gli importi dovuti e determina le modalità e i termini del pagamento. Le amministrazioni che hanno concesso l'aiuto oggetto della procedura di recupero forniscono tempestivamente al commissario straordinario, su sua richiesta, i dati e ogni altro elemento necessario alla corretta esecuzione della decisione di recupero di cui al comma 1. Al commissario straordinario non spetta alcun compenso. Il commissario straordinario svolge le attività connesse all'incarico conferito con le risorse umane, finanziarie e strumentali delle amministrazioni competenti, previste a legislazione vigente. Il decreto del Ministro competente, il provvedimento del commissario straordinario e il provvedimento di cui al comma 3 costituiscono titoli esecutivi nei confronti degli obbligati*** [29].

3. Nei casi in cui l'ente competente è diverso dallo Stato, ***il provvedimento per l'individuazione dei soggetti tenuti alla restituzione dell'aiuto, l'accertamento degli importi dovuti e la determinazione delle modalità e dei termini del pagamento*** è adottato dalla regione, dalla provincia autonoma o dall'ente territoriale competente. Le attività di cui al comma 1 sono effettuate dal concessionario per la riscossione delle entrate dell'ente territoriale interessato [30].

4. Le informazioni richieste dalla Commissione europea sull'esecuzione delle decisioni di cui al comma 1 sono fornite dalle amministrazioni di cui ai commi 2 e 3, d'intesa con la Presidenza del Consiglio dei Ministri – Dipartimento per le politiche europee e per il suo tramite.

Articolo 49. Giurisdizione esclusiva del giudice amministrativo. – 1. All'articolo 119, comma 1, del codice del processo amministrativo, di cui all'allegato 1 del decreto legislativo 2 luglio 2010, n. 104, dopo la lettera m-quater) è aggiunta la seguente:

«m-quinquies) gli atti e i provvedimenti adottati in esecuzione di una decisione di recupero di cui all'articolo ***16*** del regolamento (UE) n. ***2015/1589*** del Consiglio, del ***13 luglio 2015***» [31].

---

[28] Comma modificato dall'art. 35, 2° comma, lett. a), e 3° comma, legge 7 luglio 2016, n. 122 cit. alla nota 6.

[29] Comma sostituito dall'art. 35, 2° comma, lett. b), e 3° comma, legge 7 luglio 2016, n. 122 cit. alla nota 6.

[30] Comma modificato dall'art. 35, 3° comma, legge 7 luglio 2016, n. 122 cit. alla nota 6.

[31] Comma modificato dall'art. 35, 2° comma, lett. a), e 3° comma, legge 7 luglio 2016, n. 122 cit. alla nota 6.

2. All'articolo 133, comma 1, del codice del processo amministrativo, di cui all'allegato 1 del decreto legislativo 2 luglio 2010, n. 104, dopo la lettera z-quinquies) è aggiunta la seguente:

«z-sexies) le controversie relative agli atti ed ai provvedimenti che concedono aiuti di Stato in violazione dell'articolo 108, paragrafo 3, del Trattato sul funzionamento dell'Unione europea e le controversie aventi ad oggetto gli atti e i provvedimenti adottati in esecuzione di una decisione di recupero di cui all'articolo 14 del regolamento (CE) n. 659/1999 del Consiglio, del 22 marzo 1999, a prescindere dalla forma dell'aiuto e dal soggetto che l'ha concesso».

3. Entro il 30 gennaio di ogni anno, le amministrazioni competenti all'esecuzione delle decisioni di recupero trasmettono alla Presidenza del Consiglio dei Ministri – Dipartimento per le politiche europee l'elenco degli estremi delle sentenze di cui hanno avuto comunicazione, adottate nell'anno precedente relativamente alle controversie sulle materie di cui alle lettere m-quinquies) del comma 1 dell'articolo 119 e z-sexies) del comma 1 dell'articolo 133 del codice del processo amministrativo, di cui all'allegato 1 del decreto legislativo 2 luglio 2010, n. 104, introdotte, rispettivamente, dai commi 1 e 2 del presente articolo.

Articolo 50. Ricorso giurisdizionale per violazione dell'articolo 108, paragrafo 3, del Trattato sul funzionamento dell'Unione europea. – 1. I provvedimenti che concedono aiuti di Stato in violazione dell'articolo 108, paragrafo 3, del Trattato sul funzionamento dell'Unione europea possono essere impugnati davanti al tribunale amministrativo regionale competente per territorio.

Articolo 51. Estinzione del diritto alla restituzione dell'aiuto di Stato oggetto di una decisione di recupero per decorso del tempo. – 1. Indipendentemente dalla forma di concessione dell'aiuto di Stato, il diritto alla restituzione dell'aiuto oggetto di una decisione di recupero sussiste fino a che vige l'obbligo di recupero ai sensi del regolamento (***UE***) n. ***2015/1589*** del Consiglio, del ***13 luglio 2015*** [32].

Articolo 52. Registro nazionale degli aiuti di Stato [33]. – 1. Al fine di garantire il rispetto dei divieti di cumulo e degli obblighi di trasparenza e di pubblicità previsti dalla norma-

---

[32] Comma modificato dall'art. 35, 3° comma, legge 7 luglio 2016, n. 122 cit. alla nota 6.

[33] Articolo sostituito dall'art. 14, 1° comma, lett. b), legge 29 luglio 2015, n. 115 cit. alla nota 3. Sul Registro cfr. la nota 32 nonché l'art. 14, 2° comma di detta legge: «Le informazioni contenute nel Registro di cui all'articolo 52 della legge 24 dicembre 2012, n. 234, come sostituito dal primo comma del presente articolo, sono utilizzate anche ai fini della relazione di cui all'articolo 1 della legge 7 agosto 1997, n. 266, che, a decorrere dall'anno 2015, è predisposta dal Ministero dello sviluppo economico e trasmessa alle Camere entro il 30 settembre di ciascun anno, al fine di illustrare le caratteristiche e l'andamento, nell'anno precedente, dei diversi provvedimenti di sostegno alle attività economiche e produttive, per una valutazione dei provvedimenti in questione e per fornire, in forma articolata, elementi di monitoraggio. Il Ministero dello sviluppo economico individua con proprio provvedimento le ulteriori informazioni utili alla predisposizione della relazione di cui al presente comma, che devono essere inserite nel Registro dai soggetti pubblici o privati che concedono o gestiscono agevolazioni pubbliche alle imprese». Sul registro così dispone l'art. 64 del d.l. n. 34/2020 cit. alla nota 24: "Adeguamento e modifiche al registro nazionale aiuti di Stato e ai registri aiuti di Stato SIAN e SIPA". 1. Entro il 30 maggio 2020, il registro di cui all'articolo 52 della legge 24 dicembre 2012, n. 234, è adeguato a cura del Ministero dello sviluppo economico e i registri aiuti di Stato SIAN e SIPA sono adeguati dal Ministero delle politiche agricole alimentari e forestali, mediante sezione aggiuntiva, alle disposizioni introdotte dalla Comunicazione della Commissione europea C(2020) 1863 final - "Quadro temporaneo per le misure di aiuto di Stato a sostegno dell'economia nell'attuale emergenza del COVID-19" e successive modifiche e integrazioni. – 2. Entro il 15 giugno 2020, il Ministero dello sviluppo economico e il Ministero delle politiche agricole alimentari e forestali modificano i registri di cui al comma 1 per consentire la registrazione del regime di aiuti autorizzato dalla Commissione europea ai sensi degli articoli da 54 a 60-*bis* del presente decreto e delle misure di aiuti adottate ai sensi degli stessi articoli, nonché per contenere i dati necessari alla con-

tiva europea e nazionale in materia di aiuti di Stato, i soggetti pubblici o privati che concedono ovvero gestiscono i predetti aiuti trasmettono le relative informazioni alla banca di dati istituita presso il Ministero dello sviluppo economico ai sensi dell'articolo 14, comma 2, della legge 5 marzo 2001, n. 57, che assume la denominazione di "Registro nazionale degli aiuti di Stato".

2. Il Registro di cui al comma 1 contiene, in particolare, le informazioni concernenti:

a) gli aiuti di Stato di cui all'articolo 107 del Trattato sul funzionamento dell'Unione europea, ivi compresi gli aiuti in esenzione dalla notifica;

b) gli aiuti de minimis come definiti dal regolamento (CE) n. 1998/2006 della Commissione, del 15 dicembre 2006, e dal regolamento (UE) n. 1407/2013 della Commissione, del 18 dicembre 2013, nonché dalle disposizioni dell'Unione europea che saranno successivamente adottate nella medesima materia;

c) gli aiuti concessi a titolo di compensazione per i servizi di interesse economico generale, ivi compresi gli aiuti de minimis ai sensi del regolamento (UE) n. 360/2012 della Commissione, del 25 aprile 2012;

d) l'elenco dei soggetti tenuti alla restituzione degli aiuti incompatibili dei quali la Commissione europea abbia ordinato il recupero ai sensi dell'articolo ***16*** del regolamento (***UE***) n. ***2015/1589*** del Consiglio, del ***13 luglio 2015*** [34].

3. I soggetti di cui al comma 1 sono tenuti ad avvalersi del Registro di cui al medesimo comma 1 al fine di espletare le verifiche propedeutiche alla concessione o all'erogazione degli aiuti di Stato e degli aiuti de minimis, comprese quelle relative al rispetto dei massimali di aiuto stabiliti dalle norme europee e dei divicti di cui all'articolo 46 della presente legge, nonché al fine di consentire il costante aggiornamento dei dati relativi ai medesimi aiuti anche attraverso l'inserimento delle informazioni relative alle vicende modificative degli stessi.

4. Le informazioni relative agli aiuti di cui al comma 2, lettera a), b) e c), sono conservate e rese accessibili senza restrizioni, fatte salve le esigenze di tutela del segreto industriale, per dieci anni dalla data di concessione dell'aiuto, salvi i maggiori termini connessi all'esistenza di contenziosi o di procedimenti di altra natura; le informazioni relative agli aiuti di cui al comma 2, lettera d), sono conservate e rese accessibili, senza restrizioni, fino alla data dell'effettiva restituzione dell'aiuto.

5. Il monitoraggio delle informazioni relative agli aiuti di Stato nei settori agricolo e forestale, ivi compresi gli aiuti nelle zone rurali, e della pesca e acquacoltura continua a essere disciplinato dalla normativa europea di riferimento ed è assicurato attraverso la piena integrazione e interoperabilità del Registro di cui al comma 1 con i registri già esistenti per i settori dell'agricoltura e della pesca.

6. Con regolamento adottato con decreto di Ministro dello sviluppo economico, di concerto con i Ministri dell'economia e delle finanze e delle politiche agricole alimentari e forestali, ai sensi dell'articolo 17, comma 3, della legge 23 agosto 1988, n. 400, entro quattro

---

cessione degli aiuti, prevedendo modalità semplificate per aiuti automatici, sia fiscali che non fiscali [comma così modificato dall'art. 1, comma 627, lett. c), l. 30 dicembre 2020, n. 178, a decorrere dal 1° gennaio 2021, in *G.U.R.I.* 30 dicembre 2020, n. 322, sup. ord. n. 46]. – 3. L'adeguamento di cui ai commi 1 e 2 è effettuato previa intesa in sede di Conferenza unificata di cui all'articolo 8 del decreto legislativo 28 agosto 1997, n. 281. - 4. Sono mantenute tutte le funzionalità dei registri e in ogni caso sono mantenute le funzionalità del registro nazionale degli aiuti di Stato di cui all'articolo 52 della legge 24 dicembre 2012, n. 234, a supporto dello svolgimento delle verifiche di cui agli articoli 13, 14 e 15 del regolamento di cui al decreto del Ministro dello sviluppo economico del 31 maggio 2017, n. 115. - 5. Le amministrazioni pubbliche provvedono agli adempimenti previsti dal presente articolo con le risorse umane, strumentali e finanziarie disponibili a legislazione vigente, e comunque senza nuovi o maggiori oneri a carico della finanza pubblica".

[34] Lettera modificata dall'art. 35, 3° comma, legge 7 luglio 2016, n. 122 cit. alla nota 6.

mesi dalla data di entrata in vigore del presente articolo, sentita la Conferenza unificata di cui all'articolo 8 del decreto legislativo 28 agosto 1997, n. 281, e successive modificazioni, è adottata la disciplina per il funzionamento del Registro di cui al comma 1 del presente articolo, con la definizione delle modalità operative per la raccolta, la gestione e il controllo dei dati e delle informazioni relativi agli aiuti di cui al comma 2, compresi i criteri per l'eventuale interoperabilità con le banche di dati esistenti in materia di agevolazioni pubbliche alle imprese. Il predetto regolamento individua altresì, in conformità con le pertinenti norme europee in materia di aiuti di Stato, i contenuti specifici degli obblighi ai fini dei controlli di cui al comma 3, nonché la data a decorrere dalla quale il controllo relativo agli aiuti de minimis di cui al comma 2 già concessi avviene esclusivamente tramite il medesimo Registro, nel rispetto dei termini stabiliti dall'articolo 6, paragrafo 2, del citato regolamento (UE) n. 140/2013. Fino alla data ***del 1° luglio 2017*** di entrata in vigore del regolamento di cui al primo periodo, si applicano le modalità di trasmissione delle informazioni relative agli aiuti alle imprese, stabilite ai sensi dell'articolo 14, comma 2, della legge 5 marzo 2001, n. 57 [35].

7. ***A decorrere dal 1° luglio 2017***, la trasmissione delle informazioni al Registro ***di cui al 1° comma e l'adempimento degli obblighi di interrogazione del registro medesimo*** costituiscono condizione legale di efficacia dei provvedimenti che dispongono concessioni ed erogazioni degli aiuti di cui al comma 2. I provvedimenti di concessione e di erogazione di detti aiuti indicano espressamente l'avvenuto inserimento delle informazioni nel Registro e l'avvenuta interrogazione dello stesso. L'inadempimento degli obblighi di cui ai commi 1 e 3 nonché al secondo periodo del presente comma è rilevato, anche d'ufficio, dai soggetti di cui al comma 1 e comporta la responsabilità patrimoniale del responsabile della concessione e dell'erogazione degli aiuti. L'inadempimento è rilevabile anche dall'impresa beneficiaria ai fini del risarcimento del danno [36].

---

[35] Comma modificato dall'art. 6, 6° comma, lett. b), d.l. 30 dicembre 2016, n. 244, convertito con modificazioni dalla legge 27 febbraio 2017, n. 19 cit. alla nota 23. Con D.P.C.M. 31 maggio 2017, n. 115 è stato adottato il regolamento recante la disciplina per il funzionamento del Registro nazionale degli aiuti di Stato, in *G.U.R.I.*, 28 luglio 2017, n. 175.

[36] Comma modificato dall'art. 6, 6° comma, lett. b), d.l. 30 dicembre 2016, n. 244, convertito con modificazioni dalla legge 27 febbraio 2017, n. 19 cit. alla nota 25. Una deroga è stata introdotta dal d.l. 28 ottobre 2020 n. 137 "Ulteriori misure urgenti in materia di tutela della salute, sostegno ai lavoratori e alle imprese, giustizia e sicurezza, connesse all'emergenza epidemiologica da COVID-19", in *G.U.R.I.* 28 ottobre 2020, n. 269, ediz. straord., convertito con modificazioni in l. 18 dicembre 2020, n. 176, in *G.U.R.I.* 24 dicembre 2020, n. 319, sup. ord. n. 43: "Art. 31-*octies*. *Responsabilità per l'inadempimento degli obblighi previsti dall'articolo 52, comma 7, della legge 24 dicembre 2012, n. 234, e risoluzione delle controversie internazionali*. 1. In considerazione dell'incremento del numero di aiuti individuali alle imprese e dei soggetti concedenti gli aiuti, anche per effetto delle misure eccezionali e transitorie attivabili nell'ambito del quadro temporaneo per gli aiuti di Stato a sostegno dell'economia nel corso dell'attuale emergenza da COVID-19, e tenuto conto dell'esigenza di procedere al tempestivo utilizzo delle risorse pubbliche per contrastare e mitigare gli effetti della crisi, in deroga all'articolo 52, comma 7, terzo periodo, della legge 24 dicembre 2012, n. 234, e all'articolo 17, comma 3, del regolamento di cui al decreto del Ministro dello sviluppo economico 31 maggio 2017, n. 115, nel periodo compreso tra il 1° gennaio 2020 e il 31 dicembre 2022, l'inadempimento degli obblighi di registrazione degli aiuti di Stato di cui al citato articolo 52, commi 1, 3 e 7, secondo periodo, non comporta responsabilità patrimoniale del responsabile della concessione o dell'erogazione degli aiuti medesimi. – 2. Al fine di definire modalità semplificate per l'inserimento degli aiuti di Stato di natura fiscale, contributiva e assicurativa nel Registro nazionale degli aiuti di Stato e di razionalizzare il relativo regime di responsabilità, sono apportate le necessarie modifiche al regolamento di cui all'articolo 52, comma 6, e all'articolo 52, comma 7, della legge 24 dicembre 2012, n. 234, entro il 31 dicembre 2022. – 3. All'articolo 29, comma 7, secondo periodo, del decreto-legge 31 maggio 2010, n. 78, convertito, con modificazioni, dalla legge 30 luglio 2010, n. 122, sono apportate le seguenti modificazioni: a) le parole: "vigenti convenzioni contro le doppie imposizioni sui redditi e" sono sostituite dalle seguenti: "vigenti convenzioni contro le doppie imposizioni sui redditi,"; b) dopo le parole: " legge 22 marzo 1993, n. 99," sono inserite le seguenti: "e dalla direttiva (UE) 2017/1852 del Consiglio, del 10 ottobre 2017, attuata con decreto legislativo 10 giugno 2020, n. 49, e al fine della

CAPO IX – DISPOSIZIONI TRANSITORIE E FINALI

Articolo 53. Parità di trattamento. – 1. Nei confronti dei cittadini italiani non trovano applicazione norme dell'ordinamento giuridico italiano o prassi interne che producano effetti discriminatori rispetto alla condizione e al trattamento garantiti nell'ordinamento italiano ai cittadini dell'Unione europea.

Articolo 54. Lotta contro le frodi nei confronti dell'Unione europea. – 1. Presso la Presidenza del Consiglio dei Ministri – Dipartimento per le politiche europee opera il Comitato previsto dall'articolo 3 del regolamento di cui al decreto del Presidente della Repubblica 14 maggio 2007, n. 91, che è ridenominato «Comitato per la lotta contro le frodi nei confronti dell'Unione europea». Non si applica l'articolo 29, comma 2, lettera e-bis), del decreto-legge 4 luglio 2006, n. 223, convertito, con modificazioni, dalla legge 4 agosto 2006, n. 248. Il Comitato presenta annualmente una relazione al Parlamento.

2. Presso la Presidenza del Consiglio dei Ministri – Dipartimento per le politiche europee opera altresì il Nucleo della Guardia di finanza previsto dal decreto del Presidente del Consiglio dei Ministri 11 gennaio 1995, che è ridenominato «Nucleo della Guardia di finanza per la repressione delle frodi nei confronti dell'Unione europea» e che dipende funzionalmente dal Capo del medesimo Dipartimento.

Articolo 55. Punti di contatto europei. – 1. La Presidenza del Consiglio dei Ministri – Dipartimento per le politiche europee:

a) costituisce punto di contatto nazionale per la cooperazione amministrativa tra autorità competenti nazionali ed europee ai sensi dell'articolo 36, comma 2, del decreto legislativo 26 marzo 2010, n. 59, e provvede alle notifiche di cui all'articolo 13 del medesimo decreto legislativo n. 59 del 2010;

b) assolve i compiti di coordinatore nazionale presso la Commissione europea e di punto nazionale di contatto per le informazioni e l'assistenza sui riconoscimenti delle qualifiche professionali ai sensi dell'articolo 6, comma 1, del decreto legislativo 9 novembre 2007, n. 206;

c) gestisce il Centro SOLVIT per l'Italia.

Articolo 56. Competenze istituzionali del Ministero degli affari esteri. – 1. Sono fatti salvi le competenze e il coordinamento del Ministero degli affari esteri in materia di rapporti con l'Unione europea per quanto riguarda le sue funzioni istituzionali, come disciplinate, in particolare, dal decreto legislativo 30 luglio 1999, n. 300, e dal decreto del Presidente della Repubblica 5 gennaio 1967, n. 18.

Articolo 57. Norme transitorie. – 1. Le disposizioni di cui all'articolo 46, comma 3, e all'articolo 48, comma 4, si applicano anche con riferimento alle decisioni di recupero adottate prima della data di entrata in vigore della presente legge.

Articolo 58. Modifica, deroga, sospensione o abrogazione della presente legge. – 1. Le disposizioni della presente legge possono essere modificate, derogate, sospese o abrogate da successive leggi solo attraverso l'esplicita indicazione delle disposizioni da modificare, derogare, sospendere o abrogare.

---

definizione delle procedure amichevoli interpretative di carattere generale e degli atti dell'Agenzia delle entrate adottati in attuazione di tali procedure amichevoli,". – 4. All'articolo 20 del decreto del Presidente della Repubblica 29 settembre 1973, n. 602, dopo il primo periodo è aggiunto il seguente: "Nel caso in cui le imposte o le maggiori imposte sono dovute in esecuzione di accordi conclusi con le autorità competenti degli Stati esteri a seguito delle procedure amichevoli interpretative a carattere generale previste dalle Convenzioni contro le doppie imposizioni sui redditi, gli interessi di cui al periodo precedente si applicano a decorrere dalla data dei predetti accordi"."

Articolo 59. Regioni a statuto speciale e province autonome. – 1. Per le regioni a statuto speciale e per le province autonome resta fermo quanto previsto nei rispettivi statuti speciali e nelle relative norme di attuazione.

Articolo 60. Disposizioni finanziarie. – 1. Dall'attuazione della presente legge non devono derivare nuovi o maggiori oneri a carico della finanza pubblica. Le amministrazioni interessate provvedono all'attuazione della presente legge con le risorse umane, strumentali e finanziarie previste a legislazione vigente.

Articolo 61. Abrogazioni e modificazioni. – 1. Sono abrogati:
a) l'articolo 57 della legge 6 febbraio 1996, n. 52;
b) la legge 4 febbraio 2005, n. 11;
c) l'articolo 42-ter del decreto-legge 30 dicembre 2008, n. 207, convertito, con modificazioni, dalla legge 27 febbraio 2009, n. 14.

2. Negli atti normativi vigenti, le parole: «Dipartimento per il coordinamento delle politiche comunitarie», ovunque ricorrono, sono sostituite dalle seguenti: «Dipartimento per le politiche europee».

3. All'articolo 3 della legge 22 aprile 2005, n. 69, il comma 3 è sostituito dal seguente:

«3. La pronuncia non favorevole della Camera dei deputati o del Senato della Repubblica è vincolante per il Governo».

4. L'articolo 1 del decreto-legge 8 aprile 2008, n. 59, convertito, con modificazioni, dalla legge 6 giugno 2008, n. 101, come modificato dall'articolo 34, comma 8, del decreto legislativo 1° settembre 2011, n. 150, continua ad applicarsi ai soli giudizi in corso alla data di entrata in vigore della presente legge.

5. L'articolo 47-bis del decreto legislativo 31 dicembre 1992, n. 546, continua ad applicarsi ai soli giudizi in corso alla data di entrata in vigore della presente legge.

La presente legge, munita del sigillo dello Stato, sarà inserita nella Raccolta ufficiale degli atti normativi della Repubblica italiana. È fatto obbligo a chiunque spetti di osservarla e di farla osservare come legge dello Stato.

12.2. Decreto del Presidente della Repubblica 26 giugno 2015, n. 118. – Regolamento per il funzionamento del Comitato interministeriale per gli affari europei, istituito presso la Presidenza del Consiglio dei ministri, a norma dell'articolo 2 della legge 24 dicembre 2012, n. 234 [37]

IL PRESIDENTE DELLA REPUBBLICA

Visto l'articolo 87, quinto comma, della Costituzione; vista la legge 23 agosto 1988, n. 400, recante disciplina dell'attività di Governo e ordinamento della Presidenza del Consiglio dei ministri e, in particolare, l'articolo 17, comma 1; visto l'articolo 2 della legge 24 dicembre 2012, n. 234, e, in particolare, il comma 6 di detto articolo; sentiti il Ministro per gli affari regionali e le autonomie, il Sottosegretario di Stato con delega alle politiche e agli affari europei ed il Sottosegretario di Stato con delega alle politiche di coesione territoriale e allo sport; vista la preliminare deliberazione del Consiglio dei ministri, adottata nella riunione del 24 dicembre 2014; sentita la Conferenza unificata, che si è espressa in data 26 febbraio 2015; udito il parere del Consiglio di Stato espresso dalla Sezione consultiva per gli atti normativi nell'Adunanza del 16 aprile 2015; vista la deliberazione del Consiglio dei ministri, adottata nella riunione dell'11 giugno 2015; sulla proposta del Presidente del Con-

[37] Il decreto, in *G.U.R.I.* 6 agosto 2015, n. 181, è in vigore dal 6 agosto 2015.

siglio dei ministri, di concerto con il Ministro degli affari esteri e della cooperazione internazionale; emana il seguente regolamento:

Articolo 1. Compiti del Comitato interministeriale per gli affari europei. – 1. Il Comitato interministeriale per gli affari europei, di seguito denominato CIAE, opera presso la Presidenza del Consiglio dei ministri ai sensi dell'articolo 2, comma 1, della legge 24 dicembre 2012, n. 234, di seguito denominata: «legge».

2. Per le finalità di cui al comma 1 il CIAE può in particolare, nell'ambito delle proprie funzioni:

a) esprimersi in merito all'opportunità di apporre in sede di Consiglio dei ministri dell'Unione europea una riserva di esame parlamentare ai sensi dell'articolo 10, comma 2, della legge;

b) definire le linee della politica nazionale relativa all'elaborazione degli atti dell'Unione europea da sottoporre alla sessione europea della Conferenza permanente per i rapporti tra lo Stato, le regioni e le province autonome di Trento e di Bolzano convocata a norma dell'articolo 24, comma 4, della legge, nonché esaminare questioni di particolare rilievo emerse nel corso della Conferenza stessa;

c) trattare aspetti delle politiche dell'Unione europea di interesse regionale e territoriale;

d) valutare la coerenza degli obiettivi di semplificazione e di qualità della regolazione con la definizione della posizione italiana da sostenere in sede di Unione europea nella fase di predisposizione della normativa europea, si sensi dell'articolo 20, comma 8-bis, della legge 15 marzo 1097, n. 59, introdotto dall'articolo 1, comma 1, lettera d), della legge 28 novembre 2005, n. 246.

3. Al fine di consentire il puntuale adempimento degli obblighi derivanti dall'appartenenza dell'Italia all'Unione europea il CIAE può in particolare, nell'ambito delle proprie funzioni:

a) esprimere valutazioni e segnalazioni in merito allo stato di conformità dell'ordinamento interno e degli indirizzi di politica del Governo agli atti normativi e di indirizzo emanati dagli organi dell'Unione europea, ai fini dell'articolo 29, comma 3, della legge, e formulare le direttive e gli indirizzi conseguenti;

b) pronunciarsi sulle misure urgenti per l'adeguamento agli obblighi derivanti dall'ordinamento dell'Unione europea di cui all'articolo 37 della legge, formulando valutazioni e proposte;

c) adottare linee guida per il coordinamento delle amministrazioni dello Stato in vista della approvazione dei disegni di legge europea e di delegazione europea, sulla base degli indirizzi del Parlamento, delle indicazioni delle amministrazioni interessate e del parere della Conferenza permanente per i rapporti tra lo Stato, le regioni e le province autonome di Trento e di Bolzano;

d) formulare valutazioni e proposte ai fini dell'esercizio dei poteri sostitutivi previsti dall'articolo 41 della legge, esprimendosi sulla opportunità di intervenire con provvedimento legislativo;

e) formulare valutazioni e proposte in merito alle azioni necessarie per prevenire il contenzioso dell'Unione europea.

4. Il CIAE può altresì pronunciarsi, nell'ambito delle proprie funzioni, su qualunque altro argomento sia sottoposto alla sua attenzione dall'Amministrazione di settore competente.

5. Il CIAE definisce le linee generali e impartisce le direttive per l'attività del Comitato tecnico di valutazione degli atti dell'Unione europea di cui all'articolo 19 della legge, di seguito denominato: «CTV».

Articolo 2. Funzionamento del CIAE. – 1. Il CIAE è presieduto e convocato, per il tramite della Segreteria del CIAE di cui all'articolo 2, comma 9, della legge, dal Presidente del Consiglio dei ministri o dal Ministro per gli affari europei o eventualmente dal Sottosegretario a ciò delegato.

2. L'ordine del giorno delle riunioni del CIAE è stabilito dal Presidente del Consiglio dei ministri, o dal Ministro per gli affari europei o eventualmente dal Sottosegretario a ciò delegato.

3. A norma dell'articolo 2, comma 2, della legge alle riunioni del CIAE, quando si trattano questioni che interessano anche le Regioni e le Province autonome, partecipano il Presidente della Conferenza delle regioni e delle province autonome di Trento e di Bolzano o un Presidente di regione o di provincia autonoma da lui delegato e, per gli ambiti di competenza degli enti locali, i Presidenti delle associazioni rappresentative di questi ultimi.

4. Le linee generali, le direttive e gli indirizzi deliberati dal CIAE sono comunicati alla Presidenza del Consiglio dei ministri, al Ministero degli affari esteri e della cooperazione internazionale e ad ogni altro soggetto competente a rappresentare la posizione italiana in seno alle istituzioni e agli organismi dell'Unione europea e ad assicurare il puntuale adempimento degli obblighi derivanti dall'appartenenza dell'Italia all'Unione europea.

Articolo 3. Segreteria del CIAE. – 1. Il Dipartimento per le politiche europee istituito presso la Presidenza del Consiglio dei ministri espleta le attività necessarie per lo svolgimento delle attività istruttorie e di sostegno al funzionamento del CIAE e provvede agli adempimenti preliminari e conseguenti alle riunioni del Comitato.

2. La Segreteria del CIAE assicura in particolare:

a) l'istruttoria delle questioni poste all'attenzione del CIAE in raccordo, ove necessario, con il CTV (Comitato tecnico di valutazione degli atti dell'Unione europea);

b) la redazione dei verbali delle riunioni del CIAE e la loro conservazione;

c) la pubblicità delle riunioni nelle forme e nei modi di volta in volta stabiliti dal CIAE;

d) la trasmissione delle determinazioni del CIAE a tutti i soggetti competenti a darne attuazione.

3. Il personale che opera presso la Segreteria del CIAE è individuato ai sensi dell'articolo 2, commi 7 e 8, della legge.

Articolo 4. Abrogazioni e disposizioni finali. – 1. A decorrere dalla data di entrata in vigore del presente decreto è abrogato il decreto del Presidente del Consiglio dei ministri 9 gennaio 2006 recante il regolamento per il funzionamento del Comitato interministeriale per gli affari comunitari europei (CIACE) istituito presso il Dipartimento per il coordinamento delle politiche comunitarie dall'articolo 2 della legge 4 febbraio 2005, n. 11, pubblicato sulla Gazzetta Ufficiale n. 28 del 3 febbraio 2006.

2. All'attuazione del presente decreto le amministrazioni coinvolte provvedono con le risorse umane, strumentali e finanziarie disponibili a legislazione vigente, senza nuovi o maggiori oneri per la finanza pubblica.

Articolo 5. Entrata in vigore. – 1. Il presente decreto entra in vigore il giorno stesso della sua pubblicazione nella Gazzetta Ufficiale della Repubblica italiana.

Il presente decreto, munito del sigillo dello Stato, sarà inserito nella raccolta ufficiale degli atti normativi della Repubblica italiana. È fatto obbligo a chiunque spetti di osservarlo e di farlo osservare. (*omissis*)

12.3. Decreto del Presidente della Repubblica 2 luglio 2015, n. 119. – Regolamento per il funzionamento del Comitato Tecnico di Valutazione (CTV) degli atti dell'Unione europea, istituito presso il Dipartimento per le politiche europee dall'articolo 19 della legge 24 dicembre 2012, n. 234 [38]

IL PRESIDENTE DELLA REPUBBLICA

Visto l'articolo 87, quinto comma, della Costituzione; vista la legge 23 agosto 1988, n. 400, recante disciplina dell'attività di Governo e ordinamento della Presidenza del Consiglio dei ministri, ed in particolare l'articolo 17, comma 1; visto l'articolo 19 della legge 24 dicembre 2012, n. 234 e, in particolare, il comma 8 di detto articolo; sentito il Sottosegretario di Stato alla Presidenza del Consiglio dei ministri con delega alle politiche e agli affari europei; vista la preliminare deliberazione del Consiglio dei ministri, adottata nella riunione del 24 dicembre 2014; sentita la Conferenza unificata, che si è espressa in data 26 febbraio 2015; udito il parere del Consiglio di Stato espresso dalla Sezione consultiva per gli atti normativi nell'Adunanza del 16 aprile 2015; vista la deliberazione del Consiglio dei ministri, adottata nella riunione dell'11 giugno 2015; sulla proposta del Presidente del Consiglio dei ministri, di concerto con il Ministro degli affari esteri e della cooperazione internazionale; emana il seguente regolamento:

Articolo 1. Compiti del Comitato tecnico di valutazione degli atti dell'Unione europea. – 1. Il Comitato tecnico di valutazione degli atti dell'Unione europea, di seguito denominato CTV, è istituito presso il Dipartimento per le politiche europee ai sensi dell'articolo 19 della legge 24 dicembre 2012, n. 234, di seguito denominata legge.

2. Il CTV assicura, nel quadro degli indirizzi del Governo, il coordinamento tecnico tra i soggetti chiamati a partecipare alla fase di formazione degli atti dell'Unione europea ai sensi della legge ed assiste il Comitato interministeriale per gli affari europei, di seguito denominato CIAE, nello svolgimento dei compiti previsti dall'articolo 2 della legge.

3. Il CTV svolge le funzioni disciplinate dall'articolo 19, comma 2, della legge.

4. Il CTV opera in collegamento con il Ministero degli affari esteri e della cooperazione internazionale, che si avvale della Rappresentanza permanente d'Italia presso l'Unione europea.

Articolo 2. Composizione del Comitato tecnico di valutazione. – 1. Il CTV è composto da un rappresentante e da un supplente designati da ciascun Ministro ed abilitati a esprimere la posizione dell'amministrazione, dandone comunicazione alla Segreteria del CIAE di cui all'articolo 2, comma 9, della legge. I componenti del CTV sono nominati con decreto del Presidente del Consiglio dei ministri.

2. Nel caso di mancata designazione, le Amministrazioni sono rappresentate, in via provvisoria, dai responsabili dei Nuclei di valutazione istituiti ai sensi dell'articolo 20 della legge.

3. I componenti del CTV durano in carica tre anni dalla designazione e possono essere revocati o sostituiti in qualunque momento.

4. Previa deliberazione del CTV sono istituiti singoli gruppi di lavoro incaricati di preparare i lavori del CTV con riguardo a specifiche tematiche.

Articolo 3. Organizzazione e funzionamento del Comito tecnico di valutazione. – 1. Il CTV è convocato, coordinato e presieduto dal direttore della Segreteria del CIAE di cui all'articolo 2, comma 9, della legge.

2. Il CTV si riunisce presso il Dipartimento per le politiche europee che assicura, attraverso la Segreteria del CIAE, il supporto necessario per lo svolgimento delle attività dello stesso.

---

[38] Il decreto, in *G.U.R.I.* 7 agosto 2015, n. 182, è in vigore dal 7 agosto 2015.

3. Alle riunioni del CTV partecipano i rappresentanti del Ministero degli affari esteri e della cooperazione internazionale, del Ministero dell'economia e delle finanze, del Dipartimento per gli affari regionali, le autonomie e lo sport, del Dipartimento per le politiche di coesione e delle altre Amministrazioni interessate ai dossier all'ordine del giorno, assistiti, ove necessario, dai responsabili dei Nuclei di valutazione di cui all'articolo 20 della legge nonché da esperti dell'Amministrazione e da funzionari del Senato della Repubblica e della Camera dei deputati, designati dalle rispettive amministrazioni in qualità di osservatori.

4. Alle riunioni del CTV possono essere invitati a partecipare:

a) il Rappresentante permanente d'Italia presso l'Unione europea o un suo delegato;

b) i rappresentanti delle Regioni e delle Province autonome secondo le modalità di cui all'articolo 4;

c) i rappresentanti delle associazioni rappresentative degli enti locali secondo le modalità di cui all'articolo 4;

d) i rappresentanti delle Autorità di regolamentazione o vigilanza, quando si trattano questioni che rientrano nelle rispettive competenze.

5. Il CTV può acquisire dati ed elementi necessari ai fini della formazione della posizione italiana sui progetti di atti dell'Unione europea anche attraverso audizioni di esperti e consultazione dei soggetti portatori di interessi in relazione alle specifiche materie trattate, tenuto conto, per l'analisi degli impatti sull'ordinamento nazionale, delle indicazioni metodologiche e procedurali definite dal Dipartimento per gli affari giuridici e legislativi.

6. Il CTV può sottoporre all'esame del CIAE questioni rilevanti ai fini della definizione unitaria della posizione del Governo sui progetti di atti dell'Unione europea.

7. Delle sedute del CTV è redatto un resoconto che, a cura della Segreteria del CIAE, è trasmesso ai soggetti incaricati di rappresentare la posizione italiana nelle sedi negoziali europee.

8. Su indicazione dei rappresentanti del CTV o su iniziativa del direttore della Segreteria del CIAE, possono essere costituiti gruppi tecnici di lavoro per la disamina di specifici dossier. La composizione dei gruppi di lavoro riflette quella del CTV.

Articolo 4. Partecipazione delle regioni, delle province autonome e degli enti locali alle riunioni del Comitato tecnico. – 1. La partecipazione delle Regioni e delle province autonome alla formazione della posizione italiana sui progetti di atti legislativi dell'Unione europea è garantita mediante le procedure di cui all'articolo 24 della legge e nel rispetto di quanto previsto dall'articolo 5, comma 1, della legge 5 giugno 2003, n. 131.

2. Quando all'esame del CTV sono trattate materie che interessano le regioni e le province autonome, il CTV è integrato da un rappresentante di ciascuna regione e provincia autonoma designato dal rispettivo presidente e, per gli ambiti di competenza degli enti locali, da rappresentanti designati dall'ANCI, dall'UPI e dall'UNCEM. Partecipano, in qualità di osservatori, rappresentanti della Conferenza dei presidenti delle assemblee legislative delle regioni e delle province autonome.

3. Il CTV in composizione integrata opera ai sensi dell'articolo 3.

Articolo 5. Segreteria del CIAE. – 1. Il Dipartimento per le politiche europee istituito presso la Presidenza del Consiglio dei ministri espleta le funzioni necessarie allo svolgimento delle attività istruttorie, e di sostegno al funzionamento del CTV e provvede agli adempimenti preliminari e conseguenti alle riunioni del Comitato, assicurandone il raccordo con le deliberazioni del CIAE. Per lo svolgimento delle attività istruttorie di cui all'articolo 3, comma 5, il Dipartimento opera in raccordo con il Dipartimento per gli affari giuridici e legislativi.

2. La Segreteria del CIAE cura in particolare:

a) la conservazione e l'aggiornamento dell'elenco dei rappresentanti del CTV;

b) l'istruttoria delle questioni all'ordine del giorno delle riunioni del CTV e dei gruppi tecnici di lavoro;

c) la redazione dei verbali delle riunioni e la loro conservazione;

d) la trasmissione delle decisioni assunte in seno al CTV o ai gruppi tecnici di lavoro ai rappresentanti italiani incaricati di rappresentarle in tutte le sedi negoziali europee;

e) la pubblicità delle riunioni nelle forme e nei modi di volta in volta stabiliti dal CTV o dai gruppi tecnici di lavoro.

3. La Segreteria del CIAE può inoltre formulare proposte specifiche ed elaborare documenti di posizione sui dossier sottoposti all'esame del CTV.

Articolo 6. Abrogazioni e disposizioni finali. – 1. A decorrere dall'entrata in vigore del presente decreto è abrogato il decreto del Ministro per le politiche comunitarie 9 gennaio 2006 recante il regolamento per il funzionamento del Comitato tecnico permanente istituito presso il Dipartimento per il coordinamento delle politiche comunitarie dall'articolo 2, comma 4, della legge 4 febbraio 2005, n. 11, pubblicato nella Gazzetta Ufficiale n. 28 del 3 febbraio 2006.

2. All'attuazione del presente decreto le amministrazioni coinvolte provvedono con le risorse umane, strumentali e finanziarie disponibili a legislazione vigente, senza nuovi o maggiori oneri per la finanza pubblica.

Articolo 7. Entrata in vigore. – 1. Il presente decreto entra in vigore il giorno stesso della sua pubblicazione nella Gazzetta Ufficiale della Repubblica italiana. Il presente decreto, munito del sigillo dello Stato, sarà inserito nella Raccolta ufficiale degli atti normativi della Repubblica italiana. È fatto obbligo a chiunque spetti di osservarlo e di farlo osservare. (*omissis*)

Appendice

Recesso e accordi fra Regno Unito e Unione europea

1. Decisione (UE) 2020/135 del Consiglio del 30 gennaio 2020 relativa alla conclusione dell'accordo sul recesso del Regno Unito di Gran Bretagna e Irlanda del Nord dall'Unione europea e dalla Comunità europea dell'energia atomica *

il Consiglio dell'Unione europea,
visto il trattato sull'Unione europea, in particolare l'articolo 50, paragrafo 2,
vista la proposta della Commissione europea,
vista l'approvazione del Parlamento europeo,
visto il parere della Banca centrale europea,
considerando quanto segue:

(1) Il 21 ottobre 2019 il Consiglio ha adottato la decisione (UE) 2019/1750 [1], che modifica la decisione (UE) 2019/274 [2], relativa alla firma, a nome dell'Unione europea e della Comunità europea dell'energia atomica, dell'accordo sul recesso del Regno Unito di Gran Bretagna e Irlanda del Nord dall'Unione europea e dalla Comunità europea dell'energia atomica («accordo»).

(2) È opportuno approvare l'accordo a nome dell'Unione europea e della Comunità europea dell'energia atomica.

(3) È opportuno che i riferimenti all'Unione nella presente decisione si intendano fatti anche alla Comunità europea dell'energia atomica.

(4) Alla data di entrata in vigore dell'accordo cessano automaticamente, per effetto del recesso, i mandati di tutti i membri delle istituzioni, degli organi e degli organismi dell'Unione nominati, designati o eletti in virtù dell'appartenenza del Regno Unito all'Unione.

(5) È opportuno definire le modalità di rappresentanza dell'Unione nel comitato misto e nei comitati specializzati istituiti dall'accordo. Ai sensi dell'articolo 17, paragrafo 1, TUE, alla Commissione spetta di rappresentare l'Unione ed esprimere le posizioni dell'Unione definite dal Consiglio conformemente ai trattati. Il Consiglio è tenuto ad esercitare le sue funzioni di definizione delle politiche e di coordinamento ai sensi dell'articolo 16, paragrafo 1, TUE, mediante la definizione delle posizioni da adottare a nome dell'Unione in sede di comitato misto e di comitati specializzati. Inoltre, nei casi in cui il comitato misto sia invitato ad adottare atti aventi effetti giuridici, le posizioni da adottare a nome dell'Unione in sede di comitato misto devono essere stabilite secondo la procedura di cui all'articolo 218, paragrafo 9, del trattato sul funzionamento dell'Unione europea. Sei mesi prima che l'articolo 5 del protocollo su Irlanda/Irlanda del Nord dell'accordo di recesso diventi applicabile, si procederà al riesame delle modalità di partecipazione degli Stati membri alle riunioni del comitato misto e dei comitati specializzati, tenendo conto della nuova situazione in tal modo creatasi.

(6) Si ricorda che nel processo verbale del Consiglio europeo del 25 novembre 2018 sono state incluse diverse dichiarazioni. Ai termini della dichiarazione relativa all'accordo di recesso e alla dichiarazione politica, nel caso in cui la posizione dell'Unione da adottare in sede di comitato misto riguardi la proroga del periodo di transizione, il Consiglio delibererà conformemente agli orientamenti del Consiglio europeo e ogni eventuale decisione in merito alla proroga del periodo di transizione terrà conto dell'adempimento, da parte del Regno Unito, degli obblighi a

---

* In *G.U.U.E.* L 29 del 31 gennaio 2020, p. 1.

[1] Decisione (UE) 2019/1750 del Consiglio, del 21 ottobre 2019, che modifica la decisione (UE) 2019/274, relativa alla firma, a nome dell'Unione europea e della Comunità europea dell'energia atomica, dell'accordo sul recesso del Regno Unito di Gran Bretagna e Irlanda del Nord dall'Unione europea e dalla Comunità europea dell'energia atomica (GU L 274I del 28.10.2019, pag. 1).

[2] Decisione (UE) 2019/274 del Consiglio, dell'11 gennaio 2019, relativa alla firma, a nome dell'Unione europea e della Comunità europea dell'energia atomica, dell'accordo sul recesso del Regno Unito di Gran Bretagna e Irlanda del Nord dall'Unione europea e dalla Comunità europea dell'energia atomica (GU L 47I del 19.2.2019, pag. 1).

norma dell'accordo, compresi i relativi protocolli. Nello stesso processo verbale del Consiglio europeo sono state incluse altre due dichiarazioni del Consiglio europeo e della Commissione: una dichiarazione interpretativa sull'articolo 184 dell'accordo di recesso e una dichiarazione sul campo di applicazione territoriale degli accordi futuri.

(7) Nei casi in cui l'Unione debba adottare una posizione in sede di comitato misto, il Consiglio e la Commissione sono tenuti a rispettare le dichiarazioni riportate nel processo verbale del Consiglio europeo del 25 novembre 2018.

(8) Il Parlamento europeo deve essere immediatamente e pienamente informato, come previsto dall'articolo 218, paragrafo 10, TFUE, sulla base di modalità pratiche di cooperazione che gli consentano di esercitare appieno le proprie prerogative conformemente ai trattati.

(9) Ogniqualvolta l'Unione sia tenuta ad agire per conformarsi alle disposizioni dell'accordo, tale azione deve essere intrapresa conformemente alle disposizioni dei trattati nel rispetto dei limiti dei poteri conferiti a ciascuna istituzione. Spetta pertanto alla Commissione trasmettere al Regno Unito le informazioni o le notifiche previste dall'accordo, salvo che l'accordo rimandi ad altre istituzioni, altri organi e altri organismi specifici dell'Unione, consultare il Regno Unito su questioni specifiche e invitare i rappresentanti del Regno Unito a partecipare a riunioni internazionali di consultazione o negoziazione nell'ambito della delegazione dell'Unione. Spetta inoltre alla Commissione rappresentare l'Unione dinanzi al collegio arbitrale qualora sia stata avviata la procedura di arbitrato in conformità dell'articolo 170 dell'accordo. In virtù del principio di leale cooperazione di cui all'articolo 4, paragrafo 3, TUE, la Commissione è tenuta a consultare preventivamente il Consiglio, ad esempio trasmettendo ad esso le linee principali delle istanze che l'Unione intende presentare al collegio e tenendo conto delle osservazioni formulate dal Consiglio. Per lo stesso motivo dovrebbe spettare alla Commissione concordare con il Regno Unito le modalità amministrative quali quelle di cui all'articolo 134 dell'accordo.

(10) Nella dichiarazione a verbale della sessione del Consiglio del 29 gennaio 2018 la Commissione ha affermato che pubblicherà, previa consultazione del Consiglio, un documento di orientamento su un'applicazione coerente dell'articolo 128, paragrafo 5, dell'accordo.

(11) A norma dell'articolo 129, paragrafo 4, dell'accordo, durante il periodo di transizione il Regno Unito può negoziare, firmare e ratificare gli accordi internazionali cui ha aderito a proprio nome negli ambiti di competenza esclusiva dell'Unione, purché tali accordi non entrino in vigore né si applichino durante il periodo di transizione, salvo autorizzazione dell'Unione. È necessario stabilire le condizioni e la procedura che presiedono a dette autorizzazioni. Dato il valore politico che rivestono tali decisioni di autorizzazione, è opportuno conferire al Consiglio il potere di adottarle mediante atti di esecuzione su proposta della Commissione.

(12) L'accordo tratta, in protocolli separati, le situazioni molto specifiche dell'Irlanda/Irlanda del Nord, delle zone di sovranità del Regno Unito a Cipro e di Gibilterra. Data l'eventualità che Irlanda, Repubblica di Cipro e Regno di Spagna debbano rispettivamente concludere accordi bilaterali con il Regno Unito in quanto necessario per il corretto funzionamento delle disposizioni contenute in detti protocolli specifici, è necessario stabilire le condizioni e la procedura che autorizzano lo Stato membro in questione a negoziare e concludere tali accordi bilaterali negli ambiti di competenza esclusiva dell'Unione. Dato il valore politico che rivestono tali decisioni di autorizzazione, è opportuno conferire al Consiglio il potere di adottarle mediante atti di esecuzione su proposta della Commissione.

(13) Conformemente all'articolo 18, paragrafi 1 e 4, dell'accordo, lo Stato membro ospitante è tenuto a rilasciare ai cittadini del Regno Unito, ai loro familiari e alle altre persone che rientrano nell'ambito di applicazione della parte seconda, titolo II, dell'accordo, un documento che ne attesti lo status di soggiorno ai sensi dell'accordo. Conformemente all'articolo 26 dell'accordo, lo Stato membro sede di lavoro è tenuto a rilasciare ai cittadini del Regno Unito che godono dei diritti in quanto lavoratori frontalieri ai sensi dell'accordo un documento che ne attesti lo status di lavoratore frontaliero ai sensi dell'accordo. Al fine di garantire condizioni uniformi di esecuzione di tali disposizioni nell'Unione in modo da agevolare il riconoscimento di detti documenti, in particolare da parte delle autorità di controllo delle frontiere, e prevenirne la falsificazione e contraffazione con elementi di sicurezza di alto livello, è opportuno attribuire alla Commissione competenze di esecuzione che le permettano

di stabilire il periodo di validità, il formato di tali documenti e relative specifiche tecniche, così come la dicitura comune che devono riportare i documenti rilasciati in conformità degli articoli 18 e 26 dell'accordo, indicante che sono stati rilasciati a norma dell'accordo. È opportuno che tali competenze siano esercitate conformemente al regolamento (UE) n. 182/2011 del Parlamento europeo e del Consiglio[3]. A tal fine la Commissione dovrebbe essere assistita dal comitato istituito dall'articolo 6 del regolamento (CE) n. 1683/95 del Consiglio[4]. Ove necessario, detti atti di esecuzione possono includere misure opportune per prevenire la contraffazione e la falsificazione di tali documenti. In tal caso, queste dovrebbero essere rese disponibili soltanto agli organismi responsabili della stampa designati dagli Stati membri e alle persone debitamente autorizzate da uno Stato membro o dalla Commissione. Tali atti di esecuzione non dovrebbero pregiudicare le eventuali intese speciali che l'Irlanda può concludere con il Regno Unito in virtù dell'accordo, in relazione alla circolazione delle persone nella zona di libero spostamento.

(14) A norma dell'articolo 106 bis del trattato che istituisce la Comunità europea dell'energia atomica, l'articolo 50 TUE si applica alla Comunità europea dell'energia atomica.

(15) Conformemente all'articolo 50, paragrafo 4, TUE, il Regno Unito non ha partecipato né alle deliberazioni del Consiglio che riguardano la presente decisione né all'adozione della stessa,

HA ADOTTATO LA PRESENTE DECISIONE:

Articolo 1. – L'accordo sul recesso del Regno Unito di Gran Bretagna e Irlanda del Nord dall'Unione europea e dalla Comunità europea dell'energia atomica è approvato a nome dell'Unione e della Comunità europea dell'energia atomica.

Il testo dell'accordo è accluso alla presente decisione.

I riferimenti all'Unione nella presente decisione si intendono fatti anche alla Comunità europea dell'energia atomica.

Articolo 2. – 1. La Commissione rappresenta l'Unione in sede di comitato misto e di comitati specializzati di cui agli articoli 164 e 165 dell'accordo, nonché di eventuali altri comitati specializzati istituiti ai sensi dell'articolo 164, paragrafo 5, lettera b), dell'accordo.

Uno o più Stati membri possono chiedere che il rappresentante della Commissione sia accompagnato, nell'ambito della delegazione dell'Unione, da un rappresentante di detto Stato membro o detti Stati membri a una riunione del comitato misto o di uno dei comitati specializzati qualora questioni particolari che devono essere affrontate in tale riunione rivestano un interesse specifico per detto Stato membro o detti Stati membri. In particolare, l'Irlanda, la Repubblica di Cipro e il Regno di Spagna possono rispettivamente chiedere che il rappresentante della Commissione sia accompagnato:

a) da un rappresentante dell'Irlanda nelle riunioni del comitato concernenti le questioni relative all'attuazione del protocollo su Irlanda/Irlanda del Nord in cui tali questioni riguardino specificamente l'Irlanda/Irlanda del Nord;

b) da un rappresentante della Repubblica di Cipro nelle riunioni del comitato concernenti le questioni relative all'attuazione del protocollo sulle zone di sovranità a Cipro;

c) da un rappresentante del Regno di Spagna nelle riunioni del comitato concernenti le questioni relative all'attuazione del protocollo su Gibilterra.

2. Per fare in modo che il Consiglio sia in grado di esercitare appieno le sue funzioni di definizione delle politiche, di coordinamento e decisionali conformemente ai trattati, in particolare definendo le posizioni da adottare a nome dell'Unione in sede di comitato misto e di comitati specializzati, la Commissione provvede affinché il Consiglio riceva tutte le informazioni e la documentazione relative a ogni riunione del comitato misto e dei comitati specializzati, nonché

---

[3] Regolamento (UE) n. 182/2011 del Parlamento europeo e del Consiglio, del 16 febbraio 2011, che stabilisce le regole e i principi generali relativi alle modalità di controllo da parte degli Stati membri dell'esercizio delle competenze di esecuzione attribuite alla Commissione (GU L 55 del 28.2.2011, pag. 13).

[4] Regolamento (CE) n. 1683/95 del Consiglio, del 29 maggio 1995, istituisce un modello uniforme per i visti (GU L 164 del 14.7.1995, pag. 1).

a ogni atto adottato mediante procedura scritta con anticipo sufficiente rispetto alla riunione ovvero al ricorso alla procedura scritta.

Il Consiglio è altresì tempestivamente informato delle discussioni e dell'esito delle riunioni del comitato misto, dei comitati specializzati e della procedura scritta, e riceve i progetti dei processi verbali e tutti i documenti relativi a tali riunioni o a tale procedura.

3. Il Parlamento europeo è messo in grado di esercitare appieno le proprie prerogative istituzionali durante l'intero processo conformemente ai trattati.

4. Nei primi cinque anni dopo l'entrata in vigore dell'accordo, la Commissione riferisce annualmente al Parlamento europeo e al Consiglio sull'attuazione e applicazione dell'accordo, in particolare della parte seconda dell'accordo stesso.

Articolo 3. – 1. Il Consiglio può autorizzare il Regno Unito ad acconsentire autonomamente a essere vincolato da un accordo internazionale che entri in vigore o divenga applicabile durante il periodo di transizione in un ambito di competenza esclusiva dell'Unione. Tale autorizzazione può essere concessa solo alle condizioni seguenti:

a) il Regno Unito ha dimostrato un interesse specifico a che l'accordo internazionale in questione entri già in vigore o si applichi durante il periodo di transizione;

b) l'accordo internazionale in questione è compatibile con il diritto dell'Unione applicabile al Regno Unito e nel Regno Unito conformemente all'articolo 127 dell'accordo e con gli obblighi di cui all'articolo 129, paragrafo 1, dell'accordo; e

c) l'entrata in vigore o l'applicazione dell'accordo internazionale in questione durante il periodo di transizione non rischia di compromettere un obiettivo dell'azione esterna dell'Unione nell'ambito interessato né di ledere altrimenti gli interessi dell'Unione.

2. L'autorizzazione concessa a norma del paragrafo 1 può essere subordinata all'inserimento di una disposizione nell'accordo in questione, o alla sua soppressione, oppure alla sospensione dell'applicazione di una disposizione di detto accordo, ove necessario per garantire la conformità alle condizioni di cui al paragrafo 1.

3. Il Regno Unito notifica alla Commissione l'intenzione di acconsentire autonomamente a essere vincolato da un accordo internazionale che entri in vigore o divenga applicabile durante il periodo di transizione in un ambito di competenza esclusiva dell'Unione. La Commissione informa tempestivamente il Consiglio della notifica con cui il Regno Unito comunica l'intenzione di acconsentire autonomamente a essere vincolato dall'accordo internazionale in questione.

4. Il Consiglio adotta le decisioni di cui al paragrafo 1 mediante atti di esecuzione su proposta della Commissione. La proposta della Commissione include una valutazione quanto al rispetto delle condizioni di cui al paragrafo 1. Se le informazioni trasmesse dal Regno Unito non sono sufficienti per la valutazione, la Commissione può chiedere informazioni supplementari.

5. Il Consiglio informa il Parlamento europeo di ogni decisione adottata a norma del paragrafo 1.

Articolo 4. – 1. Su rispettiva richiesta, debitamente motivata, dell'Irlanda, della Repubblica di Cipro o del Regno di Spagna, il Consiglio può autorizzare detti Stati membri a negoziare accordi bilaterali con il Regno Unito negli ambiti di competenza esclusiva dell'Unione. Tale autorizzazione può essere concessa solo alle condizioni seguenti:

a) lo Stato membro interessato ha fornito informazioni da cui risulta che l'accordo in questione è necessario per il corretto funzionamento delle modalità fissate rispettivamente dal protocollo su Irlanda/Irlanda del Nord, dal protocollo sulle zone di sovranità del Regno Unito di Gran Bretagna e Irlanda del Nord a Cipro e dal protocollo su Gibilterra, e che l'accordo in questione rispetta i principi e gli obiettivi dell'accordo;

b) dalle informazioni fornite dallo Stato membro risulta che l'accordo previsto è compatibile con il diritto dell'Unione; e

c) l'accordo previsto non rischia di compromettere un obiettivo dell'azione esterna dell'Unione nell'ambito interessato né di ledere altrimenti gli interessi dell'Unione.

2. L'autorizzazione concessa a norma del paragrafo 1 può essere subordinata all'inserimento di una disposizione nell'accordo internazionale, o alla sua soppressione, oppure alla sospensione dell'applicazione di una disposizione di detto accordo, ove necessario per garantire la conformità alle condizioni di cui al paragrafo 1.

3. Lo Stato membro interessato notifica alla Commissione l'intenzione di avviare negoziati con il Regno Unito. La Commissione ne informa prontamente il Consiglio. Lo Stato membro interessato fornisce alla Commissione tutte le informazioni necessarie per valutare il rispetto delle condizioni di cui al paragrafo 1.

4. La Commissione è invitata dallo Stato membro interessato a seguire i negoziati da vicino.

5. Prima di firmare l'accordo bilaterale, lo Stato membro interessato notifica alla Commissione l'esito dei negoziati e le trasmette il testo del futuro accordo e la Commissione ne informa tempestivamente il Consiglio. Lo Stato membro interessato può acconsentire a essere vincolato dall'accordo bilaterale solo qualora il Consiglio l'abbia autorizzato in tal senso.

6. Il Consiglio adotta le decisioni di cui ai paragrafi 1 e 5 mediante atti di esecuzione su proposta della Commissione.

La proposta della Commissione include una valutazione quanto al rispetto delle condizioni stabilite al paragrafo 1 e richiamate al paragrafo 2. Se le informazioni fornite dalla Stato membro interessato non sono sufficienti per la valutazione, la Commissione può chiedere informazioni supplementari.

7. Quando il Consiglio concede un'autorizzazione ai sensi dei paragrafi 1 e 5, lo Stato membro interessato notifica alla Commissione l'entrata in vigore dell'accordo bilaterale in questione e le eventuali successive modifiche dello stato di detto accordo.

8. Il Consiglio informa il Parlamento europeo di ogni decisione adottata a norma dei paragrafi 1 e 5.

Articolo 5. – La Commissione stabilisce mediante atti di esecuzione il periodo di validità, il formato e gli elementi di sicurezza dei documenti che gli Stati membri sono tenuti a rilasciare in conformità dell'articolo 18, paragrafi 1 e 4, e dell'articolo 26 dell'accordo e la dicitura comune che deve essere contenuta in tali documenti. Tali atti di esecuzione sono adottati secondo la procedura di esame di cui all'articolo 6 della presente decisione.

Articolo 6. – 1. La Commissione è assistita dal comitato istituito dall'articolo 6 del regolamento (CE) n. 1683/95 per l'adozione degli atti di esecuzione di cui all'articolo 5 della presente decisione.

Esso è un comitato ai sensi del regolamento (UE) n. 182/2011.

2. Nei casi in cui è fatto riferimento al presente paragrafo, si applica l'articolo 5 del regolamento (UE) n. 182/2011.

Articolo 7. – Il presidente del Consiglio procede, a nome dell'Unione, alla notifica prevista all'articolo 185 dell'accordo.

Articolo 8. – La presente decisione entra in vigore il giorno dell'adozione (*omissis*).

2. Accordo sul recesso del Regno Unito di Gran Bretagna e Irlanda del Nord dall'Unione europea e dalla Comunità europea dell'energia atomica *

L'Unione europea e la Comunità europea dell'energia atomica e il Regno Unito di Gran Bretagna e Irlanda del Nord

Considerando che il 29 marzo 2017 il Regno Unito di Gran Bretagna e Irlanda del Nord ("Regno Unito"), in esito a un referendum tenutosi nel Regno Unito e alla sua decisione sovrana di lasciare l'Unione europea, ha notificato la sua intenzione di recedere dall'Unione europea ("Unione") e dalla Comunità europea dell'energia atomica ("Euratom") ai sensi dell'articolo 50 del trattato sull'Unione europea ("TUE"), che si applica all'Euratom in virtù dell'articolo 106 *bis* del trattato che istituisce la Comunità europea dell'energia atomica ("trattato Euratom"),

desiderosi di definire le modalità del recesso del Regno Unito dall'Unione e dall'Euratom, tenendo conto del quadro delle loro future relazioni,

preso atto degli orientamenti del Consiglio europeo del 29 aprile e del 15 dicembre 2017 e del 23 marzo 2018 alla luce dei quali l'Unione deve concludere l'accordo che fissa le modalità del recesso del Regno Unito dall'Unione e dall'Euratom,

rammentando che, ai sensi dell'articolo 50 TUE in combinato disposto con l'articolo 106 *bis* del trattato Euratom e fatte salve le modalità stabilite nel presente accordo, il diritto dell'Unione e dell'Euratom cessa di essere applicabile nella sua interezza al Regno Unito a decorrere dalla data di entrata in vigore del presente accordo,

sottolineando che l'obiettivo del presente accordo è garantire un recesso ordinato del Regno Unito dall'Unione e dall'Euratom,

riconoscendo che è necessario garantire la protezione reciproca dei cittadini dell'Unione e dei cittadini del Regno Unito, e relativi familiari, che hanno esercitato diritti di libera circolazione prima della data stabilita nel presente accordo, e garantire che i diritti di cui godono in forza del presente accordo siano opponibili e si basino sul principio di non discriminazione; riconoscendo altresì che è opportuno proteggere i diritti derivanti dai periodi di copertura assicurativa previdenziale,

decisi ad assicurare un recesso ordinato tramite una serie di disposizioni relative alla separazione dirette a evitare turbative e garantire la certezza del diritto per i cittadini, gli operatori economici e le autorità giudiziarie e amministrative nell'Unione e nel Regno Unito, senza escludere la possibilità che l'accordo o gli accordi sulle future relazioni sostituiscano le pertinenti disposizioni relative alla separazione,

considerando che è nell'interesse sia dell'Unione sia del Regno Unito stabilire un periodo di transizione o di esecuzione durante il quale – nonostante tutte le conseguenze del recesso del Regno Unito dall'Unione per quanto riguarda la partecipazione del Regno Unito alle istituzioni, organi e organismi dell'Unione, in particolare lo scadere, alla data di entrata in vigore del presente accordo, del mandato di tutti i membri di tali istituzioni, organi e organismi nominati, designati o eletti in virtù dell'adesione del Regno Unito all'Unione – dovrebbe applicarsi al Regno Unito e nel Regno Unito, di norma con gli stessi effetti giuridici prodotti negli Stati membri, il diritto dell'Unione, compresi gli accordi internazionali, al fine di evitare turbative durante il periodo di negoziazione dell'accordo o degli accordi sulle future relazioni,

riconoscendo che, anche se il diritto dell'Unione sarà applicabile al Regno Unito e nel Regno Unito durante il periodo di transizione, le specificità del Regno Unito in quanto Stato che è receduto dall'Unione fanno sì che sia importante per il Regno Unito essere in grado di assumere iniziative per preparare e stabilire nuovi accordi internazionali propri, anche in ambiti di compe-

---

* In *G.U.U.E.* L 29 del 31 gennaio 2020, p. 7. Come risulta dalla "nota" pubblicata, oltre che in *G.U.U.E.* L 29 del 31 gennaio 2020, p. 189, nella quinta edizione di questo volume, p. 461, l'Accordo è in vigore dal 1° febbraio 2020.

tenza esclusiva dell'Unione, purché siffatti accordi non entrino in vigore né si applichino durante il periodo di transizione, salvo autorizzazione dell'Unione,

rammentando che l'Unione e il Regno Unito hanno concordato di onorare gli impegni reciproci assunti mentre il Regno Unito era membro dell'Unione mediante un unico regolamento delle pendenze finanziarie,

considerando che, ai fini della corretta interpretazione e applicazione del presente accordo e dell'osservanza degli obblighi che ne derivano, è essenziale stabilire disposizioni che garantiscano la governance globale, in particolare norme vincolanti in materia di composizione delle controversie e di esecuzione che rispettino integralmente l'autonomia degli ordinamenti giuridici dell'Unione e del Regno Unito nonché lo status di paese terzo del Regno Unito,

riconoscendo che ai fini di un recesso ordinato del Regno Unito dall'Unione è altresì necessario stabilire, in protocolli separati del presente accordo, intese durature riguardanti le situazioni molto specifiche dell'Irlanda/Irlanda del Nord e delle zone di sovranità a Cipro,

riconoscendo inoltre che, ai fini di un recesso ordinato del Regno Unito dall'Unione, è altresì necessario stabilire, in un protocollo separato del presente accordo, le disposizioni specifiche a Gibilterra, applicabili in particolare durante il periodo di transizione,

sottolineando che il presente accordo poggia su un equilibrio globale di vantaggi, diritti e obblighi per l'Unione e per il Regno Unito,

rilevando che, parallelamente al presente accordo, le parti hanno fatto una dichiarazione politica che definisce il quadro delle future relazioni tra l'Unione europea e il Regno Unito di Gran Bretagna e Irlanda del Nord, [1]

considerando che il Regno Unito e l'Unione devono entrambi prendere tutte le misure necessarie per avviare quanto prima dopo la data di entrata in vigore del presente accordo i negoziati formali per la conclusione di uno o più accordi sulla disciplina delle loro future relazioni al fine di garantire, per quanto possibile, che detti accordi si applichino dalla fine del periodo di transizione,

HANNO CONVENUTO QUANTO SEGUE:

PARTE PRIMA – DISPOSIZIONI COMUNI

Articolo 1. **Obiettivo**. – Il presente accordo definisce le modalità di recesso del Regno Unito di Gran Bretagna e Irlanda del Nord ("Regno Unito") dall'Unione europea ("Unione") e dalla Comunità europea dell'energia atomica ("Euratom").

Articolo 2. **Definizioni**. – Ai fini del presente accordo si applicano le definizioni seguenti:

– Ai fini del presente accordo si applicano le definizioni seguenti:

a) "diritto dell'Unione":

i) il trattato sull'Unione europea ("TUE"), il trattato sul funzionamento dell'Unione europea ("TFUE") e il trattato che istituisce la Comunità europea dell'energia atomica ("trattato Euratom"), modificati o integrati, nonché i trattati di adesione e la Carta dei diritti fondamentali dell'Unione europea, congiuntamente denominati "trattati";

ii) i principi generali del diritto dell'Unione;

iii) gli atti adottati dalle istituzioni, organi e organismi dell'Unione;

iv) gli accordi internazionali di cui l'Unione è parte e gli accordi internazionali conclusi dagli Stati membri a nome dell'Unione;

v) gli accordi tra gli Stati membri conclusi in quanto Stati membri dell'Unione;

vi) gli atti dei rappresentanti dei governi degli Stati membri riuniti in sede di Consiglio europeo o di Consiglio dell'Unione europea ("Consiglio");

vii) le dichiarazioni fatte nel quadro delle conferenze intergovernative che hanno adottato i trattati;

b) "Stati membri": il Regno del Belgio, la Repubblica di Bulgaria, la Repubblica ceca, il Regno di Danimarca, la Repubblica federale di Germania, la Repubblica di Estonia, l'Irlanda, la

[1] La "Dichiarazione politica che definisce il quadro delle future relazioni tra l'Unione europea e il Regno Unito", comunicazione 2020/C 34/01, è pubblicata nella quinta edizione del presente volume, p. 461.

Repubblica ellenica, il Regno di Spagna, la Repubblica francese, la Repubblica di Croazia, la Repubblica italiana, la Repubblica di Cipro, la Repubblica di Lettonia, la Repubblica di Lituania, il Granducato di Lussemburgo, l'Ungheria, la Repubblica di Malta, il Regno dei Paesi Bassi, la Repubblica d'Austria, la Repubblica di Polonia, la Repubblica portoghese, la Romania, la Repubblica di Slovenia, la Repubblica slovacca, la Repubblica di Finlandia e il Regno di Svezia;

c) "cittadino dell'Unione": chiunque abbia la cittadinanza di uno Stato membro;

d) "cittadino del Regno Unito": il cittadino quale definito nella nuova dichiarazione del governo del Regno Unito di Gran Bretagna e Irlanda del Nord, del 31 dicembre 1982, relativa alla definizione del termine "cittadini" [2] e nella dichiarazione n. 63 allegata all'atto finale della conferenza intergovernativa che ha adottato il trattato di Lisbona [3];

e) "periodo di transizione": il periodo di cui all'articolo 126;

f) "giorno": un giorno di calendario, salvo che il presente accordo o disposizioni del diritto dell'Unione rese applicabili dal presente accordo non dispongano diversamente.

Articolo 3. **Ambito di applicazione territoriale**. – 1. Salvo che il presente accordo o il diritto dell'Unione reso applicabile dal presente accordo non dispongano diversamente, i riferimenti al Regno Unito o al suo territorio ivi contenuti si intendono fatti:

a) al Regno Unito;

b) a Gibilterra, nella misura in cui il diritto dell'Unione era ad essa applicabile prima della data di entrata in vigore del presente accordo;

c) alle isole Normanne e all'Isola di Man, nella misura in cui il diritto dell'Unione era ad esse applicabile prima della data di entrata in vigore del presente accordo;

d) alle zone di sovranità di Akrotiri e Dhekelia a Cipro, per quanto necessario ad assicurare l'attuazione del regime definito nel protocollo relativo alle zone di sovranità del Regno Unito di Gran Bretagna e Irlanda del Nord a Cipro, allegato all'atto relativo alle condizioni di adesione all'Unione europea della Repubblica ceca, della Repubblica di Estonia, della Repubblica di Cipro, della Repubblica di Lettonia, della Repubblica di Lituania, della Repubblica di Ungheria, della Repubblica di Malta, della Repubblica di Polonia, della Repubblica di Slovenia e della Repubblica slovacca;

e) ai paesi e territori d'oltremare di cui all'allegato II del TFUE che mantengono relazioni particolari con il Regno Unito [4], laddove le disposizioni del presente accordo si riferiscono allo speciale regime di associazione dei paesi e territori d'oltremare all'Unione

2. Salvo che il presente accordo o il diritto dell'Unione reso applicabile dal presente accordo non dispongano diversamente, i riferimenti agli Stati membri o al loro territorio ivi contenuti si intendono comprensivi dei territori degli Stati membri cui si applicano i trattati ai sensi dell'articolo 355 TFUE.

Articolo 4. **Metodi e principi relativi agli effetti giuridici, all'attuazione e all'applicazione del presente accordo**. – 1. Le disposizioni del presente accordo e le disposizioni del diritto dell'Unione rese applicabili dal presente accordo producono nei confronti del Regno Unito e nel Regno Unito gli stessi effetti giuridici che producono nell'Unione e nei suoi Stati membri.

Pertanto, le persone giuridiche o fisiche possono in particolare far valere direttamente le disposizioni contenute nel presente accordo o cui il presente accordo rinvia, che soddisfano le condizioni di efficacia diretta a norma del diritto dell'Unione.

2. Il Regno Unito provvede ad assicurare la conformità con il paragrafo 1, anche per quanto riguarda il conferimento alle proprie autorità giudiziarie e amministrative dei poteri necessari per disapplicare le disposizioni nazionali incoerenti o incompatibili, attraverso il diritto primario nazionale.

3. Le disposizioni del presente accordo che rimandano al diritto dell'Unione o a sue nozioni o disposizioni sono interpretate e applicate secondo i metodi e i principi generali del diritto dell'Unione.

---

[2] GU C 23 del 28.1.1983, pag. 1.

[3] GU C 306 del 17.12.2007, pag. 270.

[4] Anguilla, le Bermuda, Georgia del Sud e Isole Sandwich del Sud, Isole Cayman, Isole Falkland, Isole Turks e Caicos, Isole Vergini britanniche, Montserrat, Pitcairn, Sant'Elena, Ascensione e Tristan da Cunha, Territori britannici dell'Oceano Indiano, Territori dell'Antartico britannico.

4. Le disposizioni del presente accordo che rimandano al diritto dell'Unione o a sue nozioni o disposizioni sono interpretate ai fini della loro attuazione e applicazione conformemente alla pertinente giurisprudenza della Corte di giustizia dell'Unione europea antecedente la fine del periodo di transizione.

5. Le autorità giudiziarie e amministrative del Regno Unito interpretano ed applicano il presente accordo tenendo debitamente conto della pertinente giurisprudenza della Corte di giustizia dell'Unione europea emanata dopo la fine del periodo di transizione.

Articolo 5. **Buona fede**. – L'Unione e il Regno Unito, nel pieno rispetto reciproco e in totale buona fede, si assistono reciprocamente nell'adempimento dei compiti derivanti dal presente accordo.

Essi adottano ogni misura di carattere generale o particolare atta ad assicurare l'adempimento degli obblighi derivanti dal presente accordo e si astengono da qualsiasi misura che possa mettere in pericolo la realizzazione dei suoi obiettivi.

Il presente articolo non pregiudica l'applicazione del diritto dell'Unione a norma del presente accordo, in particolare il principio di leale cooperazione.

Articolo 6. **Riferimenti al diritto dell'Unione**. – 1. Ad eccezione delle parti quarta e quinta, salvo che il presente accordo non disponga diversamente, tutti i riferimenti al diritto dell'Unione ivi contenuti si intendono fatti al diritto dell'Unione, e successive modificazioni o sostituzioni, applicabile l'ultimo giorno del periodo di transizione.

2. Qualora il presente accordo faccia riferimento ad atti dell'Unione o a loro disposizioni, tale riferimento si intende, ove pertinente, fatto anche ai riferimenti al diritto dell'Unione o alle disposizioni ivi contenute che, benché sostituiti o superati dagli atti di cui trattasi, continuano ad applicarsi conformemente a tali atti.

3. Ai fini del presente accordo i riferimenti alle disposizioni del diritto dell'Unione rese applicabili dal presente accordo si intendono fatti anche agli atti dell'Unione pertinenti che integrano o attuano tali disposizioni.

Articolo 7. **Riferimenti all'Unione e agli Stati membri**. – 1. Ai fini del presente accordo tutti i riferimenti agli Stati membri e alle autorità competenti degli Stati membri contenuti nelle disposizioni del diritto dell'Unione rese applicabili dal presente accordo si intendono fatti anche al Regno Unito e alle sue autorità competenti, salvo per quanto riguarda:

a) la nomina, la designazione o l'elezione di membri delle istituzioni, degli organi e degli organismi dell'Unione, la partecipazione al processo decisionale e la presenza alle riunioni delle istituzioni;

b) la partecipazione al processo decisionale e alla governance degli organi e degli organismi dell'Unione;

c) la presenza alle riunioni dei comitati di cui all'articolo 3, paragrafo 2, del regolamento (UE) n. 182/2011 del Parlamento europeo e del Consiglio [5], e dei gruppi di esperti della Commissione o altri soggetti analoghi, o alle riunioni dei gruppi di esperti o soggetti analoghi degli organi e degli organismi dell'Unione, salvo che il presente accordo non disponga diversamente

2. Salvo che il presente accordo non disponga diversamente, ogni riferimento all'Unione si intende fatto anche all'Euratom.

Articolo 8. **Accesso alle reti, ai sistemi di informazione e alle banche dati**. – Salvo che il presente accordo non disponga diversamente, alla fine del periodo di transizione cessa il diritto del Regno Unito di accedere a qualunque rete, sistema di informazione e banca dati istituiti sulla base del diritto dell'Unione. Il Regno Unito adotta misure atte a garantire che esso non acceda a reti, sistemi di informazione o banche dati cui non abbia più il diritto di accedere.

---

[5] Regolamento (UE) n. 182/2011 del Parlamento europeo e del Consiglio, del 16 febbraio 2011, che stabilisce le regole e i principi generali relativi alle modalità di controllo da parte degli Stati membri dell'esercizio delle competenze di esecuzione attribuite alla Commissione (GU L 55 del 28.2.2011, pag. 13).

PARTE SECONDA - DIRITTI DEI CITTADINI

TITOLO I – Disposizioni generali

Articolo 9. **Definizioni.** – Ai fini della presente parte e fatto salvo il titolo III si applicano le definizioni seguenti:

a) "familiari": le persone seguenti, qualunque sia la loro cittadinanza, che rientrano nell'ambito di applicazione personale di cui all'articolo 10 del presente accordo:

i) i familiari di cittadini dell'Unione o i familiari di cittadini del Regno Unito quali definiti all'articolo 2, punto 2), della direttiva 2004/38/CE del Parlamento europeo e del Consiglio [6];

ii) le persone diverse da quelle di cui all'articolo 3, paragrafo 2, della direttiva 2004/38/CE, la cui presenza accanto a cittadini dell'Unione o del Regno Unito sia necessaria al fine di non privare tali cittadini del diritto di soggiorno concesso in virtù della presente parte;

b) lavoratori frontalieri: i cittadini dell'Unione o del Regno Unito che esercitano un'attività economica conformemente all'articolo 45 o 49 TFUE in uno o più Stati in cui non soggiornano;

c) "Stato ospitante":

i) per i cittadini dell'Unione e i loro familiari, il Regno Unito, qualora vi abbiano esercitato il diritto di soggiorno in conformità del diritto dell'Unione prima della fine del periodo di transizione e continuino a soggiornarvi dopo la fine del periodo di transizione;

ii) per i cittadini del Regno Unito e i loro familiari, lo Stato membro in cui hanno esercitato il diritto di soggiorno in conformità del diritto dell'Unione prima della fine del periodo di transizione e in cui continuano a soggiornare dopo la fine del periodo di transizione;

d) "Stato sede di lavoro":

i) per i cittadini dell'Unione, il Regno Unito, qualora vi abbiano esercitato un'attività economica in qualità di lavoratori frontalieri prima della fine del periodo di transizione e continuino a esercitarvi tale attività dopo la fine del periodo di transizione;

ii) per i cittadini del Regno Unito, lo Stato membro in cui abbiano esercitato un'attività economica in qualità di lavoratori frontalieri prima della fine del periodo di transizione e in cui continuino ad esercitare tale attività dopo la fine del periodo di transizione;

e) "diritto di affidamento": il diritto di affidamento ai sensi dell'articolo 2, punto 9), del regolamento (CE) n. 2201/2003 del Consiglio [7], compreso quello acquisito in virtù di una decisione giudiziaria, della legge o di un accordo in vigore.

Articolo 10. **Ambito di applicazione personale.** – 1. Fatto salvo il titolo III, la presente parte si applica alle persone seguenti:

a) cittadini dell'Unione che hanno esercitato il diritto di soggiorno nel Regno Unito in conformità del diritto dell'Unione prima della fine del periodo di transizione e che continuano a soggiornarvi dopo la fine del periodo di transizione;

b) cittadini del Regno Unito che hanno esercitato il diritto di soggiorno in uno Stato membro in conformità del diritto dell'Unione prima della fine del periodo di transizione e che continuano a soggiornarvi dopo la fine del periodo di transizione;

c) cittadini dell'Unione che hanno esercitato i diritti di lavoratori frontalieri nel Regno Unito in conformità del diritto dell'Unione prima della fine del periodo di transizione e che continuano a esercitarvi tali diritti dopo la fine del periodo di transizione;

d) cittadini del Regno Unito che hanno esercitato i diritti di lavoratori frontalieri in uno o più Stati membri in conformità del diritto dell'Unione prima della fine del periodo di transizione e che continuano a esercitarvi tali diritti dopo la fine del periodo di transizione;

---

[6] Direttiva 2004/38/CE del Parlamento europeo e del Consiglio, del 29 aprile 2004, relativa al diritto dei cittadini dell'Unione e dei loro familiari di circolare e di soggiornare liberamente nel territorio degli Stati membri, che modifica il regolamento (CEE) n. 1612/68 ed abroga le direttive 64/221/CEE, 68/360/CEE, 72/194/CEE, 73/148/CEE, 75/34/CEE, 75/35/CEE, 90/364/CEE, 90/365/CEE e 93/96/CEE (GU L 158 del 30.4.2004, pag. 77).

[7] Regolamento (CE) n. 2201/2003 del Consiglio, del 27 novembre 2003, relativo alla competenza, al riconoscimento e all'esecuzione delle decisioni in materia matrimoniale e in materia di responsabilità genitoriale, che abroga il regolamento (CE) n. 1347/2000 (GU L 338 del 23.12.2003, pag. 1).

e) familiari delle persone di cui alle lettere da a) a d), purché soddisfino una delle condizioni seguenti:

i) soggiornavano nello Stato ospitante in conformità del diritto dell'Unione prima della fine del periodo di transizione e continuano a soggiornarvi dopo la fine del periodo di transizione;

ii) avevano un vincolo di parentela diretto con una persona di cui alle lettere da a) a d) e non soggiornavano nello Stato ospitante prima della fine del periodo di transizione, purché, al momento della domanda di permesso di soggiorno a norma della presente parte per raggiungere la persona di cui alle lettere da a) a d), soddisfino le condizioni di cui all'articolo 2, punto 2), della direttiva 2004/38/CE;

iii) sono nati da una persona di cui alle lettere da a) a d) o da essa legalmente adottati dopo la fine del periodo di transizione, nello Stato ospitante o in un altro Stato, e al momento della domanda di permesso di soggiorno a norma della presente parte per raggiungere la persona di cui alle lettere da a) a d) soddisfano le condizioni di cui all'articolo 2, punto 2), lettera c), della direttiva 2004/38/CE, nonché una delle condizioni seguenti:

– entrambi i genitori sono persone di cui alle lettere da a) a d);

– uno dei genitori è una persona di cui alle lettere da a) a d) e l'altro è cittadino dello Stato ospitante; o

– uno dei genitori è una persona di cui alle lettere da a) a d) ed è titolare di un diritto di affidamento esclusivo, congiunto o condiviso del minore, in conformità delle norme del diritto di famiglia applicabili in uno Stato membro o nel Regno Unito, comprese le norme di diritto internazionale privato applicabili in base alle quali i diritti di affidamento stabiliti in forza del diritto di uno Stato terzo sono riconosciuti nello Stato membro o nel Regno Unito, in particolare per quanto riguarda l'interesse superiore del minore, e fatto salvo il normale funzionamento di tali norme applicabili di diritto internazionale privato [8];

f) familiari che hanno soggiornato nello Stato ospitante ai sensi degli articoli 12 e 13, dell'articolo 16, paragrafo 2, e degli articoli 17 e 18 della direttiva 2004/38/CE prima della fine del periodo di transizione e continuano a soggiornarvi dopo la fine del periodo di transizione.

2. Le persone di cui all'articolo 3, paragrafo 2, lettere a) e b), della direttiva 2004/38/CE cui lo Stato ospitante agevolava il soggiorno conformemente alla sua legislazione nazionale prima della fine del periodo di transizione ai sensi dell'articolo 3, paragrafo 2, di detta direttiva conservano il diritto di soggiorno nello Stato ospitante a norma della presente parte, purché continuino a soggiornare nello Stato ospitante dopo la fine del periodo di transizione.

3. Il paragrafo 2 si applica anche alle persone di cui all'articolo 3, paragrafo 2, lettere a) e b), della direttiva 2004/38/CE che hanno chiesto un'agevolazione per l'ingresso e il soggiorno prima della fine del periodo di transizione e cui lo Stato ospitante agevola il soggiorno conformemente alla sua legislazione nazionale dopo la fine del periodo di transizione.

4. Fatto salvo il diritto personale di soggiorno dell'interessato, lo Stato ospitante, conformemente alla sua legislazione nazionale e ai sensi dell'articolo 3, paragrafo 2, lettera b), della direttiva 2004/38/CE, agevola l'ingresso e il soggiorno del partner con il quale la persona di cui al medesimo articolo, paragrafo 1, lettere da a) a d), ha una relazione stabile debitamente attestata, se tale partner non soggiornava nello Stato ospitante prima della fine del periodo di transizione, purché la relazione fosse stabile prima della fine del periodo di transizione e prosegua al momento della domanda di permesso di soggiorno presentata dal partner a norma della presente parte.

5. Nei casi di cui ai paragrafi 3 e 4, lo Stato ospitante effettua un esame approfondito della situazione personale degli interessati e giustifica l'eventuale rifiuto del loro ingresso o soggiorno.

Articolo 11. **Continuità del soggiorno**. – Le assenze di cui all'articolo 15, paragrafo 2, non pregiudicano la continuità del soggiorno ai fini degli articoli 9 e 10.

Il diritto di soggiorno permanente acquisito a norma della direttiva 2004/38/CE prima della

[8] La nozione di diritto di affidamento va interpretata ai sensi dell'articolo 2, punto 9), del regolamento (CE) n. 2201/2003. L'espressione si riferisce pertanto ai diritti di affidamento acquisiti in virtù di una decisione giudiziaria, della legge o di un accordo in vigore.

fine del periodo di transizione non è considerato perso a causa di un'assenza dallo Stato ospitante per un periodo di cui all'articolo 15, paragrafo 3.

Articolo 12. **Non discriminazione**. – Nell'ambito di applicazione della presente parte e senza pregiudizio delle disposizioni particolari dalla stessa previste, nello Stato ospitante e nello Stato sede di lavoro è vietata ogni discriminazione effettuata in base alla nazionalità ai sensi dell'articolo 18, primo comma, TFUE nei confronti delle persone di cui all'articolo 10 del presente accordo.

TITOLO II –Diritti e obblighi

Capo 1 – Diritti connessi al soggiorno, documenti di soggiorno

Articolo 13. **Diritti di soggiorno**. – 1. I cittadini dell'Unione e i cittadini del Regno Unito hanno il diritto di soggiornare nello Stato ospitante fatte salve le limitazioni e le condizioni di cui agli articoli 21, 45 o 49 TFUE e all'articolo 6, paragrafo 1, all'articolo 7, paragrafo 1, lettere a), b) o c), all'articolo 7, paragrafo 3, all'articolo 14, all'articolo 16, paragrafo 1, o all'articolo 17, paragrafo 1, della direttiva 2004/38/CE.

2. I familiari che sono cittadini dell'Unione o del Regno Unito hanno il diritto di soggiornare nello Stato ospitante ai sensi dell'articolo 21 TFUE e dell'articolo 6, paragrafo 1, dell'articolo 7, paragrafo 1, lettera d), dell'articolo 12, paragrafo 1 o 3, dell'articolo 13, paragrafo 1, dell'articolo 14, dell'articolo 16, paragrafo 1, o dell'articolo 17, paragrafi 3 e 4, della direttiva 2004/38/CE, fatte salve le limitazioni e le condizioni previste da tali disposizioni.

3. I familiari che non sono cittadini dell'Unione né sono cittadini del Regno Unito hanno il diritto di soggiornare nello Stato ospitante ai sensi dell'articolo 21 TFUE e dell'articolo 6, paragrafo 2, dell'articolo 7, paragrafo 2, dell'articolo 12, paragrafo 2 o 3, dell'articolo 13, paragrafo 2, dell'articolo 14, dell'articolo 16, paragrafo 2, dell'articolo 17, paragrafo 3 o 4, o dell'articolo 18 della direttiva 2004/38/CE, fatte salve le limitazioni e le condizioni previste da tali disposizioni.

4. Lo Stato ospitante non può stabilire, per le persone di cui ai paragrafi 1, 2 e 3, limitazioni o condizioni all'ottenimento, al mantenimento o alla perdita dei diritti di soggiorno diverse da quelle previste dal presente titolo. Nell'applicare le limitazioni e le condizioni previste dal presente titolo non è ammessa discrezionalità, se non a favore dell'interessato.

Articolo 14. **Diritto di uscita e di ingresso**. – 1. I cittadini dell'Unione e i cittadini del Regno Unito, i rispettivi familiari e altre persone che soggiornano nel territorio dello Stato ospitante alle condizioni stabilite nel presente titolo, muniti di passaporto o di carta di identità nazionale in corso di validità nel caso di cittadini dell'Unione o del Regno Unito e di passaporto in corso di validità nel caso dei rispettivi familiari e altre persone che non sono cittadini dell'Unione né cittadini del Regno Unito, hanno il diritto di lasciare il territorio dello Stato ospitante e il diritto di entrarvi ai sensi dell'articolo 4, paragrafo 1, e dell'articolo 5, paragrafo 1, primo comma, della direttiva 2004/38/CE.

Cinque anni dopo la fine del periodo di transizione, lo Stato ospitante può decidere di non accettare più le carte di identità nazionali per l'ingresso o l'uscita dal suo territorio che siano sprovviste di chip conforme alle norme dell'Organizzazione per l'aviazione civile internazionale applicabili in materia di identificazione biometrica.

2. Nessun visto di uscita o di ingresso né alcuna formalità equivalente possono essere prescritti al titolare di un documento in corso di validità rilasciato conformemente all'articolo 18 o 26.

3. Lo Stato ospitante che impone il visto di ingresso ai familiari che raggiungono il cittadino dell'Unione o il cittadino del Regno Unito dopo la fine del periodo di transizione concede a dette persone ogni agevolazione affinché ottengano i visti necessari. Tali visti sono rilasciati il più presto possibile in base a una procedura accelerata e sono gratuiti.

Articolo 15. **Diritto di soggiorno permanente**. – 1. I cittadini dell'Unione e i cittadini del Regno Unito, nonché i rispettivi familiari, che abbiano soggiornato legalmente ed in via continuativa per cinque anni o per il periodo di cui all'articolo 17 della direttiva 2004/38/CE nello

Stato ospitante conformemente al diritto dell'Unione hanno il diritto di soggiornare in modo permanente nello Stato ospitante alle condizioni stabilite agli articoli 16, 17 e 18 della direttiva 2004/38/CE. I periodi di soggiorno legale o di lavoro in conformità del diritto dell'Unione che precedono o seguono la fine del periodo di transizione sono inclusi nel calcolo del periodo necessario per l'acquisizione del diritto di soggiorno permanente.

2. La continuità del soggiorno ai fini dell'acquisizione del diritto di soggiorno permanente è determinata conformemente all'articolo 16, paragrafo 3, e all'articolo 21 della direttiva 2004/38/CE.

3. Una volta acquisito, il diritto di soggiorno permanente si perde soltanto a seguito di assenza dallo Stato membro ospitante di durata superiore a cinque anni consecutivi.

Articolo 16. **Cumulo dei periodi.** – I cittadini dell'Unione e i cittadini del Regno Unito, nonché i rispettivi familiari, che prima della fine del periodo di transizione abbiano soggiornato legalmente nello Stato ospitante conformemente alle condizioni di cui all'articolo 7 della direttiva 2004/38/CE per un periodo inferiore a cinque anni hanno il diritto di acquisire il diritto di soggiorno permanente alle condizioni di cui all'articolo 15 del presente accordo, una volta completati i periodi di soggiorno necessari. I periodi di soggiorno legale o di lavoro in conformità del diritto dell'Unione che precedono o seguono la fine del periodo di transizione sono inclusi nel calcolo del periodo necessario per l'acquisizione del diritto di soggiorno permanente.

Articolo 17. **Status e cambiamenti di status.** – 1. Il diritto del cittadino dell'Unione e del cittadino del Regno Unito, e relativi familiari, di avvalersi direttamente della presente parte resta impregiudicato anche in caso di cambiamento di status, ad esempio da studente a lavoratore subordinato o autonomo o a persona economicamente inattiva. Non sono assimilabili alle persone di cui all'articolo 10, paragrafo 1, lettere da a) a d), le persone che alla fine del periodo di transizione sono titolari del diritto di soggiorno in quanto familiari di cittadini dell'Unione o di cittadini del Regno Unito.

2. I familiari che erano a carico di cittadini dell'Unione o di cittadini del Regno Unito prima della fine del periodo di transizione continuano a godere dei diritti di cui al presente titolo anche se non sono più familiari a carico.

Articolo 18. **Rilascio dei documenti di soggiorno.** – 1. Lo Stato ospitante può prescrivere ai cittadini dell'Unione o ai cittadini del Regno Unito, ai loro familiari e altre persone che soggiornano nel suo territorio alle condizioni previste dal presente titolo di chiedere un nuovo status di soggiorno che conferisca loro i diritti di cui al presente titolo, unitamente a un documento attestante tale status, eventualmente in formato digitale.

La richiesta di tale status è soggetta alle condizioni seguenti:

a) la procedura di domanda mira a verificare se il richiedente può godere dei diritti di soggiorno di cui al presente titolo. In tal caso, il richiedente ha il diritto di ottenere lo status di soggiorno e il documento attestante tale status;

b) il termine entro il quale deve essere presentata la domanda non può essere inferiore a sei mesi dalla fine del periodo di transizione per le persone che soggiornavano nello Stato ospitante prima della fine del periodo di transizione.

Per coloro che hanno il diritto di iniziare il soggiorno nello Stato ospitante dopo la fine del periodo di transizione a norma del presente titolo, il termine per la presentazione della domanda è di tre mesi dal loro arrivo o dallo scadere del termine di cui al primo comma, se successivo.

Una ricevuta della domanda di status di soggiorno è rilasciata immediatamente;

c) il termine per la presentazione della domanda di cui alla lettera b) è prorogato automaticamente di un anno nel caso in cui l'Unione abbia notificato al Regno Unito o il Regno Unito abbia notificato all'Unione che problemi tecnici impediscono allo Stato ospitante di registrare la domanda o di rilasciare la ricevuta di cui alla lettera b). In tempo utile lo Stato ospitante pubblica tale notifica e ne dà pubblica e opportuna informazione agli interessati;

d) qualora gli interessati non rispettino il termine per la presentazione della domanda di cui alla lettera b), le autorità competenti valutano tutte le circostanze e i motivi del mancato rispetto e, se questi sono fondati, consentono loro di presentare la domanda entro un termine supplementare ragionevole;

e) lo Stato ospitante provvede affinché le procedure amministrative per la presentazione della domanda siano snelle, trasparenti e semplici e provvede a evitare oneri burocratici non necessari;

f) i moduli di domanda devono essere brevi, semplici, di facile uso e adeguati al contesto del presente accordo; le domande presentate contestualmente da membri della stessa famiglia sono esaminate congiuntamente;

g) il documento attestante lo status è rilasciato a titolo gratuito o dietro versamento di una somma non eccedente quella richiesta ai cittadini dello Stato ospitante per il rilascio di documenti analoghi;

h) le persone che, prima della fine del periodo di transizione, sono in possesso di un documento di soggiorno permanente in corso di validità rilasciato ai sensi dell'articolo 19 o dell'articolo 20 della direttiva 2004/38/CE o di un documento di immigrazione nazionale in corso di validità che conferisca loro un diritto di soggiorno permanente nello Stato ospitante hanno il diritto, su richiesta ed entro il termine di cui alla lettera b) del presente paragrafo, di sostituire tale documento con un nuovo documento di soggiorno dopo che ne siano stati verificati l'identità e i precedenti penali e siano stati effettuati i controlli di sicurezza ai sensi della lettera p) del presente paragrafo e che sia stata confermata la stabilità del soggiorno; i nuovi documenti di soggiorno sono rilasciati a titolo gratuito;

i) l'identità dei richiedenti è verificata mediante la presentazione di un passaporto o di una carta di identità nazionale in corso di validità per i cittadini dell'Unione e per i cittadini del Regno Unito e di un passaporto in corso di validità per i rispettivi familiari e altre persone che non sono cittadini dell'Unione né cittadini del Regno Unito; l'accettazione di tali documenti di identità non è subordinata ad altro criterio diverso dalla validità del documento. Se il documento di identità è trattenuto presso le autorità competenti dello Stato ospitante durante la procedura di domanda, lo Stato ospitante provvede senza ritardo, su richiesta, alla sua restituzione, prima che sia adottata una decisione sulla domanda;

j) possono essere presentati in copia documenti giustificativi diversi dai documenti di identità, come i documenti di stato civile. Gli originali dei documenti giustificativi possono essere richiesti solo in casi specifici, qualora vi sia un dubbio ragionevole sulla loro autenticità;

k) lo Stato ospitante può solamente prescrivere ai cittadini dell'Unione e ai cittadini del Regno Unito di presentare, oltre ai documenti di identità di cui alla lettera i) del presente paragrafo, i documenti giustificativi seguenti di cui all'articolo 8, paragrafo 3, della direttiva 2004/38/CE:

i) per coloro che soggiornano nello Stato ospitante ai sensi dell'articolo 7, paragrafo 1, lettera a), della direttiva 2004/38/CE come lavoratori subordinati o autonomi, una conferma di assunzione del datore di lavoro o un certificato di lavoro o una prova dell'attività autonoma esercitata;

ii) per coloro che soggiornano nello Stato ospitante ai sensi dell'articolo 7, paragrafo 1, lettera b), della direttiva 2004/38/CE come persone economicamente inattive, la prova che dispongono, per se stessi e per i propri familiari, di risorse economiche sufficienti affinché essi non divengano un onere a carico dell'assistenza sociale dello Stato ospitante durante il periodo di soggiorno e di un'assicurazione malattia che copra tutti i rischi nello Stato ospitante; o

iii) per coloro che soggiornano nello Stato ospitante ai sensi dell'articolo 7, paragrafo 1, lettera c), della direttiva 2004/38/CE in qualità di studenti, la prova di essere iscritti presso un istituto riconosciuto o finanziato dallo Stato ospitante in base alla sua legislazione o prassi amministrativa, la prova che dispongono di un'assicurazione malattia che copra tutti i rischi e una dichiarazione o mezzo di prova equivalente attestante che dispongono, per se stessi e per i propri familiari, di risorse economiche sufficienti affinché essi non divengano un onere a carico dell'assistenza sociale dello Stato ospitante durante il periodo di soggiorno. Lo Stato ospitante non può esigere che dette dichiarazioni indichino un importo specifico delle risorse.

Per quanto riguarda la condizione delle risorse sufficienti, si applica l'articolo 8, paragrafo 4, della direttiva 2004/38/CE;

l) lo Stato ospitante può solamente prescrivere ai familiari che rientrano nell'ambito di applicazione dell'articolo 10, paragrafo 1, lettera e), punto i), o dell'articolo 10, paragrafo 2 o paragrafo 3, del presente accordo e che soggiornano nello Stato ospitante ai sensi dell'articolo 7, paragrafo 1, lettera d), o dell'articolo 7, paragrafo 2, della direttiva 2004/38/CE di esibire, oltre ai documenti di identità di cui alla lettera i) del presente paragrafo, i documenti giustificativi seguenti di cui all'articolo 8, paragrafo 5, o all'articolo 10, paragrafo 2, della direttiva 2004/38/CE:

i) un documento che attesti la qualità di familiare o l'esistenza di un'unione registrata;

ii) l'attestato di iscrizione o, in mancanza di un sistema di iscrizione, qualsiasi prova del soggiorno effettivo nello Stato ospitante del cittadino dell'Unione o del cittadino del Regno Unito con cui gli interessati vivono;

iii) per i discendenti diretti di età inferiore a 21 anni o a carico, gli ascendenti diretti a carico e quelli del coniuge o partner registrato, la prova documentale che le condizioni di cui all'articolo 2, punto 2), lettera c) o d), della direttiva 2004/38/CE sono soddisfatte;

iv) per le persone di cui all'articolo 10, paragrafo 2 o 3, del presente accordo, un documento rilasciato dall'autorità competente dello Stato ospitante ai sensi dell'articolo 3, paragrafo 2, della direttiva 2004/38/CE.

Per quanto riguarda la condizione delle risorse sufficienti per i familiari che sono a loro volta cittadini dell'Unione o cittadini del Regno Unito, si applica l'articolo 8, paragrafo 4, della direttiva 2004/38/CE;

m) lo Stato ospitante può solamente prescrivere ai familiari che rientrano nell'ambito di applicazione dell'articolo 10, paragrafo 1, lettera e), punto ii), o dell'articolo 10, paragrafo 4, del presente accordo di esibire, oltre ai documenti di identità di cui alla lettera i) del presente paragrafo, i documenti giustificativi seguenti di cui all'articolo 8, paragrafo 5, e all'articolo 10, paragrafo 2, della direttiva 2004/38/CE:

i) un documento che attesti la qualità di familiare o l'esistenza di un'unione registrata;

ii) l'attestato di iscrizione o, in mancanza di un sistema di iscrizione, qualsiasi prova del soggiorno nello Stato ospitante del cittadino dell'Unione o del cittadino del Regno Unito che gli interessati raggiungono in detto Stato;

iii) per i coniugi o i partner registrati, un documento che attesti la qualità di familiare o l'esistenza di un'unione registrata prima della fine del periodo di transizione;

iv) per i discendenti diretti di età inferiore a 21 anni o a carico, gli ascendenti diretti a carico e quelli del coniuge o partner registrato, la prova documentale che essi avevano un vincolo di parentela con un cittadino dell'Unione o con un cittadino del Regno Unito prima della fine del periodo di transizione e che le condizioni di cui all'articolo 2, punto 2), lettera c) o d), della direttiva 2004/38/CE relative all'età o allo status di familiari a carico sono soddisfatte;

v) per le persone di cui all'articolo 10, paragrafo 4, del presente accordo, la prova dell'esistenza di una relazione stabile con un cittadino dell'Unione o con un cittadino del Regno Unito prima della fine del periodo di transizione e del perdurare di tale relazione dopo la fine del periodo di transizione;

n) per i casi diversi da quelli di cui alle lettere k), l) e m), lo Stato ospitante non prescrive ai richiedenti di esibire documenti giustificativi che vadano oltre quanto strettamente necessario e proporzionato per dimostrare che le condizioni relative al diritto di soggiorno ai sensi del presente titolo sono soddisfatte;

o) le autorità competenti dello Stato ospitante aiutano i richiedenti a dimostrare che soddisfano i requisiti per l'acquisizione e ad evitare errori od omissioni nella domanda; esse danno ai richiedenti la possibilità di presentare elementi di prova supplementari e di correggere eventuali carenze, errori od omissioni;

p) i richiedenti possono essere sottoposti sistematicamente a verifiche dei precedenti penali e a controlli di sicurezza al fine esclusivo di accertare l'applicabilità delle limitazioni di cui all'articolo 20 del presente accordo. A tal fine, i richiedenti possono essere obbligati a dichiarare le precedenti condanne registrate nel loro casellario giudiziale conformemente alla legge dello Stato di condanna al momento della presentazione della domanda. Lo Stato ospitante può, qualora lo giudichi indispensabile, applicare la procedura di cui all'articolo 27, paragrafo 3, della direttiva 2004/38/CE per le richieste ad altri Stati di informazioni sui precedenti penali;

q) il nuovo documento di soggiorno contiene una dichiarazione che ne attesta il rilascio in conformità del presente accordo;

r) il richiedente può accedere a mezzi di impugnazione giurisdizionali e, all'occorrenza, amministrativi nello Stato ospitante avverso l'eventuale decisione di rifiuto dello status di soggiorno. I mezzi di impugnazione comprendono l'esame della legittimità della decisione nonché dei fatti e delle circostanze che ne giustificano l'adozione. Tali mezzi di impugnazione garantiscono che la decisione non sia sproporzionata.

2. Durante il periodo di cui al paragrafo 1, lettera b), inclusa l'eventuale proroga di un anno ai sensi del medesimo paragrafo, lettera c), tutti i diritti previsti nella presente parte sono considerati applicabili ai cittadini dell'Unione o ai cittadini del Regno Unito, ai loro familiari e altre persone che soggiornano nello Stato ospitante, conformemente alle condizioni e fatte salve le limitazioni di cui all'articolo 20.

3. Nelle more di una decisione definitiva delle autorità competenti su una domanda di cui al paragrafo 1 e di una pronuncia definitiva in caso di impugnazione giurisdizionale avverso l'eventuale rigetto di tale domanda da parte delle autorità amministrative competenti, tutti i diritti previsti nella presente parte si ritengono applicabili al richiedente, incluso l'articolo 21 sulle garanzie e sul diritto di ricorso, nel rispetto delle condizioni di cui all'articolo 20, paragrafo 4.

4. Se lo Stato ospitante ha scelto di non prescrivere ai cittadini dell'Unione o ai cittadini del Regno Unito, ai loro familiari e altre persone che soggiornano nel suo territorio alle condizioni stabilite dal presente titolo di chiedere il nuovo status di soggiorno di cui al paragrafo 1 quale condizione di soggiorno legale, le persone idonee a beneficiare di un diritto di soggiorno a norma del presente titolo hanno il diritto di ricevere, alle condizioni previste dalla direttiva 2004/38/CE, un documento di soggiorno, eventualmente in formato digitale, corredato di una dichiarazione attestante che esso è stato rilasciato in conformità del presente accordo.

Articolo 19. **Rilascio di documenti di soggiorno durante il periodo di transizione**. – 1. Durante il periodo di transizione lo Stato ospitante può acconsentire a che siano presentate su base volontaria, a decorrere dalla data di entrata in vigore del presente accordo, le domande di status di soggiorno o di documento di soggiorno di cui all'articolo 18, paragrafi 1 e 4.

2. Le decisioni di accogliere o respingere tali domande sono adottate conformemente all'articolo 18, paragrafi 1 e 4. Le decisioni di cui all'articolo 18, paragrafo 1, hanno effetto solo dopo la fine del periodo di transizione.

3. Se una domanda ai sensi dell'articolo 18, paragrafo 1, è accolta prima della fine del periodo di transizione, lo Stato ospitante non può revocare la decisione di concedere lo status di soggiorno prima della fine del periodo di transizione per motivi diversi da quelli previsti al capo VI e all'articolo 35 della direttiva 2004/38/CE.

4. Se una domanda è respinta prima della fine del periodo di transizione, il richiedente può presentare nuovamente domanda in qualsiasi momento prima dello scadere del termine di cui all'articolo 18, paragrafo 1, lettera b).

5. Fatto salvo il paragrafo 4, i mezzi di impugnazione di cui all'articolo 18, paragrafo 1, lettera r), sono disponibili a decorrere dalla data della decisione di rigetto della domanda di cui al paragrafo 2 del presente articolo.

Articolo 20. **Limitazioni dei diritti di soggiorno e di ingresso**. – 1. Il comportamento dei cittadini dell'Unione o dei cittadini del Regno Unito, dei loro familiari e altre persone che esercitano diritti a norma del presente titolo, se messo in atto prima della fine del periodo di transizione, è valutato conformemente al capo VI della direttiva 2004/38/CE.

2. Il comportamento dei cittadini dell'Unione o dei cittadini del Regno Unito, dei loro familiari e altre persone che esercitano diritti a norma del presente titolo, se messo in atto dopo la fine del periodo di transizione, può costituire motivo di limitazione del diritto di soggiorno da parte dello Stato ospitante o del diritto di ingresso nello Stato sede di lavoro, ai sensi della legislazione nazionale.

3. Lo Stato ospitante o lo Stato sede di lavoro può adottare le misure necessarie per rifiutare, estinguere o revocare un diritto conferito dal presente titolo in caso di abuso di tale diritto o frode, ai sensi dell'articolo 35 della direttiva 2004/38/CE. Tali misure sono soggette alle garanzie procedurali previste dall'articolo 21 del presente accordo.

4. Lo Stato ospitante o lo Stato sede di lavoro può allontanare dal proprio territorio i richiedenti che hanno presentato domande fraudolente o strumentali, alle condizioni previste dalla direttiva 2004/38/CE, in particolare agli articoli 31 e 35, anche prima di una pronuncia definitiva in caso di impugnazione giurisdizionale avverso l'eventuale rigetto della domanda.

Articolo 21. **Garanzie e diritto di ricorso**. – Le garanzie di cui all'articolo 15 e al capo VI della direttiva 2004/38/CE si applicano a tutti i provvedimenti dello Stato ospitante che limitano i diritti di soggiorno delle persone di cui all'articolo 10 del presente accordo.

Articolo 22. **Diritti connessi**. – Ai sensi dell'articolo 23 della direttiva 2004/38/CE, i familiari del cittadino dell'Unione o del cittadino del Regno Unito, qualunque sia la loro cittadinanza, titolari del diritto di soggiorno o del diritto di soggiorno permanente nello Stato ospitante o nello Stato sede di lavoro hanno diritto di esercitare un'attività economica come lavoratori subordinati o autonomi.

Articolo 23. **Parità di trattamento**. – 1. Ai sensi dell'articolo 24 della direttiva 2004/38/CE, fatte salve le disposizioni specifiche previste dal presente titolo e dai titoli I e IV della presente parte, ogni cittadino dell'Unione o cittadino del Regno Unito che soggiorna, in base al presente accordo, nel territorio dello Stato ospitante gode di pari trattamento rispetto ai cittadini di tale Stato nell'ambito di applicazione della presente parte. Il beneficio di tale diritto si estende ai familiari di cittadini dell'Unione o di cittadini del Regno Unito che siano titolari del diritto di soggiorno o del diritto di soggiorno permanente.

2. In deroga al paragrafo 1, lo Stato ospitante non è tenuto ad attribuire il diritto a prestazioni di assistenza sociale durante i periodi di soggiorno previsti all'articolo 6 o all'articolo 14, paragrafo 4, lettera b), della direttiva 2004/38/CE, né è tenuto a concedere, prima dell'acquisizione del diritto di soggiorno permanente ai sensi dell'articolo 15 del presente accordo, aiuti di mantenimento agli studi, compresa la formazione professionale, consistenti in borse di studio o prestiti per studenti, a persone che non siano lavoratori subordinati o autonomi, a persone che non mantengano tale status o a loro familiari.

Capo 2 – Diritti dei lavoratori subordinati e dei lavoratori autonomi

Articolo 24. **Diritti dei lavoratori subordinati**. – 1. Fatte salve le limitazioni di cui all'articolo 45, paragrafi 3 e 4, TFUE, i lavoratori subordinati nello Stato ospitante e i lavoratori frontalieri nello Stato o negli Stati sedi di lavoro godono dei diritti garantiti dall'articolo 45 TFUE e dei diritti concessi in virtù del regolamento (UE) n. 492/2011 del Parlamento europeo e del Consiglio [9]. Tali diritti comprendono:

a) il diritto di non subire discriminazioni fondate sulla nazionalità per quanto riguarda l'impiego, la retribuzione e le altre condizioni di lavoro e di impiego;

b) il diritto di accedere a un'attività subordinata e di esercitarla conformemente alle norme applicabili ai cittadini dello Stato ospitante o dello Stato sede di lavoro;

c) il diritto di ricevere la stessa assistenza che gli uffici del lavoro dello Stato ospitante o dello Stato sede di lavoro prestano ai propri cittadini;

d) il diritto alla parità di trattamento per quanto concerne le condizioni di impiego e di lavoro, in particolare in materia di retribuzione, licenziamento, reintegrazione professionale o ricollocamento se disoccupato;

e) il diritto ai vantaggi sociali e fiscali;

f) i diritti collettivi;

g) i diritti e i vantaggi accordati ai lavoratori nazionali per quanto riguarda l'alloggio;

h) il diritto per i figli di essere ammessi a frequentare i corsi di insegnamento generale, di apprendistato e di formazione professionale alle stesse condizioni previste per i cittadini dello Stato ospitante o dello Stato sede di lavoro, se i figli stessi risiedono nel territorio in cui il lavoratore svolge il suo lavoro.

2. Se il discendente diretto di un lavoratore che ha cessato di soggiornare nello Stato ospitante prosegue gli studi in detto Stato, la persona che ne ha l'effettivo affidamento ha il diritto di soggiornare in quello Stato fintantoché il discendente non raggiunge la maggiore età e dopo il compimento della maggiore età se questi continua a necessitare della sua presenza e delle sue cure per poter proseguire e terminare gli studi.

3. I lavoratori dipendenti frontalieri godono del diritto di entrare e uscire dallo Stato sede di lavoro ai sensi dell'articolo 14 del presente accordo e conservano i diritti di cui godevano in quanto lavoratori subordinati in detto Stato, anche se non vi trasferiscono la residenza, purché si

---

[9] Regolamento (UE) n. 492/2011 del Parlamento europeo e del Consiglio, del 5 aprile 2011, relativo alla libera circolazione dei lavoratori all'interno dell'Unione (GU L 141 del 27.5.2011, pag. 1).

trovino in una delle situazioni di cui all'articolo 7, paragrafo 3, lettere a), b), c) e d), della direttiva 2004/38/CE.

Articolo 25. **Diritti dei lavoratori autonomi.** – 1. Fatte salve le limitazioni di cui agli articoli 51 e 52 TFUE, i lavoratori autonomi nello Stato ospitante e i lavoratori autonomi frontalieri nello Stato o negli Stati sedi di lavoro godono dei diritti garantiti dagli articoli 49 e 55 TFUE. Tali diritti comprendono:

a) il diritto di accesso alle attività autonome e al loro esercizio, nonché di costituzione e gestione di imprese alle condizioni definite dallo Stato ospitante nei confronti dei propri cittadini, come previsto dall'articolo 49 TFUE;

b) i diritti di cui all'articolo 24, paragrafo 1, lettere da c) a h), del presente accordo.

2. L'articolo 24, paragrafo 2, si applica ai discendenti diretti di lavoratori autonomi.

3. L'articolo 24, paragrafo 3, si applica ai lavoratori autonomi frontalieri.

Articolo 26. **Rilascio di un documento attestante i diritti del lavoratore frontaliero.** – Lo Stato sede di lavoro può prescrivere ai cittadini dell'Unione e ai cittadini del Regno Unito che godono dei diritti conferiti dal presente titolo in quanto lavoratori frontalieri, di chiedere un documento attestante la titolarità di tali loro diritti. Tali cittadini dell'Unione e cittadini del Regno Unito hanno il diritto di ottenere il rilascio di tale documento.

Capo 3 – Qualifiche professionali

Articolo 27. **Qualifiche professionali riconosciute.** – 1. Il riconoscimento, prima della fine del periodo di transizione, delle qualifiche professionali quali definite all'articolo 3, paragrafo 1, lettera b), della direttiva 2005/36/CE del Parlamento europeo e del Consiglio [10] dei cittadini dell'Unione o dei cittadini del Regno Unito e dei loro familiari da parte dello Stato ospitante o dello Stato sede di lavoro continua a produrre effetti nel rispettivo Stato, incluso il diritto di esercitare la propria professione alle stesse condizioni dei cittadini di tale Stato, qualora il riconoscimento sia avvenuto in base a una delle disposizioni seguenti:

a) titolo III della direttiva 2005/36/CE, per il riconoscimento delle qualifiche professionali nel quadro dell'esercizio della libertà di stabilimento, che tale riconoscimento rientri nell'ambito del regime generale di riconoscimento dei titoli di formazione, del sistema di riconoscimento dell'esperienza professionale o del sistema di riconoscimento in base al coordinamento delle condizioni minime di formazione;

b) articolo 10, paragrafi 1 e 3, della direttiva 98/5/CE del Parlamento europeo e del Consiglio [11], per l'accesso alla professione di avvocato nello Stato ospitante o nello Stato sede di lavoro;

c) articolo 14 della direttiva 2006/43/CE del Parlamento europeo e del Consiglio [12] per l'abilitazione dei revisori legali di altri Stati membri;

d) direttiva 74/556/CEE del Consiglio [13], per l'ammissione di prove attestanti le conoscenze e le attitudini necessarie per accedere ad attività non salariate e attività di intermediari attinenti al commercio e alla distribuzione di prodotti tossici o ad attività che comportano l'utilizzazione professionale dei prodotti tossici, o per esercitarle.

2. Il riconoscimento delle qualifiche professionali ai fini del paragrafo 1, lettera a), comprende:

---

[10] Direttiva 2005/36/CE del Parlamento europeo e del Consiglio, del 7 settembre 2005, relativa al riconoscimento delle qualifiche professionali (GU L 255 del 30.9.2005, pag. 22).

[11] Direttiva 98/5/CE del Parlamento europeo e del Consiglio, del 16 febbraio 1998, volta a facilitare l'esercizio permanente della professione di avvocato in uno Stato membro diverso da quello in cui è stata acquistata la qualifica (GU L 77 del 14.3.1998, pag. 36).

[12] Direttiva 2006/43/CE del Parlamento europeo e del Consiglio, del 17 maggio 2006, relativa alle revisioni legali dei conti annuali e dei conti consolidati, che modifica le direttive 78/660/CEE e 83/349/CEE del Consiglio e abroga la direttiva 84/253/CEE del Consiglio (GU L 157 del 9.6.2006, pag. 87).

[13] Direttiva 74/556/CEE del Consiglio, del 4 giugno 1974, relativa alle modalità delle misure transitorie nel settore delle attività attinenti al commercio e alla distribuzione dei prodotti tossici e alle attività che comportano l'utilizzazione professionale di tali prodotti, comprese le attività di intermediari (GU L 307 del 18.11.1974, pag. 1).

a) il riconoscimento delle qualifiche professionali che abbiano beneficiato delle disposizioni di cui all'articolo 3, paragrafo 3, della direttiva 2005/36/CE;

b) le decisioni di accordare l'accesso parziale a un'attività professionale in conformità dell'articolo 4 *septies* della direttiva 2005/36/CE;

c) il riconoscimento delle qualifiche professionali ai fini dello stabilimento ai sensi dell'articolo 4 *quinquies* della direttiva 2005/36/CE.

Articolo 28. **Procedure pendenti per il riconoscimento delle qualifiche professionali.** – All'esame a cura di un'autorità competente dello Stato ospitante o dello Stato sede di lavoro delle domande di riconoscimento delle qualifiche professionali presentate prima della fine del periodo di transizione da cittadini dell'Unione o da cittadini del Regno Unito e alle decisioni relative tali domande si applicano l'articolo 4, l'articolo 4 *quinquies* per quanto concerne il riconoscimento delle qualifiche professionali ai fini dello stabilimento, l'articolo 4 *septies* e il titolo III della direttiva 2005/36/CE, l'articolo 10, paragrafi 1, 3 e 4, della direttiva 98/5/CE, l'articolo 14 della direttiva 2006/43/CE e la direttiva 74/556/CEE.

Gli articoli 4 *bis*, 4 *ter* e 4 *sexies* della direttiva 2005/36/CE si applicano inoltre nella misura necessaria all'espletamento delle procedure di riconoscimento delle qualifiche professionali ai fini dello stabilimento di cui all'articolo 4 *quinquies* di detta direttiva.

Articolo 29. **Cooperazione amministrativa per il riconoscimento delle qualifiche professionali.** – 1. Per quanto riguarda le domande pendenti di cui all'articolo 28, il Regno Unito e gli Stati membri cooperano allo scopo di agevolare l'applicazione dell'articolo 28. La cooperazione può comprendere lo scambio di informazioni, comprese quelle concernenti l'azione disciplinare o le sanzioni penali adottate o qualsiasi altra circostanza specifica grave che potrebbero avere conseguenze sull'esercizio delle attività previste dalle direttive citate all'articolo 28.

2. In deroga all'articolo 8, per un periodo non superiore a nove mesi dalla fine del periodo di transizione, il Regno Unito è autorizzato a utilizzare il sistema di informazione del mercato interno per le domande di cui all'articolo 28, in quanto queste riguardino procedure di riconoscimento delle qualifiche professionali ai fini dello stabilimento di cui all'articolo 4 *quinquies* della direttiva 2005/36/CE.

TITOLO III – Coordinamento dei sistemi di sicurezza sociale

Articolo 30. **Ambito d'applicazione "ratione personae".** – 1. Il presente titolo si applica alle persone seguenti:

a) cittadini dell'Unione che sono soggetti alla legislazione del Regno Unito alla fine del periodo di transizione, nonché loro familiari e superstiti;

b) cittadini del Regno Unito che sono soggetti alla legislazione di uno Stato membro alla fine del periodo di transizione, nonché loro familiari e superstiti;

c) cittadini dell'Unione che risiedono nel Regno Unito e sono soggetti alla legislazione di uno Stato membro alla fine del periodo di transizione, nonché loro familiari e superstiti;

d) cittadini del Regno Unito che risiedono in uno Stato membro e sono soggetti alla legislazione del Regno Unito alla fine del periodo di transizione, nonché loro familiari e superstiti;

e) persone che non rientrano nelle lettere da a) a d), ma sono:

i) cittadini dell'Unione che esercitano un'attività subordinata o autonoma nel Regno Unito alla fine del periodo di transizione e che, a norma del titolo II del regolamento (CE) n. 883/2004 del Parlamento europeo e del Consiglio [14], sono soggetti alla legislazione di uno Stato membro, nonché loro familiari e superstiti; o

ii) cittadini del Regno Unito che esercitano un'attività subordinata o autonoma in uno o più Stati membri alla fine del periodo di transizione e che, a norma del titolo II del regolamento (CE) n. 883/2004 del Parlamento europeo e del Consiglio, sono soggetti alla legislazione del Regno Unito, nonché loro familiari e superstiti;

f) apolidi e rifugiati residenti in uno Stato membro o nel Regno Unito che si trovano in una

---

[14] Regolamento (CE) n. 883/2004 del Parlamento europeo e del Consiglio, del 29 aprile 2004, relativo al coordinamento dei sistemi di sicurezza sociale (GU L 166 del 30.4.2004, pag. 1).

delle situazioni di cui alle lettere da a) a e), nonché loro familiari e superstiti;

g) cittadini di paesi terzi, nonché loro familiari e superstiti, che si trovano in una delle situazioni di cui alle lettere da a) a e), purché soddisfino le condizioni di cui al regolamento (CE) n. 859/2003 del Consiglio [15].

2. Il presente titolo si applica alle persone di cui al paragrafo 1 fintantoché queste continuano a trovarsi senza interruzione in una delle situazioni di cui a detto paragrafo, laddove siano coinvolti uno Stato membro e il Regno Unito nel contempo.

3. Il presente titolo si applica altresì alle persone che non rientrano o non rientrano più nel disposto del paragrafo 1, lettere da a) a e), del presente articolo ma che rientrano nell'articolo 10 del presente accordo, nonché ai loro familiari e superstiti.

4. Il presente titolo si applica alle persone di cui al paragrafo 3 fintantoché queste mantengono il diritto di soggiornare nello Stato ospitante ai sensi dell'articolo 13 del presente accordo o il diritto di lavorare nello Stato sede di lavoro ai sensi dell'articolo 24 o 25 del presente accordo.

5. Il presente titolo si applica ai familiari e superstiti quando il presente articolo fa riferimento a dette persone purché queste derivino diritti e obblighi da tale loro situazione a norma del regolamento (CE) n. 883/2004.

Articolo 31. **Norme di coordinamento in materia di sicurezza sociale.** – 1. Alle persone contemplate dal presente titolo si applicano le norme e gli obiettivi di cui all'articolo 48 TFUE, al regolamento (CE) n. 883/2004 e al regolamento (CE) n. 987/2009 del Parlamento europeo e del Consiglio [16].

L'Unione e il Regno Unito tengono debitamente conto delle decisioni e delle raccomandazioni della commissione amministrativa per il coordinamento dei sistemi di sicurezza sociale facente capo alla Commissione europea e istituita con regolamento (CE) n. 883/2004 ("commissione amministrativa"), elencate nell'allegato I, parte I, del presente accordo.

2. In deroga all'articolo 9 del presente accordo, ai fini del presente titolo si applicano le definizioni di cui all'articolo 1 del regolamento (CE) n. 883/2004.

3. Per quanto riguarda i cittadini di paesi terzi che soddisfano le condizioni di cui al regolamento (CE) n. 859/2003, nonché i loro familiari o superstiti che rientrano nell'ambito di applicazione del presente titolo, i riferimenti al regolamento (CE) n. 883/2004 e al regolamento (CE) n. 987/2009 contenuti nel presente titolo si intendono fatti rispettivamente al regolamento (CEE) n. 1408/71 del Consiglio [17] e al regolamento (CEE) n. 574/72 del Consiglio [18]. I riferimenti a disposizioni specifiche del regolamento (CE) n. 883/2004 e del regolamento (CE) n. 987/2009 si intendono fatti alle corrispondenti disposizioni del regolamento (CEE) n. 1408/71 e del regolamento (CEE) n. 574/72.

Articolo 32. **Situazioni particolari.** – 1. Le norme seguenti si applicano alle situazioni seguenti nella misura prevista nel presente articolo, qualora riferite a persone che non rientrano o non rientrano più nel disposto dell'articolo 30:

a) ai fini del riconoscimento e della totalizzazione dei periodi di assicurazione, di occupazione, di attività lavorativa autonoma o di residenza, compresi i diritti e gli obblighi derivanti da tali periodi a norma del regolamento (CE) n. 883/2004, rientrano nel presente titolo le persone seguenti:

---

[15] Regolamento (CE) n. 859/2003 del Consiglio, del 14 maggio 2003, che estende le disposizioni del regolamento (CEE) n. 1408/71 e del regolamento (CEE) n. 574/72 ai cittadini di paesi terzi cui tali disposizioni non siano già applicabili unicamente a causa della nazionalità (GU L 124 del 20.5.2003, pag. 1).

[16] Regolamento (CE) n. 987/2009 del Parlamento europeo e del Consiglio, del 16 settembre 2009, che stabilisce le modalità di applicazione del regolamento (CE) n. 883/2004 relativo al coordinamento dei sistemi di sicurezza sociale (GU L 284 del 30.10.2009, pag. 1).

[17] Regolamento (CEE) n. 1408/71 del Consiglio, del 14 giugno 1971, relativo all'applicazione dei regimi di sicurezza sociale ai lavoratori subordinati, ai lavoratori autonomi e ai loro familiari che si spostano all'interno della Comunità (GU L 149 del 5.7.1971, pag. 2).

[18] Regolamento (CEE) n. 574/72 del Consiglio, del 21 marzo 1972, che stabilisce le modalità di applicazione del regolamento (CEE) n. 1408/71 relativo all'applicazione dei regimi di sicurezza sociale ai lavoratori subordinati e ai loro familiari che si spostano all'interno della Comunità (GU L 74 del 27.3.1972, pag. 1).

i) cittadini dell'Unione, nonché apolidi e rifugiati residenti in uno Stato membro e cittadini di paesi terzi che soddisfano le condizioni del regolamento (CE) n. 859/2003, soggetti alla legislazione del Regno Unito prima della fine del periodo di transizione, nonché loro familiari e superstiti;

ii) cittadini del Regno Unito, nonché apolidi e rifugiati residenti nel Regno Unito e cittadini di paesi terzi che soddisfano le condizioni del regolamento (CE) n. 859/2003, soggetti alla legislazione di uno Stato membro prima della fine del periodo di transizione, nonché loro familiari e superstiti;

ai fini della totalizzazione dei periodi sono presi in considerazione i periodi maturati sia prima che dopo la fine del periodo di transizione, a norma del regolamento (CE) n. 883/2004;

b) le norme di cui agli articoli 20 e 27 del regolamento (CE) n. 883/2004 continuano ad applicarsi alle persone che, prima della fine del periodo di transizione, hanno chiesto un'autorizzazione a sottoporsi a cure programmate conformemente al regolamento (CE) n. 883/2004, fino al termine delle cure. Le procedure di rimborso corrispondenti si applicano anche dopo il termine delle cure. Tali persone, unitamente alle persone che le accompagnano, godono del diritto di entrare e uscire dallo Stato in cui sono somministrate le cure, ai sensi dell'articolo 14, *mutatis mutandis*;

c) le norme di cui agli articoli 19 e 27 del regolamento (CE) n. 883/2004 continuano ad applicarsi alle persone che rientrano nell'ambito di applicazione di detto regolamento e che, al termine del periodo di transizione, dimorano in uno Stato membro o nel Regno Unito, fino al termine della loro dimora. Le procedure di rimborso corrispondenti si applicano anche dopo il termine della dimora o delle cure;

d) le norme di cui agli articoli 67, 68 e 69 del regolamento (CE) n. 883/2004 continuano ad applicarsi, fintantoché ne sussistano le condizioni, alle prestazioni familiari cui hanno diritto le persone seguenti alla fine del periodo di transizione:

i) cittadini dell'Unione, apolidi e rifugiati residenti in uno Stato membro e cittadini di paesi terzi che soddisfano le condizioni di cui al regolamento (CE) n. 859/2003 e risiedono in uno Stato membro, che sono soggetti alla legislazione di uno Stato membro e hanno familiari residenti nel Regno Unito alla fine del periodo di transizione;

ii) cittadini del Regno Unito, nonché apolidi e rifugiati residenti nel Regno Unito e cittadini di paesi terzi che soddisfano le condizioni di cui al regolamento (CE) n. 859/2003 e risiedono nel Regno Unito, che sono soggetti alla legislazione del Regno Unito e hanno familiari residenti in uno Stato membro alla fine del periodo di transizione;

e) nelle situazioni di cui alla lettera d), punti i) e ii), del presente paragrafo, alle persone che alla fine del periodo di transizione sono titolari di diritti in quanto familiari in virtù del regolamento (CE) n. 883/2004, quali i diritti derivati per le prestazioni di malattia in natura, continuano ad applicarsi detto regolamento e le disposizioni corrispondenti del regolamento (CE) n. 987/2009, fintantoché sono soddisfatte le condizioni in essi stabilite.

2. Alle persone che beneficiano di prestazioni di cui al paragrafo 1, lettera a), si applicano le disposizioni del titolo III, capo 1, del regolamento (CE) n. 883/2004 riguardanti le prestazioni di malattia.

Il presente paragrafo si applica, *mutatis mutandis*, per quanto riguarda le prestazioni familiari basate sugli articoli 67, 68 e 69 del regolamento (CE) n. 883/2004.

Articolo 33. **Cittadini dell'Islanda, del Liechtenstein, della Norvegia e della Svizzera**. – 1. Le disposizioni del presente titolo applicabili ai cittadini dell'Unione si applicano ai cittadini dell'Islanda, del Principato del Liechtenstein, del Regno di Norvegia e della Confederazione svizzera a condizione che:

a) l'Islanda, il Principato del Liechtenstein, il Regno di Norvegia e la Confederazione svizzera, secondo il caso, abbiano concluso e applichino accordi corrispondenti con il Regno Unito applicabili ai cittadini dell'Unione; e

b) l'Islanda, il Principato del Liechtenstein, il Regno di Norvegia e la Confederazione svizzera, secondo il caso, abbiano concluso e applichino accordi corrispondenti con l'Unione applicabili ai cittadini del Regno Unito.

2. Non appena il Regno Unito e l'Unione notificano la data di entrata in vigore degli accordi

di cui al paragrafo 1 del presente articolo, il comitato misto istituito dall'articolo 164 ("comitato misto") fissa la data a decorrere dalla quale si applicano, secondo il caso, ai cittadini dell'Islanda, del Principato del Liechtenstein, del Regno di Norvegia e della Confederazione svizzera le disposizioni del presente titolo.

Articolo 34. **Cooperazione amministrativa.** – 1. In deroga all'articolo 7 e all'articolo 128, paragrafo 1, dalla data di entrata in vigore del presente accordo il Regno Unito gode dello status di osservatore presso la commissione amministrativa. Se i punti all'ordine del giorno relativi al presente titolo lo riguardano, il Regno Unito può inviare un suo rappresentante con funzione consultiva alle riunioni della commissione amministrativa e alle riunioni degli organi previsti agli articoli 73 e 74 del regolamento (CE) n. 883/2004 in cui tali punti sono discussi.

2. In deroga all'articolo 8, il Regno Unito partecipa al sistema di scambio elettronico di informazioni sulla sicurezza sociale (EESSI) e sostiene i relativi costi.

Articolo 35. **Rimborso, recupero e compensazione.** – Le disposizioni dei regolamenti (CE) n. 883/2004 e (CE) n. 987/2009 in materia di rimborso, recupero e compensazione continuano ad applicarsi, in quanto l'evento riguardi persone non contemplate dall'articolo 30, quando:

a) l'evento si verifica prima della fine del periodo di transizione; o

b) l'evento si verifica dopo la fine del periodo di transizione e riguarda una persona cui, alla data dell'evento, si applicava l'articolo 30 o 32.

Articolo 36. **Evoluzione normativa e adeguamento degli atti dell'Unione.** – 1. Qualora i regolamenti (CE) n. 883/2004 e (CE) n. 987/2009 siano modificati o sostituiti dopo la fine del periodo di transizione, i riferimenti a tali regolamenti contenuti nel presente accordo si intendono fatti agli stessi come modificati o sostituiti, conformemente agli atti elencati nell'allegato I, parte II, del presente accordo.

Il comitato misto rivede l'allegato I, parte II, del presente accordo e lo allinea a ogni atto che modifica o sostituisce i regolamenti (CE) n. 883/2004 e (CE) n. 987/2009 non appena l'Unione lo abbia adottato. A tal fine l'Unione informa quanto prima il Regno Unito, in sede di comitato misto, dell'avvenuta adozione di ogni atto modificativo o sostitutivo di tali regolamenti.

2. In deroga al paragrafo 1, secondo comma, il comitato misto valuta gli effetti di un atto modificativo o sostitutivo dei regolamenti (CE) n. 883/2004 e n. 987/2009 se tale atto:

a) modifica o sostituisce l'ambito di applicazione "ratione materiae" di cui all'articolo 3 del regolamento (CE) n. 883/2004; o

b) rende esportabili le prestazioni in denaro che erano non esportabili in virtù del regolamento (CE) n. 883/2004 alla fine del periodo di transizione, o rende non esportabili le prestazioni in denaro che erano esportabili alla fine del periodo di transizione; o

c) rende esportabili per una durata illimitata le prestazioni in denaro che erano esportabili solo per una durata limitata in virtù del regolamento (CE) n. 883/2004 alla fine del periodo di transizione, o rende esportabili solo per una durata limitata le prestazioni in denaro che erano esportabili per una durata illimitata in virtù di detto regolamento alla fine del periodo di transizione.

Nell'effettuare la sua valutazione il comitato misto tiene conto in buona fede dell'entità delle modifiche di cui al primo comma, nonché dell'importanza di garantire continuità al buon funzionamento dei regolamenti (CE) n. 883/2004 e (CE) n. 987/2009 tra l'Unione e il Regno Unito e dell'importanza che almeno uno Stato sia competente per le persone che rientrano nell'ambito di applicazione del regolamento (CE) n. 883/2004.

Se lo decide il comitato misto entro sei mesi dal ricevimento delle informazioni trasmesse dall'Unione a norma del paragrafo 1, l'allegato I, parte II, del presente accordo non è allineato all'atto di cui al primo comma del presente paragrafo.

Ai fini del presente paragrafo si intendono per:

a) "esportabile", una prestazione dovuta a norma del regolamento (CE) n. 883/2004 a o per una persona che risiede in uno Stato membro o nel Regno Unito se l'istituzione debitrice non è situata in detti paesi; l'espressione "non esportabile" va interpretata di conseguenza; e

b) "esportabile per una durata illimitata", una prestazione esportabile fintantoché sono soddisfatte le condizioni che vi danno diritto.

3. Ai fini del presente accordo i regolamenti (CE) n. 883/2004 e (CE) n. 987/2009 si intendono comprensivi degli adeguamenti elencati nell'allegato I, parte III, del presente accordo. Il Regno Unito informa quanto prima l'Unione, in sede di comitato misto, dell'avvenuta adozione di ogni modifica di disposizioni nazionali rilevanti ai fini dell'allegato I, parte III, del presente accordo.

4. Ai fini del presente accordo le decisioni e le raccomandazioni della commissione amministrativa si intendono comprensive delle decisioni e delle raccomandazioni elencate nell'allegato I, parte I. Il comitato misto modifica l'allegato I, parte I, per tener conto di ogni nuova decisione o raccomandazione adottata dalla commissione amministrativa. A tal fine, l'Unione informa quanto prima il Regno Unito, in sede di comitato misto, dell'avvenuta adozione di decisioni e raccomandazioni della commissione amministrativa. Le modifiche sono apportate dal comitato misto su proposta dell'Unione o del Regno Unito.

TITOLO IV – Altre disposizioni

Articolo 37. **Pubblicità**. – Gli Stati membri e il Regno Unito divulgano le informazioni relative ai diritti e agli obblighi delle persone di cui alla presente parte, in particolare con campagne di sensibilizzazione condotte, ove opportuno, attraverso i mezzi di comunicazione nazionali e locali e altri mezzi di comunicazione.

Articolo 38. **Disposizioni più favorevoli**. – 1. La presente parte fa salve le disposizioni legislative, regolamentari o amministrative applicabili in uno Stato ospitante o in uno Stato sede di lavoro che siano più favorevoli per le persone interessate. Il presente paragrafo non si applica al titolo III.

2. L'articolo 12 e l'articolo 23, paragrafo 1, fanno salve le intese relative alla zona di libero spostamento tra il Regno Unito e l'Irlanda per quanto riguarda il trattamento più favorevole che può derivare da tali intese per le persone interessate.

Articolo 39. **Protezione per tutto l'arco della vita**. – Le persone cui si applica la presente parte godono dei diritti previsti dai pertinenti titoli ivi contenuti per tutto l'arco della vita, salvo che non soddisfino più le condizioni stabilite in detti titoli.

PARTE TERZA – DISPOSIZIONI RELATIVE ALLA SEPARAZIONE

TITOLO I – Merci immesse sul mercato

Articolo 40. **Definizioni**. – Ai fini del presente titolo si applicano le definizioni seguenti:

a) "messa a disposizione sul mercato": la fornitura di un bene per la distribuzione, il consumo o l'uso sul mercato nel corso di un'attività commerciale, a titolo oneroso o gratuito;

b) "immissione sul mercato": la prima messa a disposizione di un bene sul mercato dell'Unione o del Regno Unito;

c) "fornitura di un bene per la distribuzione, il consumo o l'uso": un bene esistente e singolarmente identificabile che, dopo la fase di fabbricazione, è oggetto di un accordo scritto o verbale tra due o più persone fisiche o giuridiche per il trasferimento di proprietà, altro diritto di proprietà o per il possesso del bene in questione, o che è oggetto di un'offerta a una o più persone fisiche o giuridiche ai fini della conclusione di tale accordo;

d) "messa in servizio": il primo uso di un bene nell'Unione o nel Regno Unito da parte dell'utilizzatore finale per gli scopi cui era destinato o, in caso di equipaggiamento marittimo, la messa a bordo;

e) "vigilanza del mercato": le attività svolte e i provvedimenti adottati dalle autorità di vigilanza del mercato per garantire che i beni siano conformi ai requisiti applicabili e non pregiudichino la salute, la sicurezza o qualsiasi altro aspetto della protezione del pubblico interesse;

f) "autorità di vigilanza del mercato": l'autorità di uno Stato membro o del Regno Unito preposta alla vigilanza del mercato nel suo territorio;

g) "condizioni di commercializzazione dei beni": i requisiti relativi alle caratteristiche dei beni, quali i livelli di qualità, le proprietà di utilizzazione, la sicurezza o le dimensioni, compresi quelli relativi alla loro composizione o alla terminologia, ai simboli, alle prove e ai metodi di prova, all'imballaggio, alla marcatura, all'etichettatura e alle procedure di valutazione della conformità utilizzati in relazione a tali beni; il termine comprende anche i requisiti relativi ai metodi e ai processi di produzione, quando abbiano un'incidenza sulle caratteristiche del prodotto;

h) "organismo di valutazione della conformità": un organismo che svolge attività di valutazione della conformità fra cui tarature, prove, certificazioni e ispezioni;

i) "organismo notificato": un organismo di valutazione della conformità autorizzato a svolgere per conto di terzi compiti di valutazione della conformità ai sensi del diritto dell'Unione riguardante l'armonizzazione delle condizioni di commercializzazione dei beni;

j) "prodotti di origine animale": i prodotti di origine animale, i sottoprodotti di origine animale e i prodotti derivati di cui all'articolo 4, rispettivamente punti 29), 30) e 31), del regolamento (UE) 2016/429 del Parlamento europeo e del Consiglio [19], i mangimi di origine animale, nonché gli alimenti e i mangimi contenenti prodotti di origine animale.

Articolo 41. **Continuità della circolazione delle merci immesse sul mercato.** – 1. Ogni bene legalmente immesso sul mercato dell'Unione o del Regno Unito prima della fine del periodo di transizione può:

a) essere messo ulteriormente a disposizione sul mercato dell'Unione o del Regno Unito e circolare tra questi due mercati fino a raggiungere l'utilizzatore finale;

b) essere messo in servizio nell'Unione o nel Regno Unito, qualora previsto dalle disposizioni applicabili del diritto dell'Unione.

2. Ai beni di cui al paragrafo 1 si applicano le prescrizioni degli articoli 34 e 35 TFUE e del diritto pertinente dell'Unione che disciplina la commercializzazione dei beni, comprese le condizioni di commercializzazione, applicabile ai beni interessati.

3. Il paragrafo 1 si applica a tutti i beni esistenti e singolarmente identificabili ai sensi del TFUE, parte terza, titolo II, ad eccezione della circolazione tra il mercato dell'Unione e il mercato del Regno Unito o viceversa di:

a) animali vivi e materiale germinale;

b) prodotti animali.

4. Agli spostamenti di animali vivi o di materiale germinale tra uno Stato membro e il Regno Unito o viceversa si applicano le disposizioni del diritto dell'Unione di cui all'allegato II, a condizione che la data di partenza fosse anteriore alla fine del periodo di transizione.

5. Il presente articolo fa salva la possibilità per il Regno Unito, uno Stato membro o l'Unione di adottare misure atte a vietare o limitare la messa a disposizione sul proprio mercato di un bene di cui al paragrafo 1, o di una categoria di tali beni, se e nella misura in cui il diritto dell'Unione vi acconsente.

6. Le disposizioni del presente titolo non pregiudicano le norme applicabili in materia di modalità di vendita, proprietà intellettuale, regimi doganali, tariffe e imposte.

Articolo 42. **Prova dell'immissione sul mercato.** – È a carico dell'operatore economico che si avvalga dell'articolo 41, paragrafo 1, per un bene specifico l'onere della prova di dimostrare, sulla base di qualsiasi documento pertinente, che il bene è stato immesso sul mercato dell'Unione o del Regno Unito prima della fine del periodo di transizione.

Articolo 43. **Vigilanza del mercato.** – 1. Le autorità di vigilanza del mercato degli Stati membri e le autorità di vigilanza del mercato del Regno Unito si scambiano senza ritardo tutte le informazioni pertinenti raccolte in relazione ai beni di cui all'articolo 41, paragrafo 1, nel contesto delle rispettive attività di vigilanza del mercato. In particolare si comunicano reciprocamente e comunicano alla Commissione europea tutte le informazioni riguardanti i beni che comportano un rischio grave nonché le eventuali misure adottate in relazione ai beni non conformi, comprese le pertinenti informazioni attinte da reti, sistemi di informazione e banche dati istituiti ai sensi del diritto dell'Unione o del Regno Unito, relative a tali beni.

---

[19] Regolamento (UE) 2016/429 del Parlamento europeo e del Consiglio, del 9 marzo 2016, relativo alle malattie animali trasmissibili e che modifica e abroga taluni atti in materia di sanità animale ("normativa in materia di sanità animale") (GU L 84 del 31.3.2016, pag. 1).

2. Gli Stati membri e il Regno Unito trasmettono senza ritardo le richieste rivolte dalle autorità di vigilanza del mercato del Regno Unito o di uno Stato membro, rispettivamente, a un organismo di valutazione della conformità istituito nel loro territorio, qualora la richiesta riguardi una valutazione della conformità da quello effettuata in qualità di organismo notificato prima della fine del periodo di transizione. Gli Stati membri e il Regno Unito provvedono affinché l'organismo di valutazione della conformità esamini tempestivamente la richiesta.

Articolo 44. **Trasmissione di fascicoli e documenti nelle procedure pendenti.** – Il Regno Unito trasferisce senza ritardo all'autorità competente di uno Stato membro designata secondo le procedure previste dal diritto dell'Unione applicabile tutti i fascicoli o documenti pertinenti relativi a valutazioni, approvazioni e autorizzazioni pendenti il giorno precedente la data di entrata in vigore del presente accordo e facenti capo a un'autorità competente del Regno Unito a norma del regolamento (UE) n. 528/2012 [20], del regolamento (CE) n. 1107/2009 [21], della direttive 2001/83/CE [22] e della direttiva 2001/82/CE [23] del Parlamento europeo e del Consiglio.

Articolo 45. **Messa a disposizione di informazioni relative a passate procedure di autorizzazione per i medicinali.** – 1. Il Regno Unito, su richiesta motivata di uno Stato membro o dell'Agenzia europea per i medicinali, mette a disposizione senza ritardo il dossier di autorizzazione all'immissione in commercio di un medicinale autorizzato da un'autorità competente del Regno Unito prima della fine del periodo di transizione, se tale dossier è necessario ai fini della valutazione di una domanda di autorizzazione all'immissione in commercio ai sensi degli articoli 10 e 10 *bis* della direttiva 2001/83/CE o degli articoli 13 e 13 *bis* della direttiva 2001/82/CE.

2. Uno Stato membro, su richiesta motivata del Regno Unito, mette a disposizione senza ritardo il dossier di autorizzazione all'immissione in commercio di un medicinale autorizzato da un'autorità competente di detto Stato membro prima della fine del periodo di transizione, se tale dossier è necessario ai fini della valutazione di una domanda di autorizzazione all'immissione in commercio nel Regno Unito conformemente alle prescrizioni legislative del Regno Unito, sempre che tali prescrizioni riprendano le circostanze contemplate agli articoli 10 e 10 bis della direttiva 2001/83/CE o agli articoli 13 e 13 *bis* della direttiva 2001/82/CE.

Articolo 46. **Messa a disposizione di informazioni detenute da organismi notificati con sede nel Regno Unito o in uno Stato membro.** – 1. Il Regno Unito provvede affinché, su richiesta del titolare del certificato, le informazioni detenute da un organismo di valutazione della conformità con sede nel Regno Unito riguardanti le sue attività quale organismo notificato a norma del diritto dell'Unione prima della fine del periodo di transizione siano messe senza ritardo a disposizione di un organismo notificato con sede in uno Stato membro, come indicato dal titolare del certificato.

2. Gli Stati membri provvedono affinché, su richiesta del titolare del certificato, le informazioni detenute da un organismo notificato con sede nello Stato membro interessato riguardanti le sue attività prima della fine del periodo di transizione siano messe senza ritardo a disposizione di un organismo di valutazione della conformità con sede nel Regno Unito, come indicato dal titolare del certificato.

TITOLO II – Questioni pendenti in materia doganale

Articolo 47. **Posizione unionale delle merci.** – 1. Il regolamento (UE) n. 952/2013 del Par-

---

[20] Regolamento (UE) n. 528/2012 del Parlamento europeo e del Consiglio, del 22 maggio 2012, relativo alla messa a disposizione sul mercato e all'uso dei biocidi (GU L 167 del 27.6.2012, pag. 1).

[21] Regolamento (CE) n. 1107/2009 del Parlamento europeo e del Consiglio, del 21 ottobre 2009, relativo all'immissione sul mercato dei prodotti fitosanitari e che abroga le direttive del Consiglio 79/117/CEE e 91/414/CEE (GU L 309 del 24.11.2009, pag. 1).

[22] Direttiva 2001/83/CE del Parlamento europeo e del Consiglio, del 6 novembre 2001, recante un codice comunitario relativo ai medicinali per uso umano (GU L 311 del 28.11.2001, pag. 67).

[23] Direttiva 2001/82/CE del Parlamento europeo e del Consiglio, del 6 novembre 2001, recante un codice comunitario relativo ai medicinali veterinari (GU L 311 del 28.11.2001, pag. 1).

lamento europeo e del Consiglio [24] si applica alle merci unionali di cui all'articolo 5, punto 23), di detto regolamento, se tali merci circolano dal territorio doganale del Regno Unito al territorio doganale dell'Unione o viceversa, purché tale circolazione abbia avuto inizio prima della fine del periodo di transizione e si sia conclusa dopo la fine del periodo di transizione. La circolazione di merci che abbia avuto inizio prima della fine del periodo di transizione e si concluda dopo la fine del periodo di transizione è considerata circolazione all'interno dell'Unione ai fini dei requisiti in materia di licenze di importazione e di esportazione previsti dal diritto dell'Unione.

2. Ai fini del paragrafo 1 non si applica la presunzione di posizione doganale delle merci unionali di cui all'articolo 153, paragrafo 1, del regolamento (UE) n. 952/2013. È a carico della persona interessata l'onere di dimostrare per ogni spostamento e con uno dei mezzi di prova di cui all'articolo 199 del regolamento di esecuzione (UE) 2015/2447 della Commissione [25], la posizione doganale di merci unionali delle suddette merci, nonché il fatto che la circolazione di cui al paragrafo 1 è iniziata prima della fine del periodo di transizione. La prova dell'inizio della circolazione è fornita con documento di trasporto relativo alle merci.

3. Il paragrafo 2 non si applica alle merci unionali trasportate per via aerea che sono state imbarcate o trasbordate in un aeroporto situato nel territorio doganale del Regno Unito per essere spedite nel territorio doganale dell'Unione, o che sono state imbarcate o trasbordate in un aeroporto situato nel territorio doganale dell'Unione per essere spedite nel territorio doganale del Regno Unito, se il trasporto è stato effettuato in base a un documento di trasporto unico rilasciato in uno dei territori doganali interessati, purché la circolazione per via aerea abbia avuto inizio prima della fine del periodo di transizione e la circolazione si sia conclusa dopo la fine del periodo di transizione.

4. Il paragrafo 2 non si applica alle merci unionali trasportate via mare e spedite tra porti situati nel territorio doganale del Regno Unito e porti situati nel territorio doganale dell'Unione mediante un servizio regolare di trasporto marittimo ai sensi dell'articolo 120 del regolamento delegato della Commissione (UE) n. 2015/2446 [26], purché:

a) il viaggio tra i porti del territorio doganale del Regno Unito e i porti del territorio doganale dell'Unione sia iniziato prima della fine del periodo di transizione e si sia concluso dopo la fine del periodo di transizione; e

b) la nave preposta al servizio regolare di trasporto marittimo abbia fatto scalo in uno o più porti del territorio doganale del Regno Unito o del territorio doganale dell'Unione prima della fine del periodo di transizione.

5. Qualora, durante il viaggio di cui al paragrafo 4, lettera a), la nave preposta al servizio regolare di trasporto marittimo faccia scalo in uno o più porti del territorio doganale del Regno Unito dopo la fine del periodo di transizione:

a) per le merci imbarcate prima della fine del periodo di transizione e scaricate in tali porti, la posizione doganale di merci unionali non è modificata;

b) per le merci imbarcate nei porti di scalo alla fine del periodo di transizione, la posizione doganale di merci unionali non è modificata, purché dimostrata conformemente al paragrafo 2.

Articolo 48. **Dichiarazione sommaria di entrata e dichiarazione pre-partenza**. – 1. Il regolamento (UE) n. 952/2013 si applica alle dichiarazioni sommarie di entrata presentate presso l'ufficio doganale di prima entrata conformemente al titolo IV, capo I, del medesimo regolamento prima della fine del periodo di transizione e tali dichiarazioni hanno gli stessi effetti giuridici nel territorio doganale dell'Unione e nel territorio doganale del Regno Unito dopo la fine del periodo di transizione.

---

[24] Regolamento (UE) n. 952/2013 del Parlamento europeo e del Consiglio, del 9 ottobre 2013, che istituisce il codice doganale dell'Unione (GU L 269 del 10.10.2013, p. 1).

[25] Regolamento di esecuzione (UE) 2015/2447 della Commissione, del 24 novembre 2015, recante modalità di applicazione di talune disposizioni del regolamento (UE) n. 952/2013 del Parlamento europeo e del Consiglio che istituisce il codice doganale dell'Unione (GU L 343 del 29.12.2015, pag. 558).

[26] Regolamento delegato (UE) 2015/2446 della Commissione, del 28 luglio 2015, che integra il regolamento (UE) n. 952/2013 del Parlamento europeo e del Consiglio in relazione alle modalità che specificano alcune disposizioni del codice doganale dell'Unione (GU L 343 del 29.12.2015, pag. 1).

2. Il regolamento (UE) n. 952/2013 si applica alle dichiarazioni pre-partenza presentate conformemente al titolo VIII, capo I, del suddetto regolamento prima della fine del periodo di transizione e, se del caso, laddove le merci siano state svincolate ai sensi dell'articolo 194 del medesimo regolamento prima della fine del periodo di transizione. Tali dichiarazioni hanno gli stessi effetti giuridici nel territorio doganale dell'Unione e nel territorio doganale del Regno Unito dopo la fine del periodo di transizione.

Articolo 49. **Conclusione della custodia temporanea o dei regimi doganali**. – 1. Il regolamento (UE) n. 952/2013 si applica alle merci non unionali che si trovavano in custodia temporanea ai sensi dell'articolo 5, punto 17), di detto regolamento alla fine del periodo di transizione e alle merci che erano vincolate a uno dei regimi doganali di cui all'articolo 5, punto 16), del medesimo regolamento nel territorio doganale del Regno Unito alla fine del periodo di transizione, finché tale custodia temporanea non si sia conclusa, uno dei regimi doganali speciali non sia stato appurato, le merci non siano state immesse in libera pratica o non siano uscite dal territorio, purché tale evento si verifichi dopo la fine del periodo di transizione ma non oltre il termine corrispondente di cui all'allegato III.

Tuttavia, l'articolo 148, paragrafo 5, lettere b) e c), e l'articolo 219 del regolamento (UE) n. 952/2013 non si applicano agli spostamenti di merci tra il territorio doganale del Regno Unito e il territorio doganale dell'Unione che si concludono dopo la fine del periodo di transizione.

2. Alle obbligazioni doganali sorte dopo la fine del periodo di transizione a partire dalla conclusione della custodia temporanea o dall'appuramento di cui al paragrafo 1 si applicano il regolamento (UE) n. 952/2013 del Parlamento europeo e del Consiglio, la decisione 2014/335/UE, Euratom [27], il regolamento (UE, Euratom) n. 608/2014 [28] e il regolamento (UE, Euratom) n. 609/2014 [29] del Consiglio.

3. Alle domande presentate per beneficiare di contingenti tariffari che siano state accettate dalle autorità doganali nel territorio doganale del Regno Unito e per le quali tali autorità abbiano fornito i documenti giustificativi richiesti ai sensi dell'articolo 50 di detto regolamento prima della fine del periodo di transizione si applica il titolo II, capo 1, sezione 1, del regolamento (UE) 2015/2447, che si applica altresì all'annullamento delle domande e alla restituzione dei quantitativi assegnati non utilizzati relativi a tali domande.

Articolo 50. **Accesso alle reti, ai sistemi di informazione e alle banche dati pertinenti**. – In deroga all'articolo 8, il Regno Unito ha accesso alle reti, ai sistemi di informazione e alle banche dati di cui all'allegato IV per quanto strettamente necessario ad adempiere gli obblighi di cui al presente titolo. Il Regno Unito rimborsa all'Unione le spese da essa effettivamente sostenute per agevolare tale accesso. L'Unione comunica al Regno Unito l'importo di dette spese entro il 31 marzo di ogni anno fino alla fine del periodo di cui all'allegato IV. Se l'importo comunicato delle spese effettivamente sostenute diverge sensibilmente dalle migliori stime comunicate dall'Unione al Regno Unito prima della firma del presente accordo, il Regno Unito versa senza ritardo all'Unione l'importo delle migliori stime e il comitato misto stabilisce in che modo debba essere risolta la questione della differenza tra le spese effettivamente sostenute e l'importo delle migliori stime.

TITOLO III – Questioni pendenti in materia di imposta sul valore aggiunto e accise

Articolo 51. **Imposta sul valore aggiunto (IVA)**. – 1. Ai beni spediti o trasportati dal territorio del Regno Unito al territorio di uno Stato membro e viceversa si applica la direttiva

[27] Decisione 2014/335/UE, Euratom del Consiglio, del 26 maggio 2014, relativa al sistema delle risorse proprie dell'Unione europea (GU L 168 del 7.6.2014, pag. 105).

[28] Regolamento (UE, Euratom) n. 608/2014 del Consiglio, del 26 maggio 2014, che stabilisce misure di esecuzione del sistema delle risorse proprie dell'Unione europea (GU L 168 del 7.6.2014, pag. 29).

[29] Regolamento (UE, Euratom) n. 609/2014 del Consiglio, del 26 maggio 2014, concernente le modalità e la procedura di messa a disposizione delle risorse proprie tradizionali e delle risorse proprie basate sull'IVA e sull'RNL, nonché le misure per far fronte al fabbisogno di tesoreria (GU L 168 del 7.6.2014, pag. 39).

2006/112/CE del Consiglio [30], purché la spedizione o il trasporto abbiano avuto inizio prima della fine del periodo di transizione e si siano conclusi dopo la fine del periodo di transizione.

2. La direttiva 2006/112/CE si applica per ancora cinque anni dopo la fine del periodo di transizione ai diritti e agli obblighi del soggetto passivo in relazione a operazioni che presentino un elemento transfrontaliero tra il Regno Unito e uno Stato membro effettuate prima della fine del periodo di transizione e per quanto riguarda le operazioni di cui al paragrafo 1.

3. In deroga al paragrafo 2 e all'articolo 15 della direttiva 2008/9/CE del Consiglio [31], le domande di rimborso relative all'IVA pagata in uno Stato membro da un soggetto passivo stabilito nel Regno Unito, o pagata nel Regno Unito da un soggetto passivo stabilito in uno Stato membro sono presentate alle condizioni previste da detta direttiva entro il 31 marzo 2021.

4. In deroga al paragrafo 2 e all'articolo 61, paragrafo 2, del regolamento di esecuzione (UE) n. 282/2011 del Consiglio [32], le modifiche delle dichiarazioni IVA presentate ai sensi dell'articolo 364 o dell'articolo 369 *septies* della direttiva 2006/112/CE nel Regno Unito per i servizi prestati negli Stati membri di consumo prima della fine del periodo di transizione, o in uno Stato membro per i servizi prestati nel Regno Unito prima della fine del periodo di transizione, sono presentate entro il 31 dicembre 2021.

Articolo 52. **Prodotti sottoposti ad accisa.** – La direttiva 2008/118/CE del Consiglio [33] si applica ai movimenti dei prodotti sottoposti ad accisa in regime di sospensione dall'accisa e dei prodotti sottoposti ad accisa dopo l'immissione in consumo dal territorio del Regno Unito al territorio di uno Stato membro o viceversa, purché il movimento abbia avuto inizio prima della fine del periodo di transizione e si sia concluso dopo la fine del periodo di transizione.

Articolo 53. **Accesso alle reti, ai sistemi di informazione e alle banche dati pertinenti.** – In deroga all'articolo 8, il Regno Unito ha accesso alle reti, ai sistemi di informazione e alle banche dati di cui all'allegato IV per quanto strettamente necessario ad adempiere gli obblighi di cui al presente titolo. Il Regno Unito rimborsa all'Unione le spese da essa effettivamente sostenute per agevolare tale accesso. L'Unione comunica al Regno Unito l'importo di dette spese entro il 31 marzo di ogni anno fino alla fine del periodo di cui all'allegato IV. Se l'importo comunicato delle spese effettivamente sostenute diverge sensibilmente dalle migliori stime comunicate dall'Unione al Regno Unito prima della firma del presente accordo, il Regno Unito versa senza ritardo all'Unione l'importo delle migliori stime e il comitato misto stabilisce in che modo debba essere risolta la questione della differenza tra le spese effettivamente sostenute e l'importo delle migliori stime.

TITOLO IV – Proprietà intellettuale

Articolo 54. **Continuità della tutela nel Regno Unito dei diritti registrati o concessi.** – 1. Il titolare di uno dei diritti di proprietà intellettuale seguenti, registrati o concessi prima della fine del periodo di transizione, diventa, senza alcun riesame, titolare di un diritto di proprietà intellettuale equiparabile, registrato e opponibile nel Regno Unito secondo il diritto di detto Stato:

a) il titolare di un marchio dell'Unione europea registrato a norma del regolamento (UE) 2017/1001 del Parlamento europeo e del Consiglio [34] diventa titolare di un marchio nel Regno Unito, consistente nello stesso segno, per i medesimi prodotti o servizi;

---

[30] Direttiva 2006/112/CE del Consiglio, del 28 novembre 2006, relativa al sistema comune d'imposta sul valore aggiunto (GU L 347 dell'11.12.2006, pag. 1).

[31] Direttiva 2008/9/CE del Consiglio, del 12 febbraio 2008, che stabilisce norme dettagliate per il rimborso dell'imposta sul valore aggiunto, previsto dalla direttiva 2006/112/CE, ai soggetti passivi non stabiliti nello Stato membro di rimborso, ma in un altro Stato membro (GU L 44 del 20.2.2008, pag. 23).

[32] Regolamento di esecuzione (UE) n. 282/2011 del Consiglio, del 15 marzo 2011, recante disposizioni di applicazione della direttiva 2006/112/CE relativa al sistema comune di imposta sul valore aggiunto (GU L 77 del 23.3.2011, pag. 1).

[33] Direttiva 2008/118/CE del Consiglio, del 16 dicembre 2008, relativa al regime generale delle accise e che abroga la direttiva 92/12/CEE (GU L 9 del 14.1.2009, pag. 12).

[34] Regolamento (UE) 2017/1001 del Parlamento europeo e del Consiglio, del 14 giugno 2017, sul marchio dell'Unione europea (GU L 154 del 16.6.2017, pag. 1).

b) il titolare di un disegno o modello comunitario registrato e se del caso pubblicato dopo il differimento della pubblicazione a norma del regolamento (CE) n. 6/2002 del Consiglio [35] diventa titolare di un disegno o modello registrato nel Regno Unito per il medesimo disegno o modello;

c) il titolare di una privativa comunitaria per ritrovati vegetali concessa a norma del regolamento (CE) n. 2100/94 del Consiglio [36] diventa titolare di una privativa per ritrovati vegetali nel Regno Unito per la medesima varietà vegetale.

2. Se un'indicazione geografica, denominazione di origine o specialità tradizionale garantita ai sensi del regolamento (UE) n. 1151/2012 del Parlamento europeo e del Consiglio [37], un'indicazione geografica, denominazione di origine o menzione tradizionale per il vino ai sensi del regolamento (UE) n. 1308/2013 del Parlamento europeo e del Consiglio [38], un'indicazione geografica ai sensi del regolamento (CE) n. 110/2008 del Parlamento europeo e del Consiglio [39] oppure un'indicazione geografica ai sensi del regolamento (UE) n. 251/2014 del Parlamento europeo e del Consiglio [40] sono protette nell'Unione l'ultimo giorno del periodo di transizione in virtù di detti regolamenti, le persone autorizzate a usare l'indicazione geografica, la denominazione di origine, la specialità tradizionale garantita o la menzione tradizionale per il vino interessata hanno il diritto di usare nel Regno Unito, a decorrere dalla fine del periodo di transizione e senza ulteriore esame, detta denominazione di origine, specialità tradizionale garantita o menzione tradizionale per il vino cui il Regno Unito conferisce ai sensi del suo diritto almeno lo stesso livello di protezione garantito dalle disposizioni seguenti del diritto dell'Unione:

a) articolo 4, paragrafo 1, lettere i), j) e k), della direttiva (UE) 2015/2436 del Parlamento europeo e del Consiglio [41]; e

b) secondo l'indicazione geografica, la denominazione di origine, la specialità tradizionale garantita o la menzione tradizionale per il vino interessata, articolo 13, articolo 14, paragrafo 1, articolo 24, articolo 36, paragrafo 3, articoli 38 e 44 e articolo 45, paragrafo 1, lettera b), del regolamento (UE) n. 1151/2012; articolo 90, paragrafo 1, del regolamento (UE) n. 1306/2013 del Parlamento europeo e del Consiglio [42]; articolo 100, paragrafo 3, articolo 102, paragrafo 1, articoli 103 e 113 e articolo 157, paragrafo 1, lettera c), punto x), del regolamento (UE) n. 1308/2013; articolo 62, paragrafi 3 e 4, del regolamento (CE) n. 607/2009 della Commissione [43]; articolo 15, paragrafo 3, primo comma, articolo 16 e articolo 23, paragrafo 1, del regolamento (CE) n. 110/2008 e, per quanto collegato all'osservanza di tali disposizioni di tale rego-

---

[35] Regolamento (CE) n. 6/2002 del Consiglio, del 12 dicembre 2001, su disegni e modelli comunitari (GU L 3 del 5.1.2002, pag. 1).

[36] Regolamento (CE) n. 2100/94 del Consiglio, del 27 luglio 1994, concernente la privativa comunitaria per ritrovati vegetali (GU L 227 dell'1.9.1994, pag. 1).

[37] Regolamento (UE) n. 1151/2012 del Parlamento europeo e del Consiglio, del 21 novembre 2012, sui regimi di qualità dei prodotti agricoli e alimentari (GU L 343 del 14.12.2012, pag. 1).

[38] Regolamento (UE) n. 1308/2013 del Parlamento europeo e del Consiglio, del 17 dicembre 2013, recante organizzazione comune dei mercati dei prodotti agricoli e che abroga i regolamenti (CEE) n. 922/72, (CEE) n. 234/79, (CE) n. 1037/2001 e (CE) n. 1234/2007 del Consiglio (GU L 347 del 20.12.2013, pag. 671).

[39] Regolamento (CE) n. 110/2008 del Parlamento europeo e del Consiglio, del 15 gennaio 2008, relativo alla definizione, alla designazione, alla presentazione, all'etichettatura e alla protezione delle indicazioni geografiche delle bevande spiritose e che abroga il regolamento (CEE) n. 1576/89 del Consiglio (GU L 39 del 13.2.2008, pag. 16).

[40] Regolamento (UE) n. 251/2014 del Parlamento europeo e del Consiglio, del 26 febbraio 2014, concernente la definizione, la designazione, la presentazione, l'etichettatura e la protezione delle indicazioni geografiche dei prodotti vitivinicoli aromatizzati e che abroga il regolamento (CEE) n. 1601/91 del Consiglio (GU L 84 del 20.3.2014, pag. 14).

[41] Direttiva (UE) 2015/2436 del Parlamento europeo e del Consiglio, del 16 dicembre 2015, sul ravvicinamento delle legislazioni degli Stati membri in materia di marchi d'impresa (GU L 336 del 23.12.2015, pag. 1).

[42] Regolamento (UE) n. 1306/2013 del Parlamento europeo e del Consiglio, del 17 dicembre 2013, sul finanziamento, sulla gestione e sul monitoraggio della politica agricola comune (GU L 347 del 20.12.2013, pag. 549).

[43] Regolamento (CE) n. 607/2009 della Commissione, del 14 luglio 2009, recante modalità di applicazione del regolamento (CE) n. 479/2008 del Consiglio per quanto riguarda le denominazioni di origine protette e le indicazioni geografiche protette, le menzioni tradizionali, l'etichettatura e la presentazione di determinati prodotti vitivinicoli (GU L 193 del 24.7.2009, pag. 60).

lamento, articolo 24, paragrafo 1, del medesimo regolamento; oppure articolo 19, paragrafo 1, e articolo 20 del regolamento (UE) n. 251/2014.

Quando un'indicazione geografica, una denominazione di origine, una specialità tradizionale garantita o una menzione tradizionale per il vino di cui al primo comma cessa di essere protetta nell'Unione dopo la fine del periodo di transizione, il primo comma cessa di applicarsi all'indicazione geografica, alla denominazione di origine, alla specialità tradizionale garantita o alla menzione tradizionale per il vino interessata.

Il primo comma non si applica se la protezione nell'Unione discende da accordi internazionali di cui l'Unione è parte.

Il presente paragrafo si applica salvo e fino a che non entri in vigore o non diventi applicabile un accordo di cui all'articolo 184 che lo sostituisce.

3. Nonostante il paragrafo 1, se un diritto di proprietà intellettuale di cui a detto paragrafo è dichiarato nullo o decaduto ovvero, nel caso di privativa comunitaria per ritrovati vegetali, è dichiarato nullo o è annullato nell'Unione in esito a un procedimento amministrativo o giudiziario che è in corso l'ultimo giorno del periodo di transizione, anche il corrispondente diritto nel Regno Unito è dichiarato nullo o decaduto ovvero è dichiarato nullo o è annullato. La dichiarazione o il decadimento o l'annullamento hanno efficacia nel Regno Unito alla stessa data in cui hanno efficacia nell'Unione.

In deroga al primo comma, il Regno Unito non è tenuto a dichiarare nullo o decaduto il corrispondente diritto nel suo territorio qualora i motivi di nullità o decadenza del marchio dell'Unione europea o del disegno o modello comunitario registrato non si applichino nel Regno Unito.

4. Il diritto conferito da un marchio o da un disegno o modello registrato nel Regno Unito ai sensi del paragrafo 1, lettera a) o b), si rinnova la prima volta alla data di rinnovo del corrispondente diritto di proprietà intellettuale registrato a norma del diritto dell'Unione.

5. Ai marchi nel Regno Unito di cui al paragrafo 1, lettera a), si applica quanto segue:

a) il marchio reca la stessa data di deposito o la stessa data di priorità del marchio dell'Unione europea e se del caso si avvale della preesistenza di un marchio del Regno Unito rivendicata ai sensi dell'articolo 39 o dell'articolo 40 del regolamento (UE) 2017/1001;

b) il marchio non può essere dichiarato decaduto in ragione del fatto che il marchio dell'Unione europea corrispondente non è stato oggetto di uso effettivo nel territorio del Regno Unito prima della fine del periodo di transizione;

c) il titolare di un marchio dell'Unione europea che ha acquisito notorietà nell'Unione è autorizzato a esercitare nel Regno Unito diritti equivalenti a quelli di cui all'articolo 9, paragrafo 2, lettera c), del regolamento (UE) 2017/1001 e all'articolo 5, paragrafo 3, lettera a), della direttiva (UE) 2015/2436 per il marchio corrispondente sulla base della notorietà acquisita nell'Unione entro la fine del periodo di transizione, purché da allora la continua notorietà del marchio si basi sull'uso che ne è fatto nel Regno Unito.

6. Ai disegni o modelli registrati e alla privativa per i ritrovati vegetali nel Regno Unito di cui al paragrafo 1, lettere b) e c), si applica quanto segue:

a) la durata della protezione prevista dalla legislazione del Regno Unito è pari almeno al periodo di protezione rimanente previsto dal diritto dell'Unione per il disegno o modello comunitario registrato o per la privativa comunitaria per ritrovati vegetali corrispondente;

b) la data di deposito o la data di priorità coincide con quella del disegno o modello comunitario registrato o della privativa comunitaria per ritrovati vegetali corrispondente.

Articolo 55. **Procedura di registrazione**. – 1. I competenti soggetti del Regno Unito provvedono alla registrazione, alla concessione o alla protezione previste all'articolo 54, paragrafi 1 e 2, del presente accordo gratuitamente usando i dati disponibili nei registri dell'Ufficio dell'Unione europea per la proprietà intellettuale, dell'Ufficio comunitario delle varietà vegetali e della Commissione europea. Ai fini del presente articolo l'allegato III del regolamento (CE) n. 110/2008 è considerato un registro.

2. Ai fini del paragrafo 1 i titolari dei diritti di proprietà intellettuale di cui all'articolo 54, paragrafo 1, e le persone aventi il diritto di usare l'indicazione geografica, la denominazione di origine, la specialità tradizionale garantita o la menzione tradizionale per il vino di cui all'arti-

colo 54, paragrafo 2, non sono tenuti a presentare domanda né a espletare una particolare procedura amministrativa. Ai titolari di diritti di proprietà intellettuale di cui all'articolo 54, paragrafo 1, non è fatto obbligo di avere un recapito postale nel Regno Unito per i tre anni successivi alla fine del periodo di transizione.

3. L'Ufficio dell'Unione europea per la proprietà intellettuale, l'Ufficio comunitario delle varietà vegetali e la Commissione europea trasmettono ai competenti soggetti del Regno Unito le informazioni necessarie per la registrazione, la concessione o la protezione nel Regno Unito a norma dell'articolo 54, paragrafo 1 o 2.

4. Il presente articolo non pregiudica le tasse di rinnovo eventualmente applicabili all'atto del rinnovo dei diritti né la facoltà dei titolari di rinunciare ai diritti di proprietà intellettuale nel Regno Unito secondo la procedura applicabile ai sensi della legislazione del Regno Unito.

Articolo 56. **Continuità della protezione nel Regno Unito delle registrazioni internazionali che designano l'Unione**. – Il Regno Unito adotta misure atte a garantire che le persone fisiche o giuridiche che, prima della fine del periodo di transizione, hanno ottenuto protezione per marchi o disegni e modelli oggetto di registrazioni internazionali che designano l'Unione europea in base al sistema di Madrid per la registrazione internazionale dei marchi o al sistema dell'Aia per il deposito internazionale dei disegni e modelli industriali godano di protezione nel Regno Unito per i loro marchi o disegni e modelli industriali rispetto a tali registrazioni internazionali.

Articolo 57. **Continuità della protezione nel Regno Unito dei disegni e dei modelli comunitari non registrati**. – Il titolare di un diritto relativo a un disegno o modello comunitario non registrato conferito prima della fine del periodo di transizione a norma del regolamento (CE) n. 6/2002 diventa, in relazione a tale disegno o modello comunitario non registrato, titolare *ipso iure* di un diritto di proprietà intellettuale opponibile nel Regno Unito in virtù della legislazione del Regno Unito, che garantisce lo stesso livello di protezione del regolamento (CE) n. 6/2002. La durata della tutela di tale diritto conformemente alla legislazione del Regno Unito è pari almeno al periodo di protezione rimanente del disegno o modello comunitario non registrato corrispondente, di cui all'articolo 11, paragrafo 1, di detto regolamento.

Articolo 58. **Continuità della tutela relativa alle banche dati**. – 1. Il titolare di un diritto relativo a una banca dati rispetto al Regno Unito di cui all'articolo 7 della direttiva 96/9/CE del Parlamento europeo e del Consiglio [44] insorto prima della fine del periodo di transizione mantiene in relazione a tale banca dati un diritto di proprietà intellettuale opponibile nel Regno Unito, conformemente alla legislazione del Regno Unito che garantisce lo stesso livello di tutela della direttiva 96/9/CE, purché il titolare del diritto continui a soddisfare i requisiti di cui all'articolo 11 della medesima direttiva. La durata della tutela di tale diritto conformemente alla legislazione del Regno Unito è pari almeno al periodo di tutela rimanente ai sensi dell'articolo 10 della direttiva 96/9/CE.

2. Sono ritenute conformi ai requisiti di cui all'articolo 11 della direttiva 96/9/CE le persone e imprese seguenti:

a) i cittadini del Regno Unito;

b) le persone fisiche che siano residenti abituali nel Regno Unito;

c) le imprese stabilite nel Regno Unito purché, qualora siffatte imprese abbiano soltanto la sede sociale nel Regno Unito, le loro attività abbiano un legame effettivo e continuo con l'economia del Regno Unito o di uno Stato membro.

Articolo 59. **Diritto di priorità per domande pendenti relative a marchi dell'Unione europea, a disegni o modelli comunitari e a privative comunitarie per ritrovati vegetali**. – 1. La persona che ha depositato una domanda di marchio dell'Unione europea o di disegno o modello comunitario conformemente al diritto dell'Unione prima della fine del periodo di transizione, cui sia stata assegnata una data di deposito, ha il diritto di depositare una domanda nel

---

[44] Direttiva 96/9/CE del Parlamento europeo e del Consiglio, dell'11 marzo 1996, relativa alla tutela giuridica delle banche di dati (GU L 77 del 27.3.1996, pag. 20).

Regno Unito entro nove mesi dalla fine del periodo di transizione per lo stesso marchio riguardante prodotti o servizi identici o contenuti in quelli per i quali è stata depositata la domanda nell'Unione o per lo stesso disegno o modello. Una domanda presentata ai sensi del presente articolo si considera recare la stessa data di deposito e la stessa data di priorità della domanda corrispondente depositata nell'Unione e se del caso si avvale della preesistenza di un marchio del Regno Unito rivendicata ai sensi dell'articolo 39 o 40 del regolamento (UE) 2017/1001.

2. La persona che ha presentato una domanda di privativa comunitaria per ritrovati vegetali conformemente al diritto dell'Unione prima della fine del periodo di transizione gode nel Regno Unito di un diritto di priorità ad hoc ai fini della presentazione di una domanda per la medesima privativa per ritrovati vegetali per una durata di sei mesi a decorrere dalla fine del periodo di transizione. Per effetto di tale diritto di priorità la data di priorità della domanda di privativa comunitaria per ritrovati vegetali è considerata la data di presentazione della domanda di privativa per ritrovati vegetali nel Regno Unito, ai fini della determinazione dei caratteri di distinzione e novità e dell'attribuzione della titolarità del diritto.

Articolo 60. **Domande pendenti di certificati protettivi complementari nel Regno Unito.** – 1. I regolamenti (CE) n. 1610/96 [45] e (CE) n. 469/2009 [46] del Parlamento europeo e del Consiglio si applicano alle domande di certificati protettivi complementari, rispettivamente per i prodotti fitosanitari e per i medicinali, e alle domande di proroga di detti certificati che sono state presentate a un'autorità del Regno Unito prima della fine del periodo di transizione, nei casi in cui la procedura amministrativa per il rilascio di detti certificati o per la loro proroga fosse ancora pendente alla fine del periodo di transizione.

2. I certificati rilasciati ai sensi del paragrafo 1 garantiscono lo stesso livello di protezione del regolamento (CE) n. 1610/96 o del regolamento (CE) n. 469/2009.

Articolo 61. **Esaurimento dei diritti.** – I diritti di proprietà intellettuale che erano esauriti sia nell'Unione che nel Regno Unito prima della fine del periodo di transizione alle condizioni previste dal diritto dell'Unione restano esauriti sia nell'Unione che nel Regno Unito.

TITOLO V – Cooperazione di polizia e giudiziaria in materia penale in corso

Articolo 62. **Procedure di cooperazione giudiziaria in materia penale in corso**. – 1. Nel Regno Unito, nonché negli Stati membri in situazioni che coinvolgano il Regno Unito, gli atti seguenti si applicano come segue:

a) la convenzione stabilita dal Consiglio conformemente all'articolo 34 del trattato sull'Unione europea, relativa all'assistenza giudiziaria in materia penale tra gli Stati membri dell'Unione europea [47] e il protocollo stabilito dal Consiglio a norma all'articolo 34 del trattato sull'Unione europea, della convenzione relativa all'assistenza giudiziaria in materia penale tra gli Stati membri dell'Unione europea [48] si applicano alle richieste di assistenza giudiziaria ricevute prima della fine del periodo di transizione in virtù del rispettivo strumento dall'autorità centrale o dall'autorità giudiziaria;

b) la decisione quadro 2002/584/GAI del Consiglio [49] si applica ai mandati d'arresto europei se il ricercato è stato arrestato prima della fine del periodo di transizione ai fini dell'esecuzione di un mandato d'arresto europeo, che l'autorità giudiziaria dell'esecuzione decida di mantenere il ricercato in stato di custodia o di rimetterlo in libertà provvisoria;

c) la decisione quadro 2003/577/GAI del Consiglio [50] si applica ai provvedimenti di blocco

---

[45] Regolamento (CE) n. 1610/96 del Parlamento europeo e del Consiglio, del 23 luglio 1996, sull'istituzione di un certificato protettivo complementare per i prodotti fitosanitari (GU L 198 dell'8.8.1996, pag. 30).

[46] Regolamento (CE) n. 469/2009 del Parlamento europeo e del Consiglio, del 6 maggio 2009, sul certificato protettivo complementare per i medicinali (GU L 152 del 16.6.2009, pag. 1).

[47] GU C 197 del 12.7.2000, pag. 3.

[48] GU C 326 del 21.11.2001, pag. 2.

[49] Decisione quadro 2002/584/GAI del Consiglio, del 13 giugno 2002, relativa al mandato d'arresto europeo e alle procedure di consegna tra Stati membri (GU L 190 del 18.7.2002, pag. 1).

[50] Decisione quadro 2003/577/GAI del Consiglio, del 22 luglio 2003, relativa all'esecuzione nell'Unione europea dei provvedimenti di blocco dei beni o di sequestro probatorio (GU L 196 del 2.8.2003, pag. 45).

o di sequestro ricevuti prima della fine del periodo di transizione dall'autorità centrale o dall'autorità giudiziaria competente per l'esecuzione, ovvero da un'autorità giudiziaria dello Stato di esecuzione che non è competente a riconoscere il provvedimento di blocco o di sequestro né ad eseguirlo ma che lo trasmette d'ufficio all'autorità giudiziaria competente per l'esecuzione;

d) la decisione quadro 2005/214/GAI del Consiglio [51] si applica alle decisioni ricevute prima della fine del periodo di transizione dall'autorità centrale o dall'autorità competente dello Stato di esecuzione, ovvero da un'autorità dello Stato di esecuzione che non è competente a riconoscere la decisione né ad eseguirla ma che la trasmette d'ufficio all'autorità competente per l'esecuzione;

e) la decisione quadro 2006/783/GAI del Consiglio [52] si applica alle decisioni di confisca ricevute prima della fine del periodo di transizione dall'autorità centrale o dall'autorità competente dello Stato di esecuzione, ovvero da un'autorità dello Stato di esecuzione che non è competente a riconoscere la decisione di confisca né ad eseguirla ma che la trasmette d'ufficio all'autorità competente per l'esecuzione;

f) la decisione quadro 2008/909/GAI del Consiglio [53] si applica:

i) alle sentenze ricevute prima della fine del periodo di transizione dall'autorità competente dello Stato di esecuzione, ovvero da un'autorità dello Stato di esecuzione che non è competente a riconoscere la sentenza né ad eseguirla ma che la trasmette d'ufficio all'autorità competente per l'esecuzione;

ii) ai fini dell'articolo 4, punto 6), o dell'articolo 5, punto 3), della decisione quadro 2002/584/GAI, quando questa è applicabile in virtù della lettera b) del presente paragrafo;

g) la decisione quadro 2008/675/GAI del Consiglio [54] si applica ai nuovi procedimenti penali ai sensi dell'articolo 3 della stessa decisione quadro avviati prima della fine del periodo di transizione;

h) la decisione quadro 2009/315/GAI del Consiglio [55] si applica alle richieste di informazioni sulle condanne ricevute prima della fine del periodo di transizione dall'autorità centrale; dopo la fine del periodo di transizione, tuttavia, le risposte a tali richieste non sono trasmesse attraverso il sistema europeo di informazione sui casellari giudiziari istituito con decisione 2009/316/GAI del Consiglio [56];

i) la decisione quadro 2009/829/GAI del Consiglio [57] si applica alle decisioni sulle misure cautelari ricevute prima della fine del periodo di transizione dall'autorità centrale o dall'autorità competente dello Stato di esecuzione, ovvero da un'autorità dello Stato di esecuzione che non è competente a riconoscere la decisione ma che la trasmette d'ufficio all'autorità competente per l'esecuzione;

j) l'articolo 10, paragrafo 3, della direttiva 2011/93/UE del Parlamento europeo e del Consi-

---

[51] Decisione quadro 2005/214/GAI del Consiglio, del 24 febbraio 2005, relativa all'applicazione del principio del reciproco riconoscimento alle sanzioni pecuniarie (GU L 76 del 22.3.2005, pag. 16).

[52] Decisione quadro 2006/783/GAI del Consiglio, del 7 ottobre 2006, relativa all'applicazione del principio del reciproco riconoscimento delle decisioni di confisca (GU L 328 del 24.11.2006, pag. 54).

[53] Decisione quadro 2008/909/GAI del Consiglio, del 27 novembre 2008, relativa all'applicazione del principio del reciproco riconoscimento alle sentenze penali che irrogano pene detentive o misure privative della libertà personale, ai fini della loro esecuzione nell'Unione europea (GU L 327 del 5.12.2008, pag. 27).

[54] Decisione quadro 2008/675/GAI del Consiglio, del 24 luglio 2008, relativa alla considerazione delle decisioni di condanna tra Stati membri dell'Unione europea in occasione di un nuovo procedimento penale (GU L 220 del 15.8.2008, pag. 32).

[55] Decisione quadro 2009/315/GAI del Consiglio, del 26 febbraio 2009, relativa all'organizzazione e al contenuto degli scambi fra gli Stati membri di informazioni estratte dal casellario giudiziario (GU L 93 del 7.4.2009, pag. 23).

[56] Decisione 2009/316/GAI del Consiglio, del 6 aprile 2009, che istituisce il sistema europeo di informazione sui casellari giudiziari (ECRIS) in applicazione dell'articolo 11 della decisione quadro 2009/315/GAI (GU L 93 del 7.4.2009, pag. 33).

[57] Decisione quadro 2009/829/GAI del Consiglio, del 23 ottobre 2009, sull'applicazione tra gli Stati membri dell'Unione europea del principio del reciproco riconoscimento alle decisioni sulle misure alternative alla detenzione cautelare (GU L 294 dell'11.11.2009, pag. 20).

glio [58] si applica alle richieste d'informazioni ricevute prima della fine del periodo di transizione dall'autorità centrale; dopo la fine del periodo di transizione, tuttavia, le risposte a tali richieste non sono trasmesse attraverso il sistema europeo di informazione sui casellari giudiziari istituito con decisione 2009/316/GAI;

k) la direttiva 2011/99/UE del Parlamento europeo e del Consiglio [59] si applica agli ordini di protezione europei ricevuti prima della fine del periodo di transizione dall'autorità centrale o dall'autorità competente dello Stato di esecuzione, ovvero da un'autorità dello Stato di esecuzione che non è competente a riconoscere l'ordine di protezione europeo ma che lo trasmette d'ufficio all'autorità competente per l'esecuzione;

l) la direttiva 2014/41/UE del Parlamento europeo e del Consiglio [60] si applica agli ordini europei di indagine penale ricevuti prima della fine del periodo di transizione dall'autorità centrale o dall'autorità di esecuzione, ovvero da un'autorità dello Stato di esecuzione che non è competente a riconoscere l'ordine europeo di indagine penale né ad eseguirlo ma che lo trasmette d'ufficio all'autorità di esecuzione per l'esecuzione.

2. Le autorità competenti del Regno Unito possono continuare a partecipare alle squadre investigative comuni cui partecipavano prima della fine del periodo di transizione sempreché la squadra sia stata costituita a norma dell'articolo 13 della convenzione stabilita dal Consiglio conformemente all'articolo 34 del trattato sull'Unione europea, relativa all'assistenza giudiziaria in materia penale tra gli Stati membri dell'Unione europea, o a norma della decisione quadro 2002/465/GAI del Consiglio [61].

In deroga all'articolo 8 del presente accordo, il Regno Unito è autorizzato a usare, per al massimo un anno dopo la fine del periodo di transizione, l'applicazione di rete per lo scambio sicuro di informazioni (SIENA) per quanto strettamente necessario allo scambio di informazioni all'interno delle squadre investigative comuni di cui al primo comma del presente paragrafo. Il Regno Unito rimborsa all'Unione le spese da essa effettivamente sostenute per agevolarlo nell'uso di SIENA. L'Unione comunica al Regno Unito l'importo di tali spese entro il 31 marzo 2021. Se l'importo comunicato delle spese effettivamente sostenute diverge sensibilmente dalle migliori stime comunicate dall'Unione al Regno Unito prima della firma del presente accordo, il Regno Unito versa senza ritardo all'Unione l'importo delle migliori stime e il comitato misto stabilisce in che modo debba essere risolta la questione della differenza tra le spese effettivamente sostenute e l'importo delle migliori stime.

3. Eurojust può, su richiesta del Regno Unito e fatti salvi l'articolo 26 bis, paragrafo 7, lettera a), e l'articolo 27 della decisione 2002/187/GAI del Consiglio [62], comunicare informazioni estratte dal proprio sistema automatico di gestione dei fascicoli, dati personali compresi, per quanto necessario a completare le procedure in corso di cui al paragrafo 1, lettere a), b), c), e) ed l), del presente articolo o le attività delle squadre investigative comuni di cui al paragrafo 2 del presente articolo. Le autorità competenti del Regno Unito possono su richiesta comunicare a Eurojust informazioni in loro possesso, per quanto necessario a completare le procedure in corso di cui al paragrafo 1, lettere a), b), c), e) ed l), del presente articolo o le attività delle squadre investigative comuni di cui al paragrafo 2 del presente articolo. Se l'applicazione del presente paragrafo genera spese di carattere straordinario, il comitato misto stabilisce in che modo debba essere risolta la questione.

---

[58] Direttiva 2011/93/UE del Parlamento europeo e del Consiglio, del 13 dicembre 2011, relativa alla lotta contro l'abuso e lo sfruttamento sessuale dei minori e la pornografia minorile, e che sostituisce la decisione quadro 2004/68/GAI del Consiglio (GU L 335 del 17.12.2011, pag. 1).

[59] Direttiva 2011/99/UE del Parlamento europeo e del Consiglio, del 13 dicembre 2011, sull'ordine di protezione europeo (GU L 338 del 21.12.2011, pag. 2).

[60] Direttiva 2014/41/UE del Parlamento europeo e del Consiglio, del 3 aprile 2014, relativa all'ordine europeo di indagine penale (GU L 130 dell'1.5.2014, pag. 1).

[61] Decisione quadro 2002/465/GAI del Consiglio, del 13 giugno 2002, relativa alle squadre investigative comuni (GU L 162 del 20.6.2002, pag. 1).

[62] Decisione 2002/187/GAI del Consiglio, del 28 febbraio 2002, che istituisce l'Eurojust per rafforzare la lotta contro le forme gravi di criminalità (GU L 63 del 6.3.2002, pag. 1).

Articolo 63. **Procedure di cooperazione in materia di contrasto, cooperazione di polizia e scambio di informazioni in corso.** – 1. Nel Regno Unito, nonché negli Stati membri in situazioni che coinvolgano il Regno Unito, gli atti seguenti si applicano come segue:

a) gli articoli 39 e 40 della convenzione di applicazione dell'accordo di Schengen del 14 giugno 1985 ("convenzione di Schengen") [63] si applicano, in combinato disposto con gli articoli 42 e 43 della medesima convenzione, a quanto segue:

i) domande a norma dell'articolo 39 della convenzione di Schengen ricevute prima della fine del periodo di transizione dall'organo centrale incaricato nella Parte contraente della cooperazione internazionale fra polizie o dalle autorità competenti della Parte richiesta, ovvero dalle autorità di polizia richieste che non sono competenti a dar seguito alla domanda ma che la trasmettono alle autorità competenti;

ii) richieste di assistenza giudiziaria a norma dell'articolo 40, paragrafo 1, della convenzione di Schengen ricevute prima della fine del periodo di transizione da un'autorità designata da una Parte contraente;

iii) osservazione transfrontaliera effettuata senza autorizzazione preventiva a norma dell'articolo 40, paragrafo 2, della convenzione di Schengen, se l'osservazione inizia prima della fine del periodo di transizione;

b) la convenzione stabilita in base all'articolo K.3 del trattato sull'Unione europea, relativa alla mutua assistenza e alla cooperazione tra amministrazioni doganali [64] si applica a quanto segue:

i) richieste di informazioni che l'autorità richiesta riceve prima della fine del periodo di transizione;

ii) richieste di sorveglianza che l'autorità richiesta riceve prima della fine del periodo di transizione;

iii) richieste di indagini che l'autorità richiesta riceve prima della fine del periodo di transizione;

iv) richieste di notificazione che l'autorità richiesta riceve prima della fine del periodo di transizione;

v) richieste di autorizzazione di sorveglianza transfrontaliera, o richieste di demandare la sorveglianza ai funzionari dello Stato membro nel cui territorio è effettuata, che un'autorità designata dallo Stato membro richiesto e competente ad accordare o trasmettere l'autorizzazione richiesta riceve prima della fine del periodo di transizione;

vi) osservazione transfrontaliera effettuata senza autorizzazione preventiva a norma dell'articolo 40, paragrafo 2, della convenzione di Schengen, se l'osservazione inizia prima della fine del periodo di transizione;

vii) richieste di effettuare consegne controllate che l'autorità richiesta riceve prima della fine del periodo di transizione;

viii) richieste di effettuare operazioni di infiltrazione che l'autorità richiesta riceve prima della fine del periodo di transizione;

ix) squadre investigative speciali comuni costituite a norma dell'articolo 24 di detta convenzione prima della fine del periodo di transizione;

c) la decisione 2000/642/GAI del Consiglio [65] si applica alle domande che l'unità di informazione finanziaria richiesta riceve prima della fine del periodo di transizione;

d) la decisione quadro 2006/960/GAI del Consiglio [66] si applica alle richieste che l'autorità

---

[63] Convenzione di applicazione dell'Accordo di Schengen del 14 giugno 1985 tra i governi degli Stati dell'Unione economica Benelux, della Repubblica federale di Germania e della Repubblica francese relativo all'eliminazione graduale dei controlli alle frontiere comuni (GU L 239 del 22.9.2000, pag. 19).

[64] GU C 24 del 23.1.1998, pag. 2.

[65] Decisione 2000/642/GAI del Consiglio, del 17 ottobre 2000, concernente le modalità di cooperazione tra le unità di informazione finanziaria degli Stati membri per quanto riguarda lo scambio di informazioni (GU L 271 del 24.10.2000, pag. 4).

[66] Decisione quadro 2006/960/GAI del Consiglio, del 18 dicembre 2006, relativa alla semplificazione dello scambio di informazioni e intelligence tra le autorità degli Stati membri dell'Unione europea incaricate dell'applicazione della legge (GU L 386 del 29.12.2006, pag. 89).

competente incaricata dell'applicazione della legge richiesta riceve prima della fine del periodo di transizione;

e) la decisione 2007/533/GAI del Consiglio [67] si applica allo scambio di informazioni supplementari quando una segnalazione effettuata nel sistema d'informazione Schengen ottiene una risposta positiva prima della fine del periodo di transizione, purché le pertinenti disposizioni siano applicabili al Regno Unito l'ultimo giorno del periodo di transizione. In deroga all'articolo 8 il Regno Unito è autorizzato a usare, per al massimo tre mesi dopo la fine del periodo di transizione, l'infrastruttura di comunicazione di cui all'articolo 8, paragrafo 1, della decisione 2007/533/GAI per quanto strettamente necessario allo scambio di dette informazioni supplementari. Il Regno Unito rimborsa all'Unione le spese da essa effettivamente sostenute per agevolarlo nell'uso dell'infrastruttura di comunicazione. L'Unione comunica al Regno Unito l'importo di tali spese entro il 31 marzo 2021. Se l'importo comunicato delle spese effettivamente sostenute diverge sensibilmente dalle migliori stime comunicate dall'Unione al Regno Unito prima della firma del presente accordo, il Regno Unito versa senza ritardo all'Unione l'importo delle migliori stime e il comitato misto stabilisce in che modo debba essere risolta la questione della differenza tra le spese effettivamente sostenute e l'importo delle migliori stime.

f) la decisione 2007/845/GAI del Consiglio [68] si applica alle richieste che un ufficio per il recupero dei beni riceve prima della fine del periodo di transizione;

g) la direttiva (UE) 2016/681 del Parlamento europeo e del Consiglio [69] si applica alle richieste che l'unità d'informazione sui passeggeri riceve a norma degli articoli 9 e 10 di detta direttiva prima della fine del periodo di transizione.

2. In deroga all'articolo 8, il Regno Unito è autorizzato a usare, per al massimo un anno dopo la fine del periodo di transizione, l'applicazione di rete per lo scambio sicuro di informazioni (SIENA) per quanto strettamente necessario al completamento delle procedure in corso di cui al paragrafo 1, lettere c), d), f) e g), del presente articolo. Il Regno Unito rimborsa all'Unione le spese da essa effettivamente sostenute per agevolarlo nell'uso di SIENA. L'Unione comunica al Regno Unito l'importo di tali spese entro il 31 marzo 2021. Se l'importo comunicato delle spese effettivamente sostenute diverge sensibilmente dalle migliori stime comunicate dall'Unione al Regno Unito prima della firma del presente accordo, il Regno Unito versa senza ritardo all'Unione l'importo delle migliori stime e il comitato misto stabilisce in che modo debba essere risolta la questione della differenza tra le spese effettivamente sostenute e l'importo delle migliori stime.

Articolo 64. **Conferma del ricevimento o dell'arresto**. – 1. L'autorità competente per il rilascio o l'autorità richiedente può chiedere conferma del ricevimento di una decisione giudiziaria o di una domanda o richiesta di cui all'articolo 62, paragrafo 1, lettere a), da c) a e), lettera f), punto i), e lettere da h) a l), e all'articolo 63, paragrafo 1, lettera a), punti i) e ii), lettera b), punti da i) a v) e punti vii), viii) e ix), e lettere c), d), f) e g), entro dieci giorni dalla fine del periodo di transizione, qualora dubiti che l'autorità dell'esecuzione o l'autorità richiesta abbiano ricevuto tale decisione giudiziaria o tale domanda o richiesta prima della fine del periodo di transizione.

2. Nei casi di cui all'articolo 62, paragrafo 1, lettera b), l'autorità giudiziaria emittente competente, qualora dubiti che la persona ricercata sia stata arrestata ai sensi dell'articolo 11 della decisione quadro 2002/584/GAI prima della fine del periodo di transizione, può chiedere all'autorità giudiziaria dell'esecuzione competente conferma dell'arresto entro dieci giorni dalla fine del periodo di transizione.

3. A meno che non sia stata già fornita conferma in conformità delle disposizioni applicabili

---

[67] Decisione 2007/533/GAI del Consiglio, del 12 giugno 2007, sull'istituzione, l'esercizio e l'uso del sistema d'informazione Schengen di seconda generazione (SIS II) (GU L 205 del 7.8.2007, pag. 63).

[68] Decisione 2007/845/GAI del Consiglio, del 6 dicembre 2007, concernente la cooperazione tra gli uffici degli Stati membri per il recupero dei beni nel settore del reperimento e dell'identificazione dei proventi di reato o altri beni connessi (GU L 332 del 18.12.2007, pag. 103).

[69] Direttiva (UE) 2016/681 del Parlamento europeo e del Consiglio, del 27 aprile 2016, sull'uso dei dati del codice di prenotazione (PNR) a fini di prevenzione, accertamento, indagine e azione penale nei confronti dei reati di terrorismo e dei reati gravi (GU L 119 del 4.5.2016, pag. 132).

del diritto dell'Unione, l'autorità dell'esecuzione o richiesta di cui ai paragrafi 1 e 2 risponde a una domanda di conferma del ricevimento o dell'arresto entro dieci giorni dal ricevimento della domanda.

Articolo 65. **Altri atti applicabili dell'Unione**. – Le direttive 2010/64/UE [70] e 2012/13/UE [71] del Parlamento europeo e del Consiglio si applicano ai procedimenti di cui all'articolo 62, paragrafo 1, lettera b), del presente accordo.

TITOLO VI – Cooperazione giudiziaria in corso in materia civile e commerciale

Articolo 66. **Legislazione applicabile in materia contrattuale ed extracontrattuale**. – Nel Regno Unito gli atti seguenti si applicano come segue:

a) il regolamento (CE) n. 593/2008 del Parlamento europeo e del Consiglio [72] si applica ai contratti conclusi prima della fine del periodo di transizione;

b) il regolamento (CE) n. 864/2007 del Parlamento europeo e del Consiglio [73] si applica ai fatti che danno origine a un danno, se si verificano prima della fine del periodo di transizione.

Articolo 67. **Competenza giurisdizionale, riconoscimento ed esecuzione delle decisioni giudiziarie e relativa cooperazione tra autorità centrali**. – 1. Nel Regno Unito, nonché negli Stati membri in situazioni che coinvolgano il Regno Unito, ai procedimenti avviati prima della fine del periodo di transizione e ai procedimenti o alle cause connesse ai sensi degli articoli 29, 30 e 31 del regolamento (UE) n. 1215/2012 del Parlamento europeo e del Consiglio [74], dell'articolo 19 del regolamento (CE) n. 2201/2003 o degli articoli 12 e 13 del regolamento (CE) n. 4/2009 del Consiglio [75], si applicano gli atti o le disposizioni seguenti:

a) le disposizioni del regolamento (UE) n. 1215/2012 riguardanti la competenza giurisdizionale;

b) le disposizioni dei regolamenti (UE) 2017/1001, (CE) n. 6/2002, (CE) n. 2100/94 e (UE) 2016/679 del Parlamento europeo e del Consiglio [76] e della direttiva 96/71/CE del Parlamento europeo e del Consiglio [77] riguardanti la competenza giurisdizionale;

c) le disposizioni del regolamento (UE) n. 2201/2003 riguardanti la competenza;

d) le disposizioni del regolamento (CE) n. 4/2009 riguardanti la competenza.

2. Nel Regno Unito, nonché negli Stati membri in situazioni che coinvolgano il Regno Unito, al riconoscimento e all'esecuzione delle sentenze, delle decisioni, degli atti pubblici, delle transazioni e degli accordi giudiziari, gli atti o le disposizioni seguenti si applicano come segue:

a) il regolamento (UE) n. 1215/2012 si applica al riconoscimento e all'esecuzione delle decisioni emesse nelle azioni proposte prima della fine del periodo di transizione, nonché agli atti

---

[70] Direttiva 2010/64/UE del Parlamento europeo e del Consiglio, del 20 ottobre 2010, sul diritto all'interpretazione e alla traduzione nei procedimenti penali (GU L 280 del 26.10.2010, pag. 1).

[71] Direttiva 2012/13/UE del Parlamento europeo e del Consiglio, del 22 maggio 2012, sul diritto all'informazione nei procedimenti penali (GU L 142 dell'1.6.2012, pag. 1).

[72] Regolamento (UE) n. 593/2008 del Parlamento europeo e del Consiglio, del 17 giugno 2008, sulla legge applicabile alle obbligazioni contrattuali (Roma I) (GU L 177 del 4.7.2008, pag. 6).

[73] Regolamento (CE) n. 864/2007 del Parlamento europeo e del Consiglio, dell'11 luglio 2007, sulla legge applicabile alle obbligazioni extracontrattuali (Roma II) (GU L 199 del 31.7.2007, pag. 40).

[74] Regolamento (UE) n. 1215/2012 del Parlamento europeo e del Consiglio, del 12 dicembre 2012, concernente la competenza giurisdizionale, il riconoscimento e l'esecuzione delle decisioni in materia civile e commerciale (GU L 351 del 20.12.2012, pag. 1).

[75] Regolamento (CE) n. 4/2009 del Consiglio, del 18 dicembre 2008, relativo alla competenza, alla legge applicabile, al riconoscimento e all'esecuzione delle decisioni e alla cooperazione in materia di obbligazioni alimentari (GU L 7 del 10.1.2009, pag. 1).

[76] Regolamento (UE) 2016/679 del Parlamento europeo e del Consiglio, del 27 aprile 2016, relativo alla protezione delle persone fisiche con riguardo al trattamento dei dati personali, nonché alla libera circolazione di tali dati e che abroga la direttiva 95/46/CE (regolamento generale sulla protezione dei dati) (GU L 119 del 4.5.2016, pag. 1).

[77] Direttiva 96/71/CE del Parlamento europeo e del Consiglio, del 16 dicembre 1996, relativa al distacco dei lavoratori nell'ambito di una prestazione di servizi (GU L 18 del 21.1.1997, pag. 1).

pubblici formalmente redatti o registrati e alle transazioni giudiziarie approvate o concluse prima della fine del periodo di transizione;

b) le disposizioni del regolamento (UE) n. 2201/2003 riguardanti il riconoscimento e l'esecuzione delle decisioni si applicano alle decisioni emesse in procedimenti giudiziari avviati prima della fine del periodo di transizione, nonché agli atti pubblici formati e agli accordi conclusi prima della fine del periodo di transizione;

c) le disposizioni del regolamento (CE) n. 4/2009 riguardanti il riconoscimento e l'esecuzione delle decisioni si applicano alle decisioni emesse in procedimenti giudiziari avviati prima della fine del periodo di transizione, nonché alle transazioni giudiziarie approvate o concluse e agli atti pubblici redatti prima della fine del periodo di transizione;

d) il regolamento (CE) n. 805/2004 del Parlamento europeo e del Consiglio [78] si applica alle decisioni giudiziarie rese in procedimenti giudiziari avviati prima della fine del periodo di transizione, nonché alle transazioni giudiziarie approvate o concluse e agli atti pubblici redatti prima della fine del periodo di transizione, purché la certificazione come titolo esecutivo europeo sia stata richiesta prima della fine del periodo di transizione.

3. Nel Regno Unito, nonché negli Stati membri in situazioni che coinvolgano il Regno Unito, le disposizioni seguenti si applicano come segue:

a) il capo IV del regolamento (CE) n. 2201/2003 si applica alle richieste e alle domande ricevute prima della fine del periodo di transizione dall'autorità centrale o altra autorità competente dello Stato richiesto;

b) il capo VII del regolamento (CE) n. 4/2009 si applica alle domande di riconoscimento o di esecuzione delle decisioni di cui al paragrafo 2, lettera c), e alle richieste ricevute dall'autorità centrale dello Stato richiesto prima della fine del periodo di transizione;

c) il regolamento (UE) 2015/848 del Parlamento europeo e del Consiglio [79] si applica alle procedure di insolvenza e alle azioni di cui all'articolo 6, paragrafo 1, del medesimo regolamento, a condizione che la procedura principale sia stata aperta prima della fine del periodo di transizione;

d) il regolamento (CE) n. 1896/2006 del Parlamento europeo e del Consiglio [80] si applica alle ingiunzioni di pagamento europee richieste prima della fine del periodo di transizione; ove, a seguito di tale domanda, vi sia mutamento di rito ai sensi dell'articolo 17, paragrafo 1, di detto regolamento, il procedimento si considera avviato prima della fine del periodo di transizione;

e) il regolamento (CE) n. 861/2007 del Parlamento europeo e del Consiglio [81] si applica alle controversie di modesta entità per le quali sia stata presentata domanda prima della fine del periodo di transizione;

f) il regolamento (CE) n. 606/2013 del Parlamento europeo e del Consiglio [82] si applica ai certificati rilasciati prima della fine del periodo di transizione.

Articolo 68. **Procedure di cooperazione giudiziaria in corso**. – Nel Regno Unito, nonché negli Stati membri in situazioni che coinvolgano il Regno Unito, gli atti seguenti si applicano come segue:

a) il regolamento (CE) n. 1393/2007 del Parlamento europeo e del Consiglio [83] si applica

---

[78] Regolamento (CE) n. 805/2004 del Parlamento europeo e del Consiglio, del 21 aprile 2004, che istituisce il titolo esecutivo europeo per i crediti non contestati (GU L 143 del 30.4.2004, pag. 15).

[79] Regolamento (UE) 2015/848 del Parlamento europeo e del Consiglio, del 20 maggio 2015, relativo alle procedure di insolvenza (GU L 141 del 5.6.2015, pag. 19).

[80] Regolamento (CE) n. 1896/2006 del Parlamento europeo e del Consiglio, del 12 dicembre 2006, che istituisce un procedimento europeo d'ingiunzione di pagamento (GU L 399 del 30.12.2006, pag. 1).

[81] Regolamento (CE) n. 861/2007 del Parlamento europeo e del Consiglio, dell'11 luglio 2007, che istituisce un procedimento europeo per le controversie di modesta entità (GU L 199 del 31.7.2007, pag. 1).

[82] Regolamento (UE) n. 606/2013 del Parlamento europeo e de Consiglio, del 12 giugno 2013, relativo al riconoscimento reciproco delle misure di protezione in materia civile (GU L 181 del 29.6.2013, pag. 4).

[83] Regolamento (CE) n. 1393/2007 del Parlamento europeo e del Consiglio, del 13 novembre 2007, relativo alla notificazione e alla comunicazione negli Stati membri degli atti giudiziari ed extragiudiziali in materia civile o commerciale ("notificazione o comunicazione degli atti") e che abroga il regolamento (CE) n. 1348/2000 del Consiglio (GU L 324 del 10.12.2007, pag. 79).

agli atti giudiziari ed extragiudiziali ricevuti per la notificazione o la comunicazione prima della fine del periodo di transizione da uno dei soggetti seguenti:

i) un organo ricevente;

ii) un'autorità centrale dello Stato nel quale deve essere effettuata la notificazione o comunicazione; o

iii) agenti diplomatici o consolari, servizi postali o ufficiali giudiziari, funzionari o altre persone competenti dello Stato richiesto, di cui agli articoli 13, 14 e 15 di tale regolamento;

b) il regolamento (CE) n. 1206/2001 del Consiglio [84] si applica alle richieste ricevute prima della fine del periodo di transizione da uno dei soggetti seguenti:

i) un'autorità giudiziaria richiesta;

ii) un organo centrale dello Stato nel quale è richiesta l'assunzione di prove; o

iii) un organo centrale o un'autorità competente di cui all'articolo 17, paragrafo 1, di detto regolamento;

c) la decisione 2001/470/CE del Consiglio [85] si applica alle richieste ricevute prima della fine del periodo di transizione; il punto di contatto richiedente può chiedere conferma del ricevimento della richiesta entro sette giorni dalla fine del periodo di transizione qualora dubiti che sia stata ricevuta prima della fine del periodo di transizione.

Articolo 69. **Altre disposizioni applicabili**. – 1. Nel Regno Unito, nonché negli Stati membri in situazioni che coinvolgano il Regno Unito, gli atti seguenti si applicano come segue:

a) la direttiva 2003/8/CE del Consiglio [86] si applica alle domande di patrocinio a spese dello Stato pervenute all'autorità di ricezione prima della fine del periodo di transizione. L'autorità richiedente può chiedere conferma del ricevimento della richiesta entro sette giorni dalla fine del periodo di transizione qualora dubiti che sia stata ricevuta prima della fine di tale periodo;

b) la direttiva 2008/52/CE del Parlamento europeo e del Consiglio [87] si applica se prima della fine del periodo di transizione:

i) le parti hanno concordato di ricorrere alla mediazione dopo il sorgere della controversia;

ii) il ricorso alla mediazione è stato ordinato da un organo giurisdizionale; o

iii) un organo giurisdizionale ha invitato le parti a ricorrere alla mediazione;

c) la direttiva 2004/80/CE del Consiglio [88] si applica alle domande pervenute all'autorità di decisione prima della fine del periodo di transizione.

2. L'articolo 67, paragrafo 1, lettera a), e l'articolo 67 paragrafo 2, lettera a), del presente accordo si applicano anche in relazione alle disposizioni del regolamento (UE) n. 1215/2012 applicabili in virtù dell'accordo tra la Comunità europea e il Regno di Danimarca concernente la competenza giurisdizionale, il riconoscimento e l'esecuzione delle decisioni in materia civile e commerciale [89].

3. L'articolo 68, lettera a), del presente accordo si applica anche in relazione alle disposizioni del regolamento (CE) n. 1393/2007 applicabili in virtù dell'accordo tra la Comunità europea e il Regno di Danimarca relativo alla notificazione e alla comunicazione degli atti giudiziari ed extragiudiziali in materia civile e commerciale [90].

---

[84] Regolamento (CE) n. 1206/2001 del Consiglio, del 28 maggio 2001, relativo alla cooperazione fra le autorità giudiziarie degli Stati membri nel settore dell'assunzione delle prove in materia civile o commerciale (GU L 174 del 27.6.2001, pag. 1).

[85] Decisione 2001/470/CE del Consiglio, del 28 maggio 2001, relativa all'istituzione di una rete giudiziaria europea in materia civile e commerciale (GU L 174 del 27.6.2001, pag. 25).

[86] Direttiva 2003/8/CE del Consiglio, del 27 gennaio 2003, intesa a migliorare l'accesso alla giustizia nelle controversie transfrontaliere attraverso la definizione di norme minime comuni relative al patrocinio a spese dello Stato in tali controversie (GU L 26 del 31.1.2003, pag. 41).

[87] Direttiva 2008/52/CE del Parlamento europeo e del Consiglio, del 21 maggio 2008, relativa a determinati aspetti della mediazione in materia civile e commerciale (GU L 136 del 24.5.2008, pag. 3).

[88] Direttiva 2004/80/CE del Consiglio, del 29 aprile 2004, relativa all'indennizzo delle vittime di reato (GU L 261 del 6.8.2004, pag. 15).

[89] GU L 299 del 16.11.2005, pag. 62.

[90] GU L 300 del 17.11.2005, pag. 55.

TITOLO VII – Informazioni e dati trattati od ottenuti prima della fine del periodo di transizione o sulla base del presente accordo

Articolo 70. **Definizione.** – Ai fini del presente titolo, per "diritto dell'Unione in materia di protezione dei dati personali" si intendono:

a) il regolamento (UE) 2016/679, ad eccezione del capo VII;

b) la direttiva (UE) 2016/680 del Parlamento europeo e del Consiglio [91];

c) la direttiva 2002/58/CE del Parlamento europeo e del Consiglio [92];

d) ogni altra disposizione del diritto dell'Unione che disciplina la protezione dei dati personali.

Articolo 71. **Protezione dei dati personali.** – 1. Il diritto dell'Unione in materia di protezione dei dati personali si applica nel Regno Unito al trattamento dei dati personali degli interessati al di fuori del Regno Unito, purché tali dati personali:

a) siano stati trattati nel Regno Unito ai sensi del diritto dell'Unione prima della fine del periodo di transizione; o

b) siano trattati nel Regno Unito dopo la fine del periodo di transizione in virtù del presente accordo.

2. Il paragrafo 1 non si applica al trattamento dei dati personali di cui al medesimo paragrafo, che sia oggetto di un livello di protezione adeguato quale stabilito con decisioni applicabili ai sensi dell'articolo 45, paragrafo 3, del regolamento (UE) 2016/679 o dell'articolo 36, paragrafo 3, della direttiva (UE) 2016/680.

3. Qualora una decisione di cui al paragrafo 2 abbia cessato di essere applicabile, il Regno Unito garantisce un livello di protezione dei dati personali sostanzialmente equivalente a quello previsto dal diritto dell'Unione in materia di protezione dei dati personali per quanto riguarda il trattamento dei dati personali degli interessati di cui al paragrafo 1.

Articolo 72. **Trattamento riservato e limitazione dell'uso di dati e informazioni nel Regno Unito.** – Fatto salvo l'articolo 71, in aggiunta al diritto dell'Unione in materia di protezione dei dati personali le disposizioni del diritto dell'Unione relative al trattamento riservato, alla limitazione dell'uso, alla limitazione della conservazione e all'obbligo di cancellare i dati e le informazioni si applicano ai dati e alle informazioni ottenuti da autorità o organismi ufficiali del Regno Unito o nel Regno Unito o da enti aggiudicatori quali definiti all'articolo 4 della direttiva 2014/25/UE del Parlamento europeo e del Consiglio [93] che sono del Regno Unito o nel Regno Unito:

a) prima della fine del periodo di transizione; o

b) in virtù del presente accordo.

Articolo 73. **Trattamento di dati e informazioni ottenuti in provenienza dal Regno Unito.** – L'Unione non tratta i dati e le informazioni ottenuti in provenienza dal Regno Unito prima della fine del periodo di transizione, o ottenuti dopo la fine del periodo di transizione in virtù del presente accordo, in modo diverso dai dati e dalle informazioni ottenuti in provenienza da uno Stato membro, a motivo soltanto del recesso del Regno Unito dall'Unione.

Articolo 74. **Sicurezza delle informazioni.** – 1. Le disposizioni del diritto dell'Unione relative alla protezione delle informazioni classificate UE e delle informazioni classificate Euratom

---

[91] Direttiva (UE) 2016/680 del Parlamento europeo e del Consiglio, del 27 aprile 2016, relativa alla protezione delle persone fisiche con riguardo al trattamento dei dati personali da parte delle autorità competenti a fini di prevenzione, indagine, accertamento e perseguimento di reati o esecuzione di sanzioni penali, nonché alla libera circolazione di tali dati e che abroga la decisione quadro 2008/977/GAI del Consiglio (GU L 119 del 4.5.2016, pag. 89).

[92] Direttiva 2002/58/CE del Parlamento europeo e del Consiglio, del 12 luglio 2002, relativa al trattamento dei dati personali e alla tutela della vita privata nel settore delle comunicazioni elettroniche (direttiva relativa alla vita privata e alle comunicazioni elettroniche) (GU L 201 del 31.7.2002, pag. 37).

[93] Direttiva 2014/25/UE del Parlamento europeo e del Consiglio, del 26 febbraio 2014, sulle procedure d'appalto degli enti erogatori nei settori dell'acqua, dell'energia, dei trasporti e dei servizi postali e che abroga la direttiva 2004/17/CE (GU L 94 del 28.3.2014, pag. 243).

si applicano alle informazioni classificate ottenute dal Regno Unito prima della fine del periodo di transizione o in virtù del presente accordo e alle informazioni classificate ottenute dall'Unione o da uno Stato membro in provenienza dal Regno Unito prima della fine del periodo di transizione o in virtù del presente accordo.

2. Gli obblighi derivanti dal diritto dell'Unione in materia di sicurezza industriale si applicano al Regno Unito nei casi in cui la procedura di gara, la procedura di aggiudicazione o la procedura di attribuzione di sovvenzioni per il contratto classificato, il subcontratto classificato o la convenzione di sovvenzione classificata siano state avviate prima della fine del periodo di transizione.

3. Il Regno Unito provvede affinché non siano trasferiti a paesi terzi i prodotti crittografici che utilizzano algoritmi crittografici classificati, sviluppati sotto il controllo dell'autorità di approvazione degli apparati crittografici di uno Stato membro o del Regno Unito e valutati e approvati da detta autorità, che sono stati approvati dall'Unione entro la fine del periodo di transizione e sono presenti nel Regno Unito.

4. Le prescrizioni, le limitazioni e le condizioni definite nell'approvazione dell'Unione dei prodotti crittografici si applicano a detti prodotti.

TITOLO VIII – Appalti pubblici e procedure analoghe in corso

Articolo 75. **Definizione**. – Ai fini del presente titolo, per "norme pertinenti" si intendono i principi generali del diritto dell'Unione applicabili all'aggiudicazione degli appalti pubblici, le direttive 2009/81/CE [94], 2014/23/UE [95], 2014/24/UE [96] e 2014/25/UE [97] del Parlamento europeo e del Consiglio, i regolamenti (CE) n. 2195/2002 [98] e (CE) n. 1370/2007 [99] del Parlamento europeo e del Consiglio, l'articolo 4 del regolamento (CEE) n. 3577/92 del Consiglio [100], gli articoli 11 e 12 della direttiva 96/67/CE del Consiglio [101], gli articoli 16, 17 e 18 del regolamento (CE) n. 1008/2008 del Parlamento europeo e del Consiglio [102], gli articoli 6 e 7 del regolamento (UE) 2017/352 del Parlamento europeo e del Consiglio [103] e ogni altra disposizione specifica del diritto dell'Unione che disciplina le procedure in materia di appalti pubblici.

---

[94] Direttiva 2009/81/CE del Parlamento europeo e del Consiglio, del 13 luglio 2009, relativa al coordinamento delle procedure per l'aggiudicazione di taluni appalti di lavori, di forniture e di servizi nei settori della difesa e della sicurezza da parte delle amministrazioni aggiudicatrici/degli enti aggiudicatori, e recante modifica delle direttive 2004/17/CE e 2004/18/CE (GU L 216 del 20.8.2009, pag. 76).

[95] Direttiva 2014/23/UE del Parlamento europeo e del Consiglio, del 26 febbraio 2014, sull'aggiudicazione dei contratti di concessione (GU L 94 del 28.3.2014, pag. 1).

[96] Direttiva 2014/24/UE del Parlamento europeo e del Consiglio, del 26 febbraio 2014, sugli appalti pubblici e che abroga la direttiva 2004/18/CE (GU L 94 del 28.3.2014, pag. 65).

[97] Direttiva 2014/25/UE del Parlamento europeo e del Consiglio, del 26 febbraio 2014, sulle procedure d'appalto degli enti erogatori nei settori dell'acqua, dell'energia, dei trasporti e dei servizi postali e che abroga la direttiva 2004/17/CE (GU L 94 del 28.3.2014, pag. 243).

[98] Regolamento (CE) n. 2195/2002 del Parlamento europeo e del Consiglio, del 5 novembre 2002, relativo al vocabolario comune per gli appalti pubblici (CPV) (GU L 340 del 16.12.2002, pag. 1).

[99] Regolamento (CE) n. 1370/2007 del Parlamento europeo e del Consiglio, del 23 ottobre 2007, relativo ai servizi pubblici di trasporto di passeggeri su strada e per ferrovia e che abroga i regolamenti del Consiglio (CEE) n. 1191/69 e (CEE) n. 1107/70 (GU L 315 del 3.12.2007, pag. 1).

[100] Regolamento (CEE) n. 3577/92 del Consiglio, del 7 dicembre 1992, concernente l'applicazione del principio della libera prestazione dei servizi ai trasporti marittimi fra Stati membri (cabotaggio marittimo) (GU L 364 del 12.12.1992, pag. 7).

[101] Direttiva 96/67/CE del Consiglio, del 15 ottobre 1996, relativa all'accesso al mercato dei servizi di assistenza a terra negli aeroporti della Comunità (GU L 272 del 25.10.1996, pag. 36).

[102] Regolamento (CE) n. 1008/2008 del Parlamento europeo e del Consiglio, del 24 settembre 2008, recante norme comuni per la prestazione di servizi aerei nella Comunità (GU L 293 del 31.10.2008, pag. 3).

[103] Regolamento (UE) 2017/352 del Parlamento europeo e del Consiglio, del 15 febbraio 2017, che istituisce un quadro normativo per la fornitura di servizi portuali e norme comuni in materia di trasparenza finanziaria dei porti (GU L 57 del 3.3.2017, pag. 1).

Articolo 76. **Norme applicabili alle procedure in corso.** – 1. Le norme pertinenti si applicano:

a) fatta salva la lettera b), alle procedure avviate da amministrazioni aggiudicatrici o enti aggiudicatori degli Stati membri o del Regno Unito conformemente a dette norme prima della fine del periodo di transizione e non ancora ultimate l'ultimo giorno del periodo di transizione, incluse le procedure che utilizzano sistemi dinamici di acquisizione e le procedure per le quali l'indizione di gara assume la forma di un avviso di preinformazione o di un avviso periodico indicativo o di un avviso sull'esistenza di un sistema di qualificazione; e

b) alle procedure di cui all'articolo 29, paragrafi 2, 3 e 4, della direttiva 2009/81/CE, all'articolo 33, paragrafi da 2 a 5, della direttiva 2014/24/UE e all'articolo 51, paragrafo 2, della direttiva 2014/25/UE che si riferiscono all'esecuzione degli accordi quadro seguenti, conclusi da amministrazioni aggiudicatrici o enti aggiudicatori degli Stati membri o del Regno Unito, inclusa l'aggiudicazione di appalti basati su tali accordi quadro:

i) accordi quadro conclusi prima della fine del periodo di transizione che non siano né scaduti né risolti l'ultimo giorno del periodo di transizione; o

ii) accordi quadro conclusi dopo la fine del periodo di transizione secondo una delle procedure previste alla lettera a) del presente paragrafo.

2. Fatta salva l'applicazione di eventuali restrizioni a norma del diritto dell'Unione, le amministrazioni aggiudicatrici e gli enti aggiudicatori rispettano il principio di non discriminazione per quanto riguarda gli offerenti o, se del caso, le persone degli Stati membri e del Regno Unito altrimenti autorizzate a presentare offerte nel quadro delle procedure di cui al paragrafo 1.

3. Una procedura di cui al paragrafo 1 si considera avviata quando sia stato inviato un avviso di indizione di gara o altro invito a presentare offerte in conformità delle norme pertinenti. Se le norme pertinenti consentono di seguire procedure che non richiedono il ricorso ad un avviso di indizione di gara o altri inviti a presentare offerte, la procedura si considera avviata quando l'amministrazione aggiudicatrice o l'ente aggiudicatore contattano gli operatori economici nel quadro della procedura specifica.

4. Una procedura di cui al paragrafo 1 si considera ultimata:

a) all'atto della pubblicazione di un avviso di aggiudicazione conformemente alle norme pertinenti o, qualora tali norme non richiedano la pubblicazione di un avviso di aggiudicazione, all'atto della conclusione del relativo contratto; o

b) nel momento in cui gli offerenti o le persone altrimenti autorizzate a presentare offerte, a seconda dei casi, sono informate delle ragioni per le quali non è stato aggiudicato l'appalto, qualora l'amministrazione aggiudicatrice o l'ente aggiudicatore abbia deciso in tal senso.

5. Il presente articolo non pregiudica le norme dell'Unione o del Regno Unito in materia di dogane, circolazione delle merci, prestazione di servizi, riconoscimento delle qualifiche professionali o proprietà intellettuale.

Articolo 77. **Procedure di ricorso**. – Le direttive 89/665/CEE [104] e 92/13/CEE [105] del Consiglio si applicano alle procedure in materia di appalti pubblici di cui all'articolo 76 del presente accordo, che rientrano nei loro rispettivi ambiti di applicazione.

Articolo 78. **Cooperazione**. – In deroga all'articolo 8 del presente accordo, alle procedure di cui alla direttiva 2014/24/UE avviate da amministrazioni aggiudicatrici del Regno prima della fine del periodo di transizione e non ancora ultimate l'ultimo giorno di tale periodo, si applica l'articolo 61, paragrafo 2, di detta direttiva per un periodo non superiore a nove mesi dalla fine del periodo di transizione.

---

[104] Direttiva 89/665/CEE del Consiglio, del 21 dicembre 1989, che coordina le disposizioni legislative, regolamentari e amministrative relative all'applicazione delle procedure di ricorso in materia di aggiudicazione degli appalti pubblici di forniture e di lavori (GU L 395 del 30.12.1989, pag. 33).

[105] Direttiva 92/13/CEE del Consiglio, del 25 febbraio 1992, che coordina le disposizioni legislative, regolamentari e amministrative relative all'applicazione delle norme comunitarie in materia di procedure di appalto degli enti erogatori di acqua e di energia e degli enti che forniscono servizi di trasporto nonché degli enti che operano nel settore delle telecomunicazioni (GU L 76 del 23.3.1992, pag. 14).

TITOLO IX – Questioni riguardanti l'Euratom

Articolo 79. **Definizioni.** – Ai fini del presente titolo si applicano le definizioni seguenti:

a) "Comunità": la Comunità europea dell'energia atomica;

b) "controllo di sicurezza": le attività volte a verificare che le materie e le attrezzature nucleari non siano distolte dagli usi ai quali i loro utilizzatori hanno dichiarato di destinarle e che siano rispettati gli obblighi giuridici internazionali di utilizzare materie e apparecchiature nucleari per scopi pacifici;

c) "materie fissili speciali": le materie fissili speciali quali definite all'articolo 197, punto 1), del trattato Euratom;

d) "minerali": i minerali quali definiti all'articolo 197, punto 4), del trattato Euratom;

e) "materie grezze": le materie grezze quali definite all'articolo 197, punto 3), del trattato Euratom;

f) "materie nucleari": i minerali, le materie grezze e le materie fissili speciali;

g) "combustibile esaurito" e "rifiuti radioattivi": il combustibile esaurito e i rifiuti radioattivi quali definiti all'articolo 3, punti 7) e 11), della direttiva 2011/70/Euratom del Consiglio [106].

Articolo 80. **Cessazione della responsabilità della Comunità per le questioni relative al Regno Unito**. – 1. È responsabilità esclusiva del Regno Unito garantire che tutti i minerali, le materie grezze e le materie fissili speciali oggetto del trattato Euratom presenti nel suo territorio alla fine del periodo di transizione siano manipolati conformemente ai trattati e alle convenzioni internazionali pertinenti e applicabili, compresi a titolo non esaustivo i trattati e le convenzioni internazionali in materia di sicurezza nucleare, controlli di sicurezza, non proliferazione e protezione fisica delle materie nucleari e i trattati e le convenzioni internazionali sulla sicurezza della gestione del combustibile esaurito e dei rifiuti radioattivi.

2. È responsabilità esclusiva del Regno Unito garantire che rispetterà gli obblighi internazionali ad esso incombenti in quanto membro dell'Agenzia internazionale per l'energia atomica o derivanti dal trattato di non proliferazione delle armi nucleari o da altro trattato o convenzione internazionale pertinente di cui sia parte.

Articolo 81. **Controlli di sicurezza**. – Il Regno Unito attua un regime di controllo di sicurezza. Tale regime consiste in un sistema equivalente per efficacia e copertura a quello previsto dalla Comunità nel territorio del Regno Unito, in linea con l'accordo fra il Regno Unito di Gran Bretagna e Irlanda del Nord, la Comunità europea dell'energia atomica e l'Agenzia internazionale per l'energia atomica relativo all'applicazione del controllo di sicurezza nel Regno Unito di Gran Bretagna e Irlanda del Nord in connessione con il trattato di non proliferazione delle armi nucleari [INFCIRC/263], modificato.

Articolo 82. **Obblighi specifici derivanti da accordi internazionali**. – Il Regno Unito provvede affinché siano soddisfatti tutti gli obblighi specifici previsti dagli accordi conclusi dalla Comunità con paesi terzi o organizzazioni internazionali in relazione alle attrezzature, alle materie nucleari o altro prodotto nucleare presente nel territorio del Regno Unito alla fine del periodo di transizione, oppure predispone altrimenti dispositivi appropriati di concerto con il paese terzo o l'organizzazione internazionale interessati.

Articolo 83. **Proprietà e diritti di utilizzazione e di consumo di materie fissili speciali nel Regno Unito**. – 1. Le materie fissili speciali presenti nel territorio del Regno Unito alle quali si applicava l'articolo 86 del trattato Euratom prima della fine del periodo di transizione cessano di essere proprietà della Comunità alla fine del periodo di transizione.

2. Le materie fissili speciali di cui al paragrafo 1 diventano proprietà delle persone o delle imprese che su di esse avevano il più ampio diritto di utilizzazione e di consumo alla fine del periodo di transizione ai sensi dell'articolo 87 del trattato Euratom.

3. Qualora il diritto di utilizzazione e di consumo delle materie fissili speciali di cui al para-

---

[106] Direttiva 2011/70/Euratom del Consiglio, del 19 luglio 2011, che istituisce un quadro comunitario per la gestione responsabile e sicura del combustibile nucleare esaurito e dei rifiuti radioattivi (GU L 199 del 2.8.2011, pag. 48).

grafo 2 ("materie interessate") appartenga a uno Stato membro o a persone o imprese stabilite nel territorio di uno Stato membro, al fine di tutelare l'integrità della politica comune di approvvigionamento istituita dal titolo II, capo 6, del trattato Euratom e del mercato comune nucleare istituito dal capo 9 del medesimo titolo, si applicano, anche al livello dei controlli di sicurezza applicabili alle materie interessate, le disposizioni seguenti:

a) visto l'articolo 5 del presente accordo, la Comunità ha il diritto di esigere che le materie interessate siano depositate presso l'Agenzia costituita ai sensi dell'articolo 52, paragrafo 2, lettera b), del trattato Euratom o in altri depositi controllati o controllabili dalla Commissione europea;

b) la Comunità ha il diritto di concludere contratti relativi alla fornitura delle materie interessate alle persone o imprese stabilite nel territorio del Regno Unito o in un paese terzo, ai sensi dell'articolo 52, paragrafo 2, del trattato Euratom;

c) alle materie interessate si applica l'articolo 20 del regolamento (Euratom) n. 302/2005 della Commissione [107], ad eccezione del paragrafo 1, lettere b) e c);

d) l'esportazione delle materie interessate verso un paese terzo è autorizzata dalle autorità competenti dello Stato membro in cui è stabilita la persona o l'impresa che ha il diritto di utilizzazione e di consumo di tali materie, ai sensi dell'articolo 9, paragrafo 2, del regolamento (CE) n. 428/2009 del Consiglio [108];

e) per quanto riguarda le materie interessate, la Comunità ha il diritto di esercitare ogni altro diritto derivante in virtù del trattato Euratom dal diritto di proprietà di cui all'articolo 86 del trattato stesso.

4. Gli Stati membri, le persone o le imprese che hanno il più ampio diritto di utilizzazione e di consumo delle materie fissili speciali presenti nel territorio del Regno Unito alla fine del periodo di transizione mantengono tale diritto.

Articolo 84. **Attrezzature e altri beni connessi al controllo di sicurezza.** – 1. Diventano proprietà del Regno Unito le attrezzature e gli altri beni della Comunità connessi al controllo di sicurezza di cui al trattato Euratom che si trovano nel Regno Unito alla fine del periodo di transizione, come figura nell'allegato V. Il Regno Unito rimborsa all'Unione il valore di tali attrezzature e altri beni, calcolato in base al valore ad essi assegnato nei conti consolidati per l'esercizio 2020.

2. Il Regno Unito acquisisce tutti i diritti, le responsabilità e gli obblighi della Comunità connessi alle attrezzature e agli altri beni di cui al paragrafo 1.

Articolo 85. **Combustibile esaurito e rifiuti radioattivi.** – L'articolo 4, paragrafi 1 e 2, e l'articolo 4, paragrafo 4, primo comma, della direttiva 2011/70/Euratom si applicano alla responsabilità ultima del Regno Unito riguardo al combustibile esaurito e ai rifiuti radioattivi generati nel Regno Unito che sono presenti nel territorio di uno Stato membro alla fine del periodo di transizione.

TITOLO X – Procedure giudiziarie e amministrative dell'Unione

Capo 1 – Procedure giudiziarie

Articolo 86. **Cause pendenti dinanzi alla Corte di giustizia dell'Unione europea.** – 1. La Corte di giustizia dell'Unione europea resta competente per tutti i ricorsi proposti dal Regno Unito o contro il Regno Unito prima della fine del periodo di transizione. Tale competenza si applica a tutte le fasi del procedimento, compresi l'impugnazione dinanzi alla Corte di giustizia e il procedimento dinanzi al Tribunale in caso di rinvio.

2. La Corte di giustizia dell'Unione europea resta competente a pronunciarsi in via pregiu-

---

[107] Regolamento (Euratom) n. 302/2005 della Commissione, dell'8 febbraio 2005, concernente l'applicazione del controllo di sicurezza dell'Euratom (GU L 54 del 28.2.2005, pag. 1).

[108] Regolamento (CE) n. 428/2009 del Consiglio, del 5 maggio 2009, che istituisce un regime comunitario di controllo delle esportazioni, del trasferimento, dell'intermediazione e del transito di prodotti a duplice uso (GU L 134 del 29.5.2009, pag. 1).

diziale sulle domande presentate dai giudici del Regno Unito prima della fine del periodo di transizione.

3. Ai fini del presente capo, la Corte di giustizia dell'Unione europea si considera adita e la domanda di pronuncia pregiudiziale si considera presentata nel momento in cui la domanda giudiziale è registrata presso la cancelleria della Corte di giustizia o, secondo il caso, del Tribunale.

Articolo 87. **Nuove cause dinanzi alla Corte di giustizia**. – 1. La Commissione europea, quando reputi che il Regno Unito abbia mancato a uno degli obblighi ad esso incombenti in virtù dei trattati o della parte quarta del presente accordo prima della fine del periodo di transizione, può adire la Corte di giustizia dell'Unione europea entro quattro anni dalla fine del periodo di transizione nelle modalità stabilite all'articolo 258 TFUE o, secondo il caso, all'articolo 108, paragrafo 2, secondo comma, TFUE. Per tali cause è competente la Corte di giustizia dell'Unione europea.

2. Se il Regno Unito non si conforma a una decisione di cui all'articolo 95, paragrafo 1, del presente accordo o non dà effetto nel proprio ordinamento giuridico a una siffatta decisione rivolta a una persona fisica o giuridica residente o stabilita nel Regno Unito, la Commissione europea può adire la Corte di giustizia dell'Unione europea entro quattro anni dalla data della decisione nelle modalità stabilite all'articolo 258 TFUE o, secondo il caso, all'articolo 108, paragrafo 2, secondo comma, TFUE. Per tali cause è competente la Corte di giustizia dell'Unione europea.

3. Nel decidere di adire le vie legali a norma del presente articolo, la Commissione europea si attiene nei confronti del Regno Unito agli stessi principi che applica nei confronti degli Stati membri.

Articolo 88. **Norme di procedura**. – Ai procedimenti e alle domande di pronuncia pregiudiziale di cui al presente titolo si applicano le disposizioni del diritto dell'Unione che disciplinano la procedura dinanzi alla Corte di giustizia dell'Unione europea.

Articolo 89. **Carattere vincolante e esecutività delle sentenze e delle ordinanze**. – 1. Le sentenze e le ordinanze della Corte di giustizia dell'Unione europea pronunciate prima della fine del periodo di transizione, nonché le sentenze e le ordinanze emesse dopo la fine di tale periodo nei procedimenti di cui agli articoli 86 e 87 sono vincolanti nella loro totalità per il Regno Unito e nel Regno Unito.

2. Quando in una sentenza di cui al paragrafo 1 la Corte di giustizia dell'Unione europea riconosca che il Regno Unito ha mancato a uno degli obblighi ad esso incombenti in virtù dei trattati o del presente accordo, il Regno Unito prende i provvedimenti che l'esecuzione di tale sentenza comporta.

3. Per l'esecuzione delle sentenze e delle ordinanze della Corte di giustizia dell'Unione europea di cui al paragrafo 1 del presente articolo si applicano nel Regno Unito gli articoli 280 e 299 TFUE.

Articolo 90. **Diritto d'intervenire e di partecipare alla procedura**. – Fino a quando le sentenze e le ordinanze della Corte di giustizia dell'Unione europea in tutti i procedimenti e rinvii pregiudiziali di cui all'articolo 86 non siano definitive, il Regno Unito può intervenire allo stesso titolo di uno Stato membro ovvero, quando la Corte di giustizia dell'Unione europea è adita a norma dell'articolo 267 TFUE, può partecipare alla procedura dinanzi a detta Corte allo stesso titolo di uno Stato membro. Nel corso di tale periodo il cancelliere della Corte di giustizia dell'Unione europea notifica al Regno Unito, nello stesso momento e nello stesso modo degli Stati membri, ogni rinvio pregiudiziale alla Corte di giustizia dell'Unione europea proposto da un giudice di uno Stato membro.

Il Regno Unito può intervenire o partecipare alla procedura dinanzi alla Corte di giustizia dell'Unione europea allo stesso titolo di uno Stato membro:

a) nelle cause vertenti sull'inadempimento di obblighi incombenti in virtù dei trattati, se il Regno Unito era soggetto agli stessi obblighi prima della fine del periodo di transizione e se la Corte di giustizia dell'Unione europea è adita a norma dell'articolo 258 TFUE prima della fine del periodo di cui all'articolo 87, paragrafo 1, oppure, secondo il caso, fino al momento in cui è divenuta definitiva, dopo la fine di detto periodo, l'ultima sentenza o ordinanza pronunciata dalla Corte di giustizia dell'Unione europea in base all'articolo 87, paragrafo 1;

b) nelle cause vertenti su atti o disposizioni del diritto dell'Unione che erano applicabili al Regno Unito e nel Regno Unito prima della fine del periodo di transizione e di cui la Corte di giustizia dell'Unione europea è adita a norma dell'articolo 267 TFUE prima della fine del periodo di cui all'articolo 87, paragrafo 1, oppure, secondo il caso, fino al momento in cui è divenuta definitiva, dopo la fine di detto periodo, l'ultima sentenza o ordinanza pronunciata dalla Corte di giustizia in base all'articolo 87, paragrafo 1; e

c) nelle cause di cui all'articolo 95, paragrafo 3.

Articolo 91. **Rappresentanza dinanzi alla Corte.** – 1. Fatto salvo l'articolo 88, l'avvocato abilitato al patrocinio dinanzi ai giudici del Regno Unito che, prima della fine del periodo di transizione, rappresenta o assiste una parte in un procedimento dinanzi alla Corte di giustizia dell'Unione europea o nell'ambito di un rinvio pregiudiziale proposto prima della fine del periodo di transizione può continuare a rappresentare o assistere tale parte in detto procedimento o nell'ambito di detto rinvio. Tale diritto si applica a tutte le fasi del procedimento, compresi l'impugnazione dinanzi alla Corte di giustizia e il procedimento dinanzi al Tribunale in caso di rinvio.

2. Fatto salvo l'articolo 88, gli avvocati abilitati al patrocinio dinanzi ai giudici del Regno Unito possono rappresentare o assistere una parte dinanzi alla Corte di giustizia dell'Unione europea nelle cause di cui all'articolo 87 e all'articolo 95, paragrafo 3. Gli avvocati abilitati al patrocinio dinanzi ai giudici del Regno Unito possono rappresentare o assistere il Regno Unito nei procedimenti contemplati all'articolo 90 in cui il Regno Unito ha deciso di intervenire o di partecipare.

3. Quando rappresentano o assistono una parte dinanzi alla Corte di giustizia dell'Unione europea nei casi di cui ai paragrafi 1 e 2, gli avvocati abilitati al patrocinio dinanzi ai giudici del Regno Unito sono equiparati a avvocati abilitati al patrocinio dinanzi ai giudici degli Stati membri, che rappresentano o assistono una parte dinanzi alla Corte di giustizia dell'Unione europea.

Capo 2 – Procedure amministrative

Articolo 92. **Procedure amministrative in corso.** – 1. Le istituzioni, organi e organismi dell'Unione restano competenti per le procedure amministrative avviate prima della fine del periodo di transizione riguardanti:

a) il rispetto del diritto dell'Unione da parte del Regno Unito o delle persone fisiche o giuridiche residenti o stabilite nel Regno Unito; o

b) il rispetto del diritto dell'Unione per quanto attiene alla concorrenza nel Regno Unito.

2. Fatto salvo il paragrafo 3, ai fini del presente capo la procedura amministrativa si considera avviata nel momento in cui è registrata ufficialmente presso l'istituzione, organo o organismo dell'Unione.

3. Ai fini del presente capo:

a) la procedura amministrativa in materia di aiuti di Stato disciplinata dal regolamento (UE) 2015/1589 del Consiglio [109] si considera avviata nel momento in cui le è assegnato un numero di protocollo;

b) il procedimento per l'applicazione dell'articolo 101 o 102 TFUE svolto dalla Commissione europea ai sensi del regolamento (CE) n. 1/2003 del Consiglio [110] si considera avviato nel momento in cui la Commissione europea decide di avviarlo a norma dell'articolo 2, paragrafo 1, del regolamento (CE) n. 773/2004 della Commissione [111];

---

[109] Regolamento (UE) 2015/1589 del Consiglio, del 13 luglio 2015, recante modalità di applicazione dell'articolo 108 del trattato sul funzionamento dell'Unione europea (GU L 248 del 24.9.2015, pag. 9).

[110] Regolamento (CE) n. 1/2003 del Consiglio, del 16 dicembre 2002, concernente l'applicazione delle regole di concorrenza di cui agli articoli 81 e 82 del trattato (GU L 1 del 4.1.2003, pag. 1).

[111] Regolamento (CE) n. 773/2004 della Commissione, del 7 aprile 2004, relativo ai procedimenti svolti dalla Commissione a norma degli articoli 81 e 82 del trattato CE (GU L 123 del 27.4.2004, pag. 18).

c) il procedimento relativo al controllo delle concentrazioni tra imprese disciplinato dal regolamento (CE) n. 139/2004 del Consiglio [112] si considera avviato nel momento in cui:

i) una concentrazione di dimensione unionale è notificata alla Commissione europea a norma degli articoli 1, 3 e 4 del regolamento (CE) n. 139/2004;

ii) è scaduto il termine di 15 giorni lavorativi previsto all'articolo 4, paragrafo 5, del regolamento (CE) n. 139/2004 senza che nessuno degli Stati membri competenti ad esaminare la concentrazione a norma del proprio diritto nazionale in materia di concorrenza abbia espresso dissenso in merito alla richiesta di rinvio del caso alla Commissione europea; o

iii) la Commissione europea ha deciso o si considera che abbia deciso di esaminare la concentrazione a norma dell'articolo 22, paragrafo 3, del regolamento (CE) n. 139/2004;

d) l'indagine dell'Autorità europea degli strumenti finanziari e dei mercati su una presunta infrazione di cui all'allegato III del regolamento (CE) n. 1060/2009 del Parlamento europeo e del Consiglio [113] o all'allegato I del regolamento (UE) n. 648/2012 del Parlamento europeo e del Consiglio [114] si considera avviata nel momento in cui detta Autorità nomina un funzionario indipendente incaricato delle indagini a norma dell'articolo 23 *sexies*, paragrafo 1, del regolamento (CE) n. 1060/2009 o dell'articolo 64, paragrafo 1, del regolamento (UE) n. 648/2012.

4. L'Unione trasmette al Regno Unito l'elenco contenente ogni singola procedura amministrativa in corso rientrante nell'ambito di applicazione del paragrafo 1 entro tre mesi dalla fine del periodo di transizione. In deroga alla prima frase, per le procedure amministrative dell'Autorità bancaria europea, dell'Autorità europea degli strumenti finanziari e dei mercati e dell'Autorità europea delle assicurazioni e delle pensioni aziendali e professionali l'Unione trasmette al Regno Unito l'elenco delle singole procedure amministrative in corso entro un mese dalla fine del periodo di transizione.

5. Nelle procedure amministrative in materia di aiuti di Stato disciplinate dal regolamento (UE) 2015/1589, la Commissione europea è vincolata nei confronti del Regno Unito alla giurisprudenza e alle migliori prassi applicabili, come se il Regno Unito fosse ancora uno Stato membro. In particolare, la Commissione europea adotta, entro un termine ragionevole, una delle decisioni seguenti:

a) decisione in cui constata che la misura non costituisce aiuto a norma dell'articolo 4, paragrafo 2, del regolamento (UE) 2015/1589;

b) decisione di non sollevare obiezioni a norma dell'articolo 4, paragrafo 3, del regolamento (UE) 2015/1589;

c) decisione di avviare il procedimento d'indagine formale a norma dell'articolo 4, paragrafo 4, del regolamento (UE) 2015/1589.

Articolo 93. **Nuovi procedimenti in materia di aiuti di Stato e nuovi procedimenti dell'Ufficio europeo per la lotta antifrode**. – 1. Riguardo agli aiuti concessi prima della fine del periodo di transizione, per quattro anni dopo la fine del periodo di transizione la Commissione europea è competente ad avviare nei confronti del Regno Unito nuovi procedimenti amministrativi in materia di aiuti di Stato disciplinati dal regolamento (UE) 2015/1589.

La Commissione europea resta competente dopo la fine dei quattro anni per i procedimenti avviati prima della fine di tale periodo.

L'articolo 92, paragrafo 5, si applica *mutatis mutandis*.

La Commissione europea informa il Regno Unito di ogni nuovo procedimento amministrativo in materia di aiuti di Stato avviato a norma del primo comma entro tre mesi dal suo avvio.

2. Fatti salvi gli articoli 136 e 138 del presente accordo, per quattro anni dopo la fine del periodo di transizione l'Ufficio europeo per la lotta antifrode (OLAF) è competente ad avviare

---

[112] Regolamento (CE) n. 139/2004 del Consiglio, del 20 gennaio 2004, relativo al controllo delle concentrazioni tra imprese (GU L 24 del 29.1.2004, pag. 1).

[113] Regolamento (CE) n. 1060/2009 del Parlamento europeo e del Consiglio, del 16 settembre 2009, relativo alle agenzie di rating del credito (GU L 302 del 17.11.2009, pag. 1).

[114] Regolamento (UE) n. 648/2012 del Parlamento europeo e del Consiglio, del 4 luglio 2012, sugli strumenti derivati OTC, le controparti centrali e i repertori di dati sulle negoziazioni (GU L 201 del 27.7.2012, pag. 1).

nuove indagini disciplinate dal regolamento (UE, Euratom) n. 883/2013 del Parlamento europeo e del Consiglio [115] riguardanti:

a) fatti verificatisi prima della fine del periodo di transizione; o

b) obbligazioni doganali sorte dopo la fine del periodo di transizione dalle procedure di appuramento di cui all'articolo 49, paragrafo 1, del presente accordo.

L'OLAF resta competente dopo la fine dei quattro anni per i procedimenti avviati prima della fine di tale periodo.

L'OLAF informa il Regno Unito di ogni nuova indagine avviata a norma del primo comma entro tre mesi dal suo avvio.

Articolo 94. **Norme di procedura**. – 1. Ai procedimenti o procedure di cui agli articoli 92, 93 e 96 si applicano le disposizioni del diritto dell'Unione che disciplinano i vari tipi di procedure amministrative di cui al presente capo.

2. Quando rappresentano o assistono una parte in un procedimento o procedura amministrativa di cui agli articoli 92 e 93, gli avvocati abilitati al patrocinio dinanzi ai giudici del Regno Unito sono equiparati a avvocati abilitati al patrocinio dinanzi ai giudici degli Stati membri, che rappresentano o assistono una parte in siffatti procedimenti o procedure amministrative.

3. Dopo la fine del periodo di transizione ai procedimenti o procedure di cui agli articoli 92 e 93 si applica per quanto necessario l'articolo 128, paragrafo 5.

Articolo 95. **Carattere vincolante ed esecutività delle decision**. – 1. Le decisioni adottate dalle istituzioni, organi e organismi dell'Unione prima della fine del periodo di transizione o adottate nei procedimenti o procedure di cui agli articoli 92 e 93 dopo la fine del periodo di transizione, e rivolte al Regno Unito o a persone fisiche o giuridiche residenti o stabilite nel Regno Unito sono vincolanti per il Regno Unito e nel Regno Unito.

2. Salvo se diversamente convenuto tra la Commissione europea e l'autorità nazionale garante della concorrenza del Regno Unito designata, la Commissione europea resta competente per la verifica del rispetto degli impegni assunti o delle misure correttive imposte nel Regno Unito o nei confronti del Regno Unito, per quanto attiene ai procedimenti per l'applicazione degli articoli 101 o 102 TFUE svolti dalla Commissione europea a norma del regolamento (CE) n. 1/2003 o ai procedimenti svolti dalla Commissione europea a norma del regolamento (CE) n. 139/2004 in relazione al controllo delle concentrazioni tra imprese. Se così convenuto tra la Commissione europea e l'autorità nazionale garante della concorrenza del Regno Unito designata, la Commissione europea trasferisce a detta autorità il compito di verificare il rispetto di tali impegni o misure correttive nel Regno Unito.

3. La Corte di giustizia dell'Unione europea ha competenza esclusiva ad esercitare il controllo di legittimità sulle decisioni di cui al paragrafo 1 del presente articolo conformemente all'articolo 263 TFUE.

4. All'esecuzione delle decisioni di cui al paragrafo 1 del presente articolo che comportano obblighi pecuniari a carico di persone fisiche o giuridiche residenti o stabilite nel Regno Unito si applica nel Regno Unito l'articolo 299 TFUE.

Articolo 96. **Altre procedure in corso e obblighi di comunicazione**. – 1. Gli esami tecnici effettuati dagli uffici d'esame del Regno Unito in cooperazione con l'Ufficio comunitario delle varietà vegetali a norma del regolamento (CE) n. 2100/94 che erano in corso il giorno precedente la data di entrata in vigore del presente accordo proseguono e sono conclusi a norma di detto regolamento.

2. Per i gas a effetto serra emessi nell'ultimo anno del periodo di transizione si applicano al Regno Unito e nel Regno Unito l'articolo 12, paragrafi 2 bis e 3, e gli articoli 14, 15 e 16 della direttiva 2003/87/CE del Parlamento europeo e del Consiglio [116].

---

[115] Regolamento (UE, Euratom) n. 883/2013 del Parlamento europeo e del Consiglio, dell'11 settembre 2013, relativo alle indagini svolte dall'Ufficio europeo per la lotta antifrode (OLAF) e che abroga il regolamento (CE) n. 1073/1999 del Parlamento europeo e del Consiglio e il regolamento (Euratom) n. 1074/1999 del Consiglio (GU L 248 del 18.9.2013, pag. 1).

[116] Direttiva 2003/87/CE del Parlamento europeo e del Consiglio, del 13 ottobre 2003, che istituisce un sistema

3. Per la comunicazione dei dati dell'ultimo anno del periodo di transizione si applicano al Regno Unito e nel Regno Unito l'articolo 19 del regolamento (UE) n. 517/2014 del Parlamento europeo e del Consiglio [117] e gli articoli 26 e 27 del regolamento (CE) n. 1005/2009 del Parlamento europeo e del Consiglio [118].

4. Per il monitoraggio e la comunicazione delle corrispondenti emissioni di biossido di carbonio dei veicoli nell'ultimo anno del periodo di transizione si applicano al Regno Unito e nel Regno Unito l'articolo 8, paragrafi 1, 2, 3 e 7, del regolamento (CE) n. 443/2009 del Parlamento europeo e del Consiglio [119] e relativo allegato II, l'articolo 8, paragrafi 1, 2, 3, 8 e 10, del regolamento (UE) n. 510/2011 del Parlamento europeo e del Consiglio [120] e relativo allegato II, gli articoli da 2 a 5, l'articolo 7 e l'articolo 8, paragrafi 2 e 3, del regolamento (UE) n. 1014/2010 della Commissione e gli articoli da 3 a 6, l'articolo 8 e l'articolo 9, paragrafi 2 e 3, del regolamento di esecuzione (UE) n. 293/2012 della Commissione [121].

5. Per i gas a effetto serra emessi nel 2019 e nel 2020 si applicano al Regno Unito gli articoli 5, 7, 9 e 10, l'articolo 11, paragrafo 3, l'articolo 17, paragrafo 1, lettere a) e d), e gli articoli 19, 22 e 23 del regolamento (UE) n. 525/2013 del Parlamento europeo e del Consiglio [122], gli articoli 3, 7 e 11 della decisione n. 406/2009/CE del Parlamento europeo e del Consiglio [123] e, fino alla chiusura del secondo periodo di impegno del protocollo di Kyoto, l'articolo 5 del regolamento (UE) n. 389/2013 della Commissione [124].

6. In deroga all'articolo 8 del presente accordo:

a) per quanto necessario per conformarsi ai paragrafi 2, 4 e 5 del presente articolo, il Regno Unito e gli operatori del Regno Unito hanno accesso:

i) al registro dell'Unione e al registro Protocollo di Kyoto del Regno Unito istituiti con regolamento (UE) n. 389/2013; e

ii) al deposito centrale (Central Data Repository) dell'Agenzia europea dell'ambiente previsto dal regolamento (UE) n. 1014/2010, dal regolamento di esecuzione (UE) n. 293/2012 e dal regolamento di esecuzione (UE) n. 749/2014 della Commissione [125];

---

per lo scambio di quote di emissioni dei gas a effetto serra nell'Unione e che modifica la direttiva 96/61/CE del Consiglio (GU L 275 del 25.10.2003, pag. 32).

[117] Regolamento (UE) n. 517/2014 del Parlamento europeo e del Consiglio, del 16 aprile 2014, sui gas fluorurati a effetto serra e che abroga il regolamento (CE) n. 842/2006 (GU L 150 del 20.5.2014, pag. 195).

[118] Regolamento (CE) n. 1005/2009 del Parlamento europeo e del Consiglio, del 16 settembre 2009, sulle sostanze che riducono lo strato di ozono (GU L 286 del 31.10.2009, pag. 1).

[119] Regolamento (CE) n. 443/2009 del Parlamento europeo e del Consiglio, del 23 aprile 2009, che definisce i livelli di prestazione in materia di emissioni delle autovetture nuove nell'ambito dell'approccio comunitario integrato finalizzato a ridurre le emissioni di CO_2 dei veicoli leggeri (GU L 140 del 5.6.2009, pag. 1).

[120] Regolamento (UE) n. 510/2011 del Parlamento europeo e del Consiglio, dell'11 maggio 2011, che definisce i livelli di prestazione in materia di emissioni dei veicoli commerciali leggeri nuovi nell'ambito dell'approccio integrato dell'Unione finalizzato a ridurre le emissioni di CO_2 dei veicoli leggeri (GU L 145 del 31.5.2011, pag. 1).

[121] Regolamento di esecuzione (UE) n. 293/2012 della Commissione, del 3 aprile 2012, relativo al monitoraggio e alla comunicazione dei dati relativi all'immatricolazione di nuovi veicoli commerciali leggeri ai sensi del regolamento (UE) n. 510/2011 del Parlamento europeo e del Consiglio (GU L 98 del 4.4.2012, pag. 1).

[122] Regolamento (UE) n. 525/2013 del Parlamento europeo e del Consiglio, del 21 maggio 2013, relativo a un meccanismo di monitoraggio e comunicazione delle emissioni di gas a effetto serra e di comunicazione di altre informazioni in materia di cambiamenti climatici a livello nazionale e dell'Unione europea e che abroga la decisione n. 280/2004/CE (GU L 165 del 18.6.2013, pag. 13).

[123] Decisione n. 406/2009/CE del Parlamento europeo e del Consiglio, del 23 aprile 2009, concernente gli sforzi degli Stati membri per ridurre le emissioni dei gas a effetto serra al fine di adempiere agli impegni della Comunità in materia di riduzione delle emissioni di gas a effetto serra entro il 2020 (GU L 140 del 5.6.2009, pag. 136).

[124] Regolamento (UE) n. 389/2013 della Commissione, del 2 maggio 2013, che istituisce un registro dell'Unione conformemente alla direttiva 2003/87/CE del Parlamento europeo e del Consiglio, alle decisioni n. 280/2004/CE e n. 406/2009/CE del Parlamento europeo e del Consiglio e che abroga i regolamenti (UE) n. 920/2010 e n. 1193/2011 della Commissione (GU L 122 del 3.5.2013, pag. 1).

[125] Regolamento di esecuzione (UE) n. 749/2014 della Commissione, del 30 giugno 2014, riguardante la struttura, il formato, le procedure di trasmissione e la revisione delle informazioni comunicate dagli Stati membri a norma del regolamento (UE) n. 525/2013 del Parlamento europeo e del Consiglio (GU L 203 dell'11.7.2014, pag. 23).

b) per quanto necessario per conformarsi al paragrafo 3 del presente articolo, le imprese del Regno Unito hanno accesso:

i) allo strumento di comunicazione basato sul formato stabilito nell'allegato del regolamento di esecuzione (UE) n. 1191/2014 della Commissione [126] ai fini della gestione e della comunicazione sui gas fluorurati a effetto serra; e

ii) al registro Business Data Repository usato dalle imprese per la comunicazione dei dati a norma dell'articolo 27 del regolamento (CE) n. 1005/2009.

Su richiesta del Regno Unito, per un anno dopo la fine del periodo di transizione l'Unione comunica al Regno Unito le informazioni necessarie per:

a) conformarsi agli obblighi ad esso incombenti a norma dell'articolo 7 del protocollo di Montreal relativo a sostanze che riducono lo strato di ozono; e

b) irrogare sanzioni a norma dell'articolo 25 del regolamento (UE) n. 517/2014 e dell'articolo 29 del regolamento (CE) n. 1005/2009.

Articolo 97. **Rappresentanza nei procedimenti in corso dinanzi all'Ufficio dell'Unione europea per la proprietà intellettuale.** – La persona abilitata a norma del diritto dell'Unione a rappresentare una persona fisica o giuridica dinanzi all'Ufficio dell'Unione europea per la proprietà intellettuale, che prima della fine del periodo di transizione rappresenta una parte in un procedimento dinanzi a detto Ufficio, può continuare a rappresentare tale parte nel procedimento. Tale diritto si applica a tutte le fasi del procedimento dinanzi a detto Ufficio.

Quando rappresenta una parte in un procedimento dinanzi all'Ufficio dell'Unione europea per la proprietà intellettuale di cui al primo comma, detta persona è equiparata a un mandatario abilitato a norma del diritto dell'Unione a rappresentare una persona fisica o giuridica dinanzi all'Ufficio dell'Unione europea per la proprietà intellettuale.

TITOLO XI – Procedure di cooperazione amministrativa tra gli Stati membri e il Regno Unito

Articolo 98. **Cooperazione amministrativa nel settore doganale.** – 1. Le procedure di cooperazione amministrativa tra uno Stato membro e il Regno Unito di cui all'allegato VI avviate a norma del diritto dell'Unione prima della fine del periodo di transizione sono completate da detto Stato membro e dal Regno Unito conformemente alle pertinenti disposizioni del diritto dell'Unione.

2. Le procedure di cooperazione amministrativa tra uno Stato membro e il Regno Unito di cui all'allegato VI che sono avviate nei tre anni successivi alla fine del periodo di transizione ma che riguardano fatti avvenuti prima della fine del periodo di transizione sono completate da detto Stato membro e dal Regno Unito conformemente alle pertinenti disposizioni del diritto dell'Unione.

Articolo 99. **Cooperazione amministrativa in materia di imposte indirette.** – 1. Il regolamento (UE) n. 904/2010 del Consiglio [127] si applica per ancora quattro anni dopo la fine del periodo di transizione alla cooperazione tra le autorità competenti responsabili dell'applicazione della normativa in materia di IVA negli Stati membri e nel Regno Unito relativamente alle operazioni che hanno avuto luogo prima della fine del periodo di transizione e alle operazioni di cui all'articolo 51, paragrafo 1, del presente accordo.

2. Il regolamento (UE) n. 389/2012 del Consiglio [128] si applica per ancora quattro anni dopo la fine del periodo di transizione alla cooperazione tra le autorità competenti responsabili dell'applicazione della normativa in materia di accise negli Stati membri e nel Regno Unito relati-

---

[126] Regolamento di esecuzione (UE) n. 1191/2014 della Commissione, del 30 ottobre 2014, che determina il formato e le modalità di trasmissione della relazione di cui all'articolo 19 del regolamento (UE) n. 517/2014 del Parlamento europeo e del Consiglio sui gas fluorurati a effetto serra (GU L 318 del 5.11.2014, pag. 5).

[127] Regolamento (UE) n. 904/2010 del Consiglio, del 7 ottobre 2010, relativo alla cooperazione amministrativa e alla lotta contro la frode in materia d'imposta sul valore aggiunto (GU L 268 del 12.10.2010, pag. 1).

[128] Regolamento (UE) n. 389/2012 del Consiglio, del 2 maggio 2012, relativo alla cooperazione amministrativa in materia di accise e che abroga il regolamento (CE) n. 2073/2004 (GU L 121 dell'8.5.2012, pag. 1).

vamente ai movimenti di prodotti soggetti ad accisa che hanno avuto luogo prima della fine del periodo di transizione e ai movimenti di prodotti sottoposti ad accisa di cui all'articolo 52 del presente accordo.

3. In deroga all'articolo 8, il Regno Unito ha accesso alle reti, ai sistemi di informazione e alle banche dati di cui all'allegato IV per quanto strettamente necessario a esercitare i diritti e adempiere gli obblighi di cui al presente articolo. Il Regno Unito rimborsa all'Unione le spese da essa effettivamente sostenute per agevolare tale accesso. L'Unione comunica al Regno Unito l'importo di dette spese entro il 31 marzo di ogni anno fino alla fine del periodo di cui all'allegato IV. Se l'importo comunicato delle spese effettivamente sostenute diverge sensibilmente dalle migliori stime comunicate dall'Unione al Regno Unito prima della firma del presente accordo, il Regno Unito versa senza ritardo all'Unione l'importo delle migliori stime e il comitato misto stabilisce in che modo debba essere risolta la questione della differenza tra le spese effettivamente sostenute e l'importo delle migliori stime.

Articolo 100. **Assistenza reciproca in materia di recupero dei crediti risultanti da dazi, imposte e altre misure**. – 1. La direttiva 2010/24/UE del Consiglio [129] si applica per ancora cinque anni dopo la fine del periodo di transizione tra gli Stati membri e il Regno Unito ai crediti relativi agli importi divenuti esigibili prima della fine del periodo di transizione, ai crediti relativi a operazioni effettuate prima della fine del periodo di transizione, ma i cui importi sono divenuti esigibili dopo tale periodo, e ai crediti relativi alle operazioni di cui all'articolo 51, paragrafo 1, del presente accordo o ai movimenti dei prodotti sottoposti ad accisa di cui all'articolo 52 del presente accordo.

2. In deroga all'articolo 8, il Regno Unito ha accesso alle reti, ai sistemi di informazione e alle banche dati di cui all'allegato IV per quanto strettamente necessario a esercitare i diritti e adempiere gli obblighi di cui al presente articolo. Il Regno Unito rimborsa all'Unione le spese da essa effettivamente sostenute per agevolare tale accesso. L'Unione comunica al Regno Unito l'importo di dette spese entro il 31 marzo di ogni anno fino alla fine del periodo di cui all'allegato IV. Se l'importo comunicato delle spese effettivamente sostenute diverge sensibilmente dalle migliori stime comunicate dall'Unione al Regno Unito prima della firma del presente accordo, il Regno Unito versa senza ritardo all'Unione l'importo delle migliori stime e il comitato misto stabilisce in che modo debba essere risolta la questione della differenza tra le spese effettivamente sostenute e l'importo delle migliori stime.

TITOLO XII – Privilegi e immunità

Articolo 101. **Definizioni**. – 1. Ai fini del presente articolo per "membri delle istituzioni" si intendono, a prescindere dalla cittadinanza, il presidente del Consiglio europeo, i membri della Commissione europea, i giudici, gli avvocati generali, i cancellieri e i relatori aggiunti della Corte di giustizia dell'Unione europea, i membri della Corte dei conti, i membri degli organi della Banca centrale europea, i membri degli organi della Banca europea per gli investimenti nonché tutte le persone assimilate a una delle suddette categorie ai sensi del diritto dell'Unione ai fini del protocollo n. 7 sui privilegi e sulle immunità dell'Unione europea ("protocollo sui privilegi e sulle immunità"). Il termine "membri delle istituzioni" non comprende i membri del Parlamento europeo.

2. Per determinare le categorie di funzionari e altri agenti contemplate dagli articoli da 110 a 113 del presente accordo si applica il regolamento (Euratom, CECA, CEE) n. 549/69 del Consiglio [130].

---

[129] Direttiva 2010/24/UE del Consiglio, del 16 marzo 2010, sull'assistenza reciproca in materia di recupero dei crediti risultanti da dazi, imposte ed altre misure (GU L 84 del 31.3.2010, pag. 1).

[130] Regolamento (Euratom, CECA, CEE) n. 549/69 del Consiglio, del 25 marzo 1969, che stabilisce le categorie di funzionari ed agenti delle Comunità europee ai quali si applicano le disposizioni degli articoli 12, 13, secondo comma, e 14 del protocollo sui privilegi e sulle immunità delle Comunità (GU L 74 del 27.3.1969, pag. 1).

Capo 1 – Beni, fondi, averi e operazioni dell'Unione

Articolo 102. **Inviolabilità**. – Ai locali, agli edifici, ai beni e agli averi dell'Unione nel Regno Unito usati dall'Unione prima della fine del periodo di transizione si applica l'articolo 1 del protocollo sui privilegi e sulle immunità fino a quando non siano più ufficialmente in uso o non siano stati rimossi dal Regno Unito. L'Unione comunica al Regno Unito quando i propri locali, edifici, beni e averi non sono più in uso o sono stati rimossi dal Regno Unito.

Articolo 103. **Archivi**. – Agli archivi dell'Unione nel Regno Unito alla fine di periodo di transizione si applica l'articolo 2 del protocollo sui privilegi e sulle immunità fino a quando non siano stati rimossi dal Regno Unito. L'Unione comunica al Regno Unito la rimozione di uno o più dei propri archivi dal Regno Unito.

Articolo 104. **Fiscalità**. – Agli averi, alle entrate e ad altri beni dell'Unione nel Regno Unito alla fine di periodo di transizione si applica l'articolo 3 del protocollo sui privilegi e sulle immunità fino a quando non siano più ufficialmente in uso o non siano stati rimossi dal Regno Unito.

Capo 2 – Comunicazioni

Articolo 105. **Comunicazioni**. – Alle comunicazioni ufficiali, alla corrispondenza ufficiale e alla trasmissione dei documenti in relazione ad attività dell'Unione ai sensi del presente accordo si applica nel Regno Unito l'articolo 5 del protocollo sui privilegi e sulle immunità.

Capo 3 – Membri del Parlamento Europeo

Articolo 106. **Immunità dei membri del Parlamento europeo**. – Alle opinioni e ai voti espressi dai membri del Parlamento europeo, compresi gli ex membri, nell'esercizio delle loro funzioni e a prescindere dalla cittadinanza, prima della fine del periodo di transizione si applica nel Regno Unito l'articolo 8 del protocollo sui privilegi e sulle immunità.

Articolo 107. **Sicurezza sociale**. – Gli ex membri del Parlamento europeo, a prescindere dalla cittadinanza, che a tale titolo percepiscono una pensione e i titolari di una pensione di reversibilità in quanto superstiti di ex membri, a prescindere dalla cittadinanza, sono esenti dall'adesione obbligatoria e dai contributi al regime di sicurezza sociale nazionale nel Regno Unito alle stesse condizioni applicabili nell'ultimo giorno del periodo di transizione, se gli ex membri del Parlamento europeo erano membri del Parlamento europeo prima della fine del periodo di transizione.

Articolo 108. **Divieto di doppia imposizione su pensioni e indennità transitorie**. – Alle pensioni e indennità transitorie versate agli ex membri del Parlamento europeo, a prescindere dalla cittadinanza, si applicano nel Regno Unito gli articoli 12, 13 e 14 della decisione 2005/684/CE, Euratom del Parlamento europeo [131] e alle pensioni di reversibilità versate ai superstiti degli ex membri, a prescindere dalla cittadinanza, si applica l'articolo 17 di detta decisione, se il diritto a pensione o all'indennità transitoria era maturato prima della fine del periodo di transizione.

Capo 4 – Rappresentanti degli stati membri e del Regno Unito che partecipano ai lavori delle Istituzioni dell'unione

Articolo 109. **Privilegi, immunità e agevolazioni**. – 1. Ai rappresentanti degli Stati membri e del Regno Unito che partecipano ai lavori delle istituzioni, organi e organismi dell'Unione, nonché ai loro consiglieri e periti tecnici, e ai membri degli organi consultivi dell'Unione, a prescindere dalla cittadinanza, si applica nel Regno Unito l'articolo 10 del protocollo sui privilegi e sulle immunità, nella misura in cui la partecipazione a detti lavori:

---

[131] Decisione 2005/684/CE, Euratom del Parlamento europeo del 28 settembre 2005 che adotta lo statuto dei deputati del Parlamento europeo (GU L 262 del 7.10.2005, pag. 1).

a) abbia avuto luogo prima della fine del periodo di transizione;

b) abbia luogo dopo la fine del periodo di transizione in relazione ad attività dell'Unione ai sensi del presente accordo.

2. Ai rappresentanti del Regno Unito che partecipano ai lavori delle istituzioni, organi e organismi dell'Unione, nonché ai loro consiglieri e periti tecnici, si applica nell'Unione l'articolo 10 del protocollo sui privilegi e sulle immunità, nella misura in cui la partecipazione a detti lavori:

a) abbia avuto luogo prima della fine del periodo di transizione;

b) abbia luogo dopo la fine del periodo di transizione in relazione ad attività dell'Unione ai sensi del presente accordo.

Capo 5 – Membri delle istituzioni, funzionari e altri agenti

Articolo 110. **Privilegi e immunità**. – 1. Agli atti, comprese le loro parole e i loro scritti, compiuti in veste ufficiale dai membri delle istituzioni, dai funzionari e altri agenti dell'Unione, compresi gli ex membri, ex funzionari ed ex altri agenti, a prescindere dalla cittadinanza, si applica nel Regno Unito l'articolo 11, lettera a), del protocollo sui privilegi e sulle immunità:

a) prima della fine del periodo di transizione;

b) dopo la fine del periodo di transizione in relazione ad attività dell'Unione ai sensi del presente accordo.

2. Ai giudici della Corte di giustizia dell'Unione europea e agli avvocati generali si applica nel Regno Unito l'articolo 3, primo, secondo e terzo comma, del protocollo n. 3 sullo statuto della Corte di giustizia dell'Unione europea fino a quando le decisioni della Corte di giustizia dell'Unione europea in tutti i procedimenti e rinvii pregiudiziali di cui agli articoli 86 e 87 del presente accordo non siano definitive, e si applica in seguito anche agli ex giudici e ex avvocati generali per tutti gli atti da loro compiuti in veste ufficiale, comprese le loro parole e i loro scritti, prima della fine del periodo di transizione o in relazione ai procedimenti di cui agli articoli 86 e 87.

3. Ai funzionari e altri agenti dell'Unione di qualunque cittadinanza, e al coniuge e ai familiari a carico, a prescindere dalla cittadinanza, si applica nel Regno Unito l'articolo 11, lettere da b) a e), del protocollo sui privilegi e sulle immunità, se detti funzionari e altri agenti sono entrati al servizio dell'Unione prima della fine del periodo di transizione e fino a quando non abbiano terminato il loro trasferimento nell'Unione.

Articolo 111. **Fiscalità**. – Ai membri delle istituzioni, ai funzionari e altri agenti dell'Unione di qualunque cittadinanza, compresi gli ex membri, ex funzionari ed ex altri agenti, si applica nel Regno Unito l'articolo 12 del protocollo sui privilegi e sulle immunità, se detti membri, ufficiali o altri agenti sono entrati al servizio dell'Unione prima della fine del periodo di transizione, purché gli interessati siano soggetti, a profitto dell'Unione, a un'imposta sugli stipendi, salari ed emolumenti dalla stessa versati.

Articolo 112. **Domicilio fiscale**. – 1. Ai membri delle istituzioni, ai funzionari e altri agenti dell'Unione di qualunque cittadinanza che sono entrati al servizio dell'Unione prima della fine del periodo di transizione, e al coniuge, a prescindere dalla cittadinanza, sempreché non eserciti una propria attività professionale, nonché ai figli e ai minori a carico e in custodia di detti membri, funzionari e altri agenti si applica l'articolo 13 del protocollo sui privilegi e sulle immunità.

2. Il paragrafo 1 si applica solo alle persone che, in ragione esclusivamente dell'esercizio delle loro funzioni al servizio dell'Unione, hanno stabilito la loro residenza sul territorio di un paese membro e avevano il domicilio fiscale nel Regno Unito al momento dell'entrata al servizio dell'Unione, e alle persone che, in ragione esclusivamente dell'esercizio delle loro funzioni al servizio dell'Unione, hanno stabilito la loro residenza nel Regno Unito e avevano il domicilio fiscale in uno Stato membro al momento dell'entrata al servizio dell'Unione.

Articolo 113. **Contributi di sicurezza sociale**. – I membri delle istituzioni, i funzionari e altri agenti dell'Unione di qualunque cittadinanza, compresi gli ex membri, ex funzionari ed ex altri agenti, che sono entrati al servizio dell'Unione prima della fine del periodo di transizione e soggiornano nel Regno Unito e il coniuge, a prescindere dalla cittadinanza, sempreché non eserciti una propria attività professionale, nonché i figli e i minori a carico e in custodia di detti membri, funzionari e altri agenti, sono esenti dall'adesione obbligatoria e dai contributi al regime di sicurezza sociale nazionale nel Regno Unito alle stesse condizioni applicabili nell'ultimo giorno del periodo di transizione, se le persone interessate sono iscritte al regime di sicurezza sociale dell'Unione.

Articolo 114. **Trasferimento dei diritti a pensione**. – Nei confronti dei funzionari e altri agenti dell'Unione di qualunque nazionalità, compresi gli ex funzionari ed ex altri agenti, che sono entrati al servizio dell'Unione prima della fine del periodo di transizione e cercano di trasferire i diritti a pensione fuori del Regno Unito o all'interno del Regno Unito ai sensi dell'allegato VIII, articolo 11, paragrafi 1, 2 o 3, e articolo 12 dello statuto dei funzionari dell'Unione europea [132] o degli articoli 39, 109 e 135 del regime applicabile agli altri agenti dell'Unione, gli obblighi del Regno Unito sono quelli vigenti prima della fine del periodo di transizione.

Articolo 115. **Assicurazione contro la disoccupazione**. – Agli altri agenti dell'Unione di qualunque nazionalità, compresi gli ex altri agenti, che hanno versato contributi al regime dell'Unione di assicurazione contro la disoccupazione prima della fine del periodo di transizione si applicano gli articoli 28 *bis*, 96 e 136 del regime applicabile agli altri agenti dell'Unione europea, purché soggiornino nel Regno Unito e siano registrati presso i servizi nazionali competenti in materia di disoccupazione dopo la fine del periodo di transizione.

Capo 6 – Altre disposizioni

Articolo 116. **Revoca dell'immunità e cooperazione**. – 1. Con riguardo ai privilegi, alle immunità e alle agevolazioni accordati dal presente titolo si applicano gli articoli 17 e 18 del protocollo sui privilegi e sulle immunità.

2. Nel decidere se togliere l'immunità a norma dell'articolo 17 del protocollo sui privilegi e sulle immunità su richiesta delle autorità del Regno Unito, l'Unione accorda la stessa considerazione che accorda alle richieste delle autorità degli Stati membri in situazioni analoghe.

3. Su richiesta delle autorità del Regno Unito, l'Unione notifica a dette autorità lo status di coloro per i quali ciò sia rilevante ai fini del loro diritto a un privilegio o un'immunità ai sensi del presente titolo.

Articolo 117. **Banca centrale europea**. – 1. Il presente titolo si applica alla Banca centrale europea ("BCE"), ai membri dei suoi organi, al suo personale e ai rappresentanti delle banche centrali nazionali nel Sistema europeo di banche centrali ("SEBC") che partecipano ai lavori della BCE.

2. L'articolo 22, secondo comma, del protocollo sui privilegi e sulle immunità si applica alla BCE, ai membri dei suoi organi, al suo personale e ai rappresentanti delle banche centrali nazionali nel SEBC che partecipano ai lavori della BCE e ai beni e agli averi detenuti o gestiti e alle operazioni svolte nel Regno Unito dalla BCE ai sensi del protocollo n. 4 sullo statuto del Sistema europeo di banche centrali e della Banca centrale europea.

3. Il paragrafo 2 si applica:

a) ai beni e agli averi della BCE detenuti nel Regno Unito alla fine del periodo di transizione; e

b) alle operazioni della BCE nel Regno Unito o con suoi omologhi nel Regno Unito, e attività accessorie correlate, che erano in corso alla fine del periodo di transizione o che sono avviate dopo la fine del periodo di transizione nell'ambito delle sue attività a sostegno di operazioni in corso alla fine del periodo di transizione, fino a scadenza finale, cessazione o conclusione.

Articolo 118. **Banca europea per gli investimenti**. – 1. Il presente titolo si applica alla

---

[132] Statuto dei funzionari dell'Unione europea come stabilito con regolamento (CEE, Euratom, CECA) n. 259/68 del Consiglio, del 29 febbraio 1968, che definisce lo statuto dei funzionari delle Comunità europee nonché il regime applicabile agli altri agenti di tali Comunità, ed istituisce speciali misure applicabili temporaneamente ai funzionari della Commissione (GU L 56 del 4.3.1968, pag. 1).

Banca europea per gli investimenti ("BEI"), ai membri dei suoi organi, al suo personale e ai rappresentanti degli Stati membri che partecipano ai suoi lavori, nonché alle filiali o altre entità istituite dalla BEI prima della fine del periodo di transizione a norma dell'articolo 28, paragrafo 1, del protocollo n. 5 sullo statuto della Banca europea per gli investimenti, in particolare il Fondo europeo per gli investimenti.

2. L'articolo 21, secondo comma, del protocollo sui privilegi e sulle immunità si applica alla BEI, ai membri dei suoi organi, al suo personale e ai rappresentanti degli Stati membri che partecipano ai suoi lavori, nonché alle filiali o altre entità istituite dalla BEI prima della fine del periodo di transizione a norma dell'articolo 28, paragrafo 1, del protocollo n. 5 sullo statuto della Banca europea per gli investimenti, in particolare il Fondo europeo per gli investimenti.

3. Il paragrafo 2 si applica:

a) ai beni e agli averi della BEI o delle filiali e altre entità istituite dalla BEI prima della fine del periodo di transizione a norma dell'articolo 28, paragrafo 1, del protocollo n. 5 sullo statuto della Banca europea per gli investimenti, in particolare il Fondo europeo per gli investimenti, detenuti nel Regno Unito alla fine del periodo di transizione; e

b) alle operazioni di indebitamento, finanziamento, garanzia, investimento, tesoreria e assistenza tecnica della BEI e delle filiali e altre entità istituite dalla BEI prima della fine del periodo di transizione a norma dell'articolo 28, paragrafo 1, del protocollo n. 5 sullo statuto della Banca europea per gli investimenti, in particolare il Fondo europeo per gli investimenti, nel Regno Unito o con suoi omologhi nel Regno Unito, e attività accessorie correlate, che erano in corso alla fine del periodo di transizione o che ha avviato dopo la fine del periodo di transizione nell'ambito delle sue attività a sostegno di operazioni in corso alla fine del periodo di transizione, fino a scadenza finale, cessazione o conclusione.

Articolo 119. **Accordi di sede.** – All'Autorità bancaria europea, all'Agenzia europea per i medicinali e al Centro di monitoraggio della sicurezza Galileo si applicano rispettivamente, e fino a quando non abbiano terminato il loro trasferimento in uno Stato membro, l'accordo di sede tra il Regno Unito e l'Autorità bancaria europea dell'8 maggio 2012, lo scambio di lettere relativo all'applicazione nel Regno Unito del protocollo sui privilegi e sulle immunità delle Comunità europee all'Agenzia europea per i medicinali del 24 giugno 1996 e l'accordo sulla sede del Centro di monitoraggio della sicurezza Galileo del 17 giugno 2013. La data di notifica, da parte dell'Unione, dell'avvenuto trasferimento costituisce la data di cessazione degli accordi di sede.

TITOLO XIII – Altre questioni relative al funzionamento delle istituzioni, organi e organismi dell'Unione

Articolo 120. **Obbligo del segreto professionale.** – L'articolo 339 TFUE e le altre disposizioni del diritto dell'Unione che impongono il segreto professionale a determinate persone fisiche e a istituzioni, organi e organismi dell'Unione si applicano nel Regno Unito alle informazioni protette per loro natura dal segreto professionale e ottenute prima della fine o dopo la fine del periodo di transizione, in relazione ad attività dell'Unione ai sensi del presente accordo. Il Regno Unito rispetta tali obblighi delle persone fisiche e delle istituzioni, organi e organismi dell'Unione e ne assicura l'osservanza nel proprio territorio.

Articolo 121. **Obbligo della discrezione professionale.** – L'articolo 19 dello statuto dei funzionari dell'Unione europea e le altre disposizioni del diritto dell'Unione che impongono la discrezione professionale a determinate persone fisiche si applicano nel Regno Unito alle informazioni ottenute prima della fine o dopo la fine del periodo di transizione, in relazione ad attività dell'Unione ai sensi del presente accordo. Il Regno Unito rispetta tali obblighi delle persone fisiche e ne assicura l'osservanza nel proprio territorio.

Articolo 122. **Accesso ai documenti.** – 1. Ai fini delle disposizioni del diritto dell'Unione sull'accesso ai documenti delle istituzioni, organi e organismi dell'Unione, i riferimenti agli Stati membri e alle loro autorità si intendono fatti anche al Regno Unito e alle sue autorità per quanto riguarda i documenti redatti o ottenuti dalle istituzioni, organi e organismi dell'Unione:

a) prima della fine del periodo di transizione; o

b) dopo la fine del periodo di transizione in relazione ad attività dell'Unione ai sensi del presente accordo.

2. L'articolo 5 e l'articolo 9, paragrafo 5, del regolamento (CE) n. 1049/2001 del Parlamento europeo e del Consiglio [133] e l'articolo 5 della decisione BCE/2004/3 della Banca centrale europea [134] si applicano nel Regno Unito a tutti i documenti che rientrano nell'ambito di applicazione delle richiamate disposizioni, ottenuti dal Regno Unito:

a) prima della fine del periodo di transizione; o

b) dopo la fine del periodo di transizione in relazione ad attività dell'Unione ai sensi del presente accordo.

Articolo 123. **Banca centrale europea**. – 1. Gli articoli 9.1, 17, 35.1, 35.2 e 35.4 del protocollo n. 4 sullo statuto del Sistema europeo di banche centrali e della Banca centrale europea si applicano alla BCE, ai membri dei suoi organi, al suo personale e ai rappresentanti delle banche centrali nazionali nel SEBC che partecipano ai lavori della BCE, e ai beni e agli averi detenuti o gestiti e alle operazioni svolte nel Regno Unito dalla BCE ai sensi di detto protocollo. La BCE è esente dall'obbligo di registrarsi nel Regno Unito o di ottenere dal Regno Unito qualsiasi forma di licenza, permesso o altra autorizzazione per svolgere le proprie operazioni.

2. Il paragrafo 1 si applica:

a) ai beni e agli averi della BCE detenuti nel Regno Unito alla fine del periodo di transizione; e

b) alle operazioni della BCE nel Regno Unito o con suoi omologhi nel Regno Unito, e attività accessorie correlate, che erano in corso alla fine del periodo di transizione o che sono avviate dopo la fine del periodo di transizione nell'ambito delle sue attività a sostegno di operazioni in corso alla fine del periodo di transizione, fino a scadenza finale, cessazione o conclusione.

Articolo 124. **Banca europea per gli investimenti**. – 1. L'articolo 13, l'articolo 20, paragrafo 2, l'articolo 23, paragrafi 1 e 4, l'articolo 26 e l'articolo 27, primo comma, del protocollo n. 5 sullo statuto della Banca europea per gli investimenti si applica alla BEI, ai membri dei suoi organi, al suo personale e ai rappresentanti degli Stati membri che partecipano ai suoi lavori, nonché alle filiali o altre entità istituite dalla BEI prima della fine del periodo di transizione a norma dell'articolo 28, paragrafo 1, di detto protocollo, in particolare al Fondo europeo per gli investimenti. La BEI e il Fondo europeo per gli investimenti sono esenti dall'obbligo di registrarsi nel Regno Unito o di ottenere dal Regno Unito qualsiasi forma di licenza, permesso o altra autorizzazione per svolgere le proprie operazioni. La valuta del Regno Unito resta liberamente trasferibile e convertibile, fermo restando l'articolo 23, paragrafo 2, del protocollo n. 5 sullo statuto della Banca europea per gli investimenti per quanto riguarda la convertibilità della valuta del Regno Unito nella valuta di uno Stato terzo, ai fini di tali operazioni.

2. Il paragrafo 1 si applica:

a) ai beni e agli averi della BEI o delle filiali e altre entità istituite dalla BEI prima della fine del periodo di transizione a norma dell'articolo 28, paragrafo 1, del protocollo n. 5 sullo statuto della Banca europea per gli investimenti, in particolare il Fondo europeo per gli investimenti, detenuti nel Regno Unito alla fine del periodo di transizione; e

b) alle operazioni di indebitamento, finanziamento, garanzia, investimento, tesoreria e assistenza tecnica della BEI e delle filiali o altre entità istituite dalla BEI prima della fine del periodo di transizione a norma dell'articolo 28, paragrafo 1, del protocollo n. 5 sullo statuto della Banca europea per gli investimenti, in particolare il Fondo europeo per gli investimenti, nel Regno Unito o con suoi omologhi nel Regno Unito, e attività accessorie correlate, che erano in corso alla fine del periodo di transizione o che ha avviato dopo la fine del periodo di transizione

---

[133] Regolamento (CE) n. 1049/2001 del Parlamento europeo e del Consiglio, del 30 maggio 2001, relativo all'accesso del pubblico ai documenti del Parlamento europeo, del Consiglio e della Commissione (GU L 145 del 31.5.2001, pag. 43).

[134] Decisione della Banca centrale europea, del 4 marzo 2004, relativa all'accesso del pubblico ai documenti della Banca centrale europea (BCE/2004/3) (2004/258/CE) (GU L 80 del 18.3.2004, pag. 42).

nell'ambito delle sue attività a sostegno di operazioni in corso alla fine del periodo di transizione, fino a scadenza finale, cessazione o conclusione.

Articolo 125. **Scuole europee**. – 1. Il Regno Unito è vincolato dalla convenzione recante statuto delle scuole europee [135] nonché dai regolamenti delle scuole europee accreditate adottati dal consiglio superiore delle scuole europee, fino alla fine dell'anno scolastico in corso alla fine del periodo di transizione.

2. Agli allievi che conseguono la licenza liceale europea prima del 31 agosto 2021 e agli allievi che si iscrivono a un ciclo di studi secondari in una scuola europea prima del 31 agosto 2021 e conseguono la licenza liceale europea dopo tale data, il Regno Unito assicura la fruizione dei diritti di cui all'articolo 5, paragrafo 2, della convenzione recante statuto delle scuole europee.

PARTE QUARTA – TRANSIZIONE

Articolo 126. **Periodo di transizione**. – È previsto un periodo di transizione o esecuzione che decorre dalla data di entrata in vigore del presente accordo e termina il 31 dicembre 2020.

Articolo 127. **Ambito di applicazione della transizione**. – 1. Salvo che il presente accordo non disponga diversamente, il diritto dell'Unione si applica al Regno Unito e nel Regno Unito durante il periodo di transizione.

Tuttavia, non si applicano al Regno Unito né nel Regno Unito durante il periodo di transizione le disposizioni seguenti dei trattati e gli atti seguenti adottati da istituzioni, organi o organismi dell'Unione:

a) disposizioni dei trattati e atti che, a norma del protocollo n. 15 su talune disposizioni relative al Regno Unito di Gran Bretagna e Irlanda del Nord, del protocollo n. 19 sull'*acquis* di Schengen integrato nell'ambito dell'Unione europea e del protocollo n. 21 sulla posizione del Regno Unito e dell'Irlanda rispetto allo spazio di libertà, sicurezza e giustizia, o a norma delle disposizioni dei trattati sulla cooperazione rafforzata, compresi gli atti che modificano i suddetti atti, non erano vincolanti per il Regno Unito e nel Regno Unito prima della data di entrata in vigore del presente accordo;

b) l'articolo 11, paragrafo 4, TUE, l'articolo 20, paragrafo 2, lettera b), l'articolo 22 e l'articolo 24, primo comma, TFUE, gli articoli 39 e 40 della Carta dei diritti fondamentali dell'Unione europea, e gli atti adottati in base a tali disposizioni.

2. Qualora l'Unione e il Regno Unito raggiungano un accordo sulla disciplina delle loro future relazioni nei settori della politica estera e di sicurezza comune e della politica di sicurezza e di difesa comune, che diventi applicabile durante il periodo di transizione, il titolo V, capo 2, del TUE e gli atti adottati in base a tali disposizioni cessano di applicarsi al Regno Unito dalla data di applicazione del suddetto accordo.

3. Durante il periodo di transizione il diritto dell'Unione applicabile a norma del paragrafo 1 produce nei confronti del Regno Unito e nel Regno Unito gli stessi effetti giuridici che produce all'interno dell'Unione e degli Stati membri, ed è interpretato e applicato secondo gli stessi metodi e principi generali applicabili all'interno dell'Unione.

4. Il Regno Unito non partecipa alla cooperazione rafforzata:

a) per cui è stata concessa un'autorizzazione dopo la data di entrata in vigore del presente accordo; o

b) nel cui ambito non sono stati adottati atti prima della data di entrata in vigore del presente accordo.

5. Durante il periodo di transizione, in relazione a misure che modificano, si basano o sostituiscono una misura vigente adottata a norma della parte terza, titolo V, del TFUE da cui il Regno Unito era vincolato prima della data di entrata in vigore del presente accordo, continuano ad applicarsi *mutatis mutandis* l'articolo 5 del protocollo n. 19 sull'*acquis* di Schengen integrato nell'ambito dell'Unione europea e l'articolo 4 *bis* del protocollo n. 21 sulla posizione del Regno Unito e dell'Irlanda rispetto allo spazio di libertà, sicurezza e giustizia. Il Regno Unito non ha

[135] GU L 212 del 17.8.1994, pag. 3.

tuttavia diritto di notificare che desidera partecipare all'applicazione di nuove misure a norma della parte terza, titolo V, del TFUE, diverse da quelle di cui all'articolo 4 *bis* del protocollo n. 21.

Per sostenere la continuità della cooperazione tra l'Unione e il Regno Unito alle condizioni stabilite per la cooperazione con i paesi terzi nelle misure pertinenti, l'Unione può invitare il Regno Unito a cooperare in relazione a nuove misure adottate a norma della parte terza, titolo V, del TFUE.

6. Salvo che il presente accordo non disponga diversamente, durante il periodo di transizione i riferimenti agli Stati membri nel diritto dell'Unione applicabile a norma del paragrafo 1, anche attuato e applicato dagli Stati membri, si intendono fatti anche al Regno Unito.

7. In deroga al paragrafo 6:

a) ai fini dell'articolo 42, paragrafo 6, e dell'articolo 46 TUE nonché del protocollo n. 10 sulla cooperazione strutturata permanente istituita dall'articolo 42 TUE, i riferimenti agli Stati membri non si intendono fatti al Regno Unito. Nulla osta a che il Regno Unito possa essere invitato in via eccezionale a partecipare in quanto paese terzo a singoli progetti alle condizioni stabilite nella decisione (PESC) 2017/2315 del Consiglio [136], o ad altre forme di cooperazione nella misura consentita e alle condizioni stabilite da futuri atti dell'Unione adottati in base all'articolo 42, paragrafo 6, e all'articolo 46 TUE;

b) qualora atti dell'Unione prevedano la partecipazione di Stati membri, cittadini di Stati membri o persone fisiche o giuridiche residenti o stabilite in uno Stato membro a uno scambio d'informazioni, a una procedura o a un programma che continua a essere attuato o che inizia dopo la fine del periodo di transizione, e qualora tale partecipazione dia accesso a informazioni sensibili relative alla sicurezza di cui solo Stati membri, i cittadini di Stati membri o le persone fisiche o giuridiche residenti o stabilite in uno Stato membro possono essere a conoscenza, in tali circostanze eccezionali i riferimenti agli Stati membri nei suddetti atti dell'Unione non si intendono fatti al Regno Unito. L'Unione notifica al Regno Unito l'applicazione di tale deroga;

c) ai fini dell'assunzione di funzionari e altri agenti delle istituzioni, organi e organismi dell'Unione, i riferimenti agli Stati membri nell'articolo 27 e nell'articolo 28, lettera a), dello statuto del personale, nell'articolo 1 del relativo allegato X e negli articoli 12, 82 e 128 del regime applicabile agli altri agenti dell'Unione europea o in altre disposizioni pertinenti applicabili al personale di tali istituzioni, organi e organismi, non si intendono fatti al Regno Unito.

Articolo 128. **Disposizioni istituzionali**. – 1. Nonostante l'articolo 127, durante il periodo di transizione si applica l'articolo 7.

2. Ai fini dei trattati, durante il periodo di transizione il parlamento del Regno Unito non è considerato parlamento nazionale di uno Stato membro, tranne per quanto riguarda l'articolo 1 del protocollo n. 1 sul ruolo dei parlamenti nazionali nell'Unione europea e, per le proposte di dominio pubblico, l'articolo 2 di detto protocollo.

3. Durante il periodo di transizione le disposizioni dei trattati che accordano agli Stati membri diritti istituzionali consentendo loro di presentare proposte, iniziative o richieste alle istituzioni non si intendono comprensive del Regno Unito [137].

4. Ai fini della partecipazione alle disposizioni istituzionali stabilite agli articoli 282 e 283 TFUE e al protocollo n. 4 sullo statuto del Sistema europeo di banche centrali e della Banca centrale europea, tranne il suo articolo 21, paragrafo 2, durante il periodo di transizione la Banca d'Inghilterra non è considerata banca centrale di uno Stato membro.

5. In deroga al paragrafo 1 del presente articolo e all'articolo 7, durante il periodo di transizione i rappresentanti o gli esperti del Regno Unito, o gli esperti designati dal Regno Unito, possono assistere su invito e in via eccezionale a riunioni o a parti di riunioni dei comitati di cui

---

[136] Decisione (PESC) 2017/2315 del Consiglio, dell'11 dicembre 2017, che istituisce la cooperazione strutturata permanente (PESCO) e fissa l'elenco degli Stati membri partecipanti (GU L 331 del 14.12.2017, pag. 57).

[137] Si tratta in particolare degli articoli 7 e 30, dell'articolo 42, paragrafo 4, dell'articolo 48, paragrafi da 2 a 6, e dell'articolo 49 TUE; dell'articolo 25 e dell'articolo 76, lettera b), dell'articolo 82, paragrafo 3, dell'articolo 83, paragrafo 3, dell'articolo 86, paragrafo 1, dell'articolo 87, paragrafo 3, dell'articolo 135, dell'articolo 218, paragrafo 8, dell'articolo 223, paragrafo 1, e degli articoli 262, 311 e 341 TFUE.

all'articolo 3, paragrafo 2, del regolamento (UE) n. 182/2011, a riunioni o a parti di riunioni dei gruppi di esperti della Commissione, a riunioni o a parti di riunioni di altre entità analoghe, e a riunioni o a parti di riunioni di organi e organismi, se e quando partecipano rappresentanti o esperti degli Stati membri o esperti designati dagli Stati membri, purché ricorra una delle condizioni seguenti:

a) sono discussi singoli atti di cui è destinatario durante il periodo di transizione il Regno Unito o una persona fisica o giuridica residente o stabilita nel Regno Unito;

b) la presenza del Regno Unito risulta necessaria e nell'interesse dell'Unione, in particolare ai fini di un'attuazione efficace del diritto dell'Unione nel periodo di transizione.

Durante tali riunioni o parti di riunioni i rappresentanti o gli esperti del Regno Unito, o gli esperti designati dal Regno Unito, non hanno diritto di voto e la loro presenza è limitata ai punti dell'ordine del giorno che soddisfano le condizioni di cui alla lettera a) o b).

6. Durante il periodo di transizione il Regno Unito non funge da autorità di riferimento ai fini delle valutazioni del rischio, degli esami, delle approvazioni o autorizzazioni a livello dell'Unione o a livello di Stati membri che agiscono congiuntamente secondo gli atti e le disposizioni elencati all'allegato VII.

7. Durante il periodo di transizione, se progetti di atti dell'Unione precisano autorità, procedure, documenti specifici degli Stati membri, o vi si riferiscono direttamente, l'Unione consulta il Regno Unito su tali progetti ai fini della corretta attuazione e applicazione degli atti in questione da parte del Regno Unito e nel Regno Unito.

Articolo 129. **Disposizioni specifiche relative all'azione esterna dell'Unione.** – 1. Fatto salvo l'articolo 127, paragrafo 2, durante il periodo di transizione il Regno Unito è vincolato dagli obblighi derivanti dagli accordi internazionali conclusi dall'Unione, dagli Stati membri a nome dell'Unione o dall'Unione e dagli Stati membri congiuntamente, come disposto all'articolo 2, lettera a), punto iv) [138].

2. Durante il periodo di transizione i rappresentanti del Regno Unito non partecipano ai lavori degli organi istituiti dagli accordi internazionali conclusi dall'Unione, o dagli Stati membri a nome dell'Unione o dall'Unione e dagli Stati membri congiuntamente, a meno che:

a) il Regno Unito non partecipi come parte a sé stante; o

b) l'Unione non inviti il Regno Unito in via eccezionale ad assistere, nell'ambito della delegazione dell'Unione, a riunioni o parti di riunioni di tali organi, qualora ritenga che la presenza del Regno Unito sia necessaria e nell'interesse dell'Unione, in particolare ai fini dell'effettiva attuazione di tali accordi durante il periodo di transizione; tale presenza è consentita solo se è ammessa la partecipazione degli Stati membri in forza degli accordi applicabili.

3. In virtù del principio di leale cooperazione, durante il periodo di transizione il Regno Unito si astiene da qualunque azione o iniziativa che rischi di ledere gli interessi dell'Unione, in particolare nell'ambito di organizzazioni, agenzie, conferenze o consessi internazionali di cui il Regno Unito è parte a sé stante.

4. Nonostante il paragrafo 3, durante il periodo di transizione il Regno Unito può negoziare, firmare e ratificare gli accordi internazionali cui ha aderito a proprio nome negli ambiti di competenza esclusiva dell'Unione, purché tali accordi non entrino in vigore né si applichino durante il periodo di transizione, salvo autorizzazione dell'Unione.

5. Fatto salvo l'articolo 127, paragrafo 2, il Regno Unito può essere consultato ogniqualvolta sia necessario a fini di coordinamento.

6. In seguito a una decisione del Consiglio nell'ambito del titolo V, capo 2, del TUE, il Regno Unito può dichiarare formalmente all'alto rappresentante dell'Unione per gli affari esteri e la politica di sicurezza che, per vitali e dichiarati motivi di politica nazionale, eccezionalmente non applicherà tale decisione. In uno spirito di solidarietà reciproca, il Regno Unito si astiene da qualsiasi azione che rischi di contrastare o impedire l'azione dell'Unione basata su tale decisione, e gli Stati membri rispettano la posizione del Regno Unito.

7. Durante il periodo di transizione il Regno Unito non presta comandanti di operazioni ci-

---

[138] L'Unione comunicherà alle altre parti dei suddetti accordi che durante il periodo di transizione, ai fini degli stessi, il Regno Unito va considerato Stato membro.

vili, capi missione, comandanti di operazioni né comandanti militari per le missioni o operazioni condotte in forza degli articoli 42, 43 e 44 TUE, né costituisce la sede operativa di dette missioni o operazioni, né serve da nazione quadro per i gruppi tattici dell'Unione. Durante il periodo di transizione il Regno Unito non presta il capo degli interventi operativi di cui all'articolo 28 TUE.

Articolo 130. **Disposizioni specifiche relative alle possibilità di pesca**. – 1. In merito alla fissazione delle possibilità di pesca di cui all'articolo 43, paragrafo 3, TFUE, per i periodi rientranti nel periodo di transizione, il Regno Unito è consultato in relazione alle possibilità di pesca che lo riguardano, anche nel contesto della preparazione delle consultazioni e dei negoziati internazionali pertinenti.

2. Ai fini del paragrafo 1, l'Unione offre al Regno Unito l'opportunità di formulare osservazioni sulla comunicazione annuale della Commissione europea sulle possibilità di pesca, sui pareri scientifici degli organismi scientifici competenti e sulle proposte della Commissione di possibilità di pesca per i periodi rientranti nel periodo di transizione.

3. Nonostante l'articolo 124, paragrafo 2, lettera b), per consentire al Regno Unito di prepararsi alla futura adesione alle sedi internazionali pertinenti, in via eccezionale l'Unione può invitare il Regno Unito ad assistere, nell'ambito della delegazione dell'Unione, a consultazioni e negoziati internazionali di cui al paragrafo 1 del presente articolo, nella misura consentita agli Stati membri e ammessa dal consesso in questione.

4. Fatto salvo l'articolo 127, paragrafo 1, sono mantenuti i criteri di stabilità relativa per la ripartizione delle possibilità di pesca di cui al paragrafo 1.

Articolo 131. **Sorveglianza ed esecuzione**. – Durante il periodo di transizione le istituzioni, organi e organismi dell'Unione hanno i poteri conferiti loro dal diritto dell'Unione rispetto al Regno Unito e alle persone fisiche e giuridiche residenti o stabilite nel Regno Unito. In particolare, la Corte di giustizia dell'Unione europea ha giurisdizione in forza dei trattati.

Durante il periodo di transizione il primo comma si applica anche per quanto riguarda l'interpretazione e l'applicazione del presente accordo.

Articolo 132. **Proroga del periodo di transizione**. – 1. Nonostante l'articolo 126, il comitato misto può adottare, prima del 1° luglio 2020, una decisione unica che proroga il periodo di transizione di un periodo fino a uno o due anni [139].

2. Se il comitato misto adotta una decisione ai sensi del paragrafo 1, si applica quanto segue:

a) in deroga all'articolo 127, paragrafo 6, il Regno Unito è considerato paese terzo ai fini dell'attuazione di attività e programmi dell'Unione impegnati nell'ambito del quadro finanziario pluriennale che si applica dal 2021;

b) in deroga all'articolo 127, paragrafo 1, e fatta salva la parte quinta del presente accordo, al Regno Unito non si applica dopo il 31 dicembre 2020 il diritto dell'Unione applicabile alle risorse proprie dell'Unione per gli esercizi finanziari coperti dalla proroga del periodo di transizione;

c) in deroga all'articolo 127, paragrafo 1, del presente accordo, gli articoli 107, 108 e 109 TFUE non si applicano alle misure delle autorità del Regno Unito, anche in relazione allo sviluppo rurale, a sostegno della produzione e del commercio di prodotti agricoli nel Regno Unito fino a un livello annuo di sostegno che non eccede il totale delle spese sostenute nel Regno Unito in virtù della politica agricola comune nel 2019, e purché una percentuale minima del sostegno esentato soddisfi le disposizioni dell'allegato 2 dell'accordo sull'agricoltura dell'OMC. Tale percentuale minima è determinata sulla base dell'ultima percentuale disponibile alla quale la spesa complessiva sostenuta nell'Unione in virtù della politica agricola comune soddisfa le disposizioni dell'allegato 2 dell'accordo sull'agricoltura dell'OMC. Se la proroga del periodo di transizione non è un multiplo di dodici mesi, il livello massimo annuo del sostegno esentato è ridotto in proporzione nell'anno in cui il periodo di transizione prorogato conta meno di dodici mesi;

[139] Nell'eventualità di una proroga l'Unione ne informerà le altre parti degli accordi internazionali.

d) per il periodo dal 1° gennaio 2021 alla fine del periodo di transizione, il Regno Unito versa un contributo al bilancio dell'Unione determinato in conformità del paragrafo 3;

e) fatto salvo il paragrafo 3, lettera d), resta impregiudicata la parte quinta del presente accordo.

3. La decisione del comitato misto di cui al paragrafo 1:

a) stabilisce l'adeguato contributo del Regno Unito al bilancio dell'Unione per il periodo dal 1° gennaio 2021 alla fine del periodo di transizione, tenendo conto dello status del Regno Unito durante detto periodo, nonché le relative modalità di pagamento;

b) specifica il livello massimo del sostegno esentato, nonché la percentuale minima di detto sostegno che soddisfa le disposizioni dell'allegato 2 dell'accordo sull'agricoltura dell'OMC di cui al paragrafo 2, lettera c);

c) definisce le altre misure necessarie per l'attuazione del paragrafo 2;

d) adatta le date o i termini di cui agli articoli 51, 62, 63, 84, 96, 125, 141, 156, 157 e agli allegati IV e V per tener conto della proroga del periodo di transizione.

PARTE QUINTA – DISPOSIZIONI FINANZIARIE

Capo 1 – Disposizioni generali

Articolo 133. **Valuta da usare tra l'Unione e il Regno Unito**. – Fermo restando il diritto dell'Unione relativo alle risorse proprie dell'Unione, tutti gli importi, passività, calcoli, conti e pagamenti di cui alla presente parte sono redatti ed eseguiti in euro.

Articolo 134. **Agevolazioni offerte ai revisori in relazione alle disposizioni finanziarie**. – Il Regno Unito comunica all'Unione le entità cui ha affidato l'incarico di verificare l'esecuzione delle disposizioni finanziarie oggetto della presente parte.

Su richiesta del Regno Unito l'Unione fornisce alle entità incaricate le informazioni di cui possono ragionevolmente avere bisogno, in relazione ai diritti e agli obblighi del Regno Unito di cui alla presente parte, e accorda loro adeguata assistenza per l'espletamento del loro incarico. Nell'offrire le informazioni e l'assistenza di cui al presente articolo, l'Unione agisce conformemente al diritto dell'Unione applicabile, in particolare le norme dell'Unione sulla protezione dei dati.

Le autorità del Regno Unito e dell'Unione possono concordare opportune modalità amministrative per agevolare l'applicazione del primo e del secondo comma.

Capo 2 – Contributo e partecipazione del Regno Unito al bilancio dell'Unione

Articolo 135. **Contributo e partecipazione del Regno Unito all'esecuzione del bilancio dell'Unione per gli esercizi 2019 e 2020**. – 1. Conformemente alla parte quarta, il Regno Unito contribuisce e partecipa all'esecuzione del bilancio dell'Unione per gli esercizi 2019 e 2020.

2. In deroga alla parte quarta, le modifiche del regolamento (UE, Euratom) n. 1311/2013 del Consiglio [140] o della decisione 2014/335/UE, Euratom, adottate alla data di entrata in vigore del presente accordo o successivamente non si applicano al Regno Unito nella misura in cui incidono sugli obblighi finanziari del Regno Unito.

Articolo 136. **Disposizioni applicabili dopo il 31 dicembre 2020 in relazione alle risorse proprie**. – 1. Il diritto dell'Unione relativo alle risorse proprie dell'Unione per gli esercizi finanziari fino al 2020 continua ad applicarsi al Regno Unito dopo il 31 dicembre 2020, anche nel caso delle risorse proprie in questione da mettere a disposizione, correggere o sottoporre a rettifica dopo tale data.

2. Fatto salvo l'articolo 135, paragrafo 2, il diritto dell'Unione di cui al paragrafo 1 del presente articolo comprende in particolare gli atti e le disposizioni seguenti, e relative modifiche, a prescindere dalla data di adozione, entrata in vigore o applicazione delle modifiche:

---

[140] Regolamento (UE, Euratom) n. 1311/2013 del Consiglio, del 2 dicembre 2013, che stabilisce il quadro finanziario pluriennale per il periodo 2014-2020 (GU L 347 del 20.12.2013, pag. 884).

a) decisione 2014/335/UE, Euratom;

b) regolamento (UE, Euratom) n. 609/2014, in particolare l'articolo 12 relativo agli interessi sugli importi messi a disposizione tardivamente e l'articolo 11 sulla non partecipazione;

c) regolamento (UE, Euratom) n. 608/2014, in particolare l'articolo 1 relativo al calcolo del saldo e gli articoli da 2 a 8 sulle misure di esecuzione del sistema delle risorse proprie;

d) regolamento (CEE, Euratom) n. 1553/89 del Consiglio [141];

e) regolamento (CE, Euratom) n. 1287/2003 del Consiglio [142];

f) decisione di esecuzione (UE, Euratom) 2018/195 della Commissione [143];

g) decisione di esecuzione (UE, Euratom) 2018/194 della Commissione [144];

h) regolamento (UE, Euratom) 2018/1046 del Parlamento europeo e del Consiglio [145] ("regolamento finanziario");

i) articolo 287 TFUE sul ruolo della Corte dei conti e altre norme riguardanti tale istituzione;

j) articolo 325 TFUE sulla lotta contro la frode e atti connessi, in particolare il regolamento (UE, Euratom) n. 883/2013 del Parlamento europeo e del Consiglio [146] e il regolamento (CE, Euratom) n. 2988/95 del Consiglio [147];

k) il bilancio annuale per gli esercizi finanziari fino al 2020 o, se il bilancio annuale non è stato adottato, le norme applicabili in conformità dell'articolo 315 TFUE.

3. In deroga ai paragrafi 1 e 2, dopo il 31 dicembre 2020 si applicano al Regno Unito le disposizioni seguenti:

a) conformemente al diritto dell'Unione di cui ai paragrafi 1 e 2, sono dovuti dal Regno Unito o sono dovuti al Regno Unito gli importi risultanti, nei suoi confronti, da rettifiche delle risorse proprie iscritte a bilancio e da rettifiche relative a eccedenti o disavanzi, in relazione al finanziamento del bilancio dell'Unione fino al 2020;

b) se, conformemente al diritto dell'Unione applicabile alle risorse proprie dell'Unione, la data in cui le risorse proprie devono essere messe a disposizione è successiva al 28 febbraio 2021, il pagamento è effettuato alla prima data di cui all'articolo 148, paragrafo 1, successiva alla data in cui le risorse proprie devono essere messe a disposizione;

c) ai fini del pagamento delle risorse proprie tradizionali dovute dal Regno Unito dopo il 28 febbraio 2021, è decurtato della quota del Regno Unito l'importo dei diritti accertati a norma dell'articolo 2 del regolamento (UE, Euratom) n. 609/2014, dopo la deduzione delle spese di

---

141 Regolamento (CEE, Euratom) n. 1553/89 del Consiglio, del 29 maggio 1989, concernente il regime uniforme definitivo di riscossione delle risorse proprie provenienti dall'imposta sul valore aggiunto (GU L 155 del 7.6.1989, pag. 9).

142 Regolamento (CE, Euratom) n. 1287/2003 del Consiglio, del 15 luglio 2003, relativo all'armonizzazione del reddito nazionale lordo ai prezzi di mercato ("regolamento RNL") (GU L 181 del 19.7.2003, pag. 1).

143 Decisione di esecuzione (UE, Euratom) 2018/195 della Commissione, del 8 febbraio 2018, che definisce le schede per la segnalazione di frodi e irregolarità a danno dei diritti alle risorse proprie tradizionali e per la relazione sui controlli riguardanti le risorse proprie tradizionali a norma del regolamento (UE, Euratom) n. 608/2014 del Consiglio (GU L 36 del 9.2.2018, pag. 33).

144 Decisione di esecuzione (UE, Euratom) 2018/194 della Commissione, dell'8 febbraio 2018, che definisce i modelli degli estratti della contabilità dei diritti alle risorse proprie e il modello per la comunicazione degli importi irrecuperabili corrispondenti ai diritti alle risorse proprie a norma del regolamento (UE, Euratom) n. 609/2014 del Consiglio (GU L 36 del 9.2.2018, pag. 20).

145 Regolamento (UE, Euratom) 2018/1046 del Parlamento europeo e del Consiglio, del 18 luglio 2018, che stabilisce le regole finanziarie applicabili al bilancio generale dell'Unione, che modifica i regolamenti (UE) n. 1296/2013, (UE) n. 1301/2013, (UE) n. 1303/2013, (UE) n. 1304/2013, (UE) n. 1309/2013, (UE) n. 1316/2013, (UE) n. 223/2014, (UE) n. 283/2014 e la decisione n. 541/2014/UE e abroga il regolamento (UE, Euratom) n. 966/2012 (GU L 193 del 30.7.2018, pag. 1).

146 Regolamento (UE, Euratom) n. 883/2013 del Parlamento europeo e del Consiglio, dell'11 settembre 2013, relativo alle indagini svolte dall'Ufficio europeo per la lotta antifrode (OLAF) e che abroga il regolamento (CE) n. 1073/1999 del Parlamento europeo e del Consiglio e il regolamento (Euratom) n. 1074/1999 del Consiglio (GU L 248 del 18.9.2013, pag. 1).

147 Regolamento (CE, Euratom) n. 2988/95 del Consiglio, del 18 dicembre 1995, relativo alla tutela degli interessi finanziari delle Comunità (GU L 312 del 23.12.1995, pag. 1).

riscossione in applicazione dell'articolo 2, paragrafo 3, e dell'articolo 10, paragrafo 3, della decisione 2014/335/UE, Euratom;

d) in deroga all'articolo 7 del presente accordo, i rappresentanti o gli esperti del Regno Unito, o gli esperti designati dal Regno Unito, possono assistere su invito e in via eccezionale e senza diritto di voto alle riunioni dei comitati istituiti dal diritto dell'Unione applicabile di cui ai paragrafi 1 e 2, ad esempio alle riunioni del comitato consultivo delle risorse proprie istituito dall'articolo 7 del regolamento (UE, Euratom) n. 608/2014, o del comitato RNL istituito dall'articolo 4 del regolamento (CE, Euratom) n. 1287/2003, purché i lavori di tali comitati riguardino gli esercizi finanziari fino al 2020;

e) le correzioni o rettifiche delle risorse proprie basate sull'IVA e sul reddito nazionale lordo sono effettuate solo se le misure pertinenti a norma delle disposizioni di cui ai paragrafi 1 e 2 sono decise entro il 31 dicembre 2028;

f) la contabilità separata per le risorse proprie tradizionali di cui all'articolo 6, paragrafo 3, secondo comma, del regolamento (UE, Euratom) n. 609/2014 è liquidata completamente entro il 31 dicembre 2025. Prima del 20 febbraio 2026 è messa a disposizione del bilancio dell'Unione una quota degli importi che sono ancora su quella contabilità al 31 dicembre 2025 e per i quali, prima di tale data, la Commissione europea non ha comunicato le risultanze dei controlli svolti conformemente alla normativa sulle risorse proprie, corrispondente alla quota risultante dal rapporto tra gli importi messi a disposizione dell'Unione e gli importi comunicati dal Regno Unito alla Commissione europea nel quadro della procedura istituita all'articolo 13 del regolamento (UE, Euratom) n. 609/2014 nel periodo tra il 1° gennaio 2014 e il 31 dicembre 2020.

Articolo 137. **Partecipazione del Regno Unito all'esecuzione dei programmi e delle azioni dell'Unione nel 2019 e 2020.** – 1. Conformemente alla parte quarta, i programmi e le azioni dell'Unione impegnati nell'ambito del quadro finanziario pluriennale per il periodo 2014-2020 ("QFP 2014-2020") o delle precedenti prospettive finanziarie, sono eseguiti nel 2019 e 2020 per quanto riguarda il Regno Unito in base al diritto dell'Unione applicabile.

Nel Regno Unito per l'anno di domanda 2020 non si applica il regolamento (UE) n. 1307/2013 del Parlamento europeo e del Consiglio [148] applicabile nell'anno 2020. Tuttavia, al regime di pagamenti diretti del Regno Unito per l'anno di domanda 2020 si applica l'articolo 13 di detto regolamento, purché tale regime sia equivalente a quello del regolamento (UE) n. 1307/2013 applicabile nell'anno 2020.

2. In deroga alla parte quarta, il Regno Unito e i progetti ubicati nel Regno Unito sono ammissibili soltanto alle operazioni finanziarie svolte all'interno di strumenti finanziari gestiti direttamente o indirettamente a norma del titolo X del regolamento finanziario, o alle operazioni finanziarie garantite dal bilancio dell'Unione nell'ambito del Fondo europeo per gli investimenti strategici (FEIS) istituito con regolamento (UE) 2015/1017 del Parlamento europeo e del Consiglio [149] e del Fondo europeo per lo sviluppo sostenibile (EFSD) istituito con regolamento (UE) 2017/1601 del Parlamento europeo e del Consiglio [150], purché tali operazioni finanziarie siano state approvate da entità e organismi, tra cui la BEI e il Fondo europeo per gli investimenti ("FEI"), o da persone incaricate dell'esecuzione di parte di tali azioni prima della data di entrata in vigore del presente accordo, anche se la firma di dette operazioni finanziarie risale a dopo tale data. In relazione a tali operazioni finanziarie approvate dopo la data di entrata in vigore del pre-

---

[148] Regolamento (UE) n. 1307/2013 del Parlamento europeo e del Consiglio, del 17 dicembre 2013, recante norme sui pagamenti diretti agli agricoltori nell'ambito dei regimi di sostegno previsti dalla politica agricola comune e che abroga il regolamento (CE) n. 637/2008 del Consiglio e il regolamento (CE) n. 73/2009 del Consiglio (GU L 347 del 20.12.2013, pag. 608).

[149] Regolamento (UE) 2015/1017 del Parlamento europeo e del Consiglio, del 25 giugno 2015, relativo al Fondo europeo per gli investimenti strategici, al polo europeo di consulenza sugli investimenti e al portale dei progetti di investimento europei e che modifica i regolamenti (UE) n. 1291/2013 e (UE) n. 1316/2013 – il Fondo europeo per gli investimenti strategici (GU L 169 dell'1.7.2015, pag. 1).

[150] Regolamento (UE) 2017/1601 del Parlamento europeo e del Consiglio, del 26 settembre 2017, che istituisce il Fondo europeo per lo sviluppo sostenibile (EFSD), la garanzia dell'EFSD e il Fondo di garanzia dell'EFSD (GU L 249 del 27.9.2017, pag. 1).

sente accordo, le entità stabilite nel Regno Unito sono trattate come entità ubicate fuori dell'Unione.

Articolo 138. **Diritto dell'Unione applicabile dopo il 31 dicembre 2020 in relazione alla partecipazione del Regno Unito all'esecuzione dei programmi e delle azioni dell'Unione impegnati nell'ambito del QFP 2014-2020 o delle precedenti prospettive finanziarie**. – 1. Per quanto riguarda l'esecuzione dei programmi e delle azioni dell'Unione impegnati nell'ambito del QFP 2014-2020 o delle precedenti prospettive finanziarie, il diritto dell'Unione applicabile, comprese le norme sulle rettifiche finanziarie e sulla liquidazione dei conti, continua ad applicarsi al Regno Unito dopo il 31 dicembre 2020 fino alla chiusura di tali programmi e azioni dell'Unione.

2. Il diritto dell'Unione applicabile di cui al paragrafo 1 comprende in particolare le disposizioni seguenti, e relative modifiche, a prescindere dalla data di adozione, entrata in vigore o applicazione delle modifiche:

a) il regolamento finanziario;

b) gli atti di base, definiti all'articolo 2, punto 4), del regolamento finanziario, che istituiscono i programmi e le azioni dell'Unione di cui ai commenti del bilancio riguardanti i titoli, capi, articoli o voci a norma dei quali sono stati impegnati gli stanziamenti;

c) articolo 299 TFUE sull'esecutività degli obblighi pecuniari;

d) articolo 287 TFUE sul ruolo della Corte dei conti e altre norme riguardanti tale istituzione;

e) articolo 325 TFUE sulla lotta contro la frode e atti connessi, in particolare il regolamento (UE, Euratom) n. 883/2013 e il regolamento (CE, Euratom) n. 2988/95.

3. In deroga all'articolo 7, i rappresentanti o gli esperti del Regno Unito, o gli esperti designati dal Regno Unito, possono assistere su invito e in via eccezionale e senza diritto di voto alle riunioni dei comitati che assistono la Commissione europea nell'esecuzione e nella gestione dei programmi istituiti dal diritto dell'Unione di cui al paragrafo 1 o istituiti dalla Commissione europea in esecuzione di tale diritto, purché i lavori di tali comitati riguardino gli esercizi finanziari fino al 2020.

4. In deroga all'articolo 8, il Regno Unito ha accesso alle reti, ai sistemi di informazione e alle banche dati istituiti dai pertinenti atti di base o dalle norme di esecuzione derivanti da tali atti di base, per quanto strettamente necessario all'esecuzione dei programmi e delle azioni di cui al paragrafo 2, lettera b).

5. Su proposta del comitato delle disposizioni finanziarie di cui all'articolo 165, paragrafo 1, lettera f), il comitato misto può adottare, in conformità delle norme stabilite dall'articolo 166, misure tecniche per agevolare la chiusura dei programmi e delle azioni di cui al paragrafo 1 del presente articolo o per esentare il Regno Unito dall'obbligo di adottare provvedimenti, durante o dopo la chiusura di tali programmi e azioni, che non sono pertinenti a un ex Stato membro, purché tali misure tecniche rispettino il principio di sana gestione finanziaria e non comportino vantaggi per il Regno Unito o per beneficiari del Regno Unito rispetto agli Stati membri o a paesi terzi che partecipano ai medesimi programmi e alle medesime azioni finanziate dal bilancio dell'Unione.

Articolo 139. **Quota del Regno Unito**. – La quota del Regno Unito di cui all'articolo 136, paragrafo 3, lettere a) e c), e agli articoli da 140 a 147 è una percentuale risultante dal rapporto tra le risorse proprie messe a disposizione dal Regno Unito nel periodo 2014-2020 e le risorse proprie messe a disposizione nel medesimo periodo da tutti gli Stati membri e dal Regno Unito, rettificate dall'importo comunicato agli Stati membri prima del 1° febbraio 2022 conformemente all'articolo 10 *ter*, paragrafo 5, del regolamento (UE, Euratom) n. 609/2014.

Articolo 140. **Impegni da liquidare**. – 1. Salvo che il presente accordo non disponga diversamente, il Regno Unito è responsabile nei confronti dell'Unione della sua quota degli impegni di bilancio del bilancio dell'Unione e dei bilanci delle agenzie decentrate dell'Unione che restano da liquidare al 31 dicembre 2020, e della sua quota degli impegni assunti nel 2021 sul riporto degli stanziamenti d'impegno dal bilancio 2020.

Il primo comma non si applica agli impegni seguenti da liquidare al 31 dicembre 2020:

a) impegni correlati ai programmi e agli organi cui si applica l'articolo 11 del regolamento (UE, Euratom) n. 609/2014 per quanto riguarda il Regno Unito;

b) impegni finanziati dalle entrate con destinazione specifica del bilancio dell'Unione.

Per quanto riguarda le agenzie decentrate dell'Unione, l'importo dei loro impegni di cui al primo comma è considerato solo in proporzione alla quota dei contributi del bilancio dell'Unione alle loro entrate complessive per il periodo 2014-2020.

2. L'Unione calcola l'importo degli impegni di cui al paragrafo 1 al 31 dicembre 2020. Essa comunica l'importo al Regno Unito entro il 31 marzo 2021, aggiungendo un elenco contenente la chiave di riferimento di ciascun impegno, le linee di bilancio associate e l'importo per ciascuna linea di bilancio associata.

3. Entro il 31 marzo di ogni anno a partire dal 2022, l'Unione comunica al Regno Unito rispetto agli impegni di cui al paragrafo 1:

a) informazioni sull'importo degli impegni da liquidare al 31 dicembre dell'esercizio precedente e sui pagamenti e disimpegni effettuati nell'esercizio precedente, con un aggiornamento dell'elenco di cui al paragrafo 2;

b) una stima dei pagamenti previsti nell'esercizio in corso basata sul livello degli stanziamenti di pagamento a bilancio;

c) una stima del contributo previsto del Regno Unito ai pagamenti di cui alla lettera b); e

d) altre informazioni quali la previsione dei pagamenti a medio termine.

4. L'importo annuo dovuto risulta dalla quota del Regno Unito della stima di cui al paragrafo 3, lettera b), rettificato dalla differenza tra i pagamenti effettuati dal Regno Unito nell'esercizio precedente e la quota del Regno Unito dei pagamenti effettuati dall'Unione nell'esercizio precedente sugli impegni da liquidare di cui al paragrafo 1, e dedotto l'importo delle rettifiche finanziarie nette in relazione a programmi e azioni finanziati nell'ambito del QFP 2014-2020 o delle precedenti prospettive finanziarie e dedotti i proventi delle procedure d'infrazione nei confronti di uno Stato membro per mancata messa a disposizione delle risorse proprie relative agli esercizi finanziari fino al 2020, purché tali importi siano stati percepiti dal bilancio nell'esercizio precedente e siano definitivi. L'importo annuo dovuto dal Regno Unito non è rettificato durante quell'esercizio.

Nel 2021 l'importo annuo dovuto dal Regno Unito è ridotto della quota del bilancio 2020 finanziata dal Regno Unito applicata agli stanziamenti di pagamento riportati dal 2020 al 2021 conformemente agli articoli 12 e 13 del regolamento finanziario, e della quota del Regno Unito sul totale delle risorse proprie tradizionali messe a disposizione dell'Unione nel gennaio e febbraio 2021, rispetto alle quali i diritti dell'Unione sono stati accertati nel novembre e dicembre 2020 conformemente all'articolo 2 del regolamento (UE, Euratom) n. 609/2014. L'Unione rimborsa al Regno Unito la quota del Regno Unito sul totale delle risorse proprie tradizionali messe a disposizione dagli Stati membri dopo il 31 dicembre 2020 per i beni immessi in libera pratica per fine o appuramento della custodia temporanea o dei regimi doganali di cui all'articolo 49, paragrafo 2, iniziati entro quella data.

5. Su richiesta del Regno Unito trasmessa non prima del 31 dicembre 2028, l'Unione calcola una stima degli importi residui dovuti dal Regno Unito in forza del presente articolo, applicando una regola che tenga conto degli impegni da liquidare a fine esercizio e di una stima dei disimpegni eventuali su detti impegni, delle rettifiche finanziarie e dei proventi delle procedure d'infrazione dopo la fine dell'esercizio. Previa conferma al comitato delle disposizioni finanziarie di cui all'articolo 165, paragrafo 1, lettera f), e al comitato misto di aver accettato la proposta, il Regno Unito paga l'importo stimato, rettificato secondo il paragrafo 4 del presente articolo, in relazione ai pagamenti effettuati dal Regno Unito nell'esercizio precedente. Il pagamento degli importi di cui al presente paragrafo estingue gli obblighi residui del Regno Unito o dell'Unione a norma del presente articolo.

Articolo 141. **Ammende decise entro il 31 dicembre 2020**. – 1. Su un'ammenda decisa dall'Unione entro il 31 dicembre 2020, che è diventata definitiva e non costituisce entrata con destinazione specifica, l'Unione rimborsa al Regno Unito la quota che gli spetta dell'importo dell'ammenda riscosso dall'Unione, salvo che l'importo non sia già stato registrato nel bilancio dell'Unione come entrata di bilancio entro il 31 dicembre 2020.

2. Su un'ammenda decisa dall'Unione dopo il 31 dicembre 2020 in una procedura di cui all'articolo 92, paragrafo 1, l'Unione rimborsa al Regno Unito la quota che gli spetta dell'importo dell'ammenda riscosso dall'Unione purché l'ammenda sia diventata definitiva.

Articolo 142. **Responsabilità dell'Unione alla fine del 2020.** – 1. Il Regno Unito è responsabile nei confronti dell'Unione della sua quota del finanziamento delle passività dell'Unione assunte fino al 31 dicembre 2020, ad eccezione di quanto segue:

a) passività con attività corrispondenti, tra cui: attività relative ai prestiti di assistenza finanziaria dell'Unione e le passività di bilancio associate, attività corrispondenti a immobili, impianti e attrezzature e accantonamenti connessi allo smantellamento dei siti nucleari del Centro comune di ricerca, e tutti gli obblighi correlati alle locazioni, attività immateriali e inventari, attività e passività relative alla gestione del rischio di valuta estera, entrate maturate e differite e tutti gli accantonamenti tranne per le ammende, i procedimenti giudiziari e le passività per garanzie finanziarie; e

b) passività e attività connesse al funzionamento del bilancio e alla gestione delle risorse proprie, tra cui anticipi dei prefinanziamenti in essere, crediti, tesoreria e debiti, nonché i ratei passivi, compresi quelli connessi al Fondo europeo agricolo di garanzia o già inclusi negli impegni da liquidare (RAL).

2. In particolare, il Regno Unito è responsabile della propria quota delle passività dell'Unione in materia di diritti pensionistici e diritti ad altre prestazioni legate al rapporto di lavoro, maturati entro il 31 dicembre 2020. I pagamenti relativi a tali passività sono effettuati in conformità dei paragrafi 5 e 6.

3. L'Unione comunica al Regno Unito entro il 31 marzo di ogni anno a partire dal 2022 i pagamenti effettuati nel corso dell'esercizio precedente corrispondenti alle passività in essere al 31 dicembre 2020 e l'importo del contributo del Regno Unito a tali pagamenti.

4. Entro il 31 marzo di ogni anno a partire dal 2022, l'Unione trasmette al Regno Unito un documento specifico sulle pensioni per quanto riguarda la situazione al 31 dicembre dell'esercizio precedente con riferimento alla responsabilità di cui al paragrafo 2, che riporta:

a) gli importi residui da pagare in relazione alle passività descritte nel paragrafo 5;

b) i calcoli, i dati e le ipotesi serviti per determinare l'importo dovuto dal Regno Unito entro il 30 giugno dell'esercizio in corso in relazione ai pagamenti per le pensioni del personale e ai contributi del bilancio dell'Unione al regime comune di assicurazione malattia (RCAM) effettuati nell'esercizio precedente conformemente al paragrafo 6, e una stima di tali importi per l'anno in corso;

c) per quanto riguarda la popolazione al 31 dicembre 2020, il numero dei beneficiari effettivi e la stima dei beneficiari futuri dei regimi di assicurazione pensionistica e di assicurazione malattia alla fine dell'esercizio precedente e i loro diritti cumulati successivi alla fine del rapporto di lavoro in quel momento; e

d) le passività in essere del Regno Unito calcolate tramite valutazioni attuariali effettuate conformemente ai pertinenti principi contabili internazionali per il settore pubblico, con una spiegazione dell'evoluzione di tali passività rispetto all'esercizio precedente.

Il documento può essere aggiornato entro il 30 settembre dello stesso anno per tenere conto delle cifre definitive relative all'esercizio precedente.

5. In merito alla responsabilità del Regno Unito per i diritti a pensione e i diritti ad altre prestazioni legate al rapporto di lavoro di cui al paragrafo 2, per quanto riguarda le pensioni dei membri e dei titolari di alte cariche dell'UE contemplati dal regolamento n. 422/67/CEE, n. 5/67/Euratom del Consiglio [151], dalla decisione 2005/684/CE, Euratom del Parlamento europeo [152] e dal regolamento (UE) 2016/300 del Consiglio [153], il Regno Unito contribuisce alle passività registrate nei conti consolidati dell'Unione per l'esercizio finanziario 2020 in 10 rate a partire dal 31 ottobre 2021.

---

[151] Regolamento n. 422/67/CEE, n. 5/67/Euratom del Consiglio, del 25 luglio 1967, relativo alla fissazione del trattamento economico del presidente e dei membri della Commissione, del presidente, dei giudici, degli avvocati generali e del cancelliere della Corte di giustizia (GU 187 dell'8.8.1967, pag. 1).

[152] Decisione 2005/684/CE, Euratom del Parlamento europeo del 28 settembre 2005 che adotta lo statuto dei deputati del Parlamento europeo (GU L 262 del 7.10.2005, pag. 1).

[153] Regolamento (UE) 2016/300 del Consiglio, del 29 febbraio 2016, che definisce il trattamento economico dei titolari di alte cariche dell'UE (GU L 58 del 4.3.2016, pag. 1).

6. In merito alla responsabilità del Regno Unito per i diritti a pensione e i diritti ad altre prestazioni legate al rapporto di lavoro di cui al paragrafo 2, per quanto riguarda le pensioni dei funzionari dell'Unione stabilite a norma degli articoli da 77 a 84 dello statuto dei funzionari dell'Unione europea, e per le pensioni degli agenti temporanei, degli agenti contrattuali e degli assistenti parlamentari stabilite a norma, rispettivamente, degli articoli da 33 a 40, da 101 a 114 e dell'articolo 135, del regime applicabile agli altri agenti dell'Unione europea, il Regno Unito contribuisce con cadenza annuale ai pagamenti netti effettuati dal bilancio dell'Unione a favore di ciascun beneficiario e al relativo contributo del bilancio dell'Unione all'RCAM per ciascun beneficiario o persona che fruisce di tale regime tramite un beneficiario. I pagamenti di tale contributo decorrono dal 30 giugno 2022.

Per le pensioni di cui al primo comma, il pagamento a carico del Regno Unito è pari alla somma dei pagamenti netti effettuati dal bilancio dell'Unione nell'esercizio precedente per ciascun beneficiario, moltiplicato per la quota del Regno Unito e per una percentuale specifica per ciascun beneficiario ("percentuale specifica"). La percentuale specifica è calcolata come segue:

a) per il beneficiario che riceve la pensione il 1° gennaio 2021, la percentuale specifica è il 100 %;

b) per ogni altro beneficiario di pensione, la percentuale specifica risulta dal rapporto tra i diritti a pensione maturati entro il 31 dicembre 2020 conformemente allo statuto dei funzionari dell'Unione europea e in particolare all'allegato VIII, compresi i diritti a pensione trasferiti a tale data, e i diritti a pensione maturati alla data del pensionamento o del decesso, se precedente, o alla data in cui la persona esce dal regime;

c) ai fini del contributo del bilancio all'RCAM, la percentuale specifica risulta dal rapporto tra il numero di anni in cui il beneficiario ha contribuito al regime pensionistico fino al 31 dicembre 2020 e il totale degli anni di pensionamento durante i quali il beneficiario, o la persona cui si applica lo statuto dei funzionari dell'Unione europea, che è la base per i diritti dell'RCAM, ha contribuito al regime pensionistico.

Nel caso del beneficiario di una pensione di reversibilità o di una pensione di orfano stabilita a norma dello statuto dei funzionari dell'Unione europea, il calcolo è effettuato sulla base della carriera della persona cui si applica lo statuto, che è la base per la pensione di reversibilità o per la pensione di orfano.

Fino a che non si estingue la responsabilità di cui al presente paragrafo, ogni dato anno ("anno N") il Regno Unito può trasmettere all'Unione prima del 1° marzo dell'anno N la richiesta di pagare il passivo in essere al 31 dicembre dell'anno N. L'Unione stabilisce l'importo del passivo in essere in relazione alla pensione e alle prestazioni successive alla fine del rapporto dell'RCAM, secondo la stessa metodologia di cui al paragrafo 4, lettera d). Se concorda, il Regno Unito provvede a pagare tale importo in cinque rate, la prima delle quali nell'anno N + 1. Il Regno Unito onora i propri impegni anche per l'anno N secondo la procedura di cui al presente paragrafo. Una volta ultimato il pagamento, e purché siano conclusi anche i pagamenti di cui al paragrafo 5, gli obblighi residui di cui al presente articolo sono estinti. Il comitato delle disposizioni finanziarie di cui all'articolo 165, paragrafo 1, lettera f), e il comitato misto ne sono informati.

Articolo 143. **Passività finanziarie potenziali relative a prestiti erogati per assistenza finanziaria, FEIS, EFSD e mandato per i prestiti esterni**. – 1. Il Regno Unito è responsabile nei confronti dell'Unione della propria quota delle passività finanziarie potenziali dell'Unione derivanti da operazioni finanziarie:

a) decise dal Parlamento europeo e dal Consiglio o dalla Commissione europea prima della data di entrata in vigore del presente accordo, quando tali operazioni finanziarie riguardano prestiti per aiuti finanziari decisi a norma del regolamento (UE) n. 407/2010 del Consiglio [154], del regolamento (CE) n. 332/2002 del Consiglio [155] o delle decisioni del Parlamento europeo e del

[154] Regolamento (UE) n. 407/2010 del Consiglio, dell'11 maggio 2010, che istituisce un meccanismo europeo di stabilizzazione finanziaria (GU L 118 del 12.5.2010, pag. 1).

[155] Regolamento (CE) n. 332/2002 del Consiglio, del 18 febbraio 2002, che istituisce un meccanismo di sostegno finanziario a medio termine delle bilance dei pagamenti degli Stati membri (GU L 53 del 23.2.2002, pag. 1).

Consiglio che forniscono assistenza macrofinanziaria a vari paesi sulla base di una dotazione a norma del regolamento (CE, Euratom) n. 480/2009 del Consiglio [156] o del regolamento (CE, Euratom) n. 2728/94 del Consiglio [157];

b) approvate prima della data di entrata in vigore del presente accordo da organismi, entità o persone direttamente incaricati dell'esecuzione delle operazioni finanziarie connesse alle garanzie di bilancio erogate a favore della BEI tramite il FEIS conformemente al regolamento (UE) 2015/1017, o tramite il mandato per i prestiti esterni conformemente al regolamento (CE, Euratom) n. 480/2009 o al regolamento (CE, Euratom) n. 2728/94 e alla decisione n. 466/2014/UE del Parlamento europeo e del Consiglio [158] o alla decisione n. 1080/2011/UE del Parlamento europeo e del Consiglio [159], o concesse a favore di loro omologhi ammissibili (EFSD).

Il 31 luglio 2019 l'Unione presenta al Regno Unito una relazione specifica su dette operazioni finanziarie che contiene, per ciascun tipo di strumento, informazioni riguardanti:

a) le passività finanziarie derivanti da dette operazioni finanziarie alla data di entrata in vigore del presente accordo;

b) se pertinente, gli accantonamenti detenuti alla data di entrata in vigore del presente accordo nei rispettivi fondi di garanzia o conti fiduciari per coprire le passività finanziarie di cui alla lettera a), e i rispettivi accantonamenti impegnati e non ancora pagati.

Nei conti consolidati dell'Unione per gli esercizi 2019 e 2020, i pagamenti effettuati dagli accantonamenti di cui al secondo comma, lettera b), a decorrere dalla data di entrata in vigore del presente accordo fino al 31 dicembre 2019 e 2020 rispettivamente, sono comunicati per le stesse operazioni finanziarie di cui al presente paragrafo purché siano decisi alla data di entrata in vigore del presente accordo o successivamente.

La responsabilità del Regno Unito nei confronti dell'Unione in relazione alle operazioni finanziarie di cui al presente paragrafo non è interessata da eventuali ristrutturazioni di dette operazioni finanziarie. In particolare l'esposizione finanziaria del Regno Unito non aumenta in termini nominali rispetto alla situazione immediatamente precedente la ristrutturazione.

2. Per le operazioni finanziarie di cui al paragrafo 1, l'Unione è responsabile nei confronti del Regno Unito della quota del Regno Unito:

a) degli importi che l'Unione ha recuperato da debitori insolventi o connessi a pagamenti indebiti; e

b) delle entrate nette risultanti dalla differenza tra entrate finanziarie e operative e spese finanziarie e operative, messe a bilancio dell'Unione come entrate generali o con destinazione specifica.

Per quanto riguarda le entrate della gestione patrimoniale della copertura degli strumenti dotati di copertura, l'Unione calcola una percentuale delle entrate dal rapporto tra le entrate nette della gestione patrimoniale dell'esercizio precedente e la copertura totale in essere alla fine dell'esercizio precedente. L'importo della responsabilità nei confronti del Regno Unito per le entrate della gestione patrimoniale della copertura è l'importo ottenuto moltiplicando la copertura attuale del Regno Unito di cui al paragrafo 5 per la suddetta percentuale delle entrate.

3. Entro il 31 marzo 2021, per ciascuno strumento di cui al paragrafo 1 che prevede una copertura a carico del bilancio dell'Unione, l'Unione comunica al Regno Unito:

a) la copertura iniziale risultante dalla quota del Regno Unito nella somma:

i) degli accantonamenti realizzati nel corrispondente fondo di garanzia al 31 dicembre 2020;

---

[156] Regolamento (CE, Euratom) n. 480/2009 del Consiglio, del 25 maggio 2009, che istituisce un Fondo di garanzia per le azioni esterne (GU L 145 del 10.6.2009, pag. 10).

[157] Regolamento (CE, Euratom) n. 2728/94 del Consiglio, del 31 ottobre 1994, che istituisce un Fondo di garanzia per le azioni esterne (GU L 293 del 12.11.1994, pag. 1).

[158] Decisione n. 466/2014/UE del Parlamento europeo e del Consiglio, del 16 aprile 2014, sulla concessione di una garanzia dell'Unione alla Banca europea per gli investimenti in caso di perdite relative ad operazioni di finanziamento a sostegno di progetti di investimento al di fuori dell'Unione (GU L 135 dell'8.5.2014, pag. 1).

[159] Decisione n. 1080/2011/UE del Parlamento europeo e del Consiglio, del 25 ottobre 2011, che accorda alla Banca europea per gli investimenti una garanzia dell'Unione in caso di perdite dovute a prestiti e garanzie sui prestiti a favore di progetti realizzati al di fuori dell'Unione e che abroga la decisione n. 633/2009/CE (GU L 280 del 27.10.2011, pag. 1).

ii) degli accantonamenti impegnati e non ancora pagati al 31 dicembre 2020; e

iii) dei pagamenti effettuati dalla data di entrata in vigore del presente accordo fino al 31 dicembre 2020, relativi a operazioni finanziarie decise alla data di entrata in vigore del presente accordo o successivamente; e

b) il tasso di copertura predefinito risultante dal rapporto tra la copertura iniziale del Regno Unito per lo strumento in questione e l'importo delle operazioni finanziarie di cui al paragrafo 1 al 31 dicembre 2020 decise prima dell'entrata in vigore del presente accordo.

4. Il 31 marzo di ogni anno a partire dal 2021 fino ad ammortamento, scadenza o conclusione delle operazioni finanziarie di cui al paragrafo 1, l'Unione comunica al Regno Unito informazioni riguardanti dette operazioni finanziarie. Le informazioni contengono, per ciascun tipo di strumento:

a) le passività potenziali in essere al 31 dicembre dell'esercizio precedente;

b) i pagamenti effettuati dall'Unione nell'esercizio precedente in relazione a dette operazioni finanziarie e i relativi importi accumulati dopo il 31 dicembre 2020;

c) la copertura attuale del Regno Unito e il relativo tasso di copertura di cui al paragrafo 5;

d) i rimborsi versati al Regno Unito nell'esercizio precedente in conformità del paragrafo 6, lettera a), e i relativi importi accumulati dopo il 31 dicembre 2020;

e) gli importi recuperati e le entrate nette registrati nel bilancio dell'Unione di cui al paragrafo 2 per l'esercizio precedente;

f) se necessario, altre informazioni utili riguardanti le operazioni finanziarie dell'esercizio precedente.

5. Entro il 31 marzo di ogni anno, per ciascuno strumento di cui al paragrafo 1, se l'atto di base stabilisce una copertura a carico del bilancio dell'Unione, l'Unione:

a) calcola la copertura attuale del Regno Unito, definita come l'importo della copertura iniziale del Regno Unito meno:

i) la quota del Regno Unito dei pagamenti di cui al paragrafo 4, lettera b), provenienti dal bilancio dell'Unione e accumulati dopo il 31 dicembre 2020 in relazione alle operazioni finanziarie decise prima dell'entrata in vigore del presente accordo;

ii) la quota del Regno Unito dell'importo dei disimpegni realizzati negli esercizi precedenti sugli impegni ancora da liquidare di cui al paragrafo 3, lettera a), punto ii), come comunicato a norma dell'articolo 140, paragrafo 3;

iii) il livello accumulato dei rimborsi versati al Regno Unito al 1° gennaio 2021, di cui al paragrafo 4, lettera d);

b) comunica al Regno Unito il tasso di copertura attuale, definito come il rapporto tra la copertura attuale del Regno Unito e l'importo delle operazioni finanziarie di cui al paragrafo 4, lettera a).

6. Ogni anno a decorrere dal 2022:

a) se l'attuale tasso di copertura del Regno Unito per uno strumento eccede il tasso di copertura predefinito per quello strumento, l'Unione è responsabile di detto strumento nei confronti del Regno Unito per l'importo ottenuto moltiplicando l'importo delle passività finanziarie di cui al paragrafo 4, lettera a), per la differenza tra il tasso di copertura attuale e il tasso di copertura predefinito. La responsabilità dell'Unione non supera la copertura attuale del Regno Unito calcolata al paragrafo 5;

b) se in un dato anno il tasso di copertura attuale del Regno Unito per uno strumento diventa negativo, il Regno Unito è responsabile di detto strumento nei confronti dell'Unione per l'importo della copertura negativa attuale. Negli anni successivi il Regno Unito è responsabile di detto strumento nei confronti dell'Unione per la sua quota dei pagamenti effettuati come comunicato a norma del paragrafo 4, lettera b), del presente articolo e per la sua quota dell'importo dei disimpegni realizzati nell'esercizio precedente sugli impegni ancora da liquidare di cui al paragrafo 3, lettera a), punto ii), del presente articolo come comunicato a norma dell'articolo 140, paragrafo 3.

7. Una volta estinte le operazioni finanziarie dell'Unione relative a uno strumento di cui al paragrafo 1, se la copertura attuale del Regno Unito è positiva l'Unione è responsabile nei confronti del Regno Unito per l'importo della copertura attuale calcolata conformemente al paragrafo 5.

8. Dopo il 31 dicembre 2020, se sono effettuati pagamenti dal bilancio dell'Unione per le operazioni finanziarie di cui al paragrafo 1 in relazione a uno strumento per il quale l'atto di base non prevede copertura, il Regno Unito è responsabile nei confronti dell'Unione di detto strumento per la sua quota dei pagamenti effettuati, come comunicato a norma del paragrafo 4, lettera b).

9. Ai fini del presente articolo, quando le passività finanziarie, i pagamenti, i recuperi o altri importi riguardano operazioni finanziarie di cui al paragrafo 1, ma non è possibile determinare direttamente se derivino da una particolare operazione finanziaria in seguito all'applicazione di meccanismi di mutualizzazione dei rischi o di meccanismi di subordinazione, le passività finanziarie, i pagamenti, i recuperi o altri importi pertinenti che devono essere determinati ai fini dell'applicazione del presente articolo sono calcolati proporzionalmente in base al rapporto tra l'importo delle operazioni finanziarie decise o approvate prima della data di entrata in vigore del presente accordo al 31 dicembre dell'esercizio precedente il calcolo e l'importo totale delle operazioni finanziarie a tale data.

10. Le operazioni finanziarie di cui al paragrafo 1 che non sono soggette ad ammortamento sono considerate dopo dieci anni ammortate proporzionalmente all'ammortamento delle operazioni residue soggette ad ammortamento.

Articolo 144. **Strumenti finanziari in regime di esecuzione diretta o indiretta finanziati dai programmi del QFP 2014-2020 o dalle precedenti prospettive finanziarie.** – 1. Dalla data di entrata in vigore del presente accordo fino al completo ammortamento delle operazioni finanziarie di cui alla lettera a) del presente comma, l'Unione indica le operazioni finanziarie che:

a) sono state decise dalla Commissione europea prima della data di entrata in vigore del presente accordo e, se necessario, approvate dalle istituzioni finanziarie cui la Commissione europea ha affidato l'attuazione di uno strumento finanziario nell'ambito di un programma del QFP 2014-2020 o delle precedenti prospettive finanziarie in regime di esecuzione diretta o indiretta; e

b) sono state decise e se necessario approvate alla data di entrata in vigore del presente accordo o successivamente.

Il 31 luglio 2019, nella relazione di cui all'articolo 143, paragrafo 1, secondo comma, l'Unione fornisce le informazioni seguenti sugli strumenti finanziari in regime di esecuzione diretta o indiretta finanziati dai programmi del QFP 2014-2020 o dalle precedenti prospettive finanziarie:

a) le passività finanziarie derivanti dalle operazioni decise prima della data di entrata in vigore del presente accordo dalla Commissione europea o dall'entità cui la Commissione europea ha affidato l'esecuzione dello strumento finanziario; e

b) i pagamenti effettuati dalla Commissione europea per gli strumenti finanziari e gli importi impegnati per gli strumenti finanziari che non sono ancora stati corrisposti a tale data.

La ristrutturazione delle operazioni finanziarie di cui al presente paragrafo non incide sulla responsabilità dell'Unione nei confronti del Regno Unito in relazione a dette operazioni finanziarie, nella misura in cui tale ristrutturazione non aumenta in termini nominali l'esposizione finanziaria in essere immediatamente prima della ristrutturazione nei confronti della controparte.

2. Il 31 marzo di ogni anno a partire dal 2021 e fino ad ammortamento, scadenza o conclusione per ciascuno degli strumenti finanziari di cui al paragrafo 1, l'Unione comunica al Regno Unito le informazioni disponibili riguardanti le operazioni finanziarie di cui al paragrafo 1 che sono state decise o approvate prima della data di entrata in vigore del presente accordo e quelle decise o approvate a quella data o successivamente. Per ciascuno strumento le informazioni riportano:

a) le passività finanziarie al 31 dicembre dell'esercizio precedente derivanti dalle operazioni finanziarie decise dalla Commissione europea o approvate dall'entità cui la Commissione europea ha affidato l'esecuzione dello strumento finanziario prima della data di entrata in vigore del presente accordo;

b) le passività finanziarie al 31 dicembre dell'anno precedente derivanti dalle operazioni finanziarie decise dalla Commissione europea o dall'entità cui la Commissione europea ha affidato l'esecuzione dello strumento finanziario;

c) il rapporto tra gli importi di cui alle lettere a) e b);

d) i pagamenti effettuati dal fondo di copertura o da conti fiduciari presso le entità incaricate, laddove tali pagamenti riguardino le operazioni finanziarie decise dalla Commissione europea o approvate dall'entità cui la Commissione europea ha affidato l'esecuzione dello strumento finanziario dopo la data di entrata in vigore del presente accordo;

e) la parte degli importi rimborsati all'Unione conformemente all'articolo 209, paragrafo 3, del regolamento finanziario, tranne gli utili di cui alla lettera f) del presente paragrafo, relativi a operazioni finanziarie decise o approvate prima della data di entrata in vigore del presente accordo;

f) gli utili sulle risorse dello strumento finanziario nel fondo di copertura o in conti fiduciari;

g) la parte dell'importo del fondo di copertura o dei conti fiduciari non erogata e recuperata dalla Commissione europea;

h) se necessario, altre informazioni utili riguardanti le operazioni finanziarie dell'esercizio precedente.

3. L'Unione è responsabile nei confronti del Regno Unito della quota del Regno unito degli importi di cui al paragrafo 2, lettere da d) a g).

4. Ai fini del presente articolo, quando passività, pagamenti, recuperi o altri importi finanziari si riferiscono alle operazioni finanziarie di cui al paragrafo 1, ma non è possibile determinare direttamente se derivino da una particolare operazione finanziaria in seguito all'applicazione di meccanismi di mutualizzazione dei rischi o da meccanismi di subordinazione, le passività, i pagamenti, i recuperi o altri importi finanziari pertinenti che devono essere determinati ai fini dell'applicazione del presente articolo sono calcolati proporzionalmente in base al rapporto di cui al paragrafo 2, lettera c).

Articolo 145. **Comunità europea del carbone e dell'acciaio**. – L'Unione è responsabile nei confronti del Regno Unito della quota del Regno Unito delle attività nette della Comunità europea del carbone e dell'acciaio in liquidazione al 31 dicembre 2020.

L'Unione rimborsa al Regno Unito l'importo in questione in cinque rate annue di pari importo il 30 giugno di ogni anno a decorrere dal 30 giugno 2021.

Articolo 146. **Investimenti dell'Unione nel FEI**. – L'Unione è responsabile nei confronti del Regno Unito della quota del Regno Unito degli investimenti dell'Unione nel capitale versato del FEI al 31 dicembre 2020.

L'Unione rimborsa al Regno Unito l'importo in questione in cinque rate annue di pari importo il 30 giugno di ogni anno a decorrere dal 30 giugno 2021.

Articolo 147. **Passività potenziali relative ad azioni legali**. – 1. Il Regno Unito è responsabile della sua quota dei pagamenti necessari per liquidare le passività potenziali dell'Unione che diventano esigibili in relazione ad azioni legali che vertono sugli interessi finanziari dell'Unione relativi al bilancio, in particolare in relazione al regolamento (CE, Euratom) n. 2988/95 o in relazione ad azioni legali derivanti dall'esecuzione di programmi e politiche dell'Unione, purché i fatti oggetto di tali azioni siano avvenuti entro il 31 dicembre 2020.

L'Unione è responsabile nei confronti del Regno Unito della quota del Regno Unito degli importi dei successivi recuperi sui pagamenti di cui al primo comma.

2. L'Unione comunica al Regno Unito gli importi di cui al paragrafo 1 entro il 31 marzo di ogni anno.

Articolo 148. **Pagamenti dopo il 2020**. – 1. Le date di riferimento per i pagamenti effettuati dal Regno Unito a beneficio dell'Unione o dall'Unione a beneficio del Regno Unito dopo il 31 dicembre 2020 sono il 30 giugno e il 31 ottobre di ogni anno per gli importi:

a) di cui all'articolo 49, paragrafo 2, agli articoli 50 e 53, all'articolo 62, paragrafo 2, all'articolo 63, paragrafo 1, lettera e), all'articolo 63, paragrafo 2, all'articolo 99, paragrafo 3, e all'articolo 100, paragrafo 2;

b) di cui all'articolo 84, paragrafo 1;

c) di cui all'articolo 136, paragrafo 3, lettere a), b), c), e) e f), entro la prima data di riferimento successiva alla data della rettifica o correzione;

d) derivanti da misure correttive che il Regno Unito deve adottare in merito alle risorse proprie dovute per gli esercizi finanziari fino al 2020 in seguito a controlli effettuati a norma del regolamento (UE, Euratom) n. 608/2014 o del regolamento (CEE, Euratom) n. 1553/89 o per qualsiasi altro motivo, entro la prima data di riferimento successiva alla data della misura correttiva;

e) di cui all'articolo 140, paragrafo 4, in due rate corrispondenti alle date di riferimento per i pagamenti, la prima delle quali pari alla metà della seconda;

f) di cui all'articolo 140, paragrafo 5, al 30 giugno successivo alla conferma del Regno Unito al comitato delle disposizioni finanziarie di cui all'articolo 165, paragrafo 1, lettera f), e al comitato misto di aver accettato la proposta dell'Unione;

g) di cui all'articolo 141 entro la prima data di riferimento successiva alla rettifica delle risorse proprie degli Stati membri risultante dall'iscrizione definitiva dell'ammenda nel bilancio dell'Unione;

h) di cui all'articolo 142, paragrafo 1, entro la prima data di riferimento successiva alla data della comunicazione di cui all'articolo 135, paragrafo 3;

i) di cui all'articolo 142, paragrafo 5, e all'articolo 142, paragrafo 6, quarto comma, il 31 ottobre di ogni anno;

j) di cui all'articolo 142, paragrafo 6, primo comma, il 30 giugno di ogni anno;

k) di cui agli articoli 143 e 144 entro la prima data di riferimento successiva alla data della comunicazione di cui all'articolo 143, paragrafo 4, e all'articolo 144, paragrafo 2;

l) di cui agli articoli 145 e 146;

m) di cui all'articolo 147, paragrafo 2, entro la prima data di riferimento successiva alla data della comunicazione di cui al medesimo paragrafo;

n) di cui al paragrafo 3 per eventuale interesse maturato.

I pagamenti sono effettuati in quattro rate mensili di uguale importo per i pagamenti con data di riferimento 30 giugno e in otto rate mensili di uguale importo per i pagamenti con data di riferimento 31 ottobre. Tutti i pagamenti sono effettuati entro l'ultimo giorno lavorativo di ogni mese a partire dalla data di riferimento o, se questa cade in un giorno non lavorativo, dall'ultimo giorno lavorativo precedente la data di riferimento.

2. Fino a quando sussistono pagamenti dovuti dall'Unione al Regno Unito o dal Regno Unito all'Unione, l'Unione trasmette al Regno Unito il 16 aprile e il 16 settembre di ogni anno un documento con gli importi da corrispondere, espressi in euro e in lire sterline, in base al tasso di conversione applicato dalla Banca centrale europea il primo giorno lavorativo del mese. L'Unione o il Regno Unito versa gli importi netti entro le date di cui al paragrafo 1.

3. Ogni ritardo dei pagamenti dovuti dal Regno Unito all'Unione o dall'Unione al Regno Unito dà luogo al pagamento di interessi di mora conformemente all'articolo 12 del regolamento (UE, Euratom) n. 609/2014.

Capo 3 – Banca centrale europea

Articolo 149. **Rimborso del capitale versato.** – La Banca centrale europea rimborsa a nome dell'Unione alla Banca d'Inghilterra il capitale versato conferito dalla Banca d'Inghilterra. La data del rimborso e altre modalità pratiche sono stabilite conformemente al protocollo n. 4 sullo statuto del Sistema europeo di banche centrali e della Banca centrale europea.

Capo 4 – Banca europea per gli investimenti

Articolo 150. **Continuità della responsabilità del Regno Unito e rimborso del capitale versato.** – 1. Il Regno Unito resta responsabile ai sensi del presente articolo delle operazioni finanziarie approvate dalla BEI prima della data di entrata in vigore del presente accordo, come ulteriormente specificato al paragrafo 2 (operazioni finanziarie della BEI), anche se l'esposizione finanziaria risultante è assunta alla data di entrata in vigore del presente accordo o successivamente, e rimane responsabile degli altri rischi assunti dalla BEI indicati al secondo comma.

La responsabilità del Regno Unito si estende alle operazioni finanziarie della BEI e ai rischi operativi e di gestione delle attività/passività attribuibili alle operazioni finanziarie della BEI, conformemente al paragrafo 6. Per gli altri rischi non associati a operazioni finanziarie specifiche e non attribuibili allo stock di operazioni finanziarie costituito dopo la data di entrata in vigore del presente accordo, l'importo della responsabilità del Regno Unito è proporzionale al rapporto tra l'esposizione residua dovuta alle operazioni finanziarie della BEI e l'importo totale delle operazioni finanziarie al momento in cui è attivata la responsabilità del Regno Unito conformemente al paragrafo 6.

L'attuazione di eventuali strategie di crescita della BEI successivamente al recesso non rientra nell'ambito di applicazione del presente articolo.

2. Le operazioni finanziarie della BEI comprendono prestiti, garanzie, investimenti in fondi, investimenti azionari, obbligazioni e altri prodotti sostitutivi del prestito e altre operazioni di finanziamento con controparti o riguardanti progetti all'interno e all'esterno del territorio degli Stati membri, comprese le operazioni garantite da terzi che coinvolgono gli Stati membri o l'Unione.

La responsabilità del Regno Unito nei confronti delle operazioni finanziarie della BEI si applica se l'esposizione finanziaria della BEI:

a) si basa su un'approvazione del consiglio di amministrazione della BEI precedente la data di entrata in vigore del presente accordo, o su una decisione adottata su delega del consiglio di amministrazione accordata prima della data di entrata in vigore del presente accordo;

b) deriva dalla ristrutturazione di un'operazione finanziaria della BEI, nella misura in cui tale ristrutturazione non aumenta in termini nominali l'esposizione finanziaria in essere immediatamente prima della ristrutturazione nei confronti della controparte;

c) deriva dalla modifica di un'operazione finanziaria della BEI, se tale modifica è stata approvata dal consiglio di amministrazione della BEI alla data di entrata in vigore del presente accordo o successivamente, purché la modifica non aumenti l'esposizione finanziaria in essere immediatamente prima della modifica nei confronti della controparte; o

d) deriva dalla partecipazione istituzionale della BEI al capitale del FEI e della Banca europea per la ricostruzione e lo sviluppo, in essere immediatamente prima della data di entrata in vigore del presente accordo.

Per stabilire i limiti della responsabilità del Regno Unito ai sensi dei paragrafi 3 e 5, l'esposizione della BEI dovuta a operazioni finanziarie della BEI che per loro natura non sono soggette ad ammortamento, in particolare investimenti di tipo azionario, mandati rotativi concessi al FEI e la partecipazione al capitale del FEI e della Banca europea per la ricostruzione e lo sviluppo, è considerata ammortata come segue: per un periodo di dieci anni dall'entrata in vigore del presente accordo, l'importo dell'esposizione non soggetta ad ammortamento nel quadro dell'operazione finanziaria della BEI resta fermo all'importo approvato dalla BEI prima dell'entrata in vigore del presente accordo, dedotte eventuali cessioni effettuate dalla BEI a partire da tale data. Trascorso tale periodo, l'importo diminuisce proporzionalmente all'ammortamento dell'esposizione residua soggetta ad ammortamento dovuta a operazioni finanziarie della BEI.

3. Ai fini del paragrafo 1, il Regno Unito è responsabile della sua quota del capitale sottoscritto non richiamato della BEI in essere immediatamente prima della data di entrata in vigore del presente accordo. Il Regno Unito effettua i pagamenti alla BEI a concorrenza del passivo a proprio carico a norma del presente paragrafo, quando è attivata la sua responsabilità conformemente al paragrafo 6.

La responsabilità totale a norma del presente paragrafo non può comunque superare l'ammontare della quota del Regno Unito del capitale sottoscritto non richiamato della BEI in essere immediatamente prima della data di entrata in vigore del presente accordo.

Quando l'importo dell'esposizione residua della BEI nel quadro delle operazioni finanziarie della BEI di cui al paragrafo 1 è inferiore al totale del capitale sottoscritto della BEI in essere immediatamente prima della data di entrata in vigore del presente accordo, l'importo della responsabilità del Regno Unito a norma del presente paragrafo è limitato in un dato momento al risultato ottenuto applicando il rapporto tra la quota del Regno Unito del capitale sottoscritto della BEI e il totale del capitale sottoscritto della BEI in essere immediatamente prima della data di entrata in vigore del presente accordo ("quota del Regno Unito del capitale sottoscritto") alla differenza tra l'importo dell'esposizione residua in quel momento e il totale del capitale sottoscritto versato della BEI in essere immediatamente prima della data di entrata in vigore del presente accordo.

4. La BEI paga al Regno Unito a nome dell'Unione un importo pari alla quota del Regno Unito del capitale sottoscritto e versato della BEI in essere immediatamente prima della data di entrata in vigore del presente accordo. Il pagamento è effettuato conformemente al protocollo n. 5 sullo statuto della Banca europea per gli investimenti. Esso è versato in 12 rate annuali. Le prime 11 rate, ciascuna pari a 300 000 000 EUR, sono esigibili il 15 dicembre di ogni anno a partire dal 2019. Il saldo di 195 903 950 EUR è dovuto il 15 dicembre 2030. I pagamenti effettuati conformemente al presente paragrafo non liberano il Regno Unito dalla responsabilità di cui al paragrafo 5.

5. Oltre alla responsabilità di cui al paragrafo 3, ai fini del paragrafo 1 il Regno Unito è responsabile del capitale della BEI da esso sottoscritto e versato in essere immediatamente prima della data di entrata in vigore del presente accordo. Il Regno Unito effettua i pagamenti alla BEI a concorrenza della responsabilità a proprio carico conformemente al presente paragrafo, quando è attivata la sua responsabilità conformemente al paragrafo 6.

La responsabilità totale a norma del presente paragrafo non può comunque superare l'ammontare del capitale del Regno Unito sottoscritto e versato alla BEI in essere immediatamente prima della data di entrata in vigore del presente accordo.

Se l'esposizione residua della BEI dovuta alle operazioni finanziarie della BEI di cui al paragrafo 1 è inferiore al totale del capitale sottoscritto e versato della BEI in essere immediatamente prima della data di entrata in vigore del presente accordo, l'importo della responsabilità del Regno Unito a norma del presente paragrafo è limitato in un dato momento al risultato ottenuto applicando il rapporto tra la quota del Regno Unito del capitale sottoscritto e l'importo dell'esposizione residua in quel momento.

6. La responsabilità del Regno Unito conformemente al presente articolo è attivata alle stesse condizioni (*pari passu*) degli Stati membri nel caso in cui la BEI imponga agli Stati membri di effettuare pagamenti a titolo del capitale sottoscritto non richiamato o qualora sia fatto uso del capitale sottoscritto- e versato degli Stati membri.

Quando è attivata la responsabilità del Regno Unito conformemente al paragrafo 3, il Regno Unito versa l'importo dovuto alla BEI alle stesse condizioni applicabili agli Stati membri (compresi tempi e termini del pagamento), secondo quanto deciso dal consiglio di amministrazione della BEI in quel dato momento. La decisione della BEI che impone agli Stati membri di effettuare pagamenti a titolo del capitale sottoscritto non richiamato può essere connessa in particolare alla natura degli eventi di rischio sottostanti e alla posizione finanziaria della BEI tenuto conto dei suoi obblighi di pagamento, dello stato delle sue attività e passività, della sua posizione sui mercati finanziari e della copertura dei suoi piani di emergenza e di risanamento in essere in quel dato momento.

Quando è attivata la responsabilità del Regno Unito conformemente al paragrafo 5, il Regno Unito paga in euro l'importo dovuto alla BEI entro 30 giorni dalla prima richiesta della BEI e fatto salvo il quarto comma del presente paragrafo.

La responsabilità del Regno Unito attivata conformemente al paragrafo 5 è assolta dalla quota del Regno Unito del capitale sottoscritto e versato della BEI in essere immediatamente prima della data di entrata in vigore del presente accordo, a concorrenza dell'importo non ancora pagato al Regno Unito conformemente al paragrafo 4. L'importo delle rate annuali di cui al paragrafo 4 è ridotto di conseguenza. Se la responsabilità del Regno Unito non può essere pienamente assolta in base a tale metodo, il Regno Unito paga alla BEI l'importo residuo dovuto.

La BEI stabilisce in ciascun caso a nome dell'Unione l'attribuzione degli eventi sottostanti l'attivazione della responsabilità del Regno Unito allo stock pertinente di operazioni finanziarie o di rischi e l'importo che il Regno Unito è tenuto a pagare alla BEI nel modo seguente:

a) nella misura in cui gli eventi sottostanti sono imputabili a operazioni finanziarie della BEI o sono attribuibili a rischi operativi o di gestione delle attività/passività associati, il Regno Unito paga alla BEI l'importo corrispondente alla propria quota del capitale sottoscritto della somma totale che gli Stati membri sono tenuti a pagare o un importo pari alla propria quota del capitale sottoscritto della somma totale del capitale sottoscritto versato degli Stati membri che è stato utilizzato, rispettivamente;

b) nella misura in cui gli eventi sottostanti sono attribuibili ad altri rischi e non sono attribuibili a operazioni finanziarie specifiche o allo stock di operazioni finanziarie costituito dopo la data di entrata in vigore del presente accordo, il Regno Unito paga alla BEI l'importo risultante dalla lettera a) moltiplicato per il rapporto tra l'esposizione residua dovuta alle operazioni finanziarie della BEI e l'importo totale delle operazioni finanziarie al momento in cui è attivata la responsabilità del Regno Unito.

7. Ad eccezione dei pagamenti di cui al paragrafo 4, la BEI non è tenuta ad altro pagamento, rimborso o rimunerazione a titolo del recesso del Regno Unito dalla BEI o a titolo della detenzione, da parte del Regno Unito, di una responsabilità conformemente al presente articolo.

8. Il 31 luglio 2019, la BEI comunica al Regno Unito l'esposizione del Regno Unito nelle operazioni finanziarie della BEI, nonché il limite della responsabilità del Regno Unito conformemente ai paragrafi 3 e 5, corrispondente alla situazione finanziaria della BEI e alla responsabilità del Regno Unito alla data di entrata in vigore del presente accordo.

Il 31 marzo di ogni anno a partire dal 2020 fino all'estinzione della responsabilità del Regno Unito conformemente al presente articolo, la BEI comunica al Regno Unito l'esposizione residua del Regno Unito nelle operazioni finanziarie della BEI, nonché il limite della responsabilità del Regno Unito conformemente ai paragrafi 3 e 5, corrispondente alla situazione finanziaria della BEI e alla responsabilità del Regno Unito al 31 dicembre dell'anno precedente. La relazione riporta anche eventuali modifiche sostanziali che secondo la BEI hanno un impatto significativo sulla responsabilità del Regno Unito. Inoltre se tali modifiche si verificano nel corso dell'anno, la BEI ne dà tempestiva informazione.

La BEI informa tempestivamente il Regno Unito dell'eventuale imminente attivazione della responsabilità del Regno Unito a norma del presente articolo, in linea con le informazioni fornite agli Stati membri. Le informazioni comprendono dati sulla natura dell'evento scatenante e il calcolo degli importi da pagare. Il Regno Unito tratta le informazioni in modo strettamente riservato fino a quando la BEI non scioglie la riservatezza o fino a quando non è attivata la responsabilità del Regno Unito, se precedente.

Articolo 151. **Partecipazione del Regno Unito al gruppo BEI dopo la data del recesso.** – Dalla data di entrata in vigore del presente accordo cessano di essere ammissibili alle nuove operazioni finanziarie del gruppo BEI riservate agli Stati membri, comprese quelle su mandato dell'Unione, sia il Regno Unito sia i progetti ubicati nel Regno Unito. Le entità stabilite nel Regno Unito sono trattate come entità ubicate all'esterno dell'Unione.

La firma delle operazioni finanziarie relative al Regno Unito, alle entità del Regno Unito o ai progetti del Regno Unito approvati dal gruppo BEI prima della data di entrata in vigore del presente accordo può avere luogo dopo tale data sulla stessa base per cui sono state inizialmente approvate.

Capo 5 – Fondo europeo di sviluppo e garanzia del Regno Unito nell'ambito degli accordi interni del FES

Articolo 152. **Partecipazione al Fondo europeo di sviluppo.** – 1. Il Regno Unito resta parte del Fondo europeo di sviluppo ("FES") fino alla chiusura dell'11° FES e di tutti i FES non ancora chiusi, assume a tale riguardo gli stessi obblighi degli Stati membri previsti dall'accordo interno che lo ha istituito ("accordo interno dell'11° FES") [160], e assume gli obblighi risultanti dai FES precedenti fino alla loro chiusura, compresi gli obblighi previsti dai regolamenti (UE)

[160] Accordo interno tra i rappresentanti dei governi degli Stati membri dell'Unione europea riuniti in sede di Consiglio, relativo al finanziamento degli aiuti dell'Unione europea forniti nell'ambito del quadro finanziario pluriennale per il periodo 2014-2020 in applicazione dell'accordo di partenariato ACP-UE e all'assegnazione di assistenza finanziaria ai paesi e territori d'oltremare cui si applicano le disposizioni della parte quarta del trattato sul funzionamento dell'UE (GU L 210 del 6.8.2013, pag. 1).

2015/322 [161] e (UE) 2015/323 [162] del Consiglio, ferme restando le condizioni stabilite nel presente accordo. Il Regno Unito è vincolato dalle decisioni del Consiglio che stabiliscono i contributi annuali degli Stati membri adottate a norma dell'articolo 21 del regolamento (UE) 2015/323. I beneficiari del Regno Unito restano ammissibili a partecipare a progetti nell'ambito dell'11° FES e dei FES precedenti, alle stesse condizioni vigenti prima della data di entrata in vigore del presente accordo.

2. In deroga all'articolo 7 del presente accordo, il Regno Unito può partecipare in qualità di osservatore senza diritto di voto al comitato del FES istituito in conformità dell'articolo 8 dell'accordo interno dell'11° FES e al comitato del Fondo investimenti istituito in conformità dell'articolo 9 dell'accordo interno dell'11° FES.

3. I paesi e territori d'oltremare di cui all'articolo 3, paragrafo 1, lettera e), beneficiano dell'11° FES e dei FES precedenti fino alla rispettiva chiusura.

4. La quota del Regno Unito del Fondo investimenti del FES per i periodi successivi del FES è rimborsata al Regno Unito in funzione della maturazione dell'investimento. Il metodo di rimborso è lo stesso di cui all'articolo 144. Salvo diversamente convenuto, la quota di capitale del Regno Unito non è reimpegnata dopo la fine del periodo d'impegno dell'11° FES né è riportata su periodi successivi.

Articolo 153. **Riutilizzo dei disimpegni**. – Se gli importi relativi ai progetti del 10° FES o gli importi dei FES precedenti non sono stati impegnati a norma dell'articolo 1, paragrafo 3, dell'accordo interno dell'11° FES, o sono stati disimpegnati a norma dell'articolo 1, paragrafo 4, dell'accordo interno dell'11° FES alla data di entrata in vigore del presente accordo, la quota del Regno Unito di detti importi non è riutilizzata.

Il primo comma si applica alla quota del Regno Unito dei fondi non impegnati o disimpegnati a titolo dell'11° FES dopo il 31 dicembre 2020.

Articolo 154. **Garanzia del Regno Unito a norma dei successivi accordi interni del FES**. – Il Regno Unito resta responsabile delle proprie garanzie a norma dell'articolo 9 dell'accordo interno del quarto FES [163], dell'articolo 8 dell'accordo interno del quinto [164], sesto [165], settimo [166] e ottavo FES [167], dell'articolo 6 dell'accordo interno del nono FES [168] e dell'articolo 4 dell'accordo interno del 10° [169] e dell'11° FES.

Il Regno Unito conserva il diritto sia alla propria quota degli importi recuperati nell'ambito delle garanzie degli Stati membri, sia al saldo del proprio conto di chiamata (call account) in quanto Stato membro. La quota del Regno Unito di cui al presente comma è proporzionale alla sua partecipazione rispettiva a ciascun accordo di garanzia.

Capo 6 – Fondi fiduciari e strumento per i rifugiati in Turchia

Articolo 155. **Impegni nei confronti dei fondi fiduciari e dello strumento per i rifugiati in Turchia**. – 1. Il Regno Unito onora gli impegni assunti prima della data di entrata in vigore del presente accordo nei confronti del Fondo fiduciario di emergenza dell'Unione europea per la stabilità e la lotta contro le cause profonde della migrazione irregolare e del fenomeno degli sfollati in Africa, istituito con decisione della Commissione del 20 ottobre 2015 [170], di eventuali

[161] Regolamento (UE) 2015/322 del Consiglio, del 2 marzo 2015, relativo all'esecuzione dell'11° Fondo europeo di sviluppo (GU L 58 del 3.3.2015, pag. 1).

[162] Regolamento (UE) 2015/323 del Consiglio, del 2 marzo 2015, recante il regolamento finanziario per l'11° Fondo europeo di sviluppo (GU L 58, 3.3.2015, pag. 17).

[163] GU L 25 del 30.1.1976, pag. 168.

[164] GU L 347 del 22.12.1980, pag. 210.

[165] GU L 86 del 31.3.1986, pag. 210.

[166] GU L 229 del 17.8.1991, pag. 288.

[167] GU L 156 del 29.5.1998, pag. 108.

[168] GU L 317 del 15.12.2000, pag. 355.

[169] GU L 247 del 9.9.2006, pag. 32.

[170] Decisione della Commissione, del 20 ottobre 2015, sull'istituzione di un fondo fiduciario di emergenza dell'Unione europea per la stabilità e la lotta contro le cause profonde della migrazione irregolare e del fenomeno degli sfollati in Africa (C (2015) 7293).

fondi fiduciari futuri dell'Unione europea creati prima della data di entrata in vigore del presente accordo e dello strumento per i rifugiati in Turchia istituito con decisione della Commissione del 24 novembre 2015 [171] e relative modifiche adottate prima della data di entrata in vigore del presente accordo.

2. Il Regno Unito può partecipare agli organi pertinenti dello strumento per i rifugiati in Turchia secondo le norme stabilite per i donatori conformemente all'articolo 234, paragrafo 4, del regolamento finanziario.

Capo 7– Agenzie del Consiglio e operazioni di politica di sicurezza e di difesa comune

Articolo 156. **Obblighi del Regno Unito dalla data di entrata in vigore del presente accordo.** – Fino al 31 dicembre 2020 il Regno Unito contribuisce al finanziamento dell'Agenzia europea per la difesa, dell'Istituto dell'Unione europea per gli studi sulla sicurezza e del Centro satellitare dell'Unione europea e ai costi delle operazioni di politica di sicurezza e di difesa comune, in base ai criteri di ripartizione di cui rispettivamente all'articolo 14, paragrafo 9, lettera a), della decisione (UE) 2016/1353 del Consiglio [172], all'articolo 10, paragrafo 3, della decisione 2014/75/PESC del Consiglio [173], all'articolo 10, paragrafo 3, della decisione 2014/401/PESC del Consiglio [174] e all'articolo 41, paragrafo 2, secondo comma, del trattato sull'Unione europea, conformemente all'articolo 5 del presente accordo.

Articolo 157. **Obblighi del Regno Unito dopo il 31 dicembre 2020**. – 1. Se dai conti delle agenzie risulta che al 31 dicembre 2020 non sono state appianate le passività pertinenti, il Regno Unito paga la sua quota delle passività seguenti secondo il proprio criterio di ripartizione per ciascuna delle agenzie, in base ai rispettivi conti sottoposti a revisione il 31 dicembre 2020:

a) le passività per pensioni del personale dell'Agenzia europea per la difesa, dell'Istituto dell'Unione europea per gli studi sulla sicurezza e del Centro satellitare dell'Unione europea;

b) eventuali passività derivanti dalla liquidazione dell'Unione dell'Europa occidentale.

2. Il pagamento delle passività di cui al paragrafo 1 è effettuato entro il 30 giugno 2021.

PARTE SESTA – DISPOSIZIONI ISTITUZIONALI E FINALI

TITOLO I – Coerenza d'interpretazione e applicazione

Articolo 158. **Rinvii pregiudiziali alla Corte di Giustizia dell'Unione europea riguardo alla parte seconda**. – 1. Quando, in una causa avviata in primo grado dinanzi ad un giudice del Regno Unito entro otto anni dalla fine del periodo di transizione, è sollevata una questione sull'interpretazione della parte seconda del presente accordo, tale giudice può, qualora reputi necessaria per emanare la sua sentenza una decisione su tale questione, domandare alla Corte di giustizia dell'Unione europea di pronunciarsi in via pregiudiziale.

Tuttavia, se l'oggetto della causa dinanzi al giudice del Regno Unito è una decisione su una domanda presentata a norma dell'articolo 18, paragrafo 1 o 4, o a norma dell'articolo 19, la domanda di pronuncia pregiudiziale può essere presentata solo se la causa è stata avviata in primo grado nell'arco di otto anni successivi alla data in cui l'articolo 19 diventa applicabile.

2. La Corte di giustizia dell'Unione europea è competente a pronunciarsi in via pregiudiziale sulle domande di cui al paragrafo 1. Gli effetti giuridici di tali pronunce pregiudiziali nel Re-

---

[171] Decisione della Commissione, del 24 novembre 2015, relativa al coordinamento delle iniziative dell'Unione e degli Stati membri tramite un meccanismo di coordinamento — lo strumento per la Turchia a favore dei rifugiati (GU C 407 dell'8.12.2015, pag. 8).

[172] Decisione (UE) 2016/1353 del Consiglio, del 4 agosto 2016, sulle norme finanziarie dell'Agenzia europea per la difesa e che abroga la decisione 2007/643/PESC (GU L 219 del 12.8.2016, pag. 98).

[173] Decisione 2014/75/PESC del Consiglio, del 10 febbraio 2014, sull'Istituto dell'Unione europea per gli studi sulla sicurezza (GU L 41 del 12.2.2014, pag. 13).

[174] Decisione 2014/401/PESC del Consiglio, del 26 giugno 2014, sul centro satellitare dell'Unione europea e che abroga l'azione comune 2001/555/PESC che istituisce un centro satellitare dell'Unione europea (GU L 188 del 27.6.2014, pag. 73).

gno Unito sono gli stessi delle pronunce pregiudiziali a norma dell'articolo 267 TFUE nell'Unione e negli Stati membri.

3. Se il comitato misto adotta una decisione ai sensi dell'articolo 132, paragrafo 1, il periodo di otto anni di cui al paragrafo 1, secondo comma, è automaticamente prorogato del corrispondente numero di mesi di cui è prorogato il periodo di transizione.

Articolo 159. **Controllo dell'attuazione e dell'applicazione della parte seconda**. – 1. Nel Regno Unito l'attuazione e l'applicazione della parte seconda sono soggette al controllo di un'autorità indipendente ("autorità") dotata di poteri equivalenti a quelli della Commissione europea che agisce in forza dei trattati, per svolgere indagini di propria iniziativa in relazione a presunte violazioni della parte seconda da parte delle autorità amministrative del Regno Unito e ricevere denunce dai cittadini dell'Unione e dai loro familiari ai fini della conduzione d'indagini. L'autorità ha anche il diritto di avviare sulla scorta di tali denunce un'azione legale dinanzi a un giudice competente nel Regno Unito in una procedura giudiziaria appropriata al fine di ottenere un rimedio adeguato.

2. La Commissione europea e l'autorità informano ogni anno il comitato specializzato dei diritti dei cittadini di cui all'articolo 165, paragrafo 1, lettera a), dell'attuazione e dell'applicazione nell'Unione e nel Regno Unito, rispettivamente, della parte seconda. Le informazioni riguardano in particolare le misure adottate per attuare o rispettare la parte seconda e il numero e il tipo di denunce ricevute.

3. Il comitato misto valuta il funzionamento dell'autorità non prima di otto anni dopo la fine del periodo di transizione. Sulla scorta di tale valutazione, il comitato può decidere in buona fede, a norma dell'articolo 164, paragrafo 4, lettera f), e dell'articolo 166, che il Regno Unito può abolire l'autorità.

Articolo 160. **Competenza della Corte di giustizia dell'Unione europea riguardo a determinate disposizioni della parte quinta**. – Fatto salvo l'articolo 87 del presente accordo, all'interpretazione e all'applicazione del diritto dell'Unione applicabile di cui all'articolo 136 e all'articolo 138, paragrafo 1 o 2, del presente accordo si applicano gli articoli 258, 260 e 267 TFUE. Pertanto i riferimenti di cui agli articoli 258, 260 e 267 TFUE fatti a uno Stato membro si intendono fatti al Regno Unito.

Articolo 161. **Procedura dinanzi alla Corte di giustizia dell'Unione europea**. – 1. Quando il giudice di uno Stato membro adisce la Corte di giustizia dell'Unione europea perché si pronunci in via pregiudiziale su una questione relativa all'interpretazione del presente accordo, la decisione del giudice nazionale contenente la questione è notificata al Regno Unito.

2. Alle domande di pronuncia pregiudiziale presentate alla Corte di giustizia dell'Unione europea a norma dell'articolo 158 del presente accordo si applicano, *mutatis mutandis*, le disposizioni del diritto dell'Unione che disciplinano la procedura dinanzi alla Corte di giustizia dell'Unione europea ai sensi dell'articolo 267 TFUE.

Ai procedimenti dinanzi alla Corte di giustizia dell'Unione europea e alle domande di pronuncia pregiudiziale presentate a norma dell'articolo 160 del presente accordo si applicano le disposizioni del diritto dell'Unione che disciplinano la procedura dinanzi alla Corte di giustizia dell'Unione europea.

3. Nei casi in cui la Corte di giustizia dell'Unione europea è adita in conformità del paragrafo 1 e degli articoli 158 e 160 del presente accordo e dell'articolo 12 del protocollo sulle zone di sovranità:

a) il Regno Unito ha diritto di partecipare al procedimento dinanzi alla Corte di giustizia dell'Unione europea allo stesso titolo di uno Stato membro;

b) gli avvocati abilitati al patrocinio dinanzi ai giudici del Regno Unito sono autorizzati a rappresentare o assistere le parti nel procedimento dinanzi alla Corte di giustizia dell'Unione europea; in detti casi tali avvocati sono equiparati a avvocati abilitati al patrocinio dinanzi ai giudici degli Stati membri, che rappresentano o assistono una parte dinanzi alla Corte di giustizia dell'Unione europea.

Articolo 162. **Partecipazione della Commissione europea in cause pendenti nel Regno Unito**. – Se la coerenza d'interpretazione e applicazione del presente accordo lo richiede, la Commissione europea può presentare osservazioni scritte ai giudici del Regno Unito nelle cause pendenti in cui è in questione l'interpretazione dell'accordo. La Commissione europea può anche, previa autorizzazione del giudice in questione, formulare osservazioni orali. Prima di procedere formalmente, la Commissione informa il Regno Unito dell'intenzione di presentare tali osservazioni.

Articolo 163. **Dialogo regolare e scambio d'informazioni**. – Al fine di agevolare la coerenza d'interpretazione del presente accordo e nel pieno rispetto dell'indipendenza dei giudici, la Corte di giustizia dell'Unione europea e le più alte giurisdizioni del Regno Unito avviano un dialogo regolare, analogo a quello che la Corte di giustizia dell'Unione europea intrattiene con le più alte giurisdizioni degli Stati membri.

TITOLO II – Disposizioni istituzionali

Articolo 164. **Comitato misto**. – 1. È istituito un comitato misto composto da rappresentanti dell'Unione e del Regno Unito. Il comitato misto è copresieduto dall'Unione e dal Regno Unito.

2. Il comitato misto si riunisce su richiesta dell'Unione o del Regno Unito e, in ogni caso, almeno una volta l'anno. Il comitato misto stabilisce il calendario e l'ordine del giorno delle riunioni di comune accordo. I lavori del comitato misto sono disciplinati dal regolamento interno di cui all'allegato VIII del presente accordo.

3. Il comitato misto è responsabile dell'attuazione e dell'applicazione del presente accordo. L'Unione e il Regno Unito possono rispettivamente sottoporre al comitato misto tutte le questioni relative all'attuazione, all'applicazione e all'interpretazione del presente accordo.

4. Il comitato misto:

a) sorveglia e facilita l'attuazione e l'applicazione del presente accordo;

b) decide in merito ai compiti dei comitati specializzati e sovrintende ai loro lavori;

c) cerca i modi e i metodi più appropriati per prevenire i problemi che possano insorgere nei settori disciplinati dal presente accordo o per risolvere le controversie che possano derivare dall'interpretazione e dall'applicazione del presente accordo;

d) esamina ogni questione d'interesse riguardante un settore oggetto del presente accordo;

e) adotta le decisioni e formula le raccomandazioni di cui all'articolo 166; e

f) adotta le modifiche del presente accordo nei casi ivi previsti.

5. Il comitato misto può:

a) delegare responsabilità ai comitati specializzati, tranne quelle di cui al paragrafo 4, lettere b), e) e f);

b) istituire comitati specializzati diversi da quelli di cui all'articolo 165 per assistere il comitato misto nell'assolvimento dei propri compiti;

c) modificare i compiti assegnati ai comitati specializzati e sciogliere tali comitati;

d) salvo in relazione alle parti prima, quarta e sesta e sino alla fine del quarto anno dopo la fine del periodo di transizione, adottare decisioni che modificano il presente accordo, purché tali modifiche siano necessarie per rettificare errori, omissioni o altre carenze o per risolvere situazioni impreviste al momento della firma del presente accordo, e purché siffatte decisioni non siano tali da modificare gli elementi essenziali del presente accordo;

e) adottare le modifiche del regolamento interno di cui all'allegato VIII; e

f) adottare, nell'esercizio delle sue funzioni, ogni altro provvedimento che l'Unione e il Regno Unito possano decidere.

6. Il comitato misto redige una relazione annuale sul funzionamento del presente accordo.

Articolo 165. **Comitati specializzati**. – 1. Sono istituiti i comitati specializzati seguenti:

a) comitato dei diritti dei cittadini;

b) comitato delle altre disposizioni relative alla separazione;

c) comitato delle questioni relative all'attuazione del protocollo su Irlanda/Irlanda del Nord;

d) comitato delle questioni relative all'attuazione del protocollo sulle zone di sovranità a Cipro;

e) comitato delle questioni relative all'attuazione del protocollo su Gibilterra; e

f) comitato delle disposizioni finanziarie.

I comitati specializzati comprendono rappresentanti dell'Unione e rappresentanti del Regno Unito.

2. I lavori dei comitati specializzati sono disciplinati dal regolamento interno di cui all'allegato VIII del presente accordo.

Salvo che il presente accordo non disponga diversamente, o salvo decisione contraria dei copresidenti, i comitati specializzati si riuniscono una volta l'anno. Ulteriori riunioni possono tenersi su richiesta dell'Unione, del Regno Unito o del comitato misto. I comitati specializzati sono copresieduti da rappresentanti dell'Unione e del Regno Unito. I comitati specializzati stabiliscono il calendario e l'ordine del giorno delle riunioni di comune accordo. I comitati specializzati possono predisporre progetti di decisione e raccomandazione e sottoporli al comitato misto per adozione.

3. L'Unione e il Regno Unito fanno sì che i rispettivi rappresentanti presso i comitati specializzati possiedano competenze adeguate nelle questioni oggetto dei lavori.

4. I comitati specializzati informano il comitato misto del calendario e dell'ordine del giorno delle loro riunioni con sufficiente anticipo e riferiscono al comitato misto sui risultati e sulle conclusioni di ciascuna riunione. L'istituzione o l'esistenza di un comitato specializzato non impedisce all'Unione né al Regno Unito di sottoporre qualsiasi questione direttamente al comitato misto.

Articolo 166. **Decisioni e raccomandazioni**. – 1. Ai fini del presente accordo, il comitato misto ha il potere di adottare decisioni su qualunque questione nei casi previsti dal presente accordo e di rivolgere all'Unione e al Regno Unito opportune raccomandazioni.

2. Le decisioni adottate dal comitato misto sono vincolanti per l'Unione e il Regno Unito, e l'Unione e il Regno Unito provvedono ad attuarle. Esse producono gli stessi effetti giuridici del presente accordo.

3. Il comitato misto adotta le proprie decisioni e raccomandazioni di comune accordo.

TITOLO III – Risoluzione delle controversie

Articolo 167. **Cooperazione**. – L'Unione e il Regno Unito si adoperano costantemente per concordare l'interpretazione e l'applicazione del presente accordo e compiono ogni sforzo per giungere, attraverso la cooperazione e le consultazioni, a soluzioni reciprocamente soddisfacenti alle questioni che potrebbero comprometterne il funzionamento.

Articolo 168. **Esclusiva**. – Per le controversie tra l'Unione e il Regno Unito derivanti dal presente accordo, l'Unione e il Regno Unito si avvalgono unicamente delle procedure ivi previste.

Articolo 169. **Consultazioni e comunicazioni in sede di comitato misto**. – 1. L'Unione e il Regno Unito si adoperano per risolvere le controversie riguardanti l'interpretazione e l'applicazione delle disposizioni del presente accordo avviando consultazioni in buona fede in sede di comitato misto per pervenire a una soluzione concordata. La parte che desidera avviare consultazioni lo comunica per iscritto al comitato misto.

2. Le comunicazioni o notifiche tra l'Unione e il Regno Unito di cui al presente titolo si svolgono in sede di comitato misto.

Articolo 170. **Avvio della procedura di arbitrato**. – 1. Fatto salvo l'articolo 160, in mancanza di una soluzione concordata entro tre mesi dall'invio di una comunicazione scritta al comitato misto conformemente all'articolo 169, paragrafo 1, l'Unione o il Regno Unito può chiedere la costituzione di un collegio arbitrale. La domanda è presentata per iscritto all'altra parte e all'Ufficio internazionale della Corte permanente di arbitrato. La domanda contiene l'oggetto della controversia sottoposta al collegio arbitrale e una sintesi degli argomenti giuridici a sostegno della domanda.

2. L'Unione e il Regno Unito possono convenire che la domanda di costituzione di un collegio arbitrale possa essere presentata prima dello scadere del termine di cui al paragrafo 1.

Articolo 171. **Costituzione del collegio arbitrale**. – 1. Entro la fine del periodo di transizione, il comitato misto stabilisce un elenco di 25 personalità disposte e idonee a esercitare le funzioni di membro del collegio arbitrale. A tal fine l'Unione e il Regno Unito propongono ciascuna dieci nominativi. L'Unione e il Regno Unito propongono di comune accordo anche cinque candidati per l'incarico di presidente del collegio arbitrale. Il comitato misto assicura che l'elenco sia conforme a tali requisiti in qualsiasi momento.

2. L'elenco stabilito a norma del paragrafo 1 comprende solo personalità che offrano tutte le garanzie di indipendenza e che riuniscano le condizioni richieste per l'esercizio, nei rispettivi paesi, delle più alte funzioni giurisdizionali, ovvero che siano giureconsulti di notoria competenza con conoscenze o esperienze specialistiche di diritto dell'Unione e di diritto internazionale pubblico. L'elenco non comprende personalità che siano membri, funzionari o altri agenti delle istituzioni dell'Unione, dei governi degli Stati membri o del governo del Regno Unito.

3. Il collegio arbitrale si compone di cinque membri.

4. Il collegio è costituito entro 15 giorni dalla data della domanda presentata a norma dell'articolo 170, in conformità dei paragrafi 5 e 6.

5. L'Unione e il Regno Unito nominano ciascuno due membri tra le personalità che figurano nell'elenco stabilito a norma del paragrafo 1. Il presidente è scelto di comune accordo dai membri del collegio tra le personalità nominate congiuntamente dall'Unione e dal Regno Unito per tale incarico.

Nel caso in cui i membri del collegio non riescano a trovare un accordo sulla scelta del presidente entro il termine di cui al paragrafo 4, l'Unione o il Regno Unito può chiedere al Segretario generale della Corte permanente di arbitrato di selezionare il presidente estraendo a sorte tra le personalità proposte dall'Unione e dal Regno Unito di comune accordo per tale incarico.

6. Il Segretario generale della Corte permanente di arbitrato procede alla selezione di cui al paragrafo 5, secondo comma, entro cinque giorni dalla data della domanda di cui al paragrafo 5. I rappresentanti dell'Unione europea e del Regno Unito hanno il diritto di presenziare alla selezione.

7. La data di costituzione del collegio arbitrale è quella in cui è completata la procedura di selezione.

8. Nel caso in cui l'elenco di cui al paragrafo 1 non sia stato stabilito entro la scadenza del termine di cui al paragrafo 4, l'Unione e il Regno Unito, entro cinque giorni, nominano ciascuno due personalità alla funzione di membri del collegio. Se sono state proposte personalità a norma del paragrafo 1, le nomine sono decise tra dette personalità. Il presidente è nominato secondo la procedura di cui al paragrafo 5. Nel caso in cui l'Unione e il Regno Unito non abbiano proposto di comune accordo almeno una personalità alla funzione di presidente entro l'ulteriore termine di cinque giorni, il Segretario generale della Corte permanente di arbitrato, entro cinque giorni e previa consultazione dell'Unione e del Regno Unito, propone un presidente che soddisfa i requisiti di cui al paragrafo 2. Salvo obiezione dell'Unione o del Regno Unito entro cinque giorni, è nominata la persona proposta dal Segretario generale della Corte permanente di arbitrato.

9. Nel caso in cui non si riesca a costituire un collegio arbitrale entro tre mesi dalla data della domanda presentata a norma dell'articolo 170, il Segretario generale della Corte permanente di arbitrato, su richiesta dell'Unione o del Regno Unito entro 15 giorni da detta richiesta e previa consultazione dell'Unione e del Regno Unito, nomina a membri del collegio arbitrale le personalità che soddisfano i requisiti di cui al paragrafo 2 del presente articolo.

Articolo 172. **Regolamento interno**. – Le procedure di risoluzione delle controversie di cui al presente titolo sono disciplinate dal regolamento interno di cui alla parte A dell'allegato IX ("regolamento interno") e il comitato misto procede all'esame permanente del funzionamento di dette procedure e può modificare il regolamento interno.

Articolo 173. **Tempi della procedura dinanzi al collegio arbitrale**. – 1. Il collegio arbitrale notifica il lodo all'Unione europea, al Regno Unito e al comitato misto entro 12 mesi dalla costituzione del collegio stesso. Se il collegio arbitrale ritiene di non poter rispettare questo termine, il presidente ne informa per iscritto l'Unione e il Regno Unito indicando i motivi del ritardo e la data entro la quale il collegio prevede di concludere i lavori.

2. Entro dieci giorni dalla data di costituzione del collegio arbitrale l'Unione o il Regno Unito può presentare una domanda motivando l'urgenza del caso. In tal caso il collegio arbitrale si pronuncia sull'urgenza entro 15 giorni dal ricevimento della domanda. Se ha confermato l'urgenza del caso, il collegio arbitrale si adopera per notificare il lodo all'Unione e al Regno Unito entro sei mesi dalla data di costituzione del collegio stesso.

Articolo 174. **Controversie che sollevano questioni di diritto dell'Unione**. – 1. Se una controversia sottoposta ad arbitrato conformemente al presente titolo solleva una questione d'interpretazione di un concetto di diritto dell'Unione, d'interpretazione di una disposizione del diritto dell'Unione di cui al presente accordo o sull'eventuale conformità del Regno Unito agli obblighi di cui all'articolo 89, paragrafo 2, il collegio arbitrale non decide su una tale questione. In tal caso esso chiede alla Corte di giustizia dell'Unione europea di pronunciarsi sulla questione. La Corte di giustizia dell'Unione europea è competente a pronunciarsi e la sua decisione è vincolante per il collegio arbitrale.

Il collegio arbitrale presenta la richiesta di cui al primo comma dopo aver sentito le parti.

2. Fatto salvo il paragrafo 1, primo comma, prima frase, l'Unione o il Regno Unito, se ritiene necessaria una richiesta in conformità del paragrafo 1, può presentare al collegio arbitrale osservazioni a tal fine. In tal caso il collegio arbitrale trasmette la richiesta in conformità del paragrafo 1, tranne se la questione non riguarda l'interpretazione di un concetto di diritto dell'Unione, l'interpretazione di una disposizione del diritto dell'Unione di cui al presente accordo o l'eventuale conformità del Regno Unito agli obblighi di cui all'articolo 89, paragrafo 2. Il collegio arbitrale motiva la propria valutazione. Entro dieci giorni dalla valutazione ciascuna parte può chiedere al collegio arbitrale di riesaminare la propria valutazione ed entro 15 giorni dalla richiesta è convocata un'udienza per sentire le parti. Il collegio arbitrale motiva la propria valutazione.

3. Nei casi di cui ai paragrafi 1 e 2, i termini stabiliti all'articolo 173 sono sospesi finché la Corte di giustizia dell'Unione europea non si sia pronunciata. Il collegio arbitrale non è tenuto a pronunciarsi prima di 60 giorni dalla data in cui si è pronunciata la Corte di giustizia dell'Unione.

4. Ai procedimenti dinanzi alla Corte di giustizia dell'Unione europea conformemente al presente articolo si applicano, *mutatis mutandis*, l'articolo 161, paragrafo 2, primo comma, e l'articolo 161, paragrafo 3.

Articolo 175. **Esecuzione del lodo del collegio arbitrale**. – Il lodo del collegio arbitrale è vincolante per l'Unione e il Regno Unito. L'Unione e il Regno Unito adottano le misure necessarie per conformarsi in buona fede al lodo del collegio arbitrale e si adoperano per concordare i termini per dare esecuzione al lodo secondo la procedura di cui all'articolo 176.

Articolo 176. **Periodo ragionevole per l'esecuzione**. – 1. Entro 30 giorni dalla notifica del lodo del collegio arbitrale all'Unione e al Regno Unito, il convenuto, se il collegio si è pronunciato a favore dell'attore, notifica all'attore il periodo di cui avrà bisogno per conformarsi ("periodo ragionevole").

2. In caso di disaccordo tra l'Unione e il Regno Unito sul periodo ragionevole necessario per dare esecuzione al lodo del collegio arbitrale, l'attore, entro 40 giorni dalla notifica trasmessa dal convenuto a norma del paragrafo 1, chiede per iscritto al collegio arbitrale originario di stabilire la durata del periodo ragionevole. La richiesta è notificata contemporaneamente al convenuto. Il collegio arbitrale notifica all'Unione e al Regno Unito la decisione sul periodo di esecuzione entro 40 giorni dalla data di presentazione della richiesta.

3. Se il collegio arbitrale originario o parte dei suoi membri non riesce a riunirsi nuovamente per esaminare una richiesta a norma del paragrafo 2, è costituito un nuovo collegio arbitrale conformemente all'articolo 171. Il termine per la notifica della decisione è di 60 giorni dalla data di costituzione del nuovo collegio arbitrale.

4. Il convenuto informa per iscritto l'attore dei progressi compiuti nell'esecuzione del lodo del collegio arbitrale di cui all'articolo 173 almeno un mese prima della scadenza del periodo ragionevole.

5. Il periodo ragionevole può essere prorogato di comune accordo tra l'Unione e il Regno Unito.

Articolo 177. **Riesame delle misure prese per dare esecuzione al lodo del collegio arbitrale**. – 1. Il convenuto informa l'attore delle misure prese per dare esecuzione al lodo del collegio arbitrale prima della fine del periodo ragionevole.

2. L'attore, se alla fine del periodo ragionevole ritiene che il convenuto non abbia rispettato il lodo del collegio arbitrale di cui all'articolo 173, può chiedere per iscritto al collegio arbitrale originario di pronunciarsi in merito. Il collegio arbitrale notifica la decisione all'Unione e al Regno Unito entro 90 giorni dalla presentazione della richiesta.

3. Se il collegio arbitrale originario o parte dei suoi membri non riesce a riunirsi nuovamente per esaminare una richiesta a norma del paragrafo 2, è costituito un nuovo collegio arbitrale conformemente all'articolo 171. Il termine per la notifica della decisione è di 60 giorni dalla data di costituzione del nuovo collegio arbitrale.

4. Se un caso sottoposto al collegio arbitrale a norma del paragrafo 2 solleva una questione

d'interpretazione di un concetto di diritto dell'Unione o d'interpretazione di una disposizione del diritto dell'Unione di cui al presente accordo, si applica *mutatis mutandis* l'articolo 174.

Articolo 178. **Misure correttive temporanee in caso di mancata esecuzione.** – 1. Il collegio arbitrale, se decide in conformità dell'articolo 177, paragrafo 2, che il convenuto non ha rispettato il lodo del collegio arbitrale di cui all'articolo 173, su richiesta dell'attore può comminare il pagamento di una somma forfettaria o di una penalità a favore dell'attore. Nel determinare la somma forfettaria o la penalità, il collegio arbitrale tiene conto della gravità e della durata della mancata esecuzione e della violazione dell'obbligo.

2. Se un mese dopo la decisione del collegio arbitrale di cui al paragrafo 1 il convenuto non ha pagato la somma forfettaria o la penalità, o se sei mesi dopo la decisione del collegio arbitrale di cui all'articolo 177, paragrafo 2, il convenuto persiste a non rispettare il lodo del collegio arbitrale di cui all'articolo 173, l'attore ha il diritto, previa notifica al convenuto, di sospendere gli obblighi derivanti:

a) dalle disposizioni del presente accordo tranne quelle contenute nella parte seconda; o

b) dalle parti di altri accordi tra l'Unione e il Regno Unito alle condizioni stabilite in tali accordi.

La notifica specifica le disposizioni che l'attore intende sospendere. Prima di decidere di sospendere parti di un accordo di cui alla lettera b), l'attore valuta se la sospensione della disposizione del presente accordo in conformità della lettera a) sia una risposta adeguata alla violazione. Le sospensioni sono proporzionate alla violazione dell'obbligo in quanto tengono conto della gravità della violazione e dei diritti lesi e, ove si basino sulla persistenza del convenuto a non rispettare il lodo del collegio arbitrale di cui all'articolo 173, dell'eventuale penalità comminatagli, che sia stata versata o meno.

L'attore può procedere alla sospensione in qualsiasi momento, ma non prima di dieci giorni dalla data della notifica, salvo che il convenuto non abbia chiesto l'arbitrato a norma del paragrafo 3.

3. Il convenuto, se ritiene che la portata della sospensione indicata nella notifica di cui al paragrafo 2 non sia proporzionata, può chiedere per iscritto al collegio arbitrale originario di pronunciarsi in merito. La richiesta è notificata all'attore prima della scadenza del periodo di dieci giorni di cui al paragrafo 2. Il collegio arbitrale notifica la decisione all'Unione e al Regno Unito entro 60 giorni dalla presentazione della richiesta. Gli obblighi non sono sospesi fino a che il collegio arbitrale non ha notificato la propria decisione e qualunque sospensione deve essere compatibile con la decisione del collegio arbitrale.

4. Se il collegio arbitrale originario o parte dei suoi membri non riesce a riunirsi nuovamente per esaminare una richiesta a norma del paragrafo 2, è costituito un nuovo collegio arbitrale conformemente all'articolo 171. In questi casi il periodo per la notifica della decisione è di 90 giorni dalla data di costituzione del nuovo collegio arbitrale.

5. La sospensione degli obblighi è temporanea e si applica solo fino a quando la misura giudicata incompatibile con le disposizioni del presente accordo non sia stata revocata o modificata per renderla conforme a tali disposizioni, o fino a quando l'Unione e il Regno Unito non abbiano deciso di risolvere altrimenti la controversia.

Articolo 179. **Riesame delle misure prese a seguito di misure correttive temporanee.** – 1. Se l'attore ha sospeso gli obblighi in conformità dell'articolo 178 o se il collegio arbitrale ha comminato al convenuto il pagamento di una penalità in conformità dell'articolo 178, paragrafo 1, questi notifica all'attore la misura che ha preso per conformarsi al lodo del collegio arbitrale e la sua richiesta di porre fine alla sospensione degli obblighi messa in atto dall'attore o al pagamento della penalità.

2. Se entro 45 giorni dalla data della notifica l'Unione e il Regno Unito non giungono a un accordo sul fatto che la misura notificata ha permesso al convenuto di conformarsi al presente accordo, ciascuna parte può chiedere per iscritto al collegio arbitrale originario di pronunciarsi in merito. La richiesta è notificata contemporaneamente all'altra parte. Il lodo del collegio arbitrale è notificato all'Unione, al Regno Unito e al comitato misto entro 75 giorni dalla data di presentazione della richiesta.

Se il collegio arbitrale decide che il convenuto si è conformato al presente accordo o se l'attore non chiede al collegio arbitrale originale di pronunciarsi in merito entro 45 giorni dalla notifica di cui al paragrafo 1:

a) la sospensione degli obblighi è revocata entro 15 giorni dalla data della decisione del collegio arbitrale o dalla fine del periodo di 45 giorni;

b) il pagamento della penalità è revocato il giorno successivo alla data della decisione del collegio arbitrale o alla fine del periodo di 45 giorni.

3. Se il collegio arbitrale originario o parte dei suoi membri non riesce a riunirsi nuovamente per esaminare una richiesta a norma del paragrafo 2, è costituito un nuovo collegio arbitrale conformemente all'articolo 171. Il periodo per la notifica della decisione è di 90 giorni dalla data di costituzione del nuovo collegio arbitrale.

4. Se un caso sottoposto al collegio arbitrale a norma del paragrafo 2 solleva una questione d'interpretazione di un concetto di diritto dell'Unione o d'interpretazione di una disposizione del diritto dell'Unione di cui al presente accordo, si applica *mutatis mutandis* l'articolo 174.

Articolo 180. **Lodi e decisioni del collegio arbitrale**. – 1. Il collegio arbitrale si adopera al massimo per adottare le decisioni per consenso. Se nondimeno risulta impossibile prevenire a una decisione per consenso, la questione è decisa con votazione a maggioranza. Tuttavia in nessun caso sono rese pubbliche le opinioni dissenzienti dei membri del collegio arbitrale.

2. Il lodo del collegio arbitrale è vincolante per l'Unione e il Regno Unito. Il lodo espone le constatazioni di fatto, l'applicabilità delle disposizioni pertinenti del presente accordo e le motivazioni in fatto e in diritto. L'Unione e il Regno Unito rendono pubblici i lodi e le decisioni del collegio arbitrale nella loro integralità, fatta salva la tutela delle informazioni riservate.

Articolo 181. **Membri del collegio arbitrale**. – 1. I membri del collegio arbitrale sono indipendenti, esercitano le loro funzioni a titolo personale, non accettano istruzioni da alcuna organizzazione o governo e sono tenuti al rispetto del codice di condotta di cui alla parte B dell'allegato X. Il comitato misto può modificare il codice di condotta.

2. I membri del collegio arbitrale, a partire dalla sua costituzione, godono dell'immunità di giurisdizione nell'Unione e nel Regno Unito per gli atti compiuti nell'esercizio delle loro funzioni nel collegio stesso.

TITOLO IV – Disposizioni finali

Articolo 182. **Protocolli e allegati**. – Il protocollo su Irlanda/Irlanda del Nord, il protocollo sulle zone di sovranità a Cipro, il protocollo su Gibilterra e gli allegati da I a IX sono parte integrante del presente accordo [175].

Articolo 183. **Testi facenti fede e depositario**. – Il presente accordo è redatto in un unico esemplare in lingua bulgara, ceca, croata, danese, estone, finlandese, francese, greca, inglese, irlandese, italiana, lettone, lituana, maltese, neerlandese, polacca, portoghese, rumena, slovacca, slovena, spagnola, svedese, tedesca e ungherese, i testi di ciascuna di queste lingue facenti ugualmente fede.

Il Segretario generale del Consiglio è il depositario del presente accordo.

Articolo 184. **Negoziati sulle relazioni future**. – L'Unione e il Regno Unito si adoperano al meglio, in buona fede e nel pieno rispetto dei rispettivi ordinamenti giuridici, per prendere le misure necessarie per negoziare sollecitamente gli accordi che disciplinano le loro relazioni future di cui alla dichiarazione politica del 17 ottobre 2019 e a espletare le procedure pertinenti per la ratifica o la conclusione di tali accordi al fine di assicurarne l'applicazione, nella misura del possibile, a decorrere dalla fine del periodo di transizione.

Articolo 185. **Entrata in vigore e applicazione**. – Il presente accordo entra in vigore alla prima delle date seguenti:

a) il giorno dopo la scadenza del termine previsto dall'articolo 50, paragrafo 3, TUE, prorogato dal Consiglio europeo d'intesa con il Regno Unito, purché prima di tale data il depositario del presente accordo abbia ricevuto dall'Unione e dal Regno Unito la notifica scritta del completamento delle necessarie procedure interne;

---

[175] Il testo dei tre protocolli è pubblicato nella sezione *on-line* del presente volume; il testo dei nove allegati è oltre, p. 438.

b) il primo giorno del mese che segue il ricevimento, presso il depositario del presente accordo, dell'ultima delle notifiche scritte di cui alla lettera a).

Il presente accordo non entra in vigore se prima che scada il termine previsto dall'articolo 50, paragrafo 3, TUE, prorogato dal Consiglio europeo d'intesa con il Regno Unito, il depositario del presente accordo non ha ricevuto le notifiche scritte di cui alla lettera a).

Al momento della notifica scritta di cui al primo comma, l'Unione può dichiarare, in relazione allo Stato membro che abbia sollevato eccezioni inerenti ai principi fondamentali del proprio diritto nazionale, che durante il periodo di transizione, oltre ai motivi di non -esecuzione del mandato d'arresto europeo di cui alla decisione quadro 2002/584/GAI, le autorità giudiziarie dell'esecuzione di detto Stato membro possono rifiutare di consegnare i propri cittadini al Regno Unito in forza di un mandato d'arresto europeo. In tal caso il Regno Unito può dichiarare, entro un mese dal ricevimento della dichiarazione dell'Unione, che le sue autorità giudiziarie dell'esecuzione possono rifiutare di consegnare i propri cittadini a detto Stato membro [176].

Dalla fine del periodo di transizione si applicano la parte seconda e la parte terza, tranne l'articolo 19, l'articolo 34, paragrafo 1, l'articolo 44 e l'articolo 96, paragrafo 1, nonché la parte sesta, titolo I, e gli articoli da 169 a 181.

Il protocollo su Irlanda/Irlanda del Nord si applica dalla fine del periodo di transizione, tranne le disposizioni seguenti di detto protocollo che si applicano dall'entrata in vigore del presente accordo:

— articolo 1;
— articolo 5, paragrafo 2, terzo, quarto e sesto comma;
— articolo 5, paragrafo 3, seconda frase;
— articolo 10, paragrafo 2, ultima frase;
— articolo 12, paragrafo 3;
— articolo 13, paragrafo 8;
— articolo 14;
— articolo 15, paragrafi da 1 a 4 e paragrafo 6;
— articolo 19;
— allegato 6, primo capoverso.

Il protocollo sulle zone di sovranità del Regno Unito di Gran Bretagna e Irlanda del Nord a Cipro, tranne il suo articolo 11, si applica dalla fine del periodo di transizione.

Il protocollo su Gibilterra, tranne il suo articolo 1, cessa di applicarsi alla fine del periodo di transizione. (*omissis)*

Fatto a Bruxelles e Londra, addì ventiquattro gennaio duemilaventi (*omissis*)

PROTOCOLLI

Protocollo su Irlanda/Irlanda del Nord (*omissis*; il testo è pubblicato nella sezione *on-line* del presente volume)

Protocollo sulle zone di sovranità del Regno Unito di Gran Bretagna e Irlanda del Nord a Cipro (*omissis*; il testo è pubblicato nella sezione *on-line* del presente volume)

Protocollo su Gibilterra (*omissis*; il testo è pubblicato nella sezione *on-line* del presente volume)

---

[176] La dichiarazione dell'Unione europea è pubblicata otre che in *G.U.U.E.* L 29 del 31 gennaio 2020, p. 188, nella quinta edizione del presente volume, p. 461. Quanto all'entrata in vigore dell'Accordo (1° febbraio 2020), cfr. la nota a p. 358.

ALLEGATI

ALLEGATO I – COORDINAMENTO IN MATERIA DI SICUREZZA SOCIALE

PARTE I. – DECISIONI E RACCOMANDAZIONI DELLA COMMISSIONE AMMINISTRATIVA

Legislazione applicabile (serie A):

– decisione A1, del 12 giugno 2009, relativa all'introduzione di una procedura di dialogo e di conciliazione riguardante la validità di documenti, la determinazione della legislazione applicabile e i benefici concessi ai sensi del regolamento (CE) n. 883/2004 del Parlamento europeo e del Consiglio [1];

– decisione A2, del 12 giugno 2009, riguardante l'interpretazione dell'articolo 12 del regolamento (CE) n. 883/2004 del Parlamento europeo e del Consiglio sulla legislazione applicabile ai lavoratori distaccati e ai lavoratori autonomi che lavorano temporaneamente al di fuori dello Stato di competenza [2];

– decisione A3, del 17 dicembre 2009, relativa alla totalizzazione dei periodi di distacco ininterrotti maturati a norma dei regolamento (CEE) n. 1408/71 del Consiglio e del regolamento (CE) n. 883/2004 del Parlamento europeo e del Consiglio [3].

Scambio elettronico di dati (serie E):

– decisione n. E2, del 3 marzo 2010, relativa all'instaurazione di una procedura di gestione delle modifiche applicabile alle coordinate degli organismi quali definiti all'articolo 1 del regolamento (CE) n. 883/2004 del Parlamento europeo e del Consiglio e figuranti nell'elenco elettronico che è parte integrante del sistema EESSI [4];

– decisione n. E4, del 13 marzo 2014, concernente il periodo transitorio quale definito all'articolo 95 del regolamento (CE) n. 987/2009 del Parlamento europeo e del Consiglio [5];

– decisione E5, del 16 marzo 2017, riguardante le modalità pratiche per il periodo transitorio previsto per lo scambio di dati per via elettronica di cui all'articolo 4 del regolamento (CE) n. 987/2009 [6].

Prestazioni familiari (serie F):

– decisione F1, del 12 giugno 2009, relativa all'interpretazione dell'articolo 68 del regolamento (CE) n. 883/2004 del Parlamento europeo e del Consiglio riguardo alle regole di priorità in caso di cumulo delle prestazioni familiari [7];

– decisione n. F2, del 23 giugno 2015, in materia di scambi di dati tra le istituzioni per la concessione delle prestazioni familiari [8].

Questioni trasversali (serie H):

– decisione H1, del 12 giugno 2009, riguardante la transizione dai regolamenti del Consiglio (CEE) n. 1408/71 e (CEE) n. 574/72 ai regolamenti del Parlamento europeo e del Consiglio (CE) n. 883/2004 e (CE) n. 987/2009 nonché l'applicazione delle decisioni e delle raccomandazioni della Commissione amministrativa per il coordinamento di sistemi di sicurezza sociale [9];

– decisione H3, del 15 ottobre 2009, riguardante la data da prendere in considerazione per determinare il tasso di cambio di cui all'articolo 90 del regolamento (CE) n. 987/2009 del Parlamento europeo e del Consiglio [10];

– decisione n. H4, del 22 dicembre 2009, relativa alla composizione e ai metodi di lavoro della

---

[1] GU C 106 del 24.4.2010, pag. 1.
[2] GU C 106 del 24.4.2010, pag. 5.
[3] GU C 149 dell'8.6.2010, pag. 3.
[4] GU C 187 del 10.7.2010, pag. 5.
[5] GU C 152 del 20.5.2014, pag. 21.
[6] GU C 233 del 19.7.2017, pag. 3.
[7] GU C 106 del 24.4.2010, pag. 11.
[8] GU C 52 dell'11.2.2016, pag. 11.
[9] GU C 106 del 24.4.2010, pag. 13.
[10] GU C 106 del 24.4.2010, pag. 56.

Commissione di controllo dei conti della commissione amministrativa per il coordinamento dei regimi di sicurezza sociale [11];

– decisione n. H5, del 18 marzo 2010, concernente la cooperazione nella lotta alla frode ed agli errori nel quadro del regolamento (CE) n. 883/2004 del Consiglio e regolamento (CE) n. 987/2009 del Parlamento europeo e del Consiglio relativi al coordinamento dei sistemi di sicurezza sociale [12];

– decisione n. H6, del 16 dicembre 2010, concernente l'applicazione dei principi riguardanti la totalizzazione dei periodi a norma dell'articolo 6 del regolamento (CE) n. 883/2004 sul coordinamento dei sistemi di sicurezza sociale [13];

– decisione n. H7, del 25 giugno 2015, relativa alla decisione n. H3 riguardante la data da prendere in considerazione per determinare il tasso di cambio di cui all'articolo 90 del regolamento (CE) n. 987/2009 del Parlamento europeo e del Consiglio [14];

– decisione n. H8, del 17 dicembre 2015, (aggiornata con lievi precisazioni tecniche al 9 marzo 2016) relativa alle modalità di funzionamento e alla composizione della Commissione Tecnica per l'Elaborazione Elettronica dei Dati presso la Commissione Amministrativa per il Coordinamento dei Sistemi di Sicurezza Sociale [15];

– raccomandazione n. H1, del 19 giugno 2013, riguardante la sentenza Gottardo secondo la quale i vantaggi di cui beneficiano i cittadini di uno Stato in virtù di una convenzione bilaterale di sicurezza sociale tra tale Stato e un paese terzo devono essere concessi anche ai lavoratori, cittadini di altri Stati membri [16].

Pensioni (serie P):

– decisione P1, del 12 giugno 2009, relativa all'interpretazione dell'articolo 50, paragrafo 4, dell'articolo 58 e dell'articolo 87, paragrafo 5 del regolamento (CE) n. 883/2004 del Parlamento europeo e del Consiglio, che riguardano le pensioni di invalidità, di vecchiaia e ai superstiti [17].

Recupero (R):

– decisione n. R1, del 20 giugno 2013, riguardante l'interpretazione dell'articolo 85 del regolamento (CE) n. 987/2009 [18].

Assistenza malattia (serie S):

– decisione S1, del 12 giugno 2009, riguardante la tessera europea di assicurazione malattia [19];

– decisione S2, del 12 giugno 2009, riguardante la tessera europea di assicurazione malattia [20];

– decisione S3, del 12 giugno 2009, che definisce le prestazioni di cui all'articolo 19, paragrafo 1, e all'articolo 27, paragrafo 1, del regolamento (CE) n. 883/2004 del Parlamento europeo e del Consiglio nonché all'articolo 25, lettera A), paragrafo 3, del regolamento (CE) n. 987/2009 [21];

– decisione n. S5, del 2 ottobre 2009, relativa all'interpretazione della nozione di prestazioni in natura definita all'articolo 1, lettera v bis), del regolamento (CE) n. 883/2004 del Parlamento europeo e del Consiglio in caso di malattia o maternità di cui agli articoli 17, 19, 20 e 22, all'articolo 24, paragrafo 1, agli articoli 25 e 26, all'articolo 27, paragrafi 1, 3, 4 e 5, agli articoli 28 e 34 e all'articolo 36, paragrafi 1 e 2, del regolamento (CE) n. 883/2004 nonché alla determinazione degli importi da rimborsare ai sensi degli articoli 62, 63 e 64 del regolamento (CE) n. 987/2009 del Parlamento europeo e del Consiglio [22];

– decisione n. S6, del 22 dicembre 2009, concernente l'iscrizione nello Stato membro di residenza ai sensi dell'articolo 24 del regolamento (CE) n. 987/2009 e la compilazione degli inventari di cui all'articolo 64, paragrafo 4, del regolamento (CE) n. 987/2009 [23];

– decisione n. S8, del 15 giugno 2011, relativa alla concessione di protesi, di grandi apparecchi e di altre prestazioni in natura di notevole importanza di cui all'articolo 33 del regolamento (CE) n.

[11] GU C 107 del 27.4.2010, pag. 3.
[12] GU C 149 dell'8.6.2010, pag. 5.
[13] GU C 45 del 12.2.2011, pag. 5.
[14] GU C 52 dell'11.2.2016, pag. 13.
[15] GU C 263 del 20.7.2016, pag. 3.
[16] GU C 279 del 27.9.2013, pag. 13.
[17] GU C 106 del 24.4.2010, pag. 21.
[18] GU C 279 del 27.9.2013, pag. 11.
[19] GU C 106 del 24.4.2010, pag. 23.
[20] GU C 106 del 24.4.2010, pag. 26.
[21] GU C 106 del 24.4.2010, pag. 40.
[22] GU C 106 del 24.4.2010, pag. 54.
[23] GU C 107 del 27.4.2010, pag. 6.

883/2004 relativo al coordinamento dei sistemi di sicurezza sociale [24];

– decisione n. S9, del 20 giugno 2013, riguardante le procedure di rimborso relative all'applicazione degli articoli 35 e 41 del regolamento (CE) n. 883/2004 [25];

– decisione n. S10, del 19 dicembre 2013, relativa alla transizione dai regolamenti (CEE) n. 1408/71 e n. 574/72 ai regolamenti (CE) n. 883/2004 e n. 987/2009 e all'applicazione delle procedure di rimborso [26];

– raccomandazione n. S1, del 15 marzo 2012, concernente gli aspetti finanziari delle donazioni transfrontaliere di organi da viventi [27];

– raccomandazione n. S2, del 22 ottobre 2013, relativa al diritto a prestazioni in natura per gli assicurati e i loro familiari durante il soggiorno in un paese terzo in forza di una convenzione bilaterale tra lo Stato membro competente e il paese terzo [28].

Disoccupazione (serie U):

– decisione U1, del 12 giugno 2009, riguardante l'articolo 54, paragrafo 3, del regolamento (CE) n. 987/2009 del Parlamento europeo e del Consiglio concernente gli aumenti delle indennità di disoccupazione per familiari a carico [29];

– decisione U2, del 12 giugno 2009, riguardante il campo d'applicazione dell'articolo 65, paragrafo 2, del regolamento (CE) n. 883/2004 del Parlamento europeo e del Consiglio, relativo al diritto all'indennità di disoccupazione per persone in disoccupazione completa, diverse dai lavoratori frontalieri, residenti nel corso della loro ultima attività subordinata o autonoma sul territorio di uno Stato membro diverso da quello competente [30];

– decisione U3, del 12 giugno 2009, riguardante la portata del concetto di disoccupazione parziale applicabile ai disoccupati di cui all'articolo 65, paragrafo 1, del regolamento (CE) n. 883/2004 del Parlamento europeo e del Consiglio [31];

– decisione n. U4, del 13 dicembre 2011, relativa alle procedure di rimborso di cui all'articolo 65, paragrafi 6 e 7, del regolamento (CE) n. 883/2004 e all'articolo 70 del regolamento (CE) n. 987/2009 (CE) n. 987/2009 [32];

– raccomandazione U1, del 12 giugno 2009, riguardante la legislazione applicabile a disoccupati che esercitano un'attività professionale o commerciale a tempo parziale in uno Stato membro diverso dallo Stato di residenza [33];

– raccomandazione U2, del 12 giugno 2009, riguardante l'applicazione dell'articolo 64, paragrafo 1, lettera a), del regolamento (CE) n. 883/2004 del Parlamento europeo e del Consiglio a persone disoccupate che accompagnano il coniuge o il partner che esercita un'attività professionale o commerciale in uno Stato membro diverso dallo Stato competente [34].

PARTE II – ATTI CUI È FATTO RIFERIMENTO

Regolamento (CE) n. 883/2004 del Parlamento europeo e del Consiglio, del 29 aprile 2004, relativo al coordinamento dei sistemi di sicurezza sociale [35], modificato da:

– regolamento (CE) n. 988/2009 del Parlamento europeo e del Consiglio, del 16 settembre 2009 [36];

– regolamento (UE) n. 1244/2010 della Commissione, del 9 dicembre 2010 [37];

– regolamento (UE) n. 465/2012 del Parlamento europeo e del Consiglio, del 22 maggio 2012 [38];

– regolamento (UE) n. 1224/2012 della Commissione, del 18 dicembre 2012 [39];

---

[24] GU C 262 del 06.9.2011, pag. 6.
[25] GU C 279 del 27.9.2013, pag. 8.
[26] GU C 152 del 20.5.2014, pag. 16.
[27] GU C 240 del 10.8.2012, pag. 3.
[28] GU C 46 del 18.2.2014, pag. 8.
[29] GU C 106 del 24.4.2010, pag. 42.
[30] GU C 106 del 24.4.2010, pag. 43.
[31] GU C 106 del 24.4.2010, pag. 45.
[32] GU C 57 del 25.2.2012, pag. 4.
[33] GU C 106 del 24.4.2010, pag. 49.
[34] GU C 106 del 24.4.2010, pag. 51.
[35] GU L 166 del 30.4.2004, pag. 1.
[36] GU L 284 del 30.10.2009, pag. 43.
[37] GU L 338 del 22.12.2010, pag. 35.
[38] GU L 149 dell'8.6.2012, pag. 4.

– regolamento (UE) n. 517/2013 del Consiglio, del 13 maggio 2013 [40];

– regolamento (UE) n. 1372/2013 della Commissione, del 19 dicembre 2013 [41], modificato dal regolamento (UE) n. 1368/2014 della Commissione del 17 dicembre 2014 [42];

– regolamento (UE) 2017/492 della Commissione, del 21 marzo 2017 [43].

Regolamento (CE) n. 987/2009 del Parlamento europeo e del Consiglio, del 16 settembre 2009, che stabilisce le modalità di applicazione del regolamento (CE) n. 883/2004 relativo al coordinamento dei sistemi di sicurezza sociale [44], modificato da:

– regolamento (UE) n. 1244/2010 della Commissione, del 9 dicembre 2010 [45];

– regolamento (UE) n. 465/2012 del Parlamento europeo e del Consiglio, del 22 maggio 2012 [46];

– regolamento (UE) n. 1224/2012 della Commissione, del 18 dicembre 2012 [47];

– regolamento (UE) n. 1372/2013 della Commissione, del 19 dicembre 2013 [48];

– regolamento (UE) n. 1368/2014 della Commissione, del 17 dicembre 2014 [49];

– regolamento (UE) 2017/492 della Commissione, del 21 marzo 2017 [50].

PARTE III – ADATTAMENTI DEL REGOLAMENTO (CE) N. 883/2004 E DEL REGOLAMENTO (CE) N. 987/2009

Ai fini del presente accordo le disposizioni del regolamento (CE) n. 883/2004 sono così adattate:

a) nell'allegato II è aggiunto quanto segue:

"REGNO UNITO-GERMANIA

a) Articolo 7, paragrafi 5 e 6, della convenzione sulla sicurezza sociale del 20 aprile 1960 (legislazione applicabile ai dipendenti civili delle forze armate);

b) articolo 5, paragrafi 5 e 6, della convenzione sull'assicurazione contro la disoccupazione del 20 aprile 1960 (legislazione applicabile ai dipendenti civili delle forze armate).

REGNO UNITO-IRLANDA

Articolo 19, paragrafo 2, dell'accordo del 14 dicembre 2004 sulla sicurezza sociale (concernente il trasferimento e il calcolo di taluni crediti maturati per invalidità).";

b) nell'allegato III è aggiunto quanto segue:

"REGNO UNITO";

c) nell'allegato VI è aggiunto quanto segue:

"REGNO UNITO

Indennità di integrazione salariale e di sostegno (Employment and Support Allowance ESA)

a) Per le prestazioni concesse prima del 1° aprile 2016 l'ESA è una prestazione di malattia in contanti per i primi 91 giorni (fase di valutazione). Dal 92° giorno l'ESA diventa una prestazione d'invalidità (fase principale).

b) Per le prestazioni concesse il 1° aprile 2016 o successivamente l'ESA è una prestazione di malattia in contanti per i primi 365 giorni (fase di valutazione). Dal 366° giorno l'ESA diventa una prestazione d'invalidità (gruppo di sostegno).

Legislazione della Gran Bretagna: parte 1 della legge di riforma del sistema di welfare 2007.

Legislazione dell'Irlanda del Nord: parte 1 della legge di riforma del sistema di welfare (Irlanda del Nord) 2007.";

d) nell'allegato VIII, parte 1, è aggiunto quanto segue:

---

[39] GU L 349 del 19.12.2012, pag. 45.
[40] GU L 158 del 10.6.2013, pag. 1.
[41] GU L 346 del 20.12.2013, pag. 27.
[42] GU L 366 del 20.12.2014, pag. 15.
[43] GU L 76 del 22.3.2017, pag. 13.
[44] GU L 284 del 30.10.2009, pag. 1.
[45] GU L 338 del 22.12.2010, pag. 35.
[46] GU L 149 dell'8.6.2012, pag. 4.
[47] GU L 349 del 19.12.2012, pag. 45.
[48] GU L 346 del 20.12.2013, pag. 27.
[49] GU L 366 del 20.12.2014, pag. 15.
[50] GU L 76 del 22.3.2017, pag. 13.

"REGNO UNITO

Tutte le domande di pensione di anzianità, di pensione statale a norma della parte 1 della legge sulle pensioni del 2014, di prestazioni per vedove e per lutto familiare, ad eccezione di quelle per le quali, durante un esercizio fiscale con inizio il 6 aprile 1975 o successivo:

i) l'interessato ha maturato periodi di assicurazione, di occupazione o di residenza ai sensi della legislazione del Regno Unito e di un altro Stato membro; e uno (o più di uno) degli esercizi fiscali non è considerato come un anno di qualifica a norma della legislazione del Regno Unito;

ii) i periodi di assicurazione maturati ai sensi della legislazione vigente nel Regno Unito per i periodi anteriori al 5 luglio 1948 sarebbero presi in considerazione ai fini dell'articolo 52, paragrafo 1, lettera b), del regolamento mediante l'applicazione di periodi di assicurazione, di occupazione o di residenza sotto la legislazione di un altro Stato membro.

Tutte le richieste di pensione complementare ai sensi dell'articolo 44 del Social Security Contributions and Benefits Act 1992, e dell'articolo 44 del Social Security Contributions and Benefits (Irlanda del Nord) Act 1992.";

e) nell'allegato VIII, parte 2, è aggiunto quanto segue:

"REGNO UNITO

Prestazioni proporzionali di vecchiaia versate conformemente agli articoli 36 e 37 del National Insurance Act del 1965 e agli articoli 35 e 36 del National Insurance Act (Irlanda del Nord) del 1966."

f) nell'allegato X è aggiunto quanto segue:

"REGNO UNITO

a) Credito di pensione statale (legge del 2002 sul credito di pensione statale e legge del 2002 (Irlanda del nord) sul credito di pensione statale);

b) assegni per persone in cerca di impiego basati sul reddito (legge del 1995 sulle persone in cerca di impiego e legge del 1995 (Irlanda del nord) sulle persone in cerca di impiego);

d) componente mobilità dell'assegno di sussistenza per disabili (legge del 1992 sui contributi e sulle prestazioni di sicurezza sociale e legge del 1992 (Irlanda del nord) sui contributi e sulle prestazioni di sicurezza sociale);

e) indennità di integrazione salariale e di sostegno collegata al reddito (legge di riforma del sistema di welfare 2007 e legge di riforma del sistema di welfare (Irlanda del Nord) 2007).";

g) nell'allegato XI è aggiunto quanto segue:

"REGNO UNITO

1. Qualora, in virtù della legislazione del Regno Unito, una persona possa pretendere il beneficio di una pensione di anzianità, se:

a) i contributi dell'ex coniuge sono presi in considerazione come contributi personali; o

b) le condizioni contributive sono soddisfatte dal coniuge o dall'ex coniuge, purché in entrambi i casi il coniuge o l'ex coniuge sia o sia stato soggetto, in quanto lavoratore subordinato o autonomo, alla legislazione di due o più Stati membri, si applicano le disposizioni del titolo III, capitolo 5, del presente regolamento per determinare i suoi diritti a pensione in virtù della legislazione del Regno Unito; in tal caso ogni riferimento nel suddetto capitolo 5 a "periodi di assicurazione" è considerato come riferimento ad un periodo di assicurazione maturato da:

i) il coniuge o l'ex coniuge se la richiesta è presentata da:

– una donna coniugata, o

– una persona il cui matrimonio è cessato per cause diverse dalla morte del coniuge; o

ii) l'ex coniuge, se la richiesta è presentata da:

– un vedovo che, immediatamente prima dell'età pensionabile, non può avere diritto ad una prestazione di superstite, o

– una vedova che, immediatamente prima dell'età pensionabile, non ha diritto ad una prestazione di madre vedova, prestazione di genitore vedovo o pensione di vedova o che ha soltanto diritto a una pensione di vedova connessa con l'età, calcolata in applicazione dell'articolo 52, paragrafo 1, lettera b), del presente regolamento, e per "pensione di vedova connessa con l'età" s'intende una pensione di vedova erogabile a una percentuale ridotta in conformità all'articolo 39, paragrafo 4, del Social Security Contributions and Benefits Act 1992 (legge sui contributi e le prestazioni di sicurezza sociale).

2. Ai fini dell'applicazione dell'articolo 6 del presente regolamento alle disposizioni che regolamentano il diritto al sussidio di accompagnamento, al sussidio per assistenti ed al sussidio di sussistenza in caso di disabilità, è preso in considerazione un periodo di attività subordinata, di attività autonoma o di residenza maturato nel territorio di uno Stato membro diverso dal Regno Unito nella misura in cui ciò sia necessario per soddisfare le condizioni relative ai periodi richiesti di presenza nel Regno Unito, prima della data in cui scatta il diritto al sussidio in questione.

3. Ai fini dell'articolo 7 del presente regolamento, in caso di prestazioni d'invalidità, di anzianità o al superstite in contanti, di pensioni per infortuni sul lavoro o malattia professionale e di indennità di morte, qualsiasi beneficiario ai sensi della legislazione del Regno Unito, che soggiorna nel territorio di un altro Stato membro è considerato, durante tale soggiorno, come residente nel territorio di detto altro Stato membro.

4. Nei casi in cui si applica l'articolo 46 del presente regolamento, quando l'interessato è colpito da inabilità al lavoro seguita da invalidità mentre è soggetto alla legislazione di un altro Stato membro, il Regno Unito, ai sensi dell'articolo 30A, paragrafo 5, della legge sui contributi e le prestazioni di sicurezza sociale (Social Security contributions and Benefits Act) del 1992, tiene conto di tutti i periodi durante i quali l'interessato ha percepito per questa inabilità al lavoro:

i) prestazioni di malattia in contanti, un salario o una retribuzione; o

ii) prestazioni analoghe a quelle di cui al titolo III, capitoli 4 e 5 del presente regolamento, concesse per l'invalidità seguita a detta inabilità al lavoro, ai sensi della legislazione dell'altro Stato membro, come se si trattasse di periodi di prestazioni d'inabilità di breve durata versate a norma dell'articolo 30A, paragrafi 1-4 della legge del 1992 sui contributi e le prestazioni di sicurezza sociale (Social Security Contributions and Benefits Act 1992).

Nell'applicare la presente disposizione si tiene conto esclusivamente dei periodi durante i quali l'interessato era inabile al lavoro ai sensi della legislazione del Regno Unito.

5. 1) Ai fini del calcolo del fattore di reddito per determinare il diritto alle prestazioni previste dalla legislazione del Regno Unito, per ogni settimana d'occupazione in qualità di lavoratore subordinato in base alla legislazione di un altro Stato membro, iniziata nel corso dell'anno fiscale di riferimento ai sensi della legislazione del Regno Unito, si considera che l'interessato abbia versato contributi come lavoratore dipendente o abbia percepito redditi che hanno dato luogo al pagamento di contributi, sulla base di redditi equivalenti a due terzi del limite più elevato dei redditi relativi all'anno fiscale.

2) Ai fini dell'applicazione dell'articolo 52, paragrafo 1, lettera b), punto ii), del presente regolamento:

a) qualora, in un anno fiscale a decorrere dal 6 aprile 1975, un lavoratore subordinato abbia maturato periodi di assicurazione, occupazione o residenza esclusivamente in uno Stato membro che non sia il Regno Unito e, a norma del precedente punto 5, 1), quell'anno risulti conteggiato ai sensi della legislazione del Regno Unito per l'applicazione dell'articolo 52, paragrafo 1, lettera b), punto i), del presente regolamento, l'interessato è considerato assicurato per 52 settimane in quell'anno nell'altro Stato membro;

b) qualora un anno fiscale a decorrere dal 6 aprile 1975 non sia conteggiato ai sensi della legislazione del Regno Unito per l'applicazione dell'articolo 52, paragrafo 1, lettera b), punto i), del presente regolamento, non si tiene conto dei periodi di assicurazione, occupazione o residenza maturati in quell'anno.

3) Ai fini della conversione di un fattore di reddito in periodi di assicurazione, il fattore di reddito ottenuto durante l'anno fiscale in questione ai sensi della legislazione del Regno Unito è diviso per il limite di reddito inferiore fissato per tale anno fiscale. Il risultato è espresso con un numero intero, tralasciando i decimali. La cifra così ottenuta è considerata rappresentare il numero di settimane di assicurazione maturate ai sensi della legislazione del Regno Unito durante tale anno, restando inteso che tale cifra non può superare il numero di settimane durante le quali, nel corso di tale anno, l'interessato è stato soggetto a detta legislazione.".

Ai fini del presente accordo le disposizioni del regolamento (CE) n. 987/2009 sono così adattate:

a) nell'allegato 1 è aggiunto quanto segue:

REGNO UNITO-BELGIO

a) Lo scambio di lettere del 4 maggio e del 14 giugno 1976 relativo all'articolo 105, paragrafo 2, del regolamento (CEE) n. 574/72 (rinuncia al rimborso delle spese per il controllo amministrativo e gli esami medici).

b) Lo scambio di lettere del 18 gennaio e del 14 marzo 1977 relativo all'articolo 36, paragrafo 3, del regolamento (CEE) n. 1408/71 (accordo relativo al rimborso o alla rinuncia al rimborso delle spese per prestazioni in natura corrisposte in applicazione del titolo III, capitolo 1 o 4 del regolamento (CEE) n. 1408/71), quale modificato dallo scambio di lettere del 4 maggio e del 23 luglio 1982 (accordo relativo al rimborso delle spese sostenute ai sensi dell'articolo 22, paragrafo 1, lettera a), del regolamento (CEE) n. 1408/71).

REGNO UNITO-DANIMARCA

Lo scambio di lettere del 30 marzo e del 19 aprile 1977, modificato da uno scambio di lettere dell'8 novembre 1989 e del 10 gennaio 1990 relativo a un accordo di rinuncia al rimborso delle spese per le prestazioni in natura e per il controllo amministrativo e gli esami medici.

REGNO UNITO-ESTONIA

L'accordo concluso il 29 marzo 2006 tra le autorità competenti della Repubblica di Estonia e il Regno Unito a norma dell'articolo 36, paragrafo 3 e dell'articolo 63, paragrafo 3, del regolamento (CEE) n. 1408/71 che fissa altri metodi di rimborso delle spese per le prestazioni in natura erogate in applicazione di tale regolamento da entrambi i paesi a decorrere dal 1° maggio 2004.

REGNO UNITO-IRLANDA

Lo scambio di lettere del 9 luglio 1975 relativo all'articolo 36, paragrafo 3 e all'articolo 63, paragrafo 3, del regolamento (CEE) n. 1408/71 (accordo relativo al rimborso od alla rinuncia al rimborso delle spese per prestazioni in natura corrisposte in applicazione del titolo III, capitolo 1 o 4 del regolamento (CEE) n. 1408/71) ed all'articolo 105, paragrafo 2, del regolamento (CEE) n. 574/72 (rinuncia al rimborso delle spese per il controllo amministrativo e gli esami medici).

REGNO UNITO-SPAGNA

L'accordo del 18 giugno 1999 sul rimborso delle prestazioni in natura concessi conformemente ai regolamenti (CEE) n. 1408/71 e (CEE) n. 574/72.

REGNO UNITO-FRANCIA

a) Lo scambio di lettere del 25 marzo e del 28 aprile 1997 relativo all'articolo 105, paragrafo 2, del regolamento (CEE) n. 574/72 (rinuncia al rimborso delle spese per il controllo amministrativo e gli esami medici).

b) L'accordo dell'8 dicembre 1998 sui metodi specifici per determinare gli importi da rimborsare per le prestazioni in natura in conformità ai regolamenti (CEE) n. 1408/71 e (CEE) n. 574/72.

REGNO UNITO-ITALIA

L'accordo concluso il 15 dicembre 2005 tra le autorità competenti della Repubblica italiana e il Regno Unito a norma dell'articolo 36, paragrafo 3 e dell'articolo 63, paragrafo 3, del regolamento (CEE) n. 1408/71 che fissa altri metodi di rimborso delle spese per le prestazioni in natura erogate in applicazione di tale regolamento da entrambi i paesi a decorrere dal 1° gennaio 2005.

REGNO UNITO-LUSSEMBURGO

Lo scambio di lettere del 18 dicembre 1975 e del 20 gennaio 1976 riguardante l'articolo 105, paragrafo 2, del regolamento (CEE) n. 574/72 (rinuncia al rimborso delle spese per il controllo amministrativo e gli esami medici di cui all'articolo 105 del regolamento (CEE) n. 574/72).

REGNO UNITO-UNGHERIA

L'accordo concluso il 1° novembre 2005 tra le autorità competenti della Repubblica di Ungheria e del Regno Unito a norma dell'articolo 35, paragrafo 3 e dell'articolo 41, paragrafo 2, del regolamento (CEE) n. 883/2004 che fissa altri metodi di rimborso delle spese per le prestazioni in natura erogate in applicazione di tale regolamento da entrambi i paesi a decorrere dal 1° maggio 2004.

REGNO UNITO-MALTA

L'accordo concluso il 17 gennaio 2007 tra le autorità competenti di Malta e del Regno Unito a norma dell'articolo 35, paragrafo 3 e dell'articolo 41, paragrafo 2, del regolamento (CEE) n. 883/2004 che fissa altri metodi di rimborso delle spese per le prestazioni in natura erogate in applicazione di tale regolamento da entrambi i paesi a decorrere dal 1° maggio 2004.

REGNO UNITO-PAESI BASSI

L'articolo 3, seconda frase dell'accordo amministrativo del 12 giugno 1956 per l'applicazione della convenzione dell'11 agosto 1954.

REGNO UNITO-PORTOGALLO

L'accordo dell'8 giugno 2004 che stabilisce altri metodi di rimborso delle spese per prestazioni in natura corrisposte in ambo i paesi con effetto dal 1° gennaio 2003.

REGNO UNITO-FINLANDIA

Lo scambio di lettere del 1° e del 20 giugno 1995 in merito all'articolo 36, paragrafo 3, e all'articolo 63, paragrafo 3, del regolamento (CEE) n. 1408/71 (rimborso o rinuncia al rimborso delle spese per prestazioni in natura) e all'articolo 105, paragrafo 2, del regolamento (CEE) n. 574/72 (rinuncia al rimborso delle spese per il controllo amministrativo e gli esami medici).

REGNO UNITO-SVEZIA

L'accordo del 15 aprile 1997 riguardante l'articolo 36, paragrafo 3 e l'articolo 63, paragrafo 3, del regolamento (CEE) n. 1408/71 (rimborso o rinuncia al rimborso delle spese delle prestazioni in natura) e l'articolo 105, paragrafo 2, del regolamento (CEE) n. 574/72 (rinuncia alle spese per il controllo amministrativo e gli esami medici).";

b) nell'allegato 3 è aggiunto quanto segue:

"REGNO UNITO".

ALLEGATO II – DISPOSIZIONI DI DIRITTO DELL'UNIONE DI CUI ALL'ARTICOLO 41, PARAGRAFO 4

1. Direttiva 64/432/CEE del Consiglio, del 26 giugno 1964, relativa a problemi di polizia sanitaria in materia di scambi intracomunitari di animali della specie bovina e suina [51].

2. Direttiva 91/68/CEE del Consiglio, del 28 gennaio 1991, relativa alle condizioni di polizia sanitaria da applicare negli scambi intracomunitari di ovini e caprini [52].

3. Capo II della direttiva 2009/156/CE del Consiglio, del 30 novembre 2009, relativa alle condizioni di polizia sanitaria che disciplinano i movimenti di equidi e le importazioni di equidi in provenienza dai paesi terzi [53].

4. Capo II della direttiva 2009/158/CE del Consiglio, del 30 novembre 2009, relativa alle norme di polizia sanitaria per gli scambi intracomunitari e le importazioni in provenienza dai paesi terzi di pollame e uova da cova [54].

5. Capo II della direttiva 92/65/CEE del Consiglio, del 13 luglio 1992, che stabilisce norme sanitarie per gli scambi e le importazioni nella Comunità di animali, sperma, ovuli e embrioni non soggetti, per quanto riguarda le condizioni di polizia sanitaria, alle normative comunitarie specifiche di cui all'allegato A, sezione I, della direttiva 90/425/CEE [55].

---

[51] GU 121 del 29.7.1964, pag. 1977.
[52] GU L 46 del 19.2.1991, pag. 19.
[53] GU L 192 del 23.7.2010, pag. 1.
[54] GU L 343 del 22.12.2009, pag. 74.
[55] GU L 268 del 14.9.1992, pag. 54.

6. Capo II della direttiva 89/556/CEE del Consiglio, del 25 settembre 1989, che stabilisce le condizioni di polizia sanitaria per gli scambi intracomunitari e le importazioni da paesi terzi di embrioni di animali domestici della specie bovina [56].

7. Capo II della direttiva 88/407/CEE del Consiglio, del 14 giugno 1988, che stabilisce le esigenze di polizia sanitaria applicabili agli scambi intracomunitari ed alle importazioni di sperma di animali della specie bovina [57].

8. Capo II della direttiva 90/429/CEE del Consiglio, del 26 giugno 1990, che stabilisce le esigenze di polizia sanitaria applicabili agli scambi intracomunitari ed alle importazioni di sperma di animali della specie suina [58].

9. Capo III della direttiva 2006/88/CE del Consiglio, del 24 ottobre 2006, relativa alle condizioni di polizia sanitaria applicabili alle specie animali d'acquacoltura e ai relativi prodotti, nonché alla prevenzione di talune malattie degli animali acquatici e alle misure di lotta contro tali malattie [59].

10. Capo II del regolamento (UE) n. 576/2013 del Parlamento europeo e del Consiglio, del 12 giugno 2013, sui movimenti a carattere non commerciale di animali da compagnia e che abroga il regolamento (CE) n. 998/2003 [60].

ALLEGATO III – TERMINI PER LE SITUAZIONI O PER I REGIMI DOGANALI DI CUI ALL'ARTICOLO 49, PARAGRAFO 1

I termini stabiliti nel presente allegato sono le date ultime per l'applicazione del regolamento (UE) n. 952/2013.

Situazione/procedura Termine

1. Custodia temporanea 90 giorni articolo 149 del regolamento (UE) n. 952/2013

2. Immissione in libera pratica 1 mese + 10 giorni dopo l'accettazione della dichiarazione, articolo 146, paragrafo 3, del regolamento delegato (UE) 2015/2446 [61] per quanto riguarda la dichiarazione complementare; "termine ragionevole" per quanto riguarda la verifica, articolo 194 del regolamento (UE) n. 952/2013

Massimo: 60 giorni

3. Regimi speciali

Periodo per l'appuramento obbligatorio per il perfezionamento attivo, il perfezionamento passivo, l'uso finale e l'ammissione temporanea (allegato A, dato 4/17, del regolamento delegato (UE) 2015/2446). Appuramento mediante vincolo a un regime successivo, uscita dal territorio doganale o distruzione, articolo 215, paragrafo 1, del regolamento (UE) n. 952/2013

a) Transito unionale Massimo: 12 mesi dopo lo svincolo

b) Deposito doganale Massimo: 12 mesi dopo la fine del periodo di transizione

c) Zone franche Alla fine del periodo di transizione

d) Ammissione temporanea Massimo: 12 mesi dopo lo svincolo

e) Uso finale Massimo: 12 mesi dopo lo svincolo

f) Perfezionamento attivo Massimo: 12 mesi dopo lo svincolo

g) Perfezionamento passivo Massimo: 12 mesi dopo lo svincolo

4. Esportazione 150 giorni dopo lo svincolo

5. Riesportazione 150 giorni dopo lo svincolo

---

[56] GU L 302 del 19.10.1989, pag. 1.

[57] GU L 194 del 22.7.1988, pag. 10.

[58] GU L 224 del 18.8.1990, pag. 62.

[59] GU L 328 del 24.11.2006, pag. 14.

[60] GU L 178 del 28.6.2013, pag. 1.

[61] Regolamento delegato (UE) 2015/2446 della Commissione, del 28 luglio 2015, che integra il regolamento (UE) n. 952/2013 del Parlamento europeo e del Consiglio in relazione alle modalità che specificano alcune disposizioni del codice doganale dell'Unione (GU L 343 del 29.12.2015, pag. 1).

ALLEGATO IV – ELENCO DELLE RETI, DEI SISTEMI DI INFORMAZIONE E DELLE BANCHE DATI DI CUI AGLI ARTICOLI 50, 53, 99 E 100

1. È istituita la retrocompatibilità per il Regno Unito e l'Unione, intesa ad assicurare che nelle modifiche apportate a reti, sistemi di informazione e banche dati e nelle modifiche dei formati per lo scambio d'informazioni gli Stati membri e il Regno Unito possano continuare ad accettare reciprocamente le informazioni nel formato attuale, salvo che l'Unione e il Regno Unito non dispongano diversamente.

2. L'accesso del Regno Unito a una rete, un sistema di informazione o una banca dati determinati è limitato nel tempo. Per ogni rete, sistema di informazione o banca dati è indicato il corrispondente periodo di tempo. Qualora siano necessari scambi d'informazioni tra autorità doganali per applicare le procedure conformemente all'articolo 49 quando non sarà più possibile trattare i dati elettronicamente in conformità del presente allegato, sono utilizzati mezzi alternativi per lo scambio e l'archiviazione delle informazioni.

Parte I: Dogane

Sistema informatico doganale	**Tipo di accesso**	**Termine**
ICS (Sistema di controllo delle importazioni)	Presentazione della dichiarazione precedente l'arrivo limitata a: –ricezione e trasmissione di dati relativi a dichiarazioni sommarie di entrata (ENS) per dichiarazioni presentate prima della fine del periodo di transizione (nel caso di porti successivi o deviazioni); – ricezione e trasmissione di dati relativi ai rischi per dichiarazioni presentate prima della fine del periodo di transizione.	31 luglio 2021
NCTS (Nuovo sistema di transito informatizzato)	Tutte le funzionalità applicate alle operazioni di transito in corso, ossia movimenti svincolati per il transito prima della fine del periodo di transizione. [Nessun rilascio di nuove operazioni di transito dopo la fine del periodo di transizione.]	31 gennaio 2021
ECS (Sistema di controllo delle esportazioni)	**Conferma dell'uscita per le operazioni di esportazione in corso**, ossia merci svincolate per l'esportazione prima della fine del periodo di transizione: – per operazioni con gli uffici doganali di uscita nel Regno Unito, per confermare l'uscita delle merci nell'ECS; – per operazioni con gli uffici doganali di uscita negli Stati membri, ossia gli uffici doganali di esportazione nel Regno Unito, per ricevere conferma dell'uscita dagli uffici doganali di uscita degli Stati membri.	31 gennaio 2021

INF (Bollettino d'informazione)	–Accesso in sola lettura all'INF del portale commerciale specifico per gli operatori del Regno Unito. –Accesso lettura/scrittura agli INF attivi nel sistema INF per gli uffici doganali.	31 dicembre 2021
SURV-RECAPP (sistema di sorveglianza tariffaria – applicazione ricevente)	**Trasmissione di dati a opera delle autorità doganali del Regno Unito per immissione in libera pratica o regimi di esportazione:** – dichiarazioni di controllo (Surveillance Declaration Records – SDR) non ancora trasmesse per l'immissione in libera pratica o i regimi di esportazione cui sono state vincolate le merci prima della fine del periodo di transizione; – elementi di dichiarazioni di controllo per immissione in libera pratica che pongono termine o appurano un regime o una situazione in corso.	28 febbraio 2021
EBTI3 (informazioni tariffarie vincolanti europee)	**Dati per il calcolo dell'obbligazione doganale:** accesso a informazioni relative alle decisioni connesse alle informazioni tariffarie vincolanti o a eventi successivi che possano influenzare la domanda o la decisione originaria [pieno accesso per consultazione].	8 gennaio 2021
TARIC3 (Tariffa doganale comune)	**Dati per il calcolo dell'obbligazione doganale:** trasmissione di aggiornamenti quotidiani al Regno Unito dopo la fine del periodo di transizione, tranne dati riservati (dati di sorveglianza statistica).	31 dicembre 2021
QUOTA2 (sistema di gestione dei contingenti tariffari, massimali tariffari e altri tipi di sorveglianza)	**Dati per il calcolo dell'obbligazione doganale:** Gestione dei contingenti, cancellazione delle richieste di contingenti e restituzione dei quantitativi assegnati non utilizzati.	6 gennaio 2021
SMS TRA, EXP (Sistema di gestione dei modelli)	Accesso in sola lettura alla banca dati dei modelli di timbri, sigilli e certificati.	31 gennaio 2021

SMS QUOTA (Sistema di gestione dei modelli)	Accesso in sola lettura alla banca dati dei certificati di autenticità necessari per fruire dei contingenti.	6 gennaio 2021
OWNRES (comunicazione dei casi di frodi e irregolarità riguardanti le risorse proprie tradizionali superiori a 10 000 EUR, articolo 5, paragrafo 1, del regolamento (UE, Euratom) n. 608/2014)	Accesso limitato ai casi che coinvolgono il Regno Unito (nessun accesso all'analisi globale).	20 febbraio 2026
WOMIS (sistema d'informazione e gestione dei casi di inesigibilità riguardanti le risorse proprie tradizionali di cui all'articolo 13, paragrafo 3, del regolamento (UE, Euratom) n. 609/2014)	Accesso completo, limitato per impostazione predefinita alle comunicazioni nazionali di inesigibilità (accesso in sola lettura dal 1° luglio 2025 nell'ambito della liquidazione della contabilità separata entro il 31 dicembre 2025).	30 giugno 2025

Sistema di supporto	**Tipo di accesso**	**Termine**
EOS/EORI (sistema degli operatori economici – registrazione e identificazione degli operatori economici)	Accesso in sola lettura ai sistemi in questione.	31 dicembre 2021
CDS (sistema di decisioni doganali)	Accesso in sola lettura per gli operatori commerciali nel Regno Unito e per gli uffici doganali nel Regno Unito.	31 gennaio 2021
CS/RD2 (servizi centrali/dati di riferimento)	Accesso in sola lettura ai dati di riferimento. Accesso in scrittura solo per gli uffici doganali delle autorità nazionali del Regno Unito.	31 dicembre 2021
CS/MIS (servizi centrali/sistema d'informazione e gestione)	Accesso in sola scrittura per caricare le indisponibilità e le statistiche sulle imprese.	31 luglio 2021
GTP (portale commerciale generico)	Accesso alle funzioni generiche del portale commerciale nel Regno Unito fino alla disattivazione dell'ultimo portale commerciale specifico per gli operatori nel Regno Unito.	31 dicembre 2021

Reti e infrastrutture	Tipo di accesso	Termine
CCN (rete comune di comunicazione)	Collegata all'accesso per i sistemi in questione.	31 dicembre 2021 (od oltre se necessario per accise o imposte)
UUM&DS (gestione uniforme degli utenti e firme digitali)	Collegata all'accesso per i sistemi in questione.	31 dicembre 2021 (od oltre se necessario per accise o imposte)
CCN2 (rete comune di comunicazione 2)	Collegata all'accesso per i sistemi in questione.	31 dicembre 2021 (od oltre se necessario per accise o imposte)

Parte II: Accise

Sistema informatico sulle accise	Tipo di accesso	Termine
EMCS Core (sistema d'informatizzazione dei movimenti e dei controlli dei prodotti soggetti ad accisa)	Sospensione dall'accisa: trasmissione da e verso il Regno Unito delle note di ricevimento/note di esportazione (IE818).	31 maggio 2021
EMCS Admin Coop (cooperazione amministrativa sul sistema d'informatizzazione dei movimenti e dei controlli dei prodotti soggetti ad accisa)	–Trasmissione da e verso il Regno Unito di messaggi relativi ai movimenti in corso (relazioni sull'evento, relazioni di controllo, cooperazione amministrativa, indagini sui movimenti EMCS in corso);	31 maggio 2021
	–gli Stati membri e il Regno Unito mantengono la cooperazione amministrativa EMCS on line per consentire richieste e audit sui movimenti fino alla fine del periodo di transizione.	31 dicembre 2024

Sistema di supporto	**Tipo di accesso**	**Termine**
SEED (sistema di scambio di dati sulle accise)	In sola lettura; gli operatori economici del Regno Unito sono invalidati.	31 maggio 2021
CS/MISE (servizi centrali/sistema d'informazione e gestione dell'EMCS)	Filtrato per limitarlo ai movimenti cui partecipa il Regno Unito	31 maggio 2021

Reti e infrastrutture	**Tipo di accesso**	**Termine**
CCN (rete comune di comunicazione)	Collegata all'accesso per i sistemi in questione.	31 maggio 2021 (od oltre se necessario per accise o imposte)

Parte III: IVA

Sistema informatico dell'IVA	**Tipo di accesso**	**Termine**
VAT-VIES (sistema di scambio di informazioni sull'IVA)	**Dati sulla registrazione dei soggetti passivi:** Accesso reciproco ai sistemi informatici del Regno Unito e degli Stati membri [62] per scambiare, fino al 31 dicembre 2024, informazioni relative alla registrazione storica dell'altra parte [63] (dati di registrazione inseriti nel sistema prima della fine del periodo di transizione), nonché informazioni relative alla registrazione dell'altra parte aggiornate dopo il periodo di transizione (ad esempio, fine della registrazione di un soggetto passivo).	31 dicembre 2024 [64]

[62] Ai fini del presente allegato, per "accesso reciproco" s'intende che il Regno Unito deve provvedere affinché gli Stati membri abbiano accesso nel Regno Unito agli stessi dati ai quali il Regno Unito e gli Stati membri hanno accesso negli Stati membri.

[63] Ai fini del presente allegato, per "altra parte" s'intende uno Stato membro per il Regno Unito e il Regno Unito per uno Stato membro.

[64] I dati relativi al numero d'identificazione IVA dei soggetti passivi del Regno Unito devono essere aggiornati fino al 31 dicembre 2024.

	Operazioni – informazioni sul fatturato: Accesso del Regno Unito e degli Stati membri ai sistemi informatici con accesso reciproco allo scambio d'informazioni contenute negli elenchi riepilogativi trasmessi all'altra parte per le operazioni eseguite[65] prima della fine del periodo di transizione e in cui sono coinvolti soggetti passivi della parte ricevente; il Regno Unito e gli Stati membri non hanno reciprocamente accesso alle informazioni sul fatturato delle operazioni che hanno luogo dopo il 31 dicembre 2020.	31 dicembre 2024
Rimborso dell'IVA	Accesso al sistema informatico per: – inoltrare agli Stati membri le richieste di rimborso dell'IVA presentate da soggetti passivi stabiliti nel Regno Unito conformemente alla direttiva 2008/9/CE e ricevere dagli Stati membri le richieste di rimborso dell'IVA presentate da soggetti passivi stabiliti in uno Stato membro;	30 aprile 2021
	– trattare[66] le richieste di rimborso dell'IVA ricevute dal Regno Unito e presentate dai soggetti passivi stabiliti in uno Stato membro e le richieste di rimborso dell'IVA ricevute dagli Stati membri e presentate da soggetti passivi stabiliti nel Regno Unito.	31 gennaio 2022
MOSS (mini sportello unico)	**Informazioni relative alla registrazione:** accesso del Regno Unito e degli Stati membri ai sistemi informatici con accesso reciproco per:	
	–scambiare informazioni relative alla registrazione e alla registrazione storica;	31 dicembre 2024

[65] Comprese le operazioni di cui all'articolo 51, paragrafo 1.

[66] Ai fini del presente trattino, per "trattare" s'intende completare tutte le azioni relative a una richiesta per consentirne la conclusione, tra cui la notifica degli eventuali importi rifiutati con modalità dettagliate per presentare ricorso, il rimborso degli importi ammissibili nonché lo scambio di messaggi pertinenti con il sistema di rimborso dell'IVA.

	–diffondere le informazioni relative alle nuove registrazioni via MOSS, per le registrazioni effettuate entro il 31 dicembre 2020.	20 febbraio 2021
	Dichiarazioni IVA: accesso del Regno Unito e degli Stati membri ai sistemi informatici con accesso reciproco per:	
	–scambiare informazioni relative alle dichiarazioni via MOSS, per le dichiarazioni presentate entro il 31 gennaio 2021;	20 febbraio 2021
	–scambiare le modifiche relative alle dichiarazioni IVA via MOSS presentate entro il 20 gennaio 2021;	20 gennaio 2022
	–scambiare informazioni relative alle dichiarazioni IVA per le operazioni in cui è coinvolta l'altra parte.	31 dicembre 2024
	–Il Regno Unito e gli Stati membri non hanno reciprocamente accesso alle informazioni sulle dichiarazioni IVA di operazioni che hanno luogo dopo il 31 dicembre 2020.	
	Informazioni sul pagamento: accesso del Regno Unito e degli Stati membri ai sistemi informatici con accesso reciproco per:	
	–scambiare informazioni relative ai pagamenti di imprese iscritte al MOSS, ricevuti entro il 31 gennaio 2021;	20 febbraio 2021
	–per le operazioni imponibili nell'altra parte, scambiare informazioni relative ai rimborsi o ai pagamenti per le modifiche relative alle dichiarazioni IVA via MOSS presentate entro il 31 dicembre 2021.	20 gennaio 2022

Sistema di supporto	Tipo di accesso	Termine
CCN/eFCA **Cooperazione amministrativa per l'IVA** (rete comune di comunicazione/ (applicazione centrale via modulo elettronico)	Trasmissione tra il Regno Unito e gli Stati membri di richieste di cooperazione amministrativa ai fini dell'IVA e follow-up di tali richieste	31 dicembre 2024
Preferenze per il rimborso dell'IVA in base al codice d'identificazione fiscale	Accesso del Regno Unito al fine di aggiornare le preferenze del Regno Unito in materia di rimborso dell'IVA	31 marzo 2021

Parte IV: Assistenza in materia di recupero di dazi e imposte

Sistema di supporto	Tipo di accesso	Termine
CCN/eFCA **Assistenza alla riscossione**	Trasmissione tra il Regno Unito e gli Stati membri di richieste di assistenza in materia di recupero e follow-up di tali richieste.	31 dicembre 2025

ALLEGATO V – EURATOM

Il presente allegato definisce le categorie delle attrezzature e altri beni della Comunità connessi al controllo di sicurezza, che si trovano nel Regno Unito in virtù del trattato Euratom e che diventano proprietà del Regno Unito alla fine del periodo di transizione.

Alla fine del periodo di transizione la Commissione europea trasmette al Regno Unito l'inventario definitivo delle attrezzature Euratom e altri beni trasferiti.

In conformità dell'articolo 84, paragrafo 1, e dell'articolo 148, il Regno Unito rimborsa all'Unione il valore di tali attrezzature e altri beni, calcolato in base al valore ad essi assegnato nei conti consolidati per l'esercizio 2020. La Commissione europea comunica al Regno Unito tale valore al momento dell'approvazione regolamentare definitiva.

Le attrezzature Euratom si trovano a:

– **Sellafield** [67], sito del Regno Unito di ritrattamento del combustibile nucleare;

– **Dounreay** [68], ex centro di ricerca e sviluppo del Regno Unito sui reattori veloci;

– **Sizewell** [69], sito composto da due centrali nucleari, Sizewell A (non operativo) e Sizewell B, un reattore ad acqua pressurizzata tuttora operativo;

– **Capenhurst** [70], impianto di arricchimento dell'uranio;

---

[67] Sellafield Ltd, SELLAFIELD CA20 1PG, UNITED KINGDOM.

[68] Dounreay Site Restoration Ltd, KW14 7TZ THURSO CAITHNESS, UNITED KINGDOM.

[69] EDF Energy Nuclear Generation Limited – Sizewell B Power Station, SUFFOLK, IP16 4UR LEISTON.

[70] Urenco UK Limited, Capenhurst Works, CHESTER CH1 6ER, UNITED KINGDOM.

– **Springfields** [71], impianto di fabbricazione di combustibile;

– Altri reattori, strutture di ricerca, mediche e di altro tipo in cui sono in uso attrezzature per il controllo di sicurezza.

Le attrezzature Euratom comprendono vari elementi costituiti da installazioni fisse e relativi rivelatori associati necessari per l'uso di tali installazioni e che sono parte integrante dell'intero sistema installato:

1. Sigilli:
– sigilli in metallo monouso;
– sigilli in fibra ottica monouso e multiuso; e
– lettori di sigilli.

2. Strumentazione per la sorveglianza:
– sistemi di sorveglianza per la sicurezza a componenti digitali e analogici singoli e multipli.

3. Strumentazione di misura (test non distruttivi):
– vari tipi di rivelatori gamma con preamplificatori e elettronica di conteggio per misure gamma;
– vari tipi di rivelatori per neutroni con preamplificatori e elettronica di conteggio per misure di neutroni; e
– strumentazione per l'assemblaggio di combustibile nuovo e esaurito, fusti di uranio e plutonio, compresi scanner per l'assemblaggio di barre di combustibile, bilance e celle di carico.

4. Strumentazione di laboratorio (facenti parte del laboratorio in loco a Sellafield):
– spettrometro di massa (TIMS);
– strumenti per la misura gamma e raggi X (es. K-edge densitometro e XRF); e
– scatole a guanti con apparecchiatura analitica compresi densitometro e bilance analitiche.

Per agevolare il passaggio di proprietà di tali attrezzature, il Regno Unito e la Comunità concludono le intese giuridiche necessarie per liberare la Comunità dagli obblighi e dalle responsabilità che le incombono a norma dell'accordo del 25 marzo 1994 con la British Nuclear Fuels PLC (ora Sellafield Ltd).

5. Computer e apparecchi connessi (in uffici e sistemi di misura):
– personal computer e apparecchi connessi tra cui infrastrutture di trasmissione remota dei dati (gruppi batterie e alimentatori, dispositivi hardware per il controllo di più computer, apparecchiature di rete comprese fibre ottiche, cavi Ethernet e convertitori, interruttori, router VPN, time controller e domain controller, cabinet); e
– server, schermi e stampanti.

ALLEGATO VI – ELENCO DELLE PROCEDURE DI COOPERAZIONE AMMINISTRATIVA DI CUI ALL'ARTICOLO 98

1. Cooperazione amministrativa fra gli Stati membri relativamente alle dichiarazioni del fornitore sull'origine delle merci, istituita ai fini degli scambi preferenziali tra l'Unione e alcuni paesi (articoli da 61 a 66 del regolamento di esecuzione (UE) 2015/2447).

2. Per il controllo delle prove dell'origine rilasciate da autorità di paesi terzi o organismi da queste autorizzati (regimi speciali d'importazione non preferenziali) (articolo 59 del regolamento di esecuzione (UE) 2015/2447) e per il controllo delle prove dell'origine rilasciate o compilate da autorità del paese terzo o esportatori (regimi preferenziali) (articoli da 108 a 111 e 125 del regolamento di esecuzione (UE) 2015/2447; articolo 32 dell'allegato II del regolamento 2016/1076 del Parlamento europeo e del Consiglio; articolo 55 dell'allegato VI della decisione 2013/755/UE del Consiglio e disposizioni equivalenti negli accordi preferenziali).

3. Assistenza reciproca nell'ambito della riscossione di un'obbligazione doganale (articolo 101, paragrafo 1, e articolo 102, paragrafo 1, del regolamento (UE) n. 952/2013; articolo 165 del regolamento di esecuzione (UE) 2015/2447).

4. Assistenza reciproca nell'ambito del trasferimento dell'importo dell'obbligazione doganale dallo Stato membro che ha accettato una garanzia allo Stato membro in cui è sorta l'obbligazione doganale (articolo 92, paragrafo 1, del regolamento (UE) n. 952/2013, articolo 153 del regolamento di esecuzione (UE) 2015/2447).

---

[71] Westinghouse Springfields Fuels Ltd, SALWICK PRESTON PR4 OXJ, UNITED KINGDOM.

5. Verifica delle prove della posizione doganale delle merci unionali (e assistenza amministrativa) (articolo 153 del regolamento (UE) n. 952/2013, articolo 212 del regolamento di esecuzione (UE) 2015/2447).

6. Comunicazione tra autorità in relazione alle merci in reintroduzione (articolo 203 del regolamento (UE) n. 952/2013, articolo 256 del regolamento di esecuzione (UE) 2015/2447).

7. Cooperazione amministrativa nell'ambito della riscossione di altri oneri per le merci vincolate al regime di ammissione temporanea conformemente alla convenzione ATA o alla convenzione di Istanbul (articolo 226, paragrafo 3, del regolamento (UE) n. 952/2013, articolo 170 del regolamento di esecuzione (UE) 2015/2447).

8. Assistenza reciproca per ottenere informazioni supplementari ai fini di una decisione su una domanda di rimborso o di sgravio (articolo 22 e articolo 116, paragrafo1, del regolamento (UE) n. 952/2013, articolo 175 del regolamento di esecuzione (UE) 2015/2447.

9. Verifica e assistenza amministrativa per controlli a posteriori delle informazioni relative all'operazione di transito unionale (articolo 48 del regolamento (UE) n. 952/2013, articolo 292 del regolamento di esecuzione (UE) 2015/2447.

10. Cooperazione amministrativa nell'ambito della riscossione di altri oneri nel quadro del regime di transito (articolo 226, paragrafo 3, lettere a), (b) e (c), del regolamento (UE) n. 952/2013, articoli 167 e 169 del regolamento di esecuzione (UE) 2015/2447).

11. Notifica della riscossione di dazi e altri oneri nel quadro del regime di transito unionale e di transito in conformità della convenzione TIR (articolo 226, paragrafo 3, lettere a) e b), del regolamento (UE) n. 952/2013, articolo 168 del regolamento di esecuzione (UE) 2015/2447).

12. Cooperazione diretta e scambio di informazioni tra Stati membri in relazione al controllo delle esportazioni di prodotti a duplice uso (articolo 19, paragrafo 2, del regolamento (CE) n. 428/2009 del Consiglio).

ALLEGATO VII – ELENCO DEGLI ATTI/DELLE DISPOSIZIONI DI CUI ALL'ARTICOLO 128, PARAGRAFO 6

1. Regolamento (CE) n. 2100/94 del Consiglio, del 27 luglio 1994, concernente la privativa comunitaria per ritrovati vegetali (fatto salvo l'articolo 96, paragrafo 1, del presente accordo) [72].

2. Titoli III e IX della direttiva 2001/83/CE del Parlamento europeo e del Consiglio, del 6 novembre 2001, recante un codice comunitario relativo ai medicinali per uso umano [73]; regolamento (CE) n. 1901/2006 del Parlamento europeo e del Consiglio, del 12 dicembre 2006, relativo ai medicinali per uso pediatrico [74]; regolamento (CE) n. 1394/2007del Parlamento europeo e del Consiglio, del 13 novembre 2007, sui medicinali per terapie avanzate [75]; regolamento (CE) n. 141/2000 del Parlamento europeo e del Consiglio, del 16 dicembre 1999, concernente i medicinali orfani [76]; titoli III e VII della direttiva 2001/82/CE del Parlamento europeo e del Consiglio, del 6 novembre 2001, recante un codice comunitario relativo ai medicinali veterinari [77]; regolamento (CE) n. 470/2009 del Parlamento europeo e del Consiglio, del 6 maggio 2009, che stabilisce procedure comunitarie per la determinazione di limiti di residui di sostanze farmacologicamente attive negli alimenti di origine animale [78]; regolamento (CE) n. 726/2004 del Parlamento europeo e del Consiglio, del 31 marzo 2004, che istituisce procedure comunitarie per l'autorizzazione e la sorveglianza dei medicinali per uso umano e veterinario e che istituisce l'agenzia europea per i medicinali [79]; regolamento di esecuzione (UE) n. 520/2012 della Commissione, del 19 giugno 2012, relativo allo svolgimento delle attività di farmacovigilanza previste dal regolamento (CE) n. 726/2004 del Parlamento europeo e del Consiglio e dalla direttiva 2001/83/CE

---

[72] GU L 227 dell'1.9.1994, pag. 1.
[73] GU L 311 del 28.11.2001, pag. 67.
[74] GU L 378 del 27.12.2006, pag. 1.
[75] GU L 324 del 10.12.2007, pag. 121.
[76] GU L 18 del 22.1.2000, pag. 1.
[77] GU L 311 del 28.11.2001, pag. 1.
[78] GU L 152 del 16.6.2009, pag. 11.
[79] GU L 136 del 30.4.2004, pag. 1.

del Parlamento europeo e del Consiglio [80]; regolamento (CE) n. 1234/2008 della Commissione, del 24 novembre 2008, concernente l'esame delle variazioni dei termini delle autorizzazioni all'immissione in commercio di medicinali per uso umano e di medicinali veterinari [81].

3. Regolamento (CE) n. 1907/2006 del Parlamento europeo e del Consiglio, del 18 dicembre 2006, concernente la registrazione, la valutazione, l'autorizzazione e la restrizione delle sostanze chimiche (REACH), che istituisce un'Agenzia europea per le sostanze chimiche [82].

4. Regolamento (CE) n. 1272/2008 del Parlamento europeo e del Consiglio, del 16 dicembre 2008, relativo alla classificazione, all'etichettatura e all'imballaggio delle sostanze e delle miscele [83].

5. Regolamento (CE) n. 1107/2009 del Parlamento europeo e del Consiglio, del 21 ottobre 2009, relativo all'immissione sul mercato dei prodotti fitosanitari [84], e regolamento (CE) n. 396/2005 del Parlamento europeo e del Consiglio, del 23 febbraio 2005, concernente i livelli massimi di residui di antiparassitari nei o sui prodotti alimentari e mangimi di origine vegetale e animale [85].

6. Regolamento (UE) n. 528/2012 del Parlamento europeo e del Consiglio, del 22 maggio 2012, relativo alla messa a disposizione sul mercato e all'uso dei biocidi [86].

7. Regolamento (UE) n. 536/2014 del Parlamento europeo e del Consiglio, del 16 aprile 2014, sulla sperimentazione clinica di medicinali per uso umano [87].

8. Articolo 16 del regolamento (CE) n. 1235/2008 della Commissione, dell'8 dicembre 2008, recante modalità di applicazione del regolamento (CE) n. 834/2007 del Consiglio per quanto riguarda il regime di importazione di prodotti biologici dai paesi terzi [88].

9. Regolamento (CE) n. 391/2009 del Parlamento europeo e del Consiglio, del 23 aprile 2009, relativo alle disposizioni ed alle norme comuni per gli organismi che effettuano le ispezioni e le visite di controllo delle navi [89].

10. Direttiva 2001/18/CE del Parlamento europeo e del Consiglio, del 12 marzo 2001, sull'emissione deliberata nell'ambiente di organismi geneticamente modificati [90] e articolo 6, paragrafo 3, lettera c), del regolamento (CE) n. 1829/2003 del Parlamento europeo e del Consiglio, del 22 settembre 2003, relativo agli alimenti e ai mangimi geneticamente modificati [91].

11. Regolamento (CE) n. 1924/2006 del Parlamento europeo e del Consiglio, del 20 dicembre 2006, relativo alle indicazioni nutrizionali e sulla salute fornite sui prodotti alimentari [92].

12. Regolamento (UE) n. 1143/2014 del Parlamento europeo e del Consiglio, del 22 ottobre 2014, recante disposizioni volte a prevenire e gestire l'introduzione e la diffusione delle specie esotiche invasive [93].

13. Regolamento (CE) n. 767/2009 del Parlamento europeo e del Consiglio, del 13 luglio 2009, sull'immissione sul mercato e sull'uso dei mangimi [94].

ALLEGATO VIII – REGOLAMENTO INTERNO DEL COMITATO MISTO E DEI COMITATI SPECIALIZZATI

Articolo 1. **Presidenza.** – 1. Il comitato misto è copresieduto da un membro della Commissione europea e da un rappresentante del governo del Regno Unito a livello ministeriale, o da funzionari di

[80] GU L 159 del 20.6.2012, pag. 5.
[81] GU L 334 del 12.12.2008, pag. 7.
[82] GU L 396 del 30.12.2006, pag. 1.
[83] GU L 353 del 31.12.2008, pag. 1.
[84] GU L 309 del 24.11.2009, pag. 1.
[85] GU L 70 del 16.3.2005, pag. 1.
[86] GU L 167 del 27.6.2012, pag. 1.
[87] GU L 158 del 27.5.2014, pag. 1.
[88] GU L 334 del 12.12.2008, pag. 25.
[89] GU L 131 del 28.5.2009, pag. 11.
[90] GU L 106 del 17.4.2001, pag. 1.
[91] GU L 268 del 18.10.2003, pag. 1.
[92] GU L 404 del 30.12.2006, pag. 9.
[93] GU L 317 del 4.11.2014, pag. 35.
[94] GU L 229 dell'1.9.2009, pag. 1.

alto livello nominati come supplenti. L'Unione europea e il Regno Unito si comunicano reciprocamente per iscritto le nomine dei copresidenti e relativi supplenti.

2. Le decisioni dei copresidenti previste dal presente regolamento interno sono adottate di comune accordo.

3. Il copresidente che non sia in grado di partecipare a una riunione può essere sostituito da un delegato. Il copresidente o suo delegato informa della delega, per iscritto e quanto prima, l'altro copresidente e il segretariato del comitato misto.

4. Il delegato del copresidente esercita i diritti del copresidente nei limiti della delega. Nel presente regolamento i riferimenti ai copresidenti si intendono fatti anche ai delegati.

Articolo 2. **Segretariato**. – Il segretariato del comitato misto ("segretariato") è composto di un funzionario della Commissione europea e un funzionario del governo del Regno Unito. Il segretariato, sotto l'autorità dei copresidenti, assolve i compiti ad esso attribuiti dal presente regolamento interno.

Articolo 3. **Partecipazione alle riunioni**. – 1. Prima di ciascuna riunione, l'Unione e il Regno Unito si informano a vicenda tramite il segretariato della composizione prevista delle delegazioni.

2. Ove opportuno e su decisione dei copresidenti, possono essere invitati ad assistere alle riunioni del comitato misto esperti o altre persone che non sono membri delle delegazioni, per fornire informazioni su un determinato argomento.

Articolo 4. **Riunioni**. – 1. Il comitato misto si riunisce alternatamente a Bruxelles e a Londra, salvo che i copresidenti non decidano diversamente.

2. In deroga al paragrafo 1 i copresidenti possono decidere che una riunione del comitato misto si tenga in videoconferenza o teleconferenza.

3. A convocare le riunioni del comitato misto è il segretariato, in data e luogo decisi dai copresidenti. Se l'Unione europea o il Regno Unito ha presentato una richiesta di riunione, il comitato misto si adopera per riunirsi entro 30 giorni dalla richiesta. In casi d'urgenza il comitato si adopera per riunirsi prima.

Articolo 5. **Documenti**. – Il segretariato numera e distribuisce all'Unione e al Regno Unito, come documenti del comitato misto, i documenti scritti su cui sono basate le deliberazioni di detto comitato.

Articolo 6. **Corrispondenza**. – 1. L'Unione e il Regno Unito trasmettono al segretariato la corrispondenza indirizzata al comitato misto. La corrispondenza può essere trasmessa in qualsiasi forma di comunicazione scritta, anche per posta elettronica.

2. Il segretariato provvede affinché la corrispondenza indirizzata al comitato misto sia inoltrata ai copresidenti e distribuita, ove opportuno, in conformità dell'articolo 5.

3. Tutta la corrispondenza inviata dai copresidenti o a questi direttamente indirizzata è inoltrata al segretariato e distribuita, ove opportuno, in conformità dell'articolo 5.

Articolo 7. **Ordine del giorno delle riunioni**. – 1. Per ciascuna riunione il segretariato redige un progetto di ordine del giorno provvisorio. L'ordine del giorno provvisorio è trasmesso con la documentazione pertinente ai copresidenti almeno15 giorni prima della data della riunione.

2. L'ordine del giorno provvisorio comprende i punti di cui l'Unione o il Regno Unito ha chiesto l'iscrizione. I punti richiesti sono trasmessi con la documentazione pertinente al segretariato almeno 21 giorni prima dell'inizio della riunione.

3. Almeno dieci giorni prima della data della riunione, i copresidenti decidono l'ordine del giorno provvisorio. Essi possono decidere di rendere pubblico l'ordine del giorno provvisorio, in tutto o in parte, prima dell'inizio della riunione.

4. Il comitato misto adotta l'ordine del giorno all'inizio di ciascuna riunione. Su richiesta dell'Unione o del Regno Unito, con decisione del comitato misto può essere iscritto all'ordine del giorno un punto diverso da quelli già contemplati dall'ordine del giorno provvisorio.

5. In casi eccezionali i copresidenti possono decidere di derogare ai termini di cui ai paragrafi 1 e 2.

Articolo 8. **Verbale**. – 1. Il segretariato redige un progetto di verbale per ciascuna riunione entro 21 giorni dalla fine della riunione, salvo che i copresidenti non decidano diversamente.

2. Di norma il verbale riepiloga ciascun punto dell'ordine del giorno, precisando all'occorrenza:

a) i documenti presentati al comitato misto;

b) le dichiarazioni che uno dei copresidenti abbia chiesto di mettere a verbale; e

c) le decisioni adottate, le raccomandazioni formulate, le dichiarazioni comuni concordate e le conclusioni operative adottate su punti specifici.

3. Il verbale contiene l'elenco dei nomi, i titoli e le funzioni di tutte le persone che hanno partecipato alla riunione.

4. Il verbale è approvato per iscritto dai copresidenti entro 28 giorni dalla data della riunione o entro altra data decisa dai copresidenti. Approvato il verbale, i membri del segretariato ne firmano due esemplari autentici. L'Unione e il Regno Unito ricevono ciascuno un esemplare autentico. I copresidenti possono decidere che la firma e lo scambio di copie per via elettronica soddisfano tale prescrizione.

5. Il segretariato prepara anche una sintesi del verbale. Approvata la sintesi, i copresidenti possono decidere di renderla pubblica.

Articolo 9. **Decisioni e raccomandazioni**. – 1. Tra una riunione e l'altra il comitato misto può adottare decisioni o raccomandazioni con procedura scritta se i copresidenti decidono di avvalersi di tale procedura. La procedura scritta consiste in uno scambio di note tra i copresidenti.

2. Nei casi in cui il comitato misto adotta decisioni o raccomandazioni, nel titolo di tali atti sono inseriti i termini "decisione" o "raccomandazione" rispettivamente. Il segretariato protocolla ogni decisione o raccomandazione con un numero d'ordine e un riferimento alla data di adozione.

3. Le decisioni adottate dal comitato misto specificano la data da cui hanno effetto.

4. I copresidenti firmano le decisioni e le raccomandazioni adottate dal comitato misto e il segretario le trasmette alle parti immediatamente dopo la firma.

Articolo 10. **Pubblicità e riservatezza**. – 1. Salvo che i copresidenti non decidano diversamente, le riunioni del comitato misto sono riservate.

2. Se l'Unione o il Regno Unito presenta al comitato misto o a un comitato specializzato informazioni considerate riservate o protette dalla divulgazione in base alle proprie disposizioni legislative o regolamentari, l'altra parte tratta le informazioni ricevute come riservate.

3. Fatto salvo il paragrafo 2, l'Unione e il Regno Unito possono decidere individualmente se pubblicare le decisioni e le raccomandazioni adottate dal comitato misto nelle rispettive gazzette ufficiali.

Articolo 11. **Lingue**. – 1. Le lingue ufficiali del comitato misto sono le lingue ufficiali dell'Unione e del Regno Unito.

2. La lingua di lavoro del comitato misto è l'inglese. Salvo che i copresidenti non decidano diversamente, il comitato misto delibera in base a documenti redatti in inglese.

Articolo 12. **Spese**. – 1. L'Unione e il Regno Unito si assumono rispettivamente l'onere delle spese sostenute per partecipare alle riunioni del comitato misto.

2. Le spese relative all'organizzazione delle riunioni e alla riproduzione dei documenti sono a carico dell'Unione per le riunioni che si tengono a Bruxelles, e a carico del Regno Unito per le riunioni che si tengono a Londra.

3. Le spese relative all'interpretazione nelle o dalle lingue di lavoro del comitato misto durante le riunioni sono a carico della parte che chiede l'interpretazione.

Articolo 13. **Comitati specializzati**. – 1. Fatti salvi i paragrafi 2 e 3 del presente articolo, ai comitati specializzati si applicano, *mutatis mutandis*, gli articoli da 1 a 12, salvo che il comitato misto non decida diversamente.

2. I comitati specializzati sono copresieduti da rappresentanti nominati dalla Commissione europea e dal governo del Regno Unito. L'Unione europea e il Regno Unito si comunicano reciprocamente le nomine dei rappresentanti.

3. Tutte le informazioni e relazioni che un comitato specializzato deve fornire a norma dell'articolo 165, paragrafo 4, dell'accordo sono sottoposte al comitato misto senza indebito ritardo.

Articolo 14. **Relazione annuale**. – Per ogni anno civile il segretariato redige entro il 1° maggio dell'anno successivo la relazione annuale di cui all'articolo 164, paragrafo 6, dell'accordo relativa al funzionamento dell'accordo stesso. La relazione annuale è adottata e firmata dai copresidenti

ALLEGATO IX – REGOLAMENTO DI PROCEDURA

PARTE A – REGOLAMENTO DI PROCEDURA PER LA RISOLUZIONE DELLE CONTROVERSIE

I. Definizioni

1. Ai fini del presente regolamento di procedura si applicano le definizioni seguenti:

a) "parte": l'Unione o il Regno Unito;

b) "attore": la parte che chiede la costituzione di un collegio arbitrale a norma dell'articolo 170 dell'accordo;

c) "convenuto": la parte chiamata a rispondere della violazione di una disposizione del presente accordo;

d) "rappresentante di una parte": un funzionario o altra persona fisica designata da una parte a rappresentarla ai fini di una controversia a norma del presente accordo;

e) "esperto": la persona incaricata da una parte di prestarle consulenza o assistenza in relazione ai procedimenti dinanzi a un collegio arbitrale;

f) "assistente": la persona fisica che, su mandato di nomina, svolge ricerche o presta assistenza al membro di un collegio arbitrale sotto la direzione e il controllo del membro stesso;

II. Notifiche

2. Le regole seguenti si applicano alle notifiche tra le parti e il collegio arbitrale:

a) il collegio arbitrale trasmette contestualmente a entrambe le parti tutte le richieste, le comunicazioni, le osservazioni scritte e altri documenti;

b) la parte che rivolge al collegio arbitrale una richiesta, una comunicazione, osservazioni scritte o altro documento ne invia contemporaneamente copia all'altra parte; e

c) la parte che rivolge all'altra parte una richiesta, una comunicazione, osservazioni scritte o altro documento in relazione alla controversia, ne invia contemporaneamente copia al collegio arbitrale.

3. Le notifiche di cui al punto 2 sono effettuate per posta elettronica o, ove opportuno, con altro mezzo di telecomunicazione che ne comprovi l'invio. Salvo prova contraria, la notifica si considera consegnata nel giorno in cui è stata inviata. Tutte le notifiche sono indirizzate rispettivamente al servizio giuridico della Commissione europea e al giureconsulto del ministero degli Affari esteri e del Commonwealth del Regno Unito.

4. Su richiesta scritta delle parti o del collegio arbitrale, l'Ufficio internazionale della Corte permanente di arbitrato funge da canale di comunicazione tra le parti e il collegio arbitrale.

5. Gli errori materiali di scarsa importanza contenuti in richieste, comunicazioni, osservazioni scritte o altri documenti relativi al procedimento arbitrale possono essere corretti mediante presentazione di un nuovo documento in cui siano chiaramente indicate le modifiche.

6. Se il termine ultimo per la presentazione di un documento coincide con un fine settimana o un giorno festivo per la Commissione europea o per il ministero degli Affari esteri e del Commonwealth del Regno Unito, secondo i casi, il documento può essere consegnato il giorno lavorativo successivo. Entro il 30 settembre di ogni anno l'Unione e il Regno Unito si informano reciprocamente e, nel caso di cui al punto 4, informano l'Ufficio internazionale della Corte permanente di arbitrato, dei giorni festivi per la Commissione europea e per il ministero degli Affari esteri e del Commonwealth del Regno Unito rispettivamente.

III. Nomina e sostituzione dei membri del collegio arbitrale

7. Se, conformemente all'articolo 171, paragrafo 5, dell'accordo, sono estratti a sorte uno o più membri del collegio arbitrale, l'Ufficio internazionale della Corte permanente di arbitrato informa tempestivamente le parti della data, ora e luogo della selezione. Le parti possono scegliere di essere presenti durante la selezione. Tuttavia l'assenza di una o entrambe le parti non osta allo svolgimento della selezione.

8. L'Ufficio internazionale della Corte permanente di arbitrato informa per iscritto ogni personalità selezionata della sua nomina a membro di un collegio arbitrale. Entro cinque giorni da tale comunicazione, ogni persona selezionata conferma la propria disponibilità all'Ufficio internazionale della Corte permanente di arbitrato e a entrambe le parti.

9. La parte che ritenga che un membro del collegio arbitrale non rispetti il codice di condotta di cui alla parte B e debba pertanto essere sostituito, ne informa l'altra parte entro 15 giorni da quando ha acquisito elementi di prova sufficienti delle inosservanze presunte.

10. Le parti si consultano entro 15 giorni dalla comunicazione di cui al punto 9. Esse informano il membro del collegio arbitrale delle inosservanze presunte e possono chiedergli di prendere le opportune misure correttive. Possono anche decidere di comune accordo di sollevare il membro dall'incarico e selezionare un nuovo membro conformemente all'articolo 171 dell'accordo.

Qualora le parti non convengano sulla necessità di sostituire un membro del collegio arbitrale diverso dal presidente, ciascuna parte può chiedere che la questione sia sottoposta al presidente del collegio arbitrale, la cui decisione è definitiva.

Se il presidente del collegio arbitrale riconosce che il membro del collegio arbitrale non rispetta il codice di condotta, è selezionato un nuovo membro in conformità dell'articolo 171 dell'accordo.

11. Qualora le parti non convengano sulla necessità di sostituire il presidente, ciascuna parte può chiedere che la questione sia sottoposta a una delle restanti personalità proposte dall'Unione e dal Regno Unito di comune accordo per l'incarico di presidente a norma dell'articolo 171, paragrafo 1, dell'accordo ("personalità selezionata"). Il nome della personalità selezionata è estratto a sorte dal segretario generale della Corte permanente di arbitrato.

Se la personalità selezionata riconosce che il presidente non rispetta il codice di condotta, è selezionato un nuovo presidente in conformità dell'articolo 171 dell'accordo tra le personalità proposte dall'Unione e dal Regno Unito di comune accordo per l'incarico di presidente, ad eccezione della personalità selezionata.

IV. Questioni finanziarie

12. Le parti partecipano in egual misura alle spese sostenute per la costituzione e il funzionamento del collegio arbitrale, compresi i compensi e il rimborso delle spese dei membri del collegio arbitrale.

13. Entro sette giorni dalla costituzione del collegio arbitrale le parti concordano con il collegio quanto segue:

a) i compensi e il rimborso delle spese dei membri del collegio arbitrale, che devono essere ragionevoli e in linea con le norme dell'OMC;

b) il compenso degli assistenti; per ciascun membro del collegio arbitrale, l'importo totale del compenso degli assistenti deve essere ragionevole e in ogni caso non superare un terzo del compenso del membro stesso.

Tale accordo può essere raggiunto con qualsiasi mezzo di comunicazione.

V. Calendario e comunicazioni scritte

14. Entro sette giorni dalla sua costituzione il collegio arbitrale, previa consultazione delle parti, fissa un calendario indicativo dei lavori.

15. L'attore trasmette al collegio arbitrale le proprie osservazioni scritte entro 20 giorni dalla data in cui è stato fissato calendario indicativo. Il convenuto trasmette al collegio arbitrale le proprie osservazioni scritte entro 20 giorni dalla data in cui ha ricevuto copia delle osservazioni scritte dell'attore.

VI. Funzionamento del collegio arbitrale

16. Il presidente del collegio arbitrale presiede tutte le riunioni. Il collegio arbitrale può delegare al presidente le decisioni di carattere amministrativo e procedurale.

17. Salvo che il presente accordo o il presente regolamento di procedura non disponga diversamente, il collegio arbitrale può celebrare i procedimenti e deliberare con qualsiasi mezzo di comunicazione.

18. Solo i membri del collegio arbitrale possono partecipare alle deliberazioni, ma il collegio arbitrale può autorizzare la presenza alle deliberazioni degli assistenti dei suoi membri.

19. È competenza esclusiva dei membri del collegio arbitrale redigere il lodo o altra decisione, che non può essere delegata ad altri.

20. L'Ufficio internazionale della Corte permanente di arbitrato provvede ai servizi di segreteria e ad altro sostegno logistico del collegio arbitrale.

21. Se sorge una questione procedurale non contemplata dal presente accordo o dal presente regolamento di procedura, il collegio arbitrale può, previa consultazione delle parti, decidere la procedura da seguire, purché sia compatibile con il presente accordo e con il presente regolamento di procedura.

22. Il collegio arbitrale, se ritiene necessario modificare i termini per i procedimenti di cui al pre-

sente regolamento di procedura o procedere ad altro adeguamento procedurale o amministrativo, informa per iscritto le parti, dopo averle consultate, dei motivi della modifica o dell'adeguamento, nonché dei termini o dell'adeguamento necessari.

VII. Udienze

23. In base al calendario indicativo stabilito conformemente al punto 14, consultate le parti e gli altri membri del collegio arbitrale, il presidente comunica alle parti la data, l'ora e il luogo dell'udienza. Tali informazioni sono rese accessibili al pubblico, a meno che l'udienza si svolga a porte chiuse.

Il collegio arbitrale può decidere, d'accordo con le parti, di non celebrare l'udienza.

24. Salvo diverso accordo tra le parti, l'udienza si svolge all'Aia presso la Corte permanente di arbitrato.

25. Il collegio arbitrale può indire udienze supplementari con l'accordo delle parti.

26. Tutti i membri del collegio arbitrale sono presenti per l'intera durata dell'udienza.

27. Salvo diverso accordo tra le parti, indipendentemente dal carattere pubblico del procedimento, possono presenziare all'udienza:

a) i rappresentanti delle parti;

b) i consulenti;

c) gli assistenti:

d) gli interpreti, i traduttori e gli stenografi del collegio arbitrale; e

e) gli esperti, secondo quanto deciso dal collegio arbitrale.

28. Al più tardi cinque giorni prima della data di udienza ciascuna parte trasmette al collegio arbitrale e all'altra parte l'elenco dei nominativi delle persone fisiche che nel corso dell'udienza interverranno oralmente per conto di quella parte, e degli altri rappresentanti o consulenti che presenzieranno all'udienza.

29. Il collegio arbitrale celebra l'udienza nel modo seguente, concedendo un tempo equivalente all'attore e al convenuto, sia nell'argomentazione che nella replica:

a) argomentazione:

i) argomentazione dell'attore;

ii) argomentazione del convenuto;

b) replica:

i) replica dell'attore;

ii) controreplica del convenuto.

30. Il collegio arbitrale può rivolgere domande alle parti in qualsiasi momento dell'udienza.

31. Il collegio arbitrale predispone la stesura del verbale di udienza, che è redatto e trasmesso quanto prima alle parti. Le parti possono formulare osservazioni sul verbale e il collegio arbitrale può tenerne conto.

32. Entro dieci giorni dalla data di udienza ciascuna parte può presentare al collegio arbitrale osservazioni scritte complementari in merito a qualsiasi questione sollevata durante l'udienza.

VIII. Domande scritte

33. Il collegio arbitrale può rivolgere domande scritte a una o a entrambe le parti in qualsiasi momento del procedimento.

34. A ciascuna parte è data la possibilità di inviare osservazioni scritte in merito alla risposta dell'altra parte alle domande rivolte dal collegio arbitrale, entro cinque giorni dalla data in cui ha ricevuto copia di tale risposta.

IX. Riservatezza

35. Le informazioni che una parte presenta al collegio arbitrale in via riservata sono considerate riservate dall'altra parte e dal collegio. La parte che trasmette al collegio arbitrale un'osservazione scritta contenente informazioni riservate trasmette anche, entro 15 giorni, un'osservazione epurata da tali informazioni riservate che può essere resa pubblica.

36. Nel presente regolamento di procedura nulla osta a che una parte divulghi le proprie osservazioni scritte, risposte alle domande rivolte dal collegio arbitrale o il verbale delle argomentazioni orali, purché nel fare riferimento a informazioni presentate dall'altra parte non divulghi quelle che l'altra parte considera riservate.

37. Le udienze dinanzi al collegio arbitrale sono pubbliche, salvo se le osservazioni e le argomen-

tazioni di una parte contengono informazioni riservate o se le parti convengono che l'udienza debba essere a porte chiuse. In tal caso le parti rispettano la riservatezza delle udienze del collegio arbitrale.

X. Contatti unilaterali

38. Il collegio arbitrale non si incontra né altrimenti comunica oralmente con una parte in assenza dell'altra parte.

XI. Casi urgenti

39. Nei casi urgenti di cui all'articolo 173, paragrafo 2, dell'accordo il collegio arbitrale, previa consultazione delle parti, adegua ove opportuno i termini fissati nel presente regolamento di procedura. Il collegio arbitrale comunica tali adeguamenti alle parti.

XII. Traduzione e interpretazione

40. La lingua del procedimento dinanzi al collegio arbitrale è l'inglese. Le decisioni del collegio arbitrale sono emanate in inglese.

41. Ciascuna parte sostiene le proprie spese di traduzione dei documenti che presenta al collegio arbitrale e che sono redatti in originale in lingua diversa dall'inglese, nonché le eventuali spese d'interpretazione durante l'udienza per i propri rappresentanti o consulenti.

PARTE B – CODICE DI CONDOTTA DEI MEMBRI DEI COLLEGI ARBITRALI

Definizioni

1. Ai fini del presente codice di condotta si applica la definizione di "assistente" di cui al regolamento di procedura. Inoltre per "candidato" si intende la personalità il cui nome figura nell'elenco di cui all'articolo 171, paragrafo 1, del presente accordo, proposta per la nomina a membro di un collegio arbitrale a norma di tale articolo.

Responsabilità nel procedimento

2. I candidati e i membri di un collegio arbitrale evitano qualsiasi irregolarità e parvenza di irregolarità, sono indipendenti e imparziali, evitano i conflitti d'interesse diretti e indiretti e osservano norme di condotta rigorose, in modo da garantire l'integrità e l'imparzialità del meccanismo di risoluzione delle controversie. Gli ex candidati o membri di un collegio arbitrale ottemperano agli obblighi di cui ai punti 8, 9 e 10.

Obblighi di dichiarazione

3. Prima di essere confermati membri di un collegio arbitrale a norma del presente accordo, i candidati dichiarano per iscritto alle parti qualsiasi interesse, relazione o fatto di cui siano a conoscenza che possa influire sulla loro indipendenza o sulla loro imparzialità o dare ragionevolmente adito a sospetti di irregolarità o di parzialità nel procedimento dinanzi al collegio arbitrale.

4. I candidati e i membri di un collegio arbitrale comunicano solo al comitato misto le questioni attinenti a violazioni effettive o potenziali del presente codice di condotta, affinché siano esaminate dall'Unione e dal Regno Unito.

5. I membri di un collegio arbitrale dichiarano per iscritto alle parti, in qualsiasi fase del procedimento dinanzi al collegio arbitrale, gli interessi, le relazioni o i fatti di cui al punto 3 di cui siano o vengano a conoscenza.

Dovere di diligenza dei membri di un collegio arbitrale

6. Dopo la nomina i membri di un collegio arbitrale esercitano le loro funzioni interamente e sollecitamente nel corso dell'intero procedimento dinanzi al collegio arbitrale, con equità e diligenza. In particolare:

a) esaminano soltanto le questioni sollevate nell'ambito del procedimento dinanzi al collegio arbitrale e necessarie per pervenire a un lodo e non delegano ad altri tale compito;

b) prendono tutti gli opportuni provvedimenti per garantire che i loro assistenti siano a conoscenza delle disposizioni di cui ai punti 2, 3, 4, 5, 9 e 10 e le rispettino.

Indipendenza e imparzialità dei membri del collegio arbitrale

7. I membri del collegio arbitrale:

a) sono indipendenti e imparziali, evitano di dare adito a sospetti di irregolarità o di parzialità, non sono influenzati da interessi personali, da pressioni esterne, da considerazioni di ordine politico, dall'opinione pubblica, dalla lealtà verso l'Unione o il Regno Unito o dal timore di critiche;

b) non possono, né direttamente né indirettamente, contrarre obblighi né accettare vantaggi che potrebbero in qualunque modo ostacolare o apparire d'ostacolo a una corretta esecuzione delle loro funzioni;

c) non si servono della propria posizione nel collegio arbitrale per interessi personali o privati ed evitano qualsiasi atto che possa dare l'impressione che altre persone si trovino in posizione tale da poterli influenzare;

d) si adoperano affinché il loro comportamento e giudizio non siano influenzati da relazioni o responsabilità di ordine finanziario, commerciale, professionale, familiare o sociale;

e) evitano di allacciare relazioni o di acquisire interessi finanziari che potrebbero influire sulla loro indipendenza o dare ragionevolmente adito a sospetti di irregolarità o di parzialità;

f) non discutono alcun aspetto della questione oggetto del procedimento né lo svolgimento del procedimento dinanzi al collegio arbitrale con una o entrambe le parti in assenza degli altri membri del collegio arbitrale.

Obblighi degli ex membri di un collegio arbitrale

8. Gli ex membri di un collegio arbitrale evitano qualsiasi atto che possa dare l'impressione che siano stati parziali nell'esercizio delle proprie funzioni o abbiano tratto vantaggio da una decisione o un lodo del collegio arbitrale.

Riservatezza

9. I membri o ex membri di un collegio arbitrale:

a) non divulgano né si avvalgono, in alcun momento, di informazioni non pubbliche relative a un procedimento dinanzi al collegio arbitrale o acquisite nel corso di tale procedimento, eccetto ai fini del procedimento stesso, e in nessun caso divulgano o si avvalgono di tali informazioni a proprio vantaggio o a vantaggio di altri o per nuocere agli interessi altrui;

b) non divulgano in alcun momento, né integralmente né in parte, le discussioni del collegio arbitrale o l'opinione di un membro.

10. I membri di un collegio arbitrale non divulgano in alcun momento, né integralmente né in parte, il lodo del collegio arbitrale prima della pubblicazione conformemente al presente accordo.

3. Decisione (UE) 2021/689 del Consiglio del 29 aprile 2021 relativa alla conclusione, a nome dell'Unione, dell'accordo sugli scambi commerciali e la cooperazione tra l'Unione europea e la Comunità europea dell'energia atomica, da una parte, e il Regno Unito di Gran Bretagna e Irlanda del Nord, dall'altra, e dell'accordo tra l'Unione europea e il Regno Unito di Gran Bretagna e Irlanda del Nord sulle procedure di sicurezza per lo scambio e la protezione di informazioni classificate*

IL CONSIGLIO DELL'UNIONE EUROPEA,

visto il trattato sul funzionamento dell'Unione europea, in particolare l'articolo 217, in combinato disposto con l'articolo 218, paragrafo 6, e con l'articolo 218, paragrafo 8, secondo comma,

vista la proposta della Commissione europea,

vista l'approvazione del Parlamento europeo [1],

considerando quanto segue:

(1) Il 29 dicembre 2020 il Consiglio ha adottato la decisione (UE) 2020/2252 [2], relativa alla firma, a nome dell'Unione, e all'applicazione a titolo provvisorio dell'accordo sugli scambi commerciali e la cooperazione tra l'Unione europea e la Comunità europea dell'energia atomica, da una parte, e il Regno Unito di Gran Bretagna e Irlanda del Nord, dall'altra («accordo sugli scambi commerciali e la cooperazione»), e dell'accordo tra l'Unione europea e il Regno Unito di Gran Bretagna e Irlanda del Nord sulle procedure di sicurezza per lo scambio e la protezione di informazioni classificate («accordo sulla sicurezza delle informazioni»). L'accordo sugli scambi commerciali e la cooperazione e l'accordo sulla sicurezza delle informazioni («accordi») sono stati firmati il 30 dicembre 2020, con riserva della loro conclusione in una data successiva.

(2) L'accordo sugli scambi commerciali e la cooperazione istituisce la base per un'ampia relazione tra l'Unione e il Regno Unito che comporta diritti e obblighi reciproci, azioni comuni e procedure speciali. L'accordo sulla sicurezza delle informazioni è un accordo integrativo dell'accordo sugli scambi commerciali e la cooperazione, intrinsecamente collegato a quest'ultimo in particolare per quanto riguarda le date di entrata in applicazione e di risoluzione. La decisione relativa alla conclusione degli accordi dovrebbe pertanto fondarsi sulla base giuridica che prevede l'istituzione di un'associazione che consente all'Unione di assumere impegni in tutti i settori contemplati dai trattati.

(3) In considerazione del carattere eccezionale e unico dell'accordo sugli scambi commerciali e la cooperazione, che è un accordo globale con un paese che ha receduto dall'Unione, il Consiglio decide in questa sede di avvalersi della possibilità che l'Unione eserciti la sua competenza esterna in relazione al Regno Unito.

(4) È opportuno definire le disposizioni in materia di rappresentanza dell'Unione nel consiglio di partenariato e nei comitati istituiti dall'accordo sugli scambi commerciali e la cooperazione. Ai sensi dell'articolo 17, paragrafo 1, del trattato sull'Unione europea (TUE), alla Com-

---

* In *G.U.U.E.* L 149 del 30 aprile 2021, p. 2.

[1] Approvazione del 27 aprile 2021 (non ancora pubblicata nella Gazzetta ufficiale).

[2] Decisione (UE) 2020/2252 del Consiglio, del 29 dicembre 2020, relativa alla firma, a nome dell'Unione, e all'applicazione a titolo provvisorio dell'accordo sugli scambi commerciali e la cooperazione tra l'Unione europea e la Comunità europea dell'energia atomica, da una parte, e il Regno Unito di Gran Bretagna e Irlanda del Nord, dall'altra, e dell'accordo tra l'Unione europea e il Regno Unito di Gran Bretagna e Irlanda del Nord sulle procedure di sicurezza per lo scambio e la protezione di informazioni classificate (GU L 444 del 31.12.2020, pag. 2).

missione spetta di rappresentare l'Unione ed esprimere le posizioni dell'Unione definite dal Consiglio conformemente ai trattati. Il Consiglio è tenuto a esercitare le sue funzioni di definizione delle politiche e di coordinamento ai sensi dell'articolo 16, paragrafo 1, TUE mediante la definizione delle posizioni da adottare a nome dell'Unione in sede di consiglio di partenariato e di comitati istituiti dall'accordo sugli scambi commerciali e la cooperazione. Inoltre, se il consiglio di partenariato o i comitati istituiti dall'accordo sugli scambi commerciali e la cooperazione devono adottare atti che hanno effetti giuridici, le posizioni da adottare a nome dell'Unione in tali organi devono essere definite secondo la procedura di cui all'articolo 218, paragrafo 9, del trattato sul funzionamento dell'Unione europea (TFUE). Analogamente, nello svolgere le consultazioni annuali in materia di pesca la Commissione dovrebbe basarsi sulle posizioni da adottare a nome dell'Unione, che devono essere stabilite dal Consiglio in conformità delle pertinenti disposizioni del trattato.

(5) Ciascuno Stato membro dovrebbe essere autorizzato a inviare un rappresentante affinché accompagni il rappresentante della Commissione, nell'ambito della delegazione dell'Unione, alle riunioni del consiglio di partenariato e di altri organismi comuni istituiti nell'ambito dell'accordo sugli scambi commerciali e la cooperazione.

(6) Il Parlamento europeo deve essere immediatamente e pienamente informato, come previsto all'articolo 218, paragrafo 10, TFUE, affinché possa esercitare appieno le proprie prerogative in conformità dei trattati.

(7) Al fine di consentire all'Unione di intervenire in modo rapido ed efficace per tutelare i propri interessi conformemente all'accordo sugli scambi commerciali e la cooperazione, e fino all'adozione e all'entrata in vigore nell'Unione di un atto legislativo specifico che disciplini l'adozione di misure correttive a norma dell'accordo sugli scambi commerciali e la cooperazione, è opportuno conferire alla Commissione il potere di adottare misure correttive, come la sospensione degli obblighi derivanti dall'accordo sugli scambi commerciali e la cooperazione o da eventuali accordi integrativi, in caso di violazione di determinate disposizioni dell'accordo sugli scambi commerciali e la cooperazione o in caso di mancato rispetto di determinate condizioni, segnatamente in materia di scambi di merci, parità di condizioni, trasporti su strada, sicurezza aerea, pesca e programmi dell'Unione, come specificato nell'accordo sugli scambi commerciali e la cooperazione, e di adottare misure correttive, misure di riequilibrio e contromisure. La Commissione dovrebbe comunicare esaustivamente e tempestivamente al Consiglio la sua intenzione di adottare tali misure, al fine di consentire uno scambio di opinioni significativo in sede di Consiglio. La Commissione dovrebbe tenere nella massima considerazione le osservazioni formulate. Uno o più Stati membri possono chiedere alla Commissione di adottare tali misure. La Commissione, ove non risponda positivamente a una siffatta richiesta, dovrebbe informare tempestivamente il Consiglio delle relative motivazioni.

(8) Affinché l'Unione possa reagire tempestivamente qualora non siano più soddisfatte le condizioni del caso, è opportuno conferire alla Commissione il potere di adottare determinate decisioni atte a sospendere i benefici riconosciuti al Regno Unito in virtù dell'allegato sui prodotti biologici e dell'allegato sui medicinali dell'accordo sugli scambi commerciali e la cooperazione. La Commissione dovrebbe comunicare esaustivamente e tempestivamente al Consiglio la sua intenzione di adottare tali misure, al fine di consentire uno scambio di opinioni significativo in sede di Consiglio. La Commissione dovrebbe tenere nella massima considerazione le osservazioni formulate. Uno o più Stati membri possono chiedere alla Commissione di adottare tali misure. La Commissione, ove non risponda positivamente a una siffatta richiesta, dovrebbe informare tempestivamente il Consiglio delle relative motivazioni.

(9) Ogniqualvolta l'Unione sia tenuta ad agire per conformarsi agli accordi, tale azione deve essere intrapresa conformemente ai trattati nel rispetto dei limiti dei poteri conferiti a ciascuna istituzione dell'Unione. Spetta pertanto alla Commissione fornire al Regno Unito le informazioni o le notifiche richieste dagli accordi, tranne nel caso in cui gli accordi si riferiscano nello specifico ad altre istituzioni o altri organi e organismi dell'Unione e consultare il Regno Unito su questioni specifiche. Spetta inoltre alla Commissione rappresentare l'Unione dinanzi al collegio arbi-

trale qualora sia stata avviata la procedura di arbitrato in conformità dell'accordo sugli scambi commerciali e la cooperazione. In virtù del principio di leale cooperazione di cui all'articolo 4, paragrafo 3, TUE, la Commissione è tenuta a consultare preventivamente il Consiglio, ad esempio trasmettendo ad esso i punti principali delle istanze che l'Unione intende presentare al collegio arbitrale e tenendo nella massima considerazione le osservazioni formulate dal Consiglio.

(10) L'accordo sugli scambi commerciali e la cooperazione non esclude la possibilità per gli Stati membri di stipulare, a determinate condizioni, disposizioni o accordi bilaterali con il Regno Unito concernenti questioni specifiche contemplate dall'accordo sugli scambi commerciali e la cooperazione nei settori del trasporto aereo, della cooperazione amministrativa nel settore delle dogane e dell'IVA e della sicurezza sociale.

(11) Occorre pertanto definire un quadro che gli Stati membri devono seguire qualora decidano di stipulare disposizioni o accordi bilaterali con il Regno Unito nei settori del trasporto aereo, della cooperazione amministrativa nel settore delle dogane e dell'IVA e della sicurezza sociale, comprese le condizioni e la procedura che gli Stati membri devono rispettare per negoziare e concludere tali disposizioni o accordi bilaterali, in modo da garantire che siano compatibili con lo scopo dell'accordo sugli scambi commerciali e la cooperazione e con il diritto dell'Unione e tengano conto del mercato interno e degli interessi dell'Unione in senso lato. Inoltre, gli Stati membri che intendono negoziare e concludere accordi bilaterali con il Regno Unito in settori non contemplati dall'accordo sugli scambi commerciali e la cooperazione dovrebbero informare la Commissione, nel pieno rispetto del principio di leale cooperazione, riguardo alle proprie intenzioni e ai progressi dei negoziati.

(12) Si ricorda che, conformemente all'articolo 774, paragrafo 3, dell'accordo sugli scambi commerciali e la cooperazione, e in linea con la dichiarazione del Consiglio europeo e della Commissione europea sul campo di applicazione territoriale degli accordi futuri inclusa nel processo verbale della riunione del Consiglio europeo del 25 novembre 2018, l'accordo sugli scambi commerciali e la cooperazione non si applica a Gibilterra e non produce alcun effetto in tale territorio. Come previsto in tale dichiarazione, «[c]iò non preclude (...) la possibilità di concludere accordi separati tra l'Unione e il Regno Unito riguardo a Gibilterra» e, «[f]atte salve le competenze dell'Unione e nel pieno rispetto dell'integrità territoriale dei suoi Stati membri, sancita dall'articolo 4, paragrafo 2, del trattato sull'Unione europea, detti accordi separati saranno subordinati al previo accordo del Regno di Spagna».

(13) L'esercizio della competenza dell'Unione mediante l'accordo sugli scambi commerciali e la cooperazione non pregiudica le rispettive competenze dell'Unione e degli Stati membri riguardo a negoziati in corso o futuri, alla firma o alla conclusione di accordi internazionali con altri paesi terzi o riguardo a negoziati futuri, alla firma o alla conclusione di accordi integrativi di cui all'articolo 2 dell'accordo sugli scambi commerciali e la cooperazione.

(14) Dal momento che i negoziati sugli accordi sono stati portati a termine in una fase molto tardiva, non è stato possibile procedere alla revisione giuridico-linguistica finale dei testi degli accordi prima della firma. Pertanto, subito dopo la firma degli accordi, le parti hanno iniziato la revisione giuridico-linguistica finale dei testi degli accordi in tutte le 24 lingue facenti fede. Mediante scambio di note diplomatiche le parti hanno dichiarato facenti fede e definitivi i testi riveduti degli accordi in tutte le lingue di cui sopra. Tali testi facenti fede e definitivi hanno sostituito *ab initio* le versioni firmate degli accordi e sono acclusi alla presente decisione.

(15) La conclusione dell'accordo sugli scambi commerciali e la cooperazione per quanto riguarda le materie che ricadono nel trattato che istituisce la Comunità europea dell'energia atomica («trattato Euratom») è oggetto di una procedura distinta.

(16) È opportuno approvare gli accordi,

HA ADOTTATO LA PRESENTE DECISIONE:

Articolo 1. – 1. L'accordo sugli scambi commerciali e la cooperazione tra l'Unione europea e la Comunità europea dell'energia atomica, da un lato, e il Regno Unito di Gran Bretagna e Irlanda del Nord, dall'altro, è approvato a nome dell'Unione per quanto riguarda le materie diverse da quelle che ricadono nel trattato Euratom[3].

2. L'accordo tra l'Unione europea e il Regno Unito di Gran Bretagna e Irlanda del Nord sulle procedure di sicurezza per lo scambio e la protezione di informazioni classificate è approvato a nome dell'Unione.[4]

3. I testi facenti fede e definitivi degli accordi che hanno sostituito *ab initio* le versioni firmate degli accordi sono acclusi alla presente decisione.

Articolo 2. – 1. La Commissione rappresenta l'Unione in sede di consiglio di partenariato, di comitato commerciale di partenariato, di comitati commerciali specializzati e di comitati specializzati istituiti a norma degli articoli 7 e 8 dell'accordo sugli scambi commerciali e la cooperazione, nonché in tutti i comitati commerciali specializzati e comitati specializzati aggiuntivi istituiti in conformità dell'articolo 7, paragrafo 4, lettera g), o dell'articolo 8, paragrafo 2, lettera g), dell'accordo sugli scambi commerciali e la cooperazione.

Ciascuno Stato membro è autorizzato a inviare un rappresentante affinché accompagni il rappresentante della Commissione, nell'ambito della delegazione dell'Unione, alle riunioni del consiglio di partenariato e di altri organismi comuni istituiti nell'ambito dell'accordo sugli scambi commerciali e la cooperazione.

2. Affinché il Consiglio sia in grado di esercitare pienamente le sue funzioni di definizione delle politiche, di coordinamento e decisionali conformemente ai trattati, in particolare mediante la definizione delle posizioni da adottare a nome dell'Unione in sede di consiglio di partenariato, di comitato commerciale di partenariato, di comitati commerciali specializzati e di comitati specializzati, la Commissione assicura che il Consiglio riceva tutte le informazioni e tutti i documenti connessi a tutte le riunioni di detti organismi comuni o a tutti gli atti da adottare con procedura scritta con sufficiente anticipo rispetto a tale riunione o tale ricorso alla procedura scritta e in ogni caso non più tardi di otto giorni lavorativi prima di detta riunione o detto ricorso alla procedura scritta.

Il Consiglio è altresì tempestivamente informato in merito alle discussioni e ai risultati delle riunioni del consiglio di partenariato, del comitato commerciale di partenariato, dei comitati commerciali specializzati e dei comitati specializzati, nonché del ricorso alla procedura scritta, e riceve i progetti di processo verbale e tutti i documenti relativi a tali riunioni o al ricorso a tale procedura.

3. Il Parlamento europeo è messo in grado di esercitare pienamente le proprie prerogative istituzionali durante l'intero processo conformemente ai trattati.

4. Per un periodo di cinque anni a decorrere dal 1° gennaio 2021, la Commissione riferisce annualmente al Parlamento europeo e al Consiglio sull'attuazione e applicazione dell'accordo sugli scambi commerciali e la cooperazione. Tale relazione annuale indica, ove del caso, eventuali pertinenti sviluppi del diritto del Regno Unito relativamente ai settori del controllo delle sovvenzioni e della fiscalità di cui alla parte seconda, rubrica prima, titolo XI, dell'accordo sugli scambi commerciali e la cooperazione, nonché eventuali pertinenti sviluppi dei livelli di protezione delle norme sociali e del lavoro, dell'ambiente e del clima di cui allo stesso titolo. Dopo tale periodo iniziale di cinque anni, la Commissione riferisce periodicamente e almeno ogni due anni al Parlamento europeo e al Consiglio.

Articolo 3. – 1. Fino all'entrata in vigore nell'Unione di un atto legislativo specifico che disciplini l'adozione delle misure elencate alle lettere da a) a k) del presente paragrafo, qualsiasi decisione dell'Unione di prendere tali misure è adottata dalla Commissione, conformemente alle condizioni stabilite nelle corrispondenti disposizioni dell'accordo sugli scambi commerciali e la cooperazione, per quanto riguarda:

a) la sospensione del pertinente trattamento preferenziale per il prodotto o i prodotti interessati di cui all'articolo 34 dell'accordo sugli scambi commerciali e la cooperazione;

b) l'applicazione delle misure correttive e la sospensione degli obblighi di cui all'articolo 374 dell'accordo sugli scambi commerciali e la cooperazione;

---

[3] Cfr. pag. 10 della presente Gazzetta ufficiale.

[4] Cfr. pag. 2540 della presente Gazzetta ufficiale.

c) l'applicazione delle misure di riequilibrio e delle contromisure di cui all'articolo 411 dell'accordo sugli scambi commerciali e la cooperazione;

d) l'applicazione delle misure correttive di cui all'articolo 469 dell'accordo sugli scambi commerciali e la cooperazione;

e) le misure compensative e la sospensione degli obblighi di cui all'articolo 501 dell'accordo sugli scambi commerciali e la cooperazione;

f) l'applicazione delle misure correttive e la sospensione degli obblighi di cui all'articolo 506 dell'accordo sugli scambi commerciali e la cooperazione;

g) la sospensione o la cessazione della partecipazione del Regno Unito ai programmi dell'Unione di cui agli articoli 718 e 719 dell'accordo sugli scambi commerciali e la cooperazione;

h) l'offerta o l'accettazione di una compensazione temporanea o la sospensione degli obblighi nel contesto dell'esecuzione a seguito di una procedura di arbitrato o di gruppo di esperti a norma dell'articolo 749 dell'accordo sugli scambi commerciali e la cooperazione, salvo quanto disposto dal regolamento (UE) n. 654/2014 del Parlamento europeo e del Consiglio [5];

i) le misure di salvaguardia e le misure di riequilibrio di cui all'articolo 773 dell'accordo sugli scambi commerciali e la cooperazione;

j) le misure di salvaguardia di cui all'articolo 448 dell'accordo sugli scambi commerciali e la cooperazione;

k) la sospensione degli obblighi di accettazione di cui all'articolo 457 dell'accordo sugli scambi commerciali e la cooperazione.

2. La Commissione comunica esaustivamente e tempestivamente al Consiglio la sua intenzione di adottare le misure di cui al paragrafo 1, al fine di consentire uno scambio di opinioni significativo in sede di Consiglio. La Commissione tiene nella massima considerazione le osservazioni formulate. La Commissione informa altresì il Parlamento europeo, se del caso.

3. Qualora uno o più Stati membri nutrano una particolare preoccupazione, possono chiedere alla Commissione di adottare le misure di cui al paragrafo 1. La Commissione, ove non risponda positivamente a una siffatta richiesta, informa tempestivamente il Consiglio delle relative motivazioni.

4. La Commissione può altresì adottare misure volte a ripristinare i diritti e gli obblighi derivanti dall'accordo sugli scambi commerciali e la cooperazione esistenti prima dell'adozione delle misure di cui al paragrafo 1. I paragrafi 2 e 3 si applicano *mutatis mutandis*.

5. Nel caso in cui, a causa del persistere di ampie divergenze, le misure di riequilibrio di cui al paragrafo 1, lettera c), siano in vigore per oltre un anno, uno o più Stati membri possono chiedere alla Commissione di attivare la clausola di revisione di cui all'articolo 411 dell'accordo sugli scambi commerciali e la cooperazione. La Commissione esamina tempestivamente tale richiesta e valuta se rimettere la questione al consiglio di partenariato, se del caso, conformemente alle disposizioni di cui all'accordo sugli scambi commerciali e la cooperazione. La Commissione, ove non risponda positivamente a una siffatta richiesta, informa tempestivamente il Consiglio delle relative motivazioni.

6. Prima dell'adozione di un atto legislativo specifico che disciplini l'adozione delle misure di cui al paragrafo 1, e in ogni caso non oltre il 1° gennaio 2022, il Consiglio procede a un riesame delle disposizioni di cui al presente articolo.

Articolo 4. – Qualora uno o più Stati membri sollevino una difficoltà sostanziale derivante dall'attuazione dell'accordo sugli scambi commerciali e la cooperazione, in particolare per quanto riguarda la pesca, la Commissione esamina la richiesta in via prioritaria e se del caso rimette la questione al consiglio di partenariato, conformemente alle disposizioni di cui all'accordo sugli scambi commerciali e la cooperazione. Qualora non si sia pervenuti a una soluzione soddisfa-

[5] Regolamento (UE) n. 654/2014 del Parlamento europeo e del Consiglio, del 15 maggio 2014, relativo all'esercizio dei diritti dell'Unione per l'applicazione e il rispetto delle norme commerciali internazionali e recante modifica del regolamento (CE) n. 3286/94 del Consiglio che stabilisce le procedure comunitarie nel settore della politica commerciale comune al fine di garantire l'esercizio dei diritti della Comunità nell'ambito delle norme commerciali internazionali, in particolare di quelle istituite sotto gli auspici dell'Organizzazione mondiale del commercio (GU L 189 del 27.6.2014, pag. 50).

cente, la questione è trattata nel più breve lasso di tempo possibile, nel contesto dei riesami previsti dall'accordo sugli scambi commerciali e la cooperazione. Qualora tale difficoltà persista, sono adottate le misure necessarie per negoziare e concludere un accordo che apporti le necessarie modifiche all'accordo sugli scambi commerciali e la cooperazione.

Articolo 5. – 1. La Commissione è autorizzata a adottare, a nome dell'Unione, decisioni volte a:

a) confermare o sospendere il riconoscimento dell'equivalenza in esito a una nuova valutazione dell'equivalenza da effettuarsi entro il 31 dicembre 2023 a norma dell'articolo 3, paragrafo 3, dell'allegato 14 dell'accordo sugli scambi commerciali e la cooperazione;

b) sospendere il riconoscimento dell'equivalenza a norma dell'articolo 3, paragrafi 5 e 6, dell'allegato 14 dell'accordo sugli scambi commerciali e la cooperazione;

c) accettare i documenti ufficiali relativi alle buone prassi di fabbricazione rilasciati da un'autorità del Regno Unito a stabilimenti situati al di fuori del territorio dell'autorità di rilascio e stabilire i termini e le condizioni in base ai quali l'Unione accetta tali documenti ufficiali relativi alle buone prassi di fabbricazione a norma dell'articolo 5, paragrafi 3 e 4, dell'allegato 12 dell'accordo sugli scambi commerciali e la cooperazione;

d) adottare le necessarie modalità attuative per lo scambio dei documenti ufficiali relativi alle buone prassi di fabbricazione con un'autorità del Regno Unito a norma dell'articolo 6 dell'allegato 12 dell'accordo sugli scambi commerciali e la cooperazione e per lo scambio di informazioni con un'autorità del Regno Unito circa le ispezioni degli stabilimenti di fabbricazione a norma dell'articolo 7 di tale allegato;

e) sospendere il riconoscimento delle ispezioni o l'accettazione dei documenti ufficiali relativi alle buone prassi di fabbricazione rilasciati dal Regno Unito e dare notifica al Regno Unito dell'intenzione di applicare l'articolo 9 dell'allegato 12 dell'accordo sugli scambi commerciali e la cooperazione e avviare consultazioni con il Regno Unito a norma dell'articolo 8, paragrafo 3, di tale allegato;

f) sospendere totalmente o parzialmente, per tutti i prodotti elencati nell'appendice C dell'allegato 12 dell'accordo sugli scambi commerciali e la cooperazione o per alcuni di essi, il riconoscimento delle ispezioni o l'accettazione dei documenti ufficiali relativi alle buone prassi di fabbricazione dell'altra parte, a norma dell'articolo 9, paragrafo 1, di tale allegato.

2. Si applica l'articolo 3, paragrafi 2, 3 e 4.

Articolo 6. – 1. Gli Stati membri sono abilitati a negoziare, firmare e concludere le intese di cui all'articolo 419, paragrafo 4, dell'accordo sugli scambi commerciali e la cooperazione, fatte salve le condizioni seguenti:

a) tali intese sono stipulate esclusivamente per il fine di cui all'articolo 419, paragrafo 4, dell'accordo sugli scambi commerciali e la cooperazione e conformemente ai suoi termini, e non disciplinano alcuna altra questione indipendentemente dal fatto che essa rientri o meno nell'ambito di applicazione della parte seconda, rubrica seconda, titolo I dell'accordo sugli scambi commerciali e la cooperazione;

b) tali intese non discriminano fra vettori aerei dell'Unione.

Si applica la procedura di cui all'articolo 8 della presente decisione.

2. Gli Stati membri sono abilitati a rilasciare le autorizzazioni di cui all'articolo 419, paragrafo 9, dell'accordo sugli scambi commerciali e la cooperazione conformemente ai suoi termini nonché alle disposizioni applicabili del diritto dell'Unione e nazionale. Nel rilasciare dette autorizzazioni, gli Stati membri non discriminano fra vettori aerei dell'Unione.

3. Gli Stati membri sono abilitati a negoziare, firmare e concludere le intese di cui all'articolo 419, paragrafo 9, dell'accordo sugli scambi commerciali e la cooperazione, fatte salve le condizioni seguenti:

a) tali intese sono stipulate esclusivamente per il fine di cui all'articolo 419, paragrafo 9, dell'accordo sugli scambi commerciali e la cooperazione e conformemente ai suoi termini, e non disciplinano alcuna altra questione indipendentemente dal fatto che essa rientri o meno nell'ambito di applicazione della parte seconda, rubrica seconda, titolo I, dell'accordo sugli scambi commerciali e la cooperazione;

b) tali intese non discriminano fra vettori aerei dell'Unione.

Si applica la procedura di cui all'articolo 8 della presente decisione.

Articolo 7. – Gli Stati membri sono abilitati a negoziare, firmare e concludere accordi bilaterali con il Regno Unito in conformità dell'articolo 41 del protocollo sulla cooperazione amministrativa e la lotta contro la frode in materia di imposta sul valore aggiunto e sull'assistenza reciproca in materia di recupero dei crediti risultanti da imposte e dazi o in materia di coordinamento dei sistemi di sicurezza sociale per quanto riguarda questioni non contemplate dal protocollo sul coordinamento della sicurezza sociale, fatte salve le condizioni seguenti:

a) l'accordo previsto è compatibile con il funzionamento dell'accordo sugli scambi commerciali e la cooperazione o del mercato interno e non ne compromette il funzionamento;

b) l'accordo previsto è compatibile con il diritto dell'Unione e non mette a repentaglio il conseguimento di un obiettivo dell'azione esterna dell'Unione nel settore in questione e non pregiudica altrimenti gli interessi dell'Unione;

c) l'accordo previsto rispetta il principio di non discriminazione in base alla nazionalità sancito dal TFUE.

Si applica la procedura di cui all'articolo 8 della presente decisione.

Articolo 8. – 1. Ogni Stato membro che intenda negoziare un'intesa bilaterale di cui all'articolo 6, paragrafi 1 e 3, o un accordo bilaterale di cui all'articolo 7 tiene informata la Commissione in merito ai negoziati con il Regno Unito riguardo a tali intese o accordi e, se del caso, invita la Commissione a partecipare ai negoziati in qualità di osservatore.

2. Al termine dei negoziati, lo Stato membro interessato trasmette alla Commissione il progetto di intesa o di accordo che ne risulta. La Commissione ne informa senza ritardo il Parlamento europeo e il Consiglio.

3. Non oltre tre mesi dalla ricezione del progetto di intesa o accordo, la Commissione decide se siano state rispettate le condizioni di cui al primo comma, rispettivamente, dell'articolo 6, paragrafo 1 o 3, o dell'articolo 7. Se la Commissione decide che tali condizioni sono state rispettate, lo Stato membro interessato può firmare e concludere l'intesa o l'accordo in questione.

4. Lo Stato membro interessato fornisce alla Commissione una copia dell'intesa o dell'accordo entro un mese dalla sua entrata in vigore o, se tale intesa o accordo deve applicarsi a titolo provvisorio, entro un mese dall'inizio della sua applicazione a titolo provvisorio.

Articolo 9. – Gli Stati membri che intendono negoziare e concludere accordi bilaterali con il Regno Unito in settori non contemplati dall'accordo sugli scambi commerciali e la cooperazione informano la Commissione a tempo debito, nel pieno rispetto del principio di leale cooperazione, riguardo alle proprie intenzioni e ai progressi dei negoziati.

Articolo 10. – L'esercizio della competenza dell'Unione mediante l'accordo sugli scambi commerciali e la cooperazione non pregiudica le rispettive competenze dell'Unione e degli Stati membri riguardo a negoziati in corso o futuri, alla firma o alla conclusione di accordi internazionali con altri paesi terzi o riguardo a negoziati futuri, alla firma o alla conclusione di accordi integrativi di cui all'articolo 2 dell'accordo sugli scambi commerciali e la cooperazione.

Articolo 11. – Il presidente del Consiglio procede, a nome dell'Unione, alla notifica o alle notifiche previste nell'accordo sugli scambi commerciali e la cooperazione, compresa la notifica relativa all'espletamento degli obblighi e adempimenti interni per stabilire il consenso dell'Unione a essere vincolata, e alla notifica prevista all'articolo 19, paragrafo 1, dell'accordo sulla sicurezza delle informazioni.

Articolo 12. – Le dichiarazioni accluse alla presente decisione sono approvate a nome dell'Unione.

Articolo 13. – La presente decisione entra in vigore il giorno dell'adozione.

Fatto a Bruxelles, il 29 aprile 2021

(*omissis*)

4. Accordo sugli scambi commerciali e la cooperazione tra l'Unione europea e la Comunità europea dell'energia atomica, da una parte, e il Regno Unito di Gran Bretagna e Irlanda del Nord, dall'altra*

La versione completa dell'Accordo, in *G.U.U.E.* L 149 del 30 aprile 2021, è riprodotta nella sezione *on-line* del volume. Si è ritenuto opportuno, tuttavia, considerate le dimensioni del testo (pp. 10-2539), predisporre un *Indice*, con un rinvio alle pagine della *Gazzetta ufficiale*.

INDICE

* In *G.U.U.E.* L 149 del 30 aprile 2021, p. 10. L'Accordo è in vigore dal 1° maggio 2021.

ALLEGATI

5. Accordo tra l'Unione europea e il Regno Unito di Gran Bretagna e Irlanda del Nord sulle procedure di sicurezza per lo scambio e la protezione di informazioni classificate*

L'Unione europea («Unione»)

e

il Regno Unito di Gran Bretagna e Irlanda del Nord («Regno Unito»),

denominati congiuntamente «parti»,

CONSIDERANDO:

– che le parti condividono gli obiettivi di rafforzare in tutti i modi la propria sicurezza,

– che le parti convengono che è opportuno sviluppare la cooperazione fra loro su questioni di interesse comune in materia di sicurezza delle informazioni,

– che, in questo contesto, esiste pertanto una necessità costante di scambiare informazioni classificate fra le parti,

RICONOSCENDO che una cooperazione e una consultazione piene ed efficaci possono richiedere l'accesso alle informazioni e al materiale classificati delle parti e i relativi scambi,

CONSAPEVOLI che l'accesso e gli scambi di informazioni e materiale classificati richiedono l'adozione di adeguate misure di sicurezza,

CONSAPEVOLI che il presente accordo costituisce un accordo integrativo dell'accordo sugli scambi commerciali e la cooperazione tra l'Unione europea e la Comunità europea dell'energia atomica, da una parte, e il Regno Unito di Gran Bretagna e Irlanda del Nord, dall'altra («accordo sugli scambi commerciali e la cooperazione»),

HANNO CONVENUTO QUANTO SEGUE:

Articolo 1. – 1. Al fine di soddisfare gli obiettivi di rafforzare in tutti i modi la sicurezza di ciascuna parte, il presente accordo si applica alle informazioni o al materiale classificati, in qualsiasi forma, forniti da una parte all'altra parte o tra esse scambiati.

2. Ciascuna parte protegge le informazioni classificate ricevute dall'altra parte dalla divulgazione non autorizzata o dalla perdita, conformemente alle condizioni fissate nel presente accordo e alle rispettive disposizioni legislative, normative e regolamentari delle parti.

3. Il presente accordo non costituisce una base per esigere dalle parti la comunicazione o lo scambio di informazioni classificate.

Articolo 2. – Ai fini del presente accordo, per «informazioni classificate» si intende qualsiasi informazione o qualsiasi materiale, in qualsiasi forma e natura, o oggetto di qualsiasi metodo di trasmissione:

a) di cui una delle parti consideri necessaria la protezione da una divulgazione non autorizzata o da una perdita che possa danneggiare o ledere in varia misura gli interessi del Regno Unito, gli interessi dell'Unione o gli interessi di uno o più dei suoi Stati membri; e

b) che rechi di conseguenza un contrassegno di classifica di sicurezza come disposto all'articolo 7.

Articolo 3. – 1. Le istituzioni e le entità dell'Unione cui si applica il presente accordo sono il Consiglio europeo, il Consiglio, l'alto rappresentante dell'Unione per gli affari esteri e la politica di sicurezza, il servizio europeo per l'azione esterna («SEAE»), la Commissione europea e il segretariato generale del Consiglio.

2. Tali istituzioni ed entità dell'Unione possono condividere le informazioni classificate ricevute ai sensi del presente accordo con altre istituzioni ed entità dell'Unione, previo consenso scritto della parte fornitrice e fatte salve appropriate garanzie che l'istituzione o entità ricevente proteggerà le informazioni in maniera adeguata.

---

* In *G.U.U.E.* L 149 del 30 aprile 2021, p. 2540. L'Accordo è in vigore dal 1° maggio 2021.

Articolo 4. – Ciascuna parte provvede a predisporre sistemi e misure di sicurezza appropriati, basati sui principi fondamentali e sulle norme minime di sicurezza definiti nelle rispettive disposizioni legislative, normative o regolamentari e rispecchiati nell'accordo di attuazione di cui all'articolo 12, per assicurare che alle informazioni classificate oggetto del presente accordo sia applicato un livello di protezione equivalente.

Articolo 5. – 1. In relazione alle informazioni classificate fornite o scambiate ai sensi del presente accordo ciascuna parte:

a) accorda a tali informazioni classificate, in conformità delle proprie disposizioni legislative, normative e regolamentari, un livello di protezione equivalente a quello accordato alle proprie informazioni classificate cui è attribuita la corrispondente classifica di sicurezza come specificato all'articolo 7;

b) assicura che tali informazioni classificate mantengano il contrassegno di classifica di sicurezza ad esse attribuito dalla parte fornitrice e che non siano declassate o declassificate senza il previo consenso scritto della parte fornitrice; la parte ricevente protegge le informazioni classificate in conformità delle norme previste nelle proprie disposizioni legislative, normative e regolamentari applicabili per le informazioni dotate di una classificazione di sicurezza equivalente come specificato all'articolo 7;

c) si astiene dall'utilizzare tali informazioni classificate a fini diversi da quelli stabiliti dall'originatore o da quelli per i quali le informazioni sono fornite o scambiate, fatta eccezione per i casi di previo consenso scritto della parte fornitrice;

d) ferme restando le modalità di cui al paragrafo 2 del presente articolo, non divulga tali informazioni classificate a terzi né le rende disponibili al pubblico senza il previo consenso scritto della parte fornitrice;

e) non consente l'accesso a tali informazioni classificate a singole persone, a meno che queste non abbiano una necessità di conoscere e siano in possesso di un appropriato nulla osta di sicurezza o siano altrimenti abilitate o autorizzate in conformità delle disposizioni legislative, normative e regolamentari della parte ricevente;

f) garantisce che tali informazioni classificate siano trattate e conservate in strutture dotate dell'adeguata sicurezza e che siano controllate e protette in conformità delle sue disposizioni legislative, normative e regolamentari; e

g) assicura che tutte le persone con accesso a tali informazioni classificate siano informate della loro responsabilità per quanto riguarda la protezione delle stesse in conformità delle disposizioni legislative, normative e regolamentari applicabili.

2. La parte ricevente:

a) adotta tutti i provvedimenti necessari, in conformità delle proprie disposizioni legislative e regolamentari, per impedire che le informazioni classificate fornite ai sensi del presente accordo siano rese disponibili al pubblico o a terzi; nell'eventualità di una richiesta di rendere disponibile al pubblico o a terzi le informazioni classificate fornite ai sensi del presente accordo, la parte ricevente la notifica immediatamente per iscritto alla parte fornitrice e le parti si consultano per iscritto prima che sia adottata una decisione sulla divulgazione;

b) informa la parte fornitrice di un'eventuale richiesta da parte di un'autorità giudiziaria, anche nel contesto di un procedimento giudiziario, o di un'autorità legislativa che agisca con facoltà investigative, di ottenere informazioni classificate pervenute dalla parte fornitrice a norma del presente accordo; nel valutare tale richiesta la parte ricevente tiene conto nella massima misura possibile del parere della parte fornitrice; se, per effetto delle disposizioni legislative e regolamentari della parte ricevente, tale richiesta comporta la trasmissione delle informazioni classificate all'autorità legislativa o all'autorità giudiziaria richiedente, anche nel contesto di un procedimento giudiziario, la parte ricevente assicura, nella massima misura possibile, che le informazioni siano adeguatamente protette, anche da un'eventuale divulgazione ad altre autorità o altri terzi.

Articolo 6. – 1. Le informazioni classificate sono divulgate o comunicate conformemente al principio del consenso dell'originatore.

2. Per la comunicazione a destinatari diversi dalle parti, fermo restando l'articolo 5, paragrafo 1, lettera d), la parte ricevente decide caso per caso in merito alla divulgazione o alla comuni-

cazione di informazioni classificate, previo consenso scritto della parte fornitrice e conformemente al principio del consenso dell'originatore.

3. Non è consentita alcuna comunicazione generica, a meno che le parti non abbiano concordato procedure relative a talune categorie di informazioni che sono pertinenti alle loro specifiche necessità.

4. Le informazioni classificate che sono oggetto del presente accordo possono essere fornite a un contraente o potenziale contraente solo previo consenso scritto della parte fornitrice. Prima di divulgare informazioni classificate a un contraente o potenziale contraente, la parte ricevente assicura che il contraente o potenziale contraente abbia messo in sicurezza le sue strutture e sia in grado di proteggere le informazioni classificate ai sensi delle disposizioni legislative, normative e regolamentari applicabili e che il contraente o potenziale contraente disponga, se del caso, del prescritto nulla osta di sicurezza delle imprese per sé stesso e dei nulla osta di sicurezza appropriati per il proprio personale che necessita dell'accesso a informazioni classificate.

Articolo 7. – 1. Al fine di stabilire un livello equivalente di protezione delle informazioni classificate fornite o scambiate tra le parti, la corrispondenza tra le classifiche di sicurezza è la seguente:

UE	Regno Unito
TRÈS SECRET UE/EU TOP SECRET	UK TOP SECRET
SECRET UE/EU SECRET	UK SECRET
CONFIDENTIEL UE/EU CONFIDENTIAL	Nessun equivalente – cfr. il paragrafo 2
RESTREINT UE/EU RESTRICTED	UK OFFICIAL-SENSITIVE

2. Salvo diverso accordo tra le parti, il Regno Unito accorda alle informazioni classificate CONFIDENTIEL UE/EU CONFIDENTIAL un livello di protezione equivalente a quello accordato alle informazioni classificate UK SECRET.

3. Tranne qualora il Regno Unito abbia notificato all'Unione per iscritto di aver declassato o declassificato le proprie preesistenti informazioni classificate UK CONFIDENTIAL, l'Unione accorda a tali informazioni un livello di protezione equivalente a quello accordato alle informazioni classificate CONFIDENTIEL UE/EU CONFIDENTIAL e, tranne qualora il Regno Unito abbia notificato all'Unione per iscritto di aver declassato o declassificato le proprie preesistenti informazioni classificate UK RESTRICTED, l'Unione accorda a tutte le preesistenti informazioni classificate UK RESTRICTED un livello di protezione equivalente a quello accordato alle informazioni classificate RESTREINT UE/EU RESTRICTED.

Articolo 8. – 1. Le parti assicurano che tutte le persone che, nel compimento delle loro funzioni ufficiali, debbono avere accesso oppure le cui mansioni o funzioni possono consentire loro l'accesso a informazioni classificate CONFIDENTIEL UE/EU CONFIDENTIAL o UK SECRET o a un livello superiore, fornite o scambiate a norma del presente accordo, dispongano di un appropriato nulla osta di sicurezza o siano altrimenti abilitate o autorizzate ai sensi delle disposizioni legislative, normative e regolamentari della parte ricevente, prima di essere autorizzate ad accedere a tali informazioni, in aggiunta al requisito della necessità di conoscere di cui all'articolo 5, paragrafo 1, lettera e).

2. Le procedure per il rilascio del nulla osta di sicurezza sono destinate a determinare se una persona, in considerazione della sua lealtà, serietà e affidabilità, può avere accesso a informazioni classificate.

Articolo 9. – Ai fini del presente accordo:

a) tutte le informazioni classificate comunicate all'Unione a norma del presente accordo sono trasmesse tramite:

i) l'ufficio centrale di registrazione del segretariato generale del Consiglio, se indirizzate al Consiglio europeo, al Consiglio o al segretariato generale del Consiglio;

ii) l'ufficio di registrazione del segretariato generale della Commissione europea, se indirizzate alla Commissione europea;

iii) l'ufficio di registrazione del servizio europeo per l'azione esterna, se indirizzate all'alto rappresentante dell'Unione per gli Affari esteri e la politica di sicurezza o al servizio europeo per l'azione esterna;

b) tutte le informazioni classificate comunicate al Regno Unito a norma del presente accordo sono trasmesse al Regno Unito tramite la Missione del Regno Unito presso l'Unione;

c) le parti possono definire di comune accordo metodi adeguati per garantire lo scambio efficiente di informazioni classificate nel rispetto delle disposizioni di cui alle lettere a) e b).

Articolo 10. – Le trasmissioni elettroniche di informazioni classificate tra l'Unione e il Regno Unito e le trasmissioni elettroniche di informazioni classificate tra il Regno Unito e l'Unione sono cifrate conformemente ai requisiti enunciati nelle disposizioni legislative, normative e regolamentari della parte comunicante; gli accordi di attuazione di cui all'articolo 12 definiscono di conseguenza a quali condizioni una parte può trasmettere, conservare o trattare nelle proprie reti interne le informazioni classificate fornite dall'altra parte.

Articolo 11. – Il segretario generale del Consiglio, il membro della Commissione europea responsabile delle questioni di sicurezza, l'alto rappresentante dell'Unione per gli Affari esteri e la politica di sicurezza e l'Autorità di sicurezza nazionale del Regno Unito, presso l'Ufficio di gabinetto del Primo ministro (Cabinet Office), vigilano sull'attuazione del presente accordo.

Articolo 12. – 1. Ai fini dell'attuazione del presente accordo, le autorità competenti per la sicurezza delle istituzioni dell'Unione di seguito designate, a nome della rispettiva autorità organizzativa, e l'Autorità di sicurezza nazionale del Regno Unito, Ufficio di gabinetto, stabiliscono un accordo di attuazione allo scopo di definire le norme per la protezione reciproca delle informazioni classificate ai sensi del presente accordo:

a) la direzione Prevenzione e Sicurezza del segretariato generale del Consiglio;

b) la direzione Sicurezza della direzione generale Risorse umane e sicurezza della Commissione europea (DG.HR.DS); e

c) la direzione Sicurezza e infrastrutture del SEAE.

2. Prima della fornitura o dello scambio tra le parti di informazioni classificate a norma del presente accordo, le autorità competenti per la sicurezza di cui al paragrafo 1 convengono che la parte ricevente è in grado di proteggere le informazioni in maniera conforme all'accordo di attuazione.

Articolo 13. – Le parti cooperano entro i limiti di quanto ragionevolmente possibile per quanto riguarda la sicurezza delle informazioni classificate che sono oggetto del presente accordo e possono prestarsi assistenza reciproca su temi di interesse comune nell'ambito della sicurezza delle informazioni. Le autorità di cui all'articolo 12, paragrafo 1, effettuano consultazioni e visite di valutazione reciproche in materia di sicurezza per valutare l'efficacia delle disposizioni di sicurezza che rientrano nelle rispettive competenze. Le parti decidono congiuntamente in merito alla frequenza e alla tempistica di tali consultazioni e visite di valutazione.

Articolo 14. – 1. L'autorità competente per la sicurezza di una parte di cui all'articolo 12, paragrafo 1, informa immediatamente l'autorità competente per la sicurezza dell'altra parte in merito a eventuali casi provati o sospetti di divulgazione non autorizzata o di perdita di informazioni classificate fornite da tale parte. L'autorità competente per la sicurezza della parte in questione conduce indagini, se necessario con l'assistenza dell'altra parte, e ne riferisce i risultati all'altra parte.

2. Le autorità competenti per la sicurezza di cui all'articolo 12, paragrafo 1, stabiliscono le procedure da seguire in tali casi.

Articolo 15. – Ciascuna parte si fa carico delle spese che le derivano dall'applicazione del presente accordo.

Articolo 16. – 1. Nulla nel presente accordo modifica gli accordi o le intese tra le parti, né gli accordi o le intese tra il Regno Unito e uno o più Stati membri.

2. Il presente accordo non impedisce alle parti di concludere altri accordi relativi alla fornitura o allo scambio di informazioni classificate che sono oggetto del presente accordo, a condizione che tali accordi non siano incompatibili con gli obblighi derivanti dal presente accordo.

Articolo 17. – Ciascuna parte notifica all'altra parte per iscritto eventuali modifiche delle proprie disposizioni legislative, normative e regolamentari che potrebbero incidere sulla protezione delle informazioni classificate di cui al presente accordo.

Articolo 18. – Le parti risolvono tramite consultazioni eventuali controversie relative all'interpretazione o all'applicazione del presente accordo.

Articolo 19. – 1. Il presente accordo entra in vigore alla stessa data in cui entra in vigore l'accordo sugli scambi commerciali e la cooperazione, purché prima di quella data le parti si siano notificate l'avvenuto espletamento dei rispettivi obblighi e adempimenti interni per stabilire il consenso a essere vincolate.

2. Il presente accordo si applica a partire dalla data di applicazione dell'accordo sugli scambi commerciali e la cooperazione o, se posteriore, dalla data in cui le parti si sono notificate l'avvenuto espletamento dei rispettivi obblighi e adempimenti interni per comunicare informazioni classificate ai sensi del presente accordo. Il presente accordo cessa di applicarsi se le parti non si sono notificate l'avvenuto espletamento dei rispettivi obblighi e adempimenti interni per stabilire il consenso a essere vincolate entro la data alla quale cessa l'applicazione provvisoria dell'accordo sugli scambi commerciali e la cooperazione.

3. Il presente accordo può essere riesaminato al fine di valutare eventuali modifiche su richiesta di una delle parti.

4. Qualsiasi modifica del presente accordo è apportata solo per iscritto e di comune accordo tra le parti.

Articolo 20. – 1. A norma dell'articolo 779 dell'accordo sugli scambi commerciali e la cooperazione, il presente accordo è denunciato al momento della denuncia dell'accordo sugli scambi commerciali e la cooperazione.

2. La denuncia del presente accordo non pregiudica gli obblighi già contratti conformemente al presente accordo. In particolare, tutte le informazioni classificate fornite o scambiate a norma del presente accordo continuano a essere protette conformemente alle disposizioni dello stesso.

Articolo 21. – Il presente accordo è redatto in duplice esemplare in lingua bulgara, ceca, croata, danese, estone, finlandese, francese, greca, inglese, irlandese, italiana, lettone, lituana, maltese, neerlandese, polacca, portoghese, rumena, slovacca, slovena, spagnola, svedese, tedesca e ungherese. Tutte le versioni linguistiche del presente accordo sono sottoposte a revisione giuridico-linguistica finale entro il 30 aprile 2021. Nonostante la frase precedente, la revisione giuridico-linguistica finale della versione inglese dell'accordo è ultimata entro la data prevista all'articolo 19, paragrafo 1, se anteriore al 30 aprile 2021.

Le versioni linguistiche risultanti dalla revisione giuridico-linguistica finale sostituiscono *ab initio* le versioni firmate dell'accordo e sono dichiarate facenti fede e definitive mediante scambio di note diplomatiche tra le parti.

(*omissis*)

Fatto a Bruxelles e Londra, addì trenta dicembre duemilaventi.

(*omissis*)

6. Dichiarazioni di cui alla decisione del Consiglio relativa alla conclusione, a nome dell'Unione, dell'accordo sugli scambi commerciali e la cooperazione e dell'accordo sulle procedure di sicurezza per lo scambio e la protezione di informazioni classificate*

DICHIARAZIONE COMUNE SULLA COOPERAZIONE NORMATIVA TRA L'UNIONE EUROPEA E IL REGNO UNITO SUI SERVIZI FINANZIARI

1. L'Unione e il Regno Unito convengono di istituire una cooperazione normativa strutturata sui servizi finanziari al fine d'instaurare una relazione stabile e duratura tra giurisdizioni autonome. Fondato sull'impegno comune a preservare la stabilità finanziaria, l'integrità del mercato e la tutela degli investitori e dei consumatori, il regime così istituito permetterà:

– lo scambio bilaterale di opinioni e analisi sulle iniziative normative e su altre questioni di interesse;

– la trasparenza e un dialogo adeguato nell'iter di adozione, sospensione e revoca delle decisioni sull'equivalenza; e

– il rafforzamento della cooperazione e del coordinamento, anche negli opportuni consessi internazionali.

2. Entro marzo 2021 le parti concorderanno un protocollo d'intesa che inquadri la cooperazione. Le parti discuteranno, tra l'altro, le modalità con cui avanzare entrambe nella determinazione dell'equivalenza tra l'Unione e il Regno Unito facendo salvo il processo decisionale unilaterale e autonomo di ciascuna.

DICHIARAZIONE POLITICA COMUNE SULLA LOTTA AI REGIMI FISCALI DANNOSI

L'Unione europea [1] e il Regno Unito (i «partecipanti») approvano la seguente dichiarazione politica comune sulla lotta ai regimi fiscali dannosi.

In sintonia coi principi mondiali della concorrenza fiscale leale, i partecipanti s'impegnano a contrastare i regimi fiscali dannosi, in particolare quelli in grado di favorire l'erosione della base imponibile e il trasferimento degli utili, in conformità dell'azione 5 del piano d'azione dell'OCSE sull'erosione della base imponibile e sul trasferimento degli utili (BEPS). In tale contesto i partecipanti s'impegnano ad applicare i principi a base della lotta ai regimi fiscali dannosi conformemente alla presente dichiarazione politica comune.

Tra i regimi fiscali dannosi si annoverano i regimi di tassazione delle imprese che hanno o possono avere una sensibile incidenza sull'ubicazione di attività imprenditoriali, compresa l'ubicazione di gruppi di imprese, nel territorio dei partecipanti. I regimi fiscali comprendono sia disposizioni legislative o regolamentari che prassi amministrative.

Dovrebbe essere considerato potenzialmente dannoso il regime fiscale che soddisfa il criterio per l'accesso – ovvero determina un livello d'imposizione effettivo nettamente inferiore, ivi compresa l'imposizione di entità zero, ai livelli generalmente applicati sul territorio dei partecipanti. Questo livello d'imposizione può funzionare in base all'aliquota fiscale nominale, alla base imponibile o ad altri elementi pertinenti.

In tale contesto e tenendo conto dell'approccio definito a livello mondiale, per valutare se un dato regime di tassazione delle imprese sia dannoso si dovrebbe tener conto della presenza di uno o più dei seguenti fattori chiave:

---

* In *G.U.U.E.* L 149 del 30 aprile 2021, p. 2549.

[1] Ai fini degli impegni di cui alla presente dichiarazione, per quanto riguarda l'Unione europea i riferimenti ai partecipanti si intendono fatti, secondo il caso, all'Unione europea, ai suoi Stati membri ovvero all'Unione europea e ai suoi Stati membri.

a) se le agevolazioni sono completamente isolate dall'economia nazionale e pertanto non incidono sulla base imponibile nazionale, o sono riservate esclusivamente ai non residenti;

b) se il regime accorda le agevolazioni anche in assenza di qualsiasi attività economica effettiva e di una presenza economica sostanziale all'interno del territorio del partecipante che offre queste agevolazioni fiscali;

c) se le norme di determinazione dei profitti derivanti dalle attività interne svolte da un gruppo multinazionale si discostano dai principi generalmente riconosciuti a livello internazionale, in particolare le norme concordate in sede OCSE;

d) se il regime fiscale manca di trasparenza, anche sotto forma di un allentamento non trasparente delle disposizioni normative a livello amministrativo o di un'assenza di fatto di scambio d'informazioni in relazione al regime.

I partecipanti dovrebbero incoraggiare, nel quadro del rispettivo ordinamento costituzionale, l'applicazione di detti principi nei territori per i quali hanno responsabilità particolari o prerogative fiscali.

I partecipanti dovrebbero tenere un dialogo annuale per discutere le questioni relative all'applicazione di tali principi.

DICHIARAZIONE COMUNE DELL'UNIONE EUROPEA E DEL REGNO UNITO SULLE POLITICHE MONETARIE E SUL CONTROLLO DELLE SOVVENZIONI

Le parti confermano di concordare sul fatto che le attività svolte da una banca centrale nella condotta di politiche monetarie non ricadono nell'ambito di applicazione della parte seconda, rubrica prima, titolo XI, capo terzo, dell'accordo sugli scambi e la cooperazione tra l'Unione europea e il Regno Unito.

DICHIARAZIONE COMUNE SULLE POLITICHE DI CONTROLLO DELLE SOVVENZIONI

L'Unione europea e il Regno Unito (i «partecipanti») approvano la seguente dichiarazione politica comune sulle politiche di controllo delle sovvenzioni.

Gli orientamenti delineati nella presente dichiarazione comune rappresentano la linea condivisa dai partecipanti circa le adeguate politiche di sovvenzionamento nei settori indicati di seguito.

Seppur gli orientamenti non li vincolino, i partecipanti sono invitati a tenerne conto nei rispettivi sistemi di controllo delle sovvenzioni.

I partecipanti possono convenire di aggiornare gli orientamenti.

Sovvenzioni per lo sviluppo delle zone svantaggiate

1. Possono essere concesse sovvenzioni per lo sviluppo di zone o regioni svantaggiate o in stato di arretratezza. L'importo della sovvenzione può essere determinato tenendo conto di quanto segue:
– situazione socioeconomica della zona svantaggiata;
– dimensione del beneficiario; e
– entità del progetto d'investimento.

2. Il beneficiario dovrebbe contribuire in misura rilevante ai costi di investimento. La sovvenzione non dovrebbe avere come scopo o effetto principale quello di incentivare il beneficiario a trasferire la stessa attività o un'attività analoga dal territorio di una parte al territorio dell'altra parte.

Trasporti

1. Possono essere concesse sovvenzioni agli aeroporti per investimenti infrastrutturali e costi di esercizio tenendo conto della dimensione dell'aeroporto in termini di volume annuo di passeggeri. Per ricevere sovvenzioni a finanziamento dei costi di esercizio, l'aeroporto che non è un piccolo aeroporto regionale dovrebbe dimostrare di essere in grado di garantire in futuro la so-

stenibilità economica entro un periodo di tempo che consenta la graduale estinzione della sovvenzione.

2. Possono essere concesse sovvenzioni a progetti di infrastrutture stradali purché non siano selettive a vantaggio di un singolo operatore o settore economico, bensì rechino benefici alla società nel complesso. La concessione della sovvenzione dovrebbe essere subordinata alla garanzia del libero accesso all'infrastruttura per tutti gli utenti indiscriminatamente[2].

3. Possono essere concesse sovvenzioni ai porti per il dragaggio o per progetti infrastrutturali, purché limitate all'importo minimo necessario per avviare il progetto.

Ricerca e sviluppo

Possono essere concesse sovvenzioni per attività di ricerca e sviluppo[3]. Sono comprese le attività di ricerca fondamentale, ricerca industriale e sviluppo sperimentale, in particolare lo sviluppo di tecnologie nuove e di avanzata innovazione che stimolino la crescita della produttività e la competitività, purché siano necessarie e proporzionate e non abbiano come scopo o effetto principale il trasferimento o la chiusura di tali attività nel territorio dell'altra parte. Possono essere concesse sovvenzioni anche per altre iniziative, ad esempio per nuovi processi produttivi, infrastrutture pertinenti, poli di innovazione e poli digitali. L'importo della sovvenzione dovrebbe rispecchiare, tra l'altro, il rischio e l'entità dell'innovazione tecnologica insiti nel progetto, la prossimità del progetto al mercato e il contributo del progetto alla generazione di sapere.

DICHIARAZIONE COMUNE DELL'UNIONE E DEL REGNO UNITO SULL'ALLEGATO 29

Le parti convengono sul fatto che l'obiettivo di massimizzare i benefici degli scambi di cui all'allegato 29 implica che, entro i limiti stabiliti in tale allegato, gli accordi commerciali:
– siano quanto più efficienti possibile; e
– facciano sì, in circostanze normali, che i flussi tra gli interconnettori elettrici siano coerenti con i prezzi sui mercati del giorno prima (MGP) delle parti.

DICHIARAZIONE COMUNE SULL'ARTICOLO 412 E SULL'ARTICOLO 415

Le parti confermano di concordare che:

1) L'articolo 412 e l'articolo 415 non si escludono a vicenda. Non è in particolare escluso che un interesse di sicurezza di una parte si configuri contemporaneamente come «interesse essenziale di sicurezza» ai fini dell'articolo 415 e come materia di «sicurezza pubblica» o di «ordine pubblico» ai fini dell'articolo 412;

2) l'articolo 412 e l'articolo 415, in particolare i termini «interessi essenziali di sicurezza», «sicurezza pubblica», «morale pubblica» e «ordine pubblico», devono essere interpretati secondo le regole di interpretazione dell'accordo sugli scambi e la cooperazione tra l'Unione europea e il Regno Unito previste all'articolo 4 e all'articolo 516.

DICHIARAZIONE POLITICA COMUNE SUGLI AUTOTRASPORTATORI

Sebbene l'accordo sugli scambi e la cooperazione tra l'Unione europea e il Regno Unito non contempli il regime dei visti o di frontiera per gli autotrasportatori che operano nel territorio dell'altra parte, le parti rilevano che una gestione corretta ed efficiente del regime dei visti e di frontiera per gli autotrasportatori è importante ai fini della circolazione delle merci, in particolare attraverso la frontiera che separa il Regno Unito dall'Unione.

Fatti salvi i diritti di ciascuna parte di disciplinare l'ingresso o il soggiorno temporaneo del-

---

[2] In quest'ambito si verifica discriminazione se situazioni analoghe sono trattate in modo diverso senza che la differenziazione sia giustificata da considerazioni oggettive.

[3] Ricerca e sviluppo quali definiti nel Manuale di Frascati dell'OCSE.

le persone fisiche nel proprio territorio, le parti convengono a tal fine di agevolare opportunamente, nella rispettiva normativa, l'ingresso e il soggiorno temporaneo dei conducenti che svolgono le attività autorizzate a norma della parte seconda, rubrica terza, titolo I, di detto accordo.

DICHIARAZIONE POLITICA COMUNE SULL'ASILO E I RIMPATRI

Sebbene l'accordo sugli scambi e la cooperazione tra l'Unione europea e il Regno Unito non preveda disposizioni su asilo, rimpatri, ricongiungimento familiare dei minori non accompagnati o migrazione irregolare, le parti rilevano l'importanza di una corretta gestione dei flussi migratori e riconoscono le particolari circostanze derivanti dalla giustapposizione dei regimi di controllo, dai servizi operati con traghetto roll-on roll-off, dal collegamento fisso sotto la Manica e dalla zona di libero spostamento.

A tal fine le parti prendono atto dell'intenzione del Regno Unito di avviare discussioni bilaterali con gli Stati membri più interessati per ricercare intese pratiche adeguate in tema di asilo, ricongiungimento familiare dei minori non accompagnati o migrazione irregolare, in conformità delle disposizioni legislative e regolamentari di ciascuna parte.

DICHIARAZIONE POLITICA COMUNE SULLA PARTE TERZA, TITOLO III

Le parti riconoscono che l'uso efficace dei dati del codice di prenotazione (PNR) per modi di trasporto diversi dai vettori aerei, quali vettori marittimi, ferroviari e stradali, è un ausilio valido sotto il profilo operativo ai fini della prevenzione, l'accertamento, l'indagine e il perseguimento del terrorismo e dei reati gravi e dichiarano l'intenzione di rivedere e, se necessario, ampliare l'accordo raggiunto con la parte terza, titolo III, dell'accordo sugli scambi e la cooperazione tra l'Unione europea e il Regno Unito qualora l'Unione introducesse al suo interno un quadro giuridico per il trasferimento e l'elaborazione dei dati PNR per altri modi di trasporto.

L'accordo non preclude agli Stati membri e al Regno Unito la possibilità di concludere e applicare accordi bilaterali relativi a un sistema di raccolta ed elaborazione dei dati PNR presso fornitori di servizi di trasporto diversi da quelli indicati nell'accordo, a condizione che lo Stato membro operi nel rispetto del diritto dell'Unione.

DICHIARAZIONE POLITICA COMUNE SULLA PARTE TERZA, TITOLO VII

L'articolo 597 della parte terza, titolo VII, stabilisce che la cooperazione in materia di consegna deve essere necessaria e proporzionata tenuto conto dei diritti della persona ricercata e degli interessi della vittima, e considerate la gravità del fatto, la pena che sarebbe probabilmente inflitta e la possibilità che uno Stato adotti misure meno coercitive della consegna del ricercato, in particolare al fine di evitare periodi inutilmente lunghi di custodia cautelare.

Il principio di proporzionalità è pregnante per tutto l'iter che sfocia nella decisione di consegna previsto al titolo VII. L'autorità giudiziaria dell'esecuzione, qualora nutra preoccupazioni in merito al principio di proporzionalità, chiede le informazioni supplementari necessarie per consentire all'autorità giudiziaria emittente di esprimere il proprio punto di vista sull'applicazione del principio di proporzionalità.

Le parti rilevano che gli articoli 597 e 613 consentono alle competenti autorità giudiziarie degli Stati di prendere in considerazione la proporzionalità e la possibile durata della custodia cautelare nell'attuazione del titolo VII e osservano che questo è conforme alla rispettiva normativa nazionale.

DICHIARAZIONE POLITICA COMUNE SULLA PARTE TERZA, TITOLO IX

Le parti riconoscono che per i datori di lavoro è importante disporre di informazioni sull'esistenza di condanne penali e su eventuali pertinenti interdizioni derivanti da tali condanne in relazione alle persone che assumono per attività professionali o di volontariato organizzate che comportano contatti diretti e regolari con adulti vulnerabili. Le parti dichiarano l'intenzione di riesaminare e, se necessario, ampliare la parte terza, titolo IX, qualora l'Unione modificasse il proprio quadro giuridico al riguardo.

DICHIARAZIONE COMUNE UE-REGNO UNITO SULLO SCAMBIO E LA PROTEZIONE DI INFORMAZIONI CLASSIFICATE

Le parti riconoscono l'importanza di concludere quanto prima accordi che consentano lo scambio di informazioni classificate tra l'Unione europea e il Regno Unito. A tal fine le parti si adopereranno per concludere, non appena ragionevolmente fattibile, i negoziati sulle modalità di attuazione dell'accordo sulla sicurezza delle informazioni, affinché questo possa applicarsi come previsto dall'articolo 19, paragrafo 2, dell'accordo. Nel frattempo le parti possono scambiarsi informazioni classificate in conformità delle rispettive disposizioni legislative e regolamentari.

DICHIARAZIONE COMUNE SULLA PARTECIPAZIONE AI PROGRAMMI DELL'UNIONE E SULL'ACCESSO AI SERVIZI DEI PROGRAMMI

Le parti ravvisano un reciproco vantaggio nella cooperazione in settori di interesse comune, quali la scienza, la ricerca e innovazione, la ricerca nucleare e lo spazio. Per incoraggiare la cooperazione futura in questi settori è intenzione delle parti gettare una base formale per la cooperazione futura sotto forma di partecipazione del Regno Unito ai corrispondenti programmi dell'Unione a condizioni eque e adeguate e, se del caso, sotto forma di accesso a determinati servizi forniti nell'ambito dei programmi dell'Unione.

Le parti riconoscono che non è stato possibile perfezionare il testo del protocollo I «Programmi e attività cui partecipa il Regno Unito», che istituisce un'associazione del Regno Unito ai fini della partecipazione a determinati programmi e attività dell'Unione, e del protocollo II «sull'accesso del Regno Unito ai servizi istituiti nell'ambito di determinati programmi e attività dell'Unione» nel corso dei negoziati dell'accordo sugli scambi e la cooperazione tra l'Unione europea e il Regno Unito, perché alla data della firma dell'accordo stesso non erano ancora stati adottati il quadro finanziario pluriennale e i collegati atti giuridici dell'Unione.

Le parti dichiarano che i progetti di protocolli riportati qui di seguito sono stati concordati in via di principio e saranno sottoposti al comitato specializzato per la partecipazione ai programmi dell'Unione per discussione e adozione. Poiché sono possibili modifiche degli atti giuridici che disciplinano i programmi e le attività dell'Unione, il Regno Unito e l'Unione europea si riservano il diritto di riesaminare la partecipazione ai programmi, alle attività e ai servizi elencati nei protocolli [I e II] prima dell'adozione. Potrà inoltre risultare necessario modificare i progetti di protocolli per assicurarne la conformità con gli atti adottati.

È ferma intenzione delle parti far sì che il comitato specializzato per la partecipazione ai programmi dell'Unione adotti quanto prima i protocolli per consentirne un'attuazione il più possibile sollecita, puntando in particolare a permettere alle entità del Regno Unito di partecipare ai programmi e alle attività selezionati sin dall'inizio; sarà a tal fine necessario adoperarsi, per quanto possibile e in conformità della normativa dell'Unione, per predisporre le disposizioni e gli accordi necessari.

Le parti rammentano il loro impegno a favore del programma PEACE +, il quale sarà materia di un distinto accordo di finanziamento.

PROGETTO DI PROTOCOLLO I

Programmi e attività cui partecipa il Regno Unito

Articolo 1. **Ambito della partecipazione del Regno Unito.** – 1. Il Regno Unito partecipa e contribuisce [a decorrere dal 1° gennaio 2021] ai programmi e alle attività dell'Unione, o a parti di essi, istituiti dai seguenti atti di base:

a) regolamento XXX del Parlamento europeo e del Consiglio che istituisce il programma spaziale dell'Unione e l'Agenzia dell'Unione europea per il programma spaziale e che abroga i regolamenti (UE) n. 912/2010, (UE) n. 1285/2013 e (UE) n. 377/2014 e la decisione n. 541/2014/UE[4], limitatamente alle norme applicabili alla componente di cui all'articolo 3, lettera c), del medesimo regolamento; [Copernicus]

b) regolamento XXX del Parlamento europeo e del Consiglio che istituisce Orizzonte Europa – il programma quadro di ricerca e innovazione – e ne stabilisce le norme di partecipazione e diffusione[5], limitatamente alle norme applicabili alle componenti di cui all'articolo 1, paragrafo 3, lettere a) e a bis), dello stesso regolamento;

c) decisione XXX del Parlamento europeo e del Consiglio relativa all'istituzione del programma specifico di attuazione di Orizzonte Europa – il programma quadro di ricerca e innovazione[6];

d) regolamento XXX del Consiglio che istituisce il programma di ricerca e formazione della Comunità europea dell'energia atomica (Euratom) (2021-2025) che integra Orizzonte Europa – il programma quadro di ricerca e innovazione[7] («programma dell'Euratom»);

e) decisione 2007/198/Euratom del Consiglio che istituisce l'Impresa comune europea per ITER («F4E») e lo sviluppo dell'energia da fusione e le conferisce dei vantaggi («F4E del Consiglio»)[8].

Articolo 2. **Durata della partecipazione del Regno Unito.** – 1. Il Regno Unito partecipa ai programmi e alle attività dell'Unione di cui all'articolo 1 [Ambito della partecipazione del Regno Unito], o a parti di essi, a decorrere dal [1° gennaio 2021] per la durata del programma o dell'attività o, se inferiore, per il periodo coperto dal quadro finanziario pluriennale 2021-2027.

2. Il Regno Unito o le entità del Regno Unito sono ammissibili alle condizioni stabilite all'articolo 711, per quanto riguarda le procedure di aggiudicazione dell'Unione, che danno esecuzione agli impegni di bilancio dei programmi e delle attività o di loro parti, di cui all'articolo 1 [Ambito della partecipazione del Regno Unito] entro i termini di cui al paragrafo 1 del presente articolo.

3. Il presente protocollo è prorogato e si applica per il periodo 2026-2027, con le stesse modalità e alle stesse condizioni, al programma successore del programma di ricerca e formazione della Comunità europea dell'energia atomica (Euratom) («programma dell'Euratom»), salvo se, entro tre mesi dalla pubblicazione del programma successore nella *Gazzetta ufficiale dell'Unione europea*, l'una o l'altra parte notifica la decisione di non estendere il presente protocollo al programma successore. In presenza di tale notifica, dal 1° gennaio 2026 il presente protocollo non si applica al programma successore del programma dell'Euratom. Questo non preclude la partecipazione del Regno Unito ad altri programmi e attività dell'Unione o a parti di essi.

Articolo 3. **Modalità e condizioni specifiche per la partecipazione al programma spaziale.** – 1. Fatto salvo l'accordo sugli scambi e la cooperazione tra l'Unione europea e il Regno Unito, in particolare l'articolo 711, il Regno Unito partecipa alla componente Copernicus del programma spaziale e fruisce dei servizi e dei prodotti di Copernicus alla stregua degli altri paesi partecipanti[9].

2. Il Regno Unito ha pieno accesso al servizio di gestione delle emergenze di Copernicus. Le modalità di attivazione e d'uso sono materia di un accordo specifico.

Il rispettivo accordo prevede le modalità di accesso ai servizi in questione, anche riguardo al funzionamento specifico dell'articolo 718, paragrafo 4, dell'articolo 719, paragrafo 4, e dell'articolo 720, paragrafo 5.

3. Il Regno Unito ha accesso da utente autorizzato alle componenti del servizio di sicurezza di Copernicus nella misura in cui è concordata una cooperazione tra le parti nelle pertinenti politiche. Le modalità di attivazione e d'uso sono materia di accordi specifici.

---

[4] [inserire il riferimento alla GU].

[5] [inserire il riferimento alla GU].

[6] [inserire il riferimento alla GU].

[7] [inserire il riferimento alla GU].

[8] [inserire il riferimento alla GU] (quale modificata).

[9] Riferimenti ai «paesi partecipanti» da adattare alla terminologia degli atti di base, una volta adottati.

Il rispettivo accordo prevede le modalità di accesso ai servizi in questione, anche riguardo al funzionamento specifico dell'articolo 718, paragrafo 4, dell'articolo 719, paragrafo 4, e dell'articolo 720, paragrafo 5.

4. Ai fini del paragrafo 3 i negoziati tra il Regno Unito o le entità del Regno Unito e il pertinente organo dell'Unione iniziano quanto prima dopo che il presente protocollo ha sancito la partecipazione del Regno Unito a Copernicus, in conformità delle disposizioni che disciplinano l'accesso a detti servizi.

Se detto accordo subisce un sensibile ritardo o si rivela impossibile, il comitato specializzato per la partecipazione ai programmi dell'Unione esamina il modo in cui, nella situazione, sia possibile adeguare la partecipazione del Regno Unito a Copernicus e il relativo finanziamento.

5. La partecipazione dei rappresentanti del Regno Unito alle riunioni del consiglio di accreditamento di sicurezza è disciplinata dalle norme e procedure applicabili alla partecipazione a tale consiglio in considerazione dello status di paese terzo del Regno Unito.

Articolo 4. **Modalità e condizioni specifiche per la partecipazione al programma Orizzonte Europa.** – 1. Fatto salvo l'articolo 6, il Regno Unito partecipa da paese associato a tutte le parti del programma Orizzonte Europa di cui all'articolo 4 del regolamento XXX attuate attraverso il programma specifico istituito dalla decisione XXX relativa all'istituzione del programma specifico di attuazione di Orizzonte Europa – il programma quadro di ricerca e innovazione – e mediante un contributo finanziario all'Istituto europeo di innovazione e tecnologia istituito dal regolamento (CE) n. 294/2008 del Parlamento europeo e del Consiglio, dell'11 marzo 2008.

2. Fatto salvo l'accordo sugli scambi e la cooperazione tra l'Unione europea e il Regno Unito, in particolare l'articolo 711, le entità del Regno Unito possono partecipare alle azioni dirette del Centro comune di ricerca (JRC) e alle azioni indirette a condizioni equivalenti a quelle applicabili alle entità dell'Unione.

3. Quando l'Unione adotta misure in attuazione degli articoli 185 e 187 del trattato sul funzionamento dell'Unione europea, il Regno Unito e le entità del Regno Unito possono partecipare alle strutture giuridiche create a norma di tali disposizioni, in conformità degli atti giuridici dell'Unione relativi all'istituzione delle stesse strutture giuridiche.

4. Il regolamento (CE) n. 294/2008 del Parlamento europeo e del Consiglio, dell'11 marzo 2008, che istituisce l'Istituto europeo di innovazione e tecnologia [10], quale modificato, e la decisione XXX relativa all'agenda strategica per l'innovazione dell'Istituto europeo di innovazione e tecnologia (EIT) 2021-2027: promuovere il talento e la capacità d'innovazione in Europa [11], quale modificata, si applicano alla partecipazione delle entità del Regno Unito alle comunità della conoscenza e dell'innovazione in conformità dell'articolo 711.

5. Quando entità del Regno Unito partecipano ad azioni dirette del Centro comune di ricerca, rappresentanti del Regno Unito hanno diritto di partecipare, da osservatori senza diritto di voto, al consiglio di amministrazione del Centro comune di ricerca. Fatta salva detta condizione, la partecipazione dei rappresentanti del Regno Unito è disciplinata dalle stesse norme e procedure applicabili ai rappresentanti degli Stati membri, compresi il diritto di parola e le procedure per il ricevimento di informazioni e documentazione relative ai punti che riguardano il Regno Unito.

6. Ai fini del calcolo del contributo operativo a norma dell'articolo 714, paragrafo 5, gli stanziamenti di impegno iniziali che, nel bilancio dell'Unione adottato in via definitiva per l'esercizio interessato, sono destinati al finanziamento di Orizzonte Europa, comprese le spese di sostegno del programma, sono maggiorati degli stanziamenti corrispondenti alle entrate con destinazione specifica esterne a norma dell'[articolo XXX] del regolamento [XXX] del Consiglio che istituisce uno strumento dell'Unione europea per la ripresa a sostegno dell'economia dopo la pandemia di COVID-19 [12].

7. Nel comitato per lo spazio europeo della ricerca e dell'innovazione e relativi sottogruppi il Regno Unito gode dei diritti di rappresentanza e partecipazione applicabili ai paesi associati.

---

[10] GU L 97 del 9.4.2008.

[11] [GU L …].

[12] [GU L …; COM(2020) 441].

8. Il Regno Unito può partecipare a un consorzio per un'infrastruttura europea di ricerca («ERIC») in conformità degli atti giuridici che lo istituiscono e in considerazione della sua partecipazione a Orizzonte 2020, alle condizioni che si applicano a tale partecipazione immediatamente prima dell'entrata in vigore del presente protocollo, e della sua partecipazione a Orizzonte Europa quale prevista dal presente protocollo.

Articolo 5. **Modalità di applicazione del meccanismo di correzione automatica al programma Orizzonte Europa a norma dell'articolo 716.** – 1. Al programma Orizzonte Europa si applica l'articolo 716.

2. Si applicano le modalità seguenti:

a) ai fini del calcolo della correzione automatica, per «sovvenzione competitiva» s'intende la sovvenzione concessa in esito a un invito a presentare proposte nel cui ambito è possibile identificare il beneficiario finale al momento del calcolo della rettifica automatica, ad eccezione del sostegno finanziario a terzi ai sensi dell'articolo 204 del regolamento finanziario [13] applicabile al bilancio generale dell'Unione;

b) in caso di sottoscrizione di un impegno giuridico con il coordinatore del consorzio, gli importi usati per stabilire gli importi iniziali dell'impegno giuridico di cui all'articolo 716, paragrafo 1, sono il cumulo degli importi iniziali assegnati nell'impegno giuridico ai membri del consorzio che sono entità del Regno Unito;

c) tutti gli importi degli impegni giuridici sono stabiliti ricorrendo al sistema elettronico eCorda della Commissione europea;

d) per «costi estranei all'intervento» s'intendono i costi del programma operativo diversi dalle sovvenzioni competitive, comprese le spese di sostegno, l'amministrazione specifica del programma e altre azioni [14];

e) sono considerati costi estranei all'intervento gli importi assegnati alle organizzazioni internazionali in quanto soggetti giuridici che sono il beneficiario finale [15].

3. Il meccanismo si applica come segue:

a) le rettifiche automatiche per l'anno n relative all'esecuzione degli stanziamenti di impegno per l'anno n sono applicate sulla scorta dei dati riferiti all'anno n e all'anno n+1 nel sistema eCorda, di cui al paragrafo 2, lettera c), nell'anno n+2 previa applicazione degli eventuali adeguamenti del contributo del Regno Unito a Orizzonte Europa a norma dell'articolo 714, paragrafo 8. L'importo considerato è l'importo delle sovvenzioni competitive per le quali sono disponibili dati;

b) l'importo della correzione automatica è calcolato a partire dalla differenza tra:

i) l'importo totale delle sovvenzioni competitive attribuite a entità del Regno Unito a titolo di impegni assunti sugli stanziamenti di bilancio dell'anno n e

ii) l'importo del contributo adeguato del Regno Unito per l'anno n moltiplicato per il rapporto tra:

A) l'importo delle sovvenzioni competitive effettuate su stanziamenti di impegno dell'anno n per il programma interessato e

B) il totale di tutti gli impegni giuridici contratti sugli stanziamenti di impegno dell'anno n, comprese le spese di sostegno.

Se l'adeguamento è effettuato in situazioni da cui le entità del Regno Unito sono escluse, in applicazione dell'articolo 714, paragrafo 8, il calcolo non include gli importi delle corrispondenti sovvenzioni competitive.

---

[13] Regolamento (UE, Euratom) 2018/1046 del Parlamento europeo e del Consiglio, del 18 luglio 2018, che stabilisce le regole finanziarie applicabili al bilancio generale dell'Unione, che modifica i regolamenti (UE) n. 1296/2013, (UE) n. 1301/2013, (UE) n. 1303/2013, (UE) n. 1304/2013, (UE) n. 1309/2013, (UE) n. 1316/2013, (UE) n. 223/2014, (UE) n. 283/2014 e la decisione n. 541/2014/UE e abroga il regolamento (UE, Euratom) n. 966/2012 (GU L 193 del 30.7.2018, pag. 1).

[14] Possono annoverarsi fra le «altre azioni» premi, strumenti finanziari, erogazione di servizi tecnico-scientifici da parte del JRC, abbonamenti (OCSE, Eureka, IPEEC, AIE ecc.), accordi di delega, perizie (valutazioni, monitoraggio dei progetti).

[15] Le organizzazioni internazionali sono considerate costi estranei all'intervento soltanto se sono il beneficiario finale, e non quando sono il coordinatore del progetto (che distribuisce il fondo ad altri coordinatori).

Articolo 6. **Esclusione dal fondo del Consiglio europeo per l'innovazione.** – 1. Il Regno Unito e le entità del Regno Unito non partecipano al fondo del Consiglio europeo per l'innovazione (CEI) istituito nell'ambito di Orizzonte Europa. Il fondo del CEI è lo strumento finanziario che, nell'ambito dell'Acceleratore del CEI di Orizzonte Europa, mette a disposizione investimenti sotto forma di capitale o altra forma rimborsabile [16].

2. A partire dal 2021 e fino al 2027, al contributo del Regno Unito a Orizzonte Europa è applicato ogni anno un adeguamento pari all'importo ottenuto moltiplicando gli importi stimati da assegnare ai beneficiari del fondo del CEI istituito nell'ambito del programma, escluso l'importo derivante da rimborsi e rientri, per il criterio di ripartizione definito all'articolo 714, paragrafo 6.

3. Dopo ogni anno n in cui è stato applicato un adeguamento a norma del paragrafo 2, il contributo del Regno Unito è adeguato negli anni successivi, al rialzo o al ribasso, moltiplicando la differenza tra l'importo stimato assegnato ai beneficiari del fondo del CEI di cui all'articolo 6, paragrafo 2, e l'importo assegnato ai beneficiari del fondo dei CEI nell'anno n, per il criterio di ripartizione definito all'articolo 714, paragrafo 6.

Articolo 7. **Modalità e condizioni specifiche per la partecipazione al programma dell'Euratom.** – 1. Il Regno Unito partecipa da paese associato a tutte le parti del programma dell'Euratom.

2. Fatto salvo l'accordo sugli scambi e la cooperazione tra l'Unione europea e il Regno Unito, in particolare l'articolo 711, le entità del Regno Unito possono partecipare a tutti gli aspetti del programma dell'Euratom a condizioni equivalenti a quelle applicabili ai soggetti giuridici dell'Euratom.

3. Le entità del Regno Unito possono partecipare alle azioni dirette del JRC in conformità dell'articolo 4, paragrafo 2.

Articolo 8. **Modalità e condizioni specifiche per la partecipazione alle attività dell'Impresa comune europea per ITER e lo sviluppo dell'energia da fusione, all'accordo ITER e all'accordo sull'approccio allargato.** – 1. Il Regno Unito partecipa da membro all'Impresa comune per ITER e lo sviluppo dell'energia da fusione (F4E) in conformità della decisione F4E del Consiglio e del relativo statuto ad essa allegato («statuto dell'F4E»), quali modificati da ultimo o quali saranno modificati in futuro, contribuendo alla futura cooperazione scientifica e tecnologica nel settore della fusione nucleare controllata attraverso la sua associazione al programma dell'Euratom.

2. Fatto salvo l'accordo sugli scambi e la cooperazione tra l'Unione europea e il Regno Unito, in particolare l'articolo 711, le entità del Regno Unito possono partecipare a tutte le attività dell'F4E alle stesse condizioni applicabili ai soggetti giuridici dell'Euratom.

3. Rappresentanti del Regno Unito partecipano alle riunioni dell'F4E in conformità dello statuto dell'F4E.

4. A norma dell'articolo 7 della decisione F4E del Consiglio, il Regno Unito applica il protocollo sui privilegi e sulle immunità delle Comunità europee all'Impresa comune e ai relativi direttore e membri del personale per le attività che svolgono a norma della decisione F4E del Consiglio. A norma dell'articolo 8 della decisione F4E del Consiglio, il Regno Unito accorda all'Impresa comune F4E tutti i vantaggi di cui all'allegato III del trattato Euratom nell'ambito delle sue attività statutarie.

5. Le parti convengono quanto segue:

a) al territorio del Regno Unito si applica l'accordo sull'istituzione dell'Organizzazione internazionale dell'energia da fusione ITER per la realizzazione congiunta del progetto ITER (accordo ITER) e, ai fini dell'applicazione del presente articolo, il presente protocollo è considerato un accordo pertinente ai fini dell'articolo 21 dell'accordo ITER;

---

[16] Nella versione definitiva del protocollo la definizione sarà sostituita dalla definizione riportata nel pertinente atto legislativo, che sarà richiamato in una nuova in calce [l'ultima definizione del fondo del CEI in Orizzonte 2020 è la decisione C (2020) 4001 della Commissione che modifica la decisione C (2019) 5323]. Potrebbe rivelarsi necessario rivedere la definizione se al perfezionamento del protocollo non sarà disponibile nessuna definizione nel contesto di Orizzonte Europa.

b) al territorio del Regno Unito si applica l'accordo sui privilegi e sulle immunità dell'Organizzazione internazionale dell'energia da fusione ITER per la realizzazione congiunta del progetto ITER (accordo su privilegi e immunità) e, ai fini dell'applicazione del presente articolo, il presente protocollo è considerato un accordo pertinente ai fini dell'articolo 24 dell'accordo su privilegi e immunità; e

c) al territorio del Regno Unito si applica l'accordo tra l'Euratom e il governo del Giappone per l'attuazione congiunta delle attività che rientrano nell'approccio allargato nel settore della ricerca sull'energia da fusione (accordo sull'approccio allargato), in particolare i privilegi e le immunità di cui agli articoli 13 e 14.5, e, ai fini dell'applicazione del presente articolo, il presente protocollo è considerato un accordo pertinente ai fini dell'articolo 26 dell'accordo sull'approccio allargato.

6. L'Euratom informa il Regno Unito in caso di prevista modifica dell'accordo ITER, dell'accordo su privilegi e immunità o dell'accordo sull'approccio allargato. Il comitato specializzato per la partecipazione ai programmi dell'Unione discute di qualsiasi modifica che incida sui diritti o sugli obblighi del Regno Unito al fine di adeguarne la partecipazione alla nuova situazione. La modifica che incide sui diritti e sugli obblighi del Regno Unito richiede l'accordo ufficiale del Regno Unito prima di entrare in vigore nei suoi confronti.

7. L'Euratom e il Regno Unito possono convenire con un accordo specifico che i soggetti giuridici stabiliti nell'Unione possono essere ammessi a partecipare alle attività del Regno Unito connesse alle attività svolte dall'F4E.

Articolo 9. **Reciprocità.** – Ai fini del presente articolo per «entità dell'Unione» s'intende qualsiasi tipo di soggetto, sia esso una persona fisica, una persona giuridica o un soggetto di altro tipo, che risiede o è stabilito nell'Unione.

Le entità dell'Unione ammissibili possono partecipare ai programmi del Regno Unito equivalenti a quelli di cui all'articolo 1 [Ambito della partecipazione del Regno Unito], lettere b), c) e d), in conformità del diritto e delle regolamentazioni del Regno Unito.

Articolo 10. **Proprietà intellettuale.** – Riguardo ai programmi e alle attività elencati nell'articolo 1 e fatto salvo l'accordo sugli scambi e la cooperazione tra l'Unione europea e il Regno Unito, in particolare l'articolo 711, le entità del Regno Unito che partecipano ai programmi contemplati dal presente protocollo hanno, in materia di proprietà, valorizzazione e divulgazione delle informazioni acquisite in tale contesto e in materia di proprietà intellettuale sorta nel medesimo ambito, diritti e obblighi equivalenti a quelli che competono alle entità stabilite nell'Unione che partecipano agli stessi programmi e attività. La presente disposizione non si applica ai risultati scaturiti da progetti iniziati prima della data di applicazione del presente accordo.

PROGETTO DI PROTOCOLLO II

Sull'accesso del Regno Unito ai servizi istituiti nell'ambito di determinati programmi e attività dell'Unione cui esso non partecipa

Articolo 1. **Limiti dell'accesso.** – Il Regno Unito ha accesso ai seguenti servizi, con le modalità e alle condizioni stabilite nell'accordo sugli scambi e la cooperazione tra l'Unione europea e il Regno Unito, negli atti di base e in qualsiasi altra norma relativa all'attuazione dei pertinenti programmi e attività dell'Unione:

a) servizi di sorveglianza dello spazio e tracciamento (SST) ai sensi dell'articolo 54 del regolamento XXX [17] [regolamento sullo spazio].

Nelle more dell'entrata in vigore degli atti di esecuzione volti a stabilire le condizioni applicabili ai paesi terzi per i tre servizi SST in pubblica disponibilità, al Regno Unito e ai proprietari

---

[17] Regolamento XXX del Parlamento europeo e del Consiglio che istituisce il programma spaziale dell'Unione e l'Agenzia dell'Unione europea per il programma spaziale e che abroga i regolamenti (UE) n. 912/2010, (UE) n. 1285/2013 e (UE) n. 377/2014 e la decisione n. 541/2014/UE [COM/2018/447 final] [GU L …].

e agli operatori di veicoli spaziali pubblici e privati che operano nel Regno Unito o a partire dal Regno Unito sono forniti i servizi SST previsti all'articolo 5, paragrafo 1, della decisione n. 541/2014/UE in conformità dell'articolo 5, paragrafo 2, della stessa decisione (o di altra normativa che la sostituisca, con o senza modifiche).

Articolo 2. **Durata dell'accesso.** – Il Regno Unito ha accesso ai servizi di cui all'articolo 1 per la loro intera durata o, se inferiore, per tutto il periodo coperto dal quadro finanziario pluriennale 2021-2027.

Articolo 3. **Modalità e condizioni specifiche per l'accesso ai servizi SST.** – Al Regno Unito è dato accesso ai servizi SST in pubblica disponibilità di cui all'articolo 54, paragrafo 1, lettere a), b) e c) [18], del regolamento sullo spazio a norma dell'articolo 8, paragrafo 1, del regolamento XXX, su richiesta e alle condizioni applicabili ai paesi terzi.

Al Regno Unito è dato accesso ai servizi SST di cui all'articolo 54, paragrafo 1, lettera d), dell'atto di base alle condizioni applicabili ai paesi terzi, quando disponibili [19].

DICHIARAZIONE SULL'ADOZIONE DI DECISIONI DI ADEGUATEZZA NEI CONFRONTI DEL REGNO UNITO

Le parti prendono atto del fatto che la Commissione europea intende avviare sollecitamente l'iter di adozione, nei confronti del Regno Unito, di decisioni di adeguatezza a norma del regolamento generale sulla protezione dei dati e della direttiva sulla protezione dei dati nelle attività di polizia e giudiziarie, collaborando strettamente a tal fine con le altre istituzioni e gli altri organi chiamati a intervenire nella procedura decisionale.

---

[18] Subordinatamente alle condizioni definitive fissate nell'atto di base e purché entrambe le parti concordino le condizioni per la fornitura del servizio SST.

[19] Subordinatamente alle condizioni definitive fissate nell'atto di base e purché entrambe le parti concordino le condizioni per la fornitura del servizio SST.

7. Accordo tra il governo del Regno Unito di Gran Bretagna e Irlanda del Nord e la Comunità europea dell'energia atomica per la cooperazione sugli usi sicuri e pacifici dell'energia nucleare*

LA COMUNITÀ EUROPEA DELL'ENERGIA ATOMICA (Euratom), di seguito denominata «Comunità»,

da una parte, e

IL GOVERNO DEL REGNO UNITO DI GRAN BRETAGNA E IRLANDA DEL NORD, di seguito denominato «Regno Unito»,

dall'altra,

e di seguito denominati congiuntamente «parti» e individualmente «parte»,

CONSIDERANDO che il 24 gennaio 2020 il Regno Unito, l'Unione europea («Unione») e la Comunità hanno concluso l'accordo sul recesso del Regno Unito di Gran Bretagna e Irlanda del Nord dall'Unione europea e dalla Comunità europea dell'energia atomica («accordo di recesso») e che su tale base il Regno Unito ha receduto dall'Unione alle ore 23.00 GMT o ore 00.00 CET del 31 gennaio 2020,

CONSIDERANDO che il titolo IX dell'accordo di recesso disciplina le questioni relative alla separazione riguardanti l'Euratom,

RILEVANDO che l'Unione e il Regno Unito hanno convenuto la dichiarazione politica che definisce il quadro delle future relazioni tra l'Unione e il Regno Unito a seguito del recesso del Regno Unito,

RICONOSCENDO il livello di integrazione tra la Comunità e il Regno Unito in campo nucleare,

RICONOSCENDO che il Regno Unito, la Comunità e i suoi Stati membri hanno raggiunto un livello avanzato e comparabile per quanto riguarda gli usi pacifici dell'energia nucleare, garantito dalle rispettive disposizioni legislative e regolamentari in materia di salvaguardie nucleari e protezione nucleare, salute pubblica, sicurezza nucleare, radioprotezione, gestione dei rifiuti radioattivi e del combustibile esaurito e tutela dell'ambiente,

PRESO ATTO dell'impegno del Regno Unito a sviluppare e utilizzare l'energia nucleare quale elemento del suo mix energetico diversificato e a basse emissioni di carbonio,

DESIDEROSI di concludere, in materia di usi pacifici e non esplosivi dell'energia nucleare, accordi di cooperazione a lungo termine secondo modalità prevedibili e concrete, che tengano conto delle esigenze dei loro rispettivi programmi nel campo dell'energia nucleare e che facilitino gli scambi commerciali, la ricerca e lo sviluppo e altre attività di cooperazione tra il Regno Unito e la Comunità,

RICONOSCENDO che il Regno Unito e la Comunità traggono vantaggio dalla reciproca cooperazione nell'uso dell'energia nucleare per scopi pacifici,

RIBADENDO l'impegno delle parti a far sì che lo sviluppo e l'uso internazionali dell'energia nucleare per scopi pacifici perseguano l'obiettivo della non proliferazione delle armi nucleari,

RIBADENDO il sostegno del Regno Unito, della Comunità e dei suoi Stati membri agli obiettivi dell'Agenzia internazionale per l'energia atomica («AIEA») e al sistema di salvaguardie dell'AIEA, nonché il loro desiderio di collaborare per garantirne la costante efficacia,

OSSERVANDO che il Regno Unito e tutti gli Stati membri della Comunità sono parti del trattato di non proliferazione delle armi nucleari («TNP») firmato a Washington, Londra e Mosca il 1° luglio 1968 ed entrato in vigore in via generale il 5 marzo 1970,

---

* In *G.U.U.E.* L 150 del 30 aprile 2021, p. 1.

RIBADENDO il sostegno delle parti agli obiettivi del TNP e il loro desiderio di promuovere l'adesione universale al TNP,

RAMMENTANDO il fermo impegno del Regno Unito, della Comunità e dei suoi Stati membri a favore della non proliferazione nucleare e segnatamente del rafforzamento e dell'efficiente applicazione in tale ambito delle salvaguardie e dei regimi di controllo delle esportazioni, nel rispetto dei quali si svolge la cooperazione tra il Regno Unito e la Comunità sugli usi pacifici dell'energia nucleare,

RICONOSCENDO che il Regno Unito, in quanto Stato dotato di armi nucleari nel quadro del TNP, ha volontariamente concluso l'accordo tra il Regno Unito di Gran Bretagna e Irlanda del Nord e l'Agenzia internazionale per l'energia atomica relativo all'applicazione delle salvaguardie nel Regno Unito di Gran Bretagna e Irlanda del Nord in connessione con il trattato di non proliferazione delle armi nucleari (IAEA INFCIRC/951) e il protocollo aggiuntivo a tale accordo (IAEA INFCIRC/951/Add.1), entrambi firmati a Vienna il 7 giugno 2018 ed entrati in vigore alle ore 23.00 GMT il 31 dicembre 2020 (di seguito collettivamente denominati «accordo tra il Regno Unito e l'AIEA sulle salvaguardie»),

PRESO ATTO che i controlli di sicurezza nucleari sono applicati in tutti gli Stati membri della Comunità conformemente al trattato che istituisce la Comunità europea dell'energia atomica («trattato Euratom») e agli accordi sulle salvaguardie conclusi tra la Comunità, i suoi Stati membri e l'AIEA,

RAMMENTANDO il fermo impegno del Regno Unito, della Comunità e dei suoi Stati membri a favore dell'uso sicuro del materiale nucleare, in quanto parti della convenzione sulla protezione fisica dei materiali nucleari, firmata a Vienna e a New York il 3 marzo 1980 ed entrata in vigore in via generale l'8 febbraio 1987, e della modifica di tale convenzione, firmata a Vienna l'8 luglio 2005 ed entrata in vigore in via generale l'8 maggio 2016 (di seguito collettivamente denominate «CPPNM modificata»),

RILEVANDO che il Regno Unito e tutti gli Stati membri della Comunità fanno parte del gruppo dei paesi fornitori di materiale nucleare,

RILEVANDO che è necessario tener conto degli impegni assunti dal Regno Unito e da ciascuno Stato membro della Comunità nell'ambito del gruppo dei paesi fornitori di materiale nucleare,

RICONOSCENDO che il presente accordo non pregiudica l'accordo tra il Regno Unito di Gran Bretagna e Irlanda del Nord, la Repubblica federale di Germania e il Regno dei Paesi Bassi sulla collaborazione allo sviluppo e allo sfruttamento della tecnica di arricchimento di uranio mediante centrifugazione gassosa, firmato ad Almelo il 4 marzo 1970, né l'accordo tra i governi del Regno Unito di Gran Bretagna e Irlanda del Nord, del Regno dei Paesi Bassi, della Repubblica federale di Germania e della Repubblica francese relativo alla cooperazione nel settore della tecnologia della centrifugazione, firmato a Cardiff il 12 luglio 2005,

RIBADENDO il sostegno del Regno Unito, della Comunità e dei suoi Stati membri alle convenzioni internazionali sulla sicurezza nucleare, sulla gestione dei rifiuti radioattivi e del combustibile esaurito, sulla notifica tempestiva di un incidente nucleare e sull'assistenza in caso di emergenza,

RIBADENDO l'impegno delle parti a favore dell'uso sicuro del materiale e degli impianti nucleari nonché della protezione delle persone e dell'ambiente dagli effetti nocivi delle radiazioni ionizzanti, l'importanza per la comunità internazionale di assicurare che l'uso dell'energia nucleare sia sicuro, adeguatamente disciplinato e compatibile con l'ambiente, e l'importanza della cooperazione bilaterale e multilaterale ai fini dell'efficacia delle misure in materia di sicurezza nucleare, nonché del rafforzamento di tali misure,

RICONOSCENDO il principio del continuo miglioramento della sicurezza nucleare e il ruolo guida di entrambe le parti in questo settore, anche per quanto riguarda la promozione di standard elevati su scala mondiale, e riconoscendo l'importanza per ciascuna parte di mantenere un elevato livello di sicurezza nucleare,

CONSIDERANDO l'importanza che la ricerca scientifica e tecnologica nel campo della fissione e della fusione nucleare, per le applicazioni energetiche e non energetiche, riveste per le parti, e l'interesse reciproco a cooperare in materia,

RIBADENDO che con la firma dell'accordo sull'istituzione dell'Organizzazione internazionale dell'energia da fusione ITER per la realizzazione congiunta del progetto ITER [1] la Comunità si è impegnata a partecipare alla costruzione del progetto ITER («ITER») e al suo futuro funzionamento, che il contributo della Comunità è gestito attraverso l'Impresa comune europea per il progetto ITER e lo sviluppo dell'energia da fusione («Fusion for Energy»), costituita con la decisione 2007/198/Euratom del Consiglio [2],

CONSIDERANDO che le modalità e le condizioni specifiche della partecipazione del Regno Unito al progetto ITER o ad altre attività nell'ambito di Fusion for Energy e della partecipazione del Regno Unito in veste di paese associato al programma di ricerca e formazione della Comunità, anche per quanto riguarda il contributo finanziario, sono determinate separatamente,

RICONOSCENDO il principio fondamentale della libera circolazione delle merci, dei prodotti e dei capitali, nonché la libertà d'impiego degli specialisti nel mercato comune nucleare della Comunità,

RICONOSCENDO che il presente accordo deve essere conforme agli obblighi internazionali assunti dall'Unione e dal Regno Unito nel quadro degli accordi dell'Organizzazione mondiale del commercio,

REITERANDO gli impegni del Regno Unito e degli Stati membri della Comunità ad applicare i rispettivi accordi bilaterali sugli usi pacifici dell'energia nucleare,

HANNO CONVENUTO QUANTO SEGUE:

Articolo 1. **Obiettivo**. – 1. L'obiettivo del presente accordo è fornire un quadro per la cooperazione tra le parti sugli usi pacifici dell'energia nucleare sulla base del mutuo vantaggio e della reciprocità, senza pregiudizio delle prerogative di ciascuna delle parti.

2. La cooperazione ai sensi del presente accordo è svolta esclusivamente per scopi pacifici.

3. I materiali soggetti al presente accordo sono utilizzati esclusivamente per scopi pacifici e non vengono destinati alla fabbricazione di armi nucleari o dispositivi esplosivi nucleari, né alla ricerca o allo sviluppo di armi nucleari o altri dispositivi esplosivi nucleari né a scopi militari.

Articolo 2. **Definizioni**. – Ai fini del presente accordo si applicano le definizioni seguenti:

a) «autorità competente»:

i) per il Regno Unito il Department for Business, Energy and Industrial Strategy (ministero britannico delle imprese, dell'energia e della strategia industriale) e l'Office for Nuclear Regulation (ente britannico di regolamentazione del settore);

ii) per la Comunità, la Commissione europea,

o un'altra autorità che la parte interessata ha facoltà di notificare in qualsiasi momento per iscritto all'altra parte;

b) «apparecchiature»: i materiali elencati nell'allegato B, sezioni 1, 3, 4, 5, 6 e 7, delle linee guida del GFN;

c) «linee guida per i trasferimenti nucleari»: le linee guida enunciate nel documento dell'AIEA INFCIRC/254/Parte 1, la cui versione può essere periodicamente rivista, come attuate dalle parti salvo diversamente convenuto previa consultazione in sede di comitato misto;

d) «proprietà intellettuale»: la proprietà intellettuale nell'accezione di cui all'articolo 2 della convenzione che istituisce l'Organizzazione mondiale della proprietà intellettuale, firmata a Stoccolma il 14 luglio 1967 e modificata il 28 settembre 1979; può comprendere altri elementi concordati dalle parti;

e) «comitato misto»: il comitato istituito ai sensi dell'articolo 19;

f) «materiale non nucleare»: il materiale non nucleare nell'accezione di cui all'allegato B delle linee guida del GFN;

g) «allegato B delle linee guida del GFN»: l'allegato B delle linee guida per i trasferimenti nucleari;

---

[1] GU L 358 del 16.12.2006, pag. 62.

[2] Decisione 2007/198/Euratom del Consiglio, del 27 marzo 2007, che istituisce l'Impresa comune europea per ITER e lo sviluppo dell'energia da fusione e le conferisce dei vantaggi (GU L 90 del 30.3.2007, pag. 58).

h) «materiale nucleare»: qualsiasi «materiale grezzo» o «materiale fissile speciale» ai sensi dell'articolo XX dello statuto dell'AIEA firmato il 23 ottobre 1956 presso la sede dell'Organizzazione delle Nazioni Unite ed entrato in vigore il 29 luglio 1957 («statuto dell'AIEA»). Ogni decisione del consiglio dei governatori dell'AIEA presa in virtù dell'articolo XX dello statuto dell'AIEA e intesa a modificare l'elenco dei materiali considerati «materiale grezzo» o «materiale fissile speciale» è valida agli effetti del presente accordo soltanto se così convenuto dalle parti previe consultazioni in sede di comitato misto;

i) «scopi pacifici»: l'uso di materiale nucleare, compresi il materiale nucleare ottenuto mediante uno o più processi, il materiale non nucleare, le apparecchiature e la tecnologia in settori quali la produzione di energia elettrica e di calore, la medicina, l'agricoltura e l'industria; non vi rientrano né la fabbricazione, la ricerca o lo sviluppo di armi nucleari o altri dispositivi nucleari esplosivi, né gli scopi militari. Gli scopi militari non comprendono l'alimentazione di una base militare a partire da reti elettriche né la produzione di radioisotopi per scopi medici in ospedali militari;

j) «persona»: qualsiasi persona fisica, impresa o altra entità soggetta alle disposizioni legislative e regolamentari vigenti nei territori rientranti nella rispettiva giurisdizione delle parti, ad esclusione delle parti stesse del presente accordo;

k) «tecnologia»: la tecnologia nell'accezione di cui all'allegato A delle linee guida per i trasferimenti nucleari;

l) «periodo di transizione»: il periodo nell'accezione di cui all'accordo di recesso; e

m) «accordo sugli scambi commerciali e la cooperazione»: l'accordo sugli scambi commerciali e la cooperazione tra l'Unione europea e la Comunità europea dell'energia atomica, da una parte, e il Regno Unito di Gran Bretagna e Irlanda del Nord, dall'altra, firmato a Bruxelles e Londra il 30 dicembre 2020; e

i riferimenti fatti nel presente accordo ad articoli si intendono fatti agli articoli del presente accordo, salvo disposizioni contrarie.

Articolo 3. **Ambito di applicazione della cooperazione nucleare**. – 1. La cooperazione tra le parti sugli usi pacifici dell'energia nucleare prevista dal presente accordo può includere:

a) la promozione degli scambi commerciali e della cooperazione commerciale;

b) la fornitura di materiale nucleare, di materiale non nucleare e di apparecchiature;

c) il trasferimento di tecnologia, compresa la trasmissione di informazioni pertinenti ai fini del presente articolo;

d) l'appalto di apparecchiature e dispositivi;

e) l'accesso alle apparecchiature e agli impianti e il loro uso;

f) la gestione sicura del combustibile esaurito e dei rifiuti radioattivi, incluso lo smaltimento geologico;

g) la sicurezza nucleare e la radioprotezione, compresi la preparazione alle emergenze e il monitoraggio dei livelli di radioattività nell'ambiente;

h) le salvaguardie nucleari e la protezione fisica;

i) l'uso di radioisotopi e radiazioni nell'agricoltura, nell'industria, in medicina e nella ricerca, in particolare al fine di minimizzare i rischi di carenze nella fornitura di radioisotopi per uso medico e di sostenere la messa a punto di tecnologie e cure innovative che utilizzano radioisotopi, nell'interesse della salute pubblica;

j) l'esplorazione geologica e geofisica, lo sviluppo, la produzione, la trasformazione e l'uso delle risorse di uranio;

k) gli aspetti normativi degli usi pacifici dell'energia nucleare;

l) la ricerca e lo sviluppo; e

m) altri ambiti pertinenti all'oggetto del presente accordo, che potranno essere convenuti dalle parti per iscritto previe consultazioni in sede di comitato misto.

2. La cooperazione negli ambiti specifici di cui al paragrafo 1 può essere attuata, se necessario, tramite accordi stipulati tra un soggetto giuridico stabilito nel Regno Unito e un soggetto giuridico stabilito nella Comunità, entrambi designati dalle rispettive autorità competenti come soggetti debitamente autorizzati ad attuare la cooperazione in parola. Detti accordi contengono disposizioni in materia di tutela dei diritti di proprietà intellettuale qualora tali diritti esistano o dovessero sorgere.

Articolo 4. **Forme della cooperazione nucleare**. – La cooperazione di cui all'articolo 3 può rivestire, tra l'altro, le forme seguenti:

a) trasferimento di materiale nucleare, materiale non nucleare, apparecchiature e tecnologia;

b) scambio di informazioni in ambiti di reciproco interesse, quali le salvaguardie nucleari, la sicurezza nucleare, i livelli di radioattività nell'ambiente e la fornitura di radioisotopi;

c) promozione di scambi, visite e formazione del personale e degli esperti, compresi la formazione e il perfezionamento del personale amministrativo, scientifico e tecnico;

d) organizzazione di convegni e seminari;

e) scambio di informazioni, assistenza e servizi scientifici e tecnici, anche per quanto riguarda le attività di ricerca e sviluppo;

f) organizzazione di progetti comuni e partecipazione agli stessi nonché costituzione di joint venture e di appropriati gruppi di lavoro o studi a livello bilaterale;

g) agevolazione della cooperazione commerciale in relazione al ciclo del combustibile nucleare, ad esempio fornitura di servizi relativi al ciclo del combustibile nucleare tra cui la conversione dell'uranio e l'arricchimento isotopico; e

h) altre forme di cooperazione che potranno essere convenute dalle parti per iscritto previe consultazioni in sede di comitato misto.

Articolo 5. **Materiali soggetti al presente accordo**. – 1. Il presente accordo si applica ai materiali specificati al paragrafo 2, salvo se:

a) diversamente convenuto dalle parti per iscritto; o

b) si applica un'eccezione a norma del paragrafo 4.

2. I materiali di cui al paragrafo 1 sono i seguenti:

a) materiale nucleare, materiale non nucleare, apparecchiature o tecnologia trasferiti tra le parti o tra le loro rispettive persone, direttamente o attraverso un paese terzo. Il materiale nucleare, il materiale non nucleare, le apparecchiature o la tecnologia in parola sono soggetti al presente accordo fin dal loro ingresso nel territorio sottoposto alla giurisdizione della parte che li riceve, a condizione che la parte fornitrice abbia dato comunicazione scritta del trasferimento alla parte ricevente e che questa abbia confermato per iscritto che il materiale in questione è o sarà soggetto al presente accordo e che il destinatario proposto, se diverso dalla parte ricevente, è una persona autorizzata soggetta alla giurisdizione territoriale della parte ricevente;

b) materiale nucleare, materiale non nucleare o apparecchiature utilizzati nei materiali soggetti al presente accordo o prodotti attraverso l'impiego dei medesimi e come eventualmente meglio identificati nelle disposizioni amministrative a norma dell'articolo 15;

c) materiale nucleare, materiale non nucleare, apparecchiature o tecnologia che, come determinato conformemente alle procedure previste dalle disposizioni amministrative a norma dell'articolo 15, sono soggetti al presente accordo a seguito dell'entrata in vigore dello stesso;

ed) qualsiasi altro materiale convenuto dalle parti previe consultazioni in sede di comitato misto.

3. I materiali di cui al paragrafo 1 del presente articolo ai quali si applica il presente accordo restano soggetti alle disposizioni del presente accordo fino a quando, conformemente alle procedure previste dalle disposizioni amministrative a norma dell'articolo 15, non sia stato stabilito:

a) che tali materiali sono stati ritrasferiti al di fuori del territorio soggetto alla giurisdizione della parte ricevente conformemente alle pertinenti disposizioni del presente accordo;

b) nel caso del materiale nucleare, che esso non è più utilizzabile per alcuna attività nucleare sottoposta ai controlli di sicurezza o alle salvaguardie di cui all'articolo 6, paragrafo 1, o che è diventato praticamente irrecuperabile; per stabilire quando il materiale nucleare soggetto al presente accordo non è più utilizzabile o è diventato praticamente irrecuperabile ai fini di un trattamento che lo renda utilizzabile in una qualsiasi attività nucleare sottoposta ai controlli di sicurezza o alle salvaguardie, entrambe le parti accettano la decisione presa dall'AIEA conformemente alle disposizioni sulla cessazione delle salvaguardie contenute nel pertinente accordo sulle salvaguardie di cui l'AIEA è parte contraente;

c) nel caso del materiale non nucleare e delle apparecchiature, che essi non sono più utilizzabili per scopi nucleari;

d) che tali materiali non più soggetti al presente accordo conformemente ai criteri definiti nelle disposizioni amministrative a norma dell'articolo 15; o

e) quando sia stato diversamente convenuto per iscritto dalle parti previe consultazioni in sede di comitato misto.

4. La tecnologia è soggetta al presente accordo per tutti gli Stati membri della Comunità, ad eccezione degli Stati membri specificati dalla Comunità in una notifica scritta al Regno Unito all'entrata in vigore del presente accordo, avendo tali Stati membri espresso la volontà di non includere la tecnologia nel campo di applicazione del presente accordo. Tale azione lascia impregiudicato il diritto comunitario, in particolare le norme relative al mercato comune nucleare. Lo Stato membro in riferimento al quale sia stata effettuata una notifica a norma del presente paragrafo assiste l'autorità competente della Comunità nell'adempimento degli obblighi derivanti dal presente accordo per quanto riguarda i trasferimenti e i ritrasferimenti di tecnologia. Previe consultazioni in sede di comitato misto, la notifica di cui al presente paragrafo può essere ritirata per iscritto in riferimento a qualsiasi Stato membro interessato in qualsiasi momento, avendo tale Stato membro espresso la sua volontà in tal senso. Le modalità pratiche per l'attuazione della presente disposizione sono definite nelle disposizioni amministrative a norma dell'articolo 15.

Articolo 6. **Salvaguardie**. – 1. Il materiale nucleare cui si applica il presente accordo è soggetto alle seguenti condizioni:

a) nella Comunità, ai controlli di sicurezza Euratom a norma del trattato Euratom e alle salvaguardie dell'AIEA a norma dei seguenti accordi sulle salvaguardie, nella versione eventualmente aggiornata o sostituita, e conformemente al TNP:

i) accordo tra gli Stati membri della Comunità non dotati di armi nucleari, la Comunità europea dell'energia atomica e l'Agenzia internazionale per l'energia atomica, firmato a Bruxelles il 5 aprile 1973 ed entrato in vigore il 21 febbraio 1977 (AIEA INFCIRC/193), e accordo del luglio 1978 tra la Francia, la Comunità europea dell'energia atomica e l'Agenzia internazionale per l'energia atomica, entrato in vigore il 12 settembre 1981 (AIEA INFCIRC/290); e

ii) protocolli aggiuntivi AIEA INFCIRC/193/Add.8 e AIEA INFCIRC/290/Add.1 firmati a Vienna il 22 settembre 1998 ed entrati in vigore il 30 aprile 2004 sulla base della circolare dell'AIEA INFCIRC/540, nella versione corretta (Sistema di salvaguardie rafforzato, parte II);

b) nel Regno Unito:

i) al sistema nazionale di salvaguardie applicato dall'autorità nazionale competente; e

ii) alle salvaguardie dell'AIEA a norma dell'accordo tra il Regno Unito e l'AIEA sulle salvaguardie.

2. Qualora l'applicazione di uno degli accordi conclusi con l'AIEA di cui al paragrafo 1 sia sospesa o venga a cessare, per qualsiasi motivo, nella Comunità o nel Regno Unito, la parte interessata conclude senza indugi con l'AIEA un accordo che garantisca un'efficacia e una copertura equivalenti a quelle previste dai pertinenti accordi sui controlli di sicurezza di cui al paragrafo 1, lettera a) o b), oppure, se ciò non è possibile,

a) la Comunità, dal canto suo, applica controlli di sicurezza basati sul sistema Euratom che garantiscano un'efficacia e una copertura equivalenti a quelle garantite dagli accordi sulle salvaguardie di cui al paragrafo 1, lettera a), e il Regno Unito, dal canto suo, applica salvaguardie idonee a garantire un'efficacia e una copertura equivalenti a quelle dell'accordo sulle salvaguardie di cui al paragrafo 1, lettera b);

b) oppure, se ciò non è possibile, le parti stipulano accordi per l'applicazione delle salvaguardie che garantiscano un'efficacia e una copertura equivalenti a quelle garantite dagli accordi sulle salvaguardie di cui al paragrafo 1, lettera a) o b).

3. Entrambe le parti si impegnano ad applicare, nella rispettiva giurisdizione, un sistema solido ed efficace di contabilità e controllo del materiale nucleare, al fine di garantire che il materiale nucleare soggetto al presente accordo non sia distolto dal suo uso pacifico. La sorveglianza, incluse le ispezioni negli impianti che detengono materiale nucleare soggetto al presente accordo, avviene in modo atto a consentire alle rispettive autorità competenti di trarre conclusioni indipendenti e, se necessario, di richiedere adeguate misure correttive e verificare tali misure.

Articolo 7. **Protezione fisica**. – 1. In ogni momento sono applicate misure di protezione fisica a livelli che soddisfino come minimo i criteri stabiliti nell'allegato C delle linee guida per i trasferimenti nucleari. In aggiunta al suddetto documento, nell'applicare le misure di protezione fisica il Regno Unito, la Comunità rappresentata dalla Commissione europea se del caso e gli Stati membri della Comunità fanno riferimento agli obblighi loro incombenti in virtù della CPPNM modificata, con gli eventuali emendamenti in vigore per ciascuna parte, nonché alle raccomandazioni contenute nella circolare dell'AIEA INFCIRC/225/Rev.5 (Raccomandazioni sulla sicurezza nucleare per la protezione fisica del materiale nucleare e degli impianti nucleari), con le eventuali revisioni salvo diversamente convenuto dalle parti previe consultazioni in sede di comitato misto.

2. Il trasporto del materiale nucleare è soggetto alle disposizioni della CPPNM modificata, con gli eventuali emendamenti in vigore per ciascuna parte, e ai regolamenti AIEA per la sicurezza dei trasporti di materiali radioattivi (Standard di sicurezza AIEA — Serie n. TS-R-1), con le eventuali revisioni salvo diversamente convenuto dalle parti previe consultazioni in sede di comitato misto.

Articolo 8. **Sicurezza nucleare**. – 1. La Comunità e il Regno Unito sono parti della convenzione sulla sicurezza nucleare, firmata a Vienna il 17 giugno 1994 ed entrata in vigore il 24 ottobre 1996 (AIEA INFCIRC/449), della convenzione congiunta sulla sicurezza della gestione del combustibile esaurito e dei rifiuti radioattivi, firmata a Vienna il 5 settembre 1997 ed entrata in vigore il 18 giugno 2001 (AIEA INFCIRC/546), della convenzione sull'assistenza in caso di incidenti nucleari o di emergenza radiologica, firmata a Vienna il 26 settembre 1986 ed entrata in vigore il 26 febbraio 1987 (AIEA INFCIRC/336), e della convenzione sulla notifica tempestiva di un incidente nucleare, firmata a Vienna il 26 settembre 1986 ed entrata in vigore il 27 ottobre 1986 (AIEA INFCIRC/335). Qualsiasi modifica di una delle suddette convenzioni si applica al presente accordo, a meno che una parte non abbia notificato per iscritto all'altra parte che non accetta la modifica. La Comunità, i suoi Stati membri e il Regno Unito hanno approvato la dichiarazione di Vienna sulla sicurezza nucleare adottata il 9 febbraio 2015 (AIEA INFCIRC/872).

2. Le parti riconoscono l'importanza della cooperazione internazionale ai fini dell'efficacia delle misure in materia di sicurezza nucleare e, consapevoli del ruolo guida di entrambe in questo settore, collaborano al continuo miglioramento degli standard e delle convenzioni internazionali in materia di sicurezza nucleare e della loro attuazione.

3. Riconoscendo il principio del continuo miglioramento della sicurezza nucleare e il diritto di ciascuna parte di applicare standard di sicurezza nucleare, e nella misura in cui non confligge con l'evoluzione degli standard internazionali di sicurezza nucleare giuridicamente vincolanti, ciascuna parte non indebolisce né riduce i livelli di protezione al di sotto di quelli previsti dagli standard di protezione, e dalla relativa applicazione, condivisi dalle parti alla fine del periodo di transizione in relazione alla sicurezza nucleare, alla radioprotezione, alla gestione sicura dei rifiuti radioattivi e del combustibile esaurito, alla disattivazione, alla sicurezza dei trasporti del materiale nucleare e alla preparazione e alla risposta alle emergenze.

4. Le parti proseguono la loro cooperazione, mantengono contatti regolari e condividono informazioni sulle questioni attinenti alla sicurezza nucleare, alla radioprotezione, alla preparazione e alla risposta alle emergenze e alla gestione del combustibile esaurito e dei rifiuti radioattivi, compresi i risultati delle valutazioni *inter pares* internazionali, se del caso.

5. Le parti proseguono la cooperazione nei settori contemplati:

a) dai sistemi della Comunità istituti per il monitoraggio dei livelli di radioattività nell'ambiente e lo scambio di informazioni al riguardo, tra cui:

i) il sistema comunitario per uno scambio rapido di informazioni in caso di emergenza radiologica (ECURIE); e

ii) la piattaforma dell'Unione europea per lo scambio di dati radiologici (EURDEP);

b) dai gruppi consultivi di esperti istituiti nel settore della sicurezza nucleare, tra cui il gruppo dei regolatori europei in materia di sicurezza nucleare; e

c) da qualsiasi altro sistema o gruppo della Comunità convenuto dalle parti tramite le rispettive autorità competenti.

Tramite la sua autorità competente, la Comunità può invitare il Regno Unito a partecipare, in qualità di paese terzo, ai suddetti sistemi e gruppi.

Articolo 9. **Trasferimenti, ritrasferimenti e agevolazione degli scambi**. – 1. Qualsiasi trasferimento di materiale nucleare, materiale non nucleare, apparecchiature o tecnologia nel quadro delle attività di cooperazione a norma del presente accordo è realizzato in conformità dei pertinenti impegni internazionali assunti dalla Comunità, dagli Stati membri della Comunità e dal Regno Unito relativamente agli usi pacifici dell'energia nucleare elencati agli articoli 6 e 7 nonché in relazione agli impegni assunti dai singoli Stati membri della Comunità e dal Regno Unito in seno al gruppo dei paesi fornitori di materiale nucleare quali indicati nelle linee guida per i trasferimenti nucleari.

2. Le parti facilitano gli scambi di materiali soggetti al presente accordo tra loro o tra persone stabilite sul rispettivo territorio, nel reciproco interesse dei produttori, dell'industria del ciclo del combustibile nucleare, dei fornitori di servizi di pubblica utilità e dei consumatori.

3. Nella misura del possibile, le parti si prestano reciproca assistenza per l'appalto di materiale nucleare, materiale non nucleare, apparecchiature o tecnologia ad opera di una delle parti o di persone nell'ambito della Comunità o soggette alla giurisdizione del Regno Unito.

4. Il proseguimento della cooperazione prevista dal presente accordo dipende dall'applicazione, soddisfacente per entrambe le parti, del sistema di salvaguardie e controlli di sicurezza istituito dalla Comunità conformemente al trattato Euratom e del sistema di salvaguardie e controlli di sicurezza istituito dal Regno Unito.

5. Le disposizioni del presente accordo non sono utilizzate per compromettere l'integrità e il funzionamento armonioso del mercato comune nucleare della Comunità, in particolare per ostacolare la libera circolazione delle merci e dei servizi al suo interno o per vanificare la politica comune di approvvigionamento nucleare della Comunità.

6. I trasferimenti di materiale nucleare, materiale non nucleare, apparecchiature o tecnologia e servizi idonei sono effettuati a condizioni commerciali eque. L'applicazione del presente paragrafo lascia impregiudicati il trattato Euratom e la legislazione da esso derivata, nonché le disposizioni legislative e regolamentari del Regno Unito.

7. Qualsiasi ritrasferimento di materiale nucleare, materiale non nucleare, apparecchiature o tecnologia soggetti al presente accordo al di fuori del territorio sottoposto alla giurisdizione delle parti avviene unicamente nel quadro degli impegni assunti dai singoli Stati membri della Comunità e dal Regno Unito in seno al gruppo dei paesi fornitori di materiale nucleare. In particolare, ai ritrasferimenti di tutti i materiali soggetti al presente accordo si applicano le linee guida per i trasferimenti nucleari.

8. Le notifiche scritte relative ai trasferimenti di materiali soggetti al presente accordo e ai ritrasferimenti di materiale non nucleare, apparecchiature e tecnologia soggetti al presente accordo sono scambiate conformemente alle procedure previste dalle disposizioni amministrative stabilite a norma dell'articolo 15.

9. Il materiale non nucleare, le apparecchiature e la tecnologia soggetti al presente accordo non sono trasferiti al di fuori del territorio soggetto alla giurisdizione della parte ricevente senza il previo consenso scritto della parte fornitrice, salvo in applicazione del paragrafo 11 del presente articolo. La presente disposizione lascia impregiudicato l'articolo 5, paragrafo 4.

10. Quando le linee guida per i trasferimenti nucleari richiedono il consenso della parte fornitrice, il materiale nucleare soggetto al presente accordo non è trasferito al di fuori del territorio soggetto alla giurisdizione della parte ricevente senza il previo consenso scritto della parte fornitrice, salvo in applicazione del paragrafo 11.

11. All'entrata in vigore del presente accordo, le parti si scambiano gli elenchi dei paesi verso i quali sono autorizzati ritrasferimenti di materiale nucleare, materiale non nucleare, apparecchiature e tecnologia a opera di ciascuna parte a norma dei paragrafi 9 e 10 del presente articolo. Ciascuna parte notifica all'altra parte le modifiche apportate ai propri elenchi di paesi conformemente alle procedure definite nelle disposizioni amministrative stabilite a norma dell'articolo 15.

12. Qualora il Regno Unito o uno Stato membro della Comunità trasferisca tecnologia soggetta al presente accordo a uno Stato membro che rientra nell'eccezione prevista all'articolo 5, paragrafo 4, si applicano i paragrafi 7 e 9 del presente articolo. Le modalità pratiche per l'applicazione del presente paragrafo sono definite nell'ambito delle disposizioni amministrative stabilite a norma dell'articolo 15.

Articolo 10. **Arricchimento**. – Prima di procedere all'arricchimento al 20 % e oltre nell'isotopo uranio 235 di qualsiasi materiale nucleare soggetto al presente accordo, una parte ottiene il consenso scritto dell'altra parte. Detto consenso, se accordato, deve specificare le condizioni alle quali può essere usato il risultante uranio arricchito al 20 % e oltre. Le ulteriori disposizioni necessarie per dare attuazione al presente articolo possono essere definite nelle disposizioni amministrative stabilite a norma dell'articolo 15.

Articolo 11. **Ritrattamento**. – Ciascuna parte autorizza l'altra parte a procedere al ritrattamento di combustibile nucleare contenente materiale nucleare soggetto al presente accordo a condizione che tale ritrattamento avvenga alle condizioni specificate nell'allegato.

Articolo 12. **Cooperazione in materia di ricerca e sviluppo nucleari**. – 1. Le parti e i rispettivi organismi cooperano tra loro nel settore della ricerca e dello sviluppo per usi pacifici dell'energia nucleare, incluso lo sviluppo dell'energia da fusione, per scopi di produzione energetica e diversi dalla produzione di energia, qualora le parti abbiano interessi comuni e nella misura in cui tali interessi rientrino nei rispettivi programmi e attività di ricerca e sviluppo. Le parti o i loro organismi, a seconda dei casi, possono consentire che a tale cooperazione partecipino ricercatori e organizzazioni di tutti i settori della ricerca, compresi università, laboratori e settore privato. Le parti, conformemente alle rispettive disposizioni legislative e regolamentari, si adoperano per facilitare tale cooperazione fra le persone che operano nel settore.

2. La cooperazione ai sensi del presente articolo può includere:

a) la partecipazione del Regno Unito, in qualità di paese terzo, ai programmi e alle attività di ricerca e formazione della Comunità; e

b) l'adesione del Regno Unito a Fusion for Energy,

conformemente alle condizioni specificate nell'accordo sugli scambi commerciali e la cooperazione.

3. Nella misura in cui ciò sia necessario, le parti o le rispettive autorità competenti possono stipulare accordi di esecuzione ad hoc per stabilire specificamente l'ambito, i termini e le condizioni della cooperazione di cui al presente articolo.

4. Gli accordi di esecuzione a norma del paragrafo 3 possono riguardare, tra l'altro, le disposizioni finanziarie e l'attribuzione di responsabilità gestionali e operative, e contenere disposizioni dettagliate sulla diffusione e la condivisione delle informazioni e sulla proprietà intellettuale.

Articolo 13. **Scambio di informazioni e competenze tecniche**. – 1. Le parti incoraggiano e favoriscono un adeguato e proporzionato scambio di informazioni e competenze tecniche tra di esse, così come tra le rispettive autorità competenti, su questioni rientranti nell'ambito di applicazione del presente accordo.

2. Le parti possono scambiarsi reciprocamente, o mettere a disposizione delle loro autorità competenti e di persone nell'ambito della Comunità o soggette alla giurisdizione del Regno Unito, le informazioni in loro possesso su questioni rientranti nell'ambito di applicazione del presente accordo.

3. Non rientrano nell'ambito di applicazione del presente accordo le informazioni pervenute da terzi a condizioni tali da escluderne l'ulteriore trasmissione.

4. Le informazioni che la parte fornitrice considera di interesse commerciale sono trasmesse solo alle condizioni da essa stabilite.

5. Le parti incoraggiano e favoriscono lo scambio di informazioni tra persone soggette alla giurisdizione del Regno Unito, da un lato, e persone nell'ambito della Comunità, dall'altro, su questioni rientranti nell'ambito di applicazione del presente accordo.

6. Le informazioni in possesso di tali persone sono trasmesse solo con il loro consenso e alle condizioni da esse stabilite.

7. Le parti prendono tutte le precauzioni del caso per tutelare la riservatezza delle informazioni acquisite in sede di applicazione del presente accordo.

Articolo 14. **Proprietà intellettuale**. – 1. Le parti provvedono a tutelare adeguatamente ed efficacemente la proprietà intellettuale creata e la tecnologia trasferita nell'ambito della coope-

razione prevista dal presente accordo, conformemente agli accordi internazionali e alle disposizioni pertinenti, nonché alle disposizioni legislative e regolamentari vigenti nel Regno Unito e nell'Unione, nella Comunità o nei loro Stati membri.
2. Il presente accordo non ha per oggetto il trasferimento della proprietà intellettuale. La proprietà intellettuale risultante nell'ambito della cooperazione prevista dal presente accordo è attribuita caso per caso in eventuali accordi, intese o contratti specifici ad esso associati.

Articolo 15. **Disposizioni amministrative**. – 1. Le parti, per il tramite delle rispettive autorità competenti, adottano disposizioni amministrative ai fini dell'effettiva attuazione del presente accordo. Tali disposizioni comprendono le procedure necessarie affinché le autorità competenti possano attuare e gestire il presente accordo.
2. Le disposizioni amministrative stabilite ai sensi del presente articolo possono essere modificate come convenuto per iscritto dalle autorità competenti.
3. Le disposizioni amministrative possono prevedere lo scambio di elenchi di inventario per i materiali soggetti al presente accordo.
4. Le disposizioni amministrative possono stabilire i meccanismi di consultazione tra le autorità competenti.
5. Il materiale nucleare e il materiale non nucleare soggetti al presente accordo sono contabilizzati in base alla fungibilità e ai principi di proporzionalità e di equivalenza dei materiali nucleari e non nucleari, come previsto dalle disposizioni amministrative stabilite ai sensi del presente articolo.

Articolo 16. **Attuazione**. – 1. Le disposizioni del presente accordo sono attuate in buona fede e in modo tale da evitare ostacoli, ritardi o indebite interferenze nelle attività nucleari nel Regno Unito e nella Comunità e da conformarsi a una prassi di gestione oculata necessaria allo svolgimento sicuro ed economico delle attività nucleari.
2. Le disposizioni del presente accordo non sono utilizzate allo scopo di procurarsi vantaggi commerciali o industriali, né per interferire con interessi commerciali o industriali, sia nazionali che internazionali, di una delle parti o delle persone autorizzate, né allo scopo di interferire con la politica nucleare attuata da una delle parti o dagli Stati membri della Comunità, né allo scopo di ostacolare la promozione degli usi pacifici e non esplosivi dell'energia nucleare, né per ostacolare il movimento di materiali soggetti al presente accordo (o di cui sia stata fatta la relativa notificazione) sul territorio soggetto alla giurisdizione delle parti o tra il Regno Unito e la Comunità.

Articolo 17. **Diritto applicabile**. – 1. La cooperazione disciplinata dal presente accordo è conforme alle rispettive disposizioni legislative e regolamentari vigenti nel Regno Unito, nell'Unione e nella Comunità nonché agli accordi internazionali stipulati dalle parti, lasciando impregiudicato l'articolo 18. Nel caso della Comunità, il diritto applicabile comprende il trattato Euratom e la legislazione da esso derivata.
2. Ciascuna parte si impegna nei confronti dell'altra a garantire che le disposizioni del presente accordo siano accettate e rispettate, per quanto riguarda il Regno Unito, da tutte le persone soggette alla sua giurisdizione debitamente autorizzate a norma del presente accordo e, per quanto riguarda la Comunità, da tutte le persone nell'ambito della Comunità debitamente autorizzate a norma del presente accordo.

Articolo 18. **Accordi in vigore**. – 1. Le disposizioni di ogni accordo bilaterale di cooperazione nucleare civile in vigore tra il Regno Unito e gli Stati membri della Comunità sono considerate complementari alle disposizioni del presente accordo e, se del caso, sono da queste sostituite.
2. Il presente accordo non costituisce un accordo integrativo dell'accordo sugli scambi commerciali e la cooperazione.
3. Il presente accordo si applica fatto salvo ogni precedente accordo bilaterale tra il Regno Unito, da una parte, e l'Unione e la Comunità, dall'altra.

Articolo 19. **Comitato misto**. – 1. Le parti istituiscono un comitato misto.
2. La composizione del comitato misto e le procedure a esso relative sono definite nelle disposizioni amministrative stabilite a norma dell'articolo 15.

3. Il comitato misto si riunisce periodicamente, e su richiesta dell'autorità competente di una delle parti, per sorvegliare l'attuazione del presente accordo.

4. Le funzioni del comitato misto comprendono, tra l'altro:

a) scambio di informazioni, discussione delle migliori pratiche, condivisione delle esperienze di attuazione;

b) istituzione e coordinamento di gruppi di lavoro che agiscono nell'ambito di applicazione del presente accordo;

c) individuazione e discussione di questioni tecniche e consultazione in materia;

d) adozione di raccomandazioni per le decisioni comuni che devono essere adottate dalle parti nei casi previsti dal presente accordo, comprese le decisioni comuni di modifica del presente accordo;

e) sede di consultazione, anche per quanto riguarda la risoluzione delle controversie;

f) coordinamento dell'azione di cooperazione nell'ambito degli usi dell'energia nucleare diversi dalla produzione di energia, in particolare al fine di ridurre al minimo i rischi di carenze nella fornitura di radioisotopi per uso medico e di sostenere la messa a punto di tecnologie e cure innovative che utilizzano radioisotopi, nell'interesse della salute pubblica; e

g) forum tecnico per qualsiasi altra questione relativa al presente accordo.

Articolo 20. **Consultazione.** – Se necessario, i rappresentanti delle parti si riuniscono, su richiesta di una di esse, per consultarsi in sede di comitato misto su questioni scaturite dall'applicazione del presente accordo, sorvegliarne l'esecuzione e concordare modalità di cooperazione aggiuntive a quelle previste dal presente accordo. Tali consultazioni possono anche assumere la forma di scambio di corrispondenza.

Articolo 21. **Risoluzione delle controversie**. – 1. Le parti discutono senza indugio in sede di comitato misto qualsiasi controversia tra loro concernente l'applicazione, l'interpretazione o l'attuazione del presente accordo al fine di risolvere la controversia mediante negoziato. Ogni discussione o negoziazione di questo tipo può assumere la forma di scambio di corrispondenza.

2. Ogni controversia di questo tipo non risolta mediante negoziato e consultazioni obbligatorie in sede di comitato misto è deferita, su richiesta di una delle parti, a un collegio arbitrale composto da tre arbitri. Ciascuna parte designa un arbitro e i due arbitri così designati ne eleggono un terzo, non avente la cittadinanza di alcuna delle due parti, che ricopre la funzione di presidente.

3. Se entro 30 giorni dalla richiesta di arbitrato una delle parti non ha designato un arbitro, l'altra parte può chiedere al presidente della Corte internazionale di giustizia di nominare un arbitro per la parte che non ha provveduto a designarlo. Se, entro 30 giorni dalla designazione o dalla nomina degli arbitri di entrambe le parti, il terzo arbitro non è stato eletto, l'una o l'altra parte può chiedere al presidente della Corte internazionale di giustizia di nominare il terzo arbitro.

4. La maggioranza dei membri del collegio arbitrale costituisce il quorum e tutte le decisioni del collegio arbitrale sono prese a maggioranza dei voti dei suoi membri. La procedura di arbitrato è stabilita dal collegio stesso. Le decisioni del collegio arbitrale sono vincolanti per entrambe le parti e da queste applicate. Gli onorari degli arbitri sono fissati in base alle stesse tariffe in vigore per i giudici ad hoc della Corte internazionale di giustizia. L'esecuzione di ogni decisione o lodo arbitrale avviene in conformità di tutta la legislazione applicabile delle parti e del diritto internazionale.

Articolo 22. **Cessazione della cooperazione in caso di grave violazione.** – 1. Nel caso in cui:

a) una parte o uno Stato membro della Comunità abbia gravemente violato gli obblighi sostanziali in virtù degli articoli 1, 5, 6, 7, 9, 10, 11 o 15 o altri obblighi derivanti dal presente accordo eventualmente convenuti dalle parti per iscritto previe consultazioni in sede di comitato misto; o

b) in particolare, uno Stato membro della Comunità non dotato di armi nucleari faccia esplodere un dispositivo nucleare o uno Stato membro della Comunità dotato di armi nucleari o il Regno Unito faccia esplodere un dispositivo nucleare utilizzando qualsiasi materiale soggetto al presente accordo,

l'altra parte può, dandone notifica scritta, sospendere o cessare in tutto o in parte la cooperazione nell'ambito del presente accordo. Nella sua notifica la parte indica le misure che, a suo giudizio, costituiscono una grave violazione degli obblighi in virtù del presente accordo e specifica le disposizioni che intende sospendere o cessare nonché la data a decorrere dalla quale intende applicare la sospensione o la cessazione.

2. Prima che una delle parti proceda in tal senso, le parti si consultano in sede di comitato misto allo scopo di giungere a una composizione amichevole, ivi compresa una decisione volta a stabilire se siano necessarie misure correttive o di altro tipo e, in caso affermativo, le misure da adottare e i tempi entro i quali devono essere adottate.

3. La sospensione o la cessazione ai sensi del paragrafo 1 interviene solo qualora le misure correttive o di altro tipo non siano state attuate entro il termine stabilito dal comitato misto o, qualora non sia stato possibile giungere a una composizione amichevole, entro un periodo di tempo ragionevole ma comunque senza ritardo.

4. La sospensione cessa di applicarsi quando la parte che l'ha notificata è convinta che l'altra parte si stia conformando agli obblighi che le incombono in virtù del presente accordo, di propria iniziativa o in seguito a una decisione del collegio arbitrale.

5. In caso di sospensione o di denuncia del presente accordo, la parte fornitrice ha il diritto di esigere la restituzione dei materiali soggetti al presente accordo.

Articolo 23. **Modifiche**. – 1. Le parti possono consultarsi, su richiesta di una di esse, in sede di comitato misto su eventuali modifiche del presente accordo, in particolare per tener conto degli sviluppi internazionali in campo nucleare.

2. Il presente accordo può essere modificato se le parti decidono in tal senso.

3. Le modifiche entrano in vigore alla data specificata dalle parti, mediante scambio di note diplomatiche tra le parti o, se del caso, tramite le rispettive autorità competenti, con le quali si informano dell'avvenuto espletamento dei rispettivi adempimenti interni necessari per la loro entrata in vigore.

4. L'allegato del presente accordo ne forma parte integrante e può essere modificato in conformità del presente articolo.

Articolo 24. **Entrata in vigore e durata**. – 1. Il presente accordo entra in vigore il primo giorno del mese successivo a quello in cui le parti si sono notificate l'avvenuto espletamento dei rispettivi obblighi e adempimenti interni per stabilire il consenso a essere vincolate.

2. Il presente accordo resta in vigore per un periodo iniziale di 30 anni. Successivamente, il presente accordo è automaticamente rinnovato per periodi di dieci anni, a meno che una delle parti non notifichi mediante scambio di note diplomatiche all'altra parte, almeno sei mesi prima della scadenza del periodo trentennale iniziale o di uno dei periodi decennali supplementari, la propria intenzione di denunciare il presente accordo.

3. A prescindere dalla sospensione, dalla denuncia o dalla scadenza del presente accordo o di qualsiasi cooperazione intrapresa in applicazione dello stesso, per qualsivoglia motivo, gli obblighi di cui agli articoli 1, 5, 6, 7, 9, 10, 11, 13, 14, 15, 16, 17, 18, 20, 21 e 22 restano validi fintantoché un materiale soggetto ai predetti articoli rimanga nel territorio dell'altra parte o in qualsiasi luogo sotto la sua giurisdizione o il suo controllo, ovvero le parti non convengano, conformemente all'articolo 5, che il materiale nucleare soggetto al presente accordo non è più utilizzabile o è diventato praticamente irrecuperabile ai fini di un trattamento che lo renda utilizzabile in una qualsiasi attività nucleare rilevante sotto il profilo delle salvaguardie.

Articolo 25. **Testi facenti fede**. – Il presente accordo è redatto in duplice esemplare nelle lingue bulgara, ceca, croata, danese, estone, finlandese, francese, greca, inglese, irlandese, italiana, lettone, lituana, maltese, neerlandese, polacca, portoghese, rumena, slovacca, slovena, spagnola, svedese, tedesca e ungherese. Tutte le versioni linguistiche dell'accordo sono sottoposte a una revisione giuridico-linguistica finale, che è completata entro il 30 aprile 2021. Le versioni linguistiche risultanti da tale revisione giuridico-linguistica sostituiscono *ab initio* le versioni firmate dell'accordo e sono dichiarate facenti fede e definitive mediante scambio di note diplomatiche tra le parti.

(*omissis*)

Fatto a Bruxelles e Londra, addì trenta dicembre duemilaventi.

(*omissis*)

ALLEGATO

RITRATTAMENTO

Articolo 1. – Il materiale nucleare soggetto al presente accordo è ritrattato alle seguenti condizioni:

a) il ritrattamento ha luogo per scopi energetici o di gestione dei materiali contenuti nel combustibile esaurito, conformemente al programma del ciclo del combustibile nucleare concordato mediante consultazioni tra le autorità competenti;

b) l'autorità competente della parte che prevede di porre in essere le attività di cui trattasi fornisce una descrizione del programma del ciclo del combustibile nucleare proposto, recante indicazioni sul quadro politico, giuridico e normativo afferente al ritrattamento nonché al deposito, all'uso e al trasporto del plutonio;

c) il plutonio recuperato è depositato e utilizzato conformemente al programma del ciclo del combustibile nucleare di cui alla lettera a); ed) il ritrattamento e l'uso del plutonio recuperato per scopi pacifici non esplosivi, compresa la ricerca, non inclusi nel programma del ciclo del combustibile nucleare di cui alla lettera a) hanno luogo solo alle condizioni convenute per iscritto tra le parti previe consultazioni a norma dell'articolo 2 del presente allegato.

Articolo 2. – Entro i 40 giorni successivi al ricevimento della richiesta di una delle parti, si svolgono consultazioni in sede di comitato misto:

a) per riesaminare il funzionamento delle disposizioni del presente allegato;

b) per esaminare eventuali modifiche del programma del ciclo del combustibile nucleare di cui all'articolo 1 del presente allegato;

c) per esaminare i miglioramenti da apportare alle salvaguardie internazionali e ad altre tecniche di controllo, compresa l'istituzione di nuovi meccanismi accettati su scala internazionale relativi al ritrattamento e al plutonio; o

d) per esaminare proposte di ritrattamento, uso, deposito e trasporto del plutonio recuperato per altri scopi pacifici non esplosivi, tra cui la ricerca.

Finito di stampare nel mese di ottobre 2021
nella Stampatre s.r.l. di Torino
Via Bologna, 220

Collana

L'Europa in movimento

Raccolta di testi e documenti diretta da Bruno Nascimbene

Volumi pubblicati

1. B. NASCIMBENE, *Unione europea-Trattati*, Sesta edizione, 2021.
2. S. BASTIANON-B. NASCIMBENE, *Diritto europeo dello sport*, 2011.
3. S. BASTIANON, *La sentenza Bosman vent'anni dopo*, 2015.
4. S. BASTIANON, *La doppia carriera degli atleti*, 2019.
5. F. DEANA, *Rapporti e* status *familiari nel diritto dell'Unione europea*, 2020.
6. P. MANZINI, *Casi e materiali di diritto* antitrust *europeo*, 2021.

lamiaLibreria

lamiaLibreria è un'area *in the cloud* totalmente gratuita che offre contenuti e servizi aggiuntivi legati a opere presenti nel catalogo Giappichelli.

Avvertenza

I materiali integrativi *on line* di ogni testo sono disponibili nell'area **lamiaLibreria** per tutto il tempo in cui il testo sarà presente nel catalogo Giappichelli.

Come accedere

Nel sito *www.giappichelli.it* cliccare su "*Accedi/Registrati*" posto nella barra in alto a destra.
Per accedere al servizio la prima volta è necessario registrarsi e impostare la propria *username* e *password*.

Come sbloccare i contenuti

All'interno de "*Il mio account*" cliccare su "*I miei contenuti extra*" e nella casella "*applica un codice*" digitare il numero di serie presente sul bollino SIAE che si trova nella prima pagina del volume.

Cosa contiene

- Protocolli dell'Accordo di recesso del Regno Unito dall'Unione europea
- Accordo sugli scambi commerciali e la cooperazione tra l'Unione europea e la Comunità europea dell'energia atomica, da una parte, e il Regno Unito di Gran Bretagna e Irlanda del Nord, dall'altra